中国石油天然气集团公司年鉴

2016

中国石油天然气集团公司　编

石油工業出版社

图书在版编目（CIP）数据

中国石油天然气集团公司年鉴 . 2016 ／中国石油天然气集团公司编 . 北京：石油工业出版社，2016.12

ISBN 978-7-5183-1729-5

Ⅰ . 中…

Ⅱ . 中…

Ⅲ . 中国石油天然气集团公司 –2016– 年鉴

Ⅳ . F426.22-54

中国版本图书馆 CIP 数据核字（2016）第 312634 号

中国石油天然气集团公司年鉴 2016
ZHONGGUO SHIYOU TIANRANQI JITUAN GONGSI NIANJIAN 2016

出版发行：石油工业出版社
（北京安定门外安华里 2 区 1 号 100011）
网　　址：www.petropub.com
图书营销中心：（010）64523621
编 辑 部：（010）64523591　64523594　64523586
电子邮箱：nianjian@cnpc.com.cn
QQ　群：中石油年鉴 347362920
经　　销：全国新华书店
印　　刷：北京中石油彩色印刷有限责任公司

2016 年 12 月第 1 版　2016 年 12 月第 1 次印刷
787×1092 毫米　开本：1/16　印张：47.5　插页：44
字数：1590 千字

定价：258.00 元
（如出现印装质量问题，请与图书营销中心联系）

《中国石油天然气集团公司年鉴》
编　委　会

《中国石油天然气集团公司年鉴》
主　编、副　主　编

《中国石油天然气集团公司年鉴》
编　辑　部

主　　　任：张　镇

副　主　任：马　纪

责任编辑：马　纪　杨天龙　赵冬梅　付　红　吴保国

执行编辑：杨天龙

特邀审稿：蒋文贞

封面设计：施　云

正文设计：姚京燕

责任校对：王　颜　黄京萍

责任排版：张晓军

彩页制作：北京中石油彩色印刷有限责任公司

编 辑 说 明

一、《中国石油天然气集团公司年鉴》（以下简称《年鉴》）是中国石油天然气集团公司组织编纂的专业年鉴，是全面、系统、准确记录上年度中国石油天然气集团公司主要发展情况的权威性大型资料性工具书。本卷《年鉴》记述中国石油天然气集团公司2015年生产经营、改革创新及企业管理等各方面的基本情况和重大事项，向广大读者展示中国石油天然气集团公司努力实现有质量、有效益、可持续发展，为建设世界一流综合性国际能源公司所做出的努力和取得的成就。

二、《年鉴》采用"板块式"结构，分类编纂，点面结合，综合记述和条目记述相结合，力求全面反映所记事项。全书分为篇目、栏目、条目三个层次，以文字叙述为主，辅以图表。本卷共设16个篇目：总述，油气勘探开发生产，炼油与化工，销售，天然气与管道，工程技术、工程建设与装备制造，国际业务，科技与信息，安全环保与质量节能，企业管理与监督，党建、思想政治工作与企业文化建设，机构与人物，企事业单位概览，中国石油天然气集团公司大事纪要，统计数据，附录。为便于读者查阅和检索，文前附英文目录，文后附索引。

三、本卷《年鉴》所引用的各种数字和资料，截至2015年底，个别内容略有延伸。除特别指明者外，一般指中国石油天然气集团公司统计数字。

四、本卷《年鉴》稿件、资料主要由中国石油天然气集团公司和中国石油天然气股份有限公司机关各部门、各专业分公司以及各企事业单位提供，各单位的主管领导对稿件进行了审定。

五、为行文简洁，《年鉴》中的机构名称一般在首次出现时用全称，随后出现时用简称。"中国石油天然气集团公司"简称为"集团公司"，"中国石油天然气股份有限公司"简称为"股份公司"，两者统称"中国石油"。

六、遵照年鉴编纂的规范要求，编辑部对撰稿人提供的稿件进行必要的编辑加工。主要是依据编写大纲与撰稿要求，统一全书的体例，规范专业名词术语，删除明显重复，补充部分资料，理顺语言文字，力求做到资料翔实、叙述简洁、数据准确。由于年鉴编辑出版时限性强，疏漏和欠妥之处在所难免，恳请读者批评指正。

七、在本卷《年鉴》编辑和出版过程中，得到集团公司和股份公司机关各部门、各专业分公司及各企事业单位领导、专家以及撰稿人的大力支持与帮助，在此谨向为《年鉴》提供稿件和资料、审查稿件以及提供各种帮助的人士，致以诚挚的谢意。

《中国石油天然气集团公司年鉴》编辑部

2016 年 12 月

2015年，外部经济环境复杂严峻，世界经济复苏进程艰难，国际油价持续大幅下跌，国内油气需求增速放缓。中国石油积极适应新形势新变化，努力转变发展理念和思路，妥善应对各种困难和挑战，及时调整生产经营策略，着力破解发展难题，大力实施开源节流降本增效，加快由过去注重规模速度的粗放发展向更加注重质量效益的稳健发展转变，各方面工作都取得了新成绩新进步。勘探取得一批新突破，油气产量稳定增长，原油加工量、成品油和天然气销售量稳中有增，各项业务持续发展；改革创新有效推进，安全环保形势稳中向好，党建、班子和队伍建设不断加强，公司形象逐步改善，实现了“十二五”平稳收官。公司综合实力和国际竞争力进一步增强，在世界500强和50家大石油公司中排名第四位和第三位；公司原油产量、天然气产量和原油加工量分别跃居国际可比公司的第一位、第二位和第三位；截至2015年底，资产规模超过4万亿元。

2016年，是“十三五”规划的开局之年，也是我们应对低油价严峻挑战、推进集团公司稳健发展的重要一年。面对更趋复杂的世界经济和地缘政治环境，特别是国际油价持续低位运行的市场形势，我们将深入贯彻党中央、国务院的决策部署和习近平总书记系列重要讲话精神，牢固树立和落实创新、协调、绿色、开放、共享的发展理念，着力加强党的建设，大力弘扬石油精神，深化重塑企业形象，坚持稳健发展，大力实施资源、市场、国际化和创新战略，以提高质量效益为中心，突出主营业务，着力调结构、补短板、提效益、防风险，继续深化各项改革，充分发挥政治文化优势，坚决打赢提质增效攻坚战，加快世界一流综合性国际能源公司建设，为推进供给侧结构性改革、促进国民经济稳增长做出积极贡献。

2016 年 7 月

2015 年 7 月 30—31 日，中国石油天然气集团公司 2015 年领导干部会议在河北廊坊召开。会议的主要任务是，深入贯彻落实党的十八大和十八届三中、四中全会精神，习近平总书记系列重要讲话精神，学习和把握中央“四个全面”战略布局，研讨谋划重塑中国石油良好形象的总体思路和重点举措，动员全体干部员工进一步统一思想、团结奋进，继承弘扬大庆精神铁人精神，推进集团公司稳健发展，为保障国家能源安全和促进经济社会持续健康发展做出新贡献。图为大会会场（余海摄）

2015 年 5 月 19 日，按照党中央要求及集团公司对“三严三实”专题教育的安排部署，集团公司党组书记、董事长王宜林以视频会议方式向集团公司处以上干部讲专题党课，强调要扎扎实实开展好专题教育，积极践行“三严三实”要求，大力弘扬大庆精神铁人精神和优良传统作风，努力建设一支讲党性、守规矩、重自律、敢担当、崇实干、行正道的企业领导干部队伍。图为视频会议主会场（常正乐摄）

2015 年，中国石油天然气集团公司面对国际油价持续走低、国内成品油供大于求、天然气需求增速大幅回落等困难和挑战，根据市场变化及时调整生产经营策略，深化开源节流降本增效，生产安全平稳运行。全年实现营业收入 2 万亿元、利润总额 825 亿元，上缴税费 3586 亿元。图为长庆油田亿吨级环江整装大油田勘探开发场景（徐志武摄）

2015 年，中国石油天然气集团公司国内油气勘探实施有利区带和层系精细勘探，落实 5 个亿吨级规模石油储量区、7 个千亿立方米级规模天然气储量区，新增探明油气地质储量当量连续 9 年超过 10 亿吨。全年国内生产原油 1.11 亿吨、天然气 955 亿立方米。图为西南油气田安岳气田龙王庙组特大气藏投产场景（张庆洪摄）

2015 年，大庆油田自 1959 年发现以来已投入开发 56 年，1976—2002 年原油产量连续 27 年保持 5000 万吨高产稳产，2003—2015 年连续 13 年保持年产油气当量 4000 万吨以上规模。全年实现营业收入 1553 亿元、利润 102 亿元，上缴税费 358 亿元。图为大庆油田开发生产井现场（赵永安摄）

2015 年，长庆油田油气当量产量 5465.66 万吨，连续三年实现 5000 万吨以上稳产。新增探明石油地质储量 3.65 亿吨，探明与基本探明天然气地质储量 6928 亿立方米，进一步夯实 5000 万吨持续稳产的资源基础。图为长庆油田最大气田丛式井组（徐志武摄）

2015 年，辽河油田已经开发建设 45 周年，在陆上、滩海和外围发现油气田 40 个，累计探明石油地质储量 24 亿吨，累计生产原油 4.36 亿吨、天然气 856 亿立方米。图为辽河油田 SAGD 工业化推广实施现场（倪有权摄）

2015 年，新疆油田自克拉玛依 1 号井喷出高产油气流已经 60 周年，累计探明石油地质储量 25.02 亿吨、天然气地质储量 2017.5 亿立方米，先后开发建设了克拉玛依等 32 个油气田，累计生产原油 3.42 亿吨、天然气 744.74 亿立方米。图为新疆油田红 111 井区生产作业场景（侯瑞摄）

截至 2015 年底，塔里木油田已经发现和探明轮南、塔中等 30 个油气田，建成 2500 万吨油气生产基地，累计探明石油地质储量 9.95 亿吨、天然气地质储量 1.95 万亿立方米。2015 年生产原油 590.0 万吨、天然气 235.5 亿立方米，油气当量产量 2467 万吨。图为塔里木油田塔中碳酸盐岩井措施作业现场（吕殿杰摄）

截至 2015 年底，青海油田重点突出四大勘探领域，油气三级储量连续 5 年保持在 2 亿吨以上；原油生产能力 235 万吨，天然气生产能力 77 亿立方米，原油加工能力 150 万吨。2015 年生产原油 223 万吨、天然气 61.37 亿立方米，加工原油 151.87 万吨。图为青海油田扎哈泉致密油大型压裂现场（王得刚摄）

2015 年，中国石油天然气集团公司炼油与化工业务优化生产组织和产品结构调整，按效益优先原则安排资金流向和装置负荷。全年国内加工原油 1.5 亿吨，生产成品油 1.04 亿吨，航空煤油等高效产品产量增长 15% 以上，实现利润 20 亿元。图为辽阳石化全国首套全炼俄罗斯原油的 550 万吨 / 年常减压装置（辽阳石化提供）

2015 年，中国石油天然气集团公司坚持增产高附加值化工产品，不断扩大终端营销渠道，促进化工业务盈利水平的提高。全年生产乙烯 503.2 万吨、合成氨 184.5 万吨，销售化工产品 2522 万吨、同比增长 3%。图为抚顺石化生产厂区（王铁衡摄）

2015年，中国石油天然气集团公司成品油销售业务不断优化结构，加强促销和出口力度，国内全年销售成品油1.16亿吨。强化“油卡非润”一体化销售，提升和优化便利店服务品质，探索“互联网＋营销”等新模式，非油品业务收入124.2亿元、利润14.5亿元，同比分别增长25.6%和42.5%。图为四川销售104油库（陆明全摄）

2015年，中国石油天然气集团公司天然气销售面对天然气供应转向宽松局面，通过优化自产气、进口气和LNG等多种资源配置，挖掘管网管存潜力，重点开发新建管道沿线及东部沿海高效市场，盈利水平得到增强。全年国内销售天然气1226.6亿立方米，同比增长2.7%。图为京唐LNG接收站储罐（昆仑能源有限公司提供）

2015 年，中国石油天然气集团公司国际油气业务实现安全平稳有效发展。全年新增油气可采储量当量 9886 万吨；实现油气作业当量产量 13826 万吨，权益当量产量 7203 万吨、同比增长 10.5%；海外炼油厂加工原油 4392 万吨。图为坦桑尼亚天然气处理厂（《集团公司 2015 年度报告》提供）

2015 年，中国石油天然气集团公司国际贸易业务积极协调优化原油、天然气进口资源，重点发展成品油出口业务，出口量同比增长 50%，贸易规模和运营质量进一步提升。全年实现贸易量 4.3 亿吨，贸易额 1687 亿美元。图为宝鸡钢管出口印度首船启运（姚东摄）

2015年是中苏石油合作20周年。自1995年中国石油与苏丹政府签订苏丹6区勘探开发协议，已经累计生产原油2.7亿吨，加工原油5578万吨，生产成品油4974万吨；帮助苏丹建立了一套完整的上下游一体化现代石油工业体系。8月15日，苏丹政府在喀土穆友谊宫隆重举行中苏石油合作20周年庆祝大会。图为集团公司董事长王宜林在庆祝大会上致辞（李向阳摄）

2015年6月29日，中俄东线天然气管道中国境内段建设正式开工。作为我国四大能源通道之一的北方通道，管道新建3170千米，建成后俄罗斯每年向中国输送天然气380亿立方米。图为黑河首站施工现场（杨志民摄）

2015 年，中国石油天然气集团公司继续加快工程技术、工程建设和装备制造业务转型升级的步伐，强化技术和管理创新，不断优化业务结构，开拓高端市场，加强先进高端新产品研发和产业化力度，市场竞争力进一步增强，技术水平和服务保障能力不断提升。图为我国首台 7000 米拖挂钻机启程出国钻井（姚东摄）

2015 年，中国石油天然气集团公司工程技术业务借助国家间合作平台、机制和政策扩大国际市场份额，推行总包、外包模式，延伸服务领域，海外外部市场合同额占国际市场的比例超过 60%。图为东方物探深海 EXPLORER 船队进入大洋洲深海勘探作业（刘璐摄）

2015 年，中国石油天然气集团公司以“安全发展、清洁发展、节约发展”为理念，深化 HSE 体系管理，强化生产经营安全管控和风险防控，加大隐患治理，严控污染排放，安全环保业绩稳定向好。图为西气东输工程管线加强巡检，确保设备平稳运行（吕中瑞摄）

2015 年，中国石油天然气集团公司继续实施减排工程和项目，加大污染减排力度，超额完成“十二五”污染减排目标，国家考核的 42 项责任书工程全面建成投运。图为锦西石化国内首套 WGS 烟气净化系统（周明华摄）

2015 年，中国石油天然气集团公司继续坚持“海外人才属地化、专业化、市场化”，不断健全员工培养机制，努力推动实现员工本地化和人才队伍国家化。截至 2015 年底，海外项目员工本地化比例达到 85%。图为哈萨克斯坦阿拉木图市的 SINOOIL 加油站（杨孜孜摄）

2015 年 4 月 25 日，邻国尼泊尔发生里氏 8.1 级地震，中国石油西藏销售公司第一时间紧急调运油品，陆续送达救灾前线，确保灾区用油需求。图为前往灾区的运油车队（成亚明摄）

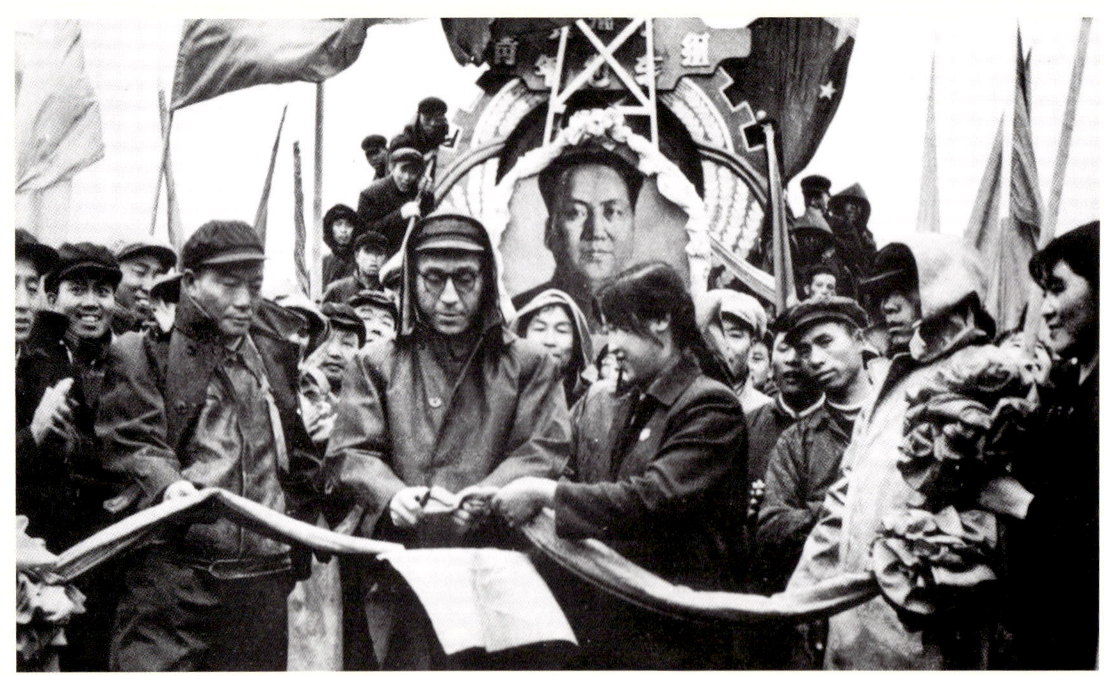

2015 年 4 月 20 日，纪念康世恩同志诞辰 100 周年座谈会在人民大会堂举行。康世恩同志是中国石油工业杰出的领导人、新中国石油工业和石化工业开拓者之一。20 世纪 60 年代初，康世恩同志参与领导和直接指挥了大庆石油会战，为中国石油自给自足做出了重要贡献。图为 1960 年 6 月 1 日康世恩同志为大庆油田首车原油外运剪彩（中国石油展厅提供）

2015 年 8 月 4 日，中国石油天然气集团公司召开“重塑中国石油良好形象”大讨论活动部署会。会议指出，要在集团公司党组领导下，统一思想认识、统一步调行动，精心组织，扎实推进，确保大讨论活动取得实效，为中国石油稳健发展和良好形象重回公众视野做出应有贡献。图为已经离开我们 45 年的铁人王进喜当年指挥“人拉肩扛运钻机”（中国石油展厅提供）

2015 年 6 月 7 日，中国石油天然气集团公司董事长王宜林会见来访的乌兹别克斯坦第一副总理兼财政部部长阿济莫夫一行。双方就上游业务、管道、天然气贸易等领域的合作深入交换了意见（常正乐摄）

2015 年 12 月 13 日，在阿联酋阿布扎比王储谢赫穆罕默德·本·扎耶德·阿勒纳哈扬的见证下，中国石油天然气集团公司董事长王宜林与阿联酋国务部长、穆巴达拉发展公司投资委员会能源业务首席执行官贾贝尔在北京共同签署《中国石油天然气集团公司与穆巴达拉油气控股有限责任公司战略合作协议》（孟庆璐摄）

2015 年，中国石油天然气集团公司进一步推动煤层气、页岩气、页岩油、致密气、致密油等非常规油气资源勘探开发和技术创新，取得重要进展。全年完成煤层气商品气量 17.6 亿立方米，同比增长 28.5%。图为陕西煤层气处理中心全景（华北油田提供）

2015 年，中国石油天然气集团公司以页岩气示范区为重点，强化生产运行，全年新钻井 55 口、完钻井 80 口，新建产能 28.5 亿立方米，实现商品气量 13 亿立方米。图为四川威远页岩气大型加砂压裂作业现场（袁越摄）

中国气田
炼图

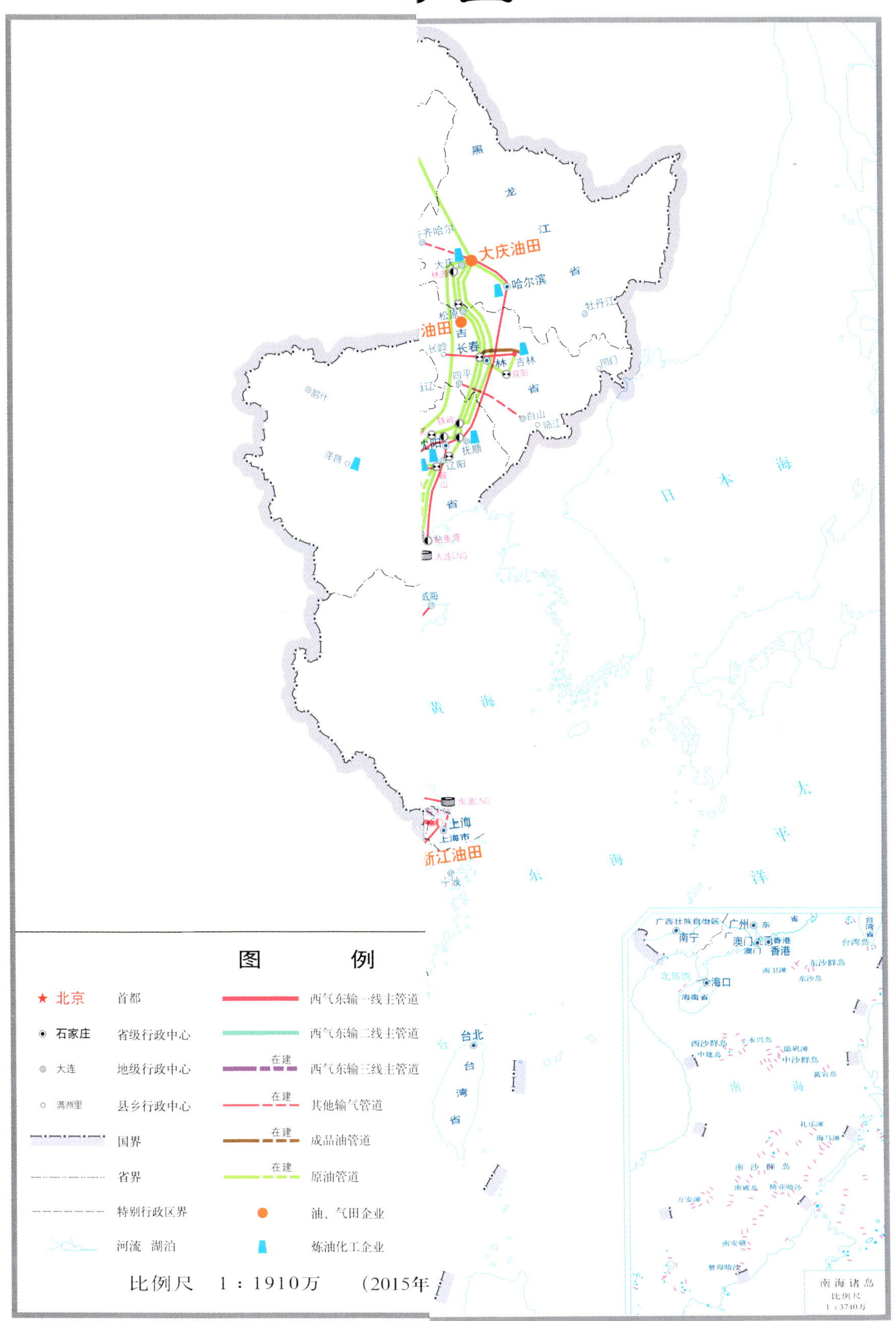

GS（2016）8号

MAIN CONTENTS

目　录

第一篇　总　述

综　述

特　载

专　稿

股份公司法人治理

第二篇　油气勘探开发生产

综　述

油气勘探

勘探工程技术

油田开发

天然气开发

矿权管理

油藏评价

采油工程

地面工程

海洋工程

成品油业务

投资管理与网络建设

非油品业务

润滑油和炼油小产品销售

专业管理

第五篇　天然气与管道

综　述

油气储运

天然气销售与利用

储运设施建设

储运设施管理

专业管理

第六篇　工程技术、工程建设与装备制造

工程技术

工程建设

装备制造

第七篇　国际业务

综　述

海外油气业务

国内油气勘探开发国际合作

国际贸易

外事外联与国际业务管理

第八篇　科技与信息

综　述

科技发展

信息化工作

第九篇　安全环保与质量节能

安全生产

环境保护

HSE体系管理

节能节水

应急管理

职业健康

质量管理与监督

标准化工作

计量工作

第十篇　企业管理与监督

规划计划

财务资产管理

资金管理

财税价格

人事管理

生产经营

资本运营

法律工作

物资采购

纪检监察

内部审计

企业改革与管理

矿区服务

维稳信访与综治保卫

离退休职工管理

档案管理

第十一篇　党建、思想政治工作与企业文化建设

党建工作

思想政治工作

企业文化建设

基层建设

群团工作

社会公益

光荣榜

第十二篇　机构与人物

中国石油天然气集团公司

中国石油天然气股份有限公司

专家队伍

第十三篇　企事业单位概览

油气田企业

炼油化工企业

销售公司

天然气与管道储运企业

海外业务企业

工程技术服务企业

工程建设企业

装备制造企业

科研及事业单位

其他单位

第十四篇　中国石油天然气集团公司大事纪要

第十五篇　统计数据

第十六篇　附　　录

附表

附图

CONTENTS

Chapter 1 Overview

Chapter 2 Oil and Gas Exploration, Development and Production

Chapter 3 Oil Refining and Chemicals

Chapter 4 Marketing

Chapter 5 Natural Gas and Pipelines

Chapter 6 Engineering Technology, Engineering Construction and Manufacture of Equipment

Chapter 7 International Business

Chapter 8 Technology and Information

Chapter 9 Safety, Environmental Protection, Quality and Energy Saving

Chapter 10 Corporate Management and Supervision

Chapter 11 Development of the Communist Party, Political Work and Corporate Culture

Chapter 12 Organizations and People

Chapter 13 Overview of Enterprises and Institutions

Chapter 14 Main Events of CNPC

Chapter 15 Statistical Data

Chapter 16 Appendixes

Appended Tables

Appended Figures

第一篇

总　　述

综　述

2015 年中国石油天然气集团公司工作情况概述

2015 年，面对国际油价持续走低、国内成品油供大于求、天然气需求增速大幅回落等诸多困难和严峻挑战，中国石油天然气集团公司（简称集团公司）根据市场变化及时调整生产经营策略，保持生产安全平稳运行，取得来之不易的经营业绩，完成国务院国资委下达的稳增长目标。2015 年实现国内外油气产量当量 2.6 亿吨，原油加工量 1.95 亿吨，成品油销售量 1.74 亿吨，天然气销售量 1290 亿立方米。在投资规模同比压减 35%、结算油价下降 49% 的情况下，实现营业收入 20168 亿元、利润总额 825 亿元，上缴税费 3586 亿元；有息负债控制在 7000 亿元以内，资产负债率下降 2.3%，保持低油价下自由现金流为正和稳健财务状况。集团公司正加快向更加注重质量效益的稳健发展转变，各方面工作都取得新进展新成效。

（1）集团公司“十三五”发展蓝图绘就。通过开展深入研究、调研和论证，集团公司上下充分结合，编制形成集团公司“十三五”发展总体规划和系列专业规划、专项规划，明确“瞄准一流目标、坚持稳健发展、推进四大战略、抓好五个着力”的发展思路。确定稳健发展方针，并以此为核心形成“十三五”发展的指导思想；丰富集团公司发展战略，把“创新”纳入集团公司总体战略，形成资源、市场、国际化和创新“四大战略”。完善战略目标，即到 2020 年世界一流综合性国际能源公司建设迈上新台阶，到 2030 年建成世界一流综合性国际能源公司。为确保发展方针、发展战略、战略目标的实施落实，进一步明确优先、有效、加快、协调的主营业务发展定位，提出“五个着力”的重点部署和举措，即着力做强做优主业，厚植发展优势；着力深化企业改革，激发发展活力；着力推动创新引领，增强发展动力；着力强化安全环保，夯实发展根基；着力重塑中国石油良好形象，凝聚发展合力。

（2）油气勘探开发业务支柱作用充分发挥。国内油气勘探保持低油价下投资力度不减，实施有利区带和层系精细勘探，落实长庆环江、新疆玛湖西斜坡等 5 个亿吨级规模石油储量区，以及苏里格西二区、川中高石 1 井区等 7 个千亿立方米级规模天然气储量区；优化预探和风险勘探目标与方案部署，在青海英西盐下、吐哈红台等取得 8 项重要发现；加强重点区域地质评价，致密油勘探在长庆长 7、大庆长垣南等 4 个区块取得新进展，长宁、威远和黄金坝地区首次提交页岩气探明储量 1635 亿立方米。2015 年新增石油技术可采储量 1.32 亿吨、天然气技术可采储量 2895 亿立方米，油气探明地质储量当量连续 9 年超过 10 亿吨。国内油气生产加强动态调整，开展产能部署优化、压减低效无效项目，扩大水平井应用规模，深化老区精细挖潜、有效控制自然递减，2015 年生产原油 11143 万吨、天然气 955 亿立方米。西南磨溪龙王庙气田 110 亿立方米产能高质量高效益全面建成投运。长宁—威远、昭通两个页岩气示范区平均单井产量达到 10 万米^3/日，国内最大的保德中低阶煤层气田建成投产。各油气田公司采取压减风险作业成本、关停亏损设施、大力节能降耗等措施，油气单位操作成本、原油完全生产成本同比分别下降 1.4% 和 9.8%，2015 年实现利润 264 亿元。国内对外合作生产油气当量 907 万吨，实现利润 48 亿元，引入资金、技术、管理的窗口作用进一步显现。

（3）炼油与化工业务实现扭亏为盈。紧跟市场变化，优化生产组织和产品结构，按效益优先原则安排资源流向和装置负荷，停产没有边际贡献的装置，科学组织检维修。2015 年国内加工原油 1.5 亿吨，生产成品油 1.04 亿吨，航空煤油等高效产品产量增长 15% 以上，柴汽比降低 0.16。积极应对柴油供过于求的突出矛盾，坚持生产向化工倾斜，加强企业间原料互供，增产高附加值化工产品，促进化工盈利水平提升。化工销售扩大终端营销渠道，顺势促销降库，高效市场销售量增长 10% 以上，销售化工产品 2522 万吨。加快推进10个油品质量升级项目建设，具备东部11省区及其他重点地区国V标准车用汽油、柴油供应能力。云南石化主要装置基本建成。开展对标达标，强化成本控制，炼油综合能耗和乙烯燃动能耗等指标持续下降，21项主要技术经济指标好于2014年，大连石化等15家企业实现盈利，2015年炼化业务实现利润20亿元，自2011年以来首次全面盈利。

（4）成品油销售业务应对市场能力提升。坚持加大促销、突出纯枪销售，准确研判市场，优化销售结构，加大直炼资源销售和成品油出口力度，合理安排外采，全力降低库存，确保炼油厂后路畅通；强化"油卡非润"一体化营销，围绕零售上量因地因站组织专题促销、跨界营销，积极探索"互联网＋营销"等新模式，2015年国内销售成品油1.16亿吨，纯枪销量同比增加44.1万吨；拓展燃料油、润滑油、沥青等产品销售，开展便利店服务优化提升，非油品业务收入、利润同比分别增长26%和42%。深入推进"双低站"治理，推广精细化和现场"6S"管理，实施省级资金集中支付，加强油库优化、运力统筹和损耗管控，吨油运费、油品损耗同比分别下降3.4%和22%。四川销售等20家企业实现盈利。全力做好抗灾救援保供和重大活动期间的油品保障，圆满完成国家向尼泊尔援助汽油任务，展现中国石油良好形象。

（5）天然气与管道业务盈利水平持续增强。面对天然气供应转向宽松的局面，调整国内自产气生产节奏，根据照付不议最低合同量安排进口气，严格控制LNG现货采购，挖掘管网管存潜力，加大储气库注气力度，保持业务链资源平衡；制定销售激励政策，持续抓好重点新建管道市场和东部沿海高效市场开发，及时实施大客户和直供工业用户调价促销，推动长输管道沿线等大用户投产，利用气价下调机会大力扩销上量；加强需求侧管理，开展用户自采LNG代储代销，全力保障冬季高峰期用气。2015年销售天然气1226亿立方米，同比增长2.6%，天然气与管道业务实现利润302亿元，同比增长103%。优化油气管道运营管理，提高了运行效率。有序推进重点项目建设，津华（天津港—华北石化）、铁锦（铁岭—锦西）原油管道和漠大线增输工程等建成投产，西气东输三线东段、锦郑（锦州—郑州）成品油管道等工程建设稳步推进。

（6）海外业务实现安全平稳有效发展。面对部分资源国内战和恐怖袭击的严峻形势，切实加强安保防恐和应急能力建设，2015年海外未发生中方人员社会安全伤亡事件，确保了油气田生产和重点建设项目安全平稳运行。海外油气勘探在阿姆河右岸东部发现2个千亿立方米气区，苏丹6区Sufyan凹陷展现亿吨级场面，乍得H区块发现新的高产富集潜山油藏，2015年新增油气可采储量当量9886万吨。油气生产差异化调整产量运行安排，鲁迈拉、艾哈代布、阿姆河、乍得等项目持续增产，委内瑞拉MPE-3、苏丹6区等项目产量保持稳定，阿克纠宾、PK等项目优化调整产量计划，伊朗北阿扎德甘等项目按计划建成投产，2015年油气权益产量当量同比增长10.5%。加快落实"一带一路"沿线国家合作项目，与俄罗斯天然气工业股份公司签署中俄东线天然气管道建设合作协议，完成哈萨克斯坦卡沙甘项目转股协议。围绕低油价下创效目标，及时优化调减项目投资，大力控减生产成本和管理费用。2015年单位操作成本、完全成本、付现成本分别同比下降28%、31%和41%，实现利润175亿元。国际贸易积极协调优化原油、天然气进口资源，突出抓好成品油出口业务，成功开拓澳大利亚等高端成品油市场，出口量同比增长48%，提升三大油气运营中心运作质量，2015年完成贸易量4.3亿吨、贸易额1678亿美元，实现利润57亿元。

（7）服务业务外部市场开拓成效明显。工程技术业务在保证国内勘探开发项目工程进度和质量的同时，借助国家间合作平台、机制和政策扩大国际市场份额，推行总包外包模式，延伸服务领域，努力控制固定成本、压减变动成本，海外外部市场合同额占国际市场的比例超过60%，实现利润34.6亿元。工程建设业务强化设计、采购、施工、监理等全业务链管控，大力开拓海外市场，积极探索BOT、EPC+融资等商业模式，成功进入加拿大、美国等高端市场，国内外部市场和海外市场新签合同额占总量的66%，实现利润30.9亿元。装备制造业务积极推进国际产能合作，加大产品推介和市场开拓力度，2015年出口收入占总收入的52%；狠抓重点企业扭亏解困，直属企业同比减亏67.9%。金融业务积极应对央行五次降息、汇率双向波动加大等不利影响，促进产融结合，拓展外部市场，严控金融风险，积极发挥融资保障作用，2015年实现利润140亿元。矿区服务系统压缩管理机构和人员，继续推进"三供一业"分离移交，医疗、托幼等业务市场化、社会化进程进一步加快。

（8）改革和创新有效激发动力活力。稳妥推进深化改革重点工作。统筹安排九大类68项改革工作，出台实施一批专项改革方案。围绕提质增效深入落实相关改革举措，分两批调整下放总部管理和审批权限，推进扩大企业经营自主权试点；实施中石油东部管道有限公司、中石油管道联合有限公司及中石油西北联合管道有限责任公司三家公司的重组整合；深化中亚天然气管道、克拉玛依石化等项目和企业的合资合作；全面开展科研单位专业技术岗位序列改革。在调整理顺海外业务管理体制、实施两个“昆仑”整合、资产轻量化等方面取得积极进展，特别是管道资产重组成为近年来集团公司资本运作的突出亮点。

大力推进科技创新，集中开展国家、集团公司重大科技专项攻关和现场试验，大庆三元复合驱、深层非均质碳酸盐岩储层改造、延迟焦化等技术取得重大突破并成功投入应用，破解生产建设瓶颈制约。“长庆5000万吨级特低渗透—致密油气田勘探开发与重大理论技术创新”项目获国家科技进步奖一等奖。ERP应用集成新增16家单位上线运行，油气生产物联网在6家油气田试点，工程技术物联网全面建成，核心应用系统进入云计算平台运行。

（9）开源节流提质增效取得明显成效。大力实施开源节流降本增效，严格工效挂钩考核，狠抓12大类33项措施落实，根据油价走势和市场变化调整投资计划，同比下降34.7%；加强税收筹划，开展“两金”占用清理和亏损企业治理，加大宾馆酒店处置以及办事处和公务用车清理力度；成本费用得到有效控制，人工成本首次“硬下降”，财务费用大幅减少，利息净支出同比下降21.8%，“五项”费用同比下降12%；强化产运销储贸统筹协调，有序有效组织生产经营，及时修订相关产品质量、节能降耗等标准，加强物资集中采购和统一招标管理，推进基础管理体系融合试点工作，提高了管理效率效益。各企业积极探索和推进改革创新，狠抓短板消缺和瓶颈突破，全力推进管理提升，深挖内部潜力，成本和效益指标持续改善。通过控投资、降成本、轻资产、治亏损等多措并举和各方面共同努力，2015年集团公司开源节流降本增效实现增利420亿元。

（10）安全环保形势稳中向好。深入开展新《安全生产法》和《环境保护法》宣传贯彻，切实落实安全环保责任，严格考核、严肃追责，杜绝了重大及以上安全环保事故，生产亡人事故起数和死亡人数同比下降35.3%和34.8%。持续深化HSE体系审核，推广标准化作业程序和基层站队建设，安全环保管理基础得到加强。扎实推进长输管道等隐患整治，停输庆铁二线、秦京线等35条老旧管道，加快实施未验先投以及危废渣场等重大隐患排查和治理，长输管道隐患和集团公司重大隐患总体整改率均达到90%、超额完成国家要求的进度目标；特别是天津港“8·12”火灾爆炸事故发生后，各企业全面开展安全生产大检查，突出危险化学品库区专项整治，进一步强化了安全风险防控。完善应急预案体系，完成井控、管道、海上专业救援中心建设。推进油气田加热炉提效和炼化能量系统优化，关停排放超标和亏损严重的燃煤电厂，完善污染源在线监测平台，2015年实现节能116万吨标准煤、节水2061万立方米，主要污染物减排指标全面完成。扎实做好安保防恐和抢险等工作，在“9·3”阅兵等重大活动、天津港“8·12”火灾爆炸等重大事故救援中，有效发挥中央企业的中流砥柱作用。

（11）“重塑中国石油良好形象”大讨论活动深入开展。集团公司上下把重塑良好形象作为一项重大而紧迫的任务，作为加强企业党的建设重要抓手，专题召开领导干部会议进行动员部署。党组成员带头宣讲，带头开展讨论，带头整改落实。各部门各单位快速行动，突出领导干部这个“关键少数”，分层面展开讨论，联系实际查找问题、制订整改措施。全员全方位发动，开展“学铁人忆传统树形象”主题教育、“我为重塑形象添光彩”劳动竞赛等活动，利用各种媒体加强宣传引导，大讨论活动不断向纵深推进。大讨论活动的深入有效开展，促进了集团公司形象的持续改善，“让损害形象的行为不再发生”深入人心，影响企业形象的突出问题得到有效整治，社会各界对中国石油理解、认同和支持的声音明显增多，集团公司良好形象正在重回公众视野。

（12）党的建设取得新成果。认真组织开展“三严三实”专题教育，扎实做好“关键动作”，从严从实查找问题、动真碰硬进行整改，各级领导班子及广大党员干部在思想、作风、党性上进行了一次集中“补钙”“加油”，政治意识、纪律意识和规矩意识不断强化。按照全面从严治党要求，大力加强企业党的建设和各级领导班子建设，党组织的凝聚力战斗力进一步增强，各级领导班子的结构进一步优化、整体功能进一步提升。坚定不移推进反腐倡廉建设，坚决同以习近平同志为总书记的党中央保持高度一致，坚决拥护中央对周永康、蒋洁敏、廖永远、王永春等人严重违法违纪行为的查处，全力配合中央巡视组开展工作，逐条逐项抓好巡视反馈问题整改落实，大力正风肃纪，坚决清除政治雾霾，整改工作得到中央及有关部委的肯定和职工群众的认可。

集团公司2015年生产经营主要目标的实现和各项工作任务的完成，标志着“十二五”平稳顺利收官。经过“十二五”的发展，集团公司综合实力和国际竞争力显著增强，在世界500强和50家大石油公司中的排名分别从2010年第十位和第五位上升至

2015年第四位和第三位；原油产量、天然气产量、原油加工量分别跃居国际可比公司第一位、第二位和第三位；资产规模超过4万亿元，是"十一五"末的1.5倍；年均实现营业收入2.5万亿元、利润总额1620亿元、上缴税费3890亿元，与"十一五"相比，分别增长106%、持平和1.7倍，为国家经济社会发展做出了重要贡献。

（王柏苍）

特　载

坚定战略目标　加快改革发展
为推动能源生产和消费革命做出新贡献

——周吉平在集团公司2015年工作会议上的报告（摘要）

（2015年1月25日）

这次工作会议的主要任务是，深入贯彻落实党的十八大和十八届三中、四中全会及中央经济工作会议精神，认真学习贯彻习近平总书记系列重要讲话精神，总结近年来主要工作成果，安排2015年重点工作，研究低油价严峻挑战的应对之策，明确今后一个时期集团公司在国家推动能源革命中的目标任务，动员广大干部员工认清形势、开拓进取，坚定全面建成世界水平综合性国际能源公司战略目标，持续深化企业改革，大力实施创新驱动，努力建设法治企业，实现公司有质量有效益可持续发展，为保障我国能源安全、促进经济社会发展做出新贡献。

一、近两年来工作的简要回顾

2013年以来的两年，是集团公司发展进程中极不寻常、极不平凡的一段特殊时期。国际政治经济形势纷繁复杂、国内经济下行压力加大，石油石化市场波动加剧、国际油价高位震荡后快速下跌，部分资源国政策收紧、恐怖主义活动和局部冲突频发，国内油气需求增速放缓、成品油价格大幅走低，同时公司个别领导人员违纪违法案件引发内外部高度关注、企业形象和声誉受到严重影响。这些使我们的生产经营难度陡增，国际化经营风险骤升，干部员工思想产生较大波动，公司上下经受着多重压力和重大考验。集团公司新一届党组全面贯彻落实党中央、国务院决策部署，牢牢把握稳中求进工作总基调，观大势谋全局、抓大事解难事，团结带领广大干部员工埋头苦干、主动作为，统筹推进各项工作，实现了公司平稳有序健康发展。

丰富完善公司发展思路，更加突出了战略转型要求；加大业务结构调整优化力度，有力促进了质量效益发展；扎实推进改革创新，切实增强了发展动力活力；全面实施三大基础性工程，有效夯实了企业发展根基；大力加强党的建设和队伍建设，初步建立了转变作风的常态化机制。

过去的2014年，面对更加复杂的发展环境，特别是下半年国际油价快速下跌、国内成品油价格"十一连降"的严峻挑战，我们快速反应、积极应对，全力优化生产运行，强化开源节流降本增效措施落实，取得了好于预期的经营业绩。在投资规模同比压减21%、油价下降5.4%的情况下，公司营业收入基本稳定、上缴税费继续增长，利润总额同口径相比增长7.8%，财务资产状况持续改善；国内新增油气储量保持10亿吨以上，油气产量再创历史新高，大庆油田连续12年保持原油4000万吨以上稳产，长庆油田油气当量突破5500万吨，国内对外合作油气产量同比增长11%；国内原油加工量、天然气销售量继续较快增长，国Ⅳ标准柴油质量升级置换如期完成，高标号汽油和航空煤油销量快速增长；海外油气权益产量超过6500万吨，国际贸易量增长9.1%；中俄东线、西线天然气项目取得重大突破，油气领域全面战略合作关系不断深化；工程技术等业务国内外部市场和海外市场开拓力度加大、占比提升；四川石化、中亚天然气C线、西气东输三线西段等一批重点项目成功投产，中亚D线开工建设；"油气战略通道建设与运行关键技术"获国家科技进步奖一等奖。集团公司在世界大石油公司排名跃居第三位、世界500强排名上升到第四位。

过去的两年，我们坚定发展方向不动摇，咬定战略目标不放松，推进改革创新不停步，大力夯实发展根基，全面履行三大责任，敢于担当，勇于攻坚，实现了稳中有进、稳中有为，转型发展迈出坚实步伐，综合实力和国际竞争力进一步增强。我们深刻汲取公司个别领导人员违纪违法案件的沉痛教训，坚决拥护中央对周永康、蒋洁敏、王永春等严重违纪违法的处理决定，坚定同以习近平同志为总书记的党中央保持高度一致，旗帜鲜明地反对腐败，大力正风肃纪，在大是大非面前经受住了严峻考验。我们各级领导干部和百万石油员工同呼吸、共命运，同甘苦、共奋进，以坚定的信念、百倍的忠诚、顽强的意志，战胜各种困难和挑战，保持了公司持续健康发展和大局稳定，为国有经济保增长、国民经济稳增长做出了新贡献，向党和人民交出了一份合格答卷。

艰难困苦、玉汝于成，成绩来之不易！这是党中央、国务院正确领导的结果，是国家有关部委、地方党委政府大力支持的结果，是广大干部员工团结一致、砥砺前行、拼搏奉献的结果。在此，我代表集团公司党组和集团公司，向始终关心支持中石油发展的国家部委、地方党委政府和社会各界表示衷心的感谢！向全体干部员工、离退休老同志及职工家属致以崇高的敬意！

二、充分认清肩负的重大责任和面临的严峻挑战

中国石油作为国有重要骨干企业和我国最大的油气生产供应企业，在保障我国能源安全、促进经济社会发展中地位重要、责任重大。要加大资源勘探开发力度，保持国内油气生产供应主导地位，在能源供给革命中发挥主力军作用；加大能源资源节约利用力度，促进粗放型用能方式向集约高效型用能方式转变，在能源消费革命中发挥表率作用；加大科技创新力度，建设创新型企业，在能源技术革命中发挥引领作用；加大企业改革力度，推进公司治理体系和管控能力现代化国际化，在能源体制革命中发挥积极作用；加大走出去力度，建设一批长期可靠、安全稳定的海外能源基地和资源引进通道，在开展全方位国际合作中发挥带头作用。

从当前及今后一个时期看，集团公司落实国家能源发展战略，在推动能源革命中实现新发展、再做新贡献，既有不少有利条件和机遇，更面临着诸多困难和严峻挑战。外部环境发生深刻复杂变化，集团公司自身的矛盾和问题进一步凸显。

综合起来看，尽管面临的挑战前所未有，但集团公司仍处于发展重要战略机遇期的总体判断没有改变，处于从注重规模速度向更加注重质量效益发展转型的阶段定位没有改变。当前及今后一个时期，我们必须保持战略定力、适应形势变化，以改革创新精神抓住机遇、直面挑战，稳中有为、稳中求变，努力实现经济新常态下的转型发展，使集团公司发展速度由快速增长转向持续稳健增长，发展方式由主要依靠投入扩大增量转向更多依靠调整存量做优增量、创新驱动和员工素质提升，效益贡献由过度依赖上游业务转向各业务协调发展共同创效。这也是全面履行责任使命、为推动能源生产和消费革命多做贡献的必然要求。

总体工作思路是：以党的十八大和十八届三中、四中全会精神为指导，深入贯彻习近平总书记系列重要讲话精神，牢牢把握稳中求进工作总基调，坚持有质量有效益可持续发展方针，深入实施三大战略和三大基础性工程，着力做好业务结构调整、增长点培育和低成本发展"三篇文章"，全面深化企业改革，全面强化创新驱动，全面推进依法治企，充分发挥政治文化优势，不断增强发展动力活力、提高效率效益、提升核心竞争力，在国家推进能源革命中发挥更大作用。到2020年，集团公司综合实力和竞争能力显著提升，油气产量和供应量继续保持国内主导地位，营业收入、利润和投资回报位居国际大石油公司前列，现代企业制度更加完善，全面建成世界水平综合性国际能源公司，实现由大到强的转变。到2030年，公司治理体系和管控能力实现现代化国际化，规模实力、盈利能力、创新能力和国际竞争力全面达到国际同行领先水平。

三、着力构建业务发展新格局

我们要突出集中发展油气主营业务，充分利用两种资源两个市场，增加国内油气供应，促进能源资源节约利用，努力形成业务发展新优势。

完善业务发展定位，做好结构调整大文章。立足稳油增气，优先发展国内上游业务。按照"稳定东部、加快西部、发展海上"的战略部署，坚持油气并重、陆海并进、常非并举，巩固拓展五个规模油气生产区，优化调整生产结构，实现原油产量稳中有升、天然气较快增长。注重价值提升，加快发展天然气业务。统筹自产气和引进资源，加强产运销储贸各环节的有机衔接，充分发挥国产气的效益拉动作用，有效降低进口气成本，把天然气业务真正打造成价值性工程。深化油气合作，优质高效发展海外业务。按照突出中亚—俄罗斯、做大中东、拓展美洲、加强非洲、推进亚太的思路，巩固发展五大油气合作区，全面建成四大战略通道和三大国际油气运营中心，增强海外资源获取能力和资产创效能力，提升国际影响力和市场话语权。调整优化结构，提质增效发展炼化业务。要严控炼能增长、突出差异发展、提升技术水平、加强运行优化，重点加快现有装置和产品结构调整，关停淘汰落后产能，注重企业定位、主导产品和盈利模式的差异化，打造一批优势特色炼油厂和精品企业。突出终端能力，积极有序发展销售业务。以市场为导向、客户为中心、效益为目标，科学安排资源组织和市场投放，全力抓好直炼资源销售，优化库存和外采资源，加强高端高效市场开发，推进“油卡非润”一体化营销，努力提高库站运营效率和价格到位率，实现从单纯扩销上量向注重产销协同和市场创效转变。加快转型升级，协同有效发展服务支持业务。工程技术、工程建设、装备制造业务要着力培育市场化国际化经营能力，持续优化队伍、装备和产品结构，建立与内外部合作伙伴及客户的战略联盟和协作关系，提高总承包、定制化等服务能力，打造技术利器和拳头产品，形成一批特色突出、竞争力强的专业化公司。

着眼长远发展，做好增长点培育大文章。培育新的增长点是破解当前发展难题的迫切需要，也是实现长远发展的希望所在。要立足油气主业做好质量效益的加法，充分发挥比较优势，挖掘业务增长空间和创效潜力，形成可持续的盈利能力。要立足现有业务挖掘效益增长点。要从市场开拓中培育效益增长点。要从新项目新领域中寻求效益增长点。要以国家统筹推进落实西部大开发等“四大板块”和“一带一路”等“三个支撑带”的战略组合为契机，根据不同地区的资源状况、区位优势、支持政策等因素，进一步优化完善区域发展布局，形成几个规模与效益同步发展的增长极。

应对低油价挑战，做好低成本发展大文章。牢固树立长期过紧日子思想，立足低油价的底线思维，用好低油价形成的倒逼机制，控投资、降成本、重节约、提效益，形成可持续的竞争能力。采取革命性措施，大力实施开源节流降本增效。节约利用能源资源是推动能源革命的重要举措，也是公司实现低成本发展的有效途径。要树立节能就是增产、节约就是增效的观念，严格控制用能总量，抓好源头治理与存量挖潜，不断提高能源利用效率，努力使主要能耗指标达到国际先进水平。

按照上述业务发展思路，要精心组织好“十三五”规划编制工作。从服务国家经济社会发展全局出发，认真贯彻国家推动能源革命的部署，与集团公司战略发展目标、深化改革创新、建设法治企业等有机结合，全面做好总体发展规划、专业规划、专项规划和区域规划，细化落实做好“三篇文章”的具体安排和保障措施。加强前期研究和评估论证，加强与国家行业发展规划、地方政府规划的对接，加强内部业务之间、企业之间、区域之间的衔接协调，使规划成为推动公司可持续发展的行动指南。

四、充分激发深化改革新活力

全面深化集团公司改革，既是落实中央深化国有企业改革部署的实际行动，也是适应国家能源体制革命的必然要求。要认真贯彻中央的决策部署和习近平总书记关于国有企业改革的一系列重要指示精神，坚持走中国特色社会主义国有企业发展道路，坚持市场化改革方向，以增强活力、提高效率和提升核心竞争力为重点，着力消除各方面体制机制障碍，完善现代企业制度，推进公司治理体系和管控能力现代化国际化，到2020年形成与世界水平综合性国际能源公司相适应的治理体系，体制机制充满活力，管理制度成熟定型，业务结构科学合理，商务模式行业领先，市场竞争优势突出，打造更加开放、更具活力、更可持续的中石油。

2014年以来，在深入研究改革工作、组织制定改革总体方案过程中，我们对集团公司今后一个时期全面深化改革的重点任务进行了调整完善，主要是：以完善公司治理和提升管控能力为重点，以业务结构调整和持续重组为主线，以充分发挥市场在资源配置中的决定性作用为导向，以增强活力和提高效率为中心，以发挥政治文化优势为保障。

2015年是全面深化改革的关键之年，要全力抓好以下改革重点：制定出台公司全面深化改革总体方案和相关专项方案；继续下放管理权限和审批事项、简化审批程序；选择部分企业继续推进扩大经营自主权试点；深化业务体制调整整合；推进未上市业务持续重组；开展矿区服务业务跨企业重组；完善市场化机制；制定资产轻量化实施方案；推进混合所有制改革；深化三项制度改革；出台深化科技体制改革完善创新体系实施方案；继续完善监督制约体制机制。

五、加快培育创新驱动新引擎

创新驱动是推动能源革命的必由之路，也是实现集团公司可持续发展的必然选择。要始终注重发挥创新驱动作用，着力提升自主创新能力，以信息化推进管理创新，全面提升人才队伍素质，努力形成新的增长动力源泉。

科技创新是创新驱动的“牛鼻子”。要紧跟国际能源技术变革新趋势，以驱动主营业务发展重大关键技术为重点，以绿色低碳为方向，按照集中攻关试验一批、推广应用一批、超前储备一批的路径，努力形成技术新优势，使公司整体技术实力逐步达到国际领先水平。管理创新是企业发展的重要动力。要以信息化建设为抓手大力推进管理创新，加大ERP系统与各专业信息系统集成应用力度，推进物联网、云技术平台、“大数据”建设，持续提升信息安全保障能力，构建支撑上下游业务全面协同、数据集中共享、决策科学高效的信息系统，推动业务流程改造、管理提升和商业模式创新。人才是创新的核心要素。要以建设人才强企为目标、以人才职业化国际化为重点，抓好培养、配置、使用三个环节，完善人才工作体制机制，加快人力资源开发步伐，全面提升队伍素质和能力。

六、全面落实依法治企新要求

要把依法治企贯穿于推动能源革命、推进集团公司持续健康发展的全过程，按照中央全面推进依法治国的战略部署，加快建立科学完备的依法治企体系，加强法治能力建设，强化依法合规管理，保障企业和员工合法权益，努力建设法治企业。

大力增强法治观念，完善治理机制和制度体系，加强重点领域依法合规管理，依法维护企业和员工权益。要把依法治企的各项要求落实到安全环保稳定工作中。深入学习贯彻新《安全生产法》和《环境保护法》，严格落实“党政同责、一岗双责、齐抓共管”责任体系，推进专业领域HSE标准化管理，继续抓好油气管道等重点领域隐患治理和安全环保监管，落实污染减排各项措施，依法依规严肃处理未批先建、未验先投、超范围建设和“三违”行为，建立完善全覆盖的安全环保监督体系和全员安全绩效考核机制，坚决杜绝重大安全生产事故和环境污染事件，实现安全环保形势根本好转。坚持用法治思维和法治方式化解矛盾、解决问题、维护稳定，引导各类群体理性表达诉求，严格落实维稳领导责任，完善维稳工作流程，把信访工作、矛盾调处、事件处置等全面纳入法治化轨道；深入推进矿区社会治理，落实政府惠民政策，努力改善职工生活条件，改进扶贫帮困机制，推进社区居民自治，努力建设和谐油区、安定矿区。

七、努力形成政治文化新优势

党的领导和大庆精神铁人精神是我们突出的政治文化优势。在推进改革发展、推动能源革命中，要瞄准新目标，探索新途径，创造新载体，更好发挥政治文化的保障支撑作用。

坚决落实全面从严治党要求，加强党的思想建设、组织建设、作风建设、反腐倡廉建设和制度建设。落实从严治党责任，教育引导广大党员和领导干部，坚定理想信念，保持政治定力，严守政治规矩，严肃党的纪律，严格党内生活，增强党性修养，强化组织原则。

深入推进党风廉政建设和反腐败工作。认真贯彻十八届中央纪委五次全会精神，把全面落实“两个责任”与企业发展同步谋划部署、同步组织实施、同步检查考核，细化落实主体责任清单制度、报告制度、约谈制度，形成制度保障和工作传导体系；坚持无禁区、全覆盖、零容忍，严肃查办贪污贿赂、失职渎职、违反财经纪律，以及利用中国石油资源和平台谋取私利、侵害企业利益，违反“三重一大”决策制度造成损失等方面的案件；深入开展廉洁从业教育和警示教育，强化党规党纪和制度约束，加大巡视监督力度，使党员干部做到不敢腐不能腐不想腐，让反腐利剑高悬、震慑作用常在。

作风建设永远在路上。要持续巩固扩大教育实践活动成果，对整改落实情况进行“回头看”，以“讲认真”的精神深化专项整治，对“四风”方面突出问题保持警觉，加强督促检查，发现一起、查处一起，确保问题不复发、不反弹。要在领导干部中深化“三严三实”专题教育，把作风教育纳入党委中心组和企业班子学习的重要内容，发挥正反两方面典型的教育警示作用，建立领导班子和领导干部作风状况定期分析机制，纳入年度考核和干部考察，推动作风建设制度化常态化。坚持开门改作风，增强宗旨意识和群众观念，完善联系群众的组织体系、服务体系、监督体系和保障体系，更好地服务职工群众，持续改善党群干群关系。

坚持守本开新，丰富发展中石油特色企业文化。以社会主义核心价值观为引领，突出大庆精神铁人精神的核心地位，把深化改革创新、推进依法治企、实施低成本发展与弘扬石油工业优良传统结合起来，充分发挥文化凝聚人心、鼓舞士气、推进发展的强大精神力量；推动企业文化走出去，积极探索与资源国、合作伙伴文化相互融合的有效途径，进一步提高中石油文化的感召力影响力。把品牌建设作为提升文化软实力的有效载体，创建一流产品、工程和服务，加强公司价值管理，积极履行社会责任，处理好与利益相关者关系，不断提升品牌价值和美誉度。持续开展“形势目标任务责任”主题教育，加大正面宣传力度，畅通媒体传播沟通渠道，主动讲好中石油故事、传递中石油声音，营造良好舆论环境，内增凝聚力、外树新形象。

面对新形势新常态，在国家能源革命中实现集团公司新的发展，任务艰巨、任重道远。我们要紧密团结在以习近平同志为总书记的党中央周围，戮力同心、求真务实，深入推进世界水平综合性国际能源公司建设，为全面建成小康社会、实现中华民族伟大复兴的中国梦做出新的更大贡献。

主动适应新常态 积极应对低油价 全力实现“十二五”圆满收官

——在集团公司2015年工作会议上的报告（摘要）

（2015年1月25日）

根据党组讨论的意见，主要总结集团公司2014年工作成果，部署2015年重点任务。

一、2014年主要工作成果

2014年，面对复杂严峻形势，集团公司上下深入贯彻党中央、国务院的决策部署，牢牢把握稳中求进工作总基调，坚持有质量有效益可持续发展方针，突出集中发展油气主业，调整优化工作部署，不断深化改革创新，大力实施开源节流降本增效，生产经营平稳受控，经营业绩良好。全年实现营业收入2.75万亿元、同比基本持平，利润总额1731.2亿元、同比下降7.9%、可比口径同比增长7.8%，上缴税费4276亿元、同比增长2.9%；有息债务余额比年初下降7.1%，资产负债率、资本负债率分别同比下降2.6个百分点和3个百分点。国内外生产油气当量31721万吨、同比增长3.5%，加工原油19303万吨、同比增长2.5%，销售成品油17819.9万吨、天然气1237.1亿立方米，分别同比增长4.4%和8.1%。各方面工作都呈现不少新亮点。

国内油气产量创历史新高。持续推进储量增长高峰期工程，新增探明石油地质储量6.9亿吨、天然气地质储量4840亿立方米，分别实现了“九连增”“八连旺”。油气田开发以增加效益产量为目标，整体优化开发方案，加快推进重点产能建设，狠抓常态化精细注水，稳步实施二次开发和重大开发试验，老油田稳产基础不断夯实，自然递减率和含水上升率分别控制在10%和0.24%，为近年来最好水平。国内生产原油11367万吨、天然气954.6亿立方米，均创历史新高，实现计划“双超”。

炼化生产与油气销售市场应对能力和经营水平稳步提升。炼化生产紧贴市场需求变化，坚持“两控一降一调整”，优化原油资源配置和生产运行安排，合理控制加工负荷，实现了安全平稳运行。国内加工原油15016万吨、生产成品油10184万吨。成品油销售积极应对市场需求增速放缓、特别是柴油需求下降的不利局面，坚持扩销降库增效，密切产销衔接，加强直炼资源调出和销售，严格控制外采，确保了直属炼油厂生产后路畅通，为集团公司产炼销平稳运行和整体效益最大化做出了积极贡献。国内销售成品油11702万吨、超计划502万吨。天然气销售积极应对市场供求变化和冬夏峰谷差加大的形势，以淡季促销、旺季保供、推价提效为重点，统筹优化自产气、进口管道气和LNG资源配置，加强产运销储各环节衔接，扎实做好需求侧管理，实现了产销总体平衡，保障了用气高峰期的安全稳定供应。国内销售天然气1195亿立方米、同比增长8%。

国际油气合作实现重大突破。中俄、中亚油气合作硕果累累。与俄罗斯先后签署东线380亿米^3/年天然气购销协议、东线管道建设和运营技术协议、西线300亿米^3/年天然气供应框架协议，以及万科油田项目合作框架协议。与哈萨克斯坦、乌兹别克斯坦、塔吉克斯坦、吉尔吉斯斯坦、土库曼斯坦等中亚国家新签署一批一体化合作协议，中亚油气合作示范区建设稳步推进。与蒙古、缅甸、秘鲁、古巴、巴基斯坦、委内瑞拉等国也签署多项合作协议。

注：此文为廖永远在集团公司2015年工作会议上的报告。2015年3月16日中央纪委监察部网站发布：中国石油天然气集团公司总经理廖永远涉嫌严重违纪违法，目前正接受组织调查。

油气勘探坚持整体研究、科学论证、合理部署，新增油气可采储量当量1.44亿吨，连续6年新增储量规模超亿吨。强化风险管控，加强生产运行统筹协调，积极实施开发“三大工程”，优化调整重点产能建设安排，海外油气生产保持了快速发展，完成油气作业产量当量1.27亿吨、权益产量当量6520万吨，同比分别增长3.5%和10.1%。国际贸易规模和运营质量进一步提升，完成贸易量3.85亿吨、同比增长9.1%，贸易额2650亿美元，利润增长13.2%。

工程技术服务等业务转型升级步伐加快。在投资规模压减、内部工作量大幅下降的情况下，工程技术服务业务优化生产组织方式，加快实施工厂化作业模式，不断推进提速提效提素和区块总承包示范区建设，2014年综合提速2%以上，总承包示范区提速5%，有力促进了油气勘探开发顺利实施；加大外部市场和高端市场开发力度，海外市场新签合同额65.4亿美元，海外市场和系统外市场新签合同额比例提高到67%。装备制造业务积极推进结构调整，着力打造装备利器，内强管理降本增效，外闯市场抢抓订单，实现合同签约额619亿元，出口签约额突破40亿美元。

重点工程建设按计划有序推进。四川安岳气田磨溪龙王庙组、长庆姬塬及马岭等重点产能项目顺利实施，国内新建成原油生产能力1383万吨、天然气172亿立方米，保障了油气田稳产上产。四川石化全面投产，广西石化含硫油配套工程建成投运，云南石化建设加快推进，对于完善集团公司炼化布局结构、保障西南地区成品油稳定供应具有重要意义。积极落实大气污染防治行动计划，柴油质量升级改造项目按期建成，车用柴油全部达到国Ⅳ标准。中亚天然气管道C线建成投产、D线正式开工建设，中俄东线天然气管道境外段开工、国内段前期工作稳步推进，落实国家建设丝绸之路经济带战略、推动与周边国家能源基础设施互联互通迈出新步伐。西气东输三线西段、呼包鄂成品油管道、庆铁四线原油管道等顺利投产，国内油气骨干管网不断完善，管输能力不断提升，天然气和成品油管输量同比分别增长9.8%和41%，原油管输量超计划28.3万吨。新疆呼图壁、西南相国寺等6座商业储气库全部建成投产，供气调峰保障能力进一步增强。

生产运行组织协调力度加大成效明显。在原油资源平衡方面，突出东北、华北、西部等重点地区，优化东北、兰成、任京等管道运行，合理安排商储库收储俄罗斯原油，协调解决部分炼化企业投产和检修期间资源的配置，确保了国内油田生产后路畅通以及俄罗斯原油按计划进口。按效益原则优化原油流向，合理调减海上原油进口，大力促进自产原油全产全销。新疆稠油实现就近集中加工，冀东和西南油气田轻烃资源得到优化配置，炼油厂之间原料互供互调，最大限度地发挥了整体效益。在破解成品油炼销存周期性矛盾方面，加强炼销贸统筹协调，采取增加地付、加强管输和铁路外运等多种措施，有效解决炼油厂高库存问题。在天然气资源配置方面，统筹上游生产、进口、注采和销售各个环节，合理安排资源流向，保证了天然气产运销总体平衡。推进商业储气库建设和注气，超额完成注气计划。

改革创新取得显著成果。在集团公司改革领导小组的统一部署下，围绕增产增销增效实施了一系列改革举措。完善工效挂钩办法，实行工资增长与效益增长挂钩联动，健全阶梯挂钩激励机制，业绩考核的效益导向和激励作用充分发挥。与新疆、黑龙江、陕西等省（自治区）签署多项合资合作协议，一批合作项目稳步实施。天然气下游利用业务重组方案正组织推进，天然气营销体制改革方案正式实施。积极落实油气管网设施公平开放，提高了资产利用效率。总部机关和专业分公司调整下放一批管理及审批事项，优化管理流程、简化工作程序，提高了服务基层的效率和水平。各企事业单位结合自身实际，在精简组织机构、压缩管理层级、控减用工总量、推行工效挂钩等方面大胆探索，促进了提质增效，积累了有益经验。把开源节流降本增效贯穿于全年工作始终，进一步明确任务目标，分解落实到各业务板块、各个企业，通过上下共同努力，重点监测指标及事项得到有效控制。以国家及公司级重大科技专项攻关和重大现场试验为抓手，大力推进科技创新，油气勘探、高含水油田改善水驱及提高采收率、稠油超稠油开发、低渗透油气田开发等理论和技术持续完善，炼油化工系列催化剂等重大关键技术和新产品开发实现新突破，天然气液化技术形成了具有自主知识产权的工艺包，连续管技术、船舶以气代油技术和清洁汽柴油生产技术等一批科技成果得到转化并推广应用。油气战略通道建设与运行关键技术获国家科技进步奖一等奖。以ERP系统为核心的信息应用集成项目总体方案设计完成，物联网试点工作顺利推进，集中统一的云技术平台搭建完成，集团公司信息化工作水平继续走在央企前列。

和谐发展局面进一步巩固。加强新《安全生产法》和《环境保护法》学习宣传贯彻，持续强化安全环保工作，严格落实“党政同责”“一岗双责”，加强过程指标和事故指标双重考核，严肃事故追责，建立分层分级风险防控机制，深化 HSE 体系审核和问题整改，采取“四不两直”方式加强对重点企业、重点领域的安全检查，安全环保形势总体平稳可控。我们也要清醒看到工作中存在的问题和不足。主要是：资产创效能力和投资回报下滑，应对油价波动和市场变化不够灵活高效，管理还有许多薄弱环节，企业间三角债、不及时结算付款的矛盾比较突出，安全生产形势依然严峻。对这些问题，我们要高度重视，采取针对性措施，切实加以解决。

二、生产经营面临的形势和任务

当前，世界经济仍处在国际金融危机后的深度调整期，2015 年增速可能会略有回升，但总体复苏疲弱态势难有明显改观。我国经济正处于“三期叠加”阶段，经济发展进入新常态，呈现速度变化、结构优化、动力转换三大特点，认识新常态、适应新常态、引领新常态，是当前和今后一个时期经济发展的大逻辑。全球能源格局正进行深刻调整，油气消费重心东移、生产重心西移的趋势更加显现，国际能源秩序面临新变数。宏观环境的发展变化，将深刻影响集团公司的生产经营活动，既给我们创造不少积极因素和有利条件，也将带来诸多困难和严峻风险。2015 年公司生产经营面临的困难和风险主要表现在：国际油价持续走低严重影响公司经营利润，国内油气需求增速放缓挤压公司市场空间，国际能源格局调整使海外油气合作的风险和难度增加，国内政策环境变化对公司生产经营提出更高要求。

2015 年是全面完成“十二五”规划的收官之年，是全面深化改革、全面推进依法治企的重要一年，也是承上启下为“十三五”谋篇布局的关键一年。集团公司工作的总体要求是：深入学习贯彻党的十八大和十八届三中、四中全会精神，认真落实中央关于推进能源生产与消费革命、“一带一路”等重大战略决策，主动适应我国经济发展新常态，深刻洞悉油气行业发展新动态，坚持稳中求进工作总基调，坚持有质量有效益可持续发展方针，继续实施资源市场国际化战略，突出集中发展油气主业，强化业务结构调整和生产统筹优化，强化市场创效和低成本发展，强化改革攻坚和创新驱动，强化依法治企和从严管理，全面完成生产经营各项任务目标，为“十三五”良好开局奠定坚实基础。

主要生产经营指标是：

——按结算油价 70 美元 / 桶预算，实现营业收入 22780 亿元、利润总额 1010 亿元；集团公司投资总量控制在 3200 亿元左右；集团公司净资产收益率 3.2%，股份公司投资资本回报率 5%。

——国内外油气产量当量 32081 万吨。其中，国内生产原油 11205 万吨、天然气 1002 亿立方米（工作目标 1012 亿立方米），新增探明石油地质储量 6 亿吨、天然气地质储量 5000 亿立方米；海外原油作业产量 10742 万吨、天然气作业产量 270 亿立方米，新增探明油气可采储量当量 1 亿吨以上。

——国内外加工原油 19677 万吨，生产成品油 13351 万吨，销售成品油 17004 万吨、天然气 1315 亿立方米（工作目标 1350 亿立方米）。其中，国内加工原油 15350 万吨，生产成品油 10430 万吨，销售成品油 11700 万吨、天然气 1265 亿立方米（工作目标 1300 亿立方米）。国际贸易量 3.5 亿吨。

——工业生产安全事故百万工时死亡率小于 0.02，杜绝重大及以上安全环保事故；主要污染物排放完成国家下达的减排考核指标；职业健康体检率和职业病危害因素检测率均大于 98%；节能 80 万吨标准煤、节水 1695 万立方米。

与 2014 年实际相比，油价预算目标调低 30 美元 / 桶，但利润指标的安排没有按照原有价值模型线性下降，同时在投资规模压减约 20% 的情况下，保持了主要生产指标稳中有升。这样安排，主要是考虑到集团公司仍处于发展的重要战略机遇期、结构调整攻坚期和提质增效关键期，不追求过高的发展速度和规模，而是要把握好稳增长与调结构的平衡，下更大功夫转变发展方式，推动企业提质增效升级。这既贯彻落实了中央关于国有企业改革发展的新要求，又适应了我国经济发展新常态和油价大幅下跌的新形势；既突出了资源勘探、天然气、国际化经营等战略重点，又兼顾了上中下游、上市未上市业务生存发展的需要，符合企业发展实际，是一个实事求是又积极进取的安排。

三、2015 年重点工作安排

2015 年集团公司生产经营任务十分繁重，全面完成各项目标任务需要付出艰苦的努力。我们必须突出重点、统筹协调，着力抓好以下工作。

加强整体优化和改革创新，大力实施低成本发展。要牢固树立长期过紧日子、苦日子的思想，以更大的决心、更强的力度、更精准的措施，积极应对低油价挑战。采取更加灵活高效的生产经营策略。坚持有保有压有扶有控，进一步优化投资结构和节奏。坚持以收定支、量入为出，稳健经营。严格成本费用管控，努力实现“不升硬降”。越是在低油价下，越要加大改革创新的力度。要围绕解决影响生产经营和质量效益提升的关键问题，以完善市场化机制为核心，协调推进相关改革举措，努力使改革新红利转化为发展新动能。推进总部机关简政放权，持续深化业务重组整合，积极实施资产轻量化，健全内部市场化机制，调整完善绩效考核办法。在深化改革中，要坚持顶层设计与基层探索相结合，注重发现、总结、推广先进做法和成功经验，鼓励各企业结合自身实际，在精简机构人员、整合重组业务、关停并转装置、开拓外部市场等方面大胆实践、先行先试，不断取得新的成效。

以获取规模储量和效益产量为目标，科学组织国内油气勘探开发。坚持把资源勘探放在首位，推进地质与工程、勘探与开发、科研与生产三个“一体化”，努力增加可动用规模储量。科学组织原油生产，加强全生命周期项目管理，努力提高新建产区块的单井产量和开发效益。加强老区精细油藏描述，针对不同类型油藏大力推进精细注水，继续抓好二次开发与深部调驱。天然气生产要结合下游销售和进口情况，实时优化运行安排，加强对主力和枢纽气区、重点气田、高产气井分级动态调控，科学生产、科学调控，保持产量中高速增长。

突出生产优化和结构调整，努力实现炼化业务减亏增效。要按照规模适度、品种适量、建设适时、标准适当的要求，重点做好优化调整大文章。加强生产优化、资产结构优化、布局结构优化。化工销售要加强市场研究预测和产销衔接，大力开发高效市场、高端用户、属地用户，实现提质增效。通过以上综合性措施，确保实现炼化减亏增效目标，加工陆上自产原油的企业全部盈利，加工俄罗斯原油的企业亏损得到有效控制，重点亏损企业继续大幅减亏，新投产项目限期贡献资产价值。

着力提高营销效益，打造成品油销售黄金终端。充分把握资源供给多样化、竞争主体多元化、油品调价常态化、经营效益微利化、优质优价显性化的新特点，密切跟踪市场行情，快速反应市场变化，灵活制定营销策略，积极扩销增效。

加大市场开发力度，保持天然气业务快速发展。强化资源与市场衔接，统筹国内气和进口气、管道和调峰设施建设、市场开发和销售利用等各个环节，努力提升产业链运行效率和综合效益。扩大国际油气合作，努力提升海外业务发展质量和效益。认真落实中央“一带一路”战略等重大决策部署，充分发挥集团公司综合一体化优势，加快五大油气合作区建设，扩大中东、中亚地区油气合作规模，加强中俄油气合作，按计划推动中亚天然气管道D线、中俄东线天然气管道境外段等战略通道建设，实现资源引进和上下游一体化协调发展。要着力提高项目决策和商务运作能力，控投资、降成本、提效益，坚决遏制投资回报下滑趋势。国际贸易要发挥海外油气运营中心与贸易的协同作用，做强贸易、做优仓储、做精加工、做稳运输，努力实现量效齐增。

坚持市场化方向，提升服务支持业务核心竞争力。要增强市场意识、效益意识和创新意识，坚持特色化、差异化、高端化发展，调结构、控规模、强技术、重管理、拓市场、增实力，发挥与油气业务的协同效应，加快转型升级步伐，培育竞争新优势，提高创效能力和水平。工程技术服务业务要加强与油气田企业的沟通协调和配合，加强多专业协作，合理配置资源和生产要素，针对不同油藏类型、开发阶段和区域完善相应的技术支持体系和解决方案。工程建设业务要巩固传统市场，加快拓展海外新兴市场，加强与国外先进工程公司的战略合作和联盟，在注重效益、管控风险的前提下，探索BOT、融资+EPC等模式，进军高端高效市场。装备制造业务要着力提升市场竞争能力，加强绿色、非常规、海洋等装备产品研发，严控新增常规产能，积极压减富余产能，继续淘汰低端产品，提高产业集中度和品牌影响力。矿区服务业务要加快市场化社会化步伐，以“三服务三保障”为中心，完善“三分开三统一”管理体制，稳妥有序开展“三供一业”分离移交，推进托幼、医疗服务社会化，做好回迁基地关闭利用工作，整合机构、合并业务、精减人员，降低运营成本。金融支持业务要优化管控模式，构建市场化经营管理机制，严控风险，增强发展创效能力。

强化科技创新，增强发展动力。要大力实施创新驱动，紧紧抓住科技创新这个“牛鼻子”，加强科研与生产、技术与市场有效结合，加快形成公司发展新动源。突出抓好重点油区稳产、全球油气资源评价、重大工程技术装备、劣质重油加工、第三代大输量管道等重大科技专项攻关，加快科技成果和先进实用技术的共享和推广应用，持续完善科技创新体系，注重发挥信息化的创新驱动价值。科研人员是创新的主力军。要推进完全项目制科研管理方式，扩大科研单位专业技术职务序列试点，逐步推行科技奖励和成果转化有机结合，探索知识产权投入回报机制，使创新收益更多向研发团队和人员倾斜，调动广大科研人员的创新创造积极性。

严格落实新《安全生产法》和《环境保护法》，实现安全环保形势持续稳定好转。要强化红线意识，立足当前严格监管，着眼长远标本兼治，全面提升公司本质安全水平。加强新“两法”的宣传贯彻，继续打好长输油气管道隐患整治攻坚战，加强危险化学品、炼化装置、储运设施、海上施工作业以及道路交通等重点领域和关键环节的安全环保监管，继续推进 HSE 体系审核和规范运行，全面实施集团公司生产安全风险防控管理办法，加快应急能力建设，强化节能减排。

全面完成 2015 年各项任务目标，要充分发挥政治文化优势，加强企业党的建设和领导班子建设，大力弘扬大庆精神铁人精神，尊重职工群众首创精神，凝聚形成推动企业改革发展的正能量。深入贯彻十八届中央纪委五次全会精神，认真落实党风廉政建设党委主体责任和纪委监督责任，保持反腐败高压态势，特别要强化党内巡视、审计监督和内控与风险管理，在深化改革、合资合作中坚决防止国有资产流失。要巩固教育实践活动整改落实成果，积极转变机关工作作风，根除“四风”顽瘴痼疾，把为基层服好务作为工作的立足点，心系基层、心系一线，加强工作督促指导，减少各类评比检查和会议文件，减轻基层负担，帮助解决实际困难。各级领导干部要充分发挥示范带头作用，敢于担当、真抓实干，一级做给一级看，一级带着一级干，多到矛盾突出、困难较多、问题聚集的基层现场去，在破解矛盾、解决问题中抓落实、促发展、出实绩。要全面推进依法治企，依法合规组织生产经营，依法维护企业正当利益，依法保障职工群众合法权益，积极履行央企责任，努力建设法治企业。要主动向国家部委、地方党委和政府汇报工作，加强与新闻媒体及利益相关者的沟通联系，持续改善公共关系，营造有利的外部发展环境。要在深入调研、科学论证的基础上，贯彻国家关于能源发展的各项决策部署，结合企业实际，精心编制好“十三五”规划。

做好 2015 年的生产经营工作至关重要。我们要认真落实集团公司党组和董事会的各项决策部署，集中上上下下的智慧，凝聚方方面面的力量，统一思想、团结一致，埋头苦干、共克时艰，努力创造新业绩，为保障国家能源安全、促进国民经济持续健康发展做出新贡献。

振奋精神　重塑形象
推进中国石油稳健发展

——王宜林在集团公司 2015 年领导干部会议上的讲话（摘要）

（2015 年 7 月 30 日）

这次领导干部会议，既是开展大讨论活动的动员会，也是大讨论活动的集中研讨。主要任务是深入贯彻落实党的十八大和十八届三中、四中全会精神，学习和把握中央“四个全面”战略布局，研讨谋划重塑中国石油良好形象的总体思路和重点举措，动员全体干部员工进一步统一思想、团结奋进，继承弘扬大庆精神铁人精神，推进集团公司稳健发展，为保障国家能源安全和促进经济社会持续健康发展做出新贡献。

一、为什么要开展重塑形象大讨论活动

一般来说，企业形象是企业战略与发展、产品与服务、贡献与责任、品牌与文化、队伍精神风貌等要素的综合反映。良好的形象是企业的重要无形资产，是企业核心竞争力的重要组成部分，也是增强队伍凝聚力和员工自豪感的重要基础。

在石油工业几十年的发展历程中，几代石油人为国分忧、为油奉献，不仅贡献了巨大的物质财富，而且创造了宝贵的精神财富，得到了历代党和国家领导人的高度评价和充分肯定，赢得了社会公众和国际同行的广泛认可，树立了中国石油良好的企业形象。

但我们也必须清醒地看到，一个时期特别是近年来，受公司个别领导人员违纪违法案件和重特大安全环保事故等影响，公司形象和声誉受到严重损害，“我当个石油工人多荣耀”被涂上深深的阴影。一是违法腐败案件多发。一系列腐败案件的曝光使集团公司成为公众热议的焦点，这两年涉及公司的负面报道及转载中贪腐奢侈类问题一直居于首位。二是安全环保事故重大。事故给人民群众生命财产造成巨大损失，引起中央领导和社会各界高度关注，尤其是一些敏感地区的企业接连发生事故，往往被媒体持续跟踪报道，甚至引起索赔诉讼，造成重大政治和社会影响。三是管理中违纪违规问题突出。这几年公司内外部审计、巡视和各项检查中，发现在投资和资产管

理、产品销售、合资合作、招投标等方面存在不少违纪违规问题，引发舆论的热炒和社会公众对公司治理能力的质疑。四是内外部不和谐因素增多。前些年在集团公司与部分省（自治区、直辖市）及资源国开展的战略合作中，有些不顾公司实际的承诺事项无法落实，有的合资合作项目推进不及时不到位，一些单位和管理人员在对外交往中存在口大气粗、不守信用等现象，围绕征地拆迁、矿权归属、生态补偿、环保风险、税费征收等方面的矛盾和摩擦增多，一定程度上影响了企地、企民关系。公司回归A股后在资本市场上表现不尽人意，受到投资者诟病。同时，公司内部影响稳定的利益群体较多，历史遗留问题解决难度大，群体聚集事件、进京访等时有发生。

这些问题和现象的存在，严重损害了公司形象，一段时间内关于中国石油的正面报道减少，负面消息增多，在一些公众中形成了"腐败、事故、垄断、暴利"和"大、粗、傲"等印象。问题成因十分复杂，我们要历史地、辩证地分析看待。

但更值得我们高度警醒的是主观上的原因和自身的差距。一是从严治党抓得不紧。一段时期以来，各级党组织包括集团公司党组在内，对党的建设重视不够，管党治党责任落实不到位，党风廉政建设和反腐败工作还存在薄弱环节，对干部监督管理问责偏宽偏软，特别是对一把手监督不力；一些企业党组织软弱涣散，抓党建工作方法不多、措施不实；思想政治工作与形势和任务的变化还不相适应。二是领导干部思想作风滑坡。公司个别领导人员和一些领导干部，放弃主观世界改造，理想信念动摇，纪律意识和规矩意识淡薄，在公司内部制造了严重的政治雾霾。三是发展理念存在偏差。一段时间内发展过于偏重规模速度，过分追求大项目、大场面，甚至搞形象工程，而忽视了质量效益，主要靠投资拉动增长、靠油价实现效益的状况没有根本改变。本质上还是科学发展的理念扎根不牢，发展方式转变滞后，导致"大而不强""快而不优"的问题比较突出。四是企业管理仍然粗放。体制机制还不完善，决策程序不规范，责任不明确，经营机制缺乏活力，特别是评价标准和考核政策不尽科学，管控能力不适应发展需要。五是对形象塑造重视不够。企业形象建设缺乏顶层设计，品牌建设、公共关系、新闻宣传、企业文化等工作没有形成合力。

企业形象关乎队伍凝聚力战斗力，关乎事业成败。因此，大力弘扬光荣传统，尽快扭转公司形象严重受损的被动局面，是当前和今后一个时期一项重要而紧迫的任务。

重塑形象是贯彻落实中央精神的实际行动。党中央、国务院对国企的改革发展和形象建设始终高度重视。中央对集团公司严重腐败问题进行严肃查处，对重特大事故严厉问责，既体现了中央党要管党、从严治党的坚定决心，也体现了对中国石油形象的关切和爱护。我们必须认真落实中央要求和习近平总书记的重要指示精神，深刻反思公司形象方面存在的突出问题和产生原因，采取果断措施推动公司凤凰涅槃、浴火重生，不辜负党中央、国务院的重托。

重塑形象是赢得社会公众理解认同的重要举措。中国石油作为国内最大的油气生产供应企业和国际化经营的石油公司，涉及国计民生，利益相关者多，社会关注度高。我们要更加习惯于在社会公众监督的"聚光灯""显微镜"下推进工作，全面履行经济、政治和社会责任，以稳健的经营和业绩、优质的产品和服务、公开透明的运作，回应好各方关切，取信于社会公众。

重塑形象是百万石油员工的共同愿望。石油战线广大干部员工历来听党话、跟党走，忠于国家和人民，将个人前途命运与企业命运紧密相连，为石油事业取得的每一项成就而无比自豪，对少数领导干部的腐败行为和不正之风深恶痛绝，也为公司形象受到损害深感痛惜和忧虑。重塑中国石油良好形象，推动石油事业持续健康发展，事关广大干部员工的前途和福祉，更是大家的共同期盼。

重塑形象是推进集团公司稳健发展的内在要求。良好的企业形象根植于企业综合实力的提升。当前，公司面临的外部环境错综复杂，改革发展稳定任务艰巨繁重，党风廉政建设和反腐败斗争形势依然严峻复杂，特别是在公司形象受到严重损害的情况下，我们必须把重塑形象上升到事关企业生存发展的战略高度，以此作为突破口，坚持稳中求进、稳中有为，不断提升经营业绩和竞争实力，使公司发展更平稳、更健康、更可持续。

重塑形象是一项长期艰巨的重大任务。开展大讨论活动是重塑形象的重要载体和有力抓手。我们要通过大讨论活动，进一步动员全体干部员工解放思想、集思广益，增强重塑形象的思想自觉和行动自觉，让损害形象的行为不再发生，让中国石油良好形象重回公众视野。

二、怎样重塑良好形象

总的思路是：以党的十八大和十八届三中、四中全会精神为指导，以习近平总书记系列重要讲话精神为根本遵循，进一步增强大局意识、忧患意识和责任意识，从严管党治党，从严依法治企，从严管理队伍，大力弘扬石油工业优良传统作风，振奋精神、凝心聚力，努力塑造忠诚担当、风清气正、守法合规、稳健和谐的良好形象，推进中国石油稳健发展，让中央放心、公众认同、员工满意。

忠诚担当，就是忠诚于党、忠诚于国家、忠诚于石油事业，坚决与党中央保持高度一致，在推进国家战略实施中敢于担当负责、勇于改革创新，努力贡献国家、回报社会、惠及员工，在保障国家能源安全和促进经济社会发展中发挥主力军作用。

风清气正，就是从严治党和反腐倡廉取得显著成效，政治生态全面净化，“四风”问题和腐败现象得到根本遏制，领导班子坚强有力，领导干部廉洁奉公，员工队伍奋发向上，优良传统作风发扬光大，文化凝聚力向心力持续增强。

守法合规，就是法治理念深入人心，公司治理体系完善，决策机制科学民主，权力运行规范有序，市场规则合理运用，经营行为诚信合规，制度执行到位，监督问责有力，违章违规、违纪违法现象有效根治，建成法治企业、阳光企业。

稳健和谐，就是公司发展稳健、业绩优良，国有资产保值增值，经营管理科学精细，各类风险有效管控，重特大安全环保事故得到杜绝，企业大局和谐稳定，社会责任切实履行，公共关系融洽友好，成为优秀企业公民。

重塑中国石油良好形象是一项系统工程，必须坚持问题导向，突出重点、多措并举，整体推进、务求实效。

（一）突出党对国有企业领导这个核心，在从严管党治党上有新作为。重塑形象首先要抓管党治党。一要认真贯彻中央《关于在深化国有企业改革中坚持党的领导加强党的建设的若干意见》和《中国共产党党组工作条例（试行）》等文件精神，首先加强党组自身建设，提高党组工作制度化规范化程序化水平，发挥示范带头作用；要严格落实党建工作责任制，落实“一岗双责”，形成党组（党委）集体抓、书记带头抓、班子成员分工抓、职能部门共同抓，一级抓一级、层层抓落实的党建工作格局，对履责不到位和不作为的，要严肃追责。二要切实加强党的组织建设，坚持党的组织与行政管理机构同步设置、党组织负责人与行政领导同步安排、党建工作与企业改革发展同步谋划，积极探索完善法人治理结构与发挥党组织政治核心作用相结合的工作机制，发挥群团组织的桥梁和纽带作用，打牢党在企业中的政治基础和组织基础。三要严肃党内政治生活，严格党员教育管理，严明党的纪律，进一步规范领导班子民主生活会、党支部“三会一课”等制度，推进批评和自我批评常态化，增强党内政治生活的政治性原则性战斗性，彻底整顿软弱涣散的党组织，在群众中树立起政治坚定、纪律严明、敢于担当、勤政为民的良好形象。

我们必须深刻吸取教训，坚决肃清周永康、蒋洁敏、廖永远、王永春等腐败案件造成的恶劣影响，保持反腐败高压态势，用最坚定的态度减少腐败存量，用最果断的措施遏制腐败增量，推动形成不敢腐不能腐不想腐的有效机制，打造风清气正的良好政治生态。要突出抓好“两个责任”落实，要创新纪检监察体制机制，要着力强化监督制约，要加大纪律审查力度。

（二）突出领导干部这个“关键少数”，在建设忠诚干净担当的干部队伍上打开新局面。必须按照习近平总书记强调的“心中有党、心中有民、心中有责、心中有戒”的要求，把严的措施、严的纪律贯彻到干部队伍建设全过程。

要在坚持正确选人用人导向特别是选优配强一把手上下功夫。要从严把好选人用人关，贯彻落实“好干部五条标准”，严格按照《党政领导干部选拔任用工作条例》办事，专项整治选人用人不正之风，从严落实干部选拔任用责任追究制度，从严加强对领导干部的监督管理，要抓好一把手这个关键中的关键，把政治上强、经过多岗位锻炼、既懂生产经营又熟悉党建工作的优秀干部选配到一把手岗位上来，更好地发挥“领头羊”作用，同时强化制约和监督，督促一把手在职权范围内依法依规行使权力。

领导干部要在争做践行“三严三实”表率上下功夫。要严格对照“三严三实”的标准要求，树立起忠诚、干净、担当的良好形象。要永葆对党忠诚的品格，唤醒党章意识，自觉把纪律和规矩挺在法的前面，始终同党中央保持高度一致，认真落实集团公司党组的“九条规定”和“五个必须”，决不搞“七个有之”。要坚守个人干净的底线，正确对待权力和利益，干干净净做事、清清白白做人。要强化敢于担当的意识，团结带领广大员工顽强拼搏，破解发展难题、化解各种矛盾，创造经得起实践和历史检验的业绩。

（三）突出依法治企这个战略举措，在建设法治企业和谐企业上取得新进展。要牢固树立法治理念，针对重点领域和薄弱环节，提高依法治企能力和水平，实现安全清洁和谐发展。

一要按照新“两法”从严抓好安全环保工作。必须牢固树立安全环保红线意识，立足当前仍处于严格监管阶段的实际，严格落实新“两法”等法律法规，

“严”字当头，狠抓执行监督，坚决杜绝重特大安全生产事故和环境污染事件，促进安全环保形势根本好转。要从严抓好责任落实，从严依法组织生产建设，从严管控安全风险，从严加强考核问责。二要强化依法合规管理。三要依法维护和谐稳定大局。

（四）突出提升质量效益这个立足点，在推进稳健发展上见到新成效。良好的发展业绩是公司重塑形象的根本。必须坚决纠正发展理念上的偏差，加快转方式、调结构，从主要追求规模速度的粗放发展，转到注重质量效益的稳健发展轨道上来。要推动主营业务提质增效升级，积极稳妥推进改革创新，稳步提升企业管理水平。

（五）突出大庆精神铁人精神这个灵魂，在增强文化感召力影响力上有新气象。大庆精神铁人精神是我们的宝贵精神财富，是中国石油文化和公司形象的灵魂。当前，公司面临的各方面矛盾错综复杂，越是在这个时候，越要注重弘扬优良传统，增强文化自信心和自豪感，真正把发展的信心树起来、把为油奉献的精气神提起来、把干事创业的劲头鼓起来。

要保持大庆精神铁人精神的恒久活力。深入开展大庆精神铁人精神再学习再教育，教育引导全体员工自觉践行“爱国、创业、求实、奉献”的企业精神，大力弘扬“三老四严”“四个一样”等优良作风，做大庆精神铁人精神的传承者实践者，树立敬业、守纪、奉献的良好形象。以社会主义核心价值观为引领，借鉴吸纳其他优秀文化的先进元素，博采众长、兼收并蓄，在实践中不断融入新观念新思想、丰富新内涵新形态，与时代同步，与实践同行，让石油优良传统生生不息、薪火相传。

要改善企业形象的传播效果。要加强统筹谋划，整合相关资源，健全宣传工作机制，改变过去“只做不说、多做少说”等思维定式，主动传播企业声音，讲好石油故事。完善新闻发言人制度，主动发声、释疑解惑，对不实信息、错误舆论及时澄清，对恶意诋毁抹黑行为要依法维权。注重宣传策略，创新传播方式，适应传统媒体和新媒体深度融合的趋势，不断提升舆论引导的针对性实效性。面向市场、面向国际加强品牌建设，严格标识应用和商标管理，有效开发和利用品牌价值，把“中国石油”打造成国际知名品牌，让宝石花绽放异彩。积极改善公共关系，主动与政府、合作伙伴、客户、媒体等加强沟通协调，增加理解、认同和支持。高度重视投资者关系，利用业绩路演、新闻发布、信息披露等途径，提升资本市场信心。

三、重塑形象大讨论活动的具体要求

在集团公司开展重塑形象大讨论活动，是集团公司党组从政治和全局战略高度做出的重要决策。集团公司党组已经研究制定了《关于开展“重塑中国石油良好形象”大讨论活动的意见（征求意见稿）》，这次会议后将正式印发。各部门各单位要按照党组的部署要求，把大讨论活动摆上重要位置，紧密联系实际，扎实有效推进。

第一，准确把握活动主题和总体要求。这次大讨论活动主题很明确，就是“弘扬光荣传统、重塑良好形象”。要准确理解活动主题的内涵，既要看到公司形象受损的严重危害性，深刻反思存在的突出问题及产生原因，也要看到公司的历史贡献和光荣传统，坚定发展自信、文化自信，在继承的基础上开拓创新、发扬光大。要紧紧围绕重塑形象的思路目标和重点措施，充分讨论、建言献策、主动作为，防止走过场、搞形式，确保活动取得实效。要把握好这次活动的原则要求。坚持领导带头，坚持全员参与，坚持问题导向，坚持开门讨论。

第二，切实加强活动组织领导。这次大讨论活动在集团公司党组统一领导下开展，具体由思想政治工作部牵头组织。要落实主体责任，要强化宣传引导，要创新方式方法，要加强督促检查。

第三，要突出抓好学习讨论、查找问题、整改提升三个活动关键环节。做到真学真懂真用和学好学深学透。分清层次、突出重点，查摆问题、分析原因，研究确定整改方向。把活动的成效转化为干部员工强素质、塑形象的行动自觉。要统筹好每个环节的进度和重点，做到边学习、边查找、边整改、边提升，让员工满意、让公众点赞。

第四，强化活动统筹协调。重点做好大讨论活动与“三严三实”专题教育有机结合，与巡视反馈问题整改有机结合，与做好当前生产经营工作有机结合。

重塑良好形象、推进稳健发展，责任重大、任务艰巨。我们要紧密团结在以习近平同志为总书记的党中央周围，继往开来、奋发图强，以新的公司形象、新的工作局面、新的发展业绩，为全面建成小康社会、实现中华民族伟大复兴的中国梦做出新贡献。

在集团公司领导干部会议结束时的讲话

——汪东进在集团公司领导干部会议结束时的讲话（摘要）

（2015年7月31日）

根据党组安排，下面我主要通报集团公司业绩考核及生产经营情况，并对贯彻落实会议精神提几点要求。

一、2014年度业绩考核情况

6月23日，国务院国资委公布了2014年度113家中央企业经营业绩考核结果，共41家企业获得A级，中国石油位列第二名，比上年提升了9位，是2008年以来排名最好的一年。公司利润总额、经济增加值（EVA）、油气当量产量和国际化指数4项指标均获得满分，并获国家科技进步奖一等奖1项、国家技术发明奖二等奖1项、牵头制定国际标准2项，累计获得科技奖励满分1分，经营业绩考核综合得分136.38分。

按照集团公司业绩考核办法，经严格考核、党组会议审定，所属153家企事业单位2014年度业绩考核结果是：大庆油田、长庆油田等66家为A级、占43.1%，79家为B级、占51.7%，还有5家为C级、3家为D级，共占5.2%。同时根据业绩合同对总部机关各部门和专业分公司也进行了严格考核。

公司2014年的业绩考核工作特点：突出了效益导向，及时调整了部分考核指标，加大了创新驱动激励力度，严格落实了依法治企要求。

在集团公司领导干部会议上通报业绩考核结果，这是第一次。希望各部门各单位高度重视，充分运用业绩考核成果，发挥好激励约束作用。总部相关部门要针对2014年考核工作中存在的问题，进一步修订完善预算管理和业绩考核办法，通过完善业绩目标值确定和健全相关业务联动考核机制等措施，提高预算目标的科学性和准确度，增强业绩考核的公平性、可比性，真实客观地反映各单位付出的努力和工作业绩；要坚持严考核、真挂钩、硬兑现，依据业绩考核结果兑现领导人员效益年薪，并将考核结果纳入年度履职考评，作为干部使用的重要依据。各企事业单位收到业绩考核反馈后，要及时召开领导班子会议，逐项通报业绩指标完成情况，深入查找问题和薄弱环节，尤其要深化对标、找出短板，研究制订整改目标和措施；要深入推进全员业绩考核，将本单位开源节流降本增效任务逐级分解落实到各基层单位和岗位，强化效益导向，引导全体干部员工真正树立创效意识，共同为完成公司整体业绩目标而奋斗。

二、上半年生产经营主要成果

2015年以来，面对国内经济下行压力加大、油气市场需求低迷、国际油价大幅下跌等严峻形势，集团公司坚决贯彻党中央、国务院和国务院国资委关于稳增长的决策部署，制定实施了应对形势变化和解决生产经营瓶颈的一系列措施。根据油价走势及时调整投资计划和经营预算方案，制定实施开源节流降本增效措施，完善工效挂钩办法，稳步推进深化改革，坚持创新驱动发展，强化安全环保监管。

通过公司上下的共同努力，上半年生产运行平稳、业绩好于预期。主要生产指标受控运行，主要经营指标降幅逐月收窄，财务状况总体保持稳健。上半年公司业务发展的主要特点：国内油气勘探开发突出质量效益发展，炼化业务实现整体扭亏为盈，成品油销售营销能力持续增强，天然气业务盈利水平大幅提升，海外业务保持快速增长，服务支持业务大力开拓外部市场。

三、下半年重点工作部署

当前，集团公司生产经营形势依然严峻。我们要坚决贯彻国家稳增长各项部署，坚持以提升质量效益为中心，以改革创新为动力，树立底线思维，突出市场导向，优化生产运行，强化"产炼销储贸"协调，深入落实开源节流降本增效各项措施，全面完成各项任务目标。

强化风险防控持续提升HSE业绩。要把握集团公司安全环保处于严格监管阶段的特征，深化落实安全生产"党政同责"和"一岗双责"，进一步强化过程管控、事故预防和监督考核，全面抓好隐患治理和风险防控，坚决杜绝重特大安全生产事故和环境污染事件。一是进一步优化HSE审核方式，推行三级审核全覆盖，夯实HSE管理基础。二是持续开展风险诊断评估，查找风险源头。三是推进重点节能减排工程，确保完成"十二五"节能减排目标。四是完善集团公司应急管理体系，以应急准备关口前移为重点修订各类专项预案。

深入落实开源节流降本增效措施。着力推进提高生产经营效率效益的改革举措，加强生产经营组织和协调，下力气抓好亏损企业专项治理，持续加强投资优化，强化精细成本管理，着力提升科技创效能力。

全力抓好国内外油气生产经营。国内油气勘探开发要围绕重点探区多目的层、多领域，继续组织好长庆陇东、塔里木库车等10个石油和6个天然气重点区带的勘探工作，扩大勘探成果；积极探索不同类型致密油高效勘探目标筛选和配套技术；深化综合地质研究，加强预探区带和风险勘探目标准备。炼化生产要针对市场、资源和产品结构性矛盾，有效控制加工负荷，积极降低炼油柴汽比，增产高效厚利化工产品，抓好装置检修和开停工组织，保障生产安全平稳运行。成品油销售要抓住消费旺季开展主题促销和联合促销活动，优先销售直炼资源，全力扭转高库存被动局面，实现扩销降库。创新商业模式，灵活开展终端网络开发，加快布局优质高效市场。深化“油卡非润”一体化营销。天然气销售要结合季节性用气特点，增加老用户淡季用气负荷，积极推动新增用户通气投产。优化管网运行，发挥储运设施调峰功能。进一步加大市场开发力度，积极参与国家天然气价格改革，继续完善天然气销售体制和激励机制。

海外业务要突出优质高效发展，以防范经营风险、增加现金贡献和提高整体效益为重点，优化各项目产量安排，积极争取资源国政策支持，全面完成年度生产经营指标，确保产量和效益同步增长。国际贸易要落实好四大通道资源，完善海外油气运营中心和全球营销网络，推动跨市跨区联合运作，提升贸易技术含量和运作效益。

推进服务支持业务低成本市场化发展。工程技术服务要提高市场研判和反应能力，完善技术支持体系和解决方案，大力开拓外部高端高效市场。创新生产组织方式，加大力度推进总承包和分包业务模式，强化生产经营组织管理，控制作业成本，提高效率效益。工程建设要巩固传统优势市场，开拓海外高端和战略新兴市场，注重项目效益评价和风险研判，提高市场开发质量。加强国内外重点工程项目施工组织和质量控制，开展承包商专项检查，建设放心工程。装备制造要借助“中国制造2025”实施的机遇，集中发展钻井、采油、钢管、动力装备等优势产品，加强高端、绿色、海洋装备研发，扎实推进合资合作，抓紧落实扩大装备产品出口方案，增加收入、控亏减亏。金融支持要强化规范运作和业务创新，适时引进战略投资者，增强服务创效能力。矿区服务要协调组织国务院国资委扩大试点地区的“三供一业”分离移交工作，加快医疗、教育等公共服务业务的社会化进程。

突出战略引领编制好“十三五”发展规划。要认真分析集团公司发展的国内外环境新变化，坚持稳健原则，突出质量效益，以发展理念转变引领发展方式转变，把投资优化、结构调整、改革创新作为规划的重点，科学制定未来五年发展思路、目标和重点部署及远景规划。

专　稿

中国石油天然气集团公司2015年工作会议在河北廊坊召开

中国石油天然气集团公司2015年工作会议于1月25—27日在河北廊坊召开。会议的主要任务是：深入贯彻落实党的十八大和十八届三中、四中全会及中央经济工作会议精神，认真学习贯彻习近平总书记系列重要讲话精神，总结近年来主要工作成果，安排2015年重点工作，研究低油价严峻挑战的应对之策，明确今后一个时期集团公司在国家推动能源革命中的目标任务，动员广大干部员工认清形势、开拓进取，坚定全面建成世界水平综合性国际能源公司战略目标，持续深化企业改革，大力实施创新驱动，努力建设法治企业，实现集团公司有质量有效益可持续发展，为保障我国能源安全、促进经济社会发展做出新贡献。

会议前夕，国务委员王勇，国务院国资委主任、党委书记张毅分别对中国石油工作作出重要批示，要求中国石油在新的一年继续深入贯彻落实党的十八届三中、四中全会，中央经济工作会议和中央纪委第五次全会精神，主动适应经济发展新常态，勇挑重担，主动作为，不断提升企业发展质量和效益，为保障国家能源安全、促进经济社会持续健康发展做出重要贡献。

当前及今后一个时期，集团公司总体工作思路是：以党的十八大和十八届三中、四中全会精神为指导，深入贯彻习近平总书记系列重要讲话精神，牢牢把握稳中求进工作总基调，坚持有质量有效益可持续发展方针，深入实施三大战略和三大基础性工程，着力做好业务结构调整、增长点培育和低成本发展“三篇文章”，全面深化企业改革，全面强化创新驱动，全面推进依法治企，充分发挥政治文化优势，不断增强发展动力活力、提高效率效益、提升核心竞争力，在国家推进能源革命中发挥更大作用。到2020年，集团公司综合实力和竞争能力显著提升，油气产量和供应量继续保持国内主导地位，营业收入、利润和投资回报位居国际大石油公司前列，现代企业制度更加完善，全面建成世界水平综合性国际能源公司，实现由大到强的转变。到2030年，集团公司治理体系和管控能力实现现代化国际化，规模实力、盈利能力、创新能力和国际竞争力全面达到国际同行领先水平。

集团公司2015年工作总体要求是：深入学习贯彻党的十八大和十八届三中、四中全会精神，认真落实中央关于推进能源生产与消费革命、“一带一路”等重大战略决策，主动适应我国经济发展新常态，深刻洞悉油气行业发展新动态，坚持稳中求进工作总基调，坚持有质量有效益可持续发展方针，继续实施资源、市场、国际化战略，突出集中发展油气主业，强化业务结构调整和生产统筹优化，强化市场创效和低成本发展，强化改革攻坚和创新驱动，强化依法治企和从严管理，全面完成生产经营各项任务指标，为“十三五”良好开局奠定坚实基础。

会议强调要主动适应经济发展新常态，积极应对低油价挑战，坚定信心，凝聚力量，加快改革发展，坚定不移朝着全面建成世界水平综合性国际能源公司的目标迈进，为国家推动能源生产和消费革命多做贡献。

集团公司董事长、党组书记周吉平作《坚定战略目标，加快改革发展，为推动能源生产和消费革命做出新贡献》主题报告，通报集团公司党组2014年度民主生活会情况。会议作《主动适应新常态，积极应对低油价，全力实现“十二五”圆满收官》工作报告。集团公司副总经理沈殿成通报安全环保情况，党组纪检组组长徐吉明通报反腐倡廉建设情况。

会上，长庆油田公司等14家单位交流经验，签订2015年度安全环保、党风廉政建设责任书和绩效合同。国务院国有重点大型企业监事会主席季晓南，外部董事路耀华、李庆言、李毓华、金克宁、黄龙，集团公司党组成员，集团公司总经理助理，股份公司管理层成员，集团公司副总师，各所属企事业单位和总部机关、专业分公司主要负责人，国有重点大型企业监事会14办事处负责同志等参加会议。

中央第二巡视组专项巡视中国石油天然气集团公司情况反馈会议在北京召开

按照中央统一部署，2015年2月28日—4月30日，中央第二巡视组对中国石油天然气集团公司进行专项巡视。2015年6月14日，中央第二巡视组组长李五四，副组长赵小平、赵树林向集团党组书记、董事长王宜林传达习近平总书记关于巡视工作的重要讲话精神，并反馈专项巡视情况。6月15日上午，李五四代表中央巡视组向集团领导班子进行反馈，王宜林主持会议并作表态发言。

李五四指出，党的十八大以来，中国石油新一届党组认真学习贯彻习近平总书记系列重要讲话精神，按照中央要求，努力清除腐败案件的不良影响，解决突出问题，保持生产经营稳定，为保障国家能源安全做出了应有的贡献。但巡视中干部职工也反映了一些问题，主要是：管党治党不严，党风廉政建设主体责任落实不力，一些领导人员纪律意识和规矩意识淡薄，违规违纪问题时有发生，党风廉政建设和反腐败斗争形势依然严峻复杂；执行中央八项规定精神不严格，小金库屡禁不止，公款旅游、购买购物卡、违规发放津补贴等问题依然存在，公车管理混乱；选人用人风气不正，“小圈子”问题突出，对领导人员管理监督不够严格，“带病上岗”“带病提拔”时有发生，存在违反回避原则“近亲繁殖”现象；一些领导干部以权谋私，帮助亲友承揽项目，甚至与私企老板绑定；海外投资决策不规范，管理不到位，存在廉洁风险。同时，巡视组还收到涉及一些领导人员的问题反映，已按规定转中央纪委、中央组织部、国务院国资委和有关部门处理。

李五四代表中央巡视组对中国石油党组提出五点意见建议。一是落实全面从严治党要求，切实加强集团公司党建工作和党组自身建设，强化党组织的政治核心作用。深刻吸取教训，全面清除腐败案件的恶劣影响，努力减少腐败存量，遏制腐败增量。认真履行党风廉政建设主体责任，支持纪检组履行监督职责，加强监督力量，加大查办案件力度。二是切实增强各级领导人员守纪律、讲规矩的政治意识。严格落实中央“八项规定”精神，严肃查处顶风违纪问题，强化责任追究，推动作风建设常态化。三是坚持正确的用人导向，严格执行干部工作有关制度规定，纠正用人不正之风，清理整顿违反回避原则“近亲繁殖”问题，落实领导人员任职回避制度。四是深化改革、加强管理，完善企业内控机制。严格执行“三重一大”决策制度，规范一把手权力运行。开展领导人员子女亲属利用集团公司资源经商办企业、承揽工程项目等问题的专项治理，落实领导人员公务回避制度。加强海外资产监管，开展海外投资项目审计和巡查，落实项目后评估和追责终身制。

王宜林强调，中国石油要深入学习贯彻习近平总书记重要讲话精神，坚决落实党要管党从严治党要求，始终在思想上政治上行动上同以习近平同志为总书记的党中央保持高度一致，强化党员角色意识和政治担当，严守政治纪律政治规矩，使纪律和规矩成为治党管党的抓手、党员自我纠偏的标尺，堵住各种歪风邪气和腐败行为。要高度重视巡视反馈意见，把反馈问题整改作为政治任务扎扎实实抓紧抓好，逐条逐项研究，明确目标任务、制定整改措施，确保事事有着落、件件有回音；对查实的问题要毫不含糊、严肃处理、严厉追责、绝不姑息。要全面落实“两个责任”，坚定不移地抓好党风廉政建设和反腐败工作，党组要带头履行抓好党风廉政建设的主体责任，党组书记切实履行第一责任人的责任，为全公司做出表率，各级纪委要切实履行监督责任，聚焦主业，敢于亮剑出招，做到有案必查、有腐必惩，全面打赢反腐倡廉攻坚战、持久战。要扎实开展“三严三实”专题教育，毫不松懈地落实中央“八项规定”精神和党组“二十条”要求，用大庆精神铁人精神铸魂育人，不断把作风建设引向深入，营造风清气正、干事创业的良好政治生态。要巩固好、利用好中央巡视成果和集团公司内部巡视经验，不断深化巡视内容，依法依规开展巡视工作，建立健全制度机制，使公司内部巡视工作常态化科学化。

中央巡视工作领导小组办公室负责人以及中央巡视组有关成员出席反馈会。中国石油天然气集团公司党组成员出席会议，集团公司总经理助理、管理层成员、副总师，近三年退出集团公司领导班子的老领导，国有重点大型企业监事会14办事处负责同志，总部各部门、各专业分公司正处级以上干部，部分在京单位班子成员，集团公司巡视专员、副专员，党组纪检组监察部、第一纪检监察中心全体干部员工在主会场参加会议。

中俄东线天然气管道中国段开工

2015年6月29日，中俄东线天然气管道中国境内段开工仪式在北京、莫斯科和黑河施工现场三地通过视频方式举行，中俄两国的陆上能源通道全线启动建设。中共中央政治局常委、国务院副总理张高丽在人民大会堂出席开工仪式并下达开工令。俄罗斯联邦政府总理梅德韦杰夫在莫斯科分会场致辞。集团公司董事长王宜林主持开工仪式。

张高丽指出，中俄东线天然气项目是中俄两国最大的务实合作项目，也是全球天然气合作重大战略性项目。这一项目的实施，有利于将俄罗斯的资源优势转化为经济优势、进一步改善中国的能源结构，有利于带动中俄两国管道沿线地区的经济社会发展，促进两国能源战略多元化和保障两国能源安全，而且对全球能源合作格局都将产生积极影响。我们愿同俄方共同努力，集中资源和力量组织好工程建设，确保管道按计划于2018年建成投产，成为安全、优质、高效、环保的世界一流工程，实现经济效应、环境效应和社会效应的有机统一，为推动两国经济发展和增进人民福祉做出贡献。

张高丽强调，中俄合作是长期、全面、战略性的合作，是双赢共赢的合作。双方要着眼长远，立足当前，充分挖掘潜力，发挥互补优势，积极推进长期原油贸易、东西线天然气、上游油气开发、煤电输一体化等能源大型项目合作，还要全面扩大非能源资源领域合作以及投资、产能、金融、农业、远东开发等领域的互利合作，落实好丝绸之路经济带建设和欧亚经济联盟建设对接合作，推动中俄务实合作取得更多成果，更好地造福两国人民。

梅德韦杰夫在致辞中说，中俄东线天然气项目是世界上最大的能源合作项目之一，是俄中高水平战略协作伙伴关系的集中体现和突出成果，有利于带动双方境内管道沿线地区经济社会发展，提高人民生活水平。俄方愿进一步扩大与中方在能源等各领域的全方位务实合作，促进两国共同发展和繁荣。

17时32分，在黑河市施工现场，中国石油天然气股份公司副总裁黄维和代表工程建设方通过视频向张高丽报告：目前，项目施工、监理、监测和质量等各建设单位已经就位，设备、管材等施工材料已运达现场，开工准备工作已经就绪，工程具备开工条件，请指示。

张高丽宣布：中俄东线天然气管道中国境内段开工！

中俄东线天然气管道中国境内段起自黑龙江省黑河市中俄边境，止于上海市，途经黑龙江、吉林、内蒙古、辽宁、河北、天津、山东、江苏、上海等9省（自治区、直辖市），拟新建管道3170千米，并行利用已建管道1800千米，并配套建设地下储气库，是中国口径最大、压力最高的长距离天然气输送管道，对带动中国钢铁冶炼、制管、装备制造等基础工业的发展将产生积极推动作用。

中俄东线天然气的引进对提升中国清洁能源供应量，优化能源结构，实现节能减排，改善大气环境，治理雾霾，提高人民生活质量，实现社会经济可持续发展，都将产生积极而深远的影响。每年引进380亿立方米天然气，与用煤相比，可减少二氧化碳排放量16378万吨、减少二氧化硫排放量182万吨、减少氮氧化物排放量46万吨、减少粉尘排放量84万吨，将有效缓解东北地区天然气短缺局面，改善京津冀地区大气污染现状，促进长江三角洲地区的能源结构调整。

中国石油天然气集团公司2015年领导干部会议在河北廊坊召开

中国石油天然气集团公司2015年领导干部会议于7月30—31日在河北廊坊召开。会议的主要任务是，深入贯彻落实党的十八大和十八届三中、四中全会精神，习近平总书记系列重要讲话精神，学习和把握中央“四个全面”战略布局，研讨谋划重塑中国石油良好形象的总体思路和重点举措，动员全体干部员工进一步统一思想、团结奋进，继承弘扬大庆精神铁人精神，推进集团公司稳健发展，为保障国家能源安全和促进经济社会持续健康发展做出新贡献。同时，通报集团公司2014年业绩考核及2015年上半年生产经营情况，部署下半年重点工作任务。

会议的主题是“振奋精神，重塑形象，推进中国石油稳健发展”。集团公司党组决定，在全系统开展以“弘扬光荣传统、重塑良好形象”为主题的大讨论活动。集团公司董事长王宜林就“为什么要开展重塑形象大讨论活动”“怎样重塑良好形象”和“重塑形象大讨论活动的具体要求”三个方面进行阐述。集团公司副总经理汪东进通报2014年度业绩考核情况及2015年上半年生产经营情况，就贯彻落实会议精神提出要求。

重塑形象总的思路是：以党的十八大和十八届三中、四中全会精神为指导，以习近平总书记系列重要讲话精神为根本遵循，进一步增强大局意识、忧患意识和责任意识，从严管党治党，从严依法治企，从严管理队伍，大力弘扬石油工业优良传统作风，振奋精神、凝心聚力，努力塑造忠诚担当、风清气正、守法合规、稳健和谐的良好形象，推进中国石油稳健发展，让中央放心、公众认同、员工满意。

王宜林强调，重塑中国石油良好形象是一项系统工程，必须坚持问题导向，突出重点、多措并举，整体推进、务求实效，要做好五个方面工作。

一是要突出党对国有企业领导这个核心，在从严管党治党上有新作为。要认真贯彻中央《关于在深化国有企业改革中坚持党的领导加强党的建设的若干意见》和《中国共产党党组工作条例（试行）》等文件精神，加强党组自身建设，发挥示范带头作用；严格落实党建工作责任制，形成党组（党委）集体抓、书记带头抓、班子成员分工抓、职能部门共同抓，一级抓一级、层层抓落实的党建工作格局。要切实加强党的组织建设，坚持党的组织与行政管理机构同步设置、党组织负责人与行政领导同步安排、党建工作与企业改革发展同步谋划。要严肃党内政治生活，严格党员教育管理，严明党的纪律，进一步规范领导班子民主生活会、党支部“三会一课”等制度，增强党内政治生活的政治性原则性战斗性，树立政治坚定、纪律严明、敢于担当、勤政为民的良好形象。公司出现严重腐败问题，根本原因在于管党治党不严，“两个责任”不落实，追责问责不力。必须深刻吸取教训，坚决肃清腐败案件造成的恶劣影响，保持反腐败高压态势，用最坚定的态度减少腐败存量，用最果断的措施遏制腐败增量，推动形成不敢腐不能腐不想腐的有效机制，打造风清气正的良好政治生态。要突出抓好“两个责任”落实，创新纪检监察体制机制，着力强化监督制约，加大纪律审查力度。

二是要突出领导干部这个“关键少数”，在建设忠诚干净担当的干部队伍上打开新局面。要在坚持正确选人用人导向特别是选优配强“一把手”上下功夫。从严把好选人用人关，贯彻落实“好干部五条标准”，严格按照《党政领导干部选拔任用工作条例》办事，专项整治选人用人不正之风，从严落实干部选拔任用责任追究制度，从严加强对领导干部的监督管理。要抓好“一把手”这个关键中的关键，把政治上强、经过多岗位锻炼、既懂生产经营又熟悉党建工作的优秀干部选配到“一把手”岗位上来，更好地发挥“领头羊”作用。同时，强化制约和监督，督促“一把手”在职权范围内依法依规行使权力。领导干部要在争做践行“三严三实”表率上下功夫。要严格对照“三严三实”的标准要求，树立忠诚、干净、担当的良好形象。要永葆对党忠诚的品格，唤醒党章意识，自觉把纪律和规矩挺在法的前面，始终同党中央保持高度一致，认真落实集团公司党组的“九条规定”和“五个必须”，决不搞“七个有之”。要坚守个人干净的底线，正确对待权力和利益，干干净净做事、清清白白做人。要强化敢于担当的意识，团结带领广大员工顽强拼搏，破解发展难题、化解各种矛盾，创造经得起实践和历史检验的业绩。

三是要突出依法治企这个战略举措，在建设法治企业和谐企业上取得新进展。依法治企，是确保企业合规经营、有效防范风险的根本之策，事关改革发展、形象重塑和长治久安。要牢固树立法治理念，针对重点领域和薄弱环节，提高依法治企能力和水平，实现安全清洁和谐发展。

四是要突出提升质量效益这个立足点，在推进稳健发展上见到新成效。良好的发展业绩是公司重塑形象的根本。必须坚决纠正发展理念上的偏差，加快转方式、调结构，从追求规模速度的粗放发展转到注重质量效益的稳健发展。要推动主营业务提质增效升级，积极稳妥推进改革创新，稳步提升企业管理水平。

五是要突出大庆精神铁人精神这个灵魂，在增强文化感召力影响力上有新气象。大庆精神铁人精神是中国石油文化和公司形象的灵魂。要保持大庆精神铁人精神的恒久活力。深入开展大庆精神铁人精神再学习再教育，教育引导全体员工自觉践行“爱国、创业、求实、奉献”的企业精神，大力弘扬“三老四严”“四个一样”等优良作风，做大庆精神铁人精神的传承者实践者，树立敬业、守纪、奉献的良好形象。要改善企业形象的传播效果。加强统筹谋划，整合相关资源，健全宣传工作机制，主动传播企业声音，讲好石油故事。完善新闻发言人制度，主动发声、释疑解惑。创新传播方式，不断提升舆论引导的针对性实效性。面向市场、面向国际加强品牌建设，把“中国石油”打造成国际知名品牌。积极改善公共关系，增加理解、认同和支持。高度重视投资者关系，提升资本市场信心。

汪东进通报集团公司2014年度业绩考核情况。中国石油在2014年度113家中央企业经营业绩考核中获得A级，位列第二，比2013年提升9位。按照集团公司业绩考核办法，所属153家企事业单位2014年度业绩考核结果是：大庆油田、长庆油田等66家为A级，占43.1%，79家为B级，占51.7%，5家为C级，3家为D级，共占5.2%。根据业绩合同对总部机关各部门和专业分公司的考核结果会后逐家进行反馈。总体来看，集团公司2014年度业绩考核工作突出效益导向，及时调整部分考核指标，加大创新驱动激励力度，严格落实依法治企要求。

国有重点大型企业监事会主席季晓南，集团公司党组成员喻宝才、沈殿成、刘跃珍、刘宏斌、赵政璋、徐吉明，外部董事路耀华、李毓华、金克宁出席会议。集团公司总经理助理、股份公司管理层成员、集团公司副总师出席会议。国有重点大型企业监事会14办事处负责同志出席，集团公司所属企事业单位党政主要负责人，总部各部门、专业分公司主要负责人参加会议。

〔办公厅档案处（史志办公室）〕

股份公司法人治理

【概述】

1. 股份公司治理完善情况

2015年，中国石油天然气股份有限公司按照境内外监管规定，规范运作。依据《中国石油天然气股份有限公司章程》（简称《公司章程》）、相关法律、法规和公司上市地证券监管规则等规定并结合股份公司实际情况，不断制定、完善和有效执行董事会及所属各专业委员会的各项工作制度和相关工作流程。《公司信息披露管理规定》和《公司内幕知情人登记办法》等制度加大对《中国石油天然气股份有限公司年度报告》（简称《年报》）信息披露责任人的问责力度，强化公司《年报》信息正式对外披露前等内幕信息的保密工作。报告期内，上述制度得到股份公司管理层的有效执行，未发现内幕信息知情人违规买卖股份公司股票的情况，也未发生《年报》重大差错的情况。2015年，股份公司董事会加强对投资决策管理，及时听取管理层对《公司收购项目授权管理》制度的执行情况，并根据实际运行情况对授权管理时限和报告周期进行及时的调整和完善。根据上市地监管规则的要求，设立董事会提名委员会并制订委员会议事规则，年度内召开一次委员会会议，审议拟聘任的由总裁提名的副总裁和财务总监人选，形成委员会决议并向董事会提出聘任意见。报告期内，股份公司治理的实际情况符合各上市地监管机构及证券交易所发布的有关上市公司治理的规范性文件要求。股份公司通过股东大会、董事会以及相应的专门委员会、监事会和总裁负责的管理层协调运转，有效制衡，加之实施有效的内部控制管理体系，使股份公司内部管理运作进一步规范，管理水平不断提升。

2. 内部控制制度完善情况

股份公司十分重视内部控制及风险管理，遵照不同上市地的监管要求，建立并有效运行了内部控制体系。

2015年，股份公司持续完善内部控制体系及风险管理体系，通过评估风险，强化管控措施，加强监督评价等手段，使股份公司各项工作更加规范化、制度化、科学化。股份公司改革与企业管理部负责组织、协调内、外部内部控制测试，并督促改进，组织内部控制体系运行考核。股份公司根据财务部门调整情况，梳理财务专业流程，进一步规范相关流程和关键控制的设计，提高了流程效率与执行效果；进一步加强实施信息披露管理制度、重大事项的判定标准和报告程序、披露事项的收集、汇总和披露程序；进一步强化内部控制测试，并积极与外部审计师沟通，加强内控监督骨干队伍的培养，落实整改责任，加大整改监督力度。董事会审计委员会认真听取内部控制工作报告，对风险管理体系的职责和内部审核的有效性进行审查，针对测试发现问题，认真梳理、反复测试，取得明显效果。

董事会对建立和维护充分的财务报告相关内部控制制度负责。董事会按照监管要求对内部控制进行了评价，并认为其在2015年12月31日之前有效。股份公司单独披露内部控制报告和内部控制审计报告。股份公司聘请的毕马威华振会计师事务所（特殊普通合伙）已对股份公司财务报告相关内部控制的有效性进行审计，出具标准无保留审计意见的审计报告。

股份公司按照《企业内部控制基本规范》及其配套指引要求，积极组织，认真分析和研究，持续做好完善工作。

3. 独立董事履行职责情况

2015年，股份公司独立董事严格按照境内外有关法律、法规及《公司章程》规定，认真、勤勉地履行职责。在报告期内，独立董事认真审阅股份公司提交的各项议案及相关文件，积极参加股东大会、董事会会议及专业委员会会议，独立及客观地发表意见，维护全体股东，尤其是广大中小股东的合法权益，在董事会进行决策时起着制衡作用。独立董事能够认真审阅股份公司定期报告，在年审审计师进场审计前后、董事会召开前与审计师进行多次沟通，督促股份公司按照相关法律、法规和股份公司信息披露管理制度的有关规定进行信息披露，保证股份公司信息披露真实、准确、及时、完整。报告期内，股份公司独立董事未对股份公司本年度的董事会议案及其他事项提出异议。另外，股份公司独立董事能够不断加强自身学习，认真学习相关法律法规和各项监管规定，深入到股份公司基层单位进行现场考察调研，加强对股份公司业务的了解，通过掌握第一手资料，向董事会提出了很好的意见建议，增强了董事会决策的针对性和有效性。

4. 股东与股东大会

为保障股份公司所有股东享有平等地位并有效行使股东权利，股份公司根据《公司章程》的规定召开了一次股东大会。

2015 年 6 月 23 日，股份公司在北京市朝阳区亮马桥路 50 号凯宾斯基饭店召开 2014 年度股东大会。会上股东以投票方式表决，以同意票数超过二分之一通过并批准 7 项普通决议案，包括：股份公司 2014 年度董事会报告；股份公司 2014 年度监事会报告；股份公司 2014 年度财务报告；股份公司 2014 年度利润分配方案；关于授权董事会决定股份公司 2015 年中期利润分配方案的议案；关于聘用股份公司 2015 年度境内外会计师事务所并授权董事会决定其酬金的议案；关于选举股份公司董事的议案，选举王宜林、赵政璋为股份公司董事。以同意票数超过三分之二通过并批准 2 项特别决议案，包括：关于给予董事会发行股份公司股票一般授权事宜的议案、关于给予董事会发行债务融资工具一般性授权事宜的议案。独立董事出席股东大会时并未提出建议。

5. 董事会运作

股份公司董事会由股东大会选举产生，并向股东大会负责，其基本责任是对股份公司进行战略性指导和对管理人员实行有效监督，确保公司的利益并对股东负责。董事会和管理层的职权已在《公司章程》中进行明确规定，以确保为良好的公司管治和内部控制提供充分的平衡和制约机制。根据《公司章程》或股东大会授权，若干重大事项由董事会做出决定，包括：年度经营计划和投资方案；年度公司执行机构成员的业绩考核指标和年度薪酬计划方案；中期利润分配方案；机构调整等重大事宜。股份公司董事及董事会认真负责地开展公司的治理工作，全体董事能够以认真负责的态度出席董事会，认真、勤勉地履行董事职责，确定公司重大决策，任免和监督公司执行机构成员。股份公司管理层在公司总裁的领导下，负责执行董事会做出的各项决议，组织公司的日常经营管理。

股份公司建立了独立董事制度，董事会成员中有 4 名独立非执行董事，符合监管有关独立非执行董事人数的最低要求。股份公司已经收到 4 名独立非执行董事根据《联交所上市规则》第 3.13 条规定给予的独立性确认函，并认为 4 名独立非执行董事完全独立于公司、主要股东及关联人士，完全符合《联交所上市规则》对独立非执行董事的要求。股份公司独立非执行董事张必贻具备适当的会计及财务管理专长，均符合《联交所上市规则》中第 3.10 条的要求。

4 名独立非执行董事并没有在股份公司担任任何职务。独立董事按照《公司章程》及有关法律、法规的要求，认真履行职责。

股份公司董事会下设提名委员会、审计委员会、投资与发展委员会、考核与薪酬委员会和健康安全与环保委员会。上述委员会的主要职责是为董事会决策提供支持。参加专门委员会的董事按分工侧重研究某一方面的问题，为股份公司管理水平的改善和提高提出建议。

2015 年，按照《中国石油天然气股份有限公司董事会议事规则》规定，股份公司董事会共召开 4 次董事会例会、4 次临时董事会会议和 10 次董事会专门委员会会议，通过 32 项董事会决议。

【股份公司股东大会、董事会决议】

1. 股份公司 2015 年召开的股东大会

2015 年 6 月 23 日，股份公司在北京汉华国际饭店召开 2014 年度股东大会。会议以投票方式表决，以二分之一以上赞成批准 7 项决议；以三分之二以上赞成批准 2 项特别决议。

普通决议 7 项：

（1）股份公司 2014 年度董事会报告；

（2）股份公司 2014 年度监事会报告；

（3）股份公司 2014 年度财务报告；

（4）股份公司 2014 年度利润分配方案；

（5）关于授权董事会决定股份公司 2015 年中期利润分配方案的议案；

（6）关于聘用股份公司 2015 年度境内外会计师事务所并授权董事会决定其酬金的议案；

（7）关于选举股份公司董事的议案，选举王宜林、赵政璋为股份公司董事。

特别决议 2 项：

（1）关于给予董事会发行股份公司股票一般授权事宜的议案；

（2）关于给予董事会发行债务融资工具一般性授权事宜的议案。

2. 股份公司 2015 年董事会例会、董事会临时会议

按照《中国石油天然气股份有限公司董事会议事规则》规定，股份公司董事会 2015 年召开董事会会议 8 次。其中 4 次董事会例会、4 次临时董事会会议。共形成 32 项董事会决议。

股份公司董事会 2015 年第一次会议于 2015 年 3 月 25 日召开。会议审议通过 12 项决议：

（1）关于2014年度总裁工作报告的决议；

（2）关于股份公司2014年度财务报告的决议；

（3）关于股份公司2014年度利润分配预案的决议；

（4）关于股份公司2014年度报告及业绩公告的决议；

（5）关于总裁2014年度经营业绩考核及2015年度业绩合同制订情况报告的决议；

（6）关于提请股东大会授权董事会决定股份公司2015年度中期利润分配方案的决议；

（7）关于提请股东大会给予董事会发行股票一般授权事宜的决议；

（8）关于股份公司发行债务融资工具一般性授权的决议；

（9）关于股份公司2014年度内部控制工作报告的决议；

（10）关于股份公司2014年度《可持续发展报告》的决议；

（11）关于延续董事会对收购项目授权管理期限的决议；

（12）关于召开2014年度股东大会的决议。

股份公司董事会2015年第二次会议（临时）于2015年4月27日召开。会议审议通过3项决议：

（1）关于股份公司2015年第一季度报告的决议；

（2）关于股份公司2015年度20-F年报的决议；

（3）关于国际事业公司开展境内原油期货业务的决议。

股份公司董事会2015年第三次会议（临时）于2015年6月3日召开。会议审议通过关于推选王宜林为股份公司董事候选人的决议。

股份公司董事会2015年第四次会议于2015年6月23日召开。会议审议通过3项决议：

（1）关于克拉玛依石化分公司改制为有限责任公司并引入外部投资者相关事宜的决议；

（2）关于董事会健康安全与环保委员会成员调整的决议；

（3）关于选举股份公司董事长的决议。

股份公司董事会2015年第五次会议于2015年8月26日召开。会议审议通过4项决议：

（1）关于股份公司2015年中期财务报告的决议；

（2）关于股份公司2015年中期利润分配方案的决议；

（3）关于股份公司2015年半年度报告及中期业绩报告的决议；

（4）关于成立董事会提名委员会的决议。

股份公司董事会2015年第六次会议（临时）于2015年4月27日召开。会议审议通过关于股份公司2014年第三季度报告的决议。

股份公司董事会2015年第七次会议于2015年11月24日召开。会议审议通过7项决议：

（1）关于股份公司2016年度业务发展与投资计划的决议；

（2）关于股份公司2016年度预算报告的决议；

（3）关于昆仑燃气和昆仑能源整合的决议；

（4）关于中亚天然气管道合资合作项目的决议；

（5）关于转让新疆呼图壁等6个天然气储气库剩余天然气储量资产的决议；

（6）关于聘任田景慧为股份公司副总裁的决议；

（7）关于聘任赵东为股份公司财务总监的决议。

股份公司董事会2015年第八次会议（临时）于2015年12月24日召开。会议审议通过关于以中国石油管道有限责任公司为平台进行相关管道公司整合的决议。

【监事会运作】

1. 监事会会议召开情况

2015年股份公司先后召开4次监事会会议。

2015年3月24日，股份公司第六届监事会第四次会议（2015年第一次会议）在北京召开。

会议审议通过9项议案：

（1）监事会关于股份公司2014年度财务报告审查意见书；

（2）监事会关于股份公司2014年度利润分配预案审查意见书；

（3）监事会关于股份公司总裁2014年度经营业绩考核意见书；

（4）关于聘用股份公司2015年度境内外会计师事务所的议案；

（5）股份公司2014年度监事会报告；

（6）股份公司监事履职管理办法（试行）；

（7）监事会2014年度工作总结和2015年工作计划；

（8）股份公司2014年度可持续发展报告；

（9）股份公司2014年度报告及摘要。

2015年4月27日，股份公司第六届监事会第五次会议（2015年第二次会议）在北京召开。

会议审议通过1项议案：2015年第一季度报告。

2015年8月25日，股份公司监事会2015年第三次会议在北京召开。会议审议通过3项议案：

（1）监事会关于股份公司2015年中期财务报告审查意见书；

（2）监事会关于股份公司2015年中期利润分配方案审查意见书；

（3）股份公司2015年半年度报告及中期业绩公告。

2015年8月25日，股份公司监事会2015年第四次会议以书面传签的方式召开。

会议审议通过1项议案：2015年第三季度报告。

2. 监事会参加其他会议及工作开展情况

先后列席4次董事会会议，发表相关意见。

2015年3月25日，列席股份公司第六届董事会第五次会议。列席监事听取董事会审议股份公司2014年度总裁工作报告、财务报告、利润分配预案、年度报告及摘要、补选股份公司董事、收购项目授权行权情况及授权建议报告等13个议案。会上，郭进平主席宣读《监事会关于股份公司2014年度财务报告审查意见书》《监事会关于股份公司2014年度利润分配预案审查意见书》和《监事会关于股份公司总裁2014年度经营业绩考核意见书》。

2015年6月23日，列席股份公司第六届董事会第六次会议。列席监事听取董事会审议《股份公司2014年度储量评估特别报告》及《董事会审计委员会意见书》《关于克拉玛依石化分公司改制为有限责任公司并引入外部投资者相关事宜的议案》《关于董事会健康安全与环保委员会成员调整的议案》和《关于选举股份公司董事长的议案》。

2015年8月26日，列席股份公司董事会2015年第五次会议。列席监事听取董事会审议股份公司2015年中期财务报告、利润分配方案、半年度报告及业绩公告、成立董事提名委员会及变更股份公司董事会会议编序说明等5个议案。

2015年11月24日，列席股份公司董事会2015年第七次会议。列席监事听取董事会审议《股份公司2016年度业务发展与投资计划议案》《股份公司2016年度预算报告》和《关于昆仑燃气与昆仑能源整合的议案》等事项。

组织财务抽样调查2次，调查8个单位，先后起草《股份公司2014年度财务抽样调查报告》和《股份公司2015年中期财务抽样调查报告》，共反映问题235项，提出建议69条。

【股份公司2014年度业绩发布路演】 2015年3月26日，股份公司在香港召开2014年度业绩新闻发布会和分析员大会，并于27日在香港进行业绩路演。股份公司副董事长、总裁汪东进，副总裁孙龙德，财务总监于毅波，董事会秘书吴恩来以及相关部门人员出席业绩发布和路演活动。股份公司业绩发布后，副总裁孙龙德、财务总监于毅波和董事会秘书吴恩来分别率3个路演组会见股份公司重要股东和投资机构。副总裁孙龙德带队参加瑞信证券第十八届亚洲投资大会，作大会发言。

【股份公司2015年度中期业绩发布路演】 2015年8月27日，股份公司在香港召开2015年中期业绩发布会，并于28日在香港进行业绩路演。股份公司董事长王宜林、副董事长兼总裁汪东进、副总裁孙龙德、财务总监于毅波、董事会秘书吴恩来以及相关部门人员出席业绩发布会和路演活动。股份公司业绩发布后，副总裁孙龙德、财务总监于毅波和董事会秘书吴恩来分别率3个路演组会见股份公司重要股东和投资机构。

【股份公司H股股价月度表现】 图1为2015年中国石油股份H股与恒生指数走势图。

1月，中国石油股份股价震荡下行。月初，受油价续跌、希腊局势不明朗等因素拖累，港股跌至低位。随后海关数据显示中国出口增加近一成，同时施政报告公布，支撑港股向好。月中，道琼斯指数及内资房地产股均跌，拖累港股回落，但国家统计局公布2014年第四季GDP增长高于预期，且欧洲买债规模大于市场预期，推动港股上升。月末，受A股行情波动影响，外围市场因美企业绩逊色，以及美联储议息后，市场认为加息步伐不变，拖累港股低收。中国石油股份股价跟随大市波动，本月开盘8.69港元，报收于8.39港元，月跌幅为3.45%。全月最高为1月23日的8.92港元，最低为1月30日的8.39港元。

2月，中国石油股份股价震荡上扬。月初，油价上升带动外围股市持续向好，且人民银行出台多项宽松货币政策，提振大市。月中，国家统计局公布1月CPI升0.8%，市场开始忧虑内地通缩，恒生指数窄幅波动。随后内地股市反复造好，港股被带领上扬，挽回跌势。月末，希腊与欧元区达成延长4个月救助计划协议加上美联储主席耶伦表明未来几次会议不会加息，助力港股升势。受国际油价回升影响，中国石油股份股价略优于大市，本月开盘8.44港元，报收于9港元，月涨幅为6.63%。全月最高为2月26日的9.02港元，最低为2月2日的8.44港元。

3月，中国石油股份股价先抑后扬。月初，央行减息、全国政协会议开幕，带动港股向上，随后中央定出2015年GDP增长目标为7%左右导致市场忧虑发展前景，影响股市走势。月中，美联储结束议息会议，公布维持利率不变，市场认为这意味加息步伐放慢，刺激恒生指数大升。月末，汇丰中国公布3月制造业PMI初值，远逊市场预期，创11个月新低，加上美股

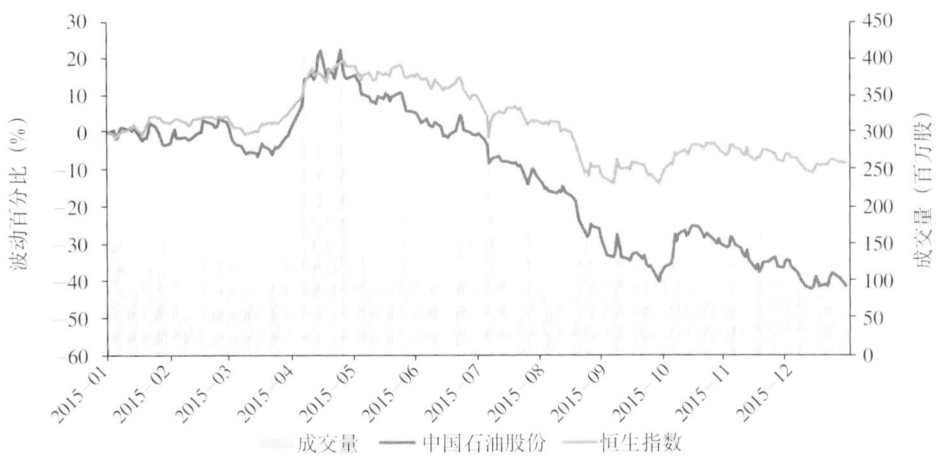

图 1　2015 年中国石油股份 H 股与恒生指数走势图

受到也门战事及个别经济数据逊市场预期影响，港股因此受压且交投趋淡。中国石油股份股价略逊于大盘，主要由于股份公司即将公布的全年业绩可能逊于预期，市场持谨慎态度。另外，国家发改委下调增量天然气价，市场预期下半年气价可能进一步下调，影响股份公司盈利前景。本月中国石油股份股价开盘 8.94 港元，报收于 8.58 港元，月跌幅为 4.03%。全月最高为 3 月 2 日的 8.94 港元，最低为 3 月 17 日的 8.13 港元。

4 月，中国石油股份股价大幅上扬，月底触及高位后回落。月初，内地资金入市力度加强，加上中央降低存款准备金以注入流动性，港股大幅上涨。月中，A 股当日起开放一人一户限制，利好港股走势，令恒生指数连续八日收涨。随后，港股受到中国证监会打压两融的不利消息拖累，轻微震荡后恢复升势。月末，消息指中国可能宣布新一轮货币量化宽松政策，但中国证监会呼吁投资者小心股市风险，港股随 A 股上涨后回落。国际油价上涨为中国石油股份股价提供有力支撑，但更大程度是由于港股大时代市场情绪高涨以及投资者对合并传言的炒作。随着 4 月 27 日股份公司公布 2015 年第一季度业绩、发布中期盈利预警，并澄清与中国石化合并传闻，中国石油股份股价开始回落。本月中国石油股份股价开盘 8.63 港元，报收于 9.96 港元，月涨幅为 15.41%。全月最高为 4 月 27 日的 10.64 港元，最低为 4 月 1 日的 8.63 港元。

5 月，中国石油股份股价持续回调。月初，内地上调印花税及中国证监会收紧券商两融上限，拖累沪深港股市投资气氛。月中，央行宣布下调一年期存款及贷款基准利率，消息推动港股向上。其后外围忧虑希腊债务而偏软，内地公布的多项经济数据逊于预期，均拖累港股下跌。月末，市场预期内地基金与香港基金互认将推动内地资金继续流入，恒生指数升破 28000 点水平，并创 7 年高位。但随后由于美股下跌、希腊债务危机和美国可能提前加息等外围因素，以及央行进行定向正回购等消息，影响大市反复下挫。受一季度业绩显著下滑，以及市场对股份公司与中国石化合并期望落空影响，中国石油股份股价震荡下行，本月股价开盘 10.04 港元，报收于 9.19 港元，月跌幅为 8.47%。全月最高为 5 月 4 日的 10.04 港元，最低为 5 月 29 日的 9.19 港元。

6 月，中国石油股份股价跟随大市震荡下行。月初，中国 5 月官方制造业 PMI 指数符合预期，但受希腊债务问题及美国加息预期升温影响，恒生指数持续受压。月中，香港疑似出现中东呼吸综合征，且市场亦担心美国提前加息，恒生指数进一步下跌，但投资者憧憬内地银行推行混合所有制，带动大市回升。下旬，大市受多项不利因素影响，包括传闻“深港通”将延后推出、香港政改议案遭否决、希腊债务违约风险增加及 A 股爆发小股灾，恒生指数跌破 26000 点，至两个半月低位。中国石油股份股价与大盘基本同步，本月开盘 9.17 港元，报收于 8.65 港元，月跌幅为 5.67%。全月最高为 6 月 1 日的 9.17 港元，最低为 6 月 18 日的 8.56 港元。

7 月，中国石油股份股价继续震荡下行。月初，希腊公投以压倒性多数反对债权人方案，引发市场担忧，且沪深两地近半上市公司停牌，大量内地资金撤离引发恒生指数大跌，但随后在内地救市措施刺激下反弹。月中，希债危机出现转机，欧盟领导人一致决定向希腊提供救助并达成协议的消息带动港股上升。

月末，美联储将举行议息会议，且上市企业踏入业绩公布高峰期，投资者倾向持观望态度。另外，中国7月PMI指数跌至15个月新低，影响港股表现。中国石油股份股价表现跟随大市，本月开盘8.62港元，报收于7.69港元，月跌幅为10.79%。全月最高为7月3日的8.67港元，最低为7月27日的7.47港元。

8月，中国石油股份股价继续下跌。月初，中国公布的官方采购经理人指数及财新制造业采购经理人双跌加上A股表现疲弱及人民币汇价大幅贬值，均令市场振荡，影响恒生指数表现。月中，受油价持续下滑及部分新兴市场竞相使本货贬值等多项不利因素影响，港股继续下行。月末，南北韩达成协议，随后央行突然宣布同时调低存款准备金率并减息，沪指重上3000点，一度刺激港股温和反弹，但对中国经济放缓的担忧持续困扰市场，港股升势并未持续。中国石油股份股价表现跟随大市，本月开盘7.47港元，报收于6.44港元，月跌幅为13.79%。全月最高为8月3日的7.47港元，最低为8月25日的6.24港元。

9月，中国石油股份股价小幅回升后震荡下行。月初，8月官方及财新PMI指数分别创三年和六年半新低，凸显内地经济下行压力，且美股避险情绪升温，拖累港股继续下行。其后，官方公布持股过一年免股息税，且中国财政部亦公布会实施更有力度财政政策确保实现全年经济增长目标，带动港股终止七周连跌。月中，A股在内地维稳措施刺激下反弹，一度暴涨近6%，港股跟随沪深两市回升。月末，受累于美股下跌，恒生指数一度大跌逾600点，创两年低位，但随着美股反弹，港股表现回稳。中国石油股份股价表现跟随大市，本月开盘6.19港元，报收于5.37港元，月跌幅为13.25%。全月最高为9月9日的6.23港元，最低为9月29日的5.13港元。

10月，中国石油股份股价跟随大市回升。月初，港股受美国将延迟加息消息刺激，逐步向上。随后，因中国9月消费物价指数同比只升1.6%，低于市场预期，通缩风险加大，港股升幅收窄。月中，虽然中国季度GDP“破7”，略胜预期，但投资者反应冷静，港股小幅下跌，之后，欧洲央行暗示可能延长货币量化宽松政策，港股受消息带动震荡上行。月末，十八届五中全会开幕，市场憧憬政策出台，但迟迟未见有重大利好政策令市场失望，加上美联储表示2015年内仍然可能加息，港股回调。中国石油股份股价表现略优于大市，主要由于月初国际油价反弹近10%，带动中国石油股份股价向好。本月开盘5.54港元，报收于6.06港元，月涨幅为9.39%。全月最高为10月16日的6.50港元，最低为10月2日的5.54港元。

11月，中国石油股份股价先扬后抑。月初，美国公布的制造业数据有改善，带动港股向上，随后市场忧虑香港地产前景且中国10月通胀率和信贷数据均低于市场预期，大市受压。月中，受巴黎恐怖袭击使港股受压，但之后市传美国在12月加息，消除市场不明朗因素，带动大市回升。月末，中国证监会公布首批10家公司将于近期招股上市，美元汇价走强，商品价格受挫，且A股表现疲弱，内地再有券商受查，港股持续受压。由于国家发改委下调非居民用天然气门站价格影响，中国石油股份股价略逊于大市，本月股价开盘5.99港元，报收于5.51港元，月跌幅为8.01%。全月最高为11月4日的6.24港元，最低为11月18日的5.41港元。

12月，中国石油股份股价继续下跌。月初，国际货币基金宣布把人民币纳入特别提款权篮子货币内，港股微升。随后石油输出国组织决定维持产油量不变，市场忧虑石油供求失衡问题将持续恶化，加上市场对美国加息预期升温，港股连跌多日。月中，随着市场消化美国加息消息，加之内地A股反弹，港股逐步企稳。月末，由于圣诞和新年假期关系，港股成交极为淡静，并随A股下跌。期间，国际油价持续下挫，创11年新低，中国石油股份股价随大市及油价走低，本月开盘5.65港元，报收于5.08港元，月跌幅为10.09%。全月最高为12月2日的5.70港元，最低为12月14日的5.02港元。

【股份公司A股股价月度表现】 图2为2015年中国石油A股与上证指数走势图。

1月，中国石油股价先抑后扬。月初，大盘在港股大幅上涨刺激下高开高走并再创新高，随后受券商两融业务整顿影响，两市下跌，但证监会有关两融的表态缓解市场悲观情绪，市场强势反弹，一度刷新本轮上涨的新高。中国石油股价跟随大盘波动，走势略强于大盘。中国石油股价开盘10.71元，报收于11.43元，月涨幅为7.68%。全月最高为1月23日的13.02元，最低为1月5日的10.58元。

2月，中国石油股价回落后横盘整理。月初央行实行降准，但受新股发行带来的资金压力，A股市场不涨反跌。随后，央行流动性的放松给市场带来强心剂，加上降息预期越来越强烈，以及打新资金的解冻为A股的涨升格局提供充足的动力，上证指数走出7连阳，中国石油股价也止跌回升。中国石油股价开盘11.29元，报收于11.22元，月跌幅为1.89%。全月最高为2月4日的11.71元，最低为2月9日的10.51元。

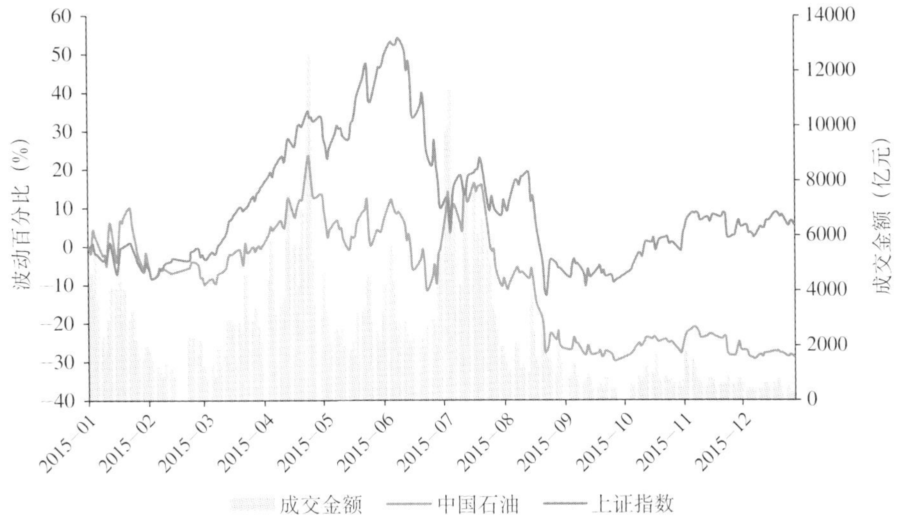

图 2 2015 年中国石油 A 股与上证指数走势图

3 月，中国石油股价跟随市场上涨。上旬，处在全国“两会”召开时期，市场做多情绪降温，央行再次降息，两市却震荡下行。而在“两会”上管理层支持资金进入 A 股市场的言论，以及国务院批准 1 万亿元地方债务置换规模等政策利好提振下，投资者信心空前高涨，A 股放量上涨，于月底突破 3800 点关口。中国石油股价开盘 11.24 元，报收于 11.52 元，月涨幅为 2.71%。全月最高为 3 月 31 日的 11.95 元，最低为 3 月 9 日的 10.33 元。

4 月，中国石油股价加速上涨，创下年内新高。受楼市政策落地、国务院会议决议支撑等因素影响，两市继续上涨，至中旬资金为防踏空加速介入蓝筹股，推动上证指数突破 4300 点。尽管月底证监会严查两融，但在央企重组传闻刺激下，上证指数强势攻上 4500 点关口后震荡回落，创下 2007 年 5 月以来的第二大月度涨幅。中国石油股价开盘 11.50 元，报收于 13.15 元，月涨幅为 14.15%。全月最高为 4 月 28 日的 15.09 元，最低为 4 月 1 日的 11.42 元。

5 月，中国石油股价表现脱离市场，开始向下调整。上旬，在管理层加大风险提示、伞形信托收紧、两融杠杆下调和新股发行加速等压力下，股指大幅急跌。中旬，打新资金回流、央行降息、地方债务可置换、管理层出台的稳增长政策，加上增量资金入场形成支撑，上证指数再度突破 4500 点。此后，市场万亿养老金即将入市，上证指数加速冲顶，但在 5000 点左右受阻下跌。中国石油股价开盘 13.13 元，报收于 11.71 元，月跌幅为 10.98%。全月最高为 5 月 5 日的 13.73 元，最低为 5 月 29 日的 11.49 元。

6 月，中国石油股价出现单边下滑。上半月，上证指数不断创出新高但增速放缓，盘中热点快速轮动，成交量明显缩减，指数欲涨乏力。继 6 月 12 日上证指数触及 5178.19 点后，两市指数开始下滑，在市场调整压力、IPO 节奏加快冲击资金面、场外配资清理、两融余额下降、国内货币政策转向担忧等事件影响下，市场情绪出现恐慌，抛压加重，中国石油股价跟随市场调整。中国石油股价开盘 11.71 元，报收于 11.13 元，月跌幅为 4.95%。全月最高为 6 月 8 日的 13.31 元，最低为 6 月 29 日的 9.64 元。

7 月，中国石油股价先扬后抑，并未突破前期新高。月初，管理层清理融资盘以及前期获利资金的大肆出逃，A 股市场投资者信心崩溃，上证指数连续大幅下跌。在此过程中，一行三会、财政部、国务院国资委等监管部门，券商、公募、私募等机构投资者以及上市公司自身都纷纷开展救市行动。至 7 月中旬，“国家队”资金持续入市抄底，股指进入超跌反弹。但月底市场传言“国家队”资金撤出，市场信心依旧不稳固，股指再次缩量震荡下跌。上证指数创出近 6 年的最大单月跌幅，中国石油股价受“国家队”资金支撑仅出现略微下跌。中国石油股价开盘 10.93 元，报收于 10.98 元，月跌幅为 1.32%。全月最高为 7 月 7 日的 14.00 元，最低为 7 月 2 日的 10.02 元。

8 月，中国石油股价跟随市场一度企稳，但之后再次下跌创下年内新低。IPO 暂停、上市公司股东减持限制、券商自营承诺、证金公司数千亿资金入市等一系列救市措施，使得A股市场多空力量出现逆转，上半月企稳反弹。进入下半月，监管层预示救市暂停、经济数据指标不乐观、外围市场低迷以及场内资金持续外流等因素，致使两市再现跳空下跌，上证指数创下2850.71点年内新低。随后在央行降准降息、外资入场、期货市场抑制投机等消息作用下，股指企稳反弹。中国石油股价开盘10.77元，报收于8.85元，月跌幅为19.39%。全月最高为8月18日的11.29元，最低为8月26日的7.95元。

9月，中国石油股价跟随市场小幅震荡。月初，大盘经过短暂的震荡下探后迅速翻红，监管层鼓励长期持股、拟引入熔断机制等利好促使大盘一扫颓势。月中，国企改革顶层方案落地，随着场外配资清理大限临近，大盘再现千股跌停。月末，经济数据持续不乐观、场外配资清理进入尾声、外围市场动荡等令大盘维持弱势震荡走势，成交量萎缩，上证指数月线四连阴。中国石油股价开盘8.95元，报收于8.21元，月跌幅为7.29%。全月最高为9月1日的9.27元，最低为9月30日的8.20元。

10月，中国石油股价温和反弹。国庆假期结束后经济数据空窗营造较好市场环境，投资者情绪逐渐平稳，两市连涨数日。月中，政府高层访英、十八届五中全会召开等事件激发市场的主题投资热情，各主题轮动上涨。月末，央行"双降"维持宽松货币政策，但中央巡视组进驻一行三会、上市公司三季报业绩整体增速大幅回落、10月PMI维持低位等因素抑制投资者情绪，大盘进入平缓交易区间。中国石油股价开盘8.54元，报收于8.73元，月涨幅为6.32%。全月最高为10月21日的9.07元，最低为10月9日的8.38元。

11月，中国石油股价先扬后抑。月初，上证指数短暂回调，随后连续上涨触及3600点；随着经济数据的密集发布，显经济下行趋势并未出现明显改善，加上多空双方的分歧加大，股指陷入震荡整理；月底，重启IPO后市场资金面趋于紧张，多家券商被立案调查，上证指数在多重利空的打压下，11月27日单日下跌近200点，创下"股灾"结束后最大单日跌幅。中国石油股价开盘8.64元，报收于8.38元，月跌幅为4.00%。全月最高为11月9日的9.43元，最低为11月30日的8.28元。

12月，中国石油股价窄幅震荡。月初，房贷利息抵税的消息刺激房地产板块大涨带动大盘蓝筹强劲反弹，但成交量未随之放大，股指随后回落。月中，随着"供给侧改革"的有序推进、美联储加息确定、汇率走势稳定，大盘重拾升势；"宝万"之争、沪伦通、注册制等消息又促进权重股再一次拉升，上证指数重新站上3600点。月末，最后一轮新股申购，股指面临资金与技术的双重压力；B股意外大跌拖累A股，以及年后大股东减持禁令到期等因素，刺激市场走弱，令股指月线涨幅收窄。中国石油股价开盘8.38元，报收于8.33元，月跌幅为0.60%。全月最高为12月3日的8.93元，最低为12月14日的8.21元。

【中国石油在资本市场获得的奖项】 2015年中国石油在资本市场获得的奖项见表1。

表1　2015年中国石油在资本市场获得的奖项

评选机构	奖　　项	评选结果
BrandZ	最具价值中国品牌100强	第9位
	最具价值全球品牌100强	第71位
	海外营收排名前20品牌	第4位
福布斯	全球企业2000强	第8位
财富	世界企业500强	第4位
财富（中文版）	中国企业500强	第2位
金融时报	全球企业500强	第6位
亚洲金融	亚洲企业100强	按过去3年净利润的总和计算排名第6位； 区域排名（中国区）第5位； 按过去一年的盈利增长计算排名第43位
机构投资者	亚洲地区最受尊崇公司	第28位
	卖方投票选出的亚洲区最佳投资者关系	第2位（能源行业）
	买方投票选出的亚洲区最佳投资者关系	第2位（能源行业）

（曲　鹏）

第二篇

油气勘探开发生产

综　述

【概述】 国内油气勘探与生产业务及新能源业务由中国石油天然气股份有限公司勘探与生产分公司（简称勘探与生产分公司，也称勘探与生产板块）负责，勘探与生产分公司同时管理大庆、辽河、长庆、塔里木、新疆、西南、吉林、大港、青海、华北、吐哈、冀东、玉门、浙江、南方石油勘探开发、煤层气等16个油气田企业的石油、天然气及煤层气等新能源业务的勘探开发生产。2015年，国内勘探与生产业务面对油价持续低迷、油气需求增速放缓、供需关系变化等复杂严峻形势和新《安全生产法》和《环境保护法》实施、投资大幅下降等带来的新挑战，坚持"有质量有效益可持续"发展方针，扎实推进生产建设和经营管理各项工作，圆满完成年度生产建设任务。油气勘探取得一批新的重要成果，原油生产任务全面完成，天然气生产平稳受控运行，持续推进生产组织方式优化和技术创新，安全环保形势保持基本稳定。2015年度股份公司分层次设置油气预探项目（56个，其中天然气项目21个）和风险勘探项目，油气勘探共取得22项主要成果。2015年采油井总井数232448口，开井173443口，产油11143万吨，累计产油42.18亿吨。2015年已开发气田163个，气井总数16539口，2015年12月开井13325口。生产天然气954.8亿立方米。

（黄照富）

【生产经营指标】

1. 勘探开发工作量

油气勘探完成二维地震15909千米，三维地震9095平方千米，完成钻井1588口，进尺441.8万米；原油开发完成钻井10579口，进尺1993.8万米（不含对外合作）；天然气开发完成钻井1492口，进尺446.5万米（不含对外合作）；完钻水平井1060口（表1）。

2. 油气储量

新增探明石油地质储量7.3亿吨、天然气地质储量5702亿立方米，探明油气地质储量当量超过10亿吨，油气储量当量接替率大于0.7。

表1　2015年勘探开发工作量

项　目			2015年	2014年	同比增减
勘探	二维地震（千米）		15909	19170	-3261
	三维地震（平方千米）		9095	11739	-2644
	钻井（口）		1588	1584	4
	进尺（万米）		441.8	441.8	0
开发	原油	钻井（口）	10579*	14955*	-4376
		进尺（万米）	1993.8*	2712.9*	-719.1
	天然气	钻井（口）	1492*	1284*	208
		进尺（万米）	446.5*	365.6*	80.9
	完钻水平井（口）		1060*	1610*	-550

注：* 数据不含对外合作。

3. 油气产量

生产原油11143万吨，同比减少224万吨，同比下降1.97%；生产天然气954.8亿立方米，同比持平，保持历史最高水平。

4. 经济效益指标

实现销售收入3474亿元，税前利润95亿元，净现金流81亿元，投资资本回报率1.2%。

5. 安全环保

安全环保形势总体稳定，减排"四项指标"同比均下降5%以上，节能节水均完成计划指标。

【主要成果】

1. 油气勘探取得一批新的重要成果

石油勘探在长庆油田环江、姬塬地区落实规模储量均超2亿吨，在新疆油田玛湖凹陷斜坡区及红车断裂带落实储量规模在2亿吨以上，在大庆油田三肇地区、辽河油田大民屯西斜坡、塔里木油田中古—塔北等新增探明或控制石油地质储量均在3000万吨以上。天然气勘探在长庆油田苏里格新增探明加基本探明地质储量6927亿立方米，在西南油气田高石梯—磨溪震旦系新增探明加控制地质储量4238亿立方米，在塔里木油田库车克深区块新增探明加预测地质储量1424亿立方米。煤层气公司在鄂尔多斯盆地石楼地区煤系地层立体勘探新增探明加控制地质储量1024亿立方米。西南油气田和浙江油田在长宁、威远和黄金坝地区首次提交页岩气探明地质储量1635亿立方米。致密油勘探开发稳步推进，累计建成产能136万吨。

2. 原油生产任务全面完成

面对油价持续低迷的复杂局面，努力保持正常的开发秩序，不断优化产量结构，继续保持原油生产平稳、安全、受控运行。产能建设突出大庆茂15-1水平井示范区、长庆姬塬、新疆风城重18井区、塔里木哈拉哈塘等11个重点项目，建成原油生产能力1218万吨。持续深化老油田精细注水，平均自然递减率9.8%，连续两年低于10%，含水上升率小于0.5%。长停井治理已建立油藏整体治理和油水井协同治理相结合的工作制度，大庆三元复合驱、新疆七东1区聚合物驱、辽河锦16二元复合驱等重大开发试验对增储上产的推动作用进一步显现。

3. 天然气生产平稳受控运行

积极应对天然气需求增速大幅放缓、产销平衡由以产定销变为以销定产带来的新形势，通过优化气田生产制度、调整装置检修时间、推迟新建产能项目、超前准备调峰井等，最大程度降低因计划频繁调整和开关井对生产带来的不利影响，有序组织冬季高峰生产，实现全年安全平稳供气。四大气区生产天然气826.3亿立方米，占总量的87%，其中长庆气区374.6亿立方米、塔里木气区235.5亿立方米、西南气区154.8亿立方米、青海气区61.4亿立方米。呼图壁、相国寺等6座储气库年注气53亿立方米、采气11亿立方米，发挥了重要的调峰保供作用。产能建设突出长庆、塔里木、西南等重点气区和重点项目，新建产能111.8亿立方米，集团公司天然气年生产能力突破1000亿立方米（含溶解气）。页岩气业务突出长宁—威远、昭通2个示范区建设，建成配套产能28亿立方米，年产气12.4亿立方米。煤层气年产量17.6亿立方米，处于持续上升期，走在全国的前列。

4. 持续推进生产组织方式优化和技术创新

推进钻井区块总包和井下作业联产承包，钻井总包井数达到53.3%，在年增开发井1.2万口情况下井下维护性作业工作量不增。推进大平台布井和工厂化作业，设立8个示范区，完成丛式井平台2058个，新钻井7124口，占年度新钻井数的63%。继续推进水平井钻井及体积压裂技术应用，完钻油气水平井1053口，水平井体积压裂982口，油、气井平均单井日产8.4吨、12.5万立方米。带压作业完成4467口，应用规模上新台阶。连续油管作业技术日趋成熟，2015年实施1451井次，具备了规模推广条件。常态化推进地面建设标准化设计，持续推广一体化集成装置应用，探索大型站场模块化建设新模式，节约投资18.9亿元，节省土地473.87公顷（1公顷=10000平方米），减少用工6109人。新增各类数字化井11154口、站场389座，已累计实施10.38万口油气水井及4695座站场的数字化建设与管理。

5. 安全环保形势保持基本稳定

贯彻落实国家新《安全生产法》和《环境保护法》，落实全员安全环保责任。坚持以HSE体系建设为主线，夯实安全环保基础，2015年开展2次全要素全覆盖的HSE体系审核。2015年，安排安全环保隐患治理专项资金34亿元，隐患治理项目750多项，在大庆、长庆、华北、大港、新疆、西南等6家单位开展管道检测和修复的试点工作，完成检测管道1886千米，修复管道1599千米，长输管道重大隐患全部整改完成，较大隐患整改完成率81%，全面完成国家和集团公司下达的管道隐患专项整治任务。以17个节能专项和15个减排项目为重点，持续推进加热炉提效、示范区建设、新型加热炉研制等工作，86个项目得到国家环保部的减排认定，废弃钻井液和压裂返排液无害化处理及资源化利用5个示范工程建设取得良好效果。全年杜绝重大事故和重大职业危害事故，一般亡人事故得到较好控制，保持了安全环保、节能减排形势稳定。

6. 深入开展开源节流降本增效

按照集团公司统一部署，制定并实施《国内上游业务深入推进开源节流降本增效工作的实施意见》，细化落实“严格控制、重点强化、优化细化”3个方面12条措施。在投资控制上，原油产能建设区块由229个优化到202个，通过产能部署优化、产能结构优化、开发方案优化和建产方式优化，投资减少27.4亿元。在成本控制上，加大管控力度，优化措施作业，压减高成本低效作业项目；严控管理性支出，严控员工总量，优化组织结构；关停严重亏损和低效无效的电厂、甲醇厂、天然气处理厂、转油站、宾馆等280个左右，撤销处级单位21个、科级单位172个。2015年油气操作成本实现了基本不升。

【“十三五”规划编制】　按照集团公司统一部署，

勘探与生产分公司2014年3月启动国内上游业务“十三五”规划编制工作。2014—2015年，组织各油田公司和研究院所开展21项专题研究，编制各类图表67套，进行4套方案论证和多轮次对接，完成1个专业规划、13个企业规划、7个专题规划的编制。

油 气 勘 探

【概述】 2015年，股份公司分层次设置油气预探项目（56个，其中天然气项目21个）和风险勘探项目，其中重点预探项目16个。油气勘探取得22项主要成果。

油气勘探立足大盆地，立足富油气凹陷或区带，立足现有资源状况，走技术发展之路和低成本发展之路，强化预探和风险勘探，努力寻找新的发现和突破，强化科学勘探、效益勘探、与开发协同勘探，落实规模效益可动用储量，稳步推进致密油等非常规勘探，积极准备后备接替领域。突出重点区带和16个重点预探项目，16个重点预探项目包括：鄂尔多斯盆地、塔里木盆地塔北、准噶尔盆地西北缘玛湖—中拐、柴达木盆地狮子沟、吐哈盆地鲁克沁、松辽北部致密油、松辽南部致密油、渤海湾盆地辽河东部火山岩、大港南皮凹陷、华北霸县—饶阳凹陷等10个石油预探重点项目，鄂尔多斯盆地东部、苏里格南部、四川盆地高石梯—磨溪震旦系、川西北二叠系、塔里木盆地克深地区、柴达木盆地阿尔金山前等6个天然气预探重点项目。

【勘探任务完成情况】 2015年，获工业油气流井426口，综合探井成功率52.4%。2015年新增探明石油地质储量7.28亿吨，新增探明天然气地质储量5702亿立方米，新增探明油气地质储量当量连续9年超10亿吨。

2015年度新增油气地质储量总体上具有以下几个特点：（1）油气地质储量落实程度高、可动用性强。新增探明石油地质储量中，已开发储量4.48亿吨，占比61.5%。（2）新增探明石油地质储量区块整装程度降低，储量计算单元增多；探明天然气地质储量区块继续保持规模整装特点。新增探明石油地质储量大于2000万吨的区块占总储量的37%，新增探明天然气地质储量大于100亿立方米的区块占总储量的99%。（3）新增油气地质储量以中深层为主。石油探明地质储量中深层占总储量的69%，天然气探明地质储量全部是中深层储量。（4）新增油气地质储量以低渗透—特低渗透为主。石油、天然气探明地质储量中低渗透+特低渗透分别占总储量的70%和99%。（5）新增油气地质储量仍以岩性油藏为主。石油、天然气探明地质储量中岩性油气藏类储量分别占总储量的78%和86%。

【渤海湾盆地主要勘探成果】 辽河大民屯西部岩性勘探取得新进展。有利勘探面积220平方千米，近年来对沙四段砂体和成藏整体研究认为有利形成规模岩性油藏，2015年整体部署探井6口、老井试油4口、完钻6口、完试5口，新获工业油气流5口（老井2口），在平安堡—安福屯沙四段新增探明石油地质储量1230万吨，同时控制有利含油面积26平方千米，有望进一步扩大勘探成果。

华北巴音都兰北洼槽勘探取得新进展。勘探面积1200平方千米，近年立足洼槽区岩性油藏钻探，4口探井获成功，但砂体相变快、储层薄，升级动用效果差。2015年加强精细砂体研究，寻找厚油层，落实规模效益储量，部署巴101X井测试获日产119.4立方米高产油流，展示良好的勘探开发前景。

【松辽盆地主要勘探成果】 北部长垣以东地区中浅层石油勘探取得新进展。勘探面积2.1万平方千米，截至2014年底累计探明石油地质储量58.1亿吨。2015年开展砂体精细刻画，继续深化葡萄花和扶余油层的勘探评价，在三肇地区完钻探井、评价井36口，新获工业油流井29口，新增探明石油地质储量3070万吨。

北部致密油勘探稳步推进。勘探面积4.6万平方千米。完试探井8口，均获工业油流，其中肇平6井获日产35.5立方米工业油流，试采产量稳定，松辽北部地区扶余油层资源规模得到进一步落实。

南部中浅层石油勘探取得新进展。松辽南部斜坡带高台子、葡萄花油层砂体薄、刻画难度大，认识程度较低。2015年通过老井复查和砂体精细刻画、重新认识老区，寻找中浅层优质储量，部署探井10口、老井试油7口，完钻9口、完试11口、获工业油流井10口，在高家、大情字井地区落实含油面积170平方千米，有望形成新的高效优质储量区。

【鄂尔多斯盆地主要勘探成果】 陇东地区石油勘探取得重要进展。勘探面积1.6万平方千米，2015年为落实镇北及合水长6段、长8段规模储量，完钻探井、评价井207口，完试井216口井，获工业油流井151口。在长8段新获工业油流井60口，其中日产油大于20吨井17口，在环江地区新增探明石油地质储量1.01亿吨，实现了陇东地区长8段含油连片。

姬塬地区立体勘探取得新成果。勘探面积1.46万平方千米，具有多层系复合含油特征。2015年以长8段储量升级和落实长9段含油规模为重点，完钻探井、评价井258口，试油243口井，获工业油流井149口。长8段油藏含油规模不断扩大，新增探明石油地质储量1.31亿吨；长9段油藏评价取得突破，18口井获工业油流，首次新增探明石油地质储量3325万吨。

致密油勘探形成三大含油富集区。有利勘探面积2.25万平方千米，2014年首次探明新安边致密油田，2015年以落实致密油资源为重点，获工业油流井171口，进一步落实陇东、新安边、陕北等3个含油富集区，为油田未来稳产提供新的资源储备。

苏里格天然气勘探取得重要成果。勘探面积6万平方千米，2015年主攻南三区，积极评价西二区，完钻探井55口，获工业气流井25口。在西二区盒8段、山1段、山2段、太原组新增探明含气面积3134平方千米，探明天然气地质储量3445亿立方米；在南部获工业气流井13口，落实有利勘探范围3000平方千米。

盆地东部多层系天然气勘探取得重要进展。勘探面积2万平方千米，具有多层系复合含气特点。2015年围绕神木—双山和绥德地区开展工作，完钻探井55口，试气38口，23口井获工业气流。落实盒8段整装含气富集区，发现陕295、双55等10个本溪组高产富集区和神48、米46等4个新的太原组含气富集区。

陇东地区天然气勘探获得新发现。鄂尔多斯盆地中央古隆起奥陶系风化壳储层发育，与上古生界煤系烃源岩形成上生下储型成藏组合。2015年部署实施的陇18井在奥陶系下部马二段试气获日产10.65万立方米工业气流，首次在马家沟组下组合获高产，对推动古隆起东侧下古生界天然气勘探具有重要意义。

大宁—吉县煤系地层立体勘探取得新进展。勘探面积5784平方千米，2015年多层系立体勘探，主攻河东，整体控制主体砂带，甩开勘探河西，部署探井18口，完钻16口井，试气11口井均获工业气流，在黄河以东地区和石楼西区块煤系地层新增探明天然气地质储量740亿立方米，展示出煤系地层立体勘探的良好前景。

【四川盆地主要勘探成果】 川中古隆起震旦系天然气勘探取得新进展。有利面积7500平方千米，2015年立足灯四段台缘带富集区，落实规模储量，甩开勘探外围，积极扩大勘探成果，完钻探井10口，试气15口，获工业气流井12口，在高石1井区灯四段探明天然气地质储量2200亿立方米，同时发现磨溪22井区新的灯四段规模富集区。

川中下二叠统栖霞—茅口组勘探取得新发现。近几年对深层震旦—寒武系钻探过程中，多口井在下二叠统栖霞—茅口组见良好显示，并解释有气层，2015年开展针对性的试油工作，高石18井、磨溪42井在栖霞组测试分别获得日产42万立方米和22万立方米高产气流；磨溪39井在茅口组测试日产气24.7万立方米，展示出这一地区立体勘探的良好潜力。

【准噶尔盆地主要勘探成果】 环玛湖斜坡带石油勘探取得新进展。勘探面积1.25万平方千米，2015年加大斜坡区勘探力度，部署探井19口，完钻19口，试油9口，获工业油气流井6口，其中盐北4井获日产32立方米工业油流。在艾湖1—玛18井区新增探明石油地质储量5666万吨，并发现艾湖2井区等多个含油有利区，环玛湖斜坡带石油勘探整体取得新进展。

红车断裂带多层系勘探取得新成果。勘探面积2500平方千米，2015年整体勘探红车断裂带，寻找规模效益储量，部署探井13口，完钻12口，新获工业油流井7口。在克拉玛依、车排1井等区块二叠系、白垩系新增探明石油地质储量3379万吨，在车210井区、红153井区石炭系、二叠系新增含油有利区面积近50平方千米，展示出红车断裂带立体勘探的良好潜力。

【塔里木盆地主要勘探成果】 库车克深区带天然气勘探取得新进展。2015年加大克深区带评价勘探力度，积极甩开预探，完钻探井10口、试气9口，7口井获工业气流，克深9气藏新增探明天然气地质储量466亿立方米，甩开勘探克深13井测试日产34.38万立方米工业气流，发现一个新的含气构造。

塔北碳酸盐岩石油勘探取得新成果。有利勘探面积2.75万平方千米，截至2014年底累计探明石油地质储量6.1亿吨。2015年，评价勘探跃满、哈得逊区块，积极准备富源、玉科区块，完钻井 76 口（探井 17 口、开发井 59 口）、投产井 57 口（探井 14 口、开发井 43 口），在跃满、哈得逊区块新增探明石油地质储量 5010 万吨；同时，富源区块试油 5 口探井均获得工业油气流，奥陶系碳酸盐岩勘探取得新进展。

【吐哈盆地主要勘探成果】 红台地区低饱和油藏勘探取得重要突破。台北凹陷侏罗系普遍发育低渗透、低饱和度油藏，分布范围广，但常规试油产量低、普遍含水，一直未获实质性突破。近年来借鉴致密油勘探思路，开展直井多段体积压裂和水平井提产技术获得成功，2015 年部署探井、评价井 4 口，2 口井获工业油流，老井试油 5 口均获成功，实现低饱和油藏有效勘探开发的重要突破。

【柴达木盆地主要勘探成果】 英西深层石油勘探获得新突破。面积 1800 平方千米，2015 年主攻盐下、兼顾盐间白云岩储层，完钻探井、评价井 10 口，6 口井获工业油流。其中，狮 38 井在盐下获日产 605 立方米高产油流，狮 202 井在盐间获日产 40 立方米高产油流，落实英西盐下、盐间有利含油面积 100 平方千米，英西深层石油勘探获得新突破。

扎哈泉立体勘探取得重要进展。有利勘探面积 1100 平方千米。近年通过立体勘探，落实四套含油层系，2015 年按照“立体勘探、效益勘探”思路，完钻探井、评价井 12 口，4 口井获工业油流，其中甩开预探的扎探 3 井在渐新统下部日产油 13.09 立方米，乌南斜坡深层含油范围进一步向东南扩展。

【三塘湖盆地主要勘探成果】 马朗凹陷多层系立体勘探取得新进展。有利面积 1395 平方千米，2015 年扩展勘探致密油、继续探索火山岩油藏，部署探井、评井 9 口，完钻 6 口，试油 6 口，获工业油流井 5 口。在马 56—芦 1 井区块条湖组新增探明石油地质储量 3009 万吨；同时马 67 井、牛东 110 井在石炭系火山岩分别获得日产 21.08 立方米、65.6 立方米工业油流，三塘湖盆地多层系勘探取得新进展。

（金武弟）

勘探工程技术

【概述】 2015 年，勘探工程技术工作不断优化方案设计，推进高密度单点采集、可控震源高效采集、节点地震采集等新技术的应用，持续在高陡构造、碳酸盐岩及岩性等领域开展技术攻关；开展井震结合油气藏精细描述、VSP 地震成像、多波地震反演等领域的科研攻关。依托勘探开发重点项目，积极推进井身结构优化、大井丛大平台工厂化作业、钻井总承包、水平井钻井、非 API 套管管理等措施，通过加强管理和技术推进，完成年初预定目标，在降低工程综合成本和提高生产组织等方面取得良好效果。2015 年完成水平井 1061 口、欠平衡井 157 口，应用垂直钻井 14 口，在 485 口探井中进行了成像测井（表 2）。

表 2　2015 年钻井技术应用情况

项　目	2015 年	2014 年	同比增减
水平井（口）	1061	1610	–549
欠平衡井（口）	157	285	–128
垂直钻井（口）	14	57	–43
成像测井（口）	485	506	–21

【物探技术攻关】 2015 年，在高陡构造、碳酸盐岩储层及岩性等领域部署攻关项目 5 个，完成三维地震处理解释 1758 平方千米。

准噶尔盆地玛湖东斜坡储层预测。针对达 10 井区有利砂层厚度薄、小断裂地震响应特征微弱、扇体边界及内部相带变化快、储层非均质性强、异常高压背景下的“甜点”储层预测困难等技术难点，通过多学科协同、多信息综合分析，精细刻画储层分布特征，落实有利前缘相带总面积 1 万平方千米，部署钻探井 4 口，其中达 13 井在三叠系百口泉组试油获高产工业油流，标志着玛湖凹陷东环带三叠系百口泉组勘探首次获得重大突破，证实玛湖凹陷东环带具备优质、高效储量区块，为该区储量控制和升级奠定基础。

四川盆地川中古隆起储层定量描述。“十二五”期间，四川盆地在高石梯—磨溪地区整体部署高精度宽方位三维地震采集近 7000 平方千米，其中全数字三分量资料约 3000 平方千米。在前期地震处理解释攻关的基础上，2015 年在磨溪 108 井部署零井源距 VSP、Walkaway VSP 的采集、处理和解释工作，并针对龙王庙、灯影组开展地震资料低频保护、多次波压制、多方位网格层析成像、速度建模、OVT 域处理以及转换波叠前深度偏移、多波联合反演等技术攻关，储层预测精度有较大提高。通过几年的持续攻关，取得突出的地质效果：纵向上发现 3 个主力产层（震旦系灯二段、灯四段及寒武系龙王庙组），初步证实高石梯—磨溪地区台缘带灯四段富气“甜点”区面积 1500 平方千米；获三级储量 14507 亿立方米：龙王庙组探明储量 4404 亿立方米，预测储量 528 亿立方米；灯影组控制、预测储量合计 9575 亿立方米。

【地震采集技术】 2015 年，勘探与生产分公司部署二维地震项目 44 个，16936 千米；部署三维地震项目 44 个，10454 平方千米。

高密度单点地震采集技术。2015 年，实施高密度地震采集项目 23 个，面积 6014 平方千米。通过优化设计，在大庆、辽河、大港、西南、新疆、塔里木等油田的 12 个项目中采用高精度检波器单点接收，减少检波器使用个数 90% 左右，节约检波器使用成本一半以上（含检波器直接成本和施工成本）。在四川盆地部署双探 2 井区三维地震，满覆盖面积 503 平方千米。通过应用小道距单点接收技术，道距由过去的 50 米减少为 25 米，检波器由过去的常规检波器一串 12 个改为 1 个高灵敏度检波器。小道距单点接收技术得到的资料波场信息更加丰富，频宽由常规资料的 10—40 赫兹提高到 10—55 赫兹。通过采集、处理、解释联合攻关，进一步落实双探 2 井区圈闭规模和构造细节，为勘探新发现提供了技术支撑。

宽频可控震源技术。在沙漠、戈壁、平原区持续推广应用宽频可控震源技术，推行绿色勘探。2014—2015 年在新疆、塔里木、吐哈、冀中、辽河等地区实施宽频可控震源项目 35 个，占总项目的 42%。其中，三维地震 3519 平方千米，占总计划的 35.12%。准噶尔盆地腹部沙漠区沙 109 井区三维地震通过采用宽频可控震源采集，频带拓宽 10—15 赫兹，断裂刻画更清晰，石炭系内部火山岩体刻画更清楚。华北同口三维采用震井联合采集，其中可控震源采用 KZ28（BV-620LF）2 台 1 次自适应宽频激发，频率扫描范围 1.5—84 赫兹，65% 出力。新采集的地震资料品质明显改善，频带拓宽 10—15 赫兹，为高分辨率勘探奠定基础。

节点地震采集技术。HAWK 仪器是东方物探合资生产的新型节点地震仪。该仪器采用高精度 GPS 定位，具有无线传输、灵活布设的优点，在复杂地表及工农关系困难等地区可以有效提高施工效率，控制施工成本。2014 年在鄂尔多斯盆地陇东二维地震和召 26 井区三维地震首次应用 HAWK 仪器开展工业化生产试验。通过不断完善现场质量控制手段，2015 年在陕 169 井区三维地震的采集中取得较好成果。项目满覆盖面积 210 平方千米，共采集 24638 炮，平均生产日效为 1121 炮，最高日效 1776 炮，分别高于有线仪器历史纪录 11% 和 20%。由于排列摆放更加灵活，该项目的排列线由过去的 18 线扩大到 24 线，实现全方位采集。通过精细处理解释，在构造、储层、古地貌刻画和富集区优选等方面取得较好成果，进一步落实上古生界富集含气区，Ⅰ+Ⅱ类有利区 190.62 平方千米；下古生界有利区不断扩大，Ⅰ+Ⅱ类有利区 249.58 平方千米，较二维地震成果增加 93 平方千米。

【地震处理技术】 为进一步挖掘地震资料潜力，降低勘探开发成本，提高圈闭落实精度，2015 年在渤海湾盆地部署 16 个老资料处理解释项目，满覆盖面积共计 5041 平方千米。重点针对复杂断块和深层潜山应用叠前深度偏移等技术开展精细目标处理，构造成像精度有大幅度提高，取得一系列重要发现，成为油田提质增效的重要手段。辽河油田在对大民屯凹陷 800 平方千米三维地震资料处理解释基础上，2015 年在沈 351 等井区勘探取得新发现，新增控制地质储量 4111 万吨。大港油田在歧口凹陷三维地震连片处理解释的基础上，针对潜山开展叠前深度偏移目标处理，潜山内幕成像得到较好改善，实现潜山勘探的重大突破，初步落实 2000 万吨级效益储量。华北油田在二连巴音都兰地区通过精细目标处理解释，成功钻探巴 101X 高产油井，新增控制石油地质储量 2528 万吨。在饶阳大连片的基础上，针对马西洼槽开展目标叠前深度偏移。深度偏移连片处理断裂结构清楚，层序地层及沉积特征清楚，首次明确洼槽区发育五排构造，并通过深化解释性处理，断块结构更清楚，构造细节更准确，有力支撑马西地区西 581X、西 582X 富集油藏的发现。

【地震解释技术】 层序地层学解释。大港板桥—长芦地区在新一轮高分辨率处理资料基础上，开展层序地层学解释，井震结合建立等时格架，精细追踪有利砂体，完成五级层序砂层对比；应用多属性分析，确定主要目的层的有利相带，开展叠前、叠后联合反演精细预测储层和流体，发现规模储量，新增三级油气储量当量 1042 万吨。

石油地球物理成果图件及格式规范。大庆油田承担的“石油物探成果图件生成与质控”项目，编制发布《石油地质与地球物理图形数据 PCG 格式规范》和《石油地球物理成果图件编制规范》两个集团公司企业标准，明确 PCG 作为物探成果归档的统一格式，规范物探成果图件编制的主要要素和相应要求，研发基于这一标准的图件生成与质控系统，为物探归档成果质量控制提供专业技术手段，为后续多轮次的综合研究奠定基础。

【井中地震技术】 随着井中装备及井中处理解释技术的不断进步，以 VSP 和微地震为重点的井中地震技术迅速发展，在复杂构造成像、井驱处理参数提取、储层精细成像、含油气性检测以及页岩气压裂预测等方面取得可喜进展。

2015 年，股份公司共实施 VSP 地震采集 161 口，其中 Walkaway-VSP 10 口、Walkaround-VSP 1 口。在塔里木油田哈拉哈塘地区利用井中地震采集资料，在叠前深度偏移基础上实施 10 井次随钻地震处理，通过开展随钻地震处理技术攻关，及时调整钻井轨迹，提高缝洞体直接钻遇率。其中，靶点平面调整最大 65 米，已完钻 8 口，其中 7 口获工业油气流、6 口井直接钻遇缝洞体。在玉门油田老君庙地区实施的 Walkaway-VSP 项目，进一步明确该地区逆掩推覆体的构造模式，重新确定油藏边界，部署开发井 27 口，开发效果显著，有力支撑老油田开发。

井中微地震压裂监测技术在页岩气开发中得到广泛应用。截至 2015 年底，共实施井中微地震压裂监测近 300 口 1000 多个层段，在威远区块威 202H1 平台、威 204H4 平台等页岩气水平井大型压裂过程中，有效指导压裂工艺的改进，在页岩气的高效开发中发挥重要作用。

【物探工程生产运行管理系统】 为提升物探业务科学管理水平，勘探与生产分公司组织开发“物探工程生产运行管理系统”。该系统是集团公司统建的勘探与生产技术数据管理系统（A1）2.0 升级项目中的重要组成部分。系统强化物探业务的流程管理、信息共享、综合分析和过程质控等功能；突出与集团公司统建的 A1、A7、A8 等系统标准的统一、源数据的唯一和数据的共享；实现与日常生产流程管理和质控管理的协同一致。项目 2012 年启动，2014 年底实现地震采集和报表功能上线运行，2015 年 8 月地震处理解释、综合物化探和井中物探项目的试点工作顺利完成，2015 年底物探全部业务实现整体上线应用，成为物探技术管理人员日常工作的重要平台，为勘探开发科学决策提供重要支撑。

【水平井钻井技术】 2015 年，完成水平井 1060 口，主要因受工作量及投资等影响比 2014 年有较大幅度下降，水平井主要集中在长庆、吐哈、新疆及川渝页岩气等低渗透油气藏。尽管油气藏地质条件日趋复杂，但通过强化油气藏精细刻画、强力推进先进适用工程技术应用，水平井总体效果依然十分突出。长庆油田 2015 年完成水平井 435 口，是完成水平井最多的油田。其中，苏里格气田用占开井总数的 11.5% 贡献了 34.5% 的年产量；辽河油田用占油井总数 7.7% 的水平井贡献了 25.3% 的年产油量；新疆油田用占油井总数 6% 的水平井贡献了 16.7% 的年产油量；吐哈油田通过水平井 + 体积改造等技术实现三塘湖致密油、牛东火山岩储量的有效动用，增储约 1 亿吨，建产能 30 万吨，水平井数占总井数的比例由 2011 年的 9.12% 提高到 27.2%。水平井钻井技术日趋成熟，保障能力进一步提升。2015 年平均水平段长达到 830 米，同比增加 12.5%，为体积改造和提高水平井应用效果奠定了基础。塔里木油田在哈得碎屑岩油藏首次成功实施 2 口超深四级双分支双台阶水平井，其中哈得 10-5-1HF 主分支完钻井深 6036 米 / 水平段长 800 米、分支水平段长 555 米。冀东油田实施的 NP13-1706 井水平位移 4941 米，创中国石油陆上最大水平位移纪录。西部钻探在新疆油田风城油区 FHW3121P/I 井组中成功首次钻成鱼骨型 SAGD 水平井。水平井钻井工具得到进一步完善。2015 年，seismicVISION 随钻地震地质导向技术在塔北洞穴型碳酸盐岩储层应用 10 口井，8 口井及时调整靶点目标，提高了储层钻遇率，10 口井全部获得工业油气流。

【欠平衡钻井技术】 2015 年完成欠平衡钻井 157 口（含气体钻井），较 2014 年大幅减少，主要受勘探开发领域的变化、成本等因素影响。规模推广精细控压钻井技术实现塔中碳酸盐岩储层的有效动用。塔中 I 号气田通过推广精细控压钻井技术，水平井平均漏失量由 768 立方米降至 96 立方米，平均水平段长度由 250 米提高到 800 米左右，有效实现碳酸盐岩储层动用，2015 年油气产量当量 158.73 万吨，其中原油 62.71 万吨、天然气 12.05 亿立方米，水平井油气产量贡献占比 79.2%，为油田稳产发挥了重要作用。气体钻井加快难钻地层的钻井速度。2015 年在长宁、双鱼石等区块应用气体钻井 30 井 /43 井次，有效解决表层井漏难题，大幅度提高钻井速度。其中双探 2 等多口风险探井气体钻井平均机械钻速高达 11 米 / 时，较邻井龙岗 69 井提高 185 %。长宁、昭通区块韩家店—石牛栏层段钻井液集成应用空气 / 氮气钻井，仅用 1 只钻头顺利钻完该层段，平均机械钻速 6.1 米 / 时，比钻井液钻进提高约 3 倍；平均钻井周期约 5 天，平均节约 PDC 钻头 3.5 只。针对表层漏失采用空气 / 雾化钻井，平均 4.7 天钻达设计井深并下入套管。采用控压钻井技术，降低复杂地层安全钻进风险。西南油气田应用控压钻井技术有效解决茅口组—筇竹寺组井段恶性井漏和井控风险高的难题，钻井液漏失量从755.9立方米下降到185.2立方米（降幅65.5%），井下复杂处理时间从261小时缩短到9.2小时（降幅95%），降低了井控风险。

【垂直钻井技术】 2015年在塔里木油田、大庆油田、西南油气田共应用垂直钻井14口/30井次，垂直钻井进尺4.0757万米，其中斯伦贝谢Power-V应用13口/24井次。塔里木油田在大北、克深等库车山前深层天然气井，继续规模应用垂直钻井技术13口井，进尺3.89万米，平均单井应用进尺2992.3米，井斜基本控制在1度以内，防斜提速效果依然十分突出。尤其是针对盐膏层采用油基钻井液+垂直钻井技术，提速效果十分明显，在克深6区块应用表明，与同区块邻井相比平均机械钻速提高1.2倍，钻井工期缩短30天。

国产垂直钻井系统日趋成熟。西部钻探研发的垂直钻井系统2015年在塔里木油田库车克深区块应用2口井。其中，在克深11井$17^1/_2$英寸（1英寸=2.54厘米）井眼，工具入井累计钻进1129米，累计工作211小时，井斜控制在0.6度以内；克深508井工具入井累计钻进810米，累计工作97小时，井斜控制在0.9度以内，与2014年相比，控制精度、系统稳定性和工作寿命等得到明显提升。渤海钻探研发的垂直钻井系统2015年在塔里木油田应用3口井。其中，克深905井二开直径444.5毫米井眼钻进井段345—4304米，进尺3959米，总入井时间903小时，施工井段最大井斜0.7度，该工具应用单井进尺最长和井深最深两项技术指标进一步提高。

【工厂化钻井技术】 工厂化作业是北美在页岩油气开发中创新形成的管理模式，可有效提高作业效率、减少土地占用、降低工程成本。2015年，吉林、长庆、西南等油气田在致密油气、页岩气等领域部署大平台丛式井组工厂化作业，在实现钻井提速降本增效方面发挥了重要作用。

吉林油田在新立Ⅲ区块产能建设中，部署优化大井丛平台、钻井压裂工厂化作业，在控制产能建设投资、提高作业效率、减少土地征用、钻井废弃物集中处理等方面都取得非常好的效果。平台设计由最初的23个小平台最终优化为2个大平台87口井（分别为48口井、39口井），单井建井周期缩短22%，实现“双提、双降”，即单井产量提高1吨、区块采收率提高8.3个百分点，产能建设投资下降20.8%、吨油运行成本降低119元，内部收益率由13.8%提高到17.84%。

西川页岩气26亿立方米产能建设工程，以每个平台6口水平井为标准设计。通过实施工厂化作业，引进竞争机制，加快建产节奏。截至2015年底，完钻井130口，完成压裂99口，长宁、威远、昭通建产区单井产量全面实现突破，2015年页岩气产量12.4亿立方米。在组织管理上采用双钻机“三同步”和“三统一”作业模式，即同步进场、同步安装、同步开钻、统一组织协调、统一管理、统一技术规范，缩短平台钻机占用时间，节约人工和材料费用；技术上集成应用井身结构优化、空气钻井、油基钻井液、旋转导向、过钻杆测井等技术；长宁区块平均单井钻井周期由95天降至65天，下降32%；威202井区由92天降至55.5天，下降40%；威204井区由110天降至83.5天，下降27%；昭通区块由100天降至70天，下降30%，为页岩气快速评价上产发挥了关键作用。2015年，自主研发的高性能水基钻井液应用10多井次，封堵性、抑制性、润滑性3大指标初步达到油基钻井液性能要求，有望成功替代油基钻井液（其中威204H6-2井创水基钻井液浸泡时间最长1404小时（58.5天）、井深最深5250米、井底温度最高130摄氏度、最高密度2.25克/厘米^{3}等纪录）。

长庆油田近几年在苏里格、神木气田设立工厂化作业示范区，通过持续攻关和试验，2015年初步形成定向井大井组、水平井大井组、多井型混合井组三种工厂化钻井模式，与2014年相比单井钻井周期缩短4.5%、成本下降8%以上，钻机利用效率提高20%，取得良好的开发效果和经济效益。

【高精度成像测井技术】 2015年，中国石油探井中485口井进行了成像测井，应用覆盖率34.3%。其中，电成像、阵列声波、核磁共振、MDT/CHDT和元素测井（ECS/LithScanner/FleX）作业井次分别为305、315、74、17和48，分别占成像测井技术测井项目总数的40.2%、41.5%、9.7%、2.2%和6.3%。

成像测井主要应用：四川盆地高石梯—磨溪、塔里木盆地哈拉哈塘与塔中、鄂尔多斯盆地和柴达木盆地英西等碳酸盐岩以及塔里木盆地库车深层碎屑岩，以电成像测井为主精细评价缝洞储层；准噶尔盆地玛湖、鄂尔多斯盆地低孔低渗透和渤海湾盆地中深层等复杂碎屑岩，以核磁共振测井为主评价储层孔隙结构和识别流体类型等；致密油和页岩气等非常规油气，以元素测井确定矿物组分和计算有机碳含量，以阵列声波测井支持压裂改造方案设计；大庆和塔里木等油田开发老区，以MDT为主快速识别流体类型、划分水淹层级别、评价剩余油分布，支持开发方案优化与新井完井方式制定。

【缝洞碳酸盐岩储层测井精细刻画与评价技术】 2015年，以塔里木、四川和鄂尔多斯等盆地碳酸盐岩油气藏主要分布领域为攻关目标，发展形成缝洞碳酸盐岩储层测井精细刻画与评价配套的方法技术，这主要包括岩性岩相电成像测井模式图版库、缝洞储集空间与有效性评价技术、缝洞储层流体性质识别技术与标准、产能级别预测技术和井震结合储层识别技术等。实现井周3米以内储层精细评价、井旁20—30米范围内的缝洞储积体有效判识，生产应用效果好，平均解释符合率86%。

【测井软件统一更新升级】 2015年，着力推进2014年统一更新升级测井软件（Forward.NET、Geolog和Techlog）的规模化生产应用。在2014年集中培训的基础上，强化各单位的个性化培训和内部培训，使得软件应用人数快速增长；建立软件应用月报制度，督促各软件供应商的技术支持工作，及时解决软件应用中的疑难问题，对于一些共性问题，形成解决方案下发至各单位；收集软件应用典型案例（包括处理流程、模块选用、参数设置和效果实现等方面的应用技巧）并推广供各单位学习借鉴，较好地起到"他山之石"的作用。2015年，3款软件应用3586人次，处理风险探井、探井和开发井26769井次。

（王喜双　曾　忠　刘国强　叶新群）

油田开发

【概述】 2015年，油田开发加强动态调整，开展产能部署优化，压减低效无效项目，扩大水平井应用规模，深化老油田精细挖潜，有效控制自然递减。2015年，产油11143万吨，日产油水平29.78万吨；产液9.17亿吨，油田综合含水88.63%；注水11.32亿立方米，日注水320.04万立方米，月注采比1.09，累计注采比1.02；采油井总井数232448口，开井173443口，平均单井日产油1.7吨；注水井总井数88557口，开井67733口，平均单井日注水47.25立方米；地质储量采油速度0.6%，剩余可采储量采油速度7.3%；老井自然递减率9.83%，综合递减率5.23%（表3）。截至2015年底，股份公司累计动用石油地质储量184.64亿吨，可采储量56.24亿吨，累计产油42.18亿吨，标定采收率30.46%；地质储量采出程度22.84%，可采储量采出程度74.98%（表3）。

表3　2015年采油、注水情况

项　目	2015年	2014年	同比增减
采油井总井数（口）	232448	222833	9615
采油井开井数（口）	173443	168319	5124
平均单井日产量（吨）	1.7	1.8	-0.1
注水井总井数（口）	88557	84512	4045
注水井开井数（口）	67733	65343	2390
平均单井日注水（立方米）	47.25	47.76	-0.51

【原油生产】 2015年，生产原油工业产量11143万吨，同比减少224万吨。其中，自营区（含风险作业）生产原油10167万吨，同比减少195万吨；合作区生产原油976万吨，同比减少29万吨。完成原油商品量10936万吨，同比减少200万吨（表4）。

表4　2015年原油工业产量、商品量

项　目	2015年	2014年	同比增减
原油工业产量（万吨）	11143	11367	-224
自营区（含风险作业）生产原油（万吨）	10167	10362	-195
合作区生产原油（万吨）	976	1005	-29
原油商品量（万吨）	10936	11136	-200

2015年，大庆油田生产原油3839万吨，占股份公司总产量的34.5%；长庆油田生产原油2481万吨，扣除损耗同口径对比保持稳定；新疆油田生产原油1180万吨，保持稳定；辽河油田生产原油1037万吨，同比增加15万吨；青海油田生产原油223万吨，同比增加3万吨；吐哈油田生产原油210万吨，同比增加10万吨；塔里木油田生产原油590万吨，保持稳定；南方石油勘探开发公司（简称南方公司）生产原油30万吨，保持稳定；浙江油田生产原油5万吨，保持稳定；吉林油田生产原油466万吨，同比减少27万吨，

自营保持稳定；大港油田生产原油 444 万吨，同比减少 21 万吨，自营减少 8 万吨；华北油田生产原油 420 万吨，同比减少 2 万吨；冀东油田生产原油 160 万吨，同比减少 10 万吨；玉门油田生产原油 44 万吨，同比减少 5 万吨；西南油气田生产原油 14 万吨，同比减少 3 万吨（表 5）。

表 5　2015 年原油产量

油　区	2015 年（万吨）	2014 年（万吨）	同比增减（万吨）	油　区	2015 年（万吨）	2014 年（万吨）	同比增减（万吨）
总　计	11143	11367	-224	华北油田	420	422	-2
大庆油田	3839	4000	-161	青海油田	223	220	3
长庆油田	2481	2505	-24	吐哈油田	210	200	10
新疆油田	1180	1180	0	冀东油田	160	170	-10
辽河油田	1037	1022	15	玉门油田	44	49	-5
塔里木油田	590	590	0	南方公司	30	29	1
吉林油田	466	493	-27	西南油气田	14	17	-3
大港油田	444	465	-21	浙江油田	5	5	0

【精细注水工程】　作为持续开展 7 年之久的精细注水工作，2015 年在继续落实精细注水长效制度的同时，不断推进主体实用技术的完善与升级，强化采出水处理和注水系统的完整性管理，加强改善开发效果技术的现场试验，探索提高油田采收率的技术对策，精细注水工作进一步深化。各油气田公司严格执行注水专项治理、年末地下大调查、采油厂注水业绩考核等精细注水长效制度，地质研究更加精细，开发调整更加精准，自然递减率等主要开发指标再创历史最好水平。2015 年，完成注水井更新、分层注水、大修、投转注、检管等主干工作量 22778 口，分层注水率 64.3%、分层注水合格率 81.8%、水质合格率 85.9%，同比分别提高 2.3、0.4 和 0.3 个百分点。油田自然递减率连续 2 年低于 10%，含水上升率保持稳定，实现了既定的工作目标。

股份公司针对高含水、低渗透油田两大注水开发主体，深入研究改善开发效果、提高采收率的技术对策，确定未来几年的主体技术攻关思路。高含水油田明确“二三结合”作为工作重点，以深化精细注水带动三次采油技术发展，开展“二三结合”潜力评价，初步完成 2003 个区块“二三结合”潜力评价数据库建设。低渗透油田明确直井多层、水平井多段体积压裂作为工作重点，以创新开发技术带动开发效益提升，在老油田调整和新油田建设上加大应用力度。

【原油产能建设】　以提高单井产量和开发效益为出发点，以投资成本最优化、整体综合效益最大化为目标，加强综合地质研究和新技术推广，加强产能部署与产能结构优化，积极探索产能建设新方式，深化全过程项目管理，严格控制投资成本，产能建设效益得到提高。2015 年，自营区完成钻井 11316 口，进尺 2054.13 万米，建成原油产能 1205.63 万吨。大庆油田茂 15-1、南四区西部弱碱三元复合驱、萨北开发区北三区东部东块二类油层弱碱三元复合驱、杏七区东部三块一类油层三元复合驱、喇嘛甸油田北北块一区聚合物驱，新疆风城油田，长庆马岭油田、姬塬油田、华庆、西峰—合水、镇北油田及塔里木油田哈拉哈塘等 12 个重点项目，2015 年完成钻井 4262 口，进尺 806.23 万米，投产油井 3782 口，建成产能 420.5 万吨。

【二次开发】　2015 年，稳步推进二次开发工程，不断完善二次开发配套技术和二次开发模式。单砂体及内部构型刻画、以单砂体为单元的层系细分和井网重组、精细注采调控、深部调驱、“二三结合”等 5 项关键技术取得新的进展，为二次开发工程的实施提供基本的技术保障。二次开发工程与产能建设紧密结合，突出效益建产理念，进一步优化开发方案，推广应用先进油田开发技术，老油田开发效果得到持续改善。

截至 2015 年底，二次开发工程累计实施石油地质储量 15.6 亿吨，建产能 1153 万吨，年产油规模 1092 万吨，新增可采储量 12127.4 万吨，提高采收率 7.8 个百分点。其中，2015 年当年完钻新井 791 口，新建生产能力 65.2 万吨。二次开发区块平均综合含水 88.9%，地质储量采出程度31%，采油速度0.6%。实施二次开发区块累计生产原油8719万吨，阶段提高采出程度5.6个百分点。新疆油田砾岩油藏六七区试点单井日产油量由2.3吨提高到3.4吨，采油速度由0.3%提高到1.1%；辽河油田二次开发区块年增油260.8万吨，阶段增油1509.5万吨；吉林扶余油田通过实施二次开发工程油田产量被动局面明显好转，采收率由26.4%提高到32.4%，年产油量重上百万吨，取得显著的经济效益。

二次开发深部调驱经过持续探索与攻关实践，发展成为二次开发完善水驱的重要手段和主体配套技术，在改善开发效果和提高采收率方面的作用越来越突出。截至2015年底，二次开发深部调驱试验项目已有15个项目进入现场实施，2015年年产油31.8万吨，年增油8.9万吨，已累计增油33.7万吨。新疆油田六中区克下组、七中区克下组两个试验区完成现场施工，累计增油6.1万吨，提高阶段采收率5.1%；六中区克下组深部调驱扩大化试验完成现场施工。辽河油田沈84块—安12块扩大区日产油由44.1吨上升至57.4吨，累计增油8645.1吨。大港小集油田官938试验区实施调驱后断块日产油水平逐渐上升，由调驱前的日产油98吨上升至148.5吨，累计增油6.3万吨。

【重大开发试验】 重点推进化学驱和火驱重大开发试验及其工业化推广。大庆油田三元复合驱经过10年重大开发试验的持续攻关，到2015年共推广实施42个区块（其中试验区10个），年产量达到349.8万吨。新疆油田七东1区砾岩油藏2014年9月正式投注聚合物，年产油从项目实施前的3万吨增长到18万吨，平均吨聚增油58.4吨。辽河油田锦16二元复合驱试验日产油水平从63吨最高增长到360吨，日产油300吨以上已经稳产29个月，截至2015年底，二元复合驱阶段采出程度已达13个百分点，综合含水81%，40万吨二元复合驱工业化推广项目也已启动钻建工作。辽河油田杜66块和新疆油田红浅1井区稠油火驱试验项目取得成功，并已开始工业化推广，年产油达到45万吨。

加强现场组织和试验动态的跟踪分析调整。辽河油田超稠油SAGD（蒸汽辅助重力泄油）培育出12口日产百吨井，最高日产能力1685吨，2015年底日产油1314吨，占SAGD产量的52%，对比培植前单井日增油54.5吨，油汽比提高0.1。其中，SAGD阶段采油量达到30万吨的有1口井，SAGD阶段产油20万吨以上有3口井。SAGD百吨井的吨油操作成本大幅下降，由培植前的911元/吨下降为497元/吨，对比蒸汽吞吐的单位操作成本降低1398元/吨。塔里木东河塘油田注天然气混相重力驱试验已累计注气1300多万立方米，注气压力稳定，增油效果明显，首次实现原油产量止跌回升。其他重大开发试验项目正有序开展工作，长庆黄3井区二氧化碳驱试验完成注气前的各项准备工作，吐哈鲁克沁油田注空气火烧吞吐试验完成1口井的点火，正进行投产准备，长庆、大庆和大港等油田空气泡沫驱试验项目进展顺利，试验见到很好的苗头。

【精细油藏描述】 2015年，完成精细油藏描述区块96个，覆盖地质储量15.8亿吨。三维地震处理938平方千米，解释4217.3平方千米，测井解释609703口井，地层划分23054口井，地质建模覆盖地质储量10.5亿吨，数值模拟历史拟合10469口井。精细油藏描述成果有效指导了油田开发调整，在老区加密调整、滚动扩边、注采系统调整和老油田综合治理等方面发挥了重要作用。

精细油藏描述工作规模开展以来，股份公司上下对现阶段精细油藏描述的重要性形成普遍共识，在精细油藏描述管理、技术发展和成果应用等方面都取得长足进步。2015年，组织专家从4月中旬开始陆续对东北、东部、西北和新疆片区等12个油田公司近两年已开展的28个重点精细油藏描述项目进行检查。检查在听取工作汇报的同时，对油藏描述基础资料、图形图件、地质模型成果应用平台建设等有形化成果进行现场抽查，以督促各类数据资料规范管理。2015年6月，在四川培训中心组织开展中国石油精细油藏描述高级培训班，来自16个单位65名管理人员和技术骨干参加培训。2015年编写完成《精细油藏描述技术规范（2006）》修订稿的初稿。同时，对精细油藏描述研究成果与质量控制体系进行初步分析和探索，取得一定进展。

【水平井应用】 充分发挥技术创新驱动作用，发展完善水平井与体积压裂配套技术，扩大应用规模。坚持适宜的油藏首选应用水平井，坚持地质精细研究与工程技术进步并重，优化水平井开发技术政策和配套工艺技术。2015年，完钻原油水平井723口，平均单井日产8.4吨，平均水平段长度682米。长庆、大庆、吉林等油田低渗透、超低渗透油藏占总水平井数的70.3%。通过多年攻关，逐步形成水平井体积改造理论体系、分段工具及系列配套技术。水平井布井、钻井、压裂全面向“工厂化”作业发展，向区块整体应用规模建产发展。单井最大用液量达到5.1万立方米、砂量2176立方米，最大水平井段长3056米，单井最多分压达到26段。2015年，完成水平井体积压裂682口，其中10段以上井比例达到40%。长庆油田超低渗透油藏应用水平井建成4个20万吨规模开发区块，吐哈油田马56块致密油、牛东火山岩区块应用水平井体积压裂实现有效开发，投产113口井，初期单井日产油30.3吨，累计产油21万吨。

创新发展分层注水配套技术，进一步提高分层注水质量。2015年7月，在长庆油田组织召开桥式同心分层注水技术应用推进会，进一步推动该项技术的应用。截至2015年底，该技术已在12个油气田公司推广应用，总井数达到3195口，最大井深4000米，最大井斜59.3度，最大级数6级，最小卡距2米。大庆和长庆等油田研究形成电缆传输和无线传输两种智能分层注水技术，现场应用85口井，分层注水合格率保持在90%以上，初步实现井下压力、流量等生产参数实时监测和配注量自动调配。在此基础上，大庆油田开展两个井组智能配注技术远程控制现场试验，初步实现办公室远端对注水井的监控和调配。

【长停井治理】 为了盘活闲置资产、降本增效、应对低油价，2015年，进一步加强长停井治理工作。坚持以效益为中心，统筹优化长停井治理方案。始终坚持长停井治理恢复与精细注水、开发方式转变、工程技术进步紧密结合，在重新认识地下的前提下重组层系井网，完善注采关系，带动长停井恢复；加强与低产井治理的统筹部署、单井措施挖潜与油藏综合治理相结合，突出油藏整体治理；坚持生产管理与经营管理相结合；坚持将恢复产能和新建产能进一步优化配置，把投资和成本进行一体化部署。2015年，股份公司安排治理恢复长停油水井3955口，实际完成4173口，完成计划的105.5%，其中油井2785口，注水井1388口，年增油72.2万吨，恢复年注水570.6万立方米。大庆油田宋芳屯芳148块治理恢复62口，开井率由48.8%上升到84.4%；吉林油田方116区块通过恢复长停井，区块重新得到恢复利用；新疆油田治理长停井219口，油水井生产时率由64.3%提高到65.7%；大港油田羊三木断块治理恢复5口井，使部分难采储量得以动用建产。长停井治理恢复为盘活闲置资产、用好用活现有资源、进一步挖掘老油田潜力、减缓老油田产量递减做出积极贡献。

【油藏动态监测】 2015年，油藏动态监测工作紧紧围绕提质增效的核心目标，突出针对性和实效性，进一步优化监测方案、监测项目和监测技术，优化年度计划和运行安排，加大重点区块监测力度，着力推广成熟技术和适用技术，完成年度工作任务，为深化油藏认识提供可靠资料。

2015年，完成各类动态监测工作量88711井（组）次，完成计划的108.4%。各分项完成情况如下：地层压力完成41195井次，其中采油井2982井次、注水井11375井次；生产测井完成44274井次，其中产出剖面5410井次、注入剖面28681井次、工程测井9657井次；饱和度测井完成502井次，其中碳氧比198井次、中子寿命220井次、过套管电阻率5井次；井间监测完成801个井组，其中干扰试井41个井组、井间示踪603个井组。

（胡海燕　曹　晨）

天然气开发

【概述】 2015年，天然气开发突出产量运行、产能建设和前期评价三大关键环节，加强工程与地质的结合，积极推进重点气田水平井的规模应用，圆满完成各项工作任务。气田总数184个，已开发气田163个；气井总数16539口，2015年12月开井13325口，平均单井日产气2.17万立方米。

【天然气产量】 2015年生产天然气954.8亿立方米，与2014年基本持平。其中，气层气产量896亿立方米，溶解气产量58.8亿立方米。完成天然气商品量849.0亿立方米，同比增加2.9亿立方米，同比增长0.3%（表6）。

表 6　2015 年天然气工业产量及商品量

油气区	天然气工业产量（亿立方米）			天然气商品量（亿立方米）		
	2015 年	2014 年	同比增减	2015 年	2014 年	同比增减
总　计	954.8	954.6	0.2	849.0	846.1	2.9
长庆气区	374.6	381.5	-6.9	347.2	353.6	-6.4
塔里木气区	235.5	235.5	0.0	220.8	221.5	-0.7
西南气区	154.8	137.3	17.5	147.9	130.7	17.2
青海气区	61.4	68.9	-7.5	55.1	61.6	-6.5
大庆油区	35.3	35.1	0.2	22.4	22.4	0.0
新疆油区	30.0	32.4	-2.4	4.0	5.1	-1.1
吉林油区	13.2	16.0	-2.8	9.9	12.4	-2.5
吐哈油区	9.1	10.0	-0.9	7.6	8.5	-0.9
其他油气区	40.7	37.7	3.0	34.1	30.1	4.0

【天然气产能建设】 2015 年，完钻井 1232 口，进尺 429.1 万米，新建产能 154.0 亿立方米。其中，苏里格气田新建产能 46.7 亿立方米，塔里木油田克深区块新建产能 11.1 亿立方米，西南油气田磨溪区块龙王庙组气藏新建产能 33.7 亿立方米（表 7）。

表 7　2015 年天然气产能建设

油气区	完钻井（口）			进尺（万米）			新建产能（亿立方米）		
	2015 年	2014 年	同比增减	2015 年	2014 年	同比增减	2015 年	2014 年	同比增减
总　计	1232	1219	13	429.1	474.9	-45.8	154.0	172.2	-18.2
长庆气区	953	878	75	342.4	336.9	5.5	69.2	56.8	12.4
吐哈油区	49	59	-10	13.3	16.7	-3.4	2.0	2.4	-0.4
青海气区	46	38	8	7.8	8.5	-0.7	5.3	7.1	-1.8
塔里木气区	44	73	-29	27.5	54.7	-27.2	18.1	44.0	-25.9
西南气区	28	51	-23	8.8	22.8	-14.0	42.9	49.1	-6.2
吉林油区	15	38	-23	3.4	8.4	-5.0	0.7	2.6	-1.9
新疆油区	12	15	-3	4.3	6.0	-1.7	1.8	2.0	-0.2
大庆油区	9	8	1	1.5	5.1	-3.6	2.5	0.7	1.8
其他油气区	76	59	17	20.1	15.8	4.3	11.5	7.5	4.0

【天然气前期评价】 2015 年，完钻评价井 20 口，完成二维地震采集处理 514.2 千米，三维地震采集处理 410.8 平方千米，试采气井 32 井次，完成方案编制 6 项。经评价和研究，优选评价天然气地质储量 6000 亿立方米，评价可动用地质储量 3890 亿立方米，预计可建产能 83.4 亿立方米，落实苏里格气田苏东南区、神木气田米 38 区块、高石梯—磨溪区块灯四段气藏等一批有利建产区块。

【长庆气区天然气生产状况】 2015 年，完成天然气工业产气量 374.6 亿立方米（其中气层气 371.9 亿立方米、溶解气 2.7 亿立方米），同比减少 6.9 亿立方米，下降 1.8%；完成天然气商品量 347.2 亿立方米，同比减少 6.5 亿立方米，下降 1.8%。完钻井 953 口，进尺 342.4 万米，新建产能 69.2 亿立方米。

气层气井口年产量374.6亿立方米、累计产量2696.7亿立方米，已开发气层气剩余可采储量采气速度4.25%、采出程度23.4%、储采比23.5。

【塔里木气区天然气生产状况】 2015年，完成天然气工业产量235.5亿立方米（其中气层气233.6亿立方米、溶解气1.9亿立方米），同比持平；完成天然气商品量220.8亿立方米，同比减少0.7亿立方米，下降0.3%。完钻井44口，进尺27.5万米，新建产能18.1亿立方米。

气层气井口年产量240.3亿立方米、累计产量2112.7亿立方米，已开发气层气剩余可采储量采气速度6.9%、采出程度37.7%、储采比14.5。

【西南气区天然气生产状况】 2015年，完成天然气工业产量154.8亿立方米（其中气层气153.7亿立方米、溶解气1.1亿立方米），同比增加17.6亿立方米，增长12.8%；完成天然气商品量147.9亿立方米，同比增加17.2亿立方米，增长13.1%。完钻井28口，进尺8.8万米，新建产能42.9亿立方米。

气层气井口年产量156.3亿立方米、累计产量3849.1亿立方米，已开发气层气剩余可采储量采气速度3.3%、采出程度54.1%、储采比30.7。

【青海气区天然气生产状况】 2015年，完成天然气工业产量61.4亿立方米（其中气层气60.1亿立方米，溶解气1.3亿立方米），同比减少7.5亿立方米，下降10.9%；完成天然气商品量55.1亿立方米，同比减少6.6亿立方米，下降10.7%。完钻井46口，进尺7.8万米，新建产能5.3亿立方米。

气层气井口年产量62.9亿立方米、累计产量592.9亿立方米，已开发气层气剩余可采储量采气速度5.0%、采出程度32.6%、储采比19.9。

【大庆油区天然气生产状况】 2015年，完成天然气工业产量35.3亿立方米（其中气层气13.3亿立方米，溶解气22.0亿立方米），同比增加0.2亿立方米，增长0.6%；完成天然气商品量22.4亿立方米，同比持平。完钻井9口，进尺1.5万米，新建产能2.5亿立方米。

气层气井口年产量14.9亿立方米、累计产量144.6亿立方米，已开发气层气剩余可采储量采气速度4.8%、采出程度32.6%、储采比21.4。

【新疆油区天然气生产状况】 2015年，完成天然气产量30.0亿立方米（其中气层气21.2亿立方米，溶解气8.8亿立方米），同比减少2.4亿立方米，下降7.4%；完成天然气商品量4.0亿立方米，同比减少1.1亿立方米，下降20.9%。完钻井12口，进尺4.3万米，新建产能1.8亿立方米。

气层气井口年产量21.2亿立方米、累计产量356.7亿立方米，已开发气层气剩余可采储量采气速度3.6%、采出程度32.0%、储采比27.7。

【吉林油区天然气生产状况】 2015年，完成天然气工业产量13.2亿立方米（其中气层气11.9亿立方米，溶解气1.3亿立方米），同比减少2.8亿立方米，下降17.5%；完成天然气商品量9.9亿立方米，同比减少2.5亿立方米，下降20.0%。完钻井15口，进尺3.4万米，新建产能0.7亿立方米。

气层气井口年产量15.8亿立方米、累计产气140.1亿立方米，已开发气层气剩余可采储量采气速度5.7%、采出程度33.8%、储采比17.6。

【吐哈油区天然气生产状况】 2015年，完成天然气工业产量9.1亿立方米（其中气层气6.4亿立方米，溶解气2.7亿立方米），同比减少0.9亿立方米，下降9.0%；完成天然气商品量7.6亿立方米，同比减少0.9亿立方米，下降10.3%。完钻井49口，进尺13.3万米，新建产能2.0亿立方米。

气层气井口年产量6.6亿立方米、累计产量115.9亿立方米，已开发气层气剩余可采储量采气速度2.7%、采出程度32.2%、储采比37。

（宋文宁　任　东）

矿权管理

【概述】 2015年，伴随油气体制改革，国土资源部进一步加大矿权监管与退减力度，石油企业面临矿权取证难、保护更难的严峻形势。在集团公司领导的关心支持下，矿权管理主动适应新常态，强化日常管理，加强沟通协调，扎实推进矿权登记、保护等各项工作，继续保持国内矿权资源的优势地位。

【全国矿权登记状况】 2015年全国石油天然气（含煤层气）矿业权统计见表8。

表8 2015年全国石油天然气（含煤层气）矿业权统计

矿权人	探矿权		采矿权		合计	
	数量（个）	面积（平方千米）	数量（个）	面积（平方千米）	数量（个）	面积（平方千米）
中国石油	357	1334672	414	114500	771	1449172
中国石化	269	857421	202	25748	471	883169
中海石油	242	1388591	87	6987	329	1395578
中联煤	29	17274	2	193	31	17467
延长油矿	46	81461	6	518	52	81979
其他	57	27182	9	627	66	27809
总计	1000	3706601	720	148574	1720	3855174

注：数据来自国土资源部地质勘查司，统计截止日期2015年12月31日。

【矿权登记管理】 2015年，集团公司申请办理新立、延续、变更和注销探、采矿权及试采等241个区块，获得探、采矿权许可证及试采批准书204个，圆满完成矿权申请登记工作，为上游业务持续稳定发展提供法律保障。

【年检督察和缴费】 2015年，参检探矿权333个、面积116万平方千米，统计用于矿权区块勘探投入的资金252亿元，与年度勘探投资财务决算比减少24亿元。其中，完成法定投入面积63万平方千米，未完成法定投入面积为53万平方千米。

2015年11月，国土资源部分8个督查组集中开展油气专项督察，核查近3年矿权年检结果的真实性、合理性、一致性，共涉及集团公司85个探矿权。核查结果表明，集团公司年检工作扎实可靠、数据可信度高，但存在部分经费分摊不合理，发现有少量重复申报现象。

2015年，集团公司应缴纳探、采矿权使用费8.65亿元，实际缴纳7.22元，减免1.43亿元。

（王玉山　曾少华）

油藏评价

【概述】 2015年，油藏评价及新区原油产能建设积极落实集团公司各项举措，持续深化勘探开发一体化，在长庆姬塬、长庆环江、新疆玛湖、青海小梁山、塔里木塔北碳酸盐岩、吐哈三塘湖等地区探明一批规模整装储量，新增探明石油地质储量7.28亿吨；新区产能建设在大庆古693区块，新疆风城，长庆马岭、姬塬、华庆、西峰—合水、镇北，塔里木哈拉哈塘等地区规模建产，2015年新建生产能力608万吨，圆满完成年度任务。

2015年，试油交井666口，新获工业油流井491口，评价井综合成功率70.7%。

【新增探明储量】 2015年，新增探明石油地质储量7.28亿吨，可采储量1.3亿吨。其中，已开发石油地质储量4.4亿吨，占年度新增探明石油地质储量的60%。新增探明石油地质储量仍以低渗透和低丰度油藏为主。

【油藏评价成果】 （1）长庆姬塬地区持续推进延长组中下组合规模储量区评价，完钻评价井89口，完试井 94 口，获工业油流井 75 口，长 8 段、长 9 段新增探明石油地质储量 1.6 亿吨。长庆陇东地区长 8 段油藏评价取得重大进展，探明整装亿吨级环江油田，2015 年完试井 41 口，获工业油流井 37 口，单井平均试油产量 13.0 吨 / 日，最高 41.4 吨 / 日，在罗 228、环 42 等 5 个井区新增探明石油地质储量 1.1 亿吨。（2）新疆玛湖凹陷玛 18 井区完钻探井、评价井 17 口，完钻开发井 59 口，开发控制井 8 口，百口泉组新增探明石油地质储量 5666 万吨。（3）塔里木盆地塔北碳酸盐岩油藏评价持续推进勘探开发一体化，跃满区块完钻井 30 口，工业油流井 29 口，投入试采井 27 口，平均单井日产油 32 吨。哈得逊区块完钻井 33 口，获工业油流井 28 口，平均单井日产油 18 吨，新增探明石油地质储量 5010 万吨。（4）大庆三肇地区重新开展成藏主控因素分析，明确鼻状构造、斜坡带及向斜区三类增储区六类有利部位。部署评价井 82 口，完钻 54 口，平均钻遇砂岩有效厚度 2.3 米 /3 层，试油 42 口，获工业油流井 30 口，单井平均日产油 10.61 吨，葡萄花油层新增探明石油地质储量 2565 万吨。（5）青海小梁山强化勘探开发一体化，针对上新统上部油藏边部钻探 16 口开发井，试采均获得较高产量，实现老油田扩边增储，累计开井 159 口，平均单井日产油 0.58 吨，累计产油 16.4 万吨，新增探明石油地质储量 3359 万吨。（6）吐哈油田采用水平井 + 体积压裂技术整体评价三塘湖条湖组致密油，累计完钻水平井 34 口，初期平均单井日产油 19 吨，已建产能 13.8 万吨，新增探明石油地质储量 2962 万吨。

【新区原油产能建设】 2015 年，完钻开发井 5773 口，进尺 1223.5 万米，投产油井 4537 口，投转注水井 1406 口，平均单井日产油 4.5 吨，建成产能 608.2 万吨。完钻水平井 451 口，平均水平段长度 688 米，投产井 477 口，平均单井日产油 9.1 吨。

【重点项目实施效果】（1）长庆姬塬油田产能规模持续扩大，完钻开发井 1194 口，投产油井 910 口，平均单井日产油 3.1 吨，投转注水井 280 口，新建产能 83.68 万吨。华庆油田低渗透油藏水平井开发试验成效显著，新钻开发井 353 口，投产油井 219 口（其中水平井 35 口），平均单井日产油 3.8 吨，投转注水井 141 口，新建产能 27.84 万吨。其中，山 163 井区长 6 段油藏完钻水平井 27 口，平均水平段长度 838 米，平均单井日产油 5.8 吨；白 452 区长 8 段油藏完钻水平井 5 口，平均单井日产油 6.3 吨。马岭油田继续滚动建产，完钻开发井 285 口，投产油井 194 口，平均单井日产油 3.4 吨，投注水井 87 口，新建产能 19.81 万吨。西峰—合水地区超低渗透油藏实现水平井效益开发，完钻开发井 271 口，投产油井 149 口（其中水平井 96 口），平均单井日产油 5.5 吨，投转注水井 132 口，新建产能 24.53 万吨。其中，庄 211 井区长 6 段油藏完钻水平井 85 口，平均水平段长度 724 米，平均单井日产油 7.2 吨；庄 183 井区长 7 段油藏完钻水平井 9 口，平均单井日产油 7.4 吨。镇北地区超低渗透油藏实现规模建产，完钻开发井 255 口，投产油井 182 口，平均单井日产油 3.6 吨，投注水井 74 口，新建产能 19.75 万吨。（2）塔里木哈拉哈塘油田持续推进勘探开发一体化，完钻井 82 口，投产井 65 口，单井平均日产油 22.4 吨，新建产能 53.49 万吨，形成百万吨生产能力，2015 年生产原油 127.67 万吨。（3）新疆风城超稠油田整装规模开发，完钻井 475 口，投产油井 439 口，平均单井日产油 4 吨，新建产能 42.66 万吨，2015 年生产原油 11.23 万吨。（4）大庆油田茂 15-1 低渗透油藏水平井开发示范区规模进一步扩大，完钻井 200 口（其中水平井 21 口），投产油井 143 口，平均单井日产油 5.2 吨，投转注水井 87 口，新建产能 22.31 万吨。

【油藏评价管理】（1）效益优先，严控成本，提前谋划，严格部署审查。按照股份公司的总体工作部署和要求，不断强化效益观念，对各油田公司 2015 年油藏评价部署方案进行分阶段审查。（2）积极推动富油区带整体再评价工作。编写完成《中国石油天然气股份有限公司富油气区带整体再评价工作指导意见》，明确富油区带整体再评价的主要任务及适用对象、工作内容与技术路线，组织与管理。2015 年 9 月，对辽河、华北、大港、吐哈、玉门、青海等油田 2012 年以来开展的富油区带整体再评价项目进行检查，全面掌握各整体再评价项目的实施进展、存在问题及取得的各项成果。（3）加大先进工程技术推广应用，提升工程技术保障能力。油藏评价围绕有效提高单井产量，提高油藏评价整体效益，积极转变发展方式，强化先进适用新技术、新工艺的攻关和应用。华北油田针对低渗透油藏岩性复杂特点，坚持开展压裂工艺技术研究，研发新型高效低伤害压裂液体系，形成强水敏低渗透难采储量压裂工艺技术系列；研发多氢酸配方体系和新型络合酸配方体系，形成“不泄压、不作业、不返排”多氢酸一体化酸化工艺技术；开发化学暂堵剂及分酸工具，形成注水井降压增注配套技术系列。近两年研究成果在阿尔、高阳、乌里亚斯太、留西等油田应用压裂 149 井次，压裂后初期平均单井日产油6.1吨，压裂配套建产能37.51万吨；低孔低渗透注水开发区块高压注水井酸化技术应用49井次，有效率100%，平均单井注水压力下降10.5兆帕，日增注21.9立方米，增油2.23万吨。塔里木油田地震导向钻井技术初见效果，提高缝洞体直接钻遇率。哈拉哈塘实施10井次，靶点平面调整最大65米，完钻8口井，7口井获工业油气流，6口井直接钻遇缝洞体。

【新区原油产能建设管理】（1）强化生产管理，加强过程控制，实现高效运行。进一步突出精细管理，积极落实降本增效各项措施，积极推进各油田公司开展钻井总承包、精细生产管理等措施，确保各项工作实现高效运行。青海油田积极推进钻井总承包，与中国石油内部钻探公司开展全方位战略互惠合作，实现互利共赢，总承包工作量占钻井总进尺的54.8%。同时，加强管理、高效组织，优化工作流程，简化管理环节，加快现场实施节奏。2015年钻井速度明显加快，机械钻速11.46米/小时，同比提高26%，钻井周期17.09天，同比下降22%，完井周期22.9天，同比下降19%。长庆油田针对生产中的问题及时召开专题会议，坚持“三不放过”原则（施工中出现设计执行不到位不放过，施工中因操作、设备或者液体等原因造成质量事故不放过，结果与效果预测不一致不放过），提升实施效果。吉林油田探索实施工程总承包，实现大幅降低单井投资的目的，压裂经过两轮招标及洽谈，单井投资由979万元降至767万元。（2）探索低品位油藏开发主体技术，落实有效开发方式。针对低渗透特低渗透油藏、薄层稠油油藏和薄层低丰度油藏等低品位资源，利用水平井、多分支井、大斜度井等复杂结构井开展进攻性评价，推动低品位储量升级和经济开发。长庆油田系统分析影响水平井稳产时间的因素，根据体积压裂的特点对已有的水平井初期产能公式进行改进，计算的水平井初期产能与实测值接近。还用3种不同方法计算动态产能，3种方法所得的结果相接近，说明方法较准确。吉林油田攻关蓄能体积压裂技术，实现致密油单井产能提升。通过滑溜水蓄能压裂与常规压裂提产对比，蓄能压裂产液、产油强度增加；通过分析密切割可增加储层改造效果，段间距越小，采液强度越大，通过压裂方案优化，确定密切割压裂参数；统计试采井百米油层采油、采液强度随时间增长，呈规律递减。（3）开展新区产能方案编制与执行情况调查，规范产能建设项目管理。对大庆、大港、新疆、吐哈、长庆、青海等6个油田公司新区原油开发方案编制情况进行现场检查，从调研情况来看，各油田公司新区开发方案组织管理机构比较完善，职责清晰，方案编制基本符合要求，审查较为规范，80%以上的开发方案于3月以前编制完成。对12个油田公司2011—2015年新区开发方案编制、审查以及管理等工作进行整理、分析，从开发方案编制及审查情况来看，整体状况较好。（4）推进大井丛、多层位、多井型、工厂化、立体式开发模式，有效降低建设阶段的工程投资和生产阶段的运行费用。原油产能建设完成丛式井平台2124个，新钻井7213口，占年度新钻井的64%，新建产能566万吨，占年度新建产能的46.9%。大平台丛式井组工厂化作业已成为国内上游实现开源节流降本增效的重要措施之一。

（邢厚松）

采 油 工 程

【概述】 2015年，采油采气工程系统紧密围绕勘探开发核心业务，积极应对低油价的挑战，大力推广先进实用技术，推进水平井体积改造和带压作业等技术规模应用，强化基础管理工作，提质增效，努力实现节能减排与安全清洁生产目标。2015年，完成井下作业总工作量217436井次，实施系统效率综合测试14万余井次，完成优化设计4.5万井次，实施调整3万井次，水平井分段压裂改造982口井，试油完成井1315口（评价井593口）。

【井下作业】 2015年，井下作业总工作量217436井次。其中，维护作业141200井次，增产增注措施57562井次，大修4316口，其他14358井次（表9）。

表 9　2015 年井下作业主要指标

时　间	总工作量（井次）	单井年作业次数（井次 / 口）	维护工作量（井次）	年维护次数（井次 / 口）	油水井措施（井次）	大　修（口）	其　他（井次）
2015 年	217436	0.72	141200	0.47	57562	4316	14358
2014 年	221456	0.77	143008	0.50	58879	4617	14952
同比增减	-4020	-0.05	-1808	-0.03	-1317	-301	-594

在油气水井总数连年增长的情况下，维护性作业工作量和井下作业总工作量两项指标不增而有所下降，平均单井年作业井次实现连续两年的下降，为股份公司降本增效做出重要贡献。

带压作业。2015 年，动用带压作业队伍 191 支，完成带压作业工作量 4467 口井，其中注水井 3040 口，采油井 1335 口，采气井 92 口，减排污水 191.6 万立方米，提前恢复注水 160.7 万立方米，增产原油 8.1 万吨，增产天然气 18.2 万立方米。“十二五”期间实施带压作业 18007 口，累计减排注水井返出水 1119 万立方米，提前恢复注水 697 万立方米。

连续油管作业。“十二五”以来，各油田公司不断加大应用力度，拓展应用领域，正逐步成为常规作业、水平井作业与油气层改造的利器，2015 年完成 1451 井次，“十二五”期间完成各类连续油管作业 4537 井次。应用工艺主要包括冲砂洗井、排液、速度管柱、测试、通洗井一体化、切割、分段 / 分层压裂、拖动酸化、射孔、钻磨、老井加深侧钻等。

清洁作业。新《安全生产法》和《环境保护法》实施以来，大庆、吉林等油田积极开展清洁作业技术研究、试验与推广应用，已形成地面、井筒两个系列，环保作业平台、便携式软体清洁、新型井场防渗材料、井筒内杆管在线清洗等 4 项环保修井新工艺，清洁生产的理念不断深化，清洁生产的效果逐步显现。吉林油田已累计实施 9349 井次，累计消减油土增量 1.56 万吨，减少油土处理费用投入 400 万元，减少土地污染赔偿 5600 万元，取得显著社会经济效益。消除环保隐患风险点 9349 处，安全环保形势得到全面改善，基本实现井下作业全覆盖。

套损井大修。套损井修井能力和技术水平不断提高，2015 年完成油水井大修侧钻井 4316 口，修复 4071 口，成功率 94.3%，修复油井恢复产能 45 万吨，注水井恢复注水能力 870 万立方米。“十二五”期间累计修复套损井 20179 口，累计恢复产油 307.4 万吨，恢复注水 4849 万立方米。在恢复生产能力的同时，有效完善开发井网，套损井上升趋势得到遏制。大庆油田采用顶驱修井配套无绷绳修井机对高危敏感区域套损井进行大修治理，应用规模进一步扩大，有效解决井场受限井的修井问题，2015 年完成 208 口井，修井成功率 100%，最小井场面积仅 150 平方米，井口距最近建筑物仅 3 米，用常规大修机根本无法进行施工。通过顶驱配套无硼绳作业机的修井工艺技术，成功解决井场受限、环境敏感区的油水井施工难题，每口井可节约成本 25 万元以上。

井下作业管理系统。为了规范井下作业管理、提高工作效率，勘探与生产分公司在“十二五”期间，按照整体规划分步实施的原则，遵循“成熟一块、示范一块、推广一块”的工作思路，开发井下作业管理系统 V1.0 版，并在各油田公司进行推广应用，实现井下作业设计与管理的标准化、规范化、信息化。截至 2015 年底，井下作业管理系统累计应用 384346 井次，其中 2015 年应用 226178 井次，设计效率提高 40% 以上，平均单井可节约 5 小时以上，减少油气水井停产天数，措施有效率平均提高 1 个百分点以上。

井下作业联产承包管理。随着股份公司各油气田勘探开发程度加深，油气水井总数持续增长，2015 年达到近 30 万口，维护性作业工作量 14.12 万口。特别是近两年以来国际油价持续走低，对上游业务的生产经营产生重大冲击。如何做到“少修井、快修井、修好井”，关系到油田公司产量的完成与成本控制，同时对上游业务的生存与发展也将产生较大影响。井下作业承包有利于调动采油和作业队伍双方积极性，对控制井下作业工作量、提高油水井生产时率、降低作业成本具有重要意义。勘探与生产分公司从 2011 年开始推广井下作业承包管理机制，通过“十二五”期间不断努力，取得明显效果。2015 年作业井次相比“十二五”前三年单井年作业次数均值减少 8300 井次，相当于节约作业费用 4.98 亿元，为股份公司降本增效做出贡献。2015 年，大庆、吉林、大港、冀东、吐哈、青海、玉门等油田井下作业联产承包规模进一步扩大，承包井数及工作量比例达到50%以上，井下作业指标明显好转。

【机械采油】 提高抽油机井系统效率技术已在各油气田全面推广，系统效率稳步提高，2015年平均系统效率24.2%。2015年实施系统效率综合测试14万余井次，完成优化设计4.5万井次，实施调整3万井次，调整井系统效率平均提高1.5个百分点，年节电1亿千瓦·时以上。

抽油机井柔性驱动技术推广试验效果显著。大庆油田外围低产井日产液2.2立方米，液面863米，现场试验45口井，采用衡功率优化运行后，实现电动机工作电流“削峰填谷”，大大改善了抽油机减速箱及皮带的传动特性，配合变频调速降低冲次，冲次由每分钟3.9次降到每分钟2.4次，泵效由16.6%提高到28.2%，峰值功率降低47.6%，节电率35.7%，系统效率提高3.03个百分点。

无杆泵采油技术进步明显。（1）电动潜油柱塞泵采油技术：大庆油田2004年开始下井试验，历经10年艰苦攻关，整体技术取得长足进步。截至2015年底，在用169口井，最大下泵深度1865米，最高日产液21.3立方米，平均检泵周期609天，最长免修期1024天，与同排量抽油机相比节电率49.3%。（2）电动潜油螺杆泵采油技术：大庆油田试验应用23口井，试验井转速每分钟228转，日产液32.7立方米，泵效72.2%，检泵周期691天，其中2口超过1000天。长庆油田试验10口井，平均连续运行235天，最长722天且持续运行，平均日产液6.21立方米，最大泵挂1704米，节电率21.8%，平均泵效72.4%。

【分层注水】 地面控制机电一体化电缆直读高效测调工艺在各油田全面应用，至2015年已应用25949口井，占分层注水井数的52%。测调效率比钢丝投捞测调工艺提高3倍以上，大大减轻测调劳动强度，也为提高分层注水精度提供了技术支撑。

发展细分注水工艺，4段及以上分层注水井数不断提升。分层注水技术不断提高，2015年细分程度进一步提高，4段以上细分注水井数18340口井，增加247口井。大庆油田研发的以低负荷安全解封封隔器和正反导向配水器为主的桥式偏心多级细分注水工艺，满足7段及以上分层配水要求。长庆、大港和华北等油田研发的桥式同心分层注水工艺为深层和大斜度井细分注水提供了技术支撑，截至2015年底，最小卡距已缩短到2米，最多分为6段。

桥式同心分层注水工艺技术不断成熟完善，助推低渗透油田、大斜度井细分注水开发的实施。为满足油田开发模式向“大井丛、多井型、多层位、工厂化作业、立体式开发”转变的需要，解决传统的偏心分层注水技术在深井、大斜度井和多层小卡距井上测试调配难的问题，长庆、大港、华北等油田自2011年开始桥式同心分层注水技术攻关和现场试验，成效显著。2015年7月，勘探与生产分公司在长庆油田组织召开桥式同心分层注水技术应用推进会，进一步推动了该项技术的应用，截至2015年底，已在12个油气田公司推广应用，应用总井数3195口，提升了各油田的分层注水技术和应用水平。

开展注水井智能配注技术攻关与试验，实现了井下自动配水。截至2015年底，在大庆、长庆和华北等油田应用井数超过90口，初步实现井下压力、流量等生产参数实时监测和配注量的自动调配，控制层注水合格率一直保持在90%以上，但工艺长期可靠性需进一步验证、完善提高。

开展电动测调、验封一体化技术攻关与试验，进一步提高测调效率。在直读高效测调工艺规模化应用基础上，大庆油田和长庆油田分别在偏心和同心分层注水井上开展电动验封与测调一体化攻关，现场试验成效显著。工艺成熟后可实现注水井验封、测调一体化，进一步提高测调效率，降低成本。

【储层改造】 水平井分段压裂和直井分层压裂技术。2015年分段压裂改造982口井，占2015年水平井完钻井数1060口的92.6%，比2014年高23个百分点，自主技术应用达90%以上，单井产量是直井笼统压裂的3.5倍，其中5段以上分段压裂井808口，占总压裂井的82.3%，10段以上分段压裂井的比例达到40%。中国石油自2006年启动技术攻关至2015年底，共实施水平井改造5160口井，多项指标创出历史最好水平：最大水平井段长3056米，单井最多分压达到26段，最大排量17.8米^3/分，液量5.1万立方米，砂量2793立方米。2015年直井5层以上多层改造完成1082口井，同比增长39.2%，其中大庆油田完成1055口，占比97.5%。“十二五”期间5层以上直井分层压裂井共实施2840井次，增产效果是同区块2—3层分压井的1.5倍以上。单井最高分层压裂达到13层，最大井深达到6969米。

水平井改造重大攻关成果显著。2015年秉承前期研究成果，按照“十二五”以来体积压裂的理念，持续完善分压工具、液体、工艺技术，现场试验稳步推进，技术逐步完善配套。水平井压裂改造向段内多簇射孔、造复杂缝网发展，初步形成体积压裂理论体系，技术水平进一步提升，地质工程一体化，布井、钻井、压裂整体考虑，逆向设计正向施工，工厂化作业，立体改造储层，追求最大有效改造体积，实现单井采出量和效益最大化，并进行区块整体规模建产示范，总体单井产量是直井压裂的3.5倍以上。形成水平井体积压裂技术体系：地质—工程一体化综合研究及体积改造优化设计技术；长水平井、大排量、大液量、多簇射孔分段压裂施工；小粒径支撑剂组合；低黏滑溜水为主体压裂液，返排液回收处理重复利用；多井交叉（拉链式）压裂、工厂化作业；形成六套水平井分段压裂工具及配套技术；微地震压裂监测等。研发形成六套具有自主知识产权的分压工具系列：双封单卡、水力喷射（动管柱、不动管柱）、套内封隔器滑套、桥塞（快钻桥塞、大通径免钻桥赛）、裸眼封隔器滑套、固井滑套。

页岩气压裂工作取得良好成效。中国石油2014年开始部署页岩气规模建产方案，2015年全面进入压裂工作，完成106口井、压裂施工2000余段，水平井平均水平段长1500米，平均设计分压20段，实施排量8—14米³/分，平均单段液量1800立方米，单井最大液量51608立方米，单井最大砂量2793吨，大通径免钻桥塞、快钻桥塞已成为页岩气分压主体技术。压裂投产井平均日产10万立方米以上，成效显著。

【试油】 2015年，股份公司试油完成井1315口（评价井593口），获工业油气流井888口（评价井444口），综合探井成功率55.64%，综合评价井成功率69.27%。勘探重点工程试油技术攻关取得重要进展：

高温高压含硫化氢储层方面。（1）研制了175兆帕/210摄氏度/170小时的89型和121型两种系列超高温超高压射孔器材，基本替代了进口器材，在川渝、塔里木等地区进行42井次现场应用，最大作业井深7308米（双探1井），最高作业井温180摄氏度（荷深1井），发射率100%，一次成功率100%。（2）优化形成超深井测试管柱，提高了测试成功率。通过研发E型阀、液压循环阀、E型常闭阀三种测试工具，将原有两阀一封测试管柱逐步优化为五阀一封测试管柱，形成适合库车山前超深井的测试管柱，现场应用44层，测试成功率由2012年的88.89%提高到2015年的95.45%。（3）高温高压试油完井投产一体化技术取得初步进展。研制180摄氏度/70兆帕耐高温可取式液压完井封隔器和机械完井封隔器，配套密封脱节器、插入式球阀、锚定密封、CMQ-22滑套等关键工具，形成试油封堵和试油完井投产两种一体化管柱，试油封堵现场试验9口井，平均单层转层周期节约6.5天。（4）改进完善3套中高密度耐高温试油工作液体系，完善地面流程集中控制技术，确保高温高压含硫化氢储层试油顺利开展。3套试油工作液耐温180—200摄氏度、密度2.0—2.35克/厘米³，实验室高温静置10—15天，性能满足试油要求，先后在克深3井等55口井在静置7—9天情况下满足试油需求。自主研制105兆帕远程控制防冲蚀动力油嘴系统、井筒排出液自动实时除硫系统等配套设备，实现连续自动除砂排砂和在密闭环境下除硫、消泡与中和残酸等功能。在高石2等11口井进行推广应用，处理后放喷出口大气中硫化氢含量低于6毫克/升，排液出口pH值6.3—7.8，实现达标排放。

复杂岩性低渗透储层方面。（1）形成大庆长垣扶余及高台子油层水平井中长期产能预测技术。中期预测12口井，符合率83.3%（误差 ±20%）；长期预测10口井，达到1年以上6井次预测符合率83.3%（误差 ±20%）。（2）完善低渗透储层测试资料解释方法，提高测试资料解释水平。建立考虑启动压力变化的低渗透储层非达西渗流及全压力历史拟合，可有效解释地层压力、渗透率等参数，现场应用13井次，符合率由2011年60.5%提高到2015年75%。

高温高压及高含硫井完整性管理水平得到提高。为加强高温高压及高含硫井全生命周期的井完整性管理，组织塔里木油田、西南油气田开展井完整性规范的编制工作，规范由《高温高压及高含硫井完整性指南》《高温高压及高含硫井完整性设计准则》《高温高压及高含硫井完整性管理》三部分组成，《高温高压及高含硫井完整性指南》于2015年6月底下发执行。

（赵挥军）

地 面 工 程

【概述】 截至2015年底，各油气田累计建成采油井、计量站等数量见表10。

表 10　2015 年各油气田累计建成采油井、计量站等数量

时　间	油　田					
	计量站（座）	接转站（座）	注水站（座）	污水处理站（座）	集中处理站（原油联合站）（座）	各类管线（千米）
2015 年	8313	1691	1318	638	307	239367
2014 年	8252	1622	1293	615	303	228492
同比增减	61	69	25	23	4	10875
时　间	气　田					
	集（输）气站（座）	清管站（座）	增压站（座）	污水处理站（座）	天然气净化厂（处理厂）（座）	各类管线（千米）
2015 年	1723	509	255	106	59	63674
2014 年	1712	508	250	112	53	61676
同比增减	11	1	5	−6	6	1998

2015 年油气田地面建设共完成原油产能地面建设 1196 万吨，天然气产能地面建设 175 亿立方米，地面建设投资 372.2 亿元。

2015 年建成了一批重点工程，长庆马—惠原油管道安全升级改造工程、冀东老爷庙—曹妃甸输油管道工程满足了原油外输的需要；大庆杏七区、长庆马岭、新疆风城、辽河欢喜岭等地区重点原油产能项目建成；60 亿米³/ 年塔里木克深天然气处理厂投产，建成国内最大的单套 1000 万米³/ 日处理装置；龙王庙气田 110 亿立方米净化厂全面建成投产，当年产气 59 亿立方米，协助西南油气田扭亏为盈。

【地面建设管理】 2015 年，在突出抓好重点项目建设，不断完善基础管理工作，地面建设各项任务顺利完成，工程质量稳步提高，建设投资得到有效控制，基础工作进一步加强，整体工作顺利。

8—10 月组织开展 2015 年油气田地面建设检查活动。各油气田公司均成立以主管领导为组长的自检自查领导小组，对 186 项在建工程进行自检自查，查出各类问题 1455 项，发现的问题全部整改完毕。

9 月 9—26 日组织 2 个检查组，对大庆油田、长庆油田等 9 家油气田公司的 9 项在建工程项目进行重点抽查，涉及 9 家建设单位、9 家勘察设计单位、27 家施工单位、9 家监理单位和 10 家无损检测单位。查出问题 252 个；现场检测工程实体质量数据 1112 点，合格 1084 点，合格率 97.5%；提出建议 35 条，发出勘探与生产分公司《建设工程检查整改通知单》9 份；发现的问题全部整改完毕。大庆油田、长庆油田分列 2 个检查组综合评比第一名。通过检查发现，2015 年受检工程项目建设质量良好，均处于受控状态。对比分析近 5 年质量检查统计数据，油气田地面工程建设质量稳定在较高的水平。

2015 年，油气田新、改、扩建工程建设通过严格落实建设项目监理制、工程质量监督制和第三方检测制，强化行为质量和实体质量的控制，现场实测点合格率 97.5%（图 1），工程建设质量逐步提高并稳定在较高的水平，所有工程一次投产成功，生产运行正常。

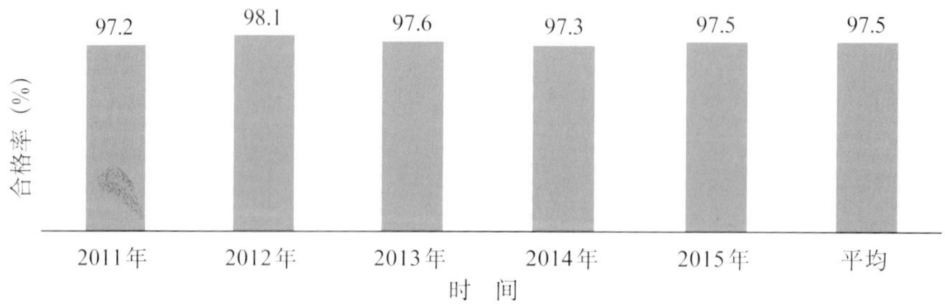

图 1　工程质量年度检查现场实测合格率

2015 年，按照“打基础、利长远”的工作原则，进一步加强基础管理工作。组织制定并发布《油田管道和站场地面生产管理规定》《气田管道和站场地面生产管理规定》《油气田地面建设项目管理手册》《油气田地面工程施工标准化管理》《油气田地面建设工程（项目）资料管理》《油气田地面工程大型站厂模块化建设指导意见》《316L 双金属复合管在含 CO_2 气田应用指导意见》《油气田地面高效设备设计与选用指导意见》《油气生产物联网上线验收办法》《油气生产物联网运维管理规定》等 10 项规定。

参与《油田油气集输工程设计规范》《气田集输工程设计规范》《在役钢质管道检测规范》《石油天然气设计防火规范》《石油天然气总图设计规范》《煤层气集输工程设计规范》《页岩气地面工程设计规范》等 30 多项国家、行业标准和企业标准的制修订工作。

【重点工程】 2015 年，股份公司重点项目 40 项，总投资 259 亿元。重点地面项目有序推进，确保按期投产。

油田产能建设重点项目 17 项：大庆油田南一区东块二类油层上返 2015 年产能建设工程（三次采油）、大庆油田南四区西部弱碱三元复合驱产能建设工程（三次采油）、大庆油田萨北开发区北三区东部东区二类油层上返三元复合驱产能建设工程（三次采油）、大庆油田杏七区东部Ⅲ块一类油层三元复合驱产能建设工程（三次采油）、大庆油田喇嘛甸油田北北块一区葡Ⅱ 7—高Ⅰ 5 油层聚合物驱产能建设工程（三次采油）、长庆马岭油田产能建设工程、长庆姬塬油田产能建设工程、长庆华庆油田产能建设工程、长庆西峰—合水油田产能建设工程、长庆镇北油田产能建设工程、辽河欢喜岭油田产能建设工程、辽河欢喜岭油田锦 16 区块兴隆台油层二元复合驱地面工程、辽河曙光油田杜 66 断块杜家台油层常规火驱地面工程、新疆油田风城重 18 井区产能建设工程、塔里木哈拉哈塘哈 6 外围区块产能建设工程、塔里木哈得油田开发调整地面工程及塔里木东河塘油田注气开发试验地面工程。

天然气产能建设项目 6 项：西南安岳气田龙王庙组气藏产能建设二期工程、长庆苏里格气田产能建设工程、长庆神木气田产能建设工程、塔里木克拉苏气田克深 2 区块地面建设工程、克拉苏气田克深天然气处理厂一期工程和克深 8 区块地面工程及塔里木克深 5 试采工程。

老油气田调整改造 2 项：塔里木迪那 2 气田内部集输干线更换工程及吉林新木油田老区整体改造工程。

油气管道项目 7 项：长庆马岭—惠安堡原油管道安全升级改造工程、冀东油田老爷庙—曹妃甸输油管道工程、大港油田引入大港发电厂热源供暖工程、塔里木塔中凝析油稳定及储运工程、西南油气田遂宁地区中低压天然气集输管道工程、西南油气田高石梯—磨溪震旦系试采干线工程及阿赛线安全扩能改造工程。

其他油气管道、联合站、天然气处理厂等重点工程 8 项。

【项目前期管理】 2015 年，根据“有质量、有效益、可持续发展”的工作方针，认真贯彻执行“减少占地、降低能耗、减少站场数量、控制新增定员”以及“从源头上抓好投资控制”的原则，认真做好重点项目可行性研究和初步设计审查，细化项目技术方案，确保工程本质安全。

2015 年，完成项目审查和批复 22 项（其中可行性研究 13 项、初步设计 9 项），提出审查修改意见 959 条。22 个项目上报投资 46.5 亿元，批准投资 32.3 亿元，优化核减 14.2 亿元，核减比例达到 30.5%。项目审查减少占地 951 亩（1 亩 = 666.67 平方米），减少临时用地 1041 亩，生产运行总能耗指标降低 7716 吨标准煤 / 年。“十二五”期间，组织审批重点地面工程 181 项，报审投资 820.2 亿元，通过审查，批准投资 682.5 亿元，核减投资 137.7 亿元，核减比例 16.8%。

【标准化设计】 2015 年，以提高一体化集成装置工作水平为重点，以落实“三提、两降、一统筹”的工作要求为核心，标准化设计各项指标稳定提高。油气田地面建设大、中、小型站场标准化设计覆盖率分别达到 74.7%、95.2%、99.1%（2014 年为 71.7%、91.7%、97.1%），规模化采购率达 86.8%（2014 年为 86.5%），预制化率达 79.9%（2014 年为 79.8%）。与常规相比，设计工期缩短 43.5%、施工工期缩短 25.1%（2014 年为 44.8%、21.9%）。油田新井时率提高 5.3 个百分点、气田新井时率提高 6.6 个百分点，新井当年多生产原油 49.3 万吨、天然气 16.2 亿立方米。节约投资 18.9 亿元、同比下降 5.5%，节省土地 7108 亩，减少用工 6109 人，节能 19 万吨标准煤。

截至 2015 年底，已开发 28 类 120 种一体化集成装置，基本覆盖油气田中小型站场类型。2015 年推广应用一体化集成装置 1015 套，替代常规中小型站场 314 座。设计工期和建设工期分别缩短 38% 和 39%，减少用地 515 亩，减少用工 1945 人，节约投资 4.3 亿元。

2015 年，积极开展一体化建厂，创新大型厂站建设模式。西南油气田在安岳气田磨溪区块龙王庙组气藏地面工程建设中积极探索、不断创新地面建设理念，将标准化设计工作从单体橇装向一体化集成装置深入、从集输站场向净化装置拓展、公用辅助专业与主体工艺全面覆盖，开创“一体化建厂（站）”地面建设新模式。生产主装置实现100%橇装化，8列生产主装置（脱水、脱硫、硫黄回收及尾气处理）全部采用橇装化施工。二期60亿米^3/年工程建设工期缩短20%、占地减少28.2%，节省投资4%。长庆油田研发30万吨/年一体化集成联合站，2015年10月16日在庄三联合站投产运行，填补国内多功能模块组装联合站的空白，缩短建设工期50%、减少占地35%、节约投资5%。

根据标准化设计规范化、常态化发展需要，进一步完善标准化设计规范及操作管理文件，制定《油气田一体化集成装置设计制造与运行维护规范》等2项管理文件与技术规范。各油气田注重各项规定与原有规章制度的融合，优化已有文件成果、完善文件成果系列，涵盖设计、造价、采购、施工等整个建设环节，提升可操作性，新增油田公司级标准化设计有关规定358项、定型图1671套。

【数字化建设】 结合油气生产物联网（A11）和采油与地面工程运行管理系统（A5）等统建信息系统，开展油气田地面工程数字化建设。2015年，新增各类数字化井11154口、数字化站场389座。截至2015年底，建成各类数字化井103802口、数字化站场4695座，约占井、站场总数的36.5%和33.3%。长庆、大港、冀东、南方、浙江等油田初步实现全油田地面生产数字化管理。通过数字化建设，油气田管理由传统的多级管理向扁平化高效管理，多人分散定岗值守向中小型站场无人值守、大型站场集中监控的管理方式转变，促进生产组织方式和劳动组织架构优化，减少管理层次、提高工作效率、改善工作条件、降低成本，保障安全生产。

按照标准继续抓好油气田地面工程视觉形象建设，新建各类单井和站场全部按照视觉形象标准建设，井场和站场视觉形象覆盖率已达43%和45%，有效提升油气田地面整体形象。

【工艺技术】（1）加强已建系统的管网与站场现状和技术状况的分析，认真做好老油气田地面系统的改造，确保老油气田安全稳定生产。（2）按照“精细注水工作第三次推进会”确定的工作要求，通过推进科技进步，强化基础管理，进一步提升油气田采出水处理和注水系统管理水平。2015年，维修改造水系统站场293座，检查、维修、清洗各类罐体6952座，清洗维修管道近16518千米，制定完善管理制度147个，取得很好的效果。井口水质达标率平均87.65%，同比提高0.8个百分点。（3）积极配合做好SAGD、二元复合驱、二氧化碳驱、火驱、空气泡沫驱等重大开发试验地面配套技术的研究工作，组织攻关地面技术瓶颈，做好技术储备，为重大开发试验的大规模推广打好基础。（4）组织一批重点科研项目建设与投产试运。2015年，新疆风城油田高含盐水处理回用中试试验工程、风城油田SAGD采出液高温密闭脱水工业化试验工程及辽河油田MVC处理SAGD采出水回用汽包锅炉中试工程相继投产开始进行现场试验，取得较好的试验效果；天然气净化厂硫黄回收与尾气处理已建成投运并达标排放。

【工程建设承包商管理】 根据集团公司统一部署，2015年2—5月组织16家油气田公司开展勘探与生产分公司所属647家一类、二类承包商的年度考核评价工作，考核评价内容包括：基本条件、年度业绩、违规违纪、安全质量事故、诚信事项等。经16家油气田公司初审、勘探与生产分公司复审并报集团公司承包商领导小组办公室审定，优良及合格618家，留用察看3家，不合格予以清退26家。2015年新增准入承包商32家，其中一类8家、二类24家。

2015年11—12月组织对16家油气田公司653家一类、二类承包商的HSE管理体系的检查评审工作，以客观全面评价与掌握承包商年度业绩、违法分包、违规转包、安全质量事故、诚信事项等，为下一年度承包商考核评价奠定基础、提供条件。

截至2015年底，勘探与生产分公司一类、二类承包商合计653家（一类68家、二类585家）。

（汤　林　苗新康）

海 洋 工 程

【概述】 2015年，辽河、大港、冀东三个滩海油田共生产原油247.94万吨，天然气7.25亿立方米。自营油田生产原油132.9万吨，天然气6.767亿立方米（表11）。海上对外合作区块油田生产原油115.04万吨，天然气4858万立方米（表12）。

表 11　2015 年 3 个滩海、自营油田原油、天然气产量

时　间	辽河海上		大港海上		冀东海上		合　计	
	原油（万吨）	天然气（亿立方米）	原油（万吨）	天然气（亿立方米）	原油（万吨）	天然气（亿立方米）	原油（万吨）	天然气（亿立方米）
2015 年	12	0.057	26.3	0.52	94.6	6.19	132.9	6.767
2014 年	10	0.15	26.4	1	102.5	6.5	138.9	7.65
同比增减	2	-0.093	-0.1	-0.48	-7.9	-0.31	-6	-0.883

表 12　2015 年海上对外合作区块油田原油、天然气产量

时　间	月　东	赵　东		合　计	
	原油（万吨）	原油（万吨）	天然气（万立方米）	原油（万吨）	天然气（万立方米）
2015 年	41.2	73.84	4858	115.04	4858
2014 年	30	85	5000	115	5000
同比增减	11.2	-11.16	-142	0.04	-142

截至 2015 年底，中国石油环渤海滩浅海矿区内共建人工岛 16 座、固定钢平台 10 座、海底管道 82.617 千米、海底电缆 25.17 千米、海底光缆 4.8 千米。

【路岛安全监测】 2015 年，对已建设施加强本质安全管理，实施定期监测。开展路岛边坡稳定性监测工作，研究边坡防护管理和技术措施。存在主要问题：护面块体塌陷或下滑，不均匀沉降。应对措施：保持沉降和位移监测、进行安全分析、科学治理。

【海底管道检测】 2015 年，组织实施海底管道外检测，准备海底管道内检测工作，开展海底管道完整性管理工作。NP2-3L 外输管道内检测清管通球遇阻。开展 NP1-3D 至 NP1-1D 海底管道、NP1-2D 外输海底管道和 NP1-1D 外输海底管道内检测的相应准备工作。

【海上应急预案及海洋工程标准体系建设】 2015 年，组织编制完成集团公司《海洋石油勘探开发突发事件专项应急预案》。完善标准体系，完成制订 2 项集团公司企业标准《滩海海底金属管道检测技术规范》和《深水探井井场调查技术要求》。

【专题技术研究】 依靠科技进步，提高海上设施本质安全管理水平。针对中国石油滩海油田实际生产中出现的技术难题和安全隐患，以“为生产服务、为油田服务、保障安全”为目标，组织完成“路岛工程变形特性及边坡稳定性”专题技术研究，对指导实际和保障设施安全平稳运行具有指导保障作用。

【冬季冰情预报和监测】 做好冬季冰情预报和监测工作。动态掌握冰情信息，通过传真、邮件和短信等方式从国家海洋预报中心获取渤海湾冰情信息，指导冬季油田海上安全生产。2014—2015 年冬季为轻冰年（1.0 级），海上油气生产运行正常。

（苏春梅　沙　秋）

新　能　源

【概述】 页岩气业务按照落实资源、评价产能、攻克技术、效益开发为原则，认真做好部署落实，加强组织协调，突出示范区建设；煤层气业务坚持稳中求进和精细化排采的原则，强化生产动态管理，积极推进重点工作。2015 年新能源业务总体进展顺利，页岩气累计建成产能 28.5 亿立方米，生产页岩气 13.4 亿立方米，煤层气建成产能1.67亿米^3/年，实现商品量18.6亿立方米。

【煤层气】 2015年，优选富集区建成产能1.67亿立方米。其中，沁水煤层气田的沁南东区块和郑庄区块共完成钻井199口，建成井口产能1.2亿立方米。鄂东煤层气田的韩城区块钻完井60口，建成井口产能0.47亿立方米。浙江油田蜀南地区筠连区块2亿米^3/年勘探开发一体化产能建设，2015年完成钻井63口，累计完钻开发井286口。实现煤层气商品气量18.6亿立方米。其中，沁水煤层气田共有排采井2850口，产气井2080口，井口日产气229万立方米；年产量8.5亿立方米，年商品量9.7亿立方米（外购1.3亿立方米）。鄂东煤层气田共有排采井2440口，产气井1600口，井口日产气240万立方米；年产量9.35亿立方米，完成商品气量8.5亿立方米。蜀南地区筠连区块排采井300口，产气井230口，井口日产气19万立方米，年产量0.5亿立方米，完成商品气量0.4亿立方米（表13）。

表13　2015年煤层气开采产量及商品量

时　间	沁水煤层气田			
	累计排采井数（口）	井口日产气量（万立方米）	年产气量（亿立方米）	年商品气量（亿立方米）
2015年	2850	229	8.5	9.7
2014年	2735	227	7.6	8.9
同比增减	115	2	0.9	0.8

时　间	鄂东煤层气田				蜀南筠连区块				合　计
	累计排采井数（口）	井口日产气量（万立方米）	年产气量（亿立方米）	年商品气量（亿立方米）	累计排采井数（口）	井口日产气量（万立方米）	年产气量（亿立方米）	年商品气量（亿立方米）	年商品气量（亿立方米）
2015年	2440	240	9.35	8.5	300	19	0.5	0.4	18.6
2014年	2238	235	6.4	6.2	206	9.5	0.24	0.1	15.2
同比增减	202	5	2.95	2.3	94	9.5	0.26	0.3	3.4

煤层气勘探开发成果。（1）通过对樊庄区块近7年稳定生产的研究，预计“十三五”区间将有10%的递减，编制完成“十三五”6亿立方米稳产开发方案，保证樊庄区块的稳定生产；（2）以控制井底流压为核心的精细化排采，是煤层气井稳定有效生产的保障。通过精细排采管理，樊庄区块实现7年稳产，保德区块日产气量由2015年初100万立方米增至年底152万立方米，筠连地区取得较好的开发效果；（3）应用成熟工艺技术，提高区块开发效果。韩城区块通过间接压裂和治理越流补给水、郑庄区块通过二次压力和降压生产实现产量逐渐回升；（4）水平井多种井型及水平井分段压裂在煤层气开发实验中取得新进展。

【页岩气】 截至2015年底，累计完成28亿米^3/年的产能建设。2015年，钻井55口，完钻80口，压裂99口井，试井61口，平均测试日产量15.75万立方米。截至2015年底，累计开钻159口，完钻128口，正钻31口，投产井98口，建成产能28.5亿米^3/年。地面配套建设初具规模，长宁、威远、昭通区块4座脱水站及5条外输管道建成投运，具备脱水能力850万米^3/日、输气能力1200万米^3/日；集输和供水工程已陆续建成投运。

2015年，新投入生产井71口，累计投产井98口，日产气864万立方米，生产页岩气13.4亿立方米，商品量12.5亿立方米。

页岩气勘探开发成果。（1）基本确定各区块的高产井模式，总体掌握培育高产井的技术手段。（2）试采井第一年井均日产和EUR（累计产量）达到方案设计，Ⅰ+Ⅱ类井试采效果好，内部收益率14%以上。（3）深化了地质认识，页岩气资源落实，具备规模上产基础。埋深3500米以浅有利区面积0.48万平方千米，资源量2.22万亿立方米，具备建成年产100

亿立方米的产气稳产的资源基础。（4）形成页岩气开发主体技术和高效管理模式。包括精细小层划分和水平井钻井轨迹优化技术、水平井优快钻井和完井技术、水平井体积压裂主体工艺及配套技术、水平井组工厂化作业以及页岩气地面标准化设计、一体化橇装技术、数字化气田建设管理模式。（5）建立生产作业HSE体系，实现安全清洁生产。制订西南油气田页岩气开发HSE管理方案，编制下发钻完井作业等相关管理规范。解决含油岩屑无害化及压裂返排液处理难题；水基钻井液钻井试验取得新进展，进一步缓解了环保压力。

（谭　健　崔光珍）

储　气　库

【概述】 2015年，储气库工作围绕工程建设、生产运行、动态跟踪等关键环节开展，第一批6座储气库全部注气试运行，5座储气库冬季采气调峰，储气库建设取得阶段性成果。

【工程建设】 截至2015年底，完钻注采井81口、正钻井1口、待实施井9口，完钻监测井及回注井1口、正钻井1口、待实施井5口，完成老井处理119口、待实施井4口。6座储气库（群）注气系统全部建成投运、5座储气库采气系统建成投运，地面建设完成总体形象进度90%以上。

【生产运行】 2015年，注气期内累计开井48口，注气53.06亿立方米。其中，新疆呼图壁储气库注气20.10亿立方米，华北苏桥储气库注气4.08亿立方米，西南相国寺储气库注气15.28亿立方米，辽河双6储气库注气10.22亿立方米，大港板南储气库注气2.00亿立方米，长庆陕224储气库注气1.38亿立方米（表14）。采气期内累计开井46口，采气12.50亿立方米。其中，新疆呼图壁储气库采气6.68亿立方米，华北苏桥储气库采气0.31亿立方米，西南相国寺储气库采气4.36亿立方米，大港板南储气库采气0.70亿立方米，长庆陕224储气库采气0.45亿立方米。

表14　2015年中国石油储气库注气量　　亿立方米

时　间	新疆呼图壁	华北苏桥	西南相国寺	辽河双6	大港板南	长庆陕224	合　计
2015年	20.10	4.08	15.28	10.22	2.00	1.38	53.06
2014年	18.23	3.29	16.60	5.70	1.93	0.04	45.79
同比增减	1.87	0.79	-1.32	4.52	0.07	1.34	7.27

（李　彬）

技　术　项　目

【概述】 2015年，围绕当前勘探开发生产所面临的关键问题有针对性地安排项目，突出重点，加大项目整合力度；针对风险勘探、老区稳产复杂油气藏建产，加大目标准备，研发适用、配套新技术，及时应用于生产并见到成效，全面完成科技立项、任务落实、成果应用及信息化建设等各项工作，为风险勘探与预探新领域新区带新目标优选落实、提高单井产量、降低操作成本、安全生产等方面提供有力支撑。

【**油气勘探研究有形化成果**】 编制了一批工业化图件，直接服务于生产。2015年，各课题在大量综合研究基础上，强化石油地质基础图件编制，注重研究成果有形化，新编和修编各类工业化图件达1163幅，大部分图件可直接应用于勘探部署和风险目标准备。

【**油气盆地地质研究新认识**】 注重目标性地质综合研究，取得一批创新性认识，有效指导了风险领域新发现和勘探新突破。（1）提出四川盆地川东震旦—寒武系、川西雷口坡组是风险勘探两大现实领域，川西栖霞组—茅口组、川西北二叠系—三叠系礁滩体是两个重要的准备领域。有效支撑了龙探1井、莲探1井、和探1井风险目标的落实和井位部署。（2）提出准噶尔盆地达巴松凸起、克拉美丽山前石炭系是风险勘探两大现实领域，西北缘逆掩带、南缘中下组合是两个重要的准备领域。有效指导了达探1井、阜探1井、盐探1井等风险目标的落实和井位部署。达探1井钻探显示石炭系、二叠系、三叠系、侏罗系等多层系普遍含油气，有望在玛湖东斜坡深层油气勘探取得新突破。（3）提出塔里木盆地寒武系盐下、库车秋里塔格、塔西南是风险勘探的三大现实领域。有效支撑了佳木1井、楚探1井、新和1井、城探2井等风险目标的落实和井位部署。特别是震旦系—南华系和寒武系裂陷槽的认识与刻画，进一步提升该领域资源潜力和勘探潜力的认识。（4）提出鄂尔多斯盆地秦祁海“L”形台缘带、西缘冲断带、奥陶系盐下白云岩是风险勘探的三大现实领域，寒武系—中新元古界是重要的准备领域。特别是震旦系—寒武系裂陷槽的刻画以及奥陶系盐下烃源岩的深化认识，进一步展示了这两大领域的勘探潜力。麟探1井在平凉组和马六段、马五段等多层系发现气显示以及古探1井在奥陶系、寒武系多层系见气显示，有望开辟秦祁海台缘带寒武系—奥陶系勘探新领域。（5）提出柴达木盆地柴北缘侏罗系、柴西南东段、一里坪凹陷三大风险勘探领域。有效支撑了尖探1井、圆探1井等风险目标的落实和井位部署。鄂探1井钻探有望拓展阿尔金山前低断阶侏罗系源内天然气勘探新领域。

【**油气勘探研究成果应用成效**】 突出大盆地、大领域、大区带，着眼富油气凹陷以及新区新领域，在四川、准噶尔、塔里木、鄂尔多斯、柴达木等重点盆地，提出了一批有利风险领域、区带和目标。通过一年的研究，地质研究类课题提出有利风险领域71个，风险区带107个，风险与预探目标120个，很好地支撑了当年17个风险井位以及预探井位的部署，其中2015年采纳的风险目标8个，为2016年准备的区带和目标22个。这些成果为2015年油气发现和储量目标完成及2016年风险勘探部署准备提供了有力支撑。

【**油气开发技术成果**】 高含水油田开发技术。高含水老油田精细挖潜、细分注水等技术研究取得重要进展。砂体构型刻画、井网重组技术研发、剩余油经济政策界限图版编制，已用于方案部署。

低渗透油藏开发技术。在特/超低渗透油藏开发规律及稳产、低品位油藏有序动用评价方法与技术、超低渗透及致密油体积改造等攻关研究取得重要进展。华庆超低渗透油藏可提高水驱采收率5个百分点以上，长7段致密油试验区单井初期日产油量达到10吨以上，累计建产能97.8万吨，为长7段致密油开发试验提供技术支撑。

油藏细分注水技术。直井精细分层注水实现由3段到7段的技术升级配套，并形成统一的技术规范和标准。大庆油田2.4万口分层注水井，其中5段及以上井占比34.5%。斜井小水量分层注水形成5项技术及4种分层注水模式。长庆油田分层注水率提高19%。渤海湾油气区深斜井分层注水工艺不断完善，满足生产需要。

稠油开发技术。辽河油田稠油SAGD（蒸汽辅助重力泄油）、火驱关键技术取得重要进展。SAGD开发效果持续向好，特别是研发了直径140毫米、直径150毫米大排量抽油泵，对培植百吨井发挥关键作用。分层火驱开发效果进一步提高，特别是移动式电点火器研发成功，火驱点火技术获得突破。

复杂油藏开发技术。建立超深缝洞型碳酸盐岩缝洞量化雕刻技术。依据缝洞体（单元）的规模和含油性识别出未钻探缝洞体（Ⅰ类—Ⅲ类单元）865个。开发技术路线更加明确。空间雕刻+储层顶面成图+流体检测，搞清油气水分布后，整体布井、分步实施，先期采油、后期低注高采，有效改善开发效果。

节能降耗降本增效技术。抽油机衡功率运行控制、减少采出液处理设施建设、聚合物驱降干粉用量提效等技术研发与应用取得重要进展。抽油机现场试验平均节电率13.1%，系统效率由31.0%提高到35.4%，效果良好。2013—2015年大规模减少采出液处理设施建设，相当于少建各类站56座，节省投资6.6亿元，年节气5428万立方米，年节电1009万千瓦·时，运行费用减少1.1417亿元。降黏损技术使系统综合黏损由30%降至24%。

深层气藏开发技术。以克深、大北和迪那三大气田为研究对象，发展完善深层高压裂缝—孔隙型气藏渗流理论，提出合理建产规模及单井配产建议并被采纳，有力支撑了塔里木气区产能建设与开发规划目标实现。

【技术项目管理】 科技项目顶层设计和计划大表编制。(1）明确立项原则。以生产需求为导向，突出重点、突出实效、把握关键、整合资源、减少数量。(2）强化顶层设计。依据勘探生产需求，确定重点方向；找准关键问题、落实研究任务；整合科技资源和科技项目，组织联合攻关团队；广泛征求意见，编制计划任务大表，形成顶层设计。(3）注重立项实效。面对当今低油价形势的严峻挑战，2015年科技立项工作更加注重实效，采取针对性措施，积极推进上游业务开源节流降本增效工作。

科技项目任务落实与生产对接。抓重点，做好开题设计面上指导、把关和任务落实，促进研究与生产的有效对接。(1）及时下发任务大表，将研究任务落实到每个项目组。为尽早启动项目研究工作，在没下达计划之前就先下发任务大表，要求项目编写开题设计，着手研究工作。(2）及时适应勘探与生产分公司科技管理新模式，针对研究院所联合攻关的重点课题加强指导和把关，与油田和研究院所讨论任务分工，协调各单位研究重点，实现研究与生产的有效对接。

技术成果检查交流和生产应用转化。结合勘探、开发、工程各路生产工作，分管领导集中听取科技项目一年进展，进行成果检查与交流，有效指导生产，促进科技成果的及时应用。从检查与交流的情况看，各项目研究基础扎实，实物工作量投入到位，认识有亮点、技术有创新，及时有效地指导了风险勘探生产以及油气田开发。

奖项申报推荐与评审。(1）组织开展第十四次李四光地质科学奖候选人申报和推荐工作，优选付锁堂、胡素云作为候选人报中国地质学会，其中付锁堂获“李四光地质科学奖野外地质工作者奖”。(2）组织开展中国地质学会第十五次青年地质科技奖（金银锤奖）候选人申报和推荐工作。推荐郭泽清等6名候选人报中国地质学会，其中郭泽清、文龙两人获“青年地质科技奖金锤奖”。(3）组织开展中国地质学会“十大地质科技进展和十大地质找矿成果”的参评工作，推荐1项十大科技进展项目和2项十大找矿成果项目报中国地质学会。(4）协助科技部组织开展集团公司科技进步奖油气勘探专业组评审，评出一等奖3项、二等奖3项、三等奖6项。

【勘探生产信息化建设】 2015年，开展已建和在建项目的组织协调及推进总体要求落实工作。(1）4个重点统建项目（A1V2.0、A5、A11、D13）分别召开专项推进会，掌握进度、解决问题、协调组织；进一步明确工作目标、工作重点、责任分工、进度要求等。(2）A2、A8系统持续运维并加强深化应用，其他4个系统持续建设，按计划完成年度建设及维护工作。通过系统应用，使得数据资产得以保护并发挥出新的应用价值，提高勘探开发研究和生产管理的工作效率、缩短结算及年报周期并提高准确性、减少现场工作人员，降低了运行管理成本及风险。

（范土芝）

市场管理

【综述】 2015年，市场管理工作主要是加强民营队伍市场准入审查办理，加强油气田公司内部工程服务的队伍资质检查。2015年勘探与生产分公司动用各专业队伍8672支（表15）。

【市场准入】 为西南油气田24支民营队伍办理市场准入，从而打开四川盆地低端油气领域勘探开发市场，为加快四川盆地的勘探开发建设创造有利条件。审查浙江油田6个工程技术服务企业和57支工程技术服务队伍的人员信息、设备状况、资质证书等相关材料，并为其办理市场准入证。

【资质检查】 集团公司组织勘探与生产分公司等5个部门，对在股份公司所属的油气田公司内进行工程服务的队伍进行资质检查。在检查中发现仍有无资质和超资质施工的现象。

表 15　2015 年动用各专业队伍数量　　支

专　业	队伍数量		
	2015 年	2014 年	同比增减
井下作业	3653	3651	2
钻井	1621	1609	12
录井	1813	1798	15
测井	740	738	2
测试	227	225	2
酸化压裂	222	213	9
带压作业	150	150	0
固井	132	129	3
侧钻	84	0	84
物探	30	30	0
合　计	8672	8543	129

（由　杰）

第三篇

炼油与化工

综　述

【概述】 炼化业务是中国石油产业链承上启下、增加价值、提高利润的中间环节，是提高中国石油竞争力的重要领域。中国石油天然气股份有限公司炼油与化工分公司（简称炼油与化工分公司或炼化板块）主要负责中国石油的炼油、化工生产和化工产品销售业务的管理，负责保障上游原油后路、下游成品油市场供应和化工产品供应，是国内第二大成品油生产商和石油化工产品供应商。已形成大连、抚顺、大连西太、吉林、辽阳、兰州、独山子、广西、四川九大千万吨级炼油基地，独山子、大庆、抚顺、吉林、兰州、四川六大乙烯生产基地，宁夏、乌鲁木齐、塔里木、大庆、兰州五大化肥基地，辽阳、乌鲁木齐石化两大芳烃基地等一批特色炼化企业。2015 年，中国石油原油一次加工能力占国内炼油总产能的 26.57%，与 2014 年相比提高 0.38 个百分点；乙烯生产能力占国内乙烯总产能的 27%，与 2013 年相比降低 2 个百分点。2015 年国内加工原油 15132 万吨，生产成品油 10369 万吨，销售化工产品 2522 万吨。

中国石油采用国际先进技术与装备，产品遵循国际通用技术标准和安全、环保规范，实行炼油、化工一体化生产和管理。2007 年以前，炼油与化工业务分立运行，其间，完成兰州、大庆地区炼油业务的整合，庆阳石化、宁夏石化划归中国石油；2007 年，炼化和销售业务重组整合，形成现在炼化一体化发展的格局；2008 年，11 家炼化企业上市、未上市企业重组整合，上市和未上市业务实现统一管理；2009 年，收购未上市炼化企业与主业关联度高的资产，突出主营业务，减少重复建设，降低管理成本。2009 年，大庆油田化工有限公司等油田所属炼化业务纳入炼油与化工分公司统一管理，炼化业务实现在同一管理模式下的集中发展和专业化管理。炼油与化工分公司归口管理 24 家炼化企业、6 家化工销售公司，专业管理 7 家油田所属炼化企业。

【经营业绩】 2015 年，炼化业务紧跟市场变化，优化生产组织和产品结构，按照效益优先原则安排资源流向和装置负荷，停产没有边际贡献的装置，科学组织检修，实现安全平稳运行，装置运行水平和业务盈利能力明显提升。强化成本控制，炼油综合能耗和乙烯燃动能耗等指标持续下降，21 项主要技术经济指标好于 2014 年。

炼化业务扭亏为盈，自 2011 年以来首次全面盈利。2015 年，炼化板块实现经营利润 48.83 亿元，比 2014 年扭亏增利 284.43 亿元。其中，炼油业务受益于优化运行、毛利上升，实现经营利润 46.90 亿元，比 2014 年扭亏增利 118.45 亿元；化工业务面对化工市场需求下行的局面，不断优化产品结构，控制成本费用，实现经营利润 1.93 亿元，比 2014 年扭亏增利 165.98 亿元。15 家生产企业和 6 家化工销售企业累计盈利，比 2014 年分别增加 7 家和 5 家。

国内原油加工量 15132.3 万吨，同比增长 0.8%；汽油、煤油、柴油产量 10369.4 万吨，其中汽油 3647.3 万吨、煤油 833.8 万吨、柴油 5888.4 万吨，同比分别增长 7.0%、16.7% 和 –2.8%。乙烯产量 503.2 万吨，同比增长 1.1%；尿素产量 256.6 万吨，同比减少 3.6%。合成树脂 831.8 万吨，同比增长 3.1%，合成纤维 6.5 万吨，同比减少 1.5%，合成橡胶 71.3 万吨，同比减少 4.3%。2015 年原油加工量、产品产量见表 1。

10 家企业实现炼油专业达标，74 套炼油装置、11 套化工装置实现装置达标。炼化 28 项主要技术经济指标有 21 项优于上年。炼油综合能耗同比下降 0.97 千克标准油 / 吨；乙烯燃动能耗首次降到 600 千克标准油 / 吨以下；聚乙烯、聚丙烯能耗物耗均不同程度下降。节能节水完成全年计划的 125% 和 113%。

化工销售加强风险控制，优化资源配置和产品物流，顺势均衡销售，销售化工产品同比增长 3%。及时减产低效产品，增产管材、膜料等厚利产品；西北、东北、西南区域合成树脂销量分别增长 13%、12.9% 和 10.6%。吉林石化 ABS、抚顺石化聚丙烯纤维料、四川石化 PE100 管材、兰州石化丁苯橡胶专用料等 20 个新产品推广并取得成效。

表1　2015年原油加工量、产品产量　　万吨

项　目	2015年	2014年	同比增减
原油加工	15132.3	15016.0	116.3
汽油、煤油、柴油产量	10369.4	10184.1	185.3
其中，汽油	3647.3	3410.0	237.3
煤油	833.8	714.3	119.5
柴油	5888.4	6059.8	-171.4
乙烯	503.2	497.6	5.6
合成树脂	831.8	806.7	25.1
合成纤维	6.5	6.6	-0.1
合成橡胶	71.3	74.5	-3.2
尿素	256.6	266.3	-9.7
合成氨	184.5	189.2	-4.7

【“十二五”业绩回顾】 建成四川石化、广西含硫油配套两个南方战略工程；完成宁夏、呼和浩特、庆阳和乌鲁木齐炼油扩能改造，投用大庆、抚顺、四川三大乙烯项目，单厂原油加工能力、单套乙烯能力接近国际标准规模。

完成国Ⅲ、国Ⅳ标准两次油品质量升级和部分企业国Ⅴ标准升级，炼油高效产品比例提高12.6个百分点，95号以上汽油产量增长1.66倍，航空煤油产量增长1.27倍；化工品牌化产品比例提高4个百分点，聚丙烯管材、重交沥青、ABS树脂、石蜡等13种产品被评为“中国石油和化学工业知名品牌产品”。

炼油综合能耗下降1.5千克标准油/吨，乙烯能耗下降58.6千克标准油/吨；新建的7家炼油和4套乙烯设计值达标率95%；12家企业32次获全国石化行业“节能节水先进单位”称号，独山子石化、兰州石化、塔里木石化、宁夏石化分别被评为“能效领跑者标准企业”和“最佳实践企业”称号。

炼化1.2万套主体装置通过标准化验收，运行平稳率提高0.82个百分点，非计划停车起数下降48%，事故起数、亡人数量下降21%和56%。

开发142个牌号化工新产品，PA14D管材、BOPP膜料、ABS等打入高端客户；制修订石化国家标准13项，获得国家授权专利1063件；环烷基稠油生产高端产品技术获得国家科技进步奖一等奖，T300碳纤维应用等获得国家科技进步奖二等奖；克拉玛依石化、兰州石化、吉林石化等企业的产品成功用于国家重点工程。

到“十二五”末，用工总量比“十二五”初减少5.63万人。

（汪晓东）

装置及产品

【概述】 2015年，炼化板块26家炼油厂合计加工能力18160万吨，平均规模698万吨/年，其中千万吨级以上炼油厂9家，500万吨/年炼油厂13家，大连石化加工能力超过2000万吨/年。

随着原料劣质化和国内市场对油品质量要求的不断提高，炼油装置深加工、精加工能力继续加强，截至2015年，共有常减压装置39套，催化裂化装置39套，加氢裂化装置19套，延迟焦化装置19套，连续重整装置22套。2015年加工原油15132万吨（表2），通过有效的优化资源，改善产品结构，其中高效产品收率38.74%，综合商品率93.75%，综合损失率0.53%。

表 2　2015 年炼油装置及总加工量

项　目	2015 年	2014 年	同比增减
常减压装置（套）	39	40	-1
总加工量（万吨）	14859	14978	-119
催化裂化装置（套）	39	40	-1
总加工量（万吨）	5273	5099	174
加氢裂化装置（套）	19	19	0
总加工量（万吨）	1993	1996	-3
延迟焦化装置（套）	19	19	0
总加工量（万吨）	1605	1697	-92
连续重整装置（套）	22	22	0
总加工量（万吨）	1910	1537	373

【炼油产品】 2015 年，股份公司炼油产品主要有汽油、柴油、煤油、润滑油、沥青、石蜡、石油焦、液化气等。

汽油。汽油分为车用汽油（国Ⅳ、国Ⅴ标准）、车用乙醇汽油（国Ⅳ标准）、地方标准汽油、出口汽油和航空汽油，牌号有 92 号、93 号、95 号、97 号和 98 号等。

柴油。柴油分为车用柴油（国Ⅳ、国Ⅴ标准）、普通柴油、军用柴油和出口柴油，牌号有 5 号、0 号、-10 号、-20 号、-35 号和 -50 号等。

煤油。煤油主要包括灯用煤油和航空 3 号喷气燃料油，执行相应的国家标准技术要求，3 号喷气燃料油标准参照美国 JetA-1、JP-8、英国 DERD2494 和国际航运协会（IATA）煤油型航空涡轮燃料质量标准制定。

润滑油。润滑油分为车用润滑油、工业润滑油、合成润滑油脂、金属加工油等，产品广泛应用于航空、航天、核工业、电子、兵器、船舶、汽车、机械加工、冶金、炼油化工和仪器仪表等领域。

沥青。沥青分为重交通道路石油沥青、改性沥青、道路石油沥青、乳化沥青、管道防腐沥青、电缆沥青、防水防潮石油沥青、橡胶沥青、油漆石油沥青、绝缘沥青等。克拉玛依石化分公司、辽河石化分公司生产出的沥青具有优良的热稳定性、低温延伸度、黏结性，较低的蜡含量，良好的高低温特性，产品质量优于行业内同类产品。

石蜡。石蜡产品包括半精炼石蜡、全精炼石蜡、粗石蜡、医药凡士林、食品用石蜡和电器凡士林等产品。抚顺石化分公司加工的大庆原油和沈北原油是高含蜡原油，具有资源性优势，可生产食品级石蜡和高熔点石蜡产品。

（焦丽菲）

【有机原料】 股份公司生产的有机原料主要品种有乙烯、丙烯、1- 丁烯、丁二烯、苯、甲苯、二甲苯（混合二甲苯、邻二甲苯、对二甲苯）、甲醇、丁醇、辛醇、环氧乙烷、乙醛、醋酸、醋酐、苯乙烯、苯酚、丙酮等。其中，“三烯”（乙烯、丙烯、丁二烯）和“三苯”（苯、甲苯、二甲苯）为基础有机原料，其余为主要中间原料。主要有机原料产量统计见表 3。

表 3　2015 年主要有机原料产量　　万吨

产　品	2015 年	2014 年	2013 年	2012 年	2011 年
乙烯	503.20	497.60	398.20	368.90	346.70
丙烯	495.85	471.82	436.30	417.17	389.99
苯	192.40	177.07	168.88	162.74	151.02
甲醇	14.69	26.50	52.29	57.98	52.54
丁醇	25.61	19.90	21.43	18.85	21.45
辛醇	7.04	9.12	15.14	12.31	12.77
环氧乙烷	36.97	38.81	32.42	35.71	32.08
苯酚	6.52	7.60	7.64	7.57	8.14
丙酮	4.10	4.77	4.77	4.75	5.05
苯乙烯	91.36	90.91	88.16	67.77	64.58

乙烯。乙烯是石油化工生产中最重要的原料之一，其化学性质活泼，能生成许多衍生物，如聚乙烯、聚氯乙烯、苯乙烯、乙醇、环氧乙烷等。乙烯的产量及技术经济水平常作为衡量一个国家石油化学工业发展水平的标志。乙烯主要是通过乙烯裂解装置热裂解来生产，也有极少部分通过炼油的催化干气回收而来。2015 年，股份公司共有 12 套乙烯裂解装置，乙烯产量 503.2 万吨，同比增加 5.6 万吨，占国内乙烯总产量 1741.1 万吨的 28.9%。

苯、甲苯、二甲苯。"三苯"（苯、甲苯、二甲苯）既是重要的有机化工原料，可生成一系列的衍生物，又是重要的工业溶剂。"三苯"可从乙烯裂解装置的产物或炼油装置的产物中经芳香烃（简称芳烃）抽提、重整等加工手段获得。2015 年苯的产量为 192.4 万吨。

甲醇。甲醇是一种重要的基础化工原料和有机溶剂，在医药、农药等化学品的合成中应用十分广泛。股份公司现有甲醇装置 5 套，2015 年甲醇产量 14.69 万吨。

丁醇、辛醇。丁醇和辛醇常以丙烯为原料制得，主要用于制造增塑剂、石油添加剂、涂料及作为溶剂。丁醇和辛醇的合成路线接近，通常以一套装置同时生产两者。股份公司现有 3 套生产装置，2015 年丁醇产量 25.61 万吨，辛醇产量 7.04 万吨。

环氧乙烷。环氧乙烷主要用于制造乙二醇、合成洗涤剂、非离子表面活性剂、增塑剂和润滑剂等，在医学上还用作消毒剂。环氧乙烷生产装置常联产乙二醇。2015 年环氧乙烷产量 36.97 万吨。

苯酚、丙酮。苯酚又名石炭酸，最主要的制备方法是丙烯经苯烃化合成异丙苯然后经过氧化分解为苯酚和丙酮。苯酚主要用于制造苯胺、酚醛树脂和双酚 A 等；丙酮是优良的溶剂和化工原料。股份公司仅有 1 套采用异丙苯法工艺的生产装置，2015 年苯酚产量 6.52 万吨，丙酮产量 4.1 万吨。

苯乙烯。苯乙烯主要用于生产苯乙烯系列树脂（如聚苯乙烯、SAN 树脂等）、丁苯橡胶、ABS 树脂和涂料等。股份公司现有 9 套生产装置，2015 年苯乙烯产量 91.36 万吨。

【合成树脂】 2015 年，股份公司合成树脂产量 831.78 万吨。涉及聚乙烯（PE）、聚丙烯（PP）、ABS 树脂、聚苯乙烯（PS）、SAN 树脂五大类（表 4）。

表 4 合成树脂主要品种产量

万吨

产　品	2015 年	2014 年	2013 年	2012 年	2011 年
合成树脂	831.78	806.19	663.84	618.39	577.90
低密度聚乙烯	44.25	46.40	43.50	46.98	45.98
高密度聚乙烯	201.62	168.31	142.31	137.55	128.85
线性聚乙烯	177.71	210.27	152.41	121.45	114.30
聚丙烯	326.77	309.03	269.00	265.40	243.91
ABS 树脂	63.27	51.30	39.25	28.92	29.72
SAN 树脂	8.15	9.34	7.47	9.43	9.32
聚苯乙烯	8.52	10.14	11.03	10.82	8.04

聚乙烯（PE）。股份公司有聚乙烯装置 22 套。按可生产的聚乙烯产品类型，聚乙烯生产装置可分为高压低密度聚乙烯（HP-LDPE）装置、低压高密度聚乙烯（LP-HDPE）装置、线性低密度聚乙烯（LLDPE）装置和全密度聚乙烯（FDPE）装置。其中，FDPE 装置的产品范围可覆盖从低密度的 LLDPE 到高密度的 HDPE 整个密度范围的产品。

2015 年，聚乙烯（PE）产量 423.58 万吨。股份公司有 HP-LDPE 装置 3 套，2015 年产量为 44.25 万吨；LP-HDPE 装置 9 套，2015 年产量为 201.62 万吨；LLDPE 装置 7 套，2015 年产量为 177.71 万吨。

聚丙烯（PP）。股份公司有聚丙烯装置 30 套，2015 年股份公司聚丙烯产量为 326.77 万吨。

ABS 树脂。股份公司有 ABS 树脂装置 5 套，2015 年产量为 63.27 万吨。

聚苯乙烯（PS）。股份公司有聚苯乙烯装置 1 套，

2015年产量为8.52万吨。

SAN树脂。股份公司有SAN树脂装置3套，2015年产量为8.15万吨。

【合成纤维】 股份公司合成纤维业务包括合成纤维单体、合成纤维聚合物和合成纤维三个方面。

合成纤维单体。股份公司生产的合成纤维单体有精对苯二甲酸（PTA）、丙烯腈（AN）和乙二醇（EG）等。2015年，生产PTA 6.85万吨，AN 61.79万吨，EG 49.52万吨。

合成纤维聚合物。股份公司生产的合成纤维聚合物产品主要有聚对苯二甲酸乙二酯（PET）。共有3套PET生产装置，2015年产量为0.84万吨。

合成纤维。股份公司生产的合成纤维品种有涤纶、腈纶和丙纶。涤纶生产装置有2套，腈纶生产装置有1套，丙纶生产装置有1套，2015年，合成纤维产量6.46万吨，其中腈纶纤维6.46万吨。

【合成橡胶】 股份公司可生产顺丁橡胶、丁苯橡胶、丁腈橡胶、乙丙橡胶和氯磺化聚乙烯五大类橡胶产品。2015年产量71.3万吨（表5）。

表5　合成橡胶主要品种产量

万吨

产　品	2015年	2014年	2013年	2012年	2011年
顺丁橡胶	23.15	22.95	14.55	12.51	13.67
丁苯橡胶	27.83	31.09	29.77	30.51	29.78
丁腈橡胶	6.26	5.38	5.84	6.04	5.51
乙丙橡胶	3.39	2.97	2.01	1.91	2.11
氯磺化聚乙烯	0.17	0.14	0.12	0.13	0.14

【化肥】 股份公司化肥生产包括合成氨、尿素、复合肥及丙烯腈装置副产品硫铵。

合成氨。2015年，股份公司有合成氨装置9套，生产合成氨184.5万吨，同比减少4.7万吨。

尿素。2015年，股份公司有尿素装置8套，生产尿素262万吨，同比减少4.31万吨。

【精细化工】 股份公司精细化工品主要集中在催化剂（包括助催化剂）、石油添加剂、油田化学品、橡胶助剂、表面活性剂等方面，最主要的是催化剂和表面活性剂。

催化剂。催化剂技术是石油化工的核心技术之一。兰州石化催化剂厂是国内主要的炼油催化剂生产基地。2015年，兰州石化催化剂厂生产催化裂化催化剂生产5.03万吨，同比增加1万吨。

表面活性剂。烷基苯是洗涤剂和农药乳化剂的重要中间体，重烷基苯还是重要的油田助剂。2015年，生产烷基苯21.13万吨，重烷基苯3.26万吨。

（董　政）

重点工程

【概述】 2015年，炼化工程建设管理从完善炼化项目管理制度入手，着力项目建设全过程依法合规，强化进度、投资、质量与安全管理，推进炼化企业油品质量升级项目，组织环保减排项目实施，完成年度工程建设目标。续建汽油、柴油升级项目建成或投产，新开汽油、柴油升级项目前期工作全面展开，国家环保部考核项目全部按期建成投用，管道重大隐患治理项目快速进入实施阶段，重点项目按照集团公司确定原则有序推进，竣工验收工作取得突破性进展。

【工程项目】 大连石化、克拉玛依石化、乌鲁木齐石化、华北石化、辽阳石化5家地区公司柴油质量升级项目顺利建成或投产，大连石化、广西石化、锦西石化、锦州石化、抚顺石化5家地区公司汽油质量升级项目顺利建成或投产；47个新开汽油、柴油质量升级项目前期工作全面展开，可行性研究批复 21 项，初步设计批复 17 项。

2015 年，考核环保减排项目共计 10 项，涉及 7 家地区公司。其中，国家考核项目 3 项，集团公司考核项目 7 项。国家环保部考核的环保减排项目 3 项已按期建成投用，集团公司考核的环保减排项目 5 项已按期建成投用，抚顺石化腈纶污水处理项目、大连石化电厂脱硝二期项目可行性研究未批，项目未实施。2015 年，炼化板块已批复可行性研究的环保减排项目 38 项，涉及呼和浩特石化、广西石化等 16 家地区公司，主要是锅炉脱硫脱硝、催化烟气脱硫脱硝、硫黄回收装置改造等。

管道重大隐患治理项目进入实施阶段，锦西石化管道治理项目年内实现主体完工，锦州石化管道治理工程达到主体完工目标。

重点项目按照集团公司确定的原则，有序推进，云南石化工程总体进度 97%。其中，设计进度 100%，采购进度 99.7%，施工进度 93.7%。主体工程已经完工，进入收尾阶段，工程质量总体受控。广东石化重质原油加工工程、华北石化炼油质量升级项目按照集团公司部署有序实施，辽阳石化俄罗斯原油加工优化增效项目总体设计审查完成，基础设计工作全面展开。

【项目管理】 认真落实炼化板块各项专业规定和要求，重点关注“65431”短板治理（完善标准化装置、标准化机泵房（区）、标准化罐区、标准化变电所（配电室）、标准化仪表控制室六个标准；开展高危泵密封改造、液下泵改造、电气隐患治理、罐区隐患治理和腐蚀监控五项短板隐患治理；清理垫片、法兰、螺栓、轴承四类供应商；推进门禁系统、MES 系统和 HAZOP 分析系统三个系统；开展非计划停工一项攻关）及三级防控、消防设施等方面，避免新建项目出现新隐患。加大安全环保专业审查力度，严格落实政府安全、环保、消防、职业病防护等批文及评价报告的要求，设计无法实现或者落实的问题，要求地区公司及时与政府主管部门沟通，尽量调整批复内容，避免今后出现建成后无法验收的情况。以投资管理办法和炼化板块规章制度为依据，注重程序合法合规性，对设计出现的重大变更严格把关，保持与可行性研究一致性；及时了解设计进度，杜绝先出施工图后补初设情况发生。继续加强同类装置的对标管理，审查时邀请经验丰富的设计专家和地区公司专家，吸取经验教训，不断优化设计。落实股份公司简政放权要求，凡符合条件的三类项目全部委托给地区公司自行审批，简化程序、提高效率，2015 年委托审查项目占初步设计的 60%。

针对近几年工程质量安全问题，加强设计、设备材料质量管理和施工标准化管理，在炼化板块网站上刊发标准化施工示范典型、工程质量典型案例警示录等，引导企业提升工程建设质量水平。坚持工程质量检查，突出质量体系有效运转和特种钢焊接质量检查，配合集团公司质量与标准管理部完成对云南石化炼油项目、华北石化和乌鲁木齐石化汽油、柴油质量升级项目的工程质量检查；重视安全管理，选派工程建设安全管理专家，同步完成对云南石化、华北石化、乌鲁木齐石化在建项目安全检查和体系审核。剖析和总结近几年系统内周六日、节假日安全事故事件频发的深刻教训，结合施工作业安全管理工作特点，专题印发关于加强周六日、节假日期间和“边缘时段、边缘地点、边缘空间”等项目安全管理的工作要求。

重视依法合规，简政放权，通过制度创新，提升管理。按照股份公司相关规定，重新梳理炼化建设项目投资办法体系架构。确定编制涵盖建设项目实施全过程的实施管理办法，指导建设项目管理人员合规管理，在实施管理办法的一级框架下，再组织编制二级各专业管理办法规定，配合完善一级、二级办法规定，在门户网站上发布三级指导性文件，由此构建建设项目管理制度规定体系。完成《建设项目实施管理办法》《建设项目预试车及工程中间交接、工程交接管理规定》等办法。

【竣工验收】 坚决贯彻依法治企大政方针，进一步落实相关法律法规要求，强化认识、加强管理，对验收难度大、验收项目多的企业进行现场协调，以安全设施、环境保护、消防、职业病防护设施、档案验收和竣工决算审计等专项验收为核心，扎实推进验收工作，组织并完成 38 个项目（总投资 1 亿元以上）竣工验收，其中总投资 10 亿元以上项目 6 个，分别是独山子石化改扩建炼油及新建乙烯工程、吉林石化汽柴油质量升级和炼油结构调整项目、吉林石化 32 万吨 / 年苯乙烯装置、吉林石化 40 万吨 / 年 ABS 装置（一期工程）、吉林石化 40 万吨 / 年 ABS 装置（二期工程）、乌鲁木齐石化 100 万吨 / 年对二甲苯芳烃联合装置及配套工程。

【工程创优】 独山子石化改扩建炼油及新建乙烯工程获 2014—2015 年度国家优质工程金质奖，实现中国石油炼化工程国优金奖零的突破。独山子石化汽油产品质量升级改造—新建催化汽油加氢项目、兰州石化

180万吨/年催化汽油加氢装置及配套工程项目获得石油优质工程金奖，兰州石化120万吨/年重油催化裂化烟气脱硫项目获得石油优质工程银奖。

（张　璞）

化工产品销售

【概述】 2015年，全球经济复苏缓慢导致消费动力不足，原油价格大幅下跌，化工产能释放明显，化工市场供过于求，竞争激烈，化工产品价格年中冲高后连续走低，但总体低于原油价格降幅，化工行业总体效益水平得以改善。炼化板块以规范化工销售管理、提升销售水平为主题，加强化工销售风险控制，优化资源配置和产品物流，加强整体联动和统筹优化，扩大终端营销渠道，高效产品、高效区域销量稳定增长。2015年，统销化工产品销量1769.5万吨，同比增加128.5万吨；化工产品购销率100%，直销率65.4%，调运计划完成率103%。

【统销业务】 以效益排序优化资源配置，实现动态优化。每月配置计划中留存2万—3万吨资源量，每周依据上海信息平台提供的各销售单位效益对比，确定增配目标，2015年对高效市场增配32万吨。以考核促进资源优化，对大区考核指标中设置“合成树脂销售总量完成率”，并给予适当权重，督促大区公司加大合成树脂的销量。2015年，合成树脂销售东北公司同比增加9.05万吨，增长12.93%，西北公司增加9.48万吨，增长12.97%，西南公司增加11.52万吨，增长10.66%。

以提高高效产品比例为目标优化产品结构，高效产品销量持续增长。将年初确定的22个高效产品牌号销售101.5万吨的目标分解到各个销售单位，加强市场跟踪，每月召开视频会议确定需求计划。根据市场需求，2015年增产PE100管材料、高密度膜料、拉丝料、PA14D、低熔共聚聚丙烯等高效产品，加大吉林石化ABS、抚顺石化丁苯橡胶、四川石化顺丁橡胶、独山子石化溶聚丁苯橡胶等名牌产品销售力度，实现较高负荷稳定生产。在考核指标中设置“高效产品销量完成率”，并给予适当权重，引导大区公司加大高效产品销售力度。2015年，高效产品实际销售121.47万吨，同比增长41.34%。

以新产品开发、推广为重点推进产品优化。每个牌号都成立由销售企业、生产企业、研究院相关人员组成的推广小组，产销研用紧密结合，及时协调解决问题，快速实现新产品的市场推广。2015年，成立31个新产品市场推广小组，成功推广25个新产品，实现销量37.5万吨。吉林石化ABS新产品、抚顺石化聚丙烯高溶脂纤维料、低融共聚聚丙烯产品、四川石化PE100管材料、兰州石化丁苯橡胶专用料、环保丁腈橡胶系列产品成功进入市场。

【化工物流】 以提高运输效率、压缩在途时间、降低运输费用为目标，推进方式、环节、费用为核心的运输优化，提高物流调运专业化管理水平和应急能力，完成全年运输调运任务，节省运费5560万元。销售单位运营费同比下降9.3元/吨。其中，东北化工销售同比下降7.7元/吨。西北化工销售同比下降17.2元/吨，华东化工销售同比下降6.5元/吨，华北化工销售同比下降1.6元/吨，华南化工销售同比下降12.2元/吨，西南化工销售同比下降6.4元/吨。做好云南石化投产后产品销售准备工作，做好新建铁路自备车准备，制订产品运输方案及应急方案。费用明细化管理模块完成东北区内和华北区域试点运行。

【营销管理】 2015年，营销管理以提高“五个能力”（提高客户计划执行与均衡度为中心的客户管理能力，提高以购销率为中心的销售单位均衡销售能力，提高应对特殊市场情况的提前处置、紧急处置能力，提高以增强前瞻性指导为目标的信息收集、分析能力，提高以保障用户为目标的产品连续、及时供给能力），夯实“三大基础”（夯实产品品质基础、安全管理基础、合规管理基础），深化“三个研究”（深入开展利用电子商务平台进行化工产品网上交易研究、煤化工与中东产品对现有市场冲击及应对策略以及市场特殊时期买断价定价策略研究），细化统销管理，打造过硬队伍为主线，开展以下工作：组织编制大客户集中采购ERP业务流程，于2015年10月正式运行。组织ERP项目组及相关单位，重新录入物料属性、用途等，科学分类，方便产品统计及应用指导。对辽河石化化工产品实施统销。分析各大区公司纯苯销售费用和优惠政策情况，为价格对标提供科学依据。分析各大区公司PX产品2015年销售费用及优惠政策情况，明确2016年PX产品同一区域的销售界面，做好资源配置优化。细化液化气销售流向权重取值工作，提高权重准确性，规范芳烃类产品销售流向权重取值工作，理顺定价所需权重值的范围及口径。完成ERP系统中新产品售后结算方式相关费用调整。组织对东北公司纯苯直供大客户调研，落实直供大客户促销政策，稳定区内市场占有率。建立销售单位新的考核评价体系，引导销售单位提升营销管理水平。2015年月度配置计划兑现率稳定在91%以上，高于2014年4—8个百分点。开展五大类44小类与同行业产品牌号的对比调查，实现上海化工产品电子交易平台顺利建设并上线运行，完成煤化工与中东产品对现有市场冲击及应对策略两个研究报告。加强产品质量和产品包装改进，合成橡胶吨包装运输方式在大庆石化、吉林石化、兰州石化公司运行；确定合成树脂产品包装改革方案进度计划，启动专用料包装改进工作，提升产品品牌形象。

加强合规管理，2015年统一废止管理制度16项，新修订8项营销管理制度并下发执行。全面开展销售合同、库房罐区管理检查，清理规范运输、仓储类合同235份，检查固体库房57个，检查液体罐区25个。销售单位对所有销售合同进行修订完善，确保合同内容、条款规范，责任界定清晰。组织专家对东北、华东地区化工销售系统仓储运输安全环保风险专项检查。

（范学民）

【市场分析】（1）原油市场。2015年，世界石油需求增速提高，非欧佩克石油供应增速放缓，但欧佩克石油供应大幅增长，世界石油市场基本面进一步宽松，国际油价振荡走低，持续大幅下降，布伦特原油年均价53.60美元/桶，同比下降45.85美元/桶，下降46.11%；布伦特—WTI价差进一步收窄1.68美元/桶，为4.81美元/桶。国际油价大幅下降的原因主要是欧佩克不减产反而增加供应，此外美元升值、库存增加、全球经济疲软乏力也加剧油价下降。

石油供应大幅增长。2015年，世界石油供应9610万桶/日，同比增加260万桶/日，其中欧佩克石油供应大幅提高。2014年下半年国际油价暴跌后，欧佩克市场策略由保价格转向坚守市场份额，石油产量不降反升。2015年，欧佩克石油供应3794万桶/日，其中，原油产量3136万桶/日，同比增加108万桶/日，主要来自沙特阿拉伯和伊拉克；凝析油产量658万桶/日，同比增加22万桶/日。2015年，美国原油产量933万桶/日，同比增加63万桶/日

石油市场基本面持续宽松。2015年，世界石油供应富余170万桶/日，宽松程度较2014年进一步加剧，且是2000年以来最严重的供应过剩，成为2015年国际油价持续低位运行的主要原因。在低油价、供需宽裕的市场条件下，主要资源国之间抢占欧洲、亚太等国际市场份额的竞争不断加剧，“卖方市场”转向“买方市场”。

美元显著走强加剧油价下跌。据测算，2015年美元指数同比升值17%，对同期以美元计价的国际油价的降幅贡献超过三分之一。2015年12月中旬，美联储拉开新一轮加息序幕，美元维持高位徘徊，国际油价持续承压。

市场投机者从市场行情制造者变为行情跟随者和扰动者。2015年原油期货市场交易活跃度达到历史最高水平，2015年原油期货交易量和持仓量几乎翻了一倍，投机者净多持仓与油价的关系也由2008年的提前3—4个月转为基本同步，表明投机者已从市场行情趋势的制造者转变为行情的跟随者和扰动者，操控油价的能力减弱（表6）。

表6　2015年主要油种价格变化

美元/桶

油　种	年平均价格	最高价格	最低价格	价格变化
WTI	48.72	61.34	34.58	26.76
布伦特	52.41	66.65	35.64	31.01
迪拜	50.93	66.15	31.4	34.75
米纳斯	53.05	71.32	30.19	41.13

（2）化工市场。受国际油价大幅下降以及全球经济低迷、国内经济增长放缓等因素的影响，2015年化工市场总体表现疲软，特别是下半年，国际油价跌破40美元/桶，化工市场在缺乏成本支撑和下游总体需求低迷的双重压力下，价格持续回落，到年底大部分品种的价格已经跌破年初的低点，部分品种价格跌近2008年金融危机的低点，步入亏损的边缘。一季度市场受到春节长假的影响，需求大幅萎缩，成交不畅，库存同步上涨，由于预期二季度的密集检修和需求旺季，且价格也处在近几年的低位，市场在节后炒作气氛渐浓，下游工厂和贸易商再库存的趋势

明显，价格出现一轮推涨。5月市场陆续进入检修旺季，但随着预期的兑现，价格不涨反跌，触发下游降库的热情，由此拉开市场下跌的幕布。由于油价不断创出新低，大宗期货价格持续回落，资本市场低迷，化工市场的熊市一直延续到11月底，期间虽有几次小幅反弹，但都因对后市的悲观预期，反弹迅速夭折。12月大部分产品的价格都到近几年的低点，下游工厂开始逐步入市采购，市场止跌企稳，部分品种价格小幅反弹。总体看，2015年的化工市场持续下跌时间超过6个月，是近年少见的现象，而且各品种价格波动的幅度也明显低于往年，品种间因供需差异也出现较大的分化，合成橡胶市场受供应过剩的影响，全年市场基本没有亮点，价格大多数时间都在近几年的低位运行。合成树脂中PP价格受丙烯多元化的影响，主要是三、四季度国内PDH大量投产，造成四季度丙烯价格崩盘式下跌，导致PP价格跌破2008年的低点，与PE价差创历史最大（表7）。

表7　2015年主要化工产品价格变化情况　　元/吨（含税）

产　品	年平均价格	最高价格	最低价格	价格变化	产　品	年平均价格	最高价格	最低价格	价格变化
LDPE	10210	11670	9150	2520	PX	6370	7060	6020	1040
HDPE（拉丝）	10000	11450	8850	2600	丙烯腈	9430	12810	7060	5750
HDPE（注塑）	9690	10850	7950	2900	醋酸	2340	2600	1780	820
LLDPE	9190	10650	8250	2400	苯酚	6500	7950	5750	2200
PP（拉丝）	7970	9650	6000	3650	乙二醇	5960	7550	4410	3140
ABS树脂	10820	14450	8790	5660	辛醇	7030	8250	5110	3140
腈纶短纤（3D）	14530	16600	12200	4400	丁醇	5850	7250	4110	3140
顺丁橡胶	9180	11200	7730	3470	苯	5050	6100	4400	1700
丁苯橡胶	9630	10700	8600	2100	苯乙烯	8510	10800	7350	3450
精己二酸	7160	8170	5670	2500	环氧乙烷	7920	9600	7040	2560
甲苯	5290	12100	7200	4900	尿素	1570	1730	1400	330
溶剂级二甲苯	5580	6020	5020	1000					

（王　梅）

专业管理

【规划计划管理】 2015年，炼化板块按照“提质增效、稳健发展”的发展基调，围绕“坚定安全环保、优化、效益原则不动摇”中心工作，切实履行发展规划、项目前期、投资计划、项目后评价等职责，扎实开展制度建设、简政放权、管理提升，合规办理和推进重大项目、安全隐患治理、环保减排达标、油品质量升级、结构调整、节能降耗等类别项目可行性研究报告阶段工作。

按照集团公司对“十三五”规划编制工作要求，组织开展相关工作和专题研究，开展建设项目、具体指标、投资效益等测算，形成《炼化业务“十三五”建议发展规划》。

配合规划计划部开展云南石化1300万吨/年炼油项目可行性研究报告修编、上报和项目评估审查；辽阳石化优化增效项目建设规模和工艺方案确定以及项目投资效益测算；克拉玛依石化与新疆合资项目出资比例、合资公司注册成立等重大项目前期研究工作。

指导地区公司做好各类别项目可行性研究报告阶段方案比选优化、提高投资效益等工作。对于专业公司负责的第三类项目，强化项目可行性研究报告评估审查环节，加快项目可行性研究报告评估审查，依靠咨询单位专家团队和炼化板块专业处室，做好项目方案优化，达到降低投资和运行成本费用、提高项目投资效益。2015 年，委托评估项目可行性研究报告 47 项，批复项目可行性研究报告 48 项，批复可行性研究报告比上报节约投资 3.7 亿元，投资核减率 10.2%。

严格执行集团公司加强投资控制有关规定，加强超前预知管理，科学合理安排各批次项目建议投资计划，及时转发下达投资计划，优先保证重点工程及安全、环保、油品质量升级、节能各专项项目按计划实施，及时提供项目建设资金保障。2015 年，转发下达六批股份公司投资计划，包括重点工程、油品质量升级、节能、限下结构调整、物流仓储等各类别项目投资。转发下达五批安全和环保隐患专项治理投资计划，重点围绕重大隐患和短板治理。安全隐患治理集中在生产装置、罐区、电气、安全消防设施、油气装卸、长输管道等方面。环保隐患治理集中在国家环保部和集团公司重点达标项目，如锅炉烟气脱硫脱硝、FCC 烟气脱硫脱硝、污水达标处理、风险消减及三级防控等。

开展制度建设，提升管理质量。按照集团公司下放炼化试点企业经营自主权通知精神和要求，结合炼化板块所属企业实际情况，研究提出将三年一轮检维修周期的结构调整项目立项工作下放给所有地区公司，并综合考虑企业资产规模、设备新度系数、类型（炼油或炼化一体化）、经营效益等四方面因素，研究出各企业 2016—2018 年三年结构调整项目投资分配额度。起草下发《关于对炼化限下结构调整和节能项目管理实施简政放权的通知》，实现工作重点从项目审核到方向指导、过程监督、效果考核等的转移。对于部分改造内容单一的第三类项目，委托地区公司对项目的可行性研究报告进行审批，2015 年委托地区公司审批项目 11 项。按照 2016 年实施的新版《集团公司投资管理办法》的要求和炼化业务投资管理工作的实际情况，起草编制《炼油与化工分公司投资管理办法实施细则》。

（高长锋）

【资源及产品优化】 2015 年，炼化板块根据市场需求，以效益为中心，安全生产为前提，优化资源配置。俄罗斯原油力争海上进口安排大连石化加工，减少没有边际效益的辽阳石化加工负荷。克服西部进口哈萨克斯坦原油诸多不确定因素，根据资源情况适当调整独山子石化、四川石化加工负荷。原油资源向克拉玛依石化、长庆石化、独山子石化、四川石化、抚顺石化等效益好的企业倾斜。增加兰成线长庆原油掺输比例，增加四川原油资源量，根据四川石化加工南疆原油对渣油加氢催化剂影响严重的实际情况，停止配置南疆原油，确保生产安全。优化乙烯裂解原料结构，加大油田轻烃、液化气等优质原料资源互供和采购力度，推动接卸、储存设施完善，2015 年加工油田轻烃同比增加 11.27 万吨。针对国际油价低迷、国内成品油降库压力较大的情况，增加沿海炼油厂自产原油配置量，控制海上一般贸易原油进口，按照最大能力组织国内过剩柴油出口，保股份公司原油、成品油降库目标实现。

推进国Ⅴ标准油品质量升级，组织企业制订升级方案，细化转产、置换升级方案，完成国Ⅴ标准升级装置转产投产，具备保供东部 11 省市国Ⅴ标准油品的能力。合理调整生产柴汽比，做好产品结构优化，实现高效产品增产增效。增加 95 号及以上汽油、航空煤油、低凝点柴油等高效产品产量，减少黑色产品和高燃油税副产品，扩大市场份额，增产增销。2015 年成品油收率提高 0.24 个百分点，黑色产品比例下降 0.5 个百分点；高效产品比例 38.74%，航空煤油、-35 号柴油、芳烃产量分别增长 15%、15.3% 和 29%。清洁油品比例稳定提升，高标号汽油、国Ⅴ标准柴油产量分别增加 138 万吨和 689 万吨，比例提高 2.7 和 6.5 个百分点。

做好化工产品结构调整优化。按照计划安排，保质保量地完成新开发产品工业化试生产，对营销部门列入推广计划的产品组织排产，提升产品质量。对效益不好的线性膜料、聚丙烯拉丝料等压缩产量；对于长期亏损的（丁）辛醇、己二酸等产品，按照最低负荷运行并研究关停实施方案。2015 年，乙烯负荷同比提高 10.3 个百分点，合成树脂产量增长 3.4%，15 种化工厚利产品销量增长 21%。

【生产管理】 做好操作规程、操作卡修订，落实现场执行环节，狠抓工艺纪律，确保装置安全平稳运行。按照经济指标和管理指标并重原则，完善制度建设，修订生产运行管理办法和生产计划管理办法，制定炼化物料优化与排产系统应用管理细则，提高生产运行管理水平，2015 年装置平稳率 99.2%。加强生产计划执行情况考核，每月对计划完成率进行考核通报，生产计划执行率大幅度提高，2015 年计划完成率 98.7%。

细化新、改、修装置投料试（开）车组织，装置建设、检修改造期间，全过程掌握跟踪装置检修、改造进度。2015 年，针对四川石化渣油加氢装置换剂开工，庆阳石化、呼和浩特石化检修后复产以及大连西太重整等质量升级项目投产等，全力做好开工队协调，严格方案审查和开工条件确认工作，组织专家加强现场服务，确保开车一次成功。

继续完善信息化手段。按照集团公司“十二五”信息化建设整体部署，继续推进 MES2.0 和 APS2.0 的实施和应用，加大考核力度，指导项目组和维护单位加强应用培训和现场支持服务，用好信息化手段。进一步完善 MES2.0 实时监控、视频监控等功能模块，加强装置运行监控。要求企业装置开工前完成信息系统建设，加强生产受控管理。

（楼　森）

【装置达标】 新一轮炼化达标启动 3 年来，炼化企业广大干部员工积极探索，优化生产运行，开展技术攻关，消除技术瓶颈，取得显著成绩，为提高炼化整体运行水平和提质增效做出贡献。各炼化企业按照达标方案推进专业和装置分级达标，逐项落实达标措施，稳定装置运行。2015 年，参与专业达标考核炼化企业 25 家。其中，四川石化、大连西太、锦州石化、大庆石化、呼和浩特石化、兰州石化、长庆石化、大港石化、克拉玛依石化、哈尔滨石化和玉门油田公司炼油化工总厂等 11 家企业实现炼油专业达标，达标率 44%，同比提高 28 个百分点；指标达标率 87%，同比提高 13 个百分点。119 套炼油装置参与达标，71 套实现达标，达标率 60%，其中常减压 27 套、催化裂化 20 套、加氢裂化 6 套、连续重整 13 套、延迟焦化 5 套。70 套化工装置参与达标，12 套实现达标，达标率 17%，其中乙烯 2 套、合成氨 2 套、聚乙烯 1 套、聚丙烯 2 套、合成橡胶 3 套、丙烯腈 1 套、环氧乙烷—乙二醇 1 套。

（焦丽菲）

【质量与标准】 2015 年，国家和集团公司抽检炼化企业自产产品抽检合格率 100%。克拉玛依石化和辽河石化的重交通道路沥青、吉林石化 ABS 树脂获得“全国石化名牌产品”称号。

车用柴油、车用汽油已经全部升级到国Ⅳ标准。国Ⅴ、国Ⅵ标准汽油、柴油升级项目正在加紧论证和建设中。2015 年，大连石化、克拉玛依石化、乌鲁木齐石化、华北石化、辽阳石化国Ⅴ标准柴油升级项目建成投产。

开展第二轮质量体系推进评审。评审大港石化、宁夏石化、呼和浩特石化、四川石化、广西石化、兰州石化、大庆石化、大庆炼化、哈尔滨石化、吉林石化、抚顺石化、辽阳石化、玉门油田公司炼油化工总厂、华北石化 14 家企业。评审检查的重点是质量体系认证、质检仪器配备、质检室标准化管理、生产过程航空煤油质量管理、化工产品质量分等、化工产品质量稳定性控制。

制定《化工产品交接计量暂行规定》。制定聚乙烯、聚丙烯、液体产品的内控标准，收窄质量指标，提高产品稳定性，提升化工产品盈利能力。

2015 年，制修订《氯化聚乙烯基础树脂 QL505P》和《塑料 共聚聚丙烯组成分布的测定》2 项中国石油企业标准。复审 5 项标准，其中，Q/SY 1381—2011《石油化工产品说明书编写规范》、Q/SY 1385—2011《润滑脂中元素含量的测定 电感耦合等离子体原子发射光谱法》继续有效，Q/SY 1386—2011《固体催化剂酸性的测定 氨化学吸附法》、Q/SY 1389—2011《苯乙烯—丁二烯橡胶中 N- 亚硝基胺含量的测定 气相色谱—热能分析法》、Q/SY 1388—2011《重油稳定性的测定 S 分离值测定法》废止。

对 GB 17930—2013《车用汽油》、GB 19147—2013《车用柴油》和 GB/T 1845.2—2006《塑料 聚乙烯（PE）模塑和挤出材料 第 2 部分：试样制备和性能测定》三项重点标准现场检查，抽查兰州石化、玉门炼油化工总厂和格尔木炼油厂三家单位。

培训宣贯 GB/T 1845.2—2006《塑料 聚乙烯（PE）模塑和挤出材料第二部分：试样制备和性能测定》和 GB/T 2546.2—2003《塑料聚丙烯（PP）模塑和挤出材料第二部分：试样制备和性能测定》。

参与国家标准 GB/T 3682《热塑性塑料熔体质量流动速率的测定》、GB 2440《尿素》、GB/T 13663—2000《给水用聚乙烯管道系统》等的制修订工作。

【节能节水】 2015 年，炼化企业节能 61 万吨标准煤、节水 968 万立方米，分别完成年度目标的 169%、117%（表 8）。

炼油综合能耗同比下降 0.96 千克标准油 / 吨；炼油新水单耗同比下降 0.06 吨 / 吨，乙烯燃动能耗首次降到 600 千克标准油 / 吨以下（表 9）。

表 8　炼化企业节能节水情况

指　标	2015 年	2014 年	2013 年	2012 年	2011 年
节能总量（万吨标准煤）	61	65	55	64	49
节水总量（万立方米）	968	1212	1203	1145	1028

表 9　炼化企业能耗情况

项　目	2015 年	2014 年	2013 年	2012 年	2011 年
炼油单因耗能［千克标准油 /（吨·因数）］	8.32	8.74	8.94	9.24	9.46
炼油综合能耗（千克标准油 / 吨）	64.03	64.99	64.02	64.14	65.08
炼油新水单耗（吨 / 吨）	0.48	0.54	0.56	0.60	0.62
乙烯装置能耗（千克标准油 / 吨）	594.04	616.67	618.83	642.72	647.49

22 家炼化企业入列“万家企业节能低碳行动”。2015 年 6 月 25 日，在石化联合会发布的 2014 年原油加工、乙烯等 15 个产品的能效“领跑者”标杆企业名单中，独山子石化 100 万吨 / 年乙烯装置吨乙烯综合能耗、宁夏石化单位能量因数耗能指标分别位列行业第一名和第三名。

2015 年节能专项投资 5.54 亿元、21 个项目，主要投资方向为富氢气体回收利用、加热炉节能改造、蒸汽梯级利用、凝结水回收利用、低温热利用等。炼化板块组织专家组现场抽查宁夏石化、长庆石化、庆阳石化、四川石化、广西石化、大连石化 6 家企业落实节能节水措施实施进展。

（林　炯）

【科技管理】 2015 年，集团公司炼化技术共申请专利 235 件，授权专利 122 件。其中，申请发明专利 167 件，申请实用新型专利 68 件；授权发明专利 19 件，授权实用新型专利 103 件。15 家地区分公司推广应用四新技术 43 项，创造经济效益 5.1 亿元。其中，应用新技术 15 项，创效 2.0 亿元；应用产品生产新工艺 28 项，创造效益 3.1 亿元。

“十二五”期间，共实施 12 个重大科技项目，初步建成以“研发组织、科技攻关、条件平台、科技保障”为核心的科技创新体系，培养形成一支具有较高素质的科技创新人才队伍，取得一批高水平的科技创新成果。炼化申请专利 2260 件，授权专利 1063 件。其中，炼油申请 870 件，授权 340 件；化工申请 1390 件，授权 723 件。炼化发明专利约占 70%，年均增长率超过 25%，约占集团公司同期发明专利的 40%，“一种烯烃聚合催化剂及其制备方法和应用”等 2 件专利获得中国专利优秀奖。

自主开发的催化汽油选择性加氢脱硫（DSO）技术和催化汽油加氢改质技术（GARDES）在集团公司 13 家企业成功应用，处理能力达到 1190 万吨 / 年，该技术获得 2015 年度国家科技进步奖；自主开发的 PHF 系列加氢技术和 FDS 系列加氢技术，应用于国 IV/ 国 V 标准车用柴油质量升级。大型乙烯工业化成套技术实现长周期运行，成为世界上掌握乙烯成套技术的六家专利商之一。乙烯配套催化剂研制取得重大进展，成功研发出镍基加氢催化剂并在独山子石化等装置上应用。

形成诸多化工产品成套生产技术。2 万吨 / 年烯烃聚合共聚单体己烯 -1 成套技术实现工业应用，为合成树脂产品结构调整提供有力支撑；国内首套 ABS 自有技术——20 万吨 / 年 ABS 树脂成套技术在吉林石化实现产业化应用，产品打入格力、美的等白色家电高端市场，创造经济效益近亿元；应用自主技术建成国内外首个完整的、单线生产能力最大的丁腈橡胶装置系统，填补软胶国产化空白；具有自主知识产权的 2.5 万吨 / 年乙丙橡胶、5 万吨 / 年稀土顺丁橡胶成套技术，为提高合成橡胶业务竞争力及效益提供技术支撑。

环保型丁腈橡胶和环保型丁苯橡胶及配套环保填充油成套技术在独山子石化、兰州石化、克拉玛依石化、辽河石化等工业生产，满足欧盟环保 REACH 法规要求；百万吨级精对苯二甲酸（PTA）生产成套技术，达到行业先进水平；开发国内首套 10 万吨 / 年新型共聚酯 PETG 及原料生产技术，在辽阳石化实现工业应用；开发出军工用、核电装备用、油田用等高性能碳纤维生产技术，完成百吨级工业试验；大型氮肥成套技术在宁夏石化建成。

炼油催化剂形成 56 项关键技术，研制开发 6 大类、52 个品种催化剂新产品及 8 个品种催化剂新材料；开发 5 个工艺包，申请专利 154 件，认定技术秘密 67 项；生产应用 9 万吨催化剂，在 54 家企业 111 套工业装置推广应用。

乙烯配套催化剂研制取得重大进展，成功研发出镍基加氢催化剂并在独山子石化、大庆石化、抚顺石化等大型乙烯装置上应用。碳二后加氢催化剂中标神华全球首套煤基烯烃（MTO）工业示范装置，实现该催化剂在煤化工领域的首次工业应用。新型高效裂解汽油加氢二段催化剂降低成本 10% 以上，在兰州石化等 5 套乙烯装置推广应用。

高效球形聚丙烯催化剂 PSP-01 等 4 种聚烯烃催化剂完成工业试验和推广，获得 2012 年度集团公司技术发明奖一等奖，核心专利获得 2012 年度“中国专利优秀奖”。

千万吨级大型炼油厂成套技术具备千万吨级炼油厂自主工程化设计能力，主要生产装置自有技术占有率 70% 以上；在消化吸收国外技术基础上，形成自主知识产权的催化裂化烟气脱硫成套技术，在集团公司 21 套装置应用，处理后烟气中二氧化硫含量降至 50 毫克 / 米 ^{3} 以下，固体颗粒物含量小于 50 毫克 / 米 ^{3}。

炼油研发方面，包括总部直属炼油科研院所 4 家、工程设计院所 2 家。建成投用国际一流标准的石油化工研究院新院区；与中国石油大学联合共建了 1 个国家重点实验室，获准 2 个全国石油和化工行业重点实验室，完善 1 个碳纤维国家工程技术研究中心，6 个公司重点实验室和 5 个试验基地。

“十二五”期间，在炼油领域获得国家及省部级科技进步奖 200 余项，其中国家级一等奖 1 项（环烷基稠油生产高端产品技术研究开发与工业化应用）、二等奖 2 项，集团公司一等奖 17 项。化工科技获得国家级科技进步奖二等奖 2 项，省部级以上科技奖励 200 多项（表 10）。

表 10　2011—2015 年炼油与化工科技国家级、省部级奖励

奖励类型 / 等级		年　度	获奖成果名称	授奖部门
国家级	科技进步奖一等奖	2011—2015	环烷基稠油生产高端产品技术研究开发与工业化应用	中华人民共和国国务院
	科技进步奖二等奖		高档系列内燃机油复合剂研制及工业化应用	
			满足国家第四阶段汽车排放标准的清洁汽油生产成套技术开发与应用	
	科技进步奖二等奖		百万吨级精对苯二甲酸（PTA）装置成套技术开发与应用	
			碳纤维应用	
省部级	科技进步奖一等奖	2011	（1）5 万吨 / 年丁腈橡胶成套工艺技术开发； （2）润滑油基础油加氢异构脱蜡催化剂及成套技术； （3）催化汽油选择性加氢脱硫技术（DSO）的开发与工业应用； （4）中国石油的天然气可持续发展战略研究	中国石油天然气集团公司
		2012	（1）FCC 汽油加氢改质技术工业化试验； （2）中国第四阶段清洁汽柴油标准研究与制定； （3）多功能系列催化裂化催化剂研发及工业应用； （4）百万吨级 PTA 装置工艺技术及成套装备研发	
		2013	（1）超低硫柴油加氢成套技术开发； （2）劣质重油供氢热裂化改质降粘技术开发与工业应用； （3）高硅 NaY 分子筛直接法合成和改性技术的研究与应用	
		2014	（1）己烯 -1 成套技术开发与应用； （2）环保型溶聚丁苯橡胶系列产品及工业化技术开发； （3）炼化能量系统优化技术研究与应用； （4）劣质重油生产高端沥青和特种润滑油技术开发与工业应用	
	技术发明奖一等奖	2012	高效聚丙烯催化剂 PSP-01 技术开发与工业应用	中国石油天然气集团公司
			高选择性乙烯精制催化剂开发及工业应用	甘肃省人民政府
	中国专利奖优秀奖	2012	一种不饱和共轭二烯腈共聚物的制备方法	国家知识产权局
			一种烯烃聚合催化剂及其制备方法和应用	

（王桂轮）

【新产品开发】“十二五”期间，炼化板块共开发化工产品165个新牌号，产量436万吨，增效近14亿元。其中，2015年开发75个牌号共112多万吨。新产品市场开发推广小组成功推广25个新产品。初步构建化工产品新牌号开发“四化”，即研究系列化、技术产业化、品质特色化、生产多元化。

研究系列化。聚乙烯管材料，独山子石化开发TUB 121N3000、吉林石化开发GC100等聚乙烯管材，形成PE63、PE80、PE100不同压力等级，大小不同口径、本色料和混配料、管材和管件全覆盖；中空容器原料，大庆石化IBC桶专用料DMDB4506通过美国FDA、欧盟包装指令和国内食品包装等卫生性能认证，与6400、5502、5420GA等产品形成大中小等系类中空产品；抗冲聚丙烯原料，形成低熔指（EPS30R、K8003、C703L），中熔指（EP300M、SP179、K8516）、高熔指（K9928/30，FC730L）等各个熔指范围全面覆盖；在BOPP、CPP等膜料方面形成芯层、面层多牌号供应。

技术高端化。大庆炼化聚丙烯管材PA14D占据30%市场，获石油石化行业知名品牌，成为创效主力；吉林石化ABS进入海尔市场、兰州石化ESBR成为固特异特供商；独山子燃气管材产品，成功用于西北天水地区示范工程。吉林石化EPDM、独山子石化道改料成为市场特色专业产品。

品质环保化。兰州石化丁腈橡胶实现全系列环保产品牌号；溶聚丁苯SSBR和乳聚丁苯ESBR（含环保油）取得环保新突破，独山子石化、兰州石化、克拉玛依石化和辽河石化开发环保型填充油和环保型充油橡胶。

生产多元化。通过重点开发，抚顺石化聚丙烯成功转产高、低熔指抗冲聚丙烯，与独山子石化形成互补。独山子石化PP-R管材专用料T4401通过国家化学建筑材料测试中心分级认证，与大庆炼化的PA14D形成互补。PE100管材在吉林和独山子生产企业的基础上，新增四川石化和兰州石化，类同牌号生产多元化。

“十二五”期间，通过管理创新，形成产销研客管“五位一体”的管理体系，确定新产品开发“十大要素”（牌号、容量、客户、指标、范围、方法、装置、效益、认证和服务），调动多元开发积极性，应用信息化技术建设新产品开发市场、研发、生产、服务协同平台。

（刘晓舟）

【信息技术应用】 2015年，炼化板块持续深化炼化ERP系统、化工销售ERP系统、炼油与化工运行系统、炼化物料优化与排产等已建系统的应用，通过系统应用，炼化板块实现自下而上的业务一体化管控，对生产运行的实时监控以及生产运营的优化管控，提升生产经营管理水平及管理效率。

做好已建系统日常运维工作，保障系统安全稳定运行；2015年累计解决问题18146个，开展运维培训2352人次，提升系统功能638个，管理各类数据25太字节。各项目运行维护队伍定期组织信息系统应急演练，660人次参与。

炼化ERP系统在23家炼化企业应用，覆盖1000多套炼化生产装置，实现从原油和物资的购进、库存管理、生产加工、产品交库和销售衔接以及项目预算、项目管理、在建工程和设备管理衔接，强化业务集中管理；实现检维修费的预算控制及精细化管理；规范化工产品从量从价管理，杜绝市场波动单方调整买断量行为，统配率同比提高6%。炼化销售ERP系统在6家化工销售企业应用，实现对化工产品的配置买断、销售、调运、结算、运输等工作。优化安全资质管理系统功能，提高企业安全资质管理能力。

MES系统在炼化板块及26家炼化生产企业应用。通过对炼化板块和地区公司生产、能耗、计量、质量和设备等方面业务和信息化融合，有效支撑精细化管理，提高生产运行效率和协同管理水平；对26家炼化生产企业397套炼化生产装置进行非计划停车监控，非计划停工故障呈下降趋势；应用MES系统的装置平稳率监控功能，监控主要生产工艺关键指标，及时分析工艺指标偏差，为重点装置开展关键指标调整、工艺操作问题跟踪与改进提供依据，保证生产操作按规程执行，稳定生产，减少生产波动，近年各企业装置平稳运行水平逐年上升；对催化裂化、合成氨和渣油加氢等重要复杂装置的原料性质、催化剂性质、产品分布和操作参数的监控和分析，辅助装置长周期运行攻关工作的开展；通过MES系统对炼化企业的监控视频进行集成，加强调度对现场生产情况的监控，及时掌握生产现场情况，实现突发事件的快速应对。

APS 2.0系统在炼化板块及28家炼化企业应用，建立统一的计划业务管理平台，实现计划业务和效益测算业务闭环化管理。同时将优化模型固化到系统平台中，使APS系统成为炼化板块和地区公司之间、计划部门和财务部门之间统一对话的工作平台，业务管理更加规范，计划排产和效益测算也更加准确，使管理更加精细化；进行计划排产及优化，挖潜增效，提高资源优化能力；开展效益测算，深化财务应用，有效地支持财务月度预算工作。

炼化应用集成系统在炼化公司和大庆石化等5家试点单位开展实施。集成27个系统，打通215个接口，大庆石化财务融合2.0试点拟于2016年1月上线。

炼油与化工运行系统：MES2.0项目重点开展需求分析和总体设计工作。完成软件升级和模板设计，开展系统架构、标准化、安全和灾备等方案设计。

先进控制与优化应用系统：完成15家炼化企业的APC建设与运维问卷调研，开展兰州石化等6家炼化企业45套装置的现场调研。

流程模拟与仿真培训系统：建立110余套装置基础模拟模型，完成25个单元设备和10套装置仿真培训系统的搭建和26个课件的开发。

炼化物联网系统，完成需求分析和详细设计工作，开展化工品出入库管理、生产区人员安全管理等功能模块自主开发，初步形成建设的标准规范。

（李志良）

【设备管理】 2015年，炼化设备管理围绕“三年（四年）一修”目标，加强制度和标准体系建设，推进设备现场标准化和新一轮短板治理，加强检修质量和安全管理，严格考核非计划停车，加强设备专业化管理，为炼化装置安全平稳运行提供保障。

制度和标准体系建设。制定下发《中国石油天然气股份有限公司炼油与化工分公司检维修费管理办法（暂行）》，修订下发《中国石油天然气股份有限公司炼油与化工分公司设备管理制度》等18项管理制度，修订《中国石油炼化企业大检修规范化管理100条》，制定《中国石油炼化企业高危泵管理规定（暂行）》以及换热器、离心泵和离心压缩机检修作业标准。

设备现场标准化。截至2015年底，炼化企业15884套主体装置中，12013套通过达标验收，达标率75.6%。其中，标准化装置885套，通过验收535套，达标率60.5%；标准化机泵房3320套，通过验收2472套，达标率74.5%；标准化罐区661套，通过验收447套，达标率67.6%；标准化设备8790套，通过验收6844套，达标率77.9%；标准化变电所（配电室）1356套，通过验收1006套，达标率74.2%；标准化仪表控制室872套，通过验收709套，达标率81.3%。

新一轮短板治理。原“五项”短板中，高危泵密封、液下泵全部改造完成；电气隐患治理完成56项，完成率73.6%；原油储罐浮盘机械密封改造全部完成；腐蚀检查共开展在线测厚23点，在线腐蚀监测603个，定点测厚151706点。启动新一轮短板治理工作，包括罐区升级管理标准、压力容器和压力管道登记注册、安全阀校验等工作。通过治理，27家炼化企业547个罐区问题已整改，完成率50.9%；12家炼化企业896台压力容器办理使用证，完成率89.8%；15家炼化企业4643台超期未校验的安全阀完成校验，完成率94.7%。25家炼化企业压力管道办证完成率49.8%，其余计划2016年底全部办理完成。

企业装置大检修。2015年，炼化企业有9家地区公司317套装置进行停工大检修，总检修项目42419项。自四川石化2015年1月3日开始，到呼和浩特石化9月26日检修结束，历时将近9个月，其中独山子石化、大连西太实现4年一修。大检修管理着力在规范化检修上下功夫，强化停工交检修和检修交开工“两个重点界面”的交接，建立包括第三方在内的安全监督体系，推行专业化施工管理，实施一体化检维修及维保机制，严格检维修规程执行，确保检修安全质量受控。

设备专业化管理。（1）状态检测系统升级。自中国石油设备故障诊断技术中心2007年建立以来，远程状态监测与故障诊断系统已经连续运行8年，系统严重老化。2015年，炼化板块下拨专项资金，对系统进行全面升级，采用当今最先进的云结构，对炼化企业重要离心压缩机、往复压缩机、关键机泵的运行状态进行实时监测和诊断。截至2015年底，升级招标和合同签订工作已经完成，相关合作单位正逐步进行软硬件的安装调试和数据整理分析工作，升级后系统在线监测容量将超过2000套，每个数据采集样本的长度至少是4096点，整个系统达到国际先进水平。（2）关键备件长寿命管理。在机泵密封系统管理上，要求密封在设计和制造上应能满足连续运行时间不少于25000小时，在役时间不少于16000小时。为保证该目标时间，炼化板块提出具体工作要求：各炼化企业应每月统计所有机泵前12个月的密封平均故障间隔时间（MTBF），确保MTBF不少于36个月，跟踪密封总体运行情况，评估密封的运行寿命，对频发密封故障进行分析，提出相应的改进意见和建议，该项工作正陆续展开。（3）衬里专业化施工。2015年乌鲁木齐石化、独山子石化、大庆石化等14家炼化企业15套装置5018平方米衬里进行专业化施工，施工单位为大庆石化建设公司、乌鲁木齐石化设备安装公司、抚顺石化工建公司3家专业公司，施工质量、施工安全等得到充分保证。（4）腐蚀检查工作。大庆石化、吉林石化、庆阳石化、独山子石化、呼和浩特炼油厂、克拉玛依石化和四川石化7家地区公司开展专业化腐蚀检查工作。本次腐蚀检查共涉及63套装置，设备

2891台，管线521条，检查出重点腐蚀问题141项，都进行及时整改。

（高俊峰）

【安全环保】 2015年，立足于安全环保处于严格监管的阶段性特征，以新《安全生产法》和《环境保护法》为指引，确保生产经营依法合规，坚守红线，不触底线，狠抓安全环保责任落实，全面推进HSE管理体系建设，持续开展隐患治理和污染减排，严格控制环境新问题、新风险，实现安全环保形势持续稳定好转。

安全生产。按照集团公司工作部署，由炼化板块副总师、部分专业处室处长任组长，从炼化企业抽调安全、环保、技术、设备、电气、仪表、储运等专业的技术专家组成审核组，对归口管理的36家炼化企业、油田炼化单位以及化工销售企业进行HSE体系审核，查找企业管理短板和薄弱环节，对严重问题下发督办通知，要求企业限期整改。按照审核情况将企业分为风险受控、风险基本受控和风险较大三类，针对性强化监督管理。2015年，两次审核3407项问题整改完成率84.7%，高危泵、液下泵、储罐机械密封改造基本完成，抗晃电项目完成90%，压力容器办证、安全阀校验完成95%以上，63个已投项目有37项完成竣工验收；危化品专项检查243项问题正在落实整改。

加快推进厂外管道的隐患治理。25家炼化企业厂外烃类管道中，共排查出隐患3107处，涉及管道288条、249.811千米。其中，重大隐患681处，较大隐患1590处，一般隐患836处。企业自行解决的隐患359处，需要政府协调解决的隐患2748处。总体整改完成隐患2596处，整改完成率83.6%。其中，重大隐患已整改498处，整改完成率73%；较大隐患已整改1395处，整改完成率88.9%；一般隐患已整改704处，整改完成率82%。企业自行解决隐患整改完成348处，整改完成率96.66%。需协调解决隐患整改2248处，整改完成率81.7%。大庆石化、大连石化、独山子石化、乌鲁木齐石化、大港石化、锦西石化、哈尔滨石化、大庆炼化8家企业已完成治理工作。

落实集团公司要求，启动炼化装置HSE标准化建设推进工作，29家企业63套装置完成第一批HSE标准化建设与考核标准编制，将作为第一批示范模板推广。将集团公司《油气站库及炼化装置爆炸着火突发事件专项应急预案》和《危险化学品严重泄漏失控和中毒突发事件专项应急预案》合并为《炼油与化工业务突发事件专项预案》一部专项预案，更适用于炼化行业。将“三同时”手续依法合规排查整改作为重点工作，在两次体系审核中重点核查各级审批的建设项目“三同时”手续办理情况，并将此类问题列入严重不符合项督促企业加快整改。2015年9月将所有企业的1、2、3、4类项目的手续办理全部纳入炼化板块督办范围，并对重点企业现场督办。

环保管理。与国家和集团公司签订的83个减排项目，除大连石化热电厂改造、抚顺石化腈纶污水改造未实施外全部完成。34套催化完成脱硫改造，10套催化装置完成脱硝改造。71台锅炉完成脱硫改造，60台完成脱硝改造。18个污水处理场完成达标改造。环保新标准实施后，企业全面对照新标准，研究治理措施和方案，快速开展前期工作。重点是外排水达标、催化烟气脱硝、挥化性有机化合物（VOCS）治理、硫黄尾气治理、锅炉脱硫脱硝及危险废物处理处置等。兰州石化、吉林石化、庆阳石化等开展地下水及土壤治理，要求企业2016年底完成新标准达标改造。组织企业开展环境风险评估工作，完成大庆炼化、长庆石化、大港石化、辽河石化风险评估和国际先进指标对标工作。完成国际对标标准，2016年试点推广对标实施。开展LDAR（泄漏检测与修复）项目试点工作，该技术于2015年7月1日通过集团公司科技管理部和安全环保与节能部组织的鉴定。编制下发《炼化企业场区土壤和地下水风险排查和评估技术导则》，指导地下水土壤评估治理工作。组织开展新标准硫黄回收尾气达到100毫克/米^{3}标准技术研究比选。

2015年，在加工量、产品产量增加的情况下，污染物总量大幅下降，石油类排放247吨，同比下降25.6%；COD排放10201吨，同比下降1.7%；二氧化碳排放52486吨，同比下降16.6%（表11）。

表11 炼化企业主要污染物减排情况 吨

项 目	2015年	2014年	2013年	2012年	2011年
石油类	247	332	370	404	450
COD	10201	12320	13058	14102	13550
二氧化碳	52486	62947	87096	95058	89764

（宁绪成）

【专业技术培训】“十二五”以来，按照集团公司人才建设总体要求，炼化板块围绕提高员工综合素质、保障生产安全平稳运行的目标，大力推进培训体系建设，规范培训要求，组织开展基层员工技能竞赛活动、专业技术培训交流活动和冬季培训，共组织9个工种技能竞赛，带动2万多名员工开展赛前培训，选拔662名优秀骨干参加决赛，40多名选手获得集团公司技术能手称号。举办63期专业培训班，培训各专业骨干人员4692人。各企业开发培训课件5万多个，题库400多万道，初步建立适应炼化企业需求的现代培训体系。

2015年，竞赛在以下几方面实现创新：（1）增加预赛，参赛人员范围进一步扩大。各企业在全员培训基础上，按在岗操作员工40%的比例确定预赛参赛人员，28家炼化企业1376名员工参加预赛选拔，在基层掀起学技术、比技能、练本领的热潮。（2）结合检验日常培训效果开展人员选拔。利用集团公司远程培训平台，采取统一命题，同一时间组织在线考试，采取企业交叉监考、全程录像，保证成绩的真实性，既评估考核企业的日常培训效果，也节约竞赛成本。（3）开展基层创新成果评选和展示。首次面向炼化企业一线员工征集近年来在操作方法、工艺技术、设备设施等方面的创新成果，并组织炼化板块相关处室进行评选，对优秀成果进行表彰和奖励。通过展板、视频、实物、操作演示等方式，在竞赛现场集中展示宣传，激励和引导广大操作员工围绕立足本职岗位，积极解决工作中遇到的难题，提高创新创效能力。（4）将竞赛选择由第三方华北油田公司承办，更加利于保证竞赛的公平性，同时，也促进与上游板块在技能人才培训和基地建设等方面的经验交流与学习。2015年，组织开展2项技能竞赛活动，竞赛于10月15—18日在华北油田公司技师学院举办，28家炼化企业116名选手参加决赛。竞赛产生个人项目3金、12银、15铜及23个优秀选手奖；团队项目4金、5银、6铜及7个优胜团体奖和6个优秀组织奖。独山子石化、大庆石化获得乙烯竞赛团体前两名；广东石化、吉林石化、辽河石化、哈尔滨石化、独山子石化获催化裂化竞赛团体前五名。

2015年，举办培训班8期，培训各专业骨干574人。培训紧紧围绕安全平稳生产需要和炼化板块的“65431”重点工作，组织炼化专业HSE体系审核、储罐安全运行管理、炼化企业设备工程师技术、炼化企业继电保护技术、炼化企业仪表工程师技术、炼化企业设备检维修操作骨干等方面的培训。

扎实开展冬季培训，保障装置冬季平稳运行。要求各炼化企业每年11月至次年3月开展为期5个月冬季培训活动，以安全和冬季操作技能培训为重点，在工艺运行、设备管理、建设项目、安全环保等专业方面下发培训要点。各炼化企业按照培训工作直线责任，落实培训时间、培训内容、培训师资、培训教材、责任人和考核办法。把基层一线作为培训重点，组织开展多种形式全员培训和岗位练兵活动，在基础理论知识培训基础上，加强操作规程、检维修规程、操作卡、HSE基本技能等培训，加强装置仿真培训、现场模拟操作和实际操作技能考核，加强岗位员工应急演练和紧急状态处理训练，切实提高一线岗位员工实际操作技能。2015年提出分类培训，操作维修人员重点加强操作规程、检维修作业规程和应知应会为主要内容的岗位培训，提高安全操作和现场应急处置技能；班组长重点加强系统操作和班组管理为主要内容的岗位培训，提高生产操作监控和应急指挥技能；装置生产技术人员重点加强同类装置先进技术和科学管理方法的培训，提高装置长周期优化运行管理技能。采取不同培训方式，充分利用“五班三倒一培训”“四班三倒付班培训”等机制，开展脱产培训、付班讲座、换岗学习、师徒合同、岗位练兵卡、一日一题、预案演练、操作模拟等培训活动，保证培训质量，取得实际效果。

推动项目组开展炼化企业仿真培训和网络化培训工作，2015年完成仿真培训子系统详细设计方案评审工作及仿真培训子系统的功能开发，开始进行系统测试，积极开展上线应用前的准备工作，安排题库、课件的搜集制作工作。

（钟艳阳）

第四篇

销　售

第一篇
总　述

第二篇
油气勘探开发生产

第三篇
炼油与化工

第四篇
销　售

第五篇
天然气与管道

第六篇
工程技术、工程建设与装备制造

第七篇
国际业务

第八篇
科技与信息

第九篇
安全环保与质量节能

第十篇
企业管理与监督

第十一篇
党建、思想政治工作与企业文化建设

第十二篇
机构与人物

第十三篇
企事业单位概览

第十四篇
中国石油天然气集团公司大事纪要

第十五篇
统计数据

第十六篇
附　录

综　述

【概述】 中国石油的成品油、燃料油、润滑油、沥青以及其他炼油小产品的销售和成品油进出口业务由中国石油天然气股份有限公司销售分公司（简称销售分公司，也称销售板块）负责组织管理，销售分公司是股份公司直属专业分公司之一。销售分公司业务上归口管理33家销售企业以及中石油燃料油有限责任公司（简称燃料油公司）、润滑油公司和大连海运公司3家专业公司。2015年，国内经济发展放缓、油价持续走低、柴油消费转为负增长，油品加快质量升级、国家政策更加开放，销售业务增收控费创效、重塑企业形象任务艰巨。面对前所未有的复杂形势，销售业务认真贯彻"加大促销、突出纯枪、合理外采、降低库存"的要求，以保后路、创效益、稳增长、塑形象为发展主线，以满足顾客需求为努力方向，大力推进"产炼销储贸"一盘棋运作、"油卡非润"一体化营销，圆满完成集团公司下达的"稳增长"任务，为集团公司实现整体效益最大化做出积极贡献。

【经营业绩】 2015年，销售成品油12613万吨，其中国内销售11570万吨，纯枪销售7434万吨；国内市场份额42%。实现非油品收入124.2亿元、利润14.5亿元，同比分别增长25.6%和42.5%。销售燃料油2430万吨，同比增加242万吨。销售润滑油122万吨（表1）。

表1　主要经营业绩

指　标	2015年	2014年	2013年	2012年	2011年
炼油产品总销量（万吨）	14192	14159	14554	14383	13924
国内成品油销量（万吨）	11570	11645	11771	11599	11454
其中，纯枪	7434	7450	7579	7296	7120
批发	4136	4195	4192	4303	4334
燃料油销量（万吨）	2430	2188	2342	2293	2068
润滑油销量（万吨）	122	147	186	223	185
营业收入（亿元）	7464	9789	10312	10383	9826
其中，非油品收入	124	99	105	81	64
税前利润（亿元）	−39.6	0.5	31.4	103.4	144.5
资产总额（亿元）	2449	2522	2503	2471	2174

（赵　阳）

成品油业务

【成品油销售】 2015年，坚持以市场为导向、以客户为中心、以效益为目标，继续深化市场分析研究，提升整体运作水平，加强趋势研判，把握价格走势，努力抢占先机、扩销上量。健全快速反应机制和奖惩激励机制，科学组织营销，有效发挥调拨价杠杆作用，指导地区公司快速反应，经受住了市场剧烈波动的考验，保持了市场竞争的主动权。优化销售结构，提升经营创效能力，努力加大高标号汽油、航空煤油、低凝柴油等高效产品销量，稳步推进98号等高端油品上市。发挥产业链优势，扩大出口规模，缓解国内供需矛盾，开发大洋洲、美洲等高端市场，促进集团公司效益增长。提前完成东部地区11个省市质量升级，车用汽油、柴油全部达到国Ⅴ标准。积极推进直批业务体系建设，探索产融结合业务模式，强化客户开发与管理。克服消费持续低迷、资源过剩等困难和挑战，千方百计扩销增效，取得良好的业绩。

继续强化产销衔接，引导炼化企业开展定制化生产，不断优化直炼资源配置，努力保持资源平衡。针对炼油厂检修、市场季节性变化等特殊时段，超前谋划，合理安排，保持资源均衡稳定供应。认真落实集团公司要求，在强化直炼资源销售的同时，通过合理外采低价资源置换高价库存，努力提升竞争和盈利能力，实现量效齐增。继续深化同业合作，与中国石化、延长石油开展资源串换，实现节约运费与提升效益双重目标。

（董珊珊）

【资源调运】 2015年，开展"物流优化年"专题活动，千方百计保障集团公司产业链平稳运行，努力提升调运组织与优化水平，较好完成各项降本增效工作的目标。2015年成品油运输总量21963万吨，其中一次运量14161万吨、二次运量7802万吨；成品油运费总额（含大连海运公司）202.53亿元，同比减少5.46亿元，比预算低19.15亿元，吨油运费175.05元，同比减少3.56元，比预算低10.74元，连续两年实现运费总额、吨油运费同比双下降（表2）。

表2　2015年成品油调运情况

项　目	2015年	2014年	同比增减（%）
成品油运输总量（万吨）	21963	21727	1.09
其中，一次运量	14161	13793	2.67
二次运量	7802	7934	−1.66
成品油运费总额（亿元）	202.53	207.99	−2.63
吨油运费（元）	175.05	178.61	−1.99

精心组织，保障集团公司产业链总体平稳有序。继续按照"两保一降"的总体工作要求，积极适应新常态，克服市场整体需求不旺、产需矛盾突出等困难，及时向上下游传递产销信息，合理调整品种结构，引导产品适销对路，并通过适时收储等措施合理调节炼油厂库存、现场办公逐船落实海上运力、多次组织铁路部门召开协调会增加运力和流向、对运输困难的炼油厂实行"一厂一策"重点保障等措施，千方百计满足直属炼油厂生产需要。2015年直属炼油厂油品调出9270万吨，国内产调率100.5%。

细化对接，确保各地市场稳定供应。（1）针对西藏地震、南方暴雨、数次台风等灾害期间的抢险救灾用油和社会用油需求，加强资源组织，合理调配运力，保证供应充足稳定。（2）超前谋划，合理安排提前涨库，保障新疆、四川炼油厂检修期间相关省（自治区）稳定供应。（3）通过积极协调属地炼油厂增产、利用进港回流自备车装运、及时组织外采−35号柴油等多项措施，确保北方地区冬季低凝点柴油稳定供应。（4）为保障西藏地区油品供应，积极协调铁路总公司及时开通拉萨西到站油品接卸，并于2015年6月开通由云南清华洞油库至西藏察瓦龙乡的跨区配送。（5）克服山高路远、高寒缺氧等困难，积极协调政府开辟绿色通道，历时21天分五批完成援尼泊尔1000吨93号汽油任务。（6）保障全国"两会"、春耕、三夏、春运、暑运、纪念抗战胜利70周年庆祝活动等特殊时期，全国各地区成品油市场充足稳定。

全面开展"2015物流优化年"专题活动，分别在沈阳、济南召开两次全系统的物流优化专题会议，统一思想、明确目标，优化水平再上新台阶。（1）建立起销售板块牵头，大区、省区公司和项目组共同参与的DPO模型优化机制，应用水平显著提升，运输结构与流向持续优化，2015年节约运费3.1亿元。（2）启动大区主动配送试点，6月正式在吉林率先开展，并逐步扩大至辽宁等其他地区。（3）强化铁路运输管理，车辆装载率93.7%，降费1728万元；退租自备车1499辆，减少租金1.1亿元；取消或减少部分路局服务费、保价费等，节约费用1.2亿元。（4）推动下海联动工作机制，直接下海比例92%，海进江同比减少37万吨；资产型船舶运行增加18个航次/45万吨，节约成本4700万元，同时通过及时跟踪燃油价格变动趋势，四次调整租船价格，节约成本8700万元。（5）公路运输管理不断加强，所有省区公司均实现省级配送中心统一配送及主动配送，整体主动配送率97%；二次配送系统平均上车率59%，比2015年初提高23个百分点，9家单位达到70%以上；将地罐交接按标准流程纳入库站"6S"管理标准，公路运输综合差量为0.9‰，同比下降23.7%。（6）坚持理论研究与创新，“中国石油成品油物流管理研究与应用”项目获集团公司2015年度科学技术进步奖二等奖。

（赵天城）

【零售管理】 2015年，运营加油站2万余座，完成零售量7803万吨，同比增长0.8%；自营纯枪销量占比超过96%，同比增长0.2%，汽油销量同比增长12.2%；低销站摘帽比例22.7%，净减少1.8%。

四季主题日渐成体系。为更好地宣传企业形象，提升顾客体验，下发并实施四季主题宣传方案，要求各单位结合季节特点，科学组织、精准营销，达到促销效果最大化。

卡销比稳步提高。以卡为媒，提高卡销比，丰富营销手段，提升销量；开展加油赠积分活动，提高客户黏性；灵活应用多种储值、支付和圈存方式，提高现场效率，提升客户体验；发行联名卡，合作共赢，宣传品牌形象。2015年卡销比同比增长2.3个百分点，其中汽油销量同比增长2.1百分点，柴油销量同比增长5.9个百分点。

油非转换率逐步提高。为满足顾客个性化需求，引导顾客消费，提高顾客黏性，放开卡积分兑换便利店商品，实现对油品和非油品的双向提振作用。启动“柴油纯枪与柴油机尾气处理液互动促销活动”和“百天柴油—润滑油大联促”活动，油非转换率同比提高1.5个百分点。

开发自驾旅游线路。与车厂和汽车俱乐部合作开发旅游线路，深入了解客户需求，提供个性化服务，提前布局新兴市场；深入了解加油站服务功能，力求提供周到服务，增加品牌黏性；加强车企交流合作，建立长期伙伴关系，树立良好品牌形象。

开发行业客户。与跨平台客户合作，开发行业客户，实现关联行业客户互换和资源共享。与航天科技的合作已在北京、河北、陕西、安徽、山东、辽宁等6省市开展，安装航天科技车载终端可享受“航天北斗车联网服务+平安保险优惠+加油卡+ETC打折”联合优惠。

全流程诊断与优化见到实效。2015年开展诊断率62.2%，占自营站点总数的30.2%；优化率88%，优化站点单站日销量同比增长4.8%，非油品收入同比增长20.3%，发卡量同比增长10.2%，卡销比同比增长7.8%，单站用工同比下降4.2%。

“双低站”治理有序推进。在销售分公司网站设立“双低站”治理平台，月度通报排名、分享会议资料、交流治理经验等，实现业务数据和财务数据的系统对接，完善了加管系统自动取数功能，2015年低销站有效运营天数比例96%，摘帽率22.7%。

开口营销激发销售热情。组织所属各企业积极研究开口营销技巧，完善服务标准规范，制定开口营销考核机制，大幅提高开口营销的积极性和成功率。32家单位均开展以开口营销为主题的劳动竞赛，通过有效组织，层层选拔，32家单位的192名选手参加“中国石油2015开口营销服务技能竞赛”总决赛。

95504服务监督取得效果。2015年95504客服电话呼入业务量91.5万通，短信发送量同比增长19.7%，工单相应及时率99.2%，同比增长0.8个百分点。

（冯　欣）

【市场特点】 2015年，国际油价低位运行，前高后低，年均价大幅下降。WTI原油期货年均价48.76美元/桶，同比下降44.15美元/桶；布伦特原油期货年均价53.60美元/桶，同比下降45.85美元/桶。布伦特与WTI原油期货价差平均为4.81美元/桶，同比进一步收窄1.68美元/桶，二者价差最高点出现在2月27日，为12.82美元/桶，最低点出现在12月24日，为-0.21美元/桶。

2015年，国内汽油、柴油规定价格调价窗口共25次，实际调整19次，其中12次下调、7次上调、6次未达到调整幅度。国内93号汽油和0号柴油规定价格分别较年初累计下调670元/吨和715元/吨。与2014年相比，2015年93号汽油和0号柴油调价幅度分别缩小1503元/吨和1490元/吨。

成品油消费延续中低速增长，消费柴汽比继续下行。国内三大类成品油（国家统计局口径，下同）表观消费量3.16亿吨，同比增长4.9%，增速同比下滑0.4个百分点。消费柴汽比降至1.5，为历史最低水平。

汽油消费快速增长，煤油消费高速增长，柴油消费低迷。2015年全国汽油表观消费量11540万吨，同比增长9.5%，仍高于近10年7.5%的平均增长水平。经济转型力度加大，柴油需求增长缓慢。柴油表观消费量1.73亿吨，同比增长0.4%。煤油表观消费量2770万吨，同比增长17.2%。

炼油能力首次下降，供需过剩压力加大。2015年，国家有条件对地方炼油厂（简称地炼）放开原油进口使用权，地炼淘汰大量落后产能，尽管有九江石化、福建炼化等多家炼油厂新建、改扩建装置投产，炼油能力首次出现下降，全行业净减炼油能力1037万吨/年（新增炼油能力3020万吨/年、淘汰炼油能力 4057 万吨 / 年）。根据国家统计局数据，2015 年国内炼油厂生产成品油 3.38 亿吨，同比增长 6.6%，增速快于消费增速 1.7 个百分点，产需差 2126 万吨，较 2014 年 1495 万吨的水平高 631 万吨，供大于需态势进一步扩大。

成品油进口量明显减少，出口量大幅增加。2015 年国内成品油进口量同比减少 12.7%，出口量同比增长 30.3%；成品油净出口 2135.4 万吨，同比增长 43.8%，国内成品油出口压力明显增大。

地炼成品油产量大增，低价格加剧市场竞争。受地炼获得“三权”影响，地炼获得稳定油源后开工率大幅上涨，成品油产量大增。另外，地炼依托紧密的地企关系，开始整合统一终端，主要通过价格策略争夺市场份额，整个成品油市场批发价格到位程度大幅下跌，市场竞争形势异常激烈。

（韩 冰）

投资管理与网络建设

【概述】 2015 年，以提高成品油零售能力建设为中心，紧紧围绕提质、增效两大主题，按照加快建设以零售为核心的营销体系的要求，努力促进销售业务盈利能力和市场竞争能力的提高。

【投资管理】 2015 年，继续按照业务驱动的原则，结合国内经济发展新常态和上游业务发展规划，研究制定“十三五”分区域、分业务规划发展目标，细化战略发展路线图。在各专业规划的基础上，完成销售业务“十三五”规划编制工作；与各销售企业进行“十三五”规划全面对接和宣贯。

按照股份公司深化投资管理要求，持续细化措施，优化投资结构，控制投资节奏，努力提高投资效益。根据资产状况、区域位置情况，结合安全隐患治理和信息化、自动化要求，在尽量不影响平稳生产的前提下，加快下装改造、油气回收和安全隐患治理步伐。新开项目投资坚持“向区内倾斜，区外严把效益关”的原则，优先保障炼油厂和管道配套区域的网点以及城市站、汽油站等高效站。

按照集团公司调结构、转方式、稳增长、提效益的工作方针，持续把扩大开放、务实合作放在重要位置，着力引进社会资本，不断提升市场控制能力。2015 年批复合资合作项目 24 个，延长集团、海南发展控股、林业集团等合资合作项目稳步推进。

以加快网络开发、提升零售能力建设为根本，持续创新管理，完善制度，简政放权，相继出台并下发多个规范性文件，进一步扎实基础性工作。积极配合国务院国资委监事会，对黑龙江、内蒙古、贵州等地区公司加油站进行现场调研，对系统内加油站投资建设情况开展专项检查，促进了合规管理。

（陈 倩）

【工程建设】 持续优化油库布局，全力推进加油站网络建设。2015 年审批油库项目 8 个，审查加油站 56 座，油气合建站 17 座。实施油库项目 13 项，新建加油（气）站 157 座。

持续完善工程建设标准。吸取山东“6S”管理经验，编制《加油站工程建设细节方案设计指导意见》；在吉林普庆和河南春夏秋冬加油站便利店装修做法基础上，编制《加油站便利店装修标准设计》；组织开展加油站施工非常规作业风险辨识与预防措施活动，编制七大非常规作业《风险及预防措施手册》：《加油站吊装作业管理要求》《加油站动火作业管理要求》《加油站高处作业管理》《加油站管线打开管理要求》《加油站进入受限空间作业管理要求》《加油站临时用电作业管理要求》《加油站挖掘作业管理》。

规范承包商管理。开展承包商年度考核评价，依规取消 7 家承包商准入资格，增加 55 家承包商，其中一类 8 家、二类 47 家，按照实际工程需要，形成“良进、劣汰”的动态管理机制。

强化物资采购管理。完成油库及加油站信息系统 POS 机和 PC 服务器、加油卡自助服务终端招标；积极组织地区公司开展设备材料物资采购降本增效工作，2015 年物资集中采购节约资金 23873 万元。

（周金明）

非油品业务

【概述】 以市场为导向，以顾客为中心，以效益为目标，坚持“自主经营、因地制宜、规范发展、稳步推进”的方针，强化质量至上理念，紧抓精细化管理，依靠技术和文化持续创新，实现规模和效益共同提升。

【经营业绩】 2015 年，实现非油品销售收入 124.2 亿元，同比增长 25.6%；利润 14.5 亿元，同比增长 42.4%；便利店数量突破 1.6 万座。

【业务拓展】 创收能力持续增强。从店面优化、品类促销、专业培训和氛围营造四个方面入手，通过现场大会和专项竞赛等形式，以点带面提升整体营销氛围，增强非油品业务创效能力，单品日均创效提高 56%，30 万元以上店面单店收入同比增长 30%。

业务内容大为拓展。整合跨界资源，丰富便利店业务内容。与中粮集团合作，米面油品类销售收入同比增长 49%。与中国联通合作，试点 3C 业务，试点城市 2 个月实现收入 7 万元。发挥网络优势，在 116 个自营高速公司服务区试水非油品业务，提供便利店、汽车服务、快餐、住宿等多种服务，实现销售收入 2.8 亿元。与上汽集团签订战略合作协议，加快发展汽车服务业务，全国布局汽车服务站点 377 个，覆盖全国 35% 的城市，实现销售收入 2600 万元。

制度建设不断完善。完善组织机构建设，在 28 家地区公司建立专业运营团队。健全非油品业务管理制度，修订便利店业务、汽车服务、中央仓业务、广告业务、餐饮业务五大业务手册，保障非油品业务持续稳定发展。

（亓敏霞）

润滑油和炼油小产品销售

【概述】 2015 年，在国际原油价格大幅跳水、油价持续走低、石油行业经营异常严峻、市场供需关系整体失衡的形势下，燃料油、润滑油业务强化营销组织，优化运行机制，以满足顾客需求为努力方向，大力推进“产销储贸”一盘棋运作、“油卡非润”一体化营销。润滑油和炼油小产品销售 2552 万吨，利润实现 4.8 亿元。2015 年润滑油和炼油小产品销售情况见表 3。

【润滑油销售】 润滑油销售由润滑油公司负责，润滑油公司是销售分公司下属集开发、生产、销售和服务于一体的润滑油、脂添加剂专业化公司，围绕产销能力提升，持续优化产能布局，提高产品质量，改善销售结构，提升营销水平，严控成本费用，增强运行效率，2015 年销售润滑油（脂）127 万吨，其中车用油 27 万吨、工业油 28 万吨、特种油 51 万吨、船用油 2.5 万吨；实现营业收入 105 亿元；亏损 3.9 亿元（剔除因保障炼油厂后路畅通承担的库存跌价损失 4.3 亿元，以及消费税上调预算外支出 1.98 亿元后，实现经营利润 2.4 亿元）。

车用油销售思路更加明确，细化社会经销商渠道，实现社会渠道高档汽机油、高档柴机油销量同比分别增长 26% 和 22%，与省公司业务合作成果显著，省公司车用油高端产品和车辅产品销量同比分别增长 37% 和 27%；工业油终端管控持续加强，新特产品销量同比增长 13.2%；系统内用油业务成果显著，销量同比增长 36%；特种油稳住国内市场，拓展出口业务，成功开发所有核电变压器油装机市场，新增三峡集团等 29 家高端用户，20 号变压器油销量同比增加 2.5 万吨，借力厂家设备出口拓展海外市场，出口变压器油 0.65 万吨；船用油完成管理流程再造，销量同比增长 11%；OEM 业务稳步推进，推广服务油，售后市场占比提高 20%，新开发时风集团、江苏宗申等11家客户，在上汽、江淮、北汽福田等12家客户实现10余个新特产品的准入。科研贡献持续增强，2015年实现科研成果工业转化17项，授权专利12项，受理专利12项，大连研发中心“舰用长寿命抗磨汽轮机油研究”获中国人民解放军总后勤部科技进步奖一等奖，兰州研发中心“硫磷型高性能极压抗磨剂的开发研究”获集团公司科技进步奖三等奖。

表3 2015年润滑油和炼油小产品销售

项 目	2015年	2014年	同比增减
润滑油和炼油小产品销售（万吨）	2552	2341	211
其中，炼油小产品	2430	2188	242
润滑油和炼油小产品销售利润（亿元）	4.8	14.5	-9.7
其中，润滑油	-3.9	1.5	-5.4
炼油小产品	8.69	13	-4.31
润滑油（脂）销量（万吨）	127	153	-31
其中，车用油	27	31	-4
工业油	28	40	-22
特种油	51	47	-1
船用油	2.5	2.88	-0.37
润滑油营业收入（亿元）	105	143	-38

【燃料油、沥青等小产品销售】 燃料油、沥青等小产品销售由燃料油公司负责，燃料油公司是销售分公司下属集重质油一次加工及沥青等产品销售、集团公司炼油小产品统一销售，期货套期保值，催化油浆及重质油加工技术研究，沥青船燃产品研发等为一体的专业化能源公司，燃料油公司大力推行生产经营一体化运行机制，强化服务理念，努力满足客户需求，全力提高运行效率和效益，2015年销售炼油小产品2430万吨，同比增加242万吨，在消化12.5亿元跌价损失后，实现利润8.69亿元，圆满完成集团公司下达的“稳增长”任务，取得好于预期的经营业绩。

沥青营销实现量效齐增，参加“9·3”阅兵通道等重点工程项目投标，成功中标49个。2015年销售沥青670万吨，同比增加26万吨，其中改性沥青13.2万吨，创历史新高。尝试开展沥青期货业务，累计交割6.5万吨，实现盈利5764万元。提高馏分油和催化油浆的附加值，2015年直供石脑油22.8万吨，实现增利1.53亿元；实现原油掺炼催化油浆的规模化工业生产，2015年加工油浆26.6万吨，增利3673万元。开展保税船舶燃油来料加工业务，有针对性地向沿江沿海地区投放船舶燃油26万吨。

（刘锐铭）

专业管理

【HSE建设和管理】 深刻吸取天津港“8·12”火灾爆炸事故教训，全面推进HSE建设管理。（1）深入贯彻新《安全生产法》和《环境保护法》，强化安全环保合规管理。组织完成销售企业5.7万名员工新《安全生产法》和《环境保护法》测评（通过率98%），举办环保风险管理培训班；深化“打非治违”专项治理，推进建设项目安全环保“三同时”工作落实；印发《销售分公司机关HSE管理职责规定》，在总部机关层面深入落实“一岗双责”。（2）全面运行、完善HSE监管工作机制。召开月度视频会议12期，固化专题培训、案例分享、风险预警、例会通报等内容；开通安全总监、处长微信群，针对不同时段风险特点，在线研判、即时部署；进一步建立并实施HSE重大风险机关处室对接机制，集中会商HSE管理策略，协同落实具体工作方案。（3）完善审核方式，提升HSE体系运行质量。持续坚持体系建设主线，强化顶层设计，循环定制不同阶段审核内容，以“审”促“运”；突出业务风险，完成2次全覆盖自查互审，并针对典型问题直接督办37项“严重不符合”问题，强力推动问题整改，促进绩效提升；印发《HSE体系量化审核工作手册》，试行量化审核，以评估定级提高内部体系建设水平；从目视化、定制化、流程化切入，围绕管理、操作、设备，制定《库站HSE标准化建设标准》，系统加强HSE标准化站队建设。（4）紧盯管理短板，加大重点领域监管。坚持问题导向，以油库常规作业事故为警示，形成油库主任课程矩阵体系，完成260名油库管理者轮训；组织销售企业油库安全运行专项治理活动和危险化学品专项检查，依据对检查对象、数量、形式进行定制的检查清单，完成322座油库企业自查和70座油库板块抽查，督办问题整改606项，消除库区隐患11类。（5）汲取事故教训，防范同类事故发生。注重苗头，升级管控年内事故事件，借助专家、机构技术力量，组织HAZOP、LOPA专项分析，科学查找问题根源，结合具体事件系统强化乙方监管、操作规范、措施保障、同类预防等工作，推动销售系统风险管控水平提升。（6）强化灾害预警和隐患治理，提升基层站队风险管控水平。针对汛情威胁提出"积极应对、严密应对、以人为本、果断应对"等工作要求，促进企业落实；通过编发防汛题库和统一组织测评，加快提升基层库站灾害应对能力；跟踪监控海南、广东等地洪汛、台风和新疆、黑龙江等地暴雪、冻雨灾害，适时预警，及时跟进，协同应对。（7）规范隐患评估及治理流程，规划、治理安全环保隐患。安全生产费用"专款专用"，完成管道隐患专项治理415处，重大隐患项目治理率100%；编制销售企业安全环保"十三五"规划，落实小煤炉治理、双层罐改造以及罐区重大隐患治理方案。（8）积极推进职业健康和节能减排工作。规范接害人员体检，完成9.9万接害人员基础数据录入，职业健康体检率100%；组织编制《职业病危害告知与警示标识设置的初步方案》模板，在销售系统推广实施。

2015年，销售企业135人获得集团公司安全、环保和节能先进个人，73个站队获得集团公司环保和节能先进基层单位。新疆销售、北京销售等8个地区公司被评选为集团公司安全生产先进企业，江苏销售、润滑油公司等7个地区公司评选为集团公司环境保护生产先进企业。

（冯　涛）

【财务管理】 2015年，销售业务财务管理工作以利润最大化为中心，以规范高效、支持保障为己任，主动参与生产经营，致力于创新创效，强化预算管控，深入经营分析，持续开源节流降本增效，不断强化资金安全管控，推进企业合规管理，较好地完成年初安排的各项工作任务。

成功推广省级资金集中支付和会计集中核算，财务管控与服务能力大幅提升。针对销售企业会计核算及风险防控的特点，借鉴财务共享的先进理念与做法，创新财务管理模式，研究并推广省级资金集中支付和会计集中核算。会计核算集中促进会计核算层级的进一步扁平化，资金集中支付大幅提升管控水平，有效降低资金分散管理、分散支付的流动风险。

以开展资金安全专项检查为抓手，查遗补漏促进资金安全形势向好。在总结往年资金检查经验的基础上，不断拓展检查深度与广度，巩固销售企业资金安全环境。从地区公司抽调骨干，开展集中培训后，对地区公司、地市分公司、加油站、油库等实施现场检查。检查结果进行集中通报，同时分单位下发具体整改要求，强力督促整改，确保检查结果转化为实效。

着重强化预算导向性，促进预算管理水平再上新台阶。面对成品油市场起伏跌宕和稳增长目标，狠抓预算执行。研究完善内部调拨定价机制，探索"一省一价销价倒减法"定价模式，更加符合市场形势变化和对标管理需求。密切跟踪预算执行情况，提高旬报预测能力，引导企业提高销售质量、控制成本和提升效益，突出预算管理的引领作用。

不断提升财务分析能力，财务决策支持功能进一步完善。在现有经营分析的基础上，以完善"量、本、利"分析为核心，全力提升分析能力。落实月度分析制度，持续与业务深度结合，以利润为切入点，做好"购销存价"的联动分析。完善分析模板，充分利用基础信息数据，重点做好销售政策、费用控制措施、专项工作等专题分析，跟踪集团公司重大决策的实施效果。完善简报体系，提升数据二次加工能力，提高分析时效性。

牵头落实开源节流降本增效，效益最大化的保障能力大幅提升。继续牵头深入开展开源节流降本增效工作，制定十二项70条开源节流降本增效工作措施。提高资源组织工作效率，狠抓一次、二次物流整体优化，控制运输成本；持续开展运输和保管损耗专项整治、精细油品损耗管理，整体合理损耗同比下降；持续扩大加油卡售卡规模，大力支持和鼓励地区公司广泛开展商信通业务，保持合理库存水平，财务费用同比下降。

积极争取内外部有利政策，促进销售经营环境持续提升。始终把政策研究与利用摆在突出位置，由内而外，确保政策效益落在实处。转换思维方式，争取有利资金存款利息政策；积极协调国储油质量升级及时结算，缩短结算周期；捕捉有利税费政策，合理降低成本费用。

持续加强价格政策的研究与协调，坚持以市场为导向，按照内部市场化和整体效益最大化原则，不断协调争取推进内部价格机制。积极推进内部成品油出厂价市场化机制改革，推动国Ⅳ标准柴油及国Ⅴ标准汽油、柴油出厂价加价与市场接轨。

全力保障存续企业运行畅通，顺利完成存续业务管理目标。坚持“管理规范、保障优先、和谐稳定”的原则，全力做好销售存续业务管理，顺利解决员工安置资金缺口，成功上线使用存续管理信息系统。

科学筹划稳增长目标分解与保障措施，力保年度目标顺利完成。充分发挥财务决策支持与服务保障职能，细化分解任务保障目标落地，精准定位严控批发亏损销售、适当扩大外采增加毛利、提高纯枪量价增效、压缩成本降本增效四项措施，跟踪保障措施落实到位，为集团公司夺取稳增长攻坚战做出重要贡献。

（程 勇）

【油库管理】 确保油库安全环保运行。（1）稳步推进库外管线隐患排查与治理，2015年重大隐患治理完成率100%，较大及一般隐患中有23家企业100%完成整改，4家企业针对隐患特点完善制订了相应的风险消减措施。（2）积极推进油库油气回收及下装改造，针对124座尚不具备油气回收及下装设施的全资油库，列入关停计划42座，列入专项规划并立项迁（扩）建计划14座，下达改造计划49座，计划次年改造19座。（3）积极协调、跟踪海南东方，河南洛阳，湖北荆州、咸宁油库解除承包管理合同相关问题，并按照国家反恐办及集团公司维稳办要求，落实督办大厂油库北戴河暑期会议以及“9·3”阅兵期间安全防恐，确保安全运行。

稳步提高油库运行效率。做好租赁油库清退和低效资产油库关停工作，2015年关停油库16座、25.6万立方米，退租油库14座、30.9万立方米；油库周转量1.12亿吨，周转次数9.29次，同比提高0.16次。

持续推进油库标准化及HSE体系建设。（1）Q/SY 1789—2015《成品油库操作规程编写规范》通过专业标准委员会表决，成为集团公司企业标准；组织编制的《新建油库投产运行管理规范》通过专业标准委员会初审及中间审查。（2）围绕油库一岗双责、操作规程及作业许可管理、库外管线隐患排查与治理、化学品罐区专项整治、作业风险管控等方面，完成74座油库的HSE现场审核及隐患治理。

做好油库运行相关培训。（1）分别于2015年3月、8月完成2期油库经理人培训，累计260名仓储公司经理及油库主任参加。培训紧密结合年内发生的多起操作事故案例，系统梳理一系列新出台的标准、规范，取得较好成效。（2）加强油库管理系统学习，先后组织项目组对黑龙江、广西、西藏、重庆、山西等地区公司累计200余人次强化培训。

（赵天城）

【计量管理】 组织开展加油机计量准确性检查，保证在用加油机周期检定合格并在有效期内，加油机计量准确性进一步提高，做到“以量取信，诚信经营”。全面加强运输损耗管理，召开公路损耗管理座谈会，推广先进的损耗管理经验，运输损耗持续下降，公路运输损耗0.09%，铁路运输损耗0.08%，下海油运输损耗0.153%，为历史最低。建立损耗管理专栏，交流损耗管理经验。稳步扩大推广下海油诚信计量体系建设，确定7个诚信发货方、11条诚信船舶、9个诚信收货方，诚信计量体系运行质量和效果逐步显现。

（窦宝文）

【质量与标准化管理】 全面加强成品油采购、运输、储存、销售全过程管理，明确各方责任，严格执行质量管理制度，在国家质量监督检验检疫总局组织的质量监督抽查中，合格率100%，进一步树立了集团公司良好的企业形象。针对外采油品质量风险，组织修订外采油质量控制指标。组织对东北地区“甲醇替换汽油”开展专项检查，共检查黑龙江、吉林、辽宁的178座加油站，抽取331个油样。参与组织油品分析工、油品计量工技能竞赛，提高了一线员工技术素质。完成Q/SY 54—2014《汽油中甲醇定性检测 颜色指示剂法》等4项集团公司标准的制定，并对重点标准进行宣贯。

（顾惠明）

【信息化工作】 2015年，围绕销售业务中心工作，深化信息系统应用、加快推进销售业务2.0系统建设，强化运维保障，确保系统安全、稳定运行。建设方面，加油站管理系统（2.0版）完成HOS、站级、卡系统V2.0.1版本开发及200座站点升级，实现164座加油站微信支付，完成充值卡模块试点上线；完成加油站管理系统（2.0版）需求分析和系统详细设计方案，提升已投用加油站管理系统功能，实现加油站现场管理和监控，提升系统功能100项，新增功能90项；销售物流2.0系统完成详细设计，完成一次、二次物流整体优化设计和模型搭建，系统设计功能281项；完成库存优化、数据收集和试点油库模型搭建工作；完成航运监控功能实施，开展铁路自备车功能测试验证；销售应用集成系统完成辽宁销售、河北销售试点上线，开展东北销售试点实施；完成20个相关系统104项应用集成和数据集成；梳理决策支持业务指标600项，构建62个分析场景；通过用户平台实现销售业务信息系统和外部系统等18个系统的界面集成、待办提醒接入；客户关系管理系统完成现状调研和需求分析，通过详细设计评审，完成实施商咨询、核心软硬件招标和核心模块配置开发；实现试点单位系统上线工作；电子营销平台完成可行性研究报告并提交信息管理部预审；完成中油好客 e 站公众号、掌上营业厅服务号、积分商城等功能搭建和升级，进一步拓宽客户服务渠道；完成“十三五”销售信息规划，通过专家评审，已纳入集团公司“十三五”信息技术总体规划。应用方面，2015 年组织召开系统应用 12 次视频会，及时解决系统推进过程中遇到的问题；开展 52 次周考核、12 次月考核和运维考核。持续完善 DPO 物流优化模型，2015 年利用 DPO 物流优化模型制定月度运输方案，对销售分公司物流运输结构、物流流向进行持续优化，2015 年铁路运输比例同比下降 6%，管输增加 7.5%，据测算 2015 年降低运费 5 亿；完成 13 座新建及租赁油库实施部署，召开了销售信息系统应用经验交流会，交流销售信息系统、数据分析和互联网 + 应用工作经验。运维方面，提供 7×24 小时运维服务，2015 年接听 400 热线电话 80 余万次，处理事件 36.5 万个，其中总部运维中心处理 14.2 万余个，省级运维中心处理事件 22.3 万余个，整体解决率达到 98%。销售信息系统平均可用率 99.9%。在春节和国庆等节假日期间，提前组织开展系统安全检查，加强运维值班和巡检力度，做好应急保障安排。开展信息系统巡检和数据中心设备巡检，2015 年巡检 23619 台次。组织定期更新完善应急预案，制定演练方案，完善应急指挥平台，组织各信息系统按照计划完成 10 次应急演练，通过演练验证了应急预案可行性，提升了运维团队应急处理能力。

（刘力昌）

【股权管理】 按照“合法、清理、规范、发展、服务”的工作思路，以提升股权投资价值为目标，以规范运作为核心，不断提升股权管理水平。截至 2015 年 12 月底，销售企业股权投资项目 682 家（含存续企业和三级以下项目），与年初相比增加 3 家；积极落实《中国石油天然气股份有限公司股权管理办法》股利分配政策，实际分红到账 16 亿元，同比增加 2.3 亿元，增长 16.4%，为销售分公司全年利润指标做出积极贡献；按照集团公司 2015 年清理计划，处置完成 8 家股权企业；37 家企业（包括大连销售）实现投资收益 14.2 亿元。

（杨秋存）

【培训工作】 2015 年，完成集团公司、股份公司 B 类培训 3 项，销售板块培训 18 项，培训 27.14 万人次。

组织集中培训班 4 个，分别为：地市经理人培训班、车用润滑油销售培训师培训班、销售远程管理员培训班和先进经验到西藏培训班，共计培训 346 人；组织远程培训班 2 个，分别为：车用润滑油销售知识视频培训班和“开口营销”视频培训班，对车用润滑油专业知识进行普及性培训，用亲身经历与典型案例讲解销售技巧，提升加油站员工销售能力，共计培训 8198 人；组织挂职培训交流 4 期，分别为：销售业务骨干赴中油碧辟对口培训、辽宁等 14 家单位的处级干部对口挂职、西藏和内地销售企业干部挂职、四川等 8 家单位加油站经理对口挂职，共计 348 人；协助组织培训 4 次：油库主任培训、零售处长培训、润滑油业务培训、加油卡业务营销管理培训，参训 694 人；组织远程在线培训 2 次，完成自然灾害防范远程在线考试，2.52 万人参加；组织新《安全生产法》和《环境保护法》普及培训和非油品 369 远程培训考试 2 批，参训 26.15 万人次；组织新《环境保护法》宣贯及管输损耗指标解释培训；组织“互联网 +”系列讲座三期和安全保密教育培训，参训 283 人次。

【技能鉴定】 2015 年完成初、中、高级鉴定 2.1 万人次，其中，中高级鉴定人数接近 60%，队伍技能结构进一步优化；组织 1 期考评员和 1 期高级考评员培训，共计 1000 余名考评员、高级考评员和鉴定管理人员参加培训；2015 年 4 月 28 日组织销售企业技能鉴定工作研讨会，探讨有关鉴定队伍稳定、鉴定标准更新、鉴定课件编制以及信息化建设等问题；2015 年 7—11 月分三批组织加油站操作技师、油品分析技师、油品计量技师和油品储运调和技师鉴定工作，最终有 157 人通过技师考评；2015 年 6 月 2 日正式启动“销售企业开口营销服务技能竞赛”，10 月 10—17 日，共有来自 34 家销售企业的 289 名选手参加决赛，产生金银铜牌、优秀选手、杰出班组、优秀班组、最佳人气奖、优秀组织奖 171 个奖项。

【劳动竞赛】 完成 2014 年度劳动竞赛先进单位、先进集体和先进个人的表彰工作。组织开展 2015 年劳动竞赛，主题为“保后路、增份额、增纯枪、增效益”，竞赛指标共计三类 23 项，37 家销售企业均纳入股份公司层面竞赛范围，实现了全覆盖。

（江　宁）

第五篇

天然气与管道

综　述

【概述】 在股份公司授权范围内，中国石油的油气调运、天然气销售、项目建设、资产完整性管理四大核心业务及其他相关业务由中国石油天然气股份有限公司天然气与管道分公司（简称天然气与管道分公司）负责管理。

截至2015年底，天然气与管道分公司已经形成以管道公司、西气东输管道公司、北京天然气管道有限公司、西部管道公司、西南管道公司五个综合性运营公司为主，西南油气田公司为补充的“5+1”国内管道运营管理体系。天然气销售分公司与天然气与管道分公司“一个机构、两块牌子”。

天然气与管道分公司下设总经理（党委）办公室、计划处、财务处、油气调运处、天然气销售处、市场营销处、项目前期管理处、建设项目管理处、质量安全环保处、科技信息处、管道管理处、合作与股权管理处、储气库管理处13个处室。

天然气与管道分公司业务关联单位包括：北京油气调控中心、管道建设项目经理部、管道（销售）公司、西气东输管道（销售）公司、北京天然气管道有限公司、西部管道（销售）公司、西南管道（销售）公司、昆仑燃气有限公司（昆仑天然气利用有限公司）、华北天然气销售公司、京唐液化天然气有限公司（新建液化天然气项目部）、大连液化天然气有限公司、江苏液化天然气有限公司，同时负责长庆、西南、大庆、辽河、塔里木、青海、吉林7家油气田企业中设立的天然气销售分支机构管理。

【经营业绩】 2015年，实现营业收入2621.59亿元，完成全年预算的98.0%，同比减少9.21亿元，下降0.4%。账面资产总额5445.41亿元，比期初4541.46亿元增加903.96亿元，增长19.9%。资产负债率26.5%，比期初28.4%下降1.9%。账面利润总额529.90亿元（其中含管道平台整合增利228.07亿元），比2015年预算增加321.24亿元，比2014年同期增加380.18亿元。天然气销售1226亿立方米，同比增加31.2亿立方米，其中长输管道销售852.3亿立方米，同比增加25.9亿立方米。销售进口天然气408.77亿立方米，其中中亚气305.52亿立方米，进口LNG 57.02亿立方米，缅气46.23亿立方米。原油管输量8574万吨，同比增加438万吨；成品油管输量2844万吨，同比减少254万吨；天然气长输管道管输量913.8亿立方米（表1）。单位现金成本实现有效管控；新开工鞍大线等4个项目，按计划有序推进西三线东段、锦郑线、云南成品油管道等项目，建成投产山东管网青威段、哈沈线沈长段等项目。完成节能量4.3万吨标准煤，圆满完成节能考核指标。

表1　2015年天然气、原油、成品油运销量

项　目	2015年	2014年	同比增减
天然气销售量（亿立方米）	1226	1194.8	31.2
天然气长输管道销售量（亿立方米）	852.3	826.4	25.9
天然气长输管道管输量（亿立方米）	913.8	921.3	–7.5
原油调运量（万吨）	14377	14366	11
原油管输量（万吨）	8574	8136	438
成品油管输量（万吨）	2844	3086	–242

【油气调运】 2015年，统筹国内国外两种资源，加强产、运、销、储各环节沟通衔接，发挥集中调控管理优势，优化产、运、销资源配置，确保油气管网安全平稳高效运行。

在原油调运方面，在保证东北管网上下游企业正常生产的前提下，稳妥有序地完成了铁秦线、秦京线、任京线等老旧管道停输扫线和津华线、铁锦线等新建管道投产工作，管道安全风险得到有效控制；针对国内外两种资源变化以及石化企业需求变化，不断优化西部原油管道、长庆管网和兰成线运行方案，实现兰成线掺输长庆原油，保证了西部地区产、运、销、储平衡和四川石化生产需求。

在成品油方面，以努力提高管输量为重点，积极做好与成品油销售企业的沟通衔接工作，根据市场需求合理安排成品油输送批次，优化运行方案，系统研究成品油管道增输上量有关问题，提出解决措施，努力疏通瓶颈，化解矛盾，保证了市场供应及炼化企业后路畅通。

在节能降耗方面，认真贯彻落实集团公司节能降耗的各项方针政策，积极推动资源节约型企业建设，进一步加强节能管理，科学分解节能量、设定单耗基准值；陕京三线榆林压气站燃机余热利用项目与唐山LNG冷能利用工程投产运行；充分发挥集中调控优势，进一步优化管道运行方案，使管道始终处于高效经济运行状态；积极编制节能规划、计量规划，有效指导了天然气与管道业务节能降耗和计量管理工作。

在天然气方面，积极应对需求旺季资源不足的矛盾，采取多方筹措资源、加强联保联供、强化企地协调、优化管网运行和需求侧管理等方式，扎实履行天然气保供责任；针对需求淡季资源过剩的严峻形势，科学调控陆上进口气量及进口LNG采购量，加快储气库投产及优化注采气方案，有效保障运销平衡。

在油气管网设施公平开放方面，按照《油气管网设施公平开放监管办法（试行）》的要求，积极推动信息公开、公平开放、信息报送等相关工作。制订油气管网设施公平开放的程序文件，规范工作流程；组织开发监管信息计算机网络报送系统，规范信息报送的流程和格式，提高了向国家能源局市场监管司及其派出机构报送油气监管信息的及时性、准确性以及信息共享的效率；与第三方用户进行良好沟通合作，实现向中国石化、北京燃气、新奥能源、上海管网等第三方用户提供长输天然气管道和LNG接收站的开放服务；积极开展管网公平开放相关课题研究，并配合国家能源局开展油气管网剩余能力测算研究工作；进行油气管网设施公平开放对外发布信息专栏建设。

【重点项目建设】 2015年，开工鞍大线等4个项目，按计划有序推进西三线东段、锦郑线、云南成品油管道等项目，建成投产山东管网青威段、哈沈线沈长段等项目。在重点工程建设低谷，调整项目管控重点，完成中俄东线过境段控制性工程及黑河—长岭段、中俄原油二线等26项可行性研究批复，楚雄—攀枝花、深圳LNG项目获国家发改委核准，忠武线忠县增压等9个项目获省发改委核准，为“十三五”重点工程开展创造条件。组织完成西部原油成品油、中俄原油管道境内段、秦沈线等24个项目竣工验收，为项目合法投入运营创造条件。

【天然气销售】 2015年，股份公司销售天然气1226亿立方米，同比增加31.2亿立方米，其中长输管道实现852.3亿立方米，同比增加25.9亿立方米。

进一步理顺天然气销售体制和运行机制，推进天然气销售体制改革，加强天然气销售业务统一管理，积极推动上海石油天然气交易中心上线，建立三大石油公司定期沟通交流机制。针对非采暖季市场疲弱的不利局面，采取灵活价格策略促进销量增长，2015年增加销量29亿立方米。积极推动下游用户淡季投产供气，2015年投产国信宜兴、辽阳石化等用户79家，年销售量14.8亿立方米。冬季高峰期加强需求侧管理，积极应对突发事件，面对12月中旬中亚气减量、LNG靠岸推迟等突发事件，配合做好政府、市场、媒体应对工作。

持续做好重点新建管道市场开发，对重点市场专题研究。继续推进中俄东线、西三线东段、陕京四线等3条主干管道以及四平—白山管道等5个支线项目的市场开发。2015年，各长输管道销售公司出具支持函126份，与48家用户签订购销意向书。优化用气承诺管理程序，缩短给用户回复周期，提高市场开发效率。完善合同管理程序，调整天然气购销合同签订和审查管理模式，提高合同签订和履约效率，保障具备投产条件的用户及时通气投产，促进销量增长。

认真落实天然气价格改革工作。2015年4月，国家发改委出台新的天然气价格政策，增量气价格下浮、存量气价格上浮，二者实现并轨。天然气与管道分公司迅速组织地区公司按照国家规定将政策执行到位。为推进价格政策尽快落实，结合西部地区实际情况，研究出台西部地区采暖用气价格给予10%补贴的优惠政策。2015年11月，国家再次出台新的价改政策，非居民天然气价格下降0.7元/米^3。天然气与管道分公司积极组织下调非居民天然气价格，自11月20日起统一执行新的价格政策。

（杜书成）

油 气 储 运

【概述】 2015年，统筹国内外两种资源，加强产运销储贸各环节沟通衔接，充分发挥集中调控优势，优化资源配置，确保油气管网安全、平稳、高效运行，为实现中国石油可持续发展，保障国家能源安全和促进社会经济发展做出应有的贡献。2015年管理运营的油气长输管道见表2。

表2　2015年管理运营的油气长输管道

千米

项　目	2015年	2014年	同比增减
原油管道	9026	9426	-400
天然气管道	44939	43116	1823
成品油管道	8724	8701	23
合　计	62689	61243	1446

【原油管输】 在保证东北管网上下游企业正常生产的前提下，稳妥有序地完成铁秦线、秦京线、任京线等老旧管道停输扫线和津华线、铁锦线等新建管道投产工作，管道安全风险得到有效控制；针对国内外两种资源变化以及石化企业需求变化，不断优化西部原油管道、长庆管网和兰成线运行方案，实现兰成线掺输长庆原油，保证了西部地区产运销储平衡和四川石化生产需求。2015年完成原油管输量8574万吨，同比增加438万吨。

【成品油管输】 以努力提高管输量为重点，积极做好与成品油销售企业的沟通衔接工作，根据市场需求合理安排成品油输送批次，优化运行方案，系统研究成品油管道增输上量有关问题，提出解决措施，努力疏通瓶颈，化解矛盾，保证市场供应及炼化企业后路畅通。2015年完成成品油管输量2844万吨，同比减少254万吨（表3）。

（管维均）

【天然气运销】 积极应对需求旺季资源不足的矛盾，采取多方筹措资源、加强联保联供、强化企地协调、优化管网运行和需求侧管理等方式，扎实履行天然气保供责任；针对需求淡季资源过剩的严峻形势，科学调控陆上进口气量及进口LNG采购量，加快储气库投产及优化注采气方案，有效保障运销平衡。2015年完成天然气长输管道管输量913.8亿立方米（表4）。

表3　2015年各成品油管输量

万吨

项　目	2015年	2014年	同比增减
兰成渝	767.4	738.8	28.6
乌兰线	671.3	773.7	-102.4
港枣线	174.6	168.4	6.2
兰郑长	409.3	523.9	-114.6
呼包鄂	22.0	13.2	8.8
吉长线	105.6	26.5	79.1
化王线	246.1	214.8	31.3
独乌线	233.9	370.5	-136.6
克乌线	213.5	256.6	-43.1
合　计	2843.7	3086.4	-242.7

表4　2015年主要输气管线输气量

亿立方米

项　目	2015年	2014年	同比增减
西气东输系统	505.0	484.4	20.6
陕京系统	304.1	289.1	15.0
忠武线	46.4	44.5	1.9
涩宁兰	43.8	50.1	-6.3
鄯乌线	5.7	3.4	2.3

（苏　昀）

2015年，储气库注气69.4亿立方米，比计划多注气7.2亿立方米；储气库采气48.7亿立方米，比计划多采气9.3亿立方米（表5）。

【节能】 2015年，天然气与管道分公司认真贯彻落实节能降耗的各项方针政策和重要指示精神，积极推动资源节约型企业建设，进一步加强节能管理，科学分解节能量、设定单耗基准值；陕京三线榆林压气站燃机余热利用项目与唐山LNG冷能利用工程投产运行；充分发挥集中调控优势，进一步优化管道运行方案，使管道始终处于高效经济运行状态；积极编制节能规划、计量规划，有效指导天然气与管道业务节能降耗和计量管理工作。在油气管输量和周转量均增加情况下，管网综合能耗及单耗实现双下降（表6）。

表5　2015年储气库注气量、采气量

亿立方米

项　目	2015年	2014年	同比增减
注气量	69.4	67.8	1.6
采气量	48.7	27.7	21.0

（郭　凯）

【油气管网设施公平开放】 按照《油气管网设施公平开放监管办法（试行）》的要求，积极推动信息公开、公平开放、信息报送等相关工作。制订油气管网设施公平开放的程序文件，规范工作流程；组织开发监管信息计算机网络报送系统，规范信息报送的流程和格式，提高向国家能源局市场监管司及其派出机构报送油气监管信息的及时性、准确性以及信息共享的效率；与第三方用户进行良好的沟通合作，实现向中国石化、北京燃气、新奥能源、上海管网等第三方用户提供长输天然气管道和LNG接收站的开放服务；积极开展管网公平开放相关课题研究，并配合国家能源局开展油气管网剩余能力测算研究工作；进行油气管网设施公平开放对外发布信息专栏建设。

（王　劲）

表6　2015年各单位节能量

万吨标准煤

单　位	2015年	2014年	同比增减
调控中心	4.255	3.623	0.632
管道公司	0.662	0.546	0.116
西气东输	0.68	0.667	0.013
西部管道	2.334	1.952	0.382
北京管道	0.332	0.382	–0.05
西南管道	0.247	0.076	0.171
昆仑燃气	0.033	0.031	0.002
大连LNG	0.014	0.021	–0.007
江苏LNG	0.014	0.016	–0.002
京唐LNG	0.013	0.014	–0.001

（苏　昀）

天然气销售与利用

【概述】 2015年，天然气与管道分公司按照集团公司总体安排，进一步理顺天然气销售体制和运行机制，积极抓好天然气促销和冬季保供工作，认真落实天然气价格改革工作，持续加强天然气市场开发，做好搭建天然气客户管理信息系统等天然气销售基础管理工作。

【天然气销售量】 2015年，在国内气田、进口管道气和海上LNG多资源的情况下，股份公司销售天然气1226亿立方米，同比增加31.2亿立方米，增长2.6%。受国内经济下行及替代能源价格下跌等因素影响，2015年下游市场销售增速放缓，其中除华北地区、华东地区、两湖地区以外，其他大部分地区销量同比下降。华北天然气销售公司销售天然气251.5亿立方米，同比增加35.3亿立方米，增长16.3%；西气东输公司销售天然气391.6亿立方米，同比增加22.6亿立方米，增长6.1%；西南管道公司销售天然气12.3亿立方米，同比增加5.8亿立方米，增长89.2%；管道分公司销售天然气81亿立方米，同比减少1亿立方米，下降1.2%；西部管道公司销售天然气86.7亿立方米，同比减少11.9亿立方米，下降12.1%；西南油气田周边销售天然气181.2亿立方米，同比减少7.2亿立方米，下降3.8%；长庆油田周边销售天然气103.3亿立方米，同比减少6.4亿立方米，下降5.8%；塔里木油田周边销售天然气33.4亿立方米，同比减少4.7亿立方米，下降12.3%；青海油田周边销售天然气11.3亿立方米，同比减少4.9亿立方米，下降30.4%（表7）。

表 7　2015 年天然气销售量

亿立方米

单位 / 地区	2015 年	2014 年	同比增减
股份公司	1226	1194.8	31.2
华北天然气销售公司	251.5	216.1	35.4
西气东输公司	391.6	369.0	22.6
西南管道公司	12.3	6.5	5.8
管道公司	81.0	82.0	-1.0
西部管道公司	86.7	98.6	-11.9
西南油气田周边	181.2	134.2	47.0
长庆油田周边	103.3	109.7	-6.4
塔里木油田周边	33.4	38.1	-4.7
青海油田周边	11.3	16.2	-4.9

【天然气销售流向及结构】 2015 年，股份公司天然气销售已涉入全国 30 个省（自治区、直辖市），包括南方勘探供应海南省，管道气已进入 29 个省（自治区、直辖市）。天然气销售重心仍旧集中在华北、华东和川渝地区。按省区市划分，用气量排名位于前六位分别是北京市、江苏省、四川省、新疆维吾尔自治区、重庆市和陕西省。由于 2012 年以来北方地区为提高空气质量加大燃煤锅炉改燃气锅炉以及新上燃气锅炉的力度，冬季采暖需求旺盛。与往年相比，天然气主要销售增长区域不仅集中在长输管道沿线经济发达省市，还包括天然气采暖需求旺盛的华北地区。

2015 年，股份公司油气田周边和长输管道销售天然气 1226 亿立方米。按照用途进行分类，城市燃气 962.3 亿立方米，比重为 78.5%，比 2014 年（68.3%）提高 10.2 个百分点；工业用气中化肥用气 66.2 亿立方米，比重为 5.4%，比 2014 年（5.9%）降低 0.5 个百分点；化工行业用气 44.4 亿立方米，比重为 3.6%，比 2014 年（7.4%）降低 3.8 个百分点；天然气发电用气 45.9 亿立方米，比重为 3.7%，比 2014 年（3.1%）提高 0.6 个百分点；工业燃料用气 107 亿立方米，比重为 8.7%，比 2014 年（15.3%）降低 6.6 个百分点（表 8）。

表 8　2015 年天然气销售量流向

类　别	工　业				民　用	合　计
	化　肥	化　工	发　电	工业燃料	城市燃气	
2015 年销售量（亿立方米）	66.2	44.4	45.9	107	962.3	1225.8
2015 年所占比重（%）	5.4	3.6	3.7	8.7	78.5	99.9
2014 年销售量（亿立方米）	70.5	88.4	37	182.8	816	1194.7
2014 年所占比重（%）	5.9	7.4	3.1	15.3	68.3	100.0
销售量同比增减（亿立方米）	-4.3	-44	8.9	-75.8	146.3	31.1
所占比重同比增减（%）	-0.5	-3.8	0.6	-6.6	10.2	—

【天然气利用】 股份公司天然气利用业务经过 7 年的经营实践，实现了延伸产业链，天然气二次增值的目的。2015 年，股份公司天然气利用业务实现天然气销售 216.1 亿立方米，其中昆仑燃气 101.5 亿立方米、昆仑能源 59.4 亿立方米、西南油气田 38.8 亿立方米、辽河油田 16.4 亿立方米（表 9）。

表 9　2015 年天然气利用业务销售量　亿立方米

单　位	2015 年	2014 年	同比增减
股份公司	216.1	234.4	-18.3
昆仑燃气	101.5	96.5	5
昆仑能源	59.4	77.6	-18.2
西南油气田	38.8	41.2	-2.4
辽河油田	16.4	19.1	-2.7

（张津铭）

储运设施建设

【概述】 2015年，重点项目新开工4项，续建47项，累计焊接899千米。完工并投产22项，共2133千米。

【项目前期】 2015年，天然气与管道分公司围绕油气长输管道及城市燃气等工程项目开展了前期工作，主要项目前期工作进展如下。

天然气业务。1月，股份公司批复长沙—浏阳天然气支线管道工程、新化天然气支线管道工程、天府新区集输气管道工程可行性研究。2月，股份公司批复太和天然气支线管道工程可行性研究。3月，天然气与管道分公司批复辽阳天然气支线管网（一期）工程（调整版）可行性研究。4月，天然气与管道分公司批复钦州天然气高压管道项目可行性研究。8月，股份公司批复中俄东线黑河—长岭段、汨罗—湘阴—屈原天然气支线管道工程、汨罗—平江天然气支线管道工程可行性研究；天然气与管道分公司批复江西管网靖安支线、江西管网湘东支线可行性研究。9月，股份公司批复江西管网大余信丰支线可行性研究。10月，股份公司批复中俄东线过境段控制工程可行性研究。11月，股份公司批复忠武线忠县增压工程可行性研究。12月，股份公司批复长沙—益阳支线管道项目、潮州市天然气高压管网项目可行性研究；天然气与管道分公司批复江苏扬州华电供气支线工程可行性研究。

原油业务。8月，股份公司批复中俄原油管道二线工程可行性研究。

城市燃气业务。5月，天然气与管道分公司批复寻甸县城市燃气项目可行性研究。10月，天然气与管道分公司批复北京市门头沟区天然气利用项目可行性研究。12月，天然气与管道分公司批复云南省楚雄市天然气利用项目、云南省丽江市城市燃气项目可行性研究。

隐患治理项目。6月，股份公司批复海东市湟宁兰安全隐患治理工程可行性研究。

其他项目。1月，天然气与管道分公司批复油气管道管控模式优化配套工程项目可行性研究。

【天然气管道工程】

1. 西气东输二线管道工程（续建完工）

西气东输二线管道线路总长8600千米（含支线）。西二线东西段干线、支干线及部分支线已于2013年前投产，2015年西二线贵港—玉林支线未建完。

2. 西气东输三线西段管道工程（续建投产）

管道起自新疆霍尔果斯，终止宁夏中卫，全长2400千米。西气东输三线于2014年9月全线投产。西三线西段设14座压气站，2015年建成投运霍尔果斯、连木沁、了墩等3座，剩余11座压气站正在建设。

3. 中缅天然气管道工程国内段（续建完工）

中缅天然气管道工程（国内段）是进口缅甸天然气的重要通道，在贵阳与中卫—贵阳联络线连接，在贵港与西气东输二线南宁支干线连接。工程包括1条干线和丽江、玉溪、都匀、河池、桂林、钦州、北海、防城港等8条支线。

2012年3月6日，中缅油气管道试验段提前开工，2012年4月10日，中缅油气管道正式开工建设。2013年10月13日中缅天然气干线管道和部分支线建成投产，都匀支线2014年5月建成投产，钦州支线2014年7月建成投产。

中缅天然气管道剩余支线工程进展如下：防城港支线2015年7月建成投产；昆明东支线2015年6月建成投产。

4. 大连—沈阳天然气管道工程（续建完工）

大连—沈阳天然气管道包括1条干线和大连、抚顺、辽阳、鞍山等4条支线。大连—沈阳天然气管道干线于2011年11月建成投产，2013年抚顺和鞍山支线建成。

大连支线全长21千米，于2010年开工，截至2015年底，工程建成待投产。

5. 济宁市西部五县天然气支线管道二期工程（续建完工）

济宁市西部五县天然气支线管道二期全长152.5千米。2014年底，济宁市西部五县天然气支线管道一期工程建成投产。截至2015年底，二期工程建成待投产。

6. 哈尔滨—沈阳输气管道长春—沈阳段（续建投产）

哈尔滨—沈阳输气管道工程长春—沈阳段起自长长吉（长岭—长春—吉林）输气管道长春分输清管

站，途经吉林省长春市、公主岭市、四平市，辽宁省铁岭市、沈阳市，终止于秦沈输气管道沈阳联络站。管道全长364.7千米，采用L485螺旋缝埋弧焊钢管和直缝埋弧焊钢管。全线设12座线路截断阀室，其中A类监控阀室1座，其余均为监视阀室。

哈尔滨—沈阳输气管道工程长春—沈阳段于2015年9月建成投产。

7. 西气东输三线东段管道吉安—福州段（续建）

西气东输三线天然气管道东段吉安—福州段线路总长829千米，其中吉安—漳州段线路长509千米，采用API 5L X80等级螺旋缝和直缝埋弧焊钢管；漳州—福州段长328千米，采用API 5L X70等级螺旋缝和直缝埋弧焊钢管。扩建西气东输二线吉安分输清管站为吉安联络站；新建于都分输站、瑞金分输清管站2座工艺站场。

西气东输三线工程东段于2012年10月开工建设。截至2015年底，已焊接816千米。

8. 山东天然气管网工程（续建）

山东天然气管网包括泰安—青岛—威海干线和淄博、莱钢、招远、寿光、乳山、日照等6条供气支线。干线长度584千米，其中泰安—青岛干线长度355千米，青岛—威海干线长度229千米。

工程于2009年9月开工，2011年4月泰安—青岛段干线建成投产。2013年淄博支线建成投产、青岛—威海段于2015年9月建成投产。日照支线已完工待投产。

9. 临沂—团林输气管道工程（续建）

临沂—团林天然气管道起自冀宁联络线滕州—临沂支线临沂分输站，止于临沂市临港区团林分输站站外4千米处。管道全长120千米，采用L360钢级高频直缝电阻焊钢管。全线共设置1座B类监控阀室、4座监视阀室。

截至2015年底，已焊接管道112千米。

10. 团林—东港输气管道工程（续建）

团林—东港输气管道工程起自临沂市临港区团林分输站站外4千米处，止于日照市东港末站。管道全长60.4千米，采用L360钢级高频直缝电阻焊钢管。全线共设置3座监视阀室。

截至2015年底，已焊接管道38千米。

11. 四平—白山供气支线管道工程（续建）

四平—白山供气支线管道工程起自哈尔滨—沈阳输气管道四平分输清管站外，途经吉林省四平市，止于吉林省白山市白山末站，管道全长350千米。其中，四平分输清管站—通化分输清管站段线路长度300.7千米，采用L415螺旋缝埋弧焊钢管和直缝埋弧焊钢管；通化分输清管站—白山末站线路长度49.3千米，采用L360直缝高频电阻焊钢管。全线设14座线路截断阀室。

四平—白山供气支线管道工程于2013年6月开工建设，截至2015年底，已焊接管道334千米。

12. 港清三线输气管道工程（续建）

港清三线输气管道起自河北省永清县永清首站，止于大港末站。干线全长162千米，采用L485螺旋缝埋弧焊钢管和直缝埋弧焊钢管。共设置5座线路截断阀室。

永清首站通过7条联络管道实现与永唐秦天然气管道、陕京三线、陕京二线、陕京一线线、京58储气库的相互连通调气。其中，9.3千米线路采用L485直缝埋弧焊钢管；1.9千米线路采用L450螺旋缝埋弧焊钢管；600米线路采用L450螺旋缝埋弧焊钢管。共设置6座阀室。

2013年2月港清三线开工建设。霸州—大港段干线2015年11月建成投产；截至2015年底，永清—霸州段干线已焊接22.7千米，永清联络线已焊接13.7千米。

13. 兰州—定西输气管道工程（续建）

管道起自兰州市西固区柳泉乡兰州首站，与涩宁兰输气管道相接，止于定西市安定区定西末站。管道全长139.8千米。其中，兰州首站—和平清管分输站段管道全长46.7千米，采用L360螺旋缝埋弧焊钢管和直缝埋弧焊钢管；和平清管分输站—定西末站段管道全长93.1千米，采用L290高频电阻焊钢管和无缝钢管。全线设6座监视阀室。

工程于2013年8月开工建设，截至2015年底，已焊接管道134千米。

14. 陕京四线（续建）

陕京四线干线全长1120千米，设9座站场。2014年3月26日，陕京四线控制性工程正式开工建设。

15. 如东—海门—崇明岛输气管道工程（续建完工）

管道起于如东首站，止于上海市崇明燃气门站。线路全长88.8千米，截至2015年底，已建成待投产。

16. 遵义—高坪输气管道（续建投产）

遵义—高坪支线气源来自中贵线，从遵义分输压气站接气。管道的起点为遵义首站，与遵义分输压气站合建；止于遵义市汇川区高坪镇的高坪末站，与高坪门站毗邻建设。高坪支线线路长25.7千米，一般线路用管选用高频电阻焊钢管，穿跨越段采用无缝钢管，共设有 2 座工艺站场，1 座线路截断阀室。

遵义—高坪输气管道已于 2015 年 12 月建成投产。

28. 金坛—溧阳供气支线（续建完工）

金坛—溧阳供气支线工程起自西气东输金坛储气库金坛首站，止于溧阳市南渡分输站，管道全长 53 千米，采用 L415 直缝埋弧焊钢管。全线设 2 座线路截断阀室。

金坛—溧阳供气支线于 2014 年 9 月开工建设，截至 2015 年底，已建成待投产。

【原油管道工程】

1. 中缅原油管道工程（国内段）一期工程（续建完工）

中缅原油管道工程（国内段）一期工程包括瑞丽—禄丰段干线、安宁支线。

瑞丽—禄丰段干线起自云南省瑞丽市，止于云南省昆明市，管道全长 605.9 千米，采用 X70 级螺旋缝埋弧焊和直缝埋弧焊钢管。

安宁支线起自禄丰分输站，止于安宁末站，管道全长 42.8 千米，采用 X65 级螺旋缝埋弧焊和直缝埋弧焊钢管。

瑞丽—禄丰段干线设置 5 座工艺站场，与安宁支线新建安宁末站均为合建站。

中缅原油管道于 2012 年 4 月开工建设，截至 2015 年底，瑞丽—昆明段（安宁）663 千米已建成待投产。

2. 铁岭—锦西原油管道复线工程（续建投产）

铁岭—锦西原油管道复线工程包括铁岭—锦西干线和锦州港支线。干线起自辽宁省铁岭市庆铁三线末站，止于辽宁省葫芦岛末站，管道全长 442 千米。其中，兴沈—松山段采用 L450 钢级螺旋缝埋弧焊和直缝埋弧焊钢管；松山分输热泵站—葫芦岛末站段，采用 L415 钢级高频直缝电阻焊钢管。全线采用加热密闭输送工艺。干线设置线路截断阀室 22 座。锦州支线起自干线松山分输热泵，止于锦州港末站，管道全长 38 千米，采用 L415 钢级高频直缝电阻焊钢管。支线管道在兴海区内架空敷设 2 千米。设置 1 座手动线路截断阀室。

工程于 2015 年 9 月建成投产。

3. 铁岭—抚顺原油管道改造工程（续建投产）

铁岭首站—抚顺输油站间新建管道线路全长 48 千米，管道规格为 L360M—D711 × 8—11 螺旋（直）缝埋弧焊钢管。一般线路段采用环氧粉末加强级防腐层 + 聚氨酯泡沫塑料保温层 + 聚乙烯防护层，定向钻穿越段采用不保温三层 PE 加强级防腐。全线设 3 座线路截断阀室。

工程于 2015 年 10 月建成投产。

4. 天津港—华北石化原油管道工程（续建投产）

天津港—华北石化原油管道起自天津港汇鑫油库首站，止于河北省任丘市任丘末站，管道全长 187 千米。全线采用加热密闭输送工艺，具备双向输送功能。设 3 座工艺站场，8 座阀室。其中首站由汇鑫公司组织建设。

工程于 2015 年 9 月建成投产。

【成品油管道工程】

1. 锦州—郑州成品油管道（续建）

锦州—郑州成品油工程包括 1 条干线，锦西和华北 2 条输入支线，秦皇岛、唐山、武清、大厂、石楼、邢台和邯郸 7 条分输支线。

干线全长 1320.8 千米，输入支线共长 66.8 千米，7 条支线共长 248.6 千米，干线支线共长 1636.2 千米。

锦州—郑州成品油管道于 2012 年 8 月开工，截至 2015 年底，累计焊接 1276 千米。

2. 云南成品油管道工程（续建）

云南成品油管道工程包括安宁—保山、安宁—蒙自、安宁—曲靖成品油管道等 3 项管道干线和一条支线，全长 950.8 千米。

安宁—保山成品油管道线路全长 395.5 千米。全线采用 L415 钢级高频直缝电阻焊钢管和 L360 钢级高频直缝电阻焊钢管。

安宁—蒙自成品油管道线路全长 251.2 千米。全线采用 L360 钢级高频直缝电阻焊钢管。

安宁—曲靖成品油管道线路全长 233.3 千米。全线采用 L415 钢级高频直缝电阻焊钢管。

截至 2015 年底，云南成品油管道主体焊接已完成，10 座站场已进场 6 座。

4. 抚锦成品油管道工程（续建）

抚锦成品油管道全长 411 千米，其中干线 237 千米、支线 174 千米。截至 2015 年底，累计焊接 266 千米，6 座站场已进场 3 座。

5. 钦州—南宁—柳州成品油管道（续建完工）

钦州—南宁段线路全长 170 千米，原由广西石化负责建设，2008 年 3 月开工，2010 年 10 月主体完工。根据集团公司总体规划，2010 年 11 月移交西气东输管道公司，2012 年 10 月移交西南管道公司。南宁—柳州段线路全长 193 千米，由西气东输管道公司建设，2011 年 1 月开工，2013 年 7 月主体完工。

截至 2015 年底，钦州—南宁—柳州成品油管道已完工待投产。

【储气库工程】 西气东输金坛地下储气库工程（续建）主要包括改造若干口老腔，新建若干口溶腔、部分输气干线、部分注采气站、集输系统等。金坛地下储气库一期工程主要内容包括输气干线、东西注采气站、地面配套公用工程设施建设，部分老腔改造和部分新腔的钻井溶腔以及地面配套部分建设。一期工程完工后，有效工作气量将大大增加。金坛地下储气库二期工程包括新增若干口造腔井钻井工程。

截至2015年底，一期工程累计完成99.9%；二期工程累计完成99.8%。

【液化天然气接收站工程】 大连液化天然气项目二期工程在一期工程基础上扩建。

在已建3座LNG储罐罐内各新安装1台低压输送泵。外输系统新建2台高压输出泵，增购1台中压泵芯。新建2台开架式汽化器，2台浸没燃烧式汽化器。

装船系统新建1条装船管线，并对一期工程卸船码头及工艺系统进行改造。扩建海水系统、燃料气系统、自控系统和电气系统等，并设监视中心。

2014年9月，大连液化天然气项目二期工程开工建设。截至2015年底，该项目已完工待投产。

（叶可仲　谢贤龙）

储运设施管理

【概述】 截至2015年底，天然气与管道分公司管理运营的主要油气长输管道62689千米，同比增加1446千米。其中，原油管道9026千米，同比减少400千米；天然气管道44939千米，同比增加1823千米；成品油管道8724千米，同比增加23千米；各类油气管道工艺站场1613座，线路截断阀室2324座；共有管道及储气库压气站74座，各类天然气压缩机237台，总装机功率4621兆瓦；共有各类输油泵659台（套），总装机功率756兆瓦；共有500立方米以上原油、成品油储油罐369座，总罐容1303万立方米；LNG接收站储气罐10具，总罐容160万立方米。

【管道完整性管理】 根据管道完整性管理系统（PIS）统计，5家管道地区公司的57个分公司（管理处），共编制完整性管理方案144个，覆盖在役油气管道52179千米，完整性管理覆盖率达到100%。

结合集团公司降本增效要求，2015年完成内检测6031千米。依据管道内、外检测结果，累计修复各类管道本体缺陷446个（高后果区401个），防腐层缺陷821个（高后果区149个），有效控制了管道本体风险。

参与编制国家标准GB 32167—2015《油气输送管道完整性管理规范》，该标准已于2015年10月13日发布，2016年3月1日正式实施。

【维抢修管理】 截至2015年12月，天然气与管道业务内已建成20个维抢修中心、37个维抢修队，共配置维抢修人员2700余人，维抢修设备近8200台套。初步建立覆盖全国范围内所辖网的油气长输管道及储运设施维抢修体系。

【管道保护管理】 配合国家能源局与国家铁路局组织编制《管道与铁路相互关系处理意见》，2015年10月正式发布，2016年1月1日起施行。

按照国家和集团公司整体部署，做好隐患整改方案和资金的落实，协调管道沿线各级政府加大隐患整改力度，尽早消除管道外部隐患。在隐患完成整改前加大管控力度，特别是对待停输管道，加密巡护、严防死守，避免在整改期间发生任何安全生产事故。截至2015年底，管道隐患专项排查出的1637处隐患，完成整改1557处，整改率95.11%。

2015年成功举办集团公司第二届天然气与管道专业职业技能竞赛。竞赛包括输气工、管道保护工2个工种竞赛和管道维抢修团体竞赛，以及基层岗位创新成果评比，共评选出个人单项奖30项、团体奖8项，优秀创新成果28项。

各管道企业加大防打孔盗油工作力度，加强管道巡护监管，提高管道巡护质量，2015年共发生打孔盗油案件5起，同比下降50%。同时，加强与当地公安部门的沟通与协调，尽快侦破打孔盗油案件。

【设备管理】 截至2015年底，天然气与管道分公司在用压缩机组237套，总装机功率4621兆瓦，同比新增21套，2015年机组实际利用率25.6%，可用率98.2%，可靠性99.8%。

加强压缩机组维检修管理，按照返厂大中修全部由压检中心承担和冬季运行期不得出现空机位的原则，组织地区公司进一步加强维检修计划和进度管理，优化检修窗口期，2015年开展燃机返厂维修15台。压检中心2015年维修的燃机合同报价比同期送国外维修降低10%，降低了维修成本和维修周期。

（贺克奋）

专业管理

【规划管理】 按照集团公司统一安排，2015年完成并上报天然气与管道业务“十三五”规划，2016年4月获得集团公司批复，其中天然气业务规划的重点是结合国家关于天然气产业和相关能源的发展政策，进一步落实市场需求，优化国内外资源采购，统筹安排“十三五”期间天然气销售、储运设施建设和天然气管输；原油、成品油管网规划重点是分析国内外原油资源获取情况、炼油厂建设安排、成品油市场需求变化情况，统筹安排原油、成品油储运设施建设和管输。组织地区公司编制完成各公司“十三五”总体规划和分省天然气业务发展规划，2016年1月底组织完成规划评估并正式批复，规划重点是提前部署“十三五”期间的天然气销售、管道建设、站场适应性改造、天然气下游项目建设等工作。

【投资管理】 2015年，天然气与管道业务投资计划166.33亿元（其中股份公司144.37亿元），从业务类型看，原油业务投资37.30亿元，占22.4%；成品油业务投资39.61亿元，占23.8%；天然气业务投资65.44亿元，占39.3%；储气库业务投资7100万元，占0.4%；LNG业务投资5.49亿元，占3.3%；城市燃气和CNG业务投资12.54亿元，占7.5%；其他业务投资（更新改造、安全环保、科研、节能、非安设备等）5.25亿元，占3.3%。各地区公司2015年实际完成投资158.81亿元，占下达计划的95.5%。

2015年投资安排原则：突出规划对投资计划的指导作用，坚持依法合规；结合分省天然气支线规划、下游利用规划、适应性改造项目规划，按效益对支线、适应性改造和下游利用项目进行优选排序，优先安排效益好、现金流贡献大的项目；优先安排保障油气管网安全运行、实现存量资产效益最大化、战略性和节能降耗项目的投资，严格压缩非生产性支出。

2015年专业公司持续完善天然气与管道业务规划管理体系，进一步突出规划编制和项目投资安排的联系。加强投资全过程管理，明确分阶段投资控制责任主体。规划阶段优化项目建设规模和节奏，可行性研究和初设阶段注重方案优化比选，实施阶段加强投资管控，严禁超规模、超标准建设，后评价阶段加强分析总结，实现从源头控制和节约投资。坚持项目效益标准，前期工作阶段重视经济评价，对已投资的项目加强效益分析。通过各种措施实现投资压缩10%的目标。

（罗文君）

【预算管理】 2015年，天然气与管道分公司财务工作按照集团公司“有质量有效益可持续”的要求，结合生产经营实际，重点从“精细预算管理、完善价税结算、夯实会计核算、理顺联合管道”出发，积极探索研究完善经营机制，制定各项“开源节流降本增效”措施，确保效益实现。

编制完成分月经营预算，配合集团公司完成季度预算编制。组织各相关地区公司按照“一次完成全年分月预算编制、分月根据上月运行情况进行微调”的原则进行月度经营预算的编制；按照集团公司要求，配合财务部编制完成专业公司各个季度预算。

及时展开生产经营活动分析。进行月度生产经营分析，召开2015年上半年生产经营分析会，及时发现预算执行过程中存在的问题，提出影响利润目标完成的关键所在，为生产经营决策服务。

完成不同资源量、销售量情景方案下效益情况测算。结合国际油价持续下跌、国内经济发展、天然气出现滞销的状况，对1265亿立方米、1235亿立方米、1210亿立方米不同资源量和销售量方案进行测算，重点说明各方案下效益业绩目标实现情况及降价促销的利润空间，并在天然气与管道分公司降价促销方案中予以落实。

完成天然气价格调整对效益影响测算。结合国家发改委新的调价政策，对天然气价格调整后对天然气与管道分公司效益影响情况进行测算。

分解下达2015年效益奋斗目标。股份公司下达天然气与管道分公司2015年预算奋斗目标为240亿元，较年度预算208亿元增加32亿元。天然气与管道分公司多措并举，结合《天然气与管道分公司开源节流降本增效工作具体实施方案》的颁布，加强与地区公司沟通，及时将奋斗目标分解到各相关地区公司，做到压力及时下传，为实现奋斗目标奠定基础。

及时完成业绩考核工作。按照人事部、财务部关于业绩考核相关工作要求，及时完成2014年各单位财务业绩指标考核及2015年各季度财务业绩指标考核工作。

构建成本分析数据库信息系统。召开天然气与管道分公司成本分析数据库数据收集工作启动会，建立成本分析数据库信息系统，将历年数据全部进入信息平台实现自动查询和组合分析。

推进BPC预算信息系统建设。配合项目组搭建BPC预算信息系统构架，与现行月度经营预算相融合，完善预算管理信息支持手段，完成预算编制及分解模块建设及应用。

全面开展2016年财务预算编制工作。完成整体匡算并与财务部进行对接，推动地区公司同步进行预算编制。以销售为龙头，组织资源合理调配，对影响2016年经营的各项因素进行分析汇总，全面开展财务预算编制工作。完成天然气与管道分公司2015年利润预计，全面协调2016年生产参数细化工作，进行1260亿立方米销售方案下财务预算匡算；正式下发关于编制2016年财务预算的通知，推动地区公司及时展开2016年财务预算编制工作，实现全面预算管理上下联动，提高预算的及时性和与生产运行的紧密结合。

（王　丹）

【财务管理】 2015年，天然气与管道业务财务管理开展以下重点工作。

根据天然气与管道分公司安排，创造性解决油气管线运行出现的相关价税问题。结合天然气与管道分公司统一部署，协调华北天然气销售公司与大港油田结算、津华线管输费收取、中缅进口原油相关结算问题，参与供港天然气免税操作、上海石油天然气交易中心上线、大唐煤制气项目价格调整、中沧线停输、深圳LNG应急调峰站项目等价格结算问题，有力保障了管线运行管理。

推进天然气价格调整政策，优化制定内部结算价格、完善内部价格体系。参与推进天然气价格第一次和第二次调整，配合厘清内部板块间天然气结算价格，完成天然气内部定价机制专题汇报，测算并下达年度、二次调价中各销售公司内部结算价格，完成各相关区域销售公司内部结算价格，预测进口气价格，提出油气田取消天然气板块后内部结算价格的原则方法，保障内部价格体系的运行良好机制。

探索天然气管输费调整方法，跟进天然气网运分开应对措施。组织完成所属管道公司管输标准费率定价测算，对存在地区不平衡、效益降低等情况的解决建议。配合天然气网运分开后管输相关价格、结算模式的可能影响应对措施，为油气改革中可能存在问题做好准备。

开展国外管网结算模式研究，完善商储库结算模式。对国外（加拿大、俄罗斯等）管道公司运营与结算模式进行研究，配合集团公司解决商储库运行气结算主体与结算气量、结算方式等矛盾，协调解决商储库垫底气结算问题。

开展天然气销售机制改革下财务融合。参与完成天然气销售机制改革的商务模式设定，财务运行和资金结算方案及时出台，进行计量、结算、报表的财务会计调整，有序规范推进销售体制改革。

开展“开源节流降本增效”工作。结合国务院国资委关于亏损企业专项治理的要求，围绕突出效益导向，抓好资源、优化运行及销售，制定并下发实施细则，定期分析推进，提供扭亏解困企业月报，保障年度目标完成。

夯实会计核算基础，做好财务决算。修改完善1028主表及管理报表，完善1651、1752等分业务归集报表；协调销售分支机构中运行中核算问题；加大应收账款清欠力度，完成2015年财务决算。

配合完成其他专项工作。完成尽职调查与路演相关材料准备与提供，举办天然气行业产融结合论坛，与财务部等相关部门协调完成吐哈油田纳入统购统销体系，配合完成总部机关及管理层内控测试、审计署信息化审计及审计后未整改项目整改。为各项工作顺利开展提供财务支持。

【资产管理】 截至2015年底，天然气与管道分公司固定资产原值4267亿元，净值3132.29亿元。其中，2015年增加固定资产原值1038.55亿元，净值935.62亿元；报废资产原值4.21亿元，净值0.78亿元；计提折旧143.79亿元。

（袁童玲）

【合资公司管理】 2015年，对合资公司管理重点开展以下工作。

加强基础工作建设，做好日常财务核算，加强会计信息分析工作。合资公司在完成2014年度财务决算各项工作的基础上，对2015年FMIS账务系统进行初始化操作，完成建账工作。按月出具生产经营分线报表，找出差异，为管理层决策提供全面可靠的数据支持。

及时完成合资公司2014年度财务报告审计工作。2015年1月完成财务决算工作后，合资公司聘请毕马威会计师事务所对合资公司2014年度财务报告进行审计，并为合资公司出具无保留意见的审计报告。

加强合资公司资金管理。按月及时与西部分公司进行资金清算，做好资金的上收下拨工作，充分实现资金的时间价值，及时将资金转入委托贷款，增加利息收入。

加强税务沟通，争取税收优惠。合资公司按月及时上缴纳入国家税收管理范围的各项税费，完成2014年度的所得税汇算清缴。完成昌平科技园区突出贡献奖1687万元的申报工作，并已通过昌平科技园区初步审查。

平台公司财务建设工作。中石油管道有限责任公司成立后，为保证平台公司财务核算管理工作的正常运行，在股份公司现有会计核算、资金、资产管理等政策下，结合其他各管道公司财务岗位设置及职责，并考虑平台公司财务自身特点及未来发展定位，梳理出平台公司需出台实施的财务规章制度，并制定了平台公司财务处的职责以及有关岗位设置和各岗位职责。

（周旭宇）

【专业技术培训】 2015年，按照集团公司培训工作统一部署，天然气与管道分公司紧密结合油气储运、天然气销售与利用、油气储运设施建设、资产完整性管理等核心业务，不断加大培训工作力度，完善培训机制和培训管理制度，努力提高天然气与管道从业人员的业务素质。

组织开展天然气与管道业务2015年员工技能大赛。在集团公司人事部统一安排下，组织管道地区公司千余人参加输气工、管道保护工和维抢修工3个工种的预赛、实操比赛，同时组织开展天然气与管道业务一线员工创新创效成果评选，激发一线员工立足岗位成才的积极性。

围绕天然气与管道业务领域核心技术和前沿理论，组织编写《油气管道通信传输技术》《天然气管网调控运行技术》等13本员工培训教材。

抓好培训项目计划落实。组织开展天然气市场营销、管道完整性管理应用、油气长输管道维抢修管理及现场处置技术、安全环保、信息化管理、自控通信业务等培训班11期，来自管道地区公司、油气田单位近1100人参加培训学习。各管道储运企业按照股份公司和天然气与管道分公司有关培训要求，落实全员培训要求，认真组织开展储运业务和专业技术培训，积极开展天然气与管道业务安全环保培训，扎实推进岗位练兵和职业技能鉴定等工作，培训工作质量有了较大提升，对提升员工队伍整体素质起到积极作用。

（刘克举）

【管道安全】 2015年，天然气与管道分公司深入学习贯彻集团公司2015年工作会议精神，认真落实集团公司安全环保工作会议的具体要求，积极贯彻“环保优先、安全第一、质量至上、以人为本”的理念，持续完善QHSE管理体系建设，以HSE管理体系审核为抓手，夯实安全环保责任制，强化安全环保合规管理，狠抓管道隐患排查和治理，注重安全教育培训，做好污染减排，严格HSE绩效考核等工作，保证了油气长输管道安全平稳运行。

（1）持续完善QHSE管理体系，建设合资公司管理体系。

严格落实集团公司会议要求和领导指示。2015年天然气与管道分公司先后成功召开2次天然气与管道分公司安全生产（QHSE）委员会会议。

持续推进QHSE体系建设完善。2015年，重点结合业务分解，持续完善体系文件，分解业务329项，修订体系文件33个（程序文件15个，作业文件18个）。改进体系文件发布方式，体系文件发布由原来印刷出版改为OA系统统一发布。在天然气与管道分公司主页单设“体系文件”信息栏，将体系文本发布在天然气与管道分公司主页，使天然气与管道分公司到地区公司，直至基层站队的业务人员均可进行查阅，确保执行最新版本。通过天然气与管道分公司各处室努力，完成中石油管道有限责任公司规章制度建设，形成15个制度。自2010年一季度以来，各家管道企业HSE信息系统考核均为优秀。

（2）严格安全监督检查，体系审核制度化、标准化。

天然气与管道分公司高度重视体系审核工作，2015年，对10家直属机构和地区公司进行审核，并开展调研和服务基层工作，形成完善的体系审核专家库，再次修改发布《天然气与管道业务HSE管理体系审核管理办法》，优化审核流程，增加审核条款，明确审核组工作标准，强化问题分析职责，规范审核报告，使审核工作更加务实。按照“四不两直”要求，审核组先现场后机关，现场问题在机关找原因，提高了审核质量和效率。天然气与管道分公司领导利用审核开展调研，现场解决管道停输、冬季保供、维抢修建设等问题。2015 年，天然气与管道分公司共组织开展 2 次体系审核和 2 次安全环保专项检查。对 10 家地区公司的 30 个二级单位，64 个基层站队进行现场审核，发现典型做法 31 项，查出问题 128 项，通过举一反三，均得到系统整改。7 月 23 日—8 月 30 日，采用全面对标方式，对昆仑燃气所管辖的天然气长输管道进行专项审核；天津滨海新区“8·12”危险化学品仓库爆炸事故发生后，对 3 座 LNG 接收站、11 座 LPG 库和 30 座油库、4 座储气库进行现场督查。

（3）充分利用集团公司安全隐患集中治理机制，开展重大隐患治理工作。

根据天然气与管道分公司安委会要求，2015 年分 5 批共下达 16 项隐患治理项目，下达投资 1.6 亿元。重点治理兰成渝管隐患道，完成康县改线项目、管体隐患改造、管道跨越隐患改造、RTU 阀室隐患改造、成都站隐患改造等 5 个项目。2015 年新下达的广元支线改线、清江河穿越改造、内江支线改线、绵远河穿越等 4 个项目已完工。年内还下达其他站内设施隐患改造 8 项，全部完成可行性研究，正在开展设计。

（4）强化合规性管理，积极推进建设项目安全环保“三同时”。

2015 年，结合新《安全生产法》和《环境保护法》，环境保护部 28 号、29 号、30 号、31 号令，国家安监总局 77 号令、79 号令等配套法规以及集团公司《建设项目安全设施竣工验收管理暂行办法》（安全〔2015〕171 号）等要求，修编天然气与管道分公司安全环保“三同时”有关体系文件，规范天然气与管道业务建设项目安全专项验收工作职责、工作流程和工作标准。按照 2015 年初安委会精神，完成《建设项目安全环保专项审查和验收工作计划》，明确各项目报审时间节点。印发《关于明确天然气与管道业务建设项目安全设施验收有关事宜的通知》（油气〔2015〕38 号）、《关于西气东输二线西段工程等建设项目安全设施验收有关事宜的通知》（油气〔2015〕106 号）等文件，明确天然气与管道分公司安全验收程序和标准，安排地区公司组织开展西气东输二线西段等项目安全验收。专题督办西二线香港支线、广深支干线海底管道工程、兰郑长成品油管道、大沈线等项目安全验收整改工作。在新出台的国家安监总局 79 号令中取消建设项目试生产方案备案要求，组织管道设计院修编的《油气管道建设项目安全专篇编制导则》已通过安监总局三司审查发布执行。

（5）持续完善应急预案体系，提升事故应急管理。

“十二五”期间，共完成 4 次天然气与管道业务应急预案修订工作。结合新《安全生产法》和《环境保护法》，组织完成第四次修订，并根据 2015 年 7 月 9 日应急工作会议要求进一步完善。结合管道储运业务连通上下游用户方的专业特点，构建了应急框架体系。为向长输管道突发事件应急指挥人员提供应急指挥决策参考，组织编制《油气长输管道突发事件应急问题树》，并及时纳入《天然气与管道业务突发事件专项应急预案》。针对油品管道可能造成水体污染的重点风险，组织油品管道管理单位对每条穿越或邻近的河流、水渠、湖泊等水体编制针对性的专项处置预案，共编制“一河一案”798 项，油品管道穿越河流专项预案全覆盖。针对管道穿越人口密集区，与市政管网交叉区风险问题，组织编制“一事一案”“一地一案”3500 多项，初步实现应急响应中的道路交通可达化、水文条件清晰化、设备排布定点化、专用设施预装化、对策措施个性化。

（6）做好安全环保基础工作。

天然气与管道分公司举办一期集团公司油气长输管道安全环保技能培训班，对 26 家二级单位的 111 名安全环保人员进行专项培训。2009 年以来连续 6 年安全专项培训累计培训 530 余人。

2015 年元旦、春节、全国“两会”、纪念抗日战争胜利 70 周年活动、中秋国庆“两节”前，分别印发加强安全生产工作通知，严格落实安全环保升级管理，明确工作要求，统计节假日活动期间危险作业计划和地区公司领导到场名单，强化安全环保风险管控，确保全年节假日期间安全生产无事故。

总结推广西部管道公司输油气站场目视化做法，调研 5 家管道地区公司以及西南、大庆等油气田公司输油气站场标识标志，制定集团公司企业标准《输油气管道站场安全目视化规定》。

依据天然气与管道分公司体系文件《安全环保管理程序》《事故事件管理程序》以及地区公司站场安全生产管理情况，天然气与管道分公司组织编制《油气储运站场 HSE 管理规定》和《油气储运站场巡检 HSE 检查表》。

组织昆仑燃气有限公司起草集团公司《燃气业务安全监督管理办法》（中油安〔2015〕176 号）。

结合漏油事件整改和科研成果，2015 年报批集团公司企业标准《陆上管道溢油污染水体应急处置技术规范》。

组织开展中缅昆明东支线“6·23”天然气泄漏等 3 起生产安全环保事件的调查工作。

【标准化管理工作】 2015 年，在集团公司质量与标准管理部正确领导和大力支持下，天然气与管道专业标准化工作紧密结合业务发展实际和标准规划，严格标准制修订管理，开展标准规划研究及体系完善，逐步完善标准信息化建设，标准技术水平和管理水平持续提高，对主营业务发展的技术支撑作用稳步增强，取得较好成效。

（1）围绕主营业务发展，圆满完成标准制修订任务。

2015 年，组织开展 34 项标准的制修订工作，包括制修订 33 项，接转 2014 年 1 项。

满足长输油气管道集中调控的管理需求，制定管道通信、远程控制与 SCADA 网络传输等标准，包括《油气管道通信系统通用管理规程　第 4 部分：光传送网运行维护》《油气管道监控与数据采集系统通用技术规范　第 10 部分：网络传输》《天然气管道远程控制技术规范》等，其中《天然气管道远程控制技术规范》是为全面推行天然气管道站场远控工作，实现中国石油所属范围内的在役管道和新建及改扩建管道远程控制的统一性和规范性而制定，对提高调控中心远程控制的安全性、可靠性和高效性具有重要作用。

持续加强和完善设备维修维护标准，提高设备的可靠性管理，设备设施的运行维护直接关系管道的安全经济运行，是专标委制修订重点之一。修订 Q/SY 199—2007《容积式流量计运行操作和维护规程》、Q/SY 198—2007《SHAFER 气液联动执行机构操作维护规程》，整合修订 Q/SY 97.1—2011 和 Q/SY 97.3—2009《天然气管道压缩机组技术规范》。制定《长输油气管道站场周界防护系统运行维护规程》《天然气管道燃气发生器技术规范　第 1 部分：燃气发生器现场整体拆卸界面及要求》，其中第 1 部分：燃气发生器现场整体拆卸界面及要求明确了天然气管道用燃气发生器返厂维修现场拆装的基本要求和拆装界面，规范了燃气发生器拆装及调试的作业内容，合理优化拆装工序，有效提升燃气发生器现场整体拆装作业管理水平。

及时总结生产管理经验，完善管道管理相关标准，提升管道管理水平。制定《多年冻土区管道线路管理与维护规程》《在役油气管道线路施工管理规范》，其中《在役油气管道线路施工管理规范》是依据管道保护法，在总结管道第三方施工管理实践经验的基础上编制完成，明确了在役油气管道及其附属设施第三方施工信息收集、方案审查和过程监督等基本要求和内容。进一步规范在役油气管道第三方施工管理，有效防止管道第三方施工损坏，提高管道安全管理水平。

重视健康安全环保标准的制修订，对保障管道的安全经济运行和环保管理提供了依据。包括《长输油气管道安全目视化管理规范》《管道溢油处置技术规范》《在役油气管道焊缝残余应力超声无损检测技术规范》《输油气管道穿越强震区和活动断层监测技术规范》《在役油气管道材质性能评价技术规范》、Q/SY 1267—2010《钢质管道内检测开挖验证规范》、Q/SY 130—2007《输油气管道应急救护规范　陆上》、Q/SY 1266—2010《油气管道设施锁定管理规范》等。

（2）完成标准复审工作，确保标准的适用有效。

2015 年共组织 18 项标准的复审。在前期函件征求负责起草单位意见的基础上，7 月 23 日在北京组织召开标准复审会，专家紧密结合集团公司生产经营实际和技术发展现状，结合标准使用及有关技术发展情况，对标准是否符合企业发展和生产技术的要求做出评价，明确标准的复审结论和相关理由，对复审结论为修订的项目安排在 2016 年修订。

（3）提前筹划，持续开展标准规划研究及体系完善工作。

按照集团公司优化完善企业标准体系的要求，对天然气与管道专业标准体系进行修订完善，剔除了相关度不高的其他专业标准，增加了全生命周期的一体化标准，使标准体系更加贴近天然气与管道业务实际，符合集团公司建立专业标准体系的整体要求，也为今后标准制修订规划了蓝图。

（4）充分利用信息手段，标准信息管理系统持续完善。

自 2012 年 5 月集标准化管理、标准查询、标准全文在线浏览、标准统计分析、动态信息发布以及资源共享与交流等功能于一体的天然气与管道标准信息管理系统运行以来，专标委每年都持续开展标准信息管理系统建设工作。

2015 年，标准查询系统完成标准更新 370 条，其中国家标准 114 条，行业标准 174 条，企业标准 82 条；标准化管理模块完善升级，简化标准立项、制修订以及复审流程，增加收发文模块；完成 120 余篇标准的揭示加工和 250 余篇标准的全文数据加工，进一步扩充揭示数据库，持续完善揭示系统功能。9 月正式发布天然气与管道标准内容揭示系统移动 APP 客户端。在《油气储运》《中国标准化》《中国石油报》《石油商报》等期刊报纸上对揭示系统进行推广宣传，并在天然气与管道标准宣贯会及西部管道、北京油气调控中心等单位进行培训推广。

（郑贤斌）

【管道科技】

1. 科技项目奖励情况

“油气管道完整性管理技术研究与应用”项目获2015年国家安全生产科技成果一等奖。“站场腐蚀控制及管道外腐蚀检测评价技术研究”项目获2015年国家安全生产科技成果二等奖。

“西气东输埋地管道腐蚀控制技术集成研究”“京58储气库群建库及运行集成技术研究”两项课题获集团公司科技进步奖二等奖。“输气管道设备操作三维仿真培训应用研究”课题获2015年集团公司科技进步奖三等奖。

“油气管道地质灾害风险管理技术规范”获2015年集团公司优秀标准奖一等奖。“油气管道仪表及自动化系统运行技术规范”获2015年集团公司优秀标准奖二等奖。

“油气管道安全预警系统技术规范”“输油气管道电气设备管理规范”“油气管道监控与数据采集系统验收规范”“油气输送管道系统节能监测规范”获2015年集团公司优秀标准奖三等奖。

2. 重点科技项目成果

（1）30兆瓦级国产燃驱压缩机组。

2015年12月26日13时，我国自主研制的30兆瓦级国产燃驱压缩机组产品在西三线烟墩站一次点火成功，实现我国管道核心装备的又一重大突破。19时，30兆瓦级国产燃驱压缩机组产品在西三线烟墩站点火成功。

（2）油气管道关键设备国产化。

2015年12月22日，天然气与管道分公司会同集团公司科技管理部，组织各地区分公司在江西抚州的西气东输二线抚州站召开国产电动、气液执行机构工业性试验现场验收会，5个厂家的6个国产电动执行机构、气液执行机构产品顺利通过验收。

（3）天然气管道缓蚀型减阻剂研制。

开发天然气管道缓蚀型减阻剂样品：共合成3类、8个系列、160种天然气管道缓蚀型减阻剂样品；筛选22种具有良好缓蚀性能和减阻性能的缓蚀型减阻剂样品，减阻率均大于6%、缓蚀效率大于75%、有效期大于60天，其中最大减阻率可达18%；筛选不影响管道输送安全运行的G系列缓蚀型减阻剂，其中G10缓蚀型减阻剂减阻率为12.5%、缓蚀效率为95.25%、有效期大于60天，G20缓蚀型减阻剂减阻率为13.5%、缓蚀效率为90.32%、有效期大于60天。研究形成了G系列缓蚀型减阻剂仿生结构减阻理论：综合评价G系列缓蚀型减阻剂对天然气管道内壁、内涂层、压缩机、密封装置和气质等的影响，利用原子力显微镜（AFM）等表面分析手段，分析并表征缓蚀型减阻剂在天然气管道钢块表面的作用方式及存在形态。根据分析结果进行机理的研究，提出G系列缓蚀型减阻剂仿生结构减阻理论。

开发G系列缓蚀型减阻剂中试合成及注入装置：设计并安装G系列缓蚀型减阻剂中试合成及注入装置，完成中试合成工艺优化研究及中试合成，合成出5吨G系列缓蚀型减阻剂中试产品，减阻率大于12%、缓蚀效率大于90%、有效期大于60天。

本项目成果适用于油气田管网、长输管网及海底管线等腐蚀介质含量高、输气压力接近设计值的天然气管道。G系列缓蚀型减阻剂可在管壁形成弹性分子膜，具备超强的管壁结合功能和良好的缓蚀作用，实现了减阻与缓蚀双重功能一体化。经多次现场应用验证，此缓蚀型减阻剂取得良好的应用效果。通过注入缓蚀型天然气减阻剂，可以延长管道寿命、保障安全生产，具有较好的安全效益；同时提高管线输量、有效降低管线压差，部分解决下游由于压力过低使用受限的问题，具有较高的直接经济效益。

（4）天然气管道球阀内漏检测技术研究。

球阀内漏声发射检测方法：针对天然气管道球阀内漏检测过程中存在的问题，在对比不同检测方法基础之上确定采用声发射检测作为球阀内漏无损检测方法，应用CFD软件对泄漏口处的喷流流场和声场进行模拟，为球阀检测的顺利进行提供一定的理论依据。分别进行室内及现场球阀内漏检测研究，并采用信号分析处理方法建立球阀内漏流量与声发射信号特征数学模型。

球阀内漏声发射检测系统开发及应用：在试验研究基础之上，设计开发出适合于天然气站场运行过程中便携式无损声发射检测系统，该检测系统能够快速稳定地识别获取阀门内漏的信号，尽量减小环境噪音和衰减等对发射源信号的影响，并且能够通过对信号进行快速准确地处理，通过检测信号可确定球阀是否泄漏，泄漏点位置以及内漏流量的估计。采用LabVIEW图形化语言和MATLAB计算语言联合开发出检测评价软件。

应用该系统对天然气站场阀门进行检测试验研究，试验结果验证该检测系统应用于现场阀门内漏检测的可行性。实现对阀门不同内漏流量的定位定量检测，为全面评定球阀内漏状态提供实用工具。

（5）管体凹坑缺陷检测、评价与修复技术研究。

建立凹坑缺陷检测信号识别和数据分析方法：初

步建立凹坑缺陷检测信号识别和数据分析方法，可给出凹坑缺陷整体形貌。提出凹坑缺陷几何 + 漏磁复合内检测技术，结合漏磁内检测信号和几何检测信号，可初步区分与凹坑相关的腐蚀缺陷和划伤缺陷。建立采用轮廓尺和激光扫描设备采集凹坑缺陷形貌的外检测方法。建立凹坑缺陷外检测技术体系，形成凹坑缺陷外检测实施流程。建立了一种简易牵引装置，可进行凹坑缺陷牵引试验。

建立适用于凹坑缺陷的基于应变和疲劳的工程适用性评价方法：建立漠大线高风险凹坑缺陷筛选准则；调研国内外管体凹坑缺陷信号识别与完整性评价方法，结合凹坑缺陷检测数据，建立基于应变的凹坑缺陷工程适用性评价方法；建立凹坑缺陷疲劳评价方法；对不同类型和尺寸凹坑缺陷的失效可能性进行研究，分析给出各类凹坑缺陷的失效模式和失效原因。

形成凹坑缺陷修复技术：在国内首次提出并使用“改型 A 型注酯套筒”对凹坑缺陷进行修复。通过预制凹坑缺陷的回弹试验结合漠大线内检测与外检测对比分析结果，得出不同类型、尺寸凹坑缺陷和回弹量的关系。对岩石凹坑采取去石回弹的方式，降低凹坑深度，避免换管修复。

（6）平板超声导波技术在储罐检测中的应用研究。

建立基于平板超声导波和声发射技术相结合的储罐底板腐蚀综合检测技术方法，综合在线检测方法对储罐缺陷的评价准确率达 90% 以上。

针对真实的钢质立式储罐底板高效在线检测需要，综合考虑储罐外边缘板条件、压电材料和探头楔块材料、激发波、探头结构形式等因素优化了快速检测的平板导波探头，检测速度可达到 375 厘米 / 时，可检测出腐蚀深度达到原始板厚 20%—40% 且表面直径大于 10 毫米及以上尺寸的缺陷。

（7）西部管道输送风城稠油工艺技术研究。

通过 25 种混合原油物性及黏温曲线的测试，掌握了风城稠油掺稀后的物性变化规律，筛选 Cragoe 修正模型作为混合油黏度预测模型。研究得出王化线风城稠油的最大掺混比例分别，制订输送北疆油的设备改造方案。

研究乌鄯线输送不同油品的设备适应性，得出乌鄯线多种稠稀混合比例及允许掺入风城稠油最大比例。

研究加剂对乌鄯线输送工艺的影响，不建议添加降凝剂改性输送。通过乌鄯线加减阻剂试验，给出顺序输送管道中减阻效果的评价方法。基于管输费用最低的原则，确定含风城稠油的混合油不出疆的流向方案。

（8）油气管道建设与矿产资源相互影响及经济补偿研究。

完成油气管道压覆矿产资源审批与经济补偿法律法规及工作程序的研究，对用地预审、用地审批与压覆矿产资源批复之间的关系处理、运行管道与建设管道规定的运用、压覆范围的确定依据等问题在现实执行法律条款方面的差异性分析并提出指导建议。

通过油气管道建设与矿产资源开发相互影响评价技术方法研究，形成矿产资源露天开采影响管道建设的评价方法和矿产资源地下开采影响管道建设的评价方法。

编制中国石油管道与中国矿产资源开发图系，建立了中国石油管道沿线矿权数据库；利用相互影响评价方法，进行油气管道建设与矿产资源相互影响关系分析，并在具体铁矿项目上进行验证。

本项目研究形成了油气管道建设与矿产资源开发相互影响评价技术方法以及油气管道压覆矿产资源经济审批及经济补偿优化的工作程序，以上研究成果是在开展大量油气管道压覆矿产资源评估实践基础上进行深入理论研究后得到的，在国内相关领域属于创新性成果。基于本课题提出的有关技术方法及补偿工作程序，已在中贵线、西气东输三线等线路的压覆矿产资源经济补偿工作中得到较好应用，节约了大量的前期投资费用，同时保护了矿产资源。

本项研究课题成果的应用，将使油气管道压覆矿产资源评估、相互影响评价、矿业权评估、经济补偿等工作逐步走向规范化、科学化的道路，同时对推动油气管道压覆矿产资源合理补偿、科学补偿具有重要的指导意义。

（孙　齐）

【管道信息】 2015 年，天然气与管道分公司大力推进信息化建设工作，有力地支撑了主营业务的发展，满足了企业管理提升的需要。

推进信息系统建设，加强业务保障能力。天然气与管道应用集成系统，在天然气与管道分公司搭建财务预算自动化及标准化平台，实现预算的自动测算汇总及多版本灵活分析与展示，在试点单位北京天然气管道公司和华北销售公司完成全面上线运行，推广单位项目经理部、管道公司等单位实施工作进展顺利，完成预期工作目标；客户关系管理系统主要完成需求调研、需求分析及方案设计工作，同时完成客户管理、销售管理、服务管理、门户访问等主要功能配置开发。

支持天然气销售体制调整，满足业务发展变革需要。为建立适应天然气业务发展的新体制，逐步实现天然气销售业务单独运营，各信息系统协同配合，客户管理系统编制天然气销售计划并传输至管道生产管理系统中下达执行，在进行计量数据上报与汇总后传输至天然与管道 ERP 系统完成开票结算及财务核算，实现将油气田周边天然气的市场开发、计划管理、销售结算、财务核销等业务纳入管理范围，加强天然气与管道分公司对销售分支机构的规范管理，促进管理体制的快速转变，支持天然气统购统销业务的开展。

强化信息化基础建设，全面促进管理提升工作。完成《天然气与管道业务“十三五”信息化规划》的编制工作，适应管理体制调整要求，根据管输、销售、零售三条业务分别开展规划、设计及系统建设；持续推进数据标准体系研究工作，完成天然气与管道数据标准体系架构设计，初步完成《油气长输管道设备设施数据规范第 1 部分：分类与代码》和《油气长输管道设备设施数据规范第 3 部分：编码规范》的编制工作。

（郑　伟）

第六篇

工程技术、工程建设与装备制造

工程技术

【概述】 2008年4月2日组建中国石油天然气集团公司工程技术分公司（简称工程技术分公司，也称工程技术板块），归口管理物探、钻井、测井、地质录井及酸化、压裂等石油工程技术服务业务。归口管理西部钻探、大庆钻探、长城钻探、渤海钻探、川庆钻探、东方物探、中油测井、海洋工程等企业。同时，负责集团公司所属其他工程技术服务企业、科研机构的业务管理、指导与协调。

2015年，工程技术服务通过管理创新、技术创新持续提速提效，推进钻井总承包、工厂化钻井等新的生产组织方式，强化新技术推广应用，作业效率进一步提高。工程技术板块实现收入1121亿元，完成利润24亿元。完成钻井进尺2089万米，二维地震采集13.27万千米，三维地震采集4.7万平方千米，测井8.7万井次，录井9561口，试油6600层，井下作业1.76万井次。

获省部级科技奖励70余项，其中集团公司科技进步奖24项，包括特等奖1项，一、二等奖11项；技术发明奖2项。安全环保井控态势平稳，6家企业获集团公司“安全生产先进企业”，5家企业获“环境保护先进企业”，4家钻探企业获“井控工作先进企业”，117人获“井控工作先进个人”称号。

【主要成果】 发展构想更加清晰。编制“十三五”“11666”发展规划，明确发展目标、发展道路、发展原则、战略举措和保障措施；深入中国石化石油工程服务技术公司、中海油田服务股份有限公司调研，对标斯伦贝谢、哈里伯顿等国际知名油服公司管理模式和主要经济技术指标，形成优化发展途径的思路和措施；强化顶层设计，坚持问题导向，初步形成工程技术业务改革发展总体目标、基本思路和框架方案，为集团公司相关决策提供重要参考。

“十三五”“11666”发展规划：瞄准“率先建成具有较强国际竞争力的油田技术服务公司”的一个发展目标；走“管理技术型”一条发展道路；坚持“有质量、有效益、可持续原则，安全、清洁、和谐原则，集约化、一体化、专业化原则，关联交易市场与非关联交易市场并举原则，服务保障与服务竞争并重原则，管理创新和技术创新双驱动原则”等六个原则；实施“发展市场化、技术优特化、业务高端化、人员精干化、资产轻量化、管理专业化”等“六化”举措；落实“安全环保井控、依法合规管理、成本费用管控、激励约束政策、信息化支撑、党风廉政与队伍建设”等六项保障措施。

国内市场运行逐步优化。增强市场化发展意识，关联交易市场坚持服务保障做贡献，关联交易以外市场依靠服务竞争谋发展的理念进一步清晰。制订钻井队逐年压减计划，核发钻探企业钻机资质；出台钻井队业务外包管理办法、外包监督实施办法，颁发钻探企业总承包资质，严格审查企业和队伍资质，市场竞争更加有序。大力推行总包外包服务模式，实现甲乙方共同受益，集团公司内部市场总包占比达到60%以上。

海外业务保持良好发展态势。组织开展海外项目经营情况分析活动，对海外重点亏损项目的亏损原因进行分析，提出扭亏减亏措施。针对海外高端项目逐年增多的实际情况，开展海外钻修井项目管理经验交流活动，总结各企业应对海外经营风险特别是汇率风险的经验和教训。组织对出国钻修井队伍出国前的审核工作。开展海外工程技术项目管理骨干人才培训班，培训学员30人。按照既防止内部恶性竞争，又能提高项目中标率和市场占有率的原则，加强和改善海外市场协调。2015年，集团公司海外投资项目以外市场新签合同额占比69%，海外业务利润同比增长26%。在伊拉克格拉芙、哈法亚、鲁迈拉、鲁克以及巴基斯坦等市场均创造优于国际油服公司的施工业绩。

安全生产保持稳定。建立党政同责、一岗双责、齐抓共管的责任体系，完成两次HSE体系审核，制修订各类标准18项。突出塔里木、川渝等重点地区井控管理，平稳推进赵兰庄隐患井治理，修订井喷突发事件应急预案；建立井控管理激励机制，首次评选井控工作先进企业和个人。加强环保管理，编制钻井废弃物处理标准，推广泥浆不落地技术，应用电代油等节能技术，减少碳排放10万吨。落实“双盯”工作法（机关干部驻队盯井、基层干部带班盯井），加大隐患治理力度，出台测井放射源管理办法，重点领域、重大项目、要害部位风险防控措施更加得力。

保障能力有效提升。鉴定利器41项、发布16项，评选出集团公司“十二五”十大工程技术利器，工厂化作业技术累计应用50余个平台、300余口井，提效40%、降本30%以上，获集团公司科技进步奖特等奖。施工服务优质高效，机械钻速提高4.3%，4000米以上深井钻完井周期缩短3.2%；三维地震采集日效同比提高4.5%。工艺技术持续改进，高性能水基钻井液在页岩气井应用12口水平段，钻井周期缩短20%，在塔里木有效替代油基钻井液；改进磨溪区块龙王庙气藏固井工艺，固井合格率、优质率大幅提升。纪录指标屡屡刷新，在国内创造最大钻井井深、最高钻井液密度、最大水平位移等诸多纪录。

经营工作更加细化。落实各项成本管控措施，7家企业节约成本205.5亿元，同比下降18%，其中变动成本同比下降23.7%。严控投资规模，投资总额同比下降29%，折旧折耗支出同比下降23%。强化用工管理，通过减少在册人员4600多名、加大工效挂钩力度等一系列措施，2015年工资总额同比减少12亿元。召开两次生产经营分析会，指导企业明确经营管控重点；建立完善内部周报以及报送集团公司的周报、月报、季报等报表系统，完成“六大”市场（国内关联交易市场、国内非关联交易市场、国内集团公司外部市场、国外CNODC市场、国外非CNODC市场、油气合作开发市场）经营效益分析。

基础工作得以强化。服务总包外包发展需要，培训钻井队业务外包监督441人。工程技术分公司从注重工程技术管理向既重视工程技术管理，又重视生产经营管理转变，为企业在技术规范、资源配置、资质管理、承包方式、经营政策等方面解决诸多突出问题；创办《上情下达》和《经验分享》，编发31期，对传达集团公司领导要求、传递市场信息、交流企业创新经验发挥重要作用。

（李　晓）

【地球物理勘探】 2015年，工程技术分公司归口管理的工程技术服务企业有大庆钻探物探公司、川庆钻探物探公司及东方地球物理勘探有限责任公司。作业队伍有地震、重力、磁力、电法、化探及VSP队；地震作业方式有井炮、可控震源和气枪震源，地震施工方法有二维、三维和四维地震勘探。专业服务范围包括野外采集、数据处理、资料解释、装备制造、物探软件研制和销售、设备租赁等。

2015年，通过大力推行经济一体化，优化资源配置和生产组织，提升项目运作水平和创新效力，国内物探市场得到进一步巩固。创新市场开发模式，国际市场取得良好效果，巩固中东规模市场，中标沙特阿美S78项目、科威特过渡带项目、阿曼PDO项目；新进入古巴、埃及和吉尔吉斯斯坦物探市场，探索采用“多用户＋合同＋中信保”模式获得坦桑尼亚项目。处理解释业务发挥靠前服务和一体化优势，盈利能力不断提升，中东、南美和东南亚三大处理中心建设不断完善。信息、油藏地球物理、井中地震、非常规地球物理和综合物化探等多项业务实现协同稳定发展。加大物探核心软件和装备研发力度，物探配套技术应用成效显著。

1. 人员、队伍状况

2015年，物探专业用工总量为3.29万人。集团公司在册物探队伍198支，其中地震作业队166支、非地震作业队伍22支、VSP队10支。2015年动用各类作业队伍203队次，在国内动用地震队伍101队次（二维地震53队次、三维地震48队次），VSP队8队次，非地震队17队次。在国外动用地震队62队次（二维地震31队次、三维地震31队次），VSP队2队次，非地震队13队次（表1）。

表1　2015年物探队伍及动用情况

项　目	2015年	2014年	同比增减
在册队伍（支）	198	198	0
其中，地震作业队	166	166	0
非地震作业队	22	22	0
VSP队	10	10	0
动用各类作业队伍（队次）	203	219	−16
国内，地震队	101	104	−3
非地震队	17	14	3
VSP队	8	8	0
国外，地震队	62	76	−14
VSP队	2	2	0
非地震队	13	15	−2

2. 装备状况

2015年，有地震仪器187台（套），主机控制单元187个，总道数116.31万道，平均每台仪器6220道，采集站82.97万个。非地震仪器356台，其中重力仪42台、磁力仪77台、电法仪234台、磁化率仪2台、化探仪1台。资料处理计算机1.63万个CPU（10.04万核），资料解释计算机1408个CPU（9452

核）。共有15种型号可控震源612台。车装钻机有24种型号1146台，人抬钻机有11种型号1409台。推土机有8种型号209台。各类物探测量仪器共计3675台（套），其中卫星定位仪2752台、卫星导航仪226台、全站仪697台（表2）。

表2　2015年工程技术装备情况

项　目	2015年	2014年	同比增减
地震仪器［台/（套）］	187	190	–3
主机控制单元（个）	187	190	–3
总道数（万道）	116.31	112.51	3.8
平均每台仪器（道）	6220	5921	299
采集站（万个）	82.97	78	4.97
非地震仪器（台）	356	404	–48
其中，重力仪	42	42	0
磁力仪	77	77	0
电法仪	234	282	–48
磁化率仪	2	2	0
化探仪	1	1	0
资料处理计算机	1.63万个CPU（10.04万核）	1.24万个CPU（6.49万核）	增加0.39万个CPU（增加3.55万核）
资料解释计算机	1408个CPU（9452核）	1442个CPU（8847核）	减少34个CPU（增加605核）
15种型号可控震源（台）	612	557	55
车装钻机（台）	1146（24种型号）	948（22种型号）	198（型号增加2种）
人抬钻机（台）	1409（11种型号）	1390（15种型号）	19（型号减少4种）
推土机（台）	209（8种型号）	185（7种型号）	24（型号增加1种）
物探测量仪器（台）	3675	3557	118
其中，卫星定位仪	2752	2707	45
卫星导航仪	226	139	87
全站仪	697	711	–14

3. 工作量完成情况

地震采集工程。完成二维地震采集13.27万千米，其中国内完成2.25万千米；完成三维地震采集4.72万平方千米，其中国内完成1.07万平方千米（表3）。国内勘探工作量完成情况：二维地震采集投入施工队53队次，获生产记录92.85万张。完成地震剖面2.25万千米。三维地震采集投入施工队48队次，获生产记录201.63万张；完成采集工作量1.07万平方千米。重磁电野外采集投入17个队，获生产记录7.04万张，有效剖面2.28万千米。VSP投入8个队，完成VSP测井131口。国外勘探工作量完成情况：二维地震采集投入施工队31队次，获生产记录445.76万张；完成地震剖面11.01万千米。三维地震采集投入施工队31队次，获生产记录1471.71万张；完成采集工作量3.65万平方千米（表4）。

表3　2015年二维地震、三维地震采集情况

项　目	2015年	2014年	同比增减
二维地震采集（万千米）	13.27	10.36	2.91
其中，国内	2.25	4.27	–2.02
三维地震采集（万平方千米）	4.72	6.4	–1.68
其中，国内	1.07	1.44	–0.37

表 4　2015 年国内外物探野外采集工作量

项　目		2015 年	2014 年	同比增减
国内勘探	二维地震施工（队次）	53	49	4
	生产记录（万张）	92.85	156.29	-63.44
	地震剖面（万千米）	2.25	4.27	-2.02
	三维地震施工（队次）	48	55	-7
	生产记录（万张）	201.63	263.61	-61.98
	采集工作量（万平方千米）	1.07	1.44	-0.37
	重磁电工作（队）	17	14	3
	生产记录（万张）	7.04	18.14	-11.1
	有效剖面（万千米）	2.28	7.45	-5.17
	VSP 工作（队）	8	8	0
	VSP 测井（口）	131	154	-23
国外勘探	二维地震施工（队次）	31	40	-9
	生产记录（万张）	445.76	264.19	181.57
	地震剖面（万千米）	11.01	6.08	4.93
	三维地震施工（队次）	31	43	-12
	生产记录（万张）	1471.71	1699.24	-227.53
	采集工作量（万平方千米）	3.65	4.95	-1.3

地震资料处理情况。从事地震资料处理工作的有东方物探公司研究院、大庆钻探物探公司和川庆钻探物探公司。2015 年处理二维剖面 8.75 万千米，同比减少 1.31 万千米，同比下降 13.01%；处理三维资料 8.04 万平方千米，同比减少 1.4 万平方千米，同比下降 15.64%。

资料解释及综合研究情况。从事资料解释研究工作的有东方物探公司研究院、东方物探公司综合物化探处、大庆钻探物探公司和川庆钻探物探公司。2015 年完成二维地震解释剖面 12669 条，长度 48.24 万千米；完成三维解释区块 546 个，面积 30.16 万平方千米，发现圈闭 5945 个，面积 8.85 万平方千米；复查圈闭 6417 个，面积 7.58 万平方千米。

4. 科技研发及推广应用

核心软件与装备“两大利器”研发持续推进。（1）GeoEast V3.0 完成集成测试和生产测试并成功发布。GeoEast 处理系统开展叠前五维数据规则化、OVT 域积分法叠前深度偏移等新技术集成，宽方位、高密度资料处理能力进一步增强；快速 SRME 及一步法 SRME 等多次波压制技术集成并投入拖缆处理项目试用，平缆鬼波压制、外源干扰压制等配套处理技术取得突破性进展，海洋资料宽频处理能力基本形成；深度域速度建模软件集成高斯束偏移、TTI 积分法叠前深度偏移等新增功能，叠前深度域成像体系基本完备。解释软件新增三维地质建模、井震联合解释、层序地层解释、叠前地震信息分析 4 个全新子系统和水平井设计、地层压力预测等配套功能，初步实现从地震向地质的延伸，进一步提升软件解决地质问题的能力。（2）KLSeis Ⅱ新一代开放式采集工程软件研发及应用更加深入。KLSeis Ⅱ软件新增拖缆地震采集设计、数据驱动采集设计等 7 个特色应用软件 40 个功能模块，使原有软件的功能更强、易用性更好；采集参数论证实现从点到面的升级，不同观测系统面元属性对比分析、基于地形的合理炮检点布设等使陆上采集设计软件更实用和方便；数据驱动采集设计软件使高精度勘探采集方案设计有了实际资料的支撑，方案优化的针对性更强；多种标准炮、异常道识别、统计评价等功能使 KL-RTQC 软件监控更准确，全面满足质控要求；双检、多激发源质控功能适应过渡带的质控需要。已安装 399 套，支持国内外 133 个采集工程项目。（3）GeoMountain®2.0 软件系统持续升级，新增 76 项软件功能，完善效率和效果 70 项，软件性能和实用性进一步增强，研发形成 GeoMountain®2.5 版软件系统，为 3.0 版研发奠定基础；GeoMonitor 微地震监测软件系统 1.5 版。“山地复杂构造精确地震成像与气层识别技术及工业化应用”获国家技术发明奖二等奖。（4）G3i、HAWK 地震仪器性能不断提升。G3iHD 有线地震仪成功发布，带道能力由 10 万道扩展至 24 万道，并能够支持数字检波器，支持多种可控震源施工方法。G3i 有线地震仪功能完善方面主要开展多路径传输、高效可控震源施工、过渡带系统开发等方面工作。过渡带系统防水深度达到 75 米，支持与陆地系统混合施工；排列助手支持站体和检波器指标测试，并可在任意位置接入排列。HAWK 无线节点地震仪重点在提高 GPS 定位精度、降低 GPS 锁定时间、改进采集站机械结构等方面进行完善，已在长庆探区规模化推广应用。（5）特色装备研制取得新的进展。滩浅海泥枪震源研制成功，填补滩浅海过渡带及沼泽等区域绿色勘探激发源的空白。MINI28 可控震源与现有大吨位可控震源相比，在保持大吨位振动出力的基础上，优化高频和低频范围的设计，拓展低频高出力到 4 赫兹，整机结构紧凑、通过能力强，为在东部地区应用可控震源奠定基础。

叠前成像、速度建模、新一代处理解释软件平台、超大道数采集现场质控、海洋电磁技术及装备等新方法、新技术研究取得重要进展，为配套技术持续发展奠定坚实基础。（1）GeoEast-Lightning 叠前深度域成像软件开发金字塔网格逆时偏移模块、基于 3D 角度道集的水平各向异性处理功能模块、深度域反偏移功能模块，开发 Q 补偿偏移原型模块，达到国际先进水平；优化 GPU 逆时偏移模块，可支持多节点 GPU 高效并行，有限差分算子 GPU 内核达到业内最好效率水平。（2）GeoEast-DIVA 叠前深度域建模软件新增“约束速度反演（CVI）”功能，有效消除反演初始层速度异常值，应用效果与国际同类商业软件一致。（3）新一代 GeoEast 处理解释软件平台具备规模化开发条件。完成新一代软件平台体系结构的设计工作和各项关键技术的原型试验工作，形成新平台体系结构设计报告，开展“示范性地震数据处理系统”的试开发，充分验证设计方案的科学性和可行性。（4）超大道数可控震源高效采集技术研究取得重要进展，实现每天 30 太字节（TB）的地震数据转储、拷贝和质控方法及流程，为 20 万道级高效采集项目的实施提供技术储备。（5）海洋电磁勘探技术填补国内技术的空白，海洋电磁装备研发取得突破性进展，采集站经过 4000 米水深测试，发射系统突破峰值电流 1000 安大关。

物探技术进一步集成配套，多项关键技术研究取得重要进展。（1）具有自主知识产权技术产品支撑的“两宽一高”地震勘探技术继续规模化推广应用，在国内外一批攻关项目中取得显著效果。可控震源导航增加基于轨迹设计的高精度导航、完善质控数据回传、网络平台等针对性的功能，为沙特、阿曼等三维项目提供有力支撑；可控震源高效采集技术和海量地震数据的现场快速质控技术保持国际先进水平。自主知识产权的“两宽一高”勘探技术 + 低频可控震源高效采集技术得到全面推广应用，2015 年，国内推广应用 9 个三维地震项目 1840 平方千米，国外推广 6 个三维地震项目 10396 平方千米。（2）油藏地球物理配套技术在国内油田应用并获得良好效果。在东部老油田针对薄互层、高含水、潜力较大区块开展重新处理与解释，通过地震、地质、测井、油藏和 3.5D 地震解释研究，取得较好效果。独具特色的 3.5D 地震技术在海上老油田开发实践中得到应用，为油田优化定向井井位、优化水平井靶点、调整目的层做出重要贡献。油藏地球物理软件平台 GeoEast-RE 完成与 GeoEast 数据库的对接，基本形成贯穿勘探开发的整体流程；圈闭评价 Trap-3D、4D 地震数据重构、产量劈分等部分油藏地球物理关键技术研发成果形成新功能模块。（3）山地物探特色技术升级完善。高密度宽方位技术得到规模化应用，初步研究形成近地表 Q 建模和补偿应用技术，高精度低空航拍技术助力高难山地采集工程设计和实施；叠前深度偏移技术实现工业化生产，叠前数据规则化技术进一步完善，GeoMountain 非线性剩余静校正技术应用效果良好。形成盆地级区带速度建模、区带成图和构造演化分析技术，低幅度构造精细解释技术广泛应用，测井岩石物理建模技术、叠前反演技术、缝洞预测技术等进展迅速。（4）海洋地震勘探技术不断发展。围绕海洋节点地震勘探配套技术和装备开展研究，掌握海洋节点地震数据采集设计技术、开展海洋节点地震数据采集收放装备的研究与应用、研发海洋节点地震数据采集质量控制技术等；基于连续记录的高效拖缆地震数据采集技术的实施，实现海洋拖缆采集记录系统连续记录和激发与记录触发分开的模式，提高采集效率，保证深海多个项目的成功运作。GeoEast 在深海船队的应用和 KLseis 深海模块的完善及测试已全部展开，将逐步替代其他商业软件。（5）综合物化探技术进一步得到应用。三维重磁电勘探技术达到实用化并得到推广，博孜—克深连片三维重磁电为山前砾石区提高勘探精度，在库车地区等 5 个区块继续推广应用；多方位激发采集技术在克拉托地区三维时频电磁勘探项目试验取得明显成效，同时支撑海外委内瑞拉 PSDV、阿曼 PDO 和巴林 Hawar 岛井地电磁可行性研究项目。采集软件 GMECS V2.0 安装 30 套，应用率超过 80%，提高重磁电数据采集精度和效益；重磁电处理软件 GeoGME V3.0 累计安装 54 套，在多个工区应用效果较好，满足用户的需求。（6）非常规油气勘探领域技术发展。形成黄土塬地区地震采集处理和解释技术等煤层气地球物理配套技术，取得良好勘探开发效果及经济效益；针对“甜点”预测的微地震与地震综合评价技术为水平井部署及钻井、压裂方案优化提供有力技术支撑，已应用长宁、威远区块页岩气非常规处理解释项目。压裂微地震井中监测软件已应用近 300 口井 1400 多层段的储层改造评估；开展井中、地面和浅井监测对比试验，已进行多口观测井同时监测一口压裂井的多井监测微地震研究，并开展微地震震源机制研究。

（王悦军　卢发掌）

【测井】　工程技术分公司归口管理的工程技术服务企业中，有 6 家企业涉及测井业务：测井有限公司、大庆钻探工程公司、西部钻探工程有限公司、长城钻探工程有限公司、渤海钻探工程有限公司及川庆钻探工程有限公司。此外，在上市企业中大庆油田测试公司主要从事生产测井，大庆油田试油试采公司主要从事射孔业务。

2015 年，海外测井设备动用率 84.7%，在市场开发上，先后中标哈萨克斯坦 CNPCAMG 测井项目、苏丹 124 区测井项目、伊拉克艾哈代布测井项目。为加强对集团公司海外投资项目的支持，2015 年 12 月成立海外测井技术支持中心，开展技术研发、服务与解释评价工作。

1. 人员、队伍状况

2015 年，测井行业用工总量为 14456 人，同比减少 217 人。

2015 年，测井专业队伍总量 803 支，同比增加 43 支。其中，国内市场 662 支，同比增加 39 支；国外 141 支，同比增加 4 支，分布在 18 个国家和地区。

2. 设备状况

测井行业主要专业设备 899 套，同比增加 58 套。其中，裸眼井测井设备 589 套，同比增加 45 套；生产测井设备 107 套，同比增加 10 套；射孔取心设备 170 套，同比增加 2 套。LWD 设备 33 套，同比增加 1 套。

3. 完成工作量

2015 年，完成测井工作总量 88926 井次。其中，裸眼测井 22696 井次、生产测井 18049 井次、工程测井工作量 21208 井次、射孔 26973 井次。国内工作量 83933 井次，国外工作量 4993 井次。另外因井况、路况测井未成功的井次 8914 井次，占总工作量的 9.1%（表 5）。

表 5　2015 年测井业务完成工作量　井次

项　目	2015 年	2014 年	同比增减
工作总量	88926	93533	-4607
其中，裸眼测井	22696	25971	-3275
生产测井	18049	18172	-123
工程测井	21208	24230	-3022
射孔	26973	25160	1813
国内工作量	83933	88000	-4067
国外工作量	4993	5533	-540
因故测井未成功	8914	9572	-658

测井解释工作量探井 11.9 万层，开发井 55.5 万层，解释成果油层 10.6 万层、气层 1.8 万层。老井复查 1129 井次。老井复查油气层 862 层。探井解释符合率 87.07%，开发井解释符合率 95.83%。

4. 技术进展

测井技术。（1）自主创新技术进展。中油测井全面提升 EILog 测井装备性能与质量，“三电两声一核磁”提升仪器技术指标。完成多频核磁共振测井仪的软件开发、探头自主化和系统配套，并批量生产 16 支，已测井 226 井次，得到用户的肯定；完成小井眼微电阻率扫描成像仪器研制，仪器外径 104 毫米，测量动态范围扩展到 0.2—20000 欧姆·米；完成三分量感应测井合成聚焦成像反演算法，测井试验 3 口；提高地层元素测井仪器的地质适应性，测井 17 口，正在研发可控源仪器。长城钻探推广 LEAP800 测井系统进入土库曼斯坦市场，8 套 LEAP800 测井系统在海内外市场投产作业，在哈萨克斯坦完成井深 5080 米及测量井段 1000 米的水平井测井作业；该系统已经累计应用 854 井次，测井一次成功率由当初的 68.6% 提升到 98.5%，曲线优等率从 62% 提升到 97.6%，累计创造产值超亿元。大庆钻探研发的 0.2 米分辨率测井技术系列实现定型及平台集成。完成 10 个测井小队的仪器配套，现场测井 83 口；完成采用软聚焦技术的高分辨率阵列侧向测井仪器的研制。西部钻探的 KCLog 套管井成像测井系统在新疆油田投产应用，2015 年测井 40 井次。川庆钻探研制的存储式钻杆输送测井仪器投产 3 套，成为页岩气水平井测井施工的利器。中油测井随钻测井技术实现重大突破，形成岩性、电阻率、孔隙度三类随钻测井产品，尺寸有 4.75 英寸、6.75 英寸和 8 英寸三个系列，能够满足各类井况和地层的施工要求，2015 年完成 113 井次。自主研发的随钻伽马成像测井、随钻电阻率成像测井、随钻可控源中子测井、随钻多方位伽马测井等随钻测井设备投入现场应用，其中随钻电阻率成像测井设备入选“2015 年度集团公司十大科技进展技术”；高速遥传、超声井径、随钻密度完成现场试验，并开展随钻电阻率成像与旋转导向系统配接研究。利用“可视化模拟油藏水平井导向技术”准确预测和指导井眼轨迹，目的层中靶率 100%，油气层钻遇率达 98% 以上。长城钻探 2015 年随钻测井技术服务在伊朗海上实现突破，2015 年完成 9 口井作业，实现产值 1156.86 万元；自主研发的随钻电磁波电阻率、方位电阻率成像、近钻头地质导向等 GW-LWD 系列仪器已投产使用，指向式旋转导向已进入现场试验阶段，随钻中子密度仪器进入总装调试阶段，特别是 GW-LWD 电阻率系列在哈萨克斯坦、伊拉克项目成功应用。（2）特色技术推广应用。测井有限公司 EILog 成像测井仪器投入现场应用 420 支，完成阵列感应、多频核磁、阵列声波成像测井共 4413 井次，实现常规测井向成像测井的跨越。渤海钻探在油区市场应用核磁共振、全波列声波等高端测井技术 478 井次；在印尼市场依托油基钻井液成像、远探测声波测井等特色技术，获得 3 口探井工作量。西部钻探 MAXIS 测井系统实现当年到货验收当年投产应用，并在勘探重点区块玛湖地区测井 7 井次，资料优质率 100%；推广应用脉冲中子—中子（PNN）测井技术，在新疆油田测井 12 口。针对恶劣井况，各钻探及专业公司在存储式测井工艺、连续油管水平井测井工艺、钻具传输工艺的应用方面不断取得突破。中油测井推广 15 米一串测、随钻测井、过钻杆测井、硬电缆测井、双爬行器等新技术新工艺，2015 年完成水平井施工 1518 井次。在苏里格气田成功应用硬电缆工艺技术，仅用 9 小时完成 3540 米的直井段及大斜度段固井质量测井施工，而此前同类型井测井应用常规“湿接头”工艺需 33 小时左右，在国内首创的组合电缆工艺技术在水平井测井施工中发挥出施工效率的优势。大庆钻探形成独特的过钻杆水平井施工工艺，成功完成 8 口水平井测井，水平段最长达 1100 多米，测井成功率和资料合格率均达到 100%，施工效率比“湿接头”对接式提高近 60%。长城钻探完善复杂井测井工艺，连续油管测井工艺在伊朗、伊拉克得到客户充分认可，业务扩展到裸眼井、套管井与射孔，连续油管和钻具配接存储式变密度仪器，在辽河油田大位移井、小井眼井和川南页岩气井的固井质量评价作业时效提升 50% 以上。渤海钻探在冀东油田推广应用钻杆输送取心工艺，在冀东某井取心收获率 93%。川庆钻探 2015 年完成存储式工艺测井 144 井次，满足页岩气井测井需求。

射孔技术。（1）射孔基础研究初见成效，带动相关新工艺、新技术的应用。川庆钻探开展非螺旋射孔对套管的影响、射孔动态载荷响应分析、射孔效能评价等基础研究工作，取得阶段成果。大庆钻探的射流可控射孔器技术研究取得重要进展，形成定射面射孔和定方位定射角射孔两项技术，相关机械设计已经完成。渤海钻探研制出的全自动校深射孔仪器（CS-B）通过集团公司成果鉴定。西部钻探射孔优化设计平台进一步完善，通过集团公司的验收。中油测井开展定方位射孔技术研究，形成电缆陀螺定方位、动力旋转定方位等新技术工艺，2015 年完成定方位射孔施工 40 余井次。（2）分簇射孔技术得到进一步完善。川庆钻探为解决威远上倾复杂井分簇射孔的难题，成功研发连续油管分簇射孔技术，智能起爆分簇、隔板传爆分簇及连续油管穿电缆分簇等三种技术均进行现场应用。渤海钻探、大庆钻探、西部钻探和中油测井等企业结合本单位服务需求，相继开展分簇射孔与其他射孔技术的集成、整合研究工作，分簇与定向、分簇与定面、分簇与桥塞等技术工艺的结合，都取得较好的应用效果。（3）射孔器 / 射孔工具的研制取得重要进展。川庆钻探的低伤害深穿透射孔器研制，定型 6 类低伤害深穿透射孔器材，3 种产品入选集团公司自主创新重要产品目录；等孔径深穿透射孔器试制出 89、102 型等孔径射孔弹样品，经地面打靶验证，射孔后套管入口孔径偏差率小于 15%。大庆钻探研制出直流大电流雷管选发开关，提高射孔作业的安全性。渤海钻探的液压延时起爆装置填补国内空白，减少井下环境对作业的影响。长城钻探完成射孔枪的标准化设计，标准化射孔枪在哈萨克斯坦等国家的服务市场投产应用。中油测井开展大孔径—深穿透射孔技术、大孔容射孔技术并进行现场推广应用，为后期压裂提供优质孔道，降低地层破裂压力。西部钻探新型连续油管射孔技术在车某井成功完成连续油管传输一次校深加压起爆射孔作业，大幅提高作业时效；研制出多级分段射孔桥塞联作井下工具并投入规模应用，射孔 63 井次。

测井解释技术。（1）完善非常规油气测井评价技术。川庆钻探初步形成页岩气储层元素测井处理解释方法，独立完成元素测井解释评价 6 口井，在四川盆地、长宁—威远区块完成页岩气综合评价解释处理45口井。完成重庆页岩气公司、贵州页岩气公司、神华集团湖南页岩气公司的页岩气和煤层气的测井解释12井次。大庆钻探以“三品质”为核心的“七性”参数测井评价技术，形成致密油测井评价技术体系。2015年解释新井9口，25层均获工业油流，解释符合率达到90%以上。长城钻探形成页岩气评价方法和软件，能评价页岩气储层物性，计算总有机碳含量、含气量、页岩气脆性指数等方面参数。2015年共评价威远页岩气井近30口，取得很好的应用效果。渤海钻探利用致密油储层综合评价技术，完成459口新钻探井精细评价，解释含油气4614层、20396.6米，解释符合率82.45%；完成596口老井精细评价，提出潜力井129口，潜力347层、1211.4米。中油测井形成一套适用于煤层气储层的测井综合评价技术，包括煤层含气量评价、基于排采资料的渗透率解释模型、建立煤体结构划分标准、煤储层产气产水预测、煤层气有利区预测等五项技术，使煤层气解释符合率大幅提高。（2）特殊技术取得新突破。西部钻探核磁共振测井解释评价技术取得新突破，针对玛湖地区百口泉组储层流体性质判别难的问题，提出T_2谱分布特征，创建定量评价流体性质的综合流体“甜点”指数，构建储层评价及流体定量判定图版，提高油水层的识别能力，探井测井解释符合率达到86%。长城钻探针对苏丹开发生产中后期剩余油挖潜的需求，向甲方推介井地电位（EPI）研究剩余油项目，在苏丹6区及苏丹124区连续取得两个项目合同，获得良好的经济效益。渤海钻探完善成像、核磁、ECS等特殊测井处理解释方法，完成31个解释模块调试、20余口井的推广应用工作。（3）测井解释软件取得新进展。长城钻探加大CIFLog-GeoMatrix测井资料解释处理一体化软件平台的推介力度，已经在11个国家和地区推广应用。中油测井数据资源LEAD4.0完成数据、绘图、处理三套核心底层定型；水平井测控软件系统具备水平井井眼轨迹评价和处理解释功能，在长庆油田应用；数据集成平台、多井对比分析系统、储层综合评价系统、解释报告自动生成系统完成测试版开发；测井资料库正式上线，累计收录64288口井、119529井次数据，并与集团公司A7、A12系统进行数据配接。

提速提效。（1）完善水平井测井工艺技术。各公司主动适应水平井、大斜度井等复杂测井施工环境，减少应用常规钻具传输测井次数，积极完善过钻杆、爬行器、连续管、存储式和随钻等测井技术工艺，提高单队综合作业能力，减少测井作业占井时间，实现技术提速。中油测井应用创新的软硬组合电缆测井工艺技术，完成水平完井测井95口、水平井固井质量检测136口，单井作业时效分别提高73.4%和40.94%。（2）提高测井队伍服务能力。各公司积极推进裸眼井综合队、套管井测井综合队能力，推广应用快测平台测井技术，实施大满贯测井作业，减少测井仪器下井次数，实现测井提速。大庆钻探平均测井时间缩短3—4小时；全面推广应用套后水平井爬行器测井工艺，该技术工艺与常规钻具传输测井时间相比下降50%。

（邹　辉　卢发掌）

【录井】 2015年，集团公司从事石油录井工程技术服务的企业有9家，分别是大庆钻探地质录井一公司和地质录井二公司、西部钻探克拉玛依录井工程公司和吐哈录井工程公司、长城钻探录井公司、渤海钻探第一录井公司和第二录井公司、川庆钻探地质勘探开发研究院、中油测井青海事业部。

2015年，录井企业面对市场供大于求的状况，认真贯彻落实集团公司的决策部署，努力开拓海外市场，提高现有设备动用率，先后中标委内瑞拉多个录井项目、伊朗PEDEX录井项目、伊拉克哈法亚录井服务合同。根据市场变化及时调整生产经营策略，强化经营管理，深化开源节流降本增效，在地质综合研究与解释评价、保障钻井安全施工提速、信息化与录井技术深度融合、特色技术广泛应用、科技创新、精细管理创效等方面取得较好成绩。

1. 人员、队伍状况

2015年，录井专业用工总量9327人，同比减少785人。

2015年，集团公司有录井专业队伍1252支。其中，综合录井队1054支，气测录井队198支，队伍平均动用率60.38%，平均队年施工220.37天，平均队年录井4.86口（表6）。录井队伍国内分布在全国18个油区，国外服务于亚太、中亚、非洲、中东、美洲等地区的16个国家。服务于国内的队伍1023支，其中集团公司内部队伍999支，集团公司外部队伍24支。国内队伍主要分布在长庆油田、西南油气田、新疆油田、塔里木油田，共620支，占队伍总数的60.6%。服务于国外的队伍共229支，其中集团公司内部队伍137支，集团公司外部队伍92支。国外队伍主要分布在中亚地区，共120支，占国外队伍总数的52.4%。

表 6　2015 年录井队伍情况

项　目	2015 年	2014 年	同比增减
录井队伍（支）	1252	1118	134
其中，综合录井队	1054	1006	48
气测录井队	198	112	86
平均施工［天 /（队·年）］	220.3	223.5	-3.2
平均录井［口 /（队·年）］	4.86	5.68	-0.82

注：2015 年清理无资质队伍，给符合规定的队伍核发资质证书。

2. 装备状况

2015 年，主要录井装备 3201 台，设备新度系数 0.33。纳入资产管理的综合录井仪 867 台，其中国产综合录井仪 798 台、进口综合录井仪 69 台。

3. 工作量完成情况

2015 年，集团公司完成录井 9718 口、18076 井次。其中，国内录井 9067 口，国外录井 651 口；综合录井 2789 井次，气测录井 2615 井次，地质录井 4314 井次。录井仪器（综合录井和气测录井）施工总天数 351193 天（表 7）。

表 7　2015 年录井工作量

项　目	2015 年	2014 年	同比增减
录井总口数（口）	9718	10482	-764
其中，国内录井	9067	9740	-663
国外录井	651	742	-91
录井井次（井次）	18076	18510	-434
其中，综合录井	2789	2789	0
气测录井	2615	2737	-122
地质录井	4314	4956	-642
录井仪器施工总天数（天）	351193	329027	22166

4. 技术应用与科研

地质综合研究和解释评价。录井企业发挥常规录井技术优势，利用特色录井技术特点，搞好单井评价，强化不同区块地质综合研究，使单井评价与区域地质特征有机结合，探索致密油、水淹层解释评价方法和剩余油分布规律研究等非常规油气藏评价方法研究，2015 年在 422 口探井上发现并评价油气显示层 11120 层 /63922 米，在 3245 口开发井上发现并评价油气层 69689 层 /355638 米，油气显示发现率 100%。

录井现场及远程监控预警功能。录井企业发挥录井专业的综合录井、预警系统、远程录井监控预警功能，实现提前发现事故隐患，及时预报异常，降低钻井风险事故，提高工作时效和钻井速度，减少经济损失。2015 年，应用综合录井技术监测到工程异常 11905 次。其中，钻具刺 143 次、泵刺 146 次、钻具断 81 次、井漏 1415 次、井涌或溢流 1756 次、硫化氢异常 77 次，异常预报符合率 99.66%。

录井技术及油气层发现评价。重点推广应用远程录井技术、水平井录井综合导向录井技术、三维定量荧光技术、全岩分析录井技术等。2015 年，水平井录井综合导向技术应用 870 口。

特色技术广泛应用，使录井方法多样化。2015 年，集团公司所属各录井企业特色录井技术应用更加纯熟，使录井方法多样化，进一步提高找油准确率。主要推广应用三维定量荧光技术、岩屑图像分析技术、元素录井技术、录井综合导向技术、X 衍射分析技术等成熟技术，拓宽信息技术服务领域。2015 年，集团所属录井企业定量荧光录井 1098 口、核磁录井 261 口、岩屑成像录井 630 口、元素录井 101 口、录井综合地质导向 370 口、远程传输 3117 口、试油录井 47 口。

创新成为录井发展的核心和动力。2015 年，开展各级科技项目 107 项，获得成果 77 项。其中，国家级重大专项 4 项、集团公司级项目 14 项、局级项目 25 项、处级项目 64 项，获得专利 69 项，发表论文 163 篇。大庆钻探地质录井一公司的致密油气层评价技术，应用 X 衍射技术，开展三轴应力实验，建立基于岩石矿物成分的岩性识别和脆性评价方法。该评价方法对非常规油藏勘探具有较大意义。混油混样岩屑含油性分析技术，改进岩屑图像技术，开展混样混油实验，提高产状定量及含油性评价参数精度，是对录井技术的更新与提升。大庆钻探地质录井二公司进行“松辽盆地南部致密油水平井录井技术应用研究”等 8 项技术研究，突破 PDC 钻井、欠平衡井、水平井、空气钻井等录井技术瓶颈，满足吉林探区录井需要。

西部钻探克拉玛依录井公司生产的雪狼录井仪，在技术上吸收国内外同类设备的优点，全部软件与部分核心硬件进行自主开发，能够替代进口设备广泛应用于油气勘探现场，解决多年来高端录井设备依赖进口，价格昂贵，备件、耗材、技术支持等得不到保障等问题。截至 2015 年底，已有 100 多台该型号设备应用于国内外油气勘探现场，得到用户的好评和油田公司的肯定。2015 年，获集团公司“‘十二五工程技术利器’最佳应用奖”。

渤海钻探第一录井公司的“钻井远程决策系统开

发”“钻井井场一体化监测集成发布系统开发”“轻烃分析技术的应用”通过验收。“早期溢流监测仪研制”工程样机顺利通过测试验收并获得局级一等奖。“随钻录井技术与装备研究”“中油天津大厦生产运行与应急指挥系统”“大型压裂酸化远程决策系统”“钻录井部分关键参数精准化测量技术研究”“录井智能化解释软件系统升级”项目顺利推进，完成阶段设计研发进度。自主研制整套采集服务器及采集箱模块和井场有毒有害气体监控系统。

中油测井青海事业部进行青海油田勘探开发亟需的录井解释及评价技术。深化低孔低渗复杂储层录井油气水层识别及解释评价技术、长井段多油水系统录井解释评价技术、油气混储油气区分录井解释评价技术、特殊钻井条件下岩性识别技术，这些科研项目对青海油田英东油田储量规模升级、阿尔金山前千亿立方米含气区带发现发挥积极的作用，较好地解决特殊钻井条件下复杂岩性识别难题。同时开展录井现场岩屑清洗机的相关研究和试验，在SX20-1录井现场，取得一定效果。

（刘应忠 卢发掌）

【钻井工程】 2015年，工程技术分公司归口管理大庆钻探工程公司、长城钻探工程有限公司、渤海钻探工程有限公司、西部钻探工程有限公司、川庆钻探工程有限公司和海洋工程有限公司6家钻井专业公司。

2015年，钻井企业着力管理创新、技术创新，着力推动钻井业务总包、钻井工厂化作业、水平井规模应用以及深井钻井提速工作，钻井技术进步上新台阶，服务保障能力和核心竞争力进一步增强，钻井工程技术工作取得新进展。

2015年，海外钻井市场取得新突破。长城钻探与西部钻探合作，首次进入阿联酋钻井市场，中标阿联酋NDC4台钻机合同；获得阿尔及利亚SONATRACH 4台钻机3+2合同，挺进该国国家油公司主流市场；首次进入埃克森美孚伊拉克钻井市场；获得伊拉克10区块钻完井总包合同，在哈萨克斯坦中标多个钻井总包项目；采用设备租赁模式，扩大在伊朗市场海上钻井规模。

1. 人员、队伍状况

2015年，钻井专业用工总量8.87万人，同比减少4166人。

2015年，集团公司有钻井队伍1241支。其中，陆上钻井队1230支，海洋钻井平台11座。

2. 装备状况

钻机装备。2015年，在用钻机1241部。其中，国内988部，国外253部。陆上1230部，海上钻井平台11座。顶驱412套，同比增加18套。

井控装备。集团公司有各类防喷器5165台。其中，单闸板防喷器1487台，双闸板防喷器2044台，环形防喷器1563台，其他防喷器71台。共有控制系统2026套，节流压井管汇2543套。

主要相关技术服务装备。集团公司有地质导向仪器123.5套，各类水泥车633台，旋转防喷器/旋转控制头152台，制氮装备37套，压缩机168套。

3. 工作量完成情况

2015年，开钻9390口，完钻9387口，累计完成钻井进尺2089万米。其中，国内完成钻井8389口，进尺1838万米；国外完成钻井998口，钻井进尺251万米。在渤海、黄海和波斯湾等海域开钻59口，完井33口，完成钻井进尺13.1万米（表8）。

表8 2015年钻井工作量

项 目	2015年	2014年	同比增减
开钻总井数（口）	9390	12994	-3604
完钻总井数（口）	9387	12286	-2899
其中，国内完钻	8389	10970	-2581
国外完钻	998	1316	-318
累计完成进尺（万米）	2089	2492	-403
其中，国内进尺	1838	2198	-360
国外进尺	251	294	-43

钻井工程质量。2015年，井身质量合格率100%。钻井取心进尺1.6万米，取心收获率97.23%，固井质量合格率100%。

钻井生产时效。钻井工作总时间463.60万小时。生产时间为437.27万小时，占总时间的94.23%。

4. 科技研发推广应用

井深4000米以上深井钻井提速效果显著。2015年，集团公司完成4000米以上深井648口，同比增加9口，平均井深5043米；平均建井周期11.94天，同比缩短9.03%；平均钻井周期97.42天，同比缩短8.45%；平均机械钻速5.56米/时，同比提高4.91%；平均钻机月速1352米/（台·月），同比提高3.92%。大庆钻探深层直井钻完井周期同比缩短5.15%；深层水平井钻完井周期同比缩短13.01%。其中，3口深层气钻完井周期261.81天，同比缩短15.19%。塔东地区完成的2口直井平均钻井周期152.96天，与年初目标相比缩短15.02%。渤海钻探在塔里木油田台盆区热普某井以59.17天刷新集团公司7000米以上深井最短钻井周期纪录。库车山前克深某井230天钻进至6984米完钻，276.54天完井，创克深8区块先进指标。川庆钻探2015年完成4000米以上深井290口，平均钻机月速1391米/（台·月），同比提高13.35%，平均机械钻速5.66米/时，同比提高14.35%；平均钻井周期96.54天，同比缩短19.13天。其中，克深某井完钻井深8038米，直径273毫米套管下深7200米，创中国石油最深井和直径273毫米套管最深下深两项纪录。西部钻探承钻的新疆油田达探某井创该地区新指标。该井实际完钻井深6226米，钻井周期169天。钻机月速1106米/（台·月），较邻井提高28.1%。长城钻探在伊拉克格拉夫油田20口井总包项目中，全面应用具有自主知识产权的技术装备，充分发挥综合技术优势，节约钻井周期93.6天。

钻井总包工作。西部钻探在青海油田扎哈泉区块进行钻井业务总包，实行区块项目组管理，推广应用优快钻井技术，开钻89口，完井93口，累计钻井进尺25.55万米，平均钻机月速和机械钻速同比分别提高24.81%和14.62%，平均建井周期缩短30.96%，刷新该区块多项钻井技术指标。30936队在扎某井二开井段首次打出日进尺1003米的新指标，实现该区块开工不到3个月日进尺就上千的新突破。50576队承钻的扎某井完钻井深3550米，钻井周期22.83天，机械钻速24.49米/时，创扎某井区钻井周期最短和机械钻速最高两项新指标。川庆钻探塔中EPC项目开钻22口，完成24口，平均井深5377米，完成进尺17.30万米，平均钻机月速1386米/（台·月），同比提高37.01%，平均机械钻速4.98米/时，同比提高16.58%。平均钻井周期128.78天，同比缩短15.98天。

连续管侧钻井技术获得突破。钻井工程技术研究院在大港油田开展连续管侧钻井技术现场试验，采用自主研发的LZ580/73T连续管钻机、定向侧钻配套工具和工艺技术，连续管钻井进尺累计403米，平均机械钻速3.30米/时；地质目标安全中靶，试验取得成功。形成一套现有装备和工具条件下的连续管侧钻井配套技术，填补连续管精确定位斜向器、开窗、连续管旋转定向钻具和连续管侧钻等多项国内技术空白。

特色钻井技术推广成效显著。西部钻探自主研发的自动垂直钻井系统正式进入塔里木油田，提速及井斜控制效果显著，单套工具最高工作时间达到268.5小时。渤海钻探持续推进垂直钻井工具国产化研究和改进完善，工具的稳定性和可靠性得到进一步提升。2015年，在塔里木油田完成3口井的垂直钻井技术服务，总进尺7785米，入井总时间2255小时。克深某井二开直径444.5毫米井眼钻进井段345—4304米，进尺3959米，总入井时间903小时，施工井段最大井斜0.7度，大部分井段井斜控制在0.2度以内。川庆钻探在川渝磨溪—高石梯、龙会场、长宁—威远等区块应用控压钻井技术22口井、24井次，完成钻井进尺16030米；在新疆油田塔中、吐孜洛克完成19井次控压钻井现场作业，完成钻井进尺15749米。磨溪某井应用精细控压钻井有效避免恶性井漏和井下漏喷复杂，并探明磨溪构造嘉陵江组含气水层情况，漏失钻井液409.6立方米，处理复杂时间2天，比邻井降低钻井液漏失量50%，降低处理复杂时间86.7%。

钻井提速工具应用效果突出。2015年，大庆钻探研制的液动旋冲工具应用20口、66趟钻，总进尺14320米，纯钻时间244.6天，平均机械钻速2.43米/时，与常规钻井相比提高128%，共计节约施工时间485天，减少172趟起下钻。在宋深某井3566—4085米井段，一趟钻进尺519米，纯钻时间214.39小时，创大庆地区单支工具使用时长纪录。长城钻探推广应用水力振荡器46根，使用时间3547小时，取得较好提速效果，定向段平均提速1—2倍，基本解决PDC钻头定向工具面不稳、托压的难题。海洋工程在DS某井2775—2781米井段采用常规钻具组合定向钻进时，由于托压及摆工具面需要反复上下活动钻具，平均钻时60分/米；在2860—2866米、2889—2895米井段，应用水力振荡器定向钻进，平均钻时12.5分/米，同比提速380%。渤海钻探在冀中、二连、新疆、青海地区65口井上推广应用脉冲工具24套、旋冲工具12套、水力振荡器4套，使用新工具的井段累计钻井进尺78630米，创多项指标和纪录。冀中苏某井，在0—824米井段，使用直径228毫米脉冲工具，与邻井相比，机械钻速提高118.26%；玉北平某井应用水力振荡器解决井下托压，创吐哈油田水平井完钻井深最深、水平位移最大、5000米以上同井型中钻井周期最短三项纪录。

5. 专业技术服务发展情况

定向井技术服务。截至2015年底，集团公司有定向井专业服务队伍452支，从业人员2580人。LWD导向仪器123.5套、242串，其中自产仪器55串、108串，占44.6%；MWD随钻测量仪器819

套、1638串，其中国产689套、1378串，占84.1%。（1）水平井规模化应用。2015年，集团公司完成水平井1060口。水平井钻井刷新一批新纪录，施工能力进一步增强。渤海钻探在冀东南堡油田某井以水平位移4941米创中国石油陆上最大水平位移纪录。西部钻探在新疆油田风城油区某井组中成功首次钻成鱼骨形SAGD水平井，该井组中Ⅰ井设计为分支井眼，Ⅰ井水平段主井眼设计997.15米，各分支井眼设计分别为697.7米、797.7米、897.7米和997.7米。通过应用悬空侧钻、分支井眼控制等关键技术，完成主井眼、四个分支井眼的分离与钻进。渤海钻探完成伊拉克鲁克某井，完钻井深4537米，井底位移3313米，钻井周期57天，比预定周期提前25天，刷新伊拉克鲁克地区井深、水平位移、周期多项指标纪录。（2）旋转导向钻井系统研发取得新进展。渤海钻探完成3串推靠式12¼英寸井眼旋转导向钻井系统井下样机、1套地面设备的研制；开发1套旋转导向应用软件，具备井眼参数、地层参数的测量，旋转导向的闭环控制执行，地面与井下的双向通信，数据的实时处理，绘图和远传等功能。8½英寸井眼旋转导向系统现场先导性试验6口井，累计下井时间491小时，累计进尺2330米，取得较好的效果。

固井技术服务。截至2015年底，集团公司有固井队伍96支，水泥车633台，完成表层固井10703井次，技术套管固井1711井次，生产套管固井10272井次，特殊工艺固井1112井次。川庆钻探通过技术攻关与集成，自主研发油基钻井液高效冲洗隔离液关键处理剂，优化浆柱结构与施工参数，页岩气水平段固井平均优质率92.3%，隔离液用量节约50%，下套管时效提高34.4%。在四川磨溪高石梯形成以高密度大温差水泥浆体系、正反注固井工艺、抗污染隔离液、浆柱结构优化、封隔式尾管悬挂器为核心的177.8毫米尾管防气窜固井技术，杜绝“喇叭口”窜气问题。高石梯—磨溪区块177.8毫米尾管固井质量稳步提升，磨溪某井合格率97.6%、优质率54.1%，高石某井合格率91.22%、优质率34.67%。西部钻探施工的奎河1井注水泥作业，水泥浆密度2.70克/厘米^3，创国内水泥浆密度最高纪录。

钻井液技术服务。截至2015年底，集团公司钻井液从业人员5317人。集团公司共配备钻井液室内主要实验检测仪器839台（套）。其中，常规仪器合计699台（套），占仪器总数的78.3%；研发评价仪器147台（套），占总数的17.5%。集团公司配备固控设备6322台，国产化程度达到93%。钻井液技术取得较大进步。（1）深井、超深井钻井液技术取得较大进展。油基钻井液现场应用钻井液密度超过2.60克/厘米^3，完钻井深超过8000米；深井水基钻井液技术实现规模化应用。研发甲酸盐、聚合醇、阳离子等超深井钻井液技术，在塔里木、玉门、青海等油田成功完成百余口井深超过6000米的超深井施工。（2）高性能水基钻井液研发获得成功。2015年，大庆钻探开展高性能水基钻井液现场试验，解决钻进泥页岩地层缩径、井壁稳定、钻具泥包、定向难度较高等技术难题。形成一整套体系配制、维护处理和相应的配套技术，现场成功应用10口井。川庆钻探研发的高性能水基钻井液封堵性、抑制性、润滑性3项指标均达到油基钻井液性能要求，在威远—长宁页岩气水平井应用期间井壁稳定，井眼通畅，成功替代油基钻井液。2015年应用10井次，其中长宁某井创长宁区块水平段日进尺301.4米，威某井创水基钻井液浸泡时间最长1404小时（58.5天）、井深最深5250米、井底温度最高130摄氏度、最高密度2.25克/厘米^{3}等多项纪录。高性能水基钻井液与油基钻井液相比，具有成本低、利于环保、提高固井质量等优势。（3）钻井废物处理技术取得新进展。成功研发并应用萃取、热脱附等含油钻屑处理技术，处理后的含油率小于0.5%，并在塔里木、川渝地区页岩气现场处理钻屑超过1万吨。同时成功研发水基钻屑处理技术，处理后的废水100%回用，处理后的钻屑完全达标，可制作免烧砖以及铺垫井场、铺路等。

（贾平军 卢发掌）

【井下作业】 井下作业是以试油测试、压裂酸化、大修侧钻及油气水井维护作业等为主导的综合性工程技术服务行业，分布在6家工程技术服务企业和11家油气田企业。川庆钻探工程有限公司、渤海钻探工程有限公司、长城钻探工程有限公司、西部钻探工程有限公司、大庆钻探工程公司、海洋工程有限公司6家工程服务企业的井下作业业务以试油测试、大修、压裂酸化业务为主；吉林油田公司、辽河油田公司、冀东油田公司、大港油田公司、华北油田公司、长庆油田公司、新疆油田公司7家油气田企业以油气水井维护作业为主；大庆油田公司、玉门油田公司、青海油田公司及吐哈油田公司4家油田企业从事井下作业综合性服务。

2015年，注重海外市场开发，中标阿尔及利亚Sonatrach修井合同、伊拉克鲁迈拉修井合同和委内瑞拉PDVSA多个修井合同；进入伊朗海上测试市场。

在委内瑞拉完成连续油管化学解堵、液氮气举等多项工艺施工作业。

1. 人员、队伍状况

2015 年，井下作业业务用工总量 6.95 万人，同比下降 3.47%。

2015 年，集团公司井下作业队伍 2153 支。其中，国内 1929 支，分为大修队 229 支、侧钻队 64 支、试油队 212 支、小修队 946 支、测试队 233 支、压裂酸化队 128 支、带压作业队 117 支；国外 224 支。

2. 装备状况

2015 年，井下作业系统有修（通、钻）井机 2464 台，其中车载修井机 1597 台，占 64.81%。一千型以上压裂泵车 763 台，共计 152.5 万水马力，其中两千型及以上压裂泵车 616 台。连续油管车 62 台，制氮车 43 台，液氮泵车 58 台，带压作业设备 126 套。

3. 工作量完成情况

2015 年，完成井下作业工作量 12.89 万井次。其中，压裂工作量 12390 井次，酸化工作量 4207 井次，小修工作量 107630 井次，大修工作量 4395 井次，侧钻工作量 257 井次。试油完成 7782 层。国内井下作业工作量完成 12.61 万井次，试油完成 5051 层。国外井下作业工作量完成 2817 井次，试油 2731 层（表 9）。

表 9　2015 年井下作业工作量

项　目	2015 年	2014 年	同比增减
工作总量（万井次）	12.89	14.34	-1.45
其中，压裂（井次）	12390	13726	-1336
酸化（井次）	4207	4596	-389
小修（井次）	107630	120573	-12943
大修（井次）	4395	4239	156
侧钻（井次）	257	271	-14
总试油（层）	7782	6965	817
国内井下作业（万井次）	12.61	14.07	-1.46
国内试油（层）	5051	5099	-48
国外井下作业（井次）	2817	2692	125
国外试油（层）	2731	1866	865

国内生产周期：试油 27 天 / 井次，小修 3 天 / 口井，大修 15 天 / 口井，侧钻 29 天 / 口井。国外生产周期：试油 10 天 / 层，小修 8 天 / 口井，大修 12 天 / 口井。试油平均生产时效为 84%。交井一次合格率 99.24%，优质井率 97.97%，执行设计符合率 99.98%，资料全准率 99.81%。

4. 科技研发及推广应用

试油测试技术。川庆钻探自主研制 6 套 105 兆帕测试工具、3 套 70 兆帕完井工具；形成一套井下数据无线传输技术，最大工作温度 148 摄氏度，最大工作压力 132 兆帕，最大传输距离 4610 米，误差小于 1%，可连续工作 200 小时；研制 70 兆帕 /177 摄氏度脱接式井下封堵工具，提高试油—完井—投产一体化管柱的稳定性和可靠性；研制 105 兆帕 /177 摄氏度单向式井下关井循环阀，提高测试管柱对易漏储层压井堵漏的适应性，现场应用 5 口井，平均单井转层周期由 11 天降至 3.5 天；全封闭、自动化含硫井排出液自动实时除硫技术现场应用 5 井次；研制两套具有自主知识产权的 210 摄氏度 /175 兆帕射孔器材。长城钻探在伊朗 Sepand-1 井进行 7 层 SWT+DST+TCP 联作，获日产气 70.8 万立方米，在狭小的平台空间实现地面测试与酸化作业设备共同摆放，使甲方避免使用酸化驳船，为甲方节约超过 1/3 的预算额度。渤海钻探自主研制 70 兆帕 CS-A 全自动校深射孔仪，可用于射孔作业、桥塞施工、工程测井、取心作业、爆炸切割等作业，配置射孔防喷管，可实现电缆射孔、电缆桥塞和测井的带压施工。西部钻探创新设计超深井试油测试“五阀一封”管柱工艺，在超深井克深 902 井成功应用，解决替浆、压井及解封等难题，2015 年 1—12 月推广应用 17 井次，并在克深 13 井创 110.6 兆帕国内最高关井压力纪录。

压裂酸化技术。工厂化压裂、体积压裂配套技术进一步完善，在页岩气示范区完成 19 个平台的压裂施工，完成压裂井 106 口，共计 1843 段，页岩气压裂改造主体技术基本形成。产生横切缝的水平井井眼设置，大通径免钻桥塞、快钻桥塞分段技术，多段 + 多簇压裂工艺，“3 大 2 低 1 小”的设计理念（大液量、大砂量、大排量，低黏液体、低浓度，小粒径支撑剂组合），现场实施质量控制技术（裂缝监测），多井交错（拉链式）压裂、工厂化作业模式，现场实施表明施工能力和参数已达北美水平，平台最高入井液量 18.9 万立方米，平台最高入井砂量 7500.26 立方米，单井最高入井液量 5.16 万立方米，单井最高入井砂量 2792.71 吨，威 204H3 平台工厂化压裂，单日施工 6 段，创历史最高纪录。川庆钻探完成二氧化碳密闭混砂装置功能测试和可靠性测试，开展 2 口井现场试验；成功实施高效脉冲式压裂，填补技术空白；开发出降解可控的纤维和压裂纤维加入配套装置，形成纤维控砂和暂堵压裂技术；生物清洁可回收压裂液应用效果显著，2015 年应用 94 口井、302 层，入地总液量 21.84 万立方米，累计回收液体 9.78 万立方米，回收利用率 95.5%。长城钻探簇式缝网体积压裂首次在辽河油田致密油藏获突破；研制“Y511-92 封隔器 + 直径 73.0 毫米水力锚”压裂工具组合；水平井自转向酸化技术在伊朗 Y-10 井成功应用。渤海钻探研制可降解压裂球、新型喷砂器及新型水力锚等分层压裂新型工具。西部钻探在 MaHW1324 井完成 26 级压裂施工，创造中国石油水平井泵送桥塞分段压裂级数最高纪录。

修井技术。渤海钻探研发适用于各种套变井况的专用整形、切割、打捞、补贴、取出、回接套管的专用工具。大庆油田开展大位移活性错断疑难套损井修复技术研究，形成找大通道、断口稳固、复杂落物打捞及防管柱上顶等技术。

特色技术。（1）带压作业技术。2015 年，完成带压作业井 4467 口，减排 191.5 万立方米。长城钻探成功完成 GW-DYD 独立式带压作业机的研制，获得发明专利 1 项，该独立式带压作业装置实现诸多创新：国际首创内置直卡式双向自锁卡瓦，提升夹持可靠性；国内首次在带压作业机上创新应用差动插装阀液压技术，使带压作业机的举升速度提高一倍以上；创新应用多泵独立控制技术，实现液缸起下速度三级控制；创新固定卡瓦和游动卡瓦互锁机制，实现无间歇安全控制。该产品填补了国内空白。川庆钻探在气井带压作业中攻克油管有效堵塞、起下大直径工具和过变径段尾管机械堵塞等一系列技术难题，并成功完成气井带压作业 67 井次，最大作业管径 73 毫米、下深 4405.56 米，最高井口操作压力 28 兆帕。吉林油田研发新型独立式带压作业机投入规模使用。（2）连续油管技术。2015 年，连续油管技术应用范围得到大幅扩展，技术水平明显提升。川庆钻探研发形成连续油管实时监测软件和在线检测技术，开发连续油管实验数据采集系统、连续油管钻磨实验固液分离及循环系统，完成连续油管视频监控系统安装调试。青海油田连续油管应用范围已拓展至 23 项，2015 年连续油管技术 3 项工艺得到规模化应用，通过应用有效提高作业效率。

（何昀宾　卢发掌）

工 程 建 设

【概述】 2008 年 4 月正式组建成立中国石油天然气集团公司工程建设分公司（简称工程建设分公司，也称工程建设板块），归口管理油田地面、炼油化工、油气储运工程的勘察设计和施工等业务。截至 2015 年底，集团公司从事工程建设业务的二级单位共 20 家，其中工程建设板块归口管理管道局、工程建设公司、工程设计公司、寰球工程公司、昆仑工程公司及东北炼化公司等 6 家企业，拥有工程建设业务的油气田与工程技术服务企业 9 家、炼化企业 5 家。工程建设海外业务遍及 44 个国家和地区，在 47 个国家设立 130 多个办事机构。

工程建设业务具备 2000 万吨 / 年原油产能建设能力、200 亿米^3/ 年天然气产能建设能力、8000 千米 / 年管道施工能力，具备天然气液化工厂和 LNG 接收站设计施工能力，具备 1000 万吨 / 年炼油和 100 万吨 / 年乙烯工程设计与施工能力。工程建设企业拥有各类资质 767 项，涵盖油气各专业的勘察设计、施工和监理各个环节。其中，综合甲级设计资质企业 6 家、行业甲级设计资质企业 15 家，化工石油工程总承包特级施工资质企业 4 家、化工石油工程总承包一级施工资质企业 16 家、管道工程专业承包一级施工资质企业 15 家、海洋工程专业承包一级施工资质企业 1 家。工程建设业务具备从咨询、FEED、设计、采购、施工、开车、试运、生产服务、培训及保运等全价值链服务能力，能为客户提供“一揽子”解决方案和“一站式”综合服务。

截至 2015 年底，工程建设板块资产总额 1405 亿元、净资产 377 亿元，其中归口管理企业资产总额 1059 亿元、净资产 351 亿元，分别占板块的 75%、93%。板块用工总量 11.44 万人，其中合同化员工 8.04 万人、市场化用工 2.76 万人、劳务用工 0.64 万人；归口管理企业用工总量 6.80 万人，占板块的 59%，其中合同化员工 4.38 万人、市场化用工 1.87 万人、劳务用工 0.55 万人。

【“十二五”成果回顾】 工程建设板块成立以来，始终以稳规模、调结构、强管理为主线，经营效益保持了稳定向好态势，发展质量稳步提升。“十二五”期间，工程建设板块营业收入保持在年均1280亿元、利润年均30亿元，其中归口管理企业营业收入年均863亿元、利润年均34亿元。业务结构持续调整优化，与“十一五”末相比，“十二五”末EPC、设计、咨询等高端业务收入比重由47%提高到60%以上，施工业务比重由45%下降至33%。品牌效应逐步显现，管道局、工程公司、设计公司、寰球公司、大庆油田工程公司连续进入ENR全球和国际承包商250强排名，昆仑工程公司成为知名的聚酯及PTA工艺技术和成套装备供应商。

工程建设业务内强管理、外闯市场，认真履行服务保障责任，不断提高市场竞争力，在业务发展过程中尤其是“十二五”期间积累了丰硕成果。

以提升EPC、PMC能力为主线，突出设计、施工、监理、检测等全业务链管理，优质高效地完成了一大批建设项目，有力支撑了油气核心业务发展。塔中400万吨/年产能、川东北高含硫气田、伊拉克哈法亚二期等油气田建设项目，广西、四川、宁夏、呼和浩特等石化工程，西气东输二线、中亚天然气管道、中缅管道、苏桥储气库群等油气储运工程，江苏、大连、唐山三个LNG接收站以及湖北黄冈和山东泰安天然气液化项目等83项重点工程陆续建成投产，广西石化、中亚天然气管道等工程获国家优质工程奖，苏丹3/7区产能升级等工程获中国建设工程鲁班奖（境外）。

不断根据市场形势变化，统筹施策、精准发力，在服务集团公司内部市场和巩固传统市场的同时，着力开拓外部高端市场和新兴战略市场并取得显著成效，形成了以中亚、中东、非洲、亚太、美洲等区域市场和重点国家为主的市场开发网络。在美国、加拿大、澳大利亚、阿联酋、沙特等高端市场取得突破，在南美等地区市场影响力持续扩大，在海洋管道、新型煤化工和新能源、环境工程等领域积极储备技术，市场布局更加合理，市场品位不断提升。“十二五”期间，工程建设板块新签合同额基本保持在年均1300亿元左右，其中国内外部市场与海外市场份额占比由2010年的44%提高到了2015年的66%。

稳步推进“一个整体、三个梯次、互为补充”的科技创新体系建设，推动多层面科技合作，形成了优势互补、合作共赢的科研工作格局。按照“谁领先、谁主导，谁拥有、谁发展，谁先进、谁开发”的原则，搭建了“十大统筹、百项核准”科技研发体系，实现了与集团公司重大科技专项的有机结合。全面开展重大技术攻关，油气田地面、油气储运、炼油化工、煤化工、LNG、污水处理设备制造等方面取得了一大批具有自主知识产权的技术成果。“十二五”期间，共获得授权专利1195项，其中发明专利317项，分别是“十二五”前总数的2.6倍、4.2倍，22项科研成果纳入集团公司技术利器，科技创效17.1亿元。

立足于管理提升，持续夯实管理基础。持续优化体制机制和组织架构，积极探索构建国际化管理体系，质量、安全、环保、风险、预算、成本控制等企业管理显著增强。加强制度建设，集团公司承包商管理办法、工程建设业务海外市场协调管理指导意见等一批制度规范相继发布实施，油气田地面、油气储运、炼油化工三大专业工程建设标准化体系基本建成。建成工程建设承包商资源库，承包商的选择、使用得到规范，违法转包、违法分包、违规选商等行为得到有效遏制。加强以高端管理人才、高端专业技术人才、高端专业技能人才为核心的高素质人才队伍建设，初步培养了一支具备国际化视野、掌握专业知识、熟悉商务运作、了解国际规范的国际化人才队伍。

【生产经营】 2015年，面对国际油价暴跌、集团公司投资持续压减、市场大幅萎缩的严峻形势，工程建设板块上下全力以赴开拓市场，多措并举降本增效，圆满完成全年各项任务目标。2015年，新签订合同额1070亿元、营业收入915亿元、利润23亿元。其中，归口管理企业新签订合同额870亿元、营业收入692亿元、利润30.9亿元，完成当年稳增长奋斗目标。

在2015年发布的ENR（美国《工程新闻记录》杂志）全球承包商（以境内外工程承包总收入为依据进行排名）250强排名中，管道局、工程建设公司、工程设计公司、寰球工程公司分别位列第65、88、129、118位；在ENR国际承包商（以境外工程承包收入为依据进行排名）250强排名中，管道局、工程建设公司、工程设计公司、寰球工程公司则分别位列第64、66、128、165位。集团公司工程建设企业国际商誉得到广泛认可。

【市场开发】 加强市场开发顶层设计，紧紧抓住“一带一路”等战略机遇，大力开发沿线市场，对目标市场深耕细作。进一步加强战略管理和宏观指导，加大海外市场协调力度，2015年，对马来西亚储罐等700

多个海外项目备案申请进行预审和前期协调，避免企业间无序、恶性竞争。工程建设板块签合同额中，海外和外部市场份额占到整体的66%。巴基斯坦瓜达尔港—纳瓦布沙管道、俄罗斯天然气股份公司炼油厂改造、美国得克萨斯州清洁能源等投融资项目有序运作，在创新商业模式上发挥示范作用。

各工程建设企业上下联动、多措并举取得好于预期的市场开发效果。管道局积极拓展新客户、新地区和新业务领域，中国石油系统外市场签订合同额占比近70%。工程建设公司深化国际合作，海外市场份额占比71.6%。工程设计公司强化市场信息收集和投标组织，相继在云南省能源投资集团有限公司、胜利油田等外部市场取得突破。寰球工程公司全力开拓外部市场特别是海外高端市场，外部市场、海外市场份额占比分别达到78%、74%。昆仑工程公司重点跟踪石油化工、合成材料、环境工程等优势领域，外部市场份额占比达到96%以上。东北炼化公司设计业务"搭船出海"，首次走出国门，承担哈萨克斯坦巴甫洛达尔炼油厂设计任务。大庆油田、辽河油田、川庆钻探公司工程建设业务确立"立足油区、面向外部"的市场战略，外部市场创效取得积极进展。

【重点工程建设】 2015年，工程建设板块承担重点工程21项。伊朗北阿扎德干、伊拉克哈法亚二期、四川磨溪龙王庙60亿米^3/年地面工程、乌鲁木齐石化柴油加氢装置、津华原油管道工程、坦桑尼亚天然气管道工程建成投产。云南石化炼油工程项目、铁大线安全改造工程（鞍山—大连段）、锦郑成品油管道工程等有序推进。江苏LNG项目一期工程通过国家竣工验收、二期进展顺利，舟山国家石油储备基地扩建工程、伊拉克纳西里耶油库项目顺利实施。2015年清洗储罐1562座，合计330万立方米。

【承包商管理】 进一步研究完善承包商管理办法，动态优化承包商资源库结构。认真开展承包商评价，累计取消158家评价不合格或连续两年无业绩的承包商准入资格；严格组织新增承包商准入工作，142家工程建设承包商经地区公司推荐、专业分公司优选、领导小组办公室组织专家审查、公示等程序进入资源库。持续加大承包商使用监督检查力度，组织对398家在用承包商进行质量及HSE体系评审，集中开展违法转包、违规分包、违规选商及承包商管理专项检查，发现并纠正各类违法违规问题86项，对依法合规选择、使用承包商，遏制违法发包、转包、分包、挂靠等行为起到积极作用。

【基础管理】 深入开展工程建设业务深化改革措施研究，积极探索解决发展瓶颈、破解发展困局、实现转型升级发展的措施和途径。加强质量管理，积极推进质量体系评审，严格质量指标考核，加大现场监督检查力度，发现问题588项。全面推进标准化建设，涉及油气田地面、炼油化工、油气储运三大领域的286项工程建设标准制修订工作基本完成。加强设计管理，开展设计质量专项检查，发现问题80项，对广西石化、抚顺石化进行设计回访，共发现问题235项，并督促做好整改；组织开展三维设计经验交流，征集论文71篇，并评出优秀论文20篇。修订监理规范，发布监理示范文本及风险控制手册，召开监理标准化管理交流会，开展监理现场专项检查，促进监理工作规范化。充分利用信息化手段，促进管理提升和精细化管理，稳步推进ERP应用集成系统建设，开展数字化设计集成系统开发与应用研究。

全面推进落实HSE责任，推行安全环保述职和履职能力评估，强化安全环保绩效考核。深入开展新《安全生产法》和《环境保护法》学习宣贯，组织企业分层次、分专业开展培训考核。组织安全生产大检查暨HSE体系审核，共发现企业典型做法204项、查改问题582项。完成油气田地面、炼油化工工程HSE标准化图集评审，推行管道施工标准化机组试点。制订完成工程建设业务专项应急预案，分类分级、分层次明确应急组织、程序和工作职责。严格事故管理，深入调查分析事故原因，制订防范措施。

【科技管理】 积极推进集团公司重大科技专项，千万吨大型炼油厂技术顺利通过验收，百万吨乙烯技术获集团公司科技进步奖特等奖。加强科技项目的顶层设计、立项和技术研发，2015年在研统筹科技项目99个、核准项目170个，其中当年新开题统筹项目24个、核准项目70个。积极推进数字化工程设计平台、无损检测等科技信息技术融合项目的联合攻关。进一步规范科研基础工作管理，加大对外协、经费使用以及科技约束激励机制的监督检查力度。研究制定工程建设板块科技后评价管理规定，以技术价值、综合效益、推广应用情况为重点，开展科技项目后评价。推动科技成果有形化和价值化，2015年完成24项新技术新产品推广应用目标。

【降本增效】 积极采取措施开源节流降本增效，归口管理企业2015年降本增效12.5亿元。坚持量入为出和效益优先，严控投资规模，投资同比下降55%。实施全员、全过程、全方位成本费用管理，归口管理企业可控销售及管理费用下降18%，其中"五项"费用下降9%。加大结算、索赔和内部清欠力度，努力做到颗粒归仓，应收账款较年初下降8%。研究制定《工程建设业务参与盘活低效无效资产指导意见》，深入分析资产分布状况，加大资产盘活力度，提升资产盈利能力。进一步压缩用工规模，通过优化企业组织结构、加强员工考核、控制境外人员、开展业务外包等措施控制人工成本。强化项目事前统筹和风险防范，深入开展纳税筹划和理财创效，有效规避损失。

【队伍建设与业务培训】　突出高端人才培养，组织开展国际化人才培养现场交流，促进企业做好参与全球化市场竞争的人才和智力储备。组织完成国际市场开发、质量卓越绩效管理和工程项目EPC管理等培训任务，培训各类员工554人次。持续开展石油内部监理工程师、监理员持证上岗培训考试，累计取证3296人，项目监理机构检查持证率达97.2%。各企业多渠道搭建人才成长通道，在人才“双序列”建设、总部和海外员工轮岗方面进行有效尝试。盘活内部人力资源，加大不同层级业务培训，广泛开展岗位练兵、技术比武、技能竞赛等活动，队伍整体素质和业务能力持续提升。

（吴晓利）

装备制造

【概述】　集团公司装备制造业务由中国石油天然气集团公司装备制造分公司（简称装备制造分公司，也称装备制造板块）统一归口管理，装备制造分公司于2007年12月28日组建，是中国石油天然气集团公司直属专业分公司，主要负责技术、业务、经营及综合协调管理工作。归口管理中油技开、渤海装备、宝石机械、宝鸡钢管、济柴等5家直属装备制造企业。同时负责油气田企业、炼化企业、有关专业公司和科研单位的装备制造业务管理和指导协调。装备制造产品涵盖钻井、采油、钢管、动力、炼化、物探、测井、海工、天然气等九大类产品。关键设备基本实现国产化，部分产品已跃居世界领先水平，具备为重点工程建设和海外油气战略区提供强有力物资装备保障服务的能力。

2015年，装备制造业务借助“中国制造2025”实施的机遇，进一步加大结构调整力度，推动石油装备制造业务由生产型制造业务向产品研发、制造、销售、服务综合一体化业务转型升级。突出钻井、采油、石油钢管和动力装备等优势核心业务，加快先进高端新产品研发和产业化，提升高附加值产品比例，优化产品结构。积极拓展国际市场，海外营销网络布局日趋完善。生产制造的石油物质装备已经出口到全球81个国家和地区。2015年，直属装备制造企业实现合同签约额396亿元，利润总额超额完成集团公司下达的稳增长目标。

【市场开拓】　加大产品推介力度，全力以赴开拓市场。组织系列产品推介活动。统一参加“中国石油装备制造走出去新闻发布会”，在中央电视台及海内外各大主流媒体宣传展示中国石油装备形象实力，产生广泛影响；组成中国石油装备展团参加CIPPE、克拉玛依、重庆3个国内展览和阿布扎比等10个国际石油展览；组织企业与印度Reliance、GE、俄罗斯天然气石油股份公司等公司进行多次产品推介和技术交流，促进各方合作。

内部市场份额逐步提高。与物资采购管理部等单位加强配合，配置落实专用管工作量，2015年内部预留比例达到历年最高。积极协调压缩机、钻机等产品的油田集中采购，装备制造优势产品采购总体执行情况良好。

拓展国际市场取得成效。出台《扩大装备出口指导意见》，中油技开与各制造企业签订框架协议，联合开拓国际市场，2015年出口收入占到总收入的46%。中油技开、宝石机械携手合作，成功拿到10套土库曼斯坦钻机订单，收获阿联酋阿布扎比国家钻井公司（NDC）第三批12台沙漠快速移动钻机合同，NDC钻机累计订单达到39台。宝鸡钢管精细策划投标，在与众多国际知名制管企业激烈角逐中，成功中标沙特阿美石油公司6.4万吨螺旋管合同和埃及塞得港11万吨打桩管订单。大庆装备也成功签订南苏丹37区1.04亿美元的潜油电泵租赁合同。

社会市场开拓迎难而上。面对社会市场激烈残酷的竞争，各企业主动获取项目信息，积极参与项目投标。宝石机械跟进中国石化及民营企业项目信息，获得9台钻机订单及大修改造合同；钢丝绳产品也率先在国内推行电子商务营销模式。宝鸡钢管在5家电商平台和信息招标网站注册，对437个热电联产项目、169个PPP项目和十几个国家综合管廊试点项目信息进行调研摸排，2015年订货量超过44万吨。济柴总厂的发电机组通过示范电站的带动，瓦斯、沼气发电项目收入同比增加8000万元。钻井院北石厂创新营销模式，9台顶驱钻机在海洋等市场租赁使用。

表10　装备制造主要产品产量

类　别	产　品	产　量
钻井装备	钻机（套）	53
	泥浆泵及泵组［台/（套）］	226
	钢丝绳（吨）	40763
	钻头（只）	6515
	顶驱钻机（台）	13
	螺杆钻具（套）	2307
	石油特种车（辆）	651
采油装备	抽油机（台）	5077
	抽油泵（台）	50174
	抽油杆（万米）	832
	潜油电泵（套）	1787
	井口装置（套）	7325
动力装备	内燃机（台）	1522
	天然气压缩机（台）	33
	节能电机拖动装置（台）	4898
石油钢管	油气输送管（万吨）	70
	石油专用管（万吨）	81
炼化装备	烟气轮机（台）	7
	压力容器（吨）	63770
	仪表（台）	38678
	特种阀门（台）	65
物探装备	地震仪（套）	43919
	检波器（只）	368110
测井装备	电缆测井仪（套）	260
	随钻测井仪（套）	12
	射孔枪（万米）	18
	射孔弹（万发）	299

【技术创新】　强化科技顶层设计，加快产品研发推广。按照“突出重点、开发高端、敢于创新、有所作为”的要求，抓好研发与需求、工具与工艺、装备与技术的结合，统筹实施10个科研项目。国家石油天然气管材工程技术研究中心在提升石油管制造技术方面开始发挥重要作用；国家油气钻井装备工程技术研究中心完成各项建设任务，具备验收条件。

2015年，获得省部级奖励10项，其中获得集团公司技术发明奖1项、科技进步奖3项。“稠油热采配套装备制造技术研究与应用”获集团公司技术发明奖；“9000米海洋钻井包研制及工业化应用”“新型电液控制冷壁滑阀研制”“深井钻机动力气化技术示范”等3个项目获集团公司科技进步奖。

完成一批新产品研发。深水钻机及钻柱自动化处理系统研究顺利完成；2500型压裂车样机完成工业性试验，通过集团公司组织的科技成果鉴定；105兆帕页岩气压裂采气井口装置在四川威远地区应用27套；BJC-I型特殊扣套管在长庆油田完成5口井的下井试验；X80钢级直径1422毫米×21.4毫米直缝、螺旋埋弧焊管完成千吨级试制；52兆帕天然气压缩机在塔里木油田开始现场试验。

加强新产品推广应用。组织召开集团公司第三届石油装备新产品发布会，集中发布21项高端新产品。会同科技管理部制定《关于推进集团公司装备制造业务自主创新重大技术装备推广应用的实施意见》，从集团公司层面为装备制造新技术新产品推广应用构建政策保障机制，并编制完成2016年自主创新重大技术装备推广应用第一批计划。

持续推进信息化建设。MES系统在直属制造企业60个生产单位上线运行并取得初步成效，提高工厂数字化水平，为优化工艺、降低成本、实现精细化管理提供有力支撑。

【对外合作与海外建厂】　开展对外合资合作，有序推进产能转移。以引入先进技术、扩大外部市场、提升管理水平、盘活存量资产为目的，大力推进与国内外先进企业合资合作。2015年初组织直属制造企业召开对外合资合作座谈会，对全年合资合作重点工作进行安排部署。宝石机械与德国海瑞克公司组建合资企业，在提高液压钻机国产化水平的同时，通过协作配套带动相关部件工作量；与斯伦贝谢公司按照“合约制造”模式合作生产压裂设备，获得斯伦贝谢公司、集团公司数套压裂车组订单。宝鸡钢管西安专用管二期项目的合资合作取得重要进展。渤海装备合资生产螺杆钻具项目通过集团公司立项。

统筹推进国际产能合作及海外建厂。编制形成装备制造业务海外建厂及“一带一路”产能合作专项规划，其中哈萨克斯坦钢管厂、阿克套装备制造基地2个项目纳入国家产能合作规划。哈萨克斯坦钢管厂项目通过初步设计审查，即将开工建设；中油技开阿克套油气装备基地项目与哈萨克斯坦方协商落实合作模式等事宜，美国仓储销售服务中心项目开工建设。宝鸡钢管、渤海装备与外方合作伙伴积极接触，共同研究在东南亚、中东和非洲开展石油输送管、专用管产能合作的可行性。

（赵　晶）

第七篇

国际业务

综　述

【概述】 2015年，面对国际油价长时间低位震荡，地缘政治关系愈渐复杂，恐怖袭击阴影笼罩全球，资源国汇率大幅波动等外部严峻挑战以及国家深入推进“一带一路”建设、推动能源革命和深化国企改革等内部有利形势，集团公司全面深入推进开源节流降本增效工作，有效抵御低油价冲击，推动国际业务稳健发展。集团公司基本建成中亚俄罗斯、中东、非洲、美洲和亚太“五大”海外油气合作区和横跨我国西北、东北、西南和东部海上“四大”油气运输通道，亚太、欧洲、美洲“三大”油气运营中心架构初现，海外工程技术服务（设备）1274支队伍分布在46个国家，海外工程建设业务分布在44个国家和地区，装备制造业务产品累计出口80多个国家和地区，国际业务中方员工1.78万人，当地和国际化雇员9.32万人，本土化率84%，跨国指数24.26%。

【海外投资业务】 海外油气投资业务（包括上游项目、炼油厂和加油站）分布于全球38个国家和地区，运作管理94个油气合作项目，基本建成中亚俄罗斯、中东、非洲、美洲和亚太“五大”油气合作区，构筑起横跨中国西北、东北、西南和东部海上的“四大”油气战略通道。2015年，海外油气作业产量当量13824万吨，油气权益产量当量7202万吨，其中原油5513万吨、天然气212亿立方米；海外新增油气可采储量当量9886万吨，其中原油6802万吨、天然气387亿立方米；输送原油2653.5万吨、天然气402.5亿立方米；原油加工量达到985万吨，完成稳增长目标。

【国际贸易业务】 截至2015年底，国际贸易业务在国内70多个口岸开展通关服务，贸易范围遍及全球80多个国家和地区，基本覆盖全球主要油气资源地和市场地。2015年，完成原油进出口贸易量2.5亿吨，成品油业务实现贸易量1.03亿吨，化工品业务实现贸易量605万吨，天然气业务实现贸易量885亿立方米，海运业务完成运输量1.2亿吨。积极发挥亚太、欧洲、美洲“三大”油气运营中心在贸易、加工、仓储和运输“四位一体”的作用，海外项目运营和国际市场开拓成果显著。

【海外工程技术与工程建设业务】 截至2015年底，海外工程技术服务和工程建设项目分布于全球76个国家和地区。其中，海外工程技术服务总（设备）队伍数1274支，2015年新签合同额51.66亿美元，同比下降21%，完成营业额48.80亿美元，同比下降12.6%；海外工程建设项目新签合同额109.80亿美元，同比增长78.67%，完成营业额47.20亿美元，同比下降19.02%。

【装备制造出口业务】 2015年，石油装备制造产品实现合同签约额422亿元，实现营业收入322亿元。装备制造产品销往全球81个国家和地区，在53个国家和地区建立72个境外机构。其中，在“一带一路”区域中，在37个国家开展装备制造出口业务，在32个国家设有驻外机构。在中亚俄罗斯、非洲、美洲、中东、亚太等地区形成稳定的规模市场，国际客户规模发展到970多个，与200多个国家石油公司、知名服务公司和跨国石油公司建立合作关系。

（陆如泉）

海外油气业务

【概述】 2015年，面对国际油价持续大幅下跌，部分资源国货币持续贬值、财税政策进一步收紧，南苏丹、中东地区政局动荡、安保形势严峻等复杂困难局面，海外油气业务大力转变发展方式，提升质量效益，海外五大合作区和四大通道建设稳步推进，业务领域和规模逐步扩展，海外业务战略布局基本完成，油气储量和产量稳步增长，国际化管理水平持续提高，核心竞争力得到进一步提升。“十二五”规划各项指标较好完成，为“十三五”发展奠定坚实基础。

截至2015年底，海外油气业务遍及全球35个国家，油气项目数量91个，上下游一体化的完整产业链已经形成，中亚、中东、非洲、美洲和亚太“五大”海外油气合作区和横跨我国西北、东北、西南和东部海上“四大”油气运输通道基本建成，为保障国家油气供应安全做出重要贡献，在业务规模增长的同时，取得良好的投资效益。

2015年，海外完成油气作业当量1.38亿吨，完成油气权益当量7202万吨，同比增长10.5%，其中原油5513万吨、天然气212亿立方米，同比分别增长9.2%和14.9%；输送原油2653.5万吨、天然气402.5亿立方米；原油加工量达到985万吨；实现现金流13.01亿美元，较2014年有较大幅度上升，实现生产经营利润总额28.14亿美元。同期伊拉克的鲁迈拉、艾哈代布，土库曼斯坦的阿姆河天然气以及乍得等项目持续增产，委内瑞拉MPE-3、苏丹6区等项目产量保持稳定，哈萨克斯坦的阿克纠宾、PK等项目优化调整产量计划，伊朗北阿扎德甘等项目按计划建成投产。

【海外油气勘探】 2015年，油气勘探业绩突出，主要指标再创历史新高。油气勘探以效益为先，精细研究、稳妥部署，在多个领域取得重大突破和重要进展。

苏丹6区Sufyan凹陷首次发现高产富集含油气构造，苏丹4区Azraq地区优质储量规模不断扩大，哈萨克斯坦PK和ADM项目精细勘探实现有效增储，滨里海中区块希望油田西斜坡岩性勘探成果继续扩大、塔克尔构造首次突破二叠系商业油流关，厄瓜多尔安第斯T区块西部首次揭示新层系潜力，印度尼西亚Jabung区块新层系和低阻油层均获重要发现，乍得项目开发井兼探井潜山发现高产富集潜山油藏，阿曼项目油田西侧甩开探井获得成功。风险勘探夯实资源基础，土库曼斯坦阿姆河右岸东部山前带新发现2个规模气藏，基本确立2个千亿立方米气区，“东气中送”气源基础不断夯实。海洋勘探取得重大进展，巴西里贝拉项目基本证实西部构造5亿吨级整装油田。非常规资源评价有序推进，澳大利亚箭牌项目和加拿大麦凯Ⅲ区块评价井钻探高效落实资源。

【海外油气开发生产】 2015年，油气田开发生产逆境中实现产量持续增长。在钻井和措施工作量大幅压缩的情况下，调整海外油气开发生产策略，深化地质研究、强化注水开发、细化生产管理，取得显著效果，全年完成油气当量权益产量7202万吨。

伊拉克公司优化上产，多投新井、措施井，推进注水工程实施，作业产量突破6000万吨，完成原油权益产量2577万吨；哈萨克斯坦公司在大幅减少钻井工作量的情况下，积极优化工作部署，部分主力油田快速递减得到有效遏制，油田自然递减率由2014年的9.88%降至8.38%，完成油气权益产量当量1752万吨；拉美公司狠抓生产组织协调和运行，精心组织MPE3项目停产检修，注重效益开发，强化油田精细管理，完成原油权益产量627万吨；尼罗河公司在南苏丹油田安全形势不稳定、大幅度削减投资和工作量等不利条件下，精心组织，攻坚克难，完成原油权益产量691万吨；阿姆河天然气公司精细组织、积极协调，完成天然气权益产量134亿立方米；印度尼西亚项目努力提升油田动态管理水平、加强油藏精细研究，完成油气权益产量当量149万吨，为全年实现利润总额5200万美元奠定基础；乍得项目加强地质油藏研究，优化措施作业，实行“一井一策”，完成原油权益产量260万吨。其他项目公司也采取积极措施，确保油田稳产上产。

【海外重点工程建设】 2015年，重点项目建设扎实推进，多项地面工程如期投产。阿姆河天然气公司B区基尔桑和鲍坦乌气田、A区第一天然气处理厂80亿立方米改建扩能工程投产，为项目稳产上产和冬季保供提供保障；哈萨克斯坦阿克纠宾第三油气处理厂Ⅲ期工程投产运行，伴生气输送及放空燃烧问题得以解决；委内瑞拉MPE3项目4万桶/日快速上产工程投产，安全生产隐患得以缓解；尼日尔上游项目Agadi油田全面投产，为项目一期产能接替和全年实现利润总额5600万美元提供重要保证。伊朗北阿扎德甘项目投油试生产成功，为油田正式投产打下基础。加拿大麦肯河油砂一期工程、澳大利亚箭牌项目Daandine扩建工程、委内瑞拉MPE3项目16.5万桶/日改扩建工程、南苏丹37区去瓶颈工程等重点工程按计划推进，投资总体受控。

【海外管道运营及炼油化工】 2015年，管道炼化项目运行平稳受控，工程建设进展顺利。现役管道炼化项目保持安全平稳运营。中亚天然气管道在国内天然气市场需求不旺、管道增输受限的情况下，多方协调，统筹谋划，2015 年输送天然气 316.8 亿立方米，为实现减亏 0.3 亿美元做出贡献；中缅天然气管道克服气源不足等困难，完成输气量 50.3 亿立方米；中哈原油管道克服油源组织等一系列困难，2015 年输油 1180 万吨；苏丹炼油厂、哈萨克斯坦 PK 炼油厂、乍得炼油厂和尼日尔炼油厂等项目积极优化工艺和生产方案，实现安全平稳运行。

管道与炼化工程建设取得重要进展。中亚天然气管道 C 线完成哈萨克斯坦共和国段 2 号、6 号泵站国家验收以及 4 号、8 号泵站机组点火工作，哈南线完成二阶段 306 千米线路建设，并于 2015 年 11 月投产；加拿大激流管道项目综合进度完成 60%；亚马尔项目 LNG 工程建设进度 44.7%，第一列生产线关键设备运抵施工现场；加拿大 LNG 项目完成 FEED 设计工作并经过联合公司内部审查；莫桑比克 Coral FLNG 一期项目完成 FEED 及中方可行性研究报告；澳大利亚布劳斯 LNG 项目完成 BOD 设计和审查，签署联合作业等多项协议，进入实质性 FEED 阶段；哈萨克斯坦 PK 炼油厂升级改造项目一期工程有序推进，4000 吨硫黄装置投产，二期工程 EPC 合同签署。

【海外新项目开发】 2015 年，合资合作与业务拓展稳步推进，海外油气资产结构与股权结构进一步优化。

合资合作积极开展，资产优化与创效成果显著。中亚天然气管道公司与国新国际投资有限公司的昆山项目顺利交割，中亚天然气管道合作项目成功签约，哈萨克斯坦卡沙甘项目与国新国际投资有限公司完成交割，广西东油沥青项目交割及交接工作基本完成。低效资产稳妥处置，中加项目金湖资产转让工作完成，卡塔尔 4、D 区块和尼日利亚 OPL471 区块的退出工作进入收尾阶段。

新项目开发稳步推动，低油价形势下新项目开发的顶层设计持续加强。已签约项目的后续工作有序开展，乍得 H 区块新 PSA 项目已获政府批准。俄罗斯万科、AOC 东非裂谷系等项目的全面评价和商务谈判稳步推进，伊拉克一揽子项目的技术评价和商务策划工作深入开展。澳大利亚布劳斯项目成功索款。

【海外重点项目运行】

1. 中亚地区重点项目

（1）哈萨克斯坦 PK 项目。2015 年，PK 项目通过优化新井部署提高单井产量、优化措施筛选提高效率、加强注水管理改善水驱效果、加强综合治理减缓产量递减等措施对油田实施精细管理，高产区块新井投产进度加快，老区新井平均日产油较 2014 年有所提高，含水明显降低；措施有效率 73.6%，同比提高 15.3 个百分点。PK 项目 260D-1 区块勘探合同勘探延期获得政府批准。

（2）哈萨克斯坦阿克纠宾项目。阿克纠宾项目通过强化生产运行组织管理，深入内部挖潜，利用现有油气生产设施能力增加经济油气产量，实现增产创效。一井一策制订上产措施，通过恢复停产井、治理低效井，累计增产原油 1.69 万吨；北特鲁瓦油田采取老井转注和同步注水，地层压力下降速度明显减缓；在肯基亚克盐下两口老井应用水力喷砂射孔压裂工艺，初期日产分别为 58 吨和 56.8 吨；根据 A 南气顶气田采气井试井成果，合理调整控制气井生产压差，优化气顶采气速度，凝析油日产量稳定在 1000 吨以上；第三油气处理厂Ⅲ期、45 号自备电站和 5 号气举站改扩建等一批重点工程建成投运，油田生产的基础进一步夯实。项目连续 6 年保持千万吨级油田的规模。

（3）哈萨克斯坦北布扎奇项目。通过完善注采系统，加强转注，注采比趋于合理；通过加强分层注水，储层纵向动用程度达到 50.2%，同比提高 5.6%；通过优化驱替方式，多管齐下，深度注聚合物调剖，受效油井井组日产油 985 吨，占油田日产油的 19.7%；精心优化措施和方案设计，小修作业和措施作业工作量得到压缩，2015 年措施增油较计划增加 37.5%，措施平均有效率 90%。

（4）哈萨克斯坦曼格什套项目。曼格什套项目充分挖掘老油田潜力，最大限度减少低效、杜绝无效的新井和作业工作量，最大限度保留吨油投入小、经济效益高的措施工作量；优化注水体系，在注够水注好水上下功夫，通过钻新注水井、油井转注、注水调整、返层等完善注采井网，高水平保持地层压力，不断改善水驱效率，老井自然递减率控制在 6.5% 以下，地层压力在原始地层压力的 90% 以上，是海外地层压力保持最好的老油田之一。

（5）哈萨克斯坦 ADM 项目。ADM 项目在没有新井投产、老井递减加快的情况下，通过加强油田生产组织，优化采油工艺，增加生产时率，提高产能，2015 年生产原油 27.6 万吨，商品率显著提高。

ADM 项目南萨雷布拉克 UC-70 井中下侏罗统试油成功，展示一定的勘探前景。阿雷斯勘探合同勘探延期获得政府批准。

（6）哈萨克斯坦 KAM 项目。KAM 项目超前计划，精细组织，及时开展钻新井、措施增产工作。2015 年生产原油 45.8 万吨，完成计划的 101.9%。

（7）哈萨克斯坦卡沙甘项目。卡沙甘项目管线修复和一期尾项工程建设有序开展，各项工作进度好于预期，为项目复产上产奠定良好基础；与其他伙伴共同努力，成功签署 PSA 延期备忘录；成功完成国新国际投资有限公司转股，公司投资压力得以减轻。

（8）中哈管道项目。中哈管道项目克服油源不足、管输费低等困难，通过低成本引入过境俄罗斯原油，利用齐姆肯特和巴甫洛达尔停产检修之机，增加哈萨克斯坦原油出口资源。2015 年向中国输送原油 1146 万吨。

（9）西北管道项目。西北管道项目积极寻找油源，正输与反输兼顾，2015 年输油 356 万吨（其中反输 88 万吨），完成年度计划的 133%。

（10）阿塞拜疆 K&K 项目。K&K 项目所属 2 个油田是有 54 年开发历史的老油田，处于开发后期，探明储量已全部动用，寻找剩余油的工作难度加大。项目对在产老井进行科学维护，保持其有效的正常生产，控制产量递减；在地质上加强对现有储层的进一步调查研究，找出剩余油分布较高的潜力层进行补孔，弥补产量递减。

2015 年，针对 335 口生产井开展全面地质普查以找出可能的潜力层。2015 年调层补孔 38 井次，补孔有效率 62%；大修井 7 口，恢复长停井 2 口。

（11）土库曼斯坦阿姆河天然气项目。阿姆河天然气公司坚持把提升发展质量、提高经济效益作为一切工作的出发点和落脚点，天然气探明可采储量、作业产量、商品气量、凝析油产量分别达到 186.99 亿立方米、134.01 亿立方米、125.17 亿立方米和 25.96 万吨；向中国年供气量首次突破百亿立方米，达到 125.2 亿立方米，成为集团公司海外规模大、效益佳、战略地位重要的民生保障项目。

截至 2015 年底，阿姆河天然气项目共动用探明储量 3770 亿立方米，产气井 88 口，平均单井产量 60 万立方米，井口日产气量 5100 万立方米，凝析油 1000 吨，硫黄 1100 吨，日供商品气 4700 万立方米，年供气能力超过 150 亿立方米，建成中国石油海外第一个百亿立方米供气能力，千万吨级油气当量项目。在 2015—2016 年中国冬季保供关键时刻，阿姆河天然气公司以量大（5100 万立方米产量，4680 万立方米输气量），幅（度）大（同比增长 30% 以上），质优且无一日短供、无一时断供的优良业绩，成为中亚两国三气源的主供气源、集团公司履行保供职责的有效保障。

（12）中亚天然气管道项目。2015 年，AB/C 线和哈南线近 7000 千米管道建成，输气能力 530 亿米^3/年，累计完成投资 196 亿美元，比规划投资节省 14.4 亿美元；积极推进中亚 D 线工程，塔吉克斯坦共和国段开工典礼在习近平主席见证下成功举行，实现中亚气进口多通道战略布局，有效助力国家“一带一路”战略实施。

完成 C 线哈萨克斯坦共和国段 CCS2、CCS6 站国家验收以及 CCS4、CCS8 号站机组点火工作，总体输气能力由 440 亿米^3/年提升至 510 亿米^3/年。哈南线工程完成二阶段线路投产并实现向中亚—中央管道输气建设，按计划完成一期线路 KSS 段管件更换。D 线国内段初步设计全部编制完成，塔吉克斯坦段完成海外勘探开发公司审查，完成 ASME 标准报批备案工作，2015 年合资公司预算获得塔方股东批准；乌兹别克斯坦段完成合资公司注册，并积极推动乌兹别克斯坦政府同意采用 ASME 标准；吉尔吉斯斯坦段完成 ASME 标准的应用审批，完成投资保护协议签署；中国段完成新疆子公司的工商注册、税务登记等，基本完成组织机构及管理框架的搭建。

（13）乌兹别克斯坦丝绸之路项目。2015 年，丝绸之路项目坚持效益中心原则和低成本发展战略，结合自身特点和发展阶段，完成低油价形势下项目经营策略报告；项目开发预可行性研究报告通过乌兹别克斯坦内阁审批，初步达成税收优惠方案；优化开发方案、完成项目开发中方可行性研究报告；完成新老丝绸之路公司过渡；HSSE 管理和各项安全指标均达到安保责任书的要求。

（14）乌兹别克斯坦明格布拉克项目。2015 年，面对低油价的新形势，明格布拉克项目积极开展油田地质、工程技术研究，适时优化工作计划和规划，取消 2015 年钻井作业计划，控减批准的勘探投资预算 2236 万美元。项目公司加强经营策略研究，完成《明格布拉克项目经营策略研究报告》，从技术、经济、商务等方面对明格布拉克项目实施提出建议。推动中乌联合研究，积极参与地质工程技术研究，探讨老井修复的可行性及新井井位问题。2015 年 10 月 20 日获得期限 5 年的新勘探许可证。

（15）乌兹别克斯坦咸海项目。截至 2015 年底，咸海项目完成二维地震勘探 2940 千米、三维地震勘探 780 平方千米。其中，海上测线 455 千米、陆上 1726 千米、过渡带 759 千米，三维地震全部在陆上。

通过地震勘探发现 4 个构造。完成钻井 6 口，其中 2 口井发现天然气和原油，4 口干井。

2015 年全部完成既定的勘探工作量，落实开源节流降本增效措施，生产顺利平稳，无安全环保责任事故。Meros-1 探井 2015 年 9 月 11 日开钻，2015 年 11 月 16 日完钻，四开钻进，完钻井深 3304 米，钻井周期 66.4 天。12 月 9 日完井，完井周期为 89 天。

（16）塔吉克斯坦项目。2015 年，塔吉克斯坦项目稳步推进，顺利完成年度勘探工作。全面完成山地宽线二维地震采集 826 千米、天然地震采集 8000 平方千米及 MT 采集 588 千米。完成宽线二维地震采集 20197 炮，满覆盖 820.37 千米；完成 MT 采集 1189 个点，合计 594.5 千米；天然地震第一批和第二批资料采集工作顺利完成。完成东部测线 400 千米的初步处理工作和资料处理；MT 处理工作完成第一阶段的盲处理解释工作。

地质研究工作持续强化，重基础、抓综合。开展三项基础工作：资料库建立、老井复查、野外地质露头描述。重点开展三项研究课题：油岩地球化学特征与油源对比研究、白垩系综合研究和沿地震线构造地面地质调查。

（17）俄罗斯亚马尔项目。亚马尔项目天然气液化厂采用模块化建设，10 个模块厂中有 7 个位于中国，截至 2015 年底，工艺和公用工程模块制造累计开工 105 个，管廊模块（SPP）制造累计开工 203 个，完成总体进度约 45%。项目主体工程天然气液化厂的建设进度 43.5%，第一列生产线建设进度超过 50%，使得亚马尔项目成为全球同等规模 LNG 工程执行最顺利的项目。同时 4 座 LNG 储罐的外罐浇注顺利完成，4 座储罐全部封顶，1、2 号罐开始内罐施工。4 号罐外罐混凝土施工仅用 21 天，创造北极地区施工新纪录。

勘探开发工作进展顺利，完钻开发井 41 口，天然气和凝析油测试产量均高于开发方案规划产量。其中，单井绝对无阻流量 1000 万米 ^{3}/ 日以上的井占 15.6%。

2. 中东地区重点项目

（1）伊拉克鲁迈拉项目。鲁迈拉项目强化注水收效分析，加强压力恢复动态监测，优化作业部署，新井投产及老井复产增油量分别超出计划 2.1 万桶 / 日和 0.8 万桶 / 日，2015 年完成作业产量 2833 万吨。

鲁迈拉项目以存货信息化管理为核心，生产、采办、财务等部门紧密结合，优化存货使用效率，努力降低存货余额，整体存货库存由 2015 年初的 4.86 亿美元下降至 11 月底的 3.89 亿美元，减少库存 0.97 亿美元。从正在处于招标过程中未授标的项目入手，合同复议和谈判顺利进行。通过对总值 11.9 亿美元的重大合同进行谈判，降低合同金额 1.79 亿美元，通过复议缩减合同金额 15%；积极维持年度产量不变的情况下，暂缓实施绿色油田建设，缩减一般性维护及升级改造工作量，控减投资 1 亿美元。

（2）伊拉克哈法亚项目。哈法亚项目从方案优化源头抓起，优化钻完井安排，集中开发产能落实的 Mishrif 和 Jeribe 主力油藏，推迟高风险油藏的钻井，2015 年完成作业产量 1103 万吨。

通过细化内部管理，实现在线招评标、ERP、OA 移动办公，内控体系上线等精细化、信息化的管理手段，在与 EM 的新项目合作中展现中国石油海外项目综合管理实力，操作成本同比下降 0.83 美元 / 桶。抓住商务评标及澄清、合同延期等重点环节，对总值 4.47 亿美元的重大合同进行谈判，降低合同金额 0.47 亿美元，通过复议缩减合同金额 10%；策略性暂缓三期地面建设、关键设备采购授标，控减投资 4.51 亿美元。

（3）伊拉克艾哈代布项目。艾哈代布项目通过完善注水井网、优化水平井完井等措施，克服碳酸盐岩水平井注水开发、油藏压力及产量递减较快等难题，2015 年完成作业产量 706 万吨。

通过强化现场规范化作业管理和监督管理，作业效率持续提升。四开水平井平均钻井周期 43 天，较 2014 年 50 天减少 7 天，节约钻井费用 700 万美元。推迟水区优化、WS2 伴行路等非紧迫性工程项目建设，控减投资近 1000 万美元。

（4）伊拉克西古尔纳项目。西古尔纳项目以注水为基础，以钻修井作业为保障，实施停喷井复产、油井酸化补孔等措施，争取生产主动，2015 年完成作业产量 894 万吨。提高油田跨部门协作水平，控减油田维修维护费用 600 万美元。通过合同复议，提前结束与哈里伯顿的钻机租赁合同，降低运营成本 1600 万美元。降低控减水源井钻井工作量、SOC 员工住房等非瓶颈工程投资，控减投资 5200 万美元。

（5）伊朗北阿扎德甘项目。北阿扎德甘项目以项目“设计、采购、工期、预算、回收”和 HSE 为工作重点，积极实现项目投产，各项工作取得良好成绩。钻井工程完成 58 口井，酸化完成 12 口工作量。试油本年度完成 6 口工作量，完成全部 21 口。修井完成 6 口井，环空带压问题顺利解决。通过持续优化技术，周期进一步缩短，钻井成本进一步下降。完成Hoveyzeh桥、Zahirieh道路及附属24个涵洞的修建，完成营地扩建、库房改造工程。地面工程累计完成98.1%，本年完成43.91%，其中，设计完成96%、采办完成98.66%、施工完成97%。为确保尽早投产，在不断督促由伊朗负责的外输泵站和管线的同时，积极协助伊朗实施外输Bypass工程，解决原油外输瓶颈。

（6）伊朗南阿扎德甘项目。南阿扎德甘项目结合项目实际情况并考虑外援法律建议，就争议维权、保有项目并落实降本增效等方面要求开展系列工作，取得预期进展。HSE管理加强，通过减少现场中方人员数量，协调解决突发事件；做好合同复议及处置工作；投资额严格控制，投资完成符合预期。

（7）伊朗MIS项目。MIS项目中方人员对维修复产方案持续细化，坚持与伊方进行技术和商务交流。在技术研究方面，针对油田生产过程中的技术瓶颈，加强科技攻关，完成伊朗MIS复杂老油田产能分析评价和MIS项目管道点蚀机理和防腐工艺研究，获得伊朗公司科技成果2项。在HSE方面，配合地区公司修改完善“伊朗公司井喷及硫化氢应急预案”和“项目井控应急预案”，切实抓好防恐工作，安保管理体系建设积极推进。

（8）阿曼项目。2015年，阿曼项目油田水平井注水开发、钻井和油田生产作业以及油田地面工程建设等方面的工作都得到顺利实施。钻井70口、新安装电潜泵27口井，新装抽油机30口。油田作业产量、储量及各项经营指标完成率均超过100%；HSE表现良好，全年无安全生产事故。

利用新三维地震，对五区块进行滚动勘探，在Shadi油田南部成功钻探一口勘探评价井SDS-01。在老油田内部挖潜，通过水平井注水开发提高采收率，增加可采储量。

（9）阿联酋陆海项目。陆海项目以技术合作为突破口获得与阿方合作的主动权，通过过程创效、合同复议、严控联合公司人员规模与管理费用等多项措施落实开源节流、降本增效。完成海上OBC三维地震采集，并单独议标给BGP进行地震处理解释一体化研究，完成Bu Haseer区块地震资料处理和解释，Belbazem区块地震处理解释按计划推进。对海上油田总体开发方案进行4轮优化，确定“分期开发、滚动投资；少井高产、有油快流”的开发策略。第一口开发评价井完钻，第二口开发评价井进展顺利，增加Upper Ureaj试油项目。海上油田开发配套工作同步启动，IFD的研究工作进展约20%，EPS完成SELECT工作，FEED进度达到50%，Pre-EPC工作按计划运作。

（10）叙利亚项目。叙利亚公司管理着戈贝贝、幼发拉底2个项目。2015年，由于叙利亚战乱，油田被占领，中方员工撤离叙利亚，3人远程监管戈贝贝项目SSKOC和CNPCIO 2个公司的运行。与壳牌SSPD在迪拜的留守人员进行沟通、协调处理幼发拉底项目事宜。

3. 非洲地区重点项目

（1）苏丹124区项目。苏丹124区项目认真做好“开源、节流、止损”三篇大文章，克服安全形势严峻、产量递减加大、商务问题困扰等诸多挑战。HSE管理全年无人身伤亡事故、无环境污染事故、无生产安全事故的目标顺利实现；生产原油260万吨，完成年初计划的95%。

勘探工作以滚动勘探为核心，加强有效勘探，优先落实能快速上产的工作量。完成二维地震采集348千米，三维采集380平方千米；完钻勘探井5口，7口井获商业油流。在4区发现首个以Darfur群为主要目的层的亿吨级油田。完成开发井钻井工作量24口，连投新井45口。勘探开发一体化有序推进，储量向产量的转化速度不断提高。Hilba油田早期投产积极推动，投产油井7口，其中3口井开展稠油蒸汽吞吐试验，单井初产超过预期。用闲置设备和设施完成Hilba MFPF初步建设，稳步推进Azraq注气工程，为未来注气开发打下基础；Hamra油田东块从废弃井SI-1中采出地层水补充油藏能量，开展注水先导性试验。

（2）苏丹37区项目。苏丹37区项目作为管道项目，2015年受油价下降直接影响较小，项目通过预先进行管道低输量运行研究，最大限度降低管道输送成本。优化、改造CPF落地油回收工艺，回收速度得以加快，2015年可回收原油21万桶。4、5、6号泵站加热炉维修及校验及时完成，保持完好状态，冬季加热炉在线得到保证并提供合适的出站油温。

（3）南苏丹124区项目。南苏丹124区项目公司应对各种风险与挑战，油田巡查和设施损毁评估实施降本增效措施适时开展，复产方案及时调整，油田资产得到最大可能保护，为再次复产奠定基础。

安全环保方面，成功处置OGM-40D火灾事故、完成Eltoor FPF站内污油池改造、完成井口落地油清理、成功处置UN-93井遭枪击着火事件、成功处置Eltoor FPF污油池人为纵火等事件，朱巴霍乱疫情得到有效应对。合同复议方面，复议后签订的合同19项，完成阶段性复议成果14项，合计降价总金额1371万美元，合同平均降幅42%。勘探开发方面，完成项目公司“十三五”勘探总体规划的编制和项目公司年度储量报告编制；完成“Munga油田FFR研究项目”方案研究，提出60美元油价下优化部署24口开发调整井和7口老井增产措施建议，为复产后油田的稳产上产工作奠定一定基础。

（4）南苏丹37区项目。2015年初，受国际油价持续低位震荡、南苏丹国内武装冲突不断、油田周边安保形势严峻等因素影响，项目经营指标一度呈现极度被动局面。面临增收增效的压力巨大，在开发生产工作量大幅控减和优化的情况下，项目通过高效实施各项稳油控水措施，2015年产油796万吨，超产31万吨；通过优化调减预算4亿美元、加强精细化管理节省费用2500万美元、积极开展合同复议降低合同金额7700万美元和加大销售推价工作力度降低贴水3.65美元/桶等一系列降本增效措施，初步摸索出一套符合南苏丹37区项目特点的有质量、有效益的低成本管理方法。

按照“精细勘探，效益勘探”的原则，项目制订“立足北部，加强地质研究，突出滚动勘探”的勘探策略，围绕Paloch油田和Ruman油田进行探井部署，力争发现规模效益储量，探井Palogue E-1和Anien C-1先后成功完钻，其中Palogue E-1井在深层白垩系AlGayger组获良好油气显示，测井解释油层4.3米/2层。完成转注井6口（Paloch油田5口、Gumry油田1口），日增加注水量6万桶。

（5）苏丹6区项目。苏丹6区项目公司在做好增收增效、降本增效和止损的基础上，合同复议和投资优化等工作得到积极推动，生产、经营和HSSE管理各项任务顺利完成。生产原油272万吨。完成二维地震采集348千米，三维地震采集72平方千米，探井评价井11口，正钻井3口，开发井65口。

投产新井66口，初期日产油15053桶，平均单井初产228桶/日，平均含水15.6%。全年累计贡献产量206.5万桶（井口），占总产量的10.5%，平均日产5657桶。

（6）苏丹炼油项目。苏丹炼油项目实现零伤害、零事故、零污染的“三零”目标，保持连续安全平稳运行5690天的记录，加工原油390万吨，完成计划的113%；生产各类油品355万吨，完成年计划的116%；实现权责制回收回报6579万美元，完成年计划的102%，各项经营业绩指标均较好完成。股份转让、管理主体交接工作有序开展。

（7）苏丹化工项目。苏丹化工项目无生产运营、环保和交通事故，百万工时损失工时伤害事故率为零。聚丙烯和编织袋产品出厂合格率100%，生产聚丙烯1.6万吨，生产编织袋为540万条，销售聚丙烯1.59万吨，销售编织袋440万条，销售成品油9.2万立方米。边丝在线回收流程得以优化，回收率80%以上，单班废丝量降低到1千克以下；回收利用废料，废丝回收造粒机全年回收造粒12吨。

（8）乍得项目。2015年，乍得项目紧紧围绕H区块稳产增油、PSA区块勘探启动、外输管道平稳运行等重点工作，调整部署和方案设计不断优化，原油产量快速增长顺利实现，项目利润、现金贡献再创新高。2015年累计完成原油作业产量、权益产量260万吨，为2014年产量的2.6倍；一期管道和二期管道分别输送原油75万吨、170万吨。

2015年原油平均日产水平达到5.08万桶。完成措施井34口，成功33口，成功率97%，措施恢复产量315.5万桶，占总产量的17.4%，平均措施日产油量0.9万桶。在Baobab潜山、Prosopis构造带共部署4口新井，其中潜山兼探井3口，完钻3口井；新投产5口井（含探评老井完井投产3口）。勘探工作有序推进，完成Baobab潜山“两宽一高”三维地震采集176平方千米、Madiago盆地139千米二维资料的处理；BC-4井试油顺利完成；Baobab C-2、Ronier C-1、Ronier C-4等7个断块地震解释和构造成图工作完成。

（9）尼日尔上游项目。项目公司全年利润和现金流保持“双正”顺利实现，全年安全生产无事故。紧紧围绕“控减投资、压缩成本、挖潜增产”等主题做文章，多措并举，勘探开发部署持续优化，稳增长效益目标得以实现。

勘探方面，完成三维地震采集、处理及解释300平方千米，以及2000平方千米的老三维地震资料解释。开发及生产方面，完钻开发井5口，完井作业18井次，井下作业4井次；完成Agadem区块退地工作，Agadi油田成功实现投产。

（10）尼日尔炼油厂项目。项目公司从精细管理、优化操作、提高加热炉效率、提高轻质油收率等多方面着手，适时调整加工量，严格工艺指标控制、工艺操作纪律执行，确保安全生产，提高经济效益。炼油厂综合能耗108.60千克标准油/吨，较2014年同期增加1.87标准油/吨，低于设计指标5.93千克标准油/吨；轻油收率81.41%，液收率86.20%，综合商品率 92.76%。实施增产柴油方案措施，2015 年增产汽油、柴油 2723 吨。

（11）阿尔及利亚炼油厂项目。炼油厂项目以保障技术服务协议执行和炼油厂安全运行，2015 年炼油厂加工原油 35.76 吨，生产各种产品 30.63 万吨，其中普通汽油 12.39 万吨，柴油 16.44 万吨，商品丙烷 4167 吨，商品丁烷 13897 吨；全年轻质油收率 80.62%，综合商品率 86.9%，出厂产品合格率 100%。设备维护管理工作不断加强，全厂设备完好率 97% 以上，主要设备完好率 100%，静密封点泄漏率 0.003%，动密封点泄漏率 0.04%。仪表完好率、使用率、控制率保持在 96% 以上，各装置单元的正常生产运行得到保证。

（12）阿尔及利亚 438B 项目。在前期完成的 FEED 研究基础上，确定 FEED 优化方案，与 CH2 公司签订合同，完成工作量的 16%。完成钻井大包及相关服务合同价格谈判及价格复议，签订钻机大包主合同。通过采用 PVC 套管取代钢材套管，简化井口装置，水井的建设成本大幅度降低。

（13）突尼斯项目。项目公司与合作方积极寻找新区块进行评价筛选，依次对突尼斯 RIGO 公司油气资产、ENI 公司油气资产和 KsarHadada 区块开展新项目评价工作。2015 年生产原油 27 万桶，完成全年原油生产任务的 134%。对比年产量计划超产 7 万桶，油田月度综合含水率控制在 50%，中方权益原油产量 6 万桶。2015 年下半年在放大 SLK-1 油嘴试验中取得成功，开发后期油田生产平稳进行得到保证，油田全年原油生产任务得以大幅度超额完成。

（14）尼日利亚项目。尼日利亚项目根据部署，在未完成义务钻井的情况下，成功实现免责免赔退出 471 区块的工作，至少节省 1700 万美元的违约处罚和杂费，并成功索回 471 区块母公司担保函原件和履约保函原件，彻底清除法律纠纷隐患。新项目开发开创新局面，评价并上报 OML138 深海在产项目，经海外勘探开发公司和海外研究中心的详细评价后进行预报价；项目关闭和注销程序及其他各项工作有序推进，完成预定的工作目标和任务。

4. 美洲地区重点项目

（1）委内瑞拉陆湖项目。委内瑞拉陆湖项目推行效益产量理念、强化精细管理，优选措施井实施，同时推进湖上油田气举压缩机安装，优化作业工作量，加强电泵井管理。2015 年生产原油 17 万吨，天然气 0.36 亿立方米。

（2）委内瑞拉苏马诺项目。委内瑞拉苏马诺项目加强现场生产管理和优化，重点井保持平稳高产运行，开展受限二采油藏解禁及潜力分析，为油田上产做准备。2015 年生产原油 20.5 万吨。

（3）委内瑞拉 MPE3 项目。委内瑞拉 MPE3 项目狠抓新井投产、强化老井措施和精细化油田管理，实现快速投产。脱盐脱水厂 4 万桶 / 日快速上产工程顺利投产，16.5 万桶 / 日扩建项目总进度 60.31%。提前停产大检修，比计划提前 6 天完成，多生产稀释重油 74 万桶，多处理混合油 102 万桶。2015 年实现投产新井 44 口，累计增油 400.1 万桶，生产超重油 942 万吨，同比增产 41 万吨。

（4）委内瑞拉胡宁 4 项目。委内瑞拉胡宁 4 项目按照“放缓投资节奏，缓而不停，停而不弃”原则，严控新开工项目，延缓已开工项目进度，基本完成 3 万桶 / 日早期生产方案修订。

（5）厄瓜多尔安第斯项目。2015 年，厄瓜多尔安第斯项目新区取得新发现，老区加密“水中捞油”效果显著。北部区块投产新井 20 口，平均初产 515 桶 / 日。2015 年实施换层作业井 11 口，平均单井增油 205 桶 / 日。项目运行中停 2 台钻机、暂停修井 3 个月，仍获第四季度产量突破并实现超产。

2015 年，原油产量 240.3 万吨，完成油气当量产量 244.6 万吨，用于发电的天然气 0.53 亿立方米，折合油当量 4.3 万吨。完钻探井 2 口、评价井 2 口。

（6）秘鲁 1AB/8 区项目。秘鲁 1AB/8 区项目关停部分低效和无效益高含水井，项目原油产量仍基本保持平稳运行。2015 年生产原油 93 万吨。

（7）秘鲁 6/7 区项目。2015 年，秘鲁 6/7 区项目强化油井措施及现场精细管理，提前 40 天完成全年原油产量计划，生产原油 18.1 万吨，生产天然气 3195 万立方米。秘鲁 6/7 区项目合同实现延期。

（8）秘鲁珍珠项目（10/57/58 区项目）。10 区项目积极推进新井钻井及投产，加大油井措施及长停井复产，2015 年生产原油 52.7 万吨，生产天然气 2.1 亿立方米。57 区项目积极协调作业者搞好生产，2015 年生产天然气 7.7 亿立方米，生产液态烃 18.23 万吨。58 区项目加强勘探部署研究，继续进行油气出路和市场调研。

（9）哥斯达黎加项目。哥斯达黎加项目积极推进维权及股权转让工作。通过加强生产管理、关停无效井、减员降薪等措施控减各项费用。完成大幅减员，合资公司裁减 17 人，其中中方 14 人，大幅降低人工费用。

（10）加拿大项目。2015 年 1 月 1 日，步锐能源公司与中油国际（加拿大）公司（简称中加公司）、中国石油天然气集团公司加拿大代表处公司（简称集团公司代表处）签署《操作服务协议》。《协议》规定，步锐能源公司代为管理运营中加公司、集团公司代表处的各项业务，将两者统一纳入步锐能源公司的管理体系。

加拿大项目公司 2015 年产量再创历史新水平。2015 年油气作业产量超过 3068 万桶油当量（约 415 万吨），同比增长 34%。其中，天然气 42.13 亿立方米，凝析油（含天然气凝液）79.63 万吨。油气权益产量 864.84 万桶油当量（117 万吨），完成计划（621.7 万桶油当量）的 139%；油气净产量（商品量）822 万桶油当量（约 111 万吨），其中天然气 9.59 亿立方米，凝析油（含天然气凝液）34.86 万吨。

（11）加拿大油砂项目。为有效开发加拿大油砂资源，按照“大油砂”统筹研究原则，对麦凯河、多佛、麦凯Ⅲ 3 个油砂资产项目进行整体规划部署。截至 2015 年底，顺利完钻 34 口井。

稳步推进麦凯河一期中心处理厂和油田设施工程建设，麦凯河一期工程全年完成总工作量的 95%，其中中心处理厂建设进度 87%，井场建设进度 100%，公用设施进度 100%。生产准备总进度 92%。2015 年完成变电站试运行，8 个井场移交并通电。7 月 6 日向政府提交麦凯河一期达产（Phase 1A）申请，11 月 9 日获得政府批准。完成麦凯河一期达产项目（MRCP1A）概念设计招标。暂停多佛项目 FEED 研究招标、钻井评价和其他相关工作。

（12）加拿大白桦地天然气项目。加拿大白桦地天然气项目为应对持续低迷的天然气价格，进一步优化现有开发工艺与开发部署，重点降低完井成本，降本增效，全年投资成本降低约 24%，同时又确保天然气和凝析油产量任务等各项考核指标顺利完成。完成中方可行性研究报告与 2015 年度第三方 SEC 和 COGEH 资源储量的初评工作，2015 年该项目 2P 权益储量约 6253 万桶油当量。全年保持安全事故零纪录。

（13）加拿大都沃内天然气项目。2015 年，加拿大都沃内天然气项目资源落实程度明显提高，储量逐步增加，2P 储量大幅度上升，标志项目资源勘探技术风险有效降低，为下一步高效开发奠定基础。截至 2015 年底，该项目总钻井 103 口，完成压裂作业 38 口，完井 92 口，投产 87 口，达到日产 4.5 万桶当量、年产 200 万吨以上产能规模。

2015 年井口产油 54 万吨，天然气 5.6 亿立方米，完钻井 30 口，钻井进尺 18.48 万米，高峰时动用 6 台钻机，下半年正常运行 4 台钻机。

（14）中油国际（加拿大）公司中加项目。截至 2015 年底，中加项目业务完全集中到油气勘探开发方面，资产集中到 4 个非作业油气田生产项目和 2 个勘探项目。2015 年，实现油气产量 124.6 桶/日，全面完成 2015 年下达的经营计划指标。

麦凯Ⅲ油砂区块新钻取心井结果喜人，具有建成年产 300 万吨油砂油的资源基础。

Hoole 重油勘探区块延期申请，获加拿大阿尔伯塔省政府正式批准，延期自 2016 年 7 月 17 日生效。成功剥离 Goldenlake 资产。

（15）加拿大激流管道项目。激流管道项目一期工程作为保障麦凯河油砂项目一期的外输命脉，2015 年推动完成激流管道一期三级概算编制，一期详细设计基本完成。

与 GRP 合作伙伴 TCPL 重谈管输协议工作取得重大进展，双方同意将激流管道分不同阶段按期建设，顺利完成 2015 年冬季 84 千米管道及夏季 105 千米管道建设，确保 2016 年底建成该项目一期（干线 20 英寸管道及相关设施）工程投产输油，暂停二期（36 英寸管道）工程相关工作。管道下游与市场的连接工作取得突破，与 Keyera 合作获得海外勘探开发公司批准。

（16）加拿大四方 LNG 项目。2015 年，加拿大四方 LNG 项目严格监控项目前期投入有效管控和实质推进项目前期设计准备工作。与规划总院（寰球公司）签署该项目上下游一体化开发内部可行性研究报告的协议。

与国际事业加拿大公司签署 LNG 项目上游供气与下游销售研究协议；委托第三方完成中方权益 LNG 项目税制结构研究；初步完成关于 LNG 项目中方下一步经营策略研究（包括进退方案）。FEED 设计承包商（CFSW）按合同工期（2015 年 8 月底）完成 LNG 工厂基本设计工作；港口设施（RTA）FEED 设计承包商按合同工期（2015 年 8 月底）完成 RTA PORT 基本设计工作；LNGC 继续推动与 CFSW 完善 EPF+CM 合同文本。

（17）巴西里贝拉项目。巴西里贝拉项目对全年勘探计划进行重新优化调整，探井开完钻 5 口减为 4 口，原计划的三维地震采集推迟到 2016 年实施，有效降低投资成本。勘探取得重要成果，第一口探井（3-RJS-731 井）试油获得高产，测试 2 个层合计日产超万桶；第二口探井（3-RJS-735 井）获油气发现，测井解释9个油气层，有效厚度162.7米，展示中区良好的勘探前景；第三口探井（3-RJS-739A井）钻遇175.9米巨厚油层，区块西部储量进一步落实。

5. 亚太地区重点项目

（1）印度尼西亚项目。印度尼西亚项目克服管理幅度大、区块治理结构复杂、老油田历史遗留商务问题多等实际困难，按照"保稳产、抓管理、降成本、促效益"的工作方针，全面超额完成全年各项生产经营任务。2015年，该项目实际生产油气当量436.5万吨，生产液态烃（原油+凝析油+LPG）287.89万吨，生产天然气18.53亿立方米。完成探井评价井新井3口，跨年井2口，三维地震采集280平方千米。钻井11口，投产新井14口，新井初期日增油2231桶、日增气39万立方米。评价井Tiung Utara-2首次在Batu Raja组碳酸盐岩取得规模天然气发现。

（2）新加坡SPC项目。SPC上游资产在中国、印度尼西亚和越南3个国家共拥有5个开发生产项目，分别为渤海04/36、05/36区块、印尼Kakap、Sampang区块和越南102/106区块，总面积5845.94平方千米。截至2015年11月30日，SPC项目完成油气作业当量产量219.8万吨。其中，累计生产原油207.9万吨，权益产量20.5万吨；累计生产天然气8.2亿立方米，权益产量2.6亿立方米。

（3）澳大利亚箭牌项目。2015年，澳大利亚箭牌项目推行低成本战略，将降低上游单位技术成本（UTC）、优化组织机构作为年度工作重点。2015年完成煤层气产量11.60亿立方米，内部新增储量50.2亿立方米，完钻勘探井1口、评价井5口和开发井2口，累计进尺16578米。完成新井完井27口及修井114口、弃井89口。无安全和井控事故。

（4）澳大利亚哈科特项目。澳大利亚哈科特项目完成开发概念方案和初步经济评价。项目技术、经济评价、经营策略研究到位率100%。独立完成ATP564探区义务研究工作量。延迟ATP602探区评价测试井义务工作量实施，减缓大额投资。顺利完成压缩机8000小时大修维护。

（5）澳大利亚西澳布劳斯项目。2015年，澳大利亚西澳布劳斯项目完成BOD的研究工作，项目顺利进入FEED。编写完成FLNG项目中方可行性研究报告。项目达成股权整合协议（EAD）、联合作业协议（JOA）、提油提气框架协议（L&B）、FLNG专利技术转让和技术服务协议（FLSA）和联合管理团队协议（IDTA）的签署。在一揽子商务协议达成基础上，向BHP索回购股调整款和历史成本补偿款1.46亿美元，为集团公司挽回1.8亿美元的巨额潜在财产损失。

2015年6月19日，项目获当地政府批复，315区块延期14.5个月。完成地质油藏和开发概念设计专项研究，包括水下布置及外输管线研究、浮式平台类型选择研究和达尔文LNG处理厂改造研究。暂停Pre-FEED工程研究项目。

（6）缅甸凯尔项目。缅甸凯尔项目狠抓管理，注重实效，完善规章制度，强化承包商管理，严格监督过程管理，建立一套海上特色的风险防范与内控体系。成功组织打成中国石油海外自主作业第一口超深水探井AD1-1井，该井于2015年2月6日开钻，3月27日完钻，钻井周期49.5天，完钻井深5030米，实现零事故、零伤害、零污染的"三零"作业目标并形成一套完整的深海钻井作业技术及管理文件。成功获批AD-1区块在不增加义务工作量的条件下延期至2016年6月4日；向缅甸国家石油公司MOGE提前递交AD-1/6/8区块共同延期申请。

【海外经营管理】 2015年，面对国际油价持续低迷、部分资源国政局动荡、安全形势恶化及汇率大幅波动等极端困难局面，海外生产经营与中央巡视问题整改、"重塑中国石油良好形象"大讨论活动和"三严三实"专题教育紧密结合，全面深入推进企业开源节流降本增效，有序进行改革与综合管理，有效抵御低油价冲击，实现"十二五"圆满收官。

开源节流降本增效工作成效显著，稳增长攻坚战取得决定性胜利。（1）加大扩销推价力度，增收成效显著。伊拉克公司各项目提油量创历史最高水平；哈萨克斯坦公司各项目优化销售布局，提高销售价格，大幅控减销售费用；印度尼西亚、厄瓜多尔安第斯、阿曼项目实现官价升水销售；尼罗油、达尔油、多巴油销售贴水大幅缩窄。（2）加强源头控制，投资规模大幅控减。海外项目2015年完成投资82.3亿美元，同比下降31.2%。哈萨克斯坦公司、尼罗河公司、拉美公司、伊拉克公司、阿姆河天然气公司、东南亚管道公司表现尤为突出。（3）全面开展合同复议，采办成本明显下降。乍得项目有效控减销售贴水，完成稳增长目标的105%。南苏丹37区、俄罗斯亚马尔LNG、哈萨克斯坦阿克纠宾和莫桑比克等24个海外项目通过合同复议，累计降低合同额5.56亿美元。（4）实施精细化管理，过程创效成果斐然。海外各项目通过生产过程中的精细化成本管控，累计控减各项成本费用3.05亿美元。（5）减员增效取得阶段进展，人工成本控制初见成效。海外2015年人工薪酬成本同比下降14.58%，人员借聘费用支出减少人民币1700多万元。（6）积极应对货币贬值风险，针对资源国货币大幅贬值，2015年共对冲31.91亿美元汇兑损失，显著降低货币贬值对海外报表利润的影响。（7）妥善处理诉讼纠纷，哈萨克斯坦的PK炼油厂与北布扎奇项目、厄瓜多尔安第斯项目成功解决诉讼纠纷，各项目累计避免经济损失1.84亿美元。（8）不断提高SEC储量管理能力，哈萨克斯坦阿克纠宾与北布扎奇等重点项目SEC储量评估结果全面好于预期。

有序推进企业改革与综合管理，综合协调及支持服务作用进一步凸显。（1）稳步推进海外全面深化改革工作。成立中东公司，中东地区业务管理体制进一步调整完善；海外共享服务中心与共享管理平台建设取得实质进展，财务共享管理分中心模块建设工作与澳大利亚、秘鲁、乍得等3个国别公司共享管理平台建设工作进展顺利。公司机关和所属项目组织机构持续优化精简。机关部门从21个优化到19个，完成定岗定编工作，为后续人员配备、轮换和人工成本管理奠定基础。（2）扎实推进综合管理工作。海外人才选拔和人员轮换机制进一步完善。制定竞聘上岗管理办法，发布员工轮换管理办法，2015年中方骨干员工轮换313人次，同比增长52%。（3）科技和信息化工作成效显著。“邦戈尔盆地基岩潜山油气重大发现及勘探配套技术”等8项成果获省部级科技奖励，11项集团公司自主创新技术在海外推广应用并取得良好效果。部署云桌面、云服务器，初步建成企业级移动平台，实现资源共享和多业务移动办公。建立股东事务双周督办机制，加强中方股东对海外项目的行权管理。

【海外HSSE与风险防控】 2015年，HSSE管理和风险防控工作持续加强，海外生产经营保持安全平稳。HSE责任制和管理体系不断完善，制定《海外勘探开发公司本部HSSE管理职责规定》，明确海外勘探开发公司领导和各部门HSSE管理职责；建立《HSE管理评价指标体系》，对37个海外项目进行HSE管理量化评估。海外勘探开发公司本部通过ISO 14001和OHSAS 18001体系认证复审。乍得炼油厂通过英国标准协会ISO 14001和OHSA 18001体系认证。完成拉美公司MPE3项目、伊拉克公司艾哈代布项目、尼罗河公司南苏丹37区项目、东南亚管道公司、加拿大步锐项目、尼日尔炼油厂等6个单位HSE和社会安全体系审核。审核发现问题167项，良好实践65例，提出改进建议83条。

社会安全管理和环境管理加强，海外安保防恐工作有效强化，未发生人员被绑架或伤亡事件。针对南苏丹反政府武装袭扰、博科圣地恐怖活动、伊拉克战乱等严峻复杂的安全形势，加强形势研判，发布安全预警提示，召开专题研讨会，制订应对措施和应急预案，成功应对2015年2月尼日尔迪法地区恐怖袭击和5月南苏丹武装冲突。制定发布《环境管理通用规范》等9项管理规范；组织开展环境问题整改，加强污染土壤隐患排查与治理；加强海外项目传染病预防，成功应对疟疾、麻疹、流脑和MERS等疫情。

内控与风险管理工作扎实开展。重点推进缅甸凯尔公司内控体系建设，对尼日尔上游项目、厄瓜多尔的安第斯项目、乍得上游项目、伊朗北阿扎德甘项目进行内控管理层测试，对发现的例外事项要求进行整改。完成对《“三重一大”决策事项管理规定》等21项规章制度的制修订，深入推进风险防控工作，开展风险辨识和分级防控，发布海外勘探开发公司2015年度风险偏好。

党风廉政建设和依法合规管理扎实有效，保驾护航作用日益增强。狠抓海外业务反腐倡廉工作，先后5次开展对涉及“四风”问题的专项清查工作，全面完成中央巡视组反馈问题专项整改任务，受理信访举报9件，调查审理4起违纪违规案件，对3人给予党纪处分、6人给予政纪处分，收缴违纪款项6万余美元。大力加强依法治企和合规管理，出台《合规管理办法》，配发宣贯《诚信合规手册》。稳步开展审计工作，完成26个项目审计，对历年审计发现问题进行跟踪，整改到位46项。

（郑　林　李晓双）

国内油气勘探开发国际合作

【概述】 2015年，面对国际油价持续走低、石油供大于求、天然气需求增速大幅回落等挑战，对外合作认真贯彻落实集团公司党组和股份公司管理层的指示精神，紧密围绕“特色发展、互利双赢、发挥优势、服务整体”的工作方针，紧紧依托地区公司，强化新技术和先进管理经验的引进推广，狠抓安全环保和节能减排，优化生产经营运行、强化项目管理、深化开源节流降本增效，全面超额完成年度各项生产经营任务，为集团公司稳健发展做出应有的贡献。对外合作油气产量保持历史高位，2015年生产油气916.84万吨油当量，其中原油391.58万吨，天然气65.92亿立方米。

2015年，中方账完成销售收入82.67亿元人民币，实现税前利润48.15亿元，完成预算41.6亿元的116%。完钻勘探（评价）井、开发井320口，钻井进尺38.73万米。截至2015年底，在执行对外合作项目37个，全部是产品分成合同。

【原油项目运作】 截至2015年底，共有在执行原油项目16个，其中赵东、$九_1$-$九_5$、冷家堡、海月、高升、州13（1–2）、州13（3–6）、肇413、大安、莫里青、庙3、民114、孔南和两井等14个项目处于生产期，扶余1号项目处于开发期，马朗项目处于勘探期。

1. 大港赵东项目

赵东项目已进入开发中后期，低油价增加了选井难度，在保障投资效益的前提下，项目对年度工作计划进一步优化和优选，在尽量控制和减少投资的情况下确定钻井9口；同时对海工建设计划的新井地面生产连接、平台升级改造和钻井平台建设都进行优化。2015年完成原油商品量73.81万吨，外输天然气4860万立方米。编制完成赵东合作区2016—2020年开发调整规划方案（IDP16）。

2015年4月3日，“中国石油大港油田赵东项目作业权交接仪式”在位于大港滩海区域的赵东平台举行，按照石油合同规定，中国石油从2015年4月5日起成为继美国陆安公司、美国阿帕契公司、澳大利亚洛克石油公司之后赵东项目的第四任作业者。

2. 辽河冷家堡项目

2015年完成原油生产量62.2万吨，商品量53万吨（不含气置换商品量2.8万吨），分别完成计划指标的100.3%和101.9%。新区完钻开发井2口，完钻进尺0.35万米，完成2口新井地面配套工艺等；老区完钻侧钻井、长停井复产、实施转换开采方式及难动用储量试采工作量等。

项目在雷41块开展开发方式筛选和井网井型评价，覆盖难采地质储量252万吨。集中在洼62块和冷43块进行水平井挖潜，覆盖地质储量138万吨，实现产能建设新发展。继续加强老油田综合治理，加强井组动态跟踪分析，小洼油田11个汽驱井组日产油稳定在280吨以上，油汽比保持在0.15以上，提高了开发方式转换效果。

3. 新疆$九_1$-$九_5$项目

2015年生产原油73.5万吨，新建产能7.66万吨，连续18年年产原油70万吨以上。完成年度钻井计划145口，进尺5.89万米。在低油价下，开展投资管控措施，投资完成较批复计划有大幅节余。

在93850井区对白垩系清水河组进行试采的基础上，2015年申报K_1q_1油藏新增探明含油面积3.98平方千米，石油地质储量677.20万吨，技术可采储量155.08万吨，已通过股份公司审核并报国家储委审批，可新建产能18万吨。

项目通过新疆油田公司安全环保健康考核，获得新疆油田公司“安全生产与环境保护先进单位”，实现新疆油田公司安全生产十六颗星、合作项目连续安全生产19年的目标。

4. 大庆州13项目〔包括州13（1–2）区块、州13（3–6）区块和肇413区块〕

由于国际油价低迷，年度工作量计划调整为钻井19口，钻井进尺3.63万米，原油产量调整为22.42万吨，商品量22.21万吨，调整计划各项指标全部完成。通过各方面努力，科学组织生产，优化生产运行，加强精细管理，在控本增效上见效明显，确保了项目全年生产经营整体运行平稳有序。

5. 大港孔南项目

2015年生产原油8.25万吨。完钻新井2口，投产2口，新建产能0.4万吨，当年新井产油3700吨；完成油井措施14井次，有效12井次，当年累计增油1.2吨，措施工作量完成全年计划的100%，为圆满完成年度产油任务做出重要贡献。

6. 吉林大安、莫里青项目

2015年，大安项目生产原油66.91万吨，莫里青项目生产原油13.04万吨。受低油价影响，2个区块钻井计划均未实施，措施工作量大安区块完成21口，转投注完成10口，莫里青区块其他投资工作量全部未实施。

7. 吉林庙3项目

2015年生产原油2.23万吨，调整年度工作计划后钻井1口，投产1口。

8. 吉林民114项目

2015年生产原油5.26万吨。受油价低迷影响，为降本增效调整年度工作计划，暂停部分新井钻探，实际完钻8口，钻井进尺1.32万米，投产8口。

9. 辽河海月项目

2015年生产原油41.21万吨，原油商品量40.99万吨。钻新井8口，投产新井16口，新井年产油3.99万吨。项目在继续月东油田B岛剩余16口井钻完井工作的同时，着力开展蒸汽吞吐热采试验、高含水井综合治理工作，并针对国际油价持续低迷实施低成本战略，节能降耗效果显著，节资一千多万元。

10. 辽河高升项目

项目加强6个重点井组为主的跟踪调控，实现产量稳定上升；积极开展高246块水平井火烧试验，探索新的火驱开发途径。2015年生产原油14.81万吨。为应对低油价影响，全年未实施新钻井，侧钻井实际完钻8口，投产8口；完成转火井8口；注空气2.07亿立方米。

11. 吉林两井项目

2015年生产原油1.74万吨，全部为老井自然产量；完成注水14.23万立方米。受低油价影响，全年未安排实施新钻井及产能建设措施工作量。

12. 吉林扶余1号项目

由于国际油价持续低迷，项目2015年工作做了相应调整，减少钻井数量，由小规模开发稠油转为小范围进行先导试验，继续开展三维地震和测井研究。

13. 吐哈马朗项目

项目合同者赫世公司对已完成勘探工作，经过技术经济评价和综合考虑，正式致函中国石油，决定于2015年1月31日勘探期第一阶段到期后终止马朗区块石油合同。双方对合同终止前的后续工作安排在联管会上协商一致，并陆续完成资产资料移交、预算费用和弃置费用结算和审计，准备签署石油合同终止协议，将以实际签署日期作为石油合同终止日期。

【天然气项目运作】 截至2015年底，共有在执行天然气项目11个，其中长北、苏里格南、川中和迪那1项目处于生产期，川东北、吐孜项目处于开发期，金秋项目处于评价期，西昌、梓潼、喀什北、富顺—永川项目处于勘探期。

1. 长北项目

长北项目按照国家批准的总体开发方案完成年度钻井计划，2015年生产天然气36.44亿立方米，商品天然气34.66亿立方米。2015年12月31日，中国石油天然气集团公司和壳牌中国勘探与生产有限公司签署《长北一期生产作业权移交协议》，该协议的签署标志着长北一期生产作业权移交准备工作全面完成，中国石油接替壳牌公司成为该项目的作业者。长北项目二期总体开发方案已编制完成。

2. 苏里格南项目

2015年成功投产18口井，累计投产气井308口。2015年生产天然气14.77亿立方米，商品气量14.09亿立方米，年产凝析油1.86万吨。

3. 金秋项目

2015年9月10日，集团公司与壳牌公司签署金秋项目补充协议，合作范围由天然气扩展到原油。2015年钻大安寨井4口，生产天然气2900万立方米。

4. 富顺—永川项目

2015年，富顺—永川项目完成3口跨年井的试油工作，完成2口井的试采地面工程建设，生产天然气7920万立方米。作业者壳牌公司于2015年3月底向联管会提交了滚动总体开发方案。

5. 川东北项目

在中国石油、雪佛龙高层的高度关注下，在项目管理团队、施工方及地方政府的共同努力下，2015年12月30日罗家寨气田A井组启动投产，标志着川东北项目分阶段投产工作全面展开。

6. 川中项目

2015年，川中项目生产井29口，生产天然气1.96亿立方米、凝析油5068立方米，产量同比增长80.4%。项目继续加强精细化生产管理，在须家河老井工艺制度优化方面，做到实时掌握生产动态，合理优化生产制度，定期开展生产动态分析，确保柱塞工艺井递减率在6%以内。

7. 迪那1项目

迪那1项目生产运行平稳，2015年生产凝析油2.15万吨，商品量2.06万吨，天然气4.06亿立方米，商品量3.98亿立方米。

8. 吐孜项目

吐孜项目处于开发期，2015年9口井正常生产，在钻井2口，1口井关井待投。2015年生产凝析油0.18万吨，商品量0.17万吨，天然气4.18亿立方米，商品量4.14亿立方米，平均单井日产天然气15万立方米。

西南西昌项目、梓潼项目开展合同终止相关工作，塔里木喀什北项目无对外合作实物工作量。

【煤层气项目运作】 截至2015年底，共有煤层气项目10个，其中8个处于勘探期，1个处于生产期，1个处于开发期。

1. 马必项目

2015年，马必项目排采总井数118口（丛式井106口，L形水平井8口，多分支水平井3口，U形井1口），开井98口，平均单井日产气量800立方米左右，完成产气量1680万立方米；钻完井12口，增产测试14层，完钻井压裂18层。

2. 成庄项目

2015年，成庄项目完成煤层气产量1.16亿立方米，商品量1.1亿立方米，圆满完成全年任务指标。由于煤矿掘进、老井采出程度高、区块接转过程中暂无法进行接替井的钻探等原因，商品量下降0.05亿立方米。

3. 三交项目

2015年，三交项目通过不断总结和摸索，排采认识不断深化，排采控制由“粗放型”管理转为“精细化”管理，排采控制由“三段式”方法转为“五段式”控制方法，日产量万立方米以上井由年初的2口增加到年底的6口，日产量由年初的14.2万立方米上升到年底的17.5万立方米。完成二维地震199.83千米，钻井27口，压裂试气5口/5层，新增排采井2口，完成煤层气产量5930万立方米，商品量5767万立方米。2015年10月24日，三交项目总体开发方案获得国家发改委核准批复，是中国石油国内油气勘探开发对外合作首个煤层气总体开发方案获批项目。

4. 韩城项目

2015年，韩城项目坚持“长期、稳定、连续、缓慢”的排采原则，逐井分析，制订有针对性的排采制度。对产水量小的井采用循环注水、平稳降压的排采方法，取得一定的效果，日产气量由年初的1.52万立方米增长至年底的3.32万立方米，增长118%。完成钻井5口，压裂9口/15层，新增排采井21口，累计排采井94口，煤层气产量824万立方米，实现404万立方米试销售突破。

5. 三交北项目

三交北项目先导试验工程设计规模为20万米^3/日的乔家山集气站于2014年11月28日投入试运行，2口井接入集气站，初期日产量4万立方米。2015年产气609万立方米，销售526万立方米。完成二维地震120.78千米，完成评价井3口。2015年11月4日，三交北煤层气项目增列天然气勘查矿种获得国土资源部批准，为中国石油国内油气勘探开发对外合作首次增列矿种项目。

6. 保田青山项目

2015年完成钻井5口，压裂试气6口/10层，新增排采井6口。

7. 石楼南项目

2015年实施二维地震473.08千米，完成探井12口，压裂3口/4层。

8. 紫金山项目

2015年无实物工作量，开展了项目补充作业备忘录及产品分成合同第二次补充协议谈判工作。

9. 硫磺沟项目

硫磺沟项目国际仲裁工作正在进行中。

沁南项目无对外合作实物工作量。

【联合研究】 到期终止的联合研究协议2个。2015年2月，中国石油与康菲石油中国（大足）有限公司2013年签署的四川盆地内江—大足区块页岩气联合研究协议到期终止，双方未能就后续产品分成合同条款达成一致，合作终止；2015年11月，中国石油与赫世公司2014年11月签署的荣昌北页岩气联合研究协议到期，由于国际油价低迷，赫世公司投资大幅度缩减，且页岩气项目经济效益边际，赫世公司来函提出终止产品分成合同谈判以及项目合作，该联合研究协议终止。

【人员培训】 2015年，利用对外合作项目提供的培训费和培训资源，组织国内培训173批、国外培训26批，参加人数5300余人次。

（赵进锡）

国际贸易

【概述】 中国石油的原油、成品油、天然气、石化产品及节能减排国际贸易业务，中国石油海外份额油的销售及原油、成品油、天然气境外期货业务，海外集贸易、加工、运输、仓储为一体的油气运营中心建设和运营管理由中国石油国际事业有限公司（中国联合石油有限责任公司）（简称国际事业公司）统一管理和组织实施。国际事业公司是中国石油外经外贸专业公司。

“十二五”末，国际事业公司境内外分支机构已达38家，在国内70多个口岸开展通关服务，贸易范围遍及全球80多个国家和地区，基本覆盖全球主要油气资源地和市场地，经营油气种类上百种。国际事业公司已基本形成集贸易、加工、仓储、运输“四位一体”的综合性国际能源贸易公司。

2015年，实现贸易量4.27亿吨，对外销售收入6540亿元。

【原油进出口及国际贸易业务】 2015年，原油业务调节保供、优化资源能力进一步提升。完成原油贸易量2.5亿吨。确保中哈、中俄管道资源稳定，将部分增供俄罗斯原油转海上进口，提高了集团公司整体效益。认真组织落实国储油收储任务，完成2015年西部收储油计划。派员驻炼油厂现场办公，加强与客户沟通，通过拼装、船期优化、库存运作、转计价等方式帮助炼油厂降本增效。顺应国家放开原油进口趋势，开拓地炼客户，创新服务方式，扩大国内市场份额。在保持传统优势市场的基础上，拓展了北美、北欧市场。加强基准油交易，提高跨区协同效应和贸易灵活性，取得优异成绩。

【成品油进出口及国际贸易业务】 2015年，成品油业务实现贸易量1.03亿吨。精心组织来料加工业务，为炼化企业返出成品油。进一步拓展管道俄罗斯原油异地来料加工业务，有效缓解国内产销矛盾和库存压力。圆满完成援助尼泊尔成品油任务。积极参与普氏窗口和基准油交易，加大跨市运作力度，开辟新线路。继续保持在中国香港和新加坡两地机场最大航空煤油供应商的市场地位，开拓爱尔兰、拉美等航空煤油区外市场，巩固扩大在东南亚和中东的市场份额，实现国Ⅴ标准汽油、柴油出口澳大利亚高端市场。

【化工产品进出口及国际贸易业务】 2015年，化工产品业务实现贸易量605万吨。国际事业公司认真履行职责，协助集团公司海外上游企业组织硫黄外运。建立石脑油加工生产聚烯烃监控模型，综合运用纸货和期货锁定远期毛利，帮助炼化企业扭亏增效。

【天然气进口及国际贸易业务】 2015年，天然气业务实现贸易量885亿立方米。优化管道气和LNG进口方案，降低天然气采购成本，对气质气量严格把关，为冬季保供和促进天然气市场平衡发挥重要作用。组织开展中土100亿立方米合同启动、中俄西线主要条款协议、LNG长约减量降价等项目的谈判，取得积极成果。精心组织海外天然气转口业务，有效控制国际贸易运作风险，取得较好收益。

【海运业务】 2015年，海运业务抓住航运市场改善的机遇，提升运输服务和业务运作质量，完成运输航次1678个，完成运输量1.2亿吨。加强海运风险防控，严把船舶检验关，强化反海盗和防恐手段，新建和修订期租船危险海区防控措施等8项安全管理规定，保持多年来无重大安全和油污、货损事故的良好纪录。首次开展LNG航次租船，为进一步扩大LNG航运积累经验。委托建造的4条VLCC油轮及2艘LNG船全部建成并顺利投运。

【海外油气运营中心建设】 2015年，发挥亚洲、欧洲、美洲三大油气运营中心在贸易、加工、仓储和运输“四位一体”的作用，海外项目运营和国际市场开拓成果显著。新加坡大区公司加强市场研判，着力提升跨区跨市运作能力，在澳大利亚和东南亚等市场份额不断增加。通过技术改造优化生产工艺，增强装置可靠性，取得显著效益。香港公司构建起立足中国香港，辐射法国、中国台湾、泰国等地的区域供油网络，建立稳定的航空煤油出口销售渠道，对中国台湾原油、成品油、化工品业务也同步增长。日本大区公司积极推进大阪合资公司改善收益，大阪炼油厂保持全年非计划停工天数为零的优秀纪录。在日销售的中东原油和南美重质原油量大幅增长，并首次中标日本国储原油。在韩原油贸易量实现翻番，首次将大阪炼油厂汽油销往韩国，实现对韩天然气业务零的突破。

哈萨克斯坦大区积极采取有效措施保障中哈、中俄原油管道以及中亚天然气资源的供给。成功开拓黑海重油转口欧洲的业务和西部海上转口贸易。伦敦公司加强对英法炼油厂的现场管理，平均开工率83%，创造良好效益。利用地中海储罐开拓巴士拉权益油西向市场。美洲公司开拓拉美市场，积极参与WTI基准油运作，实现原油混兑贸易及期货合约实货交割，成为在美国巴肯地区最大的原油贸易商之一、美湾基准油的重要贸易商以及美湾地区较大的轻油贸易商，开辟了美国凝析油转口、天然气凝析液等业务，首次实现对墨西哥和巴西的直接成品油供应。对巴西原油贸易取得快速发展。

【经营管理】 2015年，深入贯彻集团公司总体战略部署，主动适应国内外形势变化，着眼战略布局，本着突出主营业务发展，优化调整贸易结构，坚持质量效益优先原则，开展“十三五”规划编制工作。为细化落实发展目标，确保规划落地，国际事业公司先后召开“十三五”发展规划推动会和中国市场研讨会，宣讲“十三五”发展规划。

积极开展资本资金运作，降本增效取得明显成效。在保持对新加坡环宇油库运营控制权的前提下，完成部分股权转让，实现良好回报。积极开展金融创效，控制信用风险，取得良好成效，应收账款达到集团公司控制指标要求。退租低效无效库容，提高库存周转率，推进库容市场化，降低仓储成本和资金占用。优化物流方案，精心组织贸易执行的各个环节，降低运输费用和滞期费。加强融资统筹和税收控制，降低融资成本和税费支出，灵活调整外汇管理策略，规避汇率风险，通过人民币跨境资金池实现跨市创利。

人力资源管理不断完善。进一步完善国际事业公司招聘制度、薪酬福利制度和激励约束机制，落实工效挂钩，有效控制用工总量和人工成本的增长速度。完善干部选拔任用工作机制，充实各级领导班子，完成17人次中层干部的岗位调整和竞聘。改进考核指标体系和考核办法，加大贸易与项目协同考核力度，细化业务单元在海外重点区域考核利润指标的分解。创新培训方式，通过微信公众号分享培训教材，2015年共开展培训384项，累计培训6453人次。

信息化建设取得新进展。海运系统全面上线，中油E贸网项目正式启动并完成炼油厂服务模块的开发。深入开发先锋系统，新增标准化合同、先锋与SAP接口等功能，满足业务发展需要。

接受集团公司审计、内控测试和专项检查，针对发现的问题，制订整改方案并积极组织整改，提升国际事业公司整体管理水平。同时，加强内部审计和财务检查，及时整改问题，夯实基础管理。持续强化制度建设，根据业务发展需要和集团公司要求及时修订和废止制度18个，每季度组织规章制度答题，不断增强员工制度意识，强化制度执行，确保合规经营。

【HSE管理与风险防控】 2015年，国际事业公司全面落实安全环保责任制，修订《安全环保责任书》《考核实施细则》，明确安全环保考核指标。组织开展安全生产大检查和安全生产月活动，汲取天津港“8·12”危险品仓库爆炸事故的教训，全面梳理安全工作流程，排查治理安全生产隐患，提升安全环保的管控能力。组织开展新《安全生产法》和《环境保护法》学习和知识竞赛，加强事故警示教育，各级领导到HSE联系点开展活动，组织各类安全检查，增强员工的安全环保意识。强化海外安保和社会安全管理，继续保持安全环保形势的稳定向好。

加强风险防控。修订《市场风险管理规定》，建立起油品业务全球VAR值（风险值）平台，全面实现油品业务高风险部分VAR值的每日监控，提升市场风险量化分析水平。加强客户资质动态监控，梳理筛选中间商类客户，结合市场形势和客户自身资信变化及时调整授信措施，确保客户信用风险全面受控。持续优化业务流程，实现业务管理各个环节的全面覆盖。通过严格合同审核、法律人员提前介入重大项目谈判等方式有效防范了法律风险。

（中国石油国际事业有限公司）

外事外联与国际业务管理

【概述】 2015年，国际油价暴跌后持续低位徘徊，全球油气市场需求增幅变窄，国际地缘政治复杂多变，一些国家和地区政局动荡、战乱不止、恐怖活动猖獗，部分资源国政策法规多变、税收和货币汇率风险突出，一些资源国劳资纠纷有所加剧、社区管理趋于复杂、工作许可难度加大。面对复杂的内外部形势，围绕建设世界一流综合性国际能源公司战略目标，集团公司国际业务、外事外联、海外社会安全与HSE管理工作持续优化，集团公司国际化经营规模实力、品牌形象和影响力显著提升。

【配合国家能源外交活动】 2015年，充分借力国家能源外交、“一带一路”等战略机遇，推动海外重大油气合作取得新进展，协调推动国家间、集团公司与国外能矿部、石油企业之间的一系列重要协议的签署。集团公司先后与俄罗斯天然气工业股份公司签署《战略合作协议》《西线供气主要条款协议》《自俄罗斯远东向中国供应天然气项目合作的谅解备忘录》《合作谅解备忘录》《中俄东线天然气管道项目过境段设计与建设协议》；与吉尔吉斯斯坦经济部签署D线投资协议；稳妥推进中俄西线天然气合作项目，5月至11月双方共进行六轮技术、商务谈判，商定西线不设定签署协议的时间限制，继续研究开展上下游一体化、合资建设管道和销售天然气的合作模式；协助推进中国—土库曼斯坦100亿立方米天然气合同谈判、签署D线吉尔吉斯投资协议、伊拉克南部新的油气合作项目、阿联酋陆海项目、沙特阿美石油公司合资云南炼油厂、缅甸CNG/炼油厂/LNG项目、巴基斯坦瓜达尔港至纳瓦布沙管线项目、肯尼亚地热利用项目、坦桑尼亚天然气管道及处理厂EPC合同等项目，均取得显著进展。

【外事外联与对外合作交流】 2015年，积极开展外事外联与对外合作交流，组织对外宣传和公共外交活动，稳步提升集团公司在各领域交流平台的话语权、品牌形象和国际影响力。

贯彻落实中共中央办公厅、国务院办公厅、外交部、国务院国资委等关于加强外事管理的文件精神，成立集团公司外事工作领导小组，进一步规范集团公司因公出国、对外公务活动、外国政要来访及相关外事管理等事项。制定《中国石油天然气集团公司领导人员外事活动规定》《关于重申外事管理规定、严肃外事纪律的通知》，持续加强集团公司外事统一归口管理。

2015年，安排集团公司领导外事会见199场，其中会见副部级以上（含副部级）外宾32次，协调安排外事40次。组织接待苏丹总统、委内瑞拉总统等一批重要来宾。安排集团公司领导参加国家领导人外事活动13次，协调安排集团公司领导出访团组24个。2015年为集团公司领导重要会谈提供背景情况、项目进展及会谈口径200余份。

高效组织参加业内国际会议、展览，大力推动科技合作及与国际同行的战略合作。2015年，统一组织集团公司代表团参加重点会议8个，160人次；组织、策划集团公司参加综合性国际展会4个，参展面积1000平方米；审批集团公司所属企事业单位出国参加国际会议和展览项目约300个，近千人次；组织和举办与国际石油公司、国家石油公司和各国政府机构的专题研讨会和技术交流会16个，约360人次参会；深化与BP、道达尔、壳牌等国际同行的战略合作。

组织参与业内国际组织的活动，加强公共外交工作和对外宣传，全面配合集团公司领导做好世界石油理事会（WPC）执委会和程序委员会工作，参与第22届（世界石油）大会组织、策划；积极利用国际天然气联盟（IGU）、国际能源论坛（IEF）、国际石油工程师学会（SPE）等国际交流平台，扩大集团公司影响力；尝试参与世界可持续发展工商理事会（WBCSD）和油气行业气候变化倡议（OGCI），在CCUS、温室气体减排等新兴领域树立集团公司负责任的社会形象。以中、英、俄、西、法五个语种编制印刷《中国石油天然气集团公司2014年度报告》，发行总数超过9000余册；为苏丹等资源国当地员工举办短期培训及资助攻读学位。与俄罗斯天然气工业股份公司共同举办第九届联合文化交流活动。认真贯彻中央对台工作精神，积极做好对台合作与交流工作。

【国际业务管理】 2015年，全力推动工程服务企业拓展海外市场，扎实抓好海外项目备案和市场协调，国际业务总体实现优质高效可持续发展。

紧密联系我国政府部门和使领馆，从不同层面推动解决重点地区、重点项目发展运作的瓶颈问题。就中国驻伊拉克使馆经参处因安全形势暂停出具支持函问题、苏丹富拉电站燃料供应情况、乍得阳光工业园情况、集团公司参与乌干达—肯尼亚东非输油管线情况；中国—委内瑞拉能源合作中关于MPE3项目税收问题、MPE3及胡宁4项目引入一体化总包服务模式问题、委方拖欠集团公司所属工程技术服务企业合同款问题等，在加大内部协调力度的同时，积极向外交部、商务部、国务院国资委等部门进行说明和报告，得到相关部门的支持，促成部分问题成功解决。

加大项目备案和协调力度，保障集团公司乙方单位有序竞争。低油价压力下，集团公司各服务企业开拓海外市场的力度加大，导致内部竞争和不规范现象加剧。根据合规性要求和海外市场协调管理的实际需要，对海外项目备案系统进行完善；数次组织集团公司领导参与主持海外项目协调会。组织出台《鼓励海外投资业务带动服务支持业务的指导意见》，下发《关于统计涉外业务单位海外市场开发计划的通知》，有序规范内部竞争。2015年办理工程技术服务项目备案1026件，向商务部备案设立、变更和注销境外机构26个。

加强对国际业务重大战略问题的专题研究，提升国际业务管理的前瞻性。持续追踪全球油气投资环境，并对重大事件和热点问题，继续开展海外油气投资环境分析及相关地缘政治和资源国对外合作政策研究，重点开展集团公司海外勘探开发和工程服务市场专题研究。利用集团公司在"一带一路"沿线国家油气合作的先发优势，研究出具沿线30多个资源国《油气投资环境咨询报告》。开展油气合作专题规划研究，形成中国石油《"一带一路"油气合作战略规划报告》。在国际业务发展现状和内外部环境的基础上，研究提出"十三五"国际业务发展的指导方针、发展目标及发展战略。2015年向外交部、国家发改委、商务部、国家能源局等政府部门报送国际业务专题报告和项目材料300余份。

【海外防恐安全和HSE管理】 2015年，面对南苏丹、伊拉克、尼日尔、阿富汗、埃塞俄比亚等海外重点资源国安全风险持续高企的严峻形势，密切关注海外安全形势，强化风险分析与预警，推进海外安保防恐管理体系，全年未发生一起因社会安全导致的重大及以上亡人事件。

加强海外危机管理，提升突发事件处置和重大危机应对能力。发挥整体优势、有序组织，成功应对5月初南苏丹内乱突发事件，分8架应急包机，一天内从油田现场平稳有序撤离中外员工477名（其中中国石油员工163人，中方非中国石油员工241人，外方及国际雇员73人），确保所有中方员工的生命安全；采取措施，有效应对尼日尔恐怖组织意图突袭油田公路并绑架袭击中资人员威胁和阿富汗恐怖分子威胁。

密切监控海外安全形势，不断增强风险分析预警能力。组织发布《2015年海外项目所在国社会安全局势分析年度报告》；针对缅甸、南苏丹、苏丹、伊拉克等进行全面风险评估，督促改进安保管理措施，发布安全提示63次。

加强社会安全基础工作，全方位提升风险源头控制力。完成体系手册和管理程序的更新，开发三级操作文件11项，体系建设稳步推进。组织各类防恐安全培训177期，培训各类人员12000人。开展对伊拉克、委内瑞拉、古巴项目在油气井井控、承（分）包商管理、应急及环境等方面的HSE审核，促进项目安全管理水平再提升。

强化心理健康和职业健康管理，提升海外员工身心健康保障能力。着力提高心理咨询服务热线使用率，加强对疟疾、登革热、伤寒等传染病的日常管理，全力应对埃博拉疫情和中东呼吸系统综合征（MERS）挑战，持续提高海外员工心理和生理健康状况。

【出国（境）管理与服务】 2015年，严格执行集团公司有关出国（境）管理的各项规定，持续强化出国管理的标准化、信息化程度，严格控制出国团组和出国经费，持续提升集团公司出国（境）工作的支持服务水平。

坚持"统一领导、归口管理、分级负责、协调配合"的工作制度和原则，纵向建立三级管理网络，横向延伸到海外项目协调组和办事处，基本实现出国管理工作的网络化全覆盖。积极与外交部、国务院港澳事务办公室等政府部门沟通，密切与各国驻华使领馆的有效沟通联系，形成畅通的签证申请渠道。

贯彻落实中央和集团公司有关文件精神，组织对《集团公司因公护照管理办法》进行修订下发，明确相关管理规定，完善因公出国（境）管理制度。2015年，共办理新护照10458本（其中公务护照35本，第二本普通护照10本，境外换发护照及旅行证45本，港澳通行证74本），注销护照155本，护照丢失损毁23本；签证11305人次，签证撤案32人次，出境证明6494份、6574人次。

严格出国项目审批。根据不同任务类别，从严审批并实行量化管理，确保出访人数、出访国家、出访时间和人员整体素质得到有效控制。2015年，受理出国项目申请6652个，派出团组9939批、44194人次，取消无实质任务团组149个，对433个团组的在外时间、团组人数、出访国家进行压缩。集团公司下达2015年经济贸易、国际会议、考察访问等三类出国（境）项目控制目标为14412万元，2015年上述三类出国费用支出5903.82万元，占全年控制目标的40.97%。

持续提高出国管理信息化水平。完善"中国石油因公出国（境）管理系统"，对出国立项审批、人员管理、护照办理、签证办理、机票管理等，全面实现信息化实时管理。进一步整合因公出国的信息资源，优化网页布局和栏目设置，上线运行出国人员教育考试系统、出国（境）管理系统三级单位版，推广使用海外人员管理系统等。

实施机票与护照签证挂钩管理，与23家航空公司谈判签订大客户协议，获得在中国市场的最优价格，重点与法国航空公司—荷兰皇家航空公司签署全球大客户协议，使用第三方支付账户，有效控制机票采购成本。

【外事队伍建设】 组织集团公司高级俄语译员培训班，课程内容包括翻译理论和技巧、外教口语等，来自辽河油田、工程建设公司等30家企事业单位近100人次参加培训。

举办集团公司第三届高级英文翻译培训班，强化提高学员英语翻译实用技能和技巧，25家单位44名学员参加培训。

组织构建翻译胜任素质模型及晋级培养体系，实施翻译能力评价，建立集团公司英语、俄语等语种的翻译人才数据库和重点培养计划，实现外语人才梯队有效配置。

（陆如泉）

第八篇

科技与信息

综 述

【概述】 2015年，集团公司科技工作紧紧围绕战略目标和发展需要，持续推进科技进步，科技整体水平位居中央企业前列，为主营业务发展提供有力支撑。进一步完善符合集团公司实际的以“研发组织、科技攻关、条件平台、科技保障”为核心的“一个整体、两个层次”科技创新体系。集团公司拥有85家科研院所、47个重点实验室和试验基地、18个国家级科技基础条件平台。不断发展主体技术系列并实现有形化，“十二五”期间，创新形成深层古老碳酸盐岩成藏理论与技术等40项重大标志性成果，高性能炼油催化材料及绿色制备等15项超前储备技术取得重要进展，三元复合驱油配套技术等25项重大新技术实现规模化推广。常规油气勘探开发及管道总体技术水平保持国际先进、特色技术国际领先，非常规油气勘探开发技术实现快速追赶，工程技术整体达到国际先进水平，炼化技术实现跨越式发展、整体接近国际先进水平。

2015年，中国石油信息化工作按照“突出重点、强化应用、逐步完善、稳步推进”的要求持续推进，ERP应用集成、物联网和云技术平台建设取得重大进展，各业务领域信息系统应用逐步深入，信息化对集团公司提质增效、转型升级的作用日益显著。

【重要成果】 持续推进“优势领域持续领先、赶超领先实现跨越、储备领域抢占制高点”科技创新三大工程，深化科技体制机制改革，为集团公司提质增效、稳健发展提供强力支撑。“十二五”期间，新研发形成盐下复杂构造勘探开发等15项重大核心配套技术，精细控压钻井等25项重大装备、系列软件及产品。2015年4项重大成果获得国家科技奖励，其中“5000万吨级特低渗透—致密油气勘探开发与重大理论技术创新”获国家科技进步奖一等奖。

科技发展

【概述】 2015年，集团公司科技工作紧紧围绕建成国际知名创新型企业目标，坚持“主营业务战略驱动、发展目标导向、顶层设计”科技发展理念，以深化科技改革为动力，完善创新体系建设，持续组织实施科技创新三大工程，强化应用基础研究和原始创新能力提升，加快核心技术有形化、集成化，加大自有成熟技术和装备推广应用力度，进一步获取竞争优势、降本增效，不断探索低成本发展之路。

【年度科技计划】 按照“超前储备、技术攻关、试验配套与推广”三个层次，统筹组织50项重大科技项目，包括牵头承担的国家科技重大专项21个项目/12个示范工程、集团公司重大科技专项25项、重大现场试验22项，取得一批重大成果。

【国家级科技项目】 全面完成承担的国家科技重大专项“十二五”阶段任务和目标，科技攻关成果丰硕。创新油气勘探理论与配套技术，支撑发现一批大油气田，首次系统掌握全球油气资源分布；高含水油田和复杂油气田开发技术不断创新，支撑大庆等东部老油田提高采收率和鄂尔多斯盆地等低渗油气田规模效益开发；自主研发G3i数字地震仪等13项重大装备，改变我国石油高端装备与软件主要依赖进口的局面。专项实施大幅提升我国油气科技自主创新能力，实现石油产量稳中有升，天然气产量跨越式发展，保障我国油气安全供给。“863”“973”等其他各类国家科技计划项目工作有序开展，进展良好。

【集团公司重大科技项目】 狠抓重大理论技术创新，重点突破一批制约主营业务和未来可持续发展的关键瓶颈技术。

勘探开发领域，大庆专项创新形成新一代高含水油田精细分层注采配套技术，三元复合驱油技术成为大庆油田提高采收率主体接替技术，提高采收率18个百分点以上。长庆专项创新延长组下组合成藏理论，指导形成万亿立方米大油气区；创建超低渗透—致密油气田规模效益开发模式，加快超低渗透—致密油气成为集团公司战略性新兴产业。塔里木专项创新库车前陆冲断带盐下超深层地质认识，形成超7000米深度裂缝性砂岩储层缝网体积改造技术，支撑克深地区深层发现新气藏。深层专项初步形成高温高压测井油气识别与产能预测、油气藏改造、堵水与举升等技术系列，支撑安岳气田龙王庙组气藏产能建设。柴达木专项形成复杂山地地震采集处理解释、疏松砂岩气藏防砂控水等配套技术，为柴达木盆地千万吨油气田建设提供理论技术支撑。全球资源评价专项系统评价全球425个盆地常规油气资源，创新非常规油气可采资源评价技术，揭示板块构造演化控制全球油气富集分布规律，为成功获取海外规模新项目提供有力支撑。海外开发专项创新巨型碳酸盐岩油田开发技术，加快伊拉克艾哈代布和哈法亚等油田的产能建设；形成高压盐膏层碳酸盐岩油气藏安全快速钻井配套技术，阿姆河右岸和哈法亚项目钻井周期缩短8%—25%。煤层气专项创新中低煤阶及煤系地层勘探理论，编制2项国际标准，发展7项煤层气勘探开发关键技术，支撑沁水、鄂东储量增长和规模开发。

炼油化工领域，大型炼油厂设计建设技术水平跨越式提升，成功开发具有自主产权大型炼油厂总体优化技术和催化裂化、汽柴油加氢等10套主要生产装置成套技术工艺包，具备千万吨级大型炼油厂自主设计和建设能力。劣质重油专项开发的延迟焦化新技术成功推广应用，油品收率提高1%—2%；劣质重油电脱盐脱水、设备腐蚀防护、污水处理稳定达标排放成套技术开发成功并实现平稳运行。固定床渣油加氢催化剂工业应用试验一次开车成功，稳定运转3600小时以上，催化剂脱硫、脱残炭、脱氮效果优于进口剂。国Ⅴ标准汽油调和组分稳定生产工业试验实现稳定运行，能够满足国Ⅴ标准油品升级标准要求。聚烯烃新产品专项在医用料、燃气管料、地暖管料、薄膜料等高附加值产品开发应用方面取得重大进展，累计开发24个新产品牌号，生产新产品超过10万吨；与多家用户签订合作协议，发挥“产销研用”一体化优势推进市场开拓。2万吨/年己烯-1成套技术工业试验成功，生产出纯度超过99.50%的己烯-1产品5000余吨，以自产己烯-1为共聚单体累计生产高附加值聚乙烯产品18万吨，显著提升产品市场竞争力。稀土顺丁橡胶工业试验实现全流程工业生产，成功开发出稀土顺丁橡胶成套化技术，填补国内稀土顺丁橡胶技术空白。

工程技术领域，地震处理解释一体化软件GeoEast3.0功能进一步发展完善，成为国内物探的主力平台软件，全面替代进口。大型有线地震仪器G3i以及低频可控震源LFV3等物探核心装备达到国际先进水平，在国内外全面推广应用。EILog快速与成像测井装备实现升级换代，成为集团公司主力测井装备，结束先进测井装备长期依赖进口的历史。测井处理解释软件CIFLog2.0成为测井解释评价的主力软件。深井超深井优快钻完井配套技术不断完善，有效支撑库车山前和四川安岳等重点地区规模增储和快速上产，7000米超深井钻井技术水平步入国际先进行列。水平井钻完井与储层改造工厂化作业技术进一步完善配套，有力支撑低渗透和页岩气等非常规油气资源高效开发，建井成本大幅降低，平均单井产量显著增加。创新X80钢级、外径1422毫米管道建设配套技术，完成钢管小批量试制和焊接工艺装备研究，为中俄东线天然气管道工程提供技术保障。国产化30兆瓦级燃驱压缩机组和SCADA软件进入现场试验，16类国产化油气管道关键装备完成出厂鉴定，并应用于庆铁四线等工程中。

安全环保及节能节水领域，通过低碳技术攻关，攻克含油污泥减排与资源化等4项技术瓶颈，创新加热炉提效等5项节能技术，支撑建成多项节能减排工程。形成油气开采环境保护标准体系、气田集输系统、含硫天然气净化厂等能耗综合评价方法，提出集团公司油气田及炼化业务电动机提效实施方案，建成电动机提效现场示范工程。炼化能量系统优化专项攻关开发炼油厂流程模拟模型137套，形成节能优化方案148项，已实施优化方案31项，节能4万吨标准煤/年、增效1亿元/年以上。炼化污水高效处理与回用成套技术实现工业化应用。开发成功催化裂化烟气脱硫脱硝成套技术工艺包，已推广应用24套装置，年减排二氧化硫超过2万吨。

【成果推广转化】 加快科技成果和核心技术在集团公司内部的共享和推广应用，实现技术优势向经济优势、发展优势的转化。加强重大科技专项和技术利器有形化，形成具有自主知识产权的技术品牌，创造性开展技术价值评估研究，显性化积累技术资产，展现集团公司技术状况实力和技术发展方向引领。完成大乙烯、低碳等4项重大科技专项有形化工作，集成30项特色技术利器和114项核心配套技术成果有形化集成包装。配套完善成果推广应用政策机制，组织制定《自主创新重大技术装备推广应用实施意见》并发布实施，有力推动集团公司装备制造企业重大技术装备与新产品转化应用。发布2014年度自主创新重要产品81项；开展新技术新产品推广应用140余项。加快科研成果转化步伐，重点推广20项重大装备、软件和产品、16项重大配套技术；大力推进连续管作业、不压井作业、自主研发软件等重大推广应用专项的实施。其中连续管作业技术全面实现推广目标，专业化服务能力显著增强，年作业1260多井次，摆脱对外部设备和工具的依赖。

【科技改革】 结合国家有关科技改革政策，围绕提高创新体系的效率和科技人员的创新动力活力，编制完成深化科技改革完善创新体系方案，提出7个方面22项举措74个改革措施。编制发布《科技项目试行完全项目制管理的指导意见》，组织在直属院所开展科研课题完全项目制管理改革试点工作，持续推进各项规章制度建立和完善，为科技体制机制改革、创新科研管理积累经验。加大科技成果转化推广激励政策研究，编制形成《科技成果转化经济效益计算方法》，同时结合国家出台的《促进科技成果转化法》，研究起草集团公司促进科技成果转化创效管理办法。

【重点实验室和试验基地建设】 持续完善科技基础条件平台建设和运行管理，进一步发挥科技基础条件平台对技术创新的支撑作用。“十二五”期间投资新建的油藏描述等5个重点实验室及二氧化碳埋存和驱油等2个试验基地建设任务全面完成，并在科技创新中发挥重要作用。国家平台建设取得重要成果，按期完成国家油气钻井装备工程技术研究中心建设工作，开展深水钻机及钻柱自动化处理系统等40余项技术开发任务。石油石化污染物控制与处理、石油管材及装备材料服役行为与结构安全2个重点实验室获国家科技部批准建设。清洁燃料实验室被认定为石油石化行业重点实验室。截至2015年底，集团公司拥有国家级科技条件平台18个，在国家石油科技创新体系中占据主导地位。

【国际科技交流与合作】 重点推动落实与国内外石油、科技公司的技术交流与项目合作，建立组织完善、方向明确、形式多样的交流合作机制，在技术研发、国际化人才队伍建设等方面不断取得进展。其中，与壳牌公司在致密油（页岩油）合作研发等方面形成7项技术，为页岩油未来经济开发奠定理论技术基础；与中国科学院等单位联合开展“弹性波地震成像技术合作研发与应用”等5项研究取得重要阶段进展；启动与中国科学院大连化学物理研究所《能源化工研发合作协议》和甲烷无氧直接制烯烃技术合作，推动产学研用协同创新。休斯敦研究中心建设初见端倪，在运营管理模式、项目研发与创新能力建设、知识产权获取与成果转化等方面取得长足发展。科技工作国际化步伐稳健推进，与国际部共同组织参加第26届世界天然气大会、第九届国家石油公司论坛战略研讨会等重要国际会议，借助会议平台展示集团公司智能化水驱技术、化学驱提高采收率、先进钻完井等新技术、新工艺，集团公司的软实力、品牌价值、国际影响力进一步提升。

【知识产权管理】 进一步规范知识产权基础管理，稳步推进专利申请、计算机软件著作权登记等各项工作，确保创新成果及时获得知识产权保护；高效办理专利许可审核等知识产权运用与维护工作，有效维护集团公司知识产权资产。2015年，申请专利5153件，达到历年最高水平，其中发明专利2778件，发明占比54%，计算机软件著作权登记391件，认定技术秘密220项，获得6项国家专利优秀奖，知识产权成果质量数量进一步提升。

【科技奖励】 严格把关国家科技奖推荐项目材料质量，精心组织协调相关评审工作。2015年，集团公司4项重大成果获得国家科技奖励，其中科技进步奖一等奖1项，技术发明奖二等奖1项，科技进步奖二等奖2项（表1）。完善集团公司科技奖奖励推荐评审标准，圆满完成集团公司科技奖励工作，评选出2015年度集团公司技术发明奖18项、科学技术进步奖117项（表2、表3）。

【科技资源】 截至2015年底，集团公司拥有85家科研院所，其中总部直属院所8家、企业院所77家。拥有科研人员33532人，其中包括18名院士、12名国家“千人计划”引进专家、446名集团公司高级技术专家、2356名教授级高工、1496名享受政府特殊津贴专家。

表1 2015年获得国家科技奖励

序号	项目名称	主要完成人	完成单位	获奖类别
1	5000万吨级特低渗透—致密油气田勘探开发与重大理论技术创新	杨　华、李安琪、张明禄、何顺利、朱天寿、李忠兴、付金华、徐永高、雷　群、谭中国、沈复孝、赵　勇、卢　涛、慕立俊、赵继勇	中国石油天然气股份有限公司长庆油田分公司、中国石油天然气股份有限公司勘探开发研究院、中国石油大学（北京）、中国石油集团川庆钻探工程有限公司、中国石油集团测井有限公司、中国石油集团东方地球物理勘探有限责任公司、西南石油大学、西安石油大学	科学技术进步奖一等奖
2	山地复杂构造精确地震成像与气层识别技术及工业化应用	李亚林、何光明、巫芙蓉、邹　文、刘　鸿、杨　晓	中国石油集团川庆钻探工程有限公司	技术发明奖二等奖
3	库车前陆冲断带盐下超深特大型砂岩气田的发现与理论技术创新	王招明、李　勇、田　军、胥志雄、杨海军、谢会文、杨举勇、王清华、胡剑风、张义杰	中国石油天然气股份有限公司塔里木油田分公司、中国石油集团东方地球物理勘探有限责任公司、中国石油天然气股份有限公司勘探开发研究院、中国石油集团川庆钻探工程有限公司、中国石油集团渤海钻探工程有限公司、中国石油集团钻井工程技术研究院、中国石油大学（北京）	科学技术进步奖二等奖
4	满足国家第四阶段汽车排放标准的清洁汽油生产成套技术开发与应用	蔺爱国、鲍晓军、兰　玲、马　安、张学军、范　煜、李吉春、王国旗、蔡海军、常晓昕	中国石油天然气股份有限公司、中国石油天然气股份有限公司石油化工研究院、中国石油大学（北京）、中国石油工程建设公司、中国石油天然气股份有限公司乌鲁木齐石化分公司、中国石油天然气股份有限公司呼和浩特石化分公司、中国石油天然气股份有限公司抚顺石化分公司	科学技术进步奖二等奖

表2 2015年集团公司技术发明奖

序号	项目名称	主要发明人	推荐单位	获奖等级
1	低渗/致密油藏物理模拟技术及应用	杨正明、刘学伟、熊生春、郭和坤、王学武、张亚蒲	中国石油天然气股份有限公司勘探开发研究院	一等奖
2	硫回收新方法及关键设备开发	陈昌介、常宏岗、廖小东、何金龙、温崇荣、黄洪发	中国石油天然气股份有限公司西南油气田分公司	一等奖
3	油田采出水处理方法及装置	王爱军、骆　伟、付　蕾、杨萍萍、罗春林、张志庆	中国石油集团工程设计有限责任公司	二等奖
4	表面活性剂压裂液体系研发与应用	吴　江、陈文斌、吕海燕、李建山、殷桂琴、周晓群	中国石油天然气股份有限公司长庆油田分公司	二等奖
5	矿渣封堵封窜剂研制及在油田中的应用	潘竟军、邓伟兵、李远林、赵玲莉、王容军、马立华	中国石油天然气股份有限公司新疆油田分公司	二等奖

续表

序号	项目名称	主要发明人	推荐单位	获奖等级
6	高端聚酯原料新型二元醇产品生产技术研究	程光剑、黄集钺、石鸣彦、史　君、娄　阳、贺俊海	中国石油天然气股份有限公司辽阳石化分公司	二等奖
7	阴离子端官能团聚丁二烯聚合技术	齐永新、陈继明、易建军、孟凡宁、于　晶、邓春华	中国石油天然气股份有限公司兰州石化分公司	二等奖
8	实体膨胀管评价系统与关键技术研发及应用	刘　强、李德君、白　强、武　刚、上官丰收、冯耀荣	中国石油集团石油管工程技术研究院	二等奖
9	复杂断块油田水平井完井采油工艺研究与工具研发	杨延征、张东亭、齐月魁、单桂栋、聂上振、王晓梅	中国石油天然气股份有限公司大港油田分公司	三等奖
10	含油污泥的分子渗透生化处理技术	付丽霞、付　茜、靳　利、付亚荣、马永忠、刘春平	中国石油天然气股份有限公司华北油田分公司	三等奖
11	25万吨/年碳五分离成套技术工业化试验	李　正、程延华、韩小平、王　军、陈万有、张焕仁	中国石油天然气股份有限公司吉林石化分公司	三等奖
12	铜催化法生产丙烯酰胺关键技术研究开发和集成应用	高　俊、李东吉、于绍斌、宋廷伟、李红梅、赵庆勇	中国石油天然气股份有限公司大庆炼化分公司	三等奖
13	杂散电流干扰模拟与阴极保护评价	陈新华、张　丰、赵　君、吴长访、薛致远、刘玲莉	中国石油天然气股份有限公司管道分公司	三等奖
14	高温深井长封固段固井液技术	赵宝辉、谭文礼、席方柱、谢承斌、王　翀、刘爱萍	中国石油集团海洋工程有限公司	三等奖
15	大型低温预应力混凝土储罐设计方法	郑建华、李金光、姚国明、宋延杰、程艳芬、张素枝	中国寰球工程公司	三等奖
16	稠油热采配套装备制造技术研究与应用	吴永宁、潘耀庆、朱进礼、周　英、刘福东、王　列	中国石油集团渤海石油装备制造有限公司	三等奖
17	高品质石蜡/微晶蜡加氢技术开发及工业应用	王　刚、马守涛、吴显军、方　磊、徐伟池、于春梅	中国石油天然气股份有限公司石油化工研究院	三等奖
18	保护复杂储层钻井液技术研究与应用	孙金声、王伟忠、黄达全、张　洁、张现斌、王建华	中国石油集团钻井工程技术研究院	三等奖

表3　2015年集团公司科学技术进步奖

序号	项目名称	主要完成单位	主要完成人	获奖等级
1	大型乙烯装置工业化成套技术开发	中国寰球工程公司、中国石油天然气股份有限公司大庆石化分公司、中国石油天然气股份有限公司石油化工研究院	张来勇、罗自坚、杨庆兰、朱连勋、吉京华、孙长庚、李秀伟、朱为明、李锦辉、吴德娟、魏　弢、张驰群、王雪梅、宗义山、田　亮、张荣钢、代永清、辛　江、苏燕兵、胡海东、贺德福、李中央、丁聚庆、李龙江、郭慧波、王为亮、梁顺琴、刘振华、魏铁锋	特等奖

续表

序号	项目名称	主要完成单位	主要完成人	获奖等级
2	大庆长垣油田特高含水期控含水控递减关键技术研究及应用	大庆油田有限责任公司	王渝明、王宏伟、王凤兰、庞彦明、杜庆龙、王凤山、方艳君、王　刚、陆会民、岳湘刚、吴晓慧、王　研、朱丽红、任志刚、姜雪岩、黄有泉、李卫彬、任成锋、徐德奎、汪玉梅、朱丽莉、郭军辉、张淑娟、张继风、由春梅、魏丽影、曾雪梅、金岩松、黄　伟、刘海龙	特等奖
3	工厂化钻完井和压裂技术与规模化应用	中国石油集团川庆钻探工程有限公司、中国石油集团长城钻探工程有限公司、中国石油集团渤海钻探工程有限公司、中国石油天然气股份有限公司西南油气田分公司、中国石油天然气股份有限公司长庆油田分公司、中国石油天然气股份有限公司大港油田分公司、中国石油集团钻井工程技术研究院	李　荣、张　伦、种建春、何　治、沈　磊、廖兴松、石　林、白　璟、任相礼、王　灿、钱　斌、刘旭礼、叶长文、王立波、秦建民、赵启于、刘福建、蔺玉水、乐　宏、任国富、周明信、田中兰、李朝凯、刘兴成、张世林、王维斌、刘日江、唐雪峰、何　凯、嵇成高	特等奖
4	大庆长垣油田特高含水期开发地震技术研究及应用	大庆油田有限责任公司	李　杰、梁文福、姜　岩、陈树民、梁海龙、王建民、宋保全、唐许平、郝兰英、司　丽、朱　焱、张英志、黄伏生、李　浩、方　庆	一等奖
5	辽河油田复杂断块油藏多元化注水技术研究与应用	中国石油天然气股份有限公司辽河油田分公司	武　毅、程仲平、周　旭、张吉昌、石利华、温　静、杨士萍、王宝峰、于　强、关　亮、阴艳芳、刘奇鹿、牟　勇、乔长发、屈丰君	一等奖
6	中深层超稠油 SAGD 地面工艺技术研究与应用	中国石油天然气股份有限公司辽河油田分公司	卢时林、孙雁伯、张喜瑞、杨立强、张守军、李　刚、康国仁、孙绳昆、李泽勤、张春凡、谯月平、臧世军、乔　明、孙立新、贺艳花	一等奖
7	长庆不同类型油藏开发规律及稳产技术研究与应用	中国石油天然气股份有限公司长庆油田分公司、低渗透油气田勘探开发国家工程实验室	王思仪、朱圣举、王　斌、刘　萍、车起君、韩建润、靳文奇、隋　成、雒继忠、张皎生、朱广社、安小平、刘　磊、王　杰、石道涵	一等奖
8	库车前陆构造 7000 米超深井钻井技术及应用	中国石油天然气股份有限公司塔里木油田分公司、中国石油集团渤海钻探工程有限公司、中国石油集团川庆钻探工程有限公司、中国石油集团钻井工程技术研究院、中国石油集团西部钻探工程有限公司、西南石油大学	胥志雄、贾应林、陈世春、王春生、唐晓明、程荣超、王延民、尹　达、周　健、刘艳泽、苏建文、李晓春、胡剑风、周　波、章景城	一等奖

续表

序号	项目名称	主要完成单位	主要完成人	获奖等级
9	玛湖凹陷百口泉组砂砾岩大面积成藏理论与勘探重大发现	中国石油天然气股份有限公司新疆油田分公司、中国石油天然气股份有限公司勘探开发研究院西北分院、中国石油天然气股份有限公司勘探开发研究院杭州地质研究院、中国石油集团东方地球物理勘探有限责任公司、中国石油天然气股份有限公司勘探开发研究院、中国石油天然气集团公司咨询中心	王绪龙、唐　勇、毛新军、曾　军、潘建国、斯春松、何开泉、齐雪峰、何文渊、瞿建华、黄卫东、蒋宜勤、袁　峰、阿布力米提·依明、刘振宇	一等奖
10	邦戈尔盆地花岗岩潜山复合体油气重大发现与关键勘探技术	中国石油天然气勘探开发公司、中国石油天然气股份有限公司勘探开发研究院、中国石油集团东方地球物理勘探有限责任公司、中国石油集团长城钻探工程有限公司	窦立荣、肖坤叶、代传书、王景春、胡　勇、赵玉光、杜业波、宋红日、毛德民、任立忠、肖高杰、王　利、王仁冲、魏小东、白国斌	一等奖
11	伊拉克鲁迈拉油田规模上产关键技术研究及应用	中国石油伊拉克公司、中国石油天然气股份有限公司勘探开发研究院	田昌炳、蔡开平、朱怡翔、冀成楼、张为民、周贤文、李　勇、凌宗发、宋本彪、都占海、魏晨吉、曹建林、刘　卓、王印玺、罗　洪	一等奖
12	公共数据编码平台技术的研发及应用	中国石油集团东方地球物理勘探有限责任公司	黄幽丽、冯　霈、张　栋、罗革新、赵　硕、赵尉晶、王晓平、徐焕军、吕　丰、朱丽娜、张　旭、路艳玲、李政奇、林明昆、刘　挺	一等奖
13	15米一串测测井仪研制与应用	中国石油集团测井有限公司	陈　宝、张新江、陈　涛、张炳军、侯雨庭、武向萍、刘湘政、王　炜、余卫东、冯春珍、程玉梅、王易安、徐　涛、胥　召、石丽云	一等奖
14	中国石油未来5—10年油气勘探重大领域评价及应用	中国石油天然气股份有限公司勘探开发研究院	杨　涛、闫伟鹏、李　欣、胡素云、李建忠、张国生、郭彬程、林世国、黄福喜、梁　坤、吕维宁、武　娜、郑　民、李登华、高　阳	一等奖
15	致密气藏开发设计的科学基础、优化技术与应用	中国石油天然气股份有限公司勘探开发研究院、中国石油天然气股份有限公司长庆油田分公司	谭中国、何光怀、任　东、雷　群、贾爱林、何东博、余浩杰、唐俊伟、冀　光、赵　昕、张宗林、杜秀芳、刘　毅、唐海发、刘占良	一等奖
16	满足国Ⅳ清洁汽油标准的加氢成套技术（GARDES）的开发	中国石油天然气股份有限公司石油化工研究院、中国石油大学（北京）、中国石油天然气股份有限公司宁夏石化分公司、中国石油天然气股份有限公司独山子石化分公司、中国石油天然气股份有限公司辽河石化分公司、中国石油天然气股份有限公司呼和浩特石化分公司	王廷海、范　煜、石　冈、谢　元、吴占永、姚文君、花小兵、徐　建、李自夏、姚　斌、刘海燕、向永生、郭永刚、张春刚、程　驰	一等奖

续表

序号	项目名称	主要完成单位	主要完成人	获奖等级
17	加氢裂化催化剂（PHC-03）开发与工业应用	中国石油天然气股份有限公司石油化工研究院、中国石油天然气股份有限公司大庆石化分公司、中国石油天然气股份有限公司抚顺石化分公司	马 安、戴宝琴、刘国海、张志华、宁书贵、田 然、王 震、李文乐、孙宏磊、孙发民、田春光、秦丽红、韩凤义、刘全新	一等奖
18	催化轻汽油醚化（LNE）技术工业应用	中国石油天然气股份有限公司石油化工研究院、中国石油工程建设公司、中国石油天然气股份有限公司呼和浩特石化分公司、中国石油天然气股份有限公司兰州石化分公司	李长明、刘成军、刘前保、李吉春、陈小龙、孔祥冰、张松显、杜 鑫、任海鸥、孙世林、温世昌、李建来、李金阳、李秋颖、常桂祖	一等奖
19	中国石油安全与环境风险控制关键技术研究及应用	中国石油集团安全环保技术研究院、中国石油天然气股份有限公司辽河油田分公司、中国石油天然气股份有限公司冀东油田分公司、中国石油天然气股份有限公司长庆油田分公司	闫伦江、刘光全、孙文勇、邓 皓、韩兆辉、李兴春、潘红磊、栾海波、王铁刚、许 毓、陈宏坤、娄仁杰、牛 蕴、王万福、张晓飞	一等奖
20	西气东输二线X80管线钢管质量控制技术	中国石油集团石油管工程技术研究院	马秋荣、李记科、王长安、杨专钊、何小东、黄 磊、仝 珂、张鸿博、陈宏达、吴金辉、刘 迟、高建忠、张永红、邓 波、赵献伟	一等奖
21	聚合物驱注入参数及注入方式优化设计技术研究与应用	大庆油田有限责任公司	韩培慧、孙 刚、曹瑞波、杨香艳、李 勃 姜 红、罗 锋、潘 峰、刘海波、李长庆	二等奖
22	无通道套损井打通道及报废技术研究	大庆油田有限责任公司	兰乘宇、张守华、南志学、陈 民、赵立志、王 彪、李 刚、刘国军、刘士军、张敬国	二等奖
23	辽河油田稠油开采基础平台建设与应用	中国石油天然气股份有限公司辽河油田分公司、国家能源稠（重）油开采研发中心	陈韶生、赵庆辉、蔡德春、张 勇、匡韶华、张凌达、程海清、龙 华、彭 旭、刘卫红	二等奖
24	陕北老区长10新层系成藏条件研究与勘探新突破	中国石油天然气股份有限公司长庆油田分公司	刘显阳、惠 潇、周新平、刘广林、赵彦德、李彩云、张加林、张文选、淡卫东、楚美娟	二等奖
25	油田物联网技术研究与应用	中国石油天然气股份有限公司长庆油田分公司	单吉全、马建军、杨世海、马 宏、亢 升、令永刚、章 瑞、仲庭祥、王军锋、李永清	二等奖
26	苏东南区30亿立方米水平井整体开发关键技术	中国石油天然气股份有限公司长庆油田分公司、低渗透油气田勘探开发国家工程实验室	王东旭、费世祥、张振文、吴 正、王登海、来轩昂、何 鎏、王振嘉、郑 欣、何亚宁	二等奖

续表

序号	项目名称	主要完成单位	主要完成人	获奖等级
27	鄂尔多斯盆地致密储层长水平段水平井钻完井技术研究与规模应用	中国石油天然气股份有限公司长庆油田分公司、中国石油集团川庆钻探工程有限公司、中国石油集团钻井工程技术研究院、低渗透油气田勘探开发国家工程实验室	陆红军、王长宁、王勇茗、王俊海、赵　巍、韩文哲、吴学升、张建卿、葛云华、贾　芝	二等奖
28	准噶尔盆地湖相云质岩致密油测井评价方法与应用	中国石油天然气股份有限公司新疆油田分公司	孙中春、王振林、罗兴平、欧阳敏、常秋生、张　宇、秦志军、于　静、陶亲娥、高　阳	二等奖
29	天然气产业科技创新工程建设与应用	中国石油天然气股份有限公司西南油气田分公司	陈京元、蒲蓉蓉、彭子成、杨　丹、王　径、孔　波、李丛菲、李映霏、任姝艳、罗凌睿	二等奖
30	扎哈泉油藏综合评价及一体化建设	中国石油天然气股份有限公司青海油田分公司	薛建勤、钟尚伦、李余成、龙国徽、赵国梅、吴颜雄、王国民、袁　莉、李积永、黄叶秋	二等奖
31	三塘湖盆地致密油和火山岩油藏水平井有效开发技术	中国石油天然气股份有限公司吐哈油田分公司、中国石油天然气股份有限公司勘探开发研究院廊坊分院	李正科、刘德基、杨永利、郭建设、毕国强、刘长地、龚万兴、张中劲、杨立军、荆文波	二等奖
32	8 万吨 / 年顺丁橡胶自主工艺研发	中国石油天然气股份有限公司大庆石化分公司	徐永宁、赵万臣、辛治溢、赵永兵、李永田、姜兴财、娄玉良、黄祥谦、孙文盛、张兴奎	二等奖
33	高可靠性绿色节能数据中心技术研究与中国石油吉林数据中心应用	中国石油天然气股份有限公司吉林石化分公司	王建民、曹继业、郭照松、管春泓、赵世萍、李桂生、王智檀、许　冰、于贵全、王　岩	二等奖
34	新型 LY-C2-02 两段床碳二加氢催化剂工业试验	中国石油天然气股份有限公司辽阳石化分公司、中国石油天然气股份有限公司石油化工研究院	吴　伟、叶会亮、李胜利、谭都平、刘振宏、侯　维、赵纯革、姚培洪、赵　汝、高　源	二等奖
35	高性能 ESBR1778E 的开发与生产	中国石油天然气股份有限公司兰州石化分公司、中国石油天然气股份有限公司石油化工研究院、中国石油天然气股份有限公司华北化工销售分公司、中国石油天然气股份有限公司华东化工销售分公司	李昌伟、邵　卫、周　健、汪　锋、孙延军、张守汉、胡育林、田　锋、应继成、顾　勋	二等奖
36	石油磺酸盐生产技术的开发与应用	中国石油天然气股份有限公司大庆炼化分公司	杨怀宇、尚振平、杨洪孝、常松涛、王玉华、张德新、宋志军、马天祥、王　栖、杨清华	二等奖
37	中国石油成品油物流管理研究与应用	中国石油天然气股份有限公司西北销售分公司、中国石油天然气股份有限公司东北销售分公司、中国石油天然气股份有限公司规划总院、中国石油天然气股份有限公司四川销售分公司	薛国星、刘恩生、张国庆、罗胜义、戴东庆、李天峰、马根萍、刘　鑫、刘　涛、郭建平	二等奖

续表

序号	项目名称	主要完成单位	主要完成人	获奖等级
38	无灰液压油复合剂的研究与应用	中国石油天然气股份有限公司润滑油分公司	郑东东、吴福丽、王　辉、苗新峰、李春诚、黄东升、郝玉杰、王春晓、黄胜军、刘汉壮	二等奖
39	西气东输埋地管道腐蚀控制技术集成研究	中国石油天然气股份有限公司西气东输管道分公司、中国石油集团海洋工程有限公司、中国石油天然气管道局	刘英男、孙健桄、张力伟、曹国飞、张　鹏、张彦军、韩昌柴、刘艳华、郑大海、黄　娟	二等奖
40	京58储气库群建库及运行集成技术研究	中石油北京天然气管道有限公司、中国石油天然气股份有限公司勘探开发研究院廊坊分院、中国石油集团工程设计有限责任公司、中国石油集团渤海钻探工程有限公司	王起京、王凤田、朱世民、李原欣、魏国彪、王东营、温庆和、汪宏波、王皆明、张朝阳	二等奖
41	伊拉克哈法亚油田复杂丛式井分支井钻井配套技术研究	中国石油伊拉克公司、中国石油天然气股份有限公司勘探开发研究院、中国石油集团渤海钻探工程有限公司、中国石油集团海洋工程有限公司	梅景彬、聂　臻、辛俊和、邹　科、耿东士、罗慧洪、邹建龙、汝大军、杜政学、任智基	二等奖
42	委内瑞拉超重油MPE3项目规模上产关键技术研究与应用	中国石油拉美公司、中国石油天然气股份有限公司勘探开发研究院	陈和平、农　贡、李星民、申志军、黄文松、郭纯恩、杨朝蓬、韩国庆、李松林、卢　滨	二等奖
43	高温高密度油基钻井液及配套技术	中国石油集团川庆钻探工程有限公司	马光长、王　兰、李茂森、王京光、张　伟、罗陶涛、何　劲、张小平、周华安、吴正良	二等奖
44	大道数可控震源高效采集配套技术研究与工业化应用	中国石油集团东方地球物理勘探有限责任公司	邓志文、张慕刚、李合群、刘进宝、张汝杰、罗国安、汪长辉、鄂殿梁、张翊孟、梁晓峰	二等奖
45	高硫高盐油田集输及处理新技术研究及应用	中国石油集团工程设计有限责任公司	王元春、黄　强、费茹娥、张国强、于　勇、樊学华、李世洪、张侃毅、许国栋、房东毅	二等奖
46	9000米海洋钻井包研制及工业化应用	宝鸡石油机械有限责任公司、国家油气钻井装备工程技术研究中心	黄悦华、王耀华、王世军、王维旭、于兴军、张　福、侯　敏、王卫刚、贺环庆、赵　涛	二等奖
47	新型电液控制冷壁滑阀研制	中国石油集团渤海石油装备制造有限公司	张玉峰、张　银、路登明、王亚青、屈双军、王春雷、梁宗辉、杨　波、包　堃、刘玉香	二等奖
48	海外油气田开发潜力评价及多目标投资组合优化方法研究	中国石油天然气股份有限公司勘探开发研究院	常毓文、陈亚强、王作乾、翟光华、王　恺、谭　莉、李　嘉、蒋伟娜、郭晓飞、兰　君	二等奖
49	哈萨克斯坦滨里海盆地东缘碳酸盐岩油气稳产1000万吨开发关键技术与应用	中国石油天然气股份有限公司勘探开发研究院、中国石油天然气集团公司哈萨克斯坦公司	赵晓明、宋　珩、李建新、范子菲、赵　伦、关维东、陈烨菲、王淑琴、李孔绸、许安著	二等奖

续表

序号	项目名称	主要完成单位	主要完成人	获奖等级
50	大型高压水侵气藏稳产技术及应用	中国石油天然气股份有限公司勘探开发研究院、中国石油天然气股份有限公司塔里木油田分公司	李保柱、陈文龙、夏　静、江同文、李　勇、朱忠谦、焦玉卫、李汝勇、张　晶、肖香姣	二等奖
51	中国古老海相碳酸盐岩沉积储层理论技术进展及应用实效	中国石油天然气股份有限公司勘探开发研究院杭州地质研究院	周进高、倪新锋、郑剑锋、沈安江、乔占峰、李　昌、戴传瑞、贺训云、张先龙、吴兴宁	二等奖
52	原油业务链一体化优化模型方法及应用研究	中国石油天然气股份有限公司规划总院	王　喆、董丰莲、徐舜华、王　磊、阎　君、殷基明、张　哲、刘雷刚、赵黎明、马文浩	二等奖
53	溶聚丁苯橡胶在高性能子午线轮胎中应用的关键技术研究	中国石油天然气股份有限公司石油化工研究院、中国石油天然气股份有限公司独山子石化分公司、中国石油天然气股份有限公司华北化工销售分公司	胡海华、韩明哲、龚光碧、赵洪国、梁　滔、刘宏伟、李　波、李　晶、郑文挺、何连成	二等奖
54	集团公司重点实验室/试验基地运行评估体系研究与应用	中国石油集团经济技术研究院	刘　嘉、李　析、董　华、连建家、牛立全、宗　柳、付晓晴、杨宝莹、江怀友、杨海霞	二等奖
55	煤层气地球物理储层评价技术研究	中国石油集团测井有限公司、中国石油集团东方地球物理勘探有限责任公司	黄　科、徐礼贵、董银梦、张宇生、程道解、白松涛、邵林海、王建功、黄　娅、赵建斌	二等奖
56	钻井工程设计集成系统	中国石油集团钻井工程技术研究院、西南石油大学、中国石油集团长城钻探工程有限公司、中国石油天然气股份有限公司新疆油田分公司	赵　庆、石　林、李　黔、蒋宏伟、尹　虎、刘颖彪、杨决算、冷凤承、霍宗强、宋　鹏	二等奖
57	石油石化场站污染评估与生态修复技术研究及示范	中国石油集团安全环保技术研究院、中国石油天然气集团公司 HSE 重点实验室、中国石油天然气股份有限公司吉林油田分公司	吴百春、张坤峰、杨忠平、宋佳宇、李巨峰、王占生、刘玉龙、刘思敏、许德刚、贾雪峰	二等奖
58	科研项目全过程动态管理与全成本核算体系研究	中国石油集团石油管工程技术研究院	张冠军、党小松、谢文江、李建民、苗　健、李　波、杨　扬、贾君君、宫少涛、王　冉	二等奖
59	460 兆帕级钢接头铝合金钻杆关键技术研究	中国石油集团石油管工程技术研究院、中国石油天然气股份有限公司塔里木油田分公司、陕西省石油管材及装备材料服役行为与结构安全重点实验室	冯　春、卢　强、刘永刚、宋生印、王新虎、韩礼红、王　鹏、李广山、徐　欣、李东风	二等奖
60	油气田地面管线及压力容器腐蚀控制技术研究	中国石油集团石油管工程技术研究院、中国石油集团海洋工程有限公司	付安庆、韩文礼、蔡　锐、常泽亮、王　远、王志涛、李发根、袁军涛、王福善、吕乃欣	二等奖

续表

序号	项目名称	主要完成单位	主要完成人	获奖等级
61	薄层低丰度茂15-1区块水平井整体开发有效动用技术研究	大庆油田有限责任公司	赵玉武、张 威、么忠文、张剑风、曲瑛新、王鸿军	三等奖
62	霍多莫尔油田滚动开发技术研究	大庆油田有限责任公司	秦培锐、杨少英、王松喜、姜洪福、王运增、满红梅	三等奖
63	特低渗透储层超长水平井多段大规模压裂工艺技术研究	大庆油田有限责任公司	张永平、唐鹏飞、张 浩、林庆祥、刘 宇、王发现	三等奖
64	耐冲蚀潜油电泵研制	大庆油田有限责任公司	董振刚、史忠武、赵永武、于洪英、李华成、李世辉	三等奖
65	大庆长垣断层区域挖潜增油钻井关键技术研究与应用	大庆油田有限责任公司	郭 军、韩 昌、孙文财、李国庆、袁国强、王 宇	三等奖
66	辽河探区火成岩油气成藏特征及勘探关键技术研究	中国石油天然气股份有限公司辽河油田分公司	蔡国刚、顾国忠、李 军、单俊峰、张 斌、冉 波	三等奖
67	松辽盆地西南部钱家店地区砂岩型铀矿成矿特征研究与找矿实践	中国石油天然气股份有限公司辽河油田分公司	季东民、雷安贵、里宏亮、孙洪斌、王世亮、王守刚	三等奖
68	重力泄水辅助蒸汽驱技术研究与应用	中国石油天然气股份有限公司辽河油田分公司、国家能源稠（重）油开采研发中心	孙洪军、刘高华、户昶昊、荐 鹏、李培武、孙洪安	三等奖
69	致密气藏低产气井MI柱塞气举排水采气系统研究及应用	中国石油天然气股份有限公司长庆油田分公司、低渗透油气田勘探开发国家工程实验室	田 伟、刘双全、李旭日、付钢旦、李耀德、王兴龙	三等奖
70	大通径桥塞分段多簇压裂技术研究及规模应用	中国石油天然气股份有限公司长庆油田分公司、低渗透油气田勘探开发国家工程实验室	李宪文、张矿生、桂 捷、马 兵、王效明、樊凤玲	三等奖
71	深井钻机动力气化配套技术研究及推广应用	中国石油天然气股份有限公司塔里木油田分公司、新疆博瑞能源有限公司	李循迹、龙 平、相建民、李树生、杨 文、周清平	三等奖
72	复杂气藏开发中后期水平井提高采收率技术研究与应用	中国石油天然气股份有限公司西南油气田分公司	冯 曦、刘 勇、樊怀才、李 进、陈洪斌、何晓东	三等奖
73	天然气流量量值溯源体系关键技术研究	中国石油天然气股份有限公司西南油气田分公司、中国石油集团工程设计有限责任公司	任 佳、陈荟宇、彭利果、段继芹、王 辉、周方勤	三等奖
74	松辽盆地南部扶余油层致密油成藏机理及富集规律研究	中国石油天然气股份有限公司吉林油田分公司	张大伟、邓守伟、张永清、魏兆胜、唐振兴、苗洪波	三等奖
75	吉林油田体积压裂优化设计技术	中国石油天然气股份有限公司吉林油田分公司	王鸿伟、李边生、段永伟、叶勤友、赵晨旭、孙志超	三等奖
76	扶余油层河道刻画及有效储层预测技术攻关	中国石油天然气股份有限公司吉林油田分公司	丛立芬、余再超、庞立梅、王玉宏、李晓红、王耀佳	三等奖
77	油水井带压作业技术研究与应用	中国石油天然气股份有限公司吉林油田分公司、中国石油天然气股份有限公司辽河油田分公司	李亚洲、李七成、刘 宝、王毓才、韩永恒、姜初隽	三等奖

续表

序号	项目名称	主要完成单位	主要完成人	获奖等级
78	青海油田机采系统综合优化节能技术应用	中国石油天然气股份有限公司青海油田分公司	张培平、张启汉、邢　台、贾锁刚、贺得才、刘　全	三等奖
79	高阶煤煤储层区块定量评价及高效开发技术研究	中国石油天然气股份有限公司华北油田分公司	胡秋嘉、李梦溪、张建国、刘春春、吴定泉、刘国伟	三等奖
80	"牙刷状"油藏成藏机理及高效开发技术	中国石油天然气股份有限公司华北油田分公司	郭志强、张　峰、陈再贺、李　昆、翟胜强、赵政权	三等奖
81	机采水平井动态监测技术研究与应用	中国石油天然气股份有限公司华北油田分公司	张宝辉、吴　刚、杨永祥、胡书宝、尉红刚、章沙莉	三等奖
82	鲁克沁（火焰山）二叠系稠油油藏勘探发现及评价技术	中国石油天然气股份有限公司吐哈油田分公司、中国石油集团东方地球物理勘探有限责任公司	张代生、王丙坤、朱有信、焦立新、张进学、王卫国	三等奖
83	鸭儿峡—老君庙地区第三系、白垩系勘探精细研究与井位部署	中国石油天然气股份有限公司玉门油田分公司	肖文华、严宝年、曾利刚、李铁锋、魏浩元、韦德强	三等奖
84	白垩系高应力储层压裂技术研究与试验	中国石油天然气股份有限公司玉门油田分公司	蒙　炯、蒋映辉、翁定为、彭　翔、张庆九、肖毓祥	三等奖
85	吉林石化公司58万吨/年ABS质量全面提升技术攻关	中国石油天然气股份有限公司吉林石化分公司	白延军、陆书来、姜日元、赵　欣、赵文卓、宋振彪	三等奖
86	甲甲酯/硫酸装置提质降耗技术攻关	中国石油天然气股份有限公司吉林石化分公司	罗文龙、田　原、申祝安、俞昌吉、赵　胤、申屠燕锋	三等奖
87	汽油升级催化、醚化、烷基化等组合技术的开发与应用	中国石油天然气股份有限公司兰州石化分公司、中国石油天然气股份有限公司石油化工研究院	王晓路、张忠东、谢　恒、张贵玉、许永莉、刘　飞	三等奖
88	催化剂合成制备过程清洁高效节能技术研究	中国石油天然气股份有限公司兰州石化分公司、中国石油天然气股份有限公司石油化工研究院	魏昭成、潘志爽、钱　勇、秦　松、李　萍、张君屹	三等奖
89	国产低顺橡胶在HIPS生产工艺中的研究与应用	中国石油天然气股份有限公司独山子石化分公司	杨昌辉、傅　懿、花建忠、吴天忠、陈永林、吴利平	三等奖
90	低凝环烷基KG16C粘合剂用油生产工艺研究	中国石油天然气股份有限公司克拉玛依石化分公司	熊春珠、王雪梅、尹　宏、范惠明、李　静、胡志军	三等奖
91	原油调合技术的研究与应用	中国石油天然气股份有限公司广西石化分公司	胡于中、韩兰生、戴琴荣、张巍松、杨　旭、朱俊哲	三等奖
92	硫磷型高性能润滑油（脂）极压抗磨剂的开发及作用机理研究	中国石油天然气股份有限公司润滑油分公司	孙令国、周旭光、苏　刚、杨　克、伏喜胜、鲁　倩	三等奖
93	油气长输管道与站场关键设备经济寿命评价研究	中国石油天然气股份有限公司管道分公司	牛国富、钱成文、张玉志、马克锋、赵　强、温　文	三等奖
94	输气管道站场降噪技术及应用研究	中国石油天然气股份有限公司管道分公司、油气管道输送安全国家工程实验室管道储运工艺实验室	王玉彬、苗　青、冯　伟、熊　辉、闫　锋、赵国辉	三等奖

续表

序号	项目名称	主要完成单位	主要完成人	获奖等级
95	输气管道设备操作三维仿真培训应用研究	中国石油天然气股份有限公司西气东输管道分公司	李海川、段　冲、高　慧、孙启敬、江　辉、胡　洁	三等奖
96	昌吉致密油钻完井配套技术研究与应用	中国石油集团西部钻探工程有限公司	张　伟、谢飞龙、屈　刚、万云祥、刘尊文、尹照强	三等奖
97	CIFLog-GeoMatrix 测井评价软件开发与应用	中国石油集团长城钻探工程有限公司	伍　东、郭玉庆、董　红、徐剑波、傅少庆、姜　伟	三等奖
98	BH-CWT 超高温高压井测试技术	中国石油集团渤海钻探工程有限公司	田印忠、朱礼斌、杜成良、何　宇、杨先辉、许亚东	三等奖
99	储气库井固井技术研究	中国石油集团渤海钻探工程有限公司	宋元洪、庄建山、钟福海、高　飞、张玉平、陈　光	三等奖
100	四川盆地碳酸盐岩缝洞储层测井处理与评价关键技术	中国石油集团川庆钻探工程有限公司	张树东、罗　利、贺洪举、王勇军、齐宝权、胡振平	三等奖
101	重磁电震资料处理解释系统 GeoGME 研发及在复杂油气目标勘探中的应用	中国石油集团东方地球物理勘探有限责任公司	王志刚、刘云祥、王永涛、何展翔、陶德强、胡祖志	三等奖
102	5000HP 破冰型多用工作船研制及应用	中国石油集团海洋工程有限公司	齐国青、何恩山、吴洪辉、吴　柱、刘颖斌、陆　军	三等奖
103	伊朗南帕斯海上高含硫油气田安全钻井配套技术研究与应用	中国石油集团海洋工程有限公司	单正锋、郑飞龙、赵　然、黄名召、张木楠、高俊奎	三等奖
104	滩浅海移动式平台作业适应性评估与风险控制技术研究与应用	中国石油集团海洋工程有限公司、中国石油集团海洋工程重点实验室	马庆坤、王世澎、刘振纹、刘光霁、李明海、任润卯	三等奖
105	三轴漏磁腐蚀检测器及大口径管道开孔封堵关键设备研制与应用	中国石油天然气管道局	赵晓光、郝新伟、李彦春、夏国发、臧延旭、陶伟莉	三等奖
106	新型高压换热器制造技术	中国石油工程建设公司	常西斌、王　江、董秋英、王俊超、张　涛、刘新儒	三等奖
107	中国石油电子邮件系统国产化研究与应用	中国石油天然气股份有限公司勘探开发研究院	高毅夫、冯　梅、胡福祥、任　安、宋九光、阳　波	三等奖
108	白桦地项目致密砂岩气藏储量评价和分段压裂水平井高产区预测技术研究与应用	中国石油天然气股份有限公司勘探开发研究院、中国石油天然气勘探开发公司	夏朝辉、汪　萍、黎小刚、曲良超、高　伟、蔡文渊	三等奖
109	集团公司节能节水管理系统研发及应用	中国石油天然气股份有限公司勘探开发研究院西北分院、规划总院	陆育锋、郭以东、龚仁彬、刘　博、王亦然、曾丽花	三等奖
110	页岩气地面工艺技术研究及应用	中国石油天然气股份有限公司规划总院	王念榕、巴玺立、何　军、惠熙祥、刘　烨、张　哲	三等奖
111	成品油物流管理系统研究与实施	中国石油天然气股份有限公司规划总院	祝彦会、柴先锋、刘　晓、高　翔、王　华、刘航宇	三等奖
112	车用液化石油气国标修订及配套技术研究	中国石油天然气股份有限公司规划总院、中国石油天然气股份有限公司大连石化分公司	曹　斌、张　震、段　伟、刘蜀敏、严　明、李文乐	三等奖

续表

序号	项目名称	主要完成单位	主要完成人	获奖等级
113	炼化主体技术发展趋势与石化市场发展态势跟踪研究及其应用	中国石油天然气股份有限公司石油化工研究院	李雪静、乔　明、任文坡、李振宇、杨延翔、朱庆云	三等奖
114	丁基橡胶、乙丙橡胶门尼黏度国家标准物质	中国石油天然气股份有限公司石油化工研究院	刘俊保、吴　毅、曹帅英、黄世英、汤妍雯、翟月勤	三等奖
115	集团公司技术有形化综合集成与制作研究	中国石油集团经济技术研究院、石油工业出版社有限公司	陈安贵、戚维燕、马金华、张运东、祁少云、张　丽	三等奖
116	陆相低渗咸水层二氧化碳地质封存关键技术研究与规模化应用	中国石油集团钻井工程技术研究院、油气钻井技术国家工程实验室	查永进、毕文欣、李　洪、汪海阁、张富成、刘　力	三等奖
117	科研院所绩效考核评价指标体系研究	北京石油管理干部学院、中国石油集团钻井工程技术研究院	刘会庚、刘淑英、赵元雷、张程光、李　靖、吴德彬	三等奖

（张程光）

信息化工作

【概述】 2015年，信息化工作按计划持续推进，ERP应用集成、物联网和云技术平台建设等标志性工程进展顺利，全年完成联合监督信息系统、公共数据编码平台提升等10个项目，推进勘探与生产技术数据管理系统（2.0）、炼化物联网系统等24个项目实施，新启动ERP与FMIS融合（2.0）、灾难恢复系统建设（二期）、桌面安全管理系统（2.0）等3个项目。50个大集中系统深入应用，有效支持企业提质增效、转型升级。

【信息系统建设】 ERP应用集成建设全面推进。完成ERP2.0、用户访问、报表分析、系统集成、非结构化数据、权限管理和自主开发等7个平台在云计算环境中的部署实施，在16家企事业单位全面上线运行。搭建支撑集团公司主营业务从计划、执行及绩效闭环管理的运行环境，为投资项目一体化管理、财务共享服务、资产全生命周期管理以及油气产品全价值链管理奠定基础。在应用集成建设中，使用内存计算处理技术，销售业务统计报表速度提高8倍以上。通过搭建软件即服务级（SAAS）云平台，为进一步发挥系统集成的作用和价值提供更为灵活、适用的应用支持。

物联网系统实施取得明显进展。油气生产物联网系统完成在塔里木油田的示范建设和上线运行，持续开展大庆、新疆试点油田的前端采集实施和系统部署，累计在5141口油气水井、208座站库完成施工，安装采集与控制设备11689台（套）、通信设备1505台（套），敷设光纤129.3千米。工程技术物联网系统建成应用。累计在2171支作业队伍现场实施，实现878口钻录井作业施工、22个物探施工和10156井次测井施工的现场数据采集、传输与技术支持，自动采集数据34亿条。车辆管理系统实现3.5万台危险化学品运输车辆的集中调度和实时监控。

云技术平台建设和应用稳步推进。完成云技术平台开发和安全加固，实现50多项功能需求，新增负载均衡、虚拟机等云服务，已经具备1700台服务器、2400太字节（TB）存储的服务能力。完成ERP等20个信息系统的云化实施，走在国内外石油公司前列。其中采用国产X86服务器替代UNIX小型机，节约采购成本45%—55%。

【信息系统应用】 各部门、各专业分公司、各地区公司积极推进信息系统深化应用，信息化在企业管理创新和质量效益提升等方面的作用日益显著。

在勘探与生产领域，信息系统管理8个渠道的投资、10个类型的项目从设计、建设到投运的全过程；管理近60年的33万口井和区块数据，共计30亿条；2015年为579个研究项目提供数据支持，数据服务量达到260太字节（TB）；利用交互工作环境召开会议74次，4267人次异地远程参会，大幅节省差旅费用。借助油气生产物联网系统，新疆风城、西南安岳、青海油田、吐哈油田、南方勘探等共计减少一线员工2117人，人均管井数由实施前1.9口提升至3.1口。

在炼油与化工领域，信息系统管理1家专业分公司、26家炼化企业、1200多套装置的生产运行业务，结合“三同时”（同时设计、同时施工、同时使用）要求，辅助指导32套装置的开工投产；利用系统在线监测生产异常情况，有效促进装置长周期平稳运行，2015年装置平稳率同比提高0.1%，达到99.4%。2015年，利用信息系统生成排产及优化测算方案8300余个、财务效益测算方案870余个，有力支持炼化企业的资源优化和挖潜增效。大连石化、大庆石化、乌鲁木齐石化、抚顺石化等通过原油和化工原料、生产方案优化等，年创效合计近亿元。

在销售领域，积极配合辽宁销售、大连销售机构整合，做好系统调整，有效支持经营绩效分析和预测。累计售卡7930万张，沉淀资金255亿元。搭建微信服务平台“中油好客e站”，进一步拓宽客户服务渠道，利用微信及支付宝为加油卡充值，在上海销售、广州销售实现微信支付加油。利用物流系统制订运输方案，优化生成6万多条运输计划，吨油运费降低5.23元，2015年降低运费11亿元，其中信息系统贡献5亿元以上。

在天然气与管道领域，信息系统支持从分散的按线调度运行提升到全网集中调控；支持管道完整性管理；支持城市燃气销售业务规范化管理；支持管道联合公司运营、区域化重组、销售体制调整。

在海外勘探开发领域，勘探开发、炼油化工、管道等信息系统在海外陆续建成应用，有效支持海外业务拓展，提升员工工作效率。

在工程技术领域，通过信息系统将项目成本核算细化到任务单。3982支国内队伍和部分国外队伍利用系统管理各类作业22万余次，有效提高从生产准备到完工的工作效率，增强跨专业协作能力。

在工程建设领域，将各地区公司经营性项目、60大类物资采购与库存、24大类设备使用、服务与产品销售、业务财务凭证等集成在一个管理平台上，实现对主要业务经营过程的管理。项目进度、合同、费用、材料、文档管理等在信息系统中集中管理，使项目参与方之间的信息交流和协同更加高效，大幅提高施工效率。

在装备制造领域，通过现场各类生产数据的实时采集和共享应用，实现从原材料进厂到产品入库生产全过程跟踪监控，增强生产指挥协调能力，减轻车间操作人员工作量。宝鸡钢管的钢管定尺率从87%提高到91%，焊缝一次通过率从93%提高到96%，成品一次通过率从90%提高到95%，各类报表统计效率提高90%以上。统一的产品研发设计工作管理平台，规范产品研发设计流程，支持跨地区协同设计，大幅提升标准化设计能力和效率，缩短产品研发周期。

在人力资源管理方面，进一步提升人力资源管控能力，扩大应用范围，新增管理2000多个境外机构单元；提升系统性能，薪酬类报表速度平均提高15倍。集团公司信息工程高级职称评审利用信息系统进行，从500多人材料申报、资格审核到专业组评审，实现全流程无纸化，在大幅提升工作效率的同时，节省纸张及邮寄费用10多万元。

在财务管理方面，2015年信息系统支持5600万笔业务在线处理，3.2万亿内部交易在线封闭结算、实时抵销，5700多亿资金与外部银行直连支付。

在办公管理方面，电子公文系统年收发文件470余万份。合同管理系统年管理各类合同31.84万份。集中报销信息平台年审批单据249万笔。电子邮件系统平均日收发邮件57.5万封，2015年收发邮件1.82亿封。即时通信系统平均在线用户7.2万人，2015年降低通信、差旅等费用5200余万元。集团公司官方微博、微信于2015年11月3日正式上线，重点发布集团公司重大活动、重要会议、重大部署等新闻信息和重要舆情的权威回应，通过与网友的互动沟通，成为集团公司重塑良好形象的重要窗口。移动应用范围不断扩展，截至2015年底，69个应用在移动平台上运行，业务覆盖总部机关、各专业分公司和各地区公司。

【信息系统维护】 15家内部支持队伍持续做好信息系统运行维护，2015年累计解决问题33万余个，提升系统功能938个，管理各类数据1.5拍字节（PB）。总部有关部门、各专业分公司、运行维护队伍定期组织信息系统应急演练，3200多人次参与，启用业务应急预案224个。演练过程中持续健全应急管理机制，为应对突发事件、保证业务连续性提供保障。

企业信息系统管理平台累计接入 78 个信息系统，三级运维人员 5800 余人在平台上从事运维工作，2015 年完成工单 74.5 万条，通过硬件自动巡检减少运维人员 90 人。帮助热线支持 42 个信息系统运行维护，2015 年为信息系统用户提供技术支持 16.4 万次。

【信息技术基础设施建设】 不断完善信息技术网络。广域网总带宽达到 283.3 吉字节（GB），整体可用率超过 99.99%；海外网络扩容 10 条链路，累计接入 185 家分支机构。国内卫星小站 805 座，海外卫星小站 60 座，2015 年卫星数据吞吐量达 1380 太字节（TB）。综合利用集团公司内部链路 76 条，其中管道通信链路 7 条，油田内部通信链路 35 条，光波复用链路 34 条，折合节省年度链路租费 8227 万元。国家下一代互联网（IPv6）项目在大庆油田完成油气生产专网实施，覆盖 13 个采油厂、69 个作业区、近 800 个小队，通过公安部组织的验收。

有序推进数据中心系统搬迁和机房整合。昌平数据中心完成 33 个信息系统入驻，累计部署 54 个信息系统、4219 台（套）设备。吉林数据中心完成 15 个信息系统入驻，累计部署 779 台（套）设备。勘探院数据中心设备更新与部署调整 68 次，累计部署信息系统 37 个。将集团公司总部使用的北京昆仑大厦、丰和大厦机房中 9 个统建信息系统全部迁入昌平数据中心；将部分单位 82 个小机房整合到区域数据中心或联合办公大楼机房。根据区域布局需要，将新疆油田新建设的数据中心命名为中国石油数据中心（克拉玛依），进一步增强信息化基础保障能力。

【信息安全建设】 充分利用计算机网络信息安全监测平台对集团公司互联网出口外发文档进行内容监测。依据《中国石油天然气集团公司秘密信息分级保护目录》，2015 年监测出违规外发事件 40323 起，其中标注国家秘密事件 1118 起、油商密事件 9621 起。2015 年接受公安部、安全部、国务院国资委等有关部门 6 次信息安全检查。其中公安部在给国家领导人的专报中表扬中国石油在网站集群建设、软硬件国产化等方面的做法。组织开展集团公司信息系统安全检查，重点在私建互联网出口、网站安全管理、机房整合等方面，检查出安全隐患问题 2924 个，正在抓紧整改，加强信息安全防护能力。

【信息标准化建设】 持续开展信息技术标准体系建设。完成 8 项企业信息技术标准的制修订，标准总数达 119 项；同时，完成“十三五”企业信息标准规划以及石油行业信息标准体系规划工作。推动公共数据编码平台的推广和集成应用，更新编码数据 105.6 万条，数据总量达 989 万余条。

【信息化管理】 深入落实业务部门在信息化建设中的主导作用，各级领导亲自组织、骨干人员全程参与信息化建设，扎实推进信息系统深化应用。为推进跨板块之间数据共享，减少数据重复录入，加强业务协同，信息管理部组织勘探与生产分公司、工程技术分公司及相关企业多次沟通协调、共同研究后，下发《关于促进油气田企业与工程技术企业之间相关信息系统数据共享的通知》，明确跨板块间数据共享的管理机制和配套技术措施，保证相关项目的顺利实施和信息系统的一体化应用。

【信息技术培训】 统一组织开展 ERP 应用集成、信息安全、新技术应用、信息化管理等集中培训，各项目组织大量专项技术培训，共计 2.7 万人次参加，进一步提升信息技术人员的专业技能。2015 年，有 9 名信息技术骨干被评聘为集团公司高级技术专家，专家总数达到 23 名，这些专家在规划设计、方案论证以及项目建设等方面发挥了重要作用。

（任　勇）

第九篇

安全环保与质量节能

安全生产

【概述】 2015年，集团公司安全生产工作紧密服务集团公司生产经营重点工作，坚守红线，不触底线，严格履职，严肃问责，在重预防、强基础、标本兼治上迈出坚实步伐，各项安全生产指标保持稳中向好。全年未发生重大及以上生产安全事故，集团公司工业生产亡人事故起数和死亡人数同比分别下降35.3%和34.8%，安全生产形势保持持续稳定，圆满完成“十二五”安全生产发展规划预期目标，安全生产整体保障能力明显提升。49家企业获中国石油天然气集团公司2015年度“安全生产先进企业”称号，311名员工获中国石油天然气集团公司2015年度“安全生产先进个人”称号。

【安全生产责任制】 2015年，持续贯彻落实“党政同责、一岗双责、失职追责”要求，深化推行有感领导、直线责任和属地管理，加强安全生产过程考核，强化全员安全责任归位和落实，连续9年与各企业主要负责人签订安全责任书。狠抓源头管控，强基固本，坚持落实主要领导参加重要安全活动和安全生产与生产经营同部署、同检查、同考核的工作机制，定期召开季度安全生产形势分析会，持续推进领导干部个人安全行动计划实施。分专业逐步建立落实生产安全风险分级防控机制，进一步强化各级领导的生产安全风险防控责任。

【安全监管】 2015年，进一步强化安全环保监管体制机制，自上而下建立安全环保监督网络，组建集团公司安全环保监督中心，全面强化现场监管、过程监控和岗位监督。

主动响应集团公司党组巡视组、效能监察、审计发现的安全生产问题督办整改。按照“重点领域可控、重点单位受控、重大项目管控”要求，对长庆油田、西南油气田、抚顺石化等企业进行安全技术诊断和管理评估，对发现问题紧盯不放，跟踪督办。

继续加强油气管道隐患治理，多次调研重大隐患现场，加强与国家有关部门和地方政府的沟通协调，定期召开管道隐患治理工作月度例会。截至2015年底，长输管道隐患总体整改率和重大隐患整改率均达到90%以上，超额完成国家要求80%的预期目标。

【事故管理】 2015年，坚持从严事故调查处理，从严惩处瞒报谎报事故行为。继续对涉油气事故实行升级调查，对承包商事故深究背后深层次问题，实行“一事双查”“一案双查”“一票否决”。针对多起事故举报下发专项督办通知，核查举报情况的真实性，加大瞒报事故行为的处罚和考核力度。坚持事故单位进京检查和事故分析会制度，坚持每季度开展一次事故案例教育和警示活动，对部分企业组织开展事故防范措施和责任追究落实情况现场核查。

【消防安全】 2015年，组织对14家地区公司管理的19座大型商业储备油库进行专项安全检查，对发现的804项问题进行跟踪，摸清商业储备油库安全现状，促进商业储备油库安全防控能力提升。

针对天津港“8·12”事故，下发《开展危险化学品仓库安全检查的通知》，组织对大庆石化、吉林石化等6家企业危险化学品仓库及罐区进行安全专项抽查，提出危险化学品安全监管的措施方案。组织对化学品罐区进行重大事故隐患排查摸底，对企业上报的2644项事故隐患组织专家论证并确定792项重点事故隐患，为全面开展事故隐患治理提供决策依据。

组织开展消防水系统合规情况现场测试和重点检查，涉及13家油田、23家炼化企业和2家管道企业，促进消防水系统合规管理。修订并印发《消防安全管理办法》，进一步明确消防安全管理的职责与要求。

【交通安全】 2015年，针对危险化学品道路运输车辆装卸作业存在的重大安全风险，下发《关于加强危险化学品道路运输车辆装卸作业过程安全监管的通知》，从承运车辆安全技术条件、外来人员安全教育以及危化品装卸安全监管等方面提出具体工作要求。组织编制《成品油配送业务HSE协议范本》，规范成品油配送业务各环节作业管理流程，确保成品油配送过程安全环保受控。推进车辆管理系统（2.0版）建设推广，完成试点总结及系统优化提升，组织完成首批12家企业车辆管理系统（2.0版）推广上线工作，累计上线车辆达33000辆。修订并印发《道路交通安全管理办法》，强化道路交通安全管理制度及工作要求。

【海洋安全监管】 2015年，进一步完善安全管理制度和监管标准，完成国家安全生产监督管理总局《海洋石油安全生产监督管理规定》的起草工作。加强安全监管，组织开展海上春季开工等安全检查 80 次，督促查改问题 207 项；开展海上生产作业设施备案检查、月东油田 B 人工岛和 C 人工岛的蒸汽吞吐试生产备案安全检查等 52 项作业前的现场监督和安全备案检查，整改问题 297 项。加强合规性管理，监督西气东输二线广深支干线和香港支线海底管道、月东油田 B 人工岛和 C 人工岛等 6 项海洋石油工程建设项目的安全竣工验收。开展海上风险分类分级管理，完成所属企业海洋石油生产设施、作业设施的风险分类分级方案。强化海洋作业安全技能培训，组织企业主要负责人和安全管理人员培训班 3 期 278 人；监督和组织出海作业人员“四小证”培训班 17 期 1003 人。

（常宇清　李献勇　李　勇）

【2015 年度集团公司安全生产先进企业】 2015 年度集团公司安全生产先进企业名单见表 1。

表 1　2015 年度集团公司安全生产先进企业名单

企业类别	公司名称
油气田企业（10 家）	辽河油田分公司、长庆油田分公司、新疆油田分公司、西南油气田分公司、吉林油田分公司、大港油田分公司、华北油田分公司、吐哈油田分公司、玉门油田分公司、浙江油田分公司
炼化企业（9 家）	独山子石化分公司、锦西石化分公司、哈尔滨石化分公司、中国石油四川石化有限责任公司、大港石化分公司、呼和浩特石化分公司、辽河石化分公司、中石油克拉玛依石化有限责任公司、华东化工销售分公司
销售企业（9 家）	北京销售分公司、上海销售分公司、广东销售分公司、吉林销售分公司、甘肃销售分公司、中石油新疆销售有限公司、四川销售分公司、广西销售分公司、中石油燃料油有限责任公司
天然气与管道储运企业（4 家）	管道分公司、西气东输管道分公司、中石油北京天然气管道有限公司、西部管道分公司
国外企业（6 家）	中石油中亚天然气管道有限公司、中石油阿姆河天然气勘探开发（北京）有限公司、尼罗河公司、哈萨克斯坦公司、伊拉克公司、中国石油集团东南亚管道有限公司
工程技术服务企业（6 家）	中国石油集团西部钻探工程有限公司、中国石油集团长城钻探工程有限公司、中国石油集团渤海钻探工程有限公司、中国石油集团川庆钻探工程有限公司、中国石油集团东方地球物理勘探有限责任公司、中国石油集团海洋工程有限公司
工程建设企业（1 家）	中国昆仑工程公司
装备制造企业（2 家）	宝鸡石油钢管有限责任公司、中国石油集团渤海石油装备制造有限公司
其他单位（2 家）	中国石油集团安全环保技术研究院、中国华油集团公司

注：资料来源于中国石油天然气集团公司文件（中油安〔2016〕15 号）。

（王　驰）

环境保护

【概述】 2015 年，新《环境保护法》正式实施。集团公司严格贯彻落实新《环境保护法》要求，严格控制环境风险，加大污染减排力度。环境保护部责任书工程全部按期投运，化学需氧量、氨氮、二氧化硫、氮氧化物四项主要污染物减排量较 2010 年下降 16.0%、16.3%、41.3%、20.3%，均超额完成国家《“十二五”主要污染物总量减排目标责任书》要求。2015 年未发生重大及以上环境污染或生态破坏事故。在“9·3”阅兵式活动期间，对京津冀及周边地区 7 个省、市 20 家企业开展摸底调查，制订并实施《空气治理保障工作方案》，深入到每台锅炉、每套装置，并在北京阅兵式活动期间每日进行跟踪调度、现场巡回检查，圆满完成北京阅兵式期间的空气治理保障任务。

49 家企业获中国石油天然气集团公司 2015 年度“环境保护先进企业”称号；186 名员工获中国石油天然气集团公司 2015 年度“环境保护先进个人”称号；164 个基层队（站）、车间（装置）获中国石油天然气集团公司 2015 年度“绿色基层队（站）、车间（装置）”称号。

【污染减排】 继续落实污染减排目标责任制，制订

2015 年主要污染物总量减排计划，将污染减排目标完成情况纳入各地区公司主要负责人业绩考核体系，强化源头控制和过程管理，围绕“三大减排措施”（结构减排、工程减排、管理减排）狠抓落实，确保集团公司完成“十二五”减排任务。

大力实施结构减排，大港油田热电厂实现整厂关停，从源头削减污染物排放，减轻污染治理压力。加大工程实施力度，2015 年实施大气污染减排工程 75 项，污水提标改造工程 14 项，更加严格污染减排工程的过程管理，对重点减排工程实施周调度、月总结。多次组织召开锅炉脱硫脱硝工作推进会，加快锅炉脱硫脱硝改造实施进度，完成锅炉脱硫改造 13 台、脱硝改造 35 台。严格环境保护部责任书工程的调度管理，“十二五”计划中 42 项责任书工程全面完成。结合石油炼制业、石油化工业新污染物排放标准的实施，全面实施催化裂化再生烟气脱硫改造，集团公司 34 套催化裂化再生烟气二氧化硫治理全部完成。严格在线监测管理，对已完成的锅炉和催化裂化装置脱硫脱硝工程，严格污染源在线监测装置运行管理，对超标数据、异常数据进行实时分析、现场核实，监督企业加强生产控制，平稳操作、优化运行，脱硫脱硝效率明显提升。

【环境风险控制】 2015 年，进一步完善“分层管理、分级防控”的环境风险管控机制；开展两期全系统 HSE 审核，不定期进行“四不两直”检查；开展环境敏感区内油气生产设施排查，对长庆油田、抚顺石化等重点企业开展安全环保技术诊断和管理评估，深入分析技术问题和管理短板，确保环境风险受控。

【建设项目环境管理】 2015 年，加强建设项目“三同时”管理，中俄原油管道二线工程、楚雄—攀枝花天然气管道工程、安岳气田磨溪区块龙王庙组气藏产能建设项目等 7 个项目环境影响报告书获得环境保护部批复。进一步推进重点项目竣工环保验收工作，中缅天然气管道、大庆乙烯 120 万吨 / 年挖潜改造工程等 16 个项目获得环保验收批复；中卫—贵阳联络线、塔里木盆地迪那 1 气田开发建设项目等 11 个项目环保验收申请已上报环保部门。

【环境保护宣传与培训】 持续深化 HSE 文化，有效促进全员理念提升和观念转变。2015 年“6·5”世界环境日期间，广泛组织开展环保宣传活动，发布《2014 年度环境保护公报》，展示了负责任的大公司形象。连续 5 年获得由中国新闻社举办的“低碳发展 · 绿色生活”公益影像展“中国低碳榜样”奖；2015 年 9 月获中国环境科学学会颁发的“首批中国绿色新标杆品牌企业”称号。举办环境管理人员培训班，共培训勘探、炼化、销售、管道等企业的环境管理人员 160 余人，进一步提升专业人员素质和能力。

（梁兵兵　史　方）

【2015 年度集团公司环境保护先进企业】 2015 年度集团公司环境保护先进企业名单见表 2。

表 2　2015 年度集团公司环境保护先进企业名单

企业类别	公司名称
油气田企业（11 家）	辽河油田分公司、塔里木油田分公司、吐哈油田分公司、大港油田分公司、青海油田分公司、新疆油田分公司、冀东油田分公司、南方石油勘探开发有限责任公司、西南油气田分公司、大庆油田有限责任公司、华北油田分公司
炼化企业（15 家）	独山子石化分公司、辽阳石化分公司、中石油克拉玛依石化有限责任公司、锦西石化分公司、大庆炼化分公司、宁夏石化分公司、辽河石化分公司、广西石化分公司、大港石化分公司、乌鲁木齐石化分公司、锦州石化分公司、华北石化分公司、中国石油四川石化有限责任公司、哈尔滨石化分公司、呼和浩特石化分公司
销售企业（7 家）	江苏销售分公司、重庆销售分公司、辽宁销售分公司、西北销售分公司、黑龙江销售分公司、润滑油分公司、福建销售分公司
天然气与管道储运企业（3 家）	中石油北京天然气管道有限公司、西气东输管道分公司、西部管道分公司
国外企业（3 家）	中国石油天然气勘探开发公司、伊朗公司、拉美公司
工程技术服务企业（5 家）	中国石油集团渤海钻探工程有限公司、中国石油集团川庆钻探工程有限公司、中国石油集团长城钻探工程有限公司、中国石油集团海洋工程有限公司、中国石油集团西部钻探工程有限公司
工程建设企业（3 家）	中国石油天然气管道局、中国石油工程建设公司、中国石油集团东北炼化工程有限公司
装备制造企业（1 家）	中国石油集团济柴动力总厂
其他单位（1 家）	中国石油集团安全环保技术研究院

注：资料来源于中国石油天然气集团公司文件（中油安〔2016〕15 号）。

（王　驰）

HSE 体系管理

【概述】 2015 年，按照集团公司《HSE 管理体系建设提升计划（2011—2015）》的总体部署，持续加强制度体系建设，深化 HSE 体系审核，探索量化审核模式，开展基层站队标准化建设和履职能力评估，促进 HSE 管理水平持续提升。

【HSE 制度标准】 2015 年，结合新《安全生产法》和《环境保护法》要求全面梳理安全环保规章制度，制订《生产安全风险防控管理办法》《员工安全环保履职考评管理办法》《建设项目安全设施竣工验收管理暂行办法》《燃气业务安全监督管理办法》《安全生产应急管理办法》，切实提升安全环保制度的合规性。修订《安全环保事故隐患管理办法》《高处作业安全管理办法》《临时用电作业安全管理办法》《消防安全管理办法》《道路交通安全管理办法》，强化重点领域、高危作业风险辨识、评估和管控。

【HSE 宣传培训】 2015 年，学习借鉴国际先进做法，组织开发采油气、常减压装置、加油站等 12 个专业的岗位 HSE 矩阵培训教材，提升基层员工培训效果。继续做好关键岗位人员的培训工作，组织安全处长、安全管理人员和安全教师等培训 20 多期，注册安全工程师继续教育培训 18 期。

【HSE 体系审核】 2015 年，坚持以审促改、以审促管，持续开展一年两次的 HSE 体系审核。2015 年共抽调 1132 名审核专家组成 142 个审核组，对 116 家主要生产经营单位开展体系审核，审核作业现场 1465 个，发现问题 8030 个，提出改进建议 2671 条。特别是在下半年体系审核中，首次采用打分评级的方式对 16 家试点企业开展量化审核，审核内容更全面、评判标准更细致、正向激励和引导作用更强，审核效果更加彰显，为全面推广量化审核、进一步提升审核质量奠定坚实基础。

【HSE 标准化建设】 2015 年，深入开展基层站队 HSE 标准化建设，印发《基层站队 HSE 标准化建设工作实施意见》，编制常减压装置、输油气站、钻井队等专业标准化建设模板，在 HSE 体系审核总结视频会上播放加油站卸油标准化操作视频，推广标准化作业程序，促进 HSE 管理先进理念和方法落实到基层、落实到岗位。加快推进干部员工安全环保履职能力评估，制定《员工安全环保履职考评管理办法》，将评估结果作为干部任用与员工上岗的重要依据，做到岗能匹配、主动履职。

【HSE 咨询合作】 2015 年，扎实推进大庆石化、大连石化、四川石化、广西石化、云南石化和广东石化等 6 家炼化企业 HSE 管理咨询合作项目，及时召开月度、季度和年度例会，督促杜邦公司和安全环保研究院与合作企业积极协调配合，推进项目顺利实施，促进 HSE 先进理念方法与炼化企业生产实际相结合，提高企业 HSE 管理水平。

【HSE 信息管理】 2015 年，HSE 信息系统（2.0 版）全面上线，创建了包含 15 项业务、203 个关键绩效指标的具有国际先进水平的预警分析平台，新增和完善埋地储罐防渗排查、政府部门安全检查、职业卫生档案和储库罐区风险管理等 18 项功能模块。建成海外子系统 37 个功能模块，支持离线填报、中英文双语，实现集团公司国内外 HSE 管理信息化的全覆盖和统一化应用。完成污染源在线监测、现场核查管理等 11 项功能的开发上线，使集团公司 295 个排污口均在监控范围内，污染源在线监测系统通过国家审核，获得国家部委一致好评。

（王 戎）

节 能 节 水

【概述】 认真贯彻落实《万家企业节能目标责任考核实施方案》要求，大力推进所属 62 家“万家企业”节能工作。印发《集团公司 2015 年节能减排降本增效实施方案》，开展以节能节水为重点内容、以降本增效为主要目标的节能挖潜增效工作。通过强化目标责任落实，推进节能精细化管理，加快推进重点节能工程实施，推广应用先进节能技术，优化用能结构，提高能源资源利用效率，实现节能减污、降本增效。2015年集团公司实现节能116万吨标准煤、节水2061万立方米。50家企业被评为中国石油天然气集团公司“节能节水先进企业”，125名员工被评为中国石油天然气集团公司“节能节水先进个人”。

【节能重点工程】 2015年，投入13亿元节能专项资金，重点实施油田机采系统和地面系统节能改造、加热炉提效和炼化催化余热锅炉改造、蒸汽系统优化等54项节能改造项目。

【节能节水型企业建设】 2015年，积极推进节能节水型企业建设，落实节能节水目标责任，开展先进考核评选活动，调动各企业和员工节能降耗的积极性。6月19日中国石油和化学工业联合会发布“2014年度石油和化工行业重点耗能产品能效‘领跑者’标杆企业名单和指标”，独山子石化乙烯综合能耗为526千克标准油/吨，位列全国乙烯能效第一名；宁夏石化单位能量因数耗能为7.26千克标准油/（吨·因数），位列全国原油加工能效第三名。

【节能节水统计监测】 2015年，实施节能节水统计和节能监测制度，每月对能源利用情况和节能节水量完成情况进行统计分析。集团公司节能技术监测评价中心等7个技术机构共监测评价抽油机井、加热炉等重点耗能设备（系统）1440多台（套）。举办节能监测人员业务培训班，34家企业的80多名节能管理和节能监测技术人员参加培训学习，提升节能节水统计监测工作水平。

【节能节水标准化】 2015年，发布Q/SY 1822—2015《油田固定资产投资项目节能评估文件编写规范》、Q/SY 1821—2015《油气田用天然气压缩机组节能监测方法》、Q/SY 1823—2015《炼油固定资产投资项目能量平衡方法》、Q/SY 1820—2015《炼油化工水系统优化技术导则》、Q/SY 1841—2015《节能节水管理系统数据及填报规范》等5项企业标准，完成《固定资产投资工程项目可行性研究及初步设计节能节水篇（章）编写通则》《气田固定资产投资项目节能评估文件编写规范》《天然气凝液回收装置能源消耗指标计算方法》《炼油化工装置节能监测方法》《燃煤电站锅炉节能监测方法》等5项集团公司企业标准的编制工作，完成牵头承担的节能国家标准《油田企业节能量计算方法》《油田生产系统能耗测试和计算方法》《油气输送管道系统节能监测规范》，以及石油天然气行业节能标准《天然气输送管道系统经济运行规范》等标准的编制任务。

（李武斌）

【2015年度集团公司节能节水先进企业】 2015年度集团公司节能节水先进企业名单见表3。

表3　2015年度集团公司节能节水先进企业名单

企业类别	公司名称
油气田企业（13家）	大庆油田有限责任公司、辽河油田分公司、新疆油田分公司、吉林油田分公司、塔里木油田分公司、大港油田分公司、长庆油田分公司、吐哈油田分公司、华北油田分公司、冀东油田分公司、玉门油田分公司、西南油气田分公司、青海油田分公司
炼化企业（18家）	中国石油四川石化有限责任公司、吉林石化分公司、辽阳石化分公司、独山子石化分公司、大庆炼化分公司、乌鲁木齐石化分公司、锦州石化分公司、兰州石化分公司、大连石化分公司、宁夏石化分公司、华北石化分公司、哈尔滨石化分公司、呼和浩特石化分公司、大庆石化分公司、中石油克拉玛依石化有限责任公司、锦西石化分公司、广西石化分公司、辽河石化分公司
销售企业（4家）	中石油燃料油有限责任公司、青海销售分公司、大连海运分公司、山东销售分公司
天然气与管道储运企业（5家）	西部管道分公司、西气东输管道分公司、管道分公司、中石油北京天然气管道有限公司、西南管道分公司
工程技术服务企业（5家）	中国石油集团长城钻探工程有限公司、中国石油集团西部钻探工程有限公司、中国石油集团渤海钻探工程有限公司、中国石油集团川庆钻探工程有限公司、中国石油集团东方地球物理勘探有限责任公司
工程建设企业（2家）	中国石油天然气管道局、中国石油工程建设公司
装备制造企业（2家）	宝鸡石油机械有限责任公司、宝鸡石油钢管有限责任公司
其他单位（1家）	中国石油天然气运输公司

注：资料来源于中国石油天然气集团公司文件（中油安〔2016〕37号）。

（王　驰）

应急管理

【概述】 2015年，集团公司高度重视应急管理工作，在认真总结分析近年来的应急管理工作经验，深刻汲取事故应急处置正反两方面教训的基础上，按照“夯实基础、突出重点、稳步推进”的原则，以体系建设为主线、风险管理为核心、基层建设为重点，以系统提升应急响应救援能力为着力点，不断加强应急管理体系建设。

【基础管理】 2015年，组织制订并印发《安全生产应急管理办法》，规范集团公司安全生产应急管理工作，落实国家应急管理政策要求。针对基层现场应急管理的工作实际，组织制定《强化安全生产应急处置五项规定》，提高基层岗位员工突发事件应急处置能力。加强应急培训，分别对企业生产安全应急管理负责人、HSE部门工作人员、专兼职应急救援队伍业务骨干和应急预案审核员开展应急管理培训，提升应急处置救援能力。

【专职消防队建设】 2015年，组织对32家专职消防队进行专业化建设工作业务考核，对突出问题进行整改跟踪和重点督办，促进专职消防队灭火救援能力全面提升。协调举办全国危险化学品救援队伍指挥人员培训班，并组织召开专职消防队专业化建设工作会议，通报专职消防队专业化考核情况，开展队伍管理经验及灭火救援战力交流研讨。组织参加首届全国危险化学品救援技术竞赛，集团公司代表队获团体冠军和“全国五一劳动奖状”，并获得多项个人优秀成绩，促进专职消防队技术战术水平的提高，展示中国石油消防队伍的整体形象。

【预案管理】 2015年，结合集团公司生产经营工作实际，组织修订《突发事件应急预案》，强化有关主责部门和各专业分公司的应急管理职能，完善预案体系结构，形成“一个总体预案+22个专项预案”的预案体系，使集团公司层面的应急预案层次清楚、结构合理，集团公司与企业之间的预案衔接更加紧密。

开展基层预案优化工作，全面推行基层单位和重点岗位“一案一卡”工作，简化基层现场应急预案，切实提高基层预案和岗位应急处置卡的针对性、实用性和可操作性。开展应急预案现场审核，组织对西南油气田、兰州石化、天津销售、长城钻探等12家企业进行现场审核，推进应急预案向专业化、实用化迈进。

【应急演练】 按照三大石油公司年度应急工作计划，2015年6月17日在国家危险化学品应急救援惠州基地，参加三大石油公司组织的应急桌面演练。印发《关于做好2015年安全生产应急预案演练工作的通知》，在大庆油田、兰州石化、管道公司、川庆钻探等企业开展突发事件应急演练，取得较好的效果。

【保障能力建设】 2015年，开展溢油应急物资区域布点工作。选定东北、华北、西北、西南、陕甘等重点地区作为应急物资布点的核心区域，组织编制应急物资储备方案，依托吉林油田、长庆油田、川庆钻探、渤海钻探、西部钻探等企业开展应急物资储备工作。

（张作庆　李献勇）

职业健康

【概述】 2015年，认真贯彻落实国家职业安全健康“一个规定四个办法”的工作要求，扎实开展职业健康基础建设活动，加强职业危害因素辨识分析，加强接害人员健康监护和职业卫生档案清查，落实职业病危害防护手段和措施，2015年未发生职业病危害事故。职业病危害因素检测率和职业健康体检率均达98%以上。

【职业健康管理】 2015年，开展中外石油公司职业健康组织管理与制度体系研究，制定并印发《职业病危害警示与告知管理规定》，组织修订《职业病防治管理办法》等相关制度，编制《钻井作业岗位噪声危害分级和评价及防护推荐做法》等措施方案。针对海外作业国家和地区传染病肆虐的问题，组织编写《海外员工工作地域传染病分布及预防控制措施研究报告》，为有效防控热带传染病奠定基础。建立职业健康管理信息平台，实现自动预警报警、自动统计分析、问题闭环追踪等功能，提升职业病危害管理工作的及时性、针对性和有效性。

【职业健康监护与监测】 2015 年，强化职业病危害因素超限作业场所的整改督办，严格作业场所职业病危害因素检测和职业健康体检管理，职业病危害因素检测率和职业健康体检率分别上升到 98.3% 和 98.2%。开展作业场所接害人员和转岗员工职业史调查，掌握职业病危害状况。完成 780 个物理化学因素样品的职业卫生检测，职业卫生基础工作进一步夯实。

（王　戎）

质量管理与监督

【概述】 2015 年，集团公司质量管理工作全面落实国家《质量发展纲要（2011—2020 年）》，扎实推进基础建设试点，持续完善质量管理体系，不断加强质量控制与监督，继续加大质量监督抽查力度，形成集团公司质量监管威慑力，2 项产品获中国石油和化学工业“知名品牌产品”称号，继续争创优质工程，产品、工程和服务质量稳步提升。

【基础建设试点】 2015 年，继续推进以构建管理规范平台、完善基础管理体系为主要内容的基础建设试点工作。物资采购管理部、销售分公司、天然气与管道分公司完成管理规范平台建设，构建业务能力框架，集成制度、标准、流程一体化文件。西部管道和内蒙古销售完成基础管理体系建设，融合质量、计量、HSE、能源、内控、法律风险防控等所有管理体系，建立统一的体系管控机制，切实减轻基层负担，受到基层员工的欢迎。启动独山子石化、宁夏石化、大港油田、东北化工销售、北京天然气管道等 5 家企业的第二批基础管理体系建设试点。组织召开基础管理体系现场推进会，总结基础管理体系融合试点取得的成效，学习交流西部管道体系融合经验，进一步统一思想，确定 2020 年主要生产经营性企业基本完成体系融合的总体目标，部署 2016—2018 年的试点工作任务。

【制度建设】 2015 年，发布集团公司《工程建设项目质量计划管理规定》，为进一步规范工程质量监督管理工作奠定基础。

【质量管理体系建设】 持续推进企业质量管理体系建立和认证，截至 2015 年底，所属企事业单位质量管理体系建立率达 100%，质量体系认证率达 88.5%。继续开展质量管理体系推进评审，完成 47 家企业的质量管理体系推进评审工作。建立质量体系第三方认证机构沟通协调机制，发挥第三方认证机构外审的作用，进一步推进管理评审和外审整改的实效性，不断提高质量管理体系运行的有效性。

【油品质量控制】 2015 年，根据国家《加快成品油质量升级工作方案》，集团公司制定升级工作计划和项目投产时间表，并按期实现升级目标。编制完成集团公司油品内控质量标准，组织有关质检机构对生产和销售单位的油品质量进行专项监督抽查，确保流向社会的产品质量合格。组织集团公司具有成品油检验资质的质检中心、各炼油厂油品化验室、销售公司（省级）中心实验室，开展车用汽油的实验室能力比对试验，确保检测数据的一致性和检测结果的准确可靠。在中国石油绿色发展新闻发布会专题发布《中国石油油品质量升级报告》。

【品牌创建】 积极组织培育名牌产品，提升产品品牌知名度。2015 年，克拉玛依石化和辽河石化生产的重交通道路沥青、吉林石化生产的 ABS 产品获中国石油和化学工业“知名品牌产品”称号。寰球工程公司“应用互联网 + 构建和实施炼油化工工程建设标准体系平台”和吉林化建工程有限公司“推行质量损失管理有效降低质量成本的经验”获中国石油和化工行业“质量标杆”称号。

【产品质量认可】 2015 年，组织对 490 家油化剂生产企业申请的 4012 项产品进行产品质量认可。经过评审，有 364 家生产企业生产的 3288 项产品获得集团公司产品质量认可证书，企业通过率为 74.28%，产品通过率为 81.95%。继续推行石油石化用化学剂产品质量认可黑名单制度，提升认可工作效率。

【产品驻厂监造】 2015 年，为保证油气输送管道工程、油田产能建设工程、炼化工程项目质量，相关企业对项目中采购的大型设备、长输管线及防腐等进行驻厂监造，各企业监造长输管线、管道防腐、油井管等56万吨，钻机、修井机、炼油化工装备等4700台（套），提高重大采购产品质量。对新申请及到期复查的17家产品驻厂监造单位进行资质审查。

【产品质量监督抽查】 2015年，集团公司组织对石油产品、化工产品、钻采设备与配件等自产和采购产品的质量进行2340批次的监督抽查，覆盖石油产品、化工产品、资源性产品等自产产品和阀门、石油专用管材及配件、石油石化用化学剂等采购产品，产品质量综合合格率为98.25%。印发4期产品质量监督抽查通报，并根据集团公司有关规定，对抽查不合格的产品进行通报和相应处理，促进各企业加强产品质量管理。

【工程质量管理】 2015年，组织梳理编制重大质量隐患清单，实施重大工程质量隐患定期报告制度，对于比较突出的工程质量问题，进行案例收集整理和上网共享。组织召开年度工程质量监督技术交流会，对监督程序修订、监督站考核、异地监督以及压力管道监督检验等进行交流研讨。

【工程项目质量监管】 2015年，集团公司工程质量监督机构对1079项在建工程项目实施监督。继续加大异地监督推进力度，对广西石化汽油质量升级项目和350万吨/年催化裂化烟气净化装置等19项重点项目实施异地监督。持续强化集团公司总部层面工程质量监管，会同有关专业分公司对云南炼化、西气东输三线东段、四川安岳龙王庙等18项在建重点工程进行质量抽查、巡查，向相关责任单位下发8份《质量风险警示通报》。

【质量管理培训】 2015年，举办质量管理和质量管理推进评审员培训班，讲授国家质量现状及发展形势、集团公司发展环境与发展战略、集团公司质量管理现状分析及对策、顾客满意度测评、质量管理体系评审等知识，各所属企事业单位质量管理部门340名学员参加培训；举办工程质量监督人员资格取证培训班，70余人参加培训；组织两次监督站间交流活动，促进互相学习，共同提升监督工作水平。

【质量月活动】 2015年9月，以“迈向质量时代、建设质量强国”为主题，组织开展集团公司“质量月”活动。140家所属企事业单位结合实际，逐级制订“质量月”活动方案，召开质量分析会4043场、查找质量隐患23010个，解决质量问题14633个，开展质量教育活动8815次，培训人员286848人次，成效显著。

【群众性质量活动】 2015年，中国质量协会石油分会注销，质量与标准管理部归口管理开展QC小组、质量信得过班组、质量学术论坛、全面质量管理知识普及教育培训等群众性质量活动。在大庆组织召开群众性质量活动现场推进会，学习交流大庆油田QC小组活动经验，138项集团公司优秀QC小组活动成果和81个质量信得过班组受到集团公司表彰。获全国优秀QC小组68个，全国QC小组活动卓越领导者5个，全国QC小组活动优秀推进者7人，全国QC小组活动优秀企业4个，全国质量信得过班组24个。组织各企事业单位员工参加全面质量管理知识普及教育培训活动，参加全国统一考试，5126人取得合格证书。

标准化工作

【概述】 2015年，集团公司标准化工作按照国家关于深化标准化工作改革方案部署，研究制定标准化“十三五”发展规划，修订完善企业标准体系，强化标准化组织管理，加强各级标准制修订与实施，努力提高国际标准话语权，组织完成制修订国际标准3项、国家标准31项、行业标准109项。

【标准制修订】 2015年，集团公司完成制修订国家标准《油气输送管道完整性管理规范》《石油天然气工业钻井和修井设备》等31项、行业标准《石油企业用节能产品节能效果测定》《页岩气储层改造第一部分：压裂设计规范》《页岩气储层改造第3部分：压裂返排液回收和处理方法》等109项。新牵头承担42项国家标准和134项行业标准制修订任务，所属单位制修订集团公司企业标准177项；推动和协调原油、天然气等一批重点国家标准、行业标准的制修订工作。

加强标准时效性审查，复审集团公司企业标准213项，废止标准17项。加强企业标准制修订管理，成立非常规油气标准化技术委员会和工程技术专业标准化技术委员会装备分标准化技术委员会，批复东北销售等3家企业的企业标准标识代号。按照国家标准化委员会要求，完成全国页岩气标准化技术委员会筹建方案。

【标准实施监督】 开展年度重点标准实施工作，2015年在集团公司层面重点实施9个专业22项标准。协调重点领域标准实施工作，按照国家住房和城乡建设部统一安排，组织开展集团公司归口的工程建设领域国家标准的清理，以及对有关地面占压安全距离的条款解释。开展世界标准日主题宣传活动，围绕“标准联通一带一路、人才筑就标准未来”主题开展形式多样的宣传活动。

【标准化工作研究】 2015，开展“一带一路”沿线国家标准化合作研究，按照集团公司关于推进“一带一路”油气合作的总体要求和部署，调研集团公司在沿线国家工程技术、工程建设和装备制造海外项目运营情况、标准使用情况及需求，收集整理60个海外项目在用标准1.3万项，急需翻译的中国标准478项，拟推荐转化国际标准49项，为下一步重点合作方向和领域的确定奠定基础。根据国家能源局安排，参与能源监管标准化课题研究，研究提出石油天然气监管标准化重点领域及相关标准。

【国际标准化工作】 国际标准制定取得新进展，2015年完成《煤层气含量测定方法》《煤层气勘探开发术语定义》等3项国际标准；特别是制定《防腐涂层的耐划伤试验方法》国际先进标准1项。集团公司正在牵头制定的标准项目共7项，参与制定项目7项。加强与俄罗斯天然气工业股份有限公司的标准化合作，在双方联合协调委员会框架下，推动在标准化和合格评定领域的互认合作，签订工作路线图。与国际标准组织的交流与合作不断加强，组织召开国际标准化组织煤层气技术委员会（ISO/TC263）年会，与美国石油学会（API）、美国腐蚀工程师协会（NACE）商谈，在开展交流培训、联合制定标准等方面进一步深入开展合作。

计量工作

【概述】 2015年，集团公司计量工作围绕主营业务，着力完善生产过程计量检测手段，健全石油专用计量体系，加快油气计量检测能力建设，发挥计量基础性和支撑性作用。

【计量基础管理】 2015年，修订完善计量专业企业标准体系，进一步明确企业计量检测需要遵循和依据的各级标准；审查装备制造业务、工程建设业务6项计量器具配备企业标准，促进企业计量基础设施完善；结合“十三五”专项规划编制，形成石油专用计量溯源需求等3个研究报告，为提升石油专用计量能力奠定基础。

【交接计量管理】 2015年，对成品油及液体化工产品出厂计量情况进行调查，研究提出加强出厂计量升级改造意见，并纳入“十三五”专项规划中部署；审查报批《成品油计量规范》企业标准，推进成品油交接计量规范化；对土库曼斯坦增供天然气计量站进行功能确认，研究商业储气库损耗指标确定方法，协调进口高含氯原油商检事宜。

【油气计量检定能力建设】 2015年，经国家质检总局批准，调整国家石油天然气大流量计量站领导成员，集团公司副总经理汪东进任站长。推进天然气计量检定站点建设，成都分站原级标准装置投入试运行，广州分站完成建标考核，乌鲁木齐分站完成建设施工。

【计量技术交流】 2015年，研究分析天然气计量检验标准国际对标情况，协助国家质检总局筹备召开中俄能源计量分组四次会议，促进中俄油气贸易深化合作。首次开展石油专用计量技术交流，32篇石油专用计量溯源、技术和管理类论文参与交流，促进石油专用计量跟进集团公司快速发展。

（宗　伟）

第十篇

企业管理与监督

规划计划

【概述】 2015年，集团公司规划计划工作着力抓好“十三五”规划编制，强化投资规模控制和结构优化，深化重大项目前期工作，推进改革创新，全力打好开源节流降本增效攻坚战，有效发挥决策参谋、综合平衡、协调服务、监督检查职能。

（胡　勇　罗成玉）

【“十三五”发展规划编制】 2015年是集团公司“十三五”发展规划重点工作年，规划编制突出抓6个方面工作。

完善规划体系。集团公司“十三五”规划体系由总体规划、专业规划、专项规划、专题规划、区域规划及分省规划和企业规划组成，其中总部层面共安排编制75个规划，包括1个集团公司总体规划、1个股份公司规划、11个专业规划、12个专项规划、13个专题规划、6个区域规划和31个分省（自治区、直辖市）规划。规划体系的完善有利于集团公司规划编制工作开展，有利于提高规划的科学性和指导性。

理清发展思路。在发展思路中强调“五大理念”，确定“建设世界一流综合性国际能源公司”的集团公司发展目标，明确“稳健发展”方针。“十三五”发展思路为集团公司“十三五”发展规划奠定坚实基础。

突出统筹协调。规划编制按照“三上三下”（从上到下，从下到上进行三次结合）的节奏整体推动工作进展：2015年1—4月，以《集团公司“十三五”发展规划思路与框架》编制、审议和下发为工作重心，加强总体规划与专业规划和专项规划的对接，完成“一上一下”规划对接工作。2015年5—12月，以《集团公司“十三五”发展规划纲要（草案）》编制、审议和下发为工作重心，深入对接各专业规划和专项规划，集团公司管理层集中听取23个专业规划和专项规划汇报，委托咨询中心对总体规划和主要专业规划进行咨询评估，组织两院院士和老领导规划座谈会，组织召开规划计划系统视频会议，完成“二上二下”规划对接工作。2015年12月后，进入以《集团公司“十三五”发展规划》及《集团公司“十三五”发展规划纲要》完善、审议和发布为工作重心的“三上三下”规划对接阶段。

突出质量效益。“十三五”规划部署紧紧围绕质量效益展开，淡化规模类指标约束。上游勘探开发突出强调有效的储量和产量，产量服从于效益；炼化业务突出强调控制规模扩张，加强结构调整，努力提高现有资产的增值创效能力；销售业务以原油业务链效益最大化为目标，持续加强终端销售网络建设，努力提高纯枪销售比例，打造黄金终端；天然气与管道业务做大天然气销售，以效益为中心加快发展，以气补油；国际贸易不过分强调规模增长，重点提高净资产收益率和效益；工程技术服务要与主业协调发展，通过全方位参与市场竞争，实现自主良性发展；金融业务要成为集团公司提升价值的新亮点。全业务链各环节都要努力降本增效，在低油价下，效益要作为约束性指标，在效益指标约束下倒逼方案优化、投资总量和结构优化、规模指标调整，通过效益指标约束倒逼各环节成本硬下降。

突出风险防控。“十三五”规划加强情景分析和风险分析，实际研究和规划工作过程中，进行多种情景、多个方案的研究分析和论证。特别是加强底线思维，提出低油价情景下需要采取的重大降本增效措施，按照集团公司牢牢守住国际油价40美元/桶情况下“公司整体不亏损、自由现金流为正”的底线要求，采取更大力度的降本增效举措，特别是2016年要立足“强改革、促创新、调结构、压投资、降成本、减冗员、紧债务、去库存、轻资产、治亏损、补短板”等重点环节，力争完成各业务板块利润总额奋斗目标，努力实现集团公司稳健发展和“十三五”良好开局。在风险方面充分考虑油气价格风险、油气需求不确定性、管道分立改革等政策不确定性、海外地缘政治和突发事件等风险，并研究相应的应对措施，以增强风险的超前预见性和可控性。

突出方法创新。开门编规划，提高规划的参与范围与研究深度。通过组织专家座谈、开展问卷调查和高层访谈等方式广泛听取意见。开展现场调研，赴黑龙江、新疆、四川、陕西等地区深入调研对接规划。加强规划对接，结合国家能源局组织召开的分片区油气规划衔接会议，深入了解地方政府和国家层面的需求；积极参与和承接国家能源领域的规划编制工作；

组织进行多轮总体规划与各专业（专项）规划的衔接论证；与部分省市进行规划对接。加强方法工具利用，提高规划编制的科学性。为加强形势研判，开展PEST分析、对标分析和SWOT等分析工作。在规划编制中广泛使用SWOT、定向矩阵、波特五力模型、平衡计分卡、价值评估等规划分析模型工具和方法。加强与国际大公司的交流，通过对BP、壳牌、华为的战略规划管理等方面调研学习，不断完善规划体系。

深入开展专题研究，为规划编制提供支撑。环境决定战略，正确认识环境、正确认识对手、正确认识自我，是制定战略规划的基础。"十三五"发展面临的形势最为错综复杂，规划编制难度前所未有，正确认识外部环境和自身实力，主动适应环境变化，对科学制定"十三五"规划尤为重要。为此，按照总体宏观环境、总体发展重大问题、重点专业问题、新业务发展问题、规划落实实施问题等五大类分两批设立52个专题，深入开展专题研究，持续深化形势研判，将"十三五"发展外部环境概括为"新常态、低油价、市场化、新趋势"四大特征，客观分析公司发展基础，认清自身优劣势。在大量分析论证基础上，鲜明地提出"十三五"集团公司发展仍处于重要战略机遇期，为集团公司总体规划编制定下总基调，有力地指导了集团公司总体规划和各分项规划的编制。

（张礼安）

【项目管理】

1. 勘探开发项目管理

国内项目核准备案。16家油气田自营区309个产能建设项目获国家能源局备案，其中原油项目241个、新建原油产能1556万吨，天然气项目68个（含煤层气、页岩气）、新建天然气（含煤层气、页岩气）产能128亿立方米，为油田产能建设创造良好的外部条件。积极推进国内对外合作项目进展，山西三交—碛口区块煤层气对外合作项目总体开发方案获得国家发改委核准。

项目管理。受理国内上游自营重大项目14个，批复8个，包括大庆油田萨南深冷装置调整改造工程、塔里木油田凝析气轻烃深度回收工程、辽河油田电力集团公司热电厂关停供电系统调整改造工程、大港油田引入大港发电厂热源供暖项目、新疆油田采油二厂81号天然气处理站改扩建工程、大庆油田宏伟热电厂脱硝改造工程、大庆油田热电厂1—3号电除尘器改造工程、长庆油田宁夏姬塬油区110千伏输变电工程等；评估论证未通过4个，包括大庆110千伏宋南变电所新建工程、新疆石油管理局关停克拉玛依电厂、长庆靖边燃气发电厂改造工程、大庆油田塔东古城地区沙漠公路工程等；转板块及部门办理2个，新疆石油管理局白碱滩区北城区6千伏配电线路调整工程设计方案、新疆石油管理局克拉玛依前进和昆仑锅炉房环保达标综合治理工程等。严格国内上游合资合作项目管理，强化依法合规管理和过程监管，经审慎研究后退回项目3个，包括国内对外合作的吉林油田新236项目、华北油田成庄合作区1.5亿立方米产能总体开发方案、西南油气田富顺永川区块页岩气开发方案，努力规避项目投资、审计等风险，提升合资合作项目方案编制水平。

专业、专题和分省规划研究。组织开展国内上游业务"十三五"规划，国内对外合作业务"十三五"规划，大庆油田、长庆油田、新疆地区、西南油气田、油气勘探、海洋油气、致密油、致密气、页岩气、煤层气等12个专业、专题规划和新疆、青海、吉林、陕西、山西、重庆、四川等7个分省规划的编制。针对集团公司业务发展中的难点、新增长点、政策支持等问题，组织开展国内上游业务可持续发展策略研究、地浸铀矿业务发展潜力研究、煤炭地下气化发展潜力研究、地热能开发利用潜力研究和可燃冰领域发展研究等5个专题研究，为"十三五"规划编制和后续政策争取提供重要依据。协助石化联合会编制《国家"十三五"石油发展规划》《国家"十三五"天然气发展规划》。组织编制并向国家能源局上报《中国石油煤层气（煤矿瓦斯）开发利用"十三五"规划（初稿）》以及《中国石油"十三五"期间海域初步规划》，为加快公司煤层气及深海油气勘探开发创造条件。

国家政策争取。积极协助向国家能源局争取页岩气、煤层气、致密气支持政策，包括进一步提高财政补贴额度、建设用地保障、简化审批程序等，促进非常规油气业务健康发展。

战略合作协议。为落实国务院国资委"央企进海南"和"央企进陕"要求，组织起草《集团公司与海南省深化战略合作框架协议》《集团公司与陕西省合作推进项目建设协议》，以及《集团公司与中国航天科工集团公司战略合作框架协议》。

支持新疆经济社会发展。以中央新疆工作座谈会精神为指导，结合集团公司在新疆业务"十三五"发展规划，在总结以往合资合作经验的基础上，研究新疆地区合资合作整体建议，努力实现企地共同发展，使资源开发最大限度惠及资源地人民，促进新疆经济发展、社会稳定和长治久安。

（徐　婷）

2. 海外勘探开发项目管理

战略研究和规划编制。组织完成中国石油境外油气勘探开发4个国家9个项目投资策略研究并形成8项研究报告，开展新常态下海外存量资产优化及新发展机会研究。组织编制完成集团公司“十三五”发展规划海外油气业务部分，指导协助完成海外油气业务“十三五”暨中长期发展专业规划。

项目前期管理。组织评估审查9个境外重点项目可行性研究报告（开发方案），其中哈萨克斯坦PK、哈萨克斯坦北布扎奇、乍得H区块、乍得新H区块、苏丹6区、秘鲁6/7区等6个项目完成审批；哈萨克斯坦曼格什套、伊拉克哈法亚、伊拉克艾哈代布3个项目正在开展评估审查。

项目核准备案。组织上报国家发改委申请核准（备案）项目10个，其中哈萨克斯坦阿克纠宾、委内瑞拉MPE3、乍得H区块、乍得新H区块、哈萨克斯坦卡沙甘、莫斯科中国贸易中心6个项目获核准（备案）。

重大事项研究。组织完成7个海外重大项目重点事项研究工作，相关建议均获得集团公司领导批准同意，包括集团公司与股份公司涉及同业竞争问题、印度尼西亚Limau油田PQ区块产量列入计划、哈萨克斯坦千万吨炼厂项目表态口径、激流管道合伙企业与Keyera公司合作建设哈特兰德至埃德蒙顿45千米20英寸管道、秘鲁6/7区合同延期项目备案、下发《中国石油天然气集团公司境外项目投资管理办法（试行）》、与中信集团合作事宜等研究。

海外项目图册编制。进一步规范格式，优化版面设计，充实增加内容，更新和完善中国石油在海外整体现状、五大油气合作区、重点国家共计39张形势图，按照“三个层面”（国家、大区、项目）、“六个方面”（项目概况、合同、核准、成果、计划和规划）编制和总结集团公司海外油气业务发展情况，并根据项目最新发展情况和外部数据最新发布情况，实时更新海外项目图册。在此基础上，2015年为领导海外高访提供苏丹、中东、南美等背景材料。

规章制度建设。完成《境外投资油气勘探开发项目申请报告编制规定（2014版）》修订，并于2015年1月20日正式下发执行；2015年7月启动《中国石油天然气集团公司境外项目投资管理办法（试行）》编制，书面征求19个总部相关部门及其他相关单位的意见，经多轮讨论和多次反复修改完善，最终以集团公司文件形式于2015年12月31日下发执行。

（李建卫　刘瑞杰）

3. 炼油化工项目管理

战略及重点项目进展顺利。继续开展云南石化、广东石化、大连长兴岛和中俄天津东方石化等战略项目工作。其中云南石化、广东石化项目按计划开展建设工作，大连长兴岛、中俄天津东方石化等项目继续开展项目前期工作，辽阳石化俄罗斯原油加工优化增效改造项目通过集团公司董事长办公会审议并批复可行性研究报告。

高效开展成品油质量升级工作。按照国家加快实施成品油质量升级工作，京津冀、长三角、珠三角等重点区域2015年底前车用汽油、柴油达到国Ⅴ标准扩大到东部11省、市全境实施国Ⅴ标准的要求，启动加快实施国Ⅴ标准汽油、柴油质量升级改造项目的前期工作，批复相关项目可行性研究报告并抓紧实施建设，同时积极向国家能源局、财政部等主管部委争取相应财政资金、环境影响评价批复、长周期设备采购等政策支持。中国石油纳入国家成品油升级重点督办项目范围的成品油升级项目实施进展顺利，圆满完成2016年1月1日起东部11省、市全境实施国Ⅴ标准的进度要求。

（张桐郡）

4. 油气储运项目管理

2015年重点工程项目建设有序推进，内陆骨干管网不断完善。山东管网青岛—威海段、长春—沈阳天然气管道、港清三线霸州—大港段、铁岭—锦西原油管道复线、天津港—华北石化、漠大线增输等一批重大项目顺利建成投产；西气东输三线西段、西气东输三线东段、金坛—溧阳天然气管道、如东—崇明岛天然气管道、中缅原油管道、锦郑线、抚锦线、云南成品油管道、江苏LNG二期、大连LNG二期等项目有序建设。同时，开展一系列油气管道项目前期工作。

2015年批复8个项目可行性研究报告。1月，批复天府新区集输气管道工程可行性研究报告；3月，批复遂宁地区中低压天然气集输管道工程可行性研究报告；6月，批复海东市相关县（区）城区占压涩宁兰天然气管道重大隐患整改项目可行性研究报告；8月，批复中俄东线天然气管道工程（黑河—长岭）可行性研究报告、中俄原油管道二线工程可行性研究报告；10月，批复中俄东线天然气管道工程（过境段控制性工程）可行性研究报告；12月，批复潮州市天然气高压管道项目可行性研究报告、忠武线忠县站增压工程可行性研究报告。

（刘春杨　段宝成　刘忠付）

5. 管道项目核准管理

2015年，油气管道项目核准工作充分发挥集团公司整体优势，强化立体式攻关协调机制，保证油气管道项目核准进度，核准基础工作建设取得新进展。

核准工作成果。2015年，集团公司共有4个油气管道项目获得国家发改委、能源局核准，其中包括西气东输三线中段工程范围变更、深圳LNG、中亚D线（境内段）、楚雄—攀枝花天然气管道。2个控制性工程提前开工项目获得国家发改委批复，包括中俄东线天然气管道过境段、试验段工程。另外，2015年还有抚顺—锦州成品油管道工程、忠武线忠县站增压工程、湖南管网相关支线等9个项目获得省级投资主管部门核准。

核准基础工作建设。按照国家发改委要求，2015年组织上报集团公司油气资源保障及油气网络重大工程项目建设月度报告12期，及时反映问题，努力为项目建设创造条件。继续加大国家部委协调力度，促成国家发改委于2015年8月印发原油、成品油管道竣工验收通知，为彻底解决西部原油成品油管道等40多个管道项目的竣工验收问题创造条件。为提高集团公司从事建设项目核准工作人员的整体素质和业务能力，于2015年10月举办油气管道项目核准业务培训班，共25家单位、80名学员参加培训，取得良好的培训效果。

（王　博）

6. 销售项目管理

专项规划和战略研究。按照集团公司“十三五”规划编制部署，完成销售和国际贸易业务“十三五”规划，确定成品油销售和国际贸易规划思路和目标；完成广西、福建、江西、山东和安徽等5个与规划配套的分省规划；完成《全球石油、天然气、成品油、化工产品等能源产品国际贸易战略研究》和《优化“十三五”成品油资源配置及成品油物流规划研究》等2项与规划配套的专题研究。

项目管理。按照质量和效益原则，严格履行项目前期管理程序，完成新疆喀什和新加坡裕廊岛等2个项目可行性研究批复工作，开展东莞油库同舟码头二期和迁建赤峰油库等2个项目前期研究工作。

在国际油价持续低位运行和国内经济发展新常态的形势下，为保障集团公司上下游协调发展，通过给高层准备会谈背景材料，协调解决地区公司发展中存在的困难，并与部分地方政府就销售网络终端建设问题进行有效沟通；为推动国家和地方加强成品油市场监管，积极向国家能源局反映当前成品油市场秩序混乱的现象，提出具体意见和建议。

（于宝东　徐克琪）

7. 信息项目管理

（1）组织编制信息化建设“十三五”规划。综合考虑规划项目建设的重要性、业务需求紧迫程度、预期效益等方面因素，“十三五”集团公司信息化建设突出5个方面的重点工作：推进以ERP为核心的应用集成系统的建设和深化应用，优化企业整体绩效；实现以物联网为基础的生产运行与采集集成方案，提升生产操作能力和效率；加强云技术推广应用，持续完善云管理平台；完善面向网络、系统、终端、数据的信息安全解决方案，保障信息化健康发展；深化信息系统应用，持续提升管理水平。

（2）组织开展集团公司投资项目一体化管理系统建设。项目前期管理、投资计划管理等2个模块在14家试点单位完成用户培训、工作流配置、权限配置、数据整理收集准备等工作基础上，1月底实现试点上线运行。组织勘探与开发、炼化、销售、管道、装备制造、工程技术、工程建设、科研等138家地区公司，各相关专业分公司和规划计划部各处室，共336名业务人员开展集中推广实施，完成数据准备、系统配置、用户接收测试及培训等工作。

经济评价、工程造价、后评价管理等3个模块，完成经济评价、后评价模块系统详细方案设计，组织关键用户集中研讨，下发地区公司广泛征求意见，再次修改完善详细方案设计。开展工程造价模块集中设计，研讨业务标准、管理平台、编审软件设计内容等。通过信息管理部组织的详细设计方案专家评审后，开展并完成系统模型、功能开发与测试。组织勘探与开发、炼化、销售、管道等16家地区公司，共71名业务人员在11月开展经济评价、后评价模块集中试点实施，完成数据准备、系统配置、用户接收测试及培训等工作。

持续跟踪集团公司投资管理办法修订、投资项目可行性研究工作管理办法编制情况，组织完成相关系统功能调整的设计开发测试。

（3）组织“十二五”信息化建设规划实施，规范项目论证审批，优化信息项目投资。会签审查信息项目可行性研究报告4项，协调讨论、研究处理项目调整实施建设内容等问题4项，初步审查、研究回复信息项目可行性研究报告意见1项，调查讨论、研究处理项目剩余投资问题1项。

（栾向阳）

8. 工程技术服务项目管理

规划。按照集团公司对工程技术服务业务的发展定位，充分发挥企业、研究机构和行业专家等多方面力量，开展工程技术服务业务“十三五”发展专题研究和内部市场化机制研究，组织开展《工程技术服务业务“十三五”发展规划》编制工作，全面总结工程技术服务业务“十二五”以来的发展成果和经验教训，深入分析业务发展现状、存在的问题和“十三五”面临的形势，明确工程技术服务业务“十三五”发展定位、总体思路、工作目标、重点部署和保障措施，研究确定投资总量和规划项目库，推动工程技术服务业务稳健发展。

项目管理。加强项目规范化、科学化管理，严格执行地区公司、专业分公司和总部三级审查程序，严控投资规模，坚持市场导向、效益优先原则，突出专业化、市场化、国际化发展方向，优化调整业务结构，突出“保高端、压低端、控常规、增特色”，加快推动工程技术服务业务转型升级，提高市场竞争能力和盈利能力。强化重点项目研究论证，共组织审查论证钻机、压裂车组、地震仪更新以及重庆渝北、银川河东两个基地搬迁等20余个项目，办理可行性研究批复12项。

（刘　军）

9. 装备制造项目管理

规划。按照集团公司对装备制造业务的发展定位，充分发挥企业、研究机构和行业专家等多方面力量，组织开展《装备制造业务“十三五”发展规划》编制工作，全面总结装备制造业务专业化重组以来的发展成果和经验教训，明确装备制造业务“十三五”发展定位、总体思路、工作目标、重点部署和保障措施，研究确定投资总量和规划项目库，推动装备制造业务稳健发展。

项目管理。加强项目规范化、科学化管理，严格执行地区公司、专业分公司和总部三级审查程序，严控投资规模，坚持市场导向、效益优先原则，优化调整产品结构、提升产品技术水平，突出专业化、市场化、国际化发展方向，加快推动装备制造业务转型升级，提高市场竞争能力和盈利能力。突出做好重点项目研究论证，组织开展宝石机械公司钻机成套制造技术质量提升、技术开发公司哈萨克斯坦石油套管加工、勘探开发公司哈萨克斯坦大口径焊管制造等项目可行性研究报告的审查工作。

（王　琪）

【用地预审管理】 2015年，中俄原油管道二线、楚雄—攀枝花天然气管道、西气东输三线闽粤支干线等3个项目用地预审获得国土资源部批复。

为有效宣传贯彻落实国土资源部用地预审新政策，提高地区公司用地预审工作人员业务能力，2015年10月通过举办核准业务培训班的方式，邀请用地业务咨询专家讲解油气管道项目用地预审程序和操作实务，有效提升集团公司油气管道用地预审工作质量和效率。

（王　博）

【年度业务发展计划】 2015年，以规划为指导，投资安排坚持控规模、调结构、强主业、补短板、提效益、防风险，充分发挥投资的导向作用，坚持量入为出，投资向主营业务、高效项目和补短板业务倾斜，统筹调整项目建设节奏，放缓地缘政治风险较大、预期效益不明的项目，严控炼化扩能改建项目，严控非生产性投资支出，不新建楼堂馆所，不新增购置小汽车，严禁低效无效投入。经多次优化调整，2015年6批投资计划共下达2545亿元，比年度投资控制目标2790亿元减少245亿元，下降8.8%；同比减少1223亿元，下降32.5%；比2013年高峰期减少2402亿元，下降48.6%。

修订完善投资管理办法。根据集团公司治理结构和组织架构不断完善、全面深化改革和全面依法治企工作深入推进的要求，本着规范投资行为、明晰决策权限、理顺决策流程、提高投资效益、实现稳健发展的原则，对投资管理办法进行修订完善，坚持“统一管理，分级分类授权决策”的投资管理体制机制，重点突出集体决策，发挥党组的领导核心作用，重大投资经集团公司党组会审议后，报董事会决策；强化风险控制，在原预可行性研究、可行性研究、初步设计3个决策点之外，在开工建设前增加“最终投资决策”第四个决策点。经集团公司董事会审议后，于2015年12月7日正式下发《中国石油天然气集团公司投资管理办法》，2016年1月1日正式实施。

（马　明）

【概算管理】 强化估算概算投资把关。面对低油价的严峻挑战，注重突出质量效益，把降本增效作为工作的重中之重。通过强化投资对标、严控建设标准，以效益指标约束工程投资等综合性措施，合理确定和有效控制项目估算概算。2015年，审查和复核项目估算、概算77项，综合核减率16%。

持续更新和完善工程计价依据体系。完成新版概算指标和费用定额的使用宣贯（两期），提高造价专业人员对新版定额的理解和使用能力；修编完成《炼油化工检维修工程计价依据》及取费标准，增补定额子目1627个；新编《直径1422毫米天然气管道工程临时计价依据》，填补定额缺项，满足中俄东线天然气管道等工程控制投资需要；动态管理计价依据，对预算定额的2774个子目水平进行重新测定和调整。

积极推进工程量清单计价。编制完成《石油建设工程工程量清单计价规则（2015版）》和《石油建设工程工程量清单计算规则》炼油化工册、长输管道册，实现清单项目与新版概算指标、预算定额子目相关联，清单项目名称、工作内容、计量单位与新版定额保持一致，初步形成以清单计价规则和各专业工程量清单计算规则配套使用的清单规范体系。

着力提升工程造价管理信息化水平。完成概预算编审软件测试版的开发，对五大专业项目WBS结构进行标准设计，确定常用设备、材料价格管理系统开发方案与详细设计，编码与物装系统统一；完成造价管理平台界面开发和与概算编制软件的交互功能，根据新的投资管理办法，对估算概算编制、上报、初审、预审及最终审批的流程进行梳理。

针对性开展造价专题研究工作。密切跟踪国家政策调整，预判形势，超前研究建筑业“营改增”对石油建设工程计价影响，对新版预算定额、概算指标及费用定额包含的增值税内容进行全面分析和数据测算；根据国家现行的工程建设环境影响评价及验收政策和取费标准，结合集团公司近几年工程建设实际情况，深入研究环境评价及验收工作包含的全部工作内容，在与工作内容和工作量相对应的基础上，细化费用标准。

夯实基础管理工作。修订两册《项目投资审查统一规定》，发布4期《设备材料综合参考价格》（八类、2890条价格信息）和6期《钢材价格分析及预测简报》；完成两期造价专业人员岗位培训、473名造价员资格换证和170名造价工程师注册工作；组织造价管理先进集体、先进个人和优秀论文的表彰工作，共表彰18家先进单位和316名先进个人。

（张建斌）

【石油工程建设】 工程勘察设计。截至2015年底，集团公司拥有国家工程勘察设计资质的单位共35家，其中工程设计综合甲级6家，行业甲级11家，专业甲级8家，乙级10家；工程勘察综合甲级3家，专业甲级3家；拥有专利1802项，拥有专有技术571项，获得国家和省部级奖784项；从业人员总数3.9万人，其中技术人员1.9万人，各类注册人次6972人。2015年，完成工程勘察合同额5.2亿元，工程设计合同额65.3亿元，工程技术管理服务合同额7亿元，工程承包合同额361.6亿元，实现营业收入546.1亿元。

工程建筑施工。截至2015年底，集团公司所属建筑施工总承包和专业承包企业55家，其中施工总承包企业40家，包括特级资质4家，一级资质25家，二级资质9家，三级资质2家；专业承包企业15家，包括一级资质13家，二级资质1家，三级资质1家。2015年，建筑业企业实现总产值574.3亿元，其中境外营业额203.6亿元。

（丁全林 周 波）

【后评价管理】 全面推进项目后评价工作。2015年，集团公司共有54家地区公司开展后评价项目2467个，投资总额达2501亿元，占集团公司同期投资完成额21.5%。其中详细后评价项目116个、投资总额1009亿元；简化后评价项目2351个、投资总额1492亿元，后评价工作得到有效巩固和加强，基本实现评价范围全覆盖的预期目标。在此基础上，集团公司根据业务发展需要开展七大类26个典型项目详细后评价，投资总额1061亿元；完成8个油库和14个信息化项目专项后评价报告以及项目竣工验收专题报告，尝试开展漠大线项目跟踪评价工作。

强化后评价闭环管理成效。依照后评价管理有关规定对25个典型项目反馈后评价意见，共总结经验37项、发现问题107项、提出意见和建议49项，地区公司针对发现问题整改落实72项，整改落实率达67.3%。连续7年编制发布后评价通报，通报在对2013年完成的25个项目进行深入分析的基础上，总结3个方面成功经验和5个方面存在问题，并提出4个方面的措施建议。对伊拉克艾哈代布、抚顺石化自备电厂锅炉烟气脱硫和吉林石化15万吨/年乙烯新建10号裂解炉等项目后评价总结的成功经验和发现的问题分别进行专题呈报。

不断完善后评价工作体系。在组织调查研究、广泛征求意见、开展专题论证、反复谈论修改的基础上，完成集团公司和股份公司后评价管理办法修订下发工作。结合集团公司后评价工作实际，充分利用已有研究成果和评价案例，完成投资项目后评价理论与实践系列丛书的编辑出版工作。组织有关专家赴吉林油田、大庆炼化、管道公司开展后评价信息系统调研，分勘探、开发、炼化、管道、销售五大业务组织开展系统需求分析、关键指标体系、详细设计研讨，完成系统方案初步设计工作。制（修）订下发海外油气勘探、海外油气田开发、国内对外合作、海洋工程装备、信息化建设五类项目和炼化、管道建设两类项目后评价报告编制细则。成功举办集团公司销售项目后评价业务骨干培训班，共有40家销售企业的67名后评价业务骨干参加培训；受邀指导新疆油田、吐哈油田、大庆油田、管道公司后评价业务培训。

（洪保民）

【综合统计】 统计信息服务保质保量。紧紧围绕集团公司中心工作开展统计信息服务，多形式、多渠道定期发布集团公司综合统计信息。对公司内部发布统计信息，为生产经营管理服务；对公司外部发布信息，为国家宏观调控和投资者服务。

统计决策支持作用进一步增强。增强综合信息材料的针对性和实用高效，编写《中国石油在各省企业生产经营整体情况》报告近50份；较好地完成2015年各季度集团公司生产经营活动分析报告；组织开展经济新常态下应对措施的效果分析。

统计方法制度不断完善。集中组织对2004年出版的统计核算指标解释进行全面修编，并于2015年底召开定稿会。新修订的集团公司统计指标解释涵盖39个主要专业、3000多个指标，涉及企业生产经营管理的各个环节。同时，重点完善油气产量核算体系。

统计信息化建设持续推进。新系统从年报开始单轨运行，完善校验公式，补充相关台账。组织办公管理专家中心相关技术人员对统计信息系统进行性能调优，提升系统的稳定性。完成川庆钻探等地区公司延伸试点推广工作，减轻工作强度，数据准确率和及时性明显提高。原上市与未上市两个老系统的历史数据割接工作基本完成。

（孙效娴）

财务资产管理

【概述】 2015年，面对复杂严峻的经营形势，集团公司财务工作努力把握稳中求进工作总基调，全面扎实推进开源节流降本增效，持续深化财务管理体制机制改革，创新经营管理模式，强化依法合规管理，不断提升战略服务、决策支持、绩效引领、价值创造和风险管控能力，圆满完成各项重点工作任务，实现预期目标，为集团公司在低油价形势下实现生产经营平稳受控运行，取得好于预期的经营效益做出重要贡献。

（综合处）

【开源节流降本增效】 2015年，集团公司上下把开源节流降本增效贯穿于生产经营和企业管理全过程，“全员、全过程、全方位”推进落实。（1）确保认识到位，抓好“两个结合”，即开源节流降本增效与贯彻中央“三严三实”要求相结合，以实际行动落实“重塑中国石油良好形象”要求；开源节流降本增效与完成好国务院国资委稳增长、增收节支、亏损企业专项治理、“两金”压减等专项工作任务相结合，坚决打好稳增长攻坚战保卫战。（2）确保谋划到位，抓好方案措施制定。下发开源节流降本增效指导实施意见，明确12个方面36项针对性强、可操作的具体措施，并制定下发亏损企业专项治理的具体实施方案。（3）确保责任到位，抓好全面动员部署。开源节流降本增效措施以及亏损企业专项治理的各项任务均明确具体牵头部门、责任单位，逐级分解目标，形成全面动员、全员参与的浓厚氛围。（4）确保督导到位，抓好协调推动落实。健全开源节流降本增效主要指标月度监测分析制度，亏损企业专项治理工作例会、对口联系、工作简报等制度。各专业分公司、地区公司健全组织机构和日常协调推动机制，分别采取召开工作推进会、目标任务对接会、经验研讨交流会以及对重点企业派驻工作组蹲点督导等方式，有力推动工作任务落实。（5）确保引导到位，抓好经验宣传推广。利用集团公司内部各类媒体，传达党组部署，报道工作动态，为开源节流降本增效深入推进营造良好氛围。向所属企业征集300余篇典型经验做法，从中遴选出100余篇加以推广。

经过集团公司上下共同努力，开源节流降本增效取得显著成效，2015年增效超过420亿元，为集团公司在低油价下超额完成国务院国资委下达的稳增长目标发挥了重要作用。集团公司投资大幅压减，2015年投资比高峰期压减超过47%，折旧折耗同比下降0.4%，扭转了持续上升势头。主要成本费用指标硬下降，2015年油气单位操作成本同比下降5.7%，吨油完全加工费同比下降2.1%。人工成本同比下降3.2%，实现重组以来首次下降。物资采购成本连续两年同比下降5%。销售管理费连续两年下降，2015年同比下降3.3%，“五项”费用在2013年、2014年同比分别下降20.3%和24.5%的基础上，2015年下降11.8%。亏损企业专项治理工作取得阶段性成效，截至2015

年底，2014 年亏损的 73 家企业有 23 家扭亏为盈，同比减亏 25.6%，完成减亏 20% 的年度目标。

（政策处）

【预算管理】 集团公司“十三五”财务专项规划编制工作。按照集团公司“十三五”规划编制统一部署，组织起草《集团公司“十三五”财务专项规划编制相关安排》和《“十三五”财务专项规划编制提纲》，完成集团公司和分业务“十三五”规划指标设计，下发财务指标表，协调组织专业分公司测算填报，共同与各专业分公司对接。按照“十三五”规划产销量数据，建立财务指标测算模型，组织启动分业务指标测算工作。按照不同的油价方案和产销量安排，进行不同油价多方案测算，汇总测算集团公司“十三五”主要财务指标并编制框架汇报提纲近 20 稿，为集团公司总体规划编制提供有力支持。

修改完善集团公司预算管理办法。在 2014 年工作的基础上，对《预算管理办法》草案做了进一步修改完善。修订方案丰富全面预算管理的内涵，突出简政放权理念，强化战略引领作用，建立健全月度、季度、年度预算制度，完善预算调整、考核、评价、奖惩机制，进一步健全了预算管理体制。4 月初正式提交法律事务部申请上办公会审议，并按照法律事务部安排，起草了修订说明及相关上会材料。2015 年 7 月 10 日办公会审议原则通过，根据审议意见进行细节修改完善后，正式下发执行。

编制上报集团公司 2015 年中央企业预算。根据 2014 年 12 月 25 日集团公司常务会议审议和 2015 年 1 月 5 日集团公司董事会传签通过的 2015 年度预算方案，按照国务院国资委《关于印发 2015 年度中央企业预算报表的通知》（国资发评价〔2014〕137 号）要求，会同总部相关部门和财务部相关预算处室，完成集团公司 180 多家上市、未上市二级单位的国务院国资委报表审核和校验工作，共同编制完成集团公司上报国务院国资委 2015 年度预算，并按照要求起草上报工作总结和预算编报说明。上报方案一次性上报通过。

未上市企业预算管理体制机制研究。积极推进工程建设、装备制造、金融、托管、矿区及直属企业预算机制研究、预算指标体系和预算指标确定、预算执行跟踪分析、年度季度考核及年终业绩考核工作。在编制 2016 年度预算的过程中，尊重历史和实际，重视政策导向和管理需求，进一步完善相关业务的预算指标确定方法。参考前 3 年历史水平和预算完成情况，结合 2015 年预计及 2016 年市场变化情况，并同亏损企业专项治理目标相衔接，综合确定 2015 年各项预算指标基数，基本体现集团公司对未上市业务的管理要求。

积极开展矿区业务预算管理机制研究。配合集团公司移交工作部署，对矿区业务水电气暖业务社会化市场化支持政策等相关问题进行研究，制定了移交后物业、采暖配套政策，明确预支资金支持比例、拨付程序、拨付方式以及返还方式等规划操作流程。会同矿区服务工作部，积极推进矿区业务开源节流降本增效工作。

（预算处）

【会计报表及核算】 持续完善财务决算管理方式，完成 2015 年集团公司财务决算工作。编写下发《2015 年度财务决算指导手册》，不断优化决算审核模式，简化审核流程，提高工作效率；全面采用网上审阅方式，提高效率，节约成本；充分发挥预审作用，安排中介机构在年度中期进驻被审核单位进行预审，提前发现和解决问题，确保年末决算工作顺利完成。按时保质编制完成集团公司财务报告，顺利通过董事长办公会、审计与风险管理委员会、董事会的审议，并获得一致好评。以立信会计师事务所为主审所的 7 家会计师事务所对集团公司和所有二级子企业均出具标准无保留意见的审计报告。2015 年决算共上报 997 户子企业决算报表，顺利通过了国务院国资委、财政部决算现场审核，获得高度评价。

密切跟踪外部环境变化和集团公司生产经营，深化月度财务分析，提高分析能力水平，充分发挥决策支持作用。每月出具财务动态、生产运行及经营效益分析，及时发现集团公司发展中存在的问题和需要关注的事项，揭示经营短板，推广先进经验；每季度出具集团公司生产经营活动分析汇报材料，深刻挖掘数据背后的生产经营状况，结合宏观环境变化，利用国内外对标等手段进行监测、分析，把数据变成信息，及时发现深层次问题并进行专题研究，提出建议，为领导决策提供可靠的依据。在优化投资、降本增效、强化库存管理、控制炼化业务亏损、提升天然气效益、加强“两金”管控及开展亏损企业治理等方面，提出了合理化建议，决策支持的针对性和时效性不断提升。

不断提高网上决算审核的质量和效率，完成股份公司下属 118 家单位、5.3 万张报表的网上审核，进一步严格规范财务业务处理，确保决算数据真实准确，获得外部审计师连续 15 年对公司财务报告出具无保留意见的审计报告，同时全级次报表高质量顺利通过国务院国资委审核。高质量完成 2014 年度及 2015 年中期董事会财务报告，保障有关议题顺利通过会议审议，重点分析油价下降对集团公司效益及可持续发展的影响，阐明集团公司开源节流降本增效等各项稳增长措施取得的实际成效，坚持用数字说话，全面反映公司年度主要生产经营指标、财务状况、与可比公司的对比分析等情况，得到董事、监事和审计委员们的认可。

组织制定《天然气销售体制改革财务运行方案》，方案于5月1日正式实施运用，保障天然气销售体制改革目标如期实现。针对年底管道业务重大重组，研究报表调整方案及合并抵销处理，确保新公司财务报表信息及时准确出具。分析测算不同油价对SEC口径储量及折旧变化情况，预判对2016年油气资产折旧折耗的效益影响。针对上游业务低油价下的投资成本管控、炼化业务汽柴油产销衔接、销售业务价格到位率和零售比率下降、天然气业务扩销及应收款项增加等影响效益的突出问题，提出具体可操作性建议。滚动开展盈利预测，针对国际油价大幅波动和天然气价格大幅下调等复杂情况，重点分析低油价下储量、产销量及库存量变化对效益的影响，强化低油价低气价下国内外油气、炼化资产减值风险、库存跌价风险、资源国汇率贬值风险等特殊风险因素对效益的影响测算，提供合理利润预期，积极推动稳增长目标实现。

（会计处）

【会计准则体系建设】 依据财政部发布的最新准则解释、财政部和国家税务总局发布的财税法规、集团公司各部门发布的文件通知以及地区公司反馈的意见等，进行深入研讨与分析，对会计手册中的相关内容进行修改完善。本次修订工作历时近4个月，修订了固定（油气）资产折旧（折耗）、长期待摊费用、成本费用核算等会计政策17处，应收票据、在建工程等会计科目及使用说明等13处，政府奖励资金、成品油销售、成品油损溢等主要业务会计核算50处，经过反复讨论、修改和完善，修订项目全部修改到会计手册中，形成详细的修订记录和修订内容说明，2015年底前完成修订并正式下发，以指导地区公司日常会计业务处理。

2015年财政部启动“中国管理会计发展规划”项目研究，包括管理体系建设、指引体系建设、信息系统建设和咨询服务市场建设等4个子项目共计14项研究课题。集团公司财务部受财政部邀请参加第七项“企业业绩评价与激励管理研究”课题竞标并成功中标。中标后，与人事部、经济技术研究院、上海立信会计学院共同成立项目组，积极开展课题工作。课题组多次集中研讨，广泛征求国内该领域的专家意见，对国内外业绩评价和激励管理的现状进行深入研究，总结了业绩评价与激励管理的理论基础、工具技术、发展历程以及主要问题，探索性地提出构建企业业绩评价与激励管理集成系统的基本框架、实施要件与实现路径；制定企业业绩评价与激励管理的总指引，针对不同工具方法提供具体应用指引，以更好地指导企业实践；精选具有不同行业特色、实践特点鲜明的地区公司和外部企业，形成工具方法应用案例，高质量地完成课题研究计划。11月15日，将课题研究报告、应用指引和工具方法应用案例等课题成果提交财政部。11月24日，财政部组织专家对课题进行结项评审，顺利通过课题验收。

按照财政部、国务院国资委要求开展XBRL（可扩展的标记语言）工作，实现企业财务决算报告标准化、规范化。2015年1月收到财政部征求2015版企业会计准则通用分类标准元素征求意见稿，根据财政部新修订的企业会计准则规定，并结合集团公司按相关部门要求对外报送的XBRL报告最新格式，进行认真研究，同时咨询了会计师事务所及软件厂商，最后形成16条反馈意见报送财政部。2015年5月参加国务院国资委2013年度XBRL实施经验总结会，就中国石油2013年度XBRL格式财务决算报告实施情况进行了报告。

（会计处）

【资本市场信息披露】 组织完成股份公司2014年度报告、业绩公告及美国版20-F年报、2015年季度报告、半年度报告及业绩公告的编写及披露工作，并就2014年度报告和2015年半年度及季度报告填写上交所XBRL报送系统。面对油价大幅下跌、公司经营业绩受到较大影响的不利形势，展示集团公司亮点和可持续发展能力，切实维护集团公司资本市场良好形象，内容丰富性、分析深刻性、报送及时性得到资本市场和监管机构的高度认可。股份公司年度财务报告连续第17年获得外部审计师出具的标准无保留意见审计报告。

组织完成路演数据本、业绩发布幻灯片及路演相关问题等路演资料，配合完成2014年度及2015年半年度业绩发布及路演工作，充分发挥桥梁纽带作用，维护集团公司良好形象。

做好2014年末期派息和2015年中期派息相关工作。在原有A+H股派息基础上，按照国家沪港通政策，在派息时间表中增加相关时间节点和流程，并配合中国证券登记结算有限公司上海分公司和香港证券登记有限公司结算做好股息派发工作。

结合集团公司生产经营实际、资本市场要求和内外环境的变化，对地区公司业绩报告模板不断进行梳理、修订和完善，全面推进地区公司层面业绩报告编制工作。参考福布斯排名指标体系，并结合股份公司业务实际，从销售收入、税前利润、投资资本回报率、总资产等7项指标对各地区公司进行单项和综合排名。从基本情况、企业管理优秀做法、反映出的问题和建议3个方面认真总结，形成总结报告，提出可行性建议，为管理层决策提供支持。

（报告处）

【财务资产管理】 认真落实资产轻量化战略，加大低效无效资产清理处置力度，努力提高资产运营效率效益。（1）持续推进资产轻量化改革。制定下发《资产轻量化专项改革指导意见》，提出“处置低效资产、盘活存量资产、优化增量资产、强化合资合作”的资产轻量化运营指导思想，从控制投资规模、源头优化增量资产，深化合资合作、推进混合所有制，加快低效无效资产处置、分类盘活运营土地资产、稳步剥离非核心业务资产等方面综合施策，努力控制资产规模，提高资产质量。（2）组织完成清产核资工作。积极落实国务院国资委政策，在集团公司未上市亏损全资企业组织开展清产核资工作，涉及单户企业67家，资产损失321亿元，冲减2015年折旧23亿元，为进一步夯实资产质量、优化资产结构、促进企业结构调整与转型升级奠定了基础。（3）加大闲置资产调剂和低效无效资产处置力度。按照集团公司调整油气管道管理体制要求，积极组织开展闲置资产调剂，发布闲置资产调剂公告16则，涉及22家单位，合计资产原值8亿元、净值3亿元；完成管道业务资产及闲置资产划转28项，涉及资产原值46亿元、净值33亿元。组织69家地区公司开展低效无效固定资产报废，涉及资产原值181亿元，净值64亿元。组织47家地区公司开展低效无效资产处置，涉及资产原值62亿元，净值11亿元。（4）积极推动合资合作和资产重组。牵头组织完成新疆呼图壁等6座天然气储气库剩余天然气可采储量的收购工作，协调收购项目上报股份公司董事会，编制资产交割协议，研究调整天然气降价后资产交割价格。全面参与国内油气资源合资合作项目清理规范，针对存在的问题研究整改方案，对重点企业、重点问题的整改方案与相关部门、地区公司进行深入讨论，到地区公司进行现场指导。（5）坚决贯彻执行国务院国资委资产评估管理要求，严格开展资产评估备案工作，防止国有资产流失。不断加大资产评估项目监督审查力度，严防国有资产流失，实现资产评估管理制度化、流程化、规范化。2015年累计审核资产评估项目301项，累计完成资产评估备案项目257项，标的资产账面价值2312亿元，评估价值3548亿元，评估增值1236亿元，增值率53.4%。确保重大资产重组项目的资产评估备案工作，包括昆仑能源与昆仑燃气整合项目，中亚天然气管道与国新公司合资合作项目，东部管道、管道联合、西北联合管道3个管道公司整合项目，新疆呼图壁等6座储气库剩余天然气储量转让项目，西南管道广西管网51%股权对外转让项目，新疆销售公司合资合作项目，克拉玛依石化公司重组项目，海南销售公司合资合作项目，塔里木油田塔中区块合资合作项目等重大项目。通过综合施策，2015年累计实现资产轻量化800亿元以上，超额完成年初确定的资产轻量化200亿元目标。

（资产处）

【关联交易】 圆满完成股份公司2014年年报及2015年中期报告关联交易信息披露相关工作。根据股份公司董事会审计委员会的要求，对股份公司持续性关联交易情况报告进行了改进，在2015年度中期持续性关联交易情况报告中增加了同类交易占比情况分析内容，增进了股份公司独立董事对股份公司在削减和规范关联交易方面所做努力的理解和接受。

风险作业服务价格制定及调整工作。根据修订后的集团公司和股份公司《产品与互供总协议》，研究制定苏里格致密气风险作业服务和威远页岩气风险作业服务结算价格调整机制，并下发《关于调整威远页岩气风险作业服务结算价格的通知》和《关于调整苏里格气田风险作业服务结算价格的通知》，为支持集团公司页岩气和致密气业务快速发展提供稳定政策保障。

违反财经纪律问题专项整改工作。对抚顺石化集体企业维护稳定支出进行认真研究，全面梳理集团公司补贴有偿解除劳动合同人员及集体企业退休人员的人数、标准、年负担费用，和上市公司通过关联交易反哺未上市企业金额，形成《关于违反财经纪律问题专项整改有关工作的报告》，集团公司领导批示纳入深化企业改革相关议题中。

（关联交易处）

【财务管理信息系统建设】 持续开展财务管理信息系统整合。扩大统一界面涵盖的业务范围，将集中报销、预算系统纳入统一界面管理；推广实施40家托管企业由收支两条线方式转换为总分联动账户方式；推进集中报销系统在海外项目应用，组织完成中东协调项目组、国际事业部、吐哈油田勘探指挥部3家单位所属海外项目上线培训实施工作；协助审计部完成FMIS审计功能模块的设计、开发、测试、试点及推广应用；结合集团公司云计算发展思路，基于集团公司统一的平台架构，搭建财务管理信息系统基础架构云平台，有序开展财务信息系统云化迁移；举办3期财务信息系统管理员及业务骨干培训班，提高地区公司财务信息系统管理员业务水平和自主运行维护能力。

稳步推进ERP与FMIS融合。按照集团公司年度信息化工作安排，结合ERP集成项目工作进度计划，开展ERP与FMIS融合2.0项目可行性研究报告编制、可行性研究评估、项目立项、标准化设计、系统功能设计、开发、单元测试、集成测试等工作，研究制定ERP与FMIS融合2.0并行验证及切换方案。9月启动ERP与FMIS融合2.0在9家地区公司的试点，组织进行ERP与FMIS融合2.0集中培训、系统并行验证环境搭建、系统初始化、数据（3个月）并行验证和差异分析、系统上线审核、正式运行环境搭建等工作，截至2015年底华北天然气销售、河北销售、辽宁销售3家单位成功切换。

开展财务共享服务中心建设方案研究。牵头研究“建立全球共享服务中心运营模式研究”课题，分析国内外先进案例及公司管理及信息系统现状，利用先进的方法和数据模型论证共享服务的必要性、目标、理念及发展趋势，提出中国石油共享服务中心建设思路，完成课题研究报告、通过课题验收并获评优秀。组织内部单位及外部咨询商，借鉴国际最佳实践，在深入调研IBM、宝钢、华为和中兴通讯4家企业财务共享中心建设运营情况以及集团公司内部财务管理现状基础上，形成财务共享总体设计方案。在总体方案基础上，编制财务共享服务信息化项目可行性研究报告，项目已列入集团公司“十三五”规划。

积极参加财政部组织的财务信息化工作。承担财政部委托的会计软件数据接口国家标准研究制定工作，协助财政部研究开发会计软件数据接口国家标准解决方案。2015年完成数据标准元素清单梳理、元素清单与XBRL GL映射、会计软件数据接口标准国标文件征求意见稿，会计软件数据接口国家标准已在国家标准化委员会立项；组织集团公司24314名财务人员参加财政部企业会计信息化知识竞赛，参加答题人员占集团公司财务人员的62%，参赛规模排名前三，达到普及企业会计信息化相关知识、提升企业会计信息化工作水平的目的。

（共享管理处）

【内外部监督检查】 有效配合及落实中央巡视组反馈财经纪律问题整改工作，严肃财经纪律。深入治理“小金库”，组织全面对“小金库”彻查收缴，完成《集团公司“小金库”治理工作》专项汇报材料；梳理出表外公司、违规担保、职工持股公司等11项问题作为整改重点，制定《中国石油天然气集团公司违反财经纪律问题专项整改工作方案》，确保全面落实整改工作。巡视整改工作得到集团公司领导的认可，并顺利通过国务院国资委检查组的现场复审。

构筑监督合力，严肃财经纪律，进一步促进财务合规化管理。继续强化财务中介机构备选库管理及中介机构聘用工作，切实发挥好中介机构的服务支持功能及第三方的监督作用。参与集团公司联合监督部门监督管理工作，与审计部、纪检监察部形成监督合力。落实合规化管理要求，发挥财务稽查监督作用。加强财务监督制度建设，对总部凭证进行稽核，优化主审所对总部会计核算、资金管理的现场审计方案，强化过程监督，提升会计信息质量。

国务院派驻集团公司国有重点大型企业监事会第14办事处持续开展监督检查工作。完成2014年度监事会监督检查情况通报的组织整改工作。做好集团公司《2015年度工作报告》编报工作。做好监事会监督检查配合工作。2015年度，监事会共检查调研单位20个，听取有关部门工作汇报6次。

（稽查处）

【机关财务管理】 经费、薪酬与投资管理。强化资金风险管理，确保资金安全受控。加强费用管控，严格执行中央八项规定和集团公司党组二十条要求，2015年总部机关“五项”费用支出同比实现大幅下降。提升总部机关投资项目信息化管理水平，投资项目在集中报销平台固化，做到投资可控、支出清晰，督促项目承担部门各项支出符合集团公司招标、合同及工程审计等规定，督促其根据工程进度及合同约定及时办理结算。

预算控制与分析。强化总部机关预算管理与服务，在保证工作正常开展的前提下，尽量核减预算指标，落实开源节流降本增效的工作部署，建立预算控制分析机制，定期核对集中报销平台与FMIS数据相关差异，及时通报部门预算执行情况，做到财务事前参与、事中控制、事后分析，从源头做好财务管理工作，为领导决策提供财务信息支持。

外事财务管理。2015年为公司总部及下属113家企事业单位办理出国团组1197个，核销团组1196个，经办出国团组费用7912万元，支付出国团组机票款21252万元，制作会计凭证2569份。全年累计办理出国费用28711万元，同比下降3.2%；结算出国费用30200万元，同比下降1.4%；待结算出国费用1807万元，同比下降4.2%。2015年出国费用结算率94.4%，同比上升0.2%；2015年累计收回出国费垫款29786万元。按照国家外汇管理局关于严格执行境内机构外币现钞收付管理办法的制度规定，向中国工商银行和国家外汇管理局争取到合规并简化的购汇政策，制定因公出国团组人均购汇超等值1万美元的购汇流程和操作细则。整理国家因公临时出国经费管理政策，分析国家政策与集团公司制度差异，启动集团公司因公临时出国差旅费标准修订工作。完成国际事业部扭亏解困和清产核资方案拟定工作以及国务院国资委关于国际事业部2015年产权专项审计调查、国务院国资委关于集团公司党组成员出国费用报送、纪检监察部关于专案人员出国费用统计等专项工作。

总部税务管理。完成国际事业部、中加中心和华昌公司地税月度纳税网上申报和税款缴纳以及2014年度所得税汇算清缴纳税申报鉴证工作。完成国际事业部和中加中心2014年度事业单位开立银行基本账户年检申报及核验工作。完成集团总部机关财务处、华昌公司和中加中心国标版发票税控数据申报及授权延期工作。完成北京市西城区地税局德胜税务所关于集团公司总部纳税征管状况调查，北京市地方税务局关于华昌公司房产税从租计征税源调查，北京市地税局关于华昌公司、集团公司总部和股份公司总部2015年税收调查等专项工作。

（机关财务处）

【财务制度建设】 2015年，持续强化制度建设，结合实际业务发展需要，废止、制修订一批制度，并将现行有效的、已废止的制度分别录入财务制度平台。截至2015年底，集团公司财务制度和制度性文件54项，其中综合类制度1项，预算类制度9项，会计类制度14项，资产类制度10项，财务信息系统类制度6项，稽查类制度4项，机关经费类制度10项。股份公司财务制度和制度性文件54项，其中综合类制度8项，预算类制度7项，会计类制度17项，资产类制度8项，关联交易类制度5项，财务信息系统类制度2项，稽查类制度3项，机关经费类制度4项。

制定和修订6项集团公司财务规章制度，分别为《中国石油天然气集团公司预算管理办法》《中国石油天然气集团公司会计手册（2015）》《中国石油天然气集团公司财务中介机构聘用管理办法》《中国石油天然气集团公司财务稽查管理办法》《中国石油天然气集团公司财务稽查实施规范》《中国石油天然气集团公司财经纪律禁则》。

制定和修订5项股份公司财务规章制度，分别为《中国石油天然气股份有限公司预算管理办法》《中国石油天然气股份有限公司炼化、销售、贸易业务一体化运行考核管理暂行办法》《中国石油天然气股份有限公司会计手册（2015）》《中国石油天然气股份有限公司财务稽查管理办法》《中国石油天然气股份有限公司财务稽查实施规范》。

（政策处）

【财务队伍建设】 严格落实财务部员工行为规范，持续加强财务人员职业道德警示教育，强化干部员工服务意识、工作作风、工作纪律，提升部门作风形象。按照中央巡视组建议，启动实施地区公司财务负责人双重管理，批复兰州石化等8家企业调整财务部门负责人。组织完成所属企事业单位年度总会计师述职评议工作，15家单位总会计师进行现场述职。成功举办两期集团公司所属企事业单位财务处长培训班，参训财务处长或财务负责人160余人，收到良好效果。开展全国会计领军人才选拔，截至2015年底，集团公司全国会计领军人才28名，居央企前列。配合人事部门组织国际化财务管理培训，18名学员已赴美国学习。组织企事业单位财务人员培训班9期，累计培训各类业务骨干1300余人。健全完善集团公司财务管理体制，完成工程技术、工程建设、装备制造3个未上市业务板块财务机构设置、财务人员委派和财务负责人竞聘工作，进一步理顺了总部和未上市专业分公司财务管理职能。

（综合处）

资金管理

【概述】 2015年，集团公司资金管理工作紧紧围绕集团公司发展战略和经营目标，主动适应经济发展新常态，大力实施开源节流降本增效，努力推进资金管理改革创新，强化资金计划管控，细化资金头寸调拨，优化有息债务结构，深化汇率利率研判，通过“年预算、月计划、周控制、日安排”的资金紧平衡管控和精细化管理，在原油结算价格同比降低49.3%、经营活动现金流入同比减少8300亿元的不利情况下，不断增强资金流动性，有效保障生产经营资金需求，实现集团公司资产负债率、财务费用同比下降，自由现金流由负转正，保持同比增长，资金服务保障和价值引领能力持续提升。

（程小舟）

【资金计划管理】 结合国际油价走势，科学研究判断宏观经济形势、货币政策调整和金融市场变化，编制完成集团公司和股份公司2015年度结算油价70美元/桶、55美元/桶和50美元/桶的资金预算，制订2015年度筹融资方案，并通过集团公司董事会批准。

落实“以收定支、量入为出”的资金紧平衡政策，研究分析资金运行规律，加强资金计划的精细化管理，优化资金计划流程，强化运行过程监督，完善计划管理与考核，对超进度支出、限制性支出、非必要支出等项目严格扣减或压缩，特别对炼化、托管等亏损企业的对外资金支出计划严格控制，确保生产经营按预算正常运行。2015年，累计压减资本性支出300亿元，非必要性支出186亿元，实现年末集团公司有息债务控制在7000亿元内的目标；集团公司资产负债率40.4%，资本负债率21.7%，分别控制在45%和25%以内，公司财务状况稳健。

（张　旭　甄　贞）

【货币资金管理】 2015年，统筹协调上市和未上市、境内和境外资金池，积极研究营运资金最优备付量，持续优化货币资金存量，股份公司日均备付量由2014年的330亿元降低到276亿元，下降16.4%；在外部银行日均存款128亿元，比2014年186亿元减少58亿元，降低31.2%；新增加30亿元法人账户日终透支额度，股份公司法人透支额度增加到180亿元，资金的时点应急保障能力得到进一步增强。

深化资金集中管理，组织开展司库系统在托管和矿区企业的上线应用，协助企业进行账户迁移和总分联动账户关系搭建，完成34家单位“收支两条线”向“总分账户联动”管理模式切换。

加强零售环节现金监控，狠抓现场缴存和资金勾对环节管理，协调巩固加油站上门收款，进一步加速资金回笼。2015年，加油站上门收款比率继续保持94%以上，资金当月到账率达99.48%。

（朱　雷）

【内部结算管理】 2015年，针对集团公司作为国家储备原油采购资金借款主体导致公司资产负债水平虚增等相关问题，起草完成《关于国家储备原油业务管理有关问题的研究报告》，优化国家储备原油采购资金核算方式，实现资产轻量化目的。配合集团公司天然气销售体制改革，研究设计天然气销售资金结算方案并实施。

（于　高）

【应收账款清收】 强化应收账款清欠力度，落实国务院国资委关于中央企业“两金”占用专项清理工作要求，研究制订“两金”占用专项清理实施方案并组织实施；将清欠指标作为权重指标纳入所属企业2015年领导班子年度绩效合同，与领导班子薪酬奖金挂钩，充分发挥2015年清欠指标考核的约束作用；组织召开集团公司内部清欠协调会，逐一督导落实，抓住清欠重点、难点问题，针对重点清欠单位和大额欠款单位，加大点对点的协调，多措并举，切实解决遗留的历史欠款问题。通过努力，实现应收款项比基准日（2015年5月31日）压降18%，比年初下降7%，超额完成国务院国资委“两金”压减10%目标，极大地减少资金占用。

（王洪军　牛庆超）

【融资管理】 2015年，通过加强对宏观经济走势、市场动态的趋势研究判断，精准把握中国人民银行降准降息的有利发行窗口，低成本发行债券12只，金额1900亿元，实现两只含权债续借145亿元，合计2045亿元，多次创造同期票面利率新低，在债券市场树立了高等级信用债的利率标杆。其中，集团公司发行1期200亿元中期票据，3期超短期融资券共450亿元，处理1期含权债续借69亿元；股份公司发行2期中期票据共400亿元，6期超短期融资券共850亿元，处理1期含权债续借76亿元。与同期优惠银行借款利率相比，债券存续期内累计节约财务费用29亿元。

（何　涛　纪伟钰）

推行境外融资制度化和多元化建设，通过公开询价降低融资成本，以“一带一路”和走出去战略为契机，探索与丝路基金、亚投行、国新控股有限责任公司开展合作，拓宽融资渠道，为海外项目争取优惠商务条件，助力海外业务提升发展质量和效益。2015年为俄罗斯、哈萨克斯坦、加拿大、澳大利亚、秘鲁、委内瑞拉等10个国家的16个项目提供融资支持，2015年安排融资78.69亿美元，其中项目贷款45.73亿美元，流动资金贷款23.96亿美元，贸易预付款融资9亿美元。

（韩　宇）

组织穆迪、标普和惠誉3家国际信用评级机构对集团公司进行年度复评和复检，认真解答评级机构关注的问题，切实维护集团公司信用评级。最终3家国际信用评级机构给予集团公司的评级结果均维持在国家主权级水平：穆迪为Aa3（稳定），标普为AA-（稳定）、惠誉为A+（稳定）。

（乔　宁　唐　臻）

【境外资金管理】 2015年，根据集团公司债务水平和企业资金需求，综合分析外币债务情况、境外资金池管理模式、资金来源与应用，对外汇资金池资产负债情况进行统筹调节和有效控制，债务规模较2014年底下降18.35亿美元。

（唐　臻）

搭建跨境双向人民币资金池，确定中国银行为主办行，设计跨境双向调剂模式和业务流程，建立协作运行机制和调剂成本报价制度，打通境内外人民币资金池调剂通道，优化人民币现有融资渠道，提高人民币资金使用效率。经中国人民银行备案后，获得2000亿元人民币跨境调剂额度。

（任克娟）

推进跨境外汇资金池申请，完成《中国石油天然气集团公司跨国公司外汇资金集中管理运营方案》，在境内外外汇资金集中管理架构基础上，实施外汇资金跨境调剂。经国家外汇管理局北京外汇管理部批复，获得50亿美元跨境外汇资金调剂额度。

（刘　远）

【汇率风险管理】 2015年，集团公司将年度汇兑损益考核指标分解到各企业，强化企业汇率风险管理意识和责任；密切跟踪汇率走势，及时发布汇率风险提示，采取多种措施，有效降低现金汇率风险，通过欧元贷款冲抵坚戈贬值，节约财务费用4700万美元。在坚戈、玻利瓦尔、卢布、加元等多国货币大幅贬值的情况下，督导相关企业严控小币种货币存量与应收款项，提前偿还美元及人民币债务或用于分红。2015年，在坚戈贬值超过30%、贬值幅度远超2014年20%的情况下，集团公司实现全年汇兑收益125亿元，汇兑净损失同口径比2014年下降20%。

（张　昕）

在海外项目融资方案设计过程中，不断拓宽融资渠道，优化资金来源，充分考虑汇率利率变化趋势，在支持保障海外业务稳健发展的同时，最大限度地降低融资成本，节约财务费用。

（吴立群）

【资金政策研究】 2015年，为支持装备制造企业落实国家“一带一路”“国际产能合作”“中国制造2025”发展战略，对济柴总厂、渤海装备公司、宝石机械公司、宝鸡钢管公司实施增资减债等支持政策，每年可减少财务费用约1.8亿元，有利于轻装上阵，加快实现扭亏解困。

（何　涛）

研究制订销售企业加油卡沉淀资金利息返还激励政策，促进销售企业扩大加油卡售卡规模，增加加油卡储值资金沉淀。截至2015年末，销售企业加油卡沉淀资金265亿元，较年初增加24亿元。

（洪海军）

【票据管理】 2015年，在减少商业汇票收取同时，加大商业汇票的开立和背书转让，票据收支基本达到平衡，扭转了多年来集团公司商业汇票收取远远大于支出的不利局面，同比减少财务费用6亿元；继续加大力度推广商信通业务，组织召开商信通业务会议4次，2015年开立商业承兑汇票383亿元，节约财务费用近4亿元，减少资金备付，有效缓解资金支付压力；昆仑银行因商信通业务新增客户1100多户，带动日均存款49亿元，办理商票融资132亿元，实现利润近1亿元。

（史孝成）

【年金管理】 2015年，企业年金运营团队以“安全至上、稳健增值”为基本原则，主动应对，审慎投资，紧跟资本市场变化，及时修订投资政策，着力推进战略资产配置，强化风险控制，加快系统建设和团队建设，不断提升受托管理能力，经受住资本市场异常波动的考验，取得较好的投资收益，实现年金基金平稳运营和保值增值。截至2015年底，集团公司企业年金规模达736亿元，全年实现收益率9.1%，增值58.55亿元，超越最低回报（4.3%）481bp（基点），年金基金累计收益达到200亿元，再创历史新高。

（李红娜　张金卉）

【授信管理】 利用集团公司授信额度，发挥规模优势，获得银行优惠费率，降低资金成本，助力企业发展。截至2015年末，集团公司获得综合授信额度共计15429亿元，新增银行授信额度855亿元，为所属企业办理授信业务平均减少保证金占用约439亿元，节约财务费用及手续费约18亿元。其中与集团公司签署授信额度备忘录外资银行共24家，授信总额455.52亿美元。

贯彻落实集团公司简政放权工作精神，明确集团总部和所属企业业务管理权限界面，实施集团公司签约额度预切分，建立考核评价方法及奖惩机制，有计划、有步骤开展授信管理放权工作，提高企业办理业务积极性、主动性，增强自主权。

深入研究贸易融资产品特点及优势，结合国际经济形势和国际惯例发展最新趋势，编辑出版《企业贸易融资实务》，有助于企业选择适合自身发展的贸易融资产品，进一步利用金融产品控制风险、创新业务品种、实现降本增效。

（孙庆华）

【司库建设】 完成司库体系建设专项汇报，并按照上市未上市一体化、境内外一体化和本外币一体化的工作目标，启动司库二期优化升级工作，成立专门建设小组，加强顶层设计，共同研究司库升级方案。截至2015年底，司库平台优化升级方案已经确定，并有序推进项目立项工作；中油财务公司的业务和技术方案基本落实，已经开始系统开发；合作银行配合到位，对财银接口进行改造，预计2016年上半年完成系统立项审批及开发和测试。

（黄　海）

【金融业务管理】 为有效应对利率下降、存贷差收窄、资本市场大幅波动、伊朗解除制裁以及行业不良风险逐步暴露等新形势、新问题、新挑战，金融企业有效控制业务规模，加强金融风险防控，提升业务质量和效益，增强金融创效能力，为主业发展继续提供金融服务的同时，努力开拓市场，加强产业链创新，规范内部管理，严控项目风险，降低运营成本；同时集团公司全面深化产融相互协作，充分发挥资金金融一盘棋、协同创效机制，促进融融协同，助力金融企业提高整体盈利能力。截至2015年末，金融企业表内资产总额1.09万亿元，管理总资产1.27万亿元，净资产981亿元，实现利润总额140.9亿元。

（王允星）

完成“金融企业助力主业的方式与途径”课题研究，并获集团公司2015年软科学研究优秀课题。内容主要包括金融业务发展情况、产融结合理论与模式、油气主业金融需求、金融助力主业方式、融融协同方式、金融服务主业效益评价以及下一步发展对策建议等。

全面组织和筹划，编制完成集团公司金融业务“十三五”业务规划，明确“十三五”期间金融业务发展战略和目标，并提出发展举措和保障措施。

（田　娜）

开展油气田和管道企业保险风险评估工作，夯实管理基础数据，优化保险方案，对高风险、重责任、规模大的资产实施集中投保，2015—2016年逐步实现LNG资产、储备油库资产及油气田大站大库资产等集团公司总部集中投保，保险集中管理力度和范围逐年提高。2015年集团公司商业保险业务平稳运行，各项业务保费支出合计20亿元。

（金莉莉）

【制度建设】 为加强集团公司和股份公司的资金计划、结算、清欠、融资及担保管理，进一步提高资金管理水平，制修订并下发《中国石油天然气集团公司资金计划管理办法》《中国石油天然气集团公司资金计划考核与控制考核办法》《中国石油天然气集团公司产品劳务结算管理办法》《中国石油天然气集团公司应收款项管理办法》《中国石油天然气集团公司封闭结算管理实施细则》《中国石油天然气集团公司海外业务融资管理办法》《中国石油天然气集团公司担保管理办法》《中国石油天然气股份有限公司资金计划管理办法》《中国石油天然气股份有限公司产品劳务结算管理办法》《中国石油天然气股份有限公司封闭结算管理实施细则》《中国石油天然气股份有限公司应收款项管理办法》等细则和办法。

【资金队伍建设】 组织2期集团公司资金业务处级人员培训、2期资金业务骨干人员培训和1期外汇资金管理业务培训，组织开展部分企业资金管理处级干部业务讨论会，对接地区公司实际需求，了解经营困难，听取管理提升建议。

组织开展授信远程培训持续教育，坚持推行授信业务经办人员持证上岗，促进企业提升授信业务管理水平。2015年参加远程培训人员超过2000人，其中764人参加考试，654人成绩合格，通过率86%，并为考试合格人员发放电子证书。

深入开展石油优良传统再学习、再教育，特别邀请集团公司、股份公司财务系统老领导与总部资金管理人员开展“忆传统、转作风、谈责任、话发展”专题座谈会，进一步促进全体人员提高思想认识，转变作风，努力塑造忠诚担当、风清气正、守法合规、稳健和谐的良好形象。

（程小舟）

财 税 价 格

【概述】 2015年，集团公司财税价格工作围绕世界一流综合性国际能源公司建设目标，坚持稳健发展方针，将党建工作与业务工作相融合，通过“三严三实”专题教育、“重塑中国石油良好形象”和部门建设“三结合”行动方案，全面提升工作质量和效率。面对低油价冲击、经济下行压力和财政紧张形势，努力争取国家财政支持，推动国家延续石油石化企业办社会支出所得税政策，实现非居民用天然气价格并轨，不断加强依法纳税筹划和税收风险管理，积极应对BEPS（税基侵蚀和利润转移）行动计划，开展土地资产盘活处置，为集团公司增加现金流入，减轻税费负担，促进集团公司稳健发展和提质增效。2015年，在国际油价大幅下跌，收入、利润大幅下降的情况下，集团公司国内上缴税费3640亿元，同比下降14.9%，约占全国财政收入的2.4%。

（路云鹏）

【财政政策与管理】 推动国家延续页岩气开发利用财政补贴政策。2015年4月，财政部、国家能源局印发《关于页岩气开发利用财政补贴政策的通知》（财建〔2015〕112号），明确“十三五”期间，中央财政对页岩气开采企业继续给予补贴政策，2016—2018年的补贴标准为0.3元/米^3，2019—2020年补贴标准为0.2元/米^3。

落实油气田企业自用成品油消费税返还政策。按照国家政策规定，规范申领自用成品油消费税返还资金。强化内部管理，明确总部相关部门与地区公司的职责和申报范围，进一步规范申报流程。

严格执行油气科技重大专项政策。加强科研经费监督管理，开展年度收支审计，确保专项资金使用的合规性和安全性。组织完成有关项目结题决算，组织开展油气科技重大专项“十三五”财务预算编制。

（刘彩玲）

【税收政策与管理】 落实自用石脑油免征消费税政策。向国家税务总局上报2015年度石脑油定点直供计划及调整计划，落实石脑油连续加工乙烯、芳烃免征消费税政策。

延续石油石化企业办社会支出税前扣除政策。财政部、国家税务总局《关于石油石化企业办社会支出有关企业所得税政策的通知》（财税〔2015〕85号），明确石油石化企业办社会支出包括市政、公交、环卫、非义务教育、医疗、消防、自有供暖、社区管理等八大类社会性支出等相关规定，执行期限自2014年至2018年。

继续给予特定地域进口设备减免税政策。财政部印发《关于2015年度中国石油天然气集团公司勘探开发石油（天然气）项目免税进口额度的通知》（财关税〔2015〕29号），对在特定地域的石油、天然气勘探开发项目进口符合规定的设备减免进口环节关税、增值税。

明确2014年度进口天然气增值税返还收入纳税地点。国家税务总局《关于中国石油天然气股份有限公司2014年进口天然气增值税返还收入企业所得税纳税地点问题的批复》（税总函〔2015〕292号），规定中国石油国际事业有限公司及所属企业2014年收到的进口天然气增值税返还税款应作为代收款项，不作为本公司的收入，该款项拨付至天然气销售结算中心，应作为其收入，在其注册地北京计算缴纳企业所得税。

石油天然气生产企业征收城镇土地使用税政策。财政部、国家税务总局联合下发《关于石油天然气生产企业城镇土地使用税政策的通知》（财税〔2015〕76号），继续保留具有公益性质用地的免税政策，包括油气长输管线用地、公路铁路专用线用地、防洪防涝、消防、防风防沙设施用地、施工临时用地等，继续免征城镇土地使用税；取消与生产经营直接相关用地的免税政策，包括各种井用地、与各种井相关的地面设施用地、通信输变电设施用地、职工及家属简易房用地等，自2015年7月1日至2016年12月31日减半征收城镇土地使用税，自2017年1月1日起全额征收城镇土地使用税。

（李　柯）

推动国家明确昆仑能源陆上合作项目分红预提税政策。国家税务总局印发《关于中外合作开采石油天然气有关非居民税收问题的批复》（税总函〔2015〕494号），明确未按照中国法律设立独立企业，由合作各方分别缴纳企业所得税的，外国企业取得的税后利润不缴纳预扣税；对于成立中外合作经营企业的，外国企业分取的税后利润要扣缴预扣税；合作项目可以享受西部大开发15%的所得税优惠税率。

（李　海）

开展BEPS行动计划应对工作。为适应国际税收规则变化，做好海外项目税收管理，控制税收风险，提高效益水平，积极开展BEPS行动计划应对工作。跟踪研究BEPS 15项行动计划，制订集团公司BEPS行动计划应对工作方案。启动BEPS行动计划应对工作，明确工作内容、职责和分工，推动各部门和专业分公司按照分工落实BEPS行动计划应对工作安排，建立工作机制。组织地区公司梳理税收架构，提出税收架构存在的风险和优化建议。对国家税务总局《特别纳税调整实施办法（征求意见稿）》研究提出反馈意见。组织召开BEPS行动计划政策宣贯视频会，讲解BEPS 15项行动计划和国家税务总局《特别纳税调整实施办法（征求意见稿）》。

（顾　翀）

编制《分国别纳税筹划指引》。组织编制哈萨克斯坦、乌兹别克斯坦等10个国家纳税筹划指引，为海外企业纳税筹划提供框架性制度指导。组织完成苏丹等10个国家纳税筹划指引英文版翻译工作，推进国别纳税筹划指引的国际化和应用。

协调国际税收事项。跟进中哈管道增值税退税事宜，哈萨克斯坦税务局正常履行3年返还计划。协调苏丹个税争议，有效维护企业利益。衔接组织伊拉克税务总局代表团来华访问，加强中伊两国税务机关之间的交流，沟通协调集团公司驻伊拉克企业存在的涉税问题。

建设全球税收信息模块。改进税务信息模块数据统计功能，完成税务信息模块分析功能，建立全税种、分国别税收分析报告体系，初步完成税收数据地图开发。开发海外税收风险事件数据库。

（李　海）

完成“中国居民个人境外所得纳税问题研究”课题研究，该课题被评选为“第八次全国国际税收优秀科研成果”特等奖。开展“中外石油公司税负比较研究”，比较集团公司整体及各板块在全球油气行业的税负水平，为集团公司经营决策和税收管理提供数据支持。开展“‘十三五’集团公司税收环境研究”，预判“十三五”期间国家税制改革方向，分析税制改革对集团公司的影响。

（李　海　江　河）

【价格政策与管理】 2015年2月26日，国家发改委印发《关于理顺非居民用天然气价格的通知》（发改价格〔2015〕351号），自2015年4月1日起，理顺非居民用气价格，实现非居民用存量气、增量气价格并轨，并试点放开直供用户用气价格。主要内容为：（1）增量气最高门站价格下调0.44元/米^3，存量气最高门站价格上调0.04元/米^3；（2）试点放开直供用户用气价格；（3）化肥用气价格上调0.20元/米^3，但调峰化肥用气优惠不低于0.20元/米^3；（4）居民用气价格暂不调整。

11月18日，国家发改委印发《关于降低非居民用天然气门站价格并进一步推进价格市场化改革的通知》（发改价格〔2015〕2688号），自2015年11月20日起，将非居民用气价格下调0.7元/米^3，居民和化肥生产用气价格不调整。同时，提高天然气价格市场化程度，将非居民用气由最高门站价格管理改为基准门站价格管理。供需双方可以基准门站价格为基础，在上浮20%、下浮不限的范围内协商确定具体门站价格。方案实施时门站价格暂不上浮，自2016年11月20日起允许上浮。

（杜　波）

【土地政策与管理】 编制完成集团公司“十三五”土地利用规划，与国家2006—2020年土地利用总体规划调整完善方案衔接。向国家能源局、国土资源部汇报沟通，进一步明确国家对油气项目土地规划计划管理、耕地占补平衡等政策要求。

钻井与配套设施建设项目用地报批取得进展，解决长庆油田遗留用地报批问题，配合重点管道项目竣工验收进展，推进西气东输三线、锦郑线等项目用地报批工作。

开展存量土地盘活处置，对低效无效土地进行调查，试点引入外部专业机构集中处置土地，推进节约集约用地。

（李　丽）

【财税制度建设】 完善制度体系，打牢管理根基。及时制修订集团公司财政、税收、价格、土地管理办法，完善相关规范、指引和手册，构建系统完备、科学规范、运行有效的制度体系，确保各项业务有章可循、有规可依。2015年制定并印发《中国石油天然气集团公司中央财政资金管理办法》（中油税价〔2015〕50号），修订下发《中国石油天然气集团公司自用成品油消费税返还管理办法》（中油税价〔2015〕19号）、《中国石油天然气集团公司土地管理办法》（中油税价〔2015〕51号）、《中国石油天然气股份有限公司油气产品及服务价格管理办法》（石油税价〔2015〕120号）和《中国石油天然气股份有限公司土地管理办法》（石油税价〔2015〕143号），促进工作依法合规、规范严谨。制定《财税价格部保密管理规范》等5个部门规范，完善部门制度体系。

（路云鹏　刘彩玲　杜　波　李　丽）

【财税队伍建设】 推动企业健全财税价格管理机构或充实管理岗位，建设职业化、专家型财税价格管理团队。财税价格部优化部门内部机构设置，成立税收规划处，将储备办并入财政处。

加强能力建设。组织4期集团公司财政、税收业务培训，组织部门内部财政、税收、价格、土地和公文写作等业务交流，加强与国际石油公司、中介机构工作交流，选派员工参加国际财务管理培训班，选派业务骨干赴海外项目和国内油气田企业进行交流和锻炼，注重员工在工作中的学习和锻炼，让员工掌握行业前沿的知识和技能，不断提高员工业务素质和工作能力，促进国际化、专家型、职业化人才队伍培养。

加强作风建设。认真践行"三严三实"，深化"我为祖国献石油"核心价值观，继承弘扬大庆精神铁人精神并赋予新内涵，继承弘扬石油工业优良传统作风，增强宗旨观念，提高服务能力，强化责任意识。严格落实集团公司党组二十条要求，杜绝"四风"问题。

加强反腐倡廉建设。贯彻落实中央、集团公司党组关于党风廉政建设和反腐败工作的部署要求，落实党风廉政建设主体责任。落实中央八项规定精神，严格执行集团公司总部履职待遇、业务支出等管理规定。坚持依法合规管理，严格执行内控制度，严格按程序、规则办事，确保廉洁从业。

（路云鹏）

人事管理

【概述】 2015年，面对国际油价大幅走低给集团公司生产经营带来的严重影响，集团公司人事工作按照党组的决策部署，紧紧围绕"重塑形象""稳健发展"两大战略任务，突出效益导向，及时调整优化业绩考核指标和工效挂钩办法，加强政策宣讲，严格考核兑现，为促进开源节流降本增效发挥积极作用。强化责任担当，狠抓中央巡视组反馈问题整改，健全完善选人用人制度体系，严把德才标准，严格用人程序，严肃纪律要求，努力营造风清气正的选人用人环境。积极推进改革，深入研究人事劳动分配制度改革的政策措施，健全完善技术、技能专家考评机制，在科研院所全面推行专业技术岗位序列改革，进一步激发广大专业技术人员创新活力。坚持从严从紧原则，严控机构编制、用工总量、人工成本，优化业务管理体制，强化用工计划管理，整顿收入分配秩序，实现机构编制、劳动用工、人工成本"三个总量"刚性下降。加强基础建设，持续推进核心骨干人才和一线员工岗位技能培训，组织编制人力资源"十三五"规划，扎实开展"三严三实"专题教育和"重塑中国石油良好形象"大讨论活动，人事管理基础工作水平有新的提高。

【领导班子建设】 积极配合中央巡视组和中共中央组织部选人用人检查组的检查，列出问题清单，立行立改解决，对倾向性问题，组织开展专项治理，严格按中央要求健全完善规章制度，修订《企业领导人员管理规定》，制定《企业领导人员选拔任用工作规范》《党组纪检组组长全过程监督企业领导人员选拔任用工作实施办法》《规范企业领导人员任职回避意见》等配套制度和操作细则，为今后一个时期集团公司选人用人工作提供制度层面的基本遵循。2015年调整任免干部424人次，其中提拔172人、平级交流调整152人，进一步营造风清气正的选人用人氛围。强化干部的日常管理和监督，对考核结果较差、连续多年考核排名靠后的5个领导班子、52名领导人员进行提醒和诫勉谈话，开展新一轮选人用人专项检查，持续深化"裸官"治理，从严规范领导人员离任管理、薪酬待遇和兼职工作，完成党组管理的近1500名领导干部个人有关事项的收集整理、信息录入和归档保管等工作，对3400多名拟提拔人员进行抽查核实，对存在虚假瞒报的干部做出相应的组织处理。

【人才队伍建设】 认真总结前期专业技术岗位序列试点经验，制定《关于在科研单位全面试行建立专业技术岗位序列改革的工作方案》，在科研单位全部启动专业技术岗位序列改革，实行3年任期制，严格考核、动态管理，进一步激发人才队伍活力。持续推进四大培训工程，科学组织年度培训计划运行和重点项目实施，总部完成培训项目163个，培训各类人才2万余人次。组织实施专家增补工作，新增补集团公司高级技术专家197人，考核聘任集团公司技能专家352人，评审集团公司技能专家工作室54个。精心组织“千人计划”、国家“百千万人才工程”人选推荐工作，3人获“有突出贡献中青年专家”称号。推进落实对口支持政策，实施总部机关与海外员工的双向交流，为海外业务发展提供人才保障。按照“信息公开、过程透明、录用公示”的要求，抓好高校毕业生招聘平台建设，2015年签约录用2015届高校毕业生6700余名。组织参加4项行业职业技能赛事，共夺得两金五银一铜，两个团体第一名，2人获“全国技术能手”、3人获“全国青年岗位能手”称号。

【组织机构管理】 2015年，持续推进业务重组，调整优化天然气销售业务体制，实施油气田周边天然气销售业务集中统一管理和产销分开、管道运营企业输销分开，确立资源统筹、市场开发、合同管理、计划运行、销售价格、结算管理、业绩考核的“七统一”运行机制，实现天然气销售业务、资产、核算、人员的“四分开”。推动企业开展矿区服务业务市场化、社会化改革，探索矿区由服务型向经营型转型，推进矿区服务事业部机关瘦身和矿区业务整合，撤销规模较小企业的矿区服务事业部建制，压缩业务规模较大的矿区服务事业部管理层级和机构设置，分别在吐哈油田和西南油气田试点推行。加快混合所有制发展，先后成立中石油克拉玛依石化有限责任公司、中石油海南销售有限公司等合作平台，探索合资合作新模式。优化总部职能配置，下发进一步严控总部机关编制的文件，明确总部各部门及专业分公司机构、编制、职数总量只减不增。完善安全环保监督管理体制，深化纪检监察中心体制改革，加强海外和金融业务的监督监管。强化机构设置和管理人员配置效能分析，建立机构编制职数预警管控机制，组织开展“三超”（超职数、超职级、超权限）问题专项治理，处科两级机构数量减少260个，管理人员减少1万余人。

【劳动用工管理】 强化用工计划刚性控制和人员“进出两条线”管理，积极推进业务外包和内部存量调剂，员工队伍规模持续下降，2015年净减少近5万人。依法规范劳动用工管理，开展清理长期在册不在岗人员专项工作，终止解除劳动关系900余人。组织劳动用工改革和控员增效政策研究，系统总结“三控制一规范”工作经验成果，深入查找被高油价所掩盖的用工规模大、低效无效业务占用人员多、人均劳效偏低、队伍活力不足等矛盾问题，围绕“控制员工总量、盘活分流冗员、优化队伍结构、提高劳动效率”，组织起草《关于结构调整中人员分流安置的指导意见》，提出人员分流安置的原则、适用范围、措施路径及相关要求。研究提出兰州路博润兰炼添加剂有限公司解散、大庆石油管理局长春石油机械厂停产、西南油气田上市未上市业务资产置换重组、北京华油房地产开发有限公司增资扩股等人员处理意见。

【员工绩效考核】 2015年，为有效应对低油价和油气市场需求低迷带来的不利影响，在进一步优化设置营运类、控制类指标的同时，继续突出效益类指标考核，促进企业提质增效。所有单位效益类指标权重均达40%以上，专业分公司达70%；将未上市企业经济增加值（EVA）指标从控制类调整到效益类，以引导企业更加注重价值创造；设立炼销业务一体化利润指标，建立联动考核机制，促进内部业务间相互支持与协作，共同致力于集团公司整体效益最大化。准确界定不同企事业单位的功能定位，优化各类业务指标设置，突出效益类指标考核，考核的针对性和有效性进一步增强。深化对标考核，赋予专业分公司对标考核的指标确定权、奖励权，引导各单位着力提升管理短板。强化业绩跟踪监控和考核结果应用，组织签订《稳增长攻坚战责任书》，督促各责任单位逐级分解目标、落实责任，层层传递压力，调动各企业增效创效积极性。

【薪酬保险管理】 2015年，突出效益导向，进一步完善工效挂钩办法，坚持超额利润分成机制，丰富考核指标内容，实现效益、质量、人工成本、投入产出等考核内容全覆盖，实行专业分公司与归口管理企业联动考核，强化专业分公司的业务主导作用，严格考核兑现，切实发挥薪酬激励约束作用。组织召开片区工效挂钩推进会，宣贯政策导向，明确提出“基本工资＋津补贴”不动，奖金与效益挂钩浮动的分配理念，纠正“普降工资”的概念，确保员工队伍稳定。强化薪酬管控，整顿收入分配秩序，落实“业绩升薪酬升、业绩降薪酬降”分配政策，开展收入分配专项检查，针对规范列支、福利管理、财经纪律等六大方面进行重点检查，基本摸清企业薪酬管理中存在的突出问题，督促落实整改。积极开展完善补充保险政策研究，在社会保险移交地方管理、企业年金管理运行、生活补贴（过渡年金）直发、患大病人员医疗费用解决办法研究等方面取得新的进展。

（于维海）

生产经营

【概述】 2015年，面对国内经济下行压力加大、国际油价大幅下跌、油气市场需求低迷、天然气产销矛盾突出等严峻形势，集团公司生产经营管理工作牢固树立整体效益最大化理念，持续推进运行畅通、合作共赢和价值链优化三项工程，科学制订生产经营计划；持续优化油气资源配置，加强生产运行协调，保障集团公司产炼运销储贸各环节有序衔接，实现生产经营平稳受控运行与质量效益发展，较好地完成2015年生产经营任务。

（赵凤铭）

【生产经营计划】 加强分析研判与整体优化，增强生产经营计划的前瞻性和科学性。组织总部有关部门、专业分公司和规划总院、经济技术研究院，加强市场预测研究，每季度召开国内外市场形势分析会，回顾上一季度国际国内经济走势，分析原油、天然气、成品油和化工市场态势，从炼油化工、成品油销售、油气运销、进出口等方面专题分析集团公司生产经营情况及存在问题，研判下一季度国内外经济形势及油气市场走势，提高生产经营工作的前瞻性和预见性。2015年编制印刷4个季度《国内外石油市场预测报告》，相关研究成果已经运用在生产经营实践中，为集团公司生产经营决策提供有力支撑。积极推进原油资源整体优化模型建设，不断创新方法，提高生产经营计划编制的科学性。原油资源整体优化模型在年度、季度和月度生产计划优化排产中得到充分应用，利用整体优化模型集中开展近50个专题的优化测算，并以此为基础优化制定年度计划、季度计划和月度计划，为科学合理安排集团公司生产经营提供有效支撑。

推进生产经营计划"一本账"管理，实现集团公司油气业务链整体协调有效发展。研究起草《集团公司生产经营管理办法》，梳理跨板块的生产经营计划管理职责，调整完善生产经营计划的下达程序和方式，努力实现集团公司、专业分公司和地区公司计划的一致性。组织推进ERP系统油气价值链、生产经营计划系统、生产经营展示平台建设，生产经营计划系统已上线运行，实现月度、季度和年度计划的上报和下达功能，有效加强集团公司生产经营计划"一本账"管理，提高计划执行力；生产经营展示平台初步建成，实现对生产经营的动态跟踪和展示，提高了预警能力。组织召开4次年度、季度生产经营计划对接会，会同相关专业分公司逐家企业对接生产经营计划方案，充分交换意见，研究解决存在问题，努力提高计划编制的科学性和计划执行的严肃性。

发挥公司一体化优势，结合实际不断完善油品储罐清洗计划管理。按照年初集团公司有关要求，充分考虑企业清罐资金、生产运行等因素，编制完成集团公司2015年油品储罐清洗计划，安排清罐量1321.2万立方米，清罐业务全部由内部队伍承接，机械清罐量占总量的97%。清罐计划对规范油品储罐清洗工作，杜绝人员安全事故和油品损失，推动服务保障业务和主营业务协调发展，充分发挥集团公司一体化优势具有重要意义。

（马红卫　李石大　王庆生　乔　跃）

【资源优化配置】 统筹优化原油业务链，实现提质增效。从集团公司整体效益最大化出发，优化配置原油资源，大力促进自产原油全产全销，合理调减海上进口原油，实现集团公司质量效益发展。利用原油资源整体优化模型加强分油种加工效益测算，按照效益高低配置原油资源，为炼化业务扭亏做出贡献。从全局出发优化控制海上原油进口，将大庆原油向锦州石化、锦西石化等沿海炼厂倾斜，不考虑俄罗斯原油长期贸易合同海上进口量，2015年海上进口一般贸易原油同比减少340万吨；协调落实从海上进口俄罗斯长期贸易原油，开辟俄罗斯原油进口第二通道，降低俄罗斯原油进口成本。联合中国石化制定并实施中国石化春光原油通过管道进入新疆油田管输系统，顶替进口哈萨克斯坦原油，弥补独山子石化资源缺口，并降低乌鲁木齐石化运费。

优化炼化企业加工量与产品结构。按照效益原则合理安排加工负荷，2015年原油加工量、成品油产量同比分别增长0.8%和2%。坚持市场导向和效益原则，大力优化运行方案和产品结构，生产柴汽比同比降低0.16个点；不断提高高效产品比例，2015年航空煤油和高标号汽油产量同比增长16.7%和16.1%，车用柴油生产比例达61.4%，国Ⅴ标准汽油、柴油产量同比分别增长0.6倍和3.8倍。优化乙烯原料互供与生产，抓住化工市场好转的有利时机，大力优化乙烯原料，增加油田轻烃、液化气供应和化工原料互供，适度增加抚顺石化、吉林石化等炼化一体化企业加工量，积极推进柴油做乙烯原料，保持乙烯装置满负荷运行，为2015年炼化业务大幅增效做出贡献。

突出天然气产进运销储贸总体平衡，确保平稳运行。克服替代能源价格下降等导致天然气消费需求增速明显下降影响，通过统筹产进销平衡，合理安排进口气，优先保证国内气田稳产，实现国内天然气产量同比不降的目标。针对2016年进口天然气长期贸易合同资源集中启动，而国内天然气需求不旺，导致集团公司天然气产销矛盾突出等问题，提前开展多方案的研究工作，通过采取稳自产、控进口、增销售等措施，重点保证西南油气田龙王庙等重点项目上产，推迟LNG新合同启动时间，按照最低照付不议合同量安排进口天然气，为2016年实现天然气产销基本平衡创造条件。优化安排储气库注采方案，在消费淡季努力增加注气量，2015年完成储气库注气69.2亿立方米，并在冬季实现采气48.4亿立方米，有效缓解天然气产销矛盾。

（李　鹏　李石大　王庆生）

【生产运行协调】　突出原油资源平衡，保障上中下游生产平稳运行。积极协调推进“两线一通道”（津华线、铁锦线和冀东原油下海通道）工程建设和投产工作，提前编排管线投产时间节点，准备投产用油和调整扫线原油流向，实现铁锦线、津华线按期顺利投产，铁秦线、秦京线和任京线等老旧管线安全停输，停供中国石化大庆原油和冀东原油，大庆原油全部在东北区域内优化配置。针对冀东油田下海码头不能按期投产和汇鑫公司港口经营许可证过期，影响冀东油田后路和华北石化加工资源问题，先后6次协调天津市和河北省政府，按照“一船一议”方式利用汇鑫油库接卸华北石化和大港石化进口油，确保炼厂平稳生产，同时努力协调河北省尽快打通冀东原油下海通道，并加强与储备油公司衔接，实现冀东原油全产全销。现场协调落实庆阳石化事故导致检修延长后的复产问题，以及制定长庆原油资源平衡应急方案，确保油田生产后路。在呼和浩特石化检修期间，努力争取铁路运力，积极协调增供中国石化，开通燃料油公司外销二连塔木察格原油渠道，2015年铁路外运二连和塔木察格原油132.7万吨，有效保障了油田生产后路。协调落实克拉玛依石化检修期间新疆油田稠油平衡方案，采取管线增输、储罐多储、压缩检修时间、加强成品油调运等多项措施，确保炼厂检修期间新疆油田生产后路，并实现疆内集中加工。落实长庆马惠线投产、石兰线增输和兰成线掺输长庆原油等措施，既增强长庆油田全产全销保障能力，又实现长庆油向四川石化优化配置。组织编制中缅原油管道、云南石化及配套设施投产时间节点方案，参加中缅原油管道管输协议与缅方的谈判工作，积极争取降低中缅原油管道管输费及缅甸境内的相关税费，为中缅原油管道及配套项目能够早日投产奠定基础。

积极扩销降库增效，全力保障炼化企业生产后路。根据原油资源平衡和市场需求，周密安排炼厂检修，实现错时错峰检修，独山子石化、克拉玛依石化、吉林石化、大庆石化、呼和浩特石化等11家炼厂顺利完成年度检修，保障上中下游产业链平稳运行。密切产运销衔接，加快直炼资源调出，重点协调大庆炼化、华北石化、大港石化等炼厂油品调运，加大管道、铁路、公路运力协调，2015年基本按计划接收直炼资源，成品油管输量超计划437万吨，有效保障炼厂后路畅通，降低物流成本。克服成品油需求低迷、地炼低价资源冲击等困难，协调调整销售策略，积极实施激励机制，合理安排外采，千方百计扩销降库，2015年汽油、煤油销售量同比分别增长7.9%和22.5%；狠抓终端销售，强化纯枪上量，提高销售盈利能力，纯枪销量同比增长0.8%。协调相关部门下发成品油出口奖励机制，调动企业出口积极性，积极开拓澳洲等高端市场，全年出口成品油同比增长48%，对于稳定炼厂加工负荷、降低成品油库存、实现集团公司整体效益最大化发挥重要作用。按照集团公司统一部署，积极有序推进东部11省、市国Ⅴ标准汽柴油质量升级工作，协调地方政府落实置换时间，及时组织炼厂转产，保证按时按质实现国Ⅴ标准汽柴油稳定供应。到四川省、云南省、辽宁省和大连市等地企业开展专题调研，研究原油业务链产运销优化、炼销贸一体化改革、扩大成品油出口等课题，为保障炼销贸顺畅运行，实现集团公司整体效益最大化提供了有益借鉴。

强化天然气生产运行协调。针对中贵线南部站和铜梁站在管理上存在的弊端，在现场调研的基础上，研究提出两座场站的整合方案，实现站内工艺设施的属地化管理，划清管理界面，明确安全管理责任，进一步提高管理水平。针对青海油气区天然气外输问题，通过召开现场协调会等方式，优化天然气管网运行方案，增加青海油气区天然气外输量，提高气田生产负荷，有效降低气田产量压减幅度。协调解决青海省格尔木地区6家液化气经营单位联名反映中石油昆仑燃气有限公司青海分公司液化气资源销售问题，推动中石油昆仑燃气有限公司进一步完善与客户的沟通协调机制，维护中国石油良好形象。针对2015年入冬后天然气需求快速增长，而中亚进口气短期波动大、进口LNG受大雾天气影响无法靠岸卸载等情况，协调国内气田临时增产、中亚进口气稳定供应，以及临时采购进口LNG现货，努力增加天然气资源，保证市场的安全稳定供应。协调管道公司在应急情况下由长长吉管道向吉林油田天然气集输系统反输供气，保证油田周边用户的安全稳定供应。贯彻落实集团公司天然气销售体制改革要求，组织开展天然气计量交接相关工作，研究确定零散气销售范围。

积极协调原油运输工作，保障生产运行平稳有序。协调铁路总公司争取铁路运力，2015年完成铁路外运原油约520万吨。特别是克服冬季运力紧张、原油接卸周期长等困难，全力保障二连和塔木察格原油铁路外运，解决二连油田四季度高库存风险。积极协调交通运输部，2015年完成国内船运原油约667万吨。帮助华北石化根据港口和航线的特殊要求签订船务合同，推动冀东原油下海相关事宜；定期上报季度、月度请船计划，解决直属炼厂海上进口原油紧急中转需求。

（赵凤铭　李石大　王庆生　乔　跃）

【对外沟通协调】　积极参加国家发改委、能源局、工业和信息化部以及商务部组织召开的月度、季度经济运行形势分析会，及时反映集团公司生产经营面临的困难并争取国家给予政策支持；协调商务部，推动云南中石油国际事业有限公司资质、广西储备油公司仓储资质和燃料油公司销售资质办理；积极申请来料加工贸易成品油出口配额，先后4批获得1100万吨配额，同比增长43%，为增加出口、缓解国内成品油产销矛盾创造有利条件。加强与国家发改委、能源局等部委沟通，就天然气调价时间与幅度、管输费价格调整、储气库调峰气价、新疆燃气公司欠款和提高天然气在一次能源消费比例等问题积极争取国家政策支持；针对2015—2016年冬季部分时段天然气供应紧张的问题，多次专题向国家发改委等能源主管部委报告，请求国家部门协调地方政府加强需求侧管理，特别是针对进口LNG船舶因大雾无法靠岸卸船、长输管道管存超低位运行的情况，协调北京市及华北地区各省市先后两次临时启动冬季天然气保供应急预案，降低用气峰值，保障民生用气安全供应。商请国家发改委协调内蒙古电力公司，尽量减少内蒙古电网改造期间限电幅度，保障华北二连油田正常生产。加强与交通运输部和铁路总公司的沟通，协调解决大连石化、锦州石化、锦西石化原油中转问题，在庆阳石化推迟开工和呼和浩特石化检修期间，加快铁路外运，保障长庆等油田后路畅通。

（李　鹏　李石大）

【运行管理机制】　强化生产运行监控，实现油气价值链一体化平稳运行。充分利用集团公司生产运行协调会机制，及时反映集团公司生产运行情况，分析存在的问题，提出有针对性的建议措施，牢牢把握生产经营工作的主动权。每日跟踪监控产炼运销储贸生产运行动态，不断完善成品油资源产销平衡预警机制。

坚持一体化考核，促进产销平稳运行。细化并严格执行炼销业务一体化运行考核办法，不断强化计划严肃性；协调销售企业调整成品油库存控制和促销激励政策；推动建立成品油出口激励机制，促进炼化、销售和贸易业务协调运行，严考核硬兑现，保障生产经营平稳运行。

参与研究制订天然气降价促销、考核政策调整等激励措施，实现天然气业务协调发展。在二季度天然气销售同比下降的情况下，通过充分调动地区公司促销上量的积极性，积极利用价格杠杆和考核机制，从三季度开始实现天然气销量止跌回升，2015年销售天然气同比增长2.6%。

（李石大　王庆生）

资本运营

【概述】　2015年，集团公司资本运营工作深化战略规划和专题研究；积极搭建、规范合资合作平台，进一步提高开放水平；优化海外和国内股权投资，支持主营业务发展；完善股权管理体系，加大优化整合力度，促进中国石油治理水平和创效能力进一步提高。

【收购兼并】　研究转让中亚天然气管道公司50%股

权的具体方案，并组织完成了相关工作。集团公司与国新公司双方商定，以2014年12月31日为基准日，启动中亚天然气管道合资合作项目。资本运营部主要负责该项目公司履行内部及国务院国资委的报批工作，2015年9月集团公司党组会原则通过该项目；11月集团公司董事会、股份公司董事会审议通过该项目并于香港联交所、上海证券交易所进行公告；2015年12月获国务院国资委对该项目交易方案及经济行为的批复；12月15日，国新国际投资有限公司投资资金到账，计划2016年一季度完成交割。

批准处置寰球工程公司持有的澳大利亚LNGL公司股票。寰球工程公司2011年获得澳大利亚上市公司LNGL的19.9%股权。考虑到已实现收购目的，为及时锁定收益，2015年8—9月分3次出售238万股。

完成转让哈萨克斯坦卡沙甘项目部分股权。中国石油勘探开发公司于2013年收购卡沙甘油田8.33%股权。我方2015年以平价转让为原则，将所持卡沙甘油田股权的40%转让给国新国际投资有限公司。项目已于2015年4月交割。

研究制订国际事业公司和燃料油公司参与境内原油、沥青期货交易方案并通过集团公司、股份公司董事会批准。

参与完成集团公司《股权管理办法》修订工作，实现境外投资、处置管理与境内一致。

【资本运营战略企划】 2015年，为推进企业内部优化整合，避免重复建设，提高管理效率和效益，股份公司将所属全资子公司中石油昆仑燃气有限公司（简称昆仑燃气）100%股权，以协议方式转让给昆仑能源有限公司（简称昆仑能源）。

昆仑能源、昆仑燃气在组建时业务定位有差别，但在实际运作中，为提高运营效益、保持各自市场份额，昆仑能源和昆仑燃气的许多合资项目都同时经营城市燃气、CNG和支线管网等业务，逐渐出现了业务趋同、目标市场重叠现象；昆仑能源、昆仑燃气之间在项目布局、设计、建设等方面难以落实统筹规划，相当多的天然气支线管道和终端设施存在重复建设现象，增加了投资成本，导致了内部资源配置不合理等问题，不利于城市燃气业务的统一协调发展和市场规范。

昆仑能源收购昆仑燃气股权，推进了集团内部优化整合，避免了重复建设，提高了管理效率和效益，并利用昆仑能源作为境外融资平台的优势，通过股权、债务等多种融资方式，在国际资本市场筹集资金，为股份公司发展天然气终端业务奠定基础。不仅在企业层面落实了党的十八届三中全会提出的“促进国际国内生产要素的有序自由流动、资源高效配置、市场深度融合”等国企改革要求，而且充分利用了现有资源实现管理和资金的优势互补，减轻了股份公司资金压力，助力股份公司更好地做好天然气上游和中游业务。

【股权管理】 进一步完善股权管理制度体系。在全面梳理相关制度、充分征求各方意见、组织调研的基础上，完成了集团公司股权管理办法，集团公司及股份公司股利分配实施细则的修订；经收集研究国家相关政策，组织有关企业座谈，全面征求意见，按照防范利益输送及违规经营风险，主业不对其承担连带责任的原则，完成了表外公司清理整顿与规范管理指导意见，明确表外公司的定义、管理原则、企业与总部的职责划分，要求企业核实产权关系，分类清理整顿，规范财务和关联交易管理。

进一步提升股权分析评价工作水平。按照集团公司人事部的统一部署，组织完成2014年度股权投资收益考核及2015年度股权投资预算；审核并向国务院国资委报送30份产权登记资料，组织完成并按时向国务院国资委提交国有产权年度工作报告；以股权管理系统的项目及信息为基础，完成477个境外法人（包括2013年已处置项目）、24个境内反投境外法人的信息填报及汇总分析，并按时向国务院国资委报送工作报告。

持续优化股权管理信息系统。按照监察部的要求，梳理股权投资、处置、分红等业务的风险点，开发股权管理信息系统与联合监督平台的数据接口，通过定期向联合监督平台转传关键业务信息，实现风险预警和联合监督；经与财务部、FMIS项目组、总部EPR项目组多次交流沟通，在FMIS里建立全层级法人架构、在FMIS和股权系统建立数据输出及转入接口，从技术上实现将总部FMIS里全层级法人主要财务报表通过ERP总线转入股权管理信息系统。

【专职董监事制度】 认真履职，加强对控参股公司的管控。2015年资本运营部参加中国石油总部直接管理的控参股公司“三会”70多次，审核议案210多项，共提交工作报告51份，提出意见和建议60多条，在规范控参股公司重大决策、管控运营风险、提升发展质量等方面发挥积极作用。

调整完善专职董监事制度。修改控参股公司董事会监事会和股东会议案管理规定，今后无论是否委派专职董监事，所有控股和参股的公司的“三会”议案，都由资本运营部负责牵头研究，征求相关部门意见后，提出处理建议报批，再由集团公司委派的专职董监事或兼职董监事参会表决，具体落实。将专职董事和专职监事合并，既可以担任一些控参股公司的董事，也可以担任控参股公司的监事，统称“专职董监事”，作为一种岗位纳入干部管理序列，符合《中华人民共和国公司法》的规定。2015年，为支持专职董监事工作，更好地履职，提高了总部专职董监事的职级，由处级提升到副总师级，增加了人员，充实了力量。

严格落实集团公司关于控参股公司利润分配的规定。按照修订的关于控参股公司利润分配的原则规定，从拟定分红方案、推动利润分配决议的通过，到资金的按时回收，全程跟踪，及时协调，确保集团公司关于控参股公司利润分配的规定得到不折不扣的落实。2015年6月30日前，总部直接管理的29家公司现金红利全部收缴到账，有效维护了集团公司的股东权益。

（资本运营部）

法律工作

【概述】 2015年，集团公司认真贯彻落实党中央关于全面推进依法治国和国务院国资委建设法治央企各项要求，全面筹划推进依法治企合规管理各项工作，持续深化制度建设和重大项目、合同、工商、商标、诉讼等法律业务，着力提升法律管理能力水平，法律工作在保障依法合规经营、防控法律风险、维护合法权益等方面发挥了重要作用。

【依法治企】 2015年，开展依法治企顶层设计，把党中央依法治国的重大部署和国务院国资委建设法治央企各项要求贯穿于企业经营管理实践，系统研究运用法治思维和法治方式经营管理企业重大问题，形成集团公司《关于全面推进依法治企的指导意见》，于2015年初正式印发实施。意见明确了集团公司全面推进依法治企的指导思想、总目标和基本原则，提出制度建设、规范治理、重点领域、领导干部法治思维及依法治企能力等方面的基本要求和重点措施，强调了组织领导、专业队伍、考核评价和文化建设等方面的工作保障，为全面推进依法治企工作提供了基本遵循。集团公司工作会议、领导干部会议都对全面推进依法治企做出重点部署。党组领导、总部机关相关部门和部分地区企业主要领导结合实际，带头撰写依法治企辅导材料，交流依法治企新认识、新思路、新举措，共撰写37篇辅导文章并汇编成册，印发15000册组织干部员工学习，加深对依法治企的理解和认识。地区企业加强对依法治企各项要求的宣贯和落实，结合实际制订具体实施方案，成立领导机构，细化任务分解和进度安排，保障集团公司依法治企指导意见在本单位贯彻落实。进一步强化地区企业依法合规经营考核，将地区企业“依法合规经营”业绩考核指标最高扣减分值从以往的5分提高到10分，同时细化完善考核标准，严格考核兑现，持续强化依法治企价值导向和激励保障。以“六五”普法总结验收为契机，加大现代企业法治理念培育力度，突出抓领导干部和关键岗位人员法律意识提升，扎实推进企业法治文化建设，依法治企氛围日渐浓厚。

【合规管理】 2015年，制订印发集团公司《诚信合规手册》，明确规定对外交往、职业操守、处理内部关系、维护企业利益、承担社会责任等方面的基本要求、行为准则和禁止性事项，成为普遍适用全体员工的统一行为规范和对外展示集团公司诚实守信、依法合规价值理念的重要载体。为方便学习普及，将手册翻译为5种外文和维吾尔文版本，向全体员工发放，广泛开展手册宣贯培训，组织员工就遵守手册规定签订承诺，推进合规要求从“应知应会”到“已知已会”。依据集团公司合规管理办法，进一步研究制订合规管理实施细则和合规培训、合规审查、合规评价等专项管理规定，保障工作规范开展。组织开发并推广应用集团公司统一合规管理信息平台，推进合规管理相关工作线上运行，为保障合规管理覆盖全员、受控运行、规范高效提供重要载体。组织开展合规管理人员培训，共对183名地区企业合规管理人员进行为期4天的培训。地区企业结合管理实际，制订本单位合规管理实施细则或工作方案，并通过开展“合规管理年”活动、设立专门合规管理机构和岗位等措施，保障合规工作深入开展。按照国务院国资委安排，深入开展合规管理课题研究，分析企业合规管理的起源发展和内在规律，探索符合国有企业实际的合规管理模式，取得初步成果。

【法律风险防控】 2015年，持续组织开展法律风险分析评估，突出资本市场、合资合作、交易管理、质量安全环保、劳动关系、资源税费等重点领域，结合对审计、巡视及案件反映问题的分析，系统排查法律风险隐患，研究制订防控方案及措施。深入推进法律风险岗位防控机制建设，根据管理需要组织修订完善法律风险岗位防控指引，加强岗位员工法律风险防控培训、实施监督和考核评价，不断提高员工法律风险防控技能。研究制订集团公司法律风险防控工作指南，在系统总结已有工作经验的基础上，进一步明确法律风险识别分析、防控措施制订、部署实施等各环节的管理要求，强化对法律风险防控工作的指导。持续推广湖北销售公司法律风险防控机制建设经验，部分地区企业通过实地观摩、资料分享、交流研讨等方式，继续学习湖北销售公司在法律风险防控上认识到位、落实到位，与法律环境变化紧密结合、与企业经营管理特点紧密结合、与岗位责任制紧密结合，强化组织保障、制度保障、纪律保障等经验做法，促进了整体水平提升。

【制度管理】 根据全面推进依法治企和深化改革等相关要求，扎实推进规章制度制修订工作，总部层面全年制修订制度68项、废止35项，地区企业制度立改废工作有序开展，制度覆盖面和制度质量实现新的提升。着重突出治理类制度建设，以集团公司规范董事会建设为契机，配套完善董事会规范运作、专门委员会和总经理工作规则、授权管理等制度规范，先后制修订投资、股权、合资合作等重大管理制度，充分运用“权责对等、权力制衡”等法治原理完善决策权、执行权和监督权的运行，确保把权力关进制度笼子。扎实开展集团公司制度建设“十三五”规划编制工作，组织总部机关各部门、各专业分公司和地区企业系统开展制度梳理，总结制度管理经验做法，查摆差距和不足，进一步明确制度建设目标、重点任务和措施办法，为提升制度管理水平提供指导。认真落实集团公司新修订的制度管理办法，按照制定权适度集中、减少层级的原则，不断推进制度管理集约化，着力解决层层定制度、上下一般粗等问题。不断完善制度形成机制，强化前期论证，建立实行制度对标机制和多方参与、上下结合、内外结合的工作机制，确保制度质量提高。优化制度宣贯落实机制，强化并落实领导干部和业务部门制度宣贯责任，及时组织将制度规定纳入业务流程、岗位规范和责任制，将制度执行情况作为监察、内控测试、体系审核和专项业务检查的重要内容，持续推进制度与各管理体系融合，制度执行力稳步提高。

【法律业务】 强化重大事项法律论证把关，总部和地区企业法律部门2015年参与各类涉法决策事项4800余项，出具法律意见书6000余件，法律部门参与重大事项法律论证把关的范围和程度不断扩展并逐步制度化，有效提高了依法决策、规范运作水平。根据修订后的集团公司合同管理办法执行情况和地区企业反映的问题，进一步优化合同管理配套制度规范，完善合同管理及业务制度流程，加大对审计、内控测试、效能监察发现合同管理问题的治理力度，扩大并优化合同示范文本，以推进合同信息系统与ERP等相关系统集成为契机优化系统功能，合同管理在提高交易效率、降低交易成本、维护交易安全中的作用更加突出。不断深化工商、商标等行政法律业务，狠抓集团公司工商、商标管理制度落实，规范工商登记管理和商标注册、许可、打击外部侵权等业务开展，研究业务办理中涉及的基础关系和经营体制机制等深层次问题，提出意见建议，着力提高企业依法经营水平。强化总部和地区企业联动处理重大复杂纠纷案件的机制，注重运用案件资源改进管理，纠纷案件处理能力和管理水平有较大提高，特别是资源税费、安全环保、劳动争议等一些影响较大的争议纠纷得到妥善处理，较好地维护了企业合法权益。此外，反垄断、知识产权等法律业务逐步拓展和深化，资源环境、土地处置等涉法问题处理逐步形成常态化机制，法律工作在支持和保障企业经营管理中的作用日益突出。

【基础管理工作】 针对地区企业法律管理信息报送中存在的问题，进一步优化法律管理信息报送平台，调整填报内容，建立填报标准和规范，加强对企业填报工作的督促，提高信息报送及时性和质量。适应全面推进依法治企合规管理和法律工作发展的新要求，研究制订新形势下进一步加强法律队伍建设的思路措施，对加强思想建设、能力建设、组织建设、业务建设、作风建设等做出具体部署，明确要求提升法律人员“四种能力”，即研判与应对法律环境变化能力、运用法治原理和法律规范解决实际问题能力、法律论证把关能力和维护企业合法权益能力。落实地区企业总法律顾问和法律机构负责人年度培训机制，2015年围绕依法治企、合规管理、深化改革、“一带一路”等重点内容，共对140余名地区企业总法律顾问和法律机构负责人进行了为期5天的培训，在提升法律业务领导干部专业素质和管理能力上收到较好效果。总部根据业务开展需要，适时组织开展法律知识专题讲座和业务交流，2015年重点围绕海外项目投资、合规风险防控、环保公益诉讼等内容，共举办专题培训和业务交流8次，参与人员400余人次，既强化了专业法律知识培训，又研讨了重点难点问题，促进经营管理人员和法律人员业务素质提升。地区企业根据工作需求，有针对性地开展法律业务培训、法律职业资格考试辅导和交流轮岗、与高校合作开展培训、选派法律人员到法院或律师事务所实习，着力提高法律人员专业素质和实践能力，保障法律工作深入开展。

（法律事务部）

物资采购

【概述】 2015年，物资采购工作围绕“合规、质量、效率”，强化降本增效、强化对标提升和问题整改、强化基础建设、强化服务保障、强化作风建设，提升物资采购与招标管理水平，保证生产建设和物资安全供应。2015年集团公司物资采购总额为1350.29亿元，集团公司两级集中采购度98.44%，采购资金节约额108.50亿元、采购资金节约率8.04%，物资招标率82.84%，电子采购额1167.23亿元。

【授权集中采购】 2015年，授权集中采购工作引入“常态化、班车制”运行模式，由各授权集中采购小组根据物资料性和市场需求变化时间规律，按季度分批组织实施；同时针对项目带量采购物资，研究如何将相应物资计划整合，按周期组织采购。2015年共完成25个大类69个项目1457个标包集中采购，项目招标率80.43%，平均节资率9.58%，定商定价项目节约采购资金15亿元，带量项目直接节约采购资金47亿元，整体节约采购资金62亿元。一级物资集中采购方案全部实现集中评审，通过物资采购管理信息系统上报、审批，集中采购招标由集团公司招标中心统一组织实施，评标专家在专家库统一抽取，整个组织过程公开、透明。网上目录价格实现动态管理，集中采购物资中涉及价格管理的品种均已建立价格调整机制，根据原材料市场变化通过价格调整公式动态维护网上价格。2015年共发布16次价格调整公告，对19项（次）一级物资价格进行调整，与同期市场情况对比可节约资金40亿元。

【招标管理】 组织编制《招标投标活动现场监督工作规范》《招标投标活动异议和投诉处理工作规范》《邀请招标投标人确定工作规范》和《招标项目标段（包）划分指南》4项企业标准，印发《油气田工程技术服务招标管理暂行规定》。组织开展招标工作专项检查及“回头看”活动，共检查24家单位，抽查合同1664份，涉及金额347亿元，编制工作底稿305份。梳理认可31家内部招标专业机构和62家外部招标代理机构。举办招标管理处长培训班和招标师考前集中辅导活动，先后派员到青海油田、管研院、兰州石化等地区公司进行制度宣贯、业务交流和培训，累计培训800余人次。推广应用集团公司招标评审规范、评标方法选择和评标标准编制规范以及招标文件示范文本，并探索招标文件由招标师签字认可制度。坚持公开原则导向，强力推进可不招标信息公示，每季度对招标管理工作情况予以公告，增强招标管理工作透明度。2015年，92家单位在中国石油招标投标网上发布各类招标信息48511条，其中可不招标信息7712条，向中国采购与招标网推送公开招标公告及结果公告16820条；集团公司共受理一类招标项目招标方案、招标结果和可不招标事项的审批、备案业务37项，涉及金额104亿元；集团公司工程、物资、服务项目总数为90834项，总金额2563.06亿元，综合招标率70%，节资额152.64亿元。

【物资采购管理信息平台】 推进物资采购管理信息系统深化应用。2015年所属企业用户138家，采购用户20900多人，供应商近3万家，投标人12900余人使用物资采购管理信息系统，发布一级物资采购目录640万条，实现采购交易1167.23亿元，网上采购率70%以上。2015年，集团公司入选国家电子招标投标交易平台试点单位，初步搭建中国石油电子招标投标交易平台，并与国家电子招标投标公共服务平台集成联通。

【供应商管理】 组织专业机构、内外部专家、行业领先企业代表等专家资源，开展集中采购甲级供应商现场考察工作，从源头上保证供应商质量。启动集团公司供应商资源库一级采购物资供应商全面梳理和优化工作。健全完善供应商准入标准，充分吸收国家、行业、有关技术机构以及集团公司标准要求，按物资类别形成质量、安全、环保、技术资质以及检验等方面的准入基本条件，范围覆盖30个大类、87

个中类、241个小类、1210个品种的一级采购物资。

【机电产品进口管理】 2015年，共监督管理国际招标项目424项，中标金额3.13亿美元，节资率20%以上。认真履行集团公司机电产品进出口管理职能，2015年共办理新申请自动进口许可证45份、进口设备692台（套）、用汇3460万美元；向国家申请特定地区实际免税进口物资货值14238万美元；向国家申报进口贴息资金，共涉及3家所属企业鼓励进口的重要装备金额为1459万美元。享受重大技术装备进口税收优惠政策，免税额度为573万美元。持续推进进口集中采购，积极推行框架协议采购。

【石油物资分类与代码】 组织专家审核维护团队加强编码审核工作，提高编码申请、审批的效率和质量。2015年组织清理优化加热炉、连续油管、石油专用管等物资分类26个，调整停用相关数据8千余条，公共数据编码平台统一发布分类品名共30687个，物料编码共585万条。

【境外项目物资采购管理】 召开3次境外项目集团公司总部管理物资工作会议，完成11个国内集中采购结果转换方案，待签署协议。委托中国石油技术开发公司研究内部优势产品转换工作，与装备制造分公司达成共识，拟定整体转换工作方案。完成境外项目现场中东地区对接调研，完成管道局、西部钻探两家企业境外项目对接调研。11月27日，集团公司与宝山钢铁集团、沈阳鼓风机集团、天津钢管集团在北京签署《境外项目总部管理物资框架协议》。

【绩效管理】 下发《2015年度物资采购管理绩效考核方案》，设定物资两级集中采购度、物资采购招标率、物资采购资金节约率、入库物资检验率4项考核指标，物资采购制造商直采率、物资一次入库检验合格率2项工作指标。国务院国资委开展中央企业采购管理提升对标活动，在先进水平标准中要求“将采购管理指标纳入所属企业领导经营业绩合同”，经与人事部沟通协调，2016年将在企事业单位领导人员业绩合同“控制类”指标中新增“采购管理”指标。

【物资仓储管理】 全面摸底调查集团公司所属企业物资库存结构，分析无动态物资、积压物资情况及其分布。协调企业开展降库利库及物资调剂工作，2015年在物资采购管理部门户专栏上传物资调剂信息5403项。配合资产轻量化工作，提出管理需求，推进集团公司物资库存共享及调剂信息平台建设。开展企业物资仓储管理评级考核达标活动，全面提升物资仓储业务管理水平。

【集中储备与代储代销】 自2011年试点启动集团公司物资集中储备工作以来，陆续开展中厚钢板、无缝钢管、镀锌卷薄板、进口压缩机备品配件、烟气轮机配件等物资集中储备。2015年，总储备金额4.4亿元，保障企业生产建设物资供应5.7亿元。为破解集中储备工作遇到的难点问题，进一步了解企业需求，组织部分专业分公司和所属企业召开区域代储代销和集中储备工作研讨会，深入讨论储备方案的调整、区域代储代销模式的引入，以及集中采购与集中储备、代储代销等业务的有益结合和互利互易。2015年，开展代储代销所属企业增至53家，代储代销采购额达到184亿元，约占全年物资采购总额的15%，有效缓解企业采购资金及库存压力，为集团公司开源节流降本增效做出贡献。

（物资采购管理部）

纪检监察

【概述】 2015年，集团公司党组和各级党组织认真学习贯彻习近平总书记系列重要讲话精神，坚决落实全面从严治党战略部署，保持坚强政治定力，切实履行管党治党主体责任。各级纪检监察机构聚焦中心任务，坚持把纪律挺在前面，强化监督执纪问责，党风建设和反腐败工作取得阶段性成效。

【全面从严治党】 2015年，加强统一领导和总体部署。集团公司党组深入学习贯彻中央关于国有企业全面落实从严治党责任的指示要求，扎实开展“三严三实”专题教育，全面开展重塑中国石油良好形象大讨论活动，努力营造从严从实、风清气正的良好氛围。党组专题研究部署党风建设和反腐败工作，对细化落实“两个责任”、推进中央巡视反馈问题整改、开展内部巡视等做出具体安排。组织签订党风廉政建设责任书，以上率下层层落实责任。

注重顶层设计和制度建设。调整充实集团公司反腐倡廉建设工作领导小组，研究制定《党组工作规则》等一系列重要制度。强化制度执行，对“两个责任”不落实的领导干部进行追责；各企事业单位结合实际制定“两个责任”落实的制度规定，实现压力责任逐级传导，推动工作层层落实。

【中央巡视整改】 落实责任，上下联动，全面整改。党组把中央巡视反馈问题整改作为首要政治任务和解决深层次问题的有利契机，既集中解决突出问题，又注重体制机制改革创新。研究制定整改总体方案，成立专项整改工作组，形成专项整改方案。党组书记承担整改第一责任人的责任，党组成员分别负责相关领域的问题整改。总部机关各部门、各专业分公司主动配合，各企事业单位积极行动，全面推进整改工作。

动真碰硬，直面问题，深入整改。将中央巡视反馈问题和建议，分解为45项任务，制定156条措施，制修订制度41项，包括《加强和改进新形势下集团公司党的建设工作指导意见》《“三重一大”决策制度实施细则》等制度，完善加强海外业务监管的制度体系。

目标不变，力度不减，持续整改。按期完成集中整改任务后，持续推进各项工作。深入研究配套制度，持续落实相关改革调整方案。中央纪委、中央巡视组和国务院国资委督察组有关领导评价中国石油巡视整改有深度、有力度，工作实实在在、扎实有效。

【反腐倡廉教育】 深入开展廉洁教育。党组书记对党组管理干部进行集体任前谈话，纪检组长在集团公司党校讲授廉洁教育专题课，提出增强党性修养和纪律意识的要求。党组带头学习贯彻廉洁自律准则和党纪处分条例，各企事业单位组织形式多样的学习教育活动，着力增强广大党员的党章党规党纪意识。加强警示教育，通报党员领导干部违纪违规问题，撰写典型案例剖析材料，做到警钟长鸣。

锲而不舍落实中央八项规定精神。固化作风建设成果，制定规章制度，规范党员干部操办婚丧喜庆事宜，严肃收入分配纪律，并对领导人员履职待遇、业务支出、办公用房、公车使用等做出明确规定。突出重要时间节点正风肃纪，对公款吃喝、公车私用、违规发放购物卡、大操大办等问题快查快办，坚决防止“四风”反弹。

坚持抓早抓小，动辄则咎。强化日常管理监督，发现问题及时谈话提醒、警示诫勉，防止小问题演变成大问题。认真梳理分析巡视、纪律审查等方面发现的问题，对不构成违纪或违纪情节轻微的党组管理干部进行诫勉谈话；对因工作方式方法不当引起举报较多，经查反映问题失实或查无实据的党组管理干部进行提醒谈话。

【纪律审查】 坚持问题线索统一管理和集体排查制度，规范线索处置方式，依法依规依程执纪，安全文明规范执纪。加强统筹协调，对重要问题线索统一调配力量直接核查，特别是集中高效完成中央巡视组转办件的核查工作，做到件件有着落、事事有回音。

创新执纪方式，探索实践“四种形态”。从纪律审查职责定位出发，转变执纪理念。对反映党员干部思想、工作和生活作风等方面的一般性问题，廉洁自律或不正之风方面的轻微问题，一定时期和范围内出现的苗头性、倾向性问题，有针对性地进行谈话函询。在执纪审查中，充分发挥理想信念和政策的感化教育作用，让审查对象深刻反思、认识错误。

2015年，各级纪检监察机构共受理信访举报4767件（次），立案642件，给予党政纪处分867人次，收缴违纪款物折合3.18亿元。

【合规监督】 探索开展重大投资项目专项审计监察。集团公司监察部、审计部联合组建检查组，重点对天然气与管道、炼油与化工、油田地面工程、其他公用工程4个领域27个重大项目开展检查。建立问题、线索和问责3个清单制度，在严肃追究责任的同时，提出理顺机制和规范管理的意见建议。

深入开展电子监察。依托联合监督信息系统，注重主动发现问题，及时提醒预警，实现对9个重点业务领域的在线监督。对工程建设、工程技术、炼油小产品销售、物资采购等4个业务领域进行筛查，围绕疑似问题开展专项检查。强化总部机关、专业分公司、企事业单位三级应用，促进相关部门和单位监管责任落实。

2015年，各企事业单位共开展合规管理监察158项，协助建章立制267个。

【巡视监督】 贯彻巡视方针，扎实推进全覆盖。党组把巡视工作作为落实“两个责任”的重要抓手，按照“发现真问题，真发现问题”的要求，做出3年巡视全覆盖的部署。组建8个巡视组，选调现职局处级干部担任组长和副组长，配齐配强人事、财务、审计和纪检人员，采取专项巡视方式，分3轮巡视49个企事业单位，并启动海外企业巡视。

突出巡视重点，创新方式方法。紧紧抓住领导班子及成员这个重点，围绕“四个着力”，着重发现违反“六大纪律”问题。借鉴中央巡视方式方法，改进背靠背测评和问卷调查方式，听取专题汇报，扩大谈话覆盖面，综合运用审计手段，深入了解和掌握班子建设、“两个责任”落实、选人用人等方面情况。

强化成果运用，提高监督实效。巡视结束，及时向被巡视单位进行公开反馈，提出限期整改要求；普遍性倾向性问题，由总部机关有关部门和专业分公司集中研究解决；坚决调整功能弱化的班子和状态不佳的干部，严肃查处涉嫌严重违规违纪的干部。

2015年，所属企事业单位开展巡视112轮（次），巡视下属单位251个。

【组织建设】 积极推进纪委书记专职化。研究制定《关于配齐配强所属企事业单位各级纪委书记的意见》等制度，纪检组会同人事部组织开展纪委书记提名考察工作，调整配备所属企事业单位纪委书记67人，其中专职59人。

持续深化“三转”工作（转职能、转方式、转作风）。纪检组监察部整合内设机构职能，突出主责主业；设立集团公司第六纪检监察中心，重点负责对海外业务、金融业务的执纪监督；完善纪检监察中心管理体制机制，明确中心为组部派出机构，配备专职主任，集中管理党组织和人事关系。

提升培训和理论研究实效。以深入学习党规党纪和履行监督责任为重点，举办培训班，培训所属企事业单位纪委书记、纪委副书记和监察处长，组织业务骨干参加中央纪委执纪审理培训；加强“实战”锻炼，分批调训企业纪检监察干部，直接参与纪检组监察部纪律审查工作。

【监察学会】 坚持深化理论研究，突出实践指导，分片区召开中国监察学会石油分会理论研讨会，各单位交流论文186篇，有3篇论文获得中国监察学会表彰。

（党组纪检组、监察部）

内部审计

【概述】 2015年，集团公司内部审计工作坚持“依法、独立、客观、公正”的审计原则，围绕集团公司稳健发展和提质增效的要求，加大审计监督力度，推进改革创新，充分发挥监督服务作用，为集团公司提高发展质量效益做出贡献。

截至2015年底，集团公司设置审计机构348个，其中一级审计机构2个、二级审计机构184个、三级及以下审计机构162个。从业人员1923人，其中一级机构157人、二级机构1235人、三级及以下机构531人。

【重要审计项目】 2015年，各级审计部门组织实施审计项目2051项，审计资金2.41万亿元，出具审计报告、专项分析报告、要情及信息3092份，被采纳审计建议4875条，促进企业完善规章制度417个，审计人员人均直接经济成果278万元，监督服务功能得到充分发挥。

持续开展离任和任中经济责任审计。积极推动领导人员经济责任审计全覆盖，审计各级领导人员661名，其中局级领导39名。审计中强化对权力集中及资金、资产、资源密集领域的监督，丰富、深化经济责任审计内容和重点，促进领导人员忠实履职、正确履责、廉洁从业和实现绩效目标。

组织开展重大专项审计。围绕生产经营管理中存在的重点难点问题和较大风险，上下整体联动，组织开展涉及86家单位的科研经费使用、安全生产隐患项目、销售费用等重大项目审计，深刻揭示存在的问题，推动相关部门、企业进一步健全制度和标准，提升风险管控能力。

积极开展管理效益审计。全系统开展各类管理效益及专项审计809项，督促企业堵塞管理漏洞、强化精细管理、提高资产资金利用效率，产生良好经济效果。其中总部开展16项，针对管理短板和漏洞提出建议意见，促进企业实现降本增效。

加强重点建设项目跟踪审计和竣工决算审计。全系统开展建设工程审计581项，共审计工程建设资金1763.84亿元，其中总部开展45项，有效防范工程质量和安全风险。促进节约投资和规范管理，并逐步向揭示安全环保和质量风险防控延伸。充分利用社会中介和所属企业力量，努力消化建设项目审计“欠账”，促进工程建设规范管理，控减工程造价见到实效。

【审计管理工作】 强化总部的统领作用，最大限度发挥两级审计部门的整体功能，加强审计成果应用，大力推进制度化、规范化、标准化和信息化建设，审计管理水平不断提高。

加大资源统筹力度。优化整合内外部审计力量，统筹调动总部和企业两级审计资源，优选社会中介机构作为补充，根据审计项目不同特点，选派审计人员组成审计组，有针对性地开展审计工作，既提高审计工作效率和效果，又一定程度缓解审计任务重、人员不足的矛盾。协调调动总部及企业40余名审计干部参加党组巡视组、中央巡视组、监事会等专项工作。针对审计中发现的带有共性的问题，推动发现问题“举一反三”，在部门、专业分公司管理范围内自查自纠，起到良好的效果。

加强审计问题整改跟踪检查。制定下发《审计整改问题工作规定》，明确整改流程和责任主体，建立审计问题、审计问责和审计线索移交3个清单。建立“问题整改台账”，把8类11个难点问题及858个具体问题，分解落实到相关部门和专业分公司，明确责任单位和整改时限、目标和结果，并提出完善管理、理顺体制机制的建议及措施，从根本上解决存在多年的屡查屡犯问题。建立审计整改联席会议制度，并通过督查督办等方式推动问题整改，对未整改的问题，向总部相关部门、专业分公司发送督促整改函82份。实行问题销号管理，问题整改到位情况由两级审计部门组织验收、予以确认，实行立改立销、不改不销，逐项落实解决，切实做到“不整改好不销号”。先后组织5次后续审计和跟踪检查，督促加快整改。各部门积极督导，认真落实，多部门、多单位合力参与整改的协作机制基本形成。

探索建设项目专项审计监察。建立和完善业务流程，以重大建设项目监督为依托，坚决查处重大违法违规、损失浪费等问题，严肃执纪问责，解决审计“最后一公里”问题，推动审计与纪检监察资源的合作使用。2015年开展重点建设项目专项审计监察27项，审计资金1377亿元，发现各类问题519个，涉及资金159亿元。

加强审计信息化建设。推广应用辅助审计模块，较好解决了财务数据采集、数据质量与数据安全等问题，提高了工作效率，为远程审计、实时监控创造便利条件，绝大部分审计项目实现适时在线作业。持续完善ERP集成应用审计业务方案设计，在宏观分析、数据集成、风险预警方面得到强化和提升。完成基于审计数据中心和决策、管理、作业平台“一个中心三个平台”的审计系统建设方案的整体设计，持续完善和优化审计管理系统功能，为审计作业、审计管理等提供现代管理手段和工具，审计信息化工作迈上新台阶。

加强审计队伍建设。认真按照党组开展“三严三实”和重塑形象部署要求，以提高胜任能力和改进作风为核心，加强思想教育和作风建设，领导班子率先垂范，广大审计人员克己奉公，勇挑重担，以高度的责任心和进取心推动审计工作上新水平。通过集中培训、视频专题讲座、业务研讨会等多种培训形式，加大审计人才培训力度，特别是创新“以审代训”的培训方式，抽调有培养潜力的26家地区公司共27名审计人员到审计组，持续参加2015年总部审计项目实训，在实践中培养锻炼有发展潜力的审计干部。

【审计业务培训】 2015年，举办各类审计培训班114期，培训审计人员2586人次。审计部直接举办培训班2期，培训审计人员480人次，其中，7月在北京举办基建工程审计培训班，10月在广州举办审计实务培训班。

2015年末，审计队伍中大学及以上学历1566人，占总人数的81.44%；中高级技术职称1438人，占总人数的74.78%；具有注册会计师、国际注册内部审计师、注册造价师等职业资格的930人，占总人数的48.36%。

【优秀审计项目】 在各单位推荐的基础上组织专家评审，评选出集团公司2015年优秀审计项目85个，其中大庆石化总经理任中经济责任审计、矿区服务事业部小区环境综合整治等工程项目管理审计、2015年辽河油田公司工程项目全过程审计等15个项目获一等奖，30个项目获二等奖、40个项目获三等奖。

【中国内部审计协会石油分会】 2015年，在中国内部审计协会指导下，中国内部审计协会石油分会（简称石油审计协会）认真贯彻落实中央企业审计工作会议、中国内部审计协会第六届理事会第五次会议精神，坚持“服务、管理、宣传、交流”的宗旨，深入开展内部审计理论研究和经验交流，充分发挥内部审计在集团公司改革发展中的积极作用，持续推进石油内部审计事业创新发展。

做好石油审计协会理事会和片组调整。3月18日在北京召开第七届理事会第三次会议，讨论通过石油审计协会理事会人员调整方案，并在会后下发《关于调整中国内部审计协会石油分会部分片组组长、副组长的通知》《关于调整中国内部审计协会石油分会理事会组成人员的通知》。

积极开展内部审计理论研究。下发理论研讨实施方案，将审计课题、论文等理论研究与具体审计项目结合起来，增强了审计队伍理论研究能力，实现审计理论研究与实务工作的相互促进。围绕“内部控制审计”的主题，组织6个片组完成《中国石油内部审计“十三五”规划研究》《中国石油内部审计体制机制研究》《内部审计与内部控制融合研究》等6个重点理论研讨课题，为石油审计事业的科学发展提供理论支持。组织开展审计论文评审，通过片组初评和现场评审，评选出2015年优秀审计论文85篇，其中《“边缘”理论在油田审计中的探索与实践》《试论施工企业内部审计中发现的内控问题及对策》《基于增加价值的内部咨询式审计机制研究》等15篇论文获一等奖，30篇论文获二等奖，40篇论文获三等奖。组织推荐优秀审计论文和案例参加中国内部审计协会的评选，集团公司审计部获得中国内部审计协会理论研讨组织奖，《内部控制审计对于问题导向驱动审计模式作用的理论与实践探讨》《油气田企业内部控制审计发展探析——基于COSO全面风险管理整合框架》获得中国内部审计协会理论研讨论文二等奖，《浅议心理学在内部审计中的重要性及在内部控制审计防御机制中的应用》获得三等奖，另有3篇论文获得提名奖，《离任审计“挖出”会计舞弊案》获得中国内部审计协会“百佳审计案例”称号。

积极发挥期刊、网站的作用，打造学习交流平台。编辑出版4期《中国石油审计》，每周推出1期“中国石油审计”微信精选内容，宣传集团公司内部审计工作，推广内部审计先进实务与理论，传播内部审计优秀文化。以正式刊物出版发行2014年石油审计优秀论文集，印发2013—2014年优秀审计项目选，加强经验交流、扩大影响和研究成果，为审计人员职业发展创造条件。

按照行业协会商会与行政机关脱钩的要求及国家审计署、中国内部审计协会的规定，经研究并报领导批准，集团公司向中国内部审计协会提出了注销石油审计协会的书面意见。12月31日，中国内部审计协会下发《中国内部审计协会关于注销广播电影电视等9家分会的决定》，同意注销石油审计协会。审计部以单位会员身份履行原石油审计协会相应管理职能。

（白雪莲）

企业改革与管理

【概述】 2015年，集团公司改革与企业管理工作全面贯彻集团公司党组部署，认真落实集团公司工作会议精神，按照“研判形势、把握政策，善于学习、勇于创新，履行使命、狠抓落实，协调服务、依法合规”工作思路，全面推进深化改革，持续推进管理创新，促进企业降本增效，进一步完善内控体系，优化业务流程管理，深化全面风险管理。

【深化改革】 编制完成“十三五”改革专项规划，明确集团公司全面深化改革总体思路、基本原则、主要目标、重点部署和举措。规划到2020年，在改革重要领域和关键环节取得决定性成果，形成与世界一流综合性国际能源公司相适应的管理体制和运行机制，实现体制机制充满活力、管理制度适用高效、业务结构优化合理、市场竞争优势突出、党的建设全面加强、公司形象更加鲜明，打造更加开放、更有效率、更可持续的中国石油。

研究起草管理体制改革专项方案，重点围绕明确集团公司功能定位、完善集团公司治理体系、实行差异化管控、建立分级授权管理体系等方面，研究改革优化措施。专项方案充分结合全面深化改革实施意见和“十三五”改革专项规划情况，确保为建设世界一流综合性国际能源公司提供有力保障。

协调推进改革办日常工作。将年度重点改革任务分解为九大类68项重点工作，建立改革任务台账，明确责任主体和进度要求，实施挂账督办，按计划推进落实，顺利完成年度业绩考核目标。组织召开4次全面深化改革领导小组会议，审议通过14项改革议题，组织实施18项改革方案。积极协调并稳步推进油气大销售体制改革试点工作。有序开展改革重点难点问题研究，分两批确定20项改革研究课题，为制定完善重点改革方案提供有力支撑。积极参与国家油气体制改革方案研究，从油气产业发展实际出发，书面反馈52条建设性意见建议，有效维护集团公司利益。

持续推进扩大经营自主权改革试点。在吉林石化、广西石化、甘肃销售、福建销售4家企业实行差异化改革试点工作，按业务特点分类下放投资项目审批、组织机构设置等经营自主权，出台加大工效挂钩力度、调整资金配置使用等配套支持政策，促进企业经营机制转换，增强自我发展意识，取得重要阶段性成果。总结辽河油田、吉林油田试点经验与成效，深入分析试点过程中的新矛盾与新问题，组织研究应对措施，及时向试点企业反馈问题落实情况。

顺利实施两批简政放权工作。以完善经营机制为重点，注重“放管结合、上下联动”，2015 年分两批调整下放管理及审批权限 24 项，涉及经营决策、生产运行、财务管理、资本运营、人事用工、科技项目管理等多个方面，有关职权配置更趋合理，审批程序进一步简化。简政放权工作得到地区公司普遍认同，对调动基层积极性、释放基层发展动力和活力起到极大推动作用。

全面启动宾馆酒店清理处置。按照中央巡视专项整改要求，制定实施《关于宾馆酒店和驻外办事处专项整改的意见》，将集团公司各类宾馆酒店、疗养院等服务业务和相关资产（股权）全部纳入清理范围，加快推进宾馆酒店业务有序退出。坚持统筹规划、分类实施，按照“卖一批、转一批、关一批、留一批”清理处置原则，2015 年分 3 次完成 174 家宾馆酒店整改方案批复工作。组织责任主体企业严格执行国家有关法律、法规和集团公司“三重一大”决策程序，坚持规范化、程序化操作，确保国有资产不流失，并做好宾馆酒店股权和债权债务清理、确保队伍稳定等工作。

在对集团公司现有多种经营业务进行调查分析基础上，研究起草多种经营业务深化改革若干意见，提出相关改革措施和配套政策建议。多种经营业务深化改革应坚持市场化方向，通过制度创新、体制创新和机制创新，加大混合所有制改革力度，持续推进资源优化整合。

【管理提升】 深入基层开展调研。秉持“问计于基层、问需于基层、问智于基层”工作原则，深入 58 家企业，就加强企业管理、推进管理创新、开源节流降本增效等相关工作开展调研，组织召开企业机关部门、主要生产经营单位负责人、基层班组长及企管处长座谈会 40 余次，参加交流人员 500 余人次，听取各企业对集团公司加强企业管理工作的意见建议，形成了《加强企业管理、推进管理创新调研报告》。开展管理创新模式、商业模式创新和管理创新方法 3 个课题研究，初步形成集团公司在“十三五”期间加强企业管理工作指导思路。

总结优秀管理经验。通过现场调研、企业自荐和专业板块推荐的方式，总结 55 家单位在开源节流降本增效、基础管理、专业管理、企业改革和管理创新等方面 61 项优秀管理经验、方法和举措。

搭建企业管理工作交流平台。将集团公司门户网站中“管理提升活动专栏”改版为“管理提升专栏”，组织各企事业单位报送企业管理信息，致力于将专栏打造成企业先进管理经验和优秀成果推广展示平台、企业管理人员思想交流平台以及管理前沿知识和最佳实践学习平台。2015 年共收集发布企管工作动态 593 篇，分享管理经验 25 篇，选登他山之石文章 90 篇，发布通知公告 12 篇，摘录管理文库 78 篇，专栏点击率超过 11000 次。

【经营管理】 推动未上市托管业务解困扭亏工作。组织编制未上市托管业务改革指导意见初稿，协调实施西南油气田未上市资产置换、通信与信息业务回购和大庆石油管理局长春石油机械厂处置等工作，就工程建设公司关于长庆辽河工程设计院重组、华北油田股权改造北京华通信联科技有限公司、矿区业务专项改革、兰州石化仪表厂清理等托管业务改革事宜，提出研究意见、协助开展工作。通过努力，托管企业 2015 年亏损 35.8 亿元，可比口径同比减亏 8.74 亿元，幅度 19.6%。其中，托管油气田企业亏损 28 亿元，比预算 39.3 亿元减亏 11.3 亿元，幅度 28.6%；托管炼化企业亏损 7.76 亿元，比预算 9.5 亿元减亏 1.74 亿元，幅度 18%。全面完成业绩合同和开源节流降本增效年度目标。

开展企业发展能力评价。组织开展企业评价框架与指标设计，与国内外知名公司进行交流，充分征求有关部门、专业分公司、地区公司意见，实施问卷调查，确认评价指标，定位数据源，收集评价数据，试算了 2014 年评价结果。集团公司领导专题听取企业评价研究情况，决定将该项工作定位为企业发展能力评价指标，重点面向所属企业，起草企业评价相关管理办法。

协调有关部门、专业分公司和地区公司，详细研究储气库发展情况和管理问题，制订储气库运营建议方案，12 月 10 日全面深化改革领导小组审议并原则通过。

开展电力体制改革研究。重点分析国家有关政策措施，收集集团公司用电发电数据和四川石化典型经验，研究分析电力改革对集团公司的影响，组织企业开展政策研究、摸底清查、优化结构、统筹协调、总结经验等工作，促进企业降本增效。

做好专项业务协调工作。加强沟通协调，做好基层服务，提高昆仑润滑油内部使用量，2015 年集团公司主要用油单位昆仑润滑油使用量达 23854 吨，同比增加 5960 吨，增长 33%，在 60 家主要用油单位中，内部使用比例达 60% 以上有 35 家，同比增加 33%，总体情况较好。开展大庆炼化垫片螺栓采购验收与供应商情况调查。协调解决兰州储备油库原油跌价损失问题，深入研究储备油库管理运行体制机制问题。深入开展生产经营体制机制研究，分析集团公司产业链运行状况，就改进业绩考核、完善价格机制、促进炼销贸一体化发展等提出优化建议。

【内控体系与流程管理】

1. 业务流程管理

构架流程管理标准。总结集团公司多年流程管理工作实践，按照框架类、程序类、方法类、基础与工具类 4 个方面，以及业务流程梳理类和信息系统控制设计类两大类，搭建流程管理标准框架和相关标准。

总部和企业上下联动，推动流程管理向各领域延伸。总部层面按照集团公司产炼销运储贸一体化管理思路，以及“一本账”管理，综合平衡实现整体效益最大化的目标，组织开展总部生产经营管理部业务流程梳理，以生产经营计划为核心，对集团公司在生产经营计划编制精细度、计划落地管控力度、重大生产经营问题运行协调以及生产经营计划管理信息化程度等方面进行评估，提出改进意见。企业层面组织 11 家试点单位开展财务管理专业流程梳理与规范，共绘制业务流程图 202 个，评估重要业务流程 112 个，识别重要风险 94 个，编写控制设计 170 个，明晰关键事项审批流程 71 个。

2. 内控体系运行评价

组织管理层测试。按照监管要求，以“风险为导向”，合理确定管理层测试范围，主要业务领域包括油气田开发建设、油气生产、设施建设、油气销售、炼化生产、炼化销售、油气运输、人力资源管理、财务管理、资本运营、物资管理、资产管理、科技管理、信息管理、合同与纠纷管理等；高风险领域包括招投标、重大项目投资、资产管理、资金管理、合同管理、工程管理等。2015 年，在各企事业单位全面开展内部控制自我测试基础上，组织对总部机关和 58 家企事业单位内部控制设计和执行情况进行评价，测试范围和覆盖率均满足监管要求。

落实例外事项整改。根据年度测试情况，分领域对测试发现典型案例进行系统分析，提出完善制度、流程等具体管理建议。针对测试发现问题，会同相关部门和企事业单位进行“一对一”分析，提出整改建议，逐家下达改进意见书，并引入“缺陷评估和风险警示”机制，形成与总部相关部门和专业分公司之间联动机制，定期发布例外事项通报，从不同层面推动例外事项整改。通过“测试—整改—再测试”持续改进机制，管理层测试发现的例外事项得到及时、有效整改。

内控体系运行持续有效。与外部审计师充分沟通，确保股份公司财务报告内部控制有效。股份公司董事会按照监管要求对内部控制进行评价，认为截至 2015 年 12 月 31 日内控有效。外部审计师毕马威华振会计师事务所（特殊普通合伙）对股份公司财务报告相关内部控制出具标准无保留审计意见。股份公司内控有效性连续 10 年通过外部审计。

【风险管理】 完成重大风险评估和风险报告编制，风险管控责任全面落实。自 2015 年起集团公司年度风险报告纳入董事会及董事会审计与风险管理委员会审议范围，风险管理工作重要性逐渐凸显。各单位按照统一要求召开专业会议审议和审批风险年报，进一步强化风险管控责任落实。

加强风险事件动态管理，提高风险预警水平。建立统一的风险事件分类分级标准、收集分析工具和系统内开放共享的风险事件库，实现风险事件“及时收集、按季分析、定时通报”常态化管理。

落实重大事项风险评估程序性审核，强化重大事项风险管控。研究形成分业务领域投资项目风险评估指南及投资项目风险评估程序性审核办法，将投资项目风险评估和审核细化落实到项目可行性研究、论证和审批全过程。

夯实风险管理基础，推动风险管理文化健康发展。起草制订《集团公司风险管理办法》，优化风险评估工作程序，完善风险预警指标体系，满足国务院国资委对中央企业风险管理工作基本要求。

对销售企业近年来发生的资金损失事件开展全面调研、梳理和分析，分析研究销售企业内部营运和资金管理中存在的问题和不足，提出通过完善制度和流程，明确资金安全管理责任机制的管理建议，提升相关企业风险管控能力。

【基础管理建设工作】 建立管理规范平台与流程系统双向数据同步机制，实现通过管理规范平台无缝访问流程系统。协助完成物资采购管理部、销售分公司、天然气与管道分公司管理规范平台建设，搭建业务能力框架。

【队伍建设】 组织到中国台湾地区学习研讨班。组织总部机关、专业分公司、地区公司和研究单位的领导同志组成台塑集团“合理化”管理理论和实践研讨班，赴台湾地区台塑集团关系企业、中钢公司、和泰汽车杨梅物流中心等企业进行实地考察学习，系统学习台塑集团“合理化”管理理论、方法与实践，内容涵盖台塑集团经营管理理念架构以及安全、卫生、环保、人事、财务、创新推动、单元成本分析、一日结算等管理特点和经验。组织学员结合自身工作实际撰写学习总结报告和团组总考察报告，将报告汇编成册并发送集团领导、各部门和企业，促进知识经验共享传播。

组织实施2015年集团公司企业管理处长培训班，119名各企事业单位企业管理部门负责人参加培训，对于进一步推动集团公司改革与企业管理工作起到很好促进作用。

组织3期内控测试继续教育培训，共有79家企事业单位116人参加。举办3期流程管理与系统应用培训班，共有165家企事业单位281人参加。组织2期风险管理业务培训，共234名企事业单位风险管理人员参加。提高专业人员技能水平，为打造一支综合素质高、业务能力强的专业队伍打好基础，促进各单位提升工作效率和效果。

（刘　影　李　娟）

矿 区 服 务

【概述】 2015年，矿区服务系统按照集团公司统一部署，紧紧围绕建设美丽矿区、和谐社区目标要求，认真履行“保障生产、服务生活、维护稳定”重要职责，积极应对低油价挑战，深化矿区业务改革，推进市场化、社会化，实施“三供一业”分离移交，深入开展开源节流降本增效，矿区业务总体实现收支平衡。截至2015年底，矿区服务系统共有从业人员14.96万人，其中合同化员工10.67万人。矿区总户数131万户，物业服务面积1.44亿平方米，供暖面积1.39亿平方米，全年供水1.94亿立方米，供电29.46亿千瓦时，医院诊疗1478.65万人次，服务离退休人员61.12万人。

【矿区民生工程】 2015年，优化矿区建设投入方向和重点，突出实施安全环保隐患治理、节能减排、配套设施建设和社会化项目，建设一批关系民生的重点工程。重点支持辽河油田完成35项小区配套设施改造、22项安全隐患治理和1.58万户供暖分户改造，矿区环境进一步改善；贯彻国家节能减排工作要求及《京津冀及周边地区落实大气污染防治行动计划实施细则》部署，以京津冀地区为重点，加强矿区燃煤锅炉治理，取得积极实效，京津冀地区企业共有12台锅炉实现“煤改气”，其中管道局矿区全部完成燃煤锅炉改造任务，实现清洁生产。采取多种方式、多种渠道帮助解决职工住房问题。西南油气田川西南云舒佳苑经适房、川南静和苑经适房、成都锦华苑二期项目完成综合验收；青海油田东坪油苑一期住宅实现主体封顶；塔里木油田向地方政府争取到用公积金交首付、先提后贷、提高贷款限额等专项优惠政策，帮助职工利用公积金贷款解决住房问题。推进生态矿区、绿色家园建设，加强道路绿地、公园绿地、居住绿地、厂站绿地、防护林五大绿地建设和养护管理，组织开展全民义务植树活动，绿化美化矿区环境。同时落实国务院国资委政策精神，按照属地化管理的原则，组织青海油田、吉林石化积极申请棚户区改造国有资本经营预算资金支持，2015年获得补助资金3100万元。

【深化矿区改革】 2015年，研究编制矿区改革专项方案，明确矿区业务在管理体制机制、业务结构调整、市场化社会化、基础管理工作等方面的改革目标、任务和措施，并明确在西南油气田、吉林石化两家单位开展试点工作，指导两家单位编制试点工作方案。遵循精简、高效、顺畅原则，积极推动矿区系统调整优化组织机构，压缩管理层级，精简机构人员，提高运行效率。吐哈油田、呼和浩特石化撤销矿区服务事业部设置，设立矿区管理部归口管理矿区业务；西南油气田将部分矿区管理职能并入油田公司机关，减少处级机构10个、科级机构45个；东方物探压缩矿区机关处室3个、基层处级单位2个；兰州石化压减矿区机关处室4个，大连石化将矿区下属7个中心整合为3个；辽河油田实施医疗业务整合，将总医院、第二职工医院合并，实现医疗卫生一体化管理；大庆油田实施大班组重组，推行大工种作业，减少大量用工。积极探索推进医疗和托幼业务社会化，组织召开医疗、托幼业务社会化推介会议，邀请华润医疗、中信医疗等知名医疗投资机构以及珠海大地、东方之星等学前教育机构参与矿区医疗、托幼业务社会化改革。批复大港油田、独山子石化企业医院社会化方案，2015 年共有辽河油田、冀东油田等 9 所幼儿园与社会机构联办。

【矿区安全环保管理】 加大 HSE 体系建设力度，完善 HSE 制度，强化 HSE 培训，积极开展 HSE 体系审核，认真整改审核发现的问题。共有 34 家矿区单位开展内部审核，接受地区公司审核 59 次，审核发现问题 2782 项，整改 2771 项。组织开展矿区出租场所专项检查和安全生产大检查 2 次检查活动，检查重点包括矿区民用燃气、人员密集场所、安全环保隐患治理、供电管理、电梯安全、危化品存储使用、风险控制与应急等 7 个方面，发现并整改问题 6000 余项。11 月 19 日，矿区服务工作部组织召开 2015 年安全生产大检查工作交流会，通报安全生产大检查情况，专题研讨部署矿区出租场所、电梯、消防、燃气及环保等重点领域的安全监管工作。特别是针对贯彻落实新《安全生产法》，对出租场所的安全管理工作进一步厘清责任，完善措施，消除大量隐患。在兰州石化蓝馨花园举行高层民用住宅消防应急演练，兰州石化、兰州市公安消防支队、中石油昆仑燃气、辖区居民等 125 人参加了演练，43 家矿区单位 75 名安全管理专家到现场进行演练观摩。通过演练，检验矿区系统高层民用住宅消防应急响应程序，提高突发事件下的快速反应和协同作战能力，增强社区居民的安全意识和逃生自救技能。加强应急体系建设，组织修订集团公司公共卫生突发事件应急预案，完善各类应急预案 256 个，开展应急培训 7800 多人次。持续推进开展安全社区创建，实施安全促进项目，9 个社区完成全国安全社区现场评审，长庆油田泾渭苑获得“国际安全社区”命名。

【矿区社会治理】 在前几年完善组织体系、搭建服务平台、落实惠民政策等重点工作取得积极成效的基础上，把工作的着力点放在探索企业退出社区管理、推进居民自治、引入社会机构服务居民等方面。在西南油气田重庆公管中心组织召开矿区社会治理现场学习调研会，学习推广其将社区活动室移交政府、引入社会机构建立社区日间照料中心的做法。大庆油田实施综合体标准化建设、规范化管理，完善“四位一体”（即政府公共服务、社会专业服务、自愿互助服务、矿区综合服务统一为一体）服务功能，建成使用综合体 5 个。塔里木油田、西南油气田、管道局积极创造条件，逐步将企业承担的社区综合治理、居民教育、文化建设、离退休管理、社区医疗、社区养老等服务职能移交给社区居委会。华北油田指导创业家园成立业主委员会，实现矿区居民自治新突破。长庆油田燕鸽湖社区为地方政府提供场所设立社会组织孵化基地，引入 16 家社会组织，成功导入数十项惠民服务项目，庆阳影剧院和员工活动中心顺利移交地方政府管理。

【加强基础工作】 加强制度和标准建设，制修订《节假日矿区服务运行规范》《社会化托幼园所监督管理规范》《矿区住宅小区物业管理达标规范》等 4 项标准。组织开展“标准化管理、满意度测评、示范窗口建设”检查推进活动，评选表彰 14 个先进单位、38 个先进集体、62 名先进个人。强化矿区服务体系建设，持续完善以居家养老为基础、社区养老为依托、机构养老为补充的矿区养老服务体系，为 2.5 万名老人提供多样化的养老服务。加强医疗服务保障，组织开展健康体检、心理咨询、送医送药、派遣随队医生服务生产一线；利用社会优质医疗资源，开通员工就医绿色通道 11 条；建成覆盖北京、兰州、独山子、大庆、吉林等 18 个地区的医疗远程会诊系统，年开展会诊 1069 人次。组织研究矿区服务业务“十三五”规划纲要，在纲要基础上进一步细化形成矿区服务业务“十三五”发展规划，明确业务定位，提出补贴和从业人员压减、社会化市场化程度等各项目标。

【“三供一业”分离移交】 根据国务院国资委的部署，在 2014 年湖南、重庆、四川等省（自治区、直辖市）进行“三供一业”分离移交试点的基础上，2015 年将试点范围扩大到辽宁、吉林等省（自治区、直辖市），主要采取以下措施：（1）加强政策研究。协调总部财务、人事等有关部门进一步明确采暖物业补贴货币化、从业人员安置等相关政策。按照国务院国资委“三供一业”分离移交总体要求，起草下发集团公司“三供一业”分离移交指导意见，明确分离移交指导思想、原则、范围和具体操作步骤，为各单位推进分离移交提供政策依据。（2）加强组织领导。集团公司成立“三供一业”分离移交协调推进工作组，总经理助理汪世宏任组长，矿区服务工作部总经理刘自强任副组长，总部机关财务、人事等有关部门领导参加。矿区服务工作部积极深入企业加强政策宣传解释，指导企业研究制定工作方案。（3）加强工作协调。与国家电网公司供电业务接收主管部门营销部签署会议纪要，明确移交供电业务；组织新疆油田、辽河油田、吉林油田、辽阳石化、吉林石化与清华同方对接供暖业务情况，积极探索清华同方接收企业供暖业务的可行性方案；推动华油集团成立股份制物业公司，接收企业物业服务业务事宜。（4）积极申请支持资金。完成2015年度“三供一业”分离移交国有资本经营预算申报工作，已获得大庆石化、大庆炼化、哈尔滨石化组织的3个社会化项目专项补助资金4255万元；将西南油气田、中油一建、重庆销售组织实施的“三供一业”分离移交项目纳入2016年国有资本经营预算预申报范围，拟申报补助资金16918万元。2015年实施水电气暖社会化项目33项，完成934万平方米供暖、4395户供水、9363户供电、8.7万户供气社会化。

（陈成才）

维稳信访与综治保卫

【概述】 2015年，集团公司维稳信访、综合治理与保卫工作按照党组的决策部署和总体要求，始终以为集团公司改革发展营造平安和谐稳定的环境为目标，以维护各个重点时期的大局平安稳定为己任，全面推动维稳信访、综合治理与保卫长效机制建设，强化基础工作，促进管理提升，推进各项工作的有序开展，圆满完成维稳信访、综合治理与保卫各项工作任务。

（黄晓雯）

【维稳信访】 2015年，集团公司维稳信访工作坚持用法治方式规范维稳信访工作，强化风险管控，落实源头预防，创新群众工作方法，解决信访突出问题。经过全系统大量艰苦细致的工作，集团公司信访总量保持平稳，有效杜绝个人极端事件，有效杜绝规模性群体访和进京访，有效杜绝网上有害稳定信息传播蔓延形成负面炒作热点，维稳信访总体形势保持基本稳定，工作取得积极成效。

组织责任。集团公司党组牢牢把握党中央全面推进依法治国、维护社会政治大局稳定的总要求，牢牢抓住全面深化改革这条主线，把握方向力度，把维护企业矿区大局稳定作为一项重要的政治任务，摆在更加突出的位置。遵循法治化轨道，运用法治思维和法治方式化解矛盾，立足依法依规解决信访突出问题，着力建设法治央企。党组和集团公司领导的总体思路、指示要求、工作作风和身体力行，保证2015年维稳任务的全面完成，有力推动维稳信访工作的深入开展。

畅通渠道。企业各级信访部门不断加大来访接谈力度，畅通信访渠道，强化规范有序，认真负责解决群众合理诉求。对群众诉求坚持有理推定原则，只要有合理的成分，就投入全部精力和爱心去努力解决。坚持对突出问题全程跟踪督办，坚持主要领导牵头包案，严格落实带案下访、重点约访和登门走访，在认真研究问题和相关法律政策的基础上，坚持法定途径优先，以事实为依据，以法律政策为准绳，多措并举、综合施策，耐心细致地做好教育疏导，晓之以理、动之以情，真心实意帮助上访人解决实际困难，使上访人在法律、政策面前心服口服。深入开展领导干部大接访活动，把群众反映的问题搞清楚，把问题的症结搞明白，使群众合理诉求真正得到妥善解决。一年来，累计化解各类信访积案1550余件，使一大批疑难复杂的信访问题得到妥善解决。

信息排查。各企业坚持把信息作为做好稳定工作的前提，放在突出位置，发挥基层四级多源头信息网络作用，建立完善立体信息网络，及时搜集、获取各类信息，确保对各类不稳定苗头动向企业上下同步掌握。强化信息汇总分析研判，对苗头倾向信息做到第一时间发现、第一时间会商，对可能出现的不稳定问题逐项进行分析预测，制订针对性措施和工作预案，做到政策措施有评估、稳定风险有预测、稳定问题有对策、防范预案可操作，从源头上防止不稳定因素的发生。坚持阶段性定期排查和滚动式排查相结合，并在全系统集中开展矛盾纠纷大排查活动，做到横向到边、纵向到底，分级排查、分级建账，覆盖全部所属企业，把重点苗头隐患全部纳入视线和调控范围，牢牢把握工作的主动性。

扶贫帮困。企业各级组织认真落实集团公司党组有关要求，持续跟进惠民工程建设，建立并形成覆盖企业矿区的综合性帮扶保障工作体系，不断增强稳定工作的针对性和实效性。全面推进扶贫帮困送温暖活动，不断加大对困难群体人员的帮扶力度和覆盖面，形成“员工同心互助金”常态工作机制，覆盖全系统矿区内各个群体困难人员和特困家庭，帮扶一大批群体困难人员，切实有效缓解化解大量矛盾和问题。持续发挥石油企业思想政治工作优势，持续深化用群众工作统揽信访工作，把握工作主动。2015 年，通过节日帮扶慰问、金秋助学、大病救助等多种形式累计帮扶各类困难人员 17.1 万人次，做到“不让一户困难家庭生活无保障、不让一个困难人员的子女上不起学、不让一个困难人员看不起病”。

筑牢基础。各企业明确目标、落实责任、完善机制，工作部署迅速坚决，工作措施扎实有效，工作职责履行到位。根据矛盾问题不同特点，对可能出现不稳定问题的人员结成基层包保对子，建立起帮扶、稳控和化解的多层级责任网络，不断筑牢企业矿区的稳定基础。坚持企业党政主要领导共同担负维护稳定第一责任，党政同责、一岗双责、齐抓共管，总经理和党委书记亲自抓，分管领导具体抓，相关部门抓落实，主体单位严问责。坚持将维稳信访工作开展情况纳入各单位领导班子、党政主要负责人的经营业绩考核，对规模性群体进京访实行一票否决，有力促进稳定目标任务的落实。

（崔守全）

【综合治理与保卫】 2015 年，集团公司党组紧紧围绕中央维护国家能源安全、推进平安建设的总要求，有力推进油气安保防恐工作有序开展。党组认真贯彻落实党中央、国务院重要决策部署，始终把保障国家能源战略安全作为一项政治任务，始终把安保防恐工作作为集团公司实现保增长、保安全、保稳定的重要手段，着力提高企业反恐怖防范能力，统筹推进社会治安防控体系建设，持续深化油气安保防恐各项工作。

油气治安管理和反恐怖防范工作。加强与有关部委和涉油地方党委政府的配合，为油气安保防恐创造良好的社会环境。保卫部积极协调部际联席会议联络员工作组针对涉油突出问题和重点地区开展整治行动，督办重点涉油案件，组织专项整治行动。贯彻落实国家公安部《石油天然气管道系统治安风险等级和安全防范要求》，全面完成油气田、管道和炼化企业管道风险评估、梳理划分及落实整改等工作。配合部际联席会议联络员工作组开展跨国管道国家警务联络官座谈会，了解中亚、中俄、中缅管道在 6 个国家发展情况和未来布局。配合做好缅甸能源安全研修班相关工作，并协调管道分公司、西南管道公司做好授课工作。参加国家反恐办“反恐怖防范标准建设座谈会”，根据国家反恐办工作部署，深入推进反恐怖防范标准建设工作。参加甘肃省发展和改革委员会召开的甘肃省管道保护工作座谈会，协调做好管道保护工作。积极帮助中央综治办、国家能源局协调完成有关工作，推动安保防恐工作不断向纵深开展。

2015 年，经过全系统共同努力，集团公司安保防恐形势基本稳定。全年各油气田和管道企业共接报案件 2272 起，其中打孔盗油 104 起，开井放油 766 起，同比分别下降 37%、55%。配合公安机关查破涉油刑事案件 1203 起，查获贩运原油车辆 2455 台，收缴被盗原油 10995 吨，挽回直接经济损失 4786 万元，有效杜绝涉油气暴力恐怖事件，有效防范重大涉油刑事案件和治安灾害事故。

（李国华）

总部机关安保消防工作。2015 年，总部机关防火办以全面夯实火灾防范基础为主线，狠抓火灾隐患排查与风险管控，稳步推进消防“四个能力”建设，不断完善管理体系与应急机制，圆满完成全国“两会”、十八届五中全会等重大活动和重要敏感时期消防安全保障任务，确保总部机关办公区消防安全。签订《消防安全责任书》54 份，重新梳理修订现有管理制度、应急流程、预案方案 85 项，完善规范各类基础台账 15 项。坚持自查、巡查和监督检查相结合，2015 年累计排查整改北京中国石油大厦消防隐患问题 447 项，六铺炕办公区 231 项。持续开展燃气设施日检查，每日开火前利用可燃气体报警仪对所有燃气设施开展气体泄漏检测，定期对燃气泄漏报警系统和管道紧急切断阀进行专业测试。严格动火作业审批与监护，对动火作业进行全程监护，2015 年审批动火作业 496 次，安排现场监护 183 人次，累计监护动火 5130 小时。

在京单位消防工作。2015 年，在京单位全面贯彻《中华人民共和国消防法》和公安部 61 号令有关规定，紧紧围绕“预防为主，防消结合”的消防安全工作方针，牢固树立“首善意识”，在集团公司安全环保体系框架下，认真落实北京市消防局有关要求和工作安排，全面落实单位主体责任，稳步推进单位消防安全“四个能力”建设，建立完善消防安全信息管理平台，制定并印发《集团公司在京单位 2015 年消防工作要点》，对 45 个办公区域建筑的消防信息、消防人员配备、消防安全日常管理等情况进行再次摸底，对 37 个消防控制室设备细化摸排，及时掌握消防控制室执勤人员的取证、基本素质和岗位配备情况。组织专门检查组对 33 家主要在京单位和 6 家继续经营的驻京联络机构进行监督检查，发现并监督整改各类隐患问题63项，监督指导勘探院、寰球工程、华服总、石油报社等单位整改彩钢板及消防系统重要隐患4项。在全国“两会”、法定节日以及重大活动和重点敏感时期，及时下发工作通知，确保不冒烟、不起火。为吸取火灾事故教训，各单位主动与公安消防部门沟通，围绕消防控制室的设备认知与使用、日常维护与故障排除、应急处置与操作、事故报警报告等方面内容开展岗位技能培训。寰球工程、石油报社等6家单位，专门邀请相关方面专家，采取完全现场授课的模式，以操作人员实际操作为主开展培训工作。

国家安全和无线电管理工作。按照北京市国家安全机关的要求，将维护国家安全任务贯穿企业生产经营的每个环节，及时协调国际部做好中国石油驻海外企业员工和利益保护，积极配合国家安全机关开展敌情调研、案件侦查和线索查证等工作。严格执行《中华人民共和国无线电管理条例》的有关规定，大力协调国家无线电管理局，做好企业无线电频点的申报报批工作，并按要求在规定频点和区域内使用无线电设备。

保卫部与中华见义勇为基金会共同组织举办了第12届“昆仑奖”全国十大见义勇为英雄司机评选活动，累计10名全国十大见义勇为英雄司机、47名全国见义勇为英雄司机、3个英雄司机团体、20个城市奖和23个组织奖代表受到表彰。

（乔旭烁）

离退休职工管理

【概述】 截至2015年底，集团公司所属企事业单位离退休职工总数为492712人。其中，离休干部3955人，占0.8%；退休干部167490人，占34.0%；退休工人321267人，占65.2%。离退休管理工作人员7360人，其中专职6287人、兼职1073人。集团公司离退休系统设有党委136个、党总支320个、党支部3512个，离退休职工党员总数为209559人。全系统有离退休职工活动中心（站、室）1381个，老年大学总校63所、分校99所。

【离退休职工思想政治建设和党支部建设】 按照中央“全面从严治党”总体要求，着力加强离退休职工党支部组织建设、制度建设和离退休职工思想政治建设。组织离退休职工深入学习贯彻全国离退休干部“双先”表彰大会精神，学习宣讲中央组织部印发的《学习贯彻习近平总书记等中央领导同志在“双先”表彰大会上的重要讲话精神宣传提纲》，宣传学习集团公司荣获“双先”称号离退休职工党支部和离退休职工党员的先进事迹。召开纪念中国共产党成立94周年座谈会，集团公司党组对全系统81个先进离退休职工党支部和400名优秀离退休职工党员予以表彰。开展“纪念中国人民抗日战争暨世界反法西斯战争胜利70周年”征文活动，在《中国石油报·金秋周刊》发表离退休职工撰写的纪念文章90余篇。开展“寻找抗战老兵”“亲历抗战岁月”征文活动，离退休职工共创作书画及摄影作品2380余幅，撰写纪念文章620余篇。编印发行《“石油不了情”金秋作品集》，供离退休职工学习交流。

【离退休职工待遇落实】 坚持政治上尊重关心老同志，生活上关怀照顾老同志，严格落实中央、地方和集团公司出台的一系列优老惠老待遇政策。开展走访慰问离退休职工活动，在元旦、春节、五一、七一、重阳、国庆等重大节日期间，向广大离退休职工传递集团公司党组和各级党委的关怀与祝福，2015年慰问离退休职工9.8万人次。在庆祝抗战胜利70周年之际，走访慰问抗战老战士及遗孀518人，发放抗战胜利纪念章551枚。按照中央组织部通知要求，为69名符合条件的离休干部上报审批，提高他们相关医疗待遇。按计划为离退休职工发放3次集团公司节日慰问金。严格执行离退休干部阅读文件、参加重要活动、通报情况等制度，全系统2015年召开各种座谈会、报告会等1200余场次，参会4.2万余人次；举办各类学习培训班1000余场次，参加培训3.9万余人；召开各种情况通报会974次，组织离退休干部参观工农业生产项目133次。

【离退休职工活动中心和老年大学建设】 离退休工作系统在2014年开展“两个阵地”示范创建工作的基础上，总结经验，推广典型，加大投入，离退休职工活动中心和老年大学的设施条件、管理水平、活动效果、服务质量得到持续改善和提升。开展庆祝抗战胜利70周年系列活动，全系统举办书画作品展、图片展、板报展、红歌会、座谈会、知识竞赛等230余场次。举办集团公司第16届离退休职工台球赛，来自企事业单位和总部机关的10支代表队、71名离退休职工参加比赛。中国石油老年人体育协会组织部分离退休职工代表，参加19项全国老年人体育交流活动，获得优胜奖10项。各离退休协作区组织成员单位广泛开展文体活动，举办门球、乒乓球、麻将等多项交流活动，300余名离退休职工参加。

【"为党的事业增添正能量"活动】 按照中央组织部关于开展为党的事业增添正能量活动要求，组织离退休职工和离退休工作人员学习中央组织部印发的《在离退休干部中开展以"展示阳光心态、体验美好生活、畅谈发展变化"为主要内容的为党的事业增添正能量活动宣传提纲》，深刻认识正能量活动重要意义。开展"我看十八大以来的变化"主题调研活动，了解掌握集团公司局处级离退休干部对党的十八大以来变化的认识理解和切身感受。访谈离退休干部96人，问卷调查108人，召开座谈会55场、552人参会，整理座谈会及访谈记录506份。开展"讲好石油故事，弘扬石油精神"征文活动，组织离退休职工围绕集团公司改革发展变化，述说石油工业发展成就，展示幸福晚年生活，收到征文作品1345篇，评出优秀作品120篇。组织离退休职工开展在国内主要媒体网站发声活动，教育带动广大网民共同释放正能量。举办大庆油田离退休职工先进事迹报告会，先后在大庆油田、管道局、华北油田、东方物探、勘探开发研究院、长庆油田等6家单位和总部机关巡回宣讲，使2000余名离退休职工受到大庆精神铁人精神再教育。

【"三严三实"专题教育活动】 按照集团公司党组《关于开展"三严三实"专题教育实施方案》安排部署，离退休职工管理局（老干部局）结合部门工作和人员实际，扎实开展专题教育活动。每月召开专题学习会，组织全员学习《习近平谈治国理政》《领导干部"三严三实"学习读本》等学习资料。组织全员开展自学，重点学习集团公司领导主讲的专题党课，焦裕禄、杨善洲等先进典型和以铁人王进喜为代表的石油英模事迹。召开"三严三实"专题教育研讨会，组织全局副处级以上干部交流对"三严三实"的认识与体会。组织全员对照"三严三实"要求和自身岗位职责，联系个人思想、工作、生活和作风实际，深入查摆"不严不实"问题，做好整改落实。

【"重塑中国石油良好形象"大讨论活动】 按照集团公司党组关于开展"重塑中国石油良好形象"大讨论活动的意见要求，离退休职工管理局（老干部局）采取集体学习、专题培训、个人自学等多种形式，组织全体干部员工深入开展大讨论活动。一是制定开展重塑形象大讨论活动实施方案。二是召开动员大会，对大讨论活动做出具体安排和部署。三是召开集体学习会，认真学习党的十八届五中全会、集团公司领导干部会议等重要精神和集团公司党组关于开展大讨论活动有关文件精神，提高全员对开展大讨论活动重要性的认识。四是组织全员查找影响中国石油形象、本部门形象等方面的突出问题，实事求是撰写个人自查报告，制定措施，整改提升。五是组织局内各处室参加直属党委开展的"弘扬光荣传统、重塑良好形象"征文活动，共投稿7篇。

【离退休职工管理队伍建设】 按照"政治上要强、业务上要精、作风上要硬、服务上要优"的工作要求，持续加强离退休工作部门建设和队伍建设。举办集团公司第21期离退休业务培训班和2015年度离退休职工管理信息系统操作与统计工作培训班，来自各企事业单位离退休工作部门的300余名学员参加培训。开展2015年度离退休课题研究工作，评选出一等奖、二等奖、三等奖优秀论文共62篇。编印发行《中国石油离退休工作论文选》，供全系统离退休工作人员学习交流。离退休职工管理局（老干部局）领导分赴西南油气田公司等单位调研，了解基层离退休工作现状，听取离退休职工和基层工作人员意见与建议。开展离退休工作系统评优表彰工作，集团公司对60个离退休工作先进集体、157名先进工作者予以表彰。持续优化离退休职工管理信息系统模块，增加并完善系统功能，截至2015年底，信息系统工作用户达1861位，业务数据总量3.4万余条，累计用户访问量11万余人次。

【关心下一代工作】 集团公司启动"旭航"项目，累计捐助爱心资金200余万元，为河南、四川两省四校800余名贫困高中生助学圆梦。集团公司关工委组织关心下一代工作系统学习贯彻全国关心下一代工作表彰大会精神，编印《全国关心下一代工作表彰大会精神传达提纲》。开展集团公司关心下一代工作先进集体和先进个人表彰工作，评选出先进集体27个、先进工作者138名，召开座谈会并予以表彰。开展迎"六一"关爱助学活动，向华北油田和北京郊区3所学校捐赠图书1000册、体育用品130件、学生书包90个，向石油幼儿园赠送图书600册、电视机2台。联合集团公司团工委和直属团委举办中国石油青年大讲堂"奋斗的青春最美丽"分享活动，组织500余名青年员工聆听全国离退休干部先进个人陈汉宝等5名来自不同行业杰出代表讲述的奋斗青春故事。

（王冀新）

档案管理

【概述】 集团公司档案（史志）工作牢牢把握服务企业发展的宗旨，持续加强资源体系、利用体系和安全体系建设，服务集团公司改革发展稳定的能力和水平不断提升。截至“十二五”末，集团公司馆藏纸质档案2295.89万卷、4349.46万件，声像档案26.99万盘，照片156.34万张，比“十一五”末分别增加17.59%、11.71%、22.44%和78.97%。档案服务工作效果显著，为各项业务发展提供有力支持。“十二五”期间共提供档案利用129.93万人次，558.92万卷、835.21万件。

【档案工作】 2015年，集团公司认真贯彻落实党和国家关于加强档案工作的系列部署，紧紧围绕集团公司战略发展目标，不断创新管理理念，深化资源建设，强化基础业务和信息化管理，档案工作取得新成绩。集团公司档案工作获评中央企业档案工作对标标杆企业。在国务院国资委举办的办公室工作“创一流”活动中，展示交流了集团公司档案工作成果，获得国务院国资委和多家中央企业好评。各单位认真落实集团公司档案工作部署，全面加强规范化管理，加快推进信息化建设，档案工作实现新发展。通过连续4年的评价工作，A级单位达106家，占80.3%，档案整体工作水平持续提升。

档案基础业务扎实开展。不断推进规范化管理，制定《集团公司档案数字化安全保密管理规范》，从组织、资质、场所、设备、流程等方面对档案数字化过程中的安全保密进行规定，填补了集团公司在该领域的空白；制定《集团公司地质资料管理规定（试行）》，进一步明确管理责任和要求，同时对归档、上交、汇交、保管、利用等各个重要环节进行具体规定，是集团公司首个专门针对地质资料管理工作的规范性文件；制定《集团公司境外档案管理指南》，为规范集团公司境外档案管理工作提供指引。设施设备投入不断加大，档案保管条件持续改善。项目档案管理更趋规范，石空—兰州原油管道工程和南疆天然气利民工程2个国家项目档案工作受到国家档案局和新疆维吾尔自治区档案局的高度评价，顺利通过档案专项验收。2015年组织中俄原油管道工程、西气东输二线香港支线工程等重点项目档案专项验收23项，安排专家60人次。突出重点、强化整改，指导抚顺石化、唐山液化天然气等重大工程档案管理工作，为通过国家档案局专项验收奠定了基础。2015年累计梳理并向建设单位反馈工程管理应注意的问题近千条，通过加强档案专项验收工作，进一步促进集团公司工程管理规范化水平的提升。

档案信息化建设持续推进。档案信息化系统在153家单位应用，系统用户近7万人，共管理11大类档案共计7153万件，同比增长15%，生产数据总量100TB，增长20%，系统日均登录6619人次，增长43%，已成为集团公司档案工作的必要支撑。推广境外单机版，完成24家海外企业和涉外经营单位总部单位共47名关键用户培训工作，迈出档案信息化走向海外的第一步。完成档案系统与OA系统接口的改造工作，2015年接口处理管理类归档数据948733条，较提升前同比增长21%，接收归档电子文件4229046个，较提升前同比增长88%，提升了电子公文在档案系统中的利用便捷性。各单位积极开展馆藏纸质档案数字化工作，管理类档案数字化率达86.5%，在档案资源共享利用方面发挥了重要作用。

机关档案管理服务水平稳步提高。通过持续完善归档范围、加强归档业务指导、开展归档工作评价等措施，不断强化机关档案管理工作。总部各部门、专业分公司认真贯彻落实《集团公司机关档案管理办法》，将归档作为基础工作的一部分，纳入岗位职责与流程，部分单位将评价结果作为文书人员考核内容，有力推动归档质量的提高。优化档案利用审批程序、完善网上查阅利用功能，严格落实首问负责制和限时办结制，不断提升档案服务水平。2015年共归档文书档案18869件、会计档案3381卷、机要文件1472件、科技档案662件、建设项目档案515卷、出国审批档案6765件、印章档案108件、实物档案152件，归档率达100%。23家单位评为A级，18家单位评为B级，其中4个单位由上年度的B级升为A级，3个单位由上年度的A级降为B级，实现“能升能降”，动态管理。2015年接待上门查档370批次，提供纸质档案利用3100余件/卷，提供档案复制件12000页，为经营决策、专案审计、巡视检查、法律诉讼以及涉及员工个人事项等各项工作提供资料和证据支持，彰显了档案工作的价值和作用。

【档案馆建设】 配合科技开发公司确定档案馆功能平面布置及外立面效果事宜。完成在北京单位档案资源情况调研，对在北京单位和海外企业2015年档案数量及2017年、2020年和2030年进馆量进行了初步统计，为档案馆详细设计和设备选型提供基础材料。根据档案馆功能定位和在北京单位业务实际，结合办公厅档案管理工作实践，提出档案馆运行管理建议。

【档案技能大赛参赛工作】 根据国务院国资委通知要求，研究制订参赛组织方案，确定由长庆油田组队代表集团公司参赛，并协助做好参赛人员选拔和培训工作。经初赛、个人决赛、团体预赛等环节，集团公司代表队获得团体优胜奖和个人二等奖、三等奖，展示了中国石油档案人员的专业水平和风采，树立了良好形象。

【史志工作】 编研工作。组织总部机关、专业分公司、企事业单位58家，完成《中国石油企业文化辞典》第二部分“企业发展历程”组编工作。组织总部机关、专业分公司、海洋工程公司等单位完成《中国石油天然气集团公司年鉴2015》《国资年鉴2015》《海洋年鉴2015》《企业年度报告2014》等4种年鉴类稿件编写报送工作，年度撰稿量达26万字。2015年5月14—15日，国务院国资委办公厅举办《国资年鉴2015》编纂出版工作会议，中国石油获“优秀工作站”称号并代表中央企业做了简要经验交流。

展厅工作。组织开展当代厅调改方案设计，征集图片230多张，调改内容共计61处。配合石油工业出版社制订展厅专项维护工作方案，于8月中旬进行全面、系统维护检修。配合做好展厅日常巡检、定期维护工作，实现了展厅安全运行。展厅全年完成1次专项维护和59次日常维护，共接待参观者2765人次，重要参观活动22次，发挥了企业文化交流、形象宣传的重要作用。

【年鉴工作】 2015年，集团公司年鉴工作开展20周年。1996—2014年连续编写出版《中国石油天然气工业年鉴》（1996至1998卷）和《中国石油天然气集团公司年鉴》（1999至2014卷）共19个卷本，总印数近10万册。

《年鉴》以服务企业发展为宗旨，客观、真实地记录总公司和集团公司的发展轨迹、发展历程，是记录集团公司发展历史、介绍集团公司发展状况的重要资料性工具书。

4月，《中国石油天然气集团公司年鉴2013》获中国出版协会第五届年鉴编纂出版质量评比综合特等奖。

5月8日，集团公司董事长王宜林对集团公司年鉴工作会议做出书面批示：年鉴是铭记发展轨迹、传承历史智慧的重要载体。20年来，公司广大年鉴工作者辛勤耕耘、默默奉献，年鉴事业发展壮大、成绩斐然，真实客观记录了中国石油改革发展的奋斗历程，为石油工业光荣传统代代相继、血脉相承，发挥了重要作用。谨向同志们致以崇高敬意和诚挚问候！在集团公司为保障国家能源安全、全面建成小康社会做出新贡献伟大征程中，年鉴工作前景广阔、大有可为。希望你们进一步增强责任感、使命感，总结经验、继往开来、奋发有为，完善运行机制、突出石油特色、不断开拓创新、增强传播利用，全方位提升年鉴质量水平和内在价值，持续打造无愧于时代的精品佳作。

5月14日，集团公司发文授予陈立民等35人中国石油天然气集团公司“年鉴工作突出贡献奖”荣誉称号，授予李冬等173人中国石油天然气集团公司“年鉴工作先进个人”荣誉称号。

〔档案处（史志办公室）〕

第十一篇

党建、思想政治工作与企业文化建设

第一篇
总　述
第二篇
油气勘探开发生产
第三篇
炼油与化工
第四篇
销　售
第五篇
天然气与管道
第六篇
工程技术、工程建设与装备制造
第七篇
国际业务
第八篇
科技与信息
第九篇
安全环保与质量节能
第十篇
企业管理与监督
第十一篇
党建、思想政治工作与企业文化建设
第十二篇
机构与人物
第十三篇
企事业单位概览
第十四篇
中国石油天然气集团公司大事纪要
第十五篇
统计数据
第十六篇
附　录

党建工作

【概述】 截至2015年底，集团公司全系统共建有各级党委2317个、党总支2827个、党支部34103个。党员总数701505名，其中女党员165584名、在岗党员509245名、离退休人员党员有178412名。各级党组织深入贯彻党的十八大和十八届三中、四中、五中全会精神以及习近平总书记系列重要讲话精神，认真落实集团公司党组的要求和部署，始终坚持党的领导，充分发挥党组织的政治核心作用；始终坚持强"三基"、固堡垒，创新方式方法，增强工作活力，充分发挥党支部的战斗堡垒作用；始终坚持抓好党员教育管理，引导党员讲党性、重品行、做表率，保持先进性，充分发挥先锋模范作用。

【"三严三实"专题教育】 集团公司党组认真贯彻中央关于"三严三实"专题教育的部署，按照《关于开展"三严三实"专题教育实施方案》，对专题教育做出安排，加强组织领导，专题教育认识到位、把握准确，运行有序、效果明显。各企事业单位党委建立实施推进机制，按照时间节点有序开展专题教育。

精心部署安排，抓好谋划布局。党组坚持先学一步、学深一步，率先落实主体责任。党组书记王宜林认真履行第一责任人职责，在党组会议、干部大会、基层调研中多次提出明确要求，强调必须坚定理想信念、强化使命责任担当，必须加强班子建设、构建良好政治生态，必须突出质量效益、推动公司科学发展，必须强化纪律约束、始终保持清正廉洁，必须坚持"三严三实"、营造奋发有为氛围。党组其他成员也切实增强"一岗双责"意识，结合业务分工，认真督促指导有关单位部门的专题教育。集团公司所属单位各级党组织落实党组部署要求，制订详细方案和流程图、推进表，实现目标清、任务清、职责清、要求清，确保思想到位、筹划到位、组织到位、覆盖到位。

高质量讲好专题党课。集团公司各级领导干部在认真学习、充分调研的基础上，纷纷走上讲台开展党课教育，注重理论性、针对性、实效性，对照"三严三实"立标尺、竖镜子、摆问题、明方向，既教育别人，也教育自己。党组书记王宜林率先以"自觉践行'三严三实'，做忠诚干净担当的企业领导干部"为题，通过视频方式为集团公司8000多名党员干部讲专题党课。党组其他成员也都在分管范围认真讲了党课，明确要把"严"体现在思想上、政治上、作风上，把"实"体现在日常工作中、干事创业中、群众心目中，以严的标准和实的作风，推动集团公司稳健发展。各级领导干部共计讲党课15912场次，听众622257人次。专题党课在"三个讲清楚"上下功夫，党课成果固化成经常性党课教育做法。集团公司和109家单位认真组织开展"三严三实"优秀党课评选活动，形成优秀成果3858篇，成为"三严三实"专题教育的重要学习思想成果和理论成果，探索了经常性党课教育制度化、规范化的重要途径。

扎实开展专题学习研讨。党组坚持把深化学习教育放在首位，把深入学习习近平总书记系列重要讲话精神作为重中之重，坚持读原著、学原文、悟原理，根据不同专题明确集中学习重点，坚持开展交流研讨，并结合实际丰富学习研讨内容，努力做到学有所思、思有所悟、悟有所得，不断增强思想自觉行动自觉。所属单位各级党组织采取中心组集体学、报告辅导学、领读研读学、撰写体会学和以考促学、以研促学、以培促学等方式，组织集中学习26519次，撰写体会文章49731篇；通过"1+N"和"N+N"等形式开展研讨，谈深思想认识，找准存在问题，讲明努力方向，集中研讨17182次，推动真学真懂真信真用。

高水平开好专题民主生活会和组织生活会。党组紧紧围绕"三严三实"主题，突出抓好专题民主生活会这个重中之重，广泛征求意见建议，深入开展谈心谈话，严肃认真开展批评和自我批评，以"严"和"实"的精神保证质量和效果，形成民主团结的良好氛围，达到统一思想、凝心聚力、团结一致的目的。同时，党组成员通过多种方式参加和指导分管单位民主生活会，并以普通党员身份参加所在支部、小组的专题组织生活会，自觉践行党章和党内政治生活准则，为广大党员做出表率。所属单位专题民主生活会均按要求召开。

边学边查、立行立改，认真解决不严不实问题。坚持把问题导向作为一种思维方式和工作方法，把发现解决问题作为专题教育的出发点和落脚点，努力查清查全查准问题，上下联动、推进整改。各级党组织以上促下查问题、真照细照找问题、动真碰硬改问题、建章立制谋长效。研究制订修订《党组工作规则》《集团公司“三重一大”决策制度实施细则》《党组落实党风廉政建设主体责任实施细则》《党组纪检组落实党风廉政建设监督责任实施细则》《严守纪律严明规矩的若干规定》《防止干部“带病提拔”的若干意见》《进一步加强海外单位党建工作的若干意见》等55项制度办法，各单位新建制度10798项，修订制度18501项，明规范、严纪律、强约束，促进遵规守纪、改进作风规范化常态化。

从严从实、协调推进，切实加强组织督导。认真落实中央关于专题教育严格组织、严格督查的部署要求，建立集团公司专题教育实施推进机制和协调工作组，在党组领导下全面组织推进专题教育，所属单位相应建立实施推进机制和协调工作组，形成书记亲自抓、班子成员分管抓、责任部门牵头抓、相关部门共同抓的工作格局。各单位采取随机抽查、巡回督查、列席专题研讨、群众测评等方式加强督促推动，共建立督导组1519个，督促检查14971次，为深入推进专题教育提供有力保障。

注重宣传抓引导。在集团公司门户网站开设专题教育网页、中国石油报开辟专栏，编发专题教育情况通报，搭建政策平台、学习平台、交流平台，发布相关信息573条；各单位开通网络、报纸、微信、微博等媒体平台3444个，共发布信息58497条，营造有利于专题教育深入开展的良好氛围。集团公司专题教育情况先后12次被中组部共产党员网转载。党组书记王宜林在中央召开的部分地方单位深化“三严三实”专题教育工作座谈会上做了交流发言，在6家发言单位中，中国石油是唯一一家中央企业代表，中国石油的专题教育得到中央充分肯定和高度评价。

总部机关和各直属党组织在党组的表率示范下，精心制订工作方案，扎实做好关键动作。坚持以专题党课深化认识，所属各级党组织共有1195名书记和班子成员带头讲专题党课，对深化认识“三严三实”重要意义、内涵要求起到促学作用。扎实开展专题学习研讨，坚持每月两次集中学习、两月一次专题讨论，建立专人领学、要点解读、专题讨论等制度，组织党员干部认真研读习近平总书记系列重要讲话精神，对照先进典型找差距，镜鉴反面典型查问题，各级领导班子共查找不严不实问题5677个并制订整改方案，有效打牢思想根基，推动不严不实问题解决。认真召开专题民主生活会，深入查摆问题，严肃开展批评，民主生活会质量进一步提高，促进党内政治生活的规范。通过开展专题教育，各级领导干部的思想水平、党性修养进一步提升，政治意识、纪律意识、规矩意识不断强化，真抓实干、攻坚克难作风得到发扬，有力推进各单位工作的顺利进行。

【学习宣传贯彻党的十八届五中全会精神】 党的十八届五中全会召开后，集团公司党组下发《深入学习宣传贯彻党的十八届五中全会精神的通知》，结合集团公司实际，对学习宣传贯彻十八届五中全会精神做出安排部署。各级党组织迅速兴起学习宣传贯彻十八届五中全会精神的热潮，采取中心组学习、专题研讨、党课、辅导讲座等多种形式，在广大党员和员工群众中广泛开展学习宣传贯彻活动，用十八届五中全会精神指导推动各项工作。把学习贯彻落实习近平总书记系列重要讲话精神，作为学习贯彻十八届五中全会精神的重中之重、作为一项重大政治任务，通过召开党组中心组学习、党组扩大会议、专题学习讨论会、培训班等多种有效载体，邀请中央高层党建专家专题辅导、撰写学习体会文章等多种有效方式方法，认真领会把握习近平总书记重要讲话精神实质，不断深化思想认识、增强党性观念，破除思想障碍、增强行动自觉。

【党的建设专项调研】 按照中央第二巡视组要求，部署开展集团公司历史上首次以查找问题为导向、覆盖全系统的企业党的建设专项调研。集团公司将专项调研作为落实中央全面从严治党要求的政治态度和具体措施的一次检验，作为对处于特殊历史时期的中国石油加强反腐倡廉的决心力度和整改措施的一次检验，更作为系统审视梳理问题、查找不足、改进工作，落实党要管党、从严治党要求的一个重要契机，快速反应、迅速行动，立即组建调研组，起草下发专项调研紧急通知，组织集团公司所属各单位开展党的建设专项调研；以书面形式同步征求集团公司副总师以上领导和总部机关部门、专业分公司意见；组织部分所属单位党委书记、党政“一肩挑”领导、行政主要领导、党委副书记、纪委书记、工会主席及组织人事、纪检、宣传、群团等部门负责人和离退休老同志代表召开座谈会，征求意见建议。经汇总数据、梳理资料、研究讨论，最终查找梳理了9个方面21项具体问题，制订9个方面27项具体措施。形成的调研报告经党组审议和修改完善后如期上报中央巡视组，得到中央巡视组充分肯定。

【党建工作制度改革】 扎实做好党的建设制度和企业

文化建设改革各项工作，认真推动落实各项改革任务。中央第二巡视组反馈意见后，研究制定《加强企业党的建设专项工作方案》，严格对照中央巡视组反馈的有关企业党的建设工作 12 个整改问题与意见建议，细化制订 50 条具体措施，制订工作组整改工作进度大表和制度建设台账，明确工作目标、整改时限和直接责任人。在全面梳理党的建设制度的基础上，系统研究思考，加强顶层设计，着力推进党建工作责任体系建设，就加强和改进党的建设、建立适用于石油企业的党建工作责任、考评、问责体系进行深入研究，形成党组《落实全面从严治党要求加强企业党的建设的意见（征求意见稿）》，着手制定集团公司《党建工作责任制实施细则》《党建工作考核评价指导意见》《党建工作责任问责规定》。进一步修改完善《集团公司党组落实党风廉政建设主体责任实施细则》《关于进一步加强集团公司海外单位党建工作的若干意见》。汇编《中国石油党建工作案例》，推进党建工作成果的转化应用。

【中央党的建设工作领导小组秘书组联系点工作】 认真完成中央党的建设工作领导小组秘书组下达的情况调研和开展"中国石油贯彻落实全面从严治党的主要思路和着力点"的重点课题研究任务。在清华大学召开的中央党的建设工作领导小组秘书组联系点工作暨课题研究成果交流座谈会上，集团公司做了专题汇报，秘书组领导对中国石油组织开展全覆盖党建专项调研、完善企业党建工作责任体系和制度建设、推动基层党建工作创新、组织开展"重塑中国石油良好形象"全员大讨论、深入推进全面从严治党综合研究的做法和成果予以充分肯定。所完成的重点课题"推进基层服务型党组织建设"荣获中央企业党建思想政治工作 2013—2014 年度优秀研究成果一等奖。

【基层党组织建设】 认真贯彻落实集团公司党组《关于所属企业党委进一步发挥政治核心作用的实施意见》《基层党支部工作条例》《海外单位党建工作条例》等有关要求，用好特色工作载体，持续加强党委领导班子建设，深化"六个一"党支部、"四优"共产党员、"五心"党支部书记等争创活动和党建"三联"责任示范点工作。以服务型党组织建设推动基层党建工作，党组下发了《关于加强基层服务型党组织建设的指导意见》，继续保持党组织建立健全率 100%。有效严格党内组织生活，落实中央关于新形势下加强发展党员和党员管理工作的精神，提高发展党员质量，优化党员队伍结构，加强党员教育管理，继续保持党员教育管理覆盖率达 100%。认真组织完成 12 次集团公司党组中心组学习。结合实际开展具有行业特点的党员责任区和党员先锋岗活动，教育引导党员立足岗位做表率、当先锋。

【直属党的建设】 截至 2015 年底，党的组织关系隶属于直属党委管理的机关部门、专业分公司和直属单位共 94 家，有党委 197 个，党支部（总支）2541 个，共有党员 42347 人，其中在岗党员 38172 人，占在岗职工的 31.64%；具有大专以上学历党员 33057 名，占在岗党员的 86.6%；35 岁以下党员 15848 名，占在岗党员的 41.52%。直属党委根据机构调整、人员变动等情况，新设 31 个党组织，并对 651 个基层党组织进行换届调整；认真落实发展党员计划，全年发展党员 920 人；严格党员日常教育管理，分层次培训发展对象、新党员 1526 人次，培训支部书记、党群干部 3212 人次，清退不合格党员 33 人。直属机关党组织健全率、党员教育管理覆盖率继续保持 100%。直属党委牵头制定《关于进一步加强集团公司海外单位党建工作的意见》，部分直属单位结合实际制定《党委工作规则》《党建工作考核评价体系》《基层党组织分类定级管理办法》《党支部（总支）工作手册》等制度，梳理规范基层党建的各项"规定动作"，促进党建工作的制度化、规范化。直属各级党组织认真贯彻落实中央全面从严治党要求及集团公司党组决策部署，紧紧围绕稳健发展要求和改革发展任务，扎实开展"三严三实"专题教育和重塑形象大讨论活动，持续加强机关作风建设，着力强化反腐倡廉建设，大力弘扬大庆精神铁人精神，团结带领广大干部职工攻坚克难，奋勇开拓，为"十二五"规划平稳收官做出了积极贡献，直属党的各项工作取得新的进步。

思想政治工作

【概述】 坚持贴近实际、贴近基层、贴近员工，坚持团结稳定鼓劲、正确引导舆论，抓生产从思想入手，抓思想从生产出发，知员工情、答员工疑、解员工难、聚员工心，巩固员工团结奋斗的共同思想基础，不断提高员工的思想道德和科学文化素质，充分调动员工的积极性和创造性，努力打造一支有理想、有道德、有文化、有纪律的铁人式员工队伍。

【第十三次“形势、目标、任务、责任”主题教育】 以宣传贯彻集团公司工作会议精神为重要内容，集中时间、集中力量，认真组织开展第十三次“形势、目标、任务、责任”主题教育，以形势教育员工，以目标鼓舞士气，以任务统一思想，以责任振奋精神。通过学习宣讲、典型示范等多种形式，广泛深入宣传集团公司工作会议精神，宣传集团公司改革发展成就，宣传适应新常态、应对低油价、开源节流降本增效的新成效和党风廉政建设、全面深化改革、依法治企的新举措，引导全体员工深刻理解集团公司及本企业面临的形势和全面深化发展的思路、目标和举措，进一步增强责任感、使命感，主动适应新常态，积极应对低油价，内聚合力，外树形象，锐意改革创新，推进集团公司稳健发展。

【“重塑中国石油良好形象”大讨论活动】 按照集团公司党组部署，在深入调查研究、分层召开多种形式座谈会、委托第三方机构开展企业形象调查的基础上，研究制定《关于开展重塑中国石油良好形象大讨论活动的意见》。认真学习宣传贯彻集团公司领导干部会议精神，召开大讨论活动部署会和内部媒体专题会，编发集团公司董事长王宜林在领导干部会上讲话学习宣传提纲，并通过座谈交流、调研督导、媒体宣传展示等多种形式，加强组织协调，从严督导，从实指导，推动大讨论活动深入开展。机关部门、专业分公司、各企事业单位认真制订活动实施方案，精心策划重点活动，广泛宣传动员，充分激发广大干部员工参与大讨论活动的积极性、主动性，迅速掀起了大讨论活动的热潮。充分运用新闻媒体和宣传阵地，宣传报道和推广大讨论活动的有效做法、典型经验和亮点成效，营造了良好的舆论氛围。注重把大讨论活动与“三严三实”专题教育相结合、与巡视反馈问题整改相结合、与当前生产经营各项工作相结合，取得实实在在的阶段性成效，“让危害企业形象的行为不再发生”深入人心，“人人争做企业形象代言人”成为自觉行动。

【中国石油党建思想政治工作研究会】 编印第七届党建思想政治工作优秀研究成果选编，积极推广各单位在党建思想政治工作方面的实践和理论成果。下发2015—2016年度政工课题研究参考选题，其中重点课题一项，即“深入推进全面从严治党研究”，自选课题26项，包括党建工作、思想政治工作、新闻宣传工作、企业文化建设、基层建设、群团工作等。各会员单位结合实际，申报了635个研究课题。推荐的“中国石油加强基层服务型党组织建设的实践与研究”课题被评为中央企业党建思想政治工作研究会2013—2014年度优秀研究成果一等奖，石油政研会被评为课题研究优秀组织单位。推荐的吉林石化“吉化经验研究”课题被中国政研会评为2014年课题研究成果二等奖，东方物探“矿区服务文化的构建与培育”课题、抚顺石化“引入心理疏导机制开展企业思想政治工作的研究与实践”课题被评为三等奖。向全国党建研究会秘书处推荐上报集团公司“推进全面从严治党着力点问题研究”和吉林油田“发挥企业党委政治核心作用的探索与实践”两项研究成果。按照中央企业党建政研会秘书处的安排，组织召开2015—2016年度中央企业党建政研会第一课题组工作启动会。做好政研会年审和财务等相关工作。

【企业宣传】 围绕集团公司重大战略、重点工程、重大活动、重大典型、重大措施、重大业绩，精心策划专题宣传，通过组织内外部媒体深入采访、召开新闻发布会等多种形式，加大对外宣传引导力度，扩大影响力和传播力。在中央“一带一路”重大战略实施、新疆维吾尔自治区成立60周年和纪念抗日战争胜利70周年等重点时段，结合集团公司工作亮点和媒体关注的重点，集中开展一系列宣传活动。组织开展大庆油田稳产、长庆油田特低渗透—致密油气田勘探开发技术成果获国家科技进步奖一等奖、中俄油气合作系列成果、冬季天然气保供等主题宣传，引起良好社会反响。主动设置议题，周密策划方案，创新发布形式，联合规划计划部、安全环保与节能部、质量与标准管理部、勘探与生产分公司、炼油与化工分公司、天然气与管道分公司、海外勘探开发公司、装备制造分公司及相关单位召开“中国石油绿色发展”“中国石油装备走出去”“央企责任·中国石油在新疆”等新闻发布会，授权长庆油田、西气东输、河南销售等单位召开“长庆油田油气产量当量超过5500万吨”“中国石油气化江苏”“中国石油全力保障三夏用油”新闻发布会，指导兰州石化、四川石化、云南石化等单位发布有关环保方面的相关信息，配合董事会秘书局做好股份公司业绩发布的信息披露和舆论引导，取得较好的传播效果。

【舆情应对】 坚持“客观面对、有所作为、因势利导”的原则，及时发布重要新闻，妥善应对突发事件，适时调控重要舆情，积极回应社会关切，努力使舆论朝着有利的方向发展。加大敏感舆情跟踪监测、分析研判和协调应对力度，坚持24小时监测不间断，严格执行第一时间发现、第一时间报告、第一时间处置。积极落实专项应急小组管理和新闻发言人双备案管理制度，建立区域协调机制。加强企事业单位舆情管理和指导，组织开展敏感舆情风险排查，加大重点企业敏感舆情协调应对力度。及时协调外部媒体调控和应对多起复杂舆情，指导协调有关企事业单位有效处置敏感舆情，有效降低负面舆情的影响。2015年负面舆情信息同比减少71%，负面敏感话题同比减少75%。围绕“扩大新闻传播、有效引导舆论”主题，以专业研究为导向，逐步形成具有中国石油特色、符合中国石油实际的企业话语体系、信息传播体系、舆情防控体系、危机管理体系、基础管理体系、典型活动体系。

【新闻传播】 通过主动汇报、积极走访、高层交流、邀请采访、座谈联谊等多种形式，争取中宣部、网信办、国务院国资委、北京市网管办等新闻宣传工作和网络主管部门的支持，努力构建与中央新闻单位、都市晚报财经类媒体和主要网络媒体的沟通协调机制。督促协调地区公司与所在地新闻宣传主管部门、中央媒体分支机构、地方党报党刊建立畅通有效的沟通渠道。围绕“重塑中国石油良好形象”主题，组织开展一系列形式多样的活动，并逐步形成活动品牌。组织“能源专家走进大庆油田”“社长总编看石油”“一滴油的奇妙旅行——网络名人走进新国企”“感知石油力量，感受铁人精神——大学生记者走进中国石油”等“感知中国石油”系列活动和“石油圣地行”“中国石油与高原同在”等“加油体验活动”；开展“石油·百姓”“扶贫帮困”“石油百工”“铁骑返乡”等主题宣传。

【网站和新媒体建设】 认真落实党中央和国务院国资委关于加强新媒体建设的要求，强化新形势下新闻宣传与舆论引导机制研究，形成以“一报一网三微一端”格局为主的集团公司对外传播平台建设总体规划。围绕集团公司中心工作，组织开展中国石油网改版建设和西班牙文网站建设，为外部主流媒体援引和转载提供信息，为重塑中国石油良好企业形象积极发挥网络宣传平台作用。调研梳理所属企事业单位的新媒体建设情况，研究制定《集团公司新媒体管理办法（试行）》。经过3个月筹备、3个月试运行，集团公司官方微博微信于11月3日正式上线。发挥新媒体传播特点和优势，策划开展“冰雪凝结的铁人精神”等系列专题宣传活动。截至2015年底，共发布微博209篇、微信154篇，累计9万多粉丝，产生1万+文章15篇、10万+文章2篇，据专业机构评估，集团公司新媒体传播力指数居央企前列，对于提升新闻宣传效果、增进与社会公众和基层员工的沟通了解、重塑集团公司良好形象发挥积极作用。积极推进网评员队伍建设和网评引导工作，制定下发《关于加强集团公司网络评论引导工作的指导意见》。

【总部机关作风建设】 总部机关持续深化机关作风专项治理。有的部门组织开展作风建设年、从严管理年等活动；有的梳理完善内部管理制度、工作规范，建立内部作风量化考评体系；有的制订本部门本行业作风建设标准；有的按照党组简政放权要求，研究建议将50项审批权进行下放；有的对服务承诺进行优化细化，并利用信息化手段改进业务管理等。进一步落实减轻基层负担、提升服务水平的措施，总部会议次数同比减少近10%，调研检查、评比表彰大幅下降，总部机关各单位深入基层，帮助组织开工、协调资源配置、解决生产经营中存在的突出问题，受到基层好评。面对低油价的严峻挑战，总部机关带头发扬艰苦奋斗、勤俭节约的优良作风，深入开展开源节流挖潜增效活动，各项费用在连年大幅下降的基础上继续降低，其中招待费下降44.3%，会议费下降22.2%，出国费下降8.7%，差旅费下降5.2%。机关作风建设考评中，基层对机关作风建设总体比较满意，平均得分96.95分，比2014年度提高2分。

企业文化建设

【概述】 认真贯彻落实《集团公司企业文化建设纲要》，以弘扬大庆精神铁人精神为核心，努力建设符合企业发展方向、具有鲜明时代特征和石油特色的企业文化。大力实施文化强企战略，内强素质，外塑形象，不断增强企业凝聚力，提高企业竞争力，努力实现企业文化与企业战略的统一，企业发展与员工发展的统一，企业文化优势与竞争优势的统一，不断提升企业软实力。

【培育和践行社会主义核心价值观】 大力开展社会主义核心价值观教育，制定下发集团公司《关于进一步培育和践行社会主义核心价值观的实施意见》，把培育和践行社会主义核心价值观融入思想政治建设全过程，以社会主义核心价值观引领石油文化，广泛开展践行社会主义核心价值观的各项活动，凝聚员工共识，引导员工积极投身到世界一流综合性国际能源公司建设中。组织开展《中国石油企业文化辞典》编撰工作，实施企业精神教育基地上网工程，组织3届“我为祖国献石油”摄影大赛和2届“最美一线石油工人”电视片大赛等主题宣传活动。设立讲述石油人故事、弘扬石油文化的微信平台“油微感觉”，不断夯实百万石油员工团结奋斗的共同思想基础。举办“石油魂·中国梦”系列报告会，凝聚发展共识，增强发展信心。

【中国石油企业文化建设“十三五”规划编制】 中国石油企业文化建设“十三五”规划回顾了集团公司“十五”以来企业文化建设成果，总结了企事业单位企业文化建设的鲜活案例，研究把握公司改革发展形势、环境、任务对企业文化建设的新要求，遵循企业文化建设的自身规律，提出石油企业文化要与时代同行、与发展同步，努力建设具有时代特征、行业特色、企业特色的中国石油企业文化，为集团公司重塑良好形象、推进稳健发展、提升发展优势和竞争优势提供动力的总思路。规划提出了企业文化建设“十三五”发展思路、目标、基本原则和5项任务，重点抓好4个方面措施，细化了10个重点项目，制订了工作进程与控制。认真开展企业文化建设课题研究，探索市场化国际化背景下企业文化建设的思路方法，就大庆精神铁人精神继承创新、跨文化管理、转向文化建设等内容进行研究。

【精神文明建设工作】 举办集团公司第一次企业文化培训班，154名各企事业单位企业文化建设工作者参加培训，通过讲课、交流等方式，了解企业文化建设发展趋势，学习集团公司发展战略，交流先进经验，研究业务，进一步开阔视野、开拓思维，增强素质、提高能力。配合国务院国资委宣传局做好跨文化管理调查研究，组织参与安全文化研究。在中国企业文化研究会召开“十二五”企业文化总结暨专项文化建设会上，呼和浩特石化做了专题交流，长庆油田被评为“十二五”企业文化建设十大典范组织，华北油田、渤海钻探被评为三十标杆企业，43个单位和65名个人分别被评为优秀单位、先进工作者。学习贯彻中央统战工作会议精神和《中国共产党统一战线工作条例（试行）》。加强统战人才队伍培养，积极推荐统战人才，向国务院国资委统战部推荐领导联谊交友对象，组织党外人士参加全国国有企业党外干部理论培训班，开展围绕中心发挥统战人士作用活动。做好中央企业文学专业委员会相关工作。

【中国石油英模群体】 积极组织开展“五一”劳动模范推荐评选表彰工作，中国石油共有45人获“全国劳动模范”称号。按照集团公司《劳动模范等荣誉称号管理办法》，评选表彰11名特等劳动模范、11个模范集体、433名劳动模范、290个先进集体，大力营造学习先进、崇尚先进、赶超先进的浓厚氛围。在人民网推出“巡礼中石油基层优秀员工”专题，4名特等劳动模范代表做客“能源会客厅”，畅谈基层工作经验、分享大庆精神铁人精神。积极推荐参评国土资源部首届全国“百名最美地质队员”，大庆油田杨峰平、长庆油田刘军锋、东方物探凌云光荣当选。这些先进典型的集中推出，展示了百万石油员工的精神风貌，在社会上产生了良好的宣传效果。在中宣部、国务院国资委、全国总工会、共青团中央等上级部门的支持下，结合中央媒体的宣传重点，经过大力推荐，在全国集中宣传了“民族团结的典型”肉孜麦麦提·巴克、“技能工人的典型”徐龙杰、“市场化国际化典型”东方物探、“制造业向制造服务业转型的典型”济柴动力总厂等重大典型，纳入中宣部全国重大典型宣传序列，高频次、高质量地传递中国石油的正能量。新疆油田重油公司采油班长肉孜麦麦提·巴克是集团公司推出“大庆新铁人”李新民之后的又一全国重大典型。肉孜麦麦提·巴克、青海油田王龙获“第五届全国道德模范”提名奖和“中央企业道德模范”称号。大港油田、川庆钻探等17个单位获得第四届“全国文明单位”殊荣，长庆油田矿区事业部泾欣园综合服务处、克拉玛依园林阳光社区被中宣部命名为首批“全国学雷锋活动示范点”，渤海钻探牛星壮、吉林石化刘玉等两名员工被评为首批“全国学雷锋标兵”。与中国能源化学工会共同组织第二届“加油中国·传承铁人”活动，肉孜麦麦提·巴克、东北炼化工程公司徐龙杰、勘探开发研究院赵丽敏获十大年度人物称号。

【直属机关企业文化建设】 直属各级党组织以“重塑中国石油良好形象”大讨论活动为契机，重温石油光荣传统，深入学习宣传大庆精神铁人精神，持续推进企业文化建设。一些单位开展“学铁人忆传统树形象”主题教育，举办“重塑形象，从我做起”承诺、征文、演讲，开展“我为重塑形象添光彩”劳动竞赛、事迹报告等，引导干部员工积极重塑形象、传承优良作风；一些单位广泛宣传基层和一线先进典型，举办“石油魂·中国梦”系列报告会、海外创业故事报告会，开展“讲好石油故事，弘扬石油精神”征文演讲比赛、“最美加油员”“爱岗敬业优质服务”明星评选，弘扬主旋律、传播正能量；一些单位建立员工谈心谈话制度，深化员工“安心工程”，推进员工心理帮助计划，截至2015年底，总部和直属单位共建立34个服务员工微信公众号和APP，搭建了员工学习教育、沟通交流新平台。持续推进精神文明创建，1家单位通过全国文明单位复查，3家单位被评为首都文明单位。

（艾中秋　王玉杰）

【海外企业文化建设】 扎实深入开展“三严三实”专题教育，不断强化海外党建工作，成功召开海外油气业务党建工作会议。深入开展重塑形象大讨论活动，颁布《海外员工行为准则》。2015年11月24日，成功举办“走近我，了解我”海外创业故事会，进一步推进重塑形象大讨论活动深入开展，对公司企业文化的传播起到深远的影响。推进成建制人才引进，第一批共206人的调入申请得到天津市政府批准。

（郑　林）

基层建设

【概述】 认真贯彻落实《集团公司基层建设纲要》，以夯实基础管理为重点，以提高员工基本素质为根本，以促进企业与员工的共同发展为目标，在新时期新阶段，切实加强以党建、班子建设为主要内容的基层组织和队伍建设，切实加强以质量、计量、标准化、制度、流程等为主要内容的基础性管理，切实加强以政治素养和业务技能为主要内容的员工素质与能力。

【群众性经济技术创新活动】 面对极为复杂的内外部环境，特别是低油价的冲击，集团公司持续开展全员、全过程、全方位开源节流降本增效工作。制订下发以新技术、新工艺、新材料、新装备、新方法和小革新、小发明、小改造、小设计、小建议为主要内容的“五新五小”群众性经济技术创新活动指导意见，强化干部员工的责任意识、担当意识，提高干部员工的创新创效能力，进一步调动和发挥干部员工的积极性、主动性和创造性，积极投身开源节流降本增效工作。开展征集典型案例工作，按照创新型与效益型并重、典型性与推广性兼顾的原则，在近千篇案例中精心甄选出140篇优秀案例结集成《内生之路》一书，以“有效、实用、管用”为定位，既体现效益意识、效益精神，更反映取得效益、创新创效的思路、方法和途径。这些案例从集团公司上中下游各个行业、企事业单位各个层面、日常经营管理各个领域，展示了开源节流降本增效的巨大空间和良好做法，体现了小中见大、成业之基的活力和明显效果，描绘了干部员工继承弘扬大庆精神铁人精神的优良作风和石油情怀。

【基层建设培训班】 举办集团公司基层建设部门负责人培训班，来自所属单位基层建设部门负责人、工作人员和基层单位同志共124人参加培训。这是近年来关于基层建设工作的第一次集中培训。学员了解了集团公司层面的战略和规划、形势和任务，增加了加强基层建设的责任感使命感；通过听取石油魂——大庆精神铁人精神宣讲、肉孜麦麦提·巴克事迹报告、《新主人翁精神》讲座，接受了思想教育和作风锤炼，个人修为和思想认识得到进一步提高；培训班上9家单位进行工作交流，互相启发思路，开阔视野，为日后开展工作积累了宝贵资源。

【送书工程】 坚持工作抓早，排定工作内容和时间节点，进一步完善送书工作流程。结合近两年送书工作实际，明确内容过于专业、不适合基层员工阅读，装帧过于奢华、高定价等8种图书不在配送范围之内，确保送书质量。为减轻基层负担，克服经费紧张等困难，采取有效措施继续坚持通过邮政邮寄方式将配送的图书送到基层队站（车间）。在配送纸质图书的同时，积极开通数字化移动阅读平台，通过微信公众号和手机APP客户端，为基层员工提供电子书阅读、精彩章节推送、读书有奖活动等形式多样的移动阅读服务，方便基层员工通过手机阅读所送书目。2015年共为基层队站（车间）配送图书43000套，顺利完成配送任务。

【职业道德规范确认书】 组织85名新进领导班子成员签订高级管理人员职业道德规范确认书。毕马威华振会计师事务所对集团公司职业道德建设情况进行了审计。

【扶贫帮困送温暖活动】 完善扶贫帮困长效机制，积极组织在岗员工"扶贫帮困献爱心"捐款，充分发挥"员工同心互助金"的作用。认真做好2015年元旦、春节、中秋和国庆期间扶贫帮困送温暖活动，切实做到每个困难家庭生活有保障、每个困难员工看得起病、每个困难家庭子女上得起学，把党组的关心关怀传达到百万石油员工。严格执行《困难职工帮扶资金管理暂行办法》等相关制度，在对集团公司困难人员情况和有关单位存在的问题进行认真梳理基础上，对资金分配严格把关，实行专户管理，保证专款专用，努力做到公平、公正、科学、合理。联合审计部下发文件，对近三年集团公司拨付的困难职工帮扶资金进行专项审计，确保各企事业单位帮扶资金使用不出问题，真正用在刀刃上。

（集团公司社会责任报告编辑部）

群团工作

【概述】 坚持全心全意依靠工人阶级办企业的根本方针，加强对工会、共青团等群众组织的领导，支持群众组织按照法律和各自章程创造性地开展工作，充分发挥组织群众、引导群众、服务群众、维护群众合法权益的作用，积极动员广大员工、青年、妇女群众积极投身企业改革发展稳定的实践。

【厂务公开民主管理工作】 深入推进厂务公开民主管理，切实维护职工合法权益。坚持全心全意依靠工人阶级的根本方针，认真落实职工代表大会制度，修改完善《厂务公开工作条例》，进一步规范厂务公开内容，积极推进厂务公开民主管理工作制度化、规范化。尊重职工群众主体地位，依法保障职工权益，帮助员工建立和谐劳动关系。

【群团工作培训班】 举办集团公司群团工作培训班，各企事业单位工会和共青团的负责同志共计220人参加了培训。来自中央党校、全国总工会、共青团中央、中国能源化学工会、北京劳动和社会保障法学会、北京石油管理干部学院等多名专家对中央党的群团工作会议精神、推进企业和谐劳动关系建设以及群团工作面临的新形势新挑战等方面进行深入解读，为学员们提供了做好群团工作的新思路、新方法。同时邀请集团公司内部专家就社保、新媒体运营建设等工作与学员们展开深入探讨。培训期间，组织召开了集团公司群众性经济技术创新工作经验交流会，大庆油田、辽河油田、吉林油田、长城钻探、兰州石化、云南销售等单位就群众性经济技术创新做了经验交流。

【直属工会工作】 直属工会组织举办工会主席培训班，开展创建幸福企业试点、工会经费专项审计，着力推进职代会规范化、工会工作法治化建设。围绕服务生产经营开展劳动竞赛、岗位练兵比武、合理化建议和创新成果征集等活动，对46条员工优秀合理化建议、65项员工经济技术创新成果、11个优秀组织单位进行表彰，有效调动广大员工岗位奉献热情。积极为员工办实事解难事做好事，开展员工健康管理，举办大龄青年联谊活动，全年发放送温暖资金1300

多万元、走访慰问困难员工6700多人次。举办书法、围棋、声乐培训班，开展直属机关羽毛球比赛、健步走等文体活动，群众性文体活动不断活跃。

【"青字号"岗位建功活动】 各级共青团组织坚持服务企业改革发展和青年成长成才，以中国石油青年"为中国梦加油"主题教育实践活动为载体，大力实施思想教育、青春建功、青年素质和团建创新"四项工程"，组织引导石油青年在企业重塑良好形象、实现稳健发展的进程中建功成才。加强理想信念教育，组织开展石油青年大讲堂系列活动和"重塑形象、青春建功"活动，引导石油青年弘扬光荣传统、重塑良好形象。围绕企业中心工作，扎实开展"改革创新，青年先行"主题实践活动和青年安全文化作品征集评选活动，组织青年为企业发展贡献力量。积极搭建展示平台，组织开展第八届"十大杰出青年"和百名优秀青年评选活动，不断扩大青年典型群体积极影响。持续深化青工导师带徒活动，印发《关于深化青工导师带徒活动的指导意见》，发挥导师传、帮、带作用，服务青年成长成才。不断丰富完善具有石油特色的"中心、爱心、关心、安心"志愿服务体系，持续提升中国石油"宝石花"青年志愿服务活动影响力。

【直属机关共青团与青年工作】 直属机关共青团积极推进"号手"联动，评选表彰75个直属机关青年文明号、231名青年岗位能手，并以"我的青春我做主，我的榜样我来选"投票评选第二届"十佳青年岗位能手"。持续深化青年读书学习活动，举办团干部培训班、第七届青年英语演讲比赛，开展"重塑形象、青春建功"主题教育实践、"奋斗的青春最美丽"事迹分享、青年安全文化作品征集及青年讲堂、青工大赛等活动，有效激发青年员工干事创业热情。

【群众团体工作】 各群众团体进一步完善制度、理顺流程，整合资源、形成合力，巩固阵地、创新载体，发挥优势、服务发展，按照各自章程有效开展工作。

石油文联持续开展"送欢乐，下基层"文化惠民工程，深入西部油田、驻陕企业一线进行慰问演出，把党组的温暖传递到最前线的石油人心中；组织开展大港油田女工布贴画作品展、"时代领跑者"美术书法摄影展、石油职工艺术节文学大赛，使石油文化受到广泛社会关注；通过协助筹备中央企业文学专委会成立、召开2015年度秘书长工作会、举办石油文联群众工作培训班、加强石油文联主页及艺术人才库建设等工作，石油文联组织建设得到持续加强。

石油体协深入宣传贯彻党和国家关于群众体育工作的方针政策，成功举办拔河精英邀请赛、首届协作区篮球总决赛、乒乓球协作区赛等赛事，进一步发挥了品牌赛事对全面健身活动的带动作用；组织各级体协以"多样化、基层化、业余化、经常化、群众化"为原则，通过多种方式鼓励和引导广大员工积极参与到日常健身活动中，许多单位坚持参加体育健身的职工达80%以上，为打造体魄强健、精神振奋的石油员工队伍做出了积极的贡献。

石油影视中心持续做好《中国石油报道》和《石油新闻快讯》编辑工作，通过网络电视及时发布集团公司总部和企事业单位重要新闻和专题节目；坚持办好"最美一线石油工人"和"一线记者走基层"两个石油故事栏目，播出了"好人阿山"和"驻村日记"等一批记忆深刻、影响力强的石油好故事；在圆满完成新址装修改造和整体搬迁项目，办公环境得到极大改善的基础上，理顺管理机制，重划职责分工，进一步提升影视中心内部管理水平。

（艾中秋　王玉杰）

社会公益

【概述】 中国石油始终坚持将企业发展与业务所在地可持续发展结合起来，关注民生和社会进步，与当地分享发展机遇和资源价值，积极参与社区建设，促进经济和社会和谐发展，做社区的好邻居。

【参与扶贫减困】 中国石油积极响应联合国2030年可持续发展议程目标倡议，以及中国政府关于扶贫减贫的政策方针，聚焦民生、产业、智力三大领域，结合公司业务和受援地资源、市场优势，通过技能培训、供应链延伸等促进和提升当地自我发展能力。2015年，继续在新疆、西藏、青海、河南、江西等国内20多个省（自治区、直辖市）实施基础设施改造、教育培训和健康医疗等公益项目，受益人数过亿。

中国石油尝试将互联网营销、城乡共享经济思维引入到一些条件成熟的地区，帮助当地培育产业。针对一些地区资源丰富但营销渠道和专业知识匮乏的状况，2015年与中国扶贫基金会合作，在河南范县、贵州习水县、江西横峰县等地开设电子商务培训班，提高他们电子商务理论和实践能力；与电子商务公司合作，通过帮助其在习水县、横峰县等地发展城乡对接互联网项目，带动当地人创业；为新疆塔城、巴州、吐鲁番及农二师的旅游产业负责人开设旅游产业培训，为他们开展旅游扶贫提供思路。

【支持教育事业】 中国石油持续通过设立石油奖学金、互助金、捐建希望小学等多种方式，支持国内教育事业。2015年为国内13所高校的635名学生颁发了399万元的中国石油奖学金。2011—2015年，“中国石油奖学金”先后资助13所高校中的3175名大学生、研究生，累计发放奖学金1995万元。

【带动地方发展】 企业的发展离不开政府、社区和广大居民的支持和帮助。中国石油坚持开放合作、互利多赢，通过业务发展，带动业务所在地行业发展、优化产业结构、增加就业机会，为地方经济社会发展注入活力。2015年，在上中下游各领域全面扩大与国有资本、社会资本和国外资本的合资合作，通过项目运作，支持地方建设，创造就业岗位，带动关联产业发展，促进当地经济繁荣。

【倡导文明风尚】 中国石油重视参与社会公益活动，鼓励员工参与志愿者活动，倡导社会文明新风尚，援助困难群体，为精神文明建设做出贡献。

1. 开展员工志愿者活动

弘扬和倡导志愿精神，鼓励和支持员工积极参与服务社区和服务社会的志愿者活动。2015年，中国石油的青年志愿者队伍达6862支18.47万人，相继开展捐助困难群体、无偿献血、植树造林、救助野生动植物、保护自然和文化遗产等活动，受益人数达170万人。

2. 评选见义勇为好司机

弘扬见义勇为，倡导社会正义，2015年，中国石油连续第十二年和中华见义勇为基金会合作举办“昆仑奖”全国十大见义勇为英雄司机评选活动，评选并表彰57名全国见义勇为英雄司机，其中10人获“全国十大见义勇为英雄司机”荣誉称号。

3. 温暖回家路·铁骑返乡

2016年春节前夕，集团公司连续5年在春节期间开展“温暖回家路·铁骑返乡”志愿服务，开放沿途国道、省道加油站，为春节骑行返乡的打工者提供食品和加油等免费服务，服务范围已扩展到福建、江西、湖南、湖北等4个省62座加油站，累计服务10多万人次。“温暖回家路·铁骑返乡”项目获得共青团中央、中央文明办和民政部等主办的“第二届中国青年志愿服务项目大赛”金奖和中国青年报“2014年度大型国企社会责任实践金牌案例”。

【海外社区建设】 中国石油致力于成为当地社区的优秀企业公民，将中国石油发展融入当地经济社会发展中，积极创造社会经济价值，共同促进当地社区的繁荣发展。2015年，阿曼项目公司获得“阿曼履行社会责任最佳单位奖”，中油国际阿克纠宾油气股份公司获哈萨克斯坦“2015年度企业责任总统奖”，印尼公司获得印度尼西亚政府能矿部Jabung区块油气勘探与生产两项安全管理奖，曼格什套项目获当地州政府颁发嘉奖，中国石油技术开发公司获坦桑尼亚总统基奎特颁发的杰出贡献奖证书。

1. 管理社区影响

中国石油努力通过负责任的运营，对社区发展发挥积极影响。这种影响不仅体现在通过创造就业、贡献税收以及为当地供应商带来商机，而且体现在降低生产运营活动对社区环境和社会的影响，维护社区居民的人权。

2. 促进当地经济发展

中国石油优先考虑采购和使用当地产品和服务，为当地承包商及服务商提供参与项目服务的机会，支持当地中小企业和社区创业者发展。哈萨克斯坦当地的一家公司在为中油国际阿克纠宾油气股份公司服务的10年间，不仅员工人数增长7倍，而且还发展成为拥有9个装备齐全地质队伍的现代公司。

3. 热心公益事业

中国石油支持社区教育事业，改善教育设施，创造受教育机会，特别是弱势群体和特殊群体的受教育机会。2015年，中国石油携手合作伙伴在苏丹6区油田附近捐建4所学校，并为学校配备全套家具和各类教学器材，进一步缓解周边地区教学设施匮乏的局面。向南苏丹37区油田周边、上尼罗河州所属Palioch等7个村镇的小学捐赠1.5万本教科书，改善当地教学条件。

中国石油合理规划社区优先发展事项，积极参与赈灾救灾等慈善捐赠。投资改善健康医疗设施和建设基础设施，以多种形式帮助社区提高医疗卫生条件，提高社区生活品质。2015 年，携手合作伙伴在苏丹白尼罗河州 Joddah、Abu Ramad 和 Jabalain 3 个地区开展大型义诊和送药活动，受益人数达 6245 人。此次义诊活动被当地人亲切地称为“移动的挪亚方舟”。中国石油在土库曼斯坦阿哈尔州援建 2 座居民饮用水处理厂，提高当地居民用水质量和健康。2011—2015 年集团公司社会公益投资见表 1。

表 1　2011—2015 年集团公司社会公益投资　　万元

业绩指标	2011 年	2012 年	2013 年	2014 年	2015 年
主要公益总投入	100648	93645	85089	100759.27	136603.62
扶贫帮困	23963	26341	22744	20686.75	34109.93
赈灾捐赠	18481	2487	7487	16865.78	588.45
支持教育	19008	19648	25365	12816.86	23803.41
公益捐赠	32244	28674	16340	39525.73	63202.74
环保公益	6952	16495	13153	10864.15	14899.09

光　荣　榜

【2015 年全国劳动模范】　45 名个人：

宋泓明　中国石油（北京）科技开发有限公司常务副总经理、高级工程师（北京华油服务总公司）

宫艳红（女）　中国石油大港油田公司第三采油厂第六采油作业区管理三站工人

孙国强　中国石油大港石化公司第三联合车间班长

黄玉梅（女）　中国石油渤海装备中成机械公司潜油电泵制造厂班组长

熊　战　中国石油渤海钻探国际工程分公司伊拉克项目部经理、高级工程师

张丽霞（女）　中国石油华北油田公司二连分公司锡林采油作业区采油工

史　航　中国石油天然气管道工程有限公司线路总工程师、高级工程师

王成祥　中国石油东方地球物理公司物探技术研究中心部门副主任、高级工程师

乔孟占　唐山冀油瑞丰化工有限公司工程师（冀东油田）

裴先峰　中国石油天然气第一建设公司工人

吴锁利　中国石油大连石化公司建筑安装总公司检修二车间班长、技师

李　波　中国石油抚顺石化公司石油二厂加氢联合车间副主任、助理工程师

温　静（女）　中国石油辽河油田勘探开发研究院油田开发所所长、高级工程师

高颖明（满族）　中国石油天然气股份有限公司锦州石化分公司加氢裂化车间生产班长、高级技师

吕文军　中国石油天然气股份有限公司锦西石化分公司总经理、高级工程师

李永翔　中国石油天然气股份有限公司吉林石化分公司建修公司东部检维修一车间班长、高级技师

李彩云（女）　中国石油天然气股份有限公司吉林油田分公司新木采油厂采油一队 5 号井组采油班班长、高级工

张德有 中国石油天然气股份有限公司吉林油田分公司党委书记、总经理、高级工程师
孙树祯 中国石油天然气股份有限公司吉林石化分公司党委书记兼总经理、高级工程师
徐龙杰 中油吉林化建工程有限公司焊接技能专家工作室主任、高级技师
杨海波（女） 大庆油田有限责任公司第四采油厂第一油矿北六队采油工、高级技师
伍晓林 大庆油田有限责任公司勘探开发研究院总工程师、高级工程师
申玉春 中国石油大庆石化公司化建公司安装二公司李树林班班长、高级技师
辛公华 中国石油大庆炼化公司生产技术处处长、高级工程师
陈君龙 中国石油天然气第六建设公司电焊工
张建国 中国石油天然气股份有限公司广西石化分公司副总经理、安全总监、高级工程师
缪明宇 中国石油重庆销售仓储分公司永川油库主任、助理政工师
陈小玲（女） 中国石油天然气股份有限公司四川泸州销售分公司龙马连片加油站经理、高级工
李梦春 中国石油集团测井有限公司技术中心技术装备研究所核磁与地层水研究室主任、高级工程师
马新平 中国石油宝鸡石油机械公司钢结构厂结一工区铆工二班班长
惠新阳 中国石油长庆油田公司第一采油厂王南采油作业区经理、工程师
汪艳侠（女） 中国石油兰州石化公司合成橡胶厂丁腈车间工人
赵秋燕（女） 中国石油庆阳石化公司技术部主任、高级工程师
周阿妮（女） 中国石油长庆油田公司第七采油厂白豹采油作业区六井区党支部书记
宋先帮 中国石油天然气股份有限公司玉门油田分公司青西油田作业区生产运行科科长、工程师
李国平 中国石油青海油田井下作业公司大修大队大队长、高级工程师
史 昆 中国石油青海油田采油一厂尕斯第一采油作业区班长、技术员
才仁吉藏（女、藏族） 中国石油青海玉树销售分公司西杭加油站经理
李 烨 中国石油宁夏石化公司炼油厂生产科科长、工程师
谷 刚 中国石油独山子石化公司炼建公司工人、高级技师
张丽娟（女） 中国石油塔里木油田公司勘探开发研究院碳酸盐岩中心副主任、高级工程师
周 文 中国石油西部钻探工程有限公司克拉玛依钻井公司 50217 钻井队技术员
肉孜麦麦提·巴克（维吾尔族） 中国石油新疆油田公司重油开发公司采油作业五区采油六班班长
赵丽敏（女） 中国石油勘探开发研究院中东研究所室主任、高级工程师
万贤忠 中国石油西藏销售中油天港商贸有限责任公司销售代表

【首届全国“百名最美地质队员”】 3 名个人：
杨峰平 大庆油田有限责任公司
刘军锋 中国石油长庆油田公司
凌 云 中国石油东方物探公司

【全国文明单位】 17 家单位：
中国石油大港油田公司
中国石油华北油田公司通信公司
中国石油辽河油田公司锦州采油厂
中国石油辽宁销售抚顺分公司
中国石油辽宁销售营口分公司
中国石油辽宁销售阜新分公司
中国石油吉林销售公司
中国石油吉林销售吉林市分公司
中国石油吉林销售延边分公司
中国石油吉林化建公司
中国石油大庆油田第一采油厂三矿中十六联
中国石油测井有限公司
中国石油甘肃昆仑燃气有限公司
中国石油庆阳石化公司
中国石油新疆油田公司采油一厂
中国石油山东销售公司
中国石油川庆钻探川东钻探公司

【第一批全国岗位学雷锋标兵】 2 名个人：
牛星壮 中国石油渤海钻探工程公司第三钻井分公司新疆项目部 70522 钻井队队长渤海钻探
刘 玉 中国石油吉林石化公司染料厂苯酚车间

化工三班班长

【第一批全国学雷锋活动示范点】 2家单位：

中国石油长庆油田矿区事业部泾欣园综合服务处

中国石油克拉玛依园林阳光社区

【第二届“加油中国·传承铁人”十大年度人物】 3名个人：

肉孜麦麦提·巴克　中国石油新疆油田公司

徐龙杰　中国石油东北炼化工程公司

赵丽敏　中国石油勘探开发研究院

【第五届全国道德模范提名奖获得者】 1名个人：

王　龙　中国石油青海油田公司机械厂花土沟维修中心车钳班班长

【中央企业道德模范】 1名个人：

肉孜麦麦提·巴克（维吾尔族）　中国石油新疆油田公司重油开发公司采油作业五区采油六班班长

【2015年集团公司特等劳动模范】 11名个人：

杨海波（女）　大庆油田有限责任公司第四采油厂第一油矿北六队采油工

肉孜麦麦提·巴克（维吾尔族）　新疆油田分公司重油开发公司采油作业五区采油六班班长

史　昆　青海油田公司采油一厂尕斯第一采油作业区采油工

薛兰苗　吉林石化公司建修公司北部检维修一车间班长

陈小玲（女）　四川销售公司龙马连片加油管理团队经理、党支部书记

刘国超　上海销售公司振兴加油站经理

王　杰　尼罗河公司苏丹6区项目副总经理

刘　涛　中亚天然气管道有限公司中塔天然气管道项目总经理

苏　飞　中国石油集团长城钻探有限公司国际钻井公司GW80队平台经理

齐书新　中国石油集团济柴动力总厂加工中心班班长

贾爱林　勘探开发研究院鄂尔多斯分院院长

【2015年集团公司模范集体】 11家单位：

辽河油田公司曙光采油厂采油作业一区

长庆油田公司第一采气厂第三净化厂

吉林油田公司公用事业管理公司江北供排水大队王景奎班

玉门油田公司油田作业公司侧钻作业队D17863队

独山子石化公司乙烯厂烯烃一联合车间

吉林销售公司长春销售分公司长春市经营处普庆加油站

云南销售公司昆明销售分公司东兴加油站

西部管道公司独山子输油气分公司霍尔果斯作业区

中国石油国际事业有限公司委内瑞拉办事处

中国石油集团川庆钻探有限公司长庆钻井总公司30693钻井队

中国石油集团东方地球物理勘探有限责任公司沙特项目经理部8647队

【2015年集团公司劳动模范】 433名个人：

大庆油田有限责任公司

李　苹（女）　第三采油厂第一油矿采油206队党支部书记

宋玉萍（女）　矿区服务事业部公共汽车公司东风分公司九车队33路驾驶员

王惠玲（女）　第四采油厂第四油矿五区四队集输工

王晓松　钻探工程公司钻井二公司钻井项目三部经理

王春雨（女）　物资公司萨尔图仓储分公司机电设备材料库金属三组组长

付朝军　钻探工程公司钻井三公司项目一部副经理兼15153钻井队队长

张振龙　矿区服务事业部外围物业管理公司杏南物业分公司经理

吕桂友（女）　大庆职业学院石油工程系教师

曲文忠　工程建设有限公司化建公司经理兼党委副书记

李东刚　采气分公司地质工艺研究所工艺管理室主任

刘　丽（女）　第二采油厂第六作业区采油48队采油工

唐　童　发展集团成都大庆石油大厦对外服务部经理

高纯良　油田公司天然气开发部工艺管理科副科长

侯　涛　第一采油厂第三油矿中四采油队队长

吴　春　化工有限公司东昊分公司表活剂厂副厂长

蒋成刚　第七采油厂地质大队油藏评价室主任

汪玉梅（女）　井下作业分公司副总地质师

李宏斌　头台油田开发有限责任公司总经理助

理兼生产运行部主任
王　朋　第六采油厂地质大队大队长
王金星　天然气分公司生产运行部主任
孙文丽（女）　第五采油厂第一油矿技术综合队队长
于世宇　信息技术公司龙南分公司营销中心支部副主任
赵彦整（女）　海拉尔石油勘探开发指挥部规划计划部副主任
朱洪岩　水务公司商务中心干事
黄君旺　装备制造集团力神泵业有限公司销售公司南苏丹项目部副经理
鲍远见　测试分公司第三大队生产办主任
刘文太　创业集团庆新实业公司经理
贺宏钧　储运销售分公司储运保障大队副大队长
代春菁（女）　试油试采分公司射孔大队射孔四队装炮班班长
杜庆龙　勘探开发研究院总地质师
张朋娟（女）　第九采油厂龙虎泡采油作业区采油二队采油工
刘云燕（女）　第八采油厂副总地质师兼地质大队大队长
于春晖　昆仑集团水泥有限公司第一水泥厂厂长
刘延松　电力集团供电二公司塔木察格供电分公司经理
张洪军　第十采油厂第四油矿朝六联合站维修电工
赵　君　消防支队葡萄花消防队队长

辽河油田公司

严世英（女）　兴隆台采油厂采油作业三区女子采油队队长
田　丽（女，满族）　欢喜岭采油厂热注作业一区102队25号站站长
户昶昊　勘探开发研究院稠油开发所室主任
顾占闯　锦州采油厂采油作业一区4号站站长
李闪星　金马油田开发公司安全环保科安全副总监兼安全环保科科长
沈　坚　茨榆坨采油厂张强采油作业区技术负责人
王　冲　曙光工程技术处工程技术研究所室主任
梁　新　油田建设工程一公司工程安装二分公司第一施工队队长
张静坤　电力集团公司曙光供电工区技术负责人
李艳玲（女，满族）　兴隆台公用事业处红村公用事业公司队长
支印民　特种油开发公司地质研究所副所长
孙　萌　沈阳采油厂作业二大队作业8队队长
王　浩　钻采工艺研究院油化所所长、党支部副书记
周荣强　市场开发部主任
何　东　振兴公司物业五公司440服务中心副主任
赵佩斌　高升采油厂集输大队大队长
张　波　曙光采油厂厂长、党委副书记
赵明波　油田建设工程一公司经理
吴宝华（满族）　金马油田开发公司经理、党委副书记
张建平　冷家油田开发公司党委书记

长庆油田公司

李志敏（女）　第五采油厂堡子湾采油作业区党支部书记
马　琴（女）　第二采油厂樊家川作业区党总支副书记
张文正　勘探开发研究院分析试验中心副主任
张浩毅　第二采油厂西峰采油三区经理
刘　啸　第四采油厂白于山作业区白一计量接转注水中心站站长
廖朝军　第六采油厂安五采油作业区生产技术室主任
熊娟华　第八采油厂定边采油作业区学二计量接转站站长、党支部书记
宋家喜　第九采油厂采油工艺研究所油田化学室科员
王新伟　长庆实业集团公司小河采油作业区生产运行组组长
张进龙　第一采气厂作业一区安全组组长
李战平　第二采气厂作业一区经理、党支部书记
赵雪蕾（女）　第四采气厂企管法规科副科长
刘晓芹（女）　第五采气厂生产保障大队技术员
徐黎明　第六采气厂保安采气作业区生产运行组组长
张矿生　油气工艺研究院副总工程师兼压裂技

术一室主任

郑　欣（女） 科技工程公司副总工程师兼设计部主任

刘莉莉（女） 苏里格气田研究中心气藏动态研究所科员

牛方元　机械制造总厂压力容器制造分厂班长

杨淑宁（女） 物资供应处宁夏供应转运站保管一班班长

雷晓青　技术监测中心工程质量监督室总监督工程师

田建峰　气田开发处采气工艺技术科副科长

贾保奎　陕西延安石油天然气公司项目管理部主管

塔里木油田公司

张伯侦　库车勘探开发项目经理部地质总监

孔　伟　塔中勘探开发项目经理部副经理兼塔中作业区经理、党总支副书记

艾米拉古力·莫明（女，维吾尔族） 塔西南勘探开发公司物业管理部保洁中心班长

杨海军　勘探开发研究院院长、党委副书记

贾国玉　库车勘探开发项目经理部副总工程师

练以峰　塔北勘探开发项目经理部副总工程师

刘永明　开发事业部桑吉作业区桑南油气处理厂高级主管

孙　翔　塔石化分公司合成氨生产部工艺工程师

杨彩虹（女） 物资采办事业部合同管理科科长

徐立民　油气生产技术部电泵队电泵工程师

依明·帕拉提（维吾尔族） 运输事务部汽车驾驶员

新疆油田公司

彭桂芳（女） 百口泉采油厂稠油处理站岗位长

刘钦峰　采气一厂采气队克75天然气处理站站长

陈其亮　采油二厂第五采油作业区监督班班长

王玉新　采油一厂副总工程师

林　伟（蒙古族） 准东采油厂沙南作业区沙采一队高级技师

桑林翔　风城油田作业区副总地质师兼重大开发实验项目管理部主任

朱志宏　工程技术研究院院长

刘宝明　供电公司线路工区刘宝明班班长

苏方宏　供水公司营销所管线安装工

李　宏（女） 克拉玛依红山油田有限责任公司研究所所长

王康军　开发公司经理

贾杭莹（女） 客运公司公交二大队“巾帼示范车组”班长

张　军　陆梁油田作业区石南采油站高级技师

李　娜（女） 石西油田作业区集中处理站运行三班班长

支志英（女） 数据公司副总工程师

吐尔逊·阿依提（维吾尔族） 乌鲁木齐办事处水电暖供应公司上下水维修班维修工

阿布力米提·依明（维吾尔族） 勘探开发研究院勘探研究所副所长

祁明业　油气储运公司总站维修巡检班副班长

杜大鸣　重油开发公司经理、党委副书记

王进俭　彩南油田作业区第一采油站维修班班长

西南油气田公司

彭　先　勘探开发研究院副总工程师、油气田生产动态研究所所长

周　华（女） 输气管理处成都输气作业区城厢输气站值班长

陈　鹏　重庆公管中心长寿石油社区管理站综合维修班班长

王　剑　阿姆河项目部副总工程师兼A区处理厂副厂长

喻成刚　采气工程研究院采气工具及装备研究所副所长

阮东峰　川东北气矿宣汉采气作业区采气班长

文小龙　川西北气矿梓潼采气作业区采气工

杨　忠　川中油气矿磨溪开发项目部西北区集气站副站长

余忠仁　川中油气矿矿长、党委副书记

谢建平　华油公司重庆凯源西城分公司输气工

李　勇　基建工程处处长

赵晓红　勘探事业部物探管理科科长，党支部书记

李正荣　南充公共事务管理中心东观石油社区管理站社区服务班副班长

谢显锐（女） 蜀南气矿隆昌采气作业区岳118井站站长

何金龙　天然气研究院天然气净化研究所所长

陈雷洪　通信与信息技术中心成都总站运行管

路中心电话交换机务员
程艳燕（女）　重庆气矿长寿天然气运销部站长、支部书记
罗小林　重庆天然气净化总厂引进分厂净化工段生产一班班长

吉林油田公司

李德坤　松原采气厂厂长、党委副书记
尹　旭　生产运行处处长
张　达　扶余采油厂生产运行科科长
朱艳华（女）　乾安采油厂采油十二队队长
王　颖（女）　勘探开发研究院勘探研究所副所长
王福旭　英台采油厂地质所所长
李边生（满族）　油气工程研究院油气藏改造技术研究中心总工程师
裕晓志　扶余综合服务公司带压作业三队队长
李玉福　建设公司金属车间自动焊班班长
高兴业　供电公司电气试验站继保班班长
毕家俊　江北物业管理公司综合服务队卫生车班班长
匡　宇　滨江物业管理公司油鑫物业服务队综合维修班维修工

大港油田公司

窦同伟　石油工程研究院钻井技术服务中心主任兼党支部书记
窦松江　勘探开发研究院 技术总监、副总工程师
张新清　第一采油厂第二采油作业区工程维修组组长
张景寿　第四采油厂厂长助理
张玉祥　滩海开发公司埕海第二采油作业区经理
黄兴博　井下作业公司特车分公司副经理
韩　军　热电公司供热第四分公司经理兼党支部副书记
郭子杰　港狮矿区管理处水电公司经理
刘　艳（女）　天津海滨人民医院内分泌科（风湿免疫科）主任
柳小花（女）　维护稳定办公室高级主管
王海燕（女）　第一采油厂第二采油作业区党支部书记、副经理

青海油田公司

杨银山　冷湖油田管理处副总地质师
廖秀梅（女）　劳动服务公司手套厂裁质组班长
廖　春　勘探开发研究院尕斯油区开发研究室主任
马延明　天然气开发公司台南采气作业区经理
陈洪鑫　机械厂工程项目部项目经理
孟宗鹏　格尔木炼油厂生产运行一车间操作工
张柏青　涩北作业公司井下作业大队副大队长
魏文勇　英东采油厂基建管理部主任
赵　龙　马仙采油厂南八仙试采作业区联合站技术员
路彦森　井下作业公司副经理

华北油田公司

文忠服　第一采油厂任南采油作业区任三采油站任3计量岗岗位长
祝菊普　第二采油厂长治煤层气排采项目部经理
邓　勇　第三采油厂作业大队作业八队队长
张公明　第四采油厂地质研究所副所长
王　卡　第五采油厂高邑采油作业区赵61站采油工
梁胜利　二连分公司阿南采油作业区生产组组长
淡伟宁　勘探开发研究院二连勘探研究室主任、党支部书记
周从安　地球物理勘探研究院冀中室主任兼党支部书记
张　聪　山西煤层气勘探开发分公司地质研究所主任
荆志强　苏里格项目部工程地质所室主任
张　军　华港燃气集团有限公司河石燃气事业部经理
董　静（女）　华丽综合服务处深泽西区物业服务站绿化保洁队副队长
史中浩　水电厂二连分厂副厂长

吐哈油田公司

张　鑫　井下技术作业公司压裂一队队长、党支部副书记
赵　健　勘探开发研究院开发二所副所长
周　燕（女）　机械厂加工车间数控车工
吴　征　鲁克沁采油厂厂长、党委副书记、鲁克沁油田项目经理部经理
徐志民　温米采油厂温五采油工区安全员

冀东油田公司

王在明　钻采工艺研究院副总师

玉门油田公司
魏　军　勘探开发研究院副总地质师
芦小明　老君庙油田作业区采油四工区工区长
马　荣　运维修服务公司检维修作业队队长、党支部书记
王金山　方圆物业有限责任公司供热站主任、党支部书记
富玉新　乍得公司采油厂采油监督

浙江油田公司
焦亚军　地质与工艺研究院副院长、页岩气勘探开发建设项目经理部经理

煤层气有限责任公司
王　喆（女）　总经理助理兼纪委副书记、工会副主席、人事处处长、党委组织部部长

南方石油勘探开发有限责任公司
张晓东　南方石油勘探开发有限责任公司生产作业部钻井管理项目经理

大庆石化公司
陈晓庆　塑料厂高压聚乙烯二车间班长
关海延（满族）　化工三厂调度室调度长
姜大为　化工一厂裂解车间值班长
唐安龙　炼油厂重油催化二车间班长
王伟国　炼油厂调度室调度长
徐　良　化工三厂乙苯脱氢车间班长
张金凤（女）　开发公司编织袋车间运行班长
赵贵斌　化肥厂尿素车间操作工

吉林石化公司
刘　玉　染料厂苯酚丙酮车间化工三班值班长
赵成浩　化肥厂丁辛醇车间“丛强班”值班长
丛佩友　有机合成厂丁苯橡胶车间前部化工二班值班长
程延华　研究院精细化工研究所所长
李云鹏　检测中心副总工程师
王绍禹　矿区服务事业部万邦物业公司经理
田　原　丙烯腈厂厂长、党委副书记
孟凡忠　合成树脂厂厂长、党委副书记

抚顺石化公司
张桂兰（女）　北天塑料编织袋厂制袋一车间主任
吴　迪　催化剂厂营销中心主任
刁克剑　工程建设有限公司信息技术研发中心主任
程利春　腈纶化工厂丙烯腈车间主任
姚　帅　乙烯化工厂聚乙烯车间值班长
赵春生（满族）　石油二厂加氢联合车间班长
任晓兵　烯烃厂线性低密度聚乙烯车间班长
郭永成　洗涤剂化工厂生产分厂厂长

辽阳石化公司
金　翀　电子商务部原料科科长
王　铁　安全副总监兼质量安全环保处处长
闻昕叶　机械厂容器车间主任
叶会亮　烯烃厂裂解车间主任
尹　华　矿区服务事业部公用事务部供电管理所原所长兼党支部书记
张立喆　炼油厂常减压一车间主任
庞云华　设备检修部烯烃检修车间“庞云华”班班长

兰州石化公司
冯新忠　客运分公司客运二队大客车驾驶员
靳　宏　电仪事业部仪表二车间乙烯仪表班班长
李卫军　炼油厂常减压联合车间班组长
裴永稚　催化剂厂三套分子筛车间操作工
邵礼宾　乙烯厂全密度聚乙烯车间主任
王星联　设备维修公司质量安全部主任
张世恩　维达公司安装检修一分公司安装检修二班班长
郑彩琴（女）　合成橡胶厂丁腈车间生产组组长

独山子石化公司
吴利平（女）　乙烯厂技术处副处长
马　坚（回族）　炼油厂第一联合车间班长
兰　天　乙烯厂乙烯二联合车间操作工
牙生·马木提（维吾尔族）　乙烯厂公用工程联合车间工艺技术员
邵步月　热电厂发电车间副主任兼安全总监
赵臣诗　矿区服务事业部公共事务管理公司660物业服务中心班长

乌鲁木齐石化公司
蔡海军　炼油厂总工程师
胡志林　炼油厂炼油二车间工人
潘建平　化肥厂总值班室主任
阿不都克瓦尔·斯拉木（维吾尔族）　设备安装公司安装二公司管工四班班长

宁夏石化公司
滕兴荣　安检公司经理

周晓军（回族）　化肥一厂合成四班值班长

大连石化公司

李晓波　建筑安装总公司检修二车间工人

温国民　空分车间班长

孟庆华　第一联合车间煤柴油加氢装置班长

曹鸿昕　第三联合车间安全员

郑　平　第二联合车间四催化装置工人

大连西太平洋石油化工有限公司

张清新　公司总经理助理

锦州石化公司

王永毅　蒸馏车间生产班长

徐　凯　钳工车间技术质量组组长

徐　强　加氢车间白班班长

锦西石化公司

刘世凯　加氢裂化车间主任

吕海滨　焦化车间工艺一班班长

马　达　规划计划处处长

大庆炼化公司

郭保磊　聚丙烯厂聚丙烯二车间操作员

路泳鑫　炼油二厂干气制乙苯车间班长

张世凯　机电仪厂机械一车间钳工运行主修

哈尔滨石化公司

刘国财　储运车间运行工程师

广西石化公司

杨　旭　生产技术处处长助理

四川石化公司

彭国峰　生产一部催化裂化联合装置总负责人

广东石化公司

何秀云（女）生产运行六部经理

云南石化公司

宋官武　公司总经理助理

大港石化公司

陈军舰　维护车间机修修理班班长

华北石化公司

梅　蕊（女）　科技信息部设计研究所所长

呼和浩特石化公司

云文俊（蒙古族）　第二联合车间工艺技术员

辽河石化公司

肖国营　第一联合运行部焦化单元班长

长庆石化公司

贺建勇　运行三部硫黄回收区块主任

克拉玛依石化公司

柯友胜　炼油化工研究院油品所所长

庆阳石化公司

张　鸿　生产运行处副处长

东北化工销售公司

杨树臣　辽西分公司经理兼党总支书记

西北化工销售公司

吾守尔江·阿不来提（维吾尔族）　乌鲁木齐分公司副经理

华北化工销售公司

许传路　市场处技术服务人员

华东化工销售公司

李社青（女）　技术服务部经理

华南化工销售公司

朱　文　总经理助理兼企管法规处（质量安全环保处）处长

西南化工销售公司

范　丁　重庆分公司经理

东北销售公司

谢明田　计量质量部部门经理

西北销售公司

李忠林　彭州油库经理、党支部副书记

润滑油公司

崔鹏飞　车用油部河南片区经理

中石油燃料油有限责任公司

邵　磊　销售中心经理

辽宁销售公司

崔运双（女）　铁岭销售分公司柴河桥加油站加油员

李宝春　锦州销售分公司经理

李广印　鞍山销售分公司台安经营部第一加油站经理

四川销售公司

扎西彭措（藏族）　甘孜销售分公司理塘加油站经理

蒋胡民　公司副总经济师

广东销售公司

王胜杰　广州销售分公司经营部经理

内蒙古销售公司

秦　黎　呼伦贝尔分公司经理

苏春利　赤峰分公司阿旗经营部天山加油站经理

田蒙彦　阿拉善销售分公司额济纳旗零售片区经理、党支部书记

北京销售公司

郭　霞（女）　第一分公司南下路加油站经理

黑龙江销售公司

宁利新　哈尔滨销售分公司前进加油站加油员

王东明　齐齐哈尔销售分公司讷河片区加油站经理

河北销售公司

张炳涛　秦皇岛分公司山海关服务区加油站经理

新疆销售公司

纪新成　伊犁分公司经理、党委副书记

亚力昆·阿布都热西提（维吾尔族）喀什销售公司叶城—泽普片区党支部书记

张玲玲（女）巴州分公司龙山油气站与信德加油站经理

山东销售公司

孙春艳（女）临沂销售分公司沂蒙姐妹加油站经理

陕西销售公司

方　伟　宝鸡销售分公司经理、党委副书记

刘文智　西安销售分公司劳动南路加油站经理

马广全　延安分公司黄陵片区经营部片区经理

吉林销售公司

白亚国　吉林市销售分公司经理兼党委副书记

陈月霞（女）白山销售分公司镇江加油站付油员

李忠艳（女）延边销售分公司新丰加油站经理

江苏销售公司

邵从海　加油站管理处副处长

邵云霞（女）江苏镇江销售分公司城西加油站经理

甘肃销售公司

潘玉琴（女）金昌销售分公司东区加油站经理

朱丽娜（女）天水销售分公司皇城路加油站加油员

河南销售公司

张可存　公司总经理助理

湖北销售公司

马特立（女）武汉盘龙大道加油站经理

浙江销售公司

徐桂芳（女）衢州销售分公司常山振华加油站加油员

周爱娣（女）杭州销售分公司近江加油站经理

云南销售公司

宋风英（女）玉溪销售分公司客户经理

重庆销售公司

张　果　江南分公司海峡路加油站经理

张连忠　永川分公司经理、党委副书记

湖南销售公司

陈　赛　常张分公司总经理

安徽销售公司

陈　梅（女）合肥分公司金凌加油站经理

广西销售公司

许雨顺　南宁销售分公司经理

福建销售公司

傅琴琴（女）厦门忠仑加油加气站经理

大连销售公司

姜宏辉（女）油气零售分公司星海湾加油站经理

山西销售公司

冯建青（女）太原16加油站经理

天津销售公司

吴　鹏　滨海分公司港泰加油站经理

宁夏销售公司

张爱英（女）高速公路销售分公司小洪沟服务区经理

贵州销售公司

李光梅（女）贵阳销售分公司观山加油站经理

青海销售公司

芦玉德　公司总经理助理兼营销处处长

王慧琼（女）海东销售分公司总经理

江西销售公司

廖益词　九江销售分公司庐峰路加油站经理

西藏销售公司

其　布（女，藏族）那曲分公司双湖加油站经理

海南销售公司

王　浩　海口龙桥西加油站经理

管道建设项目经理部

蒙　林　工程管理处高级主管

管道公司

常荣新（女）山东中油天然气有限公司惠民输气站输气工

时　平　长庆输油气分公司惠安堡维抢修队班长

李　健　秦皇岛输油气分公司管道科（保卫科）科员

西气东输管道公司

赵三强　银川管理处中卫维抢修队队长、联合

党支部书记

北京天然气管道公司

赵洪斌　陕西输气管理处榆林压气站副站长

西部管道公司

谢志斌　新疆输油气分公司哈密维抢修队队长

西南管道公司

郝克军　兰州输油气分公司兰州站站长

昆仑燃气公司

王同有　大庆中石油昆仑燃气有限公司生产运行部主任

海外勘探开发公司

梁海龙　中油国际（印度尼西亚）有限责任公司 Jabung 油田经理

孙泽禄　中油国际（尼日尔）有限责任公司生产技术部副经理

刘结柱　中油国际（乍得）有限责任公司上游项目油田作业区经理

赵向国　中油国际（阿曼）有限责任公司勘探开发部经理

李树峰　海外勘探开发公司经营计划部副主任

哈萨克斯坦公司

臧东红　阿克纠宾项目总工艺师

伊拉克公司

王小勇　哈法亚项目完井主管

伊朗公司

徐　东　北阿扎德甘项目部副总经理

拉美公司

赵新军　拉美公司副总工程师兼厄瓜多尔公司副总经理

尼罗河公司

刘明军　石化贸易公司副总经理兼尼罗河公司销售部副经理

郭新文　南苏丹 37 区项目副总工程师兼采油厂厂长

阿姆河天然气勘探开发（北京）公司

杨　诚　勘探开发（北京）有限公司基建工程部经理

中亚天然气管道公司

蔺志兴　中哈天然气管道项目 CS7 压缩机站站长

国际事业公司

代　凯　新加坡有限公司总会计师

盖俊才　土库曼斯坦有限公司总经理

东南亚管道公司

王广辉　曼德勒输油气管理处处长

西部钻探工程公司

李喜成　中亚地区协调部主任

唐　伟　青海钻井公司昆北项目组组长

张　海　吐哈钻井公司 40671 钻井队队长兼党支部书记

王震宇　国际钻井公司副总工程师

王情华　测井公司塔里木分公司副经理

李晓军　钻井工程技术研究院副总工程师兼科研中心、新产品推广中心主任、党支部书记

艾科拜尔江·艾散（维吾尔族）井下作业公司大修侧钻分公司 D08347 队队长

长城钻探工程公司

张　军　哈萨克斯坦项目经理

张洪印　固井公司经理兼党委副书记

冯　敏　测试公司 YL 专业技术经理兼作业区市场经理

刘　建（满族）井下作业分公司副总工程师、西部项目部经理

陈军林　测井公司辽河项目部副经理

陈卫平　昆山公司技术开发中心主任工程师

渤海钻探工程公司

甘世胜　国际工程公司中东事业部经理

尤　军　塔里木钻井公司经理

段正中　总承包公司副总工程师

孟　伟　第四钻井公司 40508 钻井队队长

李清泉（回族）第五钻井公司 40694 钻井队队长

李诗仙　井下技术服务公司试油作业部副经理

孙　楠　井下作业公司新疆项目部 S19551 队队长

王贵宏　第二固井公司国际项目部党支部书记兼印尼项目组组长

郑　铂　第二录井公司二连项目部经理

王怀军　第四钻井分公司副经理兼长庆项目部经理

川庆钻探工程公司

汪国林　油建公司总经理、党委副书记

蒲含科　川东钻探 70575 队队长

张建军　长庆钻井总公司 50052 钻井队队长

阮辅涛　塔里木工程公司 70526 钻井队平台

经理
曾维君　巴基斯坦分公司经理
苟明福　地球物理勘探公司山地三队队长
潘　勇　井下作业公司井下技术研发中心技术专家
郭　鹏　测井公司射孔工艺研究所器材研究室室主任
白　璟　钻采工程技术研究院定向井技术服务公司经理
黎川萍　地质勘探开发研究院录井队长

东方地球物理勘探有限责任公司
刘明忠　国际勘探事业部尼日尔项目经理部总经理
徐少波　物探技术研究中心处理技术研发部副主任
王中杰　塔里木物探处 2100 队队经理
李进栋　新疆物探处 278 队队经理
徐　刚　新兴物探开发处副总工程师
王梅生　采集技术支持部副总工程师
杨军朝　矿区服务事业部正定基地供热站站长兼绿化环卫队队长
尹昊海　青海物探处副总工程师

测井有限公司
余卫东　技术中心软件开发所所长

海洋工程有限公司
王宇宾　工程技术研究院海洋钻采工艺研究所所长

管道局
吴大伟　第二工程公司科技中心副主任
王建才　中油管道机械制造有限责任公司焊接教师
赵　亮　第六工程公司董事长、总经理、党委副书记
高广林　第五工程公司储运机械分公司经理
周燕韬　国际事业部南非地区公司经理、坦桑尼亚管道项目项目经理

工程建设公司
陈意深　公司总经理助理
廖博武　第一建设公司第三工程处 321 铆焊队队长
肖立刚　华东设计分公司副总工程师
黎柱安　伊拉克分公司哈法亚项目经理

工程设计有限责任公司
刘家洪　西南分公司副总经理
艾买提·哈斯木（维吾尔族）　新疆石油工程建设有限责任公司路桥事业部项目经理

中国寰球工程公司
郑永新　油气公司副总经理
卢永旺　第六建设公司电焊工

中国昆仑工程公司
于秀英（女）　大庆分公司设计经理

东北炼化工程有限公司
徐龙杰　中油吉林化建工程有限公司培训中心工作室主任
张全厚　吉林机械制造分公司党委副书记、纪委书记、工会主席、副经理

中国石油技术开发公司
王明军　阿克纠宾石油机械联合（有限责任）公司副总经理

宝鸡石油机械有限责任公司
陶长银　传动设备厂装配钳工

宝鸡石油钢管有限责任公司
介升旗　石油专用管分公司制管分厂副厂长

渤海石油装备制造有限公司
张松峰　中成机械制造公司钻头制造厂厂长

勘探开发研究院
沈安江　杭州地质研究院海相油气地质研究所所长、党支部书记

规划总院
王国丽（女）　副总工程师

石油化工研究院
兰　玲（女）　清洁燃料研究室主任

经济技术研究院
戴家权　石油市场研究所所长

钻井工程技术研究院
刘硕琼　副总工程师兼固井完井所所长

安全环保技术研究院
王其华　副总工程师

石油工程技术研究院
王长安　隆盛公司副总经理

北京石油管理干部学院
彭宏韬　教学二部专业技能培训设计与管理中心主任

中国石油报社
李向阳　新闻采访中心主任

石油工业出版社有限公司
章卫兵　副总编辑兼科技图书分社社长

审计服务中心
赵显波　基建与投资审计处处长
物资公司
黄　强　沧州公司储运业务科科长
刘定开　沧州公司业务二科副科长
运输公司
唐大辉　广西分公司桂林配送中心汽车驾驶员
赵敦学　一公司塔里木油田运输一大队分队长
中国华油集团公司
贾忠军　阳光国际尼日尔分公司总经理
华油北京服务总公司
高春河　北京华服物业管理有限责任公司总经理
中油财务有限责任公司
崔　磊　中国石油财务（香港）有限公司信贷部经理
昆仑银行股份有限公司
阮开奎　西安分行党委书记、副行长
昆仑信托有限责任公司
陈育雄　宁波业务二部经理
总部机关
王　亮　天然气与管道分公司副处长
付辉平　财务部高级主管

【2015 年集团公司先进集体】 290 家单位：

大庆油田有限责任公司
钻探工程公司国际事业部伊拉克哈法亚项目部
钻探工程公司地球物理勘探一公司 2288 地震队
第一采油厂第一油矿北一采油队
第二采油厂第五作业区南二联合站
第三采油厂第一油矿北二二联合站
第四采油厂第一油矿测试队
第五采油厂第二油矿十区二队
第七采油厂保卫大队保卫一队
海拉尔石油勘探开发指挥部塔木察格公司塔21 作业区
工程建设有限公司管道公司西气东输三线 EPC 项目部
工程建设有限公司安装公司第十四项目部
井下作业分公司修井一大队修 111 队
勘探开发研究院采收率研究一室
采油工程研究院分层开采工艺测试研究室
电力集团供电二公司海拉尔供电分公司
矿区服务事业部外围物业管理公司朝阳物业分公司
矿区服务事业部物业管理二公司银浪供热分公司
创业集团金属防腐有限公司工程材料分公司
辽河油田公司
兴隆台采油厂采油作业四区
特种油开发公司热注作业一区
欢喜岭采油厂采油作业三区
沈阳采油厂采油作业二区
锦州采油厂作业二大队
高升采油厂采油作业一区
辽兴油气开发公司采油作业二区
油气集输公司大连石油储运项目管理部
兴隆台工程技术处作业一大队
油建二公司电气仪表安装分公司
石油化工总厂水气车间
长庆油田公司
第一采油厂杏北作业区
第二采油厂岭北作业区
第三采油厂采油工艺研究所
第五采油厂地质研究所
第三采气厂作业一区
勘探开发研究院区域地质勘探室
第二输油处
第三输油处宁夏石油商业储备库
勘探部地质科
矿区服务事业部兴隆园物业服务处
苏里格南作业分公司作业一区
塔里木油田公司
勘探开发研究院天然气所
天然气事业部迪那作业区运行部
油气工程研究院钻井研究室
工程技术部井控中心
油气运销部轮南储运站
新疆油田公司
百口泉采油厂百重一采油作业区运行四班
风城油田作业区供汽联合站
采气一厂克拉美丽采气作业区
采油二厂注输联合一站
工程技术带压作业分公司带压大修 DY60181 队
克拉玛依物业管理公司昆仑分公司南林物管站
物资供应乌储运公司机械运输部特车班
勘探公司西北缘项目经理部
采油一厂
勘探开发研究院勘探研究所

重油开发公司
准东采油厂沙南作业区沙采二队巡井二班
西南油气田公司
重庆气矿大竹采输气作业区
蜀南气矿泸州采气作业区阳42井
川中油气矿
输气管理处重庆输气作业区西彭输气站
重庆天然气净化总厂引进分厂生产一班
物资公司川中物资供应公司
安全环保与技术监督研究院
川南公共事务管理中心兰田管理站综合维修班
吉林油田公司
长春采油厂采油三队
新民采油厂作业一队
油气工程研究院油气藏改造技术研究中心
红岗采油厂
热电厂
大港油田公司
第三采油厂第三采油作业区第三采油管理站
测试公司第四分公司
检测监督评价中心质量监督站
新闻文化中心报社编辑部
供水公司滨海水厂
矿区工程服务公司宏伟建筑安装分公司港西新城J1-1地块总承包项目部
青海油田公司
采油一厂尕斯第一采油作业区
格尔木炼油厂生产运行一车间
井下作业公司压裂技术服务大队
天然气开发公司涩北一号采气作业区
勘探开发研究院石油勘探研究室
华北油田公司
第一采油厂雁翎采油作业区
第二采油厂海南福山项目部
二连分公司阿南采油作业区
山西煤层气勘探开发分公司成庄采气作业区
通信公司市场营销中心
公用事业管理处矿政环卫大队
总医院心内二科
吐哈油田公司
勘探开发研究院地质勘探研究三所
井下技术作业公司压裂一队
吐鲁番采油厂葡北采油工区
供水供电处变电运行部110千伏中心变电站
冀东油田公司
南堡油田作业区采油三区
玉门油田公司
鸭儿峡油田作业区
炼油化工总厂催化车间
浙江油田公司
西南采气厂
中石油煤层气有限责任公司
忻州分公司
南方石油勘探开发有限责任公司
勘探开发研究中心
大庆石化公司
化肥厂合成氨车间运行四班
化工一厂
炼油厂延迟焦化车间
实业公司洪流清洗队“蓝剑”清洗班组
塑料厂全密度聚乙烯一车间
吉林石化公司
炼油厂
乙烯厂高密度聚乙烯车间
动力一厂锅炉车间运行三班
动力二厂原料车间运行一班
电石厂电气车间总降班
抚顺石化公司
矿区服务事业部生活服务中心二厂后勤服务站
热电厂除灰车间新厂运行五班
石油二厂加氢精制车间
石油三厂芳烃车间
烯烃厂乙烯车间
辽阳石化公司
仪表厂
烯烃厂乙二醇车间
动力厂空分二车间
矿区公用事务部客服中心“林海臣”班
兰州石化公司
乙烯厂
助剂厂
炼油厂润滑油精制联合车间
化肥厂丙烯酸车间
物资采购管理部储运中心起重班
独山子石化公司
炼油厂第二联合车间

热电厂汽机车间
矿区服务事业部公共事务管理公司 660 物业服务中心
乌鲁木齐石化公司
炼油厂炼油一车间 600 万吨 / 年常减压运行一班
热电厂锅炉车间
矿区服务事业部社会公益服务中心餐饮分中心炼油厂汉餐厅
宁夏石化公司
炼油厂
大连石化公司
第三联合车间
空分车间
气体车间
质量环保检测中心
大连西太平洋石油化工有限公司
运行二部
锦州石化公司
焦化车间
钳工车间
重整车间
锦西石化公司
仪表车间
加氢车间
重油催化车间
大庆炼化公司
聚合物一厂丙烯腈车间
炼油二厂二套 ARGG 车间
炼油一厂
哈尔滨石化公司
第一联合车间
广西石化公司
生产二部
四川石化有限公司
生产三部
广东石化公司
工程管理部
云南石化公司
工程管理部
大港石化公司
分析中心（环境监测站）
华北石化公司
运销运行部
呼和浩特石化公司
第一联合车间
辽河石化公司
第一联合运行部
长庆石化公司
运行一部汽柴油加氢区块
克拉玛依石化公司
炼油第一联合车间
庆阳石化公司
一联合运行部
东北化工销售公司
吉林分公司
西北化工销售公司
兰州分公司
华北化工销售公司
业务一处
华东化工销售公司
杭州分公司
华南化工销售公司
业务四处
西南化工销售公司
彭州调运分公司
东北销售公司
南京分公司三江口油库
西北销售公司
新疆分公司
润滑油公司
大连润滑油厂
燃料油有限责任公司
资源处
辽宁销售公司
沈阳分公司
锦州分公司王屯油库
营口分公司鲅鱼圈经营部
四川销售公司
成都销售分公司
德阳销售分公司黄河加油站
仓储分公司 104 油库
广东销售公司
广州销售公司
内蒙古销售公司
兴安销售分公司乌兰浩特零售片区
通辽销售分公司

巴彦淖尔分公司临河油库
北京销售公司
第二分公司北苑加油站
上海销售公司
振兴加油站
黑龙江销售公司
实华分公司第七加油站
仓储分公司香坊油库
河北销售公司
邯郸分公司第一加油站
新疆销售公司
仓储分公司阿克苏油库
博州分公司阿拉山口加油站
哈密分公司骆驼圈子南加油站
山东销售公司
枣庄分公司
青岛分公司第 12 加油站
陕西销售公司
高速公路销售分公司曲江服务区加油站
西安销售分公司西门加油站
咸阳销售分公司渭惠路加油站
吉林销售公司
四平销售分公司双辽经营处
白城销售分公司
江苏销售公司
南京分公司
甘肃销售公司
定西销售分公司
兰州销售分公司金牛加油站
酒泉销售分公司玉门甘店子加油站
河南销售公司
开封销售分公司
湖北销售公司
襄阳分公司中良加油站
浙江销售公司
金华销售分公司
重庆销售公司
江北分公司五里店加油站
湖南销售公司
长沙分公司含浦加油站
安徽销售公司
合肥分公司
广西销售公司
百色销售分公司
福建销售公司
厦门海沧加油加气站
大连销售公司
市内配送分公司泉水前加油站
山西销售公司
太原第 35 加油站
天津销售公司
市区分公司
宁夏销售公司
高速公路销售分公司
贵州销售公司
环东加油站
青海销售公司
青海销售公司
江西销售公司
抚州销售分公司南湖路加油站
西藏销售公司
日喀则东郊加油站
海南销售公司
三亚东岸加油站
大连海运公司
调运处
北京油气调控中心
调度二处调度一班
管道建设项目经理部
新疆项目部
管道公司
中原输油气分公司
济南输油分公司肥城输油站
西气东输管道公司
甘陕管理处
北京天然气管道公司
维抢修中心
西部管道公司
酒泉输油气分公司红柳作业区
西南管道公司
兰成渝输油分公司
昆仑燃气公司
河北分公司
华北分公司
昆仑能源有限公司
湖北黄冈液化天然气有限公司
华北天然气销售公司
办公室（党委办公室）

京唐液化天然气有限公司
生产运营中心
大连液化天然气有限公司
接收站
江苏液化天然气有限公司
接收站
海外勘探开发公司
中油国际（尼日尔）炼油有限公司第一联合装置
财务与资本运营部
中油国际（阿曼）有限责任公司
哈萨克斯坦公司
曼格什套项目热得拜作业区
伊拉克公司
中油国际（绿洲）公司
伊朗公司
北阿扎德甘项目部
拉美公司
MPE3 项目
尼罗河公司
苏丹 124 项目
苏丹炼油项目
阿姆河天然气勘探开发（北京）有限公司
生产运行部
中亚天然气管道有限公司
首站
俄罗斯公司
亚马尔项目组
东南亚管道有限公司
马德岛管理处
西部钻探工程有限公司
固井压裂工程公司海外分公司
克拉玛依钻井公司 40534 钻井队
准东钻井公司 90001 钻井队
吐哈录井工程公司二分公司
定向井技术服务公司第一分公司
试油公司特殊作业分公司作业一队
长城钻探工程有限公司
苏里格气田项目部
委内瑞拉项目部
肯尼亚项目部
GW80 钻井队
钻井二公司 40002 钻井队
测井公司危险品管理中心女子装炮班
中国石油集团渤海钻探工程有限公司
测井公司
第一钻井公司 50620 钻井队
第四钻井公司 70018 钻井队
第一固井公司塔里木项目部
第一录井公司国际事业部
钻井技术服务公司欠平衡钻井打捞技术服务中心欠平衡作业部
川庆钻探工程有限公司
川东钻探公司川庆 70570 钻井队
川西钻探公司川庆 70016 钻井队
塔里木工程公司川庆 70567 钻井队
井下作业公司 YS49125 队
长庆井下技术作业公司 YS48132 队
长庆固井公司第三固井工程项目部 GJ23217 队
东方地球物理勘探有限责任公司
研究院长庆分院气探项目研究室
长庆物探处 286 队
信息技术中心
测井有限公司
吐哈事业部鄯善项目部
海洋工程有限公司
钻井事业部
管道局
国际事业部中东地区公司
国内事业部第九项目部
维抢修分公司抢险维修处
穿越分公司第十工程处
第四工程分公司
中国石油工程建设公司
第七建设公司装备制造分公司撬装成型车间
土库曼斯坦分公司阿姆河天然气处理项目部
中国石油集团工程设计有限责任公司
中东分公司
中国寰球工程公司
云南炼油项目部
中国昆仑工程公司
工艺设计部
东北炼化工程有限公司
吉林设计院
宝鸡石油机械有限责任公司
动力公司新区 110 千伏石油茵香变电站
宝鸡石油钢管有限责任公司

钢管研究院

渤海石油装备制造有限公司

兰州石油化工机械厂

勘探开发研究院

西北分院西部勘探研究所

中东研究所哈法亚项目部

中国石油天然气运输公司

塔运司特车运输大队

辽宁分公司铁西配送中心

中国华油集团公司

中油阳光物业管理有限公司

总部机关

人事部机关人事处

勘探与生产分公司油藏管理处

（艾中秋）

第十二篇

机构与人物

中国石油天然气集团公司

组织机构

（机关职能部门 24 个、专业分公司 3 个、控股子公司及直属企事业单位 70 个）

单　位		地　址
一、集团公司机关职能部门（24 个）		
1	办公厅	北京市
2	政策研究室	北京市
3	规划计划部	北京市
4	财务部	北京市
5	资金部	北京市
6	财税价格部	北京市
7	人事部	北京市
8	生产经营管理部	北京市
9	资本运营部	北京市
10	法律事务部	北京市
11	安全环保与节能部	北京市
12	质量与标准管理部	北京市
13	科技管理部	北京市
14	信息管理部	北京市
15	物资采购管理部	北京市
16	国际部（外事局）	北京市
17	党组纪检组、监察部（监察局）	北京市
18	审计部	北京市
19	改革与企业管理部	北京市
20	矿区服务工作部	北京市
21	思想政治工作部（企业文化部、新闻办公室）	北京市
22	维稳信访工作办公室（综合治理办公室、保卫部）	北京市

注：本篇资料截至 2015 年 12 月 31 日。

续表

单　位		地　址
23	直属党委	北京市
24	离退休职工管理局（老干部局）	北京市
二、专业分公司（3个）		
1	中国石油天然气集团公司工程技术分公司	北京市
2	中国石油天然气集团公司工程建设分公司	北京市
3	中国石油天然气集团公司装备制造分公司	北京市
三、控股子公司（7个）		
1	中国石油天然气股份有限公司	北京市
2	中国联合石油有限责任公司	北京市
3	中油财务有限责任公司	北京市
4	中油资产管理有限公司	北京市
5	昆仑银行股份有限公司	新疆维吾尔自治区克拉玛依市
6	昆仑金融租赁有限责任公司	重庆市
7	中石油专属财产保险股份有限公司	新疆维吾尔自治区克拉玛依市
四、企事业单位（63个）		
（一）油气田企业（9个）		
1	大庆石油管理局	黑龙江省大庆市
2	辽河石油勘探局	辽宁省盘锦市
3	长庆石油勘探局	陕西省西安市
4	新疆石油管理局	新疆维吾尔自治区克拉玛依市
5	四川石油管理局	四川省成都市
6	吉林石油集团有限责任公司	吉林省松原市
7	大港油田集团有限责任公司	天津市大港区
8	华北石油管理局	河北省任丘市
9	吐哈石油勘探开发指挥部	新疆维吾尔自治区哈密市
（二）炼化企业（10个）		
1	中国石油大庆石油化工总厂	黑龙江省大庆市
2	吉化集团公司	吉林省吉林市
3	中国石油抚顺石油化工公司	辽宁省抚顺市
4	中国石油辽阳石油化纤公司	辽宁省辽阳市

续表

单　位		地　址
5	中国石油兰州石油化工公司	甘肃省兰州市
6	新疆独山子石油化工总厂	新疆维吾尔自治区克拉玛依市独山子区
7	中国石油乌鲁木齐石油化工总厂	新疆维吾尔自治区乌鲁木齐市
8	中国石油大连石油化工公司	辽宁省大连市
9	中国石油锦州石油化工公司	辽宁省锦州市
10	中国石油锦西炼油化工总厂	辽宁省葫芦岛市
（三）工程技术企业（7个）		
1	中国石油集团西部钻探工程有限公司	新疆维吾尔自治区乌鲁木齐市
2	中国石油集团长城钻探工程有限公司	北京市
3	中国石油集团渤海钻探工程有限公司	天津市
4	中国石油集团川庆钻探工程有限公司	四川省成都市
5	中国石油集团东方地球物理勘探有限责任公司	河北省涿州市
6	中国石油集团测井有限公司	陕西省西安市
7	中国石油集团海洋工程有限公司	北京市
（四）工程建设企业（6个）		
1	中国石油天然气管道局	河北省廊坊市
2	中国石油工程建设公司	北京市
3	中国石油集团工程设计有限责任公司	北京市
4	中国寰球工程公司	北京市
5	中国昆仑工程公司	北京市
6	中国石油集团东北炼化工程有限公司	辽宁省沈阳市
（五）装备制造企业（5个）		
1	中国石油技术开发公司	北京市
2	宝鸡石油机械有限责任公司	陕西省宝鸡市
3	宝鸡石油钢管有限责任公司	陕西省宝鸡市
4	中国石油集团济柴动力总厂	山东省济南市
5	中国石油集团渤海石油装备制造有限公司	天津市
（六）海外企业（8个）		
1	中国石油天然气勘探开发公司	北京市

续表

单　位		地　址
2	中亚管道有限公司	北京市
3	中国石油天然气集团公司拉美公司	
4	中国石油天然气集团公司尼罗河公司	
5	中国石油天然气集团公司哈萨克斯坦公司	
6	中国石油天然气集团公司中东公司	
7	中国石油天然气集团公司俄罗斯公司	
8	中国石油集团东南亚管道有限公司	北京市
（七）科研及事业单位（10 个）		
1	中国石油集团经济技术研究院	北京市
2	中国石油集团钻井工程技术研究院	北京市
3	中国石油集团安全环保技术研究院	北京市
4	中国石油集团石油管工程技术研究院	陕西省西安市
5	中国石油天然气集团公司休斯敦技术研究中心	休斯敦
6	北京石油管理干部学院	北京市
7	石油工业出版社有限公司	北京市
8	中国石油报社	河北省涿州市
9	中国石油审计服务中心	河北省廊坊市
10	中国石油天然气集团公司广州培训中心	广东省广州市
（八）其他单位（8 个）		
1	中国石油天然气集团公司咨询中心（中国石油集团工程咨询有限责任公司）	北京市
2	中国石油物资采购中心（中国石油物资公司）	北京市
3	中国石油天然气运输公司	新疆维吾尔自治区乌鲁木齐市
4	中国华油集团公司	北京市
5	华油北京服务总公司	北京市
6	中国石油天然气香港有限公司	香港特别行政区
7	中国石油学会	北京市
8	中国石油企业协会	北京市

中国石油天然气集团公司组织机构见图 1。

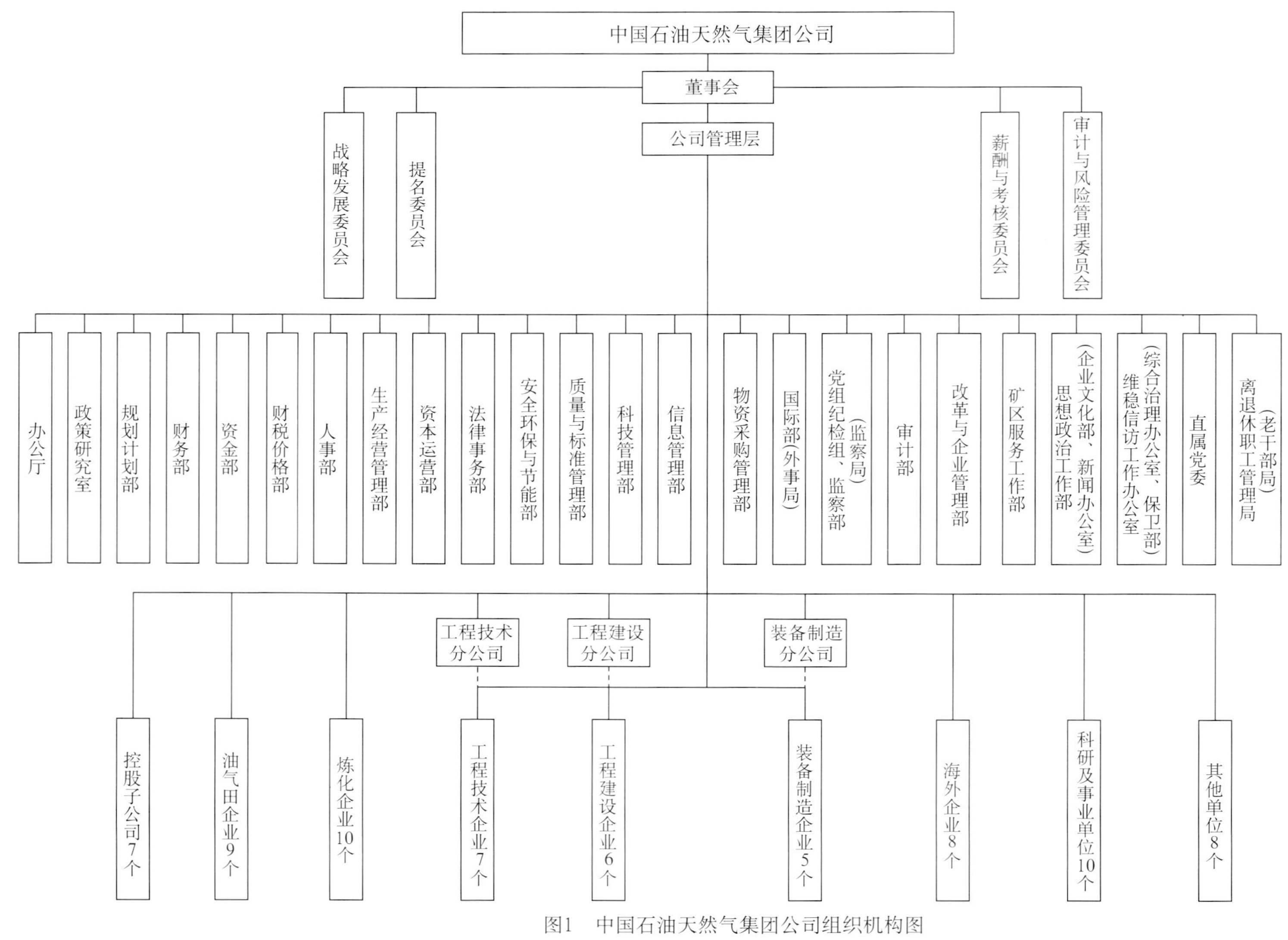

图1　中国石油天然气集团公司组织机构图

董事会成员

序　号	姓　名	职　务
1	王宜林	中国石油天然气集团公司董事长
2	路耀华	中国石油天然气集团公司外部董事
3	李庆言	中国石油天然气集团公司外部董事
4	李毓华	中国石油天然气集团公司外部董事
5	金克宁	中国石油天然气集团公司外部董事
6	黄　龙	中国石油天然气集团公司外部董事
7	汪世宏	中国石油天然气集团公司职工代表董事

董事会秘书

姓　名	职　务
王志刚	中国石油天然气集团公司董事会秘书

监事会成员

序　号	姓　名	职　务
1	季晓南	中国石油天然气集团公司监事会主席（国务院国资委派出）
2	白　英	中国石油天然气集团公司监事会监事（国务院国资委派出）
3	陈维薇	中国石油天然气集团公司监事会监事（国务院国资委派出）
4	夏志勇	中国石油天然气集团公司监事会监事（国务院国资委派出）
5	王利星	中国石油天然气集团公司监事会监事（国务院国资委派出）
6	陈毓晖	中国石油天然气集团公司监事会监事（国务院国资委派出）
7	刘志华	中国石油天然气集团公司监事会职工代表监事
8	杨佳安	中国石油天然气集团公司监事会职工代表监事

集团公司领导

序　号	姓　名	职　务
1	王宜林	中国石油天然气集团公司党组书记、董事长
2	汪东进	中国石油天然气集团公司党组成员、副总经理
3	喻宝才	中国石油天然气集团公司党组成员、副总经理
4	沈殿成	中国石油天然气集团公司党组成员、副总经理兼安全总监
5	刘跃珍	中国石油天然气集团公司党组成员、总会计师
6	刘宏斌	中国石油天然气集团公司党组成员、副总经理
7	赵政璋	中国石油天然气集团公司党组成员、副总经理
8	徐吉明	中国石油天然气集团公司党组成员、党组纪检组组长

总经理助理、副总师

序　号	姓　名	职　务
1	郭进平	中国石油天然气集团公司总经理助理、总法律顾问
2	汪世宏	中国石油天然气集团公司总经理助理
3	李鹭光	中国石油天然气集团公司总经理助理
4	王铁军	中国石油天然气集团公司总经理助理
5	李正光	中国石油天然气集团公司副总经济师
6	施哲彦	中国石油天然气集团公司副总经济师
7	张凤山	中国石油天然气集团公司安全副总监

机关部门主要领导

序　号	单　位	总经理（主任、局长、书记、组长）
1	办公厅	王志刚（兼）
2	政策研究室	张华林
3	规划计划部	侯启军
4	财务部	柴守平
5	资金部	陆　凌
6	财税价格部	刘　戬
7	人事部	刘志华
8	生产经营管理部	苏　俊
9	资本运营部	贾忆民
10	法律事务部	郭进平（兼）
11	安全环保与节能部	张凤山（兼）
12	质量与标准管理部	隋　军
13	科技管理部	孙龙德（兼）
14	信息管理部	刘希俭
15	物资采购管理部	于洪金
16	国际部（外事局）	李越强
17	党组纪检组、监察部（监察局）	马自勤
18	审计部	李庆毅
19	改革与企业管理部	姜力孚
20	矿区服务工作部	刘自强
21	思想政治工作部（企业文化部）	曲广学
22	维稳信访工作办公室（综合治理办公室、保卫部）	施哲彦（兼）
23	直属党委	李正光（兼）
24	离退休职工管理局（老干部局）	张亚成

专业分公司主要领导

序号	单位	总经理、党委书记
1	工程技术分公司	秦永和、茅启平
2	工程建设分公司	白玉光
3	装备制造分公司	张晗亮、李若平

所属企事业单位主要领导

序号	单位名称	总经理（局长、指挥、厂长、院长、所长、主任、社长）	党委书记
1	中国石油天然气股份有限公司	汪东进（兼）	
2	中国联合石油有限责任公司	赵　勇（兼）	王立华（兼）
3	中油财务有限责任公司	兰云升	梁　萍
4	中油资产管理有限公司	吴　妍	王　亮
5	昆仑银行股份有限公司	王忠来	蒋尚军
6	昆仑金融租赁有限责任公司	贺金霞	桂王来
7	中石油专属财产保险股份有限公司	魏国良（兼）	潘国潮
8	大庆石油管理局	刘宏斌（兼）	
9	辽河石油勘探局	张志东（兼）	
10	长庆石油勘探局	杨　华（兼）	
11	新疆石油管理局	杨学文（兼）	
12	四川石油管理局	马新华（兼）	
13	吉林石油集团有限责任公司	张德有（兼）	
14	大港油田集团有限责任公司	赵贤正（兼）	
15	华北石油管理局	黄　刚（兼）	
16	吐哈石油勘探开发指挥部	徐可强（兼）	
17	中国石油大庆石油化工总厂	王德义（兼）	

续表

序号	单位名称	总经理（局长、指挥、厂长、院长、所长、主任、社长）	党委书记
18	吉化集团公司	孙树祯（兼）	
19	中国石油抚顺石油化工公司	李天书（兼）	
20	中国石油辽阳石油化纤公司	朱景利（兼）	
21	中国石油兰州石油化工公司	李家民（兼）	
22	新疆独山子石油化工总厂	陈俊豪（兼）	
23	中国石油乌鲁木齐石油化工总厂	郝新刚（兼）	
24	中国石油大连石油化工公司	段良伟（兼）	
25	中国石油锦州石油化工公司	魏立东（兼）	
26	中国石油锦西炼油化工总厂	吕文军（兼）	
27	中国石油集团西部钻探工程有限公司	马永峰	马永峰
28	中国石油集团长城钻探工程有限公司	王忠仁	冯艳成
29	中国石油集团渤海钻探工程有限公司	秦文贵	秦文贵
30	中国石油集团川庆钻探工程有限公司	胥永杰	李爱民
31	中国石油集团东方地球物理勘探有限责任公司	苟　量	苟　量
32	中国石油集团测井有限公司	李剑浩	杨再生
33	中国石油集团海洋工程有限公司	刘圣志	张宝增
34	中国石油天然气管道局	赵玉建	孙全军
35	中国石油工程建设公司	侯浩杰	侯浩杰
36	中国石油集团工程设计有限责任公司	迟尚忠	孔繁瑾
37	中国寰球工程公司	王新革	李玉平
38	中国昆仑工程公司	周华堂	沈　钢
39	中国石油集团东北炼化工程有限公司	李利民	李利民
40	中国石油技术开发公司	毕跃明	李　伟
41	宝鸡石油机械有限责任公司	郭孟齐	范瑞丰
42	宝鸡石油钢管有限责任公司	白功利	李　逵
43	中国石油集团济柴动力总厂	吴根柱	吴根柱
44	中国石油集团渤海石油装备制造有限公司	赵　国	杨跃东

续表

序号	单位名称	总经理（局长、指挥、厂长、院长、所长、主任、社长）	党委书记
45	中国石油天然气勘探开发公司	吕功训（兼）	王仲才（兼）
46	中亚管道有限公司	姚　伟	
47	中国石油天然气集团公司拉美公司	叶先灯	张　兴
48	中国石油天然气集团公司尼罗河公司	贾　勇	贾　勇
49	中国石油天然气集团公司哈萨克斯坦公司	卞德智	赵　颖
50	中国石油天然气集团公司中东公司	祝俊峰	祝俊峰
51	中国石油天然气集团公司俄罗斯公司	蒋　奇	蒋　奇
52	中国石油集团东南亚管道有限公司	姜昌亮	姜昌亮
53	中国石油集团经济技术研究院	李建青	连建家
54	中国石油集团钻井工程技术研究院	石　林	桑珍平
55	中国石油集团安全环保技术研究院	闫伦江	于国文
56	中国石油集团石油管工程技术研究院	张冠军	张冠军
57	中国石油天然气集团公司休斯敦技术研究中心	张国珍（兼）	
58	北京石油管理干部学院	谢文虎	刘江宁
59	石油工业出版社有限公司	张卫国	张卫国
60	中国石油报社	邱宝林	邱宝林
61	中国石油审计服务中心	李庆毅（兼）	李庆毅（兼）
62	中国石油天然气集团公司广州培训中心	李光华	张守梅
63	中国石油天然气集团公司咨询中心（中国石油集团工程咨询有限责任公司）	孙龙德（兼）	
64	中国石油物资采购中心（物资公司）	王光军	刘文成
65	中国石油天然气运输公司	孙晓岗	魏国庆
66	中国华油集团公司	周永强	石清俊
67	华油北京服务总公司	宋泓明	高栋平
68	中国石油天然气香港有限公司	吴恩来（兼）	
69	中国石油学会	赵政璋（兼）	
70	中国石油企业协会	沈殿成（兼）	

中国石油天然气股份有限公司

组织机构

（总部机构和职能部门 22 个、专业分公司 5 个、企事业单位 98 个）

单　位		地　址
一、股份公司总部		
（一）董事会、监事会机构（2 个）		
1	董事会秘书局	北京市
2	监事会办公室	北京市
（二）职能部门（20 个）		
1	总裁办公室	北京市
2	规划计划部	北京市
3	财务部	北京市
4	资金部	北京市
5	财税价格部	北京市
6	人事部	北京市
7	生产经营管理部	北京市
8	资本运营部	北京市
9	法律事务部	北京市
10	安全环保与节能部	北京市
11	质量与标准管理部	北京市
12	科技管理部	北京市
13	信息管理部	北京市
14	物资采购管理部	北京市
15	国际部	北京市
16	对外合作部	北京市
17	监察部	北京市
18	审计部	北京市
19	改革与企业管理部	北京市
20	企业文化部	北京市

续表

	单　位	地　址
二、专业分公司(5个)		
1	中国石油天然气股份有限公司勘探与生产分公司	北京市
2	中国石油天然气股份有限公司炼油与化工分公司	北京市
3	中国石油天然气股份有限公司销售分公司（中国石油销售有限责任公司）	北京市
4	中国石油天然气股份有限公司天然气与管道分公司	北京市
5	中国石油天然气股份有限公司海外勘探开发分公司（中油勘探开发有限公司）	北京市
三、油气田企业（16个）		
1	大庆油田有限责任公司	黑龙江省大庆市
2	中国石油天然气股份有限公司辽河油田分公司	辽宁省盘锦市
3	中国石油天然气股份有限公司长庆油田分公司	陕西省西安市
4	中国石油天然气股份有限公司塔里木油田分公司	新疆维吾尔自治区库尔勒市
5	中国石油天然气股份有限公司新疆油田分公司	新疆维吾尔自治区克拉玛依市
6	中国石油天然气股份有限公司西南油气田分公司	四川省成都市
7	中国石油天然气股份有限公司吉林油田分公司	吉林省松原市
8	中国石油天然气股份有限公司大港油田分公司	天津市
9	中国石油天然气股份有限公司青海油田分公司	甘肃省敦煌市
10	中国石油天然气股份有限公司华北油田分公司	河北省任丘市
11	中国石油天然气股份有限公司吐哈油田分公司	新疆维吾尔自治区哈密市
12	中国石油天然气股份有限公司冀东油田分公司	河北省唐山市
13	中国石油天然气股份有限公司玉门油田分公司	甘肃省酒泉市
14	中国石油天然气股份有限公司浙江油田分公司	浙江省杭州市
15	中石油煤层气有限责任公司	北京市
16	南方石油勘探开发有限责任公司	广东省广州市
四、炼化企业（30个）		
1	中国石油天然气股份有限公司大庆石化分公司	黑龙江省大庆市
2	中国石油天然气股份有限公司吉林石化分公司	吉林省吉林市
3	中国石油天然气股份有限公司抚顺石化分公司	辽宁省抚顺市
4	中国石油天然气股份有限公司辽阳石化分公司	辽宁省辽阳市
5	中国石油天然气股份有限公司兰州石化分公司	甘肃省兰州市

续表

	单　位	地　址
6	中国石油天然气股份有限公司独山子石化分公司	新疆维吾尔自治区克拉玛依市独山子区
7	中国石油天然气股份有限公司乌鲁木齐石化分公司	新疆维吾尔自治区乌鲁木齐市
8	中国石油天然气股份有限公司宁夏石化分公司	宁夏回族自治区银川市
9	中国石油天然气股份有限公司大连石化分公司	辽宁省大连市
10	中国石油天然气股份有限公司锦州石化分公司	辽宁省锦州市
11	中国石油天然气股份有限公司锦西石化分公司	辽宁省葫芦岛市
12	中国石油天然气股份有限公司大庆炼化分公司	黑龙江省大庆市
13	中国石油天然气股份有限公司哈尔滨石化分公司	黑龙江省哈尔滨市
14	中国石油天然气股份有限公司广西石化分公司	广西壮族自治区钦州市
15	中国石油四川石化有限责任公司	四川省成都市
16	中国石油天然气股份有限公司大港石化分公司	天津市
17	中国石油天然气股份有限公司广东石化分公司	广东省揭阳市
18	中石油云南石化有限公司	云南省昆明市
19	中国石油天然气股份有限公司华北石化分公司	河北省任丘市
20	中国石油天然气股份有限公司呼和浩特石化分公司	内蒙古自治区呼和浩特市
21	中国石油天然气股份有限公司辽河石化分公司	辽宁省盘锦市
22	中国石油天然气股份有限公司长庆石化分公司	陕西省咸阳市
23	中石油克拉玛依石化有限责任公司	新疆维吾尔自治区克拉玛依市
24	中国石油天然气股份有限公司庆阳石化分公司	甘肃省庆阳市
25	中国石油天然气股份有限公司东北化工销售分公司	辽宁省沈阳市
26	中国石油天然气股份有限公司西北化工销售分公司	甘肃省兰州市
27	中国石油天然气股份有限公司华东化工销售分公司	上海市
28	中国石油天然气股份有限公司华北化工销售分公司	北京市
29	中国石油天然气股份有限公司华南化工销售分公司	广东省广州市
30	中国石油天然气股份有限公司西南化工销售分公司	四川省成都市
五、销售企业（36个）		
1	中国石油天然气股份有限公司东北销售分公司	辽宁省沈阳市
2	中国石油天然气股份有限公司西北销售分公司	甘肃省兰州市
3	中国石油天然气股份有限公司北京销售分公司	北京市
4	中国石油天然气股份有限公司上海销售分公司	上海市

续表

单　位		地　址
5	中国石油天然气股份有限公司湖北销售分公司	湖北省武汉市
6	中国石油天然气股份有限公司广东销售分公司	广东省广州市
7	中国石油天然气股份有限公司云南销售分公司	云南省昆明市
8	中国石油天然气股份有限公司辽宁销售分公司	辽宁省沈阳市
9	中国石油天然气股份有限公司吉林销售分公司	吉林省长春市
10	中国石油天然气股份有限公司黑龙江销售分公司	黑龙江省哈尔滨市
11	中国石油天然气股份有限公司天津销售分公司	天津市
12	中国石油天然气股份有限公司河北销售分公司	河北省石家庄市
13	中国石油天然气股份有限公司山西销售分公司	山西省太原市
14	中国石油天然气股份有限公司内蒙古销售分公司	内蒙古自治区呼和浩特市
15	中国石油天然气股份有限公司陕西销售分公司	陕西省西安市
16	中国石油天然气股份有限公司甘肃销售分公司	甘肃省兰州市
17	中国石油天然气股份有限公司青海销售分公司	青海省西宁市
18	中国石油天然气股份有限公司宁夏销售分公司	宁夏回族自治区银川市
19	中石油新疆销售有限公司	新疆维吾尔自治区乌鲁木齐市
20	中国石油天然气股份有限公司重庆销售分公司	重庆市
21	中国石油天然气股份有限公司四川销售分公司	四川省成都市
22	中国石油天然气股份有限公司贵州销售分公司	贵州省贵阳市
23	中国石油天然气股份有限公司西藏销售分公司	西藏自治区拉萨市
24	中国石油天然气股份有限公司江苏销售分公司	江苏省南京市
25	中国石油天然气股份有限公司浙江销售分公司	浙江省杭州市
26	中国石油天然气股份有限公司安徽销售分公司	安徽省合肥市
27	中国石油天然气股份有限公司福建销售分公司	福建省福州市
28	中国石油天然气股份有限公司江西销售分公司	江西省南昌市
29	中国石油天然气股份有限公司山东销售分公司	山东省青岛市
30	中国石油天然气股份有限公司河南销售分公司	河南省郑州市
31	中国石油天然气股份有限公司湖南销售分公司	湖南省长沙市
32	中国石油天然气股份有限公司广西销售分公司	广西壮族自治区南宁市
33	中石油海南销售有限公司	海南省海口市

续表

单　位		地　址
34	中国石油天然气股份有限公司润滑油分公司	北京市
35	中石油燃料油有限责任公司	北京市
36	中国石油天然气股份有限公司大连海运分公司	辽宁省大连市
六、天然气管道储运企业（9个）		
1	中国石油天然气股份有限公司北京油气调控中心	北京市
2	中国石油天然气股份有限公司管道建设项目经理部	北京市
3	中国石油天然气股份有限公司管道分公司（中国石油天然气股份有限公司管道销售分公司）	河北省廊坊市
4	中国石油天然气股份有限公司西气东输管道分公司（中国石油天然气股份有限公司西气东输销售分公司）	上海市
5	中国石油天然气股份有限公司西部管道分公司（中国石油天然气股份有限公司西部管道销售分公司）	新疆维吾尔自治区乌鲁木齐市
6	中国石油天然气股份有限公司西南管道分公司（中国石油天然气股份有限公司西南管道销售分公司）	四川省成都市
7	中石油京唐液化天然气有限公司	河北省唐山市
8	中国石油天然气股份有限公司华北天然气销售分公司	北京市
9	中石油昆仑燃气有限公司	北京市
七、海外企业（1个）		
1	中石油阿姆河天然气勘探开发（北京）有限公司	
八、科研及事业单位（3个）		
1	中国石油天然气股份有限公司勘探开发研究院	北京市
2	中国石油天然气股份有限公司规划总院	北京市
3	中国石油天然气股份有限公司石油化工研究院	北京市
九、其他单位（3个）		
1	中国石油国际事业有限公司	北京市
2	中国石油天然气股份有限公司信息技术服务中心	北京市
3	中石油香港有限公司	香港特别行政区

中国石油天然气股份有限公司组织机构见图2。

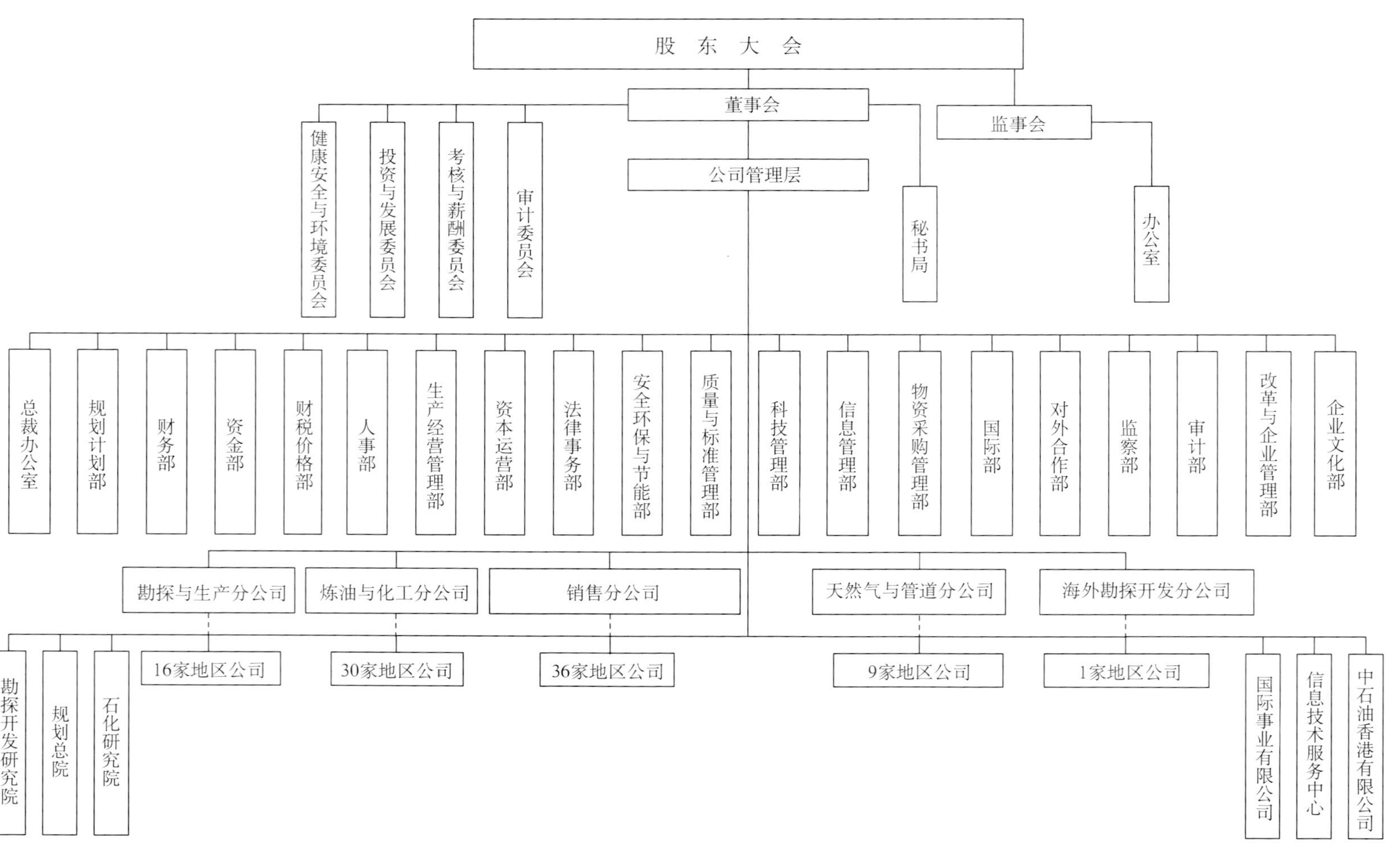

图2 中国石油天然气股份有限公司组织机构图

董事会成员

序　号	姓　名	职　务
1	王宜林	中国石油天然气股份有限公司董事长
2	汪东进	中国石油天然气股份有限公司副董事长、执行董事
3	喻宝才	中国石油天然气股份有限公司非执行董事
4	沈殿成	中国石油天然气股份有限公司非执行董事
5	刘跃珍	中国石油天然气股份有限公司非执行董事
6	刘宏斌	中国石油天然气股份有限公司执行董事
7	赵政璋	中国石油天然气股份有限公司执行董事
8	陈志武	中国石油天然气股份有限公司独立非执行董事
9	理查德·马茨基	中国石油天然气股份有限公司独立非执行董事
10	林伯强	中国石油天然气股份有限公司独立非执行董事
11	张必贻	中国石油天然气股份有限公司独立非执行董事

董事会秘书

姓　名	职　务
吴恩来	中国石油天然气股份有限公司董事会秘书

监事会成员

序　号	姓　名	职　务
1	郭进平	中国石油天然气股份有限公司监事会主席
2	张凤山	中国石油天然气股份有限公司监事会股东代表监事
3	李庆毅	中国石油天然气股份有限公司监事会股东代表监事
4	贾忆民	中国石油天然气股份有限公司监事会股东代表监事
5	姜力孚	中国石油天然气股份有限公司监事会股东代表监事
6	杨　华	中国石油天然气股份有限公司监事会职工代表监事
7	姚　伟	中国石油天然气股份有限公司监事会职工代表监事
8	李家民	中国石油天然气股份有限公司监事会职工代表监事
9	刘合合	中国石油天然气股份有限公司监事会职工代表监事

总裁班子成员

序　号	姓　名	职　务
1	汪东进	中国石油天然气股份有限公司总裁（兼）
2	刘宏斌	中国石油天然气股份有限公司副总裁（兼）
3	赵政璋	中国石油天然气股份有限公司副总裁（兼）
4	孙龙德	中国石油天然气股份有限公司副总裁
5	黄维和	中国石油天然气股份有限公司副总裁
6	徐福贵	中国石油天然气股份有限公司副总裁
7	蔺爱国	中国石油天然气股份有限公司总工程师
8	王立华	中国石油天然气股份有限公司副总裁
9	吕功训	中国石油天然气股份有限公司副总裁
10	田景惠	中国石油天然气股份有限公司副总裁
11	赵　东	中国石油天然气股份有限公司财务总监

机关部门主要领导

序　号	单　位	总经理（主任）
1	总裁办公室	王志刚（兼）
2	规划计划部	侯启军
3	财务部	柴守平
4	资金部	陆　凌
5	财税价格部	刘　戬
6	人事部	刘志华
7	生产经营管理部	苏　俊
8	资本运营部	贾忆民
9	法律事务部	郭进平（兼）
10	安全环保与节能部	张凤山（兼）
11	质量与标准管理部	隋　军
12	科技管理部	孙龙德（兼）
13	信息管理部	刘希俭
14	物资采购管理部	于洪金
15	国际部	李越强
16	对外合作部	李庆平
17	监察部	马自勤
18	审计部	李庆毅
19	改革与企业管理部	姜力孚
20	企业文化部	曲广学
21	保卫部	施哲彦（兼）
22	直属机关党委	李正光（兼）
23	董事会秘书局	吴恩来（兼）
	监事会办公室	毛泽锋

专业分公司主要领导

序　号	单　位	总经理	党委书记
1	勘探与生产分公司	赵政璋（兼）	吴　奇
2	炼油与化工分公司	徐福贵（兼）	杨继钢
3	销售分公司	田景惠（兼）	田景惠（兼）
4	天然气与管道分公司	黄维和（兼）	
5	海外勘探开发分公司	吕功训（兼）	王仲才

所属企事业单位主要领导

序　号	单　位	总经理（院长、主任）	党委书记
1	大庆油田有限责任公司	刘宏斌（兼）	姜万春
2	中国石油天然气股份有限公司辽河油田分公司	张志东	任芳祥
3	中国石油天然气股份有限公司长庆油田分公司	杨　华	冯尚存
4	中国石油天然气股份有限公司塔里木油田分公司	谢文彦	宋文杰
5	中国石油天然气股份有限公司新疆油田分公司	杨学文	陈新发
6	中国石油天然气股份有限公司西南油气田分公司	马新华	王广昀
7	中国石油天然气股份有限公司吉林油田分公司	张德有	张德有
8	中国石油天然气股份有限公司大港油田分公司	赵贤正	李文强
9	中国石油天然气股份有限公司青海油田分公司	付锁堂	付锁堂
10	中国石油天然气股份有限公司华北油田分公司	黄　刚	袁明生
11	中国石油天然气股份有限公司吐哈油田分公司	徐可强	娄铁强
12	中国石油天然气股份有限公司冀东油田分公司	齐振林	杨盛杰
13	中国石油天然气股份有限公司玉门油田分公司	陈建军	张作祥
14	中国石油天然气股份有限公司浙江油田分公司	修景涛	汪鉴定
15	中石油煤层气有限责任公司	接铭训	接铭训
16	南方石油勘探开发有限责任公司	夏义平	夏义平

续表

序　号	单　位	总经理（院长、主任）	党委书记
17	中国石油天然气股份有限公司大庆石化分公司	王德义	杨大明
18	中国石油天然气股份有限公司吉林石化分公司	孙树祯	邱　克
19	中国石油天然气股份有限公司抚顺石化分公司	李天书	钱新华
20	中国石油天然气股份有限公司辽阳石化分公司	朱景利	李　军
21	中国石油天然气股份有限公司兰州石化分公司	李家民	李家民
22	中国石油天然气股份有限公司独山子石化分公司	陈俊豪	任军革
23	中国石油天然气股份有限公司乌鲁木齐石化分公司	郝新刚	郝新刚
24	中国石油天然气股份有限公司宁夏石化分公司	陈　坚	陈　坚
25	中国石油天然气股份有限公司大连石化分公司	段良伟	李善春
26	中国石油天然气股份有限公司锦州石化分公司	魏立东	李　波
27	中国石油天然气股份有限公司锦西石化分公司	吕文军	陈　志
28	中国石油天然气股份有限公司大庆炼化分公司	万志强	姜国骅
29	中国石油天然气股份有限公司哈尔滨石化分公司	庞晓东	王金娥
30	中国石油天然气股份有限公司广西石化分公司	雍瑞生	方栋良
31	中国石油四川石化有限责任公司	王　彬	陈位强
32	中国石油天然气股份有限公司大港石化分公司	杨　健	赵益红
33	中国石油天然气股份有限公司广东石化分公司	魏　强	姜　文
34	中石油云南石化有限公司	张有林	于明祥
35	中国石油天然气股份有限公司华北石化分公司	张栋杰	艾　南
36	中国石油天然气股份有限公司呼和浩特石化分公司	杜吉洲	陈汇明
37	中国石油天然气股份有限公司辽河石化分公司	李京辉	刘德佳
38	中国石油天然气股份有限公司长庆石化分公司	李汝新	赵玉军
39	中石油克拉玛依石化有限责任公司	许立甲	默新社
40	中国石油天然气股份有限公司庆阳石化分公司	刘至祥	张豫锋
41	中国石油天然气股份有限公司东北化工销售分公司	裴宏斌	王　富
42	中国石油天然气股份有限公司西北化工销售分公司	陈　磊	蔡向阳
43	中国石油天然气股份有限公司华东化工销售分公司	肖　华	肖　华
44	中国石油天然气股份有限公司华北化工销售分公司	刘　杰	阎智才
45	中国石油天然气股份有限公司华南化工销售分公司	白雪峰	白雪峰
46	中国石油天然气股份有限公司西南化工销售分公司	孙克栋	杨继胜

续表

序　号	单　位	总经理（院长、主任）	党委书记
47	中国石油天然气股份有限公司东北销售分公司	吴　汉	于　力
48	中国石油天然气股份有限公司西北销售分公司	刘守德	刘守德
49	中国石油天然气股份有限公司北京销售分公司	苗　堃	王力国
50	中国石油天然气股份有限公司上海销售分公司	杨昌陶	杨昌陶
51	中国石油天然气股份有限公司湖北销售分公司	王建国	王长根
52	中国石油天然气股份有限公司广东销售分公司	李占宁	朱荣生
53	中国石油天然气股份有限公司云南销售分公司	兰建彬	赵剑春
54	中国石油天然气股份有限公司辽宁销售分公司	刘宪华	冀玉军
55	中国石油天然气股份有限公司吉林销售分公司	严文年	刘兴忠
56	中国石油天然气股份有限公司黑龙江销售分公司	刘　刚	贾瑞民
57	中国石油天然气股份有限公司天津销售分公司	朱喜龙	张安平
58	中国石油天然气股份有限公司河北销售分公司	杜丽学	杜丽学
59	中国石油天然气股份有限公司山西销售分公司	谭立村	张国宏
60	中国石油天然气股份有限公司内蒙古销售分公司	高殿龙（副总经理，主持行政全面工作）	金安耀
61	中国石油天然气股份有限公司陕西销售分公司	李长安	杨子清
62	中国石油天然气股份有限公司甘肃销售分公司	刘建明	张国祥
63	中国石油天然气股份有限公司青海销售分公司	刘星国	虎仁山
64	中国石油天然气股份有限公司宁夏销售分公司	李宁宝	蒋杨贵
65	中石油新疆销售有限公司	悦仲林	王智利
66	中国石油天然气股份有限公司重庆销售分公司	刘　杰	刘　杰
67	中国石油天然气股份有限公司四川销售分公司	付　斌	田玉军
68	中国石油天然气股份有限公司贵州销售分公司	曹景军	曹景军
69	中国石油天然气股份有限公司西藏销售分公司	刘华治	刘华治
70	中国石油天然气股份有限公司江苏销售分公司	佟福财	张　永
71	中国石油天然气股份有限公司浙江销售分公司	李　多	高贤才
72	中国石油天然气股份有限公司安徽销售分公司	肖宏伟	李向宇
73	中国石油天然气股份有限公司福建销售分公司	王广生	王明富

续表

序　号	单　位	总经理（院长、主任）	党委书记
74	中国石油天然气股份有限公司江西销售分公司	张文荣	张文荣
75	中国石油天然气股份有限公司山东销售分公司	刘德祥	
76	中国石油天然气股份有限公司河南销售分公司	马生荣	张海云
77	中国石油天然气股份有限公司湖南销售分公司	徐　毅	陈建志
78	中国石油天然气股份有限公司广西销售分公司	胡徐腾	栾永江
79	中石油海南销售有限公司	赵尔全	赵尔全
80	中国石油天然气股份有限公司润滑油分公司	王　凌	许元科
81	中石油燃料油有限责任公司	火金三	刘合合
82	中国石油天然气股份有限公司大连海运分公司	李俊海	贠广瑞
83	中国石油天然气股份有限公司北京油气调控中心	黄泽俊	黄泽俊
84	中国石油天然气股份有限公司管道建设项目经理部	吴　宏	吴　宏
85	中国石油天然气股份有限公司管道分公司（中国石油天然气股份有限公司管道销售分公司）	丁建林	汤亚利
86	中国石油天然气股份有限公司西气东输管道分公司（中国石油天然气股份有限公司西气东输销售分公司）	凌　霄	凌　霄
87	中国石油天然气股份有限公司西部管道分公司（中国石油天然气股份有限公司西部管道销售分公司）	李文东	李文东
88	中国石油天然气股份有限公司西南管道分公司（中国石油天然气股份有限公司西南管道销售分公司）	常延魁	
89	中石油京唐液化天然气有限公司	李　伟	李　伟
90	中国石油天然气股份有限公司华北天然气销售分公司	林长海	施　龙
91	中石油昆仑燃气有限公司	赵永起	刘　志
92	中石油阿姆河天然气勘探开发（北京）有限公司	邓民敏	邓民敏
93	中国石油天然气股份有限公司勘探开发研究院	赵文智	赵文智
94	中国石油天然气股份有限公司规划总院	王功礼	王功礼
95	中国石油天然气股份有限公司石油化工研究院	蔺爱国（兼）	吴冠京
96	中国石油国际事业有限公司	赵　勇	王立华（兼）
97	中国石油天然气股份有限公司信息技术服务中心	王同良（兼）	
98	中石油香港有限公司		赵永起（兼）

（韩焕仓　徐　晓）

专家队伍

中国石油天然气集团公司两院院士

序　号	姓　名	院士类别	单　位
1	李德生	科学院院士	中国石油勘探开发研究院
2	王德民	工程院院士	大庆油田有限责任公司
3	翟光明	工程院院士	中国石油天然气集团公司咨询中心
4	郭尚平	科学院院士	中国石油勘探开发研究院
5	李庆忠	工程院院士	中国石油集团东方地球物理勘探有限责任公司
6	戴金星	科学院院士	中国石油勘探开发研究院
7	胡见义	工程院院士	中国石油勘探开发研究院
8	李鹤林	工程院院士	中国石油集团石油管工程技术研究院
9	邱中建	工程院院士	中国石油天然气集团公司咨询中心
10	韩大匡	工程院院士	中国石油勘探开发研究院
11	贾承造	科学院院士	中国石油天然气股份有限公司总部机关
12	苏义脑	工程院院士	中国石油钻井工程技术研究院
13	袁士义	工程院院士	中国石油天然气集团公司咨询中心
14	童晓光	工程院院士	中国石油天然气勘探开发公司
15	孙龙德	工程院院士	中国石油天然气股份有限公司总部机关
16	胡文瑞	工程院院士	中国石油天然气股份有限公司总部机关
17	黄维和	工程院院士	中国石油天然气股份有限公司总部机关
18	赵文智	工程院院士	中国石油勘探开发研究院

注：按当选时间先后排序。

中国石油天然气集团公司在聘高级技术专家

序　号	单　位	姓　名	专　业
1	大庆油田有限责任公司	金成志	地质勘探
2	大庆油田有限责任公司	黄　薇	地质勘探
3	大庆油田有限责任公司	蒙启安	地质勘探
4	大庆油田有限责任公司	冯子辉	地质勘探
5	大庆油田有限责任公司	隋新光	油气田开发
6	大庆油田有限责任公司	周万富	油气田开发
7	大庆油田有限责任公司	伍晓林	油气田开发
8	大庆油田有限责任公司	李杰训	油气田开发
9	大庆油田有限责任公司	程杰成	油气田开发
10	大庆油田有限责任公司	杜庆龙	油气田开发
11	大庆油田有限责任公司	王渝明	油气田开发
12	大庆油田有限责任公司	庞彦明	油气田开发
13	大庆油田有限责任公司	兰中孝	油气田开发
14	大庆油田有限责任公司	杨　野	油气田开发
15	大庆油田有限责任公司	宋承毅	工程建设与储运
16	大庆油田有限责任公司	陈忠喜	工程建设与储运
17	大庆油田有限责任公司	李玉春	工程建设与储运
18	大庆油田有限责任公司	杨春明	工程建设与储运
19	大庆油田有限责任公司	陈树民	物探与测井
20	大庆油田有限责任公司	王宏建	物探与测井
21	大庆油田有限责任公司	谢荣华	物探与测井
22	大庆油田有限责任公司	刘兴斌	物探与测井
23	大庆油田有限责任公司	孙庆仁	钻井
24	大庆油田有限责任公司	徐永辉	钻井
25	大庆油田有限责任公司	杨智光	钻井
26	大庆油田有限责任公司	熊华平	信息工程
27	大庆油田有限责任公司	郭慧彬	安全环保
28	中国石油辽河油田公司	陈振岩	地质勘探
29	中国石油辽河油田公司	李晓光	地质勘探
30	中国石油辽河油田公司	刘德铸	油气田开发
31	中国石油辽河油田公司	张方礼	油气田开发

续表

序　号	单　位	姓　名	专　业
32	中国石油辽河油田公司	仝　坤	安全环保
33	中国石油长庆油田公司	王大兴	地质勘探
34	中国石油长庆油田公司	姚泾利	地质勘探
35	中国石油长庆油田公司	张文正	地质勘探
36	中国石油长庆油田公司	赵继勇	油气田开发
37	中国石油长庆油田公司	李宪文	油气田开发
38	中国石油长庆油田公司	朱圣举	油气田开发
39	中国石油长庆油田公司	李跃刚	油气田开发
40	中国石油长庆油田公司	赵振峰	油气田开发
41	中国石油长庆油田公司	石玉江	物探与测井
42	中国石油塔里木油田公司	杨文静	地质勘探
43	中国石油塔里木油田公司	谢会文	地质勘探
44	中国石油塔里木油田公司	韩剑发	地质勘探
45	中国石油塔里木油田公司	杨海军	地质勘探
46	中国石油塔里木油田公司	朱忠谦	油气田开发
47	中国石油塔里木油田公司	肖香姣	油气田开发
48	中国石油塔里木油田公司	邓兴梁	油气田开发
49	中国石油塔里木油田公司	江同文	油气田开发
50	中国石油塔里木油田公司	肖承文	物探与测井
51	中国石油塔里木油田公司	彭更新	物探与测井
52	中国石油塔里木油田公司	滕学清	钻井
53	中国石油塔里木油田公司	李循迹	机械
54	中国石油塔里木油田公司	孟　波	安全环保
55	中国石油塔里木油田公司	李正科	油气田开发
56	中国石油新疆油田公司	唐　勇	地质勘探
57	中国石油新疆油田公司	阿布力米提	地质勘探
58	中国石油新疆油田公司	钱根葆	油气田开发
59	中国石油新疆油田公司	孙新革	油气田开发
60	中国石油新疆油田公司	潘竟军	油气田开发
61	中国石油新疆油田公司	许长福	油气田开发
62	中国石油新疆油田公司	孙中春	物探与测井
63	中国石油新疆油田公司	李清辉	信息工程
64	中国石油新疆油田公司	石国伟	信息工程
65	中国石油西南油气田公司	杨跃明	地质勘探

续表

序　号	单　位	姓　名	专　业
66	中国石油西南油气田公司	张　健	地质勘探
67	中国石油西南油气田公司	杨　光	地质勘探
68	中国石油西南油气田公司	付永强	油气田开发
69	中国石油西南油气田公司	佘朝毅	油气田开发
70	中国石油西南油气田公司	何金龙	石油化工
71	中国石油西南油气田公司	李万俊	安全环保
72	中国石油吉林油田公司	江　涛	地质勘探
73	中国石油吉林油田公司	魏兆胜	油气田开发
74	中国石油吉林油田公司	张大伟	物探与测井
75	中国石油大港油田公司	王振升	地质勘探
76	中国石油大港油田公司	周建生	地质勘探
77	中国石油大港油田公司	周立宏	地质勘探
78	中国石油大港油田公司	任宝生	油气田开发
79	中国石油大港油田公司	刘延平	油气田开发
80	中国石油大港油田公司	蔡明俊	油气田开发
81	中国石油大港油田公司	岳　英	物探与测井
82	中国石油大港油田公司	祝文亮	物探与测井
83	中国石油青海油田公司	汪立群	地质勘探
84	中国石油青海油田公司	马达德	地质勘探
85	中国石油青海油田公司	刘云田	地质勘探
86	中国石油青海油田公司	张启汉	油气田开发
87	中国石油青海油田公司	李江涛	油气田开发
88	中国石油青海油田公司	贾锁刚	油气田开发
89	中国石油青海油田公司	胡　杰	物探与测井
90	中国石油华北油田公司	王　权	地质勘探
91	中国石油华北油田公司	卢学军	地质勘探
92	中国石油华北油田公司	金凤鸣	地质勘探
93	中国石油华北油田公司	梅永贵	油气田开发
94	中国石油华北油田公司	李梦溪	油气田开发
95	中国石油华北油田公司	胡书宝	油气田开发
96	中国石油冀东油田公司	刘　晓	地质勘探
97	中国石油冀东油田公司	王晓文	地质勘探
98	中国石油冀东油田公司	刘泉海	油气田开发
99	中国石油冀东油田公司	冯京海	钻井

续表

序　号	单　位	姓　名	专　业
100	中国石油玉门油田公司	孙梦慈	钻井
101	中国石油浙江油田公司	梁　兴	地质勘探
102	中石油煤层气有限责任公司	温声明	地质勘探
103	中国石油大庆石化公司	王　震	石油炼制
104	中国石油大庆石化公司	张春刚	石油炼制
105	中国石油大庆石化公司	张洪达	石油化工
106	中国石油大庆石化公司	朱连勋	石油化工
107	中国石油大庆石化公司	王景良	石油化工
108	中国石油大庆石化公司	付英杰	石油化工
109	中国石油大庆石化公司	戴建军	机械
110	中国石油大庆石化公司	张　昆	信息工程
111	中国石油大庆石化公司	张弘旻	信息工程
112	中国石油吉林石化公司	肖建文	石油化工
113	中国石油吉林石化公司	王海泉	石油化工
114	中国石油吉林石化公司	陆书来	石油化工
115	中国石油吉林石化公司	蔡小平	石油化工
116	中国石油吉林石化公司	王　硕	石油化工
117	中国石油吉林石化公司	陈光岩	石油化工
118	中国石油吉林石化公司	王建民	信息工程
119	中国石油抚顺石化公司	李洪国	石油化工
120	中国石油辽阳石化公司	王　健	石油化工
121	中国石油辽阳石化公司	胡丽莉	机械
122	中国石油兰州石化公司	张君屹	石油炼制
123	中国石油兰州石化公司	赵东波	石油化工
124	中国石油兰州石化公司	王福善	石油化工
125	中国石油兰州石化公司	齐永新	石油化工
126	中国石油兰州石化公司	张守汉	石油化工
127	中国石油独山子石化公司	任　斌	石油炼制
128	中国石油独山子石化公司	宋玉萍	石油化工
129	中国石油独山子石化公司	朱　军	石油化工
130	中国石油独山子石化公司	刘明辉	石油化工
131	中国石油乌鲁木齐石化公司	徐亚荣	石油化工
132	中国石油乌鲁木齐石化公司	蔡海军	石油炼制
133	中国石油大连石化公司	邹春明	石油炼制

续表

序　号	单　位	姓　名	专　业
134	中国石油大连石化公司	吴　宇	石油炼制
135	中国石油大连石化公司	林　英	石油炼制
136	中国石油大连石化公司	程　驰	石油炼制
137	中国石油锦州石化公司	曲　江	石油炼制
138	中国石油锦州石化公司	张玉东	石油化工
139	中国石油广东石化公司	连传敏	石油炼制
140	中国石油华北石化公司	齐建勋	石油炼制
141	中国石油辽河石化公司	黄　鹤	石油炼制
142	中石油克拉玛依石化有限责任公司	甄新平	石油炼制
143	中石油克拉玛依石化有限责任公司	熊春珠	石油炼制
144	中国石油庆阳石化公司	缪希平	石油炼制
145	大连西太平洋石化公司	姚元勋	石油炼制
146	中国石油管道公司	陈朋超	工程建设与储运
147	中国石油管道公司	李国平	工程建设与储运
148	中国石油管道公司	冯庆善	工程建设与储运
149	中国石油管道公司	安绍旺	信息工程
150	中国石油西气东输管道公司	高顺华	工程建设与储运
151	中国石油集团西部钻探工程有限公司	陈　斌	物探与测井
152	中国石油集团西部钻探工程有限公司	陈若铭	钻井
153	中国石油集团西部钻探工程有限公司	宋朝晖	钻井
154	中国石油集团西部钻探工程有限公司	许树谦	钻井
155	中国石油集团长城钻探工程有限公司	朱世和	物探与测井
156	中国石油集团长城钻探工程有限公司	伍　东	物探与测井
157	中国石油集团长城钻探工程有限公司	余　雷	钻井
158	中国石油集团长城钻探工程有限公司	王廷瑞	钻井
159	中国石油集团长城钻探工程有限公司	赵齐辉	钻井
160	中国石油集团长城钻探工程有限公司	高远文	钻井
161	中国石油集团长城钻探工程有限公司	徐成才	钻井
162	中国石油集团长城钻探工程有限公司	张振华	钻井
163	中国石油集团渤海钻探工程有限公司	柴细元	物探与测井
164	中国石油集团渤海钻探工程有限公司	李立昌	钻井
165	中国石油集团渤海钻探工程有限公司	魏春明	钻井
166	中国石油集团渤海钻探工程有限公司	王益山	钻井
167	中国石油集团川庆钻探工程有限公司	何洪勇	工程建设与储运

续表

序　号	单　位	姓　名	专　业
168	中国石油集团川庆钻探工程有限公司	张晓斌	物探与测井
169	中国石油集团川庆钻探工程有限公司	刘定锦	物探与测井
170	中国石油集团川庆钻探工程有限公司	齐宝权	物探与测井
171	中国石油集团川庆钻探工程有限公司	巫芙蓉	物探与测井
172	中国石油集团川庆钻探工程有限公司	何光明	物探与测井
173	中国石油集团川庆钻探工程有限公司	陈　锋	物探与测井
174	中国石油集团川庆钻探工程有限公司	罗宏伟	物探与测井
175	中国石油集团川庆钻探工程有限公司	贺秋云	钻井
176	中国石油集团川庆钻探工程有限公司	韩烈祥	钻井
177	中国石油集团川庆钻探工程有限公司	钱　斌	钻井
178	中国石油集团川庆钻探工程有限公司	陈忠实	钻井
179	中国石油集团川庆钻探工程有限公司	王长宁	钻井
180	中国石油集团川庆钻探工程有限公司	孙海芳	钻井
181	中国石油集团东方地球物理勘探有限责任公司	王学军	地质勘探
182	中国石油集团东方地球物理勘探有限责任公司	康南昌	地质勘探
183	中国石油集团东方地球物理勘探有限责任公司	罗国安	物探与测井
184	中国石油集团东方地球物理勘探有限责任公司	张宇生	物探与测井
185	中国石油集团东方地球物理勘探有限责任公司	刘云祥	物探与测井
186	中国石油集团东方地球物理勘探有限责任公司	钱忠平	物探与测井
187	中国石油集团东方地球物理勘探有限责任公司	孙卫斌	物探与测井
188	中国石油集团东方地球物理勘探有限责任公司	詹仕凡	物探与测井
189	中国石油集团东方地球物理勘探有限责任公司	赵　波	物探与测井
190	中国石油集团东方地球物理勘探有限责任公司	郭向宇	物探与测井
191	中国石油集团东方地球物理勘探有限责任公司	韩晓泉	物探与测井
192	中国石油集团东方地球物理勘探有限责任公司	陶知非	物探与测井
193	中国石油集团东方地球物理勘探有限责任公司	李彦鹏	物探与测井
194	中国石油集团东方地球物理勘探有限责任公司	何展翔	物探与测井
195	中国石油集团东方地球物理勘探有限责任公司	文佳敏	物探与测井
196	中国石油集团东方地球物理勘探有限责任公司	邓志文	物探与测井
197	中国石油集团东方地球物理勘探有限责任公司	李培明	物探与测井
198	中国石油集团东方地球物理勘探有限责任公司	全海燕	物探与测井
199	中国石油集团东方地球物理勘探有限责任公司	冯许魁	物探与测井
200	中国石油集团东方地球物理勘探有限责任公司	王成祥	物探与测井
201	中国石油集团东方地球物理勘探有限责任公司	戴晓云	物探与测井

续表

序　号	单　位	姓　名	专　业
202	中国石油集团东方地球物理勘探有限责任公司	柯本喜	物探与测井
203	中国石油集团东方地球物理勘探有限责任公司	李阳明	信息工程
204	中国石油集团东方地球物理勘探有限责任公司	张志伟	信息工程
205	中国石油集团测井有限公司	成志刚	物探与测井
206	中国石油集团测井有限公司	令狐松	物探与测井
207	中国石油集团测井有限公司	李传伟	物探与测井
208	中国石油集团测井有限公司	章海宁	物探与测井
209	中国石油集团测井有限公司	余卫东	物探与测井
210	中国石油集团测井有限公司	周　军	物探与测井
211	中国石油集团测井有限公司	陈　涛	物探与测井
212	中国石油集团测井有限公司	李安宗	物探与测井
213	中国石油集团测井有限公司	陈　鹏	物探与测井
214	中国石油集团测井有限公司	岳爱忠	物探与测井
215	中国石油集团测井有限公司	贺　飞	物探与测井
216	中国石油集团测井有限公司	肖　宏	物探与测井
217	中国石油集团测井有限公司	孙宝佃	物探与测井
218	中国石油集团测井有限公司	朱　军	物探与测井
219	中国石油集团测井有限公司	包德洲	物探与测井
220	中国石油集团海洋工程有限公司	韩文礼	工程建设与储运
221	中国石油集团海洋工程有限公司	李春润	工程建设与储运
222	中国石油集团海洋工程有限公司	路继臣	钻井
223	中国石油天然气管道局	徐昌学	工程建设与储运
224	中国石油天然气管道局	史　航	工程建设与储运
225	中国石油天然气管道局	董　旭	工程建设与储运
226	中国石油天然气管道局	廖宇平	工程建设与储运
227	中国石油天然气管道局	郭书太	工程建设与储运
228	中国石油天然气管道局	隋永莉	工程建设与储运
229	中国石油天然气管道局	张文伟	工程建设与储运
230	中国石油天然气管道局	孟凡彬	工程建设与储运
231	中国石油天然气管道局	白世武	工程建设与储运
232	中国石油工程建设公司	韩　冰	石油炼制
233	中国石油工程建设公司	谢恪谦	石油炼制
234	中国石油工程建设公司	谢崇亮	工程建设与储运
235	中国石油工程建设公司	王启宇	工程建设与储运

续表

序 号	单 位	姓 名	专 业
236	中国石油工程建设公司	林洪俊	工程建设与储运
237	中国石油工程建设公司	夏志远	工程建设与储运
238	中国石油工程建设公司	薛金保	工程建设与储运
239	中国石油工程建设公司	朱元洪	安全环保
240	中国石油集团工程设计有限责任公司	张 红	工程建设与储运
241	中国石油集团工程设计有限责任公司	谌贵宇	工程建设与储运
242	中国石油集团工程设计有限责任公司	陈运强	工程建设与储运
243	中国石油集团工程设计有限责任公司	姜 放	工程建设与储运
244	中国石油集团工程设计有限责任公司	汤晓勇	工程建设与储运
245	中国寰球工程公司	彭静波	石油炼制
246	中国寰球工程公司	王秋枫	石油化工
247	中国寰球工程公司	吉京华	石油化工
248	中国寰球工程公司	刘 博	工程建设与储运
249	中国寰球工程公司	郑建华	工程建设与储运
250	宝鸡石油机械有限责任公司	栾 苏	机械
251	宝鸡石油机械有限责任公司	贾秉彦	机械
252	宝鸡石油机械有限责任公司	邓 平	机械
253	宝鸡石油机械有限责任公司	王定亚	机械
254	宝鸡石油机械有限责任公司	黄悦华	机械
255	宝鸡石油机械有限责任公司	刘宏亮	机械
256	宝鸡石油钢管有限责任公司	温宏伟	机械
257	宝鸡石油钢管有限责任公司	牛 辉	机械
258	宝鸡石油钢管有限责任公司	杨忠文	机械
259	宝鸡石油钢管有限责任公司	毕宗岳	机械
260	中国石油集团济柴动力总厂	王令金	机械
261	中国石油集团济柴动力总厂	王志刚	机械
262	中国石油集团渤海石油装备制造有限公司	王 旭	机械
263	中国石油集团渤海石油装备制造有限公司	付彦宏	机械
264	中石油阿姆河天然气勘探开发（北京）有限公司	吴 蕾	地质勘探
265	中国石油天然气勘探开发公司	王瑞河	油气田开发
266	中国石油天然气勘探开发公司	祝宝利	工程建设与储运
267	中国石油天然气勘探开发公司	卫 国	钻井
268	中国石油天然气勘探开发公司	辛俊和	钻井
269	中国石油天然气勘探开发公司	苏永地	物探与测井

续表

序　号	单　位	姓　名	专　业
270	中国石油勘探开发研究院	袁剑英	地质勘探
271	中国石油勘探开发研究院	陈志勇	地质勘探
272	中国石油勘探开发研究院	杨　涛	地质勘探
273	中国石油勘探开发研究院	毕海滨	地质勘探
274	中国石油勘探开发研究院	姚根顺	地质勘探
275	中国石油勘探开发研究院	卫平生	地质勘探
276	中国石油勘探开发研究院	王建君	地质勘探
277	中国石油勘探开发研究院	侯连华	地质勘探
278	中国石油勘探开发研究院	郭秋麟	地质勘探
279	中国石油勘探开发研究院	胡素云	地质勘探
280	中国石油勘探开发研究院	陶士振	地质勘探
281	中国石油勘探开发研究院	田作基	地质勘探
282	中国石油勘探开发研究院	郑俊章	地质勘探
283	中国石油勘探开发研究院	董大忠	地质勘探
284	中国石油勘探开发研究院	寿建峰	地质勘探
285	中国石油勘探开发研究院	赵孟军	地质勘探
286	中国石油勘探开发研究院	李　剑	地质勘探
287	中国石油勘探开发研究院	李小地	地质勘探
288	中国石油勘探开发研究院	张水昌	地质勘探
289	中国石油勘探开发研究院	魏国齐	地质勘探
290	中国石油勘探开发研究院	张光亚	地质勘探
291	中国石油勘探开发研究院	袁选俊	地质勘探
292	中国石油勘探开发研究院	潘校华	地质勘探
293	中国石油勘探开发研究院	李建忠	地质勘探
294	中国石油勘探开发研究院	王红军	地质勘探
295	中国石油勘探开发研究院	张义杰	地质勘探
296	中国石油勘探开发研究院	汪泽成	地质勘探
297	中国石油勘探开发研究院	沈安江	地质勘探
298	中国石油勘探开发研究院	王兆云	地质勘探
299	中国石油勘探开发研究院	叶继根	油气田开发
300	中国石油勘探开发研究院	郭　睿	油气田开发
301	中国石油勘探开发研究院	赵　伦	油气田开发
302	中国石油勘探开发研究院	张建英	油气田开发
303	中国石油勘探开发研究院	王红岩	油气田开发

续表

序　号	单　位	姓　名	专　业
304	中国石油勘探开发研究院	胡永乐	油气田开发
305	中国石油勘探开发研究院	王红庄	油气田开发
306	中国石油勘探开发研究院	田昌炳	油气田开发
307	中国石油勘探开发研究院	吴淑红	油气田开发
308	中国石油勘探开发研究院	马德胜	油气田开发
309	中国石油勘探开发研究院	沈德煌	油气田开发
310	中国石油勘探开发研究院	熊春明	油气田开发
311	中国石油勘探开发研究院	罗健辉	油气田开发
312	中国石油勘探开发研究院	郭建林	油气田开发
313	中国石油勘探开发研究院	范子菲	油气田开发
314	中国石油勘探开发研究院	刘尚奇	油气田开发
315	中国石油勘探开发研究院	丁云宏	油气田开发
316	中国石油勘探开发研究院	欧阳永林	油气田开发
317	中国石油勘探开发研究院	朱怡翔	油气田开发
318	中国石油勘探开发研究院	刘　合	油气田开发
319	中国石油勘探开发研究院	贾爱林	油气田开发
320	中国石油勘探开发研究院	冉启全	油气田开发
321	中国石油勘探开发研究院	秦积舜	油气田开发
322	中国石油勘探开发研究院	胥　云	油气田开发
323	中国石油勘探开发研究院	吴向红	油气田开发
324	中国石油勘探开发研究院	陈和平	油气田开发
325	中国石油勘探开发研究院	卢拥军	油气田开发
326	中国石油勘探开发研究院	何东博	油气田开发
327	中国石油勘探开发研究院	裴晓含	油气田开发
328	中国石油勘探开发研究院	杨贤友	油气田开发
329	中国石油勘探开发研究院	李秀峦	油气田开发
330	中国石油勘探开发研究院	常毓文	油气田开发
331	中国石油勘探开发研究院	丁国生	工程建设与储运
332	中国石油勘探开发研究院	王皆明	工程建设与储运
333	中国石油勘探开发研究院	雍学善	物探与测井
334	中国石油勘探开发研究院	张　研	物探与测井
335	中国石油勘探开发研究院	曹　宏	物探与测井
336	中国石油勘探开发研究院	陈启林	物探与测井
337	中国石油勘探开发研究院	甘利灯	物探与测井

续表

序　号	单　位	姓　名	专　业
338	中国石油勘探开发研究院	李潮流	物探与测井
339	中国石油勘探开发研究院	李　宁	物探与测井
340	中国石油勘探开发研究院	王才志	物探与测井
341	中国石油勘探开发研究院	王西文	物探与测井
342	中国石油勘探开发研究院	杨午阳	物探与测井
343	中国石油勘探开发研究院	胡　英	物探与测井
344	中国石油勘探开发研究院	周灿灿	物探与测井
345	中国石油勘探开发研究院	于庆友	信息工程
346	中国石油勘探开发研究院	时付更	信息工程
347	中国石油勘探开发研究院	曾　萍	信息工程
348	中国石油勘探开发研究院	冯　梅	信息工程
349	中国石油勘探开发研究院	龚仁彬	信息工程
350	中国石油规划总院	张福琴	石油炼制
351	中国石油规划总院	杨维军	石油炼制
352	中国石油规划总院	赵忠德	工程建设与储运
353	中国石油规划总院	孙春良	工程建设与储运
354	中国石油规划总院	王国丽	机械
355	中国石油规划总院	和冬梅	信息工程
356	中国石油规划总院	袁维宁	信息工程
357	中国石油规划总院	王　华	信息工程
358	中国石油规划总院	骆科东	信息工程
359	中国石油规划总院	段　伟	安全环保
360	中国石油规划总院	陈由旺	安全环保
361	中国石油规划总院	余绩庆	安全环保
362	中国石油规划总院	于景琦	安全环保
363	中国石油石油化工研究院	齐泮仑	石油炼制
364	中国石油石油化工研究院	刘宏海	石油炼制
365	中国石油石油化工研究院	李文乐	石油炼制
366	中国石油石油化工研究院	胡　胜	石油炼制
367	中国石油石油化工研究院	张学军	石油炼制
368	中国石油石油化工研究院	张艳梅	石油炼制
369	中国石油石油化工研究院	李雪静	石油炼制
370	中国石油石油化工研究院	吴林美	石油化工
371	中国石油石油化工研究院	颜　伟	石油化工

续表

序　号	单　位	姓　名	专　业
372	中国石油石油化工研究院	梁顺琴	石油化工
373	中国石油石油化工研究院	朱博超	石油化工
374	中国石油石油化工研究院	龚光碧	石油化工
375	中国石油石油化工研究院	谭都平	石油化工
376	中国石油石油化工研究院	李振宇	石油化工
377	中国石油石油化工研究院	王斯晗	石油化工
378	中国石油石油化工研究院	兰　玲	石油炼制
379	中国石油石油化工研究院	张文成	石油炼制
380	中国石油石油化工研究院	高　飞	石油炼制
381	中国石油石油化工研究院	张忠东	石油炼制
382	中国石油石油化工研究院	张志华	石油炼制
383	中国石油石油化工研究院	赵愉生	石油炼制
384	中国石油石油化工研究院	李建忠	石油炼制
385	中国石油石油化工研究院	高雄厚	石油炼制
386	中国石油石油化工研究院	胡长禄	石油炼制
387	中国石油石油化工研究院	刘从华	石油炼制
388	中国石油石油化工研究院	白跃华	石油炼制
389	中国石油石油化工研究院	钱　颖	石油化工
390	中国石油石油化工研究院	义建军	石油化工
391	中国石油石油化工研究院	王　刚	石油化工
392	中国石油石油化工研究院	梁　滔	石油化工
393	中国石油集团经济技术研究院	何艳青	油气田开发
394	中国石油集团钻井工程技术研究院	赵　庆	钻井
395	中国石油集团钻井工程技术研究院	田中兰	钻井
396	中国石油集团钻井工程技术研究院	刘寿军	钻井
397	中国石油集团钻井工程技术研究院	王　玺	钻井
398	中国石油集团钻井工程技术研究院	汪海阁	钻井
399	中国石油集团钻井工程技术研究院	刘硕琼	钻井
400	中国石油集团钻井工程技术研究院	申瑞臣	钻井
401	中国石油集团钻井工程技术研究院	黄衍福	钻井
402	中国石油集团钻井工程技术研究院	孙金声	钻井
403	中国石油集团钻井工程技术研究院	周英操	钻井
404	中国石油集团钻井工程技术研究院	贺会群	钻井
405	中国石油集团钻井工程技术研究院	葛云华	钻井

续表

序　号	单　位	姓　名	专　业
406	中国石油集团钻井工程技术研究院	盛利民	钻井
407	中国石油集团钻井工程技术研究院	马青芳	机械
408	中国石油集团安全环保技术研究院	卢　明	信息工程
409	中国石油集团安全环保技术研究院	冒亚明	信息工程
410	中国石油集团安全环保技术研究院	邓　皓	安全环保
411	中国石油集团安全环保技术研究院	孙文勇	安全环保
412	中国石油集团安全环保技术研究院	李兴春	安全环保
413	中国石油集团安全环保技术研究院	王其华	安全环保
414	中国石油集团安全环保技术研究院	杜卫东	安全环保
415	中国石油集团安全环保技术研究院	王嘉麟	安全环保
416	中国石油集团安全环保技术研究院	刘光全	安全环保
417	中国石油集团安全环保技术研究院	王占生	安全环保
418	中国石油集团安全环保技术研究院	裴玉起	安全环保
419	中国石油集团安全环保技术研究院	熊运实	安全环保
420	中国石油集团安全环保技术研究院	雷文章	安全环保
421	中国石油集团安全环保技术研究院	杜　民	安全环保
422	中国石油集团石油管工程技术研究院	吉玲康	工程建设与储运
423	中国石油集团石油管工程技术研究院	马秋荣	机械
424	中国石油集团石油管工程技术研究院	宋生印	机械
425	中国石油集团石油管工程技术研究院	罗金恒	机械
426	中国石油集团石油管工程技术研究院	赵新伟	机械
427	中国石油集团石油管工程技术研究院	戚东涛	机械
428	中国石油集团石油管工程技术研究院	白真权	机械
429	中国石油集团石油管工程技术研究院	池强	机械
430	中国石油集团石油管工程技术研究院	王新虎	机械
431	中国石油集团石油管工程技术研究院	韩礼红	机械
432	中国石油集团石油管工程技术研究院	李为卫	安全环保
433	中国石油润滑油公司	汤仲平	石油炼制
434	中国石油润滑油公司	李韶辉	石油炼制
435	中国石油润滑油公司	李桂云	石油炼制
436	中国石油润滑油公司	马书杰	石油炼制
437	中国石油润滑油公司	伏喜胜	石油化工

注：表中所列为截至 2015 年底集团公司在聘高级技术专家。

中国石油天然气集团公司技能专家

序　号	单　位	姓　名	专　业	工　种
1	大庆油田有限责任公司	任相财	采油采气	采油工
2	大庆油田有限责任公司	高亚全	采油采气	采油工
3	大庆油田有限责任公司	宋颜生	采油采气	采油工
4	大庆油田有限责任公司	贾福林	采油采气	采油工
5	大庆油田有限责任公司	何显斌	采油采气	采油工
6	大庆油田有限责任公司	宋宝玉	采油采气	采油工
7	大庆油田有限责任公司	刘　丽	采油采气	采油工
8	大庆油田有限责任公司	刘艳红	采油采气	采油工
9	大庆油田有限责任公司	张有兴	采油采气	采油工
10	大庆油田有限责任公司	杨海波	采油采气	采油工
11	大庆油田有限责任公司	刘洪俊	采油采气	采油工
12	大庆油田有限责任公司	赵海涛	采油采气	采油工
13	大庆油田有限责任公司	张朋娟	采油采气	采油工
14	大庆油田有限责任公司	王维民	测井	测井工
15	大庆油田有限责任公司	张光洲	测井	测井工
16	大庆油田有限责任公司	刘秀庆	测井	测井工
17	大庆油田有限责任公司	许　斌	机械制造	车工
18	大庆油田有限责任公司	倪来兴	工程施工	电焊工
19	大庆油田有限责任公司	刘忠波	工程施工	电焊工
20	大庆油田有限责任公司	郭建明	工程施工	电焊工
21	大庆油田有限责任公司	刘永庆	工程施工	电焊工
22	大庆油田有限责任公司	都宏海	工程施工	电焊工
23	大庆油田有限责任公司	王召军	工程施工	电焊工
24	大庆油田有限责任公司	江成明	集输	集输工
25	大庆油田有限责任公司	王运成	集输	集输工
26	大庆油田有限责任公司	罗贤银	集输	集输工
27	大庆油田有限责任公司	张艳华	集输	集输工
28	大庆油田有限责任公司	胡延军	集输	集输工
29	大庆油田有限责任公司	付荣娟	集输	集输工
30	大庆油田有限责任公司	杜景田	集输	集输工

续表

序号	单位	姓名	专业	工种
31	大庆油田有限责任公司	王惠玲	集输	集输工
32	大庆油田有限责任公司	王 汀	供电	继电保护工
33	大庆油田有限责任公司	孙玉才	井下作业	井下作业工
34	大庆油田有限责任公司	赵春海	井下作业	井下作业工
35	大庆油田有限责任公司	李旭东	井下作业	井下作业工
36	大庆油田有限责任公司	杨怀宇	机械制造	钳工
37	大庆油田有限责任公司	张肃江	井下作业	潜油电泵作业工
38	大庆油田有限责任公司	赵福前	测井	射孔取心工
39	大庆油田有限责任公司	于维敏	工程施工	石油金属结构制作工
40	大庆油田有限责任公司	齐志民	钻井	石油钻井工
41	大庆油田有限责任公司	孙景阳	钻井	石油钻井工
42	大庆油田有限责任公司	刘可夫	供电	维修电工
43	大庆油田有限责任公司	邢恩福	仪器仪表安装修理	仪表安装工
44	大庆油田有限责任公司	张振增	工程施工	油气管线安装工
45	大庆油田有限责任公司	孔德生	工程施工	油气管线安装工
46	大庆油田有限责任公司	田兆义	钻井	钻井液工
47	大庆油田有限责任公司	徐义千	钻井	钻井液工
48	中国石油辽河油田公司	吴晓媛	供电	变电站值班员
49	中国石油辽河油田公司	李 云	供电	变电站值班员
50	中国石油辽河油田公司	杨振东	采油采气	采油工
51	中国石油辽河油田公司	高文斌	采油采气	采油工
52	中国石油辽河油田公司	单忠利	采油采气	采油工
53	中国石油辽河油田公司	姬梦阳	采油采气	采油工
54	中国石油辽河油田公司	朱明哲	采油采气	采油工
55	中国石油辽河油田公司	徐志强	采油采气	采油工
56	中国石油辽河油田公司	代新勇	采油采气	采油工
57	中国石油辽河油田公司	束滨霞	采油采气	采油工
58	中国石油辽河油田公司	郭发德	采油采气	采油工
59	中国石油辽河油田公司	赵奇峰	采油采气	采油工
60	中国石油辽河油田公司	曹建新	采油采气	采油工
61	中国石油辽河油田公司	杨 波	采油采气	采油工
62	中国石油辽河油田公司	柳转阳	采油采气	采油工

续表

序号	单位	姓名	专业	工种
63	中国石油辽河油田公司	陈伟东	采油采气	采油工
64	中国石油辽河油田公司	徐贻文	采油采气	采油工
65	中国石油辽河油田公司	于增杰	采油采气	采油工
66	中国石油辽河油田公司	张金平	工程施工	电焊工
67	中国石油辽河油田公司	张殿杰	工程施工	电焊工
68	中国石油辽河油田公司	孙　洁	集输	集输工
69	中国石油辽河油田公司	周　渝	井下作业	井下作业工
70	中国石油辽河油田公司	李桂库	井下作业	井下作业工
71	中国石油辽河油田公司	于占勇	供电	配电线路工
72	中国石油辽河油田公司	张　云	采油采气	热注运行工
73	中国石油辽河油田公司	安宝奇	工程施工	油气管线安装工
74	中国石油长庆油田公司	程少春	采油采气	采油工
75	中国石油长庆油田公司	杨　玲	采油采气	采气工
76	中国石油长庆油田公司	刘美萍	采油采气	采油工
77	中国石油长庆油田公司	丁巨龙	采油采气	采油工
78	中国石油长庆油田公司	梁庆辉	采油采气	采油工
79	中国石油长庆油田公司	曹振峰	采油采气	采油工
80	中国石油长庆油田公司	孟亚莉	采油采气	采油工
81	中国石油长庆油田公司	张卫玲	采油采气	采油工
82	中国石油长庆油田公司	李永宏	采油采气	采油工
83	中国石油长庆油田公司	于建平	采油采气	采油工
84	中国石油长庆油田公司	赵瑞元	井下作业	井下作业工
85	中国石油长庆油田公司	巩继云	井下作业	井下作业工
86	中国石油长庆油田公司	杨义兴	井下作业	井下作业工
87	中国石油长庆油田公司	梁东平	井下作业	井下作业工
88	中国石油长庆油田公司	李庆峰	井下作业	作业机司机
89	中国石油长庆油田公司	詹　斌	工程施工	电焊工
90	中国石油塔里木油田公司	徐　静	钻井	钻井液工
91	中国石油塔里木油田公司	王爱民	化肥	合成氨装置操作工
92	中国石油塔里木油田公司	张　明	供电	电工
93	中国石油新疆油田公司	杨　豪	集输	输油工
94	中国石油新疆油田公司	肖　刚	集输	输气工
95	中国石油新疆油田公司	陈林政	采油采气	热注运行工

续表

序号	单位	姓名	专业	工种
96	中国石油新疆油田公司	靳光新	集输	集输工
97	中国石油新疆油田公司	丁　建	集输	集输工
98	中国石油新疆油田公司	卢风光	集输	集输工
99	中国石油新疆油田公司	颜福新	采油采气	采油工
100	中国石油新疆油田公司	史建国	采油采气	采油工
101	中国石油新疆油田公司	陈其亮	采油采气	采油工
102	中国石油新疆油田公司	朱安江	采油采气	采油工
103	中国石油新疆油田公司	叶长新	采油采气	采油工
104	中国石油新疆油田公司	寇秀玲	采油采气	采油工
105	中国石油新疆油田公司	肉孜麦麦提·巴克	采油采气	采油工
106	中国石油新疆油田公司	魏昌建	采油采气	采油工
107	中国石油新疆油田公司	林　伟	采油采气	采油工
108	中国石油新疆油田公司	张　军	采油采气	采油工
109	中国石油新疆油田公司	李海军	采油采气	采油工
110	中国石油新疆油田公司	朱建雄	采油采气	采气工
111	中国石油西南油气田公司	曾刚勇	集输	油气管道保护工
112	中国石油西南油气田公司	李　强	化工	天然气压缩机操作工
113	中国石油西南油气田公司	唐　军	化工	天然气压缩机操作工
114	中国石油西南油气田公司	李爱民	天然气加工	天然气净化操作工
115	中国石油西南油气田公司	徐　飞	天然气加工	天然气净化操作工
116	中国石油西南油气田公司	曾云东	天然气加工	天然气净化操作工
117	中国石油西南油气田公司	谢宗宝	集输	输气工
118	中国石油西南油气田公司	王　帅	工程施工	电焊工
119	中国石油西南油气田公司	李忠良	采油采气	采油工
120	中国石油西南油气田公司	林大川	仪器仪表安装修理	采输气仪表工
121	中国石油西南油气田公司	陈兴平	采油采气	采气工
122	中国石油西南油气田公司	夏仲华	采油采气	采气工
123	中国石油西南油气田公司	刘　辉	采油采气	采气工
124	中国石油西南油气田公司	姜婷婷	采油采气	采气工
125	中国石油吉林油田公司	左松波	供电	维修电工
126	中国石油吉林油田公司	李玉福	工程施工	石油金属结构制作工
127	中国石油吉林油田公司	杨化风	采油采气	采油工
128	中国石油吉林油田公司	于淑华	采油采气	采油工

续表

序号	单位	姓名	专业	工种
129	中国石油吉林油田公司	宋成立	采油采气	采油工
130	中国石油吉林油田公司	景　伟	采油采气	采油工
131	中国石油吉林油田公司	王瑞东	采油采气	采油工
132	中国石油吉林油田公司	张海山	采油采气	采油工
133	中国石油吉林油田公司	高兴业	供电	变电检修工
134	中国石油吉林油田公司	王长海	供电	变电检修工
135	中国石油大港油田公司	左学同	供电	变压器检修工
136	中国石油大港油田公司	刘淑梅	采油采气	采油工
137	中国石油大港油田公司	赵常明	采油采气	采油工
138	中国石油大港油田公司	苏建斌	采油采气	采油工
139	中国石油大港油田公司	尤立红	采油采气	采油工
140	中国石油大港油田公司	周小东	采油采气	采油工
141	中国石油大港油田公司	李　健	集输	集输工
142	中国石油大港油田公司	邓鲁宁	井下作业	井下作业工
143	中国石油大港油田公司	张树起	供电	维修电工
144	中国石油大港油田公司	王普军	供电	维修电工
145	中国石油大港油田公司	方继信	供电	维修电工
146	中国石油大港油田公司	周忠军	采油采气	注水泵工
147	中国石油青海油田公司	张华先	采油采气	采油工
148	中国石油青海油田公司	姜　宏	集输	集输工
149	中国石油青海油田公司	杨永磊	工程施工	电焊工
150	中国石油青海油田公司	陈向平	化工	甲醇装置操作工
151	中国石油华北油田公司	李彦超	供电	变电站值班员
152	中国石油华北油田公司	郭连升	采油采气	采油工
153	中国石油华北油田公司	匡　凯	采油采气	采油工
154	中国石油华北油田公司	杨培伦	采油采气	采油工
155	中国石油华北油田公司	胡东华	采油采气	采油工
156	中国石油华北油田公司	金海亮	供电	电工
157	中国石油华北油田公司	冉俊义	工程施工	电焊工
158	中国石油华北油田公司	任绍全	供电	电气试验工
159	中国石油华北油田公司	何　群	集输	集输工
160	中国石油华北油田公司	邵明汝	供电	继电保护工
161	中国石油华北油田公司	田　巍	供电	继电保护工

续表

序号	单位	姓名	专业	工种
162	中国石油华北油田公司	黄 祥	井下作业	井下作业工
163	中国石油华北油田公司	黄 树	井下作业	井下作业工
164	中国石油华北油田公司	孙连会	井下作业	井下作业工
165	中国石油吐哈油田公司	赵剑伟	采油采气	采油工
166	中国石油吐哈油田公司	徐志民	采油采气	采油工
167	中国石油吐哈油田公司	顾仲辉	采油采气	采油工
168	中国石油吐哈油田公司	陈 述	集输	集输工
169	中国石油吐哈油田公司	江 龙	集输	集输工
170	中国石油吐哈油田公司	吴占关	井下作业	井下作业工
171	中国石油冀东油田公司	赵松柏	采油采气	采油工
172	中国石油玉门油田公司	刘春杰	采油采气	采油工
173	中国石油玉门油田公司	富玉新	采油采气	采油工
174	中国石油玉门油田公司	沈庆华	机械修理	柴油机修理工
175	中国石油玉门油田公司	陈全柱	井下作业	井下作业工
176	中国石油大庆石化公司	包忠臣	炼油	催化裂化装置操作工
177	中国石油大庆石化公司	贾洪彬	发电	锅炉运行值班员
178	中国石油大庆石化公司	潘大龙	仪器仪表安装修理	仪表维修工
179	中国石油大庆石化公司	左成玉	化工	乙烯装置操作工
180	中国石油大庆石化公司	刘铁彬	化工	乙烯装置操作工
181	中国石油吉林石化公司	李宏光	化工	二甲苯装置操作工
182	中国石油吉林石化公司	赵景林	化肥	合成氨装置操作工
183	中国石油吉林石化公司	薛兰苗	机械修理	机泵维修钳工
184	中国石油吉林石化公司	李永翔	机械制造	钳工
185	中国石油吉林石化公司	侯英杰	仪器仪表安装修理	仪表维修工
186	中国石油吉林石化公司	姜 涛	化工	乙烯装置操作工
187	中国石油抚顺石化公司	田 军	化工	丙烯腈装置操作工
188	中国石油抚顺石化公司	贾 亮	炼油	常减压蒸馏装置操作工
189	中国石油抚顺石化公司	李 俊	炼油	催化裂化装置操作工
190	中国石油抚顺石化公司	郭建勇	机械修理	机泵维修钳工
191	中国石油抚顺石化公司	边 江	炼油	酮苯脱蜡装置操作工
192	中国石油抚顺石化公司	张凤光	仪器仪表安装修理	仪表维修工
193	中国石油辽阳石化公司	刘 牧	工程施工	电焊工

续表

序 号	单 位	姓 名	专 业	工 种
194	中国石油辽阳石化公司	徐艳敏	科研与分析化验	化工分析工
195	中国石油辽阳石化公司	岳景春	机械修理	机泵维修钳工
196	中国石油辽阳石化公司	崔启福	炼油	加氢裂化装置操作工
197	辽阳石化公司中国石油	郝冠杰	供电	维修电工
198	中国石油辽阳石化公司	张海献	炼油	延迟焦化装置操作工
199	中国石油兰州石化公司	巩国平	炼油	常减压蒸馏装置操作工
200	中国石油兰州石化公司	吕仲光	工程施工	电焊工
201	中国石油兰州石化公司	张志强	化工	丁苯橡胶装置操作工
202	中国石油兰州石化公司	杨子海	发电	锅炉运行值班员
203	中国石油兰州石化公司	郭 星	科研与分析化验	化工分析工
204	中国石油兰州石化公司	尹金明	机械修理	机泵维修钳工
205	中国石油兰州石化公司	王忠民	仪器仪表安装修理	仪表维修工
206	中国石油兰州石化公司	吉 宁	仪器仪表安装修理	仪表维修工
207	中国石油兰州石化公司	孙青先	化工	乙烯装置操作工
208	中国石油兰州石化公司	黄开炳	化工	乙烯装置操作工
209	中国石油独山子石化公司	徐凯军	炼油	常减压蒸馏装置操作工
210	中国石油独山子石化公司	张健新	炼油	催化重整装置操作工
211	中国石油独山子石化公司	谷 刚	工程施工	电焊工
212	中国石油独山子石化公司	潘志强	科研与分析化验	化工分析工
213	中国石油独山子石化公司	陈文忠	机械修理	机泵维修钳工
214	中国石油独山子石化公司	祝雄心	机械修理	机泵维修钳工
215	中国石油独山子石化公司	杜胜利	炼油	加氢裂化装置操作工
216	中国石油独山子石化公司	张全军	化工	聚乙烯装置操作工
217	中国石油独山子石化公司	薛 魁	化工	乙烯装置操作工
218	中国石油独山子石化公司	赖亚洲	工程施工	油气管线安装工
219	中国石油乌鲁木齐石化公司	胡志林	炼油	催化裂化装置操作工
220	中国石油乌鲁木齐石化公司	张红梅	科研与分析化验	化工分析工
221	中国石油乌鲁木齐石化公司	许战军	化工	精对苯二甲酸装置操作工
222	中国石油乌鲁木齐石化公司	李华山	仪器仪表安装修理	仪表维修工
223	中国石油宁夏石化公司	杨学智	化肥	合成氨装置操作工
224	中国石油大连石化公司	荣 征	炼油	催化裂化装置操作工

续表

序号	单位	姓名	专业	工种
225	中国石油大连石化公司	张守前	炼油	催化裂化装置操作工
226	中国石油大连石化公司	曹善志	机械修理	机泵维修钳工
227	中国石油大连石化公司	隋广鑫	化工	聚丙烯装置操作工
228	中国石油大连石化公司	崔　健	炼油	酮苯脱蜡装置操作工
229	中国石油大连石化公司	刘丛堂	仪器仪表安装修理	仪表安装工
230	中国石油锦州石化公司	盖保权	炼油	催化裂化装置操作工
231	中国石油锦州石化公司	褚继勇	炼油	催化重整装置操作工
232	中国石油锦州石化公司	徐　凯	机械修理	机泵维修钳工
233	中国石油锦西石化公司	王尚典	机械制造	车工
234	中国石油锦西石化公司	荀　巍	机械修理	机泵维修钳工
235	中国石油大庆炼化公司	王东华	炼油	催化裂化装置操作工
236	中国石油大庆炼化公司	张世凯	机械修理	机泵维修钳工
237	中国石油大庆炼化公司	王　健	供电	维修电工
238	中国石油大庆炼化公司	何　琳	科研与分析化验	油品分析工
239	中国石油哈尔滨石化公司	刘　强	炼油	催化裂化装置操作工
240	中国石油哈尔滨石化公司	林树国	供电	维修电工
241	中国石油四川石化有限责任公司	张林涛	化工	乙烯装置操作工
242	中国石油大港石化公司	王　峰	炼油	催化裂化装置操作工
243	中国石油辽河石化公司	肖国营	炼油	延迟焦化装置操作工
244	中石油克拉玛依石化有限责任公司	陈淑建	炼油	催化重整装置操作工
245	中石油克拉玛依石化有限责任公司	段　猛	炼油	润滑油加氢装置操作工
246	中石油克拉玛依石化有限责任公司	于红伟	炼油	酮苯脱蜡装置操作工
247	中石油克拉玛依石化有限责任公司	马晓伟	炼油	制氢装置操作工
248	中国石油集团东北炼化工程有限公司	刘延虎	工程施工	安装起重工
249	中国石油集团东北炼化工程有限公司	高振杰	工程施工	电焊工
250	中国石油集团东北炼化工程有限公司	郑秋林	工程施工	电焊工
251	中国石油集团东北炼化工程有限公司	徐龙杰	工程施工	电焊工
252	中国石油管道公司	尤庆宇	集输	输油工
253	中国石油管道公司	孙福增	仪器仪表安装修理	仪表维修工
254	中国石油西部管道公司	黄　伟	机械修理	机泵维修钳工
255	中国石油集团西部钻探工程有限公司	谭忠斌	钻井	固井工
256	中国石油集团西部钻探工程有限公司	谭文波	井下作业	井下作业工具工

续表

序号	单位	姓名	专业	工种
257	中国石油集团西部钻探工程有限公司	武东生	钻井	石油钻井工
258	中国石油集团西部钻探工程有限公司	张耀先	钻井	石油钻井工
259	中国石油集团西部钻探工程有限公司	高永杰	钻井	石油钻井工
260	中国石油集团西部钻探工程有限公司	妥　红	测井	综合录井工
261	中国石油集团西部钻探工程有限公司	赵　峰	钻井	钻井柴油机工
262	中国石油集团西部钻探工程有限公司	廖　明	钻井	钻井柴油机工
263	中国石油集团西部钻探工程有限公司	周哲文	钻井	钻井液工
264	中国石油集团西部钻探工程有限公司	王德平	钻井	钻井液工
265	中国石油集团长城钻探工程有限公司	吴依东	测井	测井工
266	中国石油集团长城钻探工程有限公司	徐长岗	仪器仪表安装修理	测井仪修工
267	中国石油集团长城钻探工程有限公司	黄　鹤	钻井	石油钻井工
268	中国石油集团长城钻探工程有限公司	鲁政权	钻井	钻井液工
269	中国石油集团渤海钻探工程有限公司	赵增权	井下作业	井下作业工
270	中国石油集团渤海钻探工程有限公司	张　勇	钻井	石油钻井工
271	中国石油集团渤海钻探工程有限公司	李爱忠	钻井	石油钻井工
272	中国石油集团渤海钻探工程有限公司	王金广	钻井	钻井柴油机工
273	中国石油集团渤海钻探工程有限公司	杨砚杭	钻井	钻井柴油机工
274	中国石油集团渤海钻探工程有限公司	王　信	钻井	钻井液工
275	中国石油集团渤海钻探工程有限公司	王俊星	钻井	钻井液工
276	中国石油集团川庆钻探工程有限公司	汪　敏	测井	采气测试工
277	中国石油集团川庆钻探工程有限公司	熊　伟	测井	测井工
278	中国石油集团川庆钻探工程有限公司	冉　鹏	供电	电工
279	中国石油集团川庆钻探工程有限公司	杨　平	工程施工	电焊工
280	中国石油集团川庆钻探工程有限公司	方福君	井下作业	井下作业工
281	中国石油集团川庆钻探工程有限公司	王　峰	井下作业	井下作业工
282	中国石油集团川庆钻探工程有限公司	田　军	井下作业	井下作业工
283	中国石油集团川庆钻探工程有限公司	田永彬	物探	石油地震勘探工
284	中国石油集团川庆钻探工程有限公司	周　彬	物探	石油物探测量工
285	中国石油集团川庆钻探工程有限公司	郑家志	物探	石油物探测量工
286	中国石油集团川庆钻探工程有限公司	李　缨	钻井	石油钻井工
287	中国石油集团川庆钻探工程有限公司	张　勇	钻井	石油钻井工
288	中国石油集团川庆钻探工程有限公司	闵光平	钻井	石油钻井工
289	中国石油集团川庆钻探工程有限公司	刘贵义	钻井	石油钻井工

续表

序号	单位	姓名	专业	工种
290	中国石油集团川庆钻探工程有限公司	高 强	钻井	石油钻井工
291	中国石油集团川庆钻探工程有限公司	许绍俊	仪器仪表安装修理	仪表维修工
292	中国石油集团川庆钻探工程有限公司	郑 永	仪器仪表安装修理	仪表维修工
293	中国石油集团川庆钻探工程有限公司	王亚红	钻井	钻井柴油机工
294	中国石油集团川庆钻探工程有限公司	朱亚峰	钻井	钻井柴油机工
295	中国石油集团川庆钻探工程有限公司	李 刚	钻井	钻井柴油机工
296	中国石油集团川庆钻探工程有限公司	唐润平	钻井	钻井液工
297	中国石油集团川庆钻探工程有限公司	王国锋	井下作业	作业机司机
298	中国石油集团东方地球物理勘探有限责任公司	李福海	交通运输	汽车修理工
299	中国石油集团东方地球物理勘探有限责任公司	杨新勇	交通运输	汽车修理工
300	中国石油集团东方地球物理勘探有限责任公司	楚建设	物探	石油地震勘探工
301	中国石油集团测井有限公司	刘百舟	测井	测井绘解工
302	中国石油天然气管道局	吴宝华	工程施工	电焊工
303	中国石油天然气管道局	孔繁荣	工程施工	电焊工
304	中国石油天然气管道局	邵洪波	工程施工	电焊工
305	中国石油天然气管道局	张福强	工程施工	电焊工
306	中国石油天然气管道局	牛连山	工程施工	电焊工
307	中国石油天然气管道局	刘汉国	工程施工	电焊工
308	中国石油天然气管道局	高继宏	工程施工	电焊工
309	中国石油天然气管道局	邓隆庆	工程施工	工程电气设备安装调试工
310	中国石油天然气管道局	刘春肖	供电	配电线路工
311	中国石油天然气管道局	孙洪业	工程施工	气焊工
312	中国石油天然气管道局	李济昌	机械制造	钳工
313	中国石油天然气管道局	饶雪飞	工程施工	石油金属结构制作工
314	中国石油天然气管道局	白喜章	通信	线务员
315	中国石油工程建设公司	赵承先	工程施工	电焊工
316	中国石油工程建设公司	丁自力	工程施工	电焊工
317	中国石油工程建设公司	慕香奎	工程施工	电焊工
318	中国石油工程建设公司	曹遂军	工程施工	电焊工
319	中国石油工程建设公司	董留寨	工程施工	电焊工
320	中国石油工程建设公司	刘新海	工程施工	电焊工
321	中国石油工程建设公司	王俊峰	工程施工	电焊工

续表

序号	单位	姓名	专业	工种
322	中国石油工程建设公司	裴先峰	工程施工	电焊工
323	中国石油工程建设公司	刘新儒	工程施工	石油金属结构制作工
324	中国石油工程建设公司	王业民	技术监督	无损探伤工
325	中国石油集团工程设计有限责任公司	冯忠银	工程施工	电焊工
326	中国寰球工程公司	张仕经	工程施工	安装起重工
327	中国寰球工程公司	赵　辉	工程施工	电焊工
328	中国寰球工程公司	王兴平	工程施工	电焊工
329	中国寰球工程公司	陈君龙	工程施工	电焊工
330	宝鸡石油机械有限责任公司	谢碎祥	工程施工	电焊工
331	宝鸡石油机械有限责任公司	纪　林	机械制造	钢丝绳制造工
332	宝鸡石油机械有限责任公司	马新平	工程施工	石油金属结构制作工
333	宝鸡石油钢管有限责任公司	曹文军	机械制造	卷管成型工
334	宝鸡石油钢管有限责任公司	胡德虎	机械制造	埋弧焊管自动焊工
335	宝鸡石油钢管有限责任公司	强会明	技术监督	无损探伤工
336	中国石油集团济柴动力总厂	张传勇	机械制造	加工中心操作工
337	中国石油集团济柴动力总厂	樊少华	机械制造	内燃机装调工
338	中国石油集团济柴动力总厂	肖文光	机械制造	内燃机装调工
339	中国石油集团渤海石油装备制造有限公司	赵晓伟	机械修理	柴油机修理工
340	中国石油集团渤海石油装备制造有限公司	白国文	机械制造	车工
341	中国石油集团渤海石油装备制造有限公司	刘子彦	机械制造	车工
342	中国石油集团渤海石油装备制造有限公司	吴建文	机械制造	车工
343	中国石油集团渤海石油装备制造有限公司	郎书科	工程施工	电焊工
344	中国石油集团渤海石油装备制造有限公司	王海生	工程施工	电焊工
345	中国石油集团渤海石油装备制造有限公司	伍华北	机械修理	机修钳工
346	中国石油集团渤海石油装备制造有限公司	厉彦东	机械制造	钳工
347	中国石油集团渤海石油装备制造有限公司	高增志	机械制造	钳工
348	中国石油集团渤海石油装备制造有限公司	石运超	机械制造	钳工
349	中国石油集团渤海石油装备制造有限公司	王文卿	机械制造	钳工
350	中国石油集团渤海石油装备制造有限公司	王栓海	机械制造	铣工
351	中国石油天然气运输公司	宋光熙	机械修理	机修钳工
352	中国石油天然气运输公司	刘　东	交通运输	汽车修理工

注：表中所列为2015年集团公司评聘技能专家。

（何　波）

奉献能源 创造和谐

Caring for Energy　Caring for You

中国石油

大庆油田有限责任公司

铁人手扶刹把花岗岩雕像

大庆油田有限责任公司是中国石油天然气集团公司所属骨干企业，业务范围主要包括勘探开发、工程技术、工程建设、装备制造、油田化工、生产保障和矿区服务等，具有较为完整的业务体系和综合一体化优势。共有员工24万人，资产总额3729亿元；共有党组织7752个（其中党委454个、党总支526个、党支部6772个），党员126557人。2015年，生产原油3838.6万吨、天然气35.3亿立方米，实现营业收入1553亿元、利润102亿元，上缴税费358亿元。

大庆油田位于黑龙江省西部、松嫩平原北部，由萨尔图、杏树岗、喇嘛甸等52个油气田组成，含油面积6000多平方千米。勘探范围包括黑龙江省全境，内蒙古海拉尔，吉林延吉、珲春，新疆塔里木东部等16个盆地，登记探矿权面积19.1万平方千米。开发建设56年来，在党和国家的亲切关怀下，一代又一代大庆人艰苦奋斗、顽强拼搏，创造了举世瞩目的历史成就。一是建成了我国最大的石油生产基地，累计上缴税费及各种资金2.6万亿元，为维护国家石油供给安全、支持国民经济发展做出了高水平贡献。二是擎起了我国工业战线的一面旗帜。从1964年毛泽东主席发出“工业学大庆”的号召，半个多世纪以来，

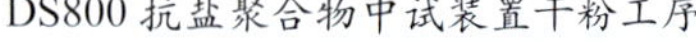

DS800抗盐聚合物中试装置干粉工序

DS800抗盐聚合物中试装置聚合工序

DS800抗盐聚合物中试装置分析检测室

大庆油田开发的DS800抗盐聚合物是一种专门针对油田低渗透油层的聚合物，其增黏性与抗盐性均好于同分子量普通聚合物，可比普通聚合物多提高采收率4.5%，应用三元驱可提高采收率6.2%，具有较好的应用前景。2015年末建成了年产500吨的中试生产装置，并开始逐步调整工艺，优化产品质量和生产负荷，为未来的产业化生产提供了科学可靠的技术准备。

中俄东线天然气管道中国境内段开工仪式

2015年6月29日，中俄东线天然气管道中国境内段开工仪式在北京、莫斯科和黑河施工现场三地通过视频方式隆重举行，标志着这条联结中俄两国的陆上能源通道全线启动建设。大庆油田工程建设公司承担了此次黑河施工现场开工仪式的准备工作。中俄东线天然气管道中国境内段起自黑龙江省黑河市中俄边境，止于上海市，途经黑龙江、吉林、内蒙古、辽宁、河北、天津、山东、江苏、上海9省（区、市），拟新建管道3170千米，并行利用已建管道1800千米，并配套建设地下储气库。

大庆的经验、贡献和水平，始终走在我国工业企业的前列。三是创造了世界领先的油田开发水平。主力油田采收率突破50%，比国内外同类油田高出10—15个百分点，先后三次荣获国家科学技术进步奖特等奖，油田勘探开发成果与“两弹一星”共同载入国家科技发展的史册。四是促进了区域经济社会的繁荣发展。大庆油田的开发建设，发挥了国有大企业的辐射拉动作用，有力地带动了地方经济社会的发展，在亘古荒原上催生了一座现代化油城。五是打造了过硬的铁人式职工队伍。涌现出了以铁人王进喜、新时期铁人王启民、大庆新铁人李新民为代表的一大批先进模范人物，锤炼了一支敢打硬仗、永创一流的英雄队伍。六是孕育形成了大庆精神铁人精神。“爱国、创业、求实、奉献”的大庆精神，同井冈山精神、长征精神、延安精神等成为中国共产党和中华民族伟大精神的重要组成部分。

中国石油天然气集团公司科学技术进步奖

CNPC Science and Technology Progress Award Certificate

证　书

为表彰中国石油天然气集团公司科学技术进步奖获得者，特颁发此证书

获奖项目：大庆长垣油田特高含水期控含水控递减关键技术研究及应用

获奖单位：大庆油田有限责任公司

奖励等级：特等奖

证 书 号：2015-J-0-02-D01

中国石油天然气集团公司

“大庆长垣油田特高含水期控含水控递减关键技术研究及应用”获集团公司科学技术进步奖特等奖

地址：黑龙江省大庆市让胡路区　　邮编：163002
电话：0459-5936660　　传真：0459-5973125

致密油水平井齐平1井压裂现场

“十二五”期间，大庆油田以长垣、三肇、齐家—古龙为重点突破区，加强精细地质研究，攻关发展勘探技术，形成了以资源精细评价、“甜点”精细刻画和水平井大规模体积压裂技术为核心的致密油勘探配套技术，致密油勘探取得重要成果，累计提交三级储量6.04亿吨，展现出长垣、三肇、齐家三个亿吨级规模储量区。

大庆油田宋深103H井获得15.1万立方米工业气流

松辽盆地北部深层沙河子组地层分布广、厚度大，具有形成“源储一体”致密气藏的基本条件。近两年，按照“源控区、相控储、储控藏”的“三控”成藏认识，分层次整体部署，4口水平井均获成功，展现了良好的勘探前景，为大庆油田深层天然气储量再增长奠定了资源基础。

中国石油辽河油田公司

总经理　张志东

党委书记　任芳祥

中国石油辽河油田公司隶属于中国石油天然气集团公司，地跨辽宁省、内蒙古自治区的 12 个市、32 个县（旗），公司总部位于辽宁省盘锦市，已经建成全国大型的稠油、高凝油生产基地。自 1970 年大规模开发建设以来，经过持续重组和不断发展，形成油气主营业务突出，工程技术、工程建设、燃气利用、矿区服务、多种经营等多项业务齐头并进的格局。至 2015 年底，在辽河盆地陆上、滩海和外围地区共发现油气田 40 个，探明含油面积 1080 平方千米，探明石油地质储量 23.95 亿吨、可采储量 5.96 亿吨；投入开发建设油田 35 个，动用石油地质储量 19.84 亿吨、可采储量 5.26 亿吨。拥有员工 93153 人，各类设备 22.6 万台（套），固定资产原值 1521 亿元、净值 573 亿元。

科技创新支撑辽河油田公司实现原油千万吨稳产

开发建设 45 年来，累计生产原油 4.35 亿吨、天然气 855 亿立方米；累计向国家上缴税费 2700 多亿元，始终位于辽宁省纳税企业前列，为保障国家能源安全和促进地方经济社会发展做出积极贡献。先后荣获“全国五一劳动奖状”“全国先进基层党组织”“中国企业管理杰出贡献奖”“全国精神文明建设先进单位”“中央企业先进集体”“中国管理竞争力百强企业”“全国职业安全健康先进单位”等荣誉称号。

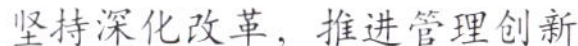

坚持深化改革，推进管理创新

凝聚发展新共识，塑造企业新形象

2015 年，面对前所未有的低油价冲击，辽河油田公司广大干部员工沉着应对，主动作为，抓住扩大经营自主权改革试点的政策机遇，全面推进开源节流降本增效工作，抓生产，强管理，推改革，保安全，创和谐，各项事业在克服困难中创新、超越，全面超额完成年度业绩指标。新增探明石油地质储量 1385 万吨，完成计划的 138.5%；新增控制储量 4111 万吨、预测储量 4207 万吨；生产原油 1037 万吨、超产 16 万吨，连续第 31 年实现千万吨稳产，创造了国内外同类型油田开发的高水平；实现营业收入 482 亿元，比年初预算增效 22 亿元。

着眼“十三五”，辽河油田公司围绕贯彻落实创新、协调、绿色、开放、共享“五大发展理念”，确定年均新增三级储量 1.1 亿吨、年产原油 1000 万吨以上总体目标，有的放矢、有所作为，打一场攻坚仗、持久仗、翻身仗。积极适应经济新常态，直面低油价挑战，深入贯彻党的十八大和十八届三中、四中、五中全会精神，全面落实集团公司工作部署，保持战略定力，突出油气主业，突出质量效益，突出降本增效，突出市场开发，推进开源节流降本增效工作，着力深化改革、细化管理、强化科技，着力抓班子、带队伍、聚合力，着力抓安全、保稳定、惠民生，努力塑造石油新形象，创造企业新业绩，为集团公司持续稳健发展做出新的贡献。

地址：辽宁省盘锦市兴隆台区石油大街98号　邮编：124010　电话：0427-7298001　传真：0427-7822545

增储稳产降成本，安全优质提效益

形成中深层稠油蒸汽驱、蒸汽辅助重力泄油等多种具有国际领先水平的优势技术

中国石油长庆油田公司

长庆油田公司总经理、党委副书记，
长庆石油勘探局局长　杨　华

长庆油田公司党委书记、副总经理
冯尚存

2015 年 2 月 5 日至 6 日，长庆油田公司
召开 2015 年工作会议暨二届九次
职工（会员）代表大会

中国石油长庆油田公司是中国石油的地区分公司，总部位于陕西省西安市，主营鄂尔多斯盆地油气及伴生资源的勘探、开发、生产、储运和销售等业务。2013 年建成西部大庆以来，长庆油田公司紧紧围绕持续稳产和提质增效两大目标，突出油气勘探，着力夯实稳产资源基础；突出质量效益，着力提升油气开发水平、技术创新能力和经营管控水平；突出固本强基，着力抓好安全环保、党的建设、队伍建设、文化建设和反腐倡廉建设；突出和谐稳定，着力营造良好发展环境，努力推动新常态下企业发展转型升级，为集团公司有质量、有效益、可持续发展做出新贡献。

长庆油田开发的鄂尔多斯盆地，是典型的“三低”(低渗透、低压力、低丰度)致密性油气藏，被称作“磨刀石”，开发属于世界级难题。40 多年来，长庆油田广大干部职工以“我为祖国献石油”的高度责任感和使命感、“敢为人先、挑战极限”的发

2015 年 10 月 15 日，集团公司董事长、党组书记王宜林在长庆油田调研

2015 年 12 月 8 日至 11 日，长庆油田公司总经理、党委副书记，长庆石油勘探局局长杨华和党委书记、工会主席、副总经理冯尚存一行，赴苏里格气田生产一线调研，看望、慰问一线干部员工

展意识和“攻坚啃硬、拼搏进取”的实干精神，解放思想、挑战极限，克服重重困难推进技术创新、管理创新，形成具有长庆特色、代表低渗透油田先进水平的开发技术和管理模式，实现了长庆油田发展的历史性跨越，2013 年油气当量突破 5000 万吨，建成西部大庆。西部大庆的如期建成，是继 20 世纪 60 年代大庆油田开发建设以来，我国石油工业发展史上又一座具有标志性意义的里程碑，对保障国家能源安全、优化能源结构、促进国民经济快速发展具有重要意义。

2013 年以来，长庆油田在建成西部大庆新起点上，认真贯彻落实集团公司决策部署，牢记使命与责任，努力推进油田可持续发展。按照“总结、完善、优化、提升”的工作方针，积极推进油气开发由规模建产向精细管理、由新区快速上产向老区长期稳产、由注重规模速度向突出质量效益的“三个转变”，打牢稳产基础，凝聚发展力量；全力抓好油气生产，全面深化改革创新，大力加强合规管理，扎实做好安全环保、反腐倡廉、维护稳定三大基础性工程，着力推进民生改善，注重协调外部关系，各项工作取得了新成果、新业绩、新突破。

2015 年 7 月 23 日至 25 日，国家科技部专家组到长庆油田调研

地址：陕西省西安市未央路151号
邮箱：710018
电话：029–86596666
传真：029–86599999

中国石油大港油田公司

总经理、党委副书记　赵贤正

党委书记、副总经理　张晓东

中国石油大港油田公司是中国石油所属的以油气勘探开发为主营业务的地区分公司，总部位于天津市滨海新区，距首都北京 190 千米，距天津港 40 千米，距天津国际机场 70 千米，地理位置优越，海陆空交通发达。探区位于渤海湾盆地黄骅坳陷中南部，矿权面积 18744 平方千米（含滩海 2030 平方千米）。

大港油田勘探开发建设始于 1964 年 1 月（对外称石油工业部六四一厂），同年 12 月，港 5 井喜喷高产油气流，宣告大港油田诞生，成为继大庆、胜利之后新中国第三个油田。50 多年来，面对异常复杂的地表条件和地质情况，几代大港石油人经过艰苦不懈地努力，探索形成了以复杂断陷盆地油气勘探开发为特色的 30 个系列 101 项关键技术。截至 2015 年底，累计探明石油地质储量 12.54 亿吨、天然气地质储量 740 亿立方米；累计生产原油 1.76 亿吨、天然气 235 亿立方米。

大港油田公司办公楼

大港油田建立 50 周年纪念厂史馆

第四采油厂板南储气库设备区场景

埕海一区 1-1 人工岛

目前，大港油田公司原油年生产能力保持在 440 万吨左右、天然气年生产能力保持在 5 亿立方米左右，形成了油气主营业务突出，工程技术、矿区服务、多元投资等业务协调发展的格局。

当前和今后一个时期，大港油田公司将牢固树立创新、协调、绿色、开放、共享发展理念，坚定不移地大力实施资源、创新、市场、一体化战略，开源节流增效益、改革创新提效率、合规管理防风险，奋力开创公司持续稳健发展新局面，为中国石油建设世界一流综合性国际能源公司做出新的更大贡献！

勘探开发研究院科研人员开展技术攻关

地址：天津市滨海新区大港油田三号院
邮编：300280
电话：022-25971708
传真：022-25915115

热电公司换热站装置

第十届全国设备管理优秀单位

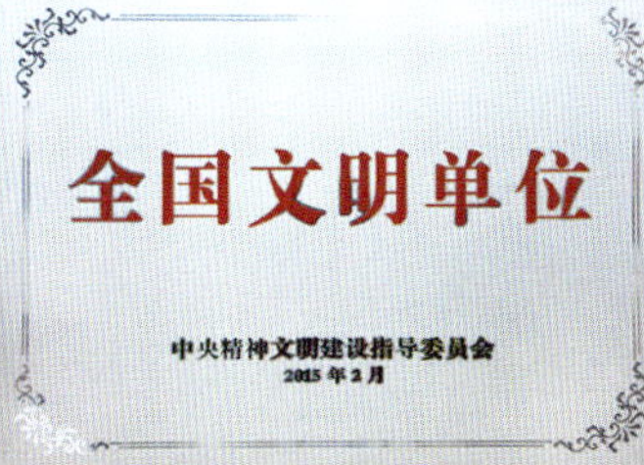

全国文明单位

创新示范奖

中国石油青海油田公司

青海油田公司总经理、党委书记，
青海石油管理局局长　付锁堂

2015 年，中国石油青海油田公司经营范围涵盖石油天然气勘探开发、工程技术、工程建设、装备制造、油田化工、生产保障、矿区服务和多种经营等业务，已建成敦煌教育生活科研基地、格尔木炼油化工基地、花土沟原油生产基地。付锁堂任青海油田公司总经理、党委书记，青海石油管理局局长。

青海油田公司主要勘探开发领域是柴达木盆地，它是我国七大内陆含油气盆地之一，地理面积约 25 万平方千米，沉积岩面积 12 万平方千米。油气总资源量 46.5 亿吨，其中石油 21.5 亿吨、天然气 2.5 万亿立方米。工作区域平均海拔 2900 米以上，是国内自然条件、工作环境最艰苦的油田之一。青海油田也是中国四大天然气区之一，是中国石油资源战略接替区、青海省财政支柱企业和第一利税大户。

开发的主力油田有尕斯库勒、花土沟、昆北、英东等，主力气田有涩北一号、涩北二号、台南、东坪等。年原油生产能力 235 万吨、天然气生产能力 77 亿立方米，原油加工能力 150 万吨。建成了 9 条输油气管线，年输油能力 300 万吨、输气能力 107 亿立方米，天然气远输到西宁、兰州、银川、北京等地。

2015 年 4 月 29 日，青海省委书记骆惠宁到
青海油田公司慰问一线岗位员工

2015 年 5 月 14 日，集团公司副总经理、党组成员，
股份公司总裁汪东进听取青海油田公司工作汇报

2015 年 1 月 29—30 日，青海油田公司
党委扩大会、四届一次职代会暨第十一次
工代会在敦煌基地召开

2015 年 4 月 23 日，总经理付锁堂一行到管道输油处现场办公

2015 年 5 月 23 日，青海油田创业六十周年暨第四届文化节开幕式“五月的风”文化广场活动盛大开锣

截至 2015 年底，青海油田有合同化员工 14749 人（不包括市场化用工），其中男员工 9936 人，女员工 4813 人。新增油气三级地质储量 1.67 亿吨，其中探明石油地质储量 6106 万吨，探明天然气地质储量 42.95 亿立方米；生产油气当量 712.03 万吨，其中生产原油 223 万吨，生产天然气 61.37 亿立方米；年新建石油产能 45 万吨，年新建天然气产能 6 亿立方米；加工原油 151.87 万吨。实现收入 263.45 亿元（内部收入 92.5 亿元），实现利润 48.89 亿元，效益在集团公司上游企业排名第四。

2015 年，青海油田涌现出一批先进集体和个人，特别是李国平、史昆获“全国劳动模范”称号，王龙获“中央企业道德模范”荣誉称号；付锁堂获全国第十四届“李四光地质科学奖野外奖”。天然气开发公司、马仙采油厂和诚信服务公司获中华全国总工会与国家安全生产监督管理总局颁发的“全国‘安康杯’竞赛示范单位”称号；勘探开发研究院工会获中华全国总工会颁发的“全国模范职工之家”称号；采油二厂乌南采油作业区获中华全国总工会颁发的“全国五一巾帼奖状”。

青海油田采油一厂油气水井普查现场

2015 年 9 月 1 日，青海油田原油上产百日劳动竞赛启动仪式在花土沟举行

青海油田英西地区深层石油勘探获中国石油天然气股份有限公司重大发现一等奖

青海油田乌南斜坡石油勘探获中国石油天然气股份有限公司重要成果二等奖

地址：甘肃省敦煌市七里镇　邮编：736202　电话：0937-8932530　传真：0937-8932530

中国石油冀东油田公司

冀东油田公司办公楼

中国石油冀东油田公司是中国石油下属地区公司，主营业务包括油气勘探开发、科研、油气集输、油气销售，以及油田工程技术、工程建设、机械制造、物资供应、电力通信、油田化学、矿区服务等为油田配套、保障、支持和服务业务。冀东油田成立于1988年4月，目前下设16个机关处室、4个直属部门、24个二级单位（分公司）。

冀东油田公司总部机关坐落于渤海之滨、燕山南麓的京津唐“金三角”地带——河北省唐山市。勘探区域包括冀东探区和庙岛群岛探区，登记探矿权面积9846平方千米。冀东探区主要集中在唐山市东南部（包括渤海湾海域部分）和秦皇岛市南部辽东湾海域，唐山勘查区域位于渤海湾盆地黄骅坳陷北部，勘探面积4240平方千米；秦皇岛勘查区域位于渤海湾盆地渤中坳陷北部和辽东湾坳陷西南部，勘探面积2380平方千米。庙岛群岛探区位于山东蓬莱与辽宁大连之

机械公司生产厂区

入党宣誓

芬芳家园

塔架式抽油机

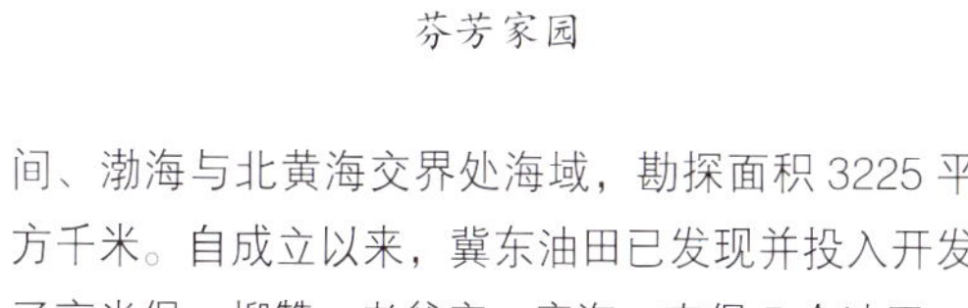

间、渤海与北黄海交界处海域，勘探面积 3225 平方千米。自成立以来，冀东油田已发现并投入开发了高尚堡、柳赞、老爷庙、唐海、南堡 5 个油田。

面对新形势、新任务、新要求，冀东油田公司将深入贯彻党的十八大和十八届三中、四中、五中全会及习近平总书记系列重要讲话精神，认真落实集团公司党组的战略部署，坚持稳健发展方针，坚持踏上“健康线”的发展方向，坚持“转方式、调结构、强管理、重创新”发展要求，坚持“硬增储、稳上产、提效益”根本任务，加强党的领导，保持战略定力，持续深化改革，强化安全、环保，重塑良好形象，实现有质量、有效益、可持续发展。

潮涌渤海湾

南堡陆岸终端

3 号人工岛

地址：河北省唐山市新华西道51甲区　邮编：063004　电话：0315-8766065

中国石油兰州石化公司

兰州石化五届三次职工代表大会

“共和国长子”兰州石化新貌

中国石油兰州石化公司（以下简称兰州石化）是集炼油、化工、工程建设、检维修、装备制造及矿区服务为一体的大型综合炼化企业，是中国西部重要的炼化生产基地，能源战略地位非常突出。公司地处甘肃省兰州市，现有土地总面积 30 平方千米；在册合同化员工 2.11 万人，市场化和劳务用工 0.33 万人，集体职工 0.36 万人；总资产 260 亿元，年营业收入 500 亿—800 亿元。

兰州石化 300 万吨 / 年重催装置

兰州石化大乙烯装置

生活区“石化城”新貌

公司的前身——兰州炼油化工总厂、兰州化学工业公司均是国家“一五”期间156项重点工程项目，是新中国第一个现代化炼化生产企业，历来以出产品、出技术、出人才、出经验著称。目前，通过新建、改扩建一批装置，公司原油一次加工能力达到1050万吨/年，乙烯产能70万吨/年、化肥产能52万吨/年、合成树脂产能122万吨/年、合成橡胶产能22万吨/年、炼油催化剂产能5万吨/年。现有主要炼化生产装置90余套，加工7种原油，能生产汽油、煤油、柴油、润滑油基础油、化肥、合成树脂、合成橡胶、炼油催化剂、有机助剂等多品种、多牌号、多系列石化产品。拥有汽油加氢、丁二烯抽提、丁苯橡胶、丁腈橡胶、碳五加氢石油树脂成套技术，炼化主要工艺技术和炼油催化裂化催化剂领域达到国内领先水平。拥有石油化工工程施工总承包一级资质、大型炼油化工施工能力，以及完备的矿区配套系统和综合服务业务。

展望未来，兰州石化将按照中国石油的总体部署，坚持稳健发展的要求，努力实现“做特做精，做优做强，加快建成国内一流综合性炼化生产企业”的总体目标。

兰州石化第五届职工运动会

地址：甘肃省兰州市西固区玉门街10号
邮编：730060
电话：0931-7933707
传真：0931-7561499

中国石油乌鲁木齐石化公司

总经理、党委书记　郝新刚

2015 年 10 月 16 日，隆重召开建设 40 周年庆祝大会

中国石油乌鲁木齐石化公司地处乌鲁木齐市米东区。其前身筹建于 1971 年 1 月，始建于 1975 年 4 月，是集炼油、化肥、芳烃、塑料加工于一体的综合性石油化工基地，为中国石油天然气集团公司的一类企业。

至 2015 年底，拥有炼油生产装置 34 套，可以生产 30 余种石油化工产品，具备国Ⅴ标准汽油、柴油生产能力。原油一次加工能力 1000 万吨 / 年，对二甲苯生产能力 100 万吨 / 年。化肥厂可年产 75 万吨合成氨、130 万吨尿素。化纤厂可年产化工产品 13 万吨。塑料厂可年产 3240 万条塑料编织袋。热电厂产汽能力 1670 吨 / 时，发电能力 175 兆瓦。净化水厂工业废水处理能力 1326 米^3/ 时。废水、废气、废渣排放满足国家标准要求，其中大气排放指标符合 47 个重点城市特别排放限值要求。具有石油化工设备制造安装维修、工程监理、分析测试、计量检定、设备检验、公路铁路运输、物资供应等生产保障业务职能，以及职教医疗、离退休管理、社区服务等社会职能。

2015 年，员工总数 11194 人，有固定资产原值 221 亿元。2002 年正式通过 ISO 9001、ISO 14001、OHSAS 18001 三项体系认证。

2015 年，乌鲁木齐石化公司纯原油加工量 718.09 万吨创历史新高，整体实现营业收入 322 亿元，多项技术经济指标取得新突破，实现了“十二五”圆满收官，为实现“十三五”稳健发展目标奠定良好开局。

2015 年 9 月 29 日，180 万吨 / 年柴油加氢改质装置全面建成

2015 年 5 月 29 日，首次实现重交道路沥青疆外发运

2015 年 12 月 15 日，举行《乌石化志（1994—2013）》首发仪式

地址：新疆维吾尔自治区乌鲁木齐市米东区　邮编：830019　电话：0991-6901522　传真：0991-6908888

中国石油宁夏石化公司

深挖内部潜力，全员控亏增盈，公司实现扭亏为盈

中国石油宁夏石化公司位于美丽的“塞上湖城”——宁夏回族自治区银川市，是集石油炼制、化工及化肥生产为一体的大型石化企业。公司具备年500万吨/年原油加工能力，每年可生产尿素130万吨、复合肥40万吨、聚丙烯10万吨。

2015年，宁夏石化公司面对国际油价持续走低、国内经济下行、油气需求增速放缓、化工行业不景气等诸多困难和严峻挑战，认真贯彻落实集团公司工作会议精神和炼化板块工作要求，紧紧围绕质量效益中心，深入推进安全环保管理，持续优化生产装置运行，大力推进降本增效，着力提升管控水平，顺利完成年度业绩指标，整体扭亏为盈。公司全年加工原油449万吨，生产尿素44万吨，实现销售收入221亿元，上缴税费91.8亿元。荣获国家首批宁夏回族自治区唯一“安全生产标准化一级企业”、全国“安全文化建设示范企业”，集团公司节能节水、安全生产、环境保护先进企业等荣誉。

面对新形势、新任务，宁夏石化公司将紧抓国家加快“一带一路”建设及新一轮西部大开发战略机遇，坚持稳健发展，苦练内功，精细管理，不断增强企业综合实力，为集团公司全面建成世界一流综合性国际能源公司做出新的贡献。

截至2015年底，中卫碳减排基地种植树木15.5万棵、乔灌木80万株，绿化面积1600亩，年可吸收二氧化碳2360吨

地址：宁夏回族自治区银川市西夏区北京西路1338号
邮编：750026
电话：0951－2972361
传真：0951－2021379

开展化肥长周期运行攻关，装置管控水平进一步提升

QSHE管理绩效突出，通过国际安全评级系统（ISRS）评估，达到5级

500万吨/年炼油装置全年长周期运行，经济技术指标持续优化

中国石油首个自主设计、自主建设的国产化大化肥项目在宁夏石化公司按期建成

中国石油大连石化公司

大连石化公司顺岸码头

200 万吨 / 年柴油加氢装置

中国石油大连石化公司是中国石油所属的大型骨干炼化企业，前身为 1933 年成立的满洲石油株式会社大连制油所，新中国成立后先后更名为大连石油厂和石油工业部大连石油七厂等，1983 年划归中国石油化工总公司，1998 年划归中国石油天然气集团公司。长期以来，公司为国家炼油工业培养输送了大量的管理和技术人才，被誉为中国炼油工业的“人才摇篮”。

公司现有炼油化工主体装置 37 套，具备 2050 万吨 / 年的原油加工能力，主要生产汽油、航空煤油、柴油、润滑油基础油和石蜡、芳烃、聚丙烯等四大类 129 种石化产品，其中汽油、柴油全部达到国Ⅴ标准。公司占地 318 万平方米，海陆运输条件优越，拥有油品装卸码头 5 座，5000 吨—10 万吨级泊位 15 个，年吞吐能力超过 2300 万吨，90% 的产品通过船运销往华东、华中、华南等南方市场。

公司现设 13 个机关处室、5 个直属单位、21 个二级单位。截至 2015 年，在册员工 6445 人，固定资产原值 231 亿元，固定资产净额 76 亿元。

2015 年加工原油 1638 万吨，销售产品 1502 万吨；实现营业收入 650 亿元、利润 26.8 亿元，上缴税费 233 亿元。16 项主要技术经济指标中有 10 项进入集团公司炼化企业前 5 名。

面对新形势、新任务、新要求，公司将紧紧围绕中国石油的发展目标，秉承“奉献能源、创造和谐”的企业宗旨和“爱国、创业、求实、奉献”的企业精神，大力弘扬“石油精神”，筑牢安全环保防线，发挥规模优势和结构优势，持续增强竞争实力和盈利能力，与中国石油所属各企业携手并肩，为建设世界一流综合性国际能源公司做出新的更大贡献！

第一联合车间　码头成品油装船　罐区晨景

中国石油锦西石化公司

总经理　吕文军

党委书记　陈　志

中国石油锦西石化公司的前身始建于1939年，1960年6月大庆油田第一列原油就是在这里炼制的。公司现有员工8703人，主要装置19套，固定资产原值112亿元，原油加工能力650万吨/年；以加工大庆原油、辽河原油为主，另有部分海洋原油与进口原油；主要产品有汽油、柴油、航空煤油、苯乙烯、聚丙烯等。

2011年集团公司调整公司班子，新班子把发展老厂作为当务之急，提出“做好安全发展稳定文章，实现做强做大做美目标”的工作思路。做强：利用集团公司为企业投入的三年隐患治理资金，完成安全隐患治理和环保隐患治理，实现“强身健体”。做大：2014年建成150万吨/年加氢裂化等三套装置，公司加工能力得以恢复。做美：加强环境整治，厂内拆除废旧管线430千米、废塔36座，修缮道路23千米，更新管带防腐保温275千米；厂外拆除危旧楼，建成54栋新楼房。企业日渐整洁、美观。

“十二五”期间，公司无一般及以上事故发生，连续获得集团公司安全环保双先进。一是树立安全是各项管理综合体现的理念，通过协调机制、问题倒查机制、安全预警机制、安全能力培训机制等行之有效的工作机制，确保每一件事的安全，实现每一天的安全。二是对企业安全管理现状客观定位为“长期处于严格监管阶段”，严抓安全监管。2011年公司建立安全监督中心，2013年引入外部专

催化汽油加氢深度脱硫装置运行平稳

碧海长输管线隐患整改项目投产试运

业团队，形成高压监管态势。三是确保日常变更操作规范进行，启动以抓变更管理为切入点的深度工艺安全管理。四是顺利建成环保项目，列入国家环保部责任书项目的催化烟气脱硫等两套项目，全部如期达标投产。

挖潜增效能力不断增强。一是优化产品结构增利，将能生产出来的高附加值产品都产出，实现销售。二是降低能耗挖潜。完成公司生产及辅助单元的能量建模集成和优化方案，“十二五”期间降低能耗 16.36 千克标准油/吨，年均增效 1.5 亿元。三是注重科技创效。攻关影响装置平稳运行的瓶颈问题，实现大平稳，产生大效益。提高二催化装置液收年创效 1 亿元。四是优化进口原油采购增效。跟踪国际原油市场变化趋势，灵活运用转计价等结算方式，规避原油跌价损失。五是提高资金运营效益。通过降低存货占用等，降低财务费用。2014 年 7 月，锦西石化公司作为炼化板块唯一代表，在集团公司领导干部视频会议上做了挖潜增效经验介绍。几年来，公司利税总额逐年增加，连年保持在辽宁省纳税企业前列，树立起中国石油企业的良好社会形象。

公司注重以思路创新带来管理上的新提升、工作上的新变化。在文化建设上，提出企业层面形成干事的氛围、基层单位形成向上的精神、广大员工具有阳光心态；在选人用人上，坚持用干部就是要善于发现能够实现目标的人，做到合适人到合适岗位；在业务合作上，树立选择低端就是与隐患为伍的观念，引入优秀基因和服务，提升企业管理层次；在处理企地关系上，从利益相关方出发，推动企地关系良性发展，赢得了应有的尊重和支持。

地址：辽宁省葫芦岛市连山区新华大街42号
邮编：125001
电话：0429—2178015
传真：0429—2175888

中国石油“加油体验”活动走进锦西石化公司

年度安全环保工作总结表彰大会

储罐区消防联合演习

烷基化联合装置即将中交

2016 年装置大检修工作全面展开

中国石油大庆炼化公司

240 万吨 / 年 ARGG 装置

成功实现进口辛烷值机温控表自修

先进班组加强日常培训，提高员工岗位分析能力

中国石油大庆炼化公司直面低油价挑战，紧跟市场，将眼光向内，苦练内功，持续降成本、提效益。2015 年加工原油 547.52 万吨，实现利润 17.24 亿元、同比增加 13.45 亿元，利润指标在集团公司炼化板块排名第四，实现税费 101 亿元。

大庆炼化公司牢固树立“严格管理是对企业员工的最大关爱、严格管理是对企业忠诚的最低标准”理念，坚持“一查、二问、三整改”的原则，始终将人作为安全生产第一要素来抓，落实岗位责任，严格管理，健全规章制度，严抓生产过程安全监管，持续推进 HSE 体系建设，全面落实安全环保工作标准化管理，确保公司各项安全环保措施的有效落实，安全环保态势整体向好。严格按照 PDCA 循环科学管理模式，做到有制度、有措施、有检查、有考核，实现闭环管理，标准化管理全力推进。

2015 年，大庆炼化公司顺利完成 7 万吨 / 年石油磺酸盐、150 万吨 / 年汽油加氢装置国 V 质量升级改造项目建设。公司依靠技术创新支撑企业生存发展，全员技术创新氛围浓厚，支持鼓励科研开发、技术改造、发明创造，申报国家专利 40 项、授权专利 20 项，科技成果均转化为生产力，技术创新贡献效益达 3.55 亿元，企业竞争力显著提升。在聚丙烯产品 PA14D 市场销售供不应求的情况下，又成功开发出中熔抗冲共聚注塑料 EP300M，与进口 AW564 产品性能相当，加工性能良好，各项性能均达到用户使用需要，产品质量达到国内领先水平。

大庆炼化公司坚持将“三严三实”专题教育作为贯彻落实全面从严治党要求的重要举措，切实加强党的建设，强化党委主体责任和纪委的监督责任，以推进员工行为标准化为有力抓手，传承弘扬大庆精神铁人精神，努力塑造石油工人全新职业形象，为公司建设优秀炼化企业注入正能量。

地址：黑龙江省大庆市让胡路区马鞍山
邮编：163411
电话：0459—5689275
传真：0459—5616111

员工加强现场标准化管理

大庆炼化公司全景

中国石油广西石化公司

烟气净化项目竣工投产仪式

中国石油广西石化公司筹建于2005年5月，坐落在山清水秀、物阜民丰，被国务院批准为中国第六个保税港区、坐拥中国—马来西亚钦州产业园区、素有北部湾天然良港之称、栖息着“海上大熊猫”——中华白海豚的广西壮族自治区钦州市钦州港经济技术开发区。

公司秉承“采用世界先进技术、引入国际领先设计、借鉴国际工程管理、建设世界一流炼厂”的理念，致力于建设“国内领先、世界一流”现代化炼厂。炼厂定位于“大规模、短流程、燃料型”，总加工方案采用全加氢型工艺流程，主要工艺技术从美国UOP公司、DOW化学公司等公司引进。炼厂一次规划、两期建设，累计投资228亿元，完全具备加工高硫、高酸等各种劣质原油的能力。

公司加工的原油全部从海外进口，生产的油品质量全部达到国Ⅴ标准，主要产品有汽油、柴油、航空煤油、聚丙烯、丙烷、液化气、燃料油、石脑油、芳烃（苯、甲苯、混合二甲苯）、硫黄、液氨等。污水排放符合国家一级标准，清洁生产达到世界一流水平，一座与广西秀美山川相和谐的环境友好型石化企业在北部湾畔熠熠生辉。

管线如织映炼塔

地址：广西壮族自治区钦州港经济技术开发区
邮编：535008
电话：0777–3885138
传真：0777–3885139

环境友好绿意浓

洁净如新储油罐

中国石油辽河石化公司

领导深入基层，调研慰问员工

科技引领，创新发展

中国石油辽河石化公司坐落在素有“鹤乡”之称的辽宁省盘锦市，始建于 1970 年。公司经过 40 多年的发展建设，已成为原油加工能力 520 万吨 / 年、固定资产 55 亿元的炼化企业，主要加工低凝环烷基原油、混合稠油、超稠油、石蜡基原油和进口稠油，拥有常减压蒸馏、催化裂化、连续重整、汽柴油加氢、润滑油加氢、延迟焦化、润滑油糠醛白土联合精制、气体分馏、聚丙烯、制氢、硫黄回收、酸性水汽提、干气及液化气脱硫等 28 套生产装置，以及完善的公用工程系统和辅助生产设施。截至 2015 年底，公司在册员工 2800 余人，下设 11 个机关处室、6 个机关附属机构、5 个直属部门、15 个二级机构，是中国石油最具特色的炼化企业之一。2015 年，加工原油 483 万吨，销售收入 164 亿元，上缴税费 54 亿元，实现利润 1.03 亿元。

面对稠油轻质油收率低、腐蚀严重、环保问题等困难，辽河石化公司在稠油加工上做文章，经过几代人的技术攻关，形成了资源、产品、技术三大特色。可以加工多种品质的原油，从轻质油到超稠油，从国内原油到进口原油，实现了原油分输、分储、分炼，使稠油资源得到合理应用，产品特色更加突出。公司以辽河稠油作为主要资源，开发出具有特色的沥青产品（包括重交道路沥青、机场沥青、水工沥青、改性沥青）。沥青产能已达 200 万吨，是中国大型的沥青生产基地，产品曾用于沈大高速等几十条高速

60 万吨 / 年连续重整装置

120 万吨 / 年柴油加氢改质装置

严细操作，安稳运行

环保优先，安全第一

公路、昆明机场等多个机场跑道、嫩江尼尔基等8个大型水利工程。环保型橡胶填充油研发已取得实质性进展，成为新的增效点。公司在稠油加工上形成了独特的工艺技术，并成功地生产出市场前景广阔的产品。在重油加工工艺、设备防腐、环保等方面都有创新技术，承担了中国石油“劣质重油轻质化关键技术研究”重大科技专项60%的科研项目，填补了国内委内瑞拉超重油渣油延迟焦化加工的空白，提升了中国石油劣质重油加工的技术水平。

丰富多彩的员工文体活动

辽河石化公司按照中国石油推进世界一流综合性国际能源公司建设的总要求，遵循“特色化、差异化、高端化”的发展定位，以建设素质好、贡献大、受尊重、可信赖的优秀企业为阶段目标，向着“建设稠油加工基地，打造现代化特色精品企业”的发展方向不断迈进。公司大力弘扬大庆精神铁人精神，并形成以“聚合光热、播撒欢喜”为核心内容的特色精品文化。公司通过了ISO 9001质量管理体系认证、OHSAS 18001职业健康安全管理体系认证和ISO 14001环境管理体系认证，已进入国家标准化管理先进行列。先后荣获中国质量万里行五年回顾展荣誉企业、辽宁省文明单位、辽宁省标准化管理先进企业、辽宁省安全文化建设示范企业、中国石油安全生产先进企业、中国石油环境保护先进企业、全国企业文化建设优秀单位、辽宁省思想政治工作先进企业等荣誉称号。

地址：辽宁省盘锦市兴隆台区新工街　邮编：124022　电话：0427-7658699　传真：0427-7823962

质量至上，以人为本

中国石油长庆石化公司

总经理、党委书记　李汝新

中国石油长庆石化公司（简称长庆石化）始建于1990年，位于陕西省咸阳市东郊化工园区，毗邻西咸新区。现原油加工能力500万吨/年，主要生产装置16套、辅助设施13套，固定资产原值49亿元，在册员工1190人。

长庆石化为燃料型炼厂，具备国Ⅴ标准生产能力，主要产品以国Ⅳ标准、国Ⅴ标准清洁汽油，车用柴油和航空煤油为主，有丙烯、石油苯等少量化工产品。

长庆石化经营业绩总体良好，经济规模和纳税连续多年位居咸阳市之首，是陕西省工业企业十强。2015年加工原油497万吨，实现销售收入234亿元，工业增加值112亿元，上缴税费94亿元。

长庆石化立足当前、着眼未来，在对所处特殊敏感的地理位置、西咸新区的发展定位、安全环保的严格监管等形势分析研判的基础上，明确了“十三五”期间建设示范型城市炼厂的发展定位，正在大力推进安全环保稳定、现场标准化、全厂总图整治、净化周边、员工职业化、数字化工厂等六大基础性工程，力争用三到五年时间，把长庆石化打造成上级放心、公众安心、员工满意、社会认可的示范型城市炼厂。

催化装置技术改造

大检修

公司大门口

科技档案综合办公楼

标准化装置

炼厂夜色

地址：陕西省咸阳市金旭路　邮编：712000　电话：029-86509125　传真：029-86509123

中国石油庆阳石化公司

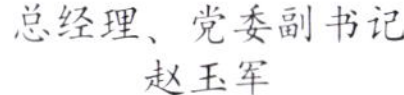

总经理、党委副书记
赵玉军

党委书记、副总经理
张豫锋

中国石油庆阳石化公司位于甘肃省庆阳市西峰区董志镇，历经40多年发展，隶属几经变更，走过了创建、起步、发展、跨越的曲折征程，经历了不同历史时期的沧桑巨变，创造了不同历史阶段的辉煌业绩。企业创建于1971年，原归庆阳地区管理；1984年批准为省属企业，划归原甘肃省石化厅行业管理；2001年整体划转中国石油天然气集团公司；2004年全部资产人员整体划转中国石油天然气股份有限公司。2006年原油加工量突破100万吨，同年投资47.2亿元启动300万吨搬迁改造项目建设；2010年300万吨新厂建成投产。公司现有在册员工1367人，在岗员工平均年龄41岁；主要炼化生产装置16套，一次加工能力300万吨/年；资产总额52.11亿元（截至2015年底）；主要产品有油品、燃料、化工产品、固体产品等四大类11个牌号22种。

“十二五”期间，庆阳石化公司累计加工原油1588万吨，营业收入970亿元，上缴税费229亿元，实现利润24亿元，是甘肃省庆阳革命老区生产规模大、实现利税多的工业企业，综合纳税位居甘肃省工业企业前列。在实现企业持续发展的同时，庆阳石化公司认真履行经济、政治、生态、社会“四大责任”，积极参与“双联”和“精准扶贫”工作，被评为国家“支持老区建设先进单位”，公司三次荣获“全国五一劳动奖状”，荣获“第十届全国职工职业道德建设十佳单位”和“全国文明单位”荣誉称号。

庆阳石化公司继续深入贯彻党的十八大和十八届历次全会及习近平总书记系列重要讲话精神，坚持“创新、协调、绿色、开放、共享”理念，全面落实国家、甘肃省、庆阳市和中国石油“十三五”及今后一个时期的指导思想、发展方针、发展战略和目标任务，紧紧围绕“做强、做精、做优、做美”企业愿景，以稳健发展为方针，以安全环保“零事故、零污染、零伤害”为目标，牢固树立“危机意识、责任意识、团队意识、规则意识、学习意识”，进一步弘扬大庆精神铁人精神和中国石油优良传统，集中精力抓好安全环保、平稳运行核心，抓好开源节流、提质增效主线，积极应对低油价挑战，切实提高全体干部员工的获得感和归属感，着力塑造“忠诚担当、风清气正、守法合规、稳健和谐”的良好形象，促进庆阳石化指标稳中有增、业绩稳定向好、风险平稳可控、形象稳步好转、发展更加平稳、健康、优质和可持续，让小在规模的庆阳石化大在精神、大在管理、大在影响、大在贡献，大在每一个优秀的庆化人！为中国石油建设世界一流综合性国际能源公司、为甘肃省和庆阳革命老区经济社会发展做出新的更大贡献！

生产装置区

“两学一做”学习教育动员会

职工全健排舞大赛

地址：甘肃省庆阳市西峰区董志镇 邮政编码：745002 电话：0934-8368106 传真：0934-8368582

中国石油西北销售公司

西北销售公司第二次党代会

西北销售公司成立70周年庆祝大会

综合营运指挥中心

中国石油西北销售公司已经走过了70年的发展历程。前身是成立于1946年9月的中国石油有限公司兰州营业所。新中国成立后，公司先后隶属于商业部、甘肃省、中国石化总公司管理。1998年，中国石油、中国石化两大集团重组，公司整体划入中国石油。1999年重组改制后，公司作为中国石油销售公司的派出机构，主要负责西部地区13家炼化企业、20个省（区、市）成品油销售企业，以及铁道、民航、兵团等9家专项用户的成品油产销计划衔接、资源优化配置、物流调运组织和质量计量监督工作。截至2015年底，公司机关设13个职能处室，下辖15家直属分公司；管理运营油库10座，总库容247万立方米；拥有铁路专用线近20千米，自备罐车5900余辆。

公司围绕建设国际水准成品油物流企业的发展目标，持续完善成品油营销体制，以资源配置和物流组织专业化为方向，着力打造少环节、短流程、低成本、高效率的物流运行模式，全力保障西部地区成品油产、运、销业务平稳运行，企业各项工作实现新发展，为中国石油整体效益最大化做出了贡献。2015年，公司销售油品近4500万吨，完成调运总量8500万吨，实现销售收入2389亿元，上缴税费1.6亿元，企业发展呈现出良好态势。

公司先后荣获“全国五一劳动奖状”“全国守合同重信用企业”“全国企业文化建设先进单位”“中国石油十大标杆油库”等荣誉称号。

地址：甘肃省兰州市安宁区通达街中国石油兰州大厦
邮编：730070
电话：0931–7608806
传真：0931–7608808

中国石油四川销售公司

总经理　付　斌

党委书记　田玉军

成立创新实验室

中国石油四川销售公司的前身成立于 1952 年 9 月，1998 年成建制上划中国石油，1999 年重组设立中国石油四川销售公司，是四川地区成品油批发零售业务的主渠道，市场占有率近 80%。截至 2015 年底，公司设 13 个机关处室，下辖 23 个二级分公司、6 个直属单位，员工总数 14195 人，资产总额 130.53 亿元，在用油库 22 座，拥有加油站 1579 座、运营 1414 座，在四川形成了覆盖面广、保障力强的营销网络。

2015 年，面对国际国内形势深刻变化，公司积极履行主渠道责任，服务地方经济发展，保障了成品油市场平稳供应。全年销售汽柴油总量、销售收入、利润分别达到 881 万吨、547 亿元、15 亿元，综合业绩指标排名连续 6 年保持中国石油销售企业首位，位列四川省大企业大集团前八强。公司于 2004 年、2014 年两度荣获“全国五一劳动奖状”，2008 年被中共中央、国务院、中央军委授予“全国抗震救灾英雄集体”崇高荣誉。

站在新的历史起点，公司将坚决贯彻集团公司党组确立的稳健发展方针和发展战略，坚定治企方略和党委工作部署不动摇，深入实施安全环保、和谐稳定、反腐倡廉三大基础性工程，着重从“稳健、转型、创新、合规、精进”五个维度发力，持续提升经营效益和发展质量，增强企业的服务能力、竞争能力和盈利能力，为集团公司全面建成世界一流综合性国际能源公司做出新贡献。

员工陈小玲被授予“全国劳动模范”荣誉称号

启动“重走长征路·共筑川销梦”主题活动

德阳黄河加油站荣获集团公司2015 年先进集体

举办“出彩川销人·重塑新形象”职工才艺大赛

地址：四川省成都市顺城大街206号四川国际大厦　邮编：610015　电话：028-86520001　传真：028-86520286

中国石油西藏销售公司

履行社会责任、帮助农牧民群众脱贫致富

中国石油西藏销售公司的前身西藏自治区石油公司成立于1962年1月27日，1998年11月上划至中国石油天然气股份有限公司，更名为中国石油天然气股份有限公司西藏销售分公司（简称中国石油西藏销售公司）。主要从事西藏地区成品油及石油液化气、润滑油的批发、零售、运输、储存等业务，并指导、协调、监督、检查所属各单位工作。

中国石油西藏销售公司机关设在西藏自治区拉萨市北京中路71号，设立11个部门（营销调运处、投资建设管理处、财务处、加油站管理处、人事处、企管法规处、质量安全环保处、审计监察处、党群工作处、信息化管理处、办公室），下辖7个地市公司（拉萨、日喀则、那曲、山南、昌都、林芝、阿里）、2个专业公司（仓储分公司、非油品分公司）和2个驻外机构（格尔木公司、成都采调处）。

军民合作，保障西藏自治区成品油供应

截至2015年底，中国石油西藏销售公司有员工1459人，其中合同化用工1144人、市场化用工315人。营运加油站125座，橇装加油设施7座，其中44座加油站在海拔4000米以上；在用油库8座，液化气储配库1座。营运加油站中全资加油站123座、租赁加油站1座、参股加油站1座。资产总额68.26亿元。与1998年相比，销量从8.5万吨增至83万吨，年均增长14.34%；销售收入从5亿元增至55.39亿元，年均增长15.2%。多年来，中国石油西藏销售公司为西藏跨越式发展和长治久安以及中国石油有质量、有效益、可持续发展做出了重要贡献。2015年，中国石油西藏销售公司获全国荣誉6项、省部级先进荣誉13项、地市级先进37项，万贤忠荣获全国劳动模范称号，在全公司营造了尊重劳动模范、学习劳动模范、关心劳动模范、争当劳动模范的氛围。公司获得了2015年西藏自治区民族团结模范集体两个奖项，连续4年获得西藏自治区强基础惠民生先进单位荣誉称号。

"十三五"期间，中国石油西藏销售公司将秉承"奉献能源、创造和谐"的宗旨，践行"诚信、业绩、创新、和谐、安全"的经营理念，明确加快建设高原特色的国际水准销售企业，把公司建设成为主导区域市场、具有核心控制力的国有企业，把履行政治责任放在突出位置，支持西藏经济社会发展，维护社会局势稳定。围绕发展定位提出了"完成一个目标（中长期规划目标）、强化两项重点（规范化、信息化）、把握三个维度（时间、空间、体制机制）、实施五项工程（信息化、网络开发、管理提升、员工素质、民生）"的工作思路。坚持做大市场，做细管理，做强网络，做优队伍，做好民生，确保西藏成品油市场平稳供应，确保油品数质量和安全环保无事故，确保队伍和谐稳定，继续为建设小康西藏、平安西藏、和谐西藏、生态西藏以及打造忠诚、放心、受尊重的中石油做出新的更大的贡献。

风雪千里路，穿越万重山，全力以赴保障我国援助尼泊尔汽油供应

世界上海拔最高的油库——那曲油库顺利改造完毕

世界上海拔最高的加油站——中国石油西藏那曲销售公司双湖加油站

地址：西藏自治区拉萨市北京中路71号　邮编：850000　电话：0891-6955565　传真：0891-6824978

中国石油管道公司（管道销售公司）

总经理、党委书记　丁建林

中国石油管道公司（管道销售公司）是隶属于中国石油天然气集团公司的地区公司。总部机关位于河北省廊坊市，所属输油气单位及油气管道分布在东北、华北、华东、华中、西北5大区域14个省（区、市）、92个地级市。主营业务涉及原油、天然气、成品油的管道运输及原油、天然气的销售，油气管道运输业务链的工程建设、技术服务、科技研发、维修抢修、输气管道用燃气轮机驱动压缩机组维检修等。

截至"十二五"末，公司管理运营在役油气管道12773千米。"十二五"期间累计输送原油31279万吨、成品油3224万吨、天然气703亿立方米。天然气销售业务实现了快速发展，用户总量达350余家，销售天然气391亿立方米，销售量和销售收入稳步提升。

公司致力于开展关键和瓶颈技术攻关，"十二五"期间共获得美国机械工程师协会全球管道奖2项、国家科技进步奖一等奖1项、省部级奖励40项、集团公司自主创新重要产品11项。易凝高黏原油输送工艺、泄漏监测及安全预警、纳米降凝剂、EP系列减阻剂等技术保持国际先进水平，在国际上率先攻克了螺旋焊缝三轴高清漏磁检测评价技术。同时，公司作为国际管道标准化组织的重要成员，主导制定国际标准和国际先进标准4项，主持制修订并发布国家、行业、集团公司和公司企业标准209项。

公司始终秉承集团公司"奉献能源、创造和谐"的企业宗旨，认真履行政治责任、经济责任、社会责任，先后荣获"全国五一劳动奖状""中央企业先进基层党组织""集团公司安全生产先进单位""河北省委全省先进基层党组织"等荣誉。

中俄东线天然气管道中国境内段开工仪式

承办集团公司天然气与管道专业职业技能竞赛

东北管网改造

输油站

地址：河北省廊坊市新开路408号　邮编：065000　电话：0316-2170929　传真：0316-2170808

中国石油西气东输管道（销售）公司

总经理、党委书记　李文东

中国石油西气东输管道(销售)公司是中国石油天然气股份有限公司直属的地区公司，负责辖区内西气东输管道工程建设、生产运营管理和天然气市场开发与销售等业务。

西气东输管道公司和西气东输销售公司实行合署办公，注册地在上海。目前，公司在上海机关设 14 个职能部门和 1 个附属机构，下设 14 个地区管理处、1 个市场开发与销售部、1 个计量测试中心、1 个科技信息中心、3 个工程项目部、4 个股权管理单位；管理 2 个国家石油天然气大流量计量站天然气流量分站(南京、广州)，员工总数 3500 余人。

公司运营管理 2 条干线管道(西气东输一线 59 号阀室—上海段和西气东输二线 68 号阀室—广州段)、9 条支干线、7 条联络线、16 条支线、长宁兰银线(甘宁交界至银川段)和香港支线，管道总长 11016.9 千米。管理 2 座地下储气库(金坛、刘庄)，1 个计量测试中心，158 座站场。管线途经 14 个省(区、市)和香港特别行政区，下游销售及分输用户达 323 家，供气范围覆盖西北东部、中原、华东、华中、华南地区，并向华北、西南地区转供天然气，形成了塔里木、柴达木、长庆、川渝四大气区以及中亚、中缅、进口 LNG 联网供气格局。

用户座谈

集中监视

管道抢修

站内巡检

西气东输管道（销售）公司自正式投入运行以来，在集团公司党组和股份公司管理层的正确领导和亲切关怀下，在工程建设、生产运行、市场销售同步进行的较大压力和繁重任务面前，紧紧围绕确保管道安全平稳高效运营这一中心，坚定不移地抓好管道运营和市场销售主营业务，持续深化经营管理，不断加强党建和精神文明建设，圆满完成了各项业绩指标。十余年来，公司累计实现天然气管输商品量近2700亿立方米，使天然气在我国一次能源消费结构中的比例提高1个百分点以上，占我国新增天然气消费量的50%，较好地履行了政治责任、社会责任和经济责任，为促进天然气工业和地方经济发展，调整能源结构、改善生态环境、提高人民生活质量做出了贡献。公司先后荣获“全国五一劳动奖状”，首届“国家环境友好工程”“国家开发建设项目水土保持示范工程”和“新中国成立六十周年百项经典暨精品工程”称号。西气东输管道工程通过国家验收。“西气东输工程技术及应用”项目荣获2010年度国家科技进步奖一等奖，公司参与项目“我国油气战略通道建设与运行关键技术”荣获2014年度国家科技进步奖一等奖。公司项目“超大型天然气长输管道复杂工程建设与运营管理”获第十九届全国石油石化企业管理现代化创新成果一等奖。

管道保护

企业文化活动

地址：上海浦东世纪大道1200号
中国石油上海大厦
邮编：200122
电话：021–50958811
传真：021–50958800

中国石油集团东南亚管道有限公司

总经理、党委书记、纪委书记、工会主席 姜昌亮

2015年是“十二五”收官之年，面对复杂敏感的地区环境，尤其是缅甸大选年的考验，中国石油集团东南亚管道有限公司全体干部员工认真贯彻落实集团公司党组决策部署，全力做好生产运行、投产准备和新业务发展等各项工作，圆满完成了全年既定的任务目标。天然气管道安全平稳运行，2015年1月30日实现原油管道试投产暨马德岛港正式开港投运，成功接卸第一船原油，投产各项准备工作按计划有序推进。经过多年的项目实施，中缅油气管道已经成为中国石油在缅甸业务发展的重要平台，也将为“21世纪海上丝绸之路”和“孟中印缅经济走廊”建设发挥重要作用。

一年来，公司坚持低成本发展，采取多种措施确保公司稳健发展，实现了较好的业绩水平。天然气管道2015年实际完成输气量49.58亿立方米，向中国输气45.57亿立方米，完成年初指标任务的106%。原油管道按照投产方案为指引，以工程遗留问题整改为重点，扎实推进投产准备工作。原油管道投产相关临时工程完工，物资准备就绪，首站原油储罐上水完成，投产前各项检查累计发现的问题基本整改完毕，投产和运行人员到位，具备投产条件。2015年公司实现税前利润19.3亿元，完成集团公司下达年初考核指标的129%。

股份公司副总裁、海外勘探开发公司总经理吕功训在缅甸视察

公司各项基础工作进一步夯实，精细化管理水平持续提升。以安全生产为中心，狠抓安全环保和社会安保工作，保持了HSSE业绩水平持续向好。两级班子廉洁从业、依法合规经营，公司上下保持了和谐发展大局。加强公共关系管理，改进公关宣传，持续做好在缅甸公益项目。公司累计开展123项公益项目，涵盖医疗卫生、教育、交通、供电供水等多个领域，切实造福了缅甸社会，营造了互利共赢的和谐发展环境。

2015年公司绩效考核在集团公司153家企事业单位中继续保持A级单位的优秀成绩。公司荣获“十二五”和2015年度集团公司外事工作先进单位、“十二五”期间集团公司信息化工作先进单位、2015年度集团公司安全生产先进企业、“十二五”企业文化建设优秀单位等多项荣誉。

2015年5月12日，国务委员杨晶视察内比都办公室

2015年4月16日，在内比都与缅甸能源部共度泼水节

2015年1月30日，中缅原油管道工程试投产暨马德岛港开港仪式在马德岛举行

地址：北京市朝阳区太阳宫金星园8号　邮编：100028　电话：010-63592896　传真：010-63591294

中国石油集团
渤海石油装备制造有限公司

总经理　白功利

党委书记　杨跃东

中国石油集团渤海石油装备制造有限公司（简称渤海装备公司）是中国石油天然气集团公司所属全资子公司，是中国最大的综合性石油装备制造企业。2008 年 4 月重组成立，注册在中国经济新的增长极——天津滨海新区。厂区主要分布于天津市滨海新区，河北省沧州市、承德市，辽宁省盘锦市，江苏省南京市、扬州市，甘肃省兰州市，新疆维吾尔自治区乌鲁木齐市等地。所属企业大多数都有 30 年以上的发展历史。

渤海装备公司以油气输送装备、钻采装备、海工装备、炼化装备四大类产品为主营业务。现有渤海华宇、渤海巨龙、渤海能克、渤海中成、渤海卡瑞特、渤海司达、渤海飞雁、渤海华重八大知名品牌。公司有 36 种产品取得 API 认证，20 种产品获“中国石油装备”背书品牌授权，19 种产品荣获国家和行业名牌称号。渤海华宇、渤海巨龙牌钢管，享誉国字号工程和国际管道项目。渤海中成牌节能采油装备被评为全国用户满意品牌称号并畅销北美高端市场。渤海飞雁牌烟气轮机占国内市场的 90%，占全球总量的 56%。直缝钢管、螺旋钢管、弯管管件、螺杆钻具、钻杆、钻头、节能型“三抽”设备、潜油电泵、专用电动机、热采设备、海洋平台、工程船舶、烟气轮机、特种阀门等产品处于国内领先、

油气输送钢管

自动化液压钻机

API 钻杆

中高压管道球阀

国际先进水平。产品行销至全国各大油气田、炼化项目、管道工程，以及亚洲、非洲、欧洲、美洲、澳洲等 40 多个国家和地区，在保障中国石油油气主营业务和国家重点工程项目中发挥了重要作用。

渤海装备公司具有雄厚的研发实力、制造实力和实验检测实力。公司拥有实力雄厚的研究院所，获得国家科技进步奖 7 项、省部级科技进步奖 35 项、专利 489 项，其中发明专利 47 项、国际专利 4 项;拥有十余条先进生产线，拥有一万多台（套）大型先进制造设备；拥有国家钢管研发实验平台、金属材料及制品检验中心等十个重点实验室和若干中试基地。

渤海装备公司制定了中长期发展思路，将凝心聚力、团结奋斗，发扬大庆精神铁人精神，保障主业，服务市场，追求价值，诚信回报，努力把公司建设成为“国内领先、国际一流”的综合性石油装备制造企业，为中国石油建设世界一流综合性国际能源公司做出积极贡献。

地址：天津市经济技术开发区第二大街83号
邮编：300457
电话：022-59839191
传真：022-59839199

液氮压裂泵车

模块固控系统

CP300 自升式钻井平台

烟气轮机

宝鸡石油钢管有限责任公司

总经理 舒高新

党委书记 惠 龙

宝鸡石油钢管有限责任公司始建于 1958 年，是我国“一五”期间 156 个重点建设项目之一，也是我国第一个大口径螺旋埋弧焊管生产厂家。建厂近 60 年来，已发展成为我国规模较大、品种较全、市场占有率较高的专业化焊管企业，产品覆盖油气输送管、油套管、连续管、管材防腐、焊接材料和钢管辅料等多个领域。

公司拥有 6 家全资直属企业、3 家中外合资控股企业。所属企业分布在我国东北、华北、华东、西北、西南和新疆六大区域，产业布局合理，区域优势明显，已形成“九个生产基地、四个出海通道”。

公司钢管综合产能 180 万吨 /22 条生产线（其中螺旋埋弧焊管 98 万吨、JCOE 直缝埋弧焊管 15 万吨、HFW 直缝焊管 15 万吨、油套管 50 万吨、连续管 1.5 万吨、弯管 6000 件），钢管防腐 2340 万平方米，焊丝 5000 吨，焊剂 4000 吨，涂料 6000 吨，管端保护环 45 万件，螺纹保护器 120 万件。

特殊螺纹接头

参建西气东输系列管线

CT110 连续管在川渝成功下井

连续管

参建沙特管线

SEW 高抗挤套管在青海成功下井

建厂至今，累计生产输送管 1730 万吨/30 万千米，铺设重点管线 200 余条；2011 年以来，生产油套管 201 万吨、连续管 1.8 万吨。在国内市场上，输送管、连续管市场占有率始终保持前列；在国际市场上，主导产品已出口俄罗斯、印度、沙特、埃及、苏丹、土库曼斯坦、哥伦比亚等 40 多个国家和地区。

公司技术实力雄厚，是我国焊接钢管生产工艺研究、试验检测和科技情报中心，也是国家和行业标准起草单位，主办国内行业唯一的技术期刊——《焊管》杂志。公司还是国家创新型企业和国家火炬计划重点高新技术企业，2014 年建成行业唯一的国家油气管材工程技术研究中心。

如今，秉承“干”字当头的企业精神、“实严细精”的工作作风和“与管同行、以优制胜”的经营理念，公司正积极迎接挑战，开拓创新，朝着建设“国内第一、国际一流”专业化钢管公司奋勇前进。

国家油气管材工程技术研究中心

秦皇岛（宝世顺）公司

油套管

资阳钢管公司

油套管生产线

直缝埋弧焊管生产线

地址：陕西省宝鸡市渭滨区姜谭路10号
邮编：721008
电话：0917-3398325
传真：0917-3390847

中油资产管理有限公司

董事长　王　亮

总　裁　吴　妍

中国信托业保障基金有限责任公司第一届监事会2015年第一次会议合影

课题研究录入信托行业报告

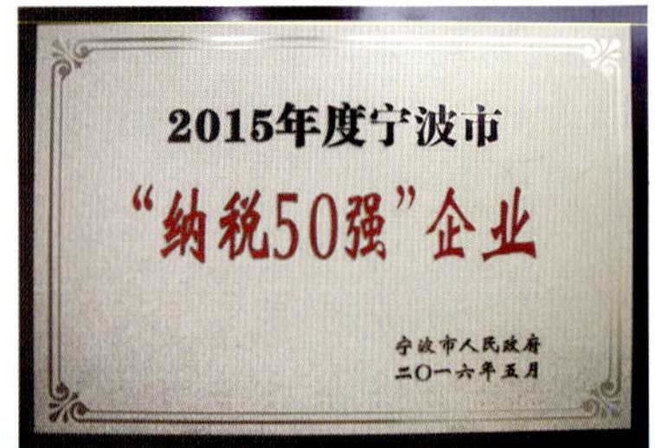

荣获宁波市“纳税50强”企业称号

中油资产管理有限公司是集团公司直属全资子公司，定位为集团公司的“投资银行”，为中国石油的发展提供低成本和优质可靠的筹融资服务，助力主业发展。昆仑信托有限责任公司系中油资产管理有限公司的控股子公司，注册资本30亿元。

公司始终坚持低风险偏好的管理理念，坚持特色化、专业化、市场化的发展方向，秉承“专业创造价值”和“受人之托、代人理财”的专业精神，结合集团公司产业优势资源，着力打造国内一流的产融互动平台、财富管理平台和战略共赢平台。2015年，公司实现营业收入21.03亿元，利润13.01亿元，净利润9.9亿元，信托规模达1104亿元，向受益人分配收益104亿元。公司系中国信托业协会理事单位，获得“宁波市纳税50强”企业称号，以及宁波市江东区“经济发展突出贡献企业”“五星级骨干企业”等多项荣誉称号。公司目前为全国银行间债券市场、全国银行间同业拆借市场成员，具有以固有资产从事股权投资业务资格和信贷资产证券化受托机构资格。

公司发行首个信托受益权资产证券化产品——广东高速项目，盘活了存量资产，开创了信托公司作为发起人将存量信托受益权在证券交易所挂牌交易的先例；成功投资中国建设银行港股优先股结构化票据的跨境信托产品，首次尝试开展国际化业务。公司创新类业务受到媒体广泛报道，在锻造公司转型创新能力的同时，进一步增强了公司的行业和社会影响力、公信力。同时，在中国石油管道重组业务上，继续发挥资产平台作用，助力集团主业，打造石油特色的一流信托公司。

公司以中国石油员工为主要对象设计开发稳健、高收益的金融理财产品，累计发行“昆仑财富”系列信托产品93支，规模总额363亿元，有效满足了广大员工的财富管理需求。

地址：北京市西城区金融大街一号金亚光大厦B座

邮编：100033　电话：010-63597600　传真：010-63597604

第十三篇

企事业单位概览

油气田企业

大庆油田有限责任公司（大庆石油管理局）

【概况】 大庆油田有限责任公司（大庆石油管理局）简称大庆油田，是集团公司所属骨干企业，业务范围主要包括勘探开发、工程技术、工程建设、装备制造、油田化工、生产保障和矿区服务等，具有较为完整的业务体系和综合一体化优势。大庆油田1959年发现，1960年开发，是中国最大的石油生产基地，也是世界上为数不多的特大型砂岩油田之一。油田主体位于黑龙江省西部、松嫩平原北部，由萨尔图、杏树岗、喇嘛甸等52个油气田组成，含油面积6000多平方千米。勘探范围包括黑龙江省全境，内蒙古自治区海拉尔，吉林省延吉、珲春，新疆维吾尔自治区塔里木东部等16个盆地，登记探矿权面积19.1万平方千米。油田有二级单位51个，员工24万人，资产总额3729亿元；有党组织7752个（其中党委454个、党总支526个、党支部6772个），党员126557人。

2015年，大庆油田扎实推进以油气当量4000万吨持续稳产为重点的各项工作。生产原油3838.6万吨，天然气35.32亿立方米；实现营业收入1553亿元，利润102亿元，税费358亿元。“十二五”期间，油田经历了特殊时期的严峻考验，面对国际油价的大幅震荡，原油稳产的重重挑战，实现了储量增长，稳油增气，生产经营平稳受控，各项事业稳健发展。2011—2015年，累计生产原油1.98亿吨、天然气169.6亿立方米，为维护国家石油战略安全、支持国民经济发展，继续做出了高水平贡献（表1）。

表1　大庆油田主要生产经营指标

指　标	2015年	2014年	2013年	2012年	2011年
原油产量（万吨）	3838.6	4000	4000	4000	4000
天然气产量（亿立方米）	35.32	35.12	34.42	33.68	31.03
新增原油产能（万吨）	369.93	433.8	425.7	424.3	432.1
新增天然气产能（亿立方米）	2.51	0.66	4.60	0.96	1.50
新增探明石油地质储量（万吨）	5200.97	4062.65	5313.94	5546.25	7097.95
二维地震（千米）	2298	1855	1114	1221	1749
三维地震（平方千米）	1353	937	785	1413	1801
石油钻井（口）	2442	5118	4900	4464	4639
钻井进尺（万米）	309.86	725.13	667.96	574.25	594.29
营业收入（亿元）	1553	2555	2632	2715	2724
利润（亿元）	102	644	733	861	933
税费（亿元）	358	888	1005	986	990

【油气勘探】 面对勘探难度不断增大的实际，优化方案部署，突出重点领域，大打油气勘探进攻仗，2015年新增石油地质储量5200.97万吨、控制储量8326万吨、预测储量10015万吨，天然气预测储量533亿立方米，超额完成各级储量任务。中浅层常规油勘探，在三肇葡萄花油层新增优质储量3070万吨；致密油勘探，在长垣、三肇、齐家—古龙形成三个规模储量区；深层天然气勘探，沙河子组新层系展现规模含气场面，达深20HC、达深21HC等井获工业气流，徐深1区块实现含气层系和储量双增加；海拉尔盆地勘探，霍20-2井获高产工业油流，断块油藏获新的进展，呈现多井、多层含油气场面，扭转近年来徘徊不前的局面；塔东区块勘探，地质认识进一步深化，古城10、古城14、古城16等井均见含气显示，展现良好的勘探前景。

【油气开发】 开发水平持续攀升，油气生产任务全面完成。克服低油价挑战，加强生产组织，精细开发管理，在2015年少建开发区块41个、少钻井1198口，少基建2179口，少建产能106.77万吨，少上措施2000多口井的情况下，打好打赢原油产量调整第一仗。地下形势稳定向好。长垣水驱含水保持较低增长速度，老井自然递减、综合递减连续两年控制在8%和6%，机采井检泵率同比降低2.05个百分点，地层压力稳步回升0.05兆帕，油层动用程度提高1.2个百分点。开发效果持续改善。2015年低成本未措施产量1718.5万吨、超产27.1万吨，创近年来最好水平；三次采油连续14年保持1000万吨以上，吨聚增油47.6吨，三元复合驱上产幅度超过百万吨，产油达到350万吨；长垣外围产量528.6万吨，保持箭头向上的良好势头；海塔盆地连续三年上产20万吨以上，产量规模达到150万吨。天然气产供销协调运行。在原油产量下降、伴生气减少的情况下，强化气层气稳产，严格放空管理，提高溶解气处理利用水平，加大新用户市场开发力度，天然气总产量同比增加2000万立方米，周边地市销量同比增加6600万立方米。

【非油气业务】 2015年，上市与未上市业务整体联动，发挥油田一体化优势，内部市场占有率稳中有升，为非油气业务减亏增效提供有力保障。工程技术，向科技进步、管理创新要效益，自主研发新型钻头提高钻速5倍以上，深层水平井钻井周期缩短32.55天，钻井单位变动成本降低2%，特别是海外市场逆势增长。工程建设，全力保障产能建设，大力开拓外部市场，首次承揽外部油田区块开发EPC业务。装备制造，加快实施产业化项目建设和园区改造，提高核心产品、部件的生产组装能力，油田市场占有率提升7%。油田化工，天然气调峰、轻烃深加工、三采表面活性剂生产有序推进，天然气制氢综合改造项目进展顺利。水、电、信、物资等服务保障能力持续增强，物业、公交、医疗、教育、文化、保险等业务平稳发展。

【经营管理】 突出重点领域，推进合规管理，强化规范运作，企业管控能力进一步增强。加强投资优化，严格项目前期论证和经济评价，加大标准化设计和地面优化简化力度，2015年节省各类投资49.69亿元。加强成本管控，深入开展经营分析，落实增效措施，油气操作成本总额、单位油气操作成本实现“硬下降”，未上市变动成本占收入比率降低1.42个百分点，管理性支出降低10%以上，“五项”费用支出连年降低，修旧利废节约大量资金支出。加强资产轻量化，优化盘活闲置资产，加大低效无效资产处置力度，2015年优化资产创效7.64亿元。加强内部审计与合规监察，合同、招投标、土地征用、法律事务管理进一步规范，法人实体清理、油田保卫工作力度进一步加大，2015年清理法人实体6家，破获涉油案件1371起，收缴被盗原油1万余吨，有力保障了企业利益。

【管理提升】 2015年，以做精做实管理单元、做强做大创效单元、做专做优服务保障单元为目标，立足开源节流降本增效，加强顶层设计，对标行业先进，深入抓好管理提升工作。“三化”（标准化、专业化、信息化）管理全面推进。坚持试点先行、总结提升，稳步推进采油单位区域化大班组管理、技术服务单位专业化运行管理、生产保障单位扁平化管理，以及施工作业的工厂化、模块化、自动化，后勤服务的区域化、便捷化、人性化，干部员工思想观念逐步转变，操作成本明显下降，队伍用工水平、施工效率、创效能力大幅提升。队伍结构持续优化。采取重组、归并、撤销等方式，深化结构调整，精干机构设置，优化人员调剂。信息化水平稳步提升。A5项目全面推广，大庆油田生产经营管理与辅助决策系统（DQMDS）一期工程正式上线，信息客户服务中心建设加快推进，多岗合一、集中监控，无人值守、远程控制的站场管理模式更为完善配套，促进管理、技术与信息化的有机融合。

【科技创新】 2015年，坚持问题导向，加强项目管理，加大攻关力度，充分发挥第一生产力作用。勘探技术取得新进展。致密油气、海拉尔复杂断陷成藏理论认识不断深化，地震储层精细预测、砂体精细刻画等识别评价技术创新发展，砂岩钻遇率、目标中靶率等有效提升。开发技术取得新进展。水驱精细挖潜技术，井下智能配注、细分堵水、分层配产技术规模应用，在控制无效循环、改善压裂增油效果方面见到明显成效；聚驱优化提效技术，自主研发中低分抗盐聚合物，增黏、抗盐能力显著提高；三元复合驱技术，研发应用组分可控的烷基苯磺酸盐表面活性剂，驱油效果进一步改善；深层天然气开发技术，首次实现分支井窗口固井与裸眼分段压裂完井，确保分层控制、安全生产。工程技术取得新进展。明确直井缝网、水平井体积及穿层压裂技术适用条件，核心工具基本实现自主化生产，致密油水平井单井费用进一步降低。2015 年获省部级以上科技奖励 18 项、国家发明专利 34 项，其中“大庆长垣油田特高含水期控含水控递减关键技术研究及应用”获集团公司科学技术进步奖特等奖。

【外部市场】 配套完善市场开发薪酬政策，以开发技术为引领，以海外项目为重点，进一步加大走出去力度。2015 年，虽然受低油价影响外部市场开发难度增大，但继续呈现出稳健发展的良好态势。伊拉克鲁迈拉、艾哈代布及沙特钻修井项目，收入、利润同比增长 10.6 亿元和 7.3 亿元，工程建设项目利润率达到 10% 以上；蒙古塔木察格项目原油产量首次突破百万吨，并有望续签新的区块；苏丹 6 区稀油项目正在开展技术服务支持，哈萨克斯坦油田合作开发项目进入合同洽谈阶段。

【基础工作】 安全环保平稳受控。抓好新《安全生产法》和《环境保护法》宣传贯彻，突出责任落实，严格履职考评，强化隐患治理，2015 年一类隐患治理全部完成，减排二氧化硫 8306 吨、氮氧化物 11864 吨，未发生重特大安全环保责任事故。“三基”工作日益夯实。“两册”（管理手册、操作手册）管理深入推进，13 家试点单位、43 个基层小队运行效果良好；质量、计量、标准化管理水平显著提高，实现重特大质量、计量“零”事故，2015 年节电 2.58 亿千瓦·时，节气 3220 万立方米，节水 410 万立方米，节能 14.3 万吨标准煤。员工培训持续深入。实施处级以上干部脱产集中轮训，中青年干部综合素质、履职能力培训，高技术、高技能、国际化人才创新创效和攻关能力培训，以及基层骨干员工示范性培训，队伍素质进一步提升。

【民生改善】 2015 年，在投资成本紧张的情况下，千方百计保证民生投入，增加员工群众福祉。开展让九、图强等 4 个老旧小区专项治理，实施北二路、南五路等 6 条道路拓宽升级，推进医疗、供暖及污水处理等基础设施改造，新投用社区服务综合体 5 个，员工居住环境进一步改善。加强全员健康体检管理，落实带薪休假制度，优化员工通勤线路，推进前线旱厕改造，实现每座大型站场至少配套 1 座水厕的目标，员工幸福指数进一步提高。争取政策支持，减轻企业和个人负担。因地制宜开展活动，丰富矿区业余文化生活，满足员工群众精神需求。妥善处理利益诉求，开展困难群体帮扶救助工作，巩固和谐稳定大局。

【党建、思想政治工作】 2015 年，把党委发挥政治核心作用的着力点，放在高举红旗、谋划发展上，放在统一思想、凝心聚力上，放在求真务实、破解难题上，推进政治优势转化为发展优势。扎实开展专题教育和“重塑中国石油良好形象”大讨论活动，着力严明政治纪律、政治规矩，强化修身做人、用权律己、干事创业，唤醒传统意识、回归严实作风，促进大庆精神铁人精神的传承弘扬。认真落实党风廉政建设主体责任和监督责任，抓好《中国共产党廉洁自律准则》和《中国共产党纪律处分条例》宣传贯彻，加强党委巡视工作，强化监督执纪问责，推进专项整改整治，提升党风廉政建设和反腐败工作水平。开展“石油魂”宣讲，面向基层“讲好大庆故事”，组织“感动油田人物”评选，加快新媒体建设步伐，强化正面舆论宣传的力度。充分发挥工会、共青团组织优势，深化凝聚工程，突出降本增效，广泛开展劳动竞赛、巾帼建功和青年创新创效活动，营造立足岗位、争做贡献的浓厚氛围。

（陈立民　李淑杰）

中国石油天然气股份有限公司辽河油田分公司（辽河石油勘探局）

【概况】 中国石油天然气股份有限公司辽河油田分公司（辽河石油勘探局）简称辽河油田，成立于 1970

年4月，是全国最大的稠油、高凝油生产基地。总部在辽宁省盘锦市，业务地跨辽宁省、内蒙古自治区的12个市（地）、32个县（旗）。主要从事油气勘探开发、工程技术、工程建设、燃气利用、多种经营和矿区服务等业务。用工总量93153人，其中上市单位用工45003人、未上市单位用工48150人。有固定资产原值1521亿元、净值573亿元，设备22.6万台（套）。截至2015年底，辽河油田在辽河盆地陆上、滩海和外围共发现油气田40个，探明含油气面积1080.54平方千米，探明石油地质储量23.95亿吨，可采储量5.96亿吨，投入开发建设油田35个，动用石油地质储量19.84亿吨，可采储量5.25亿吨。投产油井19625口，开井11645口，日产油水平28719吨，累计生产原油4.36亿吨、天然气855.85亿立方米。

2015年，辽河油田生产原油1037.07万吨、超产16万吨；生产天然气5.77亿立方米、商品量3.2亿立方米。完成营业收入482亿元。其中，上市业务实现收入199亿元，比2014年减少143亿元；未上市业务实现收入178亿元，比2014年减少68亿元；多种经营实现收入105亿元，比2014年减少8亿元。缴纳税费33亿元。其中，上市业务实现税费19亿元，比2014年减少71亿元；未上市业务实现税费14亿元，比2014年减少1亿元（表1）。

连续第五年获集团公司“安全生产先进企业”和“环境保护先进企业”称号，被中国职业安全健康协会评为“全国职业安全健康先进单位”；进入集团公司节能节水型先进企业行列。被国务院国资委评为“全国央企普法先进单位”，被辽宁省评为“依法治企示范单位”。

表1　辽河油田主要生产经营指标

指　标	2015年	2014年	2013年	2012年	2011年
原油产量（万吨）	1037.07	1021.90	1001.01	1000.01	1000.01
天然气产量（亿立方米）	5.77	7	7.2	7.21	7.21
新增探明石油地质储量（万吨）	1278.7	1243.73	—	3178.28	3245.65
新增探明天然气地质储量（亿立方米）	7.3	4.01		-10.40	4.81
二维地震（千米）	248.3	849	1100.0	903.4	823.6
三维地震（平方千米）	210	447	269	248	354
石油钻井（口）	581	563	347	449	369
钻井进尺（万米）	90.09	97.22	71.37	91.85	90.12
勘探投资（亿元）	62.18	27.43	19.65	21.37	22.14
开发投资（亿元）	44.54	50.50	67.91	69.26	66.31
资产总额（亿元）	810.1	799.6	783.5	827.1	832.2
销售收入（亿元）	377.7	587.1	572.3	566.7	578.2
利润（亿元）	-102	-17.1	43.1	57.9	78
税费（亿元）	33	102.1	71.7	79.0	72.5

【油气勘探】 2015年，辽河油田按照“立足富油气区带精细勘探、加强非常规油气一体化评价、加快新区新领域勘探发现”勘探思路，精细组织资源勘探，注重增加稀油、高凝油储量，推进效益勘探，获重要突破和进展。大民屯凹陷西部斜坡砂砾岩体勘探获重大突破，预探安福屯—平安堡扇体，老井试油与新井实施相结合，沈351井、沈354井等4口探井获得工业油流，新增控制储量4111万吨；大民屯东部凹陷牛居构造带勘探有所突破，牛94井试油获高产工业油气流，新增预测储量3300万吨。大民屯凹陷西部

陡坡带勘探和大民屯东部凹陷牛居构造带勘探成果均获股份公司油气勘探重要发现二等奖。雷家碳酸盐岩勘探成效明显，实施6口探井全部获工业油流，落实高升油层含油面积60平方千米，预计储量规模可达5000万吨。外围陆家堡凹陷展现良好前景，继庙31井、庙35井之后，包38井等探井再获工业油流，开辟了新的资源接替领域。

开展老井复查和精细研究，科学确定井位、制订实施方案，通过老井试油带动高成熟探区油气勘探，推进深海勘探新一轮评价研究。评价勘探在大民屯凹陷西部斜坡、雷家白云岩获成功，大民屯凹陷西部斜坡在预探基础上，部署实施评价井2口，新增探明储量1231万吨。滚动勘探突出“四老四新”研究，在荣5井区、齐133井区和欢21井区等区块取得较好效果，其中荣5区块新增探明储量154万吨。围绕地层岩性、古潜山、火山岩和致密油4大重点领域，实施精细勘探、效益勘探，对28口探井实施“一井一策”协商议价，节约投资7400多万元；采取优化设计、盘活老井场及利用管排铺设井场等措施，压缩钻井成本，节约投入4000多万元，提升了勘探质量和效益。

【油气开发】 2015年，辽河油田树立“超产是硬效益”理念，坚持“油藏管理重在经营、生产管理成在精细、运行管理功在提效”思路深化开发工作，突出抓好油气生产，超前准备各类开发方案设计，优化部署重大开发项目，克服特殊环境区新井实施受限、新老区建产目标日益复杂等难题，全面实施重点上产措施，通过细化注水、优化注汽，减缓老井自然递减，加大重大措施挖潜力度，加强老井管理水平，实施新老区评价开发一体化、老油田二次开发、“二三”结合开发方式，推进老油田多元化注水、多方法注汽，科学组织开发方式转换和新技术接替试验，加大长停井复查工作力度，夯实油田稳产基础，超额完成2015年新增探明储量和原油产量任务。

产能建设实现提质提速，完钻新井487口，投产413口，建产能70.2万吨。转换油气开发方式发挥了稳产支撑作用，新转井组104个、累计实施692个，产油297.4万吨，占总产量的28.7%。改善注汽、注水效果，吞吐稠油年产量稳定在330万吨以上，注水油田日产油稳定在万吨以上。恢复长停井复产829口，增油24.7万吨。推进合作开发工作，2015年产油125.2万吨，比2014年增加11.7万吨。

加大成熟技术推广应用，做好接替技术攻关试验，发展完善蒸汽驱、SAGD、火驱、化学驱等八大类开发方式转换核心技术，比原开发方式年增油190.6万吨。SAGD总体产量持续增长，日产油2580吨；常规火驱扩大实施规模，2015年新转井组14个。深化“大运行”理念，创建“六型”生产组织模式，坚持“四会四报”机制，促进运行提速、管理提质、效益提升，作业施工2015年实施2.4万井次，修井作业效率显著提升。重大开发试验运行符合率提高4个百分点；规模压裂比2014年增加1倍，施工费用降低12.3%。

【科技进步】 2015年，辽河油田突出重大科技专项和重大科技项目攻关，加大成熟技术推广应用，致力解决关键技术瓶颈问题，深化科技创新创效，促进提升勘探成功率、油田采收率和核心竞争力，增强科技的引领、支撑和创效能力。2015年，获省部级科技成果奖励12项，获国家授权专利538件。勘探开发技术日趋完善，砂砾岩体储层识别、“两宽一高”（宽方位、宽频带、高密度）地震资料处理等技术攻关取得重要进展，形成6项勘探关键技术，促进重点领域勘探实现突破。配套完善化学驱、火驱、非烃类驱等技术，研发形成12项关键技术，支撑方式转换项目持续上产。升级工程施工技术，深化低渗透储层压裂、复杂井修井、带压作业技术，形成7项关键配套技术，现场应用效果显著。长输管道设计施工、海外油田地面建设等技术攻关取得新成效，形成4项配套技术在锦州—抚顺输油管线定向穿越和乍得油田二期工程投标中成功应用，创效近5000万元。广泛应用节能减排技术，环状掺水、串接集油新工艺年创效600多万元，稠油污水达标排放完成技术中试，燃气热泵提取污水热能技术进入现场试验，促进清洁生产、节约生产。推进信息化建设，实施宽带光纤入户改造、“一卡通”等信息工程，首次引进中国移动、中国电信资本助推“全光网工程”；开发应用ERP系统，数据建设支撑勘探开发部署，物联网和云技术得到示范应用，实现业务流程优化和管理效率提升。在应对低油价冲击、促进油田有质量、有效益、可持续发展中发挥重要作用。

【市场开发】 2015年，辽河油田积极应对市场环境变化，加强市场开发力度，开辟新的增收创效渠道。利用油田内外两个市场、两种资源，努力稳定和增加市场份额，提高增收创效能力。坚持“自己能干的工程业务自己干”，严格规范内部市场。发挥一体化管理优势，开展细分市场调查，加大内部工作量配置力度，严格市场准入，严控工程、物资和服务计划审批，从源头净化市场环境。

加强项目管理，坚持社会发包项目公示制度。严抓管理、监督、惩处等环节，制定实施《追究挂靠责任管理规定》，严厉打击违规转包、分包行为。2015年，工程及服务市场交易总额104.98亿元，其中内部企业交易额89.22亿元，内部市场占有率85%。坚持以服务油气核心业务为宗旨，大力开拓外部市场，深化与西部油田合作，输出劳务559人。抓好内部产能建设、开发方式转换和安全隐患治理等重点工程，确保新区建设和老区稳产。

加强外部市场建设项目管理，多措并举开发市场、统筹协调项目施工力量，优化设计施工方案，加强施工过程控制，推动工程顺利实施，完成市场开发业务23.7亿元，实现营业收入32.7亿元。开展用户满意度考核、尝试PMC项目管理模式、规范管道带压封堵施工、落实工程安全管控措施，夯实基础管理工作。发挥EPC总承包优势，加强施工监理，抓好中国—缅甸管道、西气东输三线工程和塔里木油田克拉苏气田集输工程等重点项目建设，塔里木油田克深8区块天然气处理厂及外输管道工程按期完成并一次投产成功。中标铁岭—大连管线改造和锦州石化长输管线隐患治理等重大项目。

依托集团公司海外业务“搭船出海”，在伊朗、苏丹、乍得、加拿大等国家开展技术支持、稠油热采服务和工程建设总承包业务，实现收入3亿元。2015年，输销天然气16.4亿立方米，销售液化天然气4.7万吨，为完成全年经营目标任务奠定基础。

【经营管理】 2015年，辽河油田面对前所未有的国际低油价严重冲击形势、勘探开发矛盾加剧、原油稳产和效益发展难度加大的现实挑战，抓住扩大经营自主权改革试点的政策机遇，研究制定调结构、控投资、减冗员和降成本4个方面38项举措，加强投资管理，优化要素组合，从源头控制，勘探开发、重大试验和安全环保等方面投资比例达到90%以上。

全面推进开源节流降本增效工作，优化、简化方案设计和工艺流程，实行钻井、地面建设标准化，节约投资5.8亿元，最大限度地降低油价变化造成的影响。强化项目论证审查，严格压缩地面配套和开发辅助项目，核减低效无效投资5000多万元。推行钻井总承包，开放外围钻井市场，节约钻井投资6000多万元。强化成本预算执行和动态调控，削减专项支出，有效管控成本费用。推进低温预脱水、改进加药工艺、集中规模压裂等措施，突出注汽、作业、材料等重点费用管理，保持基本运行费用不升。2015年，借助低温预脱水工艺，节约天然气1500万立方米，创效3000万元；实施压裂总承包井185口，单井降低费用10万元；优化成本结构，加大生产项目成本倾斜力度，安排注水、调驱、非烃类驱专项资金；结合稀油、高凝油稳产上产部署，调增措施保障蒸汽驱、SAGD、火驱、化学驱等重点开发项目。根据油气市场行情，优化燃料结构，增加燃料油换烧；利用天然气阶梯价格政策，合理安排天然气换烧规模，推进注汽锅炉“气改油”，减少成本支出4亿元。物资材料采用集中采购，2015年节约资金4亿元；加强财务资金管理，减少资金占用25亿元，节约费用5300万元。严控非生产性支出，“五项”费用压缩4500多万元。优化资产结构，加大资产设备调剂处置力度，实行公车集中管理，拍卖处置超标车辆311台、收入3355万元，节约运行费用855万元。关停热电厂，减少资产折旧2450万元。处置锦州燃气股份有限公司股权，实现增值收益7000万元。

控制用工总量，严格执行集团公司“出五进一”政策，2015年招收用工410人，比2014年减少90人。清退外雇工2506人，131支作业队全部清退外雇工，年节约成本5000多万元。清理个人原因长期离开岗位员工239人，解除劳动合同关系101人。建立辽河油田人力资源调剂市场和调剂信息平台，发挥人力资源调剂市场“蓄水池”和“调节器”作用，集约化配置各单位富余人员，组织开展劳务输出，实现辽河油田范围内人力资源余缺互补和优势共享。建立人力资源调剂市场，油田内部调剂劳务输入、输出4200余人。2015年，净减少用工1251人，人工成本下降6.6个百分点。依法解决纠纷案件36起、避免损失2400多万元。开展陈欠款清理工作，收回资金1864万元。抓好重大专项和经济责任审计，开展合规管理监察，有效避免经济损失，提高合规管理水平。

【企业管理】 2015年，辽河油田积极深化内部改革，稳妥推进机构精简和机关达标，激发企业发展活力。制定深化改革实施意见，明确17项重点内容，严格落实领导责任，深化改革重组。重组曙光地区和兴隆台地区井下作业业务，实现作业力量优化配置；整合2个工程建设单位，成立油田建设工程公司；合并油田勘探、新区勘探和海洋勘探管理职能，组建勘探事业部；整合信息、通信、数据业务，成立信息工程公司；整合医疗资源，重组油田总医院、妇婴医院和第二职工医院；将经济贸易置业总公司资产调剂职能划入再生资源利用公司；推进宾馆办事处专项整改；整合物资管理和市场管理职能，组建市场与物资管理部。2015年，减少处级机构9个、科级机构106个、提高管理效率；优化升级油田工程建设、信息管理和医疗资源，提升企业专业整体实力和市场竞争力。推进社会职能改革进程，落实国家三供一业（供水、供电、供热及物业管理）分离移交政策，完成高升、石化和金河住宅小区78万平方米供暖业务社会化服务；推进民用燃气改造，完成天然气入户住宅小区64个；将矿区生活用水划入供水公司管理；引入社会资源联办幼儿园4所，社会化幼儿园、托儿所超过半数，矿区运行费用实现收支平衡。

完善激励约束机制，强化工资总额管理，调整科研、生产一线等岗位薪酬标准，开展"双序列"试点，保证科研、一线和艰苦岗位员工收入不降。完善绩效考核办法，加大月考核、月兑现力度，将机关与基层捆绑考核、员工收入与单位业绩动态挂钩、干部评价与薪酬、使用直接关联，强化业绩导向、效益导向，广大员工形成工资由"发"到"挣"的共识，增强各级干部和领导班子抓发展、提效益的责任感和使命感。

【安全环保管理】 2015年，辽河油田加大安全环保管控力度，保持总体稳定态势。组织学习贯彻新《安全生产法》和《环境保护法》，牢固树立红线意识，坚持严字当头，严格落实管控措施，实现安全环保形势平稳可控。强化责任落实，健全安全环保"党政同责、一岗双责、失职追责"责任体系，开展岗位履职承诺、干部履职考核，深化标准化站队建设，确保层层落实责任。持续削减风险。健全过程防控措施，对新项目、承包商、合作项目等高风险领域和联合站、轻烃厂、燃气站场、炼化装置等重点要害部位实行专家会诊。坚持隐患治理资金统筹与二级单位自主使用相结合，2015年投入资金3.6亿元治理隐患151项，整改油气管道违章占压2236处，做到长输管道重大隐患整改率100%，提高隐患治理的针对性和时效性。

从严监督管理，组织2次安全生产大检查和不同层次专项检查。推进HSE体系审核，坚持过程积分考核，加强预案修订和应急演练，严格井控、消防、交通管理，严肃事故管理和追责，2015年处罚款57.3万元，提高本质安全管理水平。推进节能减排，严格落实能源节约和污染减排措施，实现节能5.8万吨标准煤，节水130万立方米，节地52.5万平方米，化学需氧量（COD）、二氧化硫、氮氧化合物排放量分别比2014年下降53%、45%和43%，赢得工作主动权，为企业持续、健康、安全环保发展提供坚实保障。

【党建工作】 2015年，辽河油田党委发挥党的政治核心作用，加强领导班子和干部队伍建设，注重提升员工整体素质，为战胜困难提供坚强保障。以"三严三实"专题教育为主线，建设忠诚、干净、担当的干部队伍。落实全面从严治党要求，严格贯彻集团公司规定，严明规矩，严守纪律。认真做好专题教育各项规定动作，严格执行中心组学习和"三重一大"决策等制度，自觉规范修身、用权律己行为。坚持正确用人导向，营造想干事、能干事、干成事的氛围。

以推进"重塑中国石油良好形象"大讨论和"四新"主题教育为载体，引导员工转观念、树形象。以落实"两个责任"为重点，深化党风建设和反腐败工作。健全完善制度体系，细化责任分解和检查考核。强化监督执纪问责，严肃查处违规违纪行为。认真整改集团公司巡视发现的问题，推进油田巡视工作。

巩固群众路线教育实践活动成果，开展新一轮"三超"治理，将反"四风"转作风要求落到实处。以强化基层党组织建设为保障，提升党建整体水平。推行党委工作项目化管理，强化基层党建考核评价，加强标准化党支部建设，抓好党员教育管理，加强二级机关建设，开展纪念建党94周年系列活动，确保党的建设取得实效。

以建设"三支人才队伍"为目标，全面提高员工业务素质。加强教育培训、技能鉴定和实践锻炼，深化基本素质达标工程。以劳动模范、专家和员工技术创新工作室为依托，形成万众创新、创效的力量。开展"增储稳产降成本、安全优质提效益、重塑形象添光彩"劳动竞赛、道德模范评选、青工油水井分析、巾帼建功创业等活动，形成提素质、比贡献的正能量。

【和谐矿区建设】 2015年，辽河油田准确把握矿区形势新变化，探索创新服务新模式，提升便民利民服务水平，保生产，惠民生，促和谐，维护矿区稳定。抓好民生建设，打造员工宜居矿区环境，稳步实施房屋维修、老旧小区改造等重点民生工程，努力推进"偏、远、散"小矿区与地方政府协商搬迁进程，2015年完成住宅小区配套设施改造11项、安全隐患治理26项、节能减排9项，完成分户供暖改造1.58万户，实施住宅楼防水大修590栋，解决有关基础设施建设和员工家属反映强烈的重点问题。

加强物业"走动式"管理，推进物业管理市场化、社会化服务，完成高升矿区、金河住宅小区和石化住宅小区社会化供暖，实施油田中心地区供暖社会化二期改造工程；将矿区转供水业务整体划归供水公司管理，初步实现供水业务一体化运行和专业化管理。推进矿区医疗卫生系统重组整合，建立总医院领办社区医疗模式，深化医疗卫生"三好一满意"服务活动，更新医疗诊治设备153台（套），提升员工家属医疗软、硬件保障水平。

全力维护员工群众利益，完善保险、公积金管理措施，改善离退休服务质量，提高员工群众满意度。2015年，慰问困难家庭9700多户、大病救助1082人、助学604人、生活帮扶6700多人。落实矿区安保维稳责任，依法依规开展信访工作。组织开展纪念抗日战争胜利70周年和油田开发建设45周年系列群众性文体活动，丰富矿区居民精神文化生活。积极推进油地、油区协作发展，配合盘锦市创建“全国文明城”，落实好共建共管机制，维护油区生产生活秩序。积极争取政府惠民政策，认真履行国有企业社会责任，做好油地共建、定点扶贫等工作，改善企业发展环境，增进员工群众福祉，营造巩固、和谐、稳定局面，形成推动企业发展的强大动力。

（田　英　杨　佳）

中国石油天然气股份有限公司长庆油田分公司（长庆石油勘探局）

【概况】 中国石油天然气股份有限公司长庆油田分公司（长庆石油勘探局）简称长庆油田，成立于1970年，总部位于陕西省西安市，是中国石油地区分公司。主营鄂尔多斯盆地油气及伴生资源的勘探、开发、生产、储运和销售等业务，工作区域横跨陕西、甘肃、宁夏、内蒙古、山西5省（自治区）15个市61个县，勘探开发面积20万平方千米。有13个采油生产单位，9个采气生产单位，3个输油单位，4个科研单位，28个其他生产辅助和矿区服务单位，用工总量74595人。

2015年，生产原油2480.8万吨，生产天然气374.6亿立方米，实现油气当量5465.66万吨，连续三年实现5000万吨以上稳产。实现营业收入1127.05亿元，利润258.43亿元，净现金流110.96亿元，税费204.72亿元，上交股份公司资金487.80亿元（表1）。

表1　长庆油田主要生产经营指标

指　标	2015年	2014年	2013年	2012年	2011年
原油产量（万吨）	2480.8	2505.0186	2432	2261.0166	2002
天然气产量（亿立方米）	374.6	381.5298	346.816	290.2935	258.2
新增原油产能（万吨）	237.8	339.7	303.4	576.7	576.7
新增天然气产能（亿立方米）	70.2	65.87	127.8	102.8	84.5
新增探明石油地质储量（亿吨）	3.65	3.23	3.61	3.5	31427.28
新增探明天然气地质储量（亿立方米）	6928	2398	27321	2210.09	1717.55
二维地震（千米）	4000	6313	7604	6597	11639
三维地震（平方千米）	—	354	918	2174	746
石油钻井（口）	468	6330	6732	9964	9042
钻井进尺（万米）	—	1567.06	1723.52	2416.55	2186.47
营业收入（亿元）	1127.05	1629	1518	1440	1303
利润（亿元）	258.43	523.73（税前）	—	—	606
税费（亿元）	204.72	519.39	—	—	311

【油气勘探】 2015年，长庆油田新增石油探明储量3.65亿吨，天然气探明与基本探明储量6928亿立方米，5000万吨持续稳产、企业稳健发展的资源基础进一步夯实。

石油勘探在陇东地区长8油层取得重大进展，发现亿吨级环江整装大油田，实现鄂尔多斯盆地长8油藏大连片。姬塬多层系勘探获新进展，长8油藏新增探明储量1.8亿吨，长6油藏新增预测储量2.7亿吨。陕北地区延长组下部新层系勘探获新突破，在长10油藏、长8油藏25口井获工业油流，发现新的亿吨级规模储量区，为陕北老区石油稳产进一步夯实后备资源。盆地致密油勘探攻关持续推进，加大陇东、新安边、陕北地区勘探力度，81口井获工业油流，进一步落实三大含油富集区，预计储量规模可达10亿吨。侏罗系勘探成效显著，67口井获工业油流，发现多个高产含油富集区。

天然气勘探在鄂尔多斯盆地中东部本溪组勘探获重大突破，新发现落实米46、米62等含气富集区，有望形成千亿立方米优质储量。鄂尔多斯盆地东部多层系勘探取得新进展，盒8段形成整装含气富集区，新增规模储量3822亿立方米，发现神58等4个新的含气富集区。靖边气田东部碳酸盐岩勘探取得新突破，有望成为下一步勘探接替领域。苏里格天然气整体勘探稳步推进，在西二区新增天然气探明储量3445亿立方米、南区新增基本探明储量3482亿立方米，连续9年新增规模储量超5000亿立方米，形成探明加基本探明储量规模达4.46亿立方米的大气区。天然气区域甩开勘探获得重要苗头，在古隆起东侧马家沟组下组合发现新类型风化壳气藏，西、南缘奥陶系勘探发现新苗头，开辟勘探新领域。

【油气开发】 2015年，长庆油田油气开发牢牢把握由快速上产向5000万吨稳产转变的发展态势，按照效益最优化、管理精细化、运行有序化的要求，坚定完成全年油气生产任务信心不动摇，积极探索持续稳产、效益开发的有效途径。

油田开发以精细油藏管理、提高开发效益为核心，强化生产组织、夯实基础管理、加强过程控制、注重运行效率，日产水平保持在7万吨以上。老区稳产以夯实油田开发基础为抓手，强化注水为核心的油藏精细注采调整及综合治理，降递减工作成效显著，地层压力保持水平和水驱状况明显好转，2015年Ⅰ、Ⅱ级油藏产量占总产量的97.6%，老油田连续18年保持Ⅰ类油藏水平。新井当年产油133.8万吨，平均单井日产量稳定在3吨以上，新井时率达到148天，高效完成全年产能建设任务。2015年，油水井措施有效率达到90.2%，增油81.5万吨，同比增加7万吨。立足水驱，积极开展提高采收率技术攻关与现场试验，阶段效果显著。

气田开发以稳定并提高单井产量为核心，深化地质研究，优化产建部署，推广大井组多层系立体开发和水平井规模开发，有效支撑气田快速建产。2015年，完钻丛式井651口，累计节约土地5000余亩，缩短试气周期12.6天，大井组开发降本增效明显。水平井整体开发区持续推进，全年在苏里格气田8个水平井整体开发区完钻水平井119口，平均水平段1243米，平均砂岩钻遇率81.3%，完井试油求产38口，日平均无阻流量46.3万立方米。根据不同区块地质和气井生产特征，建立不同气井分类标准，形成有效气井管理办法。全面推广一体化站场建设模式，丰富完善水平井整体开发区地面集输主体技术，地面建设水平进一步提升。克服计划配置限制和下游销售不畅影响，科学安排高峰期生产运行和保供方案，适时发挥储气库调峰功能，实现安全稳定供气。

【科技创新】 2015年，长庆油田低渗透油气藏勘探开发技术系列逐步配套完善，5000万吨级特低渗透—致密油气田勘探开发与重大理论创新获国家科学技术进步奖一等奖。

积极开展技术集成与创新，强化注水技术研究与应用，首口同心双管分注工艺试验在靖安油田取得成功，丰富完善长庆油田分注工艺技术系列，有效解决采出水矿化度高、腐蚀结垢严重等问题。针对日益复杂的致密储层，通过持续开展攻关研究与现场试验，攻克水平井体积压裂技术难题，形成水力喷砂体积压裂和大通径桥塞体积压裂两项主体技术，同时自主研发EM30滑溜水等3项新材料。2015年，在储层物性相对更差、砂体结构更复杂的宁89区Ⅱ类致密储层开展的长水平段+体积压裂攻关试验创造单趟钻具连续钻磨19个桥塞的新纪录。针对低压低产气井生产特征，持续加强排水采气技术研究，自主研发组合管柱柱塞气举排水采气技术，填补该领域的技术空白，成为低产井排水采气技术利器。强化多功能集成装置研发，创建站场一体化建设新模式，庄三联30万吨/年一体化集成装置联合站投入运行，减少占地面积30%，降低投资5%，建设周期缩短50%，有效降低开发成本。

【安全环保】 2015年，长庆油田针对长庆油田安全环保工作现状和管线泄漏问题，深刻吸取教训，切实增强责任感，狠抓基层基础建设，突出严格管控，建立长效机制，保持高压态势，打好提升本质安全水平的持久战。认真对照新《安全生产法》和《环境保护法》要求，重点突出《承包商安全监督管理办法》和《安全环保事故隐患管理办法》等32项制度修订，HSE管理体系持续完善。深化责任落实，对照生产单位不同风险类别设置安全环保责任指标，与54个生产单位安全生产第一责任人签订安全环保责任书，形成层层落实的安全环保责任体系。

全面开展管道现状调查与腐蚀评价工作，制定全面落实管线现场督查、加强管线隐患排查治理、确保产建管线施工建设质量等10项具体措施，对王窑、巴家嘴水库等环境敏感区的腐蚀严重易泄漏管线开展集中治理。2015年，普查管道20036条31850千米，完成在役管道清水试压2320条4237千米，治理875条2635千米，原油泄漏事件频发的态势得到有效遏制。

加快采出水、措施废液、净化厂尾气等重点环保隐患集中整治，新华联合站投入运行，陇东采出水无效回注总体形象进度95%，含油污泥治理工程建设处理厂4座，废弃钻井液不落地技术在苏里格气田全面推广，2015年整体减少钻井液使用37万立方米，污染减排效果明显，环境风险进一步得到控制。强化安全环保理念宣贯，细化案例分析和安全经验分享，探索安全生产微电影等基层安全文化建设，营造浓厚的安全生产氛围。

【经营管理】 2015年，长庆油田深化经营管理改革，不断完善运行模式和管控方式，深化全面预算管理，充分发挥预算对生产经营的引领、激励约束作用。持续深化工效挂钩政策，推行人工成本与业务外包捆绑双控管理，引导油气生产单位加强用工总量控制，优化用工结构，逐步从要工资向“挣”人工成本转变。坚持依法治企，大力推进合规管理，强化生产、安全、财经等各项制度执行与落实，加强内控体系建设，抓好风险评估和源头防范，狠抓生产经营“六条禁令”和“八个必须”，进一步规范企业行为。牢固树立过紧日子思想和“量入为出”理念，坚持低成本战略，制订深入推进全面开源节流降本增效的13项48条措施，开展全员、全过程、全方位的开源节流降本增效，进一步严格控制投资成本，大力压缩非生产性支出，突出完全成本控制，按照“责权利对等”原则，合理扩大基层单位的生产经营自主权，逐步把折旧折耗、人员费用等成本控制责任落到实处。油田上下的改革创效、管理提效、降本增效意识显著增强，运行效率、管理水平和经济效益进一步提高。

【党的建设】 2015年，长庆油田突出发展中心、突出以人为本、突出凝心聚力，努力把党的政治优势转化为企业发展优势，切实增强各级党组织的凝聚力、战斗力、创造力，激发广大干部员工打硬仗、打胜仗的信念。

认真开展“三严三实”专题教育活动，深入学习贯彻习近平总书记系列重要讲话精神，精心组织两级领导班子高质量上好专题教育党课、集中学习研讨1070场次。强化问题导向，公司领导班子及成员查找出问题190个，基层领导班子及成员查找出问题5800多个。成立5个督查组和10个巡视组督查指导，分片召开两级党委书记座谈会，推进专题教育深入落实，整改问题4503个，取得打造忠诚、干净、担当的干部队伍的阶段性成果。深入实施党建“五个一”工程，持续推进标准化党支部创建，严格落实“三会一课”、民主评议党员等组织生活，党建科学化水平进一步提高。

深入开展“新起点提质增效、新实践创先争优”主题教育活动，持续深化西部大庆文化同行工程，充分发挥群团组织作用，有效激发全体干部员工立足岗位干事创业的积极性。认真贯彻中纪委十八届五次全会精神，落实“两个责任”，健全完善责任体系，完善党风廉政建设配套制度，加强党风廉政建设责任制考核，形成全员全方位的反腐倡廉工作格局。严格执行反对“四风”制度规定，强化重点时间节点的监督检查，加大对违反八项规定精神问题的查处力度，持之以恒抓好作风建设。突出问题导向，进一步完善巡视成果运用机制，完善责任追究制度，努力营造风清气正良好环境。

【矿区管理】 2015年，长庆油田召开民生工程专题会议，惠民工程七大类43项措施全面推进，实施小型改造项目1238个，惠及员工近万人。

创新矿区社会治理，积极构建“政府主导、企业支持、社会协同、居民参与”的体制和共驻共管机制，企地共建11个公益服务大厅，引入政府服务职能八大类100余项，使居民不出社区就可享受政府公共服务和社会事务。充分利用驻地政府资源和矿区闲置场所，建设13个社区日间照料中心，开展就餐、保健等社区服务，使老人养老不离伴、不离社。针对员工子女入学、入托等问题，修订完善《惠民工程员工子女入学实施细则》，首次实现455名一线职工子女通过投亲靠友就近入学；新扩建2所幼儿园正式投用，基本满足矿区幼儿入托需求；培育形成“小课桌、小饭桌、全托管”等服务模式，10个社区50多个托管服务照顾孩子近2000名，有效解决一线员工的后顾之忧。

认真落实集团公司董事长王宜林与陕西省、陕西省延安市、甘肃省庆阳市领导座谈会要求，积极主动与地方党委政府沟通，通过与甘肃庆阳，陕西延安、榆林，内蒙古鄂尔多斯，宁夏吴忠等地企业的座谈，企地沟通协调进一步加强，为企业发展营造良好的外部环境。

（沈　洋　柴君旺）

中国石油天然气股份有限公司塔里木油田分公司

【概况】 中国石油天然气股份有限公司塔里木油田分公司简称塔里木油田，是股份公司的地区分公司，集油气勘探开发、炼油化工、油气销售、科技研发等业务为一体。总部位于新疆维吾尔自治区巴音郭楞蒙古自治州库尔勒市，作业区域遍及塔里木盆地周边20多个县市，矿权总面积17.5万平方千米。塔里木油田前身是1989年4月成立的塔里木石油勘探开发指挥部。截至2015年底，设机关职能处室12个，直属机构4个，附属机构7个，二级单位28个；合同化员工总数10567人，其中女员工3143人、少数民族员工2202人。2015年是塔里木油田实施打造“百年塔里木”发展战略的第一年，油田上下按照集团公司决策部署，坚持有质量有效益可持续发展方针，着力发展油气主营业务，加强主导技术攻关，深化企业内部改革，强化依法合规经营，各项工作取得新成果、新业绩。2015年，生产原油590.01万吨、天然气235.52亿立方米，产量当量2467万吨；实现工业总产值437.72亿元，销售收入463.99亿元，利润总额166.96亿元，应缴税费82.31亿元，投资资本回报率22.70%（表1）。

2015年，围绕三大阵地战和新区新领域，强化富油气区带整体再评价，完成二维地震1973千米、三维地震1810平方千米，完成探井44口、进尺25.04万米，在29口井试油获工业油气流。截至2015年底，累计探明石油地质储量9.95亿吨、天然气地质储量1.95万亿立方米，油气储采比分别为原油4.46、天然气16.02。

【提出打造“百年塔里木”发展愿景】 2015年2月6日，塔里木油田五届一次职代会暨2015年工作会议明确提出打造“百年塔里木”发展愿景。主要内涵是：实现企业长寿、事业健康、员工幸福，打造具有强劲的可持续发展力、核心竞争力、健康生命力和品牌影响力的民族企业。总体思路目标是：力争到2030年左右达到4000万吨产量峰值，油气资源基础靠实，发展速度适度适宜，规模总量国内前茅，员工生活幸福美好，科技、人才、管理、效益、文化比肩世界一流水平，圆满完成上升期的目标任务，并在此基础上，保持高峰产量50年长期平稳运行，最终建成百年油田。

【油气勘探】 2015年，塔里木油田油气勘探工作用一句话概括，即取得“一个发现苗头、两个重要发现和三个评价进展”。一个发现苗头：克深10井钻揭巨厚气层，有望发现一个千亿立方米级气藏。两个重要发现：克深13井获工业气流，克深区带含气范围持续南扩；哈拉哈塘油田富源区块取得整体突破，有利勘探面积2650平方千米。三个评价进展：克深9、克深2西段气藏评价取得进展，提交探明天然气地质储量；跃满—富源区块一体化评价进展顺利，累计探明含油面积1449平方千米，提交探明石油地质储量；塔中台内滩评价勘探进展顺利，塔中10号构造带上交控制石油、天然气地质储量，塔中西部中古291H井上交控制石油地质储量。

表1　塔里木油田主要生产经营指标

指　标	2015年	2014年	2013年	2012年	2011年
工业总产值（亿元）	437.72	543.93	491.63	475.51	452.27
原油产量（万吨）	590.01	590.24	590.45	580.17	577.62
天然气产量（亿立方米）	235.52	235.55	222.80	193.14	170.50

续表

指　标	2015 年	2014 年	2013 年	2012 年	2011 年
新增原油产能（万吨）	70.08	95.1	101.22	72.65	50.90
新增天然气产能（亿立方米）	18.10	44.0	36.91	6.31	13.25
新增探明原油地质储量（万吨）	5466.10	5617.15	6870.27	—	10869.63
新增探明天然气地质储量（亿立方米）	1404.70	2312.79	1583.27	1542.93	602.93
二维地震（千米）	1973	1128	2101	3836	3855
三维地震（平方千米）	1810	3222	2040	3445	2428
作业井（口）	293	405	457	386	325
钻井进尺（万米）	116.72	124.05	164.39	131.50	103.01
原油加工量（万吨）	—	28.12	30.93	47.41	43.65
尿素产量（万吨）	107.80	110.76	132.66	121.37	126.71
投资完成（亿元）	156.11	217.53	234.61	192.53	130.02
销售收入（亿元）	463.99	566.68	524.38	502.91	474.94
利润总额（亿元）	166.96	242.78	205.00	204.54	254.87
税费（亿元）	82.31	125.84	90.48	93.84	99.36

【油气开发】 2015 年，塔里木油田围绕“稳油增气”目标，突出开发质量效益，逐步调整油田开发秩序，完成油气产量当量 2467 万吨。生产原油 590.01 万吨，销售原油 589.37 万吨；生产天然气 235.52 亿立方米，销售天然气 220.8 亿立方米（其中西气东输销售 186.79 亿立方米）。

2015 年，投产新井 171 口，新增原油生产能力 70.08 万吨、天然气生产能力 18.14 亿立方米，产油 46.2 万吨、产气 6.24 亿立方米；实施措施井 226 次，措施有效率 87.61%，增油 25.73 万吨、增气 2.26 亿立方米。

加大研究力度，实施注水专项治理、综合调整、二次开发与滚动接替工程，夯实黑油稳产基础。2015 年，原油综合递减率 10.43%，自然递减率 14.73%，综合含水率 69.61%。深化气藏地质认识，降低克拉 2、迪那 2 气田产气量，实施英买力、牙哈气田综合治理，开展大北、克深区块前期评价，推动主力气田长期稳产。

【石油钻井】 2015 年，塔里木油田作业井 293 口，总进尺 116.72 万米。同比正钻井数量减少 112 口，总进尺减少 7.33 万米，分别下降 27.65%、5.91%。其中，大宛齐区块作业井 36 口，钻井进尺 2.86 万米。

2015 年，钻井 257 口（不含大宛齐区块），其中探井 35 口、评价井 46 口、开发井 176 口；其中直井 137 口、定向井 56 口、水平井 64 口。钻井进尺 113.86 万米，平均完钻井深 6389.51 米，同比降低 0.66%；平均钻井周期 130.92 天，同比降低 5.58%；钻机月速 1207.20 米 /（台 · 月），同比提高 10.57%；机械钻速 5.34 米 / 时，同比提高 10.50%；生产时效同比降低 2.72 个百分点，纯钻时效同比提高 0.02 个百分点，事故时效同比提高 2.43 个百分点，复杂时效同比提高 0.04 个百分点。

【炼油化工】 2015 年，塔里木油田炼油系统积极准备装置复产，整改罐区隐患，开展全员技能培训，完成新建汽柴油加氢及三项环保装置吹扫和水联运，为后续开工打好基础。

2015 年，塔里木油田化工系统生产尿素 107.79 万吨，同比减少 2.68%。其中塔里木石化分公司生产尿素 93.66 万吨，创全国同规模装置年产最高纪录；合成氨综合能耗 29.95 吉焦 / 吨、尿素氨耗 567.12 千克/吨，化肥现金加工成本255元/吨，创历史最好水平，保持中国石油化肥企业第一名；原料和燃料天然气消耗1029米^3/吨氨，尿素产品优级品率100%。塔西南公司化肥装置6月30日恢复生产，生产尿素14.13万吨；尿素氨耗582.85千克/吨，原料和燃料天然气消耗1330米^3/吨氨，尿素产品优级品率99.6%。

【企业管理】 2015年，塔里木油田坚持“两新两高”工作方针，持续深化企业改革和管理提升。加强战略谋划，明确提出打造“百年塔里木”发展愿景。按照专业化管理思路，调整领导班子工作分工，优化勘探开发生产单元划分，逐步推进油田机构重组，理顺决策层、管理层、执行层三级职责界面。加强油田市场管理，推行新引进承包商实名推荐制，油田“三商”数量同比降低11.3%。落实依法合规治企要求，成立招标中心，规范招标和合同管理，招标率达到44.6%，同比提高14.4%。按照上级决策要求发展混合所有制经济，塔中西部油田、轻烃深度回收2个合资合作项目有序推进。

强化基础管理工程，组织“十三五”规划体系编制，完成“一流管理”工程十年规划编制，制修订规章制度44项，梳理优化业务流程144个。稳步实施人才强企战略，制定做大做强“两院”（勘探开发研究院、油气工程研究院）战略部署，通过联合办院、毕业生招收、成熟人才引进等途径，新增科研人员200余人。

进一步树立“过紧日子”思想，全面开展开源节流、降本增效工作，制定8个方面20项具体举措，落实责任单位，在天然气推价、石油液体分储分销、控制投资规模、控制钻完井成本、降低原油操作成本、降低科研经费等方面取得显著成效。

【科技创新】 2015年，塔里木油田突出问题导向和生产导向，持续加大科技攻关力度，地震提质、钻井提速、完井提产、井筒提效、开发提采技术攻关取得新进展。创新前陆盆地超深油气地质理论，首次提出“盐上顶篷构造，盐下冲断叠瓦”地质认识。发展超深海相碳酸盐岩油气地质理论，发现大型碳酸盐岩台地控储、走滑断裂控藏、大型缝洞集合体富集的成藏规律。国家重大科技专项“塔里木盆地库车前陆冲断带油气开发示范工程”通过“十二五”预验收和“十三五”可行性论证。

2015年，塔里木油田科研项目经费计划77602万元，签订合同经费59639万元。获省部级及以上科技成果奖15项，其中塔里木油田牵头完成的“库车前陆冲断带盐下超深特大型砂岩气田发现与理论技术创新”获国家科学技术进步奖二等奖。申报专利159项、软件著作权31项；获专利授权126项（其中发明专利6项）、软件著作权21项；获中国专利优秀奖2项，实现塔里木油田在该领域的突破。

【重点建设工程】 2015年，塔里木油田4项重点建设工程按计划有序推进。（1）克深天然气处理厂一期工程和克深8区块地面工程。2013年9月28日两项工程同时开工，其中克深天然气处理厂主体工程于2014年3月20日开工，设计新建天然气处理规模60亿米^3/年。7月29日克深天然气处理厂一期工程投产试运行。11月9日克深综合公寓通过初步验收。截至2015年底，克深8区块内部集输工程进度完成78%。（2）哈拉哈塘油田二期产能建设地面工程。9月2日开工，设计新建原油处理规模63万吨/年的热普转油站1座、采出液处理规模1100米^3/日的新垦转油站1座以及清管站、管线、道路等配套设施。截至2015年底，工程总体形象进度完成68%。（3）塔中凝析油稳定及储运工程。2015年8月23日开工，设计新建凝析油输送管道93千米、2万立方米内浮顶储罐2座以及收发球装置、道路、消防、电力线路等相关配套设施。截至2015年底，工程总体进度完成80%。（4）塔里木油田凝析气轻烃深度回收工程。设计年处理天然气100亿立方米，生产液化气38.19万吨、稳定轻烃7.11万吨。截至2015年底，完成可行性研究报告编制和报批，初步设计完成95%；节能评估、环境影响评价、地震安全性评价、水土保持评估获批复。

【安全环保】 2015年，塔里木油田以风险管控、责任落实、文化引领为主线，强化管理基础，落实主体责任，提升风险管控能力。推进安全文化建设，推广《属地管理手册》，实施“能岗配套”工程，召开基建领域安全文化建设现场推进会，开展基层站队HSE标准化建设，QHSE管理基础进一步夯实。

持续开展新《安全生产法》和《环境保护法》学习宣传贯彻，培训179次21807人。组织安全生产大检查3次，危险化学品、消防、罐区等专项检查3次。加快单井环境影响评价，超前谋划区域环境影响评价，开展单井环境影响评价223口、重点项目环境影响评价13项。加强环境风险评估和历史遗留隐患排查治理，排查历史遗留隐患48项，处理油基废物7.4万吨、含油污泥4.8万立方米。构建资源节约型企业，对4个项目进行节能评估，启动能耗在线采集系统和管控中心建设，开展克拉、英买作业区能源审计工作，新建放空天然气回收站点 12 个。

2015 年，塔里木油田较大及以上环境污染和生态破坏事故、质量和计量事故为零；排放 COD82.17 吨、氨氮 20.99 吨、二氧化硫 216.2 吨、氮氧化物 1511.4 吨，节能 5.1 万吨标准煤，节水 26 万立方米，完成新疆维吾尔自治区及集团公司考核指标。

【党群工作】 2015 年，塔里木油田推进服务型党组织建设，推行党支部和党员目标管理考核，完善党员大会、民主评议党员等 20 项党支部工作流程，开展 2013—2014 年“一先两优”评比表彰。落实全面从严治党责任，加强党风廉政建设和反腐败工作顶层设计，制定 8 项配套制度，组织反腐倡廉建设集中约谈、落实“两个责任”推进会等系列活动，并对所属单位进行专项考核。新增 2 个纪检机构，配齐 9 个纪检专职岗位，组建两个巡视组对 8 个单位进行巡视，加大案件查办力度，对 21 人做出党纪政纪处分。推进企业文化建设，深化“社会主义核心价值观在油田”主题实践活动，启动《塔里木油田企业文化辞典》编撰。深化企业民主管理，推进职代会制度化规范化，组织开展“安康杯”劳动竞赛和第八届职工技能大赛。推进维稳常态化工作体系建设，投入 2.55 亿元用于社会治安防控体系建设，整改安保防恐隐患 52 项，未发生影响较大维稳事件。

【后勤保障】 2015 年，塔里木油田采办部门推进物资集中采购，强化质量管控和管理服务，国内物资采购 21.13 亿元，收发 34.11 万吨，制造商直采率 91.03%，入库检验合格率 99.1%。工程技术部门做好钻井工具、井控装备服务保障，发送钻具 19 万根、工具 4700 件、井控装备 2040 套，现场服务 5280 井次，欠平衡钻井 30 井次。电力保障部门加强线路运行维护，完成克拉苏 110 千伏变电所投运，对兹河线、东英线腐蚀严重电杆进行更换，减少非正常停电次数。消防系统开展消防隐患排查 15 次、消防预案演练 71 次，完成消防现场监护 211 起，火灾扑救 23 起，抢险救援 4 起。

矿区服务系统在推进社会化、市场化的同时，创新服务内涵，优化“一站式”“管家式”“菜单式”服务模式，争取地方政府医疗、保险、公积金等方面政策支持；推进民生工程建设，实施球类馆室内改造、生活小区站点水箱更换、管线维修等 14 项重点工程，改善居民休闲活动场所。2015 年，供水 120 万立方米，供电 4494 万千瓦 · 时，供天然气 1570 万立方米，前线接餐 228 万人次，小区就餐 48 万人次，场馆服务 25 万人次。

【中央代表团到塔里木油田慰问】 2015 年，9 月 26 日，在新疆维吾尔自治区成立 60 周年庆祝活动期间，中央军事委员会委员、中国人民解放军总后勤部部长赵克石率中央代表团第五分团到塔里木油田慰问考察，看望油田甲乙方干部员工，参观塔里木石油展览馆，并在展览馆同克拉作业区、塔中第二联合站、克深 15 井、喀什油气调控中心 4 个生产现场员工进行视频连线。在了解油田艰苦环境和发展成果后，赵克石对中国石油工业、广大石油工作者以及塔里木油田为国家做出的贡献给予高度评价，希望塔里木油田广大干部员工在艰苦环境中，始终继承石油人的光荣传统，始终保持昂扬的战斗精神，为国家能源安全战略和经济发展做出新的更大贡献。新疆维吾尔自治区党委副书记车俊、新疆军区司令员彭勇、巴音郭楞蒙古自治州州委书记彭家瑞、州长史建勇、塔里木油田公司总经理谢文彦、党工委书记宋文杰等陪同慰问考察。

（张　露）

中国石油天然气股份有限公司新疆油田分公司（新疆石油管理局）

【概况】 中国石油天然气股份有限公司新疆油田分公司（新疆石油管理局）简称新疆油田，前身是 1950 年成立的中苏石油股份公司，总部位于新疆维吾尔自治区克拉玛依市。主要从事准噶尔盆地及其外围盆地油气资源的勘探、开发、集输、销售及生产服务、矿区服务和其他辅助业务。截至 2015 年底，累计探明石油地质储量 25.02 亿吨、天然气地质储量 2017.5 亿立方米，油气资源探明率分别为 28.8% 和 8.1%；累计生产原油 3.42 亿吨、天然气 744.74 亿立方米。形成环准噶尔盆地油气输送环网，油气输送管道 100 条，总长 4037 千米，外输原油能力 2000 万吨 / 年，输配天然气能力 120 亿米^3/ 年。设机关处室 26 个、机关直（附）属单位17个，基层单位35个；另设矿区服务事业部，机关处室9个、直（附）属单位4个和基层单位6个；用工总量4.5万人，资产规模1264.2亿元。

2015年，新疆油田以质量效益为中心，实施“资源、科技、低成本”三大战略，紧紧围绕掌控资源、配套技术、控制成本三项核心任务，推进低成本发展和精细化管理，深化企业改革，深入实施开源节流降本增效，打好稳增长和安全环保隐患治理攻坚战，完成各项工作任务。新增三级石油地质储量3.36亿吨；新增预测天然气地质储量307亿立方米。生产原油1180万吨、天然气28.4亿立方米。实现收入356.8亿元，缴纳税费54亿元，油气操作成本17.67美元/桶；节能4.9万吨标准煤、节水97万立方米；连续15年实现安全环保无事故（表1）。

表1　新疆油田主要生产经营指标

指　标	2015年	2014年	2013年	2012年	2011年
收入（亿元）	356.8	611.6	625.5	608.7	618.6
支出（亿元）	419.4	531.5	437.5	374.8	344.4
利润总额（亿元）	-62.6	80.1	188	233.9	274.2
投资回报率（%）	-6.32	11.35	18.1	22.89	27.67
税费（亿元）	54	166	188	211	241
油气操作成本（美元/桶）	17.67	20.74	17.13	13.22	11.39

【油气勘探】 2015年，新疆油田玛湖凹陷三叠系新增三级储量1.35亿吨，西斜坡百里新油区实现连片；二叠系盐北4井等多井获得突破，新增三级储量8377万吨；玛湖斜坡成为西北缘继断裂带之后的第二个大型油气富集带。落实西北缘断裂带车210、红153两个浅层油藏，新增控制石油地质储量1.38亿吨。玛湖斜坡三叠系、红车断裂带多层系勘探获得股份公司油气勘探重大发现成果一等奖。吉木萨尔凹陷致密油上“甜点”提产初见成效。滴水泉凹陷南克拉美丽气田滴西241井获得突破。达巴松凸起构造带达探1井发现多套油层。

【油气田开发】 2015年，新疆油田优化方案部署，推行钻井总包方式，推广大井丛、多井型、工厂化作业模式，新建原油产能225.86万吨、天然气产能1.7亿立方米。调整产能产量结构，调减稠油产能47.9万吨，压减高成本稠油产量14万吨，稀油产量同比增加34万吨。全过程优化注水注汽，减少低效无效注水102万立方米，节约蒸汽385.8万吨，自然递减率由17.2%下降至15.7%，稠油油汽比由0.13提高到0.14。措施挖潜增油74.9万吨，措施有效率同比提高1.3个百分点。稀油长停井复产111口，恢复生产能力9.97万吨，增油6.4万吨。推广快速预热技术，超稠油SAGD产量增加到70.1万吨。七东1区30万吨聚合物驱项目年产油18万吨；七中区二元复合驱项目日产油水平由18吨提高到42吨；正式启动火驱工业化推广项目。合作开发生产原油144.7万吨。全油田综合递减率同比下降0.9个百分点，含水上升率控制在1.1%。呼图壁储气库运行平稳，注气20.1亿立方米，采气6.7亿立方米。

【工程技术】 2015年，新疆油田推广应用注抽两用泵、螺杆泵、杆式泵可控不压井、密闭洗井、带压作业、连续油管等特色作业3400井次。重点区块实现钻井提速目标，玛18、金龙2井区钻井工期同比缩短28%、24%，南缘山前钻井工期由342天缩短到119天。控缝高压裂、压裂液即配即用、返排液回收利用等技术取得突破。特色技术应用于外部市场实现创收6000余万元。2015年生产井口、抽油机2500余台（套）；挖潜利用抽油机350台、锅炉3台，油管165万米、抽油杆105万米，满足30%以上的产能建设需求。发电13.9亿千瓦·时，供电29.6亿千瓦·时。引水4.6亿立方米，供水9094万立方米。设备综合完好率98%，重点物资保障率100%。

【科技创新与成果】 2015年，新疆油田持续推进“大科技工程”，项目攻关35项，项目计划完成率95%，“新疆大庆”重大专项进入验收阶段。在玛湖凹陷应用“三位一体”沉积相带划分与储层预测技术，预测符合率80%以上。应用浅层超稠油SAGD挤液预处理技术，重18井区预热周期从288天缩短到106天，节约蒸汽80万吨。研发水平井裸眼封隔器加滑套分压管柱，实施压裂最大级数12级，较国外同类产品节约成本40%。争取国家油气重大专项和973等重大项目，落实科技课题40个。研发智能物资仓储管理等7个系统，投用稀油、稠油、SAGD、天然气单井问题诊断和优化系统。推广集团公司ERP应用集成系统。风城油田物联网示范工程投运，优化人力资源近千人，实现"百万吨稠油油田千人管理"的目标。2015年，获省部级科学技术进步奖14项，软件著作权13项，申请专利189件。

【企业管理】 2015年，新疆油田开展开源节流降本增效工作，节约挖潜19.44亿元。研究用好中央和地方财政政策，减免税费3.7亿元，核减无效低效资产100.7亿元。通过严控成本、完善物业外包管理等措施，节约人工成本1.2亿元。选定采油二厂和重油开发公司实行生产经营指标总包试点，分别超产原油5.6万吨和4.2万吨。配合集团公司完成天然气销售体制改革。撤销5家办事处，完成2家宾馆酒店资产处置。启动未上市业务社会化市场化改革，配合协助市热力公司挂牌运营，推进克拉玛依电厂关停，完成克拉玛依市三平镇供热业务移交。制修订规章制度28项，废止33项。两级物资集中采购率98.6%，节约资金2.6亿元。实施经济责任、工程投资、管理效益等方面审计项目29项，涉及资金15.6亿元。

【安全环保】 2015年，新疆油田加强新《安全生产法》和《环境保护法》宣传贯彻，开展制度条款适用性评价，强化体系审核和问题整改，HSE管理体系建设得到完善。推进班组自主化建设、HSE履职考评、事故事件资源化利用，全员安全环保意识和风险管控能力得到提高。梳理安全评价、环境影响评价流程，争取政府审批绿色通道，开发建设项目有序实施。加强承包商HSE准入、业绩评价和过程监管，组织培训9850人次。新改扩建项目安全及职业病危害预评价11项，组织职业健康体检6547人次。投入资金4.3亿元，治理安全环境隐患58项。实施节能技术改造28项，发布质量、测量国家标准2项。采购产品监督抽检合格率98%，建设工程质量监督覆盖率100%。

【油田安全环保隐患治理取得成效】 2015年，新疆油田开展油气长输管道、废液池、外排水达标三个隐患治理攻坚战，351处管道隐患全面完成治理，国家三年治理目标提前两年实现；33个废液池治理完成26个，处置含油污泥33.5万吨，回收处理污水101.6万立方米，减少污染面积154.1万平方米；12项外排水达标治理工程完成8项，实现减排1.7万米³/日，其中回注7720米³/日、回用9300米³/日。治理管外漏、地漏问题井408口，地面污染得到基本控制。消除卡拉麦里山有蹄类野生动物自然保护区环境隐患，完成64口井场、567平方米的垃圾清理，44口单井落地污油及泥浆池恢复地貌问题得到整改。

【"三个一体化"制度助推油田勘探发现】 2015年，新疆油田坚持勘探开发、地质工程、技术经济"三个一体化"制度，推进地质、工程、经营各专业融合，全过程优化方案部署，研发应用一体化集成装置，减少从油田发现到建产的周期和成本，推进多打井、多发现、大发现。投资规模受控，全面完成实物工作量。上半年完成全部井位部署，下半年完成2016年探井部署井位21口，为环境影响评价和现场实施赢得主动；多打探井10口、评价井14口，预探井数和评价井数完成率分别为111%、166%；试获工业油气流111井131层。

【首个整装常规注水开发中深层稠油油田建成】 新疆油田于2011年启动昌吉油田吉7井区开发工作，2012年在该区整装探明石油地质储量7206万吨，继陆梁油田之后，发现的又一个超7000万吨级的整装油藏，油藏类型为普通稠油及特稠油，50摄氏度下平均原油黏度为2315毫帕·秒，原油流度为5毫达西。新疆油田采用常规注水、螺杆泵举升及回掺水伴热集输等工艺技术，解决该区稠油开采难度大的问题。截至2015年底，累计完钻新井445口（其中采油井298口、注水井147口），年生产能力30万吨，区块日均产油900吨，年产油20万吨以上。

【克拉玛依油田内源微生物驱先导试验取得成效】 2015年，新疆油田承担的国家"863"项目矿场试验——克拉玛依油田七中区克上组油藏内源微生物驱先导试验实施后，日产油由实施前的16.9吨提升至44.3吨，含水率由88.6%下降至77%，阶段采收程度提高1.9%，累计增油13400吨。微生物驱油是一种利用微生物活动及代谢产物提高原油采收率的技术，是继第三次采油技术热采、化学驱、气驱后的又一次技术革新，具有适应性强、工艺技术简便、运行成本低廉、环保无污染、产出液无须特殊处理等优点，能够有效改善老油田水驱开发效果。

【首次与中国石化春光油田开展原油输送业务合作】 2015年，中国石化春光油田至新疆油田四泵站管径219毫米 ×6毫米型号输油管线建成，全长12.4千米，年输送能力120万吨，解决中国石化春光油田原油外输成本高等问题，新疆油田稠油外输所需掺混稀油缺口得到补充，双方开创了优势互补、互利共赢的合作新局面。

【玛131井区单井水平段射孔桥塞联作套管压裂技术创新纪录】 2015年，新疆油田玛131井区MaHW1324井、MaHW1325井实施48级压裂，创造中石油单井水平段射孔桥塞联作套管压裂最高级数，最高峰时1天完成3级压裂施工，单级平均规模898.5立方米。其中MaHW1324井的2005米水平段最大长度、26级最多压裂段数，以及低温下24小时连续射孔桥塞联作压裂3段、同步交叉压裂5段，均创造中石油新纪录。

【车排子油田车510井区稠油开发实现全程密闭集输】 2015年，新疆油田针对稠油热采过程中携油蒸汽逸散污染环境、高温采出液外溢等问题攻关研究，首次在车排子油田车510井区实现稠油全程密闭集输，杜绝蒸汽、采出液外漏现象。与传统开放式集输工艺相比，密闭集输工艺可优化输送流程，采出液通过管道由单井直接输送至原油处理站，采出液由于自身高温，无须二次加热，降低了处理运行成本。

【无信号区域边远井应用北斗卫星实现数据远程传输】 2015年，新疆油田在克拉美丽气田边远井投用井口数据传输系统，传输准确率99%，解决无信号区域边远井数据远程传输难题。该系统由新疆油田基于北斗卫星通信平台自主研发，具有建设周期短、维护成本低、传输信号稳定、数据准确性高等优点。

【企业文化建设】 2015年，新疆油田加强党的思想政治建设和作风建设，开展“三严三实”专题教育，巩固群众路线教育实践成果。推进党组织建设，开展书记抓基层党建工作述职评议考核，星级标准化党支部创建率75%，“红细胞”工程获第三届全国基层党建创新最佳案例。宣传贯彻《中国共产党廉洁自律准则》《中国共产党纪律处分条例》，开展廉政警示教育等活动，压实党风廉政两个主体责任。与中国石油大学（北京）联合实施“卓越工程师教育培养计划”，首批58名学生结业。培训员工2.8万人次，103名操作员工聘任到一般管理和技术岗位，新增集团公司专家4人。举办克拉玛依油田发现60周年、“10·29”城市生日命名活动。推进工程教育基地建设，中国石油大学（北京）克拉玛依校区顺利落户。实施地方援建项目14个，投入资金1500万元，其中落实喀什地区泽普县波斯喀木乡住村帮扶资金300万元。

【矿区建设】 2015年，新疆油田改扩建克拉美丽气田和石西油田公寓，提升员工前线生活质量。完成15个矿属小区标准化改造，住宅供暖改造195栋。54个小区视频监控系统建成投用。小区新植草坪13万平方米。优化燃气管线安全检测系统，入户检测10.1万户次。新增、优化公交线路22条。3家社区获“全国安全社区”称号。供暖合格率99.4%，矿区服务综合满意度95%以上。调整困难职工生活保障标准，扶贫帮困和节日慰问4.6万人次。投用第二批重点要害部位安防系统，开展预防和打击涉油盗窃专项治理行动，案件同比下降65.5%。开展“访惠聚”活动，做好“去极端化”工作，遏制极端思想渗透蔓延，维护大局和谐稳定。

（殷　悦）

中国石油天然气股份有限公司西南油气田分公司（四川石油管理局）

【概况】 中国石油天然气股份有限公司西南油气田分公司（四川石油管理局）简称西南油气田，成立于1999年，是中国天然气工业的奠基者和技术标准的主要制定者，也是国内唯一具有天然气上中下游一体化发展特色和优势的地区公司。截至2015年底，下辖二级单位41个，合同化员工3.1万人，资产总额800亿元，年营业收入389.66亿元。主要负责四川盆地油气勘探开发和天然气输配与终端销售。有矿权面积16.8万平方千米，累计探明天然气地质储量2.22万亿立方米（不含页岩气年产量）、石油地质储量8100万吨；生产井2200余口、15座天然气净化处理厂，年生产能力达200亿立方米，是中国首个以天然气生产为主的千万吨级大油气田，累计生产天然气3900多亿立方米，约占同期全国天然气产量的1/4；有3万余千米集输管道和一座调峰能力达1300万米^3/日的储气库，通过中贵线、忠武线与中亚、中缅等骨干管网相连，是中国能源战略通道的西南枢纽；用户涉及川、渝、云、贵等四省（直辖市）千余家大中型企业、1500多万户居民以及1.2万户公用事业单位，在川渝地区市场占有率达75%（表1）。

2015年，生产天然气154.84亿立方米，同比增长12.8%；新建天然气配套年产能37.26亿立方米，同比降低24.11%；销售天然气183.54亿立方米，同比降低24.11%；生产石油液体13.71万吨，同比降低19%。

表1　西南油气田主要生产经营指标

指　标	2015年	2014年	2013年	2012年	2011年
工业总产值（亿元）	238.15	215.44	187.72	183.89	203.54
其中，上市	237.65	214.91	187.18	178.43	202.93
石油液体（万吨）	13.7	16.92	20.13	15.32	14.08
天然气产量（亿立方米）	154.8	137.26	126.08	131.52	142.06
新增原油产能（万吨）	—	1.1	2.01	2	2.01
新增天然气产能（亿立方米）	37.26	49.1	31	20.2	20
新增探明天然气地质储量（亿立方米）	3294.09	—	4403.83	720.33	1127.32
二维地震（千米）	2565	3153	3310	3650	6009
三维地震（平方千米）	1350	1451	1771	1506	2258
作业井（口）	79	97	128	165	220
钻井进尺（万米）	37.51	41.61	54.56	58.94	71.04
营业收入（亿元）	389.66	419.76	383.53	350.91	301.00
利润总额（亿元）	39.58	18.35	-13.65	5.18	12.63
税费（亿元）	30.37	27.62	24.02	22.48	24.49

【油气勘探】 2015年，西南油气田全盆地推进整体勘探、立体勘探、精细勘探，川中震旦系台缘带勘探成果和栖霞—茅口组勘探重要发现分获股份公司油气勘探一等奖、三等奖。2015年完成试气井21口，获工业气井12口，累计获得测试日产量354万立方米，探井成功率达57.14%；完成二维地震2565千米，三维地震1350平方千米；新增天然气三级储量6422亿立方米，连续12年保持高峰增长。着力推进高石梯—磨溪地区整体勘探和评价，集中评价台缘带灯四段气藏，控制高产富集区面积达1200平方千米，实现整体控制和局部探明；古隆起东部的高石102井等探井测试获气，证实龙王庙组气藏具备扩展勘探潜力；寒武系洗象池组勘探见到新苗头，有利相带面积超过7600平方千米。截至2015年底，高磨地区下古生界—震旦系累计提交天然气三级储量1.56万亿立方米，成为最具勘探开发潜力的领域。加大盆地下二叠统甩开预探和评价勘探力度，2015年预测储量795亿立方米，展现良好的勘探前景。

【油气开发】 2015年，西南油气田加快新区上产步伐，积极调整老区生产，生产天然气154.8亿立方米，比2014年增加17.54亿立方米，创历史新高；销售天然气183.5亿立方米；生产石油液体13.7万吨；新建天然气配套年产能37.2亿立方米。优质高效推进龙王庙组气藏产能建设，仅用13个月完成60

亿立方米年产能建设任务、三年建成百亿立方米特大型气田，创造中国石油大型整装气田勘探开发新纪录。稳步推进川东北高含硫项目建设，确保罗家寨气田净化厂成功投产，标志着川东北项目正式进入生产阶段。瞄准消除市场发展和气田生产瓶颈，有序推进骨干、支线管网建设，北外环三期、江纳线等重点管道建成投产，管网输配保障能力进一步提升。相国寺储气库季节调峰效果显著，具备同时向川渝地区和中贵线实施应急调峰功能，2015年调峰采气3.44亿立方米，为冬季供气提供坚实的保障。

【非常规油气开发】 2015年，西南油气田按期完成国家级页岩气示范区各项任务，开钻井52口、完钻井74口、压裂井59口；建成集输管线53.8千米，新投产井66口，建成年产能超20亿立方米；生产页岩气10.5亿立方米。加强整体评价研究，积极落实盆地资源规模，提交中国石油首个页岩气探明储量1108亿立方米，证明蜀南地区具备建成年产规模达100亿立方米、稳产10年以上的资源基础。不断完善主体技术，支撑钻井提速提效，刷新多项钻井提速纪录。形成地质工程一体化高产井培育技术，支撑3500米以浅资源的有效动用；长宁区块建产期井均测试日产量较评价期提高89%，威远区块提高45%，长宁H6建成国内首个日产超百万立方米的页岩气平台，初步实现页岩气规模效益开发。

【市场营销】 2015年，西南油气田面对川渝天然气市场供需格局的重大变化，积极转变营销观念，加强市场研判与应对，不断优化销售策略，一定程度上扭转天然气销售的被动局面。充分发挥产运销储一体化管理优势，坚持以效定销、以销定产、按效排产，最大限度发挥自营产能、减少中贵线下载，实现增效5.3亿元。真正变"坐商"为"行商"，走出去开展销售工作，努力摸清用户和潜在用户的生产经营状况及用气项目进展，不断优化营销策略和促销方案，2015年促销增量7.3亿立方米，增加销售收入14.9亿元；充分利用产能增长和储气库建成的有利条件，积极与地方政府、客户沟通协调，取消化肥用气调峰价格优惠，实现增收1亿元。大力发展终端业务，积极参与市场竞争，清理非管网供气，调整64家终端用户为直供，实施阶梯气价，实现净利润15.2亿元，有效延伸天然气价值链。

【安全环保】 2015年，西南油气田突出风险管控，狠抓安全环保隐患治理，强化污染防治与资源利用，实现"三零"目标。持续推进QHSE体系建设，以审核定级评估为抓手，强化全员履职培训和监督检查，全面开展岗位QHSE职责梳理和修订，有效推动"一岗双责"落实到位。狠抓风险管控，发挥三级HSE监督网络作用，深入开展防硫化氢泄漏中毒和石化产品及危险化学品管理专项检查，确保生产作业风险受控。持续开展隐患排查治理，突出抓好龙王庙开发诊断评估25项问题整改，2015年完成隐患井治理47口，消除管道隐患797处，提前一年完成国家、集团公司督办的长输管道隐患治理任务，本质安全水平进一步提升。强化污染防治，大力推进工程减排、结构减排和管理减排，积极开展老净化厂尾气达标治理、油基岩屑处置等攻关研究和试点应用，主要污染物排放明显减少。

【科技创新与成果】 2015年，西南油气田投入科研及现场试验经费1.54亿元，实施科研项目165项，新技术推广项目21项和现场试验项目19项，获四川省、集团公司奖励共11项，获得授权专利27件，获得软件著作权登记15件。在科研系统推行专业技术岗位序列，选聘公司首席技术专家，有效拓展科研人员成长空间。创新科技攻关及成果转化机制，龙王庙、页岩气等重点领域技术攻关取得系列重要成果并快速转化为生产力，研究成果首次获集团公司科学技术进步奖特等奖、技术发明奖一等奖。坚持把信息化作为管理创新的重要抓手，强化"云网端"基础设施建设，场站数字化系统覆盖82%的生产现场，配套完成作业区四大类57项业务流程梳理与重塑，进一步优化生产组织方式。

【企业管理】 2015年，西南油气田从严从实抓好控制投资成本、大力实施增储上产、持续深化改革创新等方面共402项具体措施，全力推进稳增长各项措施落实，2015年增效20.4亿元，超额完成稳增长目标任务，利润指标达到历史最好水平。积极统筹内外资源，优化中贵线下载量，降低外购气成本，努力增收增效；加强投资管控，通过强化投资预警、抓好项目审查、优化方案设计、加强区块成本控制等措施，审减、节约投资6.36亿元，投资效益进一步提升；强化成本管控，抓好实物代储代销，减少资金占用1.24亿元；持续修复利用库存物资，积极调整库存结构，减少库存1亿元；积极推进资产轻量化，充分利用"先临时后征地"、盘活闲置存量土地等一系列措施，共节约用地519亩；关停低效、无效气井155口和装置24套，节约成本0.91亿元。

【矿区服务】 2015年，西南油气田有序推进矿区服务系统改革试点，优化调整矿区服务业务组织机构，减少处级、科级机构56个，妥善分流安置员工1018人，保证公司大局和谐稳定。加强矿区业务市场化、社会化进程，采取有序收缩、联合办院、彻底转型等方式探索医疗业务社会化；加快推进“三供”业务分离移交，在内部燃气经营区域实现矿区供气业务全部移交；积极推进矿区社会治理，全部石油小区融入属地社区网格化管理；加强民生工程建设，完成生活基地关闭翻建以及基地再收缩等惠民项目工程，协调落实各类地方惠民政策资金1600余万元，员工生活水平持续提升。

【党建工作】 2015年，西南油气田全面加强党的建设，不断将政治文化优势转化为发展优势，为发展提供坚强保障。扎实开展“三严三实”专题教育，召开专题研讨会和民主生活会，各级党政主要领导带头上专题党课，党员特别是领导干部党性修养持续增强。加强党风廉政建设，制定发布主体责任、监督责任、监管责任相关制度，强化巡视反馈问题整改，抓好落实执行。扎实开展“四好”领导班子建设，干部队伍整体素质能力得到提升。首次开展党组织书记党建工作专项述职和党务工作递进培训，促进基层党建工作水平提升。积极开展“重塑中国石油良好形象”大讨论活动，组织实施“践行社会主义核心价值观”和寻找百名“最美川油人”两大宣传工程，牵头协调中央、省属媒体对重点建设工程的集中报道，在干部员工中和社会各界引起强烈反响。开展对重庆开县，四川九龙县、马边县的对口扶贫工作，展现西南油气田对外负责任的良好形象。

（伍建国　帅建军　文　豪）

中国石油天然气股份有限公司吉林油田分公司（吉林石油集团有限责任公司）

【概况】 中国石油天然气股份有限公司吉林油田分公司（吉林石油集团有限责任公司）简称吉林油田，为中国石油下属的地区公司，总部位于吉林省松原市沿江东路1219号。勘探开发生产区遍布吉林省20多个市、县（区）。吉林油田于1959年9月29日发现，1961年1月17日建矿并正式投入开发建设。截至2015年底，有机关职能处室16个、机关附属机构3个、直属机构7个、矿区事业部机关1个，所属二级单位55个。用工总量42637人，其中合同化员工36023人。2015年，完成原油产量466万吨、天然气产量13.23亿立方米。“十二五”期间累计生产原油2641万吨、天然气80.5亿立方米，累计新增探明石油地质储量1.3亿吨、新增探明天然气地质储量669亿立方米（表1）。

【油气勘探】 2015年，吉林油田坚持层次勘探、技术适用、经济可行，突出效益勘探、加快规模勘探、加强新区新领域风险勘探，油气预探业务设立松辽盆地南部石油勘探项目、松辽盆地南部天然气勘探项目和东部盆地群油气勘探项目三个预探项目，油气勘探实现新突破。

表1　吉林油田主要生产经营指标

指　标	2015年	2014年	2013年	2012年	2011年
原油产量（万吨）	466	493	527	575	580
天然气产量（亿立方米）	13.23	16.03	18.15	17.61	15.51
新增原油产能（万吨）	32.48	43.48	75.19	94.56	89.97
新增天然气产能（亿立方米）	0.66	2.62	8.35	8.6	6.3
新增探明石油地质储量（万吨）	1280.28	1615.93	1369.83	4566.06	4180.16
新增探明天然气地质储量（亿立方米）	3.15	6.69	0	0	360.05
二维地震（千米）	415.52	1038	1066	70	401
三维地震（平方千米）	440.52	656	489	1297	1238

续表

指　标	2015年	2014年	2013年	2012年	2011年
石油钻井（口）	869	813	702	1280	1477
钻井进尺（万米）	148.26	140.17	112.68	214.09	224.01
上市业务收入（亿元）	113	196	216	245	250
未上市业务收入（亿元）	56.87	63.71	72.79	78.67	71.37
上市业务利润（亿元）	-49	19	64	95	114
未上市业务利润（亿元）	-6.78	-10.39	-9.87	-7.75	-13.23
上市业务应缴税费（亿元）	20	68	43	49	45
未上市业务应缴税费（亿元）	3.38	4.49	4.17	3.68	3.65

1. 2015年主要生产指标完成情况

完成探井42口，进尺11.215万米，完成二维地震415.52千米，完成三维地震440.52平方千米，超额完成年度石油控制地质储量任务。2015年，乾246区块建产7.7万吨，单井平均日产6.2吨。拓展中浅层石油勘探，新立北、大安北、大情字井等地区累计落实石油探明储量超亿吨，葡萄花油层展现亿吨级储量规模。

2. 2015年油气勘探主要成果

立足老区精细评价，以高台子油层、葡萄花油层为重点，兼探萨尔图油层、黑帝庙油层，拓展扶余油层常规油，评价建产一体化。通过成藏规律再深化、老井再认识、技术再进步，实施一体化研究部署，常规油效益勘探取得新进展，5个2000万吨效益区块趋于明朗。突出富集区带评价，常规气揭示3个效益储量目标区。通过综合研究，优选高家店构造带、兰家构造带、伏龙泉缓坡带为3个有利区带进行勘探，取得较好效果。

松辽盆地南部扶余油层致密油是吉林油田近期石油勘探开发的主要领域。2015年，扶余油层致密油通过加强地质研究，推进技术进步，实施一体化管理，规模勘探取得良好进展。松南深层致密气为火山碎屑岩或碎屑岩与泥岩互层形成的大面积岩性气藏，主要发育在断陷期的营城组、沙河子组、火石岭组3套地层中，第四次资源评价深层致密气资源量为1.7万亿立方米。截至2015年底，发现率仅为6.8%，勘探潜力较大。

重点优选研究伊通盆地基岩潜山。探索外围新区，通化盆地钻探见到好苗头。通化盆地由古生代海相盆地和中生代断陷盆地叠合而成，面积1500平方千米，基底最大埋深5000米，盆地内发育三棵榆树坳陷、马当坳陷、三源浦坳陷和大都岭坳陷。准备接替领域，泥页岩油气展现良好前景。松辽盆地南部区域上普遍发育嫩江组、青山口组和沙河子组3套暗色泥页岩，237口探井在嫩江组泥页岩中发现油气显示；457口井在青山口组泥页岩中发现油气显示；45口井在沙河子组泥页岩中发现油气显示，揭示3套层系具备形成页岩油气藏的条件。

【油田开发生产】 截至2015年底，吉林探区探明油田25个，探明石油面积2797平方千米，探明石油地质储量15.22亿吨，技术可采储量3.34亿吨，标定采收率21.94%。已探明的油田中，长春油田和莫里青油田位于伊舒地堑，套保油田位于松辽盆地西部斜坡区，四五家子油田位于松辽盆地东南隆起区，其余油田均位于松辽盆地中央凹陷区。

截至2015年底，已开发油田24个（永平油田未投入开发），动用石油地质储量10.08亿吨，探明储量动用率66.23%，动用石油可采储量2.35亿吨，标定采收率23.31%。已开发油田绝大部分属低渗透或特低渗透油藏。

油田开发状况。截至2015年底，全油区有油水井35570口，开井25330口，累计生产原油15876万吨，平均单井日产油0.7吨，地质储量年产油速度0.46%，地质储量采出程度15.75%，剩余可采储量7609万吨，可采储量采出程度67.6%，综合含水88.47%，储采比16.32。

主要生产指标完成情况。2015年，完成原油产量466万吨，其中自营区337万吨、合资合作区129

万吨。年产液量3839万吨，累计产液量74437万吨；注水量6060万立方米，年注采比1.35，累计注水量109134万立方米，累计注采比1.21。老井含水上升率控制在1.3%，自然递减率控制在11.6%，比2014年减缓0.4个百分点；综合递减率6.4%，比2014年减缓0.1个百分点；油井免修期达到629天，比2014年延长19天；通过精细注水，分注率由80.0%提高到94.8%，提高14.8个百分点；有效注水合格率86.5%。

开发形势变化分析。一是由于新区资源品位变差、提高储量动用配套技术不适应等影响，产能建设规模减少，储采平衡系数下降；二是受2015年低油价冲击，在合资合作降产和自营区产能建设规模缩减的情况下，坚持以效益为中心，持续改善油田开发效果；三是把有效注水作为老区稳产关键，深挖注水分类管理潜力，实现连续两年减缓自然递减；四是综合含水稳中略升，含水上升率得到有效控制；五是随着油田产液量增长，注水量也相应增长，油田注采保持平衡；六是油田实现“宏观上注够水、微观上注好水”，在保持和提高地层能量方面取得良好效果，各主力油田地层压力明显回升，平均地层压力恢复至原始地层压力的80%左右。

【天然气生产】 吉林气区天然气勘探开发工作在松辽盆地南部和伊通盆地开展，资源评价天然气总资源量为3.3万亿立方米。

主要生产指标完成情况。2015年，完成天然气产量13.23亿立方米，商品量9.9021亿立方米。根据产能建设区块整体部署安排，实际在伏龙泉、小城子等地区完成钻井15口，进尺3.59万米，新建产能0.66亿立方米。

天然气开发形势。截至2015年底，已探明气藏11个，探明储量1203.82亿立方米，可采储量627.5亿立方米。截至2015年底，已投入开发气田7个，动用地质储量748.61亿立方米，可采储量414.10亿立方米；投产气井378口，开井182口；年产烃类气13.23亿立方米，累计产气165.23亿立方米，其中气层气120.88亿立方米、溶解气44.35亿立方米。2015年底，配套能力13.77亿立方米，其中气层气12.52亿立方米、溶解气1.25亿立方米，负荷因子0.96。

全油区气层气井口年产15.28亿立方米，累计产量139.57亿立方米，探明地质储量采出程度11.59%，技术可采储量采出程度24.34%，剩余可采储量293.22亿立方米，储量接替率17.53，已开发可采储量采气速度2.87%，采出程度33.7%。

【工程技术管理】 2015年，吉林油田在新立、乾安等地区完成钻井775口，进尺122.35万米，平均机械钻速13.87米/时，固井合格率96.2%，井身质量合格率98.3%；油藏开发井压裂施工1854口/3099层，压裂一次成功率96%，比年计划提高3%。直井缝网压裂、致密油压裂改造技术应用取得较好效果；抽油机系统效率21.9%，泵效41.3%。注水井分注率80.1%，同比提高0.8个百分点；地质需求有效注水合格率86.5%。油井大小修16229井次，水井大小修2831井次；带压作业872口，其中油井带压作业105口，水井带压作业765口，天然气井带压作业2口。通过加强现场监督管理、现场检查与考核、人员培训等工作，井控风险得到有效控制，2015年未发生井喷失控事故和因井控相关工作管控不到位引发的环境事件。

【科技创新】 2015年，吉林油田开展八大科技专项研究，设课题63项、一般性科技项目15项、信息类项目24项。获授权专利31项。其中，致密油专项明确乾安地区致密油藏分布规律，落实探明储量769万吨，建产5.94万吨；通过水平井地质导向技术，钻井周期缩短至26.8天，砂岩钻遇率达80%；通过优化水平井钻井方案，实施24口；完善体积压裂技术，查平2井、查平3井等井压裂后自喷，日产油10吨以上。推进数字吉林油田指挥中心平台建设，配合集团公司开展ERP、A2、A5系统相关升级建设。数据源头采集工作有序推进，数据源点采集工作覆盖13个专业成果数据和部分动态数据；部署中国石油地理信息系统（A4）吉林分中心，满足油田业务对GIS的需求。

“十二五”期间，累计获省部级科学技术进步奖50项、国家专利150项。二氧化碳驱油技术成功投入现场应用，二氧化碳无水蓄能压裂走在行业前列，二氧化碳吞吐初见成效。致密油气勘探开发配套技术取得突破，水平井加体积压裂形成规模，带压作业实现常态化，地面标准化设计全面推广。建立大井丛平台开发模式。38套信息系统上线运行，生产指挥中心及4个采油气单位物联网投运。

【企业管理】 2015年，吉林油田持续推进扩大经营自主权改革试点工作。坚持放管并重，大力推进简政放权，明确公司机关部门、所属单位和基层站队职能定位，取消审批事项63项、审批环节25个，提高审批额度14项。下放审查审批权限10余项，对机关部门154项审批事项实施授权管理，管理效率明显提高。着力构建公司、厂、站队三级对标体系。严控用工总量，压缩两级机关部门、撤并低效站队、核减编制，探索多种用工方式。“十二五”期间，“三控制一规范”持续推进，减少机关机构100个，撤并站队86个，显现富余人员7600人，内外劳务输出规模近4000人。

【安全环保与质量节能】 2015年，吉林油田未发生一般A级及以上工业生产安全事故、火灾事故和交通事故，未发生井喷失控事故和环境污染事件，安全环保形势总体稳定。以推行自主管理为切入点，创新管理方式方法；本着“分专业负责、分层级管理”原则，狠抓风险防控工作；以“优化节约资金、防控风险事故”为导向，持续推进隐患治理；以提高全员综合素质为目标，开展HSE培训和能力评估；紧密围绕生产运行，开展安全环保专项整治和日常监督检查；以守法依规为前提，强力削减环境风险；以查找短板、提升管理为出发点，深入开展HSE审核和考核工作。获集团公司2015年度“安全生产先进企业”称号。

2015年，节约电力3398万千瓦·时、原油3297吨、天然气3385万立方米、热力135万吉焦、原煤6.74万吨，以煤代气4270万立方米，通过采取用电性质改类及躲峰填谷等措施，节约电费1379万元，节约价值总量2.7亿元。单位原油生产综合能耗167.3千克标准煤/吨，比2014年减少12.5千克标准煤/吨。采购产品质量监督抽查计划完成率100%，合格率99.8%；重点标准配备率、实施率均达100%；强制检定计量器具周检率100%。连续第十年被集团公司评为“节能节水先进企业”。

【和谐企业建设】 2015年，吉林油田深化民主管理，推进厂务公开，开展员工代表巡查，2个所属单位获吉林省“厂务公开先进单位”，2个所属单位获“吉林省最佳职代会”。推进群众性经济创新创效，完成成果191项，推广应用140项。大力开展“送温暖”活动，救助各类困难户12616户次，救助金额2247万元，金秋助学182名。扎实开展群众路线教育实践活动和“三严三实”专题教育，广泛开展“重塑中国石油良好形象”大讨论活动，机关干部下基层解决问题2万多个。“十二五”期间改造老旧小区9个，救助困难家庭6万多户次，天然气、光纤和数字电视接入千家万户，业余文化生活更加丰富多彩。矿区服务质量明显提升，居民诉求量下降73%，日托养老被列为松原市试点项目，一流幼教企业首次落户油区。矿区大局总体平稳，受理信访起数和人次均比“十一五”下降45%以上，配合公安机关打掉涉油犯罪团伙147个，稳定治安形势向好。

（李冬梅）

中国石油天然气股份有限公司大港油田分公司（大港油田集团有限责任公司）

【概况】 中国石油天然气股份有限公司大港油田分公司（大港油田集团有限责任公司）简称大港油田，成立于1964年，是集油气勘探开发、工程技术、科研攻关、物资供销、信息通信、水电供应、医疗卫生、矿区服务、多元投资等业务为一体的石油企业，本部位于天津市滨海新区。截至2015年底，大港油田设机关处室16个、机关附属单位4个、直属单位10个、所属单位37个；有各类用工27376人，其中合同化用工22233人、市场化用工5143人；资产总值531.79亿元。

2015年，新增三级储量7362万吨、净增SEC储量208万吨，生产原油444.8万吨、天然气5.24亿立方米；完成营业收入202亿元，实现利润-23.2亿元、预算同口径减亏3.2亿元，上缴税费6.8亿元（表1）。

表1　大港油田主要生产经营指标

指　标	2015年	2014年	2013年	2012年	2011年
原油产量（万吨）	444.8	464.70	470.37	478.52	478.32

续表

指　标	2015 年	2014 年	2013 年	2012 年	2011 年
天然气产量（亿立方米）	5.24	5.38	4.06	4.44	4.46
新增原油产能（万吨）	80.48	86.18	84.69	87.37	72.09
新增天然气产能（亿立方米）	1.9	1.9	2.5	2.25	1.75
新增探明石油地质储量（万吨）	1076.89	1094.42	2177.3	2148.35	4361.57
三维地震（平方千米）	249.9	231	200	438.74	110
石油钻井（口）	446	417	373	430	371
钻井进尺（万米）	106.23	107.16	91.86	109.79	91.3
勘探投资（亿元）	12.51	14.12	10.24	17.84	16.48
开发投资（亿元）	38.89	45.40	48.55	52.90	5.35
资产总额（亿元）	531.79	568.85	597.40	552.40	510.95
销售收入（亿元）	153.58	262.37	268.75	278.53	279.32
利润（亿元）	-23.2	16.46	48.29	77.20	92.67
税费（亿元）	6.8	57.32	39.34	50.17	40.61

【油气勘探】 大港油田坚持“不可动不探明，无效益不升级”原则，以中浅层勘探为重点，围绕千万吨级效益增储区带，精细研究、整体部署、立体勘探，实现效益增储和快速建产。2015 年，完成三维地震采集 249.9 平方千米，完钻井 66 口、进尺 18.9859 万米，试油井 45 口，新获工业油气流井 34 口，新增三级储量 7362 万吨、净增 SEC 储量 208 万吨。其中，板桥地区预探评价建产协同实施，板深 41×1 井、板 43-26 井、板深 43-20 井等 6 口井获高产工业油气流，新增三级储量油当量 1042 万吨，当年建产 3 万吨，形成千万吨级规模效益增储区；刘官庄地区甩开预探、储量升级与产能建设协同，新增三级储量 1122 万吨，建产 8.8 万吨，增储建产效果明显；潜山勘探取得重要进展，中 1502 井和枣 1504 井获工业油流，碎屑岩潜山勘探获新突破；埕北地区埕 68×1 井、张 1504 井获高产，岩性油气藏勘探获新成果；孔店构造带精细勘探取得新进展，新增三级储量 2506 万吨。

【油气开发】 2015 年，大港油田以“有质量有效益可持续”发展方针为指导，积极进取、开拓创新，增储、增产、增效效果良好。深化油田注水专项治理，21 个整装治理区块井口日产油量由 2805 吨上升至 3293 吨，自然递减由 16.8% 下降至 12.9%，含水上升率由 0.67 下降至 0.12，水驱控制程度由 65.1% 提高至 68%，油层动用程度由 59.8% 提高至 62%；在坚持“三优化”“三控制”“三达标”基础上，新建原油生产能力 77 万吨，其中在板桥、刘官庄等新增储量区当年建成产能 11.8 万吨；以重组层系建井网为出发点，大力实施措施挖潜，规模开展长停井恢复、储层压裂改造等进攻性措施，实施油井措施 698 口（有效 609 口，有效率 87.41%），增油 25.156 万吨；稳步推进老油田二次开发，实施区块开发指标逐步向好，平均单井日产油由 2.99 吨提高到 3.52 吨，综合含水下降 0.43 个百分点，自然递减下降 5.05 个百分点。

【经营管理】 2015 年，大港油田围绕开源节流、降本增效和稳增长目标，以持续深化管理提升活动为契机，强化依法合规管理，处理各类纠纷案件 31 起，标的额 2.31 亿元，避免和挽回经济损失 500 余万元；深化物资集中采购，两级物资集中采购度达 96.58%，集中采购价格平均下降 15% 以上；审查审批合同11656份，涉及金额425亿元，事后合同率降至0.4%；优化招标管理，实施招标项目394项，节约资金3796万元；加大市场开拓力度，外闯市场创收56.3亿元；严格投资控制，坚持低成本发展，处置低效无效资产16.3亿元，压缩各类投资3.2亿元，节约基本运行费6000万元、销售及管理费3000万元，“五项”费用同比下降18%；建立“大港油田公司‘两化’融合管理体系”，成为中国石油首家通过“两化”融合体系认证的地区公司，并获全国石油和化工行业“两化”融合创新示范奖。

【安全环保】 2015年，大港油田以贯彻落实新《安全生产法》和《环境保护法》为主线，牢牢把握风险防控核心，认真遵守HSE管理原则，全面落实“一岗双责”，各级行政组织签订安全环保责任书5232份，全体员工做出安全承诺31217份；全面完成QHSE体系换版，形成“一套体系、分别运行、三级管理、统一认证”体系管理模式；遵循“分级实施、先行试点、逐级推进”工作原则，先后对389名领导干部进行履职能力评估；强化污染源治理和环境风险管理，积极推行清洁生产，2015年减少COD、二氧化硫、氮氧化物等污染物排放3000余吨，各项污染物排放达标率100%；积极推进油区供暖热源社会化替代工程，减少燃煤消耗23.9万吨；持续加强HSE监督与检查，检查各类现场21772个次，并下达专项资金4874万元，督促整改各类问题近4000个、治理重大隐患175项，其中针对“8·12”天津港火灾爆炸事故，锁定危险化学品生产、使用、储存等环节，检查现场112个次，发现问题149个，并全部制订整改措施。2015年，大港油田实现“七个杜绝、六个不超、四个100%”HSE工作目标。

【科技创新】 大港油田紧密围绕“低成本可持续发展”整体部署，按照“技术支撑高端化（智能化）”战略构想，以重大科技专项为依托，持续深化断陷湖盆沉积体系与储层描述等地质基础研究，有效指导勘探部署；持续加强中高渗高含水油田、中深层低渗透油藏提高开发水平等配套技术攻关，有力支撑开发生产；持续优化完善三次采油、复杂储层改造等主体工程技术，取得良好应用效果；持续推进数字化油田建设，探索创建“王徐庄”模式、劳动生产率提高48%。2015年，投入科技专项经费9083万元，51个科研项目、218个课题均实现正点运行，取得科学技术进步奖77项、技术发明奖3项；获省部级科技成果奖励22项；申报知识产权162件（申请专利137件），获知识产权170件（授权专利148件），自主创新能力持续提升。

【矿区服务】 港西新城建设取得新进展，二期经济适用房达到交付条件，三期经济适用房主体封顶，商品房、订单式商品房如期推进；大港油田矿区服务系统2015年供水1780万立方米，转供电2.18亿千瓦·时、天然气1705.41万立方米、液化石油气4996吨；供暖691.83万平方米，居民室温合格率达到99%以上；积极推进绿化建设，绿化面积同比增加6.4万平方米；投资8278万元，完成25个矿区配套设施项目改造，矿区系统承载能力和节能环保能力持续提升；以开展“强化现场管理、提升服务水平”劳动竞赛活动为契机，全面推行矿区服务标准化，矿区服务质量全面提高，综合服务满意率达94.2%；扎实推进帮扶助困工作，2015年救助困难家庭1.4万户次，资助困难职工子女入学566人，推介子女社会化就业983人次；务实抓好维稳信访工作和平安创建活动，各特别重点阶段维稳信访工作均受到集团公司通电嘉勉，油区治安形势明显好转，安定和谐局面持续巩固。

【自身建设】 扎实推进“三严三实”专题教育，切实加强领导班子和干部队伍建设，狠抓“三超”治理，严防“四风”反弹，2015年，大港油田两级领导班子集中学习研讨620余场次，撰写体会文章700余篇，查找修身律己用权等方面问题923个，制订改进措施1160项，党员干部作风明显转变、廉洁勤政意识持续增强；积极推进基层服务型党组织建设，持续深化创先争优主题实践活动，“三大作用”充分发挥、党群干群关系更加和谐；深入开展全员形势任务教育，突出强化“3+1”核心人才队伍建设，全面启动“重塑中国石油良好形象”大讨论活动，队伍整体素质和精神面貌得到新的提升；持续强化用工计划管理，2015年净减少员工932人，在确保稳定的基础上，完成集团公司下达的减员目标。

（刘朝晖）

中国石油天然气股份有限公司青海油田分公司

【概况】 中国石油天然气股份有限公司青海油田分公司简称青海油田，1955 年 6 月 1 日成立，前身为青海石油勘探局，经营范围涵盖石油天然气勘探开发、工程技术、工程建设、装备制造、炼油化工、生产保障、矿区服务和多种经营等业务。青海油田建成敦煌教育生活科研基地、格尔木炼油化工基地、花土沟原油生产基地。

青海油田的勘探始于 1954 年，主要勘探开发领域——柴达木盆地，是中国七大内陆含油气盆地之一，地理面积约 25 万平方千米，沉积岩面积 12 万平方千米。油气总资源量 46.5 亿吨，其中石油 21.5 亿吨、天然气 25000 亿立方米。工作区域平均海拔 2900 米以上，是国内自然条件、工作环境最艰苦的油田之一。青海油田也是中国四大天然气区之一，是中国石油资源战略接替区，是青海省财政支柱企业和第一利税大户。

开发的主力油田有尕斯库勒、花土沟、昆北、英东等油田，主力气田有涩北一号、涩北二号、台南、东坪等气田。年原油生产能力 235 万吨、天然气生产能力 77 亿立方米，原油加工能力 150 万吨。建成 9 条输油气管线，年输油能力 300 万吨、输气能力 107 亿立方米，天然气远输到西宁、兰州、银川等地。

截至 2015 年底，青海油田有合同化员工 14749 人（不包括市场化用工），其中男员工 9936 人，女员工 4813 人。

2015 年，青海油田新增油气三级地质储量 1.67 亿吨，其中探明石油地质储量 6106 万吨，探明天然气地质储量 42.95 亿立方米；生产油气当量 712.03 万吨，其中生产原油 223 万吨，生产天然气 61.37 亿立方米；年新建石油产能 45 万吨；年新建天然气产能 6 亿立方米；加工原油 151.87 万吨；实现收入 263.45 亿元（内部收入 92.5 亿元），实现利润 48.89 亿元（表 1）。

表 1　青海油田主要生产经营指标

指　标	2015 年	2014 年	2013 年	2012 年	2011 年
原油产量（万吨）	223.00	220.00	214.50	205.00	195.00
天然气产量（亿立方米）	61.37	68.90	68.06	63.50	65.01
新增原油产能（万吨）	35.93	40.90	53.27	36.24	45.63
新增天然气产能（亿立方米）	5.3	7.1	12.0	6.5	11.0
新增探明石油地质储量（万吨）	6106.0	6685.28	—	6726.73	—
新增探明天然气地质储量（亿立方米）	42.95	61.45	519.41	40.19	155.73
二维地震（千米）	621.86	1460.83	1487.46	1251.40	2051.88
三维地震（平方千米）	777.02	699.68	491.78	630.08	446.72
石油钻井（口）	464	441	509	430	413
钻井进尺（万米）	89.93	89.07	86.75	73.75	78.27
累计生产原油（万吨）	5285.62	5062.62	4842.62	4628.12	4423.11
累计生产天然气（亿立方米）	622.68	561.31	492.41	424.35	360.85
累计探明石油地质储量（亿吨）	6.30	5.69	5.02	5.02	4.35
累计探明天然气地质储量（万亿立方米）	0.39	0.38	0.38	0.33	0.32

【油气勘探】 青海油田完成股份公司下达勘探任务的185%，完成油气三级地质储量1.67亿吨，其中探明石油地质储量6106万吨、基本探明石油地质储量3513万吨、控制储量3584万吨、预测储量4034万吨；探明天然气地质储量42.95亿立方米、基本探明天然气地质储量15.92亿立方米、控制储量23.90亿立方米、预测储量228.56亿立方米；SEC油气储量评估后新增石油证实储量405万吨、新增天然气证实储量6亿立方米、新增油气当量证实储量452.8万吨。

英西地区勘探获股份公司重大发现奖一等奖，在英西地区钻井11口，完井试油均获工业油流，特别是狮38井日产原油超千吨，6毫米油嘴日产原油605吨、日产天然气4万立方米，创下油田单井日产最高纪录；落实有利勘探面积120平方千米，新增预测石油地质储量4034万吨。

扎哈泉地区勘探取得重大突破，乌南斜坡石油勘探获股份公司重要成果二等奖，重新评价成藏条件，发现4套含油层系，落实4个“甜点”区，致密油藏实现东扩南延。新增基本探明石油地质储量3500万吨、控制储量3098万吨，累计提交三级地质储量超过1亿吨。

柴北缘天然气勘探强劲拓展，东坪17井日产天然气5.15万立方米，新增预测天然气地质储量229亿立方米；牛10井日产天然气2.7万立方米，鄂探1井发现天然气层90米，牛新1井发现天然气层4层249米，牛中区块有望实现天然气勘探重大突破。

冷东中深层油气勘探获得重要进展，通过深化地质认识，强化储层保护，冷东地区取得新成果，4口井获得工业油气流。

【油气开发】 青海油田坚持油气并举，强化生产组织，狠抓老区稳产，加快新区上产，开发效益稳步提升。2015年生产油气当量712.03万吨，其中生产原油223万吨，超产1万吨，生产天然气61.37亿立方米。

油田开发方面，老区深化二次开发，持续开展精细油藏描述，常态化开展动态分析和油水井大调查，全面实施以尕斯库勒中浅层、昆北切十二井区为主的精细注水，加大长停井治理力度，稳产基础不断夯实。新区创新“大井丛、立体式、工厂化”开发理念，强化储层预测、沉积砂体展布及成藏规律研究，规模应用水平井，完善压裂工艺，推广地面标准化设计和建设，英东、扎哈泉、游园沟等新区快速上产。全油田储采比保持在18以上，自然递减率、综合递减率和含水上升率分别为12.02%、7.5%、-1.79%。

气田开发方面，涩北气田大力推广排水采气、防砂冲砂等成熟技术，年恢复天然气生产能力2亿立方米；持续开展提高单井产量试验攻关，形成东坪基岩气藏缝网压裂特色技术，日增产天然气50万立方米以上；坚持以销带产、以销促产，积极争取政策支持，千方百计加大天然气销售力度，多销天然气1.16亿立方米；天然气综合储采比保持在24.7。

产能建设方面，2015年新建原油产能45万吨，到位率87.45%、贡献率46%，同比均提高5个百分点；节约产能建设投资1.17亿元，同比下降5%。2015年新建天然气产能6亿立方米，产能到位率88%，天然气的稳产基础更加牢固。

【炼油化工】 2015年，青海油田实施精细管理，细化对标指标，实现减亏增效，格尔木炼油厂优化产品结构，炼油化工装置安全、平稳、长期满负荷优良运行。装置平稳率99.2%、设备完好率99.7%，达到炼油化工板块平均水平。轻质油收率、高效产品比例等多项指标居行业中上水平。紧跟市场优化生产组织，适时调整柴汽比，通过技术攻关、细化公用工程管理、停运相关装置和高耗能设备等措施，提高经济效益。2015年，加工原油151.87万吨，实现减亏5344万元。

【油气管输】 2015年，青海油田推进平安管道建设，加强周边施工监控，防止第三方施工破坏35起，组织实施8项安全隐患治理工程，治理管道隐患285处，消除10处重大隐患，实现“零事故、零污染、零伤害、零盗油”目标。在集团公司、地方政府和驻地部队的大力支持下，油田干部职工连续奋战，排除“6·29”洪水灾害，确保花土沟—格尔木输油管道畅通，2015年输油量210.2万吨，输油商品率99.97%，输油含水率控制在0.18%。

【经营业绩】 2015年，青海油田应对低油价挑战，推进开源节流降本增效，实现收入263.45亿元（内部收入92.5亿元），实现利润48.89亿元，效益在集团公司上游企业排名第四。

投资管控方面，实施投资切块管理、产能建设项目管理和重点工程专业化管理，勘探开发主营业务投资同比提高5%，生产辅助投资同比降低41%，提升投资效益。

开源节流方面，强化预算管理，细化业绩指标，严格责任落实，油气生产基本运行费压缩5%，工程技术业务减亏5%，非生产性支出降低3.77%，2015年实现增效3.15亿元。

降本增效方面，与中国石油相关单位开展战略互惠合作，在英东、扎哈泉、英西等11个区块全面推行区块承包，万吨产能建设投资总体下降10%；积极借助连续油管等国内一流技术，采取包保、托管模式，钻井周期平均减少1.04天；试行费用总承包模式，单井作业成本同比下降5%；采用深部酸压、复合压裂、快速返排等技术，措施成功率100%、有效率88.9%。

深化改革方面，深挖内部潜力，减少对外支出7500万元。实施物资集中采购、集中仓储管理和敦煌地区车辆集中管理，花土沟（冷湖）二级单位部分科室搬迁敦煌，整合办公物业、基地门卫、绿化保洁等业务，提高效率，降低成本。

合规管理方面，开展业务流程梳理，优化管理制度，促进生产经营管控规范化、标准化。坚持合规管理多部门协同监管，重心下移，关口前移，有效防范经营和法律风险。全面推行集中招标、公开招标，节约资金，增加效益。

【科技兴油】 2015年，青海油田以生产需求为导向，推广适用技术，科研水平和技术保障能力明显提升。青海油田承担的“英东油田开发关键技术及成效”获青海省科学技术进步奖二等奖，“扎哈泉油藏综合评价及一体化建设”获集团公司科学技术进步奖二等奖。2015年，围绕油田公司生产经营目标，在广泛征集科技项目立项意见基础上，经油田公司科学技术委员会研究，形成科技项目计划69个。其中，接转科技项目27个，新开科技项目42个；搭建工程技术平台4个、基础研究平台10个，整合有效资源，发挥联合攻关优势，有效指导增储上产。推行全过程科研项目管理，在科研工作量不降、科研水平不降、增效幅度不降的情况下，科研投资下降5%、科研行政费用降低5%、外协数量和费用同比降低5%，实现“三降三不降”，科技增效1.2亿元。

【信息化建设】 截至2015年底，青海油田共建系统30个，自建系统37个，覆盖油田各业务领域。集成勘探与生产ERP系统加强生产、物资、财务、项目、设备、销售等模块的资源计划调配，实现过程严格管控、流程统一规范、业务有效联动。青海油田作为中国石油集团公司油气生产物联网系统（A11）项目的推广应用试点单位，总体部署、分步实施，在涩北气田、东坪—牛东气区、英东油田开展系统建设，建成核心网两套、TD-LTE基站10座，实现主要生产数据的自动采集、远程监控、联动报警等功能，达到“同一平台、信息共享、多级监视、分散控制”的目标。信息安全能力逐年提升，云计算从概念走向实质，井口数字化率76.73%、上线率94.96%，提高生产效率。为油田增储上产、降本增效、合规管理提供有力支撑。

【基础管理】 2015年，青海油田持续推进风险防控体系建设，夯实安全环保、和谐稳定和反腐倡廉三大基础性工程。

安全环保方面，认真贯彻新《安全生产法》和《环境保护法》，强化红线意识，严格落实“一岗双责、党政同责、失职追责”，开展领导干部安全履职能力评估，加大安全环保培训力度，发布安全保命条款，全员安全意识和技能进一步提升。深入开展HSE体系审核，认真组织安全生产大检查和危险化学品专项检查，狠抓隐患排查治理，投入1.87亿元，治理安全环保隐患88项。严格执行建设项目“三同时”，杜绝“未批先建、边批边建”。

和谐稳定方面，争取集团公司政策支持，妥善解决历史遗留问题，维护老年离岗退养家属、有偿解除劳动合同人员等群体的利益。注重源头防范，加强网络舆情监测和处置，排查化解不稳定因素。发挥总经理（书记）信箱的桥梁作用，协调各方依法解决合理诉求，信访案件结案率100%，帮助解决问题和困难733项。推进矿区、公安、保卫联防联动，严厉打击偷盗油品等犯罪活动，狠抓平安小区建设，社会治安综合治理见到良好效果。

反腐倡廉方面，落实党委主体责任和纪委监督责任，发挥纪检、审计、财务等部门的作用，开展内部巡视，严格执纪问责，受理信访举报64件，查办违规违纪案件18起，党纪政纪处分15人。整改集团公司专项巡视发现问题，实行销号管理和定期检查通报，完善制度20项，清理超规办公用房3251平方米，取消领导专车，接待费同比降低39%，22项巡视发现问题全部整改。

【矿区服务】 2015年，青海油田始终关注民生，推进民生建设，不断提高服务保障水平，提升职工群众的幸福感。基础设施持续完善，落实和筹措惠民资金10933万元，用于完善矿区功能、改善基地环境和服务提档升级等项目。东坪油苑一期1628套住房已封顶，优化配置住房资源，为565名无房户解决困难。花土沟职工活动中心和公寓节能保温项目完工投用，完成敦煌基地新三区改造、防风林带提升、职工总医院影像中心等项目建设。服务品质不断提升，开展“三项基础工作”，着力推广“440”及时受理平台工作法，水电气暖保障有力，受理维修服务2.58万次。倡导文明工作、文明生活，公寓餐饮、市政通勤、医疗卫生、离退休和生活服务紧贴实际，满足职工群众多样化需求。持续推进矿区服务改革，对驻外机构进行全面清理规范；落实地方城建税返还、节能保温资金8342万元，争取援企稳岗补贴3615万元；注重服务与管理并重，突出矿区社会综合治理，开展基地环境治理；建立薪酬考核与有效投诉、服务满意度挂钩考核机制，综合服务满意度90.5分，高于集团公司考核指标，青海油田矿区服务部被评为集团公司矿区“三项基础工作”先进单位。

【党建工作】 2015年，青海油田持续加强党建和班子建设，凝聚力、战斗力不断增强，为油田发展提供坚强政治保证。深入开展“三严三实”专题教育活动，认真学习党纪条规和习近平总书记系列重要讲话精神，突出正反典型对照，组织专题党课245场次、专题学习研讨285场次，整改不严不实问题，坚定理想信念，强化党性意识，增强实干精神。大力弘扬大庆精神铁人精神和柴达木石油精神，广泛开展“重塑中国石油良好形象”大讨论；庆祝青海油田创业60周年，编纂出版《青海油田大事记（1954—2014年）》一书，精要详实地记述1954—2014年青海油田60年的发展历程，内容涵盖20个领域，收录条目4600余条，约70万字；举办青海油田第四届文化节，承办一滴油的奇妙旅行、大学生记者团走进青海油田采访等系列活动。持续强化青海油田领导班子和队伍建设，加大领导班子绩效考核力度，担当意识、执行意识和干部队伍素质进一步提升；加强“三支队伍”建设，举办各类培训班155期，培训1万人次，队伍岗位技能和整体素质明显增强；强化基层班组建设，标杆示范作用得到有效发挥；油田涌现出一批先进集体和个人，特别是李国平、史昆获“全国劳动模范”称号，王龙获中央企业“道德模范”荣誉称号，付锁堂获全国第14届“李四光地质科学奖野外奖”称号；天然气开发公司、马仙采油厂和诚信服务公司获中华全国总工会与国家安全生产监督管理总局颁发的“全国‘安康杯’竞赛示范单位”称号；勘探开发研究院工会获中华全国总工会颁发的“全国模范职工之家”称号；采油二厂乌南采油作业区获中华全国总工会颁发的“全国五一巾帼奖状”称号；青海油田积极落实“文明、和谐、开放、包容”理念，加强企地友好协作，争取政策支持，营造良好的外部发展环境。

【社会责任】 2015年，青海油田坚持项目、人才和资金三大扶贫任务，共安排扶贫资金379.1万元，用于甘肃、青海两省6个村镇扶贫工作，对青海省海西州都兰县察汗乌苏镇下滩村幼儿园、格尔木市乌图美仁乡白力其尔牧委会实施定点帮扶，对甘肃省敦煌市转渠口镇定西村村组及文化广场太阳能路灯和七里镇铁家堡村村容村貌整治等项目进行建设，造福当地百姓，改善地方环境。

青海油田根据青海省委组织部的要求，从2015年4月开始，选派4名政治素质好、党性观念强、懂经济、善做群众工作的管理干部组成2个工作队，分别对青海省海西州都兰县西河滩下村、海东市民和县马莲滩村驻村开展扶贫（驻村）帮扶工作。驻村期间及时与当地政府进行沟通联系，主动开展调研，在与当地政府、村干部、村民充分沟通交流的基础上，结合实际提出困难村民房屋治漏、枸杞种植等帮扶项目，为青海油田持续做好扶贫工作奠定基础。

青海油田按照青海省万名干部下基层的要求，选派12名党员干部赴省属企业进行帮助指导工作。

青海油田2015年获青海省“‘十二五’社会扶贫先进集体”荣誉称号。

（李希生　程雁秋）

中国石油天然气股份有限公司华北油田分公司（华北石油管理局）

【概况】 中国石油天然气股份有限公司华北油田分公司（华北石油管理局）简称华北油田，前身为1976年1月成立的华北石油会战指挥部，本部位于河北省任丘市。主要从事石油天然气和煤层气勘探开发、储气库建设管理运营、燃气市场开发利用、对外技术服务与劳务承包、多种经营以及与之配套的矿区服务、社会服务等业务。油气勘探区域主要集中在冀中、内蒙古中部和山西沁水盆地等三大探区。设机关职能部门13个、机关附属2个、直属单位10个、二级单位42个。2015年，实现收入175.49亿元、净利润-9.33亿元，上缴税费22.08亿元；生产原油420.1万吨、天然气2.4亿立方米，煤层气商品量8.44亿立方米，圆满完成年度任务（表1）。

截至2015年底，华北油田有油气资产原值691.28亿元，净值307.25亿元；累计探明石油地质储量13.65亿吨、天然气地质储量275.79亿立方米；累计生产原油2.70亿吨，天然气121.08亿立方米；累计煤层气产量35.22亿立方米；累计工业总产值（现价）2809.76亿元。有员工3.93万人，其中，管理人员8376人，专业技术人员7456人，技能操作人员2.35万人；研究生以上学历人员674人，大学文化程度人员1.03万人。

“十二五”期间，累计投入科研经费10亿元，获省部级及以上科技奖励131项，获授权专利530件，形成国内领先技术5项、特色配套技术6项；累计生产原油2103.5万吨、天然气15.35亿立方米、煤层气31.9亿立方米；实现经营收入1627亿元、利润211.6亿元，上缴税费324.7亿元；累计新增油气预测储量3亿吨、控制储量2亿吨、探明储量1.2亿吨，新建产能319万吨，储量替换率连续10年大于1，油田自然递减率从14.1%减缓至12.3%，综合递减率控制在6%以下，抽油机井系统效率保持集团公司先进水平；累计新建住房1.77万套共190万平方米，创建省部级园林式居住小区37个，8个综合服务处全部获评国家级安全社区。华北油田连续20年没有发生重大、特大安全生产事故和环境污染事故，连续7年油气生产综合能耗低于股份公司平均水平；创造连续5年综合评价指标排名第5的好成绩，在低油价下实现效益居集团公司前列；华北油田党委2011年被党中央评为“全国先进基层党组织”，华北油田被评为2011年、2014年“全国文明单位”。

表1　华北油田主要生产经营指标

指　标	2015年	2014年	2013年	2012年	2011年
原油产量（万吨）	420.10	422.33	421.01	419.02	421.01
天然气产量（亿立方米）	2.43	3.02	3.40	2.80	3.70
煤层气产量（亿立方米）	8.44	7.50	6.52	5.46	3.94
新增自营原油产能（万吨）	65.34	73.77	51.33	60.01	60.00
新增天然气产能（亿立方米）	1	1	2	1	1
新增煤层气产能（亿立方米）	0.32	1.04	7	—	0.96
新增探明石油地质储量（万吨）	2533.93	2518.26	1234.36	2404.94	3436.27
二维地震（千米）	520	326	926	1555	4963
三维地震（平方千米）	636	700	1213	912	1703
石油钻井（口）	600	706	921	1039	1176
钻井进尺（万米）	124.8	152.53	186.21	188.76	183.31
勘探投资（亿元）	12.44	16.98	18.97	19.83	21.18
开发投资（亿元）	29.43	42.85	52.20	77.47	53.57
资产总额（亿元）	538.86	551.39	518.11	495.06	424.44
其中，上市	410.62	419.66	397.90	382.99	319.36
未上市	128.24	131.73	120.21	112.07	105.09
销售收入（亿元）	175.49	277.90	303.75	301.12	302.10
其中，上市	119.25	208.76	215.67	218.04	224.07
未上市	56.24	69.14	88.08	83.08	78.03

续表

指　标	2015 年	2014 年	2013 年	2012 年	2011 年
利润总额（亿元）	−7.93	35.02	49.78	64.23	62.62
其中，上市	−5.28	40.50	55.13	67.40	67.17
未上市	−2.65	−5.48	−5.35	−3.17	−4.55
上缴税费（亿元）	22.08	65.90	50.11	54.98	48.19
其中，上市	19.53	63.52	48.25	53.03	45.56
未上市	2.55	2.38	1.86	1.95	2.63

【油气勘探】 2015 年，华北油田继续保持高峰增储，超额完成全年新增预测、控制石油地质储量计划指标，探井成功率创近 10 年新高。饶阳凹陷东部、霸州市凹陷中南部分别形成 5000 万吨、3000 万吨级规模储量区；乌兰花凹陷南洼槽基本形成 3000 万吨级规模储量接替区；二连盆地碎屑岩首获超“双百”油井。

【油气田开发】 2015 年，华北油田油藏评价打好富油区带整体再评价阵地战，产能建设注重目标优选和方案调整优化，在大王庄、蠡县斜坡、阿南凹陷探明储量 3300 万吨，新建原油产能 70 万吨、天然气产能 0.64 亿立方米。油气田开发效果改善，新一轮注水专项治理、深部调驱见到实效，9 个重点治理区块自然递减减缓 5.3 个百分点，综合递减减缓 9.6 个百分点，含水上升率下降 2.6 个百分点。生产原油 420.1 万吨、天然气 2.4 亿立方米，圆满完成年度任务。

【新能源业务】 2015 年，华北油田煤层气开发生产保持稳健，完成商品量 8.44 亿立方米，打通上下游产业链，理论研究和技术创新获得突破。在马必东全面控制可高效建产的优质储量 518 亿立方米，沁南、郑村新建产能 1.2 亿立方米。大城煤层气勘探展现较好前景。一期苏桥储气库群注采运行更加科学合理，2015 年注气 4.08 亿立方米；二期文 23 储气库建设前期准备工作合规有序。

【对外合作业务】 2015 年，华北油田采用“走出去、引进来”方式开展业务。“走出去”对外服务，长庆、海南、海外市场规模扩大，从业人员达到 3391 人，实现收入 8 亿元，苏 75 区块生产天然气 8.26 亿立方米；“引进来”对外合作，成庄、马必、里必、未动用难采储量项目运行管理规范，生产经营风险消减，未动用难采储量开发生产原油 8.1 万吨。

【多种经营业务】 2015 年，华北油田发展定位和思路清晰，调整重组持续推进，支柱产业集群正在形成，经济规模突破 62 亿元。燃气业务构建多元化资源供应体系，发展平台稳固，山西 LNG 工厂等重点项目进展顺利。

【综合服务业务】 2015 年，华北油田矿区服务业务服务质量提升，保障油田生产生活能力增强，增收创效渠道不断拓展，供暖、供水社会化和道路移交工作稳步推进。生产服务业务履行保障职能，不断扩大市场创收，迈出转型发展步伐。

【企业管理】 2015 年，华北油田业务重组和机构调整持续推进，对外合作、多种经营业务重组和公司机关机构改革顺利完成。简政放权和生产经营一体化考核见到成效，业务运营和管控模式更加适应产业发展需要。专业技术岗位序列改革启动实施，技术专家选聘有序开展。管理提升深化拓展，预探钻井业务市场化、物资“三集中”采购、资产轻量化等专项管理成效突出。合规建设扎实推进，各类风险逐步销项并严格受控。

【科技创新】 2015 年，华北油田科技体制改革不断深化，“三院一中心”科研架构形成。重大科技专项取得阶段成果，深化发展陆相断陷洼槽聚油等 3 项理论认识，初步形成富油洼槽评价标准、洼槽区储层预测、精细分注等 7 项技术，取得煤层气水平井设计及完井工艺等 8 项创新成果，“沁水盆地高煤阶煤层气高效开发示范工程”获国家“十三五”重大专项立项。智慧油田建设步伐加快，二连高寒地区智慧油田建设成效明显，信息基础工作得到加强，企业管理一体化平台建设进展顺利。

【安全环保与节能】 2015 年，华北油田在生产建设过程中严格执行新《安全生产法》和《环境保护法》，安全环保责任体系全面落实，HSE 管理体系有效运行，风险排查识别、安全检查制度化常态化开展。关键环节风险受到严密管控，生态敏感区环保措施更趋到位，安全隐患治理稳步推进，应急处置能力不断加强，安全生产基础进一步夯实。节能减排扎实有效，节能标准煤2.27万吨、节水53万立方米，“三废”达标排放。

【和谐矿区建设】 2015年，华北油田油地共建深入开展，沟通联络、工作协调、深化合作机制更趋完善。矿区服务功能更加完备，各项服务日益人性化精细化。住房建设稳步实施，首批改善房B区、E区、阳光小区主体完工；二批改善房部分楼体封顶；石油新城项目前期准备基本就绪；发放一、二批改善房公积金贷款3亿元。棚户区改造、基础设施维修改造有序推进，北站路、文化道、会战道、潜山道改造基本完工，渤海公园投用。社保惠民和健康医疗工程持续深化，总医院医疗综合楼投入运营，矿区分级医疗、转诊就医制度建立健全，中国石油中心医院医保刷卡结算成功开通。帮扶工作体系更加完善，走访慰问离退休人员15.8万人次，发放慰问金1.66亿元；资助困难家庭子女139人，发放助学金44万元。维稳信访和综合治理取得新成效，重点时期维稳信访工作受到集团公司、河北省表彰。

【党建、精神文明建设】 2015年，华北油田“三严三实”专题教育扎实开展，推进领导干部作风进一步转变。“四好”领导班子创建富有成效，班子建设更加制度化规范化，二级单位党组织机构设置与领导配备科学规范。干部制度改革持续深化，干部选任机制改进完善，选人用人质量进一步提高。党委主体责任和纪委监督责任全面落实，党员干部反腐倡廉教育扎实深入，党内巡视和集团公司巡视问题整改务实有效，信访和案件查办力度不断加大，保持反腐败高压态势。精细管理有形化成效明显，基层标准化建设持续加强，第二轮基层队站标准化达标率达到85%。“重塑中国石油良好形象”大讨论广泛开展，传统、新兴媒体协调联动宣传格局构建形成，特色文化建设深化发展。

（鲜　勇　杨　英）

中国石油天然气股份有限公司吐哈油田分公司（吐哈石油勘探开发指挥部）

【概况】 中国石油天然气股份有限公司吐哈油田分公司（吐哈石油勘探开发指挥部）简称吐哈油田，是集油气勘探与生产、石油工程技术服务、矿区后勤服务等多种业务于一体，跨国、跨地区经营的大型石油企业。前身为1991年2月成立的吐哈石油勘探开发会战指挥部，总部位于新疆鄯善县火车站镇，有机关职能部门14个、机关附属机构5个、直属机构9个、二级单位37个。主要从事油气勘探开发、科研服务、井下作业、石油化工、油田建设、水电通信保障、机械制造、物资采购等业务。吐哈油田探区包括吐哈、三塘湖、民和、银额、总口子5个中小盆地，总面积22万平方千米，探矿权面积4.82万平方千米。截至2015底，有合同化员工10689人、市场化员工4930人；累计探明石油地质储量55251.23万吨（含凝析油），探明天然气地质储量1210.15亿立方米（含溶解气）；累计生产原油5033.7万吨，天然气228.2亿立方米；上市业务资产总额207.46亿元，未上市业务资产总额51.56亿元。

2015年，吐哈油田着力调结构、增资源、控投资、降成本、强基础、保增长，全面完成各项生产经营任务。落实三级石油地质储量1.1亿吨，其中新增探明石油地质储量3830.57万吨、控制石油地质储量3952万吨、预测石油地质储量3124万吨，分别完成年计划的192%、132%和125%；新增石油SEC储量334.37万吨，新增天然气SEC储量3.25亿立方米，完成年计划的186%。生产油气当量282.53万吨，其中原油210.02万吨、天然气9.1亿立方米，增幅连续两年在集团公司排名第一。上市业务实现收入64.49亿元，完成年度预算的103%；实现考核口径税前利润0.04亿元，完成集团公司下达目标的200.9%。未上市业务实现收入38.41亿元，完成年度预算的93.1%；实现利润比集团公司下达指标增加3532万元（表1）。吐哈油田连续12年获新疆维吾尔自治区“安全生产目标考核先进单位”称号，连续10年获集团公司“安全生产先进企业”称号。

表 1　吐哈油田主要生产经营指标

指　标		2015 年	2014 年	2013 年	2012 年	2011 年
原油产量（万吨）		210.02	200.1	171.01	156	155
天然气产量（亿立方米）		9.1	10	10.45	10.5	10.5
新增原油产能（万吨）		54.94	70.48	65.89	29.2	38.3
新增天然气产能（亿立方米）		2	2.43	2.4	1.6	2
新增探明石油地质储量（万吨）		3830.57	3721.79	1357	2023.8	—
二维地震（千米）		—	654.03	512	—	—
三维地震（平方千米）		301.41	648.02	387.4	480	524
石油钻井（口）		386	546	494	353	315
钻井进尺（万米）		113.55	157.45	146.89	102.52	93.57
勘探投资（亿元）		9.17	11.27	11.03	11.12	9.85
开发投资（亿元）		37.87	53.97	41.87	30.41	29.37
资产总额（亿元）	上市	207.46	195.44	189.06	159.26	143.41
	未上市	51.56	50.61	48.48	49.46	50.41
营业收入（亿元）	上市	64.49	97.78	93.53	87.65	88.96
	未上市	38.41	46.14	47.11	43.26	42.41
利润（亿元）	上市	–37.66	6.81	14.81	14.35	30.42
	未上市	0.4	0.58	0.17	2.17	–0.52
税费（亿元）	上市	5.2	14.99	13.15	12.75	12.71
	未上市	5.11	3.98	5.54	4.61	3.9

【油气勘探】 2015 年，吐哈油田突出油气主业不动摇，推动储量产量持续增长。完成二维地震 352.83 千米（2014 年提前实施）、三维地震 605.53 平方千米（2014 年提前实施 304.12 平方千米）；油气预探完钻探井 31 口，进尺 11.32 万米，试油交井 20 口，获工业油气井数 11 口，探井成功率 35.48%；油藏评价完钻评价井 19 口，进尺 7.86 万米，试油交井 15 口，获工业油气井数 12 口，评价井成功率 80%。

油气勘探突出规模发现和效益动用，红台侏罗系水西沟群和三塘湖牛东致密油 2 项勘探成果获股份公司重要成果二等奖。加大台北凹陷稀油勘探力度，水西沟群低饱和油藏勘探在红台和北部山前带获新发现，新增控制石油地质储量 2274 万吨；岩性油藏勘探在温吉桑、胜火—葡北斜坡区获得进展，优质稀油储量持续增长。强化三塘湖石炭系火山岩轻质油藏勘探，在牛东哈尔加乌组发现源内油藏，牛东南部卡拉岗组发现风化壳油藏，新增控制预测石油地质储量 2749 万吨。扩展勘探马中，马 56 块致密油含油面积进一步向北向东扩大，新增探明石油地质储量 2962 万吨、预测石油地质储量 2053 万吨。效益扩展玉北二叠系稠油，评价落实玉北 6 块储量规模，新增探明石油地质储量 868 万吨。

【油气开发】 2015 年，吐哈油田坚持及时优化和效益上产，生产原油 210.02 万吨，生产天然气 9.1 亿立方米。

狠抓精细注水工作，把注水指标与产量指标按同等权重考核，注水井措施对号率 96.7%，注水区块自然递减率控制在 11.5%，比 2014 年下降 1.5%。优化实施产能建设取得较好效果，新钻井359口，投产油井283口，平均单井日产油6.5吨，新建产能54.94万吨，当年产油29.9万吨；投产气井45口，平均单井日产气1.5万立方米，新建产能2亿立方米，当年产气8700万立方米。强化措施增产，实施措施作业582井次，有效率80.2%，平均单井日增油2吨、日增气0.4万立方米，累计增油8.1万吨、增气5800万立方米。加快实施提高原油采收率矿场试验，氮气泡沫驱、多元热采、火烧吞吐等工作推进，鲁克沁中区氮气泡沫驱试验取得积极进展，实施4注19采，8口中心井见到明显效果，平均单井日增油3.5吨，含水率下降35%。

【科技创新】 2015年，吐哈油田承担股份公司重大科技专项“新疆和吐哈油田油气持续上产勘探开发关键技术研究”3个课题，参与5个课题的攻关与研究。开展科技信息项目51项，推广应用新技术新产品3项，获省部级科学技术进步奖5项，授权国家专利34件，完成基于A2系统的油藏开发协同工作环境等4项集团公司统建信息系统配套建设及油田公司综合办公平台功能扩展等4项公司自建信息系统完善应用。

油气勘探围绕台北凹陷稀油、三塘湖盆地致密油和鲁克沁稠油开展16项攻关研究，攻关“两宽一高”三维地震勘探技术，推进处理解释一体化和勘探开发一体化，多手段融合解剖研究致密油成藏机理，深化稠油富集带控藏要素及油气富集规律研究，保障储量任务的完成。油气开发围绕老油田稳产和低品位储量经济有效开发开展15项攻关研究，鲁克沁稠油上产形成以分层系开发、层内分注、低成本高强度调剖为主的精细注水开发技术和以直井层内分段压裂、水平井分段压裂改造为主的提高单井产量技术，开展氮气泡沫驱提高采收率实验见到明显效果。三塘湖盆地非常规油藏开发动用形成砂岩油藏超前温和注水及井网调整技术。吐鲁番、温米、鄯善油田实施滚动扩边和综合调整相结合，攻关老油田剩余油研究，完善精细注水配套技术，减缓油田自然递减。工程技术开展14项技术攻关和新技术推广，钻井技术攻关集成配套可控斜全压钻井、全过程高效PDC钻头提速、水平井“可视化”随钻导向及长水平段井眼清洁等技术系列，鲁克沁深层稠油大位移井钻井提速技术创表层钻井“周期最短、机速最快、漏失最少、一趟钻”4项纪录。压裂技术攻关针对致密油、低渗砂岩、火山岩、稠油油藏等，攻关配套水平井体积压裂、水平井重复压裂、老井重复压裂等工艺技术。

【降本增效】 2015年，吐哈油田开展开源节流降本增效工作，上市业务实现账面利润控亏16.7亿元（不含股份公司统一计提的油气资产减值损失20.9亿元），在完成集团公司稳增长目标基础上再减亏6000万元；实现考核口径税前利润448万元，比集团公司下达目标增加4.05亿元；油气完全成本62.98美元/桶，比2014年降低13.75美元/桶；未上市业务实现利润4032万元，完成目标的109%。强化投资管控，完成投资49.18亿元，勘探开发占95.6%；严格审查投资项目，优化方案设计，节约投资6300万元用于生产，保障核心业务发展。

优化勘探部署，探井、评价井成功率35.48%和80%，勘探费用比预算下降15%。强化成本管控，自营油气操作成本15.98美元/桶，比预算下降1.17美元/桶。严格执行市场、招标、合同3个管理办法，集中打包招标工程、服务、物资工作量价值72.35亿元，采购价格下降8.2%，节约资金5.93亿元。强化科技增效，探井、开发井钻井周期分别缩短19%和8%，水平井体积压裂费用比2014年降低10%，增效4121万元。推进减员增效，减员953人，减少人工成本5000万元。海外市场完成价值工作量1821万美元，创效1477万元。

【合规管理】 2015年，吐哈油田开展合规管理年活动，以“1·6”事故大讨论、大反思、大排查活动为契机，查找并整改管理问题6196个，增强全员合规意识。按照管理制度化、制度流程化、流程表单化、表单信息化“四化”要求，加强制度顶层设计，抽调13名处科级干部成立专家组，对计划、财务、勘探、开发等7类主要业务开展制度梳理和流程再造，将286项规章制度优化整合为106项，配套业务流程266个，建立覆盖全面、规范有效的管理体系。

推进岗位责任制建设，完成基层岗位安全环保责任制修订，夯实基础工作。宣贯《中国石油天然气集团公司诚信合规手册》，落实合规登记报告制度，建立全员合规信息档案，举办处级干部合规管理培训班，邀请专家开展专题讲座，组织全员线上培训，增强员工依法合规的自觉行为。

【安全环保】 2015年，吐哈油田加大新《安全生产法》和《环境保护法》宣贯力度，开展处级干部履职能力评估，强化关键过程指标监管考核，促进安全环保主体责任落实。投入6802万元资金，治理22项安全环保隐患；开展安全大检查、危险化学品专项检查和“打非治违”专项整治，整改问题2405项，查处

"三违"行为1930起。

加强节能减排，节能1.04万吨标准煤、节水37.9万立方米，分别完成年度指标的130%和172%；二氧化硫、氮氧化物、COD和氨氮排放量比考核指标分别下降0.2%、0.2%、34%和40%。

【民生工程建设】 2015年，吐哈油田推进民生工程建设，全面完成业绩指标，保障员工收入；开通乌鲁木齐4家"三甲"医院绿色转诊通道和廊坊总院、新疆维吾尔自治区人民医院远程医疗会诊平台，及时救治危重患者17人。投入702万元帮扶困难群体3011人次，大病救助43人，金秋助学65人，慰问离退休职工、再就业人员6500人。加强防恐维稳工作，开展防破坏、防盗窃、防诈骗，保油区稳定、保矿区安宁"三防两保"活动，确保油区和谐稳定。

【党群工作】 2015年，吐哈油田开展"三严三实"专题教育，局处两级领导干部查找整改"不严不实"问题1000多个，党员干部作风持续转变。开展"重塑中国石油良好形象"大讨论活动，通过制订方案抓落实、细化措施强推进、强化宣传造舆论，广大员工自觉维护企业良好形象意识进一步增强。推进服务型党组织建设，30%的基层党支部实现"六有"目标，形成一批党建标杆；深化"点区岗"创建活动，建立党建联系点188个、党建责任区980个，创建党员先锋岗345个，党组织凝聚力不断增强。推进反腐倡廉建设，以落实党风廉政建设"两个责任"为抓手，强化监督执纪问责，严肃查处8个单位违纪违规问题，给予16名党员干部党纪政纪处分。加强形势任务教育、先进典型宣传及合规文化建设，营造良好舆论氛围。加强群团工作，深入开展主题劳动竞赛等活动，举办第三届职工运动会，凝聚人心，鼓舞士气。

（李　勇　朱晓龙　肖玉娟）

中国石油天然气股份有限公司冀东油田分公司

【概况】 中国石油天然气股份有限公司冀东油田分公司简称冀东油田，成立于1988年4月，总部位于河北省唐山市。截至2015年底，主营业务包括油气勘探开发生产、油气集输处理与销售以及机械制造、物资供应等。设24个二级单位（分公司）、16个机关处室、4个附属机构；员工总数7802人（合同化用工4997人、市场化用工2451人、其他用工354人）。2015年，在油价暴跌的严峻形势下，转方式，调结构，强管理，重创新，实现有质量、有效益、可持续发展，比2014年增加PD储量（证实已开发储量）312.16万吨；生产油气当量213万吨；资产轻量化效果显著，完全成本79美元/桶；1名员工获中共中央、国务院颁发的"全国劳动模范"称号，冀东油田获中国企业文化研究会、国家安全生产监督管理总局安全文化课题研究组颁发的"全国安全文化建设标杆企业"称号（表1）。

表1　冀东油田主要生产经营指标

指　标	2015年	2014年	2013年	2012年	2011年
原油产量（万吨）	160	170	170	165	165
天然气产量（亿立方米）	6.65	6.85	5.91	4.87	4.39
新增原油产能（万吨）	31.95	29.98	50	50	51
新增天然气产能（亿立方米）	—	1.2	1.3	1.06	—
新增控制石油地质储量（万吨）	590	585	743	647	846
二维地震（千米）	—	1018	290	—	1175
三维地震（平方千米）	—	681	920	135	—
石油钻井（口）	147	177	163	178	229

续表

指　标	2015 年	2014 年	2013 年	2012 年	2011 年
钻井进尺（万米）	56.73	63.35	57.57	63.31	74.60
经营收入（亿元）	52.55	90.99	94.30	95.79	96.60
利润（亿元）	-36.79	0.24	9.46	15.22	15.66
税费（亿元）	7.18	22.71	14.76	17.44	9.51
累计生产原油（万吨）	2793	2633	2463	2293	2128
累计生产天然气（亿立方米）	49.93	43.28	34.43	30.52	25.65

【油气勘探】 2015 年，冀东油田马头营凸起勘探取得新发现，为油田开发提供了优质产能建设区块。南堡 1 号、2 号构造中浅层精细勘探取得新成果，为油田开发提供了新的产能建设区块。南堡凹陷中深层持续勘探取得重要进展，南堡 509 井、南堡 4-86 井获工业油流，展示良好的勘探前景。风险探井堡探 3 井通过股份公司审查，南堡凹陷中深层勘探有望取得突破。面对资源勘探空间小、回旋余地少的困境，加大外围矿权搜索力度，认真筛选有利地区，优选张家口地区宣龙坳陷和冀北—辽西中生代盆地——凌源盆地等一批后备矿权登记区。

【油田开发】 2015 年，一是在开发地质认识方面，冀东油田初步实现高北深层特低渗透（致密类）储层探索性动用，增加地质储量 327 万吨，建设原油生产能力 2.4 万吨；对于滩海中深层火成岩，识别出新的砂岩储层，落实动用地质储量 552 万吨，建设原油生产能力 8.3 万吨；通过对浅层油藏河道砂体的精细刻画与解释再识别技术的研究，识别出一批低阻油层，落实动用地质储量 536 万吨，建设原油生产能力 11.5 万吨。二是在开发水平方面，冀东油田老井自然递减率与综合递减率分别由 2010 年的 31%、20% 下降到 2015 年的 21.5%、7.8%；含水上升得到有效控制，综合含水由 2010 年的 90.1% 下降到 2015 年的 82.3%；水驱储量控制与动用程度大幅度提高，分别由 2010 年的 51.3%、36.5% 提高到 2015 年的 69.1%、58.6%。注水开发油藏地层压力保持水平由 2010 年的 75.2% 提高到 2015 年的 80.3%；机采系统效率达到 25.8%，抽油机井泵效保持在 50% 以上，检泵周期比 2010 年延长 242 天，检泵率下降 30.9 个百分点。

【科技工作】 2015 年，冀东油田承担集团公司重大专项课题 7 项，开展重大、重点科研项目 19 项、子课题 109 项，获省部级科学技术进步奖 4 项。一是开展南堡凹陷中深层高精度层序地层、构造—岩性圈闭发育模式、低孔渗介质油气藏富集机制和油气富集动力机制等方面研究，结合剩余资源分布研究，进一步明确勘探领域和目标。二是开展中浅层油气藏成藏条件再认识和中深层构造岩性油气藏勘探潜力评价研究，加强深层天然气勘探潜力评价及目标优选研究，明确勘探方向和增储领域。三是加强地震资料攻关处理、优势储层地震识别与描述技术等勘探关键技术攻关，保障勘探任务的完成。四是攻关形成低渗透薄互层油藏多级约束建模技术，大幅提升薄互储层的预测精度；形成以“古地貌恢复、应力场模拟、裂缝、岩溶预测”为核心的潜山碳酸盐岩油藏储层描述、裂缝与优势储层预测技术。五是复杂条件下的安全优快钻井技术不断发展；深抽工艺及深斜井产液剖面测试配套技术取得进步；薄互层分段压裂工艺技术不断完善；自主研制恒流注水测压堵塞器等，形成恒流注水测压一体技术，填补国内空白。

【安全环保】 2015 年，冀东油田推进安全风险动态管理，各直线部门、各单位根据职责，对发现的隐患问题进行动态监管。加强安全风险分级管理。组织两级机关对职责范围业务涉及的风险进行辨识，强化 275 个重点风险场点的管控措施。层层落实 HSE 个性化培训，做到培训计划、课件开发、能力评估等因岗而异、因人而异，推行“点对点、一对一”培训，增强培训效果。深化事故事件安全警示教育活动，定期开展典型事故案例分享活动。注重安全管理人员履职能力提升，一级对一级、分层次开展履职考评工作，对不合格人员进行再培训，完成 1354 名管理人员和 3711 名岗位员工 HSE 履职能力评估。严把承包商 HSE 监管，针对典型问题召开现场会，严格黑名单考核制度。推广动态风险管控系统、个性化教育培训系统、海洋石油安全监督管理平台、交通安全 GPS

监控等系统的建设，构建安全管理数字化平台，提高工作效率和本质安全水平。

【企业管理】 2015年，冀东油田严格项目前期论证和设计优化，着力提高方案编制和设计水平，从源头上有效控制项目投资规模，提高投资效益，控制低效无效投资5亿元。积极探索降本增效措施，通过优化施工工艺、强化现场监督管理和修旧利废等措施，大力推进降本增效工作；严格控制非生产性支出，小车运费比2014年下降40%，办公费等“五项”费用硬性压减20%。整合气烃业务产业链，持续做好天然气推价和销售体制改革工作，取得较好成效，天然气量价“双升”，创效增加1.78亿元。积极开发外部市场，制定《增收创效奖惩管理暂行办法》，鼓励各单位立足内部市场、积极拓展外部市场，增强市场竞争力和技术进步，实现对核心业务的有效保障，年产值超2亿元的下属企业发展到4个，即机械公司、志达公司、瑞丰化工公司、北田（能源）公司。规范用工管理，优化人力资源配置；使薪酬向科研、生产一线艰苦岗位和工作骨干倾斜，进一步完善激励约束机制。积极开展制度、流程梳理工作，培育示范典型，使基础工作在生产建设中的保障作用持续增加，2015年梳理修订流程636个，新增流程70个，更新规章制度20项。招标工作彻底实现“管办分离”，开启招标管理新模式，形成内容协调、程序严密、配套完备的招标管理体系，公开招标率达到71.1%，比2014年提高20个百分点，节约投资成本1.2亿元。

【和谐企业建设】 2015年，冀东油田持续推进“平安油区、和谐矿区”建设，着力解决信访矛盾问题，全面加强治安防范工作，维护平安和谐稳定企业发展大局。全力做好重点阶段的稳定工作、层层落实工作责任；用心、热心、耐心做好信访工作，多部门协同制订解决方案，信访事项答复率达到100%；全面掌握员工队伍思想动态，及时制订针对性措施。加强油气管道、场站和设施的巡查守卫力量，严厉打击油气偷盗、占压管道、寻衅滋事等违法犯罪，2015年未发生恶性涉油案件。通过节日慰问、结对帮扶、金秋助学、重大疾病医疗互助等形式，扎实开展扶贫帮困工作，全年慰问困难职工400余人，发放慰问金142万元；发放助学金、医疗互助金29万余元，缓解困难员工的经济压力。关爱员工生产生活，重大节日开展岗位慰问，深入基层开展劳动保护监督检查，落实防暑降温各项措施，全年发放慰问款物折合80万余元。扎实做好民主监督、集体合同履行、女职工特殊权益保护等工作，有力维护员工劳动权益。积极落实河北省委安排部署，选派3名同志成立驻村帮扶工作组，赴沧州市孟村县杨庄村和唐山市滦南县生理庄村开展帮扶工作，筹措资金100万元，实施1.2万米道路硬化、村民文娱体系建设等帮扶项目，促进企地双方和谐共同发展。

【党建与思想政治工作】 2015年，冀东油田将服务中心工作、推动企业发展作为党建与思想政治工作的出发点和落脚点，建立与企业战略目标相一致、与企业发展模式相匹配、与经营管理体制相协调的党建工作体系，着力推进党建工作理念创新、制度创新、工作创新，用政治优势激发企业发展活力。一是强化领导班子和干部考核，落实党委（总支）书记党建工作述职制度，加强干部日常监督管理，促进各级领导干部依法合规履职、管理水平提升。二是牢固树立“重心在基层、创新在基层、活力在基层”基层党建理念，以选配好的书记为重点，以建设好的班子为核心，扎实开展基层党支部建设；积极探索新方法、新举措，实施“四创”党建活动项目15个，其中2个项目分获河北省国资委党委一等奖、二等奖。三是抓好“三严三实”专题教育。领导班子带头参加7次集中学习，二级单位党组织集中学习90余次；两级领导班子成员138人讲授党课，实现党员干部自我教育、自我改造和自我完善。四是坚持“标本兼治、综合治理、惩防并举、注重预防”方针，进一步加强源头治理，强化风险管控，突出有效预防，持续深入推进党风廉政建设和反腐败工作，营造廉洁高效、风清气正的从业环境。五是紧密围绕生产经营形势，深入开展“迎挑战、奋力干”形势任务主题教育实践活动，印发形势任务教育读本7000册，举办6场集中宣讲报告会；着眼于构建“忠诚担当、风清气正、守法合规、稳健和谐”发展环境，各级党组织坚持领导带头、全员参与、问题导向、开门讨论，认真开展“重塑中国石油良好形象”大讨论活动。六是各级工会和共青团组织不断加强自身建设，深入开展“硬增储、稳上产、提效益”主题劳动竞赛活动，找准“降本增效、开源节流”着力点，取得显著的工作业绩。

（刘东宇）

中国石油天然气股份有限公司玉门油田分公司

【概况】 中国石油天然气股份有限公司玉门油田分公司简称玉门油田，主要开展勘探开发、炼油化工、井下作业、水电供应、机械加工、建筑安装、综合服务、物资供应、通信信息、保卫消防、物业管理等业务。玉门油田开发于1939年，是新中国第一个天然石油基地。先后投入开发的油田有老君庙、鸭儿峡、石油沟、白杨河、单北、青西、酒东7个油田。在酒泉、民乐、潮水、武威、雅布赖、南祁连等盆地内有17个矿权区块。截至2015年底，有员工11990人，其中合同化9930人（管理人员1866人、专业技术人员2229人、技能操作人员5835人），市场化2060人（管理人员11人、技能操作人员1049人）。机关设14个职能处室、4个直属机构，基层设25个二级单位。2015年，提交控制储量510万吨、预测储量563万吨，生产原油44万吨，加工原油200万吨，上下游业务完成股份公司下达的稳增长目标；没有发生工业生产一般A级及以上事故和影响较大的环保事件（表1）。

表1　玉门油田主要生产经营指标

指　标	2015年	2014年	2013年	2012年	2011年
原油产量（万吨）	44.00	49.00	51.00	51.00	51.00
天然气产量（亿立方米）	0.08	0.15	0.17	0.17	0.19
新增原油产能（万吨）	19.04	19.22	24.01	17.00	11.08
二维地震（千米）	245	460	320	155.55	300.28
三维地震（平方千米）	—	—	228.13	206.77	202.65
石油钻井（口）	75	107	86	54	54
钻井进尺（万米）	17.27	21.41	22.78	17.61	15.89
营业收入（亿元）	108.58	139.31	116.61	145.54	147.21
利润（亿元）	−22.10	1.7	−7.97	−7.28	−7.16
税费（亿元）	34.42	28.52	21.68	27.12	23.71
累计生产原油（万吨）	3682.60	3638.91	3590.26	3539.66	3489.12
累计生产天然气（亿立方米）	18.46	18.37	18.22	18.05	17.88
累计探明石油地质储量（亿吨）	1.90	1.90	1.90	1.79	1.69

【油气勘探】 2015年，玉门油田按照打好勘探硬仗的部署，立足酒泉盆地开展精细勘探，提交控制和预测储量1073万吨。青西古近系—新近系：部署在青西古近系—新近系的探井鸭西103井、鸭西9井先后获得成功，投产的开发井口口见油，控制含油面积7.6平方千米，提交控制储量510万吨；鸭西6区块向东部署的股份公司风险探井志探1井在古近系—新近系发现油层、提交预测储量563万吨；近两年通过勘探开发一体化整体评价，青西古近系—新近系新老油藏均具备建产能力，增加含油面积20平方千米，新增储量规模1500万吨。鸭儿峡白垩系K_1g_1：在K_1g_1油藏部署的鸭西12井获日产13.5吨的工业油

流，柳北扇体部署的柳北2X井获日产27.3吨的工业油流，1193万吨预测储量有望升级为控制储量。石北次凹：西部缓坡带部署的单东1井在古近系—新近系获日产2.8立方米的工业油流，近期完钻的单东2井发现油气显示17.21米，落实有利面积12平方千米、地质储量规模500万吨，石北次凹古近系—新近系呈现连片成藏特点，展示白杨河、单北油田外围具有勘探潜力。老君庙油田北翼：部署的庙E105井、庙E106井分别获日产2.41吨和4.8吨的工业油流。

【油田开发】 玉门油田开展两轮上产会战，油田日产量由2015年初的1161吨逐步恢复到1330吨，自然递减率、综合递减率和含水上升率分别控制在18.23%、9.92%和1.28%以内。

原油产量：积极应对低油价对油田开发效益带来的巨大影响，突出效益质量，努力降低开发成本，完成油气当量44.00万吨。

重点区块产能建设：投产新井55口，新建产能19.04万吨、产油3万吨。老君庙M油藏东低区水平井整体开发效果良好、8口水平井日产达到35吨，庙北冲断带滚动建产形成1.8万吨产能；鸭西古近系—新近系L层新井平均初产达到6吨/日；青2-77井酸化获52吨/日的自喷高产油气流；酒东长2-29井获日产21吨的高产油流，长3-13井和长3-7X井在K1g1油藏获较好自喷产量，证实K1g1油藏潜力。

储层改造年活动：全力攻克青西油田、鸭儿峡油田、酒东油田复杂储层改造难点，鸭儿峡油田白垩系大型储能压裂和水平井体积压裂、酒东油田K1g1油藏大规模复合压裂、青西油田高应力储层压裂取得突破，鸭K1-8井、青2-73井等井产量大幅提高，低动用难采储量得到有效开发，措施增产3万吨。

长停井治理：制定三年治理恢复方案，对4口井进行侧钻加深，恢复油井73口、水井13口，增油7752吨、增注25217立方米。注水专项治理：完成主干工作量154井次，辅助工作量2584井次，日注水量达到6124立方米。

【炼油化工】 按照打好炼化调整硬仗的部署，深入落实挖潜增效措施，2015年，玉门油田加工原油200万吨，高效产品比例达到32.95%，吨油利润达到-82元/吨、同比减亏61元/吨，综合商品收率达到90.61%，原油综合损失率降低到0.75%。加大重点装置优化运行和产品结构调整力度，落实高附加值产品增产措施，严控低效产品产出，加大产销衔接力度，坚持阳光销售和竞价销售，全年7个单月实现勘探板块盈利，总体同比减亏1.22亿元。强化专业达标和装置达标，开展节能降耗，在新开5套装置的情况下，原油综合损失率、炼油能耗分别下降0.03%和1.7个单位。针对原油劣质化、运行后期设备腐蚀严重的实际，严格执行生产受控制度，加强设备标准化管理，加大巡回检查力度，操作平稳率达到99%，实现安全平稳运行。狠抓工程建设全过程管理，MTBE脱硫系统、1.5万吨/年分子筛脱蜡隐患治理等项目建成投运；汽油加氢、柴油改质装置适应性改造项目获批复，汽油、柴油国Ⅴ标准质量升级加快推进，12项安全、环保、消防项目验收完成。

【工程技术】 2015年，玉门油田紧密配合生产，千方百计降本增效，整体控亏1.38亿元，2家单位扭亏为盈。油田作业保障勘探突破、开发稳产有力，浅层钻井形成8项配套技术，大修质量持续提升，规模压裂、体积压裂和储能压裂施工能力稳步增强，深井固井、试井业务持续扩大，实现扭亏为盈，营业收入5.9亿元，盈利1649万元；水电脱硝改造期间单机单炉运行平稳，电网运维服务到位，水、电、汽、暖保供优质高效，控亏1011万元，比预算减亏2789万元，减亏幅度最大；建筑安装服务、配合新井投产、地面建设、钻前工程、应急服务等，炼化后期检修保运、酒东污水系统运维安全平稳，实现扭亏为盈，盈利66万元；机械加工三抽产品配送安装、注水服务配合等扎实有效，复式永磁抽油机等新产品投入现场试用；综合服务井队搬迁、客运服务、员工就餐等服务工作优质到位，商贸管理、车辆维修等业务量稳步增加；信息通信加快业务转型，40口油水井数字化工作顺利完成，矿区道路视频监控、DCS系统运维有序推进，控亏116万元，比预算减亏164万元；物资供应阳光采购、招标采购深入推进，重点物资供应保障到位，代储代销采购规模持续扩大，创收184万元；设计监理优质完成鸭西产能建设等2个EPC项目，拓展城市燃气利用监理工作，盈利247万元；油田保卫内部治安、消防戒备和服务工作稳步加强，费用控制在预算以内，创收985万元。矿区服务持续推进和谐美丽平安矿区建设，物业、医院、退休管理、农牧服务管理水平提升；积极推进民生工程，酒泉基地公共建筑设施维修、玉门老市区基础设施改造主体工程完工，欣露园新一轮选房平稳实施，定点医疗范围扩大，完成退休人员、“五七工、家属工”养老金和再就业劳务费调整。

【经营工作】 2015年，玉门油田扎实开展“开源节流降本增效”活动，节约投资6000万元，油气操作成本节约3752万元，炼油完全加工成本节约3653万元。下达专项预算，分板块分解下压任务目标，强化进攻性措施、设备检维修、劳保费用专项管理，狠抓成本精细核算，各类费用大幅下降，“五项”费用压缩15.27%，比“十二五”初下降52.2%；推行EPC、PC、PMC等工程项目管理模式，杜绝超规模和无效投资，投资效益稳步提升。勘探立足成熟区块开展井位论证部署，实施老井加深侧钻，减少低效工作量，压缩投资1260万元；开发优化建产方案，优选钻井和措施井位，推行钻井总承包，压缩投资1200万元；炼化全力优化能源结构、产品结构和产销结构，精细项目管理，同比减亏1.22亿元、节约工程投资9600万元；工程技术单位费用支出得到有效控制；矿区服务单位强化物料消耗定额管理，大力开展节能降耗，费用控制在预算以内。乍得对口支持项目运行良好，上下游运行安全平稳，综合研究支持到位，清蜡测试工作量增加，项目实现创效8910万元，得到国际勘探开发公司好评，被誉为中国石油对口支持的品牌；上海大联石化公司实现利润3224万元，塔里木井下作业创效1191万元，西气东输、西部管道电力服务、管道巡护、消防、通信、物资仓储等服务市场创效3.85亿元，与风电企业开展发电权置换交易增收1334万元，清洁能源开发公司燃气销量保持稳定。

【企业管理】 2015年，玉门油田推进改革创新和合规管理，各项管理工作规范高效。完成3批64项管理事项及权限下放的落实；撤销西安办事处、成都办事处和上海联络处，对离退休管理及销售业务进行归口划转；制定科研单位“双序列”改革方案。层层落实安全环保责任，以危险化学品专项整治为重点开展安全检查26次、整改问题隐患154项；对酒泉基地15485户住户，逐户开展“燃气安全进万家”专项大排查，整改燃气消防隐患674个；炼油化工总厂污水处理、水电厂烟气脱硝项目建成投运，采油污水和作业废水全部回注，“三废”排放稳定达标。重大科技专项完成第一阶段攻关任务，形成42项专有技术，公司级23个科研项目全面完成。其中，深井钻井周期缩短18%，高应力储层和中深水平井配套改造技术更加完善，白垩系复杂储层测井评价配套技术逐步形成，2个科研项目获集团公司科学技术成果三等奖。清理评价规章制度321项，参照12条财经纪律禁则对业务招待费、办公费等使用情况进行全面检查，完成“小金库”专项治理。严格执行“三控制一规范”制度，规范津补贴项目，合同化与市场化员工基本实现同工同酬，落实退养人员退养补差政策，用工总量控制在集团公司下达指标之内；落实依法治企实施方案，重大决策和重大项目法律审核率及普法宣传覆盖面均达到100%；强化基建、设备、招投标、节能等专项管理，工程质量合格率100%，设备综合完好率96.82%，节能9952吨标准煤、节水7.75万立方米。

【党群工作】 2015年，玉门油田突出“三严三实”专题教育和“重塑中国石油良好形象”大讨论两个重点，不断加强党的建设，党建水平稳步提升。以副处级以上领导干部为重点，认真落实“三严三实”实施方案，两级领导班子带头讲党课学理论、开展专题研讨、查找不严不实问题，如实填报个人有关事项。以恢复中国石油和玉门油田优良传统为重点，制定“重塑中国石油良好形象”实施方案，明确任务分工，深入开展学习讨论，制定主题教育宣讲课件，开展“重塑形象大讲堂”“重塑形象大家谈”“回眸十二五”等特色活动。强化“四好”领导班子创建，扎实开展履职测评、民主测评及问责，严格遵照程序选拔任用干部，调整交流副处级以上干部11人、竞聘提任5人。按照集团公司党组要求，配备专职纪委书记，强化纪检监察工作组织领导；制定落实主体责任实施细则，细化党委纪委77项责任，认真落实“一岗双责”，逐级开展廉政约谈；积极开展廉洁过节、招投标情况等5项监督监查，完成内控风险评估、合同管理等专项检查及化学品采购等效能监察，受理信访举报28件、办结24件，党政纪处分7人。制定并落实《加强基层服务型党组织建设意见》等27项制度，完成三分之一的党支部换届改选和22个薄弱党支部整顿转化，严格按标准发展党员174名。采取多种形式开展“形势、任务”教育，积极宣传报道重要部署、重点工作和先进典型，承办“见义勇为英雄司机走进玉门油田”学习交流。油田投入1173万元帮扶救助困难群体9199人次，开展金秋助学907人次；抓好精准扶贫，1482名农牧民受益。扎实开展主题劳动竞赛、创新创效、劳动模范选树和青春建功等活动，形成创新成果68项，4个单位、10人获全国、集团公司和甘肃省先进集体、先进个人和劳动模范称号。

【荣誉成果】 炼油化工总厂重油车间焦化装置主操岗位被授予“全国五一巾帼标兵岗”，综合服务处客车大队三小队获“全国工人先锋号”、全国安康杯竞赛“班组安全建设与管理成果展示”特等奖，炼油化工总厂聚丙烯车间QC小组获全国优秀质量管理小组，油田作业公司工会获“全国模范职工之家”，新闻中心电视节目制作部工会获“全国模范职工小家”，青西油田作业区宋先帮获“全国劳动模范”，钻采工程研究院杨谨敏获“全国五一巾帼标兵”，酒东油田作业区王小军、机械厂何将宏获“中国梦·劳动美·石油情”“全国石油石化系统创新先进人物”，公司（党委）办公室王璟、王得虎、鲁建祥、梁从晖获“明鉴春秋”铜质镀银纪念章。

史玉平劳动模范创新工作室获甘肃省“示范性劳模创新工作室”，油田作业公司“老君庙油田浅表层漏段顿钻及堵漏综合技术研究”（杨杰、陈小刚、张超群、魏朝晖、王锋、卢斌林）获第八届甘肃省职工优秀技术创新成果二等奖，老君庙油田作业区“抽油机井口密封盘根加取器”（刘金文、刘春杰、魏娟、许辉李晨露）、水电厂“锅炉尾部受热面改造”（夏博、吴重科、吴松山、任宗键、谭建军、贾蓝华）获第八届甘肃省职工优秀技术创新成果三等奖，方圆物业管理有限责任公司工会获甘肃省“石化系统先进基层工会”，建筑安装工程处安装二队焊接班获甘肃省石化系统“创新型班组”，勘探开发研究院“Geoeast与Landmark地震资料解释系统成果数据共享”（王建库、杨文辉）获甘肃省石化系统职工优秀合理化建议一等奖，水电厂“利用渣油泵房闲置PLC构建热水泵房远程监控系统”（张继、徐佳佳、朱玉泉、蒋兵）、油田作业公司“在备液作业中使用排污泵节约特车费用”（刘荣国、会嘉泉、张振波）、建筑安装工程处“管道安装施工中推广应用半自动焊工艺”（陶玉雄、王开基、王昆）获甘肃省石化系统“职工优秀合理化建议一等奖”，炼化总厂“以市场为导向，灵活储销增效益”（陈希均、殷磊）、青西油田作业区“应用新型酸液体系提高柳108、青1-7井产量”（沈世波、谢长富）、信息中心“转型发展、积极参与数字化油田和数字小区的运行维护”（杨再青、方远大、杨玉红、史庆举）、酒东油田作业区“合理控制套管气，降低对油井产量影响”（王小军、王兴）、鸭儿峡油田作业区“低压自喷井K1-8井‘3451’管理法”（李宁）、综合服务处“气动精密型点焊机电极技术改造”（刘斌、郑亚明、张文涛、蒋小林）获甘肃省石化系统职工优秀合理化建议二等奖，玉门油田工会获甘肃省工会“中国梦·劳动美”微电影评选竞赛优秀组织奖，油田保卫处《致我们燃烧的青春》获甘肃省工会“中国梦·劳动美”微电影评选竞赛三等奖，机械厂《我的岗位我负责 我的岗位我监督》、综合服务处《传承》、酒东油田作业区《美丽》获甘肃省工会“中国梦·劳动美”微电影评选竞赛优秀奖，炼油化工总厂焦化车间文盛、老君庙油田作业区采油四工区申莉君、油田作业公司修井四队X12868队陈敬德、油田医院外科王永胜获甘肃省“劳动模范”称号，青西油田作业区朱宗良获第七届甘肃省职工优秀技术创新成果一等奖暨“甘肃省五一劳动奖章”，青西油田作业区魏文杰、综合服务处于淑珍获甘肃省石化系统“优秀工会工作者”，酒东油田作业区团委获甘肃省“五四红旗团委”，公司团委王健获甘肃省“优秀共青团干部”，青西油田作业区青工陈鑫获甘肃省“优秀共青团员”，老君庙油田作业区李晨露获甘肃省“最美青工”，邱建民的“以文育人，以化管理，玉门油田把社会主义核心价值融入石油摇篮文化建设的实践探索”获甘肃省2015年思想政治工作课题研究二等奖，马月月、俞毅敏、陈伟、张惠君的“老君庙油田作业区员工关注的热点、难点问题分析研究”获甘肃省2015年思想政治工作课题研究优秀奖，钻采工程研究院高燕、勘探开发研究院魏彤、财务处高恒峰分别获甘肃省保密法律法规知识竞赛一等奖、二等奖和三等奖，公司（党委）办公室彭渤获甘肃省“保密工作先进个人”。

油田作业公司侧钻作业队D17863队获集团公司模范集体，鸭儿峡油田作业区获集团公司先进集体，炼油化工总厂催化车间获集团公司先进集体，勘探开发研究院魏军、老君庙油田作业区芦小明、建筑安装工程处马荣、物业公司王金山、乍得项目部富玉新获集团公司劳动模范，玉门油田公司获集团公司安全生产先进企业，鸭儿峡油田作业区联合站、建筑安装工程处机械工程队获集团公司2015年度绿色基层队（站）、车间（装置），蒋林获集团公司2015年度安全管理先进个人，张科获集团公司2015年度安全监督先进个人，朱宗良、罗小强、段天平获集团公司2015年度安全生产先进个人，曹卫东、王建平获集团公司2015年度环境保护先进个人，殷莉获集团公司质量计量标准化管理先进个人，陈玉获集团公司质量计量标准化技术机构先进个人，李云华、赵满宁获勘探与生产分公司“十二五”期间集团公司HSE管理体系推进工作先进个人，岳志远、王立伟、赵振禄、孟庆娟、苏炜获勘探与生产分公司2015年度安全环保先进工作者，炼油化工总厂聚丙烯车间QC小组题为“降低聚丙烯树脂产品灰分”项目获集团公司2015年度QC小组活动成果二等奖，炼油化工总厂重整—苯抽联合三班获集团公司2015年度“质量信得过班组”称号，玉门油田环境监测站获勘探与生产分公司2015年度“优秀环境监测站”，玉门油田环境监测站孟庆娟、霍艳琴获勘探与生产分公司COD技术比武一等奖，玉门油田环境监测站顾涛、万剑敏获勘探与生产分公司石油类技术比武一等奖，肖文华、严宝年、曾利刚、李铁锋、魏浩元、韦德强完成的“鸭儿峡－老君庙地区第三系、白垩系勘探精细研究与井位部署”和蒙炯、蒋映辉、翁定为、彭翔、张庆九、肖毓祥完成的“白垩系高应力储层压裂技术研究与试验”获集团公司科学技术进步奖三等奖，玉门油田分公司对外合作部获集团公司2014年度出国管理先进集体，新闻中心牛维民获集团公司“三严三实”专题教育优秀党课评比二等奖，青西油田作业区宗良、水电厂周伯武获集团公司“三严三实”专题教育优秀党课评比三等奖，陈桂香获集团公司2012—2014年度审计工作先进个人，水电厂相生太、吴重科，建筑安装工程处马建格获集团公司青年安全文化作品三等奖，企业文化处、方圆物业管理有限责任公司供热站获中国企业文化研究会“十二五”企业文化建设优秀单位，来进和、杨志义、邱建民获中国企业文化研究会“十二五”企业文化建设先进工作者，闫忠民的作品《“石油摇篮”盛开的宝石花》《宝石花的石油品质》分别获“中国石油品牌故事”征文一等奖、二等奖，张志选获集团公司矿区服务系统信息宣传工作先进个人，玉门油田分公司获集团公司2015年度节能节水先进企业，玉门油田分公司获集团公司规划计划部“统计工作先进单位”，马秀珍、孙芳霞撰写的论文《坚持把纪律和规矩挺在前面 深入推进监督责任落实》获中国监察学会石油分会2014—2015年度优秀论文三等奖，公司（党委）办公室王得虎获集团公司年鉴工作先进个人，公司（党委）办公室梁从晖获集团公司年鉴工作突出贡献奖。

（王得虎　鲁建祥）

中国石油天然气股份有限公司浙江油田分公司

【概况】 中国石油天然气股份有限公司浙江油田分公司简称浙江油田，于2005年7月由浙江勘探分公司与浙江石油勘探处二次重组成立。2009年11月，行政级别调整为副局级。主营业务涵盖原油、非常规天然气的勘探、开发、生产、储运和销售等。设10个机关处室、9个二级单位，用工总量499人。截至2015年底，浙江油田有探矿权面积43405.182平方千米，累计获原油三级地质储量1943.35万吨，天然气探明地质储量609.49万亿吨，建成黄金坝区域5亿立方米页岩气生产能力和筠连地区2亿立方米煤层气生产能力，油气生产能力达到50万吨当量水平。

2015年，各项生产经营指标均按计划要求完成。生产原油50001吨，保持连续6年稳产；生产天然气2.17亿立方米，销售2.03亿立方米；实现油气当量21.2万吨（表1）。

表1　浙江油田主要生产经营指标

指　标	2015年	2014年	2013年	2012年	2011年
原油产量（万吨）	5.00	5.07	5.06	5.05	5.00
天然气产量（亿立方米）	2.17	0.25	0.10	—	—
新增原油产能（万吨）	1.85	1.64	2.04	3.04	3.045
新增天然气产能（亿立方米）	2.23	4.57	0.9	0.25	—
新增预测石油地质储量（万吨）	—	520	—	307	301
三维地震（平方千米）	108	315.19	—	—	203.78
石油钻井（口）	94	121	183	98	51
钻井进尺（万米）	12.11	24.29	22.11	24.29	16.06
营业收入（亿元）	4.60	2.18	2.28	2.46	2.41
利润（亿元）	−9.85	−3.96	−3.07	−2.02	−0.92
税费（亿元）	0.22	0.42	0.44	0.52	0.56
累计生产原油（万吨）	33.45	28.45	23.38	18.32	13.27
累计生产天然气（亿立方米）	2.52	0.35	0.10	—	—

【"十二五"成果】"十二五"期间，浙江油田围绕"建设绿色、可持续的百万吨油气田"为发展目标，坚持质量效益至上，努力走科技创新、管理提升和市场合作发展之路。（1）油气勘探。实施二维地震6489.91千米，三维地震628.39平方千米，累计新增三级石油地质储量2225万吨，实施各类探井、评价井135口。（2）油田开发。通过全面实施精细注水，自然递减率、综合递减率等指标较2010年分别下降9.56%和11.68%。原油产量保持5万吨/年连续稳产，"十二五"期间，累计生产原油25.1万吨，生产天然气2.53亿立方米；天然气销售实现从无到有的突破，累计销售天然气2.16亿立方米。（3）地面建设。新建各类标准化、数字化井场站135座，海一联合站建成投运；完成黄金坝集气脱水站、井场支线和输气干线管网建设，共计敷设管线145.82千米；海瀛倒班点如期建成入住。（4）经营效益。共计完成投资48.82亿元；原油操作成本控制在30美元/桶以下，天然气操作成本控制在0.3元/米^3；资产总额从11.9亿元增加至42.9亿元，增长近3倍。（5）科技信息。先后实施科研攻关及新技术试验推广项目65项，获集团公司重大发现奖、科学技术进步奖等省部级奖项5个，评选公司级科技奖项17个，形成以薄层低渗高凝油藏勘探开采及页岩气、煤层气等非常规能源规模效益开发为主体的一大批创新理论和核心技术。（6）安全环保。健全了HSE管理体系，完善了现场监督网络，形成了特色的企业安全文化，"十二五"期间，未发生一起安全环保工业生产事故，连续多次被集团公司、地方政府评为安全环保生产先进单位。

【油气勘探】2015年，浙江油田始终把油气勘探放在首位，主攻苏北低渗薄层高凝油勘探突破，开展页岩气综合地质评价，落实勘探有利区，新增页岩气探明地质储量527.16亿立方米，煤层气探明地质储量82.33亿立方米，共实施完成各类探井、评价井21口，总进尺4万米。苏北油区曲塘凹陷一体化攻关方面，曲塘西南斜坡带实施的吉1601H1井钻遇千米油层，钻遇率100%，试采成效良好；曲塘东区实施的吉14H1、吉15H1井测井解释油层、差油层累计厚度分别为836米和1052米。上述成果，取得对曲塘次凹阜三段含油层系、含油面积及产能情况的重要认识。页岩气外围勘探评价方面，大寨地区部署实施的YS117井在龙马溪组获得最高1.4万立方米的测试产量，落实大寨—云山坝页岩气勘探"甜点"区，有利面积305平方千米；YS112井解释紫金坝页岩储层6层/106米，落实有利面积420平方千米，建产潜力巨大。煤层气方面，优选出沐爱核心区和筠连北、筠连东三个地质"甜点"区，初步落实筠连北和筠连东煤层气资源量300亿立方米，具备再建产5亿立方米的产能条件。

【油田开发】2015年，浙江油田开发从加强地质研究、精细日常注水、细化增产措施等方面提升油田开发水平，油田自然递减率16.9%，同比下降1.85个百分点；综合递减率11 %，同比下降1.4个百分点。地质研究方面，开展祝家圩断块成藏规律研究、吉5断块油藏地质综合研究以及戴南组油藏精细解释，调整优化井位部署，吉5-15井、吉1-51井分别在目标层位钻遇厚度6米以上的油层。精细注水方面，完善吉2西、吉5断块注采井网，开展个性化欠注井综合治理，全区累计增注17672立方米，增加水驱控制储量34万吨。加强油水井日常维护管理和水质达标监控，水质达标率85.3%。措施增产方面，开展老井地质大调查，实施老井改造措施效果对比分析，优选区块开展二氧化碳吞吐试验，通过措施优化，老区产能贡献率达88.3%。

【天然气建设】2015年，浙江油田瞄准5亿立方米产能建设和规模效益开发的目标，推进页岩气示范区建设，取得阶段性成果。完钻水平井11口，压裂6个平台21口井，压裂385段，完成5.1千米外输干线、16.25千米集气干线及150万米^3/日处理能力的黄金坝集气脱水站建设，新投产井19口，生产能力达150万米^3/日。通过优化生产组织，页岩气水平井钻井周期下降13.5%，煤层气开发井钻井周期下降22.5%。YS108H1-3井、H1-5井分获日产24.23万立方米和18.8万立方米的测试产量，刷新页岩气井测试产量新纪录。通过拓宽销售途径，YS108H1临时脱水站和黄金坝集气脱水站分别于2月26日、8月31日顺利投运，形成民用气供应、LNG集输、上网发电等多渠道销售格局，天然气日销售水平达到165万立方米。通过总结固化经验，形成"一体化研究、平台化部署、工厂化作业、橇装化建设、数字化管理"的勘探开发模式，开展国际合作、自主开发，市场运作、风险共担，页岩气开发成本逐步降低，推进页岩气示范区建设。

【科技创新】2015年，浙江油田投入科研经费1873万元，参与承担国家、股份公司级项目5项，获得股份公司2015年度油气勘探重要发现三等奖。（1）工程技术。苏北油区薄层低渗高凝油藏水平井钻井优选旋转地质导向技术，实现千米水平段一趟钻完成和油层钻遇率100%。页岩气示范区试验高润强抑性水基钻井液，获突破性成功。2015年，页岩气示范区水平井平均机械钻速提高了7.9%，优质页岩储层钻遇率达98.9%；煤层气开发井平均机械钻速提高了38.9%。（2）排采工艺。通过实施变频改造技术和摆铃抽油机节能效果再评价，平均单井系统效率分别提高18.8%和2.8%。煤层气精细化、智能化排采工艺走在同行前列，实现自动生成报表、自动调节稳定套压的自动化装置和智能供电保障、数据实时传输、发电机远程控制的智能化操控。（3）数字化建设。2015年，苏北油区建成数字化井场48个，覆盖114口油井，覆盖率70%，实现数据实时传输。西南气区实施中心站巡检、生产井台无人值守的扁平化管理，实现对视频、数据的远程监控。

【企业管理】 2015年，浙江油田推进依法合规治企，落实开源节流、降本增效各项措施，完成全年各项效益指标任务。新建、修订制度46项，规范油气管理业务。重视"三基"工作，将"三基"工作检查常态化。强化概预算、审计管理，严格概算审批、结算审查和价格审定，开展工程造价项目审计4.18亿元，审减资金5000万元。加强投资管控，强化效益对标，节约投资1200万元。制定《浙江油田公司成本节约和成本管理创新奖励办法》，严控非生产性支出，管理费用同比下降5%，节约110万元。推行一体化总包、市场化运作、智能化生产，页岩气水平井生产建设成本同比下降400万—500万元。2015年，招标率同比上升4%，通过实施招投标，节约资金6465.81万元。精细物资管理，全年盘活库存积压资金209万元。发挥二级物资集中采购规模优势，两级物资集中采购度100%。节约土地资源，土地复垦481.34亩，退耕48.28亩。严格"三控制一规范"，控制用工总量，推进业务外包，员工总量随生产规模的扩大而保持总体平稳。

【安全环保】 2015年，浙江油田顺利完成HSE各项目标指标，安全环保无事故。加强新法宣贯，加大执行力度，对照国家新《安全生产法》和《环境保护法》新建、修订制度条款、流程标准计18项，开展知识竞赛。开展安全生产大检查，贯彻执行"四不两直"工作法，深入现场查出问题158项。突出重点领域、特殊时段安全管理，落实页岩气建设投运、特种作业监管等重点领域管控措施，提升应急处置能力，实现全方位、全过程可控受控。强化现场安全监督，共发布各类监督报告77项，查处"三违"行为870起。加强承包商管理，开展承包商培训53期，查出并整改承包商施工现场违章、隐患600余项。强化全员矩阵培训，举办37期安全环保培训，培训870人次。加强防污减排，2015年处理回注污水19.7万立方米，重复利用钻井液近6万立方米，处理水基钻井废弃物7万多立方米，合法处置油基钻井废弃物9200吨，超额完成股份公司下达的年度节能节水指标任务。

【党群工作】 2015年，浙江油田开展"三严三实"及以"弘扬光荣传统、重塑良好形象"为主题的"重塑中国石油良好形象"大讨论活动，巩固专题教育成果。强化党委、纪委"两个责任"，健全完善惩防体系。重视集团公司巡视问题整改工作，制定4个大项12个小项44条整改措施，问题全部整改完毕。召开浙江油田成立十周年总结会，回顾十年奋斗历程，唱响主旋律、传播正能量。发挥工会、共青团组织作用，举办"建设5亿方、岗位建功"劳动竞赛，首次开展油田公司"青年文明号"评选，集中开展"形势、目标、任务、责任"全员主题教育活动，认清新形势、新要求、新挑战。

【矿区建设】 2015年，浙江油田加强民生工程建设，实施外墙涂料粉刷、防洪沟改造、监控设施维修等多项惠民项目，建设黄金坝井区部，投运海瀛倒班点和沐爱井区部，更新东台倒班点基础设施，一线员工生产生活条件进一步改善。落实扶贫帮困长效机制，慰问基层员工600多人次，帮扶困难职工339人次。开展"困难助学"阳光工程，共发放助学金23.9万元，资助困难学生49名。继续实施带薪休假、健康疗养制度，开展全员健康体检工作。履行企业社会责任，对乌蒙山区实施定点扶贫，树立良好企业形象。支持地方经济建设，与地方政府签署《页岩气综合利用项目合作协议》，向地方输送千万立方米民用气，创造良好发展环境。

（叶冰清）

中石油煤层气有限责任公司

【概况】 中石油煤层气有限责任公司，简称煤层气公司。2008年9月成立于北京，主营业务包括煤层气资源的勘探、开发；对外合作进行煤层气勘探、开发；煤层气田范围内的浅层气勘探、开发；煤层气勘探、开发工程施工；设备租赁；技术服务、技术咨询、信息咨询；勘探开发技术培训；煤层气集输、储运和销售机械电器设备等，具有煤层气上中下游综合一体化产业发展优势。作业区域遍及山西、陕西、内蒙古等煤层气资源富集省区，主力生产区块位于鄂尔多斯盆地东缘。

截至2015年底，机关设11个职能部门、4个直属机构、2个附属单位，7个二级单位、1个控股公司。按照股份公司授权，负责管理煤层气开发利用国家工程研究中心。

2015年，建成百万吨油气当量的鄂尔多斯盆地东缘煤层气田，奠定了中国煤层气业务技术主导者、标准规范制定者、业务发展领跑者的稳固地位。最高日产量426万立方米，具备15亿立方米的年生产能力。日最高商品气量突破400万立方米，较"十一五"末增长66倍；全年实现商品量8.45亿立方米，同比增加2.31亿立方米，增长38%；实现税前利润7135万元，较2014年增加3555万元（表1）。

2015年，新增探明天然气地质储量726.45亿立方米，加上天然气控制储量获股份公司油气勘探重大发现二等奖。

表1　煤层气公司主要生产经营指标

指　标	2015年	2014年	2013年	2012年	2011年
煤层气（含煤系地层天然气）产量（亿立方米）	8.74	6.14	2.1	0.5	0.3
煤层气（含煤系地层天然气）商品量（亿立方米）	8.45	6.14	2.1	0.5	0.3
二维地震（千米）	—	—	2484	—	829
三维地震（平方千米）	—	—	4	177	100
钻井进尺（万米）	18.57	14.34	40.66	80.91	54.49
累计生产煤层气（含煤系地层天然气）（亿立方米）	17.78	9.04	2.9	0.8	0.3

【煤层气勘探】 大宁—吉县、韩城区块煤层气水平井+储层改造技术攻关成果扩大，保德区块南部井组试采成效明显，石楼北区块老井重排产气势头良好，勘探前景进一步明朗。

【煤层气开发】 保德区块建成中国规模最大的中低阶煤煤层气田，日产气量增长到155万立方米，排采井单井平均日产气量2300立方米，18口井单井日产气上万立方米。韩城区块日产气量突破50万立方米，中高阶煤煤层气开发形成规模。临汾区块煤层气试采规模扩大，水平井攻关见到成效。

【煤系地层立体勘探开发】 大宁—吉县区块含气有利区带继续扩大，石楼北区块、延川和宜川地区探井均钻遇工业气流，三交北勘探见到好苗头，鄂尔多斯盆地东缘整体呈现多层系规模含气场面。大宁—吉县区块2亿立方米试采项目完试井均获工业气流，投产井平均日产1.5万立方米以上，完试气井日产气能力达80万立方米。

【对外合作】 2015年，执行山西省三交煤层气对外合作项目、陕西省韩城煤层气对外合作项目等9个合作项目。三交项目5亿米³/年煤层气总体开发方案获国家发改委批复。三交北项目获天然气探矿权证。石楼西区块永和18井区5亿米³/年产能建设开发方案获国家能源局备案。

【市场销售】 按照"优先当地、余量外输，确保民用、发展工业"市场开发策略，依托晋陕地方管网及韩渭西煤层气管道资源，发展用气项目 26 个，建成投产项目 25 个，年总用（输）气能力 23.8 亿立方米，基本形成以管网外输为主体，以周边工业专供用户、LNG 工厂为辅助，以 CNG、民用为补充的多元化、多类型、多渠道的销售网络。针对市场需求乏力、季节性供需矛盾，整合资源、拓展市场，推进用气量大、季节调峰能力强的重点项目“早建成、早投产、早接气”，工业用户用气比例增长至 6 成，支撑上游业务；针对天然气价格的两次重大调整，第一时间主动应对，确保气价调整政策落实和销售价格到位。

【科技进步】 “中低阶煤煤层气富集理论”“煤系地层立体勘探理论”指导勘探开发获进展，“水平井裸眼完井”“筛管完井”等多项煤层气钻完井技术有效提高开发效率，不同区块定量化排采控制方法和配套排采工艺应用提高平均单井产量。国家科技重大专项通过国家“十一五”财务验收抽查和“十三五”可行性研究、预算审查。股份公司重大科技专项通过股份公司中期评估，连续第二年被列为“集团公司科学技术十大进展候选项目”。国家工程研究中心关键技术和拳头产品研发取得成果，通过国家发改委第五次量化考核评价，油气领域排名靠前。制定的 2 项煤层气国际标准发布，实现煤层气国际标准“零”的突破，创造全球首个煤层气国际标准由中国企业制定的历史。2015 年新增专利 8 项。煤层气公司连续第四年被评为集团公司档案工作 A 级单位。

【开源节流降本增效】 利用政策开源，争取到煤层气开发利用补贴。管控投资节流，优化投资结构、强化立项审批，细化造价管理，核减投资 1959 万元。严控支出降本，推进集中采购，强化市场运作，全年节约采购资金 1540 万元；通过关停低效无效井、优化排采、实施新的巡井制度，降低排采成本 3004 万元；加大材料物资消耗控制，持续推进修旧利废工作；强化专项管控，大力压缩非生产性支出，全年管理性支出下降 7%。

【合规管理】 围绕发展战略和生产经营目标，坚持问题导向，从事前、事中、事后全方位、全过程加强企业内部管控。开展风险评估，建立事前预防机制。深入开展投资决策、安全环保等 36 个方面的风险辨识、分析和评估，制订防控措施；完善法律风险岗位防控指引文档，实现生产经营各领域中重要涉险岗位全覆盖。强化投资和市场监管，严格事中行为管控。严审股权预算和决算，严格履行“三会”审批程序，审查股东会、董事会、监事会议案 26 项；修订完善《市场准入管理办法》《市场准入管理手册》；清退不合格承包商 82 家，引入优质承包商 24 家，形成“优胜劣汰”动态管理格局；按照“鼓励公开招标、严管邀请招标、严控不招标”原则，推行公开招标，实行信息公开和集中采购，逐步将煤层气公司所属单位招标纳入集团公司招标平台规范操作运行。加强例行检查，完善事后监督考核。持续开展承包商资信考核、招投标、合同等专项检查，发挥内外部审计监察、内控监督作用。2015 年，通过集团公司重大专项审计、总经理任中经济责任审计、公司领导班子专项巡视以及内部控制管理层测试。

【安全环保】 2015 年，实现零事故、零伤害、零污染，完成安全环保工作目标。制修订安全环保事故隐患、安全生产费用使用等 10 项制度。组织开展新《安全生产法》和《环境保护法》、主要负责人安全管理、安全环保监督人员管理、承包商 HSE 管理、HSE 信息系统管理等培训 5 次，培训人员 1172 人次。组织对机关 42 名领导干部进行安全环保履职能力评估。组织开展全覆盖、全要素的 HSE 体系审核 4 次，开展环保、应急及渭南 CNG 站建设专项检查 3 次，配合勘探与生产分公司开展 2 次 HSE 体系审核工作。全年开展巡回监督 11 次，开展作业许可、承包商管理等专项监督检查 6 次，共监督检查 224 个生产作业单元。加强交通管理基础、危险化学品管理、职业健康管理，开展特种设备专项检查，全面控制安全风险。完善三级网络化动态管理应急工作机制，组织开展公司级井喷失控应急演练 1 次，分公司级、基层站队级应急演练 78 次，提升应急处置能力。推进建设项目环保手续办理和“三同时”制度落实，建设项目均取得环境影响评价批复。加大采出水综合治理力度，开展钻井液不落地处理技术试验。

【质量节能】 质量管理：组织开展质量体系内部审核和认证审核，配合集团公司开展质量体系推进评审。注册 QC 小组 14 个，完成 14 项 QC 小组活动成果。开展全面质量管理知识普及教育，42 人取得中国质量协会颁发的“全面质量管理知识普及教育全国统考合格证书”。检定计量器具 13756 台（套），完成年度计量器具检定计划。节能工作：对 350 口煤层气排采井进行节能监测与评价；通过集团公司节能考核。通过井场发电机“油改气”和井场小网电建设等措施，节能 65.1 吨标准煤，超额完成 10 吨标准煤节能任务。

【党的建设】 扎实开展“三严三实”专题教育，党员领导干部作风持续转变。持续深化班子建设，认真落实中心组学习制度、议事规则和“三重一大”决策程序，严格干部选用标准，领导班子和干部队伍结构进一步优化，引领发展能力进一步增强。加强基层党建工作，融入中心，服务发展，党的政治优势充分发挥。强化“两个责任”，完善惩防体系，党风廉政建设水平有新的提升。深入开展“重塑中国石油良好形象”大讨论活动，大庆精神铁人精神进一步弘扬。开展群众性经济创新，创建“青字号”品牌，发挥工团组织桥梁纽带作用。开展送温暖活动，发放扶贫帮困慰问金33.4万元。员工住房分配货币化政策全面落实，轮休假制度进一步完善，一线生产生活条件持续改善，员工收入稳中有增，企业发展成果广泛惠及员工。

（白　勇）

南方石油勘探开发有限责任公司

【概况】 南方石油勘探开发有限责任公司简称南方公司，前身为中国石油天然气勘探开发公司，于1985年在北京成立，1991年迁至广州。主要从事南方地区的石油勘探开发、油气处理、油气销售等业务，勘探区域覆盖广东省、海南省、广西壮族自治区。有探矿权4个，勘查面积5535平方千米，另有采矿权1个，开采面积38平方千米，主力产区位于海南省北部福山油田。设机关部门10个、直属机构9个，有在职员工179人，其中合同化员工106、市场化员工73人，平均年龄40岁，其中党员占49%，本科及以上学历占58%。2015年，南方公司生产液态烃30万吨，天然气1.41亿立方米，油气当量41.3万吨，实现总收入9.51亿元，税前利润1.95亿元，上缴税费1.06亿元（表1）。

表1　南方公司主要生产经营指标

指　标	2015年	2014年	2013年	2012年	2011年
原油产量（万吨）	30	28.6	26.5	20.08	18.57
天然气产量（亿立方米）	1.41	1.58	1.7	1.8	1.96
新增原油产能（万吨）	5.57	3.84	4.2	5.2	7.7
新增天然气产能（亿立方米）	0.17	0.02	0.14	0.27	0.35
新增探明石油地质储量（万吨）	357.88	128.56	—	1252.15	—
新增探明天然气地质储量（亿立方米）	3.3	19.46	—	15.35	—
三维地震（平方千米）	—	—	225.2	312.6	—
石油钻井（口）	56	53	64	59	47
钻井进尺（万米）	18.75	16.35	23.16	20.46	15.03
营业收入（亿元）	9.51	15.21	14.77	11.90	12.43
利润（亿元）	1.95	5.04	3.86	3.94	5.16
税费（亿元）	1.06	4.21	3.47	3.13	3.42

【勘探开发】 2015年，按照“突出福山、拓展三水、开辟新区”勘探指导思想，南方公司下大力气深化勘探，不断取得新成果。福山凹陷勘探取得突破，花场—永安构造流一段大面积叠合连片含油，上交三级储量5179万吨；涠洲组多口井获工业油气流，纵向上拓展了福山凹陷勘探层系，上交三级储量790万吨；白莲—金凤地区流一段展示整体含油叠加连片趋势，具备2000万吨储量规模，上交控制储量791万吨；美台构造流三段取得新进展，提交探明、控制储量590万吨。加大三水盆地勘探力度，截至2015年底，开展重磁力勘探2570平方千米，部署二次三维地震104平方千米，查明盆地结构、构造格局及断裂

分布，完成石油地质勘探远景评价，落实一批局部构造，为下步滚动勘探提供新的领域。积极扩展后备发展空间，推进云南陇川、广西崇左等新矿权登记，努力实现矿权面积翻番。南方公司始终坚持勘探开发一体化原则，坚持整体布局，长远谋划，不断提升油田科学开发水平。在花场构造流一段优选六个区块编制南方公司首个整体开发方案，截至2015年底实现动用储量1021.36万吨，新建产能21.7万吨，超额完成方案设计指标，并配套建成联合站一座、污水处理站一座，注水管线27.57千米，实现流一段油藏整体高效开发。注水开发见成效，强化同步注水、注够水、精细注水，夯实原油稳产基础，逐步实现开发方式的转变，截至2015年底，注水开发油藏产量占比达92%，确保原油产量的稳步增长。加大措施力度，流二段、流三段凝析气藏通过储层改造、柱塞气举等措施，综合治理见到明显成效，2015年底，综合递减下降至5.9%。

【工程技术】 2015年，南方公司不断优化钻井工艺，“三提”成效显著。应用螺杆+PDC复合钻井提速技术，钻井周期下降到平均30天左右，平均机械钻速提高到14.43米/时；水平井、深井、大位移井、深井取心水平不断提高，在井斜超过50度、井深超过4150米的深井段完成三次钻井取心，取心收获率达99.4%；优化钻井液体系，加大检测监督力度，钻井液指标符合设计率达96.3%，钻井液性能大幅提升；引进泵出式测井、轨道式钻机平移装置、钻机电代油技术、旋转式井壁取心技术、钻井废弃物随钻处理技术等新工艺新技术，解决复杂井的测井问题、丛式井快速搬安问题、钻井节能减排问题、地质分析对实物样品的需求问题以及传统沉砂池的安全环保问题。积极开展压裂增产、酸化解堵工艺研究应用，地质与工程技术协同攻关，挖掘低孔隙度、低渗透率层资源潜力，初期日增油192.71吨，日增气32.28万立方米；对注水压力高、储层被污染的注水井实施酸化解堵技术，酸化后油压平均下降8.5兆帕，单井日增注20立方米。南方公司对流一段整体开发主体区块全面实现密闭集输和同步注水，补能稳产，2015年减少原油挥发损耗1000吨以上，减少天然气放空4.5万立方米，增加液化气及轻烃8000吨以上。开展分注和降压增注等精细注水技术，柱塞气举、小泵深抽和耐二氧化碳井下节流技术，抽油机井举升技术以及冬季常温集输工艺等新技术的研究和应用，分别在稳产、节能、盘活存量和解决生产实际问题上取得成果。

【安全环保】 2015年，南方公司始终坚持“环保优先、安全第一、质量至上、以人为本”理念，解放思想，立足实际，不断创新安全环保工作思路，确保安全清洁发展。按照“党政同责、一岗双责”要求修订部门及岗位HSE职责，依照直线管理原则，逐层签订安全环保责任书，分解落实HSE责任，与承包商签订HSE合同，明确管理要求、考核指标。2015年，南方公司开展管道隐患治理项目，获集团公司和地方政府的大力支持，截至2015年底完成95%以上的隐患整改工作量。南方公司在新《环境保护法》正式实施前全面推广应用钻井废弃物随钻处理技术，彻底取消泥浆池，在石油系统内率先实现取消钻井泥浆坑，彻底消除废弃钻井液就地掩埋潜在的污染风险，环境效益、社会效益、经济效益显著，屡次获集团公司、勘探板块好评。钻井废弃物综合利用中心建成试运行，大幅提升油田废弃物的集中无害化处理和资源化利用能力，为建设绿色生态油田奠定基础。

【信息化建设】 2015年，南方公司油田日常生产基本进入信息化管理模式。在资源信息方面，从勘探开发数据管理与档案数字化两个方面加强信息资源建设，范围涵盖地震采集、钻井、测井、录井、试油、分析化验及井下作业数据库，并建立岩心岩屑管理系统；同时配合集团公司档案管理系统（E6）项目，实现档案资料90%以上数字化，并顺利加载系统。在大幅提高效率、降低成本、保障安全、提升管理的同时，从勘探开发研究、油气生产运行、工程项目建设、安全环保监督、合同协议签订、行政事务处理、移动协同办公、车辆在线管理、人力资源管理、纪检监察监督等各方面全面刻上信息化数字化标签，改进工作方式，现代化油公司建设进程大幅度推进。

【企业管理】 2015年，南方公司以抓好主营业务、转变发展方式、提高质量效益、依法合规管理为目标，积极对油公司体制进行精细化改革，突出合作共赢，力求精干高效。构建以“油田公司、兄弟单位、地方政府、地方企业”为主体的“四位一体”合作新模式，创新业务总包合作方式及领域，共谋发展。严控非生产性支出，推行信息化办公，“五项”费用实际支出下降15%以上；集中管理机关公务用车，年节约费用约35万元。推进依法合规管理，强化市场、合同、概预算、结算、物资采购、资本运营工作，严格内控、审计管理，开展个人事项报告、“小金库”专项检查，依法治企水平显著提升。健全干部管理制度，强化队伍综合素质培养锻炼，实行内部交流轮岗。不断完善员工绩效考核办法，打造奖勤罚懒、奖优惩劣的严考核硬兑现体系，形成多劳多得、人人争先的健康局面。

【党群建设】 2015 年，南方公司党委认真贯彻落实党中央、国务院决策部署，在思想、立场、行动上与党中央、集团公司党组保持高度一致，党建工作不断加强。着力提升党建科学化水平，完善落实党委中心组学习制度，组织认真学习和贯彻落实习近平总书记系列重要讲话精神，实现各党支部全覆盖。落实“三重一大”和民主集中决策制度，建立党委班子议事规则，坚持审议事项票决制度。严格落实党风廉政建设党委主体责任和纪委监督责任，牢固树立“一岗双责”“不抓党风廉政建设就是严重失职”意识，不断建立和完善有关制度体系；2015 年，南方公司党委班子召开 2 次专题党委会，听取纪检监察部门工作汇报，研究党风廉政建设和反腐败工作思路及举措。组织党员干部学习集团公司廉洁从业模范先进事迹，弘扬大庆精神、铁人精神和“三老四严”“四个一样”等优良传统。扎实开展“三严三实”专题教育，突出教育主题，强化问题导向，深化“四风”整治，营造守纪律讲规矩良好政治生态。开展“重塑中国石油良好形象”大讨论活动，营造忠诚担当、风清气正、守法合规、稳健和谐企业环境，增强员工自豪感和队伍凝聚力，持续提升南方公司公众认可度和社会美誉度。职工活动丰富多彩，坚持开展趣味运动会、“福山油田杯”篮球赛、羽毛球联赛、瑜伽健身班等品牌活动。创办青年大讲堂和青年拓展训练活动，帮助带动青年员工成长。

（杨涔中）

炼油化工企业

中国石油天然气股份有限公司大庆石化分公司（中国石油大庆石油化工总厂）

【概况】 中国石油天然气股份有限公司大庆石化分公司（中国石油大庆石油化工总厂）简称大庆石化，是股份公司的地区分公司，是以大庆油田原油、轻烃、天然气为主要原料，从事炼油、化肥、乙烯、塑料、液体化工、橡胶、腈纶生产，并具备工程技术服务、机械制造加工、生产技术服务、矿区综合服务能力的特大型石油化工联合企业。

大庆石化始建于 1962 年，历经半个世纪发展，成为东北地区资源条件好、社会环境优、业务门类多的国有炼化企业。有二级单位 27 个，员工 2.82 万人，生产装置、公用工程及辅助设施 155 套，可生产 56 个品种 430 个牌号的产品。炼油一次加工能力 1000 万吨 / 年，乙烯生产能力 120 万吨 / 年，合成氨生产能力 45 万吨 / 年，尿素生产能力 80 万吨 / 年，聚乙烯生产能力 111 万吨 / 年，聚丙烯生产能力 10 万吨 / 年，丙烯腈生产能力 8 万吨 / 年，丁辛醇生产能力 20 万吨 / 年，苯乙烯生产能力 19 万吨 / 年，ABS 树脂生产能力 10.5 万吨 / 年，顺丁橡胶生产能力 16 万吨 / 年，腈纶丝生产能力 6.5 万吨 / 年。

2015 年，大庆石化坚持科学发展，深化企业改革，推进依法治企，保增长、转方式、调结构，加工原油 575 万吨，同比下降 10.52%。生产合成氨 46 万吨，同比下降 6.69%，生产乙烯 84 万吨，同比下降 19.15%（表 1）。

【生产运行】 2015 年，大庆石化加强与供料单位沟通协调，积极争取原油配置和加工计划，按需组织化工原料进厂，满足不同时期装置对原料资源的特殊需求。发挥炼化一体优势，抓好不同季节生产组织协调，开展长周期攻关，加强跑冒滴漏检查和操作变动管理，主要生产装置操作平稳率 99.27%；开展标准化创建、包机包区和设备隐患排查，加强仪表、电气等专业管理，主要设备完好率 99.6%。密切跟踪市场，加强产销衔接，加大产品出厂力度，保证生产经营后路畅通。36 项主要能耗物耗指标好于 2014 年，

64 项完成年计划，16 项创历史最好水平。

表 1　大庆石化主要生产经营指标

指　标	2015 年	2014 年	2013 年	2012 年	2011 年
原油加工量（万吨）	575	642.58	650.07	605.10	650.10
资产总额（亿元）	224.74	263.11	294.23	315.71	301.13
营业收入（亿元）	386.42	564.11	555.14	513.77	566.99
利润（亿元）	-12.90	-29.33	-44.98	-41.92	-40.74
税费（亿元）	94.59	82.38	66.12	63.00	59.00
汽油产量（万吨）	137.41	133.54	147.63	133.56	149.96
航空煤油产量（万吨）	24.31	30.49	28.71	26.27	26.91
柴油产量（万吨）	208.77	218.02	252.71	228.33	255.34

【安全环保】 2015 年，大庆石化贯彻执行新《安全生产法》和《环境保护法》，遵循“党政同责”“一岗双责”和“谁主管谁负责”要求，落实领导责任、直线责任、属地责任。推进 HSE 体系建设，突出基层车间、作业现场和承包商的风险管控，提高 HSE 审核深度，开展公司级 HSE 审核 26 次，查改问题 1221 项。强化培训式安全监督，发现并督促整改安全隐患 4169 项，整改率达 99.77%。开展泄漏检测与修复（LDAR）工作，检测密封点 86178 处，整改漏点 2439 处。按照国家清洁生产要求，完成汽油国Ⅴ标准升级。强化危险废物管理，加强排污口监管，主要污染物排放得到有效控制，2015 年外排污水 2053 万吨、COD 1726 吨，同比分别下降 9.23% 和 9.29%，外排污水合格率 100%。完成重油催化一装置再生烟气脱硝，热电厂 1 号、2 号、3 号锅炉脱硫脱硝等 11 个重点隐患治理项目；国家环保部挂牌督办的腈纶污水治理项目建成投用，实现达标运行。

【挖潜增效】 2015 年，大庆石化成功实施挖潜措施 228 项，实现增效 7.1 亿元。突出抓好原料结构、产品结构、生产方案和能源优化，落实焦化装置全力加工油浆、炼化拔头油管输等措施，实现增效 2.01 亿元；完成节能 0.86 万吨标准煤、节水 80 万吨，均超过年度目标。通过优化财税管理、实施“三剂”代储、压低燃煤库存、提高存货周转率等措施，财务费用同比降低 1.03 亿元；“五项”费用实际发生 5623 万元，比预算减少 3509 万元；组织开展化工“三剂”采购、10 万元以下物资采购和房屋出租资产的合规管理监察，仅取消独家剂和两家剂采购就节约成本 1827 万元。落实物资集中采购，推进公开招标和公开选商，节约采购资金 1.6 亿元。封存和拍卖公务用车 76 台，优化车辆运行，车辆耗油费与预算相比减少 633 万元。严控用工总量，合同化和市场化用工减少 1010 人；压减固定劳务用工 119 人，降低劳务费用支出 1034 万元。

【装置检修】 2015 年是大庆石化历史上的首次全线大修年。召开检修动员会，反复论证检修计划，制定开停工和物料平衡方案，做足检修准备。抓好生活服务、宣传报道、现场保卫等工作，提供有力后勤保障。深入开展劳动竞赛，发挥党员先锋队、青年突击队作用。抓住安全、质量、进度三大环节，坚持样板起步，注重统筹协调，强化奉献意识。检修生产装置 67 套，同步完成隐患治理、腐蚀调查等工作，整治化工氢气送炼油管线裂纹、化三苯乙烯储罐底板塌陷等重大隐患。

【科技创新与成果】 2015 年，大庆石化编制“十三五”规划，开展乙烯、丙烯利用等 13 项专题研究，形成涵盖安全环保、新产品开发、技术经济指标提升等 15 个专项发展规划。加大自主创新能力建设，加快技术成果产业化进程，高腈 SAN 及板材 ABS 树脂成套技术工业化试验、聚烯烃新产品开发研究与工业应用等项目有序推进，天然气一段转化催化剂工业应用试验等项目通过验收。实施内模控制技术，减少 E3 装置裂解炉 COT 波动，降低岗位操控难度，提升运行平稳率和乙烯收率。实施重油催化二装置旋流快分技术改造，有效提高装置长周期运行水平。加强新产品开发，完成小中空专用料 DMDB6200、棚膜料

1826H 等新产品开发试生产 4 项，放大生产新产品 26.35 万吨，增效 6573 万元，氯化聚乙烯专用树脂 QL-505P、高强度膜树脂 DGDB6097 等 7 项产品实现万吨级以上产量规模。

【企业管理】 2015 年，大庆石化开展业务重组整合和人力资源优化，撤并车间级单位 5 个，减少管理和专业技术岗位 72 个，调剂 116 名二三线人员走上一线岗位。实施全员绩效考核，突出奖金与效益联动挂钩，实现奖金向生产一线、向创效单位倾斜。调整 306 名市场化用工奖金计发比例，并将工作满 3 年及以上的市场化用工拨奖比例由 40% 调整为 60%。关停龙凤宾馆和雅迪威商务酒店。加强重点领域依法治理，严把重大项目法律审查关，认真开展法律风险岗位防控，依法治企能力切实增强。强化合规管理，明确职责和流程，推进管理平台建设，合规管理水平明显提升。加强信息化建设，ERP、MES 系统深化应用取得成效，信息化在优化生产等方面的作用有效发挥。

【多种经营】 2015 年，大庆石化优化生产方式，健全运行机制，深挖内部潜力，经营性企业运行质量持续改善。化建公司相继中标 22 个标段，承建的内蒙古煤制甲醇项目获“2015 年度全国化学工业建设工程奖”；机械厂高附加值产品比重不断增加，外用工全部停用、积压物资优化利用等措施见到新成效，与抚顺石化、中油技术开发公司签订战略协议，市场前景更加广阔；检测公司持续升级先进技术装备，检测深度不断加大，取得无损检测 A 级资质，成功开发大庆炼化、兰州石化、云南石化等外部市场；信息技术中心巩固中石油内部市场，与神华集团有限责任公司、中煤能源集团有限公司深度合作，市场向社会民企逐步拓展；实业公司、开发公司和通讯中心等单位，强化精细管理，持续保持盈利，为未上市控亏做出积极贡献。

【党建工作】 2015 年，大庆石化加强党的建设，发挥党委政治核心作用，严明政治纪律和政治规矩，为生产经营、改革发展提供坚强的政治保证和组织保证。深化“四好”班子、“六个一”党支部创建活动，开展党建“三联”示范点工作，严格执行党支部书记岗位资格认证制，坚持党员发展标准，党组织和党员干部服务保障能力不断增强；推进“三严三实”专题教育，以党委书记讲党课作为良好开局，把专题学习研讨贯穿始终，认真深入查摆问题，召开高质量的民主生活会，推动形成积极向上、干事创业、风清气正的政治生态；开展“重塑中国石油良好形象”大讨论活动，坚持高起点高标准起步，把握活动主基调，大力弘扬优良传统作风，与“三严三实”专题教育、践行员工核心价值观相结合，有效保证大讨论活动落地生根；严格落实党风廉政建设责任制，形成“横向到边、纵向到底”的网格化责任体系，加大巡视监督、纪律审查等工作力度，党风廉政建设水平进一步提升；强化维稳信访、治安保卫、舆情监测等工作，企业大局保持稳定；注重发挥工会、共青团组织作用，深化民主管理，举办各种文体活动，创新共青团工作方式方法，为企业发展凝聚动力。

（钟国强）

中国石油天然气股份有限公司吉林石化分公司（吉化集团公司）

【概况】 中国石油天然气股份有限公司吉林石化分公司（吉化集团公司）简称吉林石化，前身是吉林化学工业公司，是国家“一五”期间兴建的以“三大化”为标志的第一个大型化学工业基地。1954 年开工建设，1957 年建成投产，1998 年上划中国石油天然气集团公司，1999 年重组为中国石油吉林石化公司、吉化集团公司，2000 年吉化集团公司与吉林石化公司正式分立运行，2007 年吉林石化公司与吉化集团公司整合管理。2010 年中国石油授权吉林石化对吉林燃料乙醇有限责任公司实施一体化管理。

吉林石化作为新中国化学工业长子，新中国的第一桶染料、第一袋化肥、第一炉电石就诞生在这里。60 多年来，吉林石化先后为全国各地输送和培养各类人才 6 万多人，累计向国家上缴利税超 1000 亿元，取得科研成果近 800 项，获国家级荣誉 100 多项，为中国化学工业和国民经济发展做出突出贡献。

截至 2015 年底，吉林石化原油加工能力 1000 万吨 / 年、乙烯生产能力 85 万吨 / 年、燃料乙醇生产能力 60 万吨 / 年。生产装置 74 套，能够生产汽油、柴油、航空煤油、聚乙烯、ABS 树脂、丙烯腈、乙丙橡胶、丁苯橡胶、甲基丙烯酸甲酯等 115 种主要石油化工产品。总资产 270.87 亿元。设机关职能处室 15 个，机关附属机构 6 个、直属机构 4 个，二级单位 41 个；在册合同化员工 2.6 万人。

2015 年，吉林石化围绕“管理增效”主题，强化“抓早、抓小、抓细、抓实”“四抓”工作方法，完善月份预算会、生产经营优化会、经济活动分析会、业绩考核会“四会”工作机制，深化指标、差距、专题“三个分析”，强化管理，重塑形象，加工原油 800.19 万吨，生产乙烯 66.68 万吨，完成商品总量 870 万吨，实现主营业务收入 466 亿元；完成税金 112.19 亿元，同比增长 31.8%；炼化主业考核控亏 17.6 亿元，同比减亏 24 亿元，预算完成率 146.7%，全面完成集团公司下达的 KPI 考核指标和稳增长任务（表 1）。

表 1　吉林石化主要生产经营指标

指　标	2015 年	2014 年	2013 年	2012 年	2011 年
原油加工量（万吨）	800.19	833.12	857.25	834.83	914.10
乙烯产量（万吨）	66.68	71.00	73.37	67.71	80.49
汽油产量（万吨）	142.28	151.94	152.93	154.15	159.03
柴油产量（万吨）	303.45	334.46	349.16	347.28	380.14
航空煤油产量（万吨）	21.61	8.79*	—	—	—
资产总额（亿元）	270.87	307.27	317.42	367.67	359.87
营业收入（亿元）	484.68	651.90	690.11	673.10	735.42
利润（亿元）	−35.77	−40.35	−51.53	−68.29	−50.57
税费（亿元）	112.19	85.23	84.86	78.73	86.68

注：* 航空煤油装置于 2014 年 5 月建成投产。

【安全环保】 2015 年，吉林石化落实安全环保第一责任，强化领导干部包保联系点制度，组织处科级后备干部到安全监督巡视中心挂职；坚持从严管理，实施重奖重罚；推行“站队式”交接班，规范员工作业行为；严格执行“叫停”“退守”等升级管理要求，降低安全风险。强化“超标就是事故，超排就是违法”意识，抓好环保工作，总出水 COD 平均浓度达到国家一级标准 50 毫克 / 升以下。

【优化调整】 持续优化运行管理，装置操作平稳率达 99.68%，有 664 项技术经济指标保持或创历史最好水平。持续优化原料配置、产品结构、生产负荷，炼油高效产品比例达 44.3%，乙烯吨边际贡献达 4000 元以上；ABS 树脂产量达 53.7 万吨，创历史最高水平；吉林石化 35 种化工产品边际利润总额达 33 亿元。实施催化裂化技术升级改造等 14 个技术改造项目，2015 年增效 2 亿元。

【市场营销】 2015 年，吉林石化坚持面向客户和市场，深入开展产销研一体化攻关，加大对大区销售公司和大客户走访频次，强化产品技术支持和售后服务。ABS 树脂在国内高端白色家电领域站稳脚跟，产品成为石化行业名牌；高密度聚乙烯管材料成为国内品牌化产品，质量达国际同类产品先进水平，市场供不应求。

【成本管控】 2015 年，吉林石化深化全方位降本压费，推进公开招标，管理降采 2.45 亿元；深入开展劳务、检维修等费用专题分析，大额生产费用以及差旅费、会议费等非生产性费用同比降低 1.8 亿元；严控用工总量，减少用工 2734 人。退出矿区社区医疗服务业务，医保移交地方管理，降低运行管理成本。

【内部改革】 2015 年，完善工效挂钩政策，加大薪酬分配向创效单位、一线岗位、艰苦关键要害岗位倾斜力度，拉开岗位间收入差距；以吉林石化检测中心和精细化学品厂为试点，下放独立核算单位经营自主权，推广“工效卡”，打破“大锅饭”，增强经营活力。

【党建思想与和谐建设】 深入开展“三严三实”专题

教育，落实党风廉政建设“两个责任”，打造忠诚、干净、勇于担当的党员干部队伍。妥善处理各类信访问题，出色完成重点时期维稳任务，受到集团公司4次发电嘉勉。扎实开展“重塑中国石油良好形象”大讨论、“‘四种精神’（背山精神、麻袋毛精神、矛盾乐精神、登天精神）在我手中”主题实践等活动，树立形象标杆，展示典型风采，重塑队伍形象。

（林　业）

中国石油天然气股份有限公司抚顺石化分公司（中国石油抚顺石油化工公司）

【概况】 中国石油天然气股份有限公司抚顺石化分公司（中国石油抚顺石油化工公司）简称抚顺石化，是中国炼油工业的“摇篮”，是集“油、化、塑、洗、蜡、剂”为一体的大型石油化工联合企业，地处辽宁省抚顺市，前身是于1982年3月17日经国家经委批准成立的抚顺石油工业总公司。占地面积1270万平方米，有在籍全民员工2.3万余人，集体企业在职职工7500余人。资产总额265亿元，年销售收入500亿元以上，能够生产300余个牌号的石油化工产品，是世界上独具特色的石蜡、烷基苯、贵金属催化剂生产基地，产品畅销全国并远销到世界50多个国家和地区。

新中国成立以来，抚顺石化累计加工原油3.85亿吨，实现利税700亿元，为全国各地输送2万多名优秀管理和技术人才。生产原料主要为大庆原油和沈北原油，原油一次、二次加工能力均为1150万吨/年，化工产品生产能力为360万吨/年。主要生产装置76套，辅助及配套装置、设施100余套。设备213894台，固定资产新度系数为0.61。能够生产汽油、航空煤油、柴油、润滑油基础油、石蜡、烷基苯、聚乙烯、聚丙烯、丁苯橡胶等300多个牌号石油化工产品。

近年来，公司先后获“全国五一劳动奖状”“中央企业先进集体”“国家级重合同守信用企业”“全国基层先进党组织”“全国精神文明建设单位”“中国AAA级信用企业”“全国最具影响力企业”“全国企业文化示范单位”等称号；产生党的十四大、十六大、十七大、十八大代表、全国人大代表、全国总工会十五大代表；涌现出全国劳动模范、全国学习型十大标杆班组、全国职业道德建设百佳班组、中央企业“巾帼文明岗”、全国最受关注企业家、全国五一劳动奖章等一大批先进集体和个人以及“王海班”、中转站、赵林源等一大批全国基层建设先进典型。

2015年，加工原油810.08万吨，同比减少31.95万吨；生产汽油、航空煤油、柴油409.36万吨，同比减少37.80万吨；化工商品总量324.41万吨，同比增加24.38万吨。销售收入407.37亿元，同比减少117.09亿元。实现利润3945万元，一举摘掉多年亏损的帽子，提前4年完成国务院国资委重点亏损企业专项治理工作目标。与预算比，减亏24.54亿元，同比减亏44.05亿元。3月单月盈利1.94亿元，结束长达51个月亏损局面；5月单月盈利5.02亿元，创下1999年重组改制以来月盈利额历史新高。在加工大庆原油的10家炼化企业中，吨油边际贡献由2013年的13元、倒数第一名，跃居到2015年的783元、第一名。2015年业绩考核分值达到集团公司A类企业水平。税费96.78亿元，同比增加26.47亿元，在辽宁省排名第二，上缴地方税收同比增长100%，占抚顺市地方财政收入的50%以上（表1）。

表1　抚顺石化主要生产经营指标

指　标	2015年	2014年	2013年	2012年	2011年
原油加工量（万吨）	810.08	842	829	753.98	665
销售收入（亿元）	407.37	524.5	524.2	476	439.46
利润（亿元）	0.3945	−43.66	−59.87	−65.14	−62.50

续表

指　标	2015 年	2014 年	2013 年	2012 年	2011 年
税费（亿元）	96.78	70.3	69	66	65.76
汽油、航空煤油、柴油总量（万吨）	409.36	447	479	423	—
化工商品总量（万吨）	324.41	305	221	174	150

【生产运行】 2015 年，抚顺石化生产优化成效显著。围绕结构调整这条主线，优化生产运行、提高装置负荷、增产高效产品，按最佳效益路线组织生产。石油二厂、石油三厂、洗化厂主要生产装置运行负荷均达到 90% 以上，同比提高 6.5%。大乙烯负荷 98.26%，同比提高 16.1%。优化产品结构，生产 97 号汽油、低凝柴油、石蜡等高效产品 147 万吨，增产 12 万吨，增效 1.61 亿元。

完善《装置长周期运行考核管理办法》《生产装置开停工管理规定》，强化生产技术、工艺纪律、装置开停工、运行维护等管理。加强设备管理，对大型关键机组实施远程监测及故障诊断分析，大型关键机组联锁投用率 100%，故障率 0.05%；设备完好率 99.08%，主要设备完好率 100%，2015 年设备事故为零；装置平稳率 99.58%，提高 0.98 个百分点，非计划停工降低 43%。对标准化工作进行检查、讲评。深化装置达标、对标，可比综合商品率 93.98%，提高 0.99 个百分点；加工损失率 0.43%，降低 0.07 个百分点；炼油综合能耗 62.12 千克标准油 / 吨，降低 5.02 个单位；单因耗能 7.44 千克标准油 /（吨 · 因数），降低 0.85 个单位。乙烯综合能耗 571.16 千克标准油 / 吨，降低 42.14 个单位。

强化节能节水管理，持续开展地下水管网测漏，对凝结水、污水进行回收利用，炼油新鲜水单耗 0.34 吨 / 吨，下降 0.04 个单位。加热炉热效率 91.80%，提高 0.67 个百分点，创效 4000 万元。热电厂汽机负荷率 76.77%，提高 2.44 个百分点；优化电网运行，实现发电“削峰填谷”，创效 2100 万元。修理费实行“三级公示制”管理，降低 3100 万元。恢复高温裸露部位保温 6600 点，节能创效 1500 万元。设备国产化和修旧利废，节约 440 万元。

【安全环保】 2015 年，抚顺石化安全环保态势总体稳定。从员工安全环保履职测评、隐患排查奖励、应急演练等八方面入手，全面实施安全管理提升工程。层层签订安全环保责任状。对近 10 年来发生的各类事故事件进行梳理分析，制作安全警示片《身边的血与泪》。强化安全环保督查，成立安全环保督查中心。组织实施三年隐患治理，128 项问题完成 102 项，暂时不具备治理条件的均落实防范措施。“十二五”期间，炼化板块对抚顺石化 11 次 HSE 体系审核共提出问题和建议 1244 项，整改完成 1173 项；集团公司安全评估提出的 438 项问题整改 403 项。通过认证中心年度监督审核。完成安全生产许可证换证。完成大乙烯、炼油结构调整、新热电项目职业卫生验收，大项目环保验收工作有序开展。修订完善应急预案，各层级应急演练 1000 余次。实施碧水蓝天工程，强化源头治理和过程控制，分类分级管理污染源，三废排放控制在总量指标内。

【节能减排与科技创新】 2015 年，抚顺石化节能减排、技术改造和创新步伐加快。完成抚顺石化“十三五”总体发展规划编制。开展资本性支出项目 111 项，其中新开 11 项，投资 2.14 亿元。天然气进厂项目全部投用。热电厂脱硫脱硝改造项目建成投产；储运厂长输管线安全隐患治理工程达到国家进度目标。烯烃厂裂解炉增设空气预热器节能改造项目完成 1 号、2 号炉改造，年可创效 1050 万元；乙烯厂新建轻烃卸车配套设施改造项目通过股份公司审查；乙烯厂、热电厂、腈纶厂等蒸汽系统优化改造节能项目中交；石蜡成型机组项目完成可行性研究编制。组织开发高熔抗冲共聚聚丙烯 FC730L 等新产品（牌号）11 个，生产新产品 18.2 万吨，增效 1.14 亿元。成功产出 9398 吨高刚薄壁注塑产品 HPP1850，填补国内无氢调法生产空白。

【挖潜增效】 2015 年，抚顺石化挖潜增效工作持续深化。按最佳效益路线编制计划，用计划统筹产运销、上下游的全时段、全过程，使企业运营始终保持最佳状态。实行“日核算、周测算、月分析，适时优化、快速决策”，每日发布利润完成情况，每周测算并通报利润和成本费用情况，做到边际贡献、成本费用与生产计划整体联动，形成预测、优化、监控、纠偏、再优化良性循环。多争取原油资源25.08万吨，增效1.95亿元，外购饱和轻烃、石脑油30.17万吨，大乙烯实现利润15.8亿元，成为创效主力军。开展各层级经济活动分析812次，将各项工作、指标与效益一一对应，找出短板和瓶颈。效益测算无死角，装置对标全覆盖。机关显示屏每天公布效益，门户网站开设“月利润预测”奖励平台，营造“全员关注效益、人人精打细算”良好氛围。统筹6150万元专项资金，实施挖潜增效项目48项，完成38项，创效5652万元。严格费用管控，所有费用支出事前评估、事前审批，财务费用、可控费用、“五项”费用分别降低33.82%、17.41%和37.52%。推进资产轻量化，处置资产1.26亿元。密切产销关系，调整自销产品价格370次，石蜡、石油焦量价持续领跑市场。大力实施阳光采购、公开招标、框架招标，招标率73.07%，节约资金4.4亿元，化工原材料、“三剂”等大宗产品价格下降5%。加强煤质管理，卸车与炉前热值差下降75%，价格下降128.48元/吨，节约2.09亿元。产销一体化及独立法人单位物资采购工作实现集中统一。建设物资超市，12类300项物资上架，库存下降1%。剔除4家供应商。持续加强工程预结算过程管控以及采购合同等审计抽查，审减5742万元。

【企业管理】 2015年，抚顺石化企业管理基础不断夯实。将集团公司考核29项KPI指标，分解成公司、机关、厂、车间、班组、岗位“六级”21类2.65万项指标和具体任务，横向到边、纵向到底。各级干部分级包保、分项承包，目标明确，责任清晰。成立技术处、招标中心等单位，恢复石油一厂建制，撤销资本运营部（集体企业管理部）。北天集团大力实施改革创新，将55家法人单位、110个账户清理整合成四大板块，增效6000万元。推行合规管理，依法治企，对七大类69项问题进行动态循环管理。持续完善制度体系建设，审批、下发规章制度40项。针对外购乙烯原料采购、对外协调等13方面工作进行管理评审。事后合同率控制在5.5%以内。强化准入商资质审查和考评监督，清退119家。持续推进基层建设，单项达标314个，评选精品车间2个，达标车间17个。制订《“五型”班组标准化建设第二个三年规划》。举办第六届专业技术管理人员和专业技术人员职业技能竞赛，2604人参加15个专业竞赛。举办各类培训班800期，培训3.6万人次。

【企业文化建设】 2015年，抚顺石化企业文化建设取得新进展。扎实推进“三严三实”专题教育、“重塑中国石油良好形象”大讨论活动。深入开展“树信心、强素质、比贡献、创一流”主题教育活动，营造扭亏解困良好氛围。“支部书记（主任）大讲堂”“党员跟乘”等基层党建特色工作成为新亮点。持续开展员工明星评选。全方位加强内外宣传工作，弘扬正能量、展示好形象。加强网络舆情管理，负面信息大幅降低。编制《公司企业文化建设“十三五”规划》。进一步落实党风廉政建设党委主体责任、纪委监督责任和部门监管责任。集团公司专项巡视反馈7方面20项问题已整改完成18项。出台《党风廉政建设责任追究暂行办法》《党风廉政建设约谈制度》等8项制度。群团组织桥梁纽带作用有效发挥，组织开展“我为重塑中国石油良好形象添光彩”劳动竞赛、合理化建议征集、青年大讲堂等活动。深化民主管理，畅通信息渠道，聘任28名总经理联络员，答复处理7类32项提案建议。坚持依法维稳，引导群众规范有序表达诉求，及时调查处理反馈反映问题。重要敏感时段维稳安保工作得到集团公司电报嘉勉和省市充分肯定。履行社会责任，主动参与天津港、抚顺伊科思新材料有限公司事故救援，得到国家和省市赞誉。

【矿区服务】 2015年，抚顺石化矿区服务扎实推进。员工住房公积金人均增加9%。调整企业年金、社会保险、医疗保险缴存基数。发放健康疗养费720万元。深化扶贫帮困送温暖活动，慰问帮扶9598人。厂区员工就餐、洗浴、住宿服务水平持续提升；101台公交专用通勤车投入运行。健身馆面向员工及家属免费开放。石化总医院成为抚顺市唯一康复医院，与国内15家知名医院建立远程会诊平台。对3万名员工进行健康体检。老旧员工住宅小区天然气入户改造项目获集团公司审批。深入推进现场环境整治和花园式工厂建设，整治79大项低标准，绿化33.6万平方米，厂区、装置环境焕然一新。真情关心服务离退休老同志。丰富员工文化生活，组织开展员工运动会、文艺汇演、梦想秀等文体活动。

（孙　丽）

中国石油天然气股份有限公司辽阳石化分公司（中国石油辽阳石油化纤公司）

【概况】 中国石油天然气股份有限公司辽阳石化分公司（中国石油辽阳石油化纤公司）简称辽阳石化，是特大型石油化工联合生产企业。截至2015年底，设14个职能处室、10个生产厂和17个直属单位，在岗员工1.6万人。

辽阳石化位于辽宁省辽阳市宏伟区，于1972年经国家批准筹备建设，1974年正式动工，经过40多年的发展，公司有炼油、芳香烃、烯烃等主要生产线，炼化主体生产装置63套，辅助生产装置38套。炼油部分有加工俄罗斯原油的全加氢炼油厂，原油加工能力达到1000万吨/年，为中国石油第八家千万吨级炼油基地，可年产优质柴油530万吨、汽油80万吨、航空煤油50万吨。芳香烃及衍生物生产能力位居全国前列，可年产70万吨对二甲苯、40万吨苯、6万吨邻二甲苯、80万吨PTA、50万吨聚酯、14万吨精己二酸和18万吨硝酸。烯烃部分以20万吨/年乙烯裂解装置为核心，可年产7万吨聚乙烯、20万吨环氧乙烷和乙二醇。

2015年，辽阳石化加工原油537.9万吨，同比减少23.7万吨；销售炼化产品总量434.69万吨，同比减少71.81万吨。其中柴油280.42万吨（含出口36.26万吨），同比减少19.98万吨；汽油35.22万吨（含出口29.24万吨），同比减少2.22万吨；航空煤油23.87万吨，同比减少3.83万吨；三苯57.37万吨；同比增加14.27万吨；环氧乙烷17.25万吨，同比增加2.75万吨。实现主营业务收入204.47亿元，同比减少123.13亿元；实现利税22.03亿元。

系统优化统筹产、供、销各环节，主体装置在低负荷状态下保持平稳优化运行，炼油综合能耗、原油加工损失率、综合损失率3项指标列炼化板块第一，乙烯综合能耗、环氧乙烷综合能耗创建厂历史最好水平。坚持效益优先，增产多销高效产品，销售京Ⅴ标准、国Ⅴ标准、国Ⅳ标准汽油、柴油163.12万吨，-35号柴油39.79万吨，环氧乙烷17.25万吨、聚乙烯3.67万吨。扩大俄罗斯原油来料加工业务规模，来料加工俄罗斯原油76.7万吨，出口成品油65.5万吨（表1）。

表1　辽阳石化主要生产经营指标

指　标		2015年	2014年	2013年	2012年	2011年
原油加工量（万吨）		537.90	561.60	595.94	782.64	786.42
上市业务	资产总额（亿元）	95.82	111.43	140.81	185.76	192.39
	营业收入（亿元）	196.90	318.78	375.21	519.74	520.42
	利润（亿元）	-33.78	-50.63	-56.92	-62.12	-49.92
	税费（亿元）	52.14	46.29	42.80	65.23	57.20
未上市业务	资产总额（亿元）	24.73	25.34	25.79	26.32	24.58
	营业收入（亿元）	10.23	12.35	14.48	14.67	12.87
	利润（亿元）	-2.05	-2.35	-2.29	-2.14	-3.26
	税费（亿元）	1.81	2.02	1.77	1.69	2.03
汽油产量（万吨）		32.39	37.64	26.87	53.64	44.60
航空煤油产量（万吨）		23.87	27.95	25.33	24.68	20.78
柴油产量（万吨）		280.42	298.11	315.85	422.04	426.58
对二甲苯产量（万吨）		40.64	30.29	53.67	65.33	65.00

续表

指　标	2015 年	2014 年	2013 年	2012 年	2011 年
环氧乙烷产量（万吨）	17.25	14.52	10.00	11.79	8.50
聚乙烯产量（万吨）	4.15	0.76	2.42	5.87	5.64

【安全环保】 持续完善 HSE 体系建设，以基层 HSE 体系推进现场会为载体，以体系审核为手段，推进“下管一级”，将 HSE 体系推进延伸至车间和班组。强化生产和施工现场的安全监督，生产、作业全过程实现安全受控。突出隐患治理，整改各类安全环保隐患 1948 项，长输管线隐患治理达到 80% 的整改目标。完成 6 号、7 号锅炉脱硝改造，脱硫、脱硝装置均保持平稳高效运行，外排污水实现 COD 总量和浓度双达标。2015 年，获集团公司“环境保护先进单位”和“节能节水先进单位”称号。

【科技创新与成果】 开展己二酸高端产品技术攻关，生产出可完全替代进口产品的特等精己二酸产品。光学膜聚酯项目试生产成功，有望成为公司新的效益增长点。依托公司自主研发的 JM-1 和 JK-1 催化剂，超高分子量聚乙烯中试产品指标达到用户要求。2015 年，申报专利 23 项，14 项专利获得授权。“新型 LY-C2-02 两段床碳二加氢催化剂工业试验”科研项目获集团公司科学技术进步奖二等奖，“高端聚酯原料新型二元醇产品生产技术研究”项目获集团公司技术发明奖二等奖。

【规划发展】 2015 年 10 月 12 日，辽阳石化《俄罗斯原油加工优化增效改造项目可行性研究报告》通过集团公司董事长办公会审议，同意立项实施；12 月，项目总体设计通过集团公司规划计划部在北京组织的专家审查。编制完成辽阳石化“十三五”产业发展规划，初步形成未来发展构想。天然气替代燃料油和液化气项目成功投用，预计年可替代液化气 5.81 万吨、燃料油 25 万吨、轻石脑油 3.6 万吨。

【挖潜增效】 实施 45 项公司级挖潜增效项目，开展降罐存、“三剂”对标、节能降耗、修旧利废等工作，增效 3.27 亿元。抓住市场机遇，优化和稳定聚乙烯装置生产，聚乙烯产品创效 1.09 亿元。

【企业管理】 突出依法治企要求，持续完善管理体系，实施 97 项专项管理提升方案，组织 4 次公司级管理体系审核，整改问题 1224 项。持续开展“我的岗位我负责，我们的班组无违纪，我们的车间请放心”为主题的“放心型”工厂创建工作，提升员工自我管理意识和基层自主管理能力。提升员工操作技能水平，持续开展师带徒“千对工程”活动，确定师徒对子 923 对。2015 年，辽阳石化获集团公司乙烯装置操作工竞赛团体第三名，在辽宁省企事业单位专职消防队伍比武竞赛中获团体第一名；杨瑞龙、丁占峰、刘二龙获集团公司应急技能演练团队项目金奖，王臣获个人银牌，丁占峰、刘二龙获“优秀选手”称号。设备消瓶颈和标准化专项治理工作进展顺利，仪表联锁投用率达到 100%、自控率达到 93%。推进矿区供水、供电、供暖和物业“三供一业”业务分离移交，供水、供电业务移交达成初步意向。

【精神文明建设】 以“三严三实”专题教育为载体，以提高理论素养和改进作风为着力点，加强领导干部队伍建设。推进基层支部标准化建设，并将党员主题实践活动与“放心型”工厂建设紧密结合，发挥党组织战斗堡垒和党员模范带头作用，推动员工队伍综合素质的提升。开展“重塑中国石油良好形象”大讨论，召开座谈会、讨论会 200 多场，举办“情系辽化·爱岗敬业·重塑形象”专场报告会和“我是中国石油形象”为主题的员工签名承诺活动。推进企业文化建设，完成首本《辽化创业精神教育系列丛书》编写工作，辽阳石化通过辽宁省企业文化建设示范基地评审，被授予“‘十二五’全国企业文化优秀单位”称号。加大外宣工作力度，开展“央媒辽化行”活动，在市级以上媒体发稿 1290 篇，在集团公司门户刊发信息 285 篇。抓好党委主体责任、党委书记第一责任、班子成员分管责任、纪委监督责任、部门监管责任“五个责任”落实，推动公司反腐倡廉建设。仪表厂、烯烃厂乙二醇车间、动力厂空分二车间、矿区服务事业部公用事务部客服中心“林海臣”班获集团公司“先进集体”称号，王铁、金翀、闻昕叶、叶会亮、尹华、张立喆、庞云华获集团公司“劳动模范”称号，王坤获集团公司“优秀青年”称号。

【和谐稳定】 以生活区采暖系统改造为重点，完成二号热力站南环采暖系统节能改造和 29 栋住宅楼一户一阀采暖系统维修改造，改善供暖设施条件。关注民意，坚持民主管理座谈会制度，及时答复和解决员工提出的问题。关注集体企业发展，辽阳石油化纤公司亿方工业公司在经营困难的形势下同比减亏幅度达到 25%，生产保持平稳，队伍和谐稳定。

（张军明）

中国石油天然气股份有限公司兰州石化分公司（中国石油兰州石油化工公司）

【概况】 中国石油天然气股份有限公司兰州石化分公司（中国石油兰州石油化工公司）简称兰州石化，始建于1958年，是集炼油、化工、工程建设、检维修、装备制造及矿区服务为一体的大型综合炼化企业，是中国西部重要的炼化生产基地，能源战略地位非常突出。地处甘肃省兰州市，截至2015年底，占地总面积30平方千米，在册合同化员工2.11万人，总资产260亿元。通过新建、改扩建一批装置，兰州石化原油一次加工能力达1050万吨/年、乙烯产能70万吨/年、化肥产能52万吨/年、合成树脂产能122万吨/年、合成橡胶产能22万吨/年、炼油催化剂产能5万吨/年。有各类炼化生产装置90余套，可加工7种原油，能生产汽油、航空煤油、柴油、润滑油基础油、化肥、合成树脂、合成橡胶、炼油催化剂、有机助剂等多品种、多牌号、多系列石化产品。有汽油加氢、丁二烯抽提、丁苯橡胶、丁腈橡胶、碳五加氢石油树脂成套技术，炼化主要工艺技术和炼油催化裂化催化剂领域达到国内领先水平。有石油化工工程施工总承包一级资质、大型炼油化工施工能力以及完备的矿区配套系统和综合服务业务。

2015年，兰州石化坚持稳健发展方略，克服油价下跌、炼化产品利润减少、生产经营环境不利等困难，全面推进提质增效，不断强化基础管理，努力提升经营管控能力，圆满完成生产经营各项任务。加工原油967万吨，同比增长5.57%；生产汽油、航空煤油、柴油688万吨，同比增长7.33%；生产乙烯64.2万吨，同比增长1.90%；生产合成树脂107.76万吨，同比增长4.97%；生产合成橡胶13.41万吨，同比增长5.34%；生产炼油催化剂5.03万吨，同比增长24.8%；实现营业收入526亿元，同比下降18.4%；上缴税费172亿元，剔除国储库原油跌价损失、利息支出和运行成本23亿元，完成集团公司下达的预算指标，同比减亏26亿元（表1）。

表1　兰州石化主要生产经营指标

指　标	2015年	2014年	2013年	2012年	2011年
营业收入（亿元）	526	645	735	742	786
利润（亿元）	-31.75	-41.31	-23.34	-47.89	-53.21
税费（亿元）	172	108	102	102	111
原油加工量（万吨）	967	916	1050	1002	1053
汽油、航空煤油、柴油总量（万吨）	688	641	718	689	728
乙烯产量（万吨）	64.2	63.0	63.2	64.7	69.4
合成树脂（万吨）	107.76	102.66	103.24	105.93	111.48
合成橡胶（万吨）	13.41	12.73	16.54	17.79	18.35
合成氨（万吨）	—	—	15.04	28.12	25.36
炼油催化剂（万吨）	5.03	4.03	4.61	4.93	4.81
化工商品总量（万吨）	227	216	233	257	264

【安全环保】 2015年，兰州石化深入学习宣贯新《安全生产法》和《环境保护法》，组织全员普法考试和知识竞赛，签订HSE目标责任书和全员安全合同，形成层次清晰、分级负责、覆盖全员的安全生产责任体系；扎实开展“建标准、强责任、抓演练、控风险”安全主题活动，分级开展上万次应急演练；“整治低老坏、根治常见病”活动深入推进，排查整改各类问题1.9万个；强力推进安全环保隐患治理，理顺隐患管理机制，整治完成57项各类隐患，13项环保升级改造取得突破；强化四级全覆盖安全监督，通过装置重点监督、项目驻点监督、区域日常监督、关键要害部位专项监督、承包商全面监督，排查纠正各类问题1800余项；全面规范固体废弃物和危险废物管理，首次全面编制完成危险化学品和固体废弃物名录；开展安全标准化与HSE体系标准对标工作，通过甘肃省安全标准化建设二级企业达标验收；加大事故追责问责，21人受到纪律处分和责任追究；推进“321”清洁生产工程，构建环保管理十大体系，在主要生产单位设立环保科、成立环保专职检查监督队伍，环保管控切实升级升位，污染减排目标全面完成。

【生产经营】 2015年，兰州石化加强工艺管控和精心操作，实行标准化巡检，严格执行工艺纪律、操作纪律和劳动纪律，装置平稳率达99.95%，位居集团公司炼化企业第二名，装置波动同比减少14次，下降48%；强化每周产运销衔接统筹协调，严格生产计划执行，完成产量“靶心”任务，加大与上下游业务沟通，实现低库存下产销平衡，计划执行率排炼化板块第一名；紧盯能耗、物耗、损耗“三降”和收率、比率、合格率“三升”，调整优化生产方案，落实“三化保一化”举措，严格生产运行考核，统筹原料资源高效配置，优化公用工程保障和节能攻关，持续开展“红旗炉”竞赛，炼油、大小乙烯综合能耗持续下降，炼油业务7项指标全面实现股份公司达标要求；强化设备保障，推进机械、电气、仪表操控专业联动管控，加大设备难题攻关和隐患治理，全面落实特种设备检验检测，实施关键设备双电源保障，持续改进仪表联锁管理，长周期运行成效明显，损工时数下降55%；计量业务数据基础支撑和技术保障不断提升，计量表自动采集率同比提高30个百分点。充分发挥炼化一体化优势，最大化利用有限资源，炼化原料互供达251万吨；优化产品结构，科学计划排产，以周测算保月计划、以单品种保总效益，资源向高效厚利产品倾斜，增产国Ⅳ标准柴油达292万吨，增效达8亿元，97号以上汽油、航空煤油同比增长分别达20%和30%，甲乙酮等小品种同比大幅增加，丁腈橡胶、专用料树脂创历史新高；坚持统销产品“以销定产”、自销产品“以产促销”，精准落实配置计划，主动开展市场走访和拓展，深度做好量价配合，在市场需求不旺情况下，生产计划执行率达99.36%、产销率达100.6%；积极开展“百项措施、千条建议、万人参与”挖潜增效活动，激发各个层面积极性和创造性，保障催化油浆减少出厂、油浆销售价格管理、统销产品推价、各类库存降低、燃料天然气减少用量等重点项目实施落地，挖潜增效24亿元。

【项目建设】 2015年，兰州石化科学研究论证和编制“十三五”规划，按节点有序完成4项专题研究、5项职能规划和7个专项规划，企业发展目标更加靠实；重点项目建设顺利推进，获得180万吨/年汽油加氢装置和300万吨/年柴油加氢装置国Ⅴ标准质量升级改造及配套项目、两套催化烟气脱硝项目基础设计、南方催化剂项目可行性研究批复，完成40万吨/年润滑油加氢异构脱蜡、200万吨/年催化原料预处理、5万吨/年丁烯氧化脱氢制丁二烯等项目可行性研究，1.5万吨/年硫黄回收装置环保升级达标改造、水厂自流沟地下水及土壤修复项目有序推进；坚持“优化老区、发展新区”总体思路，新区发展按照集团公司布局和甘肃省、市、地方要求积极推进前期工作。

【科技创效】 2015年，兰州石化全面落实科技创新创效举措，加大拳头产品推广力度，炼油、化工拳头产品生产24个，科技效益贡献更加突出；加快推进新产品开发，首次开发高透明二元聚丙烯、高端密封件专用丁腈橡胶、多产低碳烯烃催化剂、石油苯-545等9个新产品，高性能丁腈橡胶技术获得突破；大力推进实施科研项目，负责和参与集团公司聚烯烃重大科技专项7项，炼油催化剂研制开发与工业应用等4个项目通过集团公司验收，获得专利授权6项，获集团公司科学技术进步奖一等奖、二等奖、三等奖共4项、技术发明奖1项；加强信息化技术应用，在常减压装置建成国内炼化行业首个高标准数字化车间，在550万吨/年常减压和碳四抽提装置投用先进控制技术，完成开发制度“五化”、矿区综合收费系统、计量信息管理平台、MES2.0等一批信息化项目，实现76个应用系统的云平台运行。

【企业管理】 2015年，兰州石化全面推进“定标准、建机制、抓考核”重点工作，认真梳理管理界面、业务重点、岗位流程，制定管理标准165项、工作标准3257项、管理机制237项；深化制度“五化”，启动

49项规章制度“五化”建设项目，检维修结算等28个项目实现上线运行和自动化考核；加强基层调研和统筹衔接，召开“三基”工作推进大会，明确企业新时期“三基”工作方向、思路和重点任务，挖掘推广一批先进典型和经验做法；严格“四不两直”检查、专业专项检查和领导干部24小时值班值守，创新优化以现场专业咨询诊断为主的岗位责任制大检查，企业管控能力切实加强；规范和强化公开招标，实现采招分离，经营风险管控措施更加精细，组织公开招标谈判685项，招标率达77%，大幅降低采购成本；强化依法合规管理，开展规章制度合法合规评价、业务流程全面测试、“五项”清理整顿、审计及专项合规性检查，制定《合规管理实施细则》，修订完善《法律风险岗位防控指引》，制修订管理制度33项，完善合同审查标准，细化合同审查要求，法律、审计、监察、造价、财务等监管职能有效发挥，合规管理能力和水平进一步得到增强。

【深化改革】 2015年，兰州石化认真落实集团公司全面深化改革工作要点，切实发挥改革领导小组监督指导作用，加强顶层设计，全面落实9个领域工作重点，积极探索推进21项重点改革任务。加快人力资源管理改革，推广“系统化、区域化”操作，优化操作服务岗位设置，核减操作服务岗位定员501人，在条件成熟的单位实施管理和专业技术岗位定岗定编，核减定员253人，矿区机关优化缩减3个处室、减少定员编制100人，妥善分流安置关停装置人员33人，清理长期在册不在岗人员109人，减少业务外包用工173人；探索独立经营单位经营机制改革，全面落实“一厂一策”绩效考核办法，扩大经营自主权，做到利润指标与工资总额100%挂钩，效益好则薪酬升、效益差则薪酬降；推进矿区社会化、市场化成熟业务改革试点，幼教社会化合作办园、通勤客运、医疗卫生等改革方案完成可行性论证，供水、供电、供暖及物业管理服务移交社会的前期准备积极推进，业务承包规范化工作加快推进，小区停车管理进一步规范，清理外部车辆2000余辆，出售地下车位2087个；不断完善集体和改制企业经营管理体制，形成《关于部分改制企业破产清算或解散清算相关问题的处理意见》，妥善解决改制企业历史遗留问题。

【民生工程】 2015年，兰州石化围绕满意矿区、幸福家园建设，不断提升服务保障能力，努力改善员工生产生活环境。加快推进住房建设和旧街区改造，盛福小区建成交付使用，文化小区801号、802号住宅楼主体封顶，文化街区二期、幸福小区二期、3号街区和清水街棚户区等项目完成前期土地使用、设计及相关手续办理，房屋动迁工作推进有力，腾退旧房工作及住房历史遗留产权证办理进展顺利；不断提升基础服务保障能力，综合调度指挥中心项目建设正在加紧推进，建成集水、电、气、暖、电视的矿区综合费用系统，实现集中管理，顺利完成7个小区1400余户供暖管网改造，生活区住宅外墙保温工作顺利推进，建成投用2个、编制设计9个老年日间照料中心，24小时保障和服务质量进一步改善；持续加强矿区社会治理，持续推动干部交叉任职和平安社区建设，企地在社区党建、文化活动、服务设施、养老服务等方面的共建得到增强；持续落实“联村联户”“双联”行动计划，投资1600余万元实施“双联”基础设施建设项目，不断改善帮扶对象生产生活条件。

【党建和思想政治工作】 2015年，兰州石化扎实开展“三严三实”专题教育，公司领导班子成员及副处级以上党员领导干部读原著、学原文、悟原理，分层讲授专题党课358场次，通过撰写心得体会、集中学习研讨、排查整改问题，各级领导干部干事创业、遵规守纪的氛围更加浓厚；加强领导班子建设，严格干部管理，对6个单位领导班子和8名处级领导人员进行诫勉谈话，对5名干部进行组织处理；落实党风廉政建设主体责任和监督责任，深入学习宣贯《中国共产党廉洁自律准则》和《中国共产党纪律处分条例》，开展新提任干部廉政教育和警示谈话，严肃查处各类违纪违规行为，对6名处级、科级干部进行党纪政纪处分和通报批评，对2家单位典型案例进行通报；组织开展“弘扬光荣传统、重塑良好形象”大讨论活动，深入开展“形势、目标、任务、责任”主题教育，大力选树公司劳动模范、“十大杰出青年”、最美一线员工等各类先进典型，积聚企业发展正能量；加强企业文化建设，修订完成新版《企业文化手册》，编撰安全、环保、质量、廉洁、矿区服务等5个专项文化手册，企业文化更加生动有力；坚持开展帮扶救助送温暖，全年救助慰问各类人员4.38万人次，使用救助金2200余万元，整体维护了团结和谐的良好局面。

（焦丛春）

中国石油天然气股份有限公司独山子石化分公司（新疆独山子石油化工总厂）

【概况】 中国石油天然气股份有限公司独山子石化分公司（新疆独山子石油化工总厂）简称独山子石化，是集炼油、化工为一体的大型炼化企业，是中国西部重要的大型石化基地和中亚油气引进、储运、加工的战略枢纽。前身是1936年10月成立的独山子炼油厂。截至2015年底，资产总额268亿元，具备1000万吨/年原油加工、122万吨/年乙烯生产能力、45万千瓦/时发电和500万立方米原油储备能力，可生产燃料油、聚烯烃、橡胶等26大类600多种产品。有职工1.4万人，大专以上占67%。独山子石化先后3次获中华全国总工会授予的“全国五一劳动奖状”，4次被中国质量管理协会评为“全国质量效益型企业”，是国家环保总局授予的首批“国家环境友好企业”。

2015年，独山子石化加工原油701万吨，生产汽油、航空煤油、柴油390万吨，生产乙烯109万吨。销售收入361亿元，实现利润16.2亿元，上缴税费93.3亿元（表1）。实现报表利润16.2亿元，创近年新高，胜利实现扭亏为盈，主要经济技术指标保持同行业领先。“十二五”期间，财务状况大为改善，总资产负债率比“十一五”末降低21.8个百分点。被国务院国资委评为“中国石油炼油乙烯业务最佳实践标杆企业”，连续两年蝉联石油和化学工业联合会评选“全国乙烯生产能效领跑者”第一名。

12月18日，“独山子千万吨炼油百万吨乙烯工程”在2014—2015年度创建国家优质工程总结表彰大会上获“国家优质工程金奖”。

表1　独山子石化主要生产经营指标

指　标	2015年	2014年	2013年	2012年	2011年
原油加工量（万吨）	701	912	921	906	850
销售收入（亿元）	361	605	625	615	553
利润（亿元）	16.2	-12.6	-18.7	-24.5	-52.4
税费（亿元）	93.3	95	69	71	61.5
乙烯产量（万吨）	109	128	132	127	104
汽油、航空煤油、柴油总量（万吨）	390	543.7	529.8	496.5	484.6
化工商品总量（万吨）	307.7	337.3	347	336.9	267.5

【生产运行】 2015年，独山子石化大力实施“四优化一控制”（优化资源配置、优化装置运行、优化结构调整、优化产销衔接及控制成本费用）、“一增两降一调整”（增加原油及炼油量、降低物耗能耗和各类费用、实施化工产品结构调整）生产经营策略，“低成本、差别化、树品牌”化工产品竞争策略，创效水平持续攀升。不断增加原油和轻烃资源，降低物耗、能耗，调整化工产品结构，优化生产要素，不断强化体质增效。加强效益测算，科学优化排产，灵活调整汽油、柴油生产方案，保持乙烯满负荷运行，航空煤油、树脂专用料等高效产品同比增产12.7%、2.2%，重点监控的30项经济技术指标，17项保持股份公司前三名，7项第一。其中，炼油通过攻关、改造，彻底消除蒸馏、制氢和催化装置生产瓶颈，实现长周期、大负荷运行。结合效益测算，优化加工路线，增产高标号汽油、航空煤油、低凝柴油等高效产品。实施干气脱硫和氢气回收项目，降低了加工损失率。同时继续推进国V汽油、柴油质量升级改造；乙烯严细管理、吃透技术，实现2套裂解和聚乙烯5条线长周期生产、满负荷运行。精心组织外采乙烯原料接卸加工，推进“三剂”（催化剂、溶剂、助剂）国产化、物耗能耗达标，实施火炬气回收项目，全面降低生产

成本；大力开发"人无我有、人有我优"的特色新产品，实现管材料、环保胶、薄膜专用料系列化、规模化生产；电厂精心组织机炉检修，精心抓好平稳操作。开展长周期运行攻关，实现发电机组两年一修、锅炉运行周期一年以上。优化下网电量，降低外购电费，提升系统保障水平。营销调运加强对外协调，推动产品向高效市场配置，推进航空煤油管输、进口轻烃铁路运输；动力公司加快主力水源改造，为生产运行提供有力支持。

【企业管理】 2015年，独山子石化按照"共性兼容、个性互补"的原则，整合原有标准要素，建立并运行一体化管理体系。实施管理提升项目198个，运营管理更加规范精细，运行成本大幅降低，内控体系运行获集团公司总部"杰出"评价。积极稳妥推进改革，联合车间模式全面建立，公务用车规范运行。招投标、运输、信息通信、装卸包装等业务集约化、专业化整合顺利完成，"四供一业"和医疗等领域的社会化、市场化改造稳步推进。各项管理效能持续提高，专业管理不断加强，"三基"工作不断夯实。

【安全环保与节能减排】 2015年，独山子石化认真贯彻落实新《安全生产法》和《环境保护法》，牢固树立安全环保"红线"意识，不断完善"党政同责、一岗双责、失职追责"的安全环保责任体系。以风险管控为核心，应用杜邦安全管理模式，落实直线责任、属地管理，HAZOP分析、RAP作业票等先进方法工具得到推广应用。落实"责任、能量、教训"要求，开展"月主题周焦点"风险预警和全员查找身边隐患活动，重大隐患整改严格挂牌督办。组建安全监督中心和管理专家团队，滚动体系审核，作业监督和承包商约束进一步强化，安全形势稳中向好。

坚持低碳绿色发展，推进节能减排。投入20亿元，实施烟气脱硫脱硝改造、异味点源治理等53个污染减排项目。环保设施稳定运行，二氧化硫、氮氧化物排放总量比"十一五"分别下降82%和76%。节能节水项目实施34项，节能29万吨标准煤，节水472万吨。被评为新疆维吾尔自治区、集团公司安全生产、节能节水、污染减排先进企业。

【科技创新与人才开发】 原油评价、合成树脂、橡胶开发三大研究中心得到完善，中国特种设备检测中心、新疆维吾尔自治区橡塑材料重点实验室、集团公司催化剂及新材料试验基地、合成橡胶试验基地挂牌运行。2015年，独山子石化完成科研项目106项，取得国家授权专利47项，获省部级以上科学技术进步奖31个。开发茂金属膜专用料等化工新产品41个，PE管材料成为中国石油王牌产品，环保型溶聚丁苯橡胶填补了国内空白。国Ⅳ标准汽油柴油质量升级如期完成，"三剂"国产化率达到82%。高强高模通用树脂专用料低成本合成技术开发项目列入国家"863"计划。轮胎用溶聚丁苯橡胶技术开发项目列入股份公司重大现场试验项目。成功开发具有优良力学性能和加工性能的PE100管材料TUB121N3000M、茂金属薄膜料EPZ2010HA、大中空专用料等5个王牌产品，实现管材、中空、薄膜专用料系列化规模化生产。加快信息化智能化企业建设，被销售板块确定为信息化示范企业。

稳步实施人才开发战略，加强全员技能培训，一批技能骨干迅速成长。在全国和集团公司职业技能竞赛上，夺得金牌12枚、银牌16枚及乙烯工种团体第一名。现有全国技术能手8人，中央企业、省部级技术能手53人，两级专家78人。独山子石化被评为"国家技能人才培育突出贡献单位"。

【"十二五"重点工程建设】 "十二五"期间，累计投资40.3亿元，实施重点项目76项。300万立方米国储库建成投用，一、二水源完成扩能改造，新建110千伏西区变顺利送电、动力站6号炉建成，提升了资源平衡和系统保障能力。柴油自动调和、自动化洗罐改造完成，轻烃、液化气火车卸车设施交付使用，完善了营销和原料优化手段。80万吨/年汽油加氢、2万吨/年己烯－1、稀土顺丁橡胶等项目建成投产，为产品升级、降本增效发挥了重要作用。纳入国家及总部重点考核的一催化、电厂锅炉减排工程建成投用，顺应了国家环保提高标准要求。金沟河引水工程、铁路专用线电气化改造等项目加快推进，布局企业长远发展。大利高新碳四、大利实业碳五综合利用项目投产，增强了自主发展实力，延伸了石化产业链。

【停工大修】 2015年，独山子石化以"安全、优质、清洁、高效"为目标，精心组织大石化工程投产后的全系统首次"四年一修"。高效运行安全质量管理体系，严格界面交接、能量隔离、工序验收，科学调度81家参战单位、1.5万名检修人员，狠抓设备材料到货，强化全方位服务保障。投资7亿元，完成85套装置检修，实施检修项目2901项，重点改造14套装置控制系统，对乙烯三机等大型机组进行解体检修，关键控制点正点到达，焊接一次拍片合格率达到99.15%。大乙烯采用全新开工方式，较上次检修缩短开工时间29小时，排放物料减少94%，创造历史最好水平。通过大修，消除了一批生产瓶颈，恢复了设备性能，提升了装置运行水平。

【精神文明建设】 2015年，独山子石化持续深入开展群众路线教育实践活动、“三严三实”专题教育和“重塑中国石油良好形象”大讨论，狠抓党风廉政建设和反腐败工作，不断强化“访惠聚”利民帮扶，党员干部作风进一步转变，大庆精神铁人精神进一步弘扬，群众关注的热点、焦点问题得到及时回应。强化企业文化建设，发布实施《企业文化建设纲要》，建成展示企业百年历史文化的展览馆。坚持正确的舆论导向，激发创业激情，凝聚发展共识。引进高水平文艺演出和国际赛事、组织多层次文体活动，员工群众文化生活丰富多彩。各级领导身体力行、示范引领，各族员工忠于职守、敬业奉献，展现了良好的队伍作风。强化维稳安保，加强专项治理，矛盾纠纷“三调联动”，保持了大局稳定。

（费春阳）

中国石油天然气股份有限公司乌鲁木齐石化分公司（中国石油乌鲁木齐石油化工总厂）

【概况】 中国石油天然气股份有限公司乌鲁木齐石化分公司（中国石油乌鲁木齐石油化工总厂）简称乌鲁木齐石化，地处乌鲁木齐市米东区，占地18平方千米。前身为乌鲁木齐石油化工厂，筹建于1971年1月，始建于1975年4月，是集炼油、化肥、芳烃、塑料加工于一体的综合性石油化工基地，为集团公司一类企业。2002年正式通过ISO9001、ISO14001、OHSAS18001三项体系认证。

截至2015年底，有员工11194人。其中，民族员工占19.23%，女员工占33.24%。有13个职能部门，8个机关附属机构，设工程管理部等7个直属机构，炼油厂、化肥厂、化纤厂、热电厂等21个二级单位及矿区服务事业部。

固定资产原值221亿元。设备总台数146842台，主要设备1840台。炼油厂有生产装置34套，原油一次加工能力为1000万吨/年，对二甲苯生产能力为100万吨/年。化肥厂有2套合成氨、2套尿素装置，可年产75万吨合成氨、130万吨尿素。化纤厂有精对苯二甲酸、三聚氰胺等2套生产装置，可年产13万吨化工产品。塑料厂可年产3240万条塑料编织袋。热电厂属热电联产型，有5炉5机，产汽能力1670吨/时，年发电能力175兆瓦。净化水厂工业废水处理能力1326米^3/时。具有石油化工工程设备制造安装维修、工程监理、分析测试、计量检定、设备检验、公路铁路运输、物资供应等生产保障业务职能，以及职教医疗、离退休管理、社区服务等社会职能。

2015年，可生产30余种石油化工产品，具备国Ⅴ标准汽油、柴油生产能力，主要产品有汽油、煤油、柴油等燃料油、戊烷发泡剂、液化石油气、石油焦、重交道路沥青、石油苯、石油对二甲苯、聚异丁烯、聚丙烯、三聚氰胺、硫黄、液氨、尿素、硫酸铵、精对苯二甲酸、塑料编织袋等。其中，尿素产品曾获得“中国名牌产品”称号，车用汽油、车用柴油、尿素、精对苯二甲酸等产品先后获国优、部优和省优名牌产品称号。2000—2015年，取得139项科研成果，曾多次获国家、新疆维吾尔自治区、集团公司颁发的新产品开发、科学技术进步奖，并申请多项专利。先后获“全国五一劳动奖状”“全国文明单位”“全国民族团结进步模范单位”“全国环境优美工厂”等称号。

2015年，乌鲁木齐石化沉着应对国际国内经济低迷、国际油价持续下跌、炼化产品市场需求不振等严峻形势，围绕做大做强炼化主业，抓好“安全、环保、效益、稳定”四大中心工作，落实低成本发展战略，加强生产经营结构优化和技术攻关，持续改进提升HSE体系，推进安全环保项目实施，积极稳妥推进改革调整，坚持融入生产经营全面加强党的建设，2015年加工原油及原料油801.53万吨，纯原油加工量再创718.09万吨历史新高，多项技术经济指标取得新突破。整体实现营业收入322.1亿元，盈利3.86亿元，实现“十二五”圆满收官，乌鲁木齐石化发展步入优化实现产能、提升质量效益的历史新阶段。2015年上缴税费110.17亿元，同比增加45.48亿元（表1）。

表1　乌鲁木齐石化主要生产经营指标

指　标		2015年	2014年	2013年	2012年	2011年
原油及原料油进厂量（万吨）		746.96	699.85	578.70	572.19	572.08
天然气进厂量（亿标准立方米）		4.74	4.27	5.81	7.13	6.63
原油及原料油加工量（万吨）		801.53	733.19	558.75	577.69	602.80
汽油、航空煤油、柴油总量（万吨）		524.03	465.27	328.00	344.41	352.61
对二甲苯（PX）产量（万吨）		39.76	53.04	55.28	59.60	31.96
石油苯产量（万吨）		17.36	20.03	22.22	24.62	14.30
合成氨产量（万吨）		25.02	21.11	42.58	57.12	53.81
尿素产量（万吨）		42.65	35.59	72.71	100.85	95.46
精对苯二甲酸（PTA）产量（万吨）		6.85	7.19	9.06	10.19	10.22
编织袋产量（万条）		1530.58	1063.63	1644	2758	2525
发电量（亿千瓦·时）		12.08	11.97	12.71	14.60	13.98
营业收入（亿元）	公司	311.65	394.31	334.24	367.23	330.00
	总厂	10.45	7.79	10.16	8.67	9.10
税费（亿元）	公司	109.56	64.1	40.01	50.89	41.04
	总厂	0.61	0.58	0.72	0.77	0.7

【优化生产结构】 2015年，乌鲁木齐石化统一生产管理思路，加强经济活动对标分析，发挥APS系统（炼化物料优化与排产系统）作用，开展原油评价和单油种效益测算，优化常减压、蜡油加氢等装置流程，在原油重质化同比增长6.2%的情况下，汽煤柴收率同比提高1.92%。其中，单月汽油收率最高达19.22%，2015年汽油同比增产30%，炼油综合商品率上升0.7%，综合损失率同比降低0.02个百分点，柴汽比同比降低0.63。严格执行生产计划，加强炼油中间组分管理，全面实现过程参数、目的产品产量及调和成本受控管理，单月汽油产能提升至12万吨以上。航空煤油、聚丙烯等产量再创新高，最大限度增产高附加值产品。严格控制低效产品产销量，化工轻油互供降低4万吨/月。通过流程优化，焦炭、液化气产率同比分别下降1.03%、6.9%。按照低价、重质化定位优化资源结构，原油采购成本大幅下降，通过一系列措施的实施，吨油利润同比增加168元，确保整体盈利目标实现。根据市场形势适时调整生产结构，充分利用第一套化肥装置保证氢气供给，确保炼油产品质量。加强水电汽系统保障，提升炼化一体化运行管理水平。

【安全环保】 2015年，乌鲁木齐石化持续改进提升HSE体系，对照新《安全生产法》和《环境保护法》，对全部程序文件进行修订，全面完善各类标准、制度，细化落实安全环保责任，组织各类安全环保培训2300余人次，提升员工标准和流程意识。推进事故资源化利用，统一各类事故分析与再评价的思路和方法，加强专业分析点评。坚持问题导向，以贯穿全年的各类专项大检查为主线，查摆各类隐患289项，整改完成159项。针对装置长周期运行后期特点，辨识危害因素5628项，落实整改措施2919项，确保装置安全隐患风险受控。严格执行工作前安全分析、联锁评审和持卡作业等制度，推进承包商体系审核，同步推广施工、作业现场“6S”（整理、整顿、清扫、清洁、素养、安全）和安全目视化管理，提升整体安全管理水平。增强底线红线意识，强化应急管理，组织各类应急演练1751次。完善奖惩机制，2015年发放发现安全环保隐患奖励24万元。广泛开展安全文化和技能培训活动，提升全员安全素养。2015年一般生产安全事故A级及以上为零。落实“环保优先”理念，针对资源劣质化、环保标准持续提升等现状，建成危险废弃物中转站、渣场回填加固等一批环保设施，推进危险废弃物无害化处置，危险废弃物综合利用率达41.66%，主要污染物排放量大幅度下降。加强装置环保技术攻关，强化分级管控，污水外排综合处理合格率达100%，二氧化硫和氮氧化合物排放量同比减少8.57%和18.53%。全力推进环保项目建设，热电厂1号炉和2号炉脱硫脱硝一体化、4号炉电除雾顺利建成投用，化肥厂电除雾运行攻关、粉尘治理等项目顺利实施，不断提升环保管理水平。

【生产保障】 2015年，乌鲁木齐石化落实生产受控和变更管理，日常巡检值班和应急检查做到全覆盖，强化执行力，装置非计划停工和生产波动明显降低，工艺指标平稳率达到99.8%。深入落实设备专业管理，持续加强设备攻关和对标，有效控制装置长周期运行后期各类隐患风险，设备事故事件和非计划停工分别同比下降19%和25%。积极推行装置维保和自主检修，检修费用比预算节约3527万元。持续推进装置现场整治，2015年新创建标准化装置泵房等102个，4221台特种设备全部完成取证，基础管理水平进一步提升。强化物资采购专业职能，加强计划、采购、库存等对标管理，限额以上公开招标率达到76.63%，2015年节资率为4.19%。加强原煤质量把关，通过优选厂商提质降耗，原煤成本同比节约1527万元。结合生产需要深入开展调研，推进信息技术在生产和日常管理中的应用，促进管理增效。扎实开展工程、“三剂”（催化剂、助剂、添加剂）、安全隐患治理资金等专项审计，工程审计审减率达1.37%。

【创新创效】 2015年，乌鲁木齐石化组织公司级攻关15项，强化装置长周期运行攻关。2套催化裂化装置实现全年连续运行，140万吨/年重油催化裂化装置掺渣比同比提高3.8%，增效593万元；二化肥装置实现A类连续运行271天，保障全年生产平衡。进一步挖掘装置创效潜力，实施焦化渣油分储分炼措施。充分利用液化气组分，MTBE单月产能提升至4500吨，进一步增加高辛烷值汽油组分。精心组织沥青生产攻关，分批次组织近45万吨沥青原料入厂，生产沥青5.94万吨，成为平衡渣油、提质增效的重要举措。推进馏分炼油向分子炼油转变，细分石脑油组分，利用轻烃分离装置生产异戊烷、异己烷调和增产汽油，增效3584万元。实现戊烷发泡剂的生产销售。持续开展节能降耗攻关，炼油单因能耗同比降低0.54标准油/（吨·因数）。2015年节能3.05万吨标准煤，节水57万吨。持续开展装置达标工作，11套股份公司级达标装置9套达标，13套公司级达标装置9套达标。围绕产品质量升级和炼化产业链发展加强科技开发，2015年编制完成29个可行性研究项目。其中，M-DSO技术乌鲁木齐石化国V标准汽油调和组分稳定生产工业试验、FCC汽油硫转移一加氢脱硫工业试验、柴油加氢改质催化剂（PHU-201）工业应用试验、苯与甲醇烷基化3万吨/年混合芳香烃工业试验和合成氨钌基催化剂放大制备及工业侧线试验等5项重大技术现场工业试验项目获股份公司批复。

【工程建设】 2015年，乌鲁木齐石化以实现千万吨产能配套完善、质量升级和安全环保隐患治理收尾为重点，加强生产运行与项目建设统筹，推行PC、EPC项目总包管理，提升项目建设效率。180万吨/年柴油加氢改质项目9月29日顺利中交，350万吨/年常减压改造项目12月11日实现中交，为提升产能和国V标准质量升级奠定基础。充分依托现有装置提质增效，建成投用富氢气体回收二单元，氢气回收能力提升至2万标准米^3/时。通过加强汽油、沥青、戊烷油装车设施建设，提升产品发运能力和市场占有率。质量安全环保处等相关部门全力加强协调沟通，推进环保项目与主体工程同时设计、同时施工、同时投入使用工作，完成国家环境保护部督办的100万吨/年对二甲苯芳烃联合、热电三期、一化肥扩能3个项目竣工验收，完成热电厂3号炉脱硝等4个项目竣工环保验收，确保生产合法合规。推进民生工程建设，五区和十七区新建住宅、十八区广场交付使用，职工医院住院部建设完成，不断改善生产生活环境。

【企业管理】 2015年，乌鲁木齐石化牢固树立“一盘棋”思想，落实工效挂钩，强化季度绩效考核体系的执行与完善，发挥薪酬、绩效考核的导向作用，激发全员创新创效热情，确保全年任务目标的实现。坚持围绕炼化主业优化调整组织结构，通过整合化肥厂、化纤厂的成品和机运车间、矿区“两物业”（物业服务中心和物业维修中心职能整合），撤销新峰公司中试和化学助剂车间等，精简机构，提升效率。继续实施非核心业务外包，积极稳妥推进改革调整。坚持新增人员主要补充生产一线，压总量、控增量、盘存量，推进人力资源共享、互补常态化。推进公司级专家和专业带头人选聘工作，优化人力资源结构。设备安装、工程监理、设备检验检测等业务，主动转变观念，深挖内部潜能，立足服务生产，努力开拓新市场，提升专业技术水平和竞争力。

【党建工作】 2015年，乌鲁木齐石化党委坚持融入生产经营全面加强党的建设，扎实开展“三严三实”

专题教育，深入推进思想政治工作，加强作风建设，两级党委组织各类学习和研讨318次，134名领导干部带头讲党课，强化党员领导干部的规矩意识和务实作风。以巡视问题整改为重点，落实“两个责任”（党委负主体责任，纪委负监督责任），修订下发党风廉政建设责任清单等一系列制度，构建党风廉政建设长效机制，营造企业风清气正的良好氛围。赴南疆疏勒县“访民情、惠民生、聚民心”住村2个工作组大力推进“造血式”帮扶项目，着力加强村党组织建设，强化正向宣传教育，完成新疆维吾尔自治区下达的各项工作任务。参与集中整治工作队的人员在促进新疆社会稳定方面做出应有的贡献。以乌鲁木齐石化建设40年为契机，围绕重点工作扎实开展劳动竞赛，组织开展一系列宣传庆祝活动，编纂出版《乌石化志（1994—2013）》，总结历史，振奋精神。认真开展法制和去极端化教育，提升全员安保意识，推进安保基础设施建设，在人防、物防、技防等方面取得长足进步，增强安保防控能力。扎实提升离退休、运输、医疗、社会保险等后勤保障服务质量，按照乌鲁木齐市“双创”（创全国文明城市、国家卫生城市）要求，大力开展文明创建和环境整治，乌鲁木齐石化顺利通过复验收，继续保持“全国文明单位”称号。

（董　琦）

中国石油天然气股份有限公司宁夏石化分公司

【概况】 中国石油天然气股份有限公司宁夏石化分公司简称宁夏石化，始建于1985年，是集炼油、化工和化肥生产为一体的大型石化企业，具备500万吨/年原油加工能力，10万吨/年聚丙烯、130万吨/年尿素生产能力。主要产品为汽油、柴油、聚丙烯、航空煤油、尿素及合成氨。截至2015年底，资产总额96亿元。设13个机关处室，9个直属部门，17个二级单位以及1个矿区服务事业部。在册员工5474人，其中在岗员工5228人；大专以上学历员工3215人，具有初级以上职称员工1596人。2015年，加工原油449万吨，同比增长7.42%，生产汽油187万吨、柴油176万吨、合成氨25万吨、尿素44万吨、聚丙烯9.6万吨，实现销售收入221亿元，同比下降17.84%，利润7.91亿元，税费91.8亿元，纳税总额居宁夏规模以上企业首位（表1）。

表1　宁夏石化主要生产经营指标

指　标	2015年	2014年	2013年	2012年	2011年
资产总额（亿元）	96	106	109	108	95
营业收入（亿元）	221	269	306	285	70
利润（亿元）	7.91	-2.9	-1.38	-4.81	-6.77
税费（亿元）	91.8	59.52	62.1	48.2	9.35
原油加工量（万吨）	449	418	455	417	89
汽油产量（万吨）	187	170	183	159	27
柴油产量（万吨）	176	171	179	170	36
航空煤油产量（万吨）	14	7	7	2	—
尿素产量（万吨）	44	51	89	113	121
液化气产量（万吨）	14	15	23	21	5
聚丙烯产量（万吨）	9.6	9	9	9	1

【安全环保】 宁夏石化跨年度安全生产5494天，2015年杜绝亡人、重伤、环保等事故，百万工时总可记录事件率（TRIR）1.54，各类事故事件总数较2014年下降17.18%。结合新《安全生产法》和《环境保护法》要求，进一步修订安全环保责任制，健全履职考核机制，安全环保责任得到全覆盖；围绕综合管理体系建设，深入推进安全生产标准化创建；持续抓好安全自主管理班组建设，截至2015年底，90个班组达到自主管理标准。依托企业培训基地、培训室和外来人员安全教育室等设施资源，开展各类人员培训27904人次；189名员工参加“红十字会”急救知识培训，取得班组医疗急救员资质。环保在线监测、废水在线、放射源、污染减排等环保项目，顺利通过政府相关部门审核，完成集团公司下达的环保指标，实现外排废水综合合格率100%，污染物排放达标率100%。强化产品质量管理，产品出厂合格率100%，质量抽检合格率100%，市场客户满意度大于95%。130个QC小组注册，4个班组获省部级以上“质量信得过班组”称号，11个小组获省部级“优秀QC小组”称号。宁夏石化被宁夏质量协会及全国石油和化工行业协会评为“质量管理优秀企业”，同时获集团公司年度“安全生产先进企业”“节能节水先进企业”称号和宁夏回族自治区“安全生产先进单位”“社会保险诚信单位”“优秀节水型企业”等称号。

【生产运行】 2015年，宁夏石化开展生产系统优化、装置长周期运行攻关，炼油、化肥业务主要生产装置实现安全、高效、长周期运行，各项指标持续提升，经济效益持续改善。500万吨/年炼油装置第二周期生产保持连续运行，装置实现平稳率99.59%，高于中国石油平均水平0.06%；吨油利润、炼油可比轻收、综合能耗等多项指标创历史最好水平。一化肥装置年度实现两个100天长周期运行，装置平稳率99.1%以上，合成氨、尿素装置非计划停车次数同比减少70%和76.9%。实施节能改造，调整用能结构，2015年节能1.59万吨标准煤，节水81.1万立方米，超额完成宁夏回族自治区政府、集团公司下达的年度节能减排指标。持续推进设备制度化、标准化、专业化管理，实现设备完好率98.5%，设备事故事件较2014年下降8%。标准化装置区、泵房、变电所、仪表控制室等达标201个，完成高危泵机械密封改造，罐区、隔油池、污水池和电气隐患得到进一步治理。增设在线腐蚀监测探针、在线测厚系统，装置重点部位腐蚀速率和pH值以及压力管道实现在线连续监测。组织一化肥停车检修，45天净检修时间内，实施检修项目4202个，完成1号、2号高锅对流管束更换、2号主变保护更新、4114-E3封头修复等隐患消除项目。对压力容器、管道进行全面检验，隐患及低标准得到消除，达到国家环保排放新标准。二化肥装置按照炼化板块工作部署，继续停运。

【挖潜增效】 2015年，持续开展“开源节流、降本增效”活动，控亏增盈取得显著成果。开展装置长周期运行攻关，实施节能降耗和技术改造技术措施，压减维修、“三剂”、电耗、燃动等费用降低生产成本，增效近2900万元；加强产品效益预测，生产适销对路的产品，增效近1亿元；提高国Ⅳ标准柴油销售比例，由原预算50%提高到近70%，增效近8000万元；压缩办公费等非生产性支出，实现增效近1000万元；积极推行开展“商信通”业务，节约财务费用780万元以上；安装检修公司、园林公司、工业公司、物业公司、宁化宾馆在履行生产保障职责的同时，实现对外创收2300万元；援建扶贫项目固原圆德塑料制品厂首次实现扭亏，取得账面盈利97万元；强化招标管理，推行代储代销模式，严控计划落实，大力优化库存，实现节支增效3200万元。

【工程建设】 2015年，宁夏石化45/80大化肥项目建设主体装置全面完工，尿素装置、合成氨装置、循环水场、总变电所、液氨罐区等装置区域等待中交。完成“三查四定”整改1677项，整改率99.23%，整改完成“尾项”908项，整改率95%。蒸汽管网第一阶段吹扫、装置气密性试验和工艺管线吹扫工作完成，设备内部检查及清理工作全面完成；装置区域的设备、管线及管廊截面图、装置平面图和装置简介牌标识，除管线标识完成95%外，其余全部完成，生产准备工作按计划有序进行。利用化肥装置大修机会，实施尿素环保治理项目甩头、烟气除尘和脱硫装置升级改造等环保治理项目；建成投运硫黄尾气超重力改造、瓦斯脱硫等装置，实施1号、2号高锅除尘、脱硫系统改造。

【企业管理】 2015年，宁夏石化制订《公司基础管理建设工程实施方案》，明确2015—2017年定岗定编、员工培训、基层管理梳理、制度标准规程完善、风险防控、信息平台整合等七个方面重点工作，修订完善《宁夏石化公司招标管理暂行办法》等20个管理规章，绘制新增36个业务流程图，装置工艺流程图PDF版本全部转化为AutoCAD版本，对在役装置的57套工艺流程图进行评审和完善。作为集团公司试点企业，开展管理体系整合工作，顺利通过炼油与化工分公司组织审核以及第三方质量、能源管理体系认证审核；通过国家危险化学品企业应急管理标准化建设试点单位验收，在国际权威安全评估机构——挪威船级社的安全生产评级中达到五级。规范“三重一大”决策程序，加强干部选拔任用考核管理，提拔选用干部34人，交流干部32人次。

【党建企业文化】 2015年，宁夏石化深入开展“三严三实”专题教育活动和“重塑中国石油良好形象”大讨论活动，党的组织建设、作风建设持续加强，思想政治工作保障体系健全完善，党的政治优势充分彰显。发展党员31人，转正30人；举办1期入党积极分子培训班，60名积极分子接受培训。召开五届四次职代会（工代会），收集整理形成意见建议19条，全部得到落实。组织开展“横大班”劳动竞赛、“化肥厂大检修劳动竞赛”“45/80国产化大化肥建设项目劳动竞赛”、青年文明号创建、志愿者服务活动，举办职工羽毛球、乒乓球、排球、游泳、钓鱼比赛以及健步走、元宵节游艺晚会等活动。

【矿区服务】 2015年，宁夏石化加强员工健康体系建设，首次尝试利用职工医院开展职工健康体检，在职员工及离退休人员3444人参加体检。坚持开展健康咨询及诊疗服务，组织体重干预项目“回头看”。落实矿区投资计划，整治小区低标准，加强基础建设，美化环境，消除隐患，员工群众生产生活条件进一步改善。利用中卫碳减排基地和银川农场为员工家属提供各类有机蔬果、禽蛋40万千克。开展扶贫帮困活动，2015年走访慰问劳动模范、离退休人员、困难员工2880人次，发放帮扶资金354.8万元；“金秋助学”活动帮扶职工子女87人，发放助学金23.6万元。对口扶贫宁夏泾源县兴盛乡红旗村，投入帮扶资金30多万元，修建排水渠、护坡、道路等基础设施，捐赠图书和学习用品3000余件。

（姜　林）

中国石油天然气股份有限公司大连石化分公司（中国石油大连石油化工公司）

【概况】 中国石油天然气股份有限公司大连石化分公司（中国石油大连石油化工公司）简称大连石化，是中国石油所属的大型骨干炼化企业，前身为1933年成立的“满洲石油株式会社大连制油所”，新中国成立后先后更名为“大连石油厂”和“石油工业部石油七厂”等，1983年划归中国石油化工总公司，1998年划归中国石油天然气集团公司。长期以来，大连石化为国家炼油工业培养输送大量的管理和技术人才，被誉为中国炼油工业的“人才摇篮”。

大连石化有炼油化工主体装置38套，占地318万平方米，具备2050万吨/年的原油加工能力和27万吨/年的聚丙烯生产能力，主要生产车用汽油、航空煤油、柴油、润滑油基础油和石蜡、苯类、聚丙烯等13大类129种石化产品，其中汽油、柴油全部达到国V标准。大连石化拥有油品装卸码头5座，5000—100000吨级泊位15个，年吞吐能力达2300万吨，90%的产品通过船运销往华东、华中、华南等市场。

大连石化设14个机关处室、6个直属单位、22个二级单位，截至2015年底，在册员工6445人（上市公司4727人、未上市公司1718人）；固定资产原值231.08亿元（上市公司223.92亿元、未上市公司7.16亿元）；固定资产净额75.61亿元（上市公司73.07亿元、未上市公司2.54元）。

2015年，加工原油1638万吨，销售产品1502万吨，实现营业收入650亿元，利润26.8亿元，税费233亿元。16项主要技术经济指标中10项进入集团公司炼化企业前5名，加工量、营业收入、利润居集团公司炼化企业首位（表1）。

表1　大连石化主要生产经营指标

指　标	2015年	2014年	2013年	2012年	2011年
原油加工量（万吨）	1638	1401	1570	1710	1665
营业收入（亿元）	650	783	864	1030	901

续表

指　标	2015 年	2014 年	2013 年	2012 年	2011 年
利润（亿元）	26.8	-10.3	-20.5	-57.89	-50.75
税费（亿元）	233	147	143	172	137
汽油、航空煤油、柴油总量（万吨）	1213	1042	1145	1197	1118
其中，汽油产量	393	334	342	361	345
航空煤油产量	145	83	80	52	39
柴油产量	675	625	723	785	734
化工商品总量（万吨）	31	24	27	29	29
商品总量（万吨）	1544	1346	1486	1619	1593

【生产运行】 2015 年，大连石化全面加强装置管控，生产运行质量持续改善。狠抓装置平稳运行。持续加强巡检、监盘管理，全面实施生产操作定期工作制，加强工艺纪律检查和考核讲评，装置运行平稳率达 99.8%，同比提高 0.23 个百分点。加强生产运行组织。实施生产综合计划管理，开展原油调和攻关，系统做好以重整和催化装置为核心的原料和运行优化；强化换剂、消缺期间的生产统筹安排，保证检修换剂期间的有序生产；加大产品调运和市场开发，全力做好产销衔接，在极为不利的市场环境下，实现增产增销增效。强化生产技术管理。全面完成装置技术诊断，推进装置 HAZOP 分析，重新绘制 P&ID 图及工艺控制流程图，大力开展 10 项重点技术攻关，攻克一系列生产难题。重整、催化等核心装置运行效果持续改善，"三苯"产量和质量、聚丙烯商品量均创历史最好水平，催化油浆收率总体降低 0.1 个百分点，柴汽比同比降低 0.15。

【挖潜增效】 2015 年，大连石化着力从产品结构、装置运行、节能降耗、原油采购和管理提升 5 个方面推进开源节流降本增效工作，实施 36 项优化增效措施，通过动态调整、及时激励，形成全员优化增效的工作氛围和合力，2015 年实现优化增效额 21.6 亿元。通过将催化装置油浆沉降后用作电厂锅炉燃料，替换出优质的催化装置原料用以生产汽油、柴油产品，止住大连石化最大的效益"出血点"，2015 年利用油浆 24.59 万吨，实现增效额 5.89 亿元；通过系统优化，增产增销芳香烃、聚丙烯、石蜡等厚利产品 127 万吨，增效 10.02 亿元，成为大连石化最大的增效"贡献点"；深入做好氢气综合利用，在 2015 年用氢总量中，副产氢占 40%，回收氢占 27%，高成本的液化气制氢比例同比下降 15 个百分点，以往同步运行的两套制氢装置实现一开一备，用氢成本大幅降低，2015 年节约成本 3.43 亿元，成为最大的挖潜"增长点"；持续提高能源综合利用，不断消除能耗"问题点"。在全加氢、深加工，用能大幅增加的工艺流程下，2015 年实现综合能耗 60.98 千克标准油 / 吨，同比降低 2.88 个单位，实现节能降耗增效 0.76 亿元。

【安全环保】 2015 年，大连石化深入推进 HSE 管理体系建设，持续夯实安全环保基础。严格落实安全生产责任。对照新《安全生产法》和《环境保护法》要求，进一步细化岗位安全生产职责，完善"党政同责、一岗双责、失职追责"安全生产责任体系。全面管控安全风险。重新调整 HSE 分委会，开展三级内部审核 207 次，整改问题 2819 项。启动炼化装置 HSE 标准化建设，开展领导干部安全履职能力评估。投用汽油、柴油加抗静电剂设施，完成 66 千伏升压站（总变）搬迁改造项目负荷移位、码头管架加固、雨排水系统疏通和护坡隐患整改，消除安全隐患。全面完成突发事件应急预案修订完善工作，内容进一步细化，针对性和实用性进一步增强；组织预案演练 194 次，应急响应能力得以提升。加强施工作业监管。全面实行固定维修日，建立 JSA 数据库，加大现场作业监督监护和检查考核力度，现场受控水平持续提高。深入挖掘事故事件资源价值。汇编《2014 年事故案例》和《2013 年以来生产误操作事件案例》，开展事故警示教育、避免误操作大讨论等活动，深刻吸取事故事件教训。严格安全生产监督检查。加强现场作业和劳动纪律检查考核讲评，开展全员查找习惯性违章活动，"三违"行为整治取得初步成效。大力推进清洁生产。建成投产 80 万吨 / 年重油催化裂化装置烟气脱硫项目，3 套催化装置全面实现烟气治理。加强污水处理设施管理，外排污水稳定达标。完成厂区异味治理攻关，通过投用污油回炼设施、实施污水处理场除臭设施改造、规范储罐切水管理等措施，厂区空气质量持续改善。

【现场管理】 2015 年，大连石化加强现场施工的统筹组织。建成投产 200 万吨 / 年柴油加氢装置，提前 3 年进入柴油国Ⅴ标准时代，成为同时具备全部生产国Ⅴ标准汽油、柴油产品能力的炼化企业。建成投用 80 万吨 / 年催化裂化装置烟气脱硫项目，三套催化裂化装置全部完成增上烟气脱硫设施，实现催化裂化装置烟气达标排放。顺利完成二催化检修、渣油加氢换剂等 6 套装置检修消缺工作，消除运行瓶颈和隐患问题，为装置平稳运行奠定基础。积极推进现场标准化创建。开展现场标准化达标竞赛活动，有序实施现场低标准问题整改，拆除 432 条 11.5 万余米废旧管线，211 处现场达到标准化创建标准。持续加强设备基础管理。完善设备综合管理平台数据，加强机组特护和状态监测，健全仪表基础数据和指标考核细则，建立各装置重点防腐设备档案，全面开展装置泄漏治理，完成压力容器、压力管道等特种设备 100% 检验注册。设备完好率 99.89%，在线分析仪完好率 98.3%，仪表控制率 99%，静密封点泄漏率下降至 0.07‰。

【企业管理】 2015 年，大连石化深入推进精细化管理，企业管理水平不断提升。持续细化基础工作。全力开展统计计量攻关，推进计量设施完善，盘点效率和馏出口数据准确性明显提高。清查、规范土地管理，建立 24 小时物资收发保障机制，搭建“4000”信息服务专线，各项基础管理日趋精细。持续完善基础管理。制定 2015 年重点工作计划，定期跟踪讲评，工作计划性显著增强。制修订制度 116 项次、标准 284 项次，梳理优化 239 项业务流程，精简 38 个工作环节，职责和流程更加清晰。持续深化激励约束机制。加大工效挂钩力度，将专业经济技术指标纳入月度综合管理考核，设置优化增效、技术攻关等专项奖励，考核和薪酬分配的导向作用进一步加强。持续推进合规管理。持续规范招标采购行为，全面梳理整改特殊不招标项目，实施招标网上公示，公开招标率明显提升。健全合规管理制度体系，强化法律风险防控，规范公务用车管理，推进非主营业务股权处置，加大审计问题落实整改，经营风险有效降低。持续完善机构和岗位设置。优化调整 13 个处级和 16 个科级机构，整合管理资源。7 个基层单位实行单循环倒班运行模式。持续加大队伍建设力度。组建内部培训师队伍，制定员工岗位能力矩阵，修订岗位题库，加强基层培训效果评价考核，搭建“处长讲制度”“专家讲技术”“炼油技术论坛”等培训交流平台。强化“三支队伍”建设。深入开展“四好”班子创建，完善领导班子量化评价办法。健全规范领导干部管理制度，提拔交流 97 名干部，优化干部队伍结构。增聘 174 名装置技术专家、首席工程师、装置技能专家和助理技师，完善技术和技能人才梯队，员工成长成才双通道更加畅通。

【科技创新与成果】 积极组织科技开发项目工作。2015 年，大连石化科技开发计划项目共 30 项（股份公司、专业分公司 16 项、地区公司 14 项），完成科技开发项目 17 项，接转至 2016 年 13 项。“利用膜分离与 PSA 耦合新工艺高收率回收氢气”和“原料精馏脱硫降低 MTBE 硫含量”两项技术已向国家知识产权局提交发明专利申请。加大新产品开发。先后开发澳大利亚汽油、北美航空煤油等高效特色新产品，98 号乙醇汽油已投向大连市场，产品进一步高端化、差异化、精品化，有效改善产品结构，充分挖掘创效潜力。围绕解决生产瓶颈，改善运行质量，以“安全环保、工艺技术优化、节能减排、长周期运行及设备技术”为方向，持续开展跨部门跨专业的技术攻关。2015 年确定技术攻关课题 10 项，均取得较好成果，有力保障了安全生产，改善了技术经济指标。如开展三催化装置反再系统改造技术攻关，解决高温取热炉爆管、再生烟气中一氧化碳超标及剂油比低等装置顽疾；开展与高等院校合作攻关，解决装置设备管线振动问题，代表国内最先进的解决振动技术水平，成为校企技术合作的成功案例；开展污水场提标运行攻关，解决污水达标排放问题，污水连续 4 年高质量达标排放；以加强“两料、两剂”精细化管理为核心，以生产、工艺受控为重点，以设备、仪表稳定运行为基础，全力开展重整装置运行攻关，重整装置保持满负荷高效运行，芳香烃产量和质量均创历史最好水平。

【矿区服务】 2015 年，大连石化充分发挥矿区的生产生活服务保障作用，持续改善矿区环境，提高服务水平。新增 2 个厂内配餐厅，使餐饮服务中心餐厅、配餐厅数量达到 12 个，改善职工就餐环境。建立食品储备库，为做好恶劣天气条件下的食品储存和降低采购成本提供保证。持续推进物业报修服务，2015 年“一站式”服务大厅接待各类报修 2496 项，为居民提供便利服务。做好日常绿化服务与管理、装置区保洁服务、无害工业垃圾处理和物资回收工作，净化了厂区和居民区环境。对小区的雨排水管道、室外下水主管线、化粪池等进行维修、更换和清掏，对脱落的外墙皮、破损的挡土墙、低洼地面、锈蚀的栏杆、损坏的庭院灯、建筑小品等进行维修，对室外楼梯加装安全护栏，消除安全隐患，改善小区环境。

【企业文化】 2015 年，大连石化利用宣传阵地和企业文化、思想政治工作等平台，引导员工牢固树立“安全生产成在全体、败在一人”的安全理念，鼓励员工通过劳动奉献，建设好共同的物质和精神家园。继续开展“形式、目标、任务、责任”主题教育，保证文化落地。召开班长座谈会，组织开展“管理意见征询”，了解员工所思所想。将主题教育与“三严三实”“重塑中国石油良好形象”大讨论、政治理论学习紧密结合，与业务培训紧密结合，与安全生产大讨论、杜绝误操作大讨论、精细化管理等专业讨论紧密结合，使教育的针对性、实效性进一步增强。对劳动模范重点宣传，对先进事迹专项宣传。开设“安全明星”“2015 我们行”“2014 年无事故单位”“节日我在岗”“最靓女员工”“最美石化人”“聚集一线”“平凡岗位平凡人”“身边人”“标杆‘五型’班组”等专栏，开展企业文化认知度调研，了解员工价值追求和基本诉求；系统总结企业历史文化发展的脉络，不断完善企业文化内容和内涵，编撰《中国石油大连石化公司志（1933—2014）》；制作《沧海扬帆》历史纪录片，系统展示企业建厂背景和历程；编写《企业文化辞典》，为接续传统根脉、重塑企业形象、全面推进精细化管理提供有益的参考和借鉴。

（肇　蕾）

大连西太平洋石油化工有限公司

【概况】 大连西太平洋石油化工有限公司简称大连西太平洋石化（英文简称 WEPEC），是经国务院批准、由中法两国股东共同投资兴建的中国第一家大型中外合资石化企业，是国务院授权、由中国石油全权经营管理的一家企业。总投资 10.13 亿美元，占地面积 2.5 平方千米，一次原油加工能力 1000 万吨 / 年，厂区坐落于大连经济技术开发区海青岛。成立于 1990 年 11 月，1992 年动工建设，1996 年投料试车，1997 年底全面投产，股东为中国石油天然气股份有限公司、大连市建设投资有限公司、中国中化集团公司、中化（香港）石油国际有限公司、道达尔股份有限公司。建有 18 套高水平的生产装置及配套的公用工程系统、辅助生产设施，以加工高含硫原油为主体，产品全部加氢精制，其中 1000 万吨 / 年常减压、300 万吨 / 年催化裂化、220 万吨 / 年重油加氢脱硫、150 万吨 / 年加氢裂化等均为中国单体能力加工较大的生产装置。2015 年，大连西太平洋石化面对国际油价大幅下跌、高效产品销售不畅、财务费用居高不下等不利因素，以调结构、提质量、促发展为中心，全面推进各项工作并取得显著成效：安全生产形势总体受控，“四年一修”和减压系统隐患治理等顺利完成，连续重整和汽油加氢等装置建成投产，汽油、柴油质量全面升级，综合管控能力进一步提升，党群和企业文化建设成效显著。2015 年，加工原油 774 万吨，实现销售收入 181.7 亿元，上缴国家税金 46.3 亿元，利润 –9.84 亿元，减亏工作取得显著效果（表 1）。

表 1　大连西太平洋石化主要生产经营指标

指　标	2015 年	2014 年	同比
资产总额（亿元）	83.95	90.36	–7.09%
工业总产值（亿元）	193.99	393.64	–50.72%
工业增加值（亿元）	23.66	26.35	–10.21%
产品销售收入（亿元）	181.70	388.79	–53.27%
税费（亿元）	46.30	68.00	–31.91%
利润（亿元）	–9.84	–14.65	减亏 4.81
出口创汇（亿美元）	7.49	17.78	–57.87%

【安全环保】 2015年，大连西太平洋石化认真贯彻新《安全生产法》和《环境保护法》，落实安全生产主体责任，贯彻“四有工作法”及生产受控管理办法，发布实施安全生产“十大禁令”（严禁特种作业无有效操作证人员上岗操作；严禁违反操作规程操作；严禁无票证从事危险作业；严禁脱岗、睡岗和酒后上岗；严禁违反规定运输民爆物品、放射源和危险化学品；严禁违章指挥、强令他人违章作业；严禁不按规定摘除联锁；严禁不按规定进行巡检；严禁在操作岗位使用手机上网和玩手机；严禁脱水、配剂作业时操作人员离开现场），开展安全检查和日常岗检，推进隐患治理和现场低标准整改。2015年，未发生重大安全环保事故，外排综合合格率、污水排放合格率100%，安全环保形势持续保持稳定。

【长周期运行】 2015年，大连西太平洋石化高质量完成第二个“四年一修”任务，设备长周期运行及管理创国内炼化企业先进水平。期间实施完成减压系统隐患治理和流程改造，实施重点大修更新、技改技措30余项，16套装置同步完成停工和检修任务，并实现安全、绿色、高效一次开车成功，为下一周期装置安全平稳优化运行奠定坚实基础。

【市场运作】 2015年，大连西太平洋石化优化原油资源选择，原油API度达到23.6；2015年产销沥青48万吨，70号、90号道路沥青获交通部A级认证；积极调整产品结构，柴汽比降至1.11；加大化工品销售力度，出口成品油340万吨，创历史新高；液化气陆地销售、7号燃料油出口增效显著。通过优化生产经营运作，实现经济效益最大化。

【项目建设】 2015年，大连西太平洋石化加快推进发展项目建成，实现“十二五”规划建设完美收官。连续重整装置于大检修后同步开工并创造25天投料试车一次成功良好业绩，各项性能指标全部达到设计标准；汽油加氢项目用时11个半月，实现主体项目及配套工程的高标准中交和安全稳妥一次开车成功。汽油、柴油产品全部达到国Ⅴ质量标准。

【挖潜增效】 2015年，大连西太平洋石化制定并实施15项公司级、25项部门级挖潜增效项目，增效4.45亿元；实施技改技措139项，烷基化加工量提高30%，加热炉热效率提高到92.5%；与同类先进炼油厂进行全面对标，推进各项指标达标；引入LNG、外购蒸汽和氢气，有效降低生产成本；合理降费避税，争取国家贴息补助，多措并举，收效显著。

【精细管理】 2015年，大连西太平洋石化中心控制室建成投用，一级扁平化管理架构更加夯实，生产管控体系更加完善；建成合同管理系统和ERP管理系统等，实现信息化管理由分散到集成的跨越；规范招标管理，增强过程受控，降低风险成本；加强审计把关，进一步完善管理工作合规性；“三公”管理进一步规范，“五项”费用有效受控。

【企业文化】 2015年，大连西太平洋石化扎实推进“三严三实”专题教育、“重塑中国石油良好形象”大讨论以及“形势、目标、任务、责任”主题教育等活动，开展“最美员工”评选表彰，凝聚力量与共识、强化与责任担当，推动工作圆满完成；加强班组标准化建设，班组达标率92%，自主管理能力进一步提升；开展送温暖及各类文化活动，改善员工工作学习条件，共享企业发展成果。

（杜安群）

中国石油天然气股份有限公司锦州石化分公司（中国石油锦州石油化工公司）

【概况】 中国石油天然气股份有限公司锦州石化分公司（中国石油锦州石油化工公司）简称锦州石化，隶属于股份公司，始建于1938年，是一家以炼油为主、化工为辅的燃料型炼油企业。是中国重要的润滑油添加剂科研生产基地和辽西地区最大的原油、成品油储备基地，也是国内首家生产国Ⅳ标准汽油、京Ⅴ标准汽油的炼油企业。新中国第一滴人造石油、第一块合成顺丁橡胶都在这里诞生。截至2015年底，锦州石化有86套炼油化工生产装置，原油一次加工能力750万吨/年，资产总额126亿元，可生产53个品种81个牌号的石油化工产品。拥有长输管线、铁路、陆路、海上“四位一体”输出通道，产品畅销国内外。锦州石化有员工8153人，下设12个处室，53个基层单位。

2015年，锦州石化加工原油600.35万吨，生产汽油、煤油、柴油产品459.76万吨，石油焦、化工添加剂产品54.79万吨。实现主营业务收入219亿元，上缴税费81亿元，取得了良好的生产经营业绩（表1）。

表 1　锦州石化主要生产经营指标

指　标	2015 年	2014 年	2013 年	2012 年	2011 年
原油加工量（万吨）	600.35	603	676	652.77	651
营业收入（亿元）	219 （主营业务）	339	346	356 （主营业务）	339.59（上市） 5.45（未上市）
利润（亿元）	—	3.9	3.2 （账面）	—	6.08（上市） 0.0582（未上市）
税费（亿元）	81	—	—	—	55.61
汽油、航空煤油、柴油总量（万吨）	459.76	465	529.2	—	474.76

【安全环保】 2015 年，锦州石化认真落实安全生产“党政同责”“一岗双责”，有效推进 HSE 管理体系运行，突出抓好安全环保依法合规、班组自主管理安全文化推进、应急响应能力提升、减排指标控制和安全隐患治理项目实施等重点工作。继续推进“像找奖金一样找隐患”理念，不断完善奖励机制，涌现出一批“查漏大王”和“纠违能手”，营造全方位、全时段、全过程查找隐患的工作氛围。如期完成厂区稳高压消防水及泡沫灭火系统建设，彻底解决消防系统存在的所有问题。兴海公司稳高压消防水及泡沫灭火系统稳步推进。东门隐患得到消除，西山机车调车作业场隐患治理有序推进，新化工栈桥投入使用。承包商施工作业进一步规范，现场监护人责任意识和处置能力明显增强。动火作业、危化品存放等高危风险有效管控。应急指挥中心建成投用，应急响应和处置能力持续提升。强化环保源头控制，优化环保装置运行，炼油污水装置隐患整改完成，硫黄回收、浓水处理、除盐水等装置投入运行。脱硫脱硝等环保项目进展顺利，各类污染物指标全部达标，安全环保管理形势实现了持续稳定好转。

【生产运行】 2015 年，锦州石化强化操作平稳率和操作变动计划性管理，A 级操作平稳率达到 99.99%，非计划性操作变动同比减少 32.5%。强化运行末期装置管理，制订并实施长周期运行方案，采取有效措施，解决二套常减压环烷酸腐蚀泄漏、减压炉衬里脱落、二套制氢吸附塔焊口开裂、连续重整再生系统频繁故障等难题，保证了装置长周期平稳运行。及时组织三催化装置停工消缺，解决催化剂流化波动效益损失问题，确保装置效益运行。完成 23 台储罐检修，油品罐区隐患得到消除，汽油、柴油在线调和系统投入运行。推行设备寿命评价体系，开展预知性检修，电气变频器及励磁系统、装置直流屏等重复性故障大幅减少，临氢机组实现稳定长周期运行。全厂停产检修准备工作有序推进，提前完成部分装置 DCS 升级改造、往复机组检修、配电间改造等工作，为 2016 年大修顺利开展创造有利条件。

【降本增效】 2015 年，锦州石化坚持以改促降，积极应用各类节能新技术、新材料，并通过对装置技术改造，不断提升装置运行水平，降低各类消耗。优化原油品种，采取进口原油转计价操作，规避跌价风险，降低进口原油采购成本。以市场为导向，优化产品结构，柴汽比降到 0.98，同比降低 0.25。争取高效产品输出计划，抢装抢运减少跌价损失。利用天然气和低分气替代轻油制氢，制氢成本明显下降。优化操作条件，加氢改质氢耗大幅度降低。加大节能节水力度，2015 年节能 2.48 万吨标准煤，节水 24.44 万吨，超额完成考核指标。强化预算刚性执行，各装置加工费同比大幅下降，销管费用中可控费用比预算降低 21%；“三剂”费用同比降低 8.8%；“五项”费用同比降低 20%；物资采购期末库存资金同比降低 24%。

【科技创新与成果】 2015 年，锦州石化深化科技体制机制改革，完善创新体系建设，持续提升核心竞争力和自主创新能力，切实发挥科技对主营业务的支撑引领作用。2015 年完成科研项目 24 项，申请专利 7 项，3 项获得国家授权。“原油优化、快评技术与腐蚀预测”研究合作深入开展。二常防腐技术、针焦改质技术、三催气压机组及余热锅炉能效监测技术实现工业应用。稀土橡胶新产品具备工业化技术条件。成功开发出高品质环丁烯砜、油浆阻垢剂及新型炸药乳化剂等新产品。开展磺酸盐后处理试验，有效降低磺酸盐产品浊度指标，改善了T106对国内Ⅱ类基础油的油溶性能。高品质环丁烯砜产品可满足国外客户的需求，具备工业化生产条件。完善MTBE二塔脱硫技术，实现在脱硫同时脱除含氧化物作为高附加值汽油调和组分的新技术。

【工程建设】 2015年，锦州石化工程建设项目总计42项，31项续建项目，11项新建项目。280万吨/年柴油加氢改质装置一次开车成功，国Ⅴ标准柴油生产技术达到国内领先水平；10万吨/年MTBE装置建成投产，汽油产品质量升级迈上新台阶；2万吨/年硫黄回收装置及1.5万吨/年硫黄装置顺利开车，350吨/时浓水处理、800吨/时除盐水等装置投入运行，节能减排效果更加显著；5000标准米^3/时空分制氮装置顺利中交，装置配套更加完善；针焦装置质量升级改造顺利完成，真密度等关键指标有效提升；汽油、柴油在线调和系统全部建成投用，实现产品调和自动化。100万吨/年催化汽油加氢脱硫装置改造项目完成基础施工；长输管线隐患治理取得重大进展，新建原油管线基本建成。兴海公司锅炉新建烟气脱硫装置、热电公司燃煤锅炉新建脱硫脱硝装置、二催烟气脱硫、三催烟气脱硫脱硝等几个环保项目进展顺利。完成东门区域交通改造和厂区老铁道线改造，消防通道更加畅通无阻。

【企业管理】 2015年，锦州石化档案数字化建设全面推进，档案中心顺利通过集团公司A级验收。全面推进公开招标，招投标工作进一步规范。完成特种设备检验取证工作，2476台压力容器、9条长输管线、5419条压力管道完成取证，458台超期运行压力容器、1600余台超期安全阀完成风险评估。强化施工图预算工程量审核，资本性项目投资审减率达9.1%，维修费审减率达11.05%；规范承包商管理，清除39家违规违纪承包商和供应商。狠抓工程质量管理，加大旁站监理和平行检验力度，强化承包商质量行为和重点部位监督，强化分包方质量考核，有效提高工程质量。

【矿区服务】 2015年，锦州石化积极推进部分服务业务社会化，对老区物业、民用水电现状及移交成本进行清查和测算核定，对国家和辽宁省出台的相关政策规定进行认真研究，本着“企业少吃亏、职工多选择、百姓得实惠”为原则，全面推进水、电、物业和托幼系统的社会化工作。在有限的资金条件下提升矿区服务水平，实施老旧小区采暖系统改造、生活区供水系统支线改造、老旧小区供水系统整体改造、生活区变电设备改造、文体活动中心消防改造等一系列惠民工程，提升了矿区居民对矿区服务的综合满意度。针对公房租金与市场脱节、部分公房租金较低的实际，成立价格委员会，对公房周边地段的房屋市场租赁价格进行调研，并结合实际情况对公房租金进行定价。全面降低“五项”费用指标，通过工业垃圾分拣回收每月节约成本近2万元、将生产余热引入浴池每年节约蒸汽5000吨、能源管理建立一体化电子档案系统、一楼民居改门市按照商业经营收取能源费等创新举措，实现经营成本降低和效益提升。坚持“一切行为都以员工健康为前提”理念，继续开展员工健康体检，建立大病员工档案，跟踪治疗情况，及时给予资金、医疗、心理救助；持续改善员工就餐条件，为一线白班员工发放爱心餐盒2000套，新增配餐点4个，共计达到11个，实现厂内外配餐全覆盖。

【精神文明建设】 2015年，锦州石化持续巩固党的群众路线教育实践活动成果，坚决执行中央八项规定和集团公司党组要求，持之以恒反对“四风”，深入开展“三严三实”专题教育，营造风清气正的发展环境。积极落实党风廉政建设责任制，切实履行“两个责任”，推进惩防体系建设，充实纪检监察队伍，反腐倡廉建设取得新成效。主题教育持续开展，“月评一流”深入开展“五个一”亲情活动。加强企业文化建设，引导员工不断将企业文化理念内化于心、外化于行，有力促进企业发展。持续加大宣传力度，外部媒体发稿数量连续三年刷新历史纪录，展示了企业的良好形象。积极发挥群团组织桥梁纽带作用，民主管理深入人心，“建家”活动不断创新，扶贫帮困送温暖活动救助困难员工3000人次，资助49名困难员工子女圆梦大学。联合锦州市总工会为200名困难员工办理帮扶卡，22名重特大疾病员工得到及时救助。青年员工立足岗位建功立业，逐步成为生产经营工作的生力军。锦州石化公司获全国思想政治工作先进单位、集团公司“模范职工之家”等荣誉称号。

（曹继辉）

中国石油天然气股份有限公司锦西石化分公司（中国石油锦西炼油化工总厂）

【概况】 中国石油天然气股份有限公司锦西石化分公司（中国石油锦西炼油化工总厂）简称锦西石化，始建于1939年，有员工8908人（上市5775人、未上市3133人）。主要装置19套，原油加工能力650万吨/年。加工原油来源以大庆油田、辽河油田为主，直接管输进厂，另有部分进口原油及中国海油原油，由锦州港上岸。主要产品有汽油、柴油、航空煤油、苯乙烯、聚丙烯、煅烧焦等。

2015年，面对国际原油市场波动、市场竞争激烈等多重挑战，锦西石化秉持“做好安全发展稳定文章，实现做强做大做美目标”工作思路，带领广大干部员工坚定信心，苦练内功，拼搏进取，在安全生产、发展建设、党建等方面均取得新的成绩，顺利完成2015年初确定的各项任务目标。加工原油557.28万吨，超预算12万吨，同比增加30万吨，是“十二五”期间加工量最多的一年；上市部分营业收入211.91亿元，未上市部分营业收入10.5亿元；利税合计67.6亿元，同比增加14.22亿元；炼油综合能耗、柴汽比、加工损失率等9项指标好于2014年（表1）。

表1　锦西石化主要生产经营指标（上市部分）

指　标	2015年	2014年	2013年	2012年	2011年
原油加工量（万吨）	557.28	527.28	437.32	532.73	523.25
资产总额（亿元）	68.70	79.85	77.49	82.00	98.60
营业收入（亿元）	211.91	284.51	262.23	321.26	298.14
利润（亿元）	−10.34	−2.13	−6.08	−14.14	−15.76
税费（亿元）	79.51	57.97	53.64	61.93	58.16
汽油产量（万吨）	175.96	166.28	133.04	158.65	143.63
航空煤油产量（万吨）	20.56	8.88	7.62	12.48	15.35
柴油产量（万吨）	213.70	220.33	168.08	211.29	210.22

【安全环保】 2015年，锦西石化安全方面事件起数同比下降53.8%，环保方面无环境污染事件，再获集团公司安全环保双先进。安全工作深入到工艺安全管理层面，加强工艺变动管理和维电仪系统的巡检，预防异常操作风险。升级管理有毒有害介质和高风险操作，每天检查通报，督促车间规范制度、主动发现问题。2015年通报工艺变动问题1156项、维电仪问题489项。保持现场监督的高压态势，外部专业公司与内部团队，对施工现场高危作业全覆盖监督，提高属地和承包商的自主管理水平，实现现场作业受控。专项排查与隐患治理扎实推进。开展安技装备、含硫储罐、危险化学品库房、消防等多项排查。环保方面，4套减排装置运行平稳、排放达标。更新热电脱硫塔烟道等6处先进在线监测设备，污水三泥、油泥、碱渣、过期剧毒药品得到有效处置。完成32项新改扩建及隐患治理项目的“三同时”审批手续。经过几年来持续不断努力，锦西石化安全管理由应急状态迈入预防状态。

【项目建设】 2015年，锦西石化科学组织、统筹协调，克服项目建设工期短、实体工程量大等不利因素，实施新建、续建项目67项，主要项目中交和试车16项。120万吨/年催化汽油加氢深度脱硫装置于3月开工建设，10月19日中交，11月7日生产出硫含量小于10毫克/升的合格汽油，实现装置一次开车成功，标志着锦西石化汽油产品由2008年国Ⅳ标准升级到国Ⅴ标准，实现集团公司“提前1年完成国Ⅴ标准车用汽油升级”的战略要求。柴油国Ⅴ标准质量升级项目10月获得可行性研究报告批复。全长51.5千米的碧海长输管道项目完成工程进度的97%。碧海两座汽油储罐、一座柴油储罐主体已经完工，两座航空煤油储罐已中交。

【装置管控】 2015年，锦西石化在生产管理上，加强工艺管理、操作管理，实现生产的平稳、高效、受控。对重质苏丹达尔原油、辽河稠油加工进行全面分析评价，有效应对原油重质化、劣质化趋势，优化装置进料组成，保证生产平稳运行。设备的完好率和可靠度不断提高。评选出20个标准化装置，改善焦化、制氢、重整、二催化、尿素等5个单位的现场条件。实施转动设备轮修制度，在故障月分析中增加工艺设备、电气设备和仪表设备的故障分析，故障同比降低30%，2015年设备完好率、泄漏率、仪表自控率、联锁投用率指标均达到或超过股份公司的要求。开展“小接管”“材料以低代高”“机泵泄漏”等46项专项排查；研究制订南蒸馏等11项防腐技术方案；实行修理项目工程量清单和修理合同预审，严格控制修理费。发挥科技攻关作用，深入能量优化项目研究，完成5套新开工装置和52套单元的蒸汽系统优化方案。应用PID整定技术，提高重油催化等6套装置的自控率和平稳率。加强新剂应用，确保满足工艺要求。

【优化创效】 2015年，锦西石化坚持以提升质量效益为中心，全面落实低成本发展战略，突出市场导向，优化生产运行，深入落实开源节流降本增效各项举措。生产部门结合原油性质变化，适时调整和优化生产方案，动态优化生产流程，抓好原油的精细加工。每周召开生产优化协调会，每月开展装置达标对标，挖掘装置产能，降低装置消耗，提高装置拔出率，止住“出血点”，实现效益产出，增效近亿元。计划部门提高原油采购性价比，多争取效益好的陆上原油资源。进口原油采购中，跟踪国际原油市场变化趋势，灵活运用转计价等结算方式，规避原油跌价损失1.33亿元。海外账户实现盈利。销售部门实现高标号汽油、低凝柴油、航空煤油饱满调运，坚持管输丙烯自主销售，争取液化气合理定价，增效1.22亿元。未上市企业完成集团公司控亏指标。财务部门深化经济活动分析，落实开源节流降本增效15方面38项措施，创效2.61亿元。通过降低存货占用、合理控制对外付款、增加商业承兑汇票支付比例、开立银行保函等，降低财务费用1557万元。大力压缩非生产性支出，节约“五项”费用871万元。持续加强辅材审计，压减成本890万元。

【员工培训】 2015年，将提高全员素质作为锦西石化走上良性发展轨道的重要途径，摸索培训工作真正形成“干什么学什么，缺什么补什么”的有效方法。从8月开始，对28家生产单位进行调研，对各单位培训情况进行评估和分析，研究增强培训效果的思路，对各单位整改措施跟踪考核，每季度调研总评一次。提倡员工主动学习，向一岗多能发展，提高生产操作技能，获得更高的待遇和尊重。在管理人员层面，利用每周五综合协调会安排专业培训，举办经营管理人员培训班和青年干部培训班；在专业技术人员层面，培训生产技术管理人员850人次、设备管理人员960人次；在操作人员层面，举办6期160人次的班组骨干培训；在外来施工人员层面，博柯公司培训7028人次。5家单位在综合协调会上做培训经验交流。

【党建工作】 2015年，锦西石化坚持围绕生产经营中心，着力建设服务型党组织。制定《基层党群组织工作职责清单》，明确各级组织的主要工作内容，党群部门每月考核督办。每季度召开党群工作联席会，部署阶段性任务，选择典型单位介绍经验，推动工作质量全面提升。“三严三实”“重塑中国石油良好形象”活动扎实有效。认真组织《中国共产党廉洁自律准则》和《中国共产党纪律处分条例》的学习贯彻，落实纪检工作“转职能、转方式、转作风”要求，从严从实监督执纪问责，完成集团公司巡视的配合工作。工会持续开展送温暖活动，走访慰问6345户次，发放救助金931.5万元。团青活动丰富多彩，“一团一品”激发团青组织的新活力。治安保卫部门配合做好长输管道施工现场画线、征地、赔偿等工作，确保长输管线项目按进度顺利施工。通过现场文明管理确立规矩、培养文明习惯，员工自发维护美好环境，感性素养有所提升。规范选人用人程序，完善干部选拔任用标准、选拔方式等，出台《中层领导班子和领导干部综合考核评比办法》。树立鲜明导向，重用干事有激情、做事有担当、德才兼备的好干部。建立维稳协调机制，全面落实维稳信访工作责任制，继续保持较好的稳定形势。矿区注重精细管理，不断提升服务质量，员工满意度和幸福指数有所提升。

（王　琼）

中国石油天然气股份有限公司大庆炼化分公司

【概况】 中国石油天然气股份有限公司大庆炼化分公司简称大庆炼化，于2000年10月由原大庆油田化工总厂和林源石化公司重组成立，2006年2月与林源炼油厂进行二次重组。2015年，大庆炼化设机关职能处室14个，机关附属机构6个，直属机构4个，二级单位24个。占地12.1平方千米，用工总量1.13万人，固定资产原值162亿元，生产装置53套，可生产39个品种236个牌号的石油化工产品。有600万吨/年原油一次、二次配套加工能力，主要生产汽油、柴油和液化气等产品，汽油、柴油全部达到国Ⅳ标准，并具备国Ⅴ标准生产能力。油田化学品有15万吨/年聚丙烯酰胺和12万吨/年石油磺酸盐产能。2套30万吨/年聚丙烯生产装置，可生产均聚、无规、抗冲共聚三大类聚丙烯产品，累计生产出冷热水管材、薄膜料、纤维料、拉丝料等31个牌号产品，其中高端牌号产品11个，热水管材料PA14D可替代国外同类产品，成为中国石油拳头产品。20万吨/年异构脱蜡装置生产的润滑油基础油，产品具有黏度指数高、倾点低等特点，产品主要用于中国石油“昆仑”高档润滑油的生产，质量达到美国石油协会2类或3类基础油水平。

大庆炼化秉承“奉献能源、创造和谐”企业宗旨，牢牢把握“有质量有效益可持续”发展方针，积极推进“中国石油精品炼油生产基地、中国石油油田化学品生产基地、高品质聚丙烯生产基地和高档润滑油基础油生产基地”建设，努力打造特色炼化企业，先后获国家“守信用重合同企业”“全国五一劳动奖章”等30多项荣誉。

2015年，加工原油547.52万吨，实现利润17.23亿元，同比增加13.44亿元，实现利税101亿元，全面完成集团公司下达的各项指标，多项经营指标取得重大突破（表1）。

表1　大庆炼化主要生产经营指标

指　标	2015年	2014年	2013年	2012年	2011年
原油加工量（万吨）	547.52	525.96	526.75	590.59	600.74
营业收入（亿元）	292.2	369.93	362	403.6	404.6
利润（亿元）	17.23	3.79	-3.58	-7.36	-14.2
税费（亿元）	101	73.87	60.6	66.26	65.07
汽油产量（万吨）	198.2	171.53	177.14	185.06	188.23
柴油产量（万吨）	177.49	175.35	169.47	180.97	186.09
润滑油基础油产量（万吨）	9.94	17.21	15.95	12.69	10.6
石蜡产量（万吨）	14.64	14.8	12.8	14.73	14.52
聚合物产量（万吨）	15.84	15.97	14.92	16.41	16.51
聚丙烯产量（万吨）	42.36	40.32	28.63	29.92	32.6

【安全环保】 2015年，大庆炼化落实新《安全生产法》和《环境保护法》要求，建立层次清晰、分级负责、覆盖全员的安全环保责任体系，实施安全环保目标管理责任考核，开展员工安全上岗能力考评。治理长输管线等安全环保隐患58项，排查整改危险化学品罐区及仓库隐患1361项，识别防控开停工、边远岗位等风险5994项，组织各类应急演练416次，查处承包商违规行为为329起、考核26.4万元。推进炼化装置HSE标准化建设试点工作，强化环保减排管理。

【节能减排与挖潜增效】 2015年，大庆炼化坚持以效益为中心，以市场为导向，优化装置操作及加工路线，降低两套重催干气烧焦、增加油浆回炼量，优化苯、液氨和蜡油等外购原料进厂，细化水、电、汽、风管理考核，严控非生产性支出，精细维修费管理，加大招标采购力度，节汽24万吨、节水38.3万吨，节电6651万千瓦·时，挖潜5.55亿元。

【科技创新与成果】 2015年，大庆炼化实施聚合物胶体实验、降低油浆固含量研究、丙烯酸共聚法聚丙烯酰胺产品实验室配方研发等科研项目44项，开发中熔抗冲共聚注塑料EP300M、无规共聚聚丙烯流延膜专用料RP210M和研磨油等新产品，完成动力锅炉焚烧炉燃料系统改造、3.5万吨/年磺酸盐装置优化改造、加氢改质装置新增外输氢气线改造等技改技措项目27项。

【企业管理】 2015年，大庆炼化严格按照PDCA循环科学管理模式，做到有制度、有措施、有检查、有考核，实现闭环管理。开展管理体系检查，发现问题691项，为全面执行管理体系奠定基础。强化生产异常管理，以数据指导优化生产，装置平稳率99.91%，丙烯腈装置实现28个月连续运行，达世界领先水平。整合QHSE和测量管理体系文件为《生产运行管理手册》，解决规章制度与工作实际两层皮问题。员工行为、现场管理、“三剂”使用管理等标准化建设工作扎实开展，管理水平显著提高。实施集中报警系统等信息化项目34个，提升信息化在管理中的作用发挥。

【工程建设】 2015年，大庆炼化7万吨/年石油磺酸盐装置建成投产，提高油田保供能力。40万吨/年轻汽油醚化项目得到批复，为油品质量进一步升级打下基础。顺利接收大庆油田成品油储备库，增大油品调和与仓储空间。委托经营的庆化公司完成装置建设并投入运行，加工原料40万吨，实现地企发展共谋、互利双赢。

【内部改革】 2015年，大庆炼化实行目标责任管理考核，实现量化、具体、全面的精细化考评。实行市场化模拟经营、经营和成本费用分类管理，推出台阶式奖励办法，增效0.5亿元。调整产品营销中心等内部组织机构37个；调整机电仪厂等单位内部车间工作班制；由生产服务部门向生产一线优化转移员工107人；清理劳务用工56人，提高人力资源效能。开展4个科研单位专业技术序列试点工作，拓宽科研技术人员成长通道。矿区供电业务正式移交中国电网大庆供电公司。

【精神文明建设】 2015年，大庆炼化扎实开展“三严三实”教育和反腐倡廉建设，强化干部选拔任用监督检查和责任追究，干部队伍风清气正，作风不断转变。开展员工分级分类培训，一岗多能员工新增241人，员工素质能力稳步提高。强化党群部门之间的沟通、协调，推进大政工格局建设，根据生产经营需要，开展方式灵活、喜闻乐见的群体活动，让广大员工放松身心，以更加饱满的热情投身企业发展建设。全面做好“重塑中国石油良好形象”大讨论、“形势、目标、任务、责任”主题教育、“中国梦·劳动美·炼化情”主题活动、维稳综治等系列工作，企业凝聚力得到提升。加大法制教育，引导员工遵法、守法、护法，建设平安企业，员工忠诚担当、守法合规。

【矿区服务】 2015年，大庆炼化超额完成集团公司利润考核指标，员工收入得到保证，生活环境得到改进。举办第二届全民健身运动会，参与10257人。积极开展帮扶工作，为困难员工发放慰问金，组织有毒有害岗位员工疗养1444人，组织员工健康体检10303人，切实关爱员工的身心健康。

（贾　楠）

中国石油天然气股份有限公司哈尔滨石化分公司

【概况】 中国石油天然气股份有限公司哈尔滨石化分公司简称哈尔滨石化，是以石油炼制为主的炼化企业，是黑龙江省百强企业、哈尔滨市财源骨干企业。总部位于黑龙江省哈尔滨市，前身为哈尔滨炼油厂，占地面积123万平方米。1970年筹建，1976年建成投产，1983年划归中国石油化工总公司管理，1998年划归中国石油天然气集团公司管理，1999年重组为中国石油天然气股份有限公司哈尔滨石化分公司和哈尔滨石油化工服务公司（2000年更名为哈尔滨炼油厂），2005年与哈尔滨炼油厂整合重组为中国石油天然气股份有限公司哈尔滨石化分公司。

哈尔滨石化设11个机关职能部门（含机关附属机构）、5个直属机构、8个二级机构。在册合同化员工1973人，其中机关职能部门128人，机关附属机构138人，直属机构343人，二级机构1364人。总资产44.80亿元。

有各类生产装置24套，分别是450万吨/年常减压蒸馏装置、120万吨/年重油催化裂化装置、150万吨/年汽油脱硫脱硫醇装置、20万吨/年干气脱硫精制装置、35万吨/年液态烃脱硫精制装置、4000吨/年硫黄回收装置、1万吨/年硫黄回收装置、60吨/时酸性水汽提装置、100吨/时酸性水汽提装置、60万吨/年重油催化裂化装置、75万吨/年连续重整装置、80万吨/年中压加氢裂化装置、90万吨/年催化汽油精制装置、100万吨/年柴油加氢精制装置、20万吨/年催化重整装置、50万吨/年催柴加氢精制—临氢降凝装置、10万吨/年苯抽提装置、5万吨/年特种环保溶剂油装置、10000标准米^3/时PSA装置、35万吨/年气体分馏装置、5万吨/年甲基—叔丁基醚装置、15万吨/年饱和烃脱硫精制装置、4万吨/年甲乙酮装置和8万吨/年聚丙烯装置等。

2015年，加工原油348.72万吨，同比增加23.47万吨；实现营业收入156.72亿元，同比减少40.93亿元；实现利润5.47亿元，同比提高4.17亿元；吨油利润156元/吨，同比提高116元/吨；炼油完全单位加工费321.43元/吨，同比降低20.08元/吨；上缴税金59.28亿元，同比增加18.4亿元（表1）。

表1　哈尔滨石化主要生产经营指标

指　标	2015年	2014年	2013年	2012年	2011年
原油加工量（万吨）	348.72	325.25	342.44	352.15	336.20
资产总额（亿元）	44.80	46.34	42.84	38.23	50.29
营业收入（亿元）	156.72	197.65	214.49	227.01	207.84
利润（亿元）	5.47	1.30	2.85	-1.24	-8.09
税费（亿元）	59.28	36.85	39.29	41.90	37.49
汽油产量（万吨）	120.18	105.38	120.18	122.49	115.93
航空煤油产量（万吨）	26.72	23.51	20.96	16.00	7.81
柴油产量（万吨）	113.70	107.58	118.95	129.80	133.40

【生产经营】　2015年，哈尔滨石化在集团公司、黑龙江省和哈尔滨市两级政府的大力支持下，420万吨/年原油加工能力核定工作进展顺利，核定报告通过黑龙江省发展和改革委员会审核；90万吨/年汽油加氢等3个项目通过环保验收、800米卫生防护距离内居民搬迁等瓶颈问题全部解决。全面推进航空煤油管线隐患治理，彻底消除建筑物占压和间距不足的安全隐患。完成16台储罐的机械清理和隐患治理，稳步推进罐区封闭管理。“十二五”隐患治理实现圆满收官。制订“十三五”规划总体意见，突出质量升级、环保减排、节能节水、信息化建设、人力资源优化等重点，为科学配置资源、补齐瓶颈短板、充分释放发展能量明确方向。抓好“十三五”项目前期储备，国Ⅴ标准升级改造、CFB锅炉烟气脱硝项目完成基础设计，为2016年推进落实提供有力支撑。

【安全环保】　2015年，哈尔滨石化对照新《安全生产法》和《环境保护法》和集团公司16项安全环保制度要求，强化HSE制度合规性分析与培训，做到制度全面覆盖、依法合规。坚持问题导向，强力推进HSE体系审核，两次内部审核发现的597项问题，整改完成538项；HSE体系现场评估提出的114项问题，整改完成105项。开展危险化学品仓库、储运罐区专项检查，403项问题整改完成221项。健全应急管理体系，完善与地方政府、周边居民的应急联动措施，修订应急预案12项、应急操作卡408张。严格执行危险作业申报，强化临时作业监督检查，实现作业安全受控。适应环保严管新常态，加大环境监测、检查和考核力度，化学需氧量、氨氮、二氧化硫、氮氧化物实现达标排放。

【稳增长措施】　2015年，哈尔滨石化在油价持续走低、市场紧缩的不利形势下，扎实推进开源节流、降本增效工作，特别是通过开展50天大会战，全面完成集团公司下达的业绩考核指标。一是实施工艺分析诊断、设备腐蚀攻关和装置标准化等活动，制订管控措施，保障装置长周期、安全平稳运行。2015年，实现操作平稳率99.86%、设备完好率99%，装置非计划停工为0；二是以低库存下的产销平衡为目标，全力推进降库和增产增销，存货量降低0.88万吨，实现高效产品收率50.37%，同比提高1.29%；生产 -35号低凝柴油16.9万吨、航空煤油26.72万吨，同比分别增长36.62%、13.65%；实现汽油、柴油产销率99%、化工产品产销率101%，保证生产后路畅通。三是完成装置间直供料等40项节能优化项目，50天大会战期间实施低温位系统优化运行、天然气替代液态烃、燃煤机组优化运行等12个专项优化，节能1.32万吨标准煤，节水18.37万吨。

【精细管理】 2015年，哈尔滨石化以定标准、建机制、严考核为抓手，持续夯实基础工作。对生产、规划、安全、设备、科技五大专业领域制度流程进行梳理，将147个制度简化为88个制度，进一步消除职责交叉，理清管理流程。制订《全员绩效考核工作指导意见》，修订部门考核细则103条，严格考核兑现，激励员工增强成本效益意识。强化"三剂"、煤炭等物资采购和优化使用，"三剂"单耗同比下降4.23元/吨原油，煤单耗同比下降6千克/吨。降低库存物资储备定额，2015年平库利库596.26万元。按照集团公司要求，推进公务用车、驻外机构房产处置，实现资产轻量化。按照成本费用、库存物资、管理效益等审计意见建议推进专项整改，确保生产经营风险受控、规范运行。

【人力资源管理】 2015年，哈尔滨石化抓好定岗定编工作，设立管理岗位197个、专业技术岗位381个、操作服务岗位1310个，为提高效率、优化劳动组织提供支持。强化规章制度培训，引导员工掌握制度、敬畏制度、遵守制度，提升各级人员的执行力。强化合规管理培训，21名专职安全员通过国家注册安全工程师审核，组织2400人次特种作业培训，为2864名施工人员、657名承包商进行HSE培训，提高作业人员的风险意识。强化系统操作培训，截至2015年底，50%的操作工达到单装置系统操作水平。在集团公司催化裂化操作工竞赛中，获团体总分第四名、应急项目团体金牌，个人获"两银一铜"的成绩，展示近年来持续强化培训的成果。

【党建和思想政治工作】 2015年，哈尔滨石化扎实开展"三严三实"专题教育和"重塑中国石油良好形象"大讨论活动，坚持提素质、转作风、强能力、促发展，树立忠诚、务实、干净的良好形象。2015年，组织党委中心组学习17次，班子成员及47名处级干部分别讲授专题党课，开展专题研讨，从严从实查找问题，动真碰硬进行整改，党员干部政治意识、纪律意识不断强化。严格执行干部选拔任用规定，对3个处室主要领导及11名机关高级主管、26名主管进行公开选聘，干部员工成长通道更加畅通。坚持典型选树，召开动力车间、质检计量部现场会，推广"三基"工作先进经验，形成"比学赶帮超"的良好氛围。开展党建标准化考核验收，13个党支部标准化达标率90%以上。认真落实"两个责任"，抓好《中国共产党廉洁自律准则》《中国共产党纪律处分条例》宣传贯彻，强化监督和执纪问责，推进巡视发现问题专项整改，党风建设和反腐败工作水平不断提升。

【企业文化建设】 2015年，哈尔滨石化开展企业文化下基层培训和以"感悟生命线，提升爱企情"为主题的文化之旅活动，深化"爱企、爱岗、爱家"主题教育，提升员工责任意识。开展大合唱比赛、健康徒步走、职工跳绳比赛等形式多样的文体活动，展示员工奋发向上的良好形象，增强队伍凝聚力。召开总经理民主联系人会议，征集民主联系人意见95条，员工主人翁意识不断增强。为405人次困难员工发放资金58.95万元，使员工感受到生活在中国石油大家庭中的温暖。向哈尔滨市道外区"1·2"事故灾后重建捐款50万元，树立中国石油企业模范履行社会责任的良好形象。

（杨岸冰）

中国石油天然气股份有限公司广西石化分公司

【概况】 中国石油天然气股份有限公司广西石化分公司简称广西石化，是中国石油于2005年建设中国石油广西石化1000万吨/年炼油工程而设立的地区公司。项目一次规划、两期建设，经过10年的努力已全面完成两期建设任务，完全具备加工高硫高酸等各种劣质原油的能力。主要装置有1000万吨/年常减压蒸馏、350万吨/年重油催化裂化、400万吨/年渣油加氢脱硫、220万吨/年蜡油加氢裂化、240万吨/年柴油加氢精制、200万吨/年柴油加氢改质、220万吨/年连续重整、60万吨/年气体分馏、20万吨/年聚丙烯、120万吨/年汽油精制、100万吨/年汽油加氢脱硫、40万吨/年轻石脑油异构化、10万吨/年MTBE、80万吨/年航空煤油加氢精制、27万吨/年硫黄回收、50万吨/年轻汽油醚化、14万标准米^3/时制氢等20余套主体生产装置以及公用工程、罐区、码头及码头库区、铁路专用线、100万立方米原油商业储备库等配套工程。同时，广西石化代管广西中石油储备油有限公司和广西东油沥青有限公司。下设8个机关处室，13个直属部门，有员工992人，平均年龄34岁。

2015年，加工原油（料）951.4万吨，同比增长5.82%；生产产品901万吨，同比增长10.87%，其中汽油288.9万吨、柴油379.9万吨、航空煤油105.7万吨。国内销售产品646万吨，实现营业收入310.6亿元，上缴税费100.6亿元；来料加工复出口255万吨，产值86亿元，完成集团公司下达的生产任务（表1）。

广西石化加强设备管理，初步形成“预知、预制、预约”检维修管理体系，机械完整性及质量保证体系建设、“5S”管理工作有序推进。加强生产受控管理，开展工艺安全管理，实现催化裂化等核心装置的长周期运行。原油品种、装置运行、产品结构等各项优化工作持续开展，落实达标对标、节能降耗措施，降低财务费用和非生产性支出。

表1　广西石化主要生产经营指标

指　标	2015年	2014年	2013年	2012年	2011年
原油加工量（万吨）	951.4	868.2	723.1	892.2	951.3
营业收入（亿元）	310.6	438.4	429.3	543.6	557.8
利润（亿元）	-10.1	-27.4	-10.9	-27.8	-51.2
税费（亿元）	100.6	71.5	67.8	81.7	76.8
汽油、航空煤油、柴油总量（万吨）	774.5	676.6	533.7	621.3	663.9
其中，汽油产量（万吨）	288.9	250.8	171.5	179.3	203.6
航空煤油产量（万吨）	105.7	90.3	19.8	30.2	14.8
柴油产量（万吨）	379.9	335.5	342.4	411.8	445.5
聚丙烯产量（万吨）	17.9	19.2	15.9	18.2	17.3
累计加工原油（万吨）	4662.8	3711.4	2843.2	2120.1	1227.9

【工程建设】 2015年9月29日，催化裂化烟气脱硫装置建成投产，创造同类装置施工周期最短纪录；11月23日，轻汽油醚化装置建成投产。两套装置的建成使广西石化深加工手段进一步增强，加工流程更加完备、灵活、高效。启动氢气回收项目，确定二级膜分离的技术方案，完成可行性研究报告、工程设计和PID图纸审查；钦州三墩岛30万吨/年原油长输管线项目获核准批复；启动烷基项目的前期工作。

【安全环保】 2015年，广西石化全面落实“党政同责、一岗双责、失职追责”的要求，建立覆盖全员的岗位责任体系。开展危险化学品安全大检查、罐区安全生产隐患专项排查，强化隐患治理。加强对现场危险作业数量和实施情况的控制，做到“作业必须申报，申报必须落实”。以自主管理班组建设为抓手，积极推进安全管理提升工作。落实新《环境保护法》和《安全生产法》，严格执行“环保十条禁令”，狠抓“三废”排放的监管、考核，减少二氧化硫排放3365吨，减少氮氧化物排放77吨，减少烟尘排放204吨，减少固体废物820吨。

【党群工作】 2015年，广西石化开展“三严三实”专题教育和“重塑中国石油良好形象”大讨论活动。领导干部带头讲党课40余场次，公司党委及二级党委集中学习研讨57次。分批组织党员干部参观广西壮族自治区“三严三实”专题教育基地、中共党史档案资料展、广西革命历史档案史料展、广东省反腐倡廉教育基地，撰写心得体会40余篇。党员干部累计查找不严不实问题238项。公司领导带头查找企业形象问题15项，形成人人争当石油形象大使的良好氛围。合理化建议、职代会提案等制度化平台发挥积极作用，座谈会、基层调研等沟通机制常态化。

【人才队伍建设】 2015年，广西石化进一步规范干部培养、选拔和管理，严格按照集团公司选人用人的一系列新规定、新要求，编制《中层管理人员选拔任用暂行规定》《中层管理人员管理暂行规定》。选拔一批年轻干部补充到相关部门，增强其领导班子的整体功能和组织保障能力。稳步推进基层队伍建设，多渠道、多方式补充和优化基层队伍。加强技术技能培训，实施内部培训办班332个，培训1.2万余人次、2000多课时。催化裂化操作比赛中，3名员工在集团公司操作工职业技能竞赛中获银奖。

【和谐企业及社会责任】 2015年，广西石化注重员工健康管理，开展员工"慢性病"综合管理，通过一系列干预措施，45名"慢性病"员工各项指标均有明显改善。坚持每月开展一次集中健步走活动。开展员工急救知识培训。完成员工有毒有害岗位津贴分级发放。积极履行社会责任，扎实做好定点扶贫、捐资助学、献爱心志愿者活动。

（胡　林　王洪娟）

中国石油四川石化有限责任公司

【概况】 中国石油四川石化有限责任公司简称四川石化，是由中国石油天然气集团公司和四川省人民政府合资组建的西南地区首个特大型石油化工企业，于2007年3月成立，总投资373亿元，股比90%∶10%，建设规模包括1000万吨/年炼油和80万吨/年乙烯两部分，厂址位于四川省成都市所辖彭州市，总占地400余万平方米。

四川炼化一体化项目总计19套主体装置。炼油部分包括常减压、渣油加氢、催化裂化、芳烃联合等11套装置，化工部分包括乙烯、丁二烯、聚乙烯、聚丙烯等8套装置。同时，承担国家100万立方米原油商业储备库建设运营任务。设计年产汽油、航空煤油、柴油610万吨，五大系列固体和十种液体化工产品300万吨。

四川石化坚持走现代企业管理道路，编制定员1550人，实行机关处室—联合装置两级架构，全面推行组织机构扁平化，并采取检维修、辅助操作外包一体化模式。同时确立打造现代化炼化一体化企业的总体目标。

2015年，四川石化坚决贯彻集团公司决策部署，高举"追求完美，追求典范"旗帜，统筹推进各项工作，圆满完成年度规划目标任务。加工原油750万吨，同比增长21.16%，生产汽油、航空煤油、柴油总量441万吨，同比增长16.36%，各类化工产品228万吨，同比增长34.12%，生产任务全面完成；实现销售收入374亿元，同比下降1.58%，上缴税费79亿元，账面利润1.81亿元，夺取扭亏脱困攻坚战的全面胜利（表1）。

表1　四川石化主要生产经营指标

指　标	2015年	2014年
原油加工量（万吨）	750	619
销售收入（亿元）	374	380
账面利润（亿元）	1.81	—
税费（亿元）	79	45
乙烯产量（万吨）	75	44
汽油、航空煤油、柴油总量（万吨）	441	379
化工商品总量（万吨）	228	170
累计加工原油（万吨）	1369	619
商品总量（万吨）	1255	559

【安全环保管理】 四川石化系统性强化安全环保管理，深化HSE体系建设，2015年无上报安全生产事故发生。

自觉体现"建美丽化工，保碧水蓝天"的社会价值观，自觉贯彻新《安全生产法》和《环境保护法》，自觉树立"四个不干""五个不让干""四不操作""两个愿意"等安全理念，安全环保意识不断深化。组织HSE专题培训23期、培训1500余人次，完成领导干部HSE任职能力首次评估，修订和新增HSE管理制度33项，年度HSE体系建设13项重点工作全部落实。深入推行"强化四川石化HSE管理14项准则"等制度，并搭建三级安全监管体系，实行不间断、交叉式现场监督，年度违章现象同比减少5%。广大员工"要安全、会安全"能力明显提高，2015年上报各类安全隐患1900项，奖励金额18万余元。确定44个项目，投入6500万元，全方位推进安全环保专项治理，厂界噪声实现达标，异味基本消除。完成新版应急预案、应急操作卡编制，利用桌面推演、实战演练、企地联合等方式，2015年组织应急演练768次。

利用5个月时间，分生产部和公司两个层面，全面开展罐区、装卸车区、生产装置易燃易爆区防火、防爆、防泄漏专项HSE内部审核。在工艺报警和联锁管理、变更管理、罐区管理、特种设备管理等方面总计查出并消除8492个不符合项，全员风险认知和管控能力有力提升，HSE管理体系化、科学化水平突飞猛进。

【生产经营】 2015年，四川石化狠抓生产管理，努力保证“安稳长满优”运行，经营形势迎来大转折、大改善。

强化大检修管理，仅用时31天，全厂首次停工大检修安全绿色高质量完成，实现该修必修、修必修好、一次检修保三年目标，创立大检修高效管理模板。科学统筹，下半年连续两次渣油加氢换剂工作安全规范开展。全面推行检维修费用全面预算管理，2015年节约修理费2300万元。

强化受控管理，“操作零失误，巡检零漏查，维修零缺陷，化验零误差”的“四个为零”理念全面推行，生产受控“四有一卡”执行得力，设备管理初步实现计划性、预知性维修，视频交接班和电子巡检等信息化手段全面应用，“三基”工作持续深化，“三大纪律”严肃执行。2015年生产波动次数同比大幅减少，炼化一体化上下游总体保持稳定运行。

强化达标管理，确立“设计值、中国石油先进水平、国内先进水平”三级总体达标体系及循环水、加热炉专业达标体系，并建立达标综合管理系统，用科学的方法管理达标工作，达标活动成果可喜。全部19套主体装置均达到设计值；2015年实现综合商品率94%、高标号汽油比例55%、炼油加工损失率0.31%、乙烯加工损失率0.24%、双烯收率48.6%，单因耗能8.18千克标准油/吨，均位于炼化板块前列，尤其是乙烯能耗最优达到536千克标准油/吨，属国内先进水平。

【企业管理】 2015年，加快完善具有四川石化特色的现代企业管理体系，企业管理全面深化，为发挥新体制新机制的人员精干优势、管理高效优势、炼化一体化综合优势及辅助业务外包优势提供可靠保障。

将“四化”管理理念作为管理深化的重要抓手，全面推进精细化、标准化、责任化和素质化管理，管理效能明显提升。围绕落实“一岗双责”要求，新编制度47项，修订制度84项，并加快定岗定编，细化岗位职责描述，工作流程、标准和界面更加清晰。尤其是确立第一责任人概念，建立“领导班子把总，负总体责任；专业部门主管，负管理责任；基层单位主干，负执行责任”的责任体系，实现责任明确和细化，优化新体制新机制运行。

将队伍建设全面加强作为管理深化的重要标志，注重以人为本，队伍逐步走向成熟。“三个面向，五到现场”，落实“岗位责任制”已成为自觉行动，“爱国敬业、无私奉献”的中国石油核心价值观牢固树立；主动钻研技术、学习业务，素质能力进一步增强；全方位参与挖潜增效，为扭亏脱困做出重要贡献。

强化全面质量管理体系建设，加强产品质量控制，出厂产品全部达到质量标准，顺利通过ISO 9001质量体系认证。强化绩效考评体系建设，层层分解业绩指标，实现奖金发放按工作业绩分配的彻底转变，“我的奖金我争先”“奖金是挣来的，不是分来的”思想扎根落地。强化服务外包体系建设，持续进行外包业务优化整合，坚持一体化、无差别化管理，运行维护、生活后勤保障能力不断增强。

【内涵升级发展】 2015年，四川石化挖潜增效工作深入开展。轰轰烈烈开展“挖潜增效合理化建议活动”，收集建议236条，采纳130条，齐心协力挖潜力、增效益氛围全面形成。实施11大类103项具体措施，挖潜增效取得重大成果。结合公司炼油—化工—芳烃一体化优势，财务、计划等生产处室建立“价格预测、流程模拟、模型测算”三位一体的效益测算评价体系，全面实行“日测算、日分析”，及时调整产品结构和加工路线，2015年节省各类能源费用1.5亿元；航空煤油产品成功打入川内机场，增效2500万元；2015年外购各类原料25.3万吨，实现化工区高负荷运行，增效1.4亿元；落实地方政府电费优惠政策，节约发电成本1.2亿元；全力增产聚烯烃、高标号汽油等高附加值产品，增效6000余万元；进一步加大物资采购招标力度，降低采购成本4900万元。2015年总计增效7.2亿元。

企业发展有序推进。彭州厂区汽油升级、MTBE工程项目按统筹顺利建设，进入工程收尾期；醚化、烷基化项目前期工作加快开展。备品备件、“三剂”国产化工作持续深入，开发试生产3个聚烯烃新产品，科技进步呈现新气象。完成PSA解析气回收作乙烯原料等一批总计129个技术措施技术改造和工程消缺项目建设，全部投用并高效运行。南充厂区污泥处置等收尾工作顺利进行，PTA项目开工准备高质量推进。

【思想政治文化建设】 2015年，"三严三实"专题教育和"重塑中国石油良好形象"大讨论活动协同推进。领导班子带头践行"三严三实"，各党支部自觉垂范"三严三实"，"三严三实"思想在四川石化牢固树立；将重塑形象与安全环保生产结合起来，与提升经济效益结合起来，与增进队伍的战斗力、凝聚力结合起来，大讨论活动成功开展。继续加强反腐败工作，保持腐败行为"零容忍"的高压态势，旗帜鲜明反对腐败。坚决执行"三重一大"、民主集中制等决策制度；建立健全纪委工作体系，认真组织全体领导干部和党员学习贯彻新版《中国共产党廉洁自律准则》《中国共产党纪律处分条例》，惩防腐败体系建设走向深入，未发生任何违法违纪事件。成功举办四川石化首届田径（趣味）运动会，继续优化完善餐饮、通勤等民生工程。宣传战线致力于发挥正能量，宣传工作广泛有效开展。工会多次召开职工代表联席会，征集合理化建议300余条，民主管理不断深化，与职工群众联系日益紧密。共青团组织多种文体竞赛和青年志愿者活动，服务作用有效发挥。

（朱　磊）

中国石油天然气股份有限公司广东石化分公司

【概况】 中国石油天然气股份有限公司广东石化分公司简称广东石化，是中国石油天然气股份有限公司下属的地区分公司，负责广东石化项目的建设工作。

广东石化项目是由中国石油天然气股份有限公司和委内瑞拉国家石油公司（PDVSA）共同出资建设，按照股份制企业模式进行管理和生产的企业，股份比例为中国石油占60%，PDVSA占40%。2009年5月20日，广东石化项目筹备组成立，项目选址于广东省揭阳市大南海石化工业区，截至2015年底，还在建设阶段。

2015年，面对复杂的内外部形势，公司干部员工上下一心，积极应对挑战，主动抢抓机遇，创造性地开展工作，取得了一定的成绩。

【项目建设】 2015年，广东石化主动应对投资大幅压减的实际，科学论证投资需求。转变EPC合同签订思路，在股份公司的指导下，完成11个EPC合同的分拆签订工作。与海外板块成立联合工作组，一体化推进合资谈判，达到签署合资合同的工作深度。召开地企协调会，积极推动外部配套设施建设。

结合集团公司"十三五"发展规划，综合炼油行业发展趋势，联合股份公司有关部门、板块，持续开展方案优化，为股份公司领导决策提供可靠依据。根据股份公司"两头在外，出口导向"的新定位，重点开展加工海外份额油的分期建设方案论证，取得实质进展。

坚持以工程建设进度计划为主线，紧盯设计、采购、施工3个关键环节，狠抓现场管理，各项工作全面受控。

设计采购工作取得16个主项单元的基础设计批复，确定厂前区装修方案，优化地管阴极保护方案。完成国内外长周期设备合同变更，成立仓储管理部，选定进口设备仓储厂家；26台国外长周期设备到货，接、保、检工作有序进行。

坚持进度计划导向，22个主项单元中20个已按计划完成。其中，产品码头累计完成47%；原油码头累计完成25%；厂前区累计完成25%；地管阴极保护整体完成45%；已到场罐板防腐施工完成。2015年完成投资19.5亿元。

【安全环保】 2015年，广东石化从严抓实安全质量。逐级签订《安全环保责任书》，深入宣传贯彻新《安全生产法》和《环境保护法》，积极推进全员履职能力评估，开展办公区火灾疏散应急演练，全员安全意识和防范能力提升。深入开展HSE管理体系审核，完成《项目HSE管理手册》升级。全面修订1＋14应急预案，提高系统性和操作性。完成《项目质量管理手册》升级，开展承包商质量管理体系评审。树立样板工程，推广成熟经验。全面落实第3方检测策略，形成有效监督。

在现场管理方面，坚决清退不合格项目经理。坚持"四不两直"方式，即"不发通知、不打招呼、不听汇报、不用陪同接待；直奔基层、直奔现场"，开展安全、质量、现场标准化及文明施工检查。加强现场成品及半成品保护，严格施工许可管理和现场监督，实行节假日3级值班制度和施工升级管理，成功应对“5·19”“6·20”特大暴雨和“莲花”等台风袭击，累计实现安全工时2700万小时。

【企业管理】 成本控制。预算管理覆盖全部费用，并纳入绩效考核。严把工程结算关，核减承包商报审金额18.6%。一次性终止大部分PMC人员的聘用，费用大幅下降。2015年，广东石化建设单位管理费支出同比下降13.1%；“五项”费用支出同比下降31.2%。

合规管理。增补修订制度99项、流程图102项，重点开展制度流程培训。全面开展风险评估。出台依法治企实施方案，加强法律风险防控。搭建合规管理平台，集中力量开展合规梳理。

绩效管理。按照PDCA原则，依托“两书一表”，建立以月保季、以季保年、以年保关键业绩指标的工作机制。自上而下签订绩效合同，明晰直线责任和属地责任，将组织绩效合同与工程管理指标挂钩，突出工程进度绩效考核，实行公司领导与主管部门挂钩兑现，有效传导压力。

将信息化建设作为加强基础管理的重要手段，不断完善项目管理平台，开发投资完成额及付款统计台账等功能。继续推进三维数字化工厂建设，完成原油罐区基础等工程建模及校核。开展信息安全大检查，持续改善网络安全环境。

【队伍建设】 2015年，广东石化以“三严三实”专题教育和“重塑中国石油良好形象”大讨论活动为突破口，加强队伍作风建设。围绕“弘扬光荣传统、重塑良好形象”主题，紧密联系项目实际，牢牢把握3个关键环节，在全员范围内扎实开展大讨论活动。通过思想上作风上的集中加油补钙，有效传递了正能量，起到了凝心聚力、鼓舞干劲的作用，干部员工思想认识和精神状态持续向好。

立足广东石化驻地和四川实习地两个阵地，加强队伍职业化建设，挖掘基业长青的内在潜力。不断加强干部队伍力量。严格履行规定程序，及时补充干部。完成职称评审。不断加强培训教育。将领导授课纳入培训计划，各级领导干部带头参与，发挥示范引领作用。建立周二、周四常态化培训机制。不断加强实习地建设。四川实习管理部充分发挥组织协调作用，狠抓制度建设、职业技能鉴定、安全管理等工作，取得长足进步。在四川、茂名、广西、惠州等实习地，顺利完成跟习顶岗、虚拟岗位聘用、特殊工种取证、职业技能鉴定等工作。

全体实习员工在磨砺中成长，在岗位上成才，成为广东石化可持续发展的人才保障。在中国石油2015年职业技能催化裂化装置操作工竞赛中，广东石化代表队力拔头筹，以总分83.94分取得团体第一名和个人金、银、铜牌的好成绩。

【党建工作】 2015年，广东石化领导班子建设持续加强，党员干部队伍、基层党组织建设扎实推进。在“三严三实”专项教育中，公司领导班子以上率下，中层领导干部全部参与，讲授专题党课31次，高质量召开民主生活会，狠抓整改落实和立规执纪。各级党组织紧密围绕项目建设中心，不断加强和改进自身工作，树立新风，弘扬正气，为项目建设提供坚强的思想政治和组织保障。

印发党建工作部署，明确年度工作思路；深入学习贯彻党的十八届五中全会精神；召开建党94周年庆祝表彰大会；成立四川实习管理部党总支及下属党、工、团组织；举办党支部书记培训班。为各支部领导干部配备《习近平论治国理政》《优秀领导干部先进事迹选编》《党员干部违纪违法典型安全警示录》等理论书籍，将党的十八届五中全会精神视频、《石油魂中国梦》专题片上传至广东石化主页作为学习资料，加强对各支部政治理论学习的指导、检查。

党风廉政建设主体责任和监督责任落实，“一岗双责”纳入绩效考核；坚持廉洁案例分享和专题教育，设立“三严三实”等网上专栏；深入开展中央巡视反馈问题整改，核实处理实名举报案件；开展“三重一大”决策制度执行情况检查，完成原油码头和产品码头的专题调研；举办廉洁书法比赛，营造崇廉敬廉氛围。思想政治工作优势和工团组织职能有效发挥，项目内外部环境和谐稳定。

【企业文化】 2015年，广东石化深入贯彻落实党的十八大五中全会精神和习近平总书记系列重要讲话精神，牢牢把握正确舆论导向，坚持团结、稳定、鼓劲、正面宣传为主，积极开展“政策宣传，舆论引导，典型塑造，形象传播”工作。

根据集团公司要求，组织开展“重塑中国石油良好形象”大讨论活动，将大讨论活动与“三严三实”专题教育相结合，重点加强领导干部作风建设。

开展捐资助学和慰问驻军活动，展示企业良好形象。开展书法比赛、摄影比赛、新春大合唱等活动，推动企业文化建设，丰富员工的文化生活。参与编撰年鉴相关内容。民主管理持续深化，工会及各协会的各项活动持续开展，扶贫帮困进一步深入。开展共青团和青年的系列活动。在民生工程方面，开通周末班车；解决部分家属安置和子女就学问题。

组织开展公司2014年度先进集体、优秀管理干部、先进工作者的评选表彰活动。向集团公司推荐先进单位和劳动模范、优秀青年。

（朱大军）

中石油云南石化有限公司

【概况】 2010年12月28日，股份公司批准成立中石油云南石化有限公司简称云南石化。2011年5月25日云南石化在云南省安宁市完成工商注册，注册资本为30亿元人民币，是股份公司在西南地区投资兴建的一家大型炼油企业。设10个机关处室、2个机关附属机构、3个直属部门、10个二级单位。编制总定员790人。截至2015年底，云南石化实有人数787人，其中经营管理人员161人，专业技术人员94人，技能操作人员532人；博士研究生2人，硕士研究生37人，本科学历354人，教授级高级工程师3人，高级职称92人，中级职称114人，平均年龄33.9岁。

【工程建设】 2015年，云南石化优化调整PMT项目部，充分调动各层次管理团队的积极性，建立进度推进专题会议制度和季度、月度进度考核制度，加快设计问题协调处理速度，加强工程物资催交催运力度，保证工程进度总体受控。截至2015年12月31日，项目建设进度总体完成98.64%，满足云南石化建设项目总体进度要求。其中，设计进度100%；采购进度100%，设备、工艺管线材料、电仪材料基本全部到货；施工进度95.99%。工艺装置土建、钢结构、设备安装已经完成；工艺管线安装基本完成，进入管线试压、防火保温施工和试车调试阶段。总变电站受电完成。空压站、净水场、给水及高压消防泵站投用。循环水场、除盐水站、余热回收装置、冷冻站具备中交条件。联合变电所（一）、（二）、（四）、（六）、（七）、（八）实现受电。原油罐区，综合管理区，生产管理办公楼，消防站，倒班公寓楼，文体中心，中心化验楼，综合维修，化学品及综合仓库，汽车装卸站，酸碱站，油气回收设施完成中交。

【生产准备】 2015年，云南石化以高水平一次投料试车成功为目标，科学规划、周密部署，扎实推进生产准备工作稳步实施。

员工素质不断提高。组织技能鉴定4批次，完成鉴定430人。开展操作技能人员二次岗位能力评估，具备1岗能力人员占总参评人数的82.2%；具备2岗能力人员占总参评人数的35.5%；具备3岗能力人员占总参评人数的9.4%。2015年，在集团公司组织的催化装置操作工技能大赛中，云南石化参赛选手取得综合团体第二名、应急演练单项团体银奖，生产一部何涛取得一块铜牌。

装置及产品结构不断优化。2015年，完成动力站回迁方案、汽油醚化及PSA4装置的工艺包和初步设计审查以及延迟焦化、汽油醚化和PSA4等三个待建装置隔断方案的确定和实施。研究编制降低柴汽比优化运行方案，完善50万吨/年沥青装置生产方案，为生产经营提质增效奠定良好基础。

生产准备不断完善。开工各项技术指导文件已编制完成，进一步梳理、优化调整。首次开工使用原油、天然气等大宗原料的采购计划已开始申报；检维修体系策划和备品备件采购工作全面启动；生产所需的各类催化剂、助剂进入采购程序；产品运销方案与相关单位对接；公用工程系统试车稳步推进。

【质量安全环保管理】 2015年，云南石化定期开展质量大检查及各专业、专项质量检查，对工程质量、全厂设备、物资仓储等进行严格质量管理。在施工单位中推行“标准化焊材库”“标准化钢筋加工”“标准化阀门试压站”“标准化管道预制场”等示范典型，引导施工质量不断提升。严控现场焊接质量，确保一次合格率控制在98%以上。

落实岗位安全生产责任制，建立并运行HSE管理体系，安全环保形势总体稳定。逐步完善HSE监督体系，开展“一人违章、全员培训，群体违章、停工整顿”活动，推行吊装作业、脚手架作业等13项标准化施工及案例（Case）、工作前安全分析（JSA）、安全任务分配（STA）等活动，建立第三方联合检查制度，加强放射源及“三边”作业安全管理。针对工程建设管理人员更迭、现场违章数量上升等现象，及时出台反违章“零容忍”禁令，有效遏制“三违”行为发生。动员全体干部员工，及时发现和消除工程隐患，安全风险得到有效控制。截至2015年底，排查出隐患13096项，836人次获得奖励共计26.4万元。

为吸取山东日照“7·16”事故和天津港“8·12”事故教训，云南石化成立6个专业检查组，对工程建设、生产准备、后勤保障三大业务进行第一次大规模的综合性安全检查，发现378项问题，涉及的管理问题整改完毕。

【企业管理】 2015年，云南石化计划管理进一步加强。针对原油成本直接影响经营发展问题，专门成立工作组，积极推进相关工作。为满足试车物资准备，下达开工用料需求计划，大幅度降低采购费用。为提高工作质效，建立工作计划管理体系，助推工程建设、合规报批、生产准备三条主线和公司经营工作高效开展。

合同、招标进一步规范。云南石化管理层高度重视依法合规管理企业，2015年，签订工程、采购、服务类合同279份，涉及金额30多亿元。从合同立项申报开始，严把各环节审查关、审批关，逐步形成重程序、守规矩工作作风，事后合同明显减少。按照集团公司招标管理办法，大力推进公开招标工作，依法合规操作效果显著，合同和招标管理水平稳步提升。

2015年，云南石化发布规章制度199项，质量安全环保处、综合办公室等7个部门组织培训7批次，培训重要管理制度50余项，累计培训800余人次，为形成依制度操作、按制度办事、靠制度管人、用制度管理公司的良好格局奠定基础。

【合规报批】 云南炼油项目在2015年持续受到社会、媒体、非政府组织（NGO）的高度关注，舆情一度升温。2015年，云南石化16项重点报批手续，完成12项，抓紧推进办理剩余4项。优化调整环境影响评价报告书已按国家环境保护部要求，进一步深化云南炼油项目公众参与工作。开展媒体宣传引导、专家技术咨询、NGO座谈以及绿色共建咨询委员会筹建等工作。项目优化调整环境影响评价报告上报国家环境保护部待批。排污口论证报告书和水资源论证报告书均上报有关部门，待补充完善昆明市政府螳螂川水质达标承诺等相关材料后即可取得批复。可行性研究报告待上述3项支持性文件批复后，即可上报国家发展和改革委员会批复。

开工所需的50项行政许可手续，办理完成17项，根据工程建设进度和项目变更报批进展有序推进其余事项。

【财务管理】 紧紧围绕“三条主线”，深入贯彻落实云南石化年度工作会议精神、集团公司财务工作会议精神，不断夯实财务管理基础，持续优化财务管理体系，着力提升决策支持和价值管理能力，财务管理各项工作有序开展，取得较好的效果，实现预期目标。

会计报告信息质量持续提高，2015年决算取得毕马威会计师事务所出具的无保留意见审计报告；项目建设及生产准备资金需求得到有效保障，2015年末总资产达到185.62亿元；资产转资工作有序开展，2015年当年完成已达到可使用状态固定资产、无形资产转资7.6亿元；税收筹划及财税管理工作效果显著，自项目开工至2015年底累计实现待抵扣进项税16.55亿元，累计上缴税费3.21亿元，积极争取项目建设期间土地使用税由安宁工业园区承担并代缴的税收优惠政策；财务预算、效益测算决策支持能力不断加强，费用支出平稳受控，完成股份公司下达的效益指标及费用控制指标；配合股份公司完成合资合作现场评估工作，梳理反映炼化项目部承担项目管理支出、云南石化损益承担项目建设管理支出、建设期贷款利率与市场利率差等评估增值因素七类，增值额约18亿元，增值率约18.23%。

【内控管理】 根据股份公司改革与企业管理部2015年度重点工作部署和公司生产运营管理形势，云南石化内控与风险管理工作以“督促落实重大风险管控，提升风险管理报告应用，促进风险与业务相融合”为工作目标，强化管理、夯实基础，切实发挥内控管理的保障监督作用，不断提升公司风险管控能力。

内控保障监督作用充分发挥，风险管控能力不断提升。完成《内部控制管理手册（云南石化公司分册）》编制和体系建设各项任务，梳理和完善基本业务流程242个，重要业务流程154个，总体风险控制文档179个，关键控制点335个；建立“月自评、季检查、年测试”的内部运行机制和“日常自查、自我测试、管理层测试、外部审计”四位一体的监督机制；2015年9月顺利通过内控与风险管理部组织对云南石化管理层测试。

【人事管理】 认真贯彻落实集团公司关于加强领导班子和干部队伍建设的要求，健全和完善干部管理制度，细化组织选拔、竞争上岗、公开招聘等干部选拔工作程序。2015年，为适应公司发展需要，集团公司新任命两位副总经理加入云南石化领导班子，领导班子及成员分工进一步优化调整。根据调整后的副总师以上领导工作分工及权责划分，公司领导做到及时沟通、默契配合、团结协作、优势互补，并树立勤勉实干、开拓创新、公正清廉的良好形象，集体合力进一步得到体现。

员工队伍不断优化。为完善组织机构建设，通过民主推荐、组织考察、公开公示等合规合法程序，及时补充中层干部 11 名。按照集团公司人事部《关于开展 2015 年职称评审工作的通知》精神，2015 年完成职称评审 165 人，其中获中级职称 11 人、初级职称 146 人，向集团公司推荐评审高级职称 8 人。

培训教育不断加强。根据中层管理干部、一般管理人员、专业技术人员、操作技能人员岗位需求及特点，开展具有针对性、时效性的教育培训，收获良好效果。2015 年，完成内部培训 58 项，外部培训 49 项，培训各类人员 4095 人次。

工作绩效不断提升。全面启动月度绩效考核机制，在考核过程中，紧紧围绕工程建设与生产准备两项核心任务开展，注意听取各方意见与要求，不断调整完善考核要素，提高考核的针对性和有效性，对推进公司各项工作落实起到促进作用。

【党群工作】 2015 年 2 月 3 日，云南石化召开一届一次职工代表大会；2 月 4 日，召开一届一次工会会员代表大会，选举产生云南石化第一届工会主席、副主席以及第一届工会委员会、经费审查委员会、女职工委员会；5 月 18 日，云南石化 9 个基层工会组织组建完成；11 月 4 日，云南石化两级团组织基本组建完成；为 1 名员工办理民主党派入会手续。

新发布《云南石化厂务公开管理办法》《云南石化帮扶救助管理办法》。开展“三严三实”“重塑中国石油良好形象”“我是共产党员，我为炼厂开工做贡献”等主题活动，开展“铭记历史、缅怀先烈、珍爱和平、开创未来”“摄影、书画作品征集”“青年大讲堂、小讲堂”“篮球赛、台球赛”“十大歌手大赛”等一系列主题活动，传播历史文化、地区文化、企业文化，员工业余生活不断丰富。2015 年评选先进集体 3 个，标兵 10 名，先进个人 50 名，优秀班组（长）15 名。2015 年 6 月，宋官武被评为集团公司劳动模范，云南石化工程管理部被评为集团公司先进集体。

充分发挥思想文化优势，加强新闻宣传和舆论引导。优化云南石化主页窗口设计，设置多个专题教育活动专栏，初步组建云南石化基层通讯员、网评员队伍，在集团公司网站发布新闻报道 40 余篇。开通云南石化微信公众号，大力宣传新闻时讯、企业文化及职工动态等，搭建云南石化与外界沟通的平台。做好特殊时期舆情管控引导工作，完成《走进云南石化》环境影响评价公众参与宣传片制作，做好绿色共建、公众参与等宣传工作。

【和谐企业建设】 2015 年 1 月，云南石化总经理与工会主席签订《中石油云南石化有限公司集体合同》，为维护职工合法权益，保障职工劳动条件、劳动时间、劳动保护、劳动报酬、福利待遇提供合法依据。根据《厂务公开管理办法》，充分运用职工代表大会、工会会员代表大会、民主生活会等形式，认真落实厂务公开工作要求，促进公司科学、和谐发展。

坚持个人自主、企业适当帮扶的原则，认真分析员工家庭情况，着力帮助解决员工两地分居问题。2015 年，解决两地分居人员 90 余人，帮助员工子女在安宁转学入学 44 人，组织云南石化 130 余名单身青年与安宁多家企业开展联谊活动。

以贴近一线、服务大局、服务员工为核心，有序组织完成安宁大厦搬迁。综合办公楼、职工餐厅、倒班公寓、文体中心、室外篮球场、网球场相继建成投用，生产办公楼及外操间的办公生活设备设施逐步配备到位，基本满足员工办公生活需求。为员工配发医疗救助包，方便大家的日常工作和生活。开通昆明至安宁 8 条通勤线路，为员工统一配发工作自行车，切实解决员工厂内、市内通勤问题。

2015 年，云南石化先后邀请国内知名 NGO、云南各大中专院校师生、云南社会各界人士 500 余人次“走进来”，认识、了解云南石化，40 余人次“走出去”，宣传、介绍云南炼油项目。组织召开两次绿色共建咨询委员会筹备会，确定深化公众参与形式、绿色共建咨询委员会委员招募及委员会章程起草等事宜，进一步消除公众对炼油项目的疑虑。

（伍尚任）

中国石油天然气股份有限公司大港石化分公司

【概况】 中国石油天然气股份有限公司大港石化分公司简称大港石化，是中国石油直属的炼化地区公司之一，地处天津滨海新区南港工业区，始建于 1965 年，截至 2015 年底，有员工 2415 人，其中管理和技术人员 667 人。原油加工能力 500 万吨 / 年，厂区占地面积 193.63 万平方米。设 11 个机关处室，4 个直属单位，18 个基层单位。2015 年加工原油 433.16 万吨，同比增长 15.20%，实现营业收入 192.69 亿元，同比下降11.89%，完成利润18.61亿元，上缴税费85.13亿元（表1）。

2015年，贯彻落实集团公司、炼化板块的决策部署，严守“安全、环保、质量”三条红线，推进“生产经营、中俄炼化、商储油、莱特服务”四项业务，突出“依法治企、三基工作、政治文化优势发挥”三大抓手，实现新常态下的新发展。

表1　大港石化主要生产经营指标

指　标	2015年	2014年	2013年	2012年	2011年
资产总额（亿元）	61.11	62.79	52.62	58.54	63.81
营业收入（亿元）	192.69	218.70	267.95	266.89	245.49
利润（亿元）	18.61	7.69	14.20	5.28	-21.26
税费（亿元）	85.13	51.14	62.90	56.18	49.77
原油加工量（万吨）	433.16	376.33	444.59	430.07	424.73
汽油产量（万吨）	110.84	85.58	104.97	95.49	81.10
柴油产量（万吨）	235.47	206.38	237.60	231.50	221.75

【安全环保】 2015年，大港石化宣传贯彻新《安全生产法》和《环境保护法》，修订岗位安全环保责任制，建立安全环保积分考核体系，持续开展“安全明星”评比等活动，奖励安全环保有功人员194人次、18.43万元，处罚事故事件责任人员29人次、9.3万元。加大安全环保监督力度，突出施工作业、现场“低老坏”整治，升级特殊时期管理，确保重点风险受控。首次接受炼化板块HSE体系量化审核，启动装置HSE标准化建设，先后开展安全环保检查22次、查改问题1600多个。加强应急预案修订培训和实战演练，成功应对装置多次晃电等突发状况。落实特殊时期限排减排措施，优化环保设施运行管理，开展含酚污水处理等环保攻关，依法完成新建项目验收和危险固废处置，推进VOCs综合治理，为京津冀重污染天气应对、美丽天津建设做出贡献。2015年，大港石化再次被评为集团公司安全生产、环境保护先进单位。

【生产运行】 2015年，大港石化适应低负荷生产、高库存运行新常态，加强生产受控管理，细化工艺指标控制，严格工艺纪律、劳动纪律检查，装置运行平稳率99.99%，在26家炼化企业中排名第一。排查装置运行隐患，成功组织电脱盐在线清理、催化烟机检修等工作。强化“炼油就是炼设备”理念，狠抓设备长周期保障能力建设，加强设备状态监测和故障分析，提高设备维修维护水平，开展轴承、机械密封长寿命攻关，设备完好率达到99.88%。开展电仪可靠性攻关，实施原油商储库35千伏变电站外线电源切改、低压变频器抗晃电改造和高压电机隐患治理；加强仪表联锁系统管理，制定实施“关键仪表控制系统监控平台”等攻关措施，仪表联锁投用率达到98.97%。

【优化创效】 2015年，大港石化生产计划执行率98.87%。实行订单式生产等措施，加大产品外销外运力度，保证高库存下生产后路畅通。制定开源节流、降本增效实施方案，深化经济活动分析，深挖装置运行潜力，通过高控催化汽油干点、提高加氢裂化反应深度、拓宽重整原料等措施，最大限度增产汽油，柴汽比由2.36降低到1.83，增效1674万元；通过在渣油中加注油浆沉降剂，实现催化油浆全部进焦化回炼，增效6900万元；通过开展污水处理场综合治理，将“三泥”、污油全部进焦化回炼，解决“三泥”、污油出路问题，节约大量外委处理成本，增效2062万元。

【技术攻关】 2015年，大港石化瞄准装置生产瓶颈，集中资源开展技术攻关，提高装置运行效率。开展减压塔防腐蚀技术攻关，有效控制常压塔压降升高、系统腐蚀等问题，实现常减压装置最长周期运行。开展加氢裂化、制氢装置长周期运行攻关，及时发现并处理加氢裂化汽提塔顶馏出线减薄泄漏等隐患16处，制定实施加氢裂化增产重石脑油方案，提高重石脑油收率近6个百分点。开展催化装置长周期运行攻关，解决PTU污水氨氮超标等问题30多个。开展重整、汽柴油加氢、污水汽提、硫黄装置低负荷优化攻关，实施汽柴油加氢原料油增设袋式过滤器等措施 8 项。开展节能节水攻关，实施优化加氢裂化和重整装置氢油比、降低透平转速、减少蒸汽消耗等措施，实现单因耗能 8.21 千克标准油 /（吨 · 因数）、新鲜水单耗 0.55 吨 / 吨。

【企业发展】 2015 年，大港石化落实中俄股东双方最新决议，积极开展以“俄油、沙中原油”为基础的炼油项目可行性研究工作，新版可行性研究报告编制和内部审查工作已经完成。履行商储油托管职责，强化属地 HSE 责任，开展安全环保专项检查 2 次、查改各类问题 1010 个，建立商储库 HSE 管理标准等制度 22 项，梳理历史遗留问题 4 类 25 个、已解决 5 个，从集团公司整体利益出发，做好资源平衡和原油商务运作，实现国有资产的保值增值。加快莱特公司业务结构调整，建立莱特环保研究所，突出高浓度废水处理技术推广应用，承建的哈尔滨石化污水减排项目顺利开车，天津石化高含盐项目、乌鲁木齐石化污水处理项目积极推进；规范油品装车、固体废物运输、硫黄包装等业务管理，服务保障能力进一步提高。

【基础管理】 2015 年，大港石化坚持以质取胜、以量取信，加强质量对标分析和监督管理，完善油品计量交接和装车服务设施，定期开展质量回访和客户座谈，产品形象和服务形象持续好转。停用、替代低效高价“三剂”，加强物资集中采购和入库质量检验，严格“五项”费用支出控制，炼油完全加工成本同比下降 42.75 元 / 吨。开展适用法律法规梳理评审，制订合规管理实施细则，修订 QHSE 体系文件 80 个，梳理公司级管理流程 133 个，加强制度宣传培训。实行基层培训计分考核制度，总结推广“五班两倒一培训”经验，开展员工技术技能竞赛和青工技术节活动。

【党建工作】 2015 年，落实集团公司党组部署，开展“重塑中国石油良好形象”大讨论活动，聚焦“安全环保、产品服务、党风廉政”等重点内容，组织召开座谈讨论 30 余次，征集意见建议 100 多条，制定改进措施 40 多项。参与天津港“8 · 12”火灾爆炸事故抢险救援，筹措现场急需物资，委派 16 名技术专家参与现场遗留危险化学品处置。面对“9 · 1”特大暴雨侵袭，确保装置安全平稳生产。开展党内创先争优活动，组织党员攻关项目 117 个，创建党员精细化管理责任区 78 个，推进服务型党组织建设。创新“形势、目标、任务、责任”主题教育，组织劳动模范事迹报告会，宣传全国劳动模范孙国强等优秀员工先进事迹，弘扬爱岗敬业、拼搏奉献精神。发布新版《企业文化手册》，组织建厂 50 周年发展成果展示活动，建成投用大港石化展览馆，完成《大港石化公司志（1965—2014）》的编纂印刷发行工作。邀请中央及地方媒体走进大港石化感知 50 年发展成果，积极开展工团活动，完善扶贫帮困送温暖机制，召开第八次团代会。2015 年大港石化获“滨海新区精神文明单位”称号。

开展“三严三实”专题教育，两级领导班子成员带头讲授党课 35 次、1152 名党员参加，组织中心组专题学习会研讨会 48 次、撰写心得体会 98 篇，两级领导干部自查自改问题 132 项。推进中央巡视反馈问题整改，对照 6 个方面突出问题，制定整改措施 19 项，集中开展“小金库”、领导干部亲属子女经商办企业等问题专项排查治理。配合集团公司党组第六巡视组专项巡视，对反馈的 6 个方面 45 项问题进行整改。制修订《招投标管理实施细则》等制度 12 项。开展《中国共产党廉洁自律准则》和《中国共产党纪律处分条例》宣传学习，制定落实党风廉政建设党委主体责任、纪委监督责任实施细则，在党员干部中开展落实中央八项规定精神情况监督检查，营造风清气正从业氛围。

（韩建立　蔡宇丽）

中国石油天然气股份有限公司华北石化分公司

【概况】 中国石油天然气股份有限公司华北石化分公司简称华北石化，前身成立于 1985 年，位于河北省任丘市北环东路，占地面积约 107 万平方米。截至 2015 年底，有员工 1986 人；公司机关处室 10 个，直属部门 5 个，二级单位 10 个；资产总额 72.22 亿元；有常减压、重油催化、加氢、重整、催化汽油吸附脱硫等主要生产装置 24 套。主要产品有汽油、柴油、液化气等 30 余种，2015 年加工原油 438.29 万吨，生产汽油 158.06 万吨，生产柴油 164.48 万吨。华北石化经受住了国际油价低位运行、成品油价格连续下跌、原油进厂困难、库存跌价损失严重、安全环保形势严峻等重重考验，生产经营业绩大幅改善，重点项目建设有序推进，安全环保形势持续好转，企业的管控能力和水平全面提升（表 1）。

华北石化紧紧围绕生产装置“安稳长满优”运行，突出生产全过程优化，各项指标稳步提升。优化装置运行。落实属地责任，严格承包机制，加强工艺纪律、劳动纪律管理，强化巡检、监盘和参数变化分析，改善装置操作，实现装置平稳率 99.5%。优化生产方案。做细原油加工方案、做优工艺加工路线、做精油品调和，2015 年实施优化措施 48 项，创效 22534 万元，大幅提高装置运行质量和创效水平，实现高效产品产率 56.45%。优化对标达标。全年实现利润 6289 万元，同比减亏 79330 万元。通过选立标杆、查找差距、制订措施、优化运行、持续改进等措施，可比轻质油收率同比提高 2.96%，黑色产品收率同比下降 1.33%，专业达标率 71.43%，主体装置达标率 100%。

表 1　华北石化主要生产经营指标

指　标	2015 年	2014 年	2013 年	2012 年	2011 年
原油加工量（万吨）	438.29	398.65	470.85	474.15	461.43
资产总额（亿元）	72.22	75.53	70.56	66.07	74.03
营业收入（亿元）	197.28	235.22	283.09	289.84	279.21
利润（亿元）	0.53	–7.38	–6.81	–5.67	–23.09
税费（亿元）	82.86	47.24	54.35	48.10	47.76
汽油产量（万吨）	158.06	134.24	144.68	133.43	134.51
柴油产量（万吨）	164.48	147.72	182.16	190.83	188.36

【挖潜增效】 2015 年，华北石化以持续提高盈利能力为中心，以“开源节流、降本增效”为抓手，充分发挥全面预算管理、对标管理作用，不断增强效益意识，进一步提升经营管理水平，企业亏损的历史彻底结束。加强预算管控。坚持过紧日子，通过月度滚动预算管理，合理统筹各项支出，严控生产成本，压缩非生产费用，实现炼油完全加工成本 263.14 元 / 吨，同比降低 59.78 元 / 吨。加强成本管控。抓工程合同降点、工程造价、业务外包，压“维修费、采购单价、‘三剂’、辅材和燃动”“五费”，增利 25012 万元。加强营销管理。通过产销紧密衔接，优化生产方案及过程管控，增产增销京 V 标准汽柴油等高效产品，科学安排资源组织和市场投放，克服市场环境持续低迷、库存跌价损失严重等不利因素，提高北京市场占有率 29.97%，增利 8876 万元。

【安全环保】 2015 年，华北石化重新梳理划分属地管理责任，属地边界和职责进一步清晰完善，加强承包商和现场作业管理，全面落实“四不”作业，安全环保形势持续改善。一是强化安全环保教育培训。始终坚持“红线意识”，树立“底线思维”，强化集团公司 16 项制度和新《安全生产法》和《环境保护法》学习，修订安全环保责任制，组织管理人员培训 820 人次，承包商培训 7300 人次，对 600 余名特种作业人员进行资质审查登记，不断提升从业者安全环保素质，让制度指导工作、规范行为。二是强化专项隐患排查治理。强化危险化学品、储罐区、油气管道、在用设备、管道静密封点等专项隐患排查治理，自查隐患 1087 项，治理 1072 项，治理率达 98.6%；天津港“8・12”火灾爆炸事故发生后，华北石化对危险化学品分库房、分区域储存，有效解决危险化学品混放、乱放问题；2015 年 HSE 体系审核提出问题 143 项，按期完成整改 108 项，确保 HSE 管理合规有效。三是强化清洁文明生产落实。重点加强环保装置管理、点源治理和污染物过程管控，加大对影响环保设施运行的 50 项工艺操作关键性指标的控制力度，严格 10 处重要“三废”外排口 24 小时在线监控，杜绝偷排、乱排行为，工业废水、废气、噪声、固废等各类污染物排放合格率 100%。华北石化获集团公司“环保先进单位”和“安全达标单位”称号。

【项目建设】 2015 年，华北石化重点工程项目稳健推进。千万吨项目管理采用指挥部模式，明确决策层、管理层、执行层，成立六大施工经理部，配齐人员，专职负责项目建设；重新编制千万吨升级改造项目施工运行表，有序组织实施，核心装置加氢反应器总焊接工作完成99%，制氢炉具备安装条件，桩基、地管、道路工作全面展开，各套装置建设有序推进。三大效益工程顺利实施。醚化、制氢装置建成，25万吨/年航空煤油装置进入收尾阶段，为产品结构调整和效益提升创造条件。“三大战略通道”逐步畅通。“原料生命线”——津华原油管道建成投产，“产品大动脉”——任保成品管道工程基本建成，华北石化至北京第二机场航空煤油管道工程取得重大突破，集团公司与中国航空油料集团公司签署《华北石化航空煤油供需意向书》。烷基化项目开始前期可行性研究审查工作。促成千万吨项目列入集团公司“十三五”发展规划，制约千万吨建设的各类问题逐步有序解决。

【企业管理】 2015年，华北石化持续追求卓越，提升管理效率和水平。一是基础管理不断提升。深入开展“三基”建设启动年活动，2015年组织两次“三基”工作大检查，发现问题672项，提出整改意见450个，推广工作亮点和典型做法162个，开创“三基”建设新局面。二是合规管理不断深化。组织招标代理机构进行公开招标51个，与预算相比节约资金7777多万元，降本率24.14%；加强项目建设“三同时”管理、特种设备管理及各种证照办理，依法合规管理全面加强。三是业绩合同管理不断完善。以严格考核奖惩为重点，激发全员主动性为目的，坚持正向激励，通过月度工效挂钩、年度业绩合同考核兑现，体现“贡献大小不一样、干多干少不一样、干与不干不一样”，全面促进各项生产经营、建设发展业绩目标的实现。四是“产、运、销、储”协同管理逐步形成。牢固树立“生产为经营成果负责、经营工作服从服务于生产运行”理念，培养员工“先算再干，边干边算，干完细算”意识，加强市场研判、跟踪市场前沿、及时掌握市场需求和价格动态，促进计划、生产、销售、财务管理相互促进、有效融合。

【科技创新】 2015年，华北石化注重科技创新驱动作用，强化科技与生产经营和企业发展有机契合。依靠科技破解生产难题。完成技术改造、技术措施项目93项，为装置正常运行、流程优化提供可靠的技术支持，通过分析研究运行参数，调整氧化罐鼓风量和5号余热锅炉操作，解决烟气脱硫外排COD、氨氮超标问题；调整Szorb再生操作及吸附反应深度，初步解决辛烷值损失大、再生下料不畅等问题；调整催化汽油加工流程，初步解决醚化汽油硫含量高问题。依靠科技破解发展难题。确定的Cansolv硫黄尾气处理技术，将使千万吨投产后的尾气排放达到最为苛刻的100毫克/米^{3}标准；调整总加工流程，千万吨航空煤油产量可达170万吨，柴汽比由原先的2.18降至1.25。做好技术储备。UOP氢氟酸烷基化技术可为北京提供稳定的京VI标准汽油；完成千万吨炼油质量升级项目环评基础设计差异性分析，编制《华北石化技术纲要》，储备异构化、催化烟气脱硫浓盐水处理等技术，为华北石化发展提供有效的技术支撑。

【扭转原油资源缺口困境】 2015年9月，受任京原油管线停运、天津港“8·12”火灾爆炸事故和曹妃甸港码头未按预定时间投产等因素影响，冀东原油无法按期进厂，华北石化积极与炼化板块、生产经营管理等部门协调原油配置计划，截至2015年底累计调剂进口海外原油30万吨，成功弥补资源缺口，积累了加工海外高硫原油经验。扭转环保及外部发展困境。积极应对重污染天气变化，修订重污染天气应急响应预案，既解决了环保与生产运行以及效益之间的矛盾，又控制了污染物排放总量；纪念抗战胜利70周年活动期间，颁布制定16条特别保障措施，加强安保力量安排特警执勤执守，实施最高一级减排，受到地方政府及环保部门的一致好评。

（郑晓云）

中国石油天然气股份有限公司呼和浩特石化分公司

【概况】 中国石油天然气股份有限公司呼和浩特石化分公司简称呼和浩特石化，位于内蒙古自治区呼和浩特市，始建于1992年，占地200万平方米，是内蒙古自治区境内唯一的一家炼油企业。

炼油加工规模500万吨/年，固定资产原值82.9亿元，14套炼油装置、1套化工装置及配套系统。配套建设有长庆—呼和浩特原油管道和呼和浩特—包头—鄂尔多斯成品油管道。主要生产车用汽油、车用柴油、航空煤油、燃料油、液化石油气、聚丙烯树脂、石油苯、工业硫黄等六大类13种产品，主要满足内蒙古、山西及周边地区市场需求，并出口蒙古国。

在册员工 2031 人，大专以上学历 1140 人。设 10 个机关处室、12 个直属单位、6 个基层车间、11 个基层单位。

2015 年，呼和浩特石化克服成品油市场需求低迷、生产后路不畅等困难，牢固树立“安全环保是最大效益”“大平稳是大效益”理念，狠抓安全平稳生产，大力实施开源节流降本增效措施，强化经营策略分析研究，密切产运销衔接，有效释放创新创效潜力，取得良好的生产经营效益。10 月，圆满完成装置大检修任务。加工原油 369.44 万吨，实现轻质油收率 80.61%，综合商品率 92.08%，炼油综合能耗 69.68 千克标准油 / 吨原油，新鲜水单耗 0.54 吨 / 吨，综合损失率 0.59%。实现销售收入 177 亿元，税费 72.53 亿元，完全加工成本 269 元 / 吨，实现盈利 6.08 亿元。炼化板块排名第九位（表 1）。2 月，获第二届内蒙古自治区“最具社会责任感企业”称号，5 月，获中华全国总工会颁发“全国五一劳动奖状”。

表 1　呼和浩特石化主要生产经营指标

指　标	2015 年	2014 年	2013 年	2012 年	2011 年
原油加工量（万吨）	369.44	391.19	388.05	58.86	90.71
资产总额（亿元）	72.00	85.68	93.11	99.51	62.80
营业收入（亿元）	177.32	238.57	237.44	21.07	56.73
利润（亿元）	6.08	0.06	-0.20	-8.50	-7.37
税费（亿元）	72.53	50.80	40.50	3.88	12.36
汽油产量（万吨）	146.96	151.57	147.50	15.31	34.26
航空煤油产量（万吨）	9.13	7.75	2.17	—	—
柴油产量（万吨）	141.48	156.01	154.26	12.84	35.37

【安全环保】 落实安全环保责任。贯彻落实新《安全生产法》和《环境保护法》，践行有感领导，大力推行领导干部个人安全行动计划，层层签订安全环保责任书，强化直线责任，落实属地管理，加强现场安全管理。坚持重大安全隐患公司领导挂牌督办、员工发现隐患避免事故按月奖励兑现、安全全方位监督检查等行之有效的办法，保障安全平稳生产。

强化作业受控管理。严格动火、用电、受限空间等危险作业审批，落实现场安全环保措施。修订、完善岗位责任制和操作规程，做到责任明确、界面清晰。严格施工、检修和临时作业界面交接管理，实行重大项目、装置开停工、高危险作业现场领导干部带头值班值守，危险作业消防车现场监控等有效措施，确保作业过程安全受控。强化应急演练，重视演练效果评估，持续完善改进。修订完善综合应急预案和 16 个专项应急预案，组织公司级综合应急演练 1 次，车间级应急演练 40 次，班组级演练 650 次，提高应急管理能力。持续开展冬季安全生产劳动竞赛活动，调动员工主动保安全、要安全的积极性，应急管理能力不断增强。

提高安全环保管理水平。树立“环保优先、安全第一、质量至上、以人为本”HSE 管理理念。推广并有效运用“两书一表”（HSE 作业指导书、HSE 作业计划书、风险管理单）、作业许可、工作前安全分析、上锁挂牌等基层风险管理方法，提高风险管理水平。开展体系审核，分专业多层次组织开展体系审核评估，加强 HSE 体系审核问题整改，从管理上、思想上、执行上深刻剖析问题根源，采取措施着力源头治理，有效规范体系运行。

提升清洁生产能力。完善环保管理制度，制订污染减排工作方案和创建环境友好企业工作计划。完善环境监测计划和监测手段，强化在线监测设备的运行管理，为重点污染源监控和减排核算提供可靠数据。落实大气污染防治重点项目，2015 年 10 月 26 日，新建 280 万吨 / 年催化烟气脱硫脱硝装置开车一次成功，每年可减少催化裂化装置二氧化硫排放 388 吨、氮氧化物排放 294 吨、颗粒物排放 227 吨，污染减排指标得到有效控制。

推动环保验收工作。完成环保验收监测，通过中国环境监测总站的技术审查。完善和规范在线监测设备的运行管理，开展环境风险评估，加强清洁生产审核和环保对标管理，保证“三废”达标排放。2015年，呼和浩特石化没有发生一般C级及以上生产安全事故和环保事件，实现安全环保平稳生产。连续6年被中华全国总工会和国家安全生产监督管理总司评为全国“安康杯”安全生产劳动竞赛优胜单位。

【生产管理】 强化“安全平稳运行是最大效益”理念，建立健全各装置平稳率运行台账，坚持每周通报、每月排名考核做法，装置运行平稳。加大设备维护保养和隐患整改力度，延长设备平稳运行周期。

【挖潜增效】 面对成品油销售困难、高库存和生产低负荷运行，装置大检修等不确定因素和困难，2015年初，从强化绩效考核、安全平稳生产、优化资源配置、优化产品结构、密切产销衔接和加强成本管控等11个方面梳理并确立34项开源节流项目，优化攻关课题10项，制订并发布2015年开源节流降本增效实施方案。

在内部，加强课题小组的作用，定期召开会议，总结前期优化工作进展，讨论下一步工作安排。处室之间、车间之间相互支持，协同进行。在外部，借助外力开展多层次技术交流，与中石化石科院、中国石油石化院、北京化工大学等科研单位、高等院校合作，开展装置运行状况分析、新催化剂开发利用、自动控制系统优化等工作。组织技术人员到兄弟企业学习先进经验，加大与外部技术力量的交流合作。

提质增效成效显著。催化汽油辛烷值保持在91以上，丙烯收率稳步提高达28.81%。5月单台机组发电功率创新高达12兆瓦。6月动力锅炉彻底停运，富余瓦斯顺利外送天野化工集团有限公司；聚丙烯新产品开发取得阶段性成果；仪表自控率达96%。

【装置大检修】 2015年8月15日—10月16日，呼和浩特石化开展500万吨/年项目投产以来的第一次全面停工大检修，是真正意义上的首次“三年一修”。共安排检修项目6095项，技术措施技术改造项目167项，完成压力容器检测854台，完成压力管道检测3537条，安排小接管焊缝PT监测582项，液压定力矩1219项。大检修覆盖所有车间和装置，实现一次交工合格率和一次开车成功率两个100%。

为做好大检修工作，提早部署、统筹谋划，2015年初成立装置停工大检修指挥部。召开准备部署会、汇报会、周例会、动员大会，提前编制大检修开停工总体方案和检修HSE管理方案。

为保证检修安全和检修质量，通过招投标严把承包商准入关，加强承包商施工过程管理，引导承包商强化自主管理。坚持进度服从安全和质量原则，加强安全、质量监管，科学合理把控检修进度。首次引入上海博柯专家团队，形成公司、车间、承包商、第三方监督“四位一体”监督体系，每天通报检查问题，分析原因，强化整改，严格考核，有效遏制“三违”现象发生。强化大检修作业受控管理、变更管理、作业许可制度落实情况管理，加强对特种作业、边缘时段、高危区域监管，将安全、质量控制贯穿于检修作业全过程。

【合规管理】 健全和完善合规管理工作机制，明确管理职责，组织领导干部合规管理培训，全员签订诚信合规承诺书。针对重点领域和岗位加强违规风险防控，加强合同、招标管理，完善市场准入管理体系。对291项制度的合规性和科学性进行梳理评价。强化学习宣贯，坚持组织中层干部考试和每月制度讲解工作，提高制度执行力。

【对标管理】 每月组织召开经济活动分析会，与加工长庆原油的兄弟企业对标综合商品率、轻质油收率、利润、完全加工费等指标，促进各项经济技术指标稳步提升。与工艺相似企业进行分装置对标，从各装置加工成本、产品收率、装置损失等方面查不足、定措施、抓改进，生产运行不断优化。坚持全面分析与专题分析相结合，纵向分析与横向分析相结合，制订优化方案，解决存在问题，提升生产经营精细化管理水平，增强对标管理指导性和实效性。

【产品质量管理】 坚持“质量至上”原则，制定严格的产品质量内控指标，加大装置馏出口合格率、成品油一次调和合格率以及化验准确率、及时率的考核力度，产品质量稳定受控，产品出厂合格率100%。加强测量设备管理，推进出厂计量自动化，严密计量数据监控，计量精细水准逐步提升。

【全员绩效管理】 完善全员绩效考核评价体系，细化考核指标，加大利润相关指标的考核力度，引导员工关注效益和质量，实现全员绩效考核率100%。探索中层干部年度绩效挂钩考核机制，加强班组绩效考核工作。完善薪酬分配机制，调整业绩奖励分配系数，体现向一线、艰苦岗位倾斜的导向作用。加大主要指标的考核力度及关键指标考核权重，落实工效挂钩，更好发挥绩效考核指挥棒作用。

【产品营销】 强化产、销衔接，拓展增效空间。加强市场研判，紧盯产、销计划的制定、对接、执行各环节，全过程跟踪协调、落实。坚持市场导向，根据市场需求变化及时调整生产方案。持续优化物流组织，整合运输资源，发挥管道优势，提升成品油出厂效率。拓展来料加工业务，不断拓宽产品销售渠道。根据国际原油市场价格变化，合理把控原油入厂节奏，优化库存管理，降低财务费用。争取价格政策，确保小产品买断价格到位率，产品盈利空间不断增大。

【技术措施改造项目】 绝大部分技术措施改造项目都安排在大检修中进行，在大检修中统一安排、统一实施。2015年，安排技术改造技术措施项目167项，完成苯抽提增设兑苯机泵、汽油质量升级、催化分馏塔顶空冷改造、第一联合车间余热回收空冷增设变频等151项技改技措项目，解决生产瓶颈，提高经济效益。

【“三严三实”专题教育】 印发《呼和浩特石化公司党委关于开展“三严三实”专题教育实施方案》，成立专题教育协调工作组，召开“三严三实”专题教育工作部署暨专题党课报告会，印发《“三严三实”专题教育运行表》，明确“三严三实”专题教育四个“关键动作”的时间节点、工作内容、工作措施和工作要求。呼和浩特石化将各党支部按工作性质分为14个系统，按照系统讲党课、进行专题研讨。各级党组织书记讲党课20场，720余人参加党课学习；邀请内蒙古自治区党校纪委、直属机关工委教授、专家、领导授课，举办3场专题党课报告会；组织严以修身、严于律己、严以用权三个专题学习研讨会31次；强化问题导向，对照各单位生产经营管理存在的问题，对照停工大检修期间出现的问题，对照板块HSE管理体系审核的问题，追根溯源，彻查“不严不实”问题，梳理各级领导班子成员“不严不实”问题并列出清单进行整改。

【重塑形象大讨论】 2015年，根据集团公司党组关于扎实有效地开展好以“弘扬光荣传统、重塑良好形象”为主题的“重塑中国石油良好形象”大讨论活动决策部署，呼和浩特石化于8月初启动“重塑中国石油良好形象”大讨论活动。利用网络资源和内部刊物设置大讨论活动栏目，开展“我是中国石油形象大使”签名活动。呼和浩特石化“重塑中国石油良好形象”大讨论活动专题在集团公司网站转载。

呼和浩特石化大讨论活动做到“三结合”，即“与生产经营相结合、与停工大检修相结合、与‘三严三实’专题教育相结合”。广大员工通过参与“检修奉献当先锋、我为党旗添光彩”主题实践活动、“五比五赛”劳动竞赛活动、“投身检修展风采，立足岗位做贡献”青年突击队活动，展示爱岗敬业、无私奉献的良好形象。

【企业文化】 2015年，呼和浩特石化制定并下发《呼和浩特石化公司企业文化建设考核评价暂行办法》，探索车间特色文化，选拔并充实企业文化培训师队伍，实现班组设企业文化师，自上而下建立一个完整的企业文化建设组织体系。各单位把企业文化与管理增效、大检修活动相结合，参观展厅、组织文体比赛、开展主题活动、观看并讨论纪录片《筑梦中国》。

加强“三精”企业创建跟踪考核，每季度定期通报创建进展情况，严考核、硬兑现。

在2015年11月15—17日中国企业文化研究会主办召开的“十二五”企业文化总结暨专项文化建设——中外企业文化峰会上，党委书记陈汇明做《秉承中石油企业精神创建呼石化骏马文化》典型发言。呼和浩特石化在此会上获“‘十二五’企业文化建设优秀单位”称号。

（何淑华）

中国石油天然气股份有限公司辽河石化分公司

【概况】 中国石油天然气股份有限公司辽河石化分公司简称辽河石化，位于辽宁省盘锦市兴隆台区新工街，是原油加工能力520万吨/年、固定资产55亿元的炼化企业，始建于1970年，1971年建成投产。设11个机关处室、6个机关附属机构、5个直属部门、15个二级机构，在册员工2800余人。有常减压蒸馏、催化裂化、连续重整、汽柴油加氢、润滑油加氢、延迟焦化、润滑油糠醛白土联合精制、气体分馏、聚丙烯、制氢、硫黄回收、酸性水汽提、干气及液化气脱硫等28套生产装置以及完善的公用工程系统和辅助生产设施。主要加工低凝环烷基原油、混合稠油、超稠油、石蜡基原油和进口稠油，主要产品有汽油、柴油、润滑油、沥青、聚丙烯、石油焦、液化气、工业硫黄等30余种。沥青产品产量居国内首位，环保型橡胶填充油等特种润滑油系列产品打入国际市场，是中国石油以加工稠油为主最具特色的炼化企业之一。

2015年，辽河石化加工原油483万吨，销售收入164亿元，实现利润1.03亿元，上缴税费54亿元，辽宁省纳税百强企业排名第七，盘锦市排名第一（表1）。主要业绩指标考核被评定为集团公司绩效考核A类企业。获集团公司“安全生产先进企业”“环境保护先进企业”“统计工作先进单位”“节能节水先进单位”称号，辽宁省“工矿企业保卫工作先进集体”“守合同重信用企业”“沥青行业卓越贡献奖”“沥青行业诚信单位”等称号。

表1　辽河石化主要生产经营指标

指　标	2015年	2014年	2013年	2012年	2011年
原油加工量（万吨）	483	530.77	525.98	513	511.7
销售收入（亿元）	164	255.6	270	271	259
利润（亿元）	1.03	2.5	6.7（账面）	3.31（账面）	0.8（账面）
税费（亿元）	54	42.8	42	34	28
商品总量（万吨）	466.5	511.91	512.88	503.88	503.77
汽油产量（万吨）	54	69	70.22	37.05	35.07
柴油产量（万吨）	143	146.2	141.76	142.83	132.2
道路沥青产量（万吨）	173	184.5	177.66	180	190
聚丙烯产量（万吨）	2.25	2.57	2.7	2.3	3.02
润滑油产量（万吨）	18.78	17.98	12.97	18.47	18.51

【生产运行】 2015年，辽河石化加工原油483万吨，生产汽油54万吨、柴油143万吨、沥青173万吨、润滑油18.78万吨、苯3.22万吨、二甲苯8.86万吨、聚丙烯2.25万吨。与2014年相比，6项经济技术指标得到提升，7项指标（新鲜水单耗、原油加工损失率、石油产品高效产品收率、原油综合损失率、平稳率、石油产品可比综合商品率、单位能量因数能耗）位居板块前六位，其中新鲜水单耗、原油加工损失率板块排名第二，石油产品高效产品收率、原油综合损失率、平稳率炼化板块排名第三。建立实施“日优化、周评价”体系。计划、生产、科技、营销、计量等部门每天对接，每周总结，半月盘库，财务测算效益，及时互通生产经营信息，确定最佳的生产方案，确保效益最大化。科学组织各类原料进厂，顺利完成大庆原油停供、辽河稀油接续的平稳转换。首次出产-35号柴油。顺利组织华润蒸汽平稳入厂，优化平衡公用系统运行。

【设备管理】 2015年，辽河石化完成23套生产装置及两个系统单元大检修。建立检修安全环保“五道防线”，完成大检修项目1906项，技术改造技术措施及安全隐患整改项目121项，节约修理阀门费用900余万元，自控率达到90%。大检修全过程安全质量受控，停工开车平稳有序，未发生一起设备事故。完成石化变电站增容项目建设，试运行正常。强化关键设备状态监测工作，做好预知维修。开展转动设备状态监测及设备故障诊断管理，推进机组网络化在线监测，完成22套关键机组和231台主要机泵、风机日常监测诊断工作，发现机组故障6起，故障隐患39台次；成功诊断出机泵故障41起，故障隐患138台次，对监测发现的故障和隐患及时做出诊断报告或提出建议，转动设备故障率逐年降低。加强日常管理，设备维护标准不断增强，现场管理水平进一步提高。设备完好率为99%，其中主要设备完好率100%，静密封点泄漏率为0.1‰。

【安全环保】 2015年，辽河石化强化“严控风险作业，严控生产波动，严肃岗位责任制执行”管理，实行风险作业日公告制度，公告并控制风险作业10407项。对岗位手机集中存放站进行严格管理，消除风险和隐患。各生产单元严控生产波动，装置平稳率达到99.89%。加强“五大”纪律管理，每周检查讲评，促进岗位责任制落实到位，有效管控各类风险。完成鲅鱼圈长输管道26项重大隐患治理工作。组织开展各类安全检查23次，查出并整改问题1160项。组织特种设备检验取证，检测工业管道1321条，检验压力容器880台。排查厂区137条地埋管道存在的隐患。排查梳理危险化学品罐区重大安全隐患，完成2万立方米原油罐区、三级防控等隐患治理项目，保证生产安全。完成装置改造项目的安全条件审查、安全设施设计审查、职业病防护设施设计审查。贯彻执行新《安全生产法》和《环境保护法》，全员认领、确认安全环保责任，制作《岗位安全环保履职提示卡》。完成领导干部HSE履职评估工作。组织各级应急预案演练400次。开展安全生产月活动、“119”消防宣传月活动。

推进环保属地管理，强化日常监测监管，针对设置的51个污水监测点、26个工业废气监测点、4个环境空气监测点、4个厂界噪声监测点，完善考核指标，纳入月度综合考核。开展LDAR（泄漏检测与修复）项目试点，完成10万吨/年气分装置首次LDAR检测，监测报告通过审查。制定大检修环保处置专项方案，规范处置检修过程产生的废水、废气和六大类32种危险废物；完成60万吨/年连续重整装置和120万吨/年柴油加氢改质装置清洁生产审核工作，审核报告通过辽宁省清洁生产指导中心组织的验收评审。实现一般A类及以上事故为零，环境污染事故为零；员工伤亡事故千人死亡率为零；“三废”处理装置平稳运行，污染源受控率100%，污染物排放合格率100%。废水外排COD均小于50毫克/升，厂区环境空气质量达到国家二级标准；污染物总量控制和减排指标符合集团公司和地方政府指标要求。

【挖潜增效】 2015年，辽河石化着力开源节流降本增效。实施优化增效项目，落实“8+82”项优化措施，创效2.1亿元。对蜡油组分深加工，催化装置、120万吨/年柴油改质装置掺炼蜡油，创效2200余万元。实施重整装置改造项目，优化提升装置负荷，增加苯类产品和汽油产量，创效500余万元。大力压缩成本，严控燃料动力消耗。落实以油代气措施，减少燃料费13万元/日。实施重整和加氢无级气量调节项目，每小时降低耗电量530千瓦·时，减少成本17万元/月。实施东区火炬伴热系统改造，降低蒸汽用量5吨/时。实施25个节能优化项目，节约动力费1600余万元。

【科技创新与成果】 2015年，辽河石化召开首次科技工作会议，明确科技工作重点，理顺科技攻关工作流程。确立润滑油新产品开发等11个科研专题，成立重点课题组开展攻关，实现阶段性工作目标。建成研究院中试厂房，安装10套试验装置，进行安全设施评估和完善，提升科技研发能力。建立实施科技项目经理负责制，推进“双序列”改革工作。新产品“研产销服”一体化体系作用得到有效发挥，沥青研发取得新进展。研发雾封层专用沥青取代进口产品，研发汽车阻尼板沥青通过环保测试，均填补国内空白，并取得较好的经济效益。推进沥青提标工作，成功研发生产70号、90号A级沥青，填补辽河石化行业标准沥青空白。润滑油研发取得新进展。完成高芳烃环保油生产基础设施改造，组织23批工业化生产。环保油研发取得新进展，AP19-3高芳烃环保油研发成功并进行工业化生产。开展技术难题攻关，针对原油变化后催化装置运行情况，对高重金属原料进行分储、分炼，并实施改进催化剂配方、降低原料预热温度等措施。针对氯离子腐蚀问题开展攻关，从原油到中间原料采取有效措施，加氢系统氯离子得到有效控制。由辽河石化沥青铺设的昆明长水国际机场，获国家“三大奖项”（优质工程金质奖、中国建设工程鲁班奖、中国土木工程詹天佑奖）。

【企业管理】 2015年，辽河石化推进合规管理，完善领导班子议事决策平台，加强督察督办，强化综合管理考评，将“决策、部署、落实、反馈”各工作环节执行到位。制定发布《公司合规管理实施细则》，建立风险事件库，梳理合规要素1650项，识别合规风险274项。梳理完善工作流程547项，修订完善QHSE程序文件48项。转化制度20项，修订制度37项，废止制度3项。2015年审议“三重一大”事项33项。开展工作流程优化、职责梳理和经营管理难度系数评价。优选专业管理机构，对辽河石化787个岗位进行工作分析和岗位描述。开展清理长期在册不在岗员工工作，制定出台《公司进一步清理长期在册不在岗人员实施细则》和《严肃用工管理补充规定》，促进员工队伍规范管理。强化基层干部员工教育培训，在集团公司催化裂化操作工技能大赛中，取得团体第三名和个人两枚铜牌的好成绩。优化营销调运，紧盯市场，加快各类产品的调运速度，降低成品和半成品库存。加强与销售公司沟通，制订合理的汽油、柴油调运计划，减小成品油跌价损失。优化财务管理，强化财务分析，增强指导经营职能。定期召开经济活动分析会和经营预算会，强化优化和效益测算。加强成本控制，严控非生产性支出，“五项”费用同比降低45%。

【企业文化建设】 2015年，辽河石化党委以企业文化引领提振士气。以“七抓七促”为工作主线，深化“三强化、三提升”主题活动。积极开展“弘扬光荣传统、重塑良好形象”大讨论活动，大力弘扬大庆精神铁人精神和“聚合光热，播撒欢喜”特色精品文化理念，积极培育和践行社会主义核心价值观，树立公司良好形象。开展纪念建党94周年系列活动。群策群力形成合力，结合中心工作组织开展劳动竞赛。进一步强化班组建设，充分发挥员工的智慧和才能，开展合理化建议“金点子”征集活动。召开总经理民主联系人会议，广泛征求意见和建议。关心员工严爱相济，做好扶贫帮困工作，两级班子走访慰问困难员工289人次。持续推进员工健康管理工程，56名员工通过绿色通道到中国医科大学附属第一医院便捷就医。开办3期健康大讲堂，员工通过公司配备的全科医生进行健康咨询900余次。实施员工健康疗休养货币化。为每名员工的生日送去问候，表达公司对员工的真诚祝福。行政后勤管理立足高标准，不断改进食堂、通勤服务质量，努力实现员工满意常态化。加强综治和维稳工作，开展综治宣传月活动，开展不稳定因素排查12次，保持矿区的和谐稳定。

（马德君）

中国石油天然气股份有限公司长庆石化分公司

【概况】 中国石油天然气股份有限公司长庆石化分公司简称长庆石化，位于陕西省咸阳市渭城区化工工业园，毗邻西咸新区，始建于1990年，1992年投产，有固定资产原值48亿元，主要生产装置16套，原油加工能力500万吨/年。主要产品有92号、93号、95号、97号车用汽油；0号、-10号车用柴油；航空煤油、石脑油、石油液化气、炼油厂丙烯等。设9个机关职能处室、5个直属机构、7个二级单位和3个机关附属机构，并托管综合服务处，在册员工1190人，平均年龄37岁，大专以上文化程度占71.4%。

2015年，加工原油497.31万吨，生产汽油158.74万吨、航空煤油33.08万吨、柴油219.60万吨；工业总产值231.94亿元，实现销售收入233.8亿元，工业增加值111.6亿元，上缴税费93.5亿元（表1）。

表1　长庆石化主要生产经营指标

指　标	2015年	2014年	2013年	2012年	2011年
原油加工量（万吨）	497.31	501.08	460.17	506.37	486.98
资产总额（元）	44.70	44.02	41.35	34.52	54.79
营业收入（亿元）	233.8	309	287	328	291
利润（亿元）	13.57	8.82	5.10	2.45	-12.52
税费（亿元）	93.5	64	56	67	53
汽油产量（万吨）	158.74	157.90	148.64	160.54	101.59
航空煤油产量（万吨）	33.08	35.28	29.84	30.46	24.46
柴油产量（万吨）	219.60	223.17	199.32	228.13	226.27

【生产运行】 开展工艺优化和操作调整，柴汽降低至1.38，其中催化裂化装置轻收增加0.37%，汽油辛烷值增加2个单位，干气、焦炭及损失下降至10.03%；丙烯收率达28.4%；生产国Ⅴ标准汽油7.76万吨、国Ⅴ标准柴油3.25万吨。修订操作平稳率、馏出口质量管理办法及考核细则，明确公司级监控指标134个、装置级428个。

【节能减排】 确定72项用能、用水定额指标，每日监控水、电、汽、燃料消耗，2015年节能0.72万吨标准煤；优化重点节能设施运行，加热炉平均热效率达到90%以上，燃料油消耗减少2873吨；加强装置低压瓦斯排放监控，燃料气回收1185万立方米，节约燃料8622吨；实施催化装置机泵冷却水回收、烟气脱硫脱硝用水优化等节能节水项目，炼油综合能耗同比下降约1千克标准油/吨。

【挖潜增效】 开展开源节流降本增效活动，坚持日检查、周平衡、月分析，以销促产，以产助销，高效产品比例达到59%，同比提高12个百分点，创历史新高，国Ⅴ标准汽油、柴油产量占比分别达22.6%和42.6%。开展预算对标、化工原材料、大检修费用、“五项”费用“四个分析”，实现2015年化工原材料吨油费用96.45元/吨，“五项”费用同比降低30%。

【企业管理】 优化领导干部队伍，完成二级单位和部门党政领导班子调整工作，提拔任用领导人员20人次，调整交流2人次。突出综合管理和专业管理，调整完善组织机构，成立运行四部，推行生产运行、机动设备、安全环保3个专业管理组和4个横班运行模式；加强合规管理，规范油气装卸、铁路专线、治安保卫、会议服务等9项外包业务，清理不规范用工275人；以运行四部为试点，启动检维修业务外包。建立物资管理超市，采用物资代储模式，提高物资采购管理效能。明确属地单位培训主体责任，强调“管人管事必须管培训”，强化监督考核，确保培训工作落到实处，2015年送外培训106人次；组织炼油知识、办公室实务、班组长等集中培训11期、参加培训631人次；组织岗位培训练兵651场次、参加培训2.1万人次；83人参加职业技能鉴定，通过率82%；长庆石化代表队获集团公司催化裂化职业技能竞赛单项团体铜牌和2个优秀选手奖。与专业机构合作，初步完成职业化行为标准体系；竞聘产生首批动设备、静设备技术专家各1名，实现长庆石化专家零的突破。

【安全环保】 贯彻学习新《安全生产法》和《环境保护法》，落实“党政同责”“一岗双责”，修订各部门、各单位和所有岗位HSE职责，促进责任落实由事后追责向事前负责转变；扩增安全监督部职能，由单纯安全监督向安全、环保、运行全方位监督转变，安全管理和安全监督网络初步成型。加强现场作业管理，提升作业票办理效率，每日9点前办结率由60%提升到91%。2015年通报现场低标准问题871个，属地单位全部整改，现场“低、老、坏”得到有效遏制；查找各类低标准和隐患问题457个，整改率95%；13个三年隐患治理项目全部完成。修订制度、完善减排台账，加强环保基础管理，严格四项污染物总量控制，主要环保设施运行率93%，污染物均实现达标排放。按照股份公司制度，编发长庆石化《安全生产应急管理办法》，明确安全生产应急管理体系。

【设备管理】 2015年，推进属地管理，完成物理属地、专业属地划分。加强设备管理力量，二级单位主管设备副主任、设备技术员基本配备到位；完成储罐隐患治理和地下管网阴极保护项目。强化关键设备特护管理，6台往复式压缩机和55台机泵安装在线状态监测及故障诊断系统，加氢裂化循环氢压缩机干气密封系统创稳定运行25个月纪录。建立腐蚀监测周报，开展装置设备定点测厚1266处，关键部位安装在线腐蚀探针33处，设备腐蚀管理逐步加强。以气分装置和连续重整装置为试点，落实仪表自控率提升方案，两套装置自控率分别达到96%和94%。强化特种设备管理，完成121台压力容器和4201条压力管道检验和注册登记工作，合格率100%。

【科技信息】 依托股份公司“重油催化裂化沉降器结焦机制及对策研究”科技项目攻关申请发明专利1件。与集团公司规划总院等单位合作申报的“炼化能量系统优化技术开发与推广应用”项目获石油和化学工业联合会科学技术进步奖二等奖。开展两次“小发明、小革新”征集活动，申请9件专利，获授权12件。完成2015年长庆石化科学技术进步奖评审工作，表彰成果39项。建成投用业务流程系统、生产受控管理平台和个人工作平台等信息项目，实现全面线上流程审批。

【精神文明建设】 学习贯彻习近平总书记系列重要讲话精神，开展“三严三实”专题教育，高质量完成带头讲党课、学习研讨和专题民主生活会等关键动作，公司领导班子和中层以上领导干部个人整改问题347个。全年奖励优秀先进党支部2个、先进党员责任区14个、党员模范岗29个、先进党务工作者2人、优秀共产党员48人。围绕“安全环保就是形象”“合规管理就是形象”“业绩优良就是形象”“操作规范就是形象”“产品优质就是形象”“遵章守纪就是形象”等6大主题开展“重塑中国石油良好形象”大讨论，发挥长庆石化员工、长庆石化团委、长庆石化服务处3个公众微信号的覆盖作用，采取“青年大讲堂”、全员问卷调查等形式展开形象大讨论、建议大征集活动。强化党委纪委两个责任，增设纪委监察处，以党风廉政建设小讲堂、廉政喊话等形式，加强反腐倡廉教育。

【矿区服务】 改善员工工作环境，对厂区办公楼功能进行调整完善，员工露天交接班的状况得到改变；购置办公家具、岗位员工操作桌椅、更衣柜等设施，二级单位办公环境和工作条件进一步改善。改造职工食堂，突出为倒班员工服务的定位，员工满意度显著提升。倾听队伍的心声，掌握队伍的思想动态，解决员工与基层困难问题116个。成立矿区“440”服务中心，完成小区主干道拓宽、绿化景观改造、高层供水管线更换、门禁系统升级、垃圾分类回收等5项民生工程。

（邱　宇）

中石油克拉玛依石化有限责任公司

【概况】 中石油克拉玛依石化有限责任公司简称克拉玛依石化，创建于1959年，积极推进超稠油加工技术改造工程，打造“千万吨级”特色炼化企业。利用新疆油田环烷基原油资源，已发展成为中国石油重要的高档润滑油和沥青生产基地，也是西北地区低凝柴油、喷气燃料的主要生产基地。按照中石油与新疆维吾尔自治区深化合资合作框架协议，于2015年7月完成合资合作工作，中国石油天然气股份有限公司克拉玛依石化分公司并正式更名为中石油克拉玛依石化有限责任公司。截至2015年底，设机关处室12个、机关附属8个、直属机构2个，二级机构21个。有员工3660人，其中少数民族员工517人，女员工1596人。有主体装置34套，固定资产61亿元，可生产各类石油化工产品160多种，主导产品40余种。自备热电厂发汽能力为520吨/时，发电能力24兆瓦/时。年加工能力为600万吨。

2015年，克拉玛依石化加工原油520.38万吨，同比下降9.88%，其中稠油346万吨。生产润滑油基础油45.57万吨、沥青82.14万吨、汽油88.26万吨、柴油172.03万吨，航空煤油18.11万吨，其中汽油、煤油、柴油、沥青产量均超年度计划。实现营业收入204.09亿元，上缴税费79.78亿元（表1）。

表1　克拉玛依石化主要生产经营指标

指　标	2015年	2014年	2013年	2012年	2011年
原油加工量（万吨）	520.38	577.15	571.6	492.01	528.26
资产总额（亿元）	67.91	59.52	60.98	64.81	62.37
营业收入（亿元）	204.09	315.15	323.65	271.77	302.22
利润（亿元）	22.51	18.34	24.41	12.27	8.06
税费（亿元）	79.78	62.12	56.65	45.21	48.53
汽油产量（万吨）	88.26	95.71	92.35	66.17	61.8
航空煤油产量（万吨）	18.11	20.97	19.54	13.97	16.65
柴油产量（万吨）	172.03	195.46	182.1	176.64	204
润滑油产量（万吨）	45.57	58.8	65.13	59.8	67.92
沥青产量（万吨）	82.14	81.05	105.32	95.09	95.93

2015年，克拉玛依石化被评为新疆维吾尔自治区2015年度安全生产目标管理先进单位和2013—2015年连续三年安全生产目标管理先进单位，被评为2015年度集团公司安全生产和环境保护先进单位。工会连续第二年被中华全国总工会评为全国“安康杯”竞赛优胜单位。

【合资合作顺利完成】 克拉玛依石化于2015年4月工商注册设立了中石油克拉玛依石化有限责任公司，7月完成财务审计、资产评估、工商注册变更，正式成立合资公司（中石油集团占出资比例99%、新疆投资集团占1%）。7月18日，新疆维吾尔自治区党委书记张春贤、中石油集团公司董事长王宜林等领导出席揭牌仪式，合资公司正式成立运营。同时也标志着中国石油炼化业务合资合作迈出重要一步，对中国石油全面深化改革具有重要意义。

（王金平）

【大修改造圆满完成】 2015年，克拉玛依石化历时40天（比计划提前5天）完成三年一次的大修改造任务，并通过严控检修安全、质量、进度及费用，实现停工、检修、开工“三个一百分”。本次大修改造涉及42套主体、辅助生产装置及热电厂，共计完成公司级技措项目14个，车间级技措项目236个，常规检修12365项。其中I套蒸馏、II焦化、II高压加氢等7套装置在检修期内完成大型技术改造，设备腐蚀、电气隐患、高危泵、液下泵、液下长轴泵等隐患治理项目也在大修期间同步完成。

（熊冬梅）

【科技创新成效显著】 2015年，克拉玛依石化承担的包括13个集团公司级重点科研项目在内的46个科研项目基本完成研究计划。新产品新工艺开发与推广领导小组积极发挥作用，大力开展改性沥青相容稳定性研究，有效降低改性沥青的生产难度，提高产品稳定性。圆满完成IEC60296变压器油、KN4006、4010橡胶油、680号工业白油、疫苗白油等新产品的工业化生产，产品性能指标全面达到预期要求。焦化装置加热炉深度裂解、液化气反向抽提深度脱硫、液氨脱色等8项技术得到推广应用；酸性水汽提装置长周期运行、硫黄装置尾气达标等专项技术攻关成效良好；123项检修技改技措项目顺利完成投用并达到预期效果。克拉玛依石化2015年共获得授权发明专利11件。“低凝环烷基KG16C黏合剂用油生产工艺研究”获集团公司2015年度科学技术进步奖三等奖。

【完成国V标准汽油质量升级准备】 2015年，克拉玛依石化利用大检修机会对40万吨/年催化汽油脱硫装置进行二期改造，经过四轮国V标准汽油试生产和优化调整，汽油硫含量能够稳定控制在10—15微克/克，达到预期改造目标。

（于林会）

【出厂产品全部合格】 2015年，克拉玛依石化产品出厂符合率100%，未出现一起厂内及厂外质量事故。接受上级抽检共9种产品25批次，全部合格。

（胡庆德）

【降本增效】 2015年，克拉玛依石化进一步深化开源节流降本增效活动，各单位共制定挖潜增效方案或措施232项，完成率96.7%，共计增效约合5.4亿元。其中，单位加工费比预算降低4.77元。

（何剑英）

【工程建设】 2015年，克拉玛依石化共有22项在建工程项目按期实现中交，热电厂烟气脱硫扩能及隐患治理项目按计划稳步推进，各项目单位工程质量合格率达100%。工程建设QHSE管理进一步加强，承包商培训及入厂人员管理严格规范，制度体系更加完善，项目管理整体水平进一步提升，连续5年未发生一起承包商C级及以上安全事故。超稠油加工技术改造项目取得重大进展，截至9月，项目各项前期工作已全部落实到位。克拉玛依石化按照总部要求进行项目多情景模拟概算，进一步优化项目投资；积极协调新疆维吾尔自治区落实中国石化关于项目原油资源供给承诺事宜，为项目的尽早开工建设创造有利条件。

（叶天明）

【产品分析、检测】 2015年，克拉玛依石化完成各项分析任务，馏出口、半成品、产品出厂分析准确率分别为99.9%、100%、100%；盲样抽查准确率100%。完成石油苯545牌号产品的生产，实现产品升级。组织参加集团公司开展的车用汽油检测能力比对试验。重交通道路沥青获得“中国石油和化学工业知名品牌产品”称号。

（胡庆德）

【安全生产】 2015年，克拉玛依石化分级签订HSE目标管理责任书2885份；编制印发《克拉玛依石化2015年HSE工作实施方案》，包括17个方面59项工作；263名领导编制个人行动计划2299项次，并继续在各单位定期开展安全观察与沟通和安全经验分享活动。坚持周危险作业审批制度，严格执行节假日危险作业管理升级要求，强化作业制度中各个环节的合规性检查，不断加强危险作业的全过程监督管理。加大隐患排查奖励力度，2015年针对299人次发现的286起隐患，奖励8.185万元；评选出年度“十佳除隐患安全卫士”，并给予人均5000元奖励。对评估出的10项公司级隐患、103项单位级短板隐患及其他未治理完的隐患挂牌督办并按月通报。组织制定2015年应急演练计划并按季度组织实施，完成计划演练740余次。坚持开展岗前、岗中及离岗员工职业健康体检、对比评价及措施制订工作，2015年合计体检2206人。

（严　军）

【节能减排】 2015年，克拉玛依石化积极实施节能节水项目，将5套装置共计152部加热炉燃烧器更换成低氮氧化物高效环保型燃烧器，完成全厂能量系统优化、300米^3/时污水深度处理及回用项目的实施，按计划组织开展全厂氢气系统优化项目的建设，承担的股份公司重大科技专项“中国石油低碳关键技术研究”顺利通过验收。克拉玛依石化2015年节能1.73万吨标准煤、节水10.66万立方米，完成集团公司和新疆维吾尔自治区下达的年度节能节水指标。

（陈　杰）

【环境污染事故为零】 2015年，克拉玛依石化实现重大及以上环境污染和生态破坏事故为零以及环保违法行为为零的总目标。“三废”（废水、废气、固体废弃物）排放得到控制和削减：处理工业废水321.4万吨，排放废水210.0万吨，废水处理、排放全部达标，2套污水深度回用装置回用污水111.4万吨；有控废气排放综合合格率100%，厂界噪声合格率100%，各加热炉所用燃料气均为脱硫后硫含量小于50毫克/升燃料气，4000吨/年硫黄回收装置回收硫黄4941吨，热电厂烟气脱硫装置减排二氧化硫1469吨，烟气脱硝装置减排1800吨，完成克拉玛依石化二氧化硫、氮氧化物、COD及氨氮4项污染物总量控制指标；产生工业废渣7.5万吨，综合利用率100%，处置率100%。

（杨　潇）

【物资采购管理】 2015年，克拉玛依石化签订采购合同1211份，总金额4.75亿元；到货入库物资额4.80亿元，出库物资4.79亿元；物资库存余额1.64亿元；周转天数为148天。代储代销物资品种已增加到23个大类，涉及品种规格5900多项，采购额达1160万元以上。集团公司物资采购管理信息系统得到全面应用，物资通过网上采购率达100%，物资通过网上招标率达90%；按集团公司物资采购管理提升对标工作安排，认真开展自评工作，制订切实可行的整改措施和实施计划，实现大检修物资计划准确率达95%以上，同比显著提升；严格执行物资入库检验制度，实现入库物资检测率100%，一次质检合格率99.53%。

（校　龙）

【设备管理】 2015年，克拉玛依石化装置设备完好率大于等于98%，静密封点泄漏率小于等于0.30‰，仪表自控率大于等于99%，联锁投用率100%。深入开展设备现场管理标准化活动，85%的装置、92%的泵房、88%的罐区、89%的配电室、91%的仪表控制室达到标准化。

【信息化建设】 2015年，克拉玛依石化销售一车间油气回收系统视频建设等项目顺利完成验收，按期完成ERP系统MDM平台升级。大力开展信息安全自查整改，抓好网络通信运维，有效消除信息孤岛；结合实际开展“我为信息化提建议”活动，企业信息化管理和服务水平显著提高。

（王金平）

【教育培训】 2015年，克拉玛依石化培训鉴定人员293人，其中初级工10人、中级工54人、高级工169人、技师45人、高级技师15人，合格率65%。网络培训平台新增各类通用及岗位题库9500余道，课件390个，基层各单位组织开展各项培训350多次，考试230多次，人均学时超过500分钟。仿真培训达到4100人次，累计学时超过6500小时。

【技能竞赛】 2015年，克拉玛依石化技能竞赛于7—11月进行。其中公司级竞赛有加氢裂化装置操作工、延迟焦化装置操作工2个工种，121人参赛，产生金牌2枚、银牌3枚、铜牌5枚。选派20人参加集团公司催化裂化装置操作工技能竞赛，在27家炼化企业中，获得团体第15名；4名选手获得优秀奖。

（邢文彩）

【标准化工作】 2015年，克拉玛依石化负责组织完成国标、行标关于《橡胶增塑剂矿物油》2个标准的报批稿。参与国家标准《食品级白油》和《道路用高模量抗疲劳沥青混合料》的修订；完成公司《高黏度工作白油》和《环保轮胎橡胶增塑剂》企业标准。

（胡庆德）

【规划计划】 2015年，股份公司及炼化板块下达投资计划项目10项，总投资1.97亿元。其中炼化项目7项，计划投资额1.22亿元；安全环保隐患治理项目3项，计划投资额7500万元。2015年无计划外项目，无超投资项目。

（焦志豪）

【审计工作】 2015年，克拉玛依石化完成专项审计9项。通过审计发现问题26个，提出审计处理意见25条，审计建议14条，审计建议采纳率90%以上。专项审计计划完成率和工程项目结算审计覆盖率均为100%。专项审计取得经济成果326万元，工程结算审计核减金额218万元。

（李川江）

【企业管理】 2015年，克拉玛依石化组织开展操作服务层面关键绩效指标的转化，增强绩效考核的针对性、科学性，实现公司各项管理任务层层分解，切实形成利益同享、责任共担的责任共同体。全面推行员工个人HSE绩效考核，按季度开展员工个人HSE绩效档案监督检查。新建规章制度22项，修订规章制度14项，废止规章制度16项。坚持机关科级以上领导下基层活动，共提出各类管理问题395个，绝大部分问题已得到解决。审查签订各类经济合同1269份，合同总量比2014年上升26%；平均单份签约金额137.36万元，比2014年下降28.1%；审查中因合同内容不符合规范的退回6份。QHSEM体系有效运行。编制、上报《内部控制有效性自我评价报告》，完成2015年度风险报告编制，完成内控手册修订及培训。

（何剑英）

【财务管理】 2015年，克拉玛依石化围绕预算指标进行预测分析，提高决策支持能力。及时根据市场波动和生产运行变化增加对公司经济效益测算的频次，同时结合成本费用变动情况做好完全加工费的平衡。完成3354份结算的审核任务，核减额4000万元，核减率17.05%。完成液化气球罐消除老罐区隐患治理项目、润滑油罐区污油罐安全整改项目、劣质稠油废水抗冲击能力项目、风城稠油返输柴油储罐项目的工程结算工作。完成合资公司成立后相关税务账务的处理，建立公司个人所得税计算程序及上报流程。

（刘　渝）

【企业文化建设】 2015年，克拉玛依石化开展“形势、目标、任务、责任”主题教育活动、“重塑中国石油良好形象”大讨论活动、政研课题研究活动、第十四届全员读书活动，开展安全文化建设，落实“五必三关注”制度，持续抓好文明单位创建工作，开展“最美克拉玛依人”评比、“鲜花送雷锋”“我们的节日·清明”主题活动、公民道德月、道德讲堂等各类专题活动。

（杨中建）

【纪检监察】 2015年，克拉玛依石化纪委受理举报3件，上级转办立案2件，均已结案。认真开展专项整治，持之以恒落实中央八项规定精神和集团公司党组二十条要求。制定完善“三重一大”决策制度，将83项事项纳入“三重一大”决策范围，并对职权进行有效分配。利用联合监督信息系统，监督物资采购、工程建设、炼油小产品销售等业务，共查出各类问题38个，并下达监察通知书或提出监察建议，责成相关部门整改。开展干部任前考廉和廉政谈话工作。重视廉洁从业教育和理论研究。开展党风廉政教育活动，组织50名党员领导干部、关键岗位人员参观反腐倡廉教育基地，举办80余人参加的预防职务犯罪专题讲座。

（宋志臣）

【党建工作】 2015年，克拉玛依石化完成20个党支部支委的增补工作，20名预备党员转正为正式党员。以党委书记讲党课形式启动“三严三实”专题教育的开局。期间，公司党委班子成员人人带头讲党课，集中学习6次，专题研讨6次；公司副处级以上领导干部累计进行集中学习研讨75次，查摆和整改个人思想、实际工作、作风形象等方面问题140项。持续开展以“政治素质好、经营业绩好、团结协作好、作风形象好”为主要内容的“四好”领导班子创建活动。热电厂等10个基层单位获“‘四好’领导班子”称号。

（张为著）

【访惠聚工作】 2015年，克拉玛依石化选派18名党员干部骨干组成两个工作组深入南疆莎车县艾力西湖镇17村、18村驻村一年。2015年投入各类资金224万元，慰问困难群众180余户、600人次，培养入党积极分子5人，组织帮教转化培训3700人次，举办宣传讨论活动31次，参加人数15400余人。村党组织凝聚力战斗力明显增强，村民法制意识、精神面貌、生产生活热情等显著提高，村内基础设施全面改善，社会风气面貌稳定向好，长治久安基础进一步打牢。

（王金平）

【人事管理】 2015年，克拉玛依石化任免干部38人，其中提拔副处级以上领导5名。截至2015年底，公司共有集团公司技能专家4人、企业技能专家15人，高级技师47名、技师259名。对通过2014年职称评审的工程、政工、经济的初级、中级、高级专业技术人员共43人的技术职称任职资格进行确认，并对符合条件的44名专业技术人员的技术职称进行了聘任。

（张为著）

【工青妇工作】 2015年，克拉玛依石化工会征集职工提案108条，全部答复。为1200多人次办理发放扶贫帮困资金120多万元。为8户困难职工按月发放困难补助。

团委开展安全主题活动。春节前，组织基层团青支部进行青年安全监督活动；大检修期间，开展大检修青年安全监督、青年突击队、共青团节约箱等主题活动，克拉玛依石化各团青总支、支部成立11支200人组成的“青年安监队”和14支300余人组成的“青年突击队”。开展青年创新创效活动，收集50多项“五小成果”（小发明、小创造、小革新、小设计、小建议）。组织具有书画特长的青年志愿者利用业余时间为离退休老职工写春联送春联。组织志愿者参加金胡杨居家养老中心的志愿服务活动。

女职工委员会组织开展“巾帼建功”活动，调动和发挥广大女工的积极性、创造性。组织公司女职工进行妇科体检。

（黄国强　李　炜）

中国石油天然气股份有限公司庆阳石化分公司

【概况】 中国石油天然气股份有限公司庆阳石化分公司简称庆阳石化，创建于1971年，是股份公司直属企业。截至2015年底，在册员工1367人，在岗员工平均年龄41岁；主要炼化生产装置16套，一次加工能力370万吨/年；资产总额52.11亿元以上；主要产品有油品、燃料、化工产品、固体产品四大类11个牌号22种。

2015年，庆阳石化直面经济下行、价格下跌、利润收窄等严峻形势，坚持"依法合规，夯实安全环保廉洁稳定根基；创新驱动，引领降本增效提质升级发展"，落实成本为核心的利润中心、大检修为核心的优化中心，抓好素质提升培训年、依法合规管理年、开源节流降本增效过紧日子年活动，攻坚克难，稳中求进，完成目标任务，进入中国石油一类企业行列。

2015年，加工原油257.10万吨，平稳率达到99.81%，高于业绩指标，实现可比综合商品率92.26%，可比轻质油收率84.53%，同比提高0.13个百分点，综合能耗65千克标准油/吨，同比降低0.58个单位，实现销售收入121.38亿元、税金52.12亿元、利润6.11亿元，吨油利润236.53 元/吨，率先产出国V标准98号汽油抢占市场，高效产品比例达46.04%，同比增长0.37%，稳增长取得一定成效（表1）。

表1　庆阳石化主要生产经营指标

指　标	2015年	2014年	2013年	2012年	2011年
原油加工量（万吨）	257.10	330.38	341.04	310.25	350.00
资产总额（亿元）	52.11	54.84	57.59	54.81	64.82
营业收入（亿元）	121.38	208.99	219.20	201.09	219.26
利润（亿元）	6.11	9.31	7.70	1.44	-7.71
税费（亿元）	52.12	47.01	46.72	40.94	41.94
汽油产量（万吨）	99.86	125.94	128.89	113.73	128.80
航空煤油产量（万吨）	9.49	13.02	4.14	当年无此产品	当年无此产品
柴油产量（万吨）	109.11	141.59	152.16	139.62	156.91

【生产运行】 2015年，庆阳石化树立"大平稳出大效益"的理念，围绕"两控一调""双控一管"，加强计划与生产运行有效衔接，强化调度集中管控，狠抓装置平稳运行及岗位巡检，装置平稳率99.81%。面对汽油滞销的严峻局面，加强产销联动，坚持"月计划、日对接、周分析、旬调整"的工作方法，及时调整生产、调和方案，保障装置连续运行；优化运行方案，常压装置轻油收率达到50.20%，创历史新高；MTBE产率同比增长2.56%，增加效益400万元；优化调和方案，将部分催化汽油直接调和，减少MMT添加量，节约资金75.1万元。

【安全环保】 2015年，庆阳石化严格执行新《安全生产法》和《环境保护法》，落实中国石油和甘肃省、庆阳市各项部署，深刻吸取"7·26"事故教训，开展"安全月""环境日""节能周""消防宣传周"系列活动；全员参与"一切事故都是可以预防避免"的讨论和安全隐患大排查；庆阳石化领导坚持"党政同责""一岗双责"深入承包联系点79次，协调解决重点问题123项；两次QHSE体系内外审核查改问题305项。

【节能减排】 2015年，庆阳石化建成投产催化烟气脱硝装置，优化催化烟气脱硫装置，脱硫率达92.76%，减少二氧化硫排放量近400吨；完成催化装置催化剂冷却技术改造，催化装置轻质油收率提高0.6个百分点、能耗下降0.27千克标准油/吨；完成3000吨/年硫黄回收扩能改造项目，满足炼化企业污染物排放最新要求；实施燃料气脱硫项目，燃料气硫含量由2100毫克/升降至40毫克/升；实施永磁和余隙调节改造，每小时节电1041千瓦·时；启动挥发性有机物VOCs综合整治。

【挖潜增效】 2015年，庆阳石化树立"过紧日子"思想，深化月度经济活动分析和效益测算分析，加强成本控制，炼油辅材成本18.85元/吨，比预算降低2.09元/吨，单因耗能8.8千克标准油/（吨·因数），同比降低0.15千克标准油/（吨·因数），节能4087吨标准煤，新鲜水单耗0.54吨/吨，同比降低0.03吨/吨，节水量6.19万吨；生产国V标准汽油24.21万吨、国V标准柴油10.59万吨，创效2483万元；98号国V标准汽油按期投放市场，销售2761吨，增效295万元；优化燃动消耗，吨油燃动64.87元/吨，比批复预算低0.04元/吨，节约成本96万元；争取财税价格优惠政策，实施"开源节流、降本增效"项目增加经济效益8000多万元；严格控制非生产性费用，倡导勤俭办公，"五项"费用比预算减少205万元。

【工程建设】 2015年，庆阳石化编制《大检修QHSE手册》，执行停工不放火炬方案，实现火炬零排放，在有限时间内完成维修项目1203项，解决隐患；谋划长远，完成柴油加氢、异构化项目等预留甩头，为持续发展奠定基础；严格落实"三同时"要求，完成油品罐区配套改造等7个项目的行政许可办理；强力推进370万吨装置标定，完成标定报告审核，取得实质性进展；600万吨项目列入中国石油"十三五"规划，各项前期工作有序开展。

【科技创新与成果】 2015年，庆阳石化启动压力容器、压力管道及安全阀实施基于风险的检验（RBI）技术应用；70万吨/年汽油加氢脱硫项目应用及3号喷气燃料产品开发与技术研究两个科技项目通过甘肃省科技成果鉴定；催化裂化汽提器技术获甘肃省专利评审二等奖；连续重整技术20项申报专利中9项已授权实用新型专利，再生器内构件专利已应用成功，10项QC成果获甘肃省奖励；完成档案数字化一期、二期项目，室藏档案全部实现信息化管理和网络利用；抓好ERP和MES两大核心信息系统的应用，MES系统在集团公司26家考核单位中每月均排名第一。

【企业管理】 2015年，庆阳石化强化顶层设计，规范公司级管理制度61项、废止31项，对9家生产单位199项内部管理制度评价修订，完成2015版内控手册589个流程的重新分析评估，建立具体事项与业务流程对应关系；制定颁布合规管理办法，尝试推进"三基"检查与体系审核融合运行；强化监督制约，员工签订《诚信合规承诺书》1235份；规范合同、招标管理，合同签订信息上网公示接受监督，应公开招标项目均依法公开进行。

【企业文化建设】 2015年，庆阳石化推进"重塑中国石油良好形象"大讨论，通过创建"五型"机关，"重塑形象"有奖征文，"理想信念"主题演讲，员工形象礼仪培训，道德品行教育，"爱中油、爱庆化、珍惜岗位、忠诚敬业"签名，"我为重塑石油形象添光彩"暨"大干100天、为完成全年业绩目标奋力冲刺"劳动竞赛等系列活动，弘扬爱国主义精神，促进大庆精神铁人精神的传承；响应中央和甘肃省号召，深入推进"双联"和"精准扶贫""精准脱贫"，2012—2015年共捐资、捐物751万元，用于贫困村项目建设、助学帮扶、灾害救助等，得到省市党委、政府充分肯定。

【矿区服务】 2015年，庆阳石化结合国家和集团公司政策，修订《困难职工帮扶管理办法》，提标准、扩范围，使特困和困难家庭最大化享受帮扶。完善《女职工劳动保护管理办法》《健康疗养实施办法》等，提升员工体检标准、增加项目，为员工整体购买补充医疗保险，坚持节日及大检修等关键重要时段慰问一线员工；整改西安、兰州生活基地隐患，改造庆化苑一区燃气锅炉，庆化苑二区13号楼、环县小区建成交房，使员工及家属切实感受到公司的关怀和温暖。

（何宇春）

中国石油天然气股份有限公司东北化工销售分公司

【概况】 中国石油天然气股份有限公司东北化工销售分公司简称东北化工销售，成立于2006年6月，主要负责中国石油东北地区10家炼化企业化工产品销售、东北区域外销售产品调运组织和区协产品互供管理等业务，销售产品广泛应用于塑料、纺织、橡胶、化工、医药、农业等行业。机关驻地在辽宁省沈阳市，设机关职能部门17个，基层分公司7个。合同化员工456人，固定资产总额7.98亿元。截至2015年底，销售化工产品3869.8万吨，完成产品调运量7033万吨，实现营业收入2439亿元，实现利润85500万元，调运计划完成率100%。

【市场营销】 2015年，东北化工销售积极适应化工市场新常态，大力推进销量增长工程，落实“低库存”“辽西、辽南”战略，实施“门口销售”“市场培育”“差异化销售”三项举措，促进整体营销水平有效提高。

大力实施销量增长工程。按照“主动增量尽全力、被动增量主动抓”总体原则，认真落实“走出去”策略，大力开展“增量、增销、增效”活动，全力拓展高端、高效市场，积极抢占新兴、潜在市场，区内市场主导地位更加突出，有机产品、橡塑产品、合洗产品和合纤产品年销量分别提高57.28万吨、9.59万吨、3.16万吨和4.94万吨。截至11月底，东北化工销售产品销量历史性突破500万吨大关，全年达到562.41万吨，这是化工销售企业运行15年来首次达到的量级和高度，具有里程碑意义。

大力实施“低库存”策略。强化计划执行考核，严格即采即销，以旬保月，以月保年，有效保证产品均衡销售和低库存运行，2015年底东北化工销售总体库存为52388吨，较2015年初下降17.4%。以完成购销率指标为导向，科学设置月度控库指标，严格库存管理，规避跌价风险。按照炼化板块要求，结合东北地区实际，创新出台合成树脂类客户分类奖励管理办法及考核奖励细则，实行分级考核，有效激发客户的购货积极性和稳定性，产品均衡销售的管控能力大幅增强，低库存运行策略取得明显效果，2015年购销率始终保持在100%以上。

大力实施“辽西、辽南”策略。紧盯市场，对辽西、辽南地区进行地毯式开发，保住市场存量，提升市场增量，牢牢把住东北市场的西、南门户。针对辽西市场实际，科学设置仓储布局，有效降低客户运输费用，提高客户吸引力，辽西市场2015年销量增长25.4%，远超出公司平均增量水平。针对辽南地区市场多元化竞争特点，紧盯进口和海上资源，牢牢抓住工业大用户，狠抓服务，稳稳占住辽南市场，2015年实现销售增量达8万吨。

大力实施“门口销售”策略。东北化工销售始终坚持“立足东北、瞄准华北、跟进南方”原则，紧紧围绕生产企业驻地拉伸产业链做文章，积极优化销售半径，全力推进产品出厂后实现“门口销售”“就近销售”。2015年纯苯、甲苯、丁醇等产品实现门口销售增量8.7万吨。高度重视对区内工业大客户的技术支撑，树立主动服务意识，深化服务内涵与质量，高效解决销、用环节各类问题，2015年为用户提供技术服务指导355次。辽宁万润贸融供应链有限公司、盘锦金田塑业有限公司、鞍山现代软包装有限公司等战略客户实现全年全量均衡采购，采购量约12万吨，用户满意度达95.1%。同时，根据市场需求变化，与生产企业密切沟通，及时做好高效产品牌号的转换与调整，2015年增加区内销量近2万吨。

大力实施市场培育工程。抓住发展机遇，全力支持、配合、协调辽阳、吉林、抚顺化工园区建设，加速推进招商项目有效落地。各化工产业园区年消化能力达100余万吨，成为东北市场资源需求的骨干力量。充分利用地市政府招商引资的积极性，既抓当前、又谋长远，全力推介有资金、有实力的投资企业入驻，积极提供政策、资源支持，苯乙烯、混二甲苯、环氧乙烷等多种液体产品在销售旺季实现就地加工率100%，且价格始终处于行业最前端。

大力实施差异化营销策略。紧紧抓住化工市场高度市场化、高度一体化、高技术含量的特点，针对不同类别产品实施差异化营销策略，稳步提高市场份额。在橡塑产品销售上，积极强化工业大客户的资源保供，努力实现资源流向的优化配置。狠抓新产品、专用料、高效牌号的顺畅销售，积极开展产品指导与推介，会同生产企业做好产品指标的优化调整，努力适应客户需求。在有机产品销售上，全力推进产品出厂后就地加工和就地消化，提升东北市场的实质需求。在合洗产品销售上，与同行业联动实施竞合营销，划分市场份额，联手稳价推市，共同抵御进口，形成主导国内烷基苯市场价格的有利局面。在化肥产品销售上，采用固化年度合同的销售模式，形成客户均衡打货款、均衡报流向、公司按计划均衡发货的稳定流程，在生产企业没有成品库的情况下，有效避免库存积压，确保生产企业后路畅通。

【调运组织】 2015年，东北化工销售全面深化专业化物流体系建设，加强储运管理，优化运输结构，拓展运输方式，努力做到降低费用、提高效率、客户满意，全力提升运输服务保障水平。

畅通运输渠道，有效提升物流效率。加强物流结构分析，积极探索和尝试高效低成本运输方式，做好公路、铁路、海运的运力优化。坚持铁路运输主渠道作用，抓住铁路运输市场化改革、运力相对宽松的机遇期，推进棚车整车运输改为批量快运，实现铁路运输价格下降的历史性突破，2015年降低运输成本1251万元。稳步推进与中海、中远集团统调产品海运业务合作，通过竞争机制科学优化运力，激发运输潜能。严格控制公路运输比例，探索建立公路运价市场化机制，筹划最高效、最经济的运输方案，2015年公路、铁路、海运运输比例为8∶55∶37，实现整体效益的最大化。

强化过程控制，提升物流运转能力。持续强化物流节点管理，从装车、封车、卸车、搬运等各个环节入手，严格控制，努力提升工作质量，全力减少商务纠纷。2015年，发生商务案件9841起，商务量750.02吨，商务发生率0.21‰。持续深化危险化学品运输管理，严格车辆运输资质和现场充装作业审查，2015年审核车辆3623台。提前制订特殊时期、敏感时段危险化学品运输预案，落实人员责任，有效提升危险化学品运输安全保障水平。

加强成本管理，深挖仓储、自备车运营潜力。动态优化仓储布局，资源努力贴近市场前沿，取消沈阳、盘锦两个外租库房，严控产品移库，强化节能降耗管控，提升库房创效能力。突出营口分公司中转、蓄水、应急优势，狠抓集港、装船等环节作业效率，科学调整海运船次、航线，实现货物预配与船班密度的协调同步，有效提升三醇、烷基苯等自销产品市场竞争力。加强自备车运营管理，努力提高可控节点运行效率，最大限度释放自备车运行潜力，缩短自备车运行周期，2015年自备车使用率达43.21%，实现租金收入6152万元。

【企业管理】 2015年，东北化工销售坚定“高标准、高效率、高水平”管理理念，以全面深化企业改革为牵动，完善机制，强化执行，提高成效，全方位提升企业运营管理水平。

全面深化企业改革。着力解决制约公司做优做强的体制机制性问题，全面启动东北化工销售深化企业改革专项工作。根据经营管理成效和经验，结合企业发展面临的新形势、新问题，出台全面深化企业改革实施意见及推进方案。《化工产品销售格局调整方案》和《物流优化管控实施方案》等涵盖公司销售、调运、管理、党建各方面的7个专项改革方案相继制定。

加强安全环保管理。强化全员安全教育，系统组织参加新《安全生产法》和《环境保护法》知识培训450余人次。坚持安全环保契约化管理，以办公场所、仓储库房、危险化学品运输等环节为重点，采取“四不两直”方式，扎实开展安全生产督查与检查。2015年，组织安全专项检查4次，安全联系点检查23次，HSE体系审核1次，共查改问题65项，提出安全管控建议10条。着力打造标准化库房、放心罐区，强化营口分公司施工、生产关键环节安全监管，提高重点区域风险管控能力，切实将风险防控常态化。

推进产品竞争力分析。以“两胁两力”分析为基础，大力开展全品种竞争力分析，深度剖析东北化工销售各产品在发展环境、市场地位、装置状况、营销模式、产品特点等环节的优势与劣势，为营销科学决策提供有力支撑。根据竞争力分析营销建议，率先制定石油苯等产品全新大客户系列政策，仅11月就增加销量8465吨，实现高效市场销量大幅上升。

持续开展“开源节流、降本增效”活动。严格落实集团公司总体部署，持续开展以“保增长、有质量、有效益、可持续”为主题的“开源节流、降本增效”活动，细化考核措施，全面深化经济运行分析与调整，严控各项费用支出。2015年，立项36项，创效2721万元，活动成效明显。

【党建工作】 2015年，东北化工销售坚定“党建保障”理念，充分发挥党委政治核心作用，不断增强企业的凝聚力和向心力，始终保证企业改革发展各项工作有序推进、稳步提升。

深入开展“三严三实”专题教育。持续深入开展学习讨论查摆等活动，组织专题党课39次，查摆“不严不实”问题200多个，整改解决问题186个。专题教育活动有力助推领导班子、干部队伍建设，“服务型”领导班子建设取得阶段性成果，领导班子、干部队伍作风更加亲民、务实。

持续推进“两个责任”有效落实。积极落实党风廉政建设主体责任和监督责任，制定出台公司党委落实“两个责任”实施意见及考核细则。积极推进党风廉政约谈、报告机制，从严落实党风廉政建设责任制检查考核工作。坚决执行中央八项规定，狠抓重要节点和突出问题，开展“三超”专项检查治理和管理费用专项审计，取消干部专车，整改超标办公用房，进一步压缩管理费用，使反“四风”、转作风成为党员干部的普遍共识和自觉行动。

全面启动“重塑企业良好形象”工程。紧扣“精神补钙”这个关键，坚持以上率下、全员覆盖，公司领导带头走进基层，宣讲诠释、督导推动，组织干部群众集中学习135次、专题研讨51次，召开座谈会

39个，发放调查问卷401份。坚持问题导向，全员行动，学查改同步，分层次、分系统、分类型查摆企业中存在的影响形象方面的突出问题、不良现象、不良习惯共211个。

严格落实专项巡视整改工作意见。东北化工销售高度重视巡视反馈问题的整改工作，严格按照集团公司巡视工作整改意见和要求，全面部署巡视反馈问题的整改，制定详细的整改工作方案，成立5个专项整改工作组，逐一明确整改问题责任人、整改措施及时间进度，保证巡视反馈的9个方面19个问题，件件有着落，事事有人抓。

积极搭建群众性创优创效平台。以深化群众实践活动，发挥纽带作用为突破，组织开展“稳增销，多创效，降成本，提管理”劳动竞赛，坚持正向激励、联动考核、全员参与，表彰优胜红旗单位12个，表彰人员70多人，为职工群众铺就建功立业的平台。

（倪 玉）

中国石油天然气股份有限公司西北化工销售分公司

【概况】 中国石油天然气股份有限公司西北化工销售分公司简称西北化工销售，于2006年6月8日在兰州成立，负责中国石油西北地区6家炼化企业的化工产品在西北地区的销售业务，负责尿素、丁腈橡胶、对二甲苯（PX）和其他液体化工产品在全国的销售，负责化工产品向各地区化工销售公司的运输、配送任务。截至2015年底，西北化工销售设9个职能处室、6个业务处、6个分公司和15个销售部、1个销售代表处，员工总数631人，固定资产总额12.4亿元。

2015年，产品销售总量365.96万吨，其中区内销量254.32万吨，同比增长9.3%。产品调运量591.18万吨，其中调运区外化工销售公司产品234.37万吨。铁路运输比例74%，其中区外产品铁路运输比例100%。产品购销率99%，直销率66.25%，价格到位率100.09%，互供计划完成率81.53%。单位营销成本48.13元/吨（不含运杂费），同比降低17.18元/吨，下降26.3%，比预算下降18.73%。实现营业收入151.87亿元，利润1.74亿元，同比增加3.28亿元，完成预算进度的217.9%，创2009年以来新高。

“十二五”期间，西北化工销售累计销售产品2238.7万吨，其中区内销量1458.62万吨。累计调运产品3564.96万吨。累计上缴利税6.45亿元。合成树脂、合成橡胶总销量、区内销量逐年大幅增长。客户对公司满意度从2011年的85.14分提升到2015年的94.4分。先后配合研发、推广SODm尿素和合成树脂、合成橡胶新牌号产品59个，结束了区内PE100、PE80管材料市场长期被非中国石油产品垄断的局面。由西北化工销售提出、相关产销研单位共同完成的科技立项11项，其中10项次获集团公司或甘肃省科学技术进步奖。

【高效产品增销】 2015年，西北化工销售化肥发挥SODm尿素和大颗粒尿素的差异化优势，完成区内销量128.93万吨，同比增长11.5%。合成树脂灵活销售策略，全力抵御煤基树脂低价冲击，完成总销量82.55万吨，同比增长12.9%，区内销量72.13万吨，同比增长14.1%。合成橡胶率先在国内实现丁腈橡胶产品全部环保化，完成总销量13.38万吨，同比增长15.8%，区内销量3.43万吨，同比增长4.6%。合成树脂、合成橡胶的总销量、区内销量均创历史新高。合成纤维区内销量9.42万吨，同比增长11.3%。化工原料全力保证生产后路畅通，甲苯、浓硝酸区内销量11.57万吨，占总销量的86.3%，同比提高6.7个百分点，产品直销率85.93%，同比提高6.31个百分点。积极实施“走西口”战略，出口橡塑产品561吨。

【降本增效】 2015年，西北化工销售开展“确保实现稳增长目标任务”竞赛活动，确定“控购入、降成本、精销售”三条工作主线，制定细化到各类产品的增效方案。实施开源节流降本增效项目28项，增效7996万元。协调解决一些长期遗留的问题，取消独山子石化专用线产品发运25元/吨的铁路运输服务费，节省运费2922万元；独山子铁路专用线延时由原来的2.5小时延长到11小时，每年节约延时费800多万元；协调改变各石化企业产品的铁路运费支付方式，由预付款改为发运后结算，每年节约资金利息80万元；取消铁路护路联防费，每年节省约300万元。对树脂、橡胶产品实施批量零散货物快运，降低运费341万元。优化自备车检修路径，节省车辆排空费343万元。宁夏石化化肥产品运输使用的篷布由购置改为租用，每年节省99万元。宁夏石化苯类产品实现火车发运，扩大销售半径，增效约200元/

吨。充分利用企业库容，节省仓储费用826万元。优化财务运作，财务费用同比降低3565万元，下降75.63%，比预算指标降低76.98%。月平均库存商品金额同比减少2.61亿元，降低资金占用成本1016万元。

【新品推介】 2015年，西北化工销售实现独山子石化SBS产品在甘肃、西藏销售，成功中标京新高速临白段建设用沥青SBS改性剂的集中采购，销售SBS产品0.92万吨，同比增长69%。股份公司重大科技专项课题“聚乙烯管材专用料”项目在昆仑燃气甘肃天水两个住宅小区完成燃气管示范工程建设并通过验收。为固特异定制的丁苯橡胶1723产品质量快速提升，达到世界一流轮胎企业使用标准，实现每月约500吨的稳定采购量。和独山子石化联手开发的高密度聚乙烯管件专用料N3000M在区内外典型厂家已经顺利通过热熔、电熔焊接试验评价，正在全面推广，改变国内PE100级塑料压力管件用料市场一直被国外产品独占的局面。SODm尿素销售服务和示范推广的经验在“第五届全国农化服务工作年会”上得到肯定。

【合规管理】 2015年，西北化工销售树立以“质量效益”为核心的经营管理理念，推动以“精准计划”“精准调运”来保障、实现“精准销售”。强化业务管理的“预测、优化、监控、纠偏”，建立日测算指标、周优化决策、月分析改进的经营管控机制。实施销售目标看板管理，销售计划以项目清单的形式“上墙”公示，定期监督考核，形成完整闭环管理。建立“周工作计划”总结通报制度，推动“任务目标化、目标项目化、项目责任化、责任实效化”。设计新的业绩和绩效考核办法，树立奖勤罚懒、奖优罚劣、以效益效率为中心的考核导向。加快长期无动态的库存产品清理，对高库存产品进行预警，优化产品结构。严格规范管理行为和业务运作，制定修订完善制度，加强客户动态管理，严格对优惠客户的考核，简化优惠内容和层级。

【党群工作】 2015年，西北化工销售对第二届职工代表和民主议事会代表进行增补调整。组织“宝石花金点子创新创效”劳动竞赛。深入推进“MSD”员工服务体系建设，开展节日扶贫帮困送温暖和日常节日、生日、病困、助学等慰问活动，慰问2112人次，发放慰问金87.3万元。启动以“弘扬光荣传统，重塑良好形象”为主题的大讨论活动，开展“全员宣誓承诺签名”等10项提升公司形象的系列活动。持续推进好声音传播行动，与《农资导报》合作开展“粮丰中国行——中国石油SODm尿素推广”专题宣传，编纂印发西北化工销售好声音系列丛书之《员工说发展》。完善企业荣誉制度，组织开展双文明先进和先进女工评选表彰，命名2015年度铁人先锋号（岗），西北化工销售2名员工分别获“全国五一巾帼标兵”、集团公司“劳动模范”称号。

【党风廉政建设】 2015年，西北化工销售建立健全党风廉政建设党委主体责任、纪委监督责任、廉洁风险防控责任、联合监督责任“四位一体”责任体系，形成以党风廉政建设责任制实施办法为主体，党委主体责任、纪委监督责任、联合监督责任制、廉洁风险防控责任制、责任制考核、责任追究相配套的“1+6”责任制度体系。全面推进廉洁风险防控“双进双入”工程，完成对7个职能处室、6个业务处室、1个销售部共计14个单位廉洁风险点的梳理工作，编制并印发《岗位廉洁风险清单》和《廉洁风险数据库》。

【社会责任】 解决帮扶地东乡族自治县那勒寺镇4个村当地群众的经济发展和生活难题，修建南阳渠那勒寺段引水灌溉项目，可灌溉农田2000多亩。实施“宝石花—双联人饮工程”，解决2000人饮水问题。种植SODm尿素试验田340亩，实施科技扶贫。免费为帮扶村提供地膜36.4吨，实现农田地膜全覆盖。捐赠总价值5万元的皇冠梨树苗。2015年5月甘肃省双联工作考评中，西北化工销售帮扶的东乡族自治县那勒寺镇4个村全部实现脱贫。组织新增帮扶村——天水市武山县四门镇孙白村道路硬化勘测设计和招标工作，为孙白村小学捐赠书包及文具140套。

（雷　声）

中国石油天然气股份有限公司华北化工销售分公司

【概况】 2015年，中国石油天然气股份有限公司华北化工销售分公司简称华北化工销售，根据市场需求和业务要求，配备完善领导班子队伍，内部选拔一名副总经理和一名总会计师；完善组织机构、梳理岗位职能。成立计划调运处、技术服务处，市场处更名市场信息与价格处，调运处更名仓储配送部，同时部分处室职能、名称进行梳理和调整；成立河南分公司，将任丘分公司调整为任丘销售部，武汉分公司、潍坊分公司、呼和浩特分公司更名为湖北分公司、山东分公司、内蒙古分公司。自此，华北化工销售销售网络全面覆盖北京市、天津市、河北省、河南省、山东省、山西省、湖北省和内蒙古自治区。主要销售合成树脂、合成橡胶、合成纤维和呼和浩特石化、华北石化、大港石化生产的部分有机原料产品。

截至2015年底，机关设15个处室，设湖北、河南、山东、天津、内蒙古5个分公司，任丘、沧州、太原、临沂4个销售部，秦皇岛代表处和大港调运部。员工总数216人。其中业务人员占员工总数的65%，本科及以上学历占78%。

2015年，销售各类化工产品227.74万吨，同比增长5.23%。实现销售收入171.80亿元，账面利润8721万元，超额2421万元。销售合成树脂185.41万吨，占中国石油合成树脂产品总销量的23%，合成纤维1.62万吨，有机化工原料20.58万吨，合成橡胶20.13万吨；实现购销率100.74%，超考核值0.74个百分点；价格到位率100.16%，超考核值0.16个百分点（表1）。

表1　华北化工销售主要经营指标

指　标	2015年	2014年	2013年	2012年	2011年
化工产品销量（万吨）	227.74	216.43	167.27	150.36	145.22
销售收入（亿元）	171.80	208.13	163.73	151.53	164.39
利润（亿元）	0.87	−1.22	0.65	0.53	0.41
税费（亿元）	1.70	0.53	1.02	0.57	0.51
资产总额（亿元）	16.17	22.63	17.62	15.05	19.53

【市场营销及网络】　在营销策略上，重点增强“危机意识、责任意识、效益意识、协作意识”，加强市场研判能力、产销协同能力、新产品推广能力，优化销售业务流程和客户管理考评体系，扎实做强销售业务。通过与经济技术研究院形成定期交流机制、成立期货研究小组、密切跟踪国内外开停工、行业动态信息、进出口和市场库存，提升经济活动分析水平，保证全年利润目标完成。

在销售业务优化上，贯彻“营销一盘棋”理念，做好统筹谋划。密切协作配合，优化产品结构，细化服务方案，提升抗市场风险能力。加强重点客户开发服务，促进与青岛海尔新材料研发有限公司、天津金发新材料有限公司、格力电器（石家庄）有限公司和内蒙古伊利实业集团股份有限公司等知名企业的产品推广和增量工作。加强终端渠道的拓展，2015年新增战略合作伙伴13家，销量达50万吨；新增销售代表41家，增量1.9万吨，增长10%；实现直销率56.8%，同比增长6.4%，华北化工销售湖北分公司、山东分公司、天津分公司、河南分公司、内蒙古分公司销量超过71万吨，再创新高。

在营销模式上，细化方案落实，持续优化结构，巩固做大销售成果。抓好年度销售指标分解，按照生产企业、产品种类、销售渠道、服务体系、营销政策五个方面逐一对号入座，实行实时监控。继续优化产品结构，加大高附加值产品排产沟通协调力度，连续两年实现重点产品增长40%以上。2015年，聚乙烯管材料销量同比增加6.6万吨，增长56%；ABS树脂产品销量同比增加1.8万吨，增长64%；低压拉丝料销量同比增加3.1万吨，增长35%；聚丙烯管材料销量同比增加1.7万吨，增长51%；聚丙烯纤维料销量同比增加4.3万吨，增长52%；聚丙烯注塑料销量同比增加1.4万吨，增长51%；丙烯统销拓展同比增加18万吨。完善客户管理和服务支持，制定完善考核办法，实施分类评级管理，加大战略合作伙伴、销售代表和AAA客户奖励，提高客户计划执行率，有效挖掘重点用户潜力；成立领导挂帅的技术服务小组，提高服务层级、强化服务意识，提升服务质量。

【科研与新产品推广】　2015年，华北化工销售持续开展产销研用一体化建设，发挥桥梁纽带作用，增强产销协同能力，实现上下游效益最大化。领导带队先后走访9家生产企业和区域大批用户；技术人员陪同生产企业走访市场28次，不断加强上下游间信息反馈和沟通。增强新产品开发推广能力。承担集团公司科技管理部聚烯烃重大专项7个课题中14个子课题和一个重大现场试验项目以及炼化板块5个新产品开发项目，配合地区公司完成4项科研成果，其中2项获集团公司科学技术进步奖二等奖。同时，建立“溶聚丁苯橡胶应用联合试验基地”和“PE压力管材料应用联合试验基地”，提升新产品开发水平和推广效率。坚持三个面向。面向企业，以保证中国石油整体利益最大化为出发点，及时反馈市场动态，助力排产优化，大力推进新产品开发，为生产企业增产增效。面向用户，以互利共赢为着力点，通过组织座谈会、计划对接会、现场技术支持、产品对标分析等形式，统一市场认识，提升客户信心，形成利益共同体。面向科研院所，以提升质量为落脚点，建立定期沟通机制，有效推进新产品开发推广和技术服务质量。搭建平台促进合作。组织两次与美国UNIVATION公司技术交流、12家重点客户赴独山子石化、部分ABS树脂客户赴吉林石化走访交流，汇同独山子石化和吉林石化总经理赴华北区域重点客户走访调研，增进理解互信和紧密合作，实现吉林石化与山东道恩集团有限公司关于ABS树脂和乙丙橡胶产品定制化合作。密切协作配合，形成响应机制。不断增强生产企业技术服务和商务处理意识，保证在第一时间到现场调查、协调确认、处理结案，全年共处理产品质量投诉33起，结案31起，结案率94%，为增销增效保驾护航。

【物流仓储体系建设】 2015年，华北化工销售积极响应开源节流、降本增效要求，持续优化运输方式，开展铁路批量快运业务，推进橡胶好运箱业务，开通东北企业产品到山东半岛陆海联运，停止大庆产品在沈阳倒装，取消大庆、独山子产品铁路运输代理费；优化产品流向，前沿仓库产品周转率由1.86增长到2.16，费用同比下降2.84元/吨。运输和仓储合计降低费用4080万元。

全面推进仓库丙类达标工作，召开仓储工作会议，专题研究落实丙类仓库达标，多方协调、反复磋商、推进整改，截至2015年底，原审核不达标的17个仓库有7个完成达标改造，4个正在改造，4个正在审批，2个完成替换。同时加强承包商管理，强化年度综合评价，严格执行合同风险评估。

【专项巡视与基础管理】 全力配合集团公司专项巡视工作。华北化工销售高度重视，加强组织领导，认真做好资料提供、干部谈话、问题反馈、立行立改等各方面工作，配合巡视组顺利完成巡视任务。按照集团公司关于中央巡视反馈问题整改工作的部署和安排，对5个方面整改工作进行落实。

绩效考核激励机制作用突显。落实集团公司KPI考核与工效挂钩的要求，建立业务单元凭效益和销量、职能处室360度综合测评的考核机制，实现以考核促激励、促提升、促发展目标，较好实现责、权、利和能、绩、酬有机统一。

制度建设合规管理持续开展。组织修订5项制度，制订和颁发《依法治企实施方案》和《合规管理办法》，华北化工销售公司层面制度已达135个。根据集团公司要求，组织开展办公用房、公务车辆、“五项”费用及津补贴、收入分配、“小金库”、税收等专项监督检查及整改工作，有效保证合规运营。

风险管控审计延伸功能深化。突出对健康安全环保风险管控，开展2016版《内控手册》修订及年度风险评估，完成集团公司后续审计以及山东分公司经理任中审计、扶贫帮困资金、销售费用、科研经费专项内部审计，并深化成果延伸利用。

加强培训提升队伍素质。以培训促培养，举办两期中层干部及业务骨干培训班；组织各类培训39期，参加外部培训47期79人次。有效弥补管理短板，提升员工职业素养和业务能力，促进整体素质不断提高。

【党建与思想政治工作】 坚持从严治党，开展专题教育，不断加强党组织建设。坚持把学习宣传贯彻党的十八届五中全会精神和习近平总书记系列重要讲话精神作为首要政治任务。强化党委中心组理论学习，系统学习《习近平谈治国理政》《习近平关于党风廉政建设和反腐败斗争论述摘编》等内容打牢思想作风基础。扎实推进党支部“六个一”达标活动，加强支部凝聚力、号召力和战斗力，实现优秀党支部1个，良好党支部3个，达标党支部5个。举办党务干部培训班，明确支部书记和支委的工作方向，加强工作针对性。注重党员新生力量的培养，2015年发展新党员3名，按期转正预备党员2名。

落实党风廉政建设责任和反腐倡廉要求。从三个层面组织党员干部签订《党风廉政建设责任书》111份，实现责任落实到人；修订完善公司《党委工作制度》和《关于落实党风廉政建设主体责任和监督责任实施细则》，进一步提高党委工作民主化、科学化、制度化、规范化水平；认真落实领导干部“一岗双责”，党委委员在关注业务的同时，狠抓廉政建设，全年未发生违法违纪案件。组织领导干部和广大党员深入学习《中国共产党廉洁自律准则》和《中国共产党纪律处分条例》，通过组织答题、听讲座观影片，强化红线意识，筑牢拒腐防变的思想防线。

扎实开展“三严三实”教育和“重塑中国石油良好形象”大讨论活动。制订《“三严三实”专题教育实施方案》，认真做好专题党课、学习研讨、民主生活会和整改落实等“关键动作”，并与加强党建、弘扬大庆精神铁人精神相结合，从严从实查找问题，不断提升党员干部党性修养；深入开展“形势、目标、任务、责任”主题教育和“重塑中国石油良好形象”大讨论活动，开辟网页专栏，与“三严三实”教育相结合，分阶段围绕重塑良好形象开展讨论，牢固树立“人人都是企业形象大使”理念。

发挥群团作用，夯实文化建设。加强工会组织建设，健全职能部门，成立6个分会，组建6个兴趣小组，开展丰富多彩文体活动，营造健康向上氛围；有序开展扶贫帮困和慰问工作，对28名员工扶贫帮困和慰问，发放慰问金7.4万元；开展劳动竞赛、优秀事例评选等系列活动，激发和调动广大干部员工积极性、创造性。成立机关团支部，发挥青年活力，调动团员积极性，有力发挥共青团党的助手和后备军作用。稳健开展企业文化宣传工作，筹备完成企业文化展室建设，2015年在华北化工销售公司网页发表报道198篇，被集团公司网页“企业动态”采用7篇，“重塑良好形象”专栏、炼化板块、直属党委采用8篇。

（迟云峰）

中国石油天然气股份有限公司华东化工销售分公司

【概况】 中国石油天然气股份有限公司华东化工销售分公司简称华东化工销售，成立于2005年12月2日，总部设在上海，是按照中国石油化工统销战略部署，在始建于2000年7月12日的原中国石油天然气股份有限公司化工与销售华东分公司基础上整合升级而来。作为股份公司所属地区公司，主要负责中国石油所属企业生产的石油化工产品在华东区域的统一销售业务，负责中国石油在上海的石化专业要素市场的建设与管理。主要经销合成树脂、合成橡胶、合成纤维和部分有机原料四大类共计16品种、150余个牌号的化工产品，销售区域覆盖上海市、江苏省、浙江省、安徽省、江西省。华东化工销售还开展化工产品贸易、物流、石化要素市场管理与商务服务等业务。有领导班子成员5人、总经理助理3人。员工总数336人，其中党员212人，为员工总数的63%，149人具有中高级专业技术职称。设8个职能处室、7个业务处室、3个直属单位和受股份公司委托管理的1个全资子公司——上海中油石油交易中心有限公司，在上海市、南京市、杭州市、宁波市、合肥市、南昌市设有6个销售分公司，在上海市、余姚市设有两个总库容4.8万平方米、年吞吐量81万吨固体仓储库房。

2015年，销售产品267.4万吨，实现营业收入198亿元，账面利润2317万元，考核利润6200万元；购销率100.3%，超考核指标0.3个百分点，继续保持应收账款为零、货物报损为零、安全环保事故为零，全面完成集团公司下达给华东化工销售的任务。

【生产经营】 2015年，华东化工销售安排部署“十个抓”重点工作，强化市场营销全流程管控优化。“十个抓”即一抓资源，二抓终端，三抓研判，四抓研发，五抓服务，六抓计划，七抓区域，八抓一次运费，九抓二次运费，十抓“五项”费用。

通过抓资源，2015年统销资源采购量为历年最高，有效消化股份公司化工产品部分新增产量，努力保证生产企业后路畅通；在内部推行资源分割新模式，将资源进一步推向高效市场，优化整体营销能力，提升可持续发展的内生动力，销售分公司的营销能力得到快速释放。

通过抓终端，扩大客户群体，优化营销渠道，不断完善客户开发考核机制。2015年，开发包括台资南京喜之郎食品有限公司、TCL集团股份有限公司和六安中财管道科技有限公司等知名企业在内的终端工厂419家，实现销量15万吨。

通过抓研判，强化对标管理，精确组织销售，努力增销增效。加强经济活动分析，强化营销工作后评价，分析过程有根有据、数据说话。价格管控水平得到提升，价格到位率指标在6家化工销售企业中位居第三。7月初，基于对后市行情的判断，做出“去库存”的决定，及时恢复月度购销率考核，全面促销降库，做出较为精准的判断。

通过抓研发，抓服务，密切联系生产企业和下游工厂，以满足用户需求为目的，对低压聚乙烯膜料、4升水料、IBC吨桶料、透明聚丙烯、环保型溶聚丁苯橡胶等产品的性能进行改进和完善。在科技管理部的指导下，在兄弟公司大力支持下，促成与亚洲最大的BOPP薄膜生产企业——宁波金田投资控股有限公司联合建立“BOPP特种薄膜应用联合试验基地”，促进中国石油特色产品在BOPP行业的快速应用，产品开发和技术服务逐步走向高端化；与独山子石化合作的“环保型溶聚丁苯橡胶系列产品及工业化技术开发项目”获评集团公司科学技术进步奖一等奖。

通过抓计划，逐步固化和保障销量，提高计划兑现率和销售均衡性。通过推行合成树脂客户考评，华东化工销售对客户的激励约束实现全品种覆盖，与客户之间的销量固化稳定终端客户、大客户，合成树脂的3A级客户销量已占总销量53%以上。加强对业务员计划准确性和客户执行计划严肃性的考评，2015年整体计划执行率达90%，较2014年提高2个百分点。

通过抓区域，严守公司生存发展的生命线。持续保持和扩大苏北区域等地市场占有率，与当地众多中小企业建立长效沟通渠道。

通过抓一次运费、抓二次运费、抓“五项”费用及财务费用，促进降本增效。随着铁路运输成本的刚性上涨，不断测算点对点运费变化，对比铁路、海运全程价格，在调运大区的协助下，开通批量快运的铁路运输方式。以运价最低为依据优化运输方式，使一次运费同比降低22元/吨；加强物流调研及费用对标管理，使二次运费同比降低13元/吨。

严格执行八项规定和集团公司党组二十条要求，严格控制各项费用开支。2015年，“五项”费用比预算节约674万元。

【企业管理】 创新性与规范性结合。一是推广使用销售业务管理系统，利用信息化技术，实现完善的销售业务报表展现系统，有效提高业务数据利用效率，使众多员工手工制表的现象成为历史，提高了工作效率；二是建立长期无动态库存监督机制。开展对长期无动态的企业库存全面清理，存货周转天数有效下降，保守估计降低仓储费用及资金占用利息200万元；三是牵头完成炼化信息平台升级改造，拓展功能模块，运行速度较以前有所提高。

安全工作常抓不懈。2015年，保持HSE“零事故、零伤害、零污染”。严格审核仓储合作单位的资质，实行ABC分级管理，从源头上杜绝事故隐患，强化监督职能，定期巡检与突击抽查并重；严防死守抗击台风“灿鸿”，生命财产安全无恙。在抗击台风“灿鸿”行动中，华东化工销售科学有序组织，确保3万余吨货物无一损失，生产作业保持安全稳定有序，取得抗击台风工作的全面胜利；严把资金安全关，认真仔细审查承兑汇票各要素，收取的26.9亿元承兑未出现一笔差错。

加强组织优化。从上海分公司开始试点，逐步渐进、有序推行销售分公司月均价买断新模式，从根本上解决销售分公司定位，解决业务处与销售分公司在资源分配上的矛盾。

强化合规管理。印发《2015年公司重点工作责任落实指导意见》，通过任务分解，强化责任主体；年度外审持续保持零例外，质量管理体系通过第三方再认证审核。组织制修订制度38项，合同签订审查率100%，合同诉讼纠纷发生率为零；进一步规范固定资产管理。日常固定资产采购做到保质择优。对21台公车等一批闲置和无效资产进行处置，促进资产轻量化。

配合专项巡视工作。积极配合集团公司党组第四巡视组的专项巡视工作，巡视组顺利完成工作任务。

【“三严三实”与“重塑中国石油良好形象”大讨论】 深入学习促整改。在“三严三实”专题教育活动中，党委中心组以上率下，深入学习党的十八大和十八届三中、四中、五中全会精神，深入学习习近平总书记系列重要讲话精神。各支部按照学习计划，组织党员学习党群工作处编发的专题学习资料和订阅的书籍，2015年组织集中学习研讨162次，做到党员领导干部全参与、全覆盖。通过提升理论修养，促进党员干部把牢思想和行动的“总开关”，补足精神之“钙”，夯实信仰之基，始终做政治上的“明白人”。对照“三严三实”查摆出300余条问题，分别建立3套台账，有计划、有步骤地落实整改。

“从我做起”，坦诚开放树形象。华东化工销售党委按照“五个突出、五个新”要求，认真研究制定“重塑中国石油良好形象”大讨论活动实施方案，组织开展“我为重塑石油形象献一计”“我为重塑石油形象添光彩”劳动竞赛等十项具体活动。坚持创新丰富、贴合实际，找准推进大讨论活动的有效载体。在上海仓储分公司库区开展首个“公众开放日”活动，邀请周边社区居民代表实地感知中国石油企业安全理念和严格有序的管理现状、健康安全环保的企业形象。这项活动在《中国石油报》头版位置刊出，得到一致好评。各级干部在参加炼化板块等上级视频会议时，以规范的仪表、良好的会风，受到上级的点名表扬。

【党建和思想政治工作】 2015年，华东化工销售结合“三严三实”专题教育，每月召开党群工作例会，每季度召开党支部书记、分工会主席例会，研究落实党群系统的主要工作。2015年发展12名党员，3名预备党员转正。持续开展“形势、目标、任务、责任”主题教育活动。举办纪念建党94周年庆祝活动，对5名优秀党务工作者和5名优秀共产党员进行表彰。积极稳健开展宣传工作，2015年完成报道277篇。加强党风廉政建设，持续贯彻落实中央八项规定精神和集团公司党组二十条要求，查摆“三超”问题，规范“三公”支出，对处级以上领导办公用房进行集中整改。

【化工产品电子商务】 针对“互联网+”所带来的机遇与挑战，华东化工销售积极响应集团公司工作报告中“加快现有信息系统与互联网和移动技术的深度结合，探索发展电子商务、网络直销、移动营销、远程服务等新的经营模式，努力提升价值创造能力”的部署安排，按照炼化板块“三步走”的要求，推进现有信息系统与互联网和移动技术的深度结合，探索发展中国石油化工产品电子商务平台。2015年1月在上海化工品交易市场成功实现中国石油化工产品的首次网上交易；2015年11月1.0版本平台顺利建成，通过集团公司专家审定；2015年实现电子商务平台交易数量8043吨，其中自建平台成交3585吨。总体功能设计基本定型，结合中油产品特点及平台未来发展方向，功能涵盖“现货专场”“网上商城”“竞价拍卖”等三种大宗商品主流交易方式。电商平台真正成为业务发展的全新途径，契合营销模式转变，成为创新实践的一大亮点。

（丁冠琦）

中国石油天然气股份有限公司华南化工销售分公司

【概况】 中国石油天然气股份有限公司华南化工销售分公司简称华南化工销售，前身是中国石油天然气股份有限公司化工与销售华南分公司。按照集团公司市场战略、南方战略部署，于2004年5月组建成立，主要负责集团公司合成树脂、合成橡胶、合成纤维原料、有机和无机化工产品在广东、广西、福建、海南4省（自治区）的销售和广西石化化工产品调运业务。华南化工销售大力开拓市场，持续加强营销能力建设，形成以珠江三角洲为核心，以福建、广西为两翼，以海南为成长点，点面结合，覆盖华南4省（自治区）的成熟营销网络。华南化工销售设15个处室，在厦门、汕头、深圳、南宁、海口和钦州下设6个分公司，有在册员工235人，平均年龄37岁，大专以上学历员工占总数的97%。

2015年，华南化工销售提出“一个突出，三个强化”（突出抓好主营业务、强化效益提升、强化合规管理、强化队伍建设）总体工作思路，瞄准打造“队伍精、素质精、业务精、管理精”的国内一流精品化工销售企业的发展目标，精细管理，提质增效，销售化工产品213.17万吨，统销产品销量创历史新高；实现账面利润1.28亿元，效益创历史最好水平。

【主营业务】 2015年，华南化工销售渠道建设成效显著。针对客户结构不合理、总体质量不高的实际，提出市场再开发战略，出台相关激励约束政策，增强主动营销和服务营销意识，变坐商为行商，奋力闯市场、抢市场，2015年新开发客户156家，客户数量增长27%，直销率达到62.38%，同比提高4.79个百分点。加强与炼化企业的协调配合，ABS树脂产品重返格力电器，还成功打进美的电器、志高空调等国内知名白色家电企业，销量同比增长22%，形成了具有“招牌”效应的“ABS树脂开发模式”。

“产销研用”协同优势有效发挥。立足市场，面向工厂，与大庆炼化、吉林石化、广西石化、大连石化、石化院等10多家单位联合走访市场，了解需求和信息，明确产品定位，促进产品质量改善和提升，倾力打造中国石油名牌产品。主持召开与华南区域著名企业技术合作框架协议签字仪式，建立新产品开发产销研用四方合作机制，带领客户走进炼化企业双向交流，2015年合作开发新产品16个，与大庆炼化共同开发的聚丙烯新产品EP300M实现当年立项、当年开发成功、当年进入市场并放量销售，用高端化、差异化抢占市场先机，赢得主动。

综合服务能力明显增强。以客户为中心，多次召开大型客户座谈会，虚心听取客户意见建议，建立投诉快速反应机制，挖掘抱怨后面隐含的管理缺失，补齐短板。强化仓储物流服务支撑，严格服务商达标考核，开展仓储现场管理提升活动，为部分直供客户提供配送业务。强化技术服务支撑，及时解决客户在产品应用过程中遇到的问题。强化金融服务支撑，放宽承兑汇票收取，缩短资金查询时间，实行价格折让政策，增强客户黏性，客户计划完成率达到92.18%，同比提升14.68个百分点，总体满意度达到98.08%。

【降本增效】 2015年，华南化工销售持续做好“增量优化创效、营销创效、降本增效、机制创效”四篇文章。

增量优化创效。计划和业务紧密配合，努力争取资源，积极增销上量，2015年销售橡塑产品167万吨，同比增销8.45万吨，其中，聚丙烯销量同比增加5.38万吨，ABS树脂销量同比增加4.9万吨；广西石化硫黄新装置投产即实现全产全销，同比增销10万吨，实现购销率101.24%。以成本效益分析为指导，精细优化配置二次资源，向高效市场倾斜，坚持专业线管理和自主经营相结合，鼓励分公司做大销售规模，南宁、汕头、深圳三个分公司年销量均超过20万吨，南宁分公司首次跃上25万吨。增强调运保障能力，自主运输广西石化产品60.5万吨，协调调运区外产品149.4万吨。注重调运的科学性和均衡性，紧盯铁海联运各环节，新开通了东北铁路快运业务，东北方向运输时间平均同比减少4天，西北方向减少2天，广西石化方向减少8天，大大降低市场下行阶段对公司效益的影响。

营销创效。坚持稳健均衡的营销策略，以全面价格对标管理为抓手，强化市场信息收集和趋势研判，掌握市场运行规律，扣准市场脉搏，科学把控销售节奏，注重量价配合，全年实现推价到位率100.48%；PA14D、7042等4个牌号产品价格领先区域同行；5000S、T30S等7个牌号产品在6家销售公司价格对标中排名第一；有机化工产品实现了较好效益。充分发挥华南市场的比较优势，开发高端化、差异化、高附加值产品，2015年销售高端专用料26.36万吨，占橡塑产品总销量的15.78%，销量同比增长17.1%。下半年，在市场一路下行过程中，坚持低库存运行策略，追求当月购销平衡，有效规避了跌价损失；鼓励销售断卖，断卖率达31%，同比增加8个百分点，为企业和客户降低了成本，创造了效益。

降本增效。牢固树立过“紧日子”思想，深入开展开源节流、降本增效工作，重新核定年度费用考核指标，细化落实了22条具体措施，强化费用管控，精细运输和仓储管理，加快产品周转，降低前沿库存，狠抓沉淀库存清理和产品运储损耗，全年降本增效4302万元，其中，化工产品营销成本总额同比降低1639万元，“五项”费用同比降低41.6%。

机制创效。构建了日营销例会、月度计划会、经济活动分析会、业绩考核会为框架的“四会”闭环工作机制。按照“薪酬靠业绩”原则，完善工效挂钩机制，加大薪酬分配向创效单位、业务一线岗位的倾斜力度，拉开收入差距，激发了全员创效活力。四季度组织开展为期50天的劳动竞赛，动员全体干部员工振奋精神，拼搏奉献，比学赶超，为完成2015年稳增长目标奠定了坚实基础。

【依法治企】 2015年，华南化工销售上下深层次剖析问题根源，合规理念逐步树立。加强制度建设，制修订制度44项，做到了有章可循。梳理查摆整改不合规行为，对公务用车实行了集中统一管理；整改不达标的办公用房，三家分公司从城市中心区搬出，缩减租赁面积，节约租赁费110万元；量化接待标准，加强过程管控，业务招待费同比降低51%；创新实施了海路运输、公路配送及仓储服务公开招标，面向全社会选择服务商，在规范运作的同时，预计年可降低服务采购成本421万元。

【安全环保】 2015年，华南化工销售将安全环保视为“天字号”工程，狠抓HSE体系运行，突出关键环节、要害部位、重点岗位、敏感时刻的过程控制，强化对相关方现场的监督管理。全面开展安全生产大检查，深入排查整改风险隐患，进一步提升本质安全管理水平。加强全员安全环保培训，开展应急演练，重新修订安全环保责任制、风险防控方案、综合应急预案和专项预案，切实提高风险防范和应急处置能力，2015年实现零事故，零污染，零伤害。

【基础管理】 2015年，华南化工销售深入开展HSE、质量、内控等体系审核，组织开展了11项审计和效能监察，注重审计结果运用，对近两年来审计发现问题开展“回头看”，体系建设持续推进，风险防控能力不断增强。推进管理信息化，倡导无纸化办公，电子公文系统上线运行，电子邮件、即时通等办公软件广泛应用；升级视频会议系统，提高了会议效率。

【党建和队伍建设】 2015年，华南化工销售充分发挥党委政治核心作用，认真履行主体责任，坚持中心组理论学习制度。“七一”召开党的工作会议，调整完善党支部机构设置，开展标杆党支部创建活动，构建党员队伍建设考核体系。认真履行纪委监督责任，分解量化惩防体系建设目标，组织党员干部参观反腐倡廉教育基地、观看廉洁教育宣传片，加大纪律审查力度，增强了纪律意识、规矩意识和廉洁从业意识。

扎实开展“三严三实”专题教育，对照正反两方面典型，认真查摆不严不实问题，逐个剖析原因，逐项整改落实。举办中层干部及党务知识专题培训班，注重干部日常教育引导，用案例方式一件一件剖析，一点一滴带动，不断提升干部履职能力。倡导典型引路，弘扬新风正气，打击歪风邪气，队伍作风深刻转变。

以“重塑中国石油良好形象”大讨论为抓手，在内提素质、外塑形象上做文章。多次组织召开员工座谈会，虚心听取员工对公司发展的意见建议，广泛开展“五新五小”群众性创新活动，调动员工参与企业管理的积极性和创造性。

以人为本开展“生日送祝福”“亲情团聚”、扶贫送温暖、子女助学等关怀活动；关注员工情绪，把握思想动态，有针对性地做到“五必访”，及时将关心和温暖送给员工。组织开展了形式多样、寓教于乐的文体活动，丰富了员工精神文化生活，队伍的凝聚力和向心力显著增强。

（叶婉英）

中国石油天然气股份有限公司西南化工销售分公司

【概况】 中国石油天然气股份有限公司西南化工销售分公司简称西南化工销售，2002年按照中国石油化工统销战略部署整合成立，原名为中国石油天然气股份有限公司化工与销售西南分公司，2009年4月机构规格由处级调整为副局级。主要负责中国石油在四川、重庆、湖南、陕西、云南、贵州6省（直辖市）的化工产品统销业务，同时承担四川石化以及云南石化投产后的化工产品调运业务，主要经营中国石油所属炼化企业生产的聚烯烃树脂、合成橡胶、工程塑料、合成纤维和有机化工等五大类160多个牌号的化工产品。

西南化工销售本部在四川省成都市，设15个职能处室和四川、重庆、湖南、陕西、云南、贵州6个销售分公司及彭州调运分公司。截至2015年底，员工总数290人，平均年龄37岁，其中大专以上学历占87%，中高级职称人员占34%。党员160人，占员工总数的55%。

2015年，实现销售总量219.6万吨，同比增长25%；实现营业收入141亿元；完成四川石化产品运输232万吨；实现账面利润1.52万元；全年累计购销率99.7%、超指标1.7个百分点；直销率58.3%、超指标10.3个百分点；价格到位率100.2%；全面完成KPI指标。

【营销工作】 按照“低库存运作、购销平衡”指导销售，上半年在生产企业检修、资源偏紧时机，掌控节奏、积极推价，实现效益最大化；下半年面对资源充裕、竞争激烈态势，正面狙击、超前销售，夺回了市场份额。2015年，西南化工销售固体产品销量126万吨，同比增长8.6%，液体及硫黄销量93.6万吨，同比增长66%，主营业务质量明显提高。

固体产品销售好于预期。加强趋势研判和波段操作，做到资源向高效市场流动。线性产品销售26.22万吨，稳量增效明显；高压产品销售5.97万吨，单位利润位居销售大区首位；低压产品销售33.8万吨，同比增长33%；橡胶、硬塑料产品销售10.98万吨；聚丙烯产品完成销量48.9万吨，同比增长5%。

液体化工产品量效双增。积极开拓市场，超前对接销售渠道，区内销售比例从28%提升至41%，在四川石化生产大负荷、频波动的情况下，确保企业后路畅通。通过优化资源流向、发挥区域推价等增效措施，贡献利润1.05亿元，为西南化工销售增量增效做出突出贡献。

区域化销售优势有效发挥。各销售分公司大量价与小量价配合，均衡销售、顺势销售与择机销售结合，四川分公司利用地缘及成本优势，实现销量44.7万吨、连续两年增长5万吨，盈利4620万元；重庆分公司强化客户管理，2015年销量突破24万吨，其中聚丙烯月销量突破万吨。云南分公司优化客户渠道，全年销售18.3万吨，同比增长26.5%；贵州分公司深化对标分析，全年销售12.42万吨，两项指标排名靠前；陕西分公司与煤化工短兵相接，全年销售产品14万吨，初步遏制了销量效益下滑的局面；湖南分公司持续调整库存结构，2015年销售12.6万吨，同比增长12%。

【计划调运】 2015年，西南化工销售计划、调运以优质资源采购为源头，以后路保障为底线，加强对外协调、运输优化，买断总量220.3万吨，调运量232.4万吨。

保四川石化后路畅通。加强与四川石化产销衔接，紧盯企业库存量和罐存上下限，加强警戒库存管理，调控发运节奏，彭州调运分公司严细组织、主动协调，克服产品质量波动、交割不及时、装车设施不完备等影响，实现单日铁路发运量突破万吨。特别是天津港“8·12”火灾爆炸事故后，有效应对错时错线装车等制约因素，保证产品顺利出厂。

提高自备车运营效率。协调铁路部门“成组发运、成组返空”，紧抓各个环节，加快自备车运转，全年自备车发运94.16万吨，创效1331万元。自备车周转率提高到5次/月，对苯自备车创单日装运4组的纪录。与成都铁路局签订战略合作协议，与中铁快运股份有限公司签订铁路运输总包协议，四川石化固体产品全部实现批量快运。

【仓储物流】 按照“大市场、大物流”总体要求，稳步推进公路配送服务，降低物流成本；针对不同区域液体产品直发用户，采用公路直发和集装液袋运输，缩短运输周期、降低损耗。加强仓库管理，开展库房标准化评级考核，促进仓储单位管理提升。

【新产品专用料开发应用】 2015年，西南化工销售把新产品专用料开发作为重要战略，6个课题、9个专题按计划推进；制定实施《新产品专用料推广管理办法》，以四川石化CRP100N管材料为重点，加强与上下游对接，妥善处理协议料多、质量不稳定等问题，实现销量大幅增长；协调兰州石化LD20G果蔬发泡料改进质量，在陕西市场成功应用；PP2040无纺布专用料在湖南区域实现批量供应，吉林石化打火机壳料通过试用并初步达成采购计划。

坚持产销研用一体化合作，大力开发高附加值产品。西南化工销售编制的《钢制管道聚乙烯防腐专用料采购技术规范》正式生效。医用专用料RP260、LD26D产品各项指标良好，通过安全性评价。探索移动互联信息服务，手机APP（惠塑网）服务平台开发上线，为用户提供便捷的应用体验。

【终端开发】 2015年，西南化工销售深入调研市场，大力维护和拓展终端。加强对工业客户的直供力度，直销率从59%提高到79%，其中对二甲苯直销率达100%；陕西分公司开展全区域摸底调研，新增客户信息200余个，与多家管材企业形成合作，直销率达57.8%；云南分公司把开发滇东北市场作为重头戏，新增两个大型膜厂，直销率达53.9%；四川分公司走访调研市场116次，新开发6个知名直供用户，直销量达15.2万吨；重庆分公司走访30个工业园区300家企业，与多家终端客户实现合作。

【营销管控】 坚持以效益为中心，加强销售全流程算账，严格计划执行监督考核，西南化工销售2015年累计吨产品利润69元，六家大区公司排名第一。

实施快进快出、低库存运作。修订合理库存、警戒库存指标，加强库存监控和考核，2015年固体产品警戒库存天数同比减少60天；各分公司努力促销降库，充分利用直发、在途断卖，保证资源供应。累计存货周转率18天，创历史最好水平。

加强取价、比价和定价管理。紧盯价格管理要素，充分考虑煤化工竞争和区域实际，加强与各方沟通，据实争取合理取价，降低购进成本。深入研判市场走势，在价格对标中寻找量效结合点，2015年价格到位率100.2%。

发挥财务测算的导航作用。财务经营分析全面向业务延伸，为公司经营决策提供有力支持。积极协调、理顺流程，强化监督服务，确保新增结算业务的顺利开展。定期召开财务负责人工作会，开展财务专项检查，财务管理基础进一步夯实。

开源节流降本增效活动。深入贯彻集团公司稳增长部署，狠抓六大类22项措施落实。优化自备车运营管理，增效900余万元。强化资金管控，通过银行承兑顺转、票据及时贴现等方式，节约财务费用830万元；银行承兑汇票持有量大幅降低。严控成本费用，“五项”费用同比降低9%。

【企业管理】 2015年，西南化工销售按照集团公司总体部署，以专项巡视整改为主线，以强化安全管控为重点，坚持问题导向，强化红线意识、底线思维，全面加强合规经营管理。

完善制度体系建设。以集团公司专项巡视和各类检查为契机，持续进行问题整改和管理提升，高度重视巡视和检查反馈意见和要求，围绕公务接待、重大投资、制度建设和干部选拔程序等8方面30项问题，逐项逐条整改落实。2015年修订制度93项，一些涉及员工切身利益的制度，征求职工代表意见，并经公司领导班子审议后发布执行。

强化日常监督检查。企管法规、审计部门对销售管理、客户管理、劳动用工管理等开展专项检查，对违反制度的行为进行考核，维护制度的权威性。纪检监察部门围绕主营业务，开展6项合规管理监督检查。加强物资采购和招标管理，完成服务商准入和物资供应商考评，严格按照招标管理办法，开展乙二醇自备车公开招标采购。

严格安全环保管控。学习宣贯新《安全生产法》和《环境保护法》，强化安全教育培训，建立全员安全环保责任制，推进HSE体系有效运行。狠抓安全环保的重点部位和关键环节，加强仓储运输合作商监管，严格落实危化品储运责任，健全服务商准入、日常监管及退出机制，强化重庆仓储中心的安全管理，实现了事故为零的目标。

【党建及文化建设】 2015年，西南化工销售深刻领会全面从严治党要求，组织党员干部深入学习《中国共产党廉洁自律准则》《中国共产党纪律处分条例》，切实提高对党忠诚的思想自觉和行动自觉。强化干部管理工作，严格履行干部选拔任用程序，2015年调整中层干部12人、提拔10人；制定3项领导干部管理制度，为加强干部队伍建设提供制度保障。

深入开展"三严三实"专题教育和"重塑中国石油良好形象"大讨论活动。扎实做好专题党课、学习研讨、民主生活会和整改落实等关键动作，党员干部思想作风、纪律意识、规矩意识不断强化。以弘扬大庆精神铁人精神为重点，带领广大干部员工边进行讨论、边查找问题、边整改落实，从我做起，践行承诺，积极为重塑中国石油良好形象增光添彩。

加强企业文化建设，深化"企业是我家"活动，员工队伍总体呈现稳定和谐局面。持续开展扶贫帮困送温暖活动，完善困难员工走访慰问和帮扶机制，组织"进社区、献爱心"帮扶助学等公益活动。

（梁　东）

销 售 企 业

中国石油天然气股份有限公司东北销售分公司

【概况】 中国石油天然气股份有限公司东北销售分公司简称东北销售，组建于1998年6月，是中国石油在东部地区的派出机构，主要负责东北、华北地区13家直属炼化企业和地方炼化企业成品油资源的统一采购、配置、调运和结算；负责24个省市成品油销售企业和83家专项用户资源的全部或部分供应和一次物流组织；负责销售分公司东部地区成品油形式买断出口业务的组织和实施；负责物流区域内沿海、沿江、沿成品油管线具有集散和储备功能的大型油库的建设和管理。东北销售本部设在辽宁省沈阳市，机关设有15个处室，在黑龙江、吉林、辽宁、河北、天津、山东、江苏、浙江、广东9个省（直辖市）设有21家分公司，在职员工2384人。管控油库15座，库容321.21万立方米，其中资产型油库9座，库容226.66万立方米。租赁型油库6座，库容94.55万立方米。管理成品油铁路罐车6771辆。作为国内最大的成品油物流中心之一，东北销售始终坚持发挥衔接上下游、协调产运销的物流枢纽作用。2015年，完成销售4998.15万吨，同比减少20.85万吨；利润总额亏损53.65亿元，同比减亏15.71亿元（表1）。销售量约占中国石油成品油年产量的51%，占全国成品油市场表观消费量的21%。

表1　东北销售主要经营指标

指　标	2015年	2014年	2013年	2012年	2011年
成品油销售量（万吨）	4998.15	5019	5506	5755	5519
销售收入（亿元）	2614.95	3410.27	3914.00	4163.56	3857.56
利润（亿元）	-53.65	-69.36	-28.26	0.63	3.66
税费（亿元）	2.56	3.38	7.45	9.66	12.22
资产总额（亿元）	98.36	99.03	138.16	137.65	123.73
油库总数（座）	15	15	17	19	18

【疏通后路】 2015年，东北销售面对严峻的产销形势，从集团公司整体效益最大化出发，聚焦产销运行整体平稳，突出产销一盘棋运作，与炼销企业密切合作、“抱团取暖”。发挥东部地区产销衔接的枢纽作用，每周编发东部地区产销运行情况通报，及时向上下游企业传递运行信息，每季度召开产销企业座谈会，提前平衡产需，统筹安排运行。积极扩大订单式生产，根据市场对资源阶段性、个性化需求，2015年向炼化企业发送订单联系函65份，协调生产适销对路产品302万吨，全力降低炼化企业库存。强化应急保障措施，针对全年产销企业高库存，建立三天滚动产销运行方案的应急机制，实现以日保周，以周保月，在危急时刻有力地保障炼化企业生产后路。2015年，交货计划兑现率99%，产销运行整体平稳受控。

【资源保供】 2015年，东北销售面对东部地区资源整体过剩的矛盾，加强对市场的分析研究，优化资源流向，落实营销政策，按照销售分公司安排大幅下调油品调拨价格，鼓励销售企业贴近市场扩销上量。2015年，向销售企业让价8.3亿元，承担销售企业直属炼油厂柴油销售奖励18.3亿元。按照市场化原则调整专项销售价格，下调农垦、林业、铁路专项价格，确保专项流向市场份额。进一步优化资源配置，加大区内资源配置，将资源向高效市场倾斜，协调炼化企业生产适销对路和高附加值产品。2015年，区内省市配置1801.30万吨，同比增加76.30万吨，超预算118.70万吨。其中，高标号汽油配置821万吨，同比增加169万吨，增长21%，92号汽油增加116万吨，95号汽油增加49万吨；航空煤油完成249万吨，同比增加46万吨，资源配置趋于优化。配置计划完成率98%，圆满完成全年任务目标。

【创新机制】 2015年，东北销售科学统筹资源，创新运行机制，全面推进省市油品代储、形式买断出口、统一地方炼油厂外采等创新业务的开展。针对季节性产销规律和当前低库存运行要求，利用省市公司油库代储油品85.4万吨，实现资源向市场前移，疏通炼油厂后路，减少二次中转，减轻库容压力，节约油库租赁费用2561万元，节约二次中转费用5824万元。统筹平衡国内和出口资源配置，主动应对国内资源供大于求的态势，坚持出口换空间，完成出口721.3万吨，同比增长22%。充分发挥集采优势，提高议价能力，统一外采北方华锦化学工业集团有限公司、辽宁宝来石油化工集团有限公司成品油83.67万吨，为销售分公司创效11.64亿元。

【降本增效】 2015年，东北销售落实“物流优化年”部署，坚持“六能六不”优化原则，努力节约物流成本。完成运费总额66.85亿元，比预算节约8.89亿元，下降11.7%；吨油运费133.75元，比预算降低15.4元，下降10.3%。加大自备车的管理创新，实施自备车租赁公开招标，单车租金降低2383元，2015年减少租赁费用517万元；减少自备车租赁1499辆，2015年节约租赁费用1.05亿元。加强油品计量管理，分环节开展损耗专项治理，2015年减少油品损耗3047吨，实现降耗增效1740万元。严控“五项”费用支出，牢固树立“过紧日子”思想，坚决执行中央八项规定和集团公司二十条要求，深入开展“三超”问题整改，2015年“五项”费用比预算减少862万元。

【企业管理】 深入开展“合规管理年”活动，强化员工合规意识、健全公司合规管理体系，开展东北销售法律风险排查，夯实企业发展基础。加强项目成本控制和预算审核，2015年工程结算审计40项，报审3588.77万元，审减149.66万元，审减率4.17%。加强工程投资建设管理，对200万元以上油库项目实施“六统一”管理模式，推进工程建设项目管理制度化、流程化、表单化、信息化，2015年完成各类建设项目36项。加强信息化建设与应用，顺利实现一次物流集成系统单轨上线运行，启动2.0系统需求梳理和移动办公平台开发建设，制定耗材定额管理办法。加强制度管理，新建和修订规章制度56项，启动合规管理工作。深入开展岗位责任制大检查，创新检查方式方法，对查出的160余项管理问题，逐项制订整改方案。

【党建工作】 2015年，东北销售认真贯彻党的十八大和十八届三中、四中、五中全会和习近平总书记系列重要讲话精神，聚焦当前反腐倡廉形势，全面落实从严治党要求。围绕“抓作风、树正气、聚合力、促发展”党建工作主题，组织开展“作风建设提高年”活动。按照中央和集团公司部署，全面开展“三严三实”专题教育，高质量抓好“四个关键动作”，圆满完成中央巡视和集团公司专项巡视反馈问题整改任务，扎实组织开展“重塑中国石油良好形象”大讨论活动，强化活动统筹协调，扎实有效推进。

（申　增）

中国石油天然气股份有限公司西北销售分公司

【概况】 中国石油天然气股份有限公司西北销售分公司简称西北销售，1946年9月于兰州成立，1998年划入中国石油天然气集团公司。1999年重组改制后，作为中国石油销售公司的派出机构，主要负责西部地区13家直属炼化企业成品油资源产销衔接、收购、调运和结算；负责中西部地区21个省（自治区、直辖市）成品油销售企业以及铁道、民航、兵团等9家专项用户所需资源均衡稳定供应、物流调运组织、质量计量监督和结算；负责物流区域内沿江、沿成品油管道具有集散和储备功能、需跨省调拨油品大型油库的建设和管理。截至2015年底，西北销售机关设13个职能处室，下辖兰州、新疆、广西、郑州、陕西、武汉、川渝、宝鸡、玉门、永登、宁夏、呼和浩特、青藏等15个直属分公司，员工2300余人。管理运营中西部地区10座油库，总库容247万立方米；有铁路专用线近20千米，自备罐车5900余辆。

2015年，销售油品4490万吨，调运油品8500万吨，实现销售收入2380亿元。安全环保实现“三个为零”（工业安全生产事故为零、道路交通事故为零、火灾事故为零）（表1）。

表1　西北销售主要经营指标

指　标	2015年	2014年	2013年	2012年	2011年
销售收入（亿元）	2380	3225	3107	2900	2540
调运总量（万吨）	8500	8800	7570	7380	6800
油品配置（万吨）	4495	4741	4360	4042	3600

【产销保障】 2015年，西北销售坚持从中国石油整体优化全局出发，精准产销衔接，积极主动协调，严密组织运行，化解汽油、柴油产需矛盾，保持运行顺畅。针对汽油销售刚性增长实际，及时做好产销组织，2015年汽油配置完成1598万吨，同比增长2.2%。面对柴油需求持续疲软态势，从生产源头协调控产，生产柴汽比同比降低0.18，收储柴油127万吨，三季度实现柴油降库77万吨，保障产销平衡。理顺出口业务，汽油、柴油出口完成265万吨，超预算116万吨，调剂平衡国内产需。加大难点地区资源调出力度，宁夏石化、呼和浩特石化交货计划完成率分别达100.5%、96.1%。坚持统筹运作，精细调运组织，保障炼油厂停工检修、新疆和西藏庆典活动、节假日等特殊时期市场资源足额及时供应。2015年，配置资源4495万吨，配置计划完成率100.39%，交货计划完成率100.44%，实现“两保”目标。

【运行质量】 2015年，西北销售围绕“物流优化年”主题安排，在保障运行平稳的基础上，从产销匹配、资源布局、运输优化、一二次物流整合、库存摆布、设施完善等方面细化论证，落实各项优化措施，实现物流成本受控运行。实行差异化交货策略，对贴近市场的炼油厂鼓励多交货，缩短配送距离。坚持资源向高效市场倾斜，区内配置比例达64%。加大专项计划执行，专项配置量同比增加36万吨、增长10%。加强高效产品产销衔接，97号汽油销售246万吨、增长8%，航空煤油销售286万吨、增长27%。全力提升国Ⅴ标准油品配置陕西市场比例，直属炼油厂生产完成209万吨，配置陕西177万吨，提升产销效益。坚持管道多方联席例会制度，积极推进管道“小批量、多批次”输送，3条长输管道完成1849万吨。深入推行跨区配送，完成16.8万吨，节约运费1913万元。精心组织，周密安排，顺利完成柴油升级置换任务，积极稳妥解决西部管道柴油质量纠纷事件，克服格拉管道停输等因素产生的运输难题，尽最大努力化解川口运输限制，实现平稳高效运行。2015年在市场销售不振、铁路运价上涨、长距离运输量增加情况下，吨油运费同比降低3.29元，较预算降低3.84元，节约运费1.7亿元。

【稳增长工作】 2015年，根据销售分公司下达的开源节流降本增效指标和稳增长目标任务，西北销售详细制订工作方案，从加大地方炼油厂资源收购、控制运费、压缩商流费、降低油品损耗、严控非生产性支出、推动管理增效等方面入手，科学组织增效益，规范管理控费用，深挖细抠降成本，整体实现降费增效6.57亿元，稳增长确定的主要奋斗指标均超额完成。努力协调降低运输杂费，节约费用9898万元；强化资金管理，通过使用银行承兑汇票、强化应收款项管理、缩短油品结算周期，节约财务费用4619万元；“五项”费用支出同比降低565万元，下降20%；加强工程建设和集中采购管理，节约资金1198万元。

【安全质量计量管理】 2015年，西北销售深入开展新《安全生产法》和《环境保护法》宣贯，严格规范操作，加强危险化学品管理，强化风险管控，实现平稳受控运行。按照“全覆盖、零容忍、严审核、深追究”要求，持续抓好HSE体系审核，查出运行控制、设备设施、应急管理等方面问题82项，整改率100%。安排技术改造隐患资金5063万元，对咸阳油库消防和三级防控设施、玉门和宝鸡油库油气回收装置、武汉油库技术升级改造等项目实施治理。深刻汲取天津港危险化学品爆炸事故教训，认真开展专项整治，查处曝光突出问题，进行严肃问责。推进完成长输管道和武汉油库混油处理工作，认真核对兰成渝、兰郑长、西部管道历年来进销存数据，据实处理管输损耗，难点问题得到解决。

【企业管理】 2015年，编制西北销售“十三五”发展规划，明确发展目标、发展思路和发展举措。建成投用综合计划暨绩效考核管理系统，实现管理流程有效衔接，落实综合计划“进岗位、到人头”，有效强化闭环管理。制定合规管理办法，梳理经营管理风险，制订管控措施，着力堵塞漏洞，推进依法合规经营。接受主要领导离任经济责任审计和管理层测试，问题整改率达100%。组织对11家单位“三废”油品、7项工程投资和23个项目开展专项审计，增强监督实效。代表销售分公司牵头组织的“中国石油成品油物流管理研究与应用”课题，获集团公司科学技术进步奖。选报3篇研究论文，在全国石油石化可靠性论坛中获二等、三等奖。《企业合规管理体系建设之探讨》等6篇论文，分别获2015年度全国石油石化企业管理现代化创新优秀论文一等奖、二等奖、三等奖。

【从严治党】 2015年，西北销售全面落实中央和集团公司党组部署要求，扎实推进“三严三实”专题教育，认真做好中央巡视反馈问题整改以及集团公司党组巡视组专项巡视期间相关问题的立行立改，党建工作得到全面加强。制定党风廉政建设主体责任和监督责任实施细则，明确党委10项主体责任和纪委5项监督责任。工会、共青团等群团组织围绕中心，服务大局，主力军和生力军作用有效彰显。积极履行企业社会责任，联村联户工作获甘肃省委省政府表彰。

（陈　斌）

中石油燃料油有限责任公司

【概况】 中石油燃料油有限责任公司简称燃料油公司，前身是中油燃料油股份有限公司，成立于1997年1月20日，主营原油和燃料油的进口及国内市场开发。2001年5月，改制为股份公司。2005年3月，进行股权整合（股份公司占95.644%、中联油占4.356%）。2006年12月，业务划归股份公司销售板块管理，保留法人资格。2009年1月，增加集团公司内部沥青、燃料油、馏分油、溶剂油等炼油小产品的销售业务。2010年11月，股权整合为一人公司（股份公司收购中联油4.356%股权）。2011年，由股份制董事会管理模式变更为中国石油全资子公司，更名为中石油燃料油有限责任公司。主营业务有原油贸易及配套仓储中转、原油加工及产品销售、集团公司炼油小产品统一销售、期货套期保值、催化油浆及重质油加工技术研究、沥青船燃产品研发等。截至2015年底，燃料油公司设置11个职能处室、3个直属单位，设16个二级单位，分别是4个燃料沥青有限责任公司（秦皇岛、高富、温州、江苏）、3个仓储分公司（湛江、青岛、宁波）、7个销售分公司（东北、华北、西北、华东、华中、华南、西南）、研究院、工程建设公司，参股管理3家企业。有员工2512人，其中合同化424人、市场化1718人、劳务用工370人。注册资本50亿元，总资产177亿元。

燃料油公司推行生产经营一体化运行机制，强化服务理念，努力满足客户需求，圆满完成集团公司下达的“稳增长”任务。2015年采购原油1913万吨，同比增加216万吨。其中，进口原油1895万吨，同比增加230万吨（委内瑞拉重质原油1412万吨，苏丹达尔、阿曼等中轻质原油483万吨）；国内原油18万吨，同比增加3万吨。统购直属炼厂产品427万吨（其中沥青260万吨、催化油浆等其他油品167万吨）、其他外采完成48万吨。自加工原油535万吨（含代料加工），同比增加50万吨。中转各类油品3876万吨，同比增加367万吨。吨油中转费用29.82元，同比增加1.5元。销售各类油品2430万吨，同比增加242万吨。其中，原油1350万吨（委内瑞拉859万吨），同比增加231万吨；沥青670万吨，同比增加26万吨；馏分油256万吨，同比增加19万吨；燃料油154万吨（催化油浆123万吨），同比减少43万吨。各项生产技术指标均好于对标值，综合商品率99.6%，加工损失0.4%，综合能耗18.16千克标准油/吨，产品合格率100%。商流费支出8.38亿元，比考核指标减少3.98亿元，比稳增长目标减少0.22亿元；在消化12.5亿元跌价损失后，实现利润8.69亿元，比考核指标减少8.31亿元，比稳增长目标增加298万元（表1）。

表1　燃料油公司主要经营指标

指　标	2015年	2014年	2013年	2012年	2011年
原油采购总量（万吨）	1913	1697	1944	1580	1405
委内瑞拉原油	1412	1285	1512	1378	1106
营业收入（亿元）	607	909	1028	1058	925.64
利润（亿元）	8.69	13.05	10.28	13.28	31.10
在营油库数量（座）	3	3	3	3	3
自加工原油（万吨）	535	485	492	525	509
中转油品（万吨）	3876	3405	3597	3203	2587
销售油品（万吨）	2430	2188	2342	2293	2068
统销直属炼厂小产品（万吨）	418	467	545	617	647
沥青销量（万吨）	670	644	720	745	787
燃料油销量（万吨）	154	197	221	245	267
吨油费用（元）	50.86	49.36	51.31	61.92	54.01

【市场化改革】 2015年，燃料油公司着力推进以市场化为核心的改革和创新，有序推进“运营流程、战略流程、人员流程”的再造。

以市场为导向，以客户为中心，推进运营流程的市场化和价值化。遵循需求创造价值的规律，围绕“提高服务效率、为客户创造更多价值”，推进销售业务“市场、资源、客户、计划、价格、服务、物流、结算”的八统一，理顺价格体系，将各销售分公司全面推向市场，各类销售业务尤其是原油销售完全市场化运作。发挥计划的龙头作用，以短期利润最大化为目标，强化生产经营的一体化运作，各项业务在燃料油公司统一安排下，有计划地根据市场变化开展，合理把握原油贸易、沥青、燃料油的产销节奏，实现运行效率最优化和整体效益最大化。设立单项奖、运营管理创新奖，加大对销售一线的奖励，提高运营效率和经营利润。规范各类会议议程，提高运营和决策效率。以市场化为方向，以效率为目标，制修订公司各类规章制度，将各类决定事项纳入督查督办体系，提高执行力。

着眼公司未来发展，建立并运行战略流程。深入分析竞争环境、燃料油公司自身优劣势，明确“市场化、低成本、差异化、国际化”的发展战略，“营销市场化、运营精细化、管理信息化、党建责任化、创新全员化”的发展模式，今后几年“深化改革、全面创新、彻底转型”的生产经营及管理活动主题，制定“以市场为导向、以客户为中心、以服务为根本、以改革为抓手、以创新为基础、以效益为目标”的生产经营及管理活动指导方针，确立“做精原油、做强沥青、做大船燃、做专加工、做实服务、做优团队、建设提升重质油品整体价值服务公司”的发展定位和愿景目标。继承和发扬大庆精神，秉承集团公司文化和市场理念，形成“客户至上、诚信为本、服务为根”营销理念，“尊重员工、培育员工、造就人才、发展公司”的人才理念，“恭、勤、严、新、实”的公司作风。

以提高员工能力和公司核心竞争力为目标，持续改进人员流程。针对集团公司处于生死存亡的关口，明确全体员工特别是各级领导管理人员都要树立“危机、责任、服务、担当、创新”五种意识，燃料油公司中层领导管理人员要“做永不知足的创新者、做真诚廉洁的服务者、做卓有成效的管理者、做务实担当的领导者”，全体员工要树立“政治坚定、品德高尚、技能精湛、服务真诚、绩效优秀”的新形象。聘请中智公司开展管理诊断，按照“责权利相统一”和“以客户为中心”的原则，梳理处室、直属单位、二级单位的职责和运营管理流程，计划在此基础上合理确定人员编制和岗位设置，构建精简高效的管理架构。突出业绩导向，改革中层班子及领导人员考核办法，更多地关注民意和业绩。改革变动薪酬分配方式和奖励机制，有效激发员工的内在驱动力。

【原油贸易】 2015年，燃料油公司原油贸易仍然保持盈利主体地位。原油采购坚持实时掌握油价震荡行情、实时评估动态库存风险，高频率调整买卖的价格策略与节奏，有效规避采、运、储、产、销等环节长周期运行风险。原油销售创新销售价格机制，采取“量价联动、国际油价加贴水”等灵活的定价模式，提高地炼采购积极性；拓展客户群，在推进原油销售、成品油外采一体化运行中，新增5家客户的销量占比59%，与14家客户签署2016年委内瑞拉原油销售协议1475万吨；采取轻重原油搭配销售、油库互换、就近中转、整船直供等措施，轻质油和委油销售同比分别增加101万吨、109万吨。2015年降低原油采购成本10.13亿元。

【沥青营销】 2015年，燃料油公司推进销售业务管理“八统一”，从8月开始实施周通报、月考核和销售单项奖励措施，销量同比增加27万吨；销售改性沥青13.2万吨，创历史新高；开发建筑防水市场，防水卷材沥青成为销售大宗产品；细化价格对标体制，比中国石化均价高出46元/吨；签订年度购销协议，建立炼厂保产长效机制；与贵州公路局、山东高速公路投资集团、拌和站等相关方开展深度合作，实现市场拓展；尝试开展沥青期货业务，累计交割操作6.5万吨，实现盈利5764万元；参加“9·3”阅兵通道等重点工程项目投标，成功中标49个，其中京新高速临白段项目创燃料油公司历史单次中标量纪录；开展专用沥青定制，为“足尺路面加速加载试验环道建设工程”项目提供试验沥青，为西藏拉萨机场高速嘎拉山隧道项目提供SBR改性沥青软包装产品，为贵州市场定制B级沥青；努力保供张承高速公路、林芝机场等项目。

【产品研发】 2015年，燃料油公司公司瞄准高效市场，开发高端和特种沥青产品并进行市场应用。开发的钢桥面浇筑式沥青混凝土专用沥青，打破国外公司的垄断，在贵州雪涯桥、泰州长江大桥、沈阳绕城高速丁香三号大桥进行实体工程铺筑；开发的和易性高黏高弹沥青铺筑于黑龙江乌苏大桥实体桥梁桥面，对寒冷地区沥青桥面铺装起到示范效应；开发的耐久性高模量沥青混合料（EME）产品性能达到国际先进水平，延长路面的使用年限；开发的功能性路面专用沥青解决了由于温差大导致半刚性基层开裂引发的路面病害，以及重载交通车辙等路面病害问题；开发的改性沥青成功在交通运输部“足尺路面加速加载试验环道建设工程”项目中应用，模拟同等条件下不同路面结构的使用性能，完善路面设计、施工、养护等规范，指导全国公路建设与养护；成功研究出克拉玛依石化沥青和乌鲁木齐石化沥青混兑马波沥青和辽河石化沥青生产SBS改性沥青的工艺和配方，大幅提高中石油SBS改性沥青在新疆市场的占有率；与独山子石化、西北化工销售和克拉玛依石化共同开发得到与中国石油基质沥青相配伍的独山子SBS改性剂系列产品及其生产技术，以及相适应的改性沥青生产工艺，实现中国石油道改SBS改性剂的自给自足。

【石脑油直供】 2015年，燃料油公司发挥自有燃料沥青公司与直属炼厂、地方炼厂的合作互利优势，开展直供业务。提高石脑油产量，全部纳入厂对厂供应。2015年向广西石化、大连石化、上海赛科公司直供石脑油22.79万吨，实现增利1.53亿元。

【油浆增值】 2015年，燃料油公司实现原油掺炼催化油浆生产沥青的规模化工业生产，成功开发出呼和浩特炼油厂油浆侧渣油调和改性、兰州炼油厂油浆侧渣油交联调和制备重交沥青的配方和工艺。2015年加工油浆26.58万吨，相当于生产沥青15.94万吨，其中生产200号沥青10.28万吨，增利3673万元；利用减三线与重交沥青调和生产防水卷材用减三线馏分油9.71万吨，共实现抵税效益3.24亿元。

【船燃业务】 2015年，燃料油公司向商务部提报保税船燃资质申请，开展保税船燃来料加工业务获得集团公司批准。调和生产船燃标准品，针对硫值、酸值以及闪点等指标不合格的情况制定过渡性方案。联合成品油省公司，有针对性地向沿江沿海地区投放船燃26万吨。

【生产加工】 2015年，燃料油公司成立生产经营优化小组，坚持每日例会对接各环节运行情况，统筹运行节奏，确保生产经营平稳运行。以销定产，科学确定原油掺炼方案，提高波斯坎原油的加工比例，努力增产沥青。2015年平均加工负荷达到87%，加工量同比增加49万吨，产销链条实现减亏。9月加工原油55.6万吨，创历史新高。各燃料沥青公司推进能耗对标和节能技改，能耗指标同比下降，其中温州公司达到15.07千克标准油/吨的历史最好水平。

【物流管理】 2015年，燃料油公司优化物流组织，力求运距最短、运行成本最低。自有油库中转次数同比提高1.33次。资源型外租库中转量851万吨，中转次数3.55次，同比提高0.06次。高富公司、江苏公司推进原油运输包船制，有效控制挂壁损失；湛江油库代储中联油及茂名石化原油，实现仓储收入6800万元；重新配置194辆自备车的产权，节省返空费用123万元。推进装卸作业标准化，分环节控制油品装卸过程，制定每个环节的控制标准，严格控制装卸损耗，减少作业时间，2015年接卸外轮损耗率同比降低0.2个千分点。组织召开原油客户和船运公司座谈会、长江水路运输座谈会，研究原油水路配送方案；编制《全国沥青接卸站点图册》，为沥青全面配送做好准备。

【一体化运作】 2015年，燃料油公司发挥销售分公司一体化优势，拓展地炼供应单位，加强与成品油市场的深度融合，整合原油资源、产品资源，打破市场阻隔、系统内外界限，成为互惠互通的有机整体，实现各方效益的最大化。12月18日，燃料油公司与河北销售、河北鑫海化工集团签订三方战略合作框架协议，三方在成品油采购、重质油委托加工供应、加油站网络开发、非油品业务等方面进行合作，加快资金流转效率，共同提高经营效益。

【战略合作伙伴框架协议】 2015年，燃料油公司努力寻找与合作方的效益结合点，强化资源、加工、销售、资金等优势的互补，建立更为紧密的合作关系。12月24日，燃料油公司与北京东方雨虹防水技术股份有限公司（简称东方雨虹公司）签订战略伙伴合作框架协议。东方雨虹公司所有防水卷材的生产将采购“昆仑”沥青作为原料，燃料油公司协助东方雨虹公司的防水卷材进入中国石油的建筑领域。燃料油公司以此次合作框架协议签订为契机，加强与国内“十大防水卷材生产商”的合作，拓展沥青市场和应用领域。

【中标京新高速】 2015年，燃料油公司成功中标内蒙古京新高速（国家高速公路网规划的第六条放射线——北京至乌鲁木齐高速公路，全长2582千米，是国家西部大开发的重要交通项目）临河至白疙瘩段建设项目LBAMLQ-2标段、LBAMLQ-3标段、LBAMLQ-4标段、LBAMLQ-5标段总计32万吨道路石油沥青的供应权。项目全长814.37千米，吉兰泰连接线全长93.45千米，乌力吉口岸连接线全长62.183千米，所需沥青32万吨。

【新机制新成效】 2015年，燃料油公司购发《未来企业之路》一书，引导全员提高危机、责任、服务、担当和创新意识，中层领导管理人员认真撰写读后感，为燃料油公司深度转型与发展提出146条建议；引导全员遵守“行胜于言”的古训，注重执行和实效；运用数字思维改进专业管理，同步改进传统的管理流程；开展生产经营及管理活动看板管理，便于相互借鉴、监督和促进；建立督查督办机制，决策部署事项611件，确保管理与执行形成闭路循环；深化细化周、月、季度生产经营分析，及时改进目标和措施；初步实施资金集中支付和会计核算集中处理，现金管控机制发生深刻变化；完成上海中石油燃料油有限责任公司注册，资本运营工作取得新进展；重新修订业绩考核量化指标体系，出台生产经营优化奖励方案，突出业绩导向；加强薪酬分配管控，各级管理人员实行限额发放并向基层一线倾斜；按照“责、权、利”相统一的原则，修订安全风险抵押金的缴纳范围和返还倍数；优化各类先进集体和个人的评选范围，确保奖励精准到位。

【降本增效】 2015年，燃料油公司按照“总量控制、分解到项、重点突出”的成本费用控制思路，加强预算控制，严控成本费用开支渠道，财务费用同比减少8183万元，“五项”费用同比减少345万元；2015年商流费支出8.38亿元，比考核指标减少3.98亿元；积极争取各项税收优惠5055万元。

【务虚研讨】 2015年，首次开展燃料油公司生产经营及管理活动务虚研讨，为期一个月。第一阶段，各单位、各部门内部组织研讨；第二阶段按照生产、科研及安全环保类、产品销售类、原油采购和销售类、财务及审计类、投资与工程建设类（含投资规划）、调运类、人事类、党群类、纪检监察类、企管法规类（含业绩考核）、整体生产经营计划和优化类的划分，先后召开11个专业类别的务虚研讨会；第三阶段，组织召开务虚研讨总结会。对2015年生产经营及管理活动进行回顾总结，找出存在的差距和不足，将整改措施作为2016年的计划和目标。在2016年预算的基础上，各单位、各部门按照各自的目标任务，创新制定2016年生产经营及管理活动计划。

【党建工作】 2015年，燃料油公司自上而下健全党建工作制度体系，强化党组织政治核心作用，深入开展“三严三实”专题教育、“重塑中国石油良好形象”大讨论活动、廉洁文化建设和职业道德素质教育；扎实做好党内巡视、案件查办和效能监察、内部审计三条主线工作，严格落实集团公司关于加强“三超”治理的文件精神，细化完善各级领导人员办公用房、公务用车、公务接待、业务支出方面的制度，推进党员干部作风建设常态化、长期化；巩固党的群众路线教育实践活动成果，组织副处级以上干部集中培训；规范选拔任用程序，严把选拔任用关口，任免中层管理人员6人，审批各二级单位中层管理人员26人；推进关爱工程，帮贫扶困，改善员工工作生活条件；成立瑜伽队、太极队，组织四大球类联赛，丰富员工业余文化生活；深入开展创先争优活动，2015年共评选表彰先进集体40个，先进个人251名，同比增加223名。

【“十三五”规划编制】 2015年，燃料油公司组织召开原油贸易、沥青营销、燃料油营销、生产加工四次专题研讨，深入分析发展趋势，全面分析自身优劣势，围绕原油、沥青、燃料油、加工、科技、信息化、人力资源7个专业分别编制规划，通过精细测算投资回报及经营效益，确立“十三五”期间的重点规划项目和措施。一是布局山东地区原油储运设施，强化燃料油公司仓储和原油优势；二是完成四个燃料沥青公司装置改造，为船燃、沥青生产和重质委油销售提供坚强后盾；三是依托上海中石油燃料油有限责任公司，以温州公司为加工基地，开发保税船燃业务；四是规划全国沥青储运网络，增加沥青自备罐车，强化物流管控和优化，切实提升沥青业务的效益；五是突出“互联网+营销”思路，加快物流2.0系统、能源电商平台及交易风险控制系统等信息系统建设，提升客户同公司的合作效率和价值；六是整合科研技术力量，建设由协作科研院所外聘专家、研究院、4个燃料沥青公司和7个销售分公司组成的“三位一体”研发和技术服务体系，为燃料油公司彻底转型提供强大动力；七是加快期货、科研、营销、管理、操作五支队伍建设，为燃料油公司“十三五”规划的落实和未来的稳健发展提供源源不断的人力资源。

（王贻爽）

中国石油天然气股份有限公司润滑油分公司

【概况】 中国石油天然气股份有限公司润滑油分公司简称润滑油公司，成立于2000年12月19日，是集生产、研发、销售、服务于一体的专业化公司。有13个润滑油（脂、剂）生产厂、6个销售分公司、2个研发中心、3家股权单位。截至2015年底，总资产60.87亿元，固定资产原值37.56亿元，员工总数4864人。

润滑油公司产品包括车用润滑油、工业润滑油、特种润滑油、船用润滑油、车辆辅助产品等，涵盖油、脂、剂等。昆仑包装油以昆仑为主品牌，由“昆仑天润”“昆仑天威”“昆仑天工”“昆仑天鸿”“昆仑天蝎”“昆仑之星”及昆仑工业油组成较完整齐全的品牌架构。

2015年实现销售127万吨（包括“三大化”和促销品5万吨），其中车用油27.1万吨、工业油27.9万吨、特种油46.4万吨、船用油2.5万吨；实现营业收入105亿元（表1）。

表1　润滑油公司主要经营指标

指　标	2015年	2014年	2013年	2012年	2011年
销售总量（万吨）	127	153.1	186.3	222.9	186
营业收入（亿元）	105	143	177.5	201.2	179

【生产运行】 2015年，润滑油公司推进生产现场规范管理。系统评审修订操作规程，借鉴山东销售“6S”管理经验，对生产管理、HSE管理现场标准化进行试点并总结推广；开展包装线专项治理，规范包装线运行体系，运行效率从57%提高至76%；成功开发国际标准变压器油并推向海外市场，华东、克拉玛依具备“熟油”配送条件，促成“熟油”生产、运输规范。

合理优化产能布局。调整华东厂生产品种，减少产品切换频次，释放产能；增加北京厂产品种类，减少成品散油调拨分装，降低生产成本；实现太仓添加剂公司投产，兰州添加剂公司进入工商变更阶段，补齐产业链条关键环节；优化玻璃清洗液、柴油尾气净化液生产单元，产地进一步贴近市场；打造华东军用油生产基地，强化东海、南海地区保障能力；推进北京厂二期项目建设，加速升级华北地区生产保障能力。

灵活利用外部基础油资源。面对基础油价格一路下滑的状况，按需外购资源，有效避免库存积压，提高资源使用效率，统筹外采基础油6万吨，满足生产需要。

实现技术服务中心运行。组建技术服务中心，整合技术服务力量，为售前、售中、售后提供全过程服务，技术服务水平稳步提升。

严控包装物质量。不合格产品坚决退货，不合格供应商坚决剔除，统一各类包装物入厂检验项目和检验标准，制定对抽检不合格产品的处罚和供应商退出机制。组织对59家供应商70个批次的产品进行抽检，对4家问题供应商提出警告，对12家做出暂停供应、停止供应和限期整改的要求，取消1家技术准入资格，极大提升供应商的质量意识，抽检合格率同比提高15%。

强化化验分析管理。全面启动生产厂实验室认可工作，开展生产系统质量控制调研，摸清化验仪器及产品试验方法使用现状，编制下发《试验方法统一及化验分析仪器配置管理规范》。对各二级单位实验室开展三次化验项目的比对工作，完成化验室CNAS认证工作。

持续推进生产过程管理。严格工艺检查，产品一次调合合格率提高至98%，加工损耗率降低至0.5‰；规范产品合格证管理，制定内控质量指标及合格证编写规范；组织质量技术攻关，完成13项，验收10项，转为研发攻关4项；完成TS16949再认证工作。质量意识不断加强，产品质量稳步提升。

安全环保基础持续夯实。围绕“11518”整体思路，大力宣传贯彻新《安全生产法》和《环境保护法》，落实主体责任，加大隐患排查和整改力度，增强全员安全环保意识，实现“两个杜绝”和“零事故、零伤害、零污染”目标，通过HSE体系再审核。

【销售管理】 2015年，润滑油公司车用油销售思路更加明确。按核心经销商、钻石经销商和签约经销商细分渠道，制定配套的三年发展规划和相关政策，设置对应的专职销售代表，建立销售代表、经销商过程管理工作循环体系。2015年新增核心经销商8家、钻石经销商37家；核心经销商的终端总数达到7124家，增长87%，其中核心终端新增58家；钻石经销商的终端总数达到6534家，其中核心终端新增48家。“无‘威’不至—发现最美生活路”大型路演促销活动获得成功，探索柴机油推广新模式。实现社会渠道高档汽机油销量0.12万吨，同比增长26%，高档柴机油销量9.41万吨，同比增长22%；其中新产品KR9-T销售105吨，CI-4、GL-5+、MTF-18销售4451吨，商用车燃气发动机油销售576吨。

工业油终端管控持续加强。采取行业指导与区域结合的模式，缩短经销环节，延伸管理线条。2015年直供用户新增6家，已达74家，实现销售3万吨；梳理已供终端用户4600家；新特产品销售1.04万吨，同比增长13.2%。系统内用油业务成果显著，实现销售2.39万吨，同比增长36%。其中，“管家式”服务模式在大庆油田进一步完善推广，现场换油3777次，2015年销售0.47万吨，收入7940万元，大庆油田第二采油厂油田用油专业化服务中心被评为集团公司“标杆加油站”；完成卡特彼勒大功率燃气发动机组用油试验，昆仑固定式燃气发动机油在长庆油田全面推广。军用油业务取得新的突破。

OEM业务稳步推进。改变以往单纯依靠经销商的销售模式，与中联重科、北汽福田、欧曼等厂家直接对接，推广服务油，售后市场占比提高20%；新开发时风集团、江苏宗申等11家客户，在上汽、江淮、北汽福田等12家客户实现10余个新特产品的准入，为深度开发奠定基础。

特种油稳住国内市场，拓展出口业务。成功开发核电变压器油装机市场，新增三峡集团等29家高端用户；20号变压器油销量同比增加2.5万吨；借力厂家设备出口拓展海外市场，出口变压器油0.65万吨。

船用油完成管理流程再造。制定“开发客户以我为主”的业务运作模式，取得很好的效果，在波罗的海指数创38年新低的情况下，连续八个月销量同比增长 41%，2015 年销量同比增长 11%，反超竞品 8.5%。

省公司业务合作成果显著。借助省公司销售平台，实现玻璃清洗液销售 0.52 万吨，同比增长 5 倍；新品柴油尾气净化液销售 0.34 万吨，橇装设备在青海销售完成试点，标志中国石油第一套柴油尾气净化液橇装站正式运行，车辅产品也成为省公司非油品业务的重要支撑点。13 家省公司 2015 年实现销售车用油 4.97 万吨，高档油同比增长 26%；机构用户合作开发顺畅进行，成功开发辽宁曙光、河北新宏昌、云南金孔雀等 31 家机构客户。

【科研攻关】 2015 年，润滑油公司新产品种类不断丰富，并进一步推广。研磨油成为国内市场首个彻底解决叠印问题的产品，铝冷轧油获得京宏源公司认可，金属加工液在涟源、天管、人本等项目的基础上进一步推广；0W-40 高功率密度发动机油 29 个新产品进入工试，高铁齿轮油正在进行 60 万千米实车试用，与日本协同 TMO150 相当的机器人专用油脂在比亚迪试用，新能源汽车混合动力系统用油通过吉利华普 4.2 万次长周期循环台架试验。2015 年实现科研成果工业转化 17 项，授权专利 12 项，受理专利 12 项。大连研发中心“舰用长寿命抗磨汽轮机油研究”获中国人民解放军总后勤部科学技术进步奖一等奖，兰州研发中心“硫磷型高性能极压抗磨剂的开发研究”获集团公司科学技术进步奖三等奖。

认证产品逐渐增多，为销售提供有力支撑。汽轮机油 KTL/KTL（EP）、KTGS 获得通用公司认证，KCN 7905 燃气发动机油获得瓦克夏认证，自主配方 SL 5W-30 获得 API 认证，L-DRE46 获得格力电器试验评价许可，地面装备多用途润滑油、舰用燃气轮机合成齿轮油等产品正在军方考核试验。

技术攻关成效显著，为生产提供有力支持。PAO 装置 8B 基础油收率从 8%提高至 25%，满足军用油需求；完成冷却液复合剂攻关，方便生产；船用中速机油和汽缸油配方优化，降低成本；解决四川石化大型 PP 挤出机齿轮油起泡问题；BSM/N、抗泡剂和 615 粘指剂研究，提升产品质量。

生产经营短期任务成效明显。生产经营短期任务是科研项目的重要补充。2015 年研发中心共完成生产经营短期任务 240 余项，快速、准确地解决润滑油公司产品应用推广中的技术难题，为润滑油公司生产经营提供有力支持；广大科研人员深入生产经营一线，了解设备工况与用油需求，提升解决实际问题的能力。

【企业管理】 2015 年，润滑油公司实现运营系统信息共享。建立运营调度和技术服务系统的微信群、QQ 群和即时通群，保证沟通渠道畅通；搭建车用油销售代表工作平台、促销品兑现平台；充分利用生产经营平台，使销售代表及时了解库存等运营信息，增强产销衔接和客户投诉处理能力，实现信息共享。

降本增效成效显著。强化银行票据管理，节约财务费用 2228 万元；实施低库存管理，2015 年降库 12.6 万吨，减少利息支出 3735 万元，节约仓储费 595 万元、运费及装卸费 5899 万元；加大物资采购、工程管理等关键环节的管控，节省支出 1600 万元；优化包装物库存，建立价格联动机制，节约采购费 960 万元。

合规管理取得新成果。修订《内部控制运行评价管理细则》等 4 项规范性文件，积极开展管理层测试和自我测试，69 个例外事项全部整改，内控与风险管理体系进一步完善；编制合同审核指南，强化合同在线审核，2015 年审签合同 3954 份，有效防控交易风险；完成处级以上干部合规登记，建立合规信息平台，开展全员诚信与系列法律知识培训；对价格管理、促销管理等流程进行重点完善；开展 28 项审计工作，发现问题 118 个，并积极组织整改；2015 年制修订制度 46 项，审定现行制度 224 项，结构完整、覆盖全面、管控有效的制度体系已初步建成。

【队伍建设】 2015 年，润滑油公司持续开展机关作风建设。以“三严三实”专题教育为抓手，大力推进机关作风建设，倡导“严实”工作作风；修订会议管理制度，2015 年精简各类会议近三成，力求提高会议质量；制定呈批件管理办法，督办和加快 OA 批转，实施基层事项限时办结制，提高整体办公效率；重新定位机关部门职责，理顺业务界面，建立机关、基层双向满意度考评制，服务基层效率得到提升。

不断强化干部队伍建设。遵循“德才兼备，以德为先”的原则，紧密结合润滑油公司生产经营需要，培养和选拔一批优秀人才充实到管理队伍。开展机关基层双向交流，努力激活干部管理机制。提拔和交流处级干部 32 人，其中 4 人从机关到基层，5 人从基层到机关。组织 3 期处级干部培训班，对全体处级干部进行轮训。进一步加强后备干部队伍建设，举办第三期中青年干部培训班，从二级单位和机关选拔助理 16 人。

扎实推进员工队伍建设。按照销售、生产、科研三条主线，强化职业技能培训，提高专业水平，推行一岗多能的复合型人才培养，评审推荐高级职称 22

人，集团公司高级技术专家1人。通过内部调剂和外部招聘，为销售一线补充100名销售人员，缓解“前沿阵地”人手短缺的问题。着力构建同心同行企业文化，以“重塑中国石油良好形象”大讨论活动为主线，大力传承石油传统文化，将“三老四严”“四个一样”等要求落实到具体工作实践中，用石油人光辉传统推动企业发展。

进一步加强党建工作。认真落实《基层党支部工作条例》，不断加强党的政治组织生活，着力发挥好基层党组织的战斗堡垒作用；加强党员发展管理，注重结构调整，2015年新发展党员31名；持续开展中心组学习、“六个一”党支部创建和党建“三联”示范点工作，基层党组织建设进一步加强。

全面落实“两个责任”。认真落实党风廉政建设责任制，细化“一岗双责”内容，逐级签订党风廉政建设责任书1635份，组织党员干部及重点岗位人员签订廉洁自律承诺书1885份；继续完善润滑油公司惩防体系建设，集中开展警示教育4次，学习案例22篇，观看教育宣传片12集；对办公用房、公务用车开展专项检查并规范管理；强化监督执纪问责，对处、科级干部诫勉谈话5人次，严肃查处违纪违规案件15件，处分4人；配合完成中央巡视组和集团公司第六专项巡视组的巡视工作。

稳步推进主题教育活动。扎实开展“三严三实”专题教育，两级领导班子集中学习149次，专题研讨118次，72人分层次讲党课，受众2553人，查摆问题132项并整改完毕。“我是昆仑人，我爱昆仑油”主题活动取得良好效果，先后完成生产、销售、研发、船用油四个系统的比武竞赛，征集合理化建议92条、征文119篇、书画作品134幅、摄影作品300余件。积极发挥群团组织优势，持续开展扶贫帮困活动，发放慰问品及现金93.5万元，补助困难员工388人次；组织第六届“昆仑杯”乒乓球比赛；取得集团公司乒乓球比赛团体第三名；为27个销售代表处和片区配备图书；开展青年志愿服务13次，获集团公司“直属机关青年文明号”等16项荣誉。

2015年，润滑油公司被集团公司授予“环境保护先进企业”称号，大连厂被集团公司评为“先进单位”，北京厂被北京市评为“安全文化建设示范企业”，成都厂调合车间被集团公司授予“绿色基层车间”称号。

（邵伟国）

中国石油天然气股份有限公司四川销售分公司

【概况】 中国石油天然气股份有限公司四川销售分公司简称四川销售，前身是四川省石油总公司，成立于1952年9月，1998年成建制上划中国石油天然气集团公司。主要从事成品油批发和零售业务以及便利店、润滑油、天然气、广告和化工产品等非油品销售业务，是四川地区成品油市场的主渠道供应服务商。截至2015年底，设13个机关处室，下辖23个二级分公司、6个直属单位，员工14195人，资产总额130.53亿元，在用油库22座，有加油站1579座、运营1414座，经营机构和营销网络遍布四川省。

【油气业务】 2015年，四川销售紧紧围绕治企方略抓发展，2015年销售汽油、柴油881.2万吨，同比增长5.8%，完成预算的101.3%；自营纯枪量636.3万吨，同口径同比增长2.3%，完成预算的100.2%；平均投资资本回报率31.95%，同比增长4.5个百分点。凉山、巴中、岷江、南充、成都等7家公司销量增幅超过5%，甘孜、遂宁2家公司纯枪销量增幅超过10%；成都公司纯枪销量突破100万吨、新都片区销量超过20万吨、燕塘站销量达到5.79万吨，创下新纪录（表1）。

表1 四川销售主要经营指标

指标	2015年	2014年	2013年	2012年	2011年
汽油、柴油销售总量（万吨）	881.2	833.24 （851.84各类）	774.35 （804.97各类）	740.7 （611.5各类）	690.6 （686.8各类）
营业收入（亿元）	546.88	652.82	634.36	606	537
利润（亿元）	15.44	15.05	13.1	12.7	12.83

续表

指　标	2015 年	2014 年	2013 年	2012 年	2011 年
加油站总数（座）	1579（1414 运营）	1510	1565（资产型）	1510	1313
在营油库数量（座）	22	23	25	25	25
库容（万立方米）	79.87	82.57	92	90	89.1
平均投资资本回报率（%）	31.95	27.5	18.44	19.7	21.79
自营纯枪销量（万吨）	636.3	623.32	614.24	561.67	531.2
零售量（万吨）	636.55	640.44	651.24	611.41	577.88
吨油费用（元）	368.58	353.21	326.89	325.22	335.99

【资源运行】 2015 年，四川销售用好直炼、外采两种资源，调入油品 866.3 万吨，其中外采 71.9 万吨，降低采购成本 4.04 亿元。突出物流优化创效，节约物流成本 1.55 亿元。开展市场表观需求、价值贡献分析及合理库存研究，推行主动配送，主力库出库率达 97.7%，资源保障能力不断提升。

【加油站管理】 2015 年，四川销售加快服务体系建设，开发综合业务支撑平台，架起“加油站—二级公司—省公司”快速通道，实现流程化、数字化、可视化、智能化管理。开通企业微信公众号，搭建“公司—客户”线上平台，官微粉丝量达 15 万人。改善服务功能，完成 167 座加油站升级改造，52.4% 的站点实现自助加油，613 座加油站推广卸油不停枪，资阳公司成功试点摩托车自助加油。开展“3·15”“滴滴好油、满满诚信”主题活动，开设自助取款、车险购买等 38 项增值服务，客户满意率达 98%。构建“四位一体”监督模式，将服务质量纳入绩效考核，95504 电话有效投诉率同比下降 71.5%，服务考核有 7 个月位居销售板块首位，攀枝花、泸州、宜宾、油料公司实现零投诉。

【非油品业务】 2015 年，四川销售加快非油品体制改革，建立“非油品处 + 运作部”管理架构，推进“便利店 + 中央仓”运行模式，设置五大业务单元，实现权责统一、管运分离。非油品收入 6.79 亿元，纯便利店销售收入达到 4.15 亿元，同比增长 19.55%；利润 1.19 亿元，同比增长 63.1%，完成预算的 132.3%。狠抓开店率攻关，新增便利店 480 座，开店率突破 87%，同比增长 35%，便利店总数达到 1212 座。突出规模店创效，新增 200 万元店 10 座、100 万元店 15 座，成都宝马、内江星桥、德阳黄河 3 座加油站，纯便利店销售收入均突破 500 万元。积极盘活存量资产，狠抓便利店整改提升，优先将闲置土地和站房改为便利店，投入专项资金 3860 万元，完成 333 座便利店改造。

【投资建设】 紧盯市场薄弱点，锁定开发目标加油站，2015 年四川销售新开发加油站突破 70 座，新增网络数量居销售板块第一；自贡、内江公司打破多年无新增站的被动局面。注重合资合作，与四川三川永利能源投资有限公司、南充传化公路港物流有限公司等单位合作开发加油站 6 座，节约成本 4000 万元；与华气联合开发油气市场，广元、岷江等公司 3 个 LNG 项目靠实落地；积极介入新能源，在泸州试水充电业务，建成投用充电桩 30 个。强化建设目标统筹管理，2015 年完工加油站 94 座，投运站突破 100 座，新增可行性研究零售能力 17.6 万吨。优化施工组织设计，推行模块化施工，2015 年节约工期 900 余天、创效 650 万元。

【质量计量安全环保】 2015 年，四川销售狠抓隐患排查治理，对存在垮塌或局部掉落风险的 132 座加油站罩棚实施改造，消除 34 座加油站承重式油罐隐患，完成 1353 座库站的 167.6 千米管线、254 座储罐的 1.3 万个点位检测，处置 26 处管线渗漏和防腐层破损点。开展库站环境影响评价手续补办，完成 24 家公司现场勘查和资料收集，9 家公司进入地方环境影响评价送审阶段；启动环保设施改造，91 座老旧加油站修建隔油池、环保沟，完成 726 座加油站、7 座油库油气回收项目。执行安全“一票否决”制，严查“7·17”事故，推行“四不两直”检查，特殊时段、重点环节得到有效管控。加强损耗管理，强化过程监管，严查偷盗行为，油品零售损耗率同比下降 0.04

个百分点。安监总站油品质量检验班被授予“全国质量信得过班组”称号。四川销售被评为2015年集团公司“安全生产先进企业”。

【企业管理】 2015年，四川销售理顺营销业务四条专业线，实施专业化管理、一体化运作。出台依法治企方案，针对8个业务领域的短板问题，明确时间表、落实责任人，开展合规管理专项治理。推行“四联”挂钩考核、“四定”升油工资等机制，加大收入分配向一线倾斜力度，市场化与合同化员工收入差距进一步缩小。成立创新实验室，开发“中油优途”APP平台，2015年底首发产品“冬季暖心礼包”上架销售，注册用户突破万人。建立内部纠错机制，形成月度风险报告，实现风险早揭示、问题早整改。突出“双低站”治理，低销、负效加油站分别同口径减少111座、48座，减亏1609万元。狠抓股权运作，2015年股权企业增量14.83万吨，创效1.2亿元。加强库站营运管理，单站营业天数同比提高3.7天，油库平均周转次数同比增加0.88次。推进开源节流、降本增效攻关，吨油费用同比下降4.1元。

【党建群团工作】 2015年，四川销售扎实开展“三严三实”专题教育，大力实施重塑中国石油良好形象部署，深化“学找定上”“挂包帮”活动，企业形象持续改善、干群关系更加融洽。探索专业线带专家队伍模式，创办经理人学院，推进干部跨区交流、挂职锻炼，公开选聘优秀储备人才，2015年底完成49名处级干部选拔调整。典型选树实现重大突破，陈小玲获“全国劳动模范”“集团公司特等劳动模范”两项殊荣。深入开展扶贫帮困，慰问困难员工6452人次，发放帮扶资金770.37万元，企业整体保持和谐稳定。落实“两个责任”，推进惩防体系建设，接受集团公司党组专项巡视，采取效能监察、专项审计等手段，严查违规违纪行为，营造崇廉尚廉的工作氛围。

（陈　晶）

中国石油天然气股份有限公司辽宁销售分公司

【概况】 中国石油天然气股份有限公司辽宁销售分公司简称辽宁销售，主要承担辽宁地区成品油经营业务。截至2015年底，设14个市级公司，全资在用油库26座，总容积73.32万立方米，有油码头1座，油驳两艘，有自营加油站1421座。用工总数16009人。

2015年，实现成品油销售827.75万吨，同比减少9万吨，下降1%；其中，纯枪销售541.8万吨，同比减少21.4万吨，下降3.8%；实现销售收入488.9亿元，同比减少140.3亿元，下降22.3%；实现报表利润7亿元，同比减少4亿元，下降36.4%；实现非油品销售收入10.3亿元，同比增加3.8亿元，增长59.2%；实现非油品业务利润1.1亿元，同比增加3252万元，增长40.2%（表1）；全年未发生安全、环保、质量、计量责任事故，实现“十二五”平稳收官。

表1　辽宁销售油品销售指标　　万吨

指　标	2015年	2014年	2013年	2012年	2011年
汽油销量	374.83	240.87	245.02	226.97	206.84
航空煤油销量	13.52	0.52	0.57	0.17	0.3
柴油销量	395.3	367.62	377.35	422.34	455.47
润滑油销量	5.52	19.34	20.78	20.26	21.17
其他	38.58	13.5	15.45	23.58	23.59

2015年12月18日，集团公司党组决定，对辽宁销售公司、大连销售公司实施整合，原辽宁销售公司得到发展壮大，形成新的辽宁销售公司。

【“油卡非润”一体化营销】 2015年，辽宁销售突出纯枪创效，巩固市场份额，油品、加油卡、非油品及润滑油销售业务得到同步发展。

多措并举，抓好纯枪销售。努力克服中国石油系统外成品油经营单位推迟国Ⅳ标准油品质量升级，以大幅度低于国家定价的价格销售油品，抢夺零售市场份额的影响，适时开展点对点促销，接续开展“春耕惠农”“踏青畅游”“清凉一夏”“金秋送爽”等主题活动，积极与银行、保险、电信等大型企业联合开展“惠加油”“最红星期五”“翼支付”等跨界营销活动。实施加油站全流程诊断与优化，全面提升加油站经营、管理、服务水平。2015年发售加油卡140万张。开展客户大普查活动，完善客户档案信息，建立常态化客户维护机制。配合政府开展商标维权专项行动，清理商标侵权加油站63座，净化市场环境。

履行区内企业责任，守住市场份额底线，多销多进直炼资源，努力疏通炼油厂后路。完成汽油、柴油批发量222.5万吨，成品油市场份额提升0.9个百分点。科学制订调运方案，多种途径并用，保证油品按需及时配送到位，2015年购进直炼油品764.7万吨，最大限度兑现直炼进货计划。

以抓好便利店销售业务为核心，加快发展非油品业务。“十二五”期间，开展非油品业务的加油站由648座增加到1240座，增长116%，开店率由50%增长到87%。非油品销售收入从4.1亿元增加到10.3亿元，增长151%。扩大非油品业务网点覆盖范围，加强商品品质管理，提高服务水平，大大方便了驾车人和广大城乡居民日常生活。利润从3479万元增加到1.13亿元，增长226%。

润滑油销售业务以大客户开发为重点，积极与鞍钢集团、本钢集团、丹东曙光集团等大企业合作，2015年销售润滑油及石油小产品49.5万吨，同比增加9.6万吨，增长24%。销售船用燃料油7.6万吨。

【网络开发与工程建设】 2015年，辽宁销售认真编制公司“十三五”发展规划，完成与销售板块的规划对接。2015年下达投资计划2.43亿元，评审立项加油（气）站项目22座。其中，新开发加油站3座，续租加油站5座，扩建加油（气）站14座，共新增油品零售能力2.5万吨，新增加气能力1971万立方米，新投运加油（气）站8座，新增年零售能力6.6万吨。清理2014年及以前年度在建加油站27座，新增零售能力9.5万吨。探索“绿岛便捷型加油站”开发，营口分公司完成6座“绿岛站”选址，抚顺分公司与抚顺高新区政府投资平台已签订3年内建成1座普通加油站和10座“绿岛便捷型加油站”框架协议。完成库站工程建设项目19个，清洗库站油罐681个，完成油库检维修作业783项。

【控本降费】 2015年，辽宁销售发挥预算的源头管控作用，确保费用支出合理有效。实现费用总额29.3亿元，同比减少1.9亿元，下降6.1%，比预算少3.1亿元，下降9.5%。其中“五项”费用支出2817万元，同比下降27.3%，比预算下降27.5%。采取控制资金使用额度、提高资金使用效率、提升商业承兑汇票支付比例等措施，实现财务费用同比减少4170万元，比预算减少3876万元。开展资金安全大检查，落实批发业务双盖章、加油站经理离岗“四交接”（交接资金、油品、非油品和资产），推行资金集中支付，1361座加油站实现银行上门收款，上门收款率99.5%。清理集团公司内部单位之间工程往来款5034万元。积极处置闲置低效无效资产，取得政府补偿净收益5448万元，置换加油站2座。

积极推进信息化建设，完成销售分公司ERP应用集成由1.0升级为2.0试点。开展信息安全风险评估和信息系统应急演练，实现全省油库视频监控全覆盖。

注重依法合规治企，制定《全面推进依法治企工作实施方案》《合规管理细则》，修订法律风险防控体系手册，开展合规专项培训，签订个人合规承诺书。规范采购招标管理，完善相关制度，通过招标节约采购资金820万元。年度内控测试实现零例外目标。发挥审计监督服务作用，开展专项审计项目21个，发现问题134个，提出审计建议45条。大力发展合资合作，先后与中国电信、中国人保、平安保险等大企业签订战略合作协议5项，达成合作意向4个。与鞍钢集团组建合资公司，成立9个月共向合资公司销售油品4.37万吨。2009年，受销售分公司指派，辽宁销售承包管理海南销售东方油库，经过6年的不懈努力，圆满地完成上级的委托任务，培养了一批优秀油库管理人员和一线员工。2015年11月，与海南销售终止东方油库承包管理协议，东方油库管理权顺利移交。

【HSE体系建设】 2015年，辽宁销售认真贯彻落实国家新《安全生产法》和《环境保护法》，营造人人知法、懂法、守法氛围。以深化HSE体系建设为工作主线，落实“一岗双责”，完善岗位安全环保责任制。强化库站施工作业风险管控，打造安全监管、审核员、作业审批人三支队伍，规范作业许可管理，落实各项安全防范措施。2015年开展两次安全生产综合大检查和两次HSE体系内审，整改大小隐患2416项。利用安全生产费用和安保基金对重大安全环保隐患进行集中治理。强化应急管理，实施企地联动，推行基层现场“一案一卡”（现场处置预案和岗位应急操作卡）试点，加强应急演练，提高第一时间应急响应、处置和救援能力。抓住油库付油、公路运输、加油站卸油3个关键环节，采取9项措施，利用油库管理系统和加油站温度补偿系统，强化库站油品损耗管理。实施公路运输超耗索赔，杜绝非正常损耗。

【队伍建设】 2015年，辽宁销售坚持效益导向，完善薪酬分配与绩效考核办法，突出关键指标考核，坚持薪酬分配向一线倾斜，考核工资比例从20%提高到40%，严考核、硬兑现，薪酬激励约束作用得到有效发挥。省市公司精简内部机构96个，向基层转岗分流714人，5名机关处级干部退出领导岗位。举办各类培训班668期，培训学员37505人次，队伍整体素质能力有所提升。参加销售分公司“开口营销”主题服务技能竞赛，取得6银、3铜的成绩，参赛油库班组获“集体优秀班组奖”。认真组织职业技能鉴定，2015年鉴定库站员工2414人，244人取得高级工资格，540人取得中级工资格。

【党建工作】 2015年，辽宁销售干部员工认真学习党的十八大，十八届三中、四中、五中全会和习近平总书记系列重要讲话精神。深入开展“三严三实”专题教育，两级班子带头开展学习研讨、讲专题党课，以“三严三实”作风，扎实推进各项工作。开好专题民主生活会和组织生活会，抓好立规执纪和问题的整改落实。以“重塑中国石油良好形象”大讨论活动和大庆精神铁人精神再学习再教育活动为载体，努力改善企业和队伍形象。

抓好党风廉政建设党委主体责任、纪委监督责任落实，细化责任内容和责任部门，做好《中国共产党廉洁自律准则》《中国共产党纪律处分条例》学习宣贯，明确党员干部“六项纪律”（政治纪律、组织纪律、廉洁纪律、群众纪律、工作纪律、生活纪律）。落实集团公司专项巡视问题整改，制定7个方面21项措施。加大执纪问责力度，2015年结转及新立案件4件，处分6人。

发挥基层党组织战斗堡垒作用，贯彻落实集团公司《党支部工作条例》，开展“六个一”党支部创建活动，表彰系统内“一先两优”，8个先进集体和10名先进个人分别获得集团公司和辽宁省国资委表彰。做好新闻宣传工作，在《中国石油报》等报刊发表稿件343篇。加强群团工作，开展“学雷锋树新风、学铁人立新功”志愿服务活动，全心全意依靠员工群众办企业，引导员工群众投身劳动竞赛，创造良好业绩。做好扶贫帮困，发放帮扶资金493万元，帮扶困难职工1653人次。依托辽宁石油实业发展公司向有偿解除劳动关系人员和大集体人员发放困难救助金及各种节日补贴7640万元，有效保持了企业稳定。加强离退休职工“两项建设”，落实“两项待遇”，离退休管理服务工作扎实有效。

【机构整合】 2015年12月18日，集团公司党组决定，辽宁销售与大连销售实施整合。两个公司积极落实党组决定，识大体，顾大局，迅速统一思想认识，积极稳妥推进整合工作。整合工作领导小组精心研究部署，各专业线迅速行动，各项业务对接顺畅、运行平稳，两个公司队伍稳定。对接的218项工作，到2015年底已完成117项。在整合过程中，两个公司充分交流，互相学习借鉴、取长补短，和谐一家、共谋发展氛围浓厚，整合工作取得阶段性成果。

（马　丽　张凤春）

中国石油天然气股份有限公司广东销售分公司

【概况】 中国石油天然气股份有限公司广东销售分公司简称广东销售，前身为广州经济技术开发区中油油品销售中心，位于广东省广州市，成立于1998年9月7日，主要负责中国石油在广东地区油气销售、网络开发建设工作。截至2015年底，广东销售投运加油站1068座，运行资产型油库11座，总库容达109万立方米，资产总额160亿元。设13个机关处室、4个附属机构、16个地市（区域）分公司、2个直属单位、79家股权企业，有员工12351人。2015年，广东销售购进直属炼油厂资源568.28万吨，完成预算进度105.6%。销售成品油763.26万吨，其中汽油400.82万吨、柴油362.44万吨，在区外销售企业排名第一。纯枪销量达519.10万吨，在区外销售企业排名第一。吨油商流费408.8元/吨；实现利润-1.01亿元，完成稳增长保效益指标。实现非油品收入7.87亿元，利润1.27亿元。完成网络建设投资2.97亿元，加油（气）站项目立项20座，开发4座，投运10座（表1）。2015年无生产安全事故、环境污染事故、数质量事故，三条红线平稳受控。

表1　广东销售主要经营指标

指　标	2015年	2014年	2013年	2012年	2011年
成品油销售量（万吨）	763.26	704.7	653.6	605.19	696（加小产品）
汽油销量（万吨）	400.82	366.99	348.36	296.66	288.03
柴油销量（万吨）	362.44	338.49	305.24	304.98	357.19
小产品销量（万吨）	—	8.4	31.77	46.35	46.24
销售收入（亿元）	459	548	545	525	534.74
利润（亿元）	-1.01	0.52	-3.21	3.66	5.24
税费（亿元）	10.17	10.04	8.86	7.78	6.92
加油站总数（座）	1068	1073	—	—	1001
在营油库数量（座）	11	11	—	—	10
库容（立方米）	109	87	—	—	80
纯枪销量（万吨）	519.10	500.83	480	440.95	—
非油品收入（亿元）	7.87	7.5	7.8	6.6	6.06
非油品利润（亿元）	1.27	0.95	0.718	0.6328	0.5333
吨油费用（元）	408.76	497	504.49	515.46	453.22

【资源调运】　2015年，广东销售与中国海油、中国石化、广西销售建立异地串换机制，降低物流成本，增强粤东、粤西、粤北地区保障能力。实施“低库存”运行，清退3座租赁油库，吨油仓储费同比降低1.21元。下海资源二级库直达量提高5%，节省一级仓储和二级倒拨费用3355万元。下海油、公路运输综合损耗下降6200吨，节约成本4960万元。自创地罐标定方法，节省标罐费用1000万元。分地区梯度完成国Ⅴ标准柴油升级置换，减少油品置换损失600万元。

【市场营销】　2015年，广东销售密切关注市场，提前研判，预降先销，努力由市场跟随者向引导者转变，有效减少库存跌价损失。转变营销理念，推进顾问式营销，聚焦深圳市中油广聚石油有限公司、广州港股份有限公司物资分公司、华润水泥投资有限公司、佛山市顺德区美的电热电器制造有限公司、清远市粤运汽车运输有限公司等一批重点客户。下放调价权限，增强地市公司应对市场变化的灵活性和主动性。深挖市场增量，新开发客户583个，新增销售能力10万吨。抓住市场需求，创新预售业务，2015年预售销量6.72万吨。拓展合作平台，与广东储备物资管理局在资源保供、市场运作等方面开展深度合作。2015年销售总量超预算43.26万吨。

【零售管理】　2015年，广东销售强化现场服务，丰富增值服务，持续开展全流程诊断，加大“双低站”治理力度，网络运行质量持续提高，高速加油站36座，城区城郊加油站428座，万吨加油站达138座，5000吨级以上加油站378座。2015年，单站日销量达13.82吨，同比增长2.6%。整合网络资源，中国石油和中油BP联名卡在中油BP累计消费10.67亿元，折算纯枪销量14.3万吨。强化业务创新，改善客户体验，开展支付宝、微信充值支付试点。推动加油站达标销售，新投运加油站达标销售率同比增长4.1个百分点，新增零售能力11万吨。

【非油品业务】　2015年，广东销售持续优化品类管理，增强顾客“黏性”，购买率、客单价同比增长超过25%。助力“油卡非润”一体化营销，策划“贺岁迎春”“踏青出游”“后备箱计划”等主题促销，促销收入同比增长45%。以落实规范为抓手，稳步推进店面优化，对107座加油站便利店诊断优化后收入和利润同比分别增长27%和24%。持续推进团购业务，实现团购收入3700万元，同比增长81%。

【网络建设】 2015年，广东销售上下联动推动项目投运，协调省政府有关部门办理各项业务37个。与宝钢集团有限公司湛江钢铁厂合资开发1.04万吨/年零售量厂区加油站。加气站立项14座，开发2座，其中深圳燃气合作项目新增立项8座。油库建设进展顺利，茂名油库改造项目正式投产，东莞油库项目即将竣工验收，东莞同舟码头扩建项目取得项目预立项。加强工程管理，完成预结算审核110项、概算审核103项，审减率分别为10.1%和5.1%。编制完成广东销售"十三五"发展规划及主要业务专项规划，通过销售分公司评审。

【质量安全环保】 2015年，广东销售坚持严格监管、夯实基础，持续完善以风险管控为核心的QHSE工作模式。贯彻新《安全生产法》和《环境保护法》要求，修订各岗位安全职责，开展"两法"合规性审核，发现隐患问题417项。开展罩棚隐患、管线渗漏、防雷防静电专项排查，组织安全环保大检查，发现隐患1028项，并及时组织整改。加强应急预案体系建设，突出加油站应急预案梳理，制定加油站环境污染事故、生产安全事故、职业卫生事故、突发事故4类应急预案模板，提高基层站点应急处置能力。

【企业管理】 2015年，广东销售建立综合评价排名体系，有效引导基层单位提高业务运行质量。梳理财务、采购、销售、非油品、投资等业务领域主要风险点276项，完善资金风险管理责任机制。开展合规管理检查，发现问题257项，提出整改意见123条。持续优化合同管理，巩固经济、法律、技术三项审查防线，提出法律审核意见157条。深入推动党风廉政建设"两个责任"落实，强化纪律和制度执行。开展"守纪律、讲规矩、作表率"主题教育活动，党纪宣传贯彻和警示教育保持常态化。扎实开展各类审计项目，开展7项经济责任审计、4项专项审计，提出管理建议58条。

【企业文化建设】 2015年，广东销售开展"重塑中国石油良好形象"大讨论，组织"弘扬光荣传统、重塑良好形象"石油文化进库站、"我为重塑形象献一策"等活动，增强员工的荣誉感。扎实推进"三严三实"专题教育，开展党课教育83场次，两级党委中心组组织专题研讨58次，查找问题161条，完成整改92条，激发党员干部干事创业的责任感。

（孟祥光）

中国石油天然气股份有限公司内蒙古销售分公司

【概况】 中国石油天然气股份有限公司内蒙古销售分公司简称内蒙古销售，成立于1951年，1998年上划中国石油天然气集团公司，主要从事汽油、柴油、润滑油、车用天然气、石油液化气、日用百货、农用物资、食品及烟酒等销售业务，是内蒙古自治区的主要成品油供应商。

下辖呼伦贝尔、兴安、通辽、赤峰、锡林郭勒、乌兰察布、呼和浩特、包头、鄂尔多斯、巴彦淖尔、乌海、阿拉善12个盟市分公司和包头宁鹿石油有限公司、高速石油销售有限公司、内蒙古中油霍煤石油有限责任公司3个控股公司及105个零售片区，服务范围覆盖内蒙古自治区全境。

有加油站1485座、油库28座，库容102.75万立方米，便利店976座，资产总额87.43亿元。坚持"客户至上，诚实守信，品牌精良，效益为本"的营销理念和"用心、规范、舒适、便捷、满意"的服务理念，树立良好品牌形象。坚持合规精细管理，所有库站实行"进销存"一体化、信息化管控，油库"一卡通"自助付油，加油卡"一卡在手，全国加油"，油库加油站通过可视化、数字化信息系统实现远程指挥和实时监控。

2015年，成品油销售量完成550万吨，同比减少42万吨，下降7%。其中，汽油销售243万吨，同比增长7%，柴油销售307万吨，同比下降16%；纯枪量441万吨，同比减少41万吨，下降8%（表1）。

表1　内蒙古销售主要经营指标

指　标	2015年	2014年	2013年	2012年	2011年
成品油销售量（万吨）	550	592	637	664	710

续表

指　标	2015年	2014年	2013年	2012年	2011年
非油品收入（亿元）	3.92	3.63	4.40	3.86	3.50
非油品利润（亿元）	0.53	0.43	0.34	0.29	0.28
销售收入（亿元）	330.50	443.29	489.94	522.21	546.55
利润（亿元）	-2.26	1.81	0.66	8.12	7.50
税费（亿元）	4.75	3.53	7.03	5.24	5.78
资产总额（亿元）	87.43	90.98	95.58	86.08	84.69
加油站总数（座）	1485	1487	1464	1448	1445
油库总数（座）	28	29	30	31	34

【市场营销】 2015年，内蒙古销售营销工作不断创新营销机制，优化营销策略。建立市场快速反应机制，成立营销工作领导小组、销售异常督导小组，召开片区会，对基层工作现场把脉开方。科学平衡资源购进，购进直属炼油厂资源515万吨，配置计划兑现率100%；购进地方炼油厂油品26万吨。坚持低库存运作，特别是7—9月库存从45万吨降到31万吨。发挥信息监测作用，在竞争激烈地区采取品号跟进、策略跟进，2015年市场份额占68.86%。尝试特许经营业务，通辽、鄂尔多斯、呼和浩特的7座加油站开展特许业务，增加直销量2万吨。利用销售板块柴油超销激励政策和直属炼油厂超接奖励政策，激发基层扩销增效。设立超销贡献专项奖金，谁超销谁受益，凭贡献发奖金。下放制价权限，提升价格灵活度，增强市场竞争力。

【"油卡非润"一体化营销】 2015年，内蒙古销售积极推进"油卡非润"一体化营销。常规促销和节日主题促销相结合，盟市公司利用当地的特色旅游开展系列特色加油服务，抢抓阶段性消费增量。推进差异化营销，分单位、分区域、分时段制定加油卡策略，优质大客户实施"一客一策"加油卡优惠策略。强化跨省客货运车队客户管理，与71个跨省大客户建立合作关系。开启网络业务新模式，发挥微信平台对品牌的宣传优势。正式开通支付宝向加油卡充值的新方式，提升加油卡储值额。推动全员"开口营销"，集中开展加油站现场服务、站容站貌、环境卫生"三整治"活动，发现问题限时整改。非油品业务灵活销售策略，优化商品结构，拓宽经营领域，着力店面诊断优化，突出核心品类管理，盈利能力不断增强。试点运行乌兰察布、呼和浩特、包头、鄂尔多斯4个地区126座便利店的配送工作。2015年，非油品业务实现销售收入3.92亿元，利润5300万元，同比分别增长7.9%和22.7%。

【网络建设】 2015年，内蒙古销售坚持开发、投运、清理齐头并进，新开发加油（气）站2座，新投运16座，改扩建加油站14座，便利店形象包装改造20座。续建八拜、黄花山、乌兰浩特、乌海、海拉尔5座油库。完成19座油库、1455座加油站油气回收改造，清理在建项目52个。深入推进合资合作，与内蒙古自治区交通厅就高速公路加油站建设、"ETC速通卡"、公路建设用油等一揽子项目达成战略合作意向。呼和浩特分公司初步与西部天然气3个子公司达成15座加油（气）站改造意向。呼伦贝尔分公司积极推进与内蒙古晟丰燃气公司合作增设加气业务项目。

【安全环保稳定】 2015年，内蒙古销售全面落实安全环保责任制，层层宣传贯彻新《安全生产法》和《环境保护法》，深入开展"安全生产月"活动，持续提升广大干部员工的安全环保意识。开展HSE体系内审，对查出的问题挂牌限时整改，整改率达到95%以上。深刻汲取锡林浩特油库"2·17"高空作业亡人事故教训，全面梳理完善操作规程，推进油库安全运行专项治理"回头看"，28座油库全部安装安全带挂架，加油站全面推行从油罐车卸油口取样验收，消除员工上罐作业高处坠落风险。按专业、分岗位、逐环节开展风险辨识，识别新增风险236项，全部落实防范措施。投入隐患整改资金7821万元，完成白音华油库、东胜油库、临河油库等隐患项目及租赁加油站油气回收改造。开展各层级预案演练，及时有效应对呼伦贝尔陈巴尔虎旗草原大火和阿拉善左旗5.8级地震。顺利通过质量管理体系再审核再认证，持续开展明察暗访，2015年未发生质量、计量事件，树立良好的企业形象。内蒙古销售连续5年被内蒙古自治区授予“产品·服务双满意单位”。全力做好重大节日和敏感时期的安保防恐维稳工作，受到集团公司的通报嘉奖。

【企业管理】 2015年，内蒙古销售推进“升级版”盟市公司建设，将盟市公司9个职能部门统一调整为“五部两中心”，累计减少职能部门24个，取消附属机构31个，减少机关岗位481个。按照新的组织架构和“扁平化”管理要求，重新界定两级公司和零售片区职责定位，优化分工决策程序，推进加油站“一站式”服务平台系统，理顺基层“单线式”工作程序。突出人均劳动效率分配导向，2015年兑现绩效奖金最高单位的绩效奖金是最低单位的7倍，人均月绩效奖金标准最高单位的绩效奖金标准是最低单位的2倍，实现“量、效与薪酬”的同步增减。首次将“库站外人员占比”与单位工资总额和领导人员业绩考核“双挂钩”。2015年，员工总量减少896人，库站外非直接生产人员减少307人，清理规范各类长期在册不在岗人员231人。通过降成本、优物流、减冗员、低库存、轻资产等一系列组合措施，商流费同比下降4%，运输费同比下降3.3%；分环节强化公路运输损耗管控，强化铁路油品装卸车环节的计量交接管理；强化非生产性费用管理，进一步规范业务接待和公务车辆管理办法，“五项”费用同比下降12.4%。持续推进基础管理体系建设试点工作，有效预防法律风险；财务“两个集中”工作有序推进，4家单位试点运行；开展资金安全专项稽查，整改纠正违规问题；开展“送运维技术下基层”活动，切实为基层解决技术难题；开展各类审计及项目监察，起到警示防范作用。

【党建和队伍建设】 2015年，内蒙古销售全面落实党风廉政建设党委主体责任、纪委监督责任、分管领导及业务部门监督责任，严格履行“三重一大”决策制度和程序。组织广大干部员工学习习近平总书记系列重要讲话精神，为企业改革发展统一思想。全面开展“三严三实”专题教育，各级领导干部对照问题清单，直面问题、认真改进。开展“重塑中国石油良好形象”大讨论活动，举办“重塑形象、稳健发展”内训师大赛，“我是中国石油形象大使”“油站都是宝石花、人人都是护花人”万人主题签诺活动、“奋斗的青春最美丽”青年大讲堂等活动，搭建“中国石油内蒙古销售公司”微信平台，为企业科学发展凝心聚力。实施人才储备库制度，启动“百人计划”，把近10年接收的大学生按专业归队管理。持续抓好培训和技能鉴定，2015年培训各专业线员工900多人次，完成1987人的技能鉴定任务。开展“开口营销”主题服务技能竞赛，提高全员营销的服务意识和技能水平。

（郑　涛）

中石油新疆销售有限公司

【概况】 中石油新疆销售有限公司简称新疆销售，是中国石油天然气股份有限公司出资设立的一人有限责任公司，前身为成立于1954年7月的中国石油公司新疆省石油公司，2015年改制并在新疆乌鲁木齐市注册登记。主要从事新疆维吾尔自治区成品油销售、储存，以及非油品、天然气、润滑油、加油卡销售等业务。设12个职能处室，3个直属单位，14个销售分公司和3个专业公司。截至2015年底，有员工10227人；资产总额103亿元；有资产型加油站1047座，运营847座，占新疆维吾尔自治区加油站总数的44%；运营分销油库6座，库容39万立方米；铁路专用线4条，铁路接卸鹤位66个。

2015年，成品油销售量546万吨，同比下降0.15%；单站日销量13.27吨，同比减少0.27吨，下降1.99%。天然气销量5284万立方米，润滑油销量1.5万吨，非油品业务收入6.2亿元，整体经营收入324.7亿元，账面利润3.2亿元（表1）。

表1 新疆销售主要经营指标

指 标	2015年	2014年	2013年	2012年	2011年
成品油销售量（万吨）	546	546.6	575.5	550.2	490.2
营业收入（亿元）	324.7	405.54	451	447	388.83
利润（亿元）	3.2（账面）	753	7.18	10.3	7.1（税前）
加油站总数/运营数（座）	1047/847	1028/847	1027/837	1000/813	1000/798
在营油库数量（座）	6	7	6	6	9
库容（万立方米）	39	44.78	37.5	37.5	40

【市场营销】 2015年，新疆销售建立市场份额挂钩考核机制，下放成品油价格及应收款项权限，制定调拨价激励方案，开展“点对点”竞争、错时优惠、周末优惠等促销活动，组织开展各类主题促销活动，坚持高端、差异化营销策略，扩大高标号汽油销售份额；完善客户星级评定机制，建立健全价格管理体系。推进客户服务中心和直销队伍建设，11个客户服务中心发售加油卡71.5万张，充值58亿元，分别占公司总量的65%和40%。40名客户经理实现销量36.58万吨，同比增长9.1%。实施跨区业务联动，跨区客户上报33家，实际发生消费17家，获得销售板块季度奖励8.5万元；安排部署特殊时期资源协调保供，协调推进成品油市场整顿工作，规范成品油市场经营秩序，改善外部销售环境。

【资源运行】 2015年，新疆销售面对泽普石化停产、两大炼油厂检修、公司3座油库改造等困难，制定并实施资源物流配送方案，特别是新疆维吾尔自治区成立60周年庆祝活动期间，各地限时限运，两级公司与多方协调，油库、车辆全天候运作，保障市场供应；制定并实施资源战略方案，开展地方炼油厂资源调查，足额兑现直炼资源，适度串换、外采调控市场，节约运费4700万元；控制库存水平，将库存规模由28.5万吨逐步降至14万吨，规避库存跌价损失；提高车辆运行效率，重车在途率64.63%，同比下降25.69个百分点，加油站配送计划完成率99.24%，同比提高0.66个百分点，直销客户配送计划完成率99.82%，同比提高0.72个百分点。

【投资建设】 2015年，新疆销售制定网络战略实施方案，编制“十三五”发展规划，参与政府规划编制，从源头争取网络建设权；实施“抢、轻、比、用”四字网络开发建设方针，量化考核网络开发建设指标，落实责任，2015年新开发加油（气）站24座、投运22座。制定投资建设轻量化管理方案，置换建设用地，减小罩棚、站房等面积，控制建设规模；加强工程项目全过程管理，开发建设阿克苏加气母站并投运，完成库尔勒油库改造，新建北屯油库、喀什油库主体完工。

【库站管理】 2015年，新疆销售举办“打造强大现场、服务创造价值”为主题的第一届加油站经理论坛，建立加油站服务示范小分队，为300名星级加油员统一配置“星级加油员袖标”，起到现场“亮身份”“做示范”作用。成立“开口营销示范小组”，通过“示范+培训+巡查”方式带动基层开展开口营销工作；制定并下发《中石油新疆销售有限公司品牌战略实施方案》《树立中国石油良好窗口服务形象活动方案》，明确品牌战略及专项活动的推进思路及相关措施；修订完善库站非现场巡查方案，明确“专项巡查+销项管理”工作思路，2015年对1236座库站开展视频扫站，平均成绩98.62分；实行95504客服对视关注、周案例警示、月通报考核的监督机制，2015年处理投诉177起，平均投诉率0.59%，“三率”评分分值98.55分，列销售板块第九；修订与细化考核标准及访问问卷，按照计划组织开展访问工作，2015年共开展神秘顾客访问工作1608座次；推进加油站全流程诊断与优化工作，采用科学方法把脉“双低站”问题，通过日跟踪、周反馈、月通报的方式推进并巩固“双低站”治理工作，2015年治理低销站304座，治理负效站270座，日均销量同比增加0.11吨，吨油费用同比减少22元；推进加油站基础信息平台运用，完成新疆销售《库站设备全生命周期管理手册》编写工作。

【非油品业务】 2015年，新疆销售完成293座精品店互查互诊、优化提升及2座样板站重塑工程工作，在30万元以上便利店配备移动售货车及售货篮，收入提升3.58%，毛利提升7.56%。与新疆维吾尔自治区烟草专卖局（公司）签订战略合作框架协议，得到政策倾斜，2015年节约财务费用80余万元，香烟销售同比增长9.72%。组织红牛、农夫山泉等12个知名品牌包装饮料促销活动，同比增收163.97万元；编制非油品投资项目储备计划，制定加油站与社会服务商联合开展换油业务指导实施方案，推进昆仑快速换油中心建设。制定促销信息、O2O微店和保险销售三大营销模块方案，与雪山果园合作，开设优斯麦尔干果e店，实现线上销售；完善《供应商管理办法》《采购管理办法》，清理目录外低效商品，商品主数据总数降至5155条。在新疆维吾尔自治区8家分公司实现“配送整合”；编制下发《昆仑车用润滑油分类陈列管理办法》《社会经销商合作换油指导意见》。先后与紫金矿业金脉国际物流公司、天然气运输公司、中泰化学蓝天物流等单位洽谈开展润滑油销售业务，实现销售239.6吨。

【企业管理】 2015年1月1日，新疆销售正式改制，按中国石油天然气股份有限公司出资设立的一人有限责任公司模式运营，实现“户落当地”目标。进一步精简机构，将维护稳定办公室并入人事处（党委组织部），撤销原公司机关附属机构油品检测中心，成立中心化验室，业务隶属质量安全环保处；2015年新疆销售交流调整处级干部13人，提拔任用处级干部8人；修订《薪酬总额及劳务费分配管理办法》，增大市场份额激励力度。下发《规范公司两级机关管理人员薪酬分配秩序》通知，对公司两级机关人员的月度奖金标准及各岗级奖金系数关系进行统一规定。打破简单按照企业类别系数固定的奖金分配模式，制定直属企业领导班子业绩奖金分配系数测算办法，根据经营效率和改善情况浮动确定奖金兑现，适应企业发展新需求；建立“关键业绩指标（KPI）+重点工作（GS）+工作评价（WAI）”考核体系，修订《处级干部业绩考核管理实施细则》，依据细则开展处级干部2015年业绩考核工作；新疆销售2015年完成经济责任审计、专项审计、工程结算审计及竣工决算审计171项，挽回损失45.68万元，审减资金533万元。

【改革创新】 2015年，新疆销售自成为独立法人按新体制运行以来，根据集团公司要求，与新疆维吾尔自治区确定的企业商谈，推进合资进程，开展房屋、土地等资产权属变更，完成进度66%。与高铁枢纽综合开发建设投资有限公司成立合资公司，共同开发高铁核心区域成品油市场。完成库车燃气、OTO股权等合资项目前期准备工作；推进对外合作业务，与新疆维吾尔自治区烟草、邮政、旅游等单位签订战略合作协议，与新疆中亚商品交易中心携手打造成品油在线销售平台，与蓝天物流、卡卡通、移动通信等企业建立长期合作关系。按照“业务主导、组织保障”的思路，成立合资合作、深化改革领导小组，合并精简机构，理顺管理机制，归并物资采购、招投标等职能，实现专业化管理；推行HSE、质量、内控和法律风险防控“四大”体系在加油站层面的融合，制定标准作业流程，开展试点；开展科技与管理创新研究，26个项目得到评审。2015年，新疆销售获全国石油和化工行业两化融合优秀实践奖。

【质量安全环保】 编制全员安全业绩考核标准，完成102名处级领导、237名科级干部安全业绩评估；编制处级干部安全能力评估标准和题库，在新疆销售副处级干部竞聘环节中首次组织13人参加安全能力评估考试；对仓储公司7座油库储罐区进行全面安全检查；组织173名内审员对66个两级机关部门、803个基层单位进行体系推进指导、培训和审核，基层单位覆盖率100%；建立一支由35人组成的作业许可培训师队伍，对784名作业许可审批人开展分级培训及能力再评估；组织36名一类、71名二类作业许可审批人通过销售公司组织的考评，监督1120名三类作业许可审批人取得合格资质；开展公司级成品油质量监督抽查，2015年共抽检库站汽柴油200批次。对52批次的外采汽柴油进行全项目分析，接受集团公司质量监督抽查2次，抽检库站油品24批次，抽检合格率均为100%。开展实验室比对，提升新疆销售检验人员的能力和水平。2015年，新疆销售获集团公司“安全生产先进企业”、新疆维吾尔自治区“安全生产目标管理先进单位”称号。

【党建群团】 制定党委工作规则，修订党风廉政建设“两个责任”实施细则，明确党委、纪委及其成员党风廉政建设责任；开展“三严三实”专题教育，解决不严不实问题；开展副处级岗位竞聘和试用期满考核，组织领导干部个人有关事项填报和抽查，规范股权企业派出人员管理；建立“三重一大”和涉及职工群众利益事项的公开机制，畅通全员合理诉求通道，解决职工群众反映集中的问题，落实“五项公开”、带薪休假等制度，以及离退休老同志两项待遇；坚持薪酬分配向基层倾斜，在薪酬总额未增加的情况下，一线收入保持增长；抓“五小工程”建设，开展夏季送清凉冬季送温暖、机关员工下站轮岗等活动，改善基层员工工作生活环境；加大培训力度，推进职业技能鉴定，举办双语读书知识竞赛和服务技能竞赛，营造岗位成才氛围；关心关爱员工。开展扶贫帮困，开展送温暖、爱心捐助、帮扶困难群体、慰问离退休老同志等活动，企业发展成果惠及广大员工。2015 年，新疆销售获新疆维吾尔自治区厂务公开民主管理工作先进单位。

【社会责任】 2015 年，新疆销售开展“重塑中国石油良好形象”大讨论活动，开展签名承诺、英雄司机投票，举办“榜样在我身边”主题报告会，参与集团公司“央企责任·中国石油在新疆”新闻发布会，代表销售公司做打造“人·车·生活”和谐驿站发言；积极应对皮山县里氏 6.5 级地震灾害，全天候为抗震救灾提供油品保障；开展扶贫帮困送温暖，2015 年共计慰问各类困难人员 3072 人次，发放慰问金总计 451 万元，为 54 名困难员工子女发放助学金 9.5 万元。完成地方政府对各直属企业下达的扶贫任务，落实帮扶资金 69 万元，新疆销售对“访惠聚”活动联系点巴什亚巴格村、西格贝格村开展帮扶，修建抗震安居房，为定点扶贫恰斯米其提乡瓦合甫村村民购置电视机 100 台，丰富农民文化娱乐生活。

（成震宇）

中国石油天然气股份有限公司陕西销售分公司

【概况】 中国石油天然气股份有限公司陕西销售分公司简称陕西销售，前身成立于 1953 年 11 月，是股份公司所属地区公司，截至 2015 年底，陕西销售下辖 12 个分公司、1 个油品质量监督检验中心、5 个驻省内炼油厂（管输库）采供站；机关设有 14 个职能处室。运营加油站 968 座，油库 7 座，总库容 30.27 万立方米，员工总数为 9524 人（含内退人员 442 人），资产总额 48.5 亿元。

2015 年，陕西销售成品油销售量 480.2 万吨，纯枪销量 331.09 万吨，完成销售板块下达年度任务 535 万吨的 89.76%，同比减少 46.54 万吨，下降 8.84%。其中，汽油 218.74 万吨，同比增加 31.97 万吨，增长 17.12%；柴油 261.47 万吨，同比减少 78.51 万吨，下降 23.09%。纯枪销售 331.09 万吨，完成销售板块下达年度任务 367.7 万吨的 90.04%，同比减少 38.38 万吨，下降 10.39%。累计发售加油卡 53.70 万张，沉淀资金 14.31 亿元；新开发加油站 8 座，投运新开发加油站 10 座，改扩建加油站 11 座，改造便利店 50 座。实现非油品收入 4.59 亿元，非油品利润 0.53 亿元，同比分别增长 25% 和 31%；实现利润总额 6.35 亿元（表 1）。实现数质量安全环保零事故。

表 1　陕西销售主要经营指标

指　标	2015 年	2014 年	2013 年	2012 年	2011 年
成品油销售量（万吨）	480.2	526.73	522.6	501.52	477.31
非油品收入（亿元）	4.59	3.67	4.40	2.94	2.01
销售收入（亿元）	288.06	386.54	398.50	389.93	362.83
利润（亿元）	6.35	6.92	5.44	8.12	7.24
税费（亿元）	6.10	7.39	5.44	6.21	5.36
资产总额（亿元）	48.50	46.27	39.96	40.22	42.68
加油站总数（座）	975	955	932	908	885
油库总数（座）	7	9	13	14	15

【“十二五”回顾】 “十二五”是陕西销售实现可持续发展的重要时期，在市场竞争加剧、需求增长放缓、价格机制调整“三大压力”下，陕西销售万名员工发扬求真务实、真抓实干的作风，积极落实“十二五”

发展总体思路，抢抓机遇、深化改革、强化管理、创先争优，经营业绩保持基本稳定，与“十一五”末相比，平均销量由410万吨提高到502万吨；累计实现利润总额34.08亿元。建成百万元店132座，累计收入16.4亿元。润滑油销量逐年递增，达到8290吨。坚持“理性投资、突出效益”原则，改扩建五里油库，累计投资5800万元；新建、收购、租赁加油站243座，网点总数超过千座。积极融洽与地方党委政府关系，分别与9个地市签订战略合作框架协议。建立直属企业分类评价体系，健全内控和HSE管理体系，打造精细化“四模”工作方法，启动综合计划管理，各项工作得到有效落实。坚持预算引领，深入降本增效，实现资产轻量化、费用可控化。注重“监控、监测、应急”三种能力建设，形成安全“六坚持”、数质量“四六三”工作模式，积极构建联合监管格局，实现全系统油库、加油站安全、数质量无等级事故。加强“三支队伍”建设、思想作风建设、组织制度建设，大庆精神铁人精神落地生根，基层战斗力得到加强。始终围绕“尊重员工、尊重客户、尊重基层”理念，搭建沟通体系，以“家”为核心的企业文化基本形成。坚持将企业发展主动融入地方经济社会发展大局，得到社会广泛认可。陕西销售2012—2014年蝉联陕西省顾客满意度测评同行业第一；2012年被中共陕西省委、陕西省人民政府授予“先进集体”荣誉称号；被陕西省国税局、西安市国税局授予“2012—2013年度西安市A级纳税人”称号；2014年获“全国实施用户满意工程先进单位”称号，被国家工商行政管理总局授予“守合同、重信用企业”称号。

【库站管理】 2015年，陕西销售持续提升加油站综合管理水平，加强标准站、万吨站培育和高端站打造。开展神秘顾客访问加油站活动，访问加油站1042座次。对291座加油站开展全流程诊断与优化，完成优化1311项。对805座加油站卫生间进行排查，完成306座加油站卫生间维修整改。建立一体化营销机制、市场快速反应机制，优化价格管理流程，组织策划四季营销，开展“油卡非润”整体互动，通过价格、促销积极应对激烈竞争。强化客户管理，开展各类“六进”活动超过3000次，现场办理各类卡种4800余张。

【非油品业务】 2015年，陕西销售以“自主经营，因地制宜，规范发展，稳步推进”为指导思想，积极发展非油品业务，实现专业化管理，启动非油品中央仓建设，确立“立足站内，走出站外”的理念和“油非互动”策略，开展“油卡非润”一体化促销活动，带动油品增量、促进非油商品增收；拓展汽车用品、滑油销售等旧业务，探索加油站广告、地方特产等新业务，积极开展四季主题促销，试点轮胎、彩票销售，尝试便利店合作经营，促进非油品增收。截至2015年底，陕西省便利店座数为838座，较2014年新增71座，其中百万元以上便利店132座。新增百万元店47座。润滑油业务较好完成全年任务目标。

【资源运行】 2015年，陕西销售购进直炼资源177.98万吨，外采资源303.66万吨，国储1.12万吨，外采增效1.43亿元。面对油价持续下跌，把握调运节奏，高效运作库存，有效减少跌价损失。统筹优化物流组织，持续加大公路一次入站数量203.76万吨，一次入站率81.28%，同比提高5.77个百分点，节约运费1373万元。深化二次物流系统应用，优化资源流向，强化运距管理，出库配送同比减少27.97万吨，平均运距同比缩短11.31千米，吨油运费减少7.79元，运费减少2633.31万元。

【质量计量安全环保】 2015年，陕西销售全面修订HSE体系文件，坚持一年两次HSE体系全要素量化审核，推行各专业委员会每季专项审核检查，完成销售分公司内审发现问题整改。落实“一岗双责”，实行安全隐患整改分级制，排查隐患16类386项，涉及整改资金4655万元。开展安全生产大检查，落实问题整改1317项。全面开展库站应急处置方案和岗位应急处置程序修订，投入227万元强化应急物资配备，组织各类实战应急演练3907次，2万余人次参加演练。全年未发生数质量安全环保事故。

【市场拓展】 陕西销售立足现有网络，优化投资结构和网络布局，规范工程建设，努力推进网络建设。将网络开发建设指标纳入业绩考核，有效带动各级开发力量，2015年新开发加油站8座，投运新开发加油站10座，改扩建加油站11座，改造便利店50座。实施现场监管人员、现场责任、施工培训“三落实”，有效保障风城十路加油（气）站建设、明德门便利店改造、华清路加气站扩建等重点项目的安全有序推进。先后利用五次网络建设推进会时机，开展以便利店设计新标准、投资与建设工作手册学习、施工与检维修作业安全监管等为内容的培训会，强化新知识、新技术推广，进一步提高投资人员业务水平。加强与政府部门的协调沟通，主动拜访、座谈汇报，经过努力，截至2015年底有10座新建加油站在陕西省商务厅门户网站上进行公示。

【企业管理】 2015年，陕西销售大力提倡诚实守信理念，制定合规管理实施细则，全员签订合规承诺书，形成良好的合规管理风气。开展“质量月”专题活动，配合政府进行成品油市场整顿，强化油品全过程数质量管理，保证所售商品品质优量足。科学设置机关岗位，分公司机关完成“四部三中心”整合。成立非油品业务整合筹备组，借鉴兄弟企业非油品业务成功做法，构建“处室+公司”管理模式，为下一步推进此项业务稳健运行做好前期准备。认真落实开源节流、降本增效措施，严格预算管理，合理压缩非生产性支出，“五项”费用同比下降12.96%，财务费用同比减少3515万元。利用闲置土地置换加油站建设用地5宗，整体对外招租52宗，对外转让1宗，内部转让1宗，政府规划2宗，房屋出租111项，创效823万元。大力强化风险管控。开展全省资金和小金库专项检查，全面推广财务“三集中”运行，加快构建和完善公司规章制度管理体系。认真开展中央巡视、集团巡视、审计反馈问题整改，完成整改112项。加快推进信息化建设。制订下发信息系统建设推进方案，启动协同管理系统搭建、微信营销平台建设。实施油站网络升级，完成西安西油库一卡通改造和5座油库视频监控系统安装。深入开展系统应用问题巡诊服务，解决各类应用问题206项。

【企业文化建设】 2015年，陕西销售以四个关键环节为主线，全面部署“三严三实”专题教育，制订“重塑中国石油良好形象”大讨论活动实施方案，在门户网站开设专栏，召开推进视频会，使“重塑中国石油良好形象”入脑入心。组织服务技能竞赛、最美员工摄影比赛、加油站形象提升、客户体验日等8项特色活动，使“重塑中国石油良好形象”落地生根。开展承诺践诺签名、社会环保、志愿者服务等公益活动，向社会释放中国石油“正能量”。成功举办“油品泄露与新闻应对”舆情演练，发挥新闻宣传的“喉舌、窗口、平台”作用，集合“一网一刊一站”宣传载体和社会主流媒体传播优势，各类对外宣传上稿327篇。

（吴　甜）

中国石油天然气股份有限公司甘肃销售分公司

【概况】 中国石油天然气股份有限公司甘肃销售分公司简称甘肃销售，前身为甘肃省石油总公司，成立于1953年，1998年划入中国石油天然气集团公司，1999年8月集团公司实施内部重组改制时划入股份公司。主要从事汽油、煤油、柴油、润滑油及特种油品批发零售业务，是甘肃省成品油主要供应商，承担着主渠道作用。甘肃销售下辖18个分公司、1个控股公司。截至2015年底，固定资产35.85亿元，总资产38.28亿元，员工8551人。有油库13座，总设计库容量为45.25万立方米，7.7千米铁路专用线，油库油品周转量255.3万吨。有加油（气）站675座，加气母站1座，纯气站5座，油气混合站12座。开展便利店服务项目的加油站达到632座，其中百万元店114座、50万元店129座、30万元店92座。

2015年，销售成品油438.73万吨，实现销售收入263.81亿元，利润11.01亿元，同比增长10%。实现非油品收入4.69亿元，同比增加1.54亿元，增长48.69%；实现非油品利润5168万元（表1），同比增加1944万元，增长60%。上缴税金6亿元，承担社会责任159万元。市场份额、单站日销量、吨油利润、人均纯枪量、日均10吨纯枪量用工、综合资本投资回报率等核心指标均位于销售板块前列。在集团公司企业综合发展能力评比中，甘肃销售在销售板块排名第二，企业规格从中国石油二类A级企业迈入一类企业，企业营运质量、综合实力持续提升。

2011—2015年，累计销售油品2205.05万吨，累计实现利润41亿元。

表1　甘肃销售主要经营指标

指　标	2015年	2014年	2013年	2012年	2011年
销售收入（亿元）	263.81	333.12	337.95	324.95	307.04
税前利润（亿元）	11.01	10.01	5.16	7.72	7.08
销售总量（万吨）	445.29	456.58	454.19	430.61	418.38

续表

指　标	2015 年	2014 年	2013 年	2012 年	2011 年
成品油销售量（万吨）	438.73	443.87	446.03	421.34	412.48
非油品收入（亿元）	4.69	3.15	3.95	4.06	2.92
非油品利润（亿元）	0.52	0.32	0.33	0.27	0.25

【市场营销】 2015 年，甘肃销售针对油品销售持续低迷的市场状况，采取积极主动灵活有效的策略，坚持科学营销、精准营销、有效营销，赢得市场主动，成品油销售好于预期。加强“市场、客户、对手”研究，正确处理与同业的竞争与合作关系，建立信息互通机制，积极稳定市场价格，开展理性竞争，实现稳价增效目的。2015 年自营纯枪销量 367.6 万吨，同比增加 1 万吨，其中汽油纯枪量逆势大幅增长，同比增加 29.1 万吨，增长 22.5%；批直量 64.34 万吨，同比增加 3.2 万吨，增长 5.3%；新增客户 141 户。把握“资源、市场、库存”之间的联动关系，始终把提高配送效率、降低运行成本作为调运工作的核心，及时掌控进货节奏，灵活配置资源，有效规避经营风险，2015 年实现库存收益 4635 万元。协调甘肃省商务厅、发改委、公安厅等 9 个执法部门在甘肃省范围开展成品油市场专项整治行动，共检查运油车辆 436 台次，检查经营网点 98 个，查获非配置油品 600 吨，拆除油罐 20 具，关闭无证经营网点 116 个，净化区内市场环境。

【加油站管理】 对 13 座加油站进行整体改造，对 188 座加油站进行设备更新，对 10 座便利店进行升级改造，对 258 座加油站设立自助加油机；响应政府号召，推进“厕所革命”，投资 3000 多万元，新建、改造厕所 160 座，着力为消费者营造舒适消费空间。组织开展“比情感营销、赛差异化服务”活动，推行开口营销，实现客户“零呼唤”，在销售分公司组织的“开口营销”服务技能竞赛决赛中，甘肃销售获 1 金、3 铜、2 优秀、1 最佳人气奖成绩；25 名加油站经理到云南销售挂职锻炼，体验区外公司发展理念、管理经验和企业文化。紧盯目标市场，在交通要道、旅游景区和城区加油站开展“贺岁迎春”“踏青出游”“激情 5 · 1、欢乐有我”“6+X 便民服务”活动，客户回头率、油箱加满率同比提高 0.5 个百分点；推广边卸边加，解决卸油停枪难题，361 座加油站实现边卸边加，加油站有效工作时间增加 1370 小时，新增销量近 47800 吨；对金昌、临夏等主体市场区域实行全封闭、断奶式自助加油，强力引导客户消费习惯，自助加油站达到 258 座；充分利用加油站空间，拓展加气业务，新建加气站 3 座，累计 21 座，销售天然气 6110 万立方米。以卡为媒开展跨界营销，增设自助售卡充值机 170 台，完善集“油卡非润”在线营销、综合服务、业务推广于一体的微信营销平台，卡销比 34.86，同比增加 7.22，增长 26%；销售润滑油 5421 吨，同比增加 1064 吨，增长 19.63%。

【非油品业务】 2015 年，甘肃销售认真做好店面全流程诊断和优化提升，制订下发《店面优化提升及氛围营造工作方案》，分批开展以便利店全流程诊断优化提升及现场操作 369 为主题的专业培训，累计培训学员 460 余人次，通过优化提升，同比增长 40% 的便利店 118 座，增长 20% 以上便利店 73 座。结合站点分类、市场需求、季节变化，持续开展“贺岁迎春”“踏青出游”“金秋送爽”“暖冬特惠”促销活动，同时利用供应商资源，加强包装饮料、汽车用品、家庭食品、润滑油等重点品类的促销及氛围营造。2015 年，包装饮料实现销售 3794.6 万元，同比增加 242.4 万元，增长 6.8%；汽车用品实现销售 5092.1 万元，同比增加 4374.2 万元，增长 609.3%；家庭食品实现销售 1348.1 万元，同比增加 125.4 万元，增长 10.26%。修订下发《非油商品采购管理办法》和《供应商管理办法》，进一步规范非油商品的引入、销售和淘汰机制，2015 年共淘汰不合格的供应商 6 家，新引进供应商 15 家。携手北京爱义行，在兰州、白银等 6 家分公司开工建设“咔咔”汽车服务门店 20 座，建成投运桃树坪门店 1 座，非油品业务实现商业模式的重大突破。

【网络建设】 2015 年，甘肃销售召开油气网络开发专题推进会，将网络开发思路从被动防御转变为战略性进攻，明确“以增量市场为导向，抢占网络开发制高点”的工作思路，依据市场规律，按照“储备一批、建设一批、投运一批”的次序和节奏，明确“76554”加油（气）站开发目标和天然气等新能源发展的“8445”目标（力争在“十三五”末，加油气站营运总数达到1000座，市场份额牢牢控制在90%以上，运营具有加气功能的站点达80座以上，油气当量接近40万吨，市场份额达到45%以上，具备相对控制市场的能力）。紧盯中心城区、经济新区、高速公路、交通干线、新兴城镇等战略性市场，完成兰州、天水、陇南、金昌等重点城市网络布局，配套实施武罐、十天、成武高速公路服务区加油站项目，2015年累计开发油气站52座，建成投运35座。坚持“不求所有、但求所用、竞合共赢”的合作理念，充分依托中国石油品牌、资源和管理优势，探索多种形式的合资合作，走资产轻量化发展新路子，兰州、张掖、酒泉、甘南等分公司通过股权合资、参股特许、合资联建等多种方式与有实力的民营企业和国有控股公司深度合作，盘活28座加油站，新增销量7.96万吨。

【管理创新】 2015年，甘肃销售在体制改革和机制创新方面取得成绩。体制改革方面。按照处室+公司模式，将非油品业务与润滑油整合重组，组建非油品中心，搭建非油品业务的专业化运作平台，精简机构，消除小产品业务的经营风险，激发员工干事创业的积极性，2015年非油品收入和利润同比实现大幅增长；优化重组营销处、调运处、加管处，成立营运中心，搭建集约化的营销综合平台，全面加强业务、协作、监督三条专业线管理，力促资源销售、客户管理、油卡非润、仓储物流、库站管理、数质量的一体化管理；按照“机构扁平化、资源共享化、运转高效化”的思路，在所属张掖、庆阳、酒泉等4家分公司推行“大部制”改革，精简机构10个；对食堂、后勤等辅助性、替代性、临时性业务进行外包，控制用工规模，优化队伍结构。

机制创新方面。加强吨油工资包干提成激励和重点阶段劳动竞赛奖励，使薪酬分配重点向一线倾斜，一线员工收入稳中有升，部分分公司较2014年增幅5%以上；创新开展“扩销增效、每日争先、百日夺标”油卡非润专项激励营销活动，调动员工创效热情；在兰州、临夏、武威分公司开展加油站经理积分制试点，激发加油站经理在增量创效、策略执行、现场管理、客户服务等方面工作的积极性和主动性。

【质量计量安全环保】 2015年，甘肃销售进行新《安全生产法》和《环境保护法》培训，举办培训班45次，培训员工8000余名；对库站3000余名员工进行岗位技能培训，实现安全培训全覆盖；检定计量、检测、消防设备器具13654个，清洗油罐423具，规范处置“三废”426.8吨，实现排放零污染；持续开展“两短板两环节”安全专项整治，排查整改电气及静电安全隐患765条，整改“十三个杜绝项”186条，处罚违规操作行为154次；通过岗位识别、交叉识别等方法，制订并落实风险削减措施1800余项；配备应急物资22类37630件，开展应急演练16327次；录入各类HSE信息27368条，在集团公司HSE系统考核中取得“优秀”的成绩；强化安全检查，检查油库、加油（气）站、施工现场726座次，查出并整改各类不符合项2535项，整改率达到95%以上，不符合项数量较2014年下降5.4%。连续第十二年获集团公司“安全生产先进单位”称号。

【党建群团】 2015年，甘肃销售深入推进“三严三实”学习教育活动，两级公司21个党委（总支）、113名副处级以上党员干部及500余名党员参与学习研讨，组织召开学习研讨63次。认真贯彻落实《中国石油天然气集团公司基层党支部工作条例》，重点抓“四好班子”和“六个一”党支部创建，保持党组织建设率和党员教育管理覆盖率两个100%。贯彻集团公司党组要求，认真开展“重塑中国石油良好形象”大讨论活动，坚持“抓关键”与“全覆盖”并重，严格落实四个“关键动作”，使严实作风成为党员干部的思想自觉和行动自觉。全面推行“三联”党建责任示范点挂牌明示工作，结合安全定点承包制度，将党委（总支）委员联系党支部，党支部委员联系班组，党员联系生产经营岗位的“三联”制度落实到位。持续开展“千万图书送基层、百万员工品书香”工程和“学习在石油·每日悦读十分钟”活动，为干部员工配备学习图册书籍935册。紧扣甘肃销售改革创新发展主题、主线和主旨，开展第十三次“形势、目标、任务、责任”主题教育活动，活动覆盖全体员工。组织举办中国石油甘肃销售公司第三届职工乒乓球比赛，共有134名职工参加团体和单项的比赛。征集员工技术革新项目9项，其中1项获甘肃省职工技术创新项目三等奖，1项获优秀奖。建立困难职工档案，对各类困难人员进行慰问、帮扶，春节、中秋节期间发放帮困扶贫金430万元，对118名困难职工子女发放高考助学金36.5万元。

【“双联”工作】 2015年，甘肃销售组织召开双联扶贫党建“三位一体”驻村帮扶工作动员大会，抽调1名处级干部、5名科级干部，组建三个驻村工作队，开展精准扶贫工作；协调落实资金近40万元，分次分批落实2015年度项目帮扶实施计划；组织开展“情系三农送油下乡抗旱保春耕”双联活动，联村干部带着流动加油车直接进入联系村，现场为村民各种农机具和车辆加油 20 多吨，向特困户捐赠价值近 2 万元的兰州石化优质化肥 4.7 吨、地膜 276 千克。上门慰问留守儿童、孤寡老人和特困户等共计 28 户 39 人，爱心捐款近 3 万元。

（张岩峰）

中国石油天然气股份有限公司山东销售分公司

【概况】 中国石油天然气股份有限公司山东销售分公司简称山东销售，是中国石油天然气股份有限公司在山东省设立的全资分公司，主要从事成品油（气）与非油品销售业务，2000 年由中国石油华东销售分公司与华北销售分公司整合成立，本部设在济南。截至 2015 年底，山东销售机关本部设职能处室 11 个，山东省设地市分公司 17 家、专业分公司 2 家，控股公司 14 家、参股公司 1 家，在营油库 9 座、库容 20.1 万立方米，运营加油站 926 座，在册员工 6075 人，资产总额 70.68 亿元。

2015 年，山东销售实现利润总额 8.54 亿元，完成集团公司下达的稳增长任务，保持销售板块第三、区外第一。实现 EVA（经济增加值）3.95 亿元，完成销售板块预算的 107.9%。实现总销量 432.14 万吨，完成销售板块预算的 107.9%，同比增长 1.8%；其中成品油销量 431.41 万吨，完成销售板块预算的 105%，同比增长 4.4%；纯枪销量 311.53 万吨，完成销售板块预算的 106%，同比增长 8.2%。实现非油品收入 7.47 亿元、非油品利润 0.80 亿元，分别完成销售板块预算的 101%、100.6%，分别同比增长 40%、64%（表 1）。发售加油卡 118 万张，同比增长 29.3%，卡销比达到 54.34%，沉淀资金达 16.08 亿元。平均投资资本回报率 46.9%，完成销售板块预算的 130%。新投运加油（气）站 28 座。实现质量安全环保责任零事故。获集团公司节能节水、规划计划、审计等工作“先进单位”称号。

表 1　山东销售主要经营指标

指　标	2015 年	2014 年	2013 年	2012 年	2011 年
销售收入（亿元）	247.64	311.59	324.84	328.12	339.74
税前利润（亿元）	8.54	8.65	3.23	3.27	3.07
销售总量（万吨）	432.14	424.63	430.33	421.85	456.95
成品油销售量（万吨）	431.41	413.17	419.63	421.47	456.23
纯枪销量（万吨）	311.53	287.89	281.36	267.07	240.27
非油品收入（亿元）	7.47	5.34	5.04	3.90	3.11
非油品利润（亿元）	0.80	0.49	0.40	0.28	0.19

【“十二五”回顾】 “十二五”期间，山东销售立足扩销增效，推进资源战略转型，持续做强零售终端，保直炼、扩外采，稳批发、扩纯枪，强油品、扩非油，优运营、扩网络，质量效益全面提升，累计实现税前利润 26.76 亿元、年均增速达 36%，外采比例由“十一五”末的 29% 提高到 41%，纯枪比例由“十一五”末的 43.9% 提高到 73.5%，单站日销量由 6.7 吨提高到 9.6 吨，非油品收入、非油品利润年均增速分别达 48%、73%，运营加油（气）站数量较“十一五”末增长 10.2%。深化体制机制改革，在分公司机关推广“四部一室”架构，实现“油卡非润”业务运作一体化，以零售为核心的经营管理体制机制基本形成，累计精简机构 76 个，用工总量大幅减少，劳动效率大幅提高。围绕控风险、提效率、降成本，将管理提升、“三基”工作、精细管理有机结合，形成行之有效的管理方法，“6S”管理在全省推广并得到广泛认可，物资采购、财务核算、审计监察、信息运维等业务实现集中管理，公司管理基础更加扎实，

先后被集团公司评为“中央企业管理提升活动先进单位”，被中央精神文明建设指导委员会评为“全国文明单位”等。着眼于降低劳动强度、提高效率效能，积极承担销售ERP系统应用集成平台等9个统建项目试点任务，自主建设业务运作信息平台等16个项目，信息化程度明显提高，自助、半自助加油站达到848座，手工记账、计量、盘点等操作大幅减少。加强员工队伍建设，队伍知识结构、年龄结构更加优化，锤炼一支业务精湛、勤勉务实、富有活力、善打硬仗的高素质人才队伍，培养一批以刘学霞、沂蒙姐妹为代表的集团公司级先进人物和模范群体，为企业长远发展提供人才保障。

【油品及非油品经营】 2015年，山东销售坚持以效益为中心，立足集团整体利益最大化，优化资源组织，强化库存管控，灵活市场营销，油非销售实现量效齐增。全力疏通直属炼厂后路，努力拓展外采效益空间，直炼购进完成销售板块预算的104.8%，外采175.2万吨，外采比例达到41%。坚持低库存运行，月均账面库存12.2万吨，同比降低0.75万吨，保持合理库存，减少跌价损失。落实“油卡非润”一体化营销，完善加油站“广告牌”等七大工程，突出现场“6S”管理、“开口微笑跑动”服务，在增强客户体验、提升服务水平上更进一步，95504电话投诉率同比下降14.7个百分点，山东销售微信公众号关注量超过60万人。树立“五个一”目标思维，统筹量价效关系，上下同算同干，纯枪特别是汽油纯枪上量明显，单站日销量同比增长6.7%；纯枪比例73.5%，同比提高2.7个百分点；汽油纯枪比例49%，同比提高3.2个百分点；治理“双低站”66座。通过开展采价对标、开发自主品牌、组织推介会、打造便利店商业氛围等有效措施，精细非油品采购、配送、陈列、营销四个环节，非油品业务保持较好发展势头，百万元店达到144座，单店收入同比增长38%，获销售板块“2015年昆仑好客特殊贡献奖”。

【“6S”管理】 2015年，山东销售将推广“6S”管理作为全年重点工作，广大干部员工积极参与、不懈努力，通过现场推进、检查督导、交流互动、达标验收等方式，打造标杆库站141座，山东省机关库站全部达标，承办销售企业现场交流会3场，迎接系统内外各类参观2300余人次。“6S”管理激发基层员工的创新活力，推动经营管理、客户服务、员工素养持续提升。

【专业管理】 2015年，山东销售持续强化各专业精细管理，管理效率效能稳步提升。加强制度建设，修订制度148项，新出台制度36项。加强问题管理，建立闭环机制，解决基层调研、检查、审计发现问题169项。加强投资和工程管理，编制维修改造计划，安排维修改造资金，巩固PMC管理模式，完成759个维修改造项目，库站面貌持续改善。加强财务资产资金管理，突出预算管理和经营分析，率先推行会计集中核算，推进资产动态管理，建立资金稽查体系，商流费用同比降低10%。加强人事和绩效管理，持续规范机构设置，完善全员绩效考核，促进销售业务不断进步。加强采购管理，举行采购招标280场次，采购价格较预算降低11%。加强信息化建设，业务运作信息平台等10个项目上线运行，加油站经营评价系统等7个项目优化升级。

【风险管控】 2015年，山东销售牢固树立“红线管控永远是起点永远在路上”的理念，严抓细管，综合施策，保证经营管理风险受控。持续推进QHSE体系建设，全员通过QHSE上岗资格认证，组织全省安全大检查3次，整改发现问题712项，治理隐患67项，应对暴雪天气，未发生安全责任事故。严把油品数量、质量关，建立外采油品质量内控指标，抽检加油站油样3082批次，化验外采油样1364批次，完成车用汽油、柴油升级置换。按期检定加油机、流量计，强化各环节损耗管控，公路、铁路、海运、管输损耗率分别控制在0.3‰、0.6‰、1.2‰、2‰以内。抓实审计监察和内控工作，完成19个审计监察项目，开展内控体系测试，堵塞管理漏洞。处置法律纠纷77项，清理假冒商标加油站42座，维护公司合法权益。股权管理进一步加强，3家股权企业获得股份公司清算批复。

【形象塑造】 2015年，山东销售全面落实集团公司党组部署，深入开展“重塑中国石油良好形象”大讨论活动，明确提出“塑造新形象，建设强山东”主题，有序推进21项重点工作，政治、经济、社会、管理四个新形象得到较好展现，青岛12站被评为集团公司“先进集体”，临沂公司孙春艳被评为集团公司“劳动模范”。积极落实中央八项规定和集团公司作风建设要求，狠抓“三超”治理，坚决纠正“四风”，完成两级公司办公用房、公务用车清理整顿，“五项”费用同比下降14%。积极落实集团公司稳增长要求，主动担当，克服困难，采取有力措施，顺利完成稳增长任务，获销售板块劳动竞赛零售、加油卡、非油品、信息化、劳动效率、综合评比、组织工作等七个项目的“先进单位”称号。

【党工团工作】 2015年，山东销售党委扎实推进

"三严三实"专题教育活动，举办专题党课1次，召开专题研讨会45次、座谈会33场，举行机关大讲堂13期，党委中心组学习12次，领导班子成员专项调研 23次，走访库站61座，访谈员工356人次，征求基层意见114条，收集问题43项，所有问题均明确责任、限期整改。全面落实党委主体责任和纪委监督责任，将党风廉政建设与经营管理工作同部署、同实施、同考核，开展管理人员及其亲属参与公司同业关联业务、领导人员收送红包礼金情况专项整治，党内巡视16家分公司，核查信访举报10件，涉及处级干部7人。加强人才队伍建设，2015年培训3.3万人次，调整干部10人次，提拔干部2人次，选派4名干部到陕西销售挂职、2名干部到西藏销售挂职，员工在销售板块服务技能竞赛中取得2金1银4铜的优异成绩。推进"五新五小"创新活动，申请国家创新专利19项。关心关爱员工，完善"五小"工程，调增库站伙食补贴，员工工作生活条件进一步改善。加强文化建设，设立8个文体协会，成立文艺工作室，组织文艺联欢、才艺作品展、乒乓球赛、篮球赛、足球赛等活动。加强团的工作，3座加油站被评为山东省"青年文明号"，2座加油站被评为山东省"青年安全示范岗"。加强内外宣传，在系统内媒体刊稿2000多篇次，被《中国石油报》评为"先进集体""四星级记者站"；建立与中央级、省级、市级等主流媒体的广泛合作，在外部媒体刊稿5000多篇次，内外部发展环境更加有利。

（刘学磊）

中国石油天然气股份有限公司江苏销售分公司

【概况】 中国石油天然气股份有限公司江苏销售分公司简称江苏销售，主要负责中国石油在江苏地区的成品油资源仓储与配送、直销与零售、网点开发与建设等业务，前身是中油销售江苏有限公司成品油分公司。截至2015年底，下辖13个地市公司、1个专业管理公司（仓储），另有控股单位17家、参股单位6家、全资单位3家。有员工6785人，平均年龄31.4岁。有加油站710座，非油品便利店620座；油库16座，库容74.7万立方米，其中资产型油库7座，库容28.28万立方米。资产总额70.23亿元。

2015年，销售成品油419.7万吨，同比下降5.29%，其中直批销量157.2万吨、纯枪销量262.5万吨；账面利润剔除相关因素影响，完成利润考核目标。常州、南通、泰州、扬州、淮安、徐州、连云港7家公司纯枪销量同比增长。非油品销售收入4.7亿元，同比增长40.7%；实现利润4982.3万元，同比增长30.2%。在销售分公司2015年度劳动竞赛活动中，江苏销售被评为"油卡非润"一体化项目先进单位。

【资源调配】 2015年，江苏销售购进直属炼油厂资源362万吨，外采57万吨，实现降本5.3亿元。以"物流优化年"为契机，提高沿江直属炼油厂资源投放量和覆盖面，减少资源倒拨18.25万吨，降低运输费用821万元；一次库、东北库直配加油站比例72%，比优化前上升22%；二次库配送加油站比例降低到27%，年节约费用500万元，吨油费用由年初77元下降至年末72元。下海资源接卸377个航次，总体损耗1.7‰，同比下降0.4‰；公路运输损耗同比下降0.3‰。

【油品营销】 2015年，江苏销售针对柴油销量下滑，积极开展劳动竞赛，大力推动汽油销售上量，实现"以汽补柴"。汽油销量同比增加9.6万吨，高标号汽油销量同比增加7.6万吨，柴油销量同比减少15.6万吨。面对成品油价格起伏波动剧烈的局面，扎实开展主题促销，实现纯枪销量同比增加8.72万吨，同比增长13.75%，并分别取得销售分公司一体化劳动竞赛一季度第五名、二季度第四名的好成绩。注重发展网上充值业务，持续扩大网上充值面。在江苏省各个网点均张贴海报、广告及宣传单，通过加油站电子屏、微信等方式，面向进站客户和潜在客户宣传；2月初开通微信充值，江苏销售严格按照销售分公司要求，与项目组专家保持及时沟通，实现微信充值顺利上线和稳步推进。2015年，实现微信充值1.2万次，充值金额584万元；累计发生网上充值业务3.33万笔，充值金额3286万元。

【非油品业务】 2015年，江苏销售深化全流程诊断工作，扎实推进30万元以上便利店店面优化提升活动。两级机关非油品业务骨干与优秀站长组成5个专项验收小组，通过分公司、分片区、分组开展"七个方面诊断"，即周边商圈诊断、目标顾客诊断、商品选择诊断、商品陈列诊断、现场氛围诊断、店面营销诊断、库存管控诊断，共诊断便利店326座，其中30万元便利店107座、50万元便利店141座、百万元便利店78座。诊断便利店收入同比增长53%，毛利同比增长54%；清洁用品、日用品、奶类、个人护理用品、酒类、家庭食品、包装饮料收入同比增长均超过50%。在销售分公司组织的包装饮料“后备箱计划”促销活动中，江苏销售实现包装饮料销售收入2341万元，同比增长10.7%；实现毛利353.9万元，同比增长53.6%。在“加多宝杯”包装饮料销售竞赛中获得第六名，同时获得加多宝品牌销售竞赛第三名、红牛单品销售额第三名。活动中，宿迁分公司销售红牛饮料7125箱，同比增长1102.7%；销售加多宝饮料9584.4箱，同比增长4241.8%。在四季度开展的玻璃水促销活动中，江苏销售累计销量达19.04万瓶，销售收入142.89万元，同比增加10.92万瓶，同比增长134%。

【加油站管理】 提升全流程诊断工作。2015年，江苏销售有88座加油站开展全流程诊断，其中包含17座低销站、60座高效站，采取优化措施率达100%。每座加油站按加油全流程标准时间、高峰期时间、拥堵指数、加油枪效率、现有服务能力、潜在销售能力等6个指标进行测算，共计诊断问题498项，制订优化措施357项。优化加油站平均单站日销量由16.6吨增加至17.1吨，增长3%，环比增长8.9%。59座加油站实现销量增长，占比达到67%。有83座低销站，经治理有12座站“脱帽”。强化加油站经理人团队建设。12家地市公司创建57个加油站经理人团队，管理290座加油站，占运营站数量的46.47%。从经营数据看，2015年各团队管理加油站销售成品油134.94万吨，同比增长1.24%；非油品销售1.81亿元，同比增长34.97%；减少用工245人，用工数量同比下降3.37%。从纯枪销量增长来看，30个团队业绩较好，占团队总数的52.63%。从非油品销售增长来看，53个团队业绩增长较快，占团队总数的92.98%。团队管理加油站固定客户增加1011家，增长6.26%；95504电话投诉下降14起，下降15.91%。

【网络投资建设】 2015年，签订合同加油站6座，付款加油站8座；新增投运加油站8座，新增可行性研究零售能力7.8万吨。江苏销售以传化物流加油加气站项目合作为突破口，积极推动传化物流集团与江苏销售在江苏省范围的战略合作；与如东港华燃气合作实施加油站加气业务，为江苏销售打开新的发展通道。以布局合理、功能健全、提升销量、消除隐患为目的，实施达标改造项目86个；完工投运的56座便利店，非油品收入平均提高83%。组织“十三五”规划编制工作，规划发展方向、任务目标、实现路径和保障措施，富有前瞻性、科学性和激励性。

【安全环保】 落实安全环保责任，坚持属地管理，直线责任，强化一岗双责。强化国家新《安全生产法》和《环境保护法》宣传，积极推动全员学法用法。以风险管控为核心，积极开展达标改造、隐患治理、作业许可管理，加大重点部位和重要时段安全管控力度。坚持一年两次HSE体系审核，深入开展“安全生产月”和基层岗检活动，600多个隐患得到有效整改。天津港爆炸事故后，深刻吸取事故教训，及时组织油罐管线专项检查，发现并整改安全隐患64个。强化油品质量管理，接受政府部门质量抽检181批次，合格率100%。坚持计量器具定期校验，严防销售油品缺斤短两，2015年未发生安全环保事故事件和计质量问题纠纷，江苏销售被集团公司评为“2015年度环境保护先进企业”。

【管理提升】 2015年，江苏销售优化调运指挥中心机构，撤并苏北和苏南调运小组，实现调运和运输单位合署办公、协同指挥和联合监管。财务集中管理，实现会计集中核算、资金集中支付。优化业务流程，组织5次内控测试，评估出“十大风险”，并制订防控措施。以经营管理重点部位和关键环节为着眼点，审计项目6个，提出审计建议14条，促进健全制度5项，处理直接责任人3人。开展合同管理自查，发现问题合同643份，逐项落实整改。编制依法治企实施方案，健全和完善制度13项。加强资金计划与预算对接，提升资金计划执行度，实现预算资金管控，避免无预算资金支出。2015年，财务费用发生2401万元，同比减少4041万元，下降63%。严格机关“三公”管理，修订公务接待管理办法，规范接待审批流程；清退外部单位租赁车辆，车辆实行办公室集中管理、统一调派；开展办公用房专项治理，省市两级机关用房全部实现规范化。推广使用协同办公平台，实施电子化、无纸化办公。强化非生产性费用管控，2015年非生产性费用降至5528万元，同比减少1586万元，比年度预算减少2674万元。其中，财务费用2401万元，同比减少4042万元，比年度预算节约2044万元；“四项”费用1616万元，同比减少120万元，比年度预算节约350万元。

【队伍建设】 按照集团公司党组“三严三实”专题教育活动总体部署，江苏销售专门制订“三严三实”专题教育实施方案，活动于2015年6月5日正式启动。先后有江苏销售领导班子成员，14家地市公司党组织书记、班子成员以及69名副处级干部授课69场次，3785名员工通过视频或在现场听取了专题党课；90多名副处级以上干部，开展集中学习157场次，组织集中研讨66场次，查摆问题749条。常州分公司、泰州分公司、淮安分公司党委书记的专题党课分获集团公司优秀党课二等奖、三等奖和优秀奖。根据集团公司党组关于"重塑中国石油良好形象"大讨论活动要求，江苏销售明确责任部门，成立活动协调工作组，制订10个具体活动计划，活动开展顺利。广大干部主动沉身基层，分头到基层单位指导，协助解决提量增效瓶颈问题的同时深入一线慰问员工，发放慰问品100万元。深入推进思想政治保障体系建设，推行库站员工情绪管理，畅通基层意见反映渠道，有效化解各类不稳定因素。开展"情系城市美容师"公益活动，180多座城区加油站为环卫工人免费提供休息室、冰镇纯净水、凉毛巾、消暑药品等，受到当地政府和社会公众的广泛好评。

（刘棣秋）

中国石油天然气股份有限公司河北销售分公司

【概况】 中国石油天然气股份有限公司河北销售分公司简称河北销售，成立于2000年5月，主要负责河北省成品油能源安全资源保供。设13个职能处室、12个地市分公司、2个专业分公司、20个股权企业，有员工7600余人。运营加油站1001座，占河北省加油站总数15%；油库24座，库容62万立方米。成品油销售能力400万吨/年。"昆仑好客"便利店868座，非油品收入6亿元/年以上。资产总额60亿元。

2015年，河北销售成品油销售402.16万吨，同比增长1.4%；利润同比增加4895万元；商流费较预算节约1.7亿元，同比下降13%；实现非油品收入6.2亿元，同比提升90%；实现非油品利润4532万元，同比增长56%；加油卡发售318万张，位列区外公司第四名，沉淀资金6.3亿元，卡销比36%（表1）。

表1　河北销售主要经营指标

指　标	2015年	2014年	2013年	2012年	2011年
成品油销售量（万吨）	402.16	396.73	401.67	447.11	466.88
零售量（万吨）	248.36	250.31	276.68	315.29	343.18
销售收入（亿元）	224.95	288.85	301.17	344.29	348.94
利润（亿元）	–0.54	–1.03	–3.62	3.05	3.54
加油站总数（座）	1188	1177	1193	1176	1158
在营油库数量（座）	17	23	22	22	23
吨油费用（元）	376.19	436.32	457.99	343.14	417.43

【营销调运】 河北销售持续推进专兼职客户经理人队伍建设，有序开展全员营销，2015年实现实物直批销量115.4万吨，同比增长38%。开展"市场大排查、客户大普查"活动，突出"两固定"模式，开发客户1174家，新增客户销量26万吨，直批客户总数2664家，固定客户比例同比增长33%。科学处理直属炼油厂、库存、外采关系，调入直属炼油厂资源307.5万吨，有力保障炼油厂后路畅通。优化资源调运结构，持续保持低库存运行，全面推广油品主动配送，直属炼油厂资源地付入站比例达41%，2015年实现实物外采油品40.4万吨，外采毛利超过4亿元。

【零售管理】 2015年，河北销售实施"油卡非润"一体化运作，着力纯枪增量措施，推进0号柴油反季销售，启动98号汽油上市，实现纯枪销量245.2万吨，同比增加10.2万吨，增长4.3%。深化"两服务、两清洁"活动，开展冰桶挑战赛、百日服务劳动竞赛，落实节假日削高峰管理。紧贴市场扩销上量，实施差异化营销，细分市场、因地制宜开展顺价销售，高速公路站销量同比增长10%。与银联、电信、保险等行业开展跨界合作，零售固定客户总量同比增长16%。落实“双低站”三年治理计划，深化全流程诊断，落实专项治理、驻站帮扶，49座“双低站”成功摘帽，单站日销量同比增长5%。

【非油品创效】 2015年，河北销售成功承办销售企业非油品业务工作会议，公司非油品业务迈上新台阶。突出应季应节、特色商品销售，推进“后备箱计划”，打造常态化促销品牌，店内销售收入3.2亿元，同比增长27%。着力示范区、示范店、特色店建设，打造汽服、综合、标准、旅游四型示范店25座，销售收入3060万元，同比增长42%。优质店数量达到227个，同比增长55%；百万元以上便利店68座，同比增加9座。扩大同长城汽车股份有限公司、河北国储物流有限责任公司等战略合作范畴，深化与上海汽车集团股份有限公司、五洲汽车销售服务有限公司合作，汽服站点达到10座。围绕“共建渠道、共享价值”，成功召开供应商大会，整合资源，加强沟通，实现发售加油卡储值1430万元，非油品收入309万元。强化润滑油销售，着力一级供应商开发，润滑油销售同比增长50%。

【创新引领】 2015年，河北销售探索智慧加油站建设，打造“人·车·生活”驿站，搭建以智慧加油站为主体的商业平台，从单纯的服务“车”向服务“人和车”转变。打通线上线下平台，建设宝石花商城，依托微信、手机APP、PC端开展线上业务，实现线上线下营销互动。26座智慧加油站油品销量、非油品收入较改造前分别增长38%和59%。创新合作模式，与车企跨界合作，发展“油站+2S店”模式，打造“车管家”，为客户提供汽车全生命周期服务；与金融、物流等行业合作，合作商增至180余家，为客户提供地图导航、保险、快递等便民服务，主要服务项目扩大至30多个，实现从传统加油站向一站式服务平台转变。

【投资工程】 2015年，河北销售结合京津冀协同发展规划和区域炼油厂产能配套建设，建设改造油库4座，新开发加油站、加气站50座，投运40座，新增零售能力20万吨。退负效、减低效，清理加油站50座，退租油库5座，资产运行效率不断提升。深化与高速公路管理局、高新技术区等合资合作，完成25座高速加油站租赁、改扩建，高速路营销能力持续增强。推进北戴河新区、保定汽车服务项目建设，着力样板加油站、加气站等重点项目建设，打造样板加油站9座、完成10座高速加油站LNG加气设施安装。突出品质建设，加强统筹组织，改扩建、规范达标改造加油站100座。强化标准化设计、集约化采购、模块化施工、规范化管理，不断提高建设管理水平，工程验收合格率100%。

【安全数质量】 2015年，河北销售深化新《安全生产法》和《环境保护法》宣贯，全面推广“六个一”安全文化培育，严格落实个人安全行动计划、安全承诺、《作业许可8项保命条款》《隐患治理16项杜绝项》，不断夯实本质安全基础。组织安全检查779余站次，未发生安全环保责任事故。持续完善质量和HSE体系建设，强化第三方监督审核，通过三星ISO 9000质量体系认证。深化损耗专项治理，落实油品诚信交接，二次配送损耗、零售保管损耗分别同比下降68%、45%。强化油品各环节质量管控，总结推广刘安妮汽油折光率检测法。质检中心通过CNAS评审，取得实验室国家认可资质，2015年组织各类检测1438批次，其中外采油品检测185批次，合格率为100%。

【规范管控】 2015年，河北销售开展“数据大对标、三年追标赶标”，落实20项66条降本增效措施，商流费同比降低2.18亿元，同比下降13%，其中财务费用、运费分别下降59%、41%。制定、修订规章制度76个、废止48个、完善流程205个。推动财务共享服务中心建设，有序推进资金统一核算。组织资金安全、IC卡使用等10余次专项检查，持续加强合规管控。开展商标注册和维权工作，配合政府清理“三黑”站点265个。推进ERP、大零管等信息系统集成应用，完成11个地市级运营监控中心建设和950座加油站视频接入，数质量管理、非油品主动配送、经营评价系统上线运行。

【队伍建设】 2015年，河北销售深入推进“三严三实”专题教育，组织“三严三实进库站”活动，两级领导班子带头查找“不严不实”问题。落实整改措施2568项，问题整改率达95%。落实《干部作风十条纪律》《员工职业操守八条禁令》，配合集团公司为期2个月的巡视工作，对巡视发现的五大类54个问题，逐一落实整改；加强信访受理和案件查办，先后处理违规违纪行为71人。落实“三控制一规范”，优化用工715人；严格“一合同三办法”，落实“三必谈”机制，加大效益贡献、效率提升在分配中的考核权重；统筹推进“四支经理人”队伍建设，探索积分制管理，组织挂职交流，开展“以赛代训”，组织各类培训1450次，参训人员1.6万人次，在销售分公司竞赛中获“一银一铜四优秀”佳绩。坚持将发展成果惠及员工，依托“宝石花”爱心基金，组织各类慰问活动2230站次，慰问困难员工188人次。全力重塑企业形象，对社会公开“十项服务承诺”，开展“加油站体验日”活动，提高客户认知度、忠诚度。加强信息报送，在集团公司内参刊发信息数量位列销售企业第二名。履行“护城河”企业责任，加强“9·3”阅兵、国庆节等特殊敏感期间的维稳工作，受到集团公司通报嘉奖。

（惠水龙）

中国石油天然气股份有限公司北京销售分公司

【概况】 中国石油天然气股份有限公司北京销售分公司简称北京销售，主要负责中国石油在北京地区的成品油批发和零售、市场开发等业务。截至2015年底，资产总额45亿元，在用油库5座，库容17.33万立方米，累计投运加油站210座，投运橇装站179座，便利店166座，有员工2691人。2015年，油品销售224.1万吨，其中成品油销售219万吨，完成计划的102%；纯枪销售105.5万吨，完成计划的99.5%；LNG销售4.91万吨，同比增加1.68万吨。非油品业务收入2.31亿元，其中便利店销售收入1.35亿元，同比增长20%，非油品税前利润2755万元，完成计划的125.2%；加油卡发售77.4万张，其中记名卡发放21.6万张。新投运加油站8座，其中新租1座、续租7座；新投橇装供油（气）设施5座（表1）。

表1 北京销售主要经营指标

指 标	2015年	2014年	2013年	2012年	2011年
成品油销售量（万吨）	219	225.67	241.6	232	216.3
纯枪销量（万吨）	105.5	109.68	111.05	106	102.7
非油品收入（亿元）	2.31	1.61	1.6	1.4	1.22
加油站总数（座）	210	211	211	205	205
油库数量（座）	5	5	7	7	8
库容（万立方米）	17.33	17.33	20.09	19.09	21.29

2015年，北京销售获2012—2014年度“首都文明单位”称号、国家能源局“能源软科学研究优秀成果一等奖”，先后有21个集体、13名个人受到北京市政府、集团公司和销售分公司表彰。获集团公司“规划计划工作先进单位”称号，连续第9年获集团公司“统计工作先进单位”称号。连续10年获集团公司“安全生产先进单位”称号。连续4年获集团公司“物资采购和招标管理先进单位”。北京销售团委获中央企业“五四红旗团委”称号，南湖加油站获“全国青年文明号”称号，张松波等16名团员青年和10个青年集体获集团公司、直属机关团委表彰。

【企业管理】 2015年，北京销售颁布落实合规管理办法，开展集中培训和全员承诺活动，增强合规管理意识。本着简洁、实用、符合实际的原则，修订完善制度体系，增强制度的可操作性。加强内控、合同、招投标和物资采购等管理工作，加大案件执行力度，收回纠纷执行案款2150万元、拆除侵权加油站商标14座、通过招标和谈判节省费用386万元。强化预算管控，非生产性支出同比下降1713万元，下降19.4%；开展资金安全检查，确保资金安全，截至2015年底应收款项同比下降5564万元，加油卡沉淀资金提高5071万元，财务费用同比节约1790万元；实施财务“两集中”，提高财务管理效率和服务质量。按照上级要求推进地市公司“升级版”试点工作，为下一步推广积累经验。着眼于各类信息系统的优化和运行，开展销售业务管理系统升级和信息建设规划，加强系统运行维护，及时排除故障，确保信息系统安全平稳运行。优化股权企业绩效考核，强化股东行权，完善法人治理结构，维护股东方权益，引导股权企业提高自我发展能力。股权企业累计销售油品88.92万吨，股权投资收益率达27.9%。

【库站管理】 2015年，北京销售深化油库管理提升，推进“6S”管理标准，严把质量、计量关口，突出形象、窗口定位，强化客户服务，油库管理水平不断提升。周转量136.25万吨，周转次数8.7次，出入库化验1935批次，客户满意度平均99.9分，客户有效投诉为零。通过站店诊断与优化、“双低站”治理、神秘顾客访问、稽查检查帮扶等方式，提高管理水平。改进客户服务，增强满意率。2015年加油站客户投诉同比下降27%，投诉回访满意率91%。5座便利店获销售分公司“先进集体”称号，8名员工获“先进个人”称号。抓住节假日经济，以卡为媒、以油促非、油非互动、锁定客户，统一主题促销方案，各有侧重分步实施，着力推进开口营销，促销效果明显。先后开展“最红星期五”“贺岁迎春”“金秋送爽”等主题促销，加油站单站销量同比增长2.9%，人均纯枪量同比增长5%，汽油纯枪销售同比提升2.6%；加油卡发售77.4万张，其中记名卡发放21.6万张，完成计划的108%；加油卡沉淀资金12.2亿元，同比增长4.4%。深化核心商品促销活动，便利店核心商品收入占比达到15%，动销率提高6个百分点；便利店销售1.35亿元，同比提升20%；新增50万元店7座、百万元以上店11座，单店日均收入同比提升17.9%，位居销售板块第三。

【非油品业务】 2015年，北京销售推进便利店业绩提升，逐店诊断优化，制订提升方案，优化商品品类，调整陈列布局，挖掘销售潜力，单店创效能力显著提升。商品动销率同比提高5.2个百分点，6个重点品类的商品动销率均在80%以上。新增百万元店11座、50万元以上店7座，单店日销售同比提高17.9%。加大商品促销力度，精心制订方案，统一促销培训，打造便利店商业氛围，开展核心商品促销5次，便利店销售收入同比增加2241万元，增长20%。深化非油品竞赛。科学制订竞赛方案和指标，定期公布结果，严考核、硬兑现。逐月公布纯枪、售卡和管理排名，逐店开展陈列和堆头大赛，零售管理系统、现场服务和设备管理得分明显提升；4个集体、10个班组和28名个人在非油品竞赛中受到表彰。第一分公司狠抓“油卡非润”一体化竞赛和促销，成效显著。

【营销管理】 2015年，北京销售探索新型营销手段。完成销售分公司积分商城和微信小店上线运营，建立“互联网+”营销渠道，提升客户服务和体验。微信公众号成功上线，成为促销和公司形象宣传新平台。自营销量216.27万吨，完成北京销售及销售板块年度预算215万吨的100.59%，超预算1.27万吨。完善情报系统，立足北京市场，设立信息监测点129个；建立分公司批发价格日报制度，积极沟通市场情况，超前毛利测算保效益。抓住销售板块激励政策，积极促销，批发销售柴油34.70万吨，超销售板块计划14.66万吨，获销售板块奖励1.23亿元。实行“月方案、周例会、日碰头”制度，每月编制营销运行方案，平衡资源与需求，统筹直炼和外采，优化资源配置；每周召开“业务周例会”，解决运行难题，有针对性地研究当期策略、应对措施。坚持低库存运行策略。考虑平稳保供、运输周期、库存成本等因素，研究确立合理库存，根据价格走势调整购进节奏，2015年节约购进成本6918万元，平均账面库存降至6.96万吨，下降13.1%，占用资金同口径降低1.88亿元，下降33.7%，节约资金利息569万元。坚持质量优先，向外采运作要效益，2015年外采成品油32.34万吨，与当期直炼购进价格比较，降低成本2.17亿元。精细客户管理，提高客户服务质量。按照新增客户“谁开发、谁维护”原则，建立“一对一”客户维护管理模式，界定批发客户957家，建立分级评定模型，设置“至尊”“贵尊”“荣尊”和“锦尊”四个客户级别，享受资源、价格和服务三方面差异化惠馈政策。进一步规范特许经营管理。完善《特许经营管理办法》及合同文本，明确特许经营加盟门槛，强化约束和淘汰机制，特许加油站38座，2015年销售油品9.3万吨，其中北京标准油品8.68万吨，同比提高2个百分点。

【投资建设】 2015年，北京销售稳中有进推进网络开发，加大集团客户开发力度，与北京市首都公路发展集团有限公司、北京环境卫生工程集团有限公司顺利签约合作。深入市场调研，瞄准18座有意向的社会存量加油站，开展公关，完成立项2座、投运1座。加大新租、续租谈判，完成5座万吨加油站的续租；抓住贯标改造契机，续租12座加油站。大狼垡、北七家等4座待建、新建项目和房山输油站资产再利用取得进展。推进新能源市场，新建6座LNG橇装供气设施，2015年销售LNG 4.91万吨；完成2座充电站建设，为开展充电业务进行有益尝试。科学设计，加强组织衔接和现场监督，高质量完成贯标改造加油站33座、翻建3座。鑫邦达、方深改造项目组织得力、工艺先进、监管有力，实现质量、效果和工期三突破，成为标杆示范。与平均停业40天的水平相比，第二分公司实现单站平均改造停业天数27天的好成绩。加强规划计划管理，2015年投资计划完成率97.5%。

【资源运行】 2015年，北京销售加强资源运作，构建“大营销”格局，营销、调运、仓储、配送密切配合、上下联动，把控调运节奏，优化资源流向，在超额完成直属炼油厂资源配置计划的前提下，发挥外采调剂作用，实施低库存保供运行，实现量效最佳结合。抓住“调、运、储、配”关键环节，加强调运组织，控制节奏，2015年直属炼油厂资源调运完成率105.28%。围绕配送效率、运行成本、平稳保供目标，优化二次配送，加大一次入站比例，推进静态优化模型，提高效率、降低成本。吨油运费同比降低7.76元，单车日配送达到3.62次，同比增加0.1次。

【质量计量安全环保】 2015年，北京销售安全环保和质量计量工作成绩显著，连续第10年获集团公司“安全生产先进单位”，实现安全生产“十连冠”。以HSE管理体系为统领，加强审核、监督、培训和考核，落实“一岗双责、党政同责”，开展体系审核4次、专项检查208库（站）次、完成193人作业许可培训，提高干部员工的安全意识和技能。强化施工全过程监管和承包商管理，编制常见违章图册，开展施工现场专项检查14站次，严厉查处67项安全问题。修订完善14个应急预案，强化演练，提升应急管理水平；加大隐患治理，对发现的803个问题建立台账，销号管理，责令限期整改。依托质检中心和各化验室，完善检测手段，加强质量把关，2015年自检269库站次，国家、集团公司和销售分公司质量抽检共计9次，合格率均为100%。重点开展外采油品和特许加油站质量监控，发现和处理问题6次，避免质量事故。强化损耗管理和纠纷仲裁，加油站综合损耗率同比下降0.35个千分点；纠纷仲裁2806次，责任赔付10万余元。狠抓特别重点阶段安保维稳防恐工作，实施24小时值班，加强安保、巡检和预案演练，实现安全平稳运行，安保维稳工作受到政府与上级的表扬和嘉奖。加强油气回收设备维护保养，落实地方和集团公司节能节水要求，2015年节能213吨标准煤、节水2.43万立方米，环保节能水平得到提升，获“首都环境保护先进单位”称号。

【人才队伍建设】 2015年，北京销售严把选人用人关口，按照相关程序，完成15名领导干部的选拔调整工作。坚持从严从实管理监督干部的原则，完成95名领导干部的个人事项填报工作，履行抽查、核实和承诺程序。构建三级培训教育体系，组织33期、2367人次的培训工作，261人通过职业技能鉴定，获得技术等级。坚持绩效薪酬向一线倾斜，在薪酬总额下降5%的情况下，硬性压缩两级机关薪酬，稳步提升基层员工收入待遇，一线薪酬同比增长6%。积极筹措资金，投入41万元改善基层库站环境，努力为员工创造良好的工作生活条件。严格落实带薪休假和疗养制度，保障员工合法权益，为266名员工发放了疗养费。开展送温暖活动，在法定节假日深入基层走访慰问，对特困员工进行生活补助，全年共慰问员工370人次。

【爱岗敬业、优质服务活动】 2015年，北京销售继续开展“爱岗敬业、优质服务”明星评选活动，在基层一线员工中评选出40位明星，包括加油员工20名、核算员5名、前庭主管5名、便利店主管5名、油库员工4名、中央仓分拣工1名。40名服务明星进行4场优秀服务案例巡讲，“爱岗敬业，优质服务”理念深入人心。

【党建廉政工作】 扎实开展“三严三实”专题教育，发放学习资料120套，领导干部撰写心得体会184篇，采取讲党课、专题辅导、理论学习等形式，深化党员领导干部党性修养和政治意识，形成又严又实的工作作风。开展“重塑中国石油良好形象”大讨论活动，深化形象提升、服务提升，弘扬“忠诚担当、风清气正、守法合规、健康和谐”中国石油良好形象。加强服务型党组织建设，开展劳动模范、评先选优和最美加油员等典型选树，涌现出集团公司优秀党员和劳动模范3名、5个先进集体。积极配合集团公司巡视组、加油卡专项审计等巡视检查，开展工程专项审计、经济责任审计和合规管理监察，堵塞管理漏洞，规范经营行为。突出抓好“两个责任”的落实，加强正向引导和警示教育，筑牢廉洁自律思想道德防线；严格落实党风廉政建设责任制，层层签订《党员廉政责任书》《党员履职承诺书》，惩防体系建设进一步强化。严格执行“三重一大”决策制度，坚持领导班子民主生活会、党支部“三会一课”等制度，实现科学民主决策。

（刘倩倩）

中国石油天然气股份有限公司上海销售分公司

【概况】 中国石油天然气股份有限公司上海销售分公司简称上海销售，前身系中国石油华东销售公司，成立于1998年5月，主要负责上海、江苏、浙江、山东、安徽、江西、福建、广东、海南地区的成品油销售、市场开发和终端网络建设等工作，是中国石油在区外成立的第一家销售企业。2008年底，股份公司销售管理体制调整后，主要负责中国石油在上海市的油气销售、市场开发和终端网络建设。

有员工2011人，设13个机关处室，下辖6个全资销售分公司，直接管理9家股权单位。有加油站180座，资产型油库3座，总库容32万立方米。党组织实行二级管理，公司党委下设机关党委和12个基层党支部。党员396人，其中正式党员387人、预备党员9人。

截至2015年底，资产总额36.96亿元，其中流动资产22亿元，占总资产的59%，非流动资产15亿元，占总资产的41%；负债总额10亿元，资产负债率27%；销售利润率为1.1%（"十二五"平均）；平均投资资本回报率为21.78%。通过努力，实现国有资产保值增值。"十二五"期间，上海销售累计销售成品油991万吨，销售收入730亿元，累计实现税前利润9.37亿元，为保证上游企业生产后路和产品价值实现，满足社会成品油需求和稳定供应，促进地方经济繁荣和社会发展做出应有的贡献。

2015年，上海销售实现销量158.66万吨，其中汽油、柴油销量157.83万吨；纯枪量达91.88万吨，零售比例58.2%，同比增长6.4%；发售记名加油卡15.5万张，完成预算的221%，累计售卡量超152万张；卡销率达到37.2%，完成预算的111%；非油品业务收入16481万元，非油品利润1714万元，均完成预算指标。2015年，实现利润14096万元，完成预算的141%，利润总额、吨油利润在区外三个直辖市销售企业中均位居第一。吨油商流费320.69元，比预算降低76元，在19家区外销售企业中均排名第二位；股权投资收益11139万元，完成预算的188%，创历史新高。网络建设投资3901万元，完成率95%；开发加油站3座，投运5座，均完成预算任务（表1）。

表1　上海销售主要经营指标

指　标	2015年	2014年	2013年	2012年	2011年
汽油、柴油销量（万吨）	157.83	174.9	181.75	202.11	215.19
销售收入（亿元）	91.80	132.86	159.03	173.82	173.40
利润（亿元）	1.41	2.00	0.71	1.10	3.27
税费（亿元）	2.35	1.55	2.32	1.02	1.49
非油品业务收入（万元）	16481	11996	11446	8250	8118
非油品业务利润（万元）	1714	1272	1120	720	640
资产总额（亿元）	36.96	36.22	34.89	33.98	35.21
加油站总数（并表管理）（座）	148	165	166	158	144
油库数量（座）	4	4	6	5	7
其中，资产油库数	3	3	3	3	3

【加油站管理】 2015年，上海销售继续深入推进“三核定”管理体系，加油站经营管理工作进一步加强。首届站经理大会、开口营销技能比武等活动成功举办，促进加油站之间的经验交流。继续加大神秘客户检查力度，结合打造强大现场有关要求，进一步明确五大评价指标，坚持两个月一次暗访，有效促进加油站管理和服务水平提升。连续三年获销售分公司“油卡非润”一体化营销劳动竞赛红旗。积极探索“互联网+”营销模式，全面搭建信息化支撑平台，沉淀大数据，打造智慧“油联网”，丰富客户体验，实现精准营销、精细管理和精心服务。在系统内率先开展微信、支付宝充值以及微信支付直接加油试点，借助微信、支付宝充值渠道开展“微信红包贺新春”活动，微信充值笔数和金额在销售系统名列前茅。

【非油品业务】 2015年，上海销售非油品业务实现历史突破，全年收入、利润同比分别增加36%、45%。百万元店同比增加6座，占总数的35%。第一家站外便利店——栖山路便利店开业经营，成为社区居民新的消费聚集点。ETC网点占公交卡公司上海总网点的46%；安装ETC设备9000台，同比增长110%，利润同比增长45%。与中意财险、上汽集团、银联等公司开展合作，销售潜力和活力进一步激发。通过电子优惠卡券系统、微信卡券技术等，引导客户分享传播，让社会焦点与营销热点共振，形成非油品销售新亮点。上海销售作为先进典型在销售公司非油品大会上介绍经验。在首届“昆仑好客评先选优”活动中，获得“百强便利店”“昆仑好客创新奖”等13个奖项。人民西路等5座便利店被上海连锁经营协会评为2015年度“市民信任的便利店”，昆仑好客品牌影响不断扩大。

【投资建设】 上海销售狠抓网络建设，2015年开发奉贤第七、申港LNG、松江燃气3个油气站，彻底解决肖塘、泾阳、徐浦大桥等加油站历史遗留难点问题。加强与股东沟通，坚持市场化、互利共赢原则，中油农工商公司二期合作稳步推进，中油浦东公司经营矛盾初步得到缓解，确保合资合作加油站不丢。对20座加油站进行综合改造，新投运油气站5座，增加年零售能力15.4万吨。首次对加油站逐个调研，按照“规范化、标准化、信息化、美化、亮化”原则，科学编制上海销售“十三五”规划及加油站达标改造计划。主动介入政府有关加油站评估及选址规划工作，努力降低城区租赁站租赁到期或土地控规不符被拆除的风险。

【资源市场】 2015年，上海销售在完成统配资源考核目标的基础上，坚持质优价廉和集中外采原则，准确研判市场，高效运作外采，全年外采入库28.3万吨，相比同期东北调拨价节约购进成本3.17亿元。与供应资源的大型央企建立长期稳定战略合作关系，保证采购质量，提升议价能力，外采降本增效成效显著。精准制定营销策略，高标号汽油同比增加30%，实现优化销售结构增效。合理调整柴油出入库节奏，通过低库存有效规避跌价风险。成立巴士运营中心，对巴士加油站进行信息化改造，确保机构用户不丢。公司主要领导亲自带队开发大客户，新开发客户176家，新增客户销量3万吨，直销实现稳中有增。

【企业管理】 2015年，上海销售持续推进内控体系建设，每年完善并印发加油站内控手册。制订规章制度修订计划，自主开发规章制度网页查询系统。通过宣传贯彻和培训，员工合规管理意识不断加强。坚持依法治企，持续规范“三会”制度，强化股权管理，加强与股东沟通，依法维权，保障中国石油权益。2015年，股权投资收益达11139万元，超预算88%。严格执行“三重一大”决策程序，物资采购、招标投标等重点领域合规管理有效开展。针对市场低迷状况下出现的经营和资金风险，及时加强客户经理和提单管理，强化授信客户资金监管，有效确保经营和资金安全。加大审计监督检查力度，完成离任审计、扶贫帮困资金审计、销售费用审计、加油卡管理专项审计等，强化合规管理过程和结果监督，确保公司运营合法、合规、受控。

【质量计量安全环保】 2015年，上海销售与员工签订安全环保责任书1534份、个人安全行动计划145份，覆盖全体管理人员和岗位，安全环保责任理念更加深入人心，安全环保责任有效落实。HSE管理体系建设和专项检查有序进行，通过体系交叉审核，深化现场监督，查摆问题80个并全部完成整改。通过专项督察发现问题180项，整改178项，整改率达到98%。对121座加油站油气回收系统进行维修和第三方检测，确保符合环保标准。加大隐患排查力度，12项隐患得到治理。积极开展应急演练，组织加油站应急演练450余次，有效提高员工处置突发事件的应急能力。实现安全生产事故、质量计量事故、环境污染事故和相关新闻危机为零的目标。

【党建工作】 2015年，上海销售大力提升两级班子建设，发放学习资料13份，组织案例警示学习2次，持续开展反腐倡廉工作，两级中心组学习质量不断提高。修订完善三项制度，党委议事规则和决策程序更加明确。调整干部2批16人，完成18个党支部换届，党支部书记全部参加轮训，党的基层组织建设不断完善，干部队伍不断强化。开展庆“七一”表彰活动，评选先进党支部3个、优秀党员24名、优秀党务工作者14名。大力强化政治理论研究，10个课题获得上级政研会的表彰，3个课题入选上海市党建研究论文集。

【员工队伍建设】 2015年，上海销售为基层库站新配图书5022册，“千万图书下基层，百万员工品书香”工程持续推进，促进全员素质不断提高。修订健全《员工管理办法》和《远程培训管理办法》，开展培训122项，受益9870人次。3名骨干赴BP公司进行挂职培训，25名加油站经理赴江西对口交流，员工交流培训工作持续得以推进。2015年，有17人走上加油站经理岗位，6人走上两级机关管理岗位。通过技能鉴定，晋级初级工106人、中级工130人、高级工11人。专业人才成长喜人，百名大学生加油站经理培养计划有力推进。编印“形势、目标、任务、责任”宣讲材料，通过主题教育，鼓气聚力。继续发挥群团工作优势，员工创业热情充分激发，团委品牌活动成绩显著。李钢获上海市“青年岗位能手”称号，盛东加油站获2014年度上海市“重大工程立功竞赛优秀集体”称号，庞若煜被评为上海市优秀团员。持续开展扶贫帮困送温暖活动，走访慰问看望员工266人次，发放慰问金、扶贫帮困金59.5万元。

【企业文化建设】 2015年，上海销售继续加强新闻宣传工作，对外投稿名列前茅，其中两次进入销售系统前三甲。《中国石油报》头版5次报道公司工作，上海销售宣传稿件首次亮相中国新闻网、人民网。创新企业微信号宣传功能，升级《上海销售》电子报，新闻信息传递实效进一步提升。扎实推进治安维稳工作，信访稳定内保责任书签订100%全覆盖。处理12345市民热线100件，其中处理市长来信2件，均取得满意效果。开展大庆精神铁人精神再深化再学习，向全体干部员工推荐《铁人传》，组织观看《石油魂》，参与学习1137人次。上海销售第一本《企业文化手册》、第一部企业形象宣传片制作完成，创建公司子文化建设的新载体。文联、体协活动精彩纷呈，员工业余生活丰富多彩，大大激发基层新活力。继续抓好典型选树，榜样作用不断发挥。刘国超获上海市“劳动模范”、集团公司“特等劳动模范”称号；杨思加油站再添“上海市模范集体”新荣誉；销售系统“十大模范经理人”郭小明、“十大标杆站经理”张猛，“十大标杆加油站”虹莘梅莘加油站脱颖而出，成为上海销售新的名片。

（李文韬）

中国石油天然气股份有限公司黑龙江销售分公司

【概况】 中国石油天然气股份有限公司黑龙江销售分公司简称黑龙江销售，主要承担黑龙江省行政区域范围内汽油、柴油、煤油、化工产品、润滑油、日用百货、食品、农用物资销售等业务。截至2015年底，黑龙江销售机关设有13个处室、6个附属机构；下辖19个二级单位、81个片区；运营加油站1043座；在用油库21座，库容量46.97万立方米；资产总额65.57亿元；员工总数13502人，其中合同化员工6724人，市场化员工6778人。2015年是黑龙江销售“十二五”的收官之年，也是实现持续发展，取得突出成果的一年。面对省内经济持续低迷，市场竞争日益激烈，油价持续振荡下行，低价资源冲击加剧等复杂的外部环境，黑龙江销售认真贯彻落实集团公司、股份公司的各项决策部署，认识新常态、适应新常态、引领新常态，埋头苦干，主动作为，统筹推进各项工作，进一步凝聚发展共识与合力，进一步营造风清气正干事创业的内部环境，重塑企业良好形象，使公司各项工作取得新进步新成绩，实现“十二五”顺利收官（表1）。

表1　黑龙江销售主要经营指标

指　标	2015年	2014年	2013年	2012年	2011年
销售总量（万吨）	463.71	439.28	443	442.84	456.34
利润（亿元）	7.01	3.43	4.05	7.10	1.91

续表

指　标	2015 年	2014 年	2013 年	2012 年	2011 年
销售收入（亿元）	304.48	384.03	407.64	415.55	409.85
税费（亿元）	6.96	5.96	6.15	4.36	3.99
资产总额（亿元）	65.57	62.53	60.15	58.18	57.18
非油品收入（亿元）	4.69	2.85	4.16	3.27	2.90
非油品利润（万元）	4460	2350	2201	2029	1544

2015 年，销售成品油 463.71 万吨，同比增长 5.56%，其中汽油 217.42 万吨，柴油 246.29 万吨；实现销售收入 304.48 亿元，同比下降 20.71%；实现利润总额 7.01 亿元；实现吨油利润 151.22 元。

【成品油业务】 以市场为导向，竞争能力持续增强。2015 年，黑龙江销售根据市场形势变化，实施“点面线”结合的营销“组合拳”，取得较好效果。针对局部周边竞争站点，实施点对点促销压制；针对省内纵深市场，与中油农垦石油有限责任公司联手控制市场；针对邻省交界市场，搭建营销“防火墙”，筑牢外围防线。

坚持“油卡非润”一体化运作，促销能力持续增强。促销活动总体做到一体化统筹实施，在油品销售取得突破的同时，有效带动“非卡润”业务量效的提升，初步实现协同发展。2015 年，记名加油卡数量、沉淀资金同比分别增长 89% 和 23%，卡销比 40%，同比提高 11 个百分点，创历史最好水平；车用润滑油销售 7971 吨，同比增长 10.34%。

充分运用激励手段，全员营销能力持续增强。紧紧抓住关键季节，单独制订并行的激励政策，打赢春耕秋收油品销售攻坚战。春耕销售抢前抓早，开展春耕劳动竞赛，激发广大员工销售热情。8 月开始，实施内部超销奖励，取得显著成效，9—11 月销量同比增加 18.7 万吨，其中 9 月销售总量 47.46 万吨与 10 月纯枪销量 36.77 万吨创出历史单月新高。

【投资管理与网络建设】 2015 年，黑龙江销售围绕有质量有效益可持续发展的方针，突出投资效益与投资质量，不断优化网络布局，提升零售网点盈利能力和市场竞争能力。

持续加大网络建设力度，2015 年完成投资 4.1 亿元，外部积极争取政府部门支持，创造良好的发展环境，内部实施网络建设责任制，加大激励考核力度，进一步优化网络布局，库站基础设施得到较大改观。一批库站重点建设项目明显提速，23 座新建收购改扩建加油站、3 座下装及油气回收改造油库投运，七台河油库增容项目建成投运；完成加油站油气回收改造 182 座，124 座库站实施隐患治理及地罐更换。一批历史遗留的难点项目取得重大突破，2015 年清理项目 12 座，投运 10 座，撤销 2 座；哈尔滨松浦、大庆益民、中八路、庆虹桥等 4 座加油站建成投运，实现日均销量近百吨。

【非油品业务】 2015 年，非油品业务按照以便利店销售为主的发展定位，全力做大做强店销，提高非油品利润率，走质量效益发展的道路。

2015 年，非油品收入 4.69 亿元，同比增长 64%；非油品利润 4460 万元，同比增长 90%。

加大店销内部激励力度，保证奖励落到一线，调动员工销售积极性。实施店面优化诊断，分类制定商品最低经营数量标准，丰富商品种类。持续开展与供应商联合促销及一体化促销，做到“大型活动不间断，小型活动天天有”。商品采购配送全面实现“四统一”运行，中央仓配送体系运行总体平稳，有效降低采购成本，2015 年物资采购节约成本 2528 万元。调整润滑油业务管理体制，消除业务发展体制障碍，促进润滑油业务良性发展。

【深化企业改革】 2015 年，黑龙江销售加大深化改革力度，着力破解多年来制约企业发展的障碍，进一步理顺管理体制机制，进一步增强创效能力。

稳步实施以业绩为导向的收入分配机制改革。引导员工牢固树立“收入凭贡献，岗位看业绩”的理念，建立完善业绩考核机制，初步打破“大锅饭”和“平均主义”，建立多劳多得、奖勤罚懒的分配体系，有效调动员工的积极性。

公开公正的选人用人机制初步建立。采取“一推两考”、竞争上岗的程序选拔配备中层干部。推行加油站经理竞聘与目标责任摘牌制度，打破员工身份界限，能者上、平者让、庸者下，培养出一批优秀的加油站经理人，163人通过竞聘走上加油站经理岗位。

稳步推进以精干高效为目标的地市公司机构改革。省市两级公司充分沟通，结合各单位实际，共同制订实施方案，处理好改革与稳定的关系，保证改革实施平稳有序，初步构建一体化“大营销”组织架构。16家分公司全部完成改革任务，精简组织机构56个，分流机关人员455人。

【专业管理】 2015年，黑龙江销售以QHSE体系为主线，狠抓质量、计量、安全“三条红线”管控，应急处置及时得当，总体实现安全平稳运营，对外树立了公司安全诚信的良好形象。建立完善红线责任体系，逐步做到职责归位与职责落地，完善QHSE委员会，建立9个分委会，推进落实直线责任、属地责任、岗位责任，将红线责任融入经营各环节，初步建立分工负责、分层次管理的责任体系。加大检查稽查力度，强化过程管控，创新管控方法，突出重点环节监管，以信息化远程监控方式，持续开展液位仪自动计量监控与考核，液位仪使用率达到98%以上，以“四不两直”方式，持续开展油品质量与加油机计量精度稽查，检查183个片区次，加油枪839把。严格责任追究，坚决打击违规行为，发现计量、质量违规加油站21座，处理57人，发现违规油库3座，处理8人。

推进加油站“6S”管理，打造完成示范站、试点站46座，初步实现人有其责、物有其位的标准化状态。实施内外部常态化监督检查，神秘顾客暗访得分逐步提高，加油站开口营销、现场管理、服务水平得到明显改观。

启动信息化单轨运行工作，提升各系统应用水平，单轨运行进入试运行阶段。强化配送一卡通应用，使用率大幅提高，取消油品出库“五联单”，提高油品运行管控能力和配送效率。

推进油品价值管理，增强油品损溢管控能力。按照地罐交接与流程调整同步实施的思路，以理念转变、流程再造、标准固化、复制推广的方法稳步推进，先后完成配套制度、地罐标定、流程衔接等各项任务，打通了全部运行流程，于10月在全系统正式实施地罐交接，并同步实施油品价值管理，堵塞了损溢油管理方面存在的风险漏洞，为管理水平的进一步提升打下坚实基础。

财务管理对经营的支撑作用逐步提升。主动适应业务发展要求，以利润、成本费用为重点，改进预算管控和经营分析方法，使预算指标受控运行。推进资产轻量化工作，开展全系统商品大盘点，查实理清全系统商品的实物库存情况，为库存清理优化打下基础。

【队伍建设】 2015年，黑龙江销售将队伍建设作为做好一切工作的关键前提，着力建设一支忠诚担当坚强有力的干部员工队伍，充分发挥政治思想组织优势，为公司的发展提供更好的保障支撑作用。

开展“三严三实”专题教育与“重塑中国石油良好形象”大讨论活动。将专题教育、大讨论活动与企业经营紧密结合，做到同部署，同开展，坚持领导带头，问题导向，制订问题清单，实行销项管理，做到真查真改，将思想成果与经营成果互相转化，互相提升，力求“两促进两不误”。

落实“两个责任”，推进党风廉政建设。落实党委主体责任，完善制度体系，制定“两个责任”实施细则等9项制度。深化党员干部教育，先后举办全系统领导干部、党组织负责人、党的十八届五中全会精神解读以及营销发展理念培训班，进一步筑牢反腐倡廉的思想防线。积极推进中央和集团公司巡视反馈问题整改工作，提前完成集团公司反馈问题整改任务。强化审计监察工作，2015年实施经济责任与专项审计17项，起到监督保障作用。启动内部巡视工作，完成2个分公司专项巡视任务，并进行整改督导。落实纪委监督责任，建立纪委向党委工作报告制度，2015年向党委专题汇报8次。严肃执纪问责，2015年给予党纪政纪处分15人，其中处、科级干部7人，使广大干部员工的纪律意识、合规意识明显增强。

坚持关心关爱员工，推进扶贫帮困与和谐稳定工作。对困难职工伸出援手，及时给予扶助，2015年帮扶4755人次。企业和谐稳定局面总体向好，平衡不同利益关系，有效防范、化解、管控影响稳定的突出问题，重点群体总体保持平稳，完成全国“两会”、纪念抗战胜利70周年及十八届五中全会等特别重点阶段的维稳任务，受到上级公司表扬。

强化媒体沟通互动与舆情管控。与黑龙江省内主流媒体深化友好合作关系，邀请媒体记者开展“走近基层石油，发现感动”媒体体验日活动，2015年在《黑龙江日报》《黑龙江领导参考》、人民网、新华网等主流报刊及网站刊载公司宣传报道16篇，在黑龙江省电视台播映公司宣传节目14个，对外树立了公司良好形象。

（于　泳）

中国石油天然气股份有限公司吉林销售分公司

【概况】 中国石油天然气股份有限公司吉林销售分公司简称吉林销售，主要承担吉林省行政区域内的成品油批发、零售业务，以及“昆仑好客”便利店、汽车服务等非油品业务。前身为始建于1949年的吉林省石油总公司，1998年6月划入集团公司，1999年10月重组改制划入股份公司。截至2015年底，下辖9个市（州）分公司、2个直属公司、4个合资公司，员工9430人，运营加油站989座，在用油库13座。2015年，销售成品油407万吨，同比下降2%；纯枪销量305万吨，同比增长0.10%。销售收入242.22亿元，实现利润3亿元（表1）。

表1　吉林销售主要经营指标

指　标	2015年	2014年	2013年	2012年	2011年
成品油销售量（万吨）	407	413.50	402.99	369.75	372.76
销售收入（亿元）	242.22	312.51	310.92	292.27	286.85
其中，非油品收入	2.22	2.44	3.32	2.44	2.31
利润（亿元）	3	1.25	−0.50	1.28	1.40
税费（万元）	5006.98	4714.15	2731.17	3824.39	3567.18
资产总额（亿元）	68.39	66.23	61.29	58.96	49.92
加油站总数（座）	989	982	1003	1054	1026
油库数（座）	13	19	20	25	27

【库站管理】 2015年，吉林销售完善库站监管体系，推进数质量、违纪违规、客户投诉及媒体曝光的“高压线”管理，健全神秘顾客访问、客户满意度调查、95504客服热线服务监督、液位仪读数跟踪、加油卡套现查处、非现场视频巡查等检查通报机制，不断改善库站“窗口”形象。建设加油站“人·车·生活”驿站，丰富服务外延，营造商圈氛围，打造标杆站24座、星级站424座、样板站53座、旗舰站12座，创建“精神文明服务窗口”147个和“青年文明号”15个，长春普庆站、延边新丰站已经成为企业的一张名片。注重打造强大现场，深化库站“6S”管理，推进“双低站”治理、万吨站培育、千吨站升级、全流程诊断与优化，万吨站达到53座。坚持把油库、加油站、便利店作为科研基地、实验场所，推行开口营销、微笑营销和提篮销售，完善在绩效考核、职能设置、扩销增量、配送调度等方面的工作机制，不断提升库站管理水平。

【油气业务】 2015年，吉林销售坚持纯枪核心、效益中心，围绕“每人每天多销百升油，每站每天多销一吨油”主题，开展“五上量”活动，纯枪比例提升1.54个百分点。严格市场份额责任制，强化批零一体化运作，健全市场情报与研判、客户管理、信息共享、价格应对等机制，加强客户经理队伍建设，市场份额得到巩固。推进“油卡非润”一体化营销，以“天天有活动、月月有主题”为基调，线上线下互动，点线面圈策划，2015年开展大型促销活动10余次，形成油非、油卡、油润联动互促局面。实施创新营销，拓展“互联网+”营销，微信关注人次达3.6万；深化跨界营销，与交行、电信、保险、邮政、旅游、酒店等单位开展积分互换和相互优惠；率先在高寒地区冬季反季销售0号柴油，以产品差异化抢占柴油市场和效益高地；注重卡功能应用与发挥，拓展网上充值、移动售卡等业务，记名卡售卡35万张、沉淀资金17亿元、卡销比42.58%。润滑油、天然气业务协调发展，2015年销售润滑油0.44万吨，销售天然气1456万立方米。

【非油品业务】 2015年，吉林销售夯实非油品业务基础，启用长春中央仓，规范商品采购、品类管理等制度，建立积压商品终身负责制，开展“便利店现场操作规范”培训，强化系统应用、口头促销、商品陈列等内容，非油品业务水平得到提升。持续推进店面优化、规模店培育、商品主数据优化等工作，改进营销手段，优化商品结构，不断提高非油品销售能力和库存资金使用效率，共有524座加油站设立便利店，百万元便利店达到41座，2015年非油品销售利润0.4亿元，同比增长48%。丰富非油品销售构架，推进汽车服务、昆仑之星车辅产品、吉林特色商品、化肥等农用物资的销售，提升客户体验，拓展新的利润增长点。

【网络建设】 2015年，吉林销售编制“十三五”发展规划及天然气业务发展规划，提前与政府对接，提前了解发展规划和政策调整，提前介入跟踪，从源头争取网络建设权。加大高效市场开发力度，遵循“开工建设一批、申请立项一批、论证储备一批”原则，油气并举、自建与合资合作并举，新建、收购加油站10座，储备项目4个，成功取得四平服务区加油站及其配套服务项目。实施存量挖潜，持续推进“双低站”治理、库站布局优化和资产轻量化，狠抓施工进度、在建项目清理和重点工程推进，改扩建加油站6座、油库1座，置换加油站7座，网点效率与辐射覆盖能力进一步提升。

【质量计量安全环保】 2015年，吉林销售强化安全管控体系，深入落实安全环保党政同责、有感领导、直线管理与属地管理原则，抓好风险排查、责任落实、措施制定、监督检查“四个关键”环节，落实以上率下到位、教育培训到位、风险识别到位、责任落实到位、安全措施到位、违章追责到位的“六个到位”要求，以HSE体系审核、安全大检查、风险源评估、隐患排查与问题整改等为着力点，实现零事故、零污染目标。完成加油站油气回收改造618座和库站安全隐患改造192座，挂牌督办隐患全部整改完毕。坚持诚信至上，不断完善质量、计量监管体系，全流程跟踪检测，全品种覆盖检验，全天候系统监控，顺利通过各级部门的多次油品计量、质量检查，确保计量零差错、质量零问题。

【降本控费】 2015年，吉林销售加强损耗管控，明确“标准两头、管控中间”“重罚、罚众”要求，出台“十条禁令”，分环节控制、分品种施策，用好技术手段，加大追责力度，加油站油品综合损耗率同比下降0.155个百分点。推进物流优化，深入开展销售板块“物流优化年”活动，实施新的物流优化及地付方案，全面推进加油站主动配送，试点开展油库主动配送，改进“三地三点”地付布局，吨油运费同比下降明显。落实吉林销售“开源节流降本增效方案”90条措施，严控非生产型支出，严格工程项目建设、商品采购招投标管理，争取财税政策支持，吨油商流费同比下降13元。提高资源运作效率，用好直属炼油厂和地方炼油厂两种资源，做好库存经济管理，把握购进节奏，在直炼配置计划完成率103%的基础上，实现外采创效。

【企业管理】 2015年，吉林销售建设合规管理体系，牢固树立法治思维，强化公章、合同、证照、招投标管理，有效发挥风险评估、内控测试、效能监察、审计检查、资产盘点、资金稽查、重要事项登记报告等手段的作用，确保整体受控运行。深化信息系统集成应用，建设吉林销售公司数据平台，完成全省统一运维、门户网站改版、微信平台建设、办公系统直达到站等工作。充分发挥预算对年度工作的统驭作用，推进资金集中支付和会计集中核算，建立资金稽查检查队伍数据库，出台风险防控名录，财务管理水平稳步提升。完善薪酬分配体系，落实集团公司工效挂钩要求，及时调整后四个月考核指标，出台“油卡非润”专项奖励政策，有效发挥薪酬考核的激励约束作用。完善股权管理体系，明确行使股东权利、维护股东利益的基本原则，出台《股权管理实施细则》《合资公司成立初期加油站运行方案》，股权管理逐步走向规范。进一步理顺各层级职能定位，明确合资公司、润滑油和天然气业务的发展思路与归口管理责任，分流富余人员，为吉林销售可持续发展奠定基础。

【企业文化建设】 2015年，吉林销售进一步解放思想观念，深入推进中央“三严三实”专题教育和集团公司“重塑中国石油良好形象”大讨论活动，开展更具针对性的“六破六树”活动，以形势宣讲、基层走访、建言献策、座谈交流、学用条规、全员读书和读书心得交流等为抓手，将思想行动统一到吉林销售部署上来。抓领导干部这个“关键少数”，通过挂点包保、驻站帮扶、客户拜访等方式，以上率下，强化责任担当，2015年收集各类建议415条，部署工作抓手247项，领导干部率先垂范意识和机关服务基层理念得到深入落实。进一步提升员工队伍素质，优化队伍结构，提高员工素养，业务培训、职称评审、技能比武和技能鉴定等工作有序开展，举办各类培训162期10395人次，占在岗员工的79%以上。进一步改善发展氛围，关心关爱员工，推进家文化、班组长协会和精神文明号建设，落实带薪休假、职业健康体检等政策，实施扶贫帮困送温暖工程，加强与省内大型企业、地方党委、政府及相关部门的沟通协调，为企业发展营造良好氛围。

（杨冠宇）

中国石油天然气股份有限公司河南销售分公司

【概况】 中国石油天然气股份有限公司河南销售分公司简称河南销售，成立于1999年2月，主要承担中国石油进入河南省的成品油资源配置、批发、零售以及销售网络开发、建设、管理等职责。设12个职能部门，下辖19家分公司和6家控参股公司，员工6624人。

2015年是极其困难的一年，也是河南销售经受严峻考验的一年。2015年，调入成品油391.2万吨，外采136.6万吨，完成销量389.14万吨，直销150.53万吨，纯枪销量238.6万吨，非油品收入4.4亿元（表1）。

表1　河南销售主要经营指标

指　标	2015年	2014年	2013年	2012年	2011年
成品油销售量（万吨）	389.14	432.6	403.7	407.6	402.5
纯枪销量（万吨）	238.6	249.1	240.4	230.4	—

【零售业务】 2015年，河南销售坚持“油卡非润”一体化营销，强化开口营销和标准化管理，开展加油站卫生间专项治理，137座加油站实现标准化管理，771座加油站卫生间整治达标率78%。搭建微信促销平台，强化与银行、电信等单位联合营销，平安“加油88折”实现站内消费1.7亿元，交行“最红星期五”客户充值2956万元。加大跨省物流车队开发力度，成功开发54家、实现消费3.5亿元。完成纯枪销量238.6万吨，汽油销量121.96万吨，同比增加14.3万吨；中联、三门峡、驻马店、漯河、鹤壁5家单位汽油销量增长20%以上；11家单位纯枪销量超过10万吨，郑州、洛阳、中联3家单位超过15万吨；郑州、安阳、中联、高速4家单位单站日销量超过12吨。

【非油品业务】 2015年，河南销售优化非油品管理机制，建立完善中央仓配送体系，强化店面管理，实施油非互动、卡非互动、月末返利、多倍积分等促销政策，非油品收入4.4亿元，有9家单位收入超过2000万元，郑州公司突破1亿元；新增50万元以上便利店104座，标准店达329座。中央仓累计完成配送45期，配送16189站次，货值1.2亿元，配送及时率90%以上，配送费率控制在6.3%。与上海汽车集团股份有限公司合作取得突破，在全国范围内率先实现整车销售。319座30万元以上便利店通过店面优化提升，收入同比增长49%，毛利同比增长33%。

【网络建设】 2015年，河南销售发挥专业线管理优势，上下联动，坚持以新建收购为主，着力加强合资合作，投运加油站66座，新增销量7万吨，加油站总数达838座，较2010年增加101座；郑州、许昌、三门峡超额完成任务，分别投运11座、8座和5座，郑州、安阳、南阳4个合资公司项目完成前期工作。全面完成670座加油站和5座油库油气回收改造，环保验收合格率100%；实施检维修和安全隐患改造项目99座，完工54座。

【安全管理】 2015年，河南销售全面推广“无误差”付油，持续开展运输损耗提标工作，实现交接标准三连降，由年初的1‰降为0.75‰，二次配送损耗同比下降1.2个千分点，提前4个月完成销售板块下达的控制目标。持续加强新《安全生产法》和《环境保护法》学习，加大安全隐患治理投入，累计投入资金近3000万元，对许昌、商水等5座油库和18座加油站罩棚、罐区等安全隐患进行综合治理。深入开展常态化油品抽检化验，接受上级公司和地方部门抽检化验62批次，合格率100%，内部开展油品抽检化验528批次，有效发挥监督和震慑作用。

【基础管理】 2015年，河南销售全面推进专业线管理，优化省、市、库站职能，压缩管理层级，取消分公司部门设置，优化减少管理人员252人。实行专业线对口指导，组织开展10期专员持证上岗考核培训，338人通过岗位资格考试认证，举办各类培训班235期，培训员工15420人次。全面开展风险防控检查复查和资金专项检查，发现问题838个，纠偏追责，查缺补漏，持续规范提升。深化财务集中管理，优化核算会计工作流程，业务、财务数据无缝衔接，结账时间平均提前一天。强化专项费用管控，运费同比降低5537万元、吨油运费降低10元，广告促销、维修、财务、自用产品及消耗、"五项"费用等降低8519万元。

（刘要辉）

中国石油天然气股份有限公司云南销售分公司

【概况】 中国石油天然气股份有限公司云南销售分公司简称云南销售，前身是中国石油西南销售公司，办公地点在昆明，成立于1999年2月，2008年底股份公司销售管理体制调整后，主要负责中国石油在云南省成品油批发和零售业务以及便利店、润滑油、化工产品和汽车服务等非油品销售业务。截至2015年底，云南销售设12个机关处室、2个专业机构、14个地市分公司、7个控参股公司，员工6289人，资产总额102亿元，有在营油库10座，库容30.12万立方米，运营加油站617座。

2015年，销售成品油385.60万吨，同比增长4.8%，其中省内自营量350.6万吨、纯枪量242.21万吨、直销量108.4万吨，同比分别增长12.7%、5.3%、33%，发售昆仑加油卡30.65万张。开发加油站50座，投运37座。实现销售收入231.15亿元，上缴税费4.49亿元，实现利润3.25亿元，同比增加2.53亿元。实现非油品收入7.12亿元，非油品利润6465.5万元，同比分别增长27.5%、43.5%。综合效益指标排名区外销售企业第二位（表1）。

表1　云南销售主要经营指标

指　标	2015年	2014年	2013年	2012年	2011年
销售总量（万吨）	385.60	368.01	414.39	378.12	350.52
纯枪销量（万吨）	242.21	229.64	241.94	229.24	217.61
利润（亿元）	3.25	0.72	0.63	−0.80	1.59
非油品收入（亿元）	7.12	5.58	5.51	4.58	3.28
非油品利润（亿元）	0.65	0.45	0.50	0.25	0.17

【市场营销】 2015年，云南销售以市场为导向，以效益为中心，综合施策，科学营销，各项指标持续提升。开展"客户开发服务年"活动，与中国联合网络通信集团有限公司、云南冶金集团股份有限公司、北汽云南瑞丽汽车有限公司等6家单位签订战略合作协议，推行集团客户"三全"（全产品链、全服务链、全生命周期）营销，新增客户858家，主油增量11.5万吨，带动非油品销售236万元。建立"网格化"市场开发责任制，云南省129个县区中101个销量同比增加，直销市场份额达到51%。策划"加油吧·兄弟""收获金秋"等五大主题促销活动，实现汽油增量7.6万吨。优化销售结构，新增97号汽油加油站点151座，高标号汽油增销4.84万吨。云南销售微信平台上线运行，首次引入O2O营销模式，吸引粉丝12.7万人。强化"小改大"项目和"双低站"治理，完成331座加油站全流程诊断、117座加油站"小改大"，低效负效加油站减少31座，"双低站"单站日销量7.72吨。深入开展"两服务一清洁"和服务提升专项劳动竞赛，总结推广"满意100、服务A+"等6种服务法，2015年累计获得股份公司劳动竞赛流动红旗15面。

【非油品业务】 2015年，云南销售将非油品纳入主营业务，坚持以“上量、提质、增效”为主线，深化“油卡非润”一体化运作，非油品量效再创新高。开展便利店全流程诊断，培育优质店383座，同比增加74座，店销毛利率达到20.3%。推进“三送三打造”（送培训、送服务、送经验，打造样板、打造专业团队、打造强大卖场）活动，店销收入达4.8亿元，同比增长47.4%。完善“日销日兑”考核激励政策，加大非油品规模和效益考核权重，激发员工开口营销积极性，客户进店购买率12.2%，同比提升2.6个百分点，客单价38.2元/人，同比增加5.7元/人。拓展广告、汽车服务、闲置资产租赁等增值项目，实现创效1665万元。加大润滑油客户开发力度，实现润滑油销售9531万元、毛利748万元。“好客云南”微商城上线运营，利用“互联网+”模式，创新非油品销售渠道。开展“激情飞扬1+1”“清凉一夏、天天酷爽”等促销活动，实现促销收入2930万元，获销售公司“后备箱竞赛”昆仑山加多宝系列第一名。开展创意堆头大赛及知识竞赛，创新竞赛激励机制，连续夺得销售公司劳动竞赛非油品业务4面流动红旗。

【网络建设】 2015年，云南销售借助中缅油气管道和云南石化两个大项目，加快推进销售网络开发建设，下达批复加油站52座，开发50座，投运37座，其中首座智能智慧型加油站——昆明西福路加油站落地投运。积极向省、市两级政府沟通汇报，争取到简化审批、减免费用等优惠政策，秧田冲、保山、蒙自3座油库项目减免费用1.02亿元。云南省政府召开专题会议，研究解决中国石油在云南网络建设问题，其中，昆明189项集团项目累计落实建设土地的加油站43座，建成18座，投运15座；高速公路加油站项目投运14.5对，取得加油站规划7对，道路开口批复1对。创新开发模式，力推合资合作，优选西畴县、富源县、沾益县等5座社会加油站试点托管合作。有序推进管道配套油库项目，清华洞油库改扩建工程完工并投运，其余3座配套油库整体进度均达到80%以上。编制完成云南销售“十三五”发展规划，确定“54318”发展目标，明确发展方向和路径。

【资源运行】 2015年，云南销售坚持“以销定调、优化运行、降库增效”原则，把握调运节奏，强化均衡发运，累计调入成品油380万吨，其中配置资源320万吨。强化运行监控，库存不断优化，月均库存控制在14.3万吨，节约费用1760万元。优化油库发油流程，提升发油接卸效率，人均周转量0.97万吨，同比提升19.7%，油品周转11.27次，同比增加0.36次。推进远程地罐交接和主动配送，实现在途车辆、油站库存、销售动态实时在线监控，单车配送装卸时间缩短60分钟。完善客户油库提油配套服务措施，推行“一卡通”，有效提升油库付油效率。在完成直炼配置计划的前提下扩大外采规模，增强议价能力，降低采购成本，累计外采低价、优质资源16.1万吨，创效8300万元。持续优化物流系统，减少跨区配送，开展“以采代储”业务，累计节约运费1.05亿元。

【企业管理】 2015年，云南销售完成主动配送、库存上移等五大模块和56项功能开发推广，远程地罐交接信息平台正式上线运行。实施264座加油站老旧设备更换和系统清理，站级系统运行效率得到提升，运维问题处理率100%，销售分公司考核排名第一。推进财务核算、支付、结算“三集中”，严格预算管控，累计挖潜增效2.95亿元。2015年发生不含盈余商流费18.18亿元，较预算节约1.21亿元；纯枪价格到位率同比提升0.16%，创效2820万元。强化“三控制一规范”，优化用工结构，减少直接用工111人，全员人均纯枪量同比增加6吨。开展685名加油站经理轮训和服务技能竞赛，召开首届加油站经理人大会，全面提高加油站经理人队伍素质。组织互联网+、客户经理、油库主任等专题培训，在销售公司“开口营销”服务技能竞赛中取得团体第二名，创云南销售历史最好成绩。

【安全环保】 2015年，云南销售深化HSE体系和质量体系建设，突出“库站楼仓车工钱信”管控重点，在所有在营库站建立风险分级防控体系，全年未发生安全环保事故。狠抓油品数量、质量管理，抽检合格率始终保持100%。强化全流程、分环节损耗治理，公路、铁路运输损耗同比降低0.34‰、0.14‰。深化现场“三不施工”要求，强化“四不两直”现场检查，确保工程施工全方位受控。全面摸排在营库站重点部位、重要环节重点隐患136项，拨付5511万元资金专项整改。强化科技创新，有13篇员工论文获奖或发表，成品油检验中心《提高柴油酸度测定准确率》QC成果，获评集团公司优秀成果一等奖，德宏公司代朋设计的“防静电火花加油枪活接套”获国家实用新型专利。

【党建工作】 2015年，云南销售坚持融入中心、服务大局，努力创新党建思想政治工作方式方法。开展党建工程和基层党委书记履职考核验收，“四好”领导班子和“四强”党组织优秀率达到89%。张本荷劳动模范创新工作室创造性推进“U计划”（优化百站、增收千万），完成100座加油站优化示范工作。金孔雀文化营销创意工作室制作发布文化营销产品11个，其中2个点击量突破100万。昆明分公司秦怀波获“全国五一巾帼标兵”称号，玉溪分公司欣都加油站被共青团中央、国家安全生产监督管理总局联合授予“青年安全生产示范岗”称号。昆明公司东兴加油站获集团公司“模范集体”称号，玉溪分公司宋凤英获集团公司“劳动模范”称号。楚雄公司杨芹翠获云南省“五一劳动奖章”，丽江分公司古路湾加油站获云南省“工人先锋号”。赵文强、陈学艳、苏朝祥、和利辉分别获销售系统“十大模范经理人”“十大模范加油站经理”“十大模范油库主任”“十大加油明星”称号。

（张艳雪）

中国石油天然气股份有限公司重庆销售分公司

【概况】 中国石油天然气股份有限公司重庆销售分公司简称重庆销售，下辖7个地市分公司和3个专业分公司，28个区县经营部，6个直属股权企业。截至2015年底，有在册员工6123人；有运营加油站538座，在建加油站70余座；在用油库9座，库容49万立方米；资产总额66.91亿元，净资产38.11亿元，资产负债率43.05%。

2015年，销售油品365.60万吨，同比增长6.09%；其中纯枪销量275万吨，同比增长4.12%；实现营业收入224.11亿元；利润5.74亿元，同比增长3.99%；实现非油品收入3.77亿元，非油品利润0.41亿元，同比分别增长59.75%和50.79%；开发加油站23座（表1）。

表1　重庆销售主要经营指标

指　标	2015年	2014年	2013年	2012年	2011年
销售总量（万吨）	365.60	345	318.56	288.00	261.33
营业收入（亿元）	224.11	263.29	249.03	228.47	201.28
非油品收入（亿元）	3.77	2.36	2.40	1.91	1.57
账面利润（亿元）	5.74	5.52	0.029	3.01	2.57
税费（亿元）	3.94	4.50	4.09	3.05	1.98
资产总额（亿元）	66.91	62.43	54.58	48.63	43.96
加油站总数（座）	538	504	500	476	457

【市场营销】 2015年，重庆销售调进汽油、柴油357万吨，同比增长5%。其中外采26万吨，同比增加14.7万吨，外采增利1.25亿元，占全年利润总额的22%。加强调度运输组织和一次物流优化，持续降费增效，吨油运费同比降低4.04元，下降5.59%。改进伏牛溪油库装船流量计，水路发油能力提升30%以上。加强市场分析，建立以区县为单位、分区域的市场调查机制。完善市场机制，采取月度给予利润奖励的方式补贴亏损销售。坚持紧贴市场，灵活定价机制，有效发挥专职客户经理作用，扭转直批被动局面。客户经理年人均销售1.2万吨，最高达到5.2万吨。相对市场份额同比提升0.59个百分点。

【加油站管理】 2015年，重庆销售坚持把加油站作为销售工作的主阵地，突出零售创效这个中心，坚决推进“油卡非润”一体化营销。深挖纯枪潜能，实现汽油纯枪同比增长14%，纯枪销售任务完成率居系统内第七位。加快新站培育，新开站达销率20.6%。实施纯枪万吨级加油站打造计划，万吨级加油站达到70座。深入推进“双低站”治理，低销站减少至31座，摘帽率54.7%。高质量发展加油卡业务，累计实现储值114.6亿元，售卡31.6万张，卡销比年均49%。沉淀资金16.73亿元，居系统内第五位，单卡沉淀资金保持系统内第一位。客户有效投诉同比下降49.46%，每万吨有效投诉率下降到0.34起。便利店总数达到292座，卷烟、润滑油、包装饮料销售收入同比分别增长70.6 %、78.35%和38.08%。淘汰滞销商品800余种，有效商品数控制在2600种以内，库存周转率提升19%。

【投资建设】 2015年，重庆销售重点推进主城区、高速路、区县新城区和合资合作股权项目开发。通过股权项目成功锁定加油站60座。2015年，完成加油站油气回收改造121座，扩能改造4座，便利店改造20座，启动油库下装改造4座，新建趸船4艘。部分重点难点项目得以推进：江南四海烟雨路加油站艰难投运，盘活搁置十余年的固定资产；江北李家花园加油站得以原址保留改建，守住黄金口岸；涪陵滨江西路加油站最终按照“同等区位价值置换”补偿原则确定迁建新址，万州南山西路加油站冲破施工障碍，顺利完工投运。

【质量计量安全】 2015年，重庆销售深入开展新《安全生产法》和《环境保护法》宣传贯彻，切实落实安全环保责任，牢牢守住“三条红线”。深刻吸取天津港“8·12”火灾爆炸事故教训，全面开展安全生产“大检查、大整治”活动。组织油库、危险化学品罐区和“八个杜绝”专项治理，库站动转作业和施工检维修等非常规作业安全受控。投入安全生产费用5185万元，对加油站防泄漏等73个安全环保隐患项目实施整改，销售板块督办的油库趸船、三级防控隐患整改项目通过专项验收并顺利投运。开展油罐防泄漏检测和库站防雷防静电技术研究，推行机械清罐等新技术。2015年，未发生一般B级及以上生产安全事故和一般及以上环保事故，获集团公司“环保先进单位”和重庆市“危化行业安全生产先进单位”等称号。持续加强质量计量监督和管理，开展打击盗卖油品专项整治活动，公路运输及零售、水路、铁路、管道运输损耗分别控制在0.07‰、1.06‰、1.55‰、1.75‰以内，2015年未发生较大及以上质量计量事故。

【精细化管理】 2015年，重庆销售坚持依法从严治企，强化关键环节的风险防控和全员的法律合规意识。深入开展开源节流、降本增效活动，完善专业预算由专业部门主导的管理机制，实现费用总额比预算节约1.35亿元。规范股权管理，提高股权投资价值，股权企业成为重庆销售对外合作的重要力量。出台《领导人员管理暂行规定》，交流调整19名处级干部。规范用工管理，清理清退72名“三长”人员。加强信息化建设，将系统运维事件平均解决时间控制在20分钟，设备故障平均修复时间控制在6.8小时。坚持依法合规经营，伏牛溪21万立方米商储工程通过环保、消防、安监验收，遗留手续办理取得重大进展。

【党建思想政治工作】 2015年，重庆销售坚持党的核心领导作用，扎实推进“三严三实”专题教育和“重塑中国石油良好形象”大讨论活动。深入宣传贯彻党的十八大和十八届三中、四中、五中全会及习近平总书记系列讲话精神，认真开展三个环节学习研讨，提升各级领导干部的理论水平和政治素质。认真落实集团公司专项巡视发现问题整改，持之以恒抓好中央八项规定精神的贯彻执行，深入开展“三珍惜一用好”主题教育活动，加大信访案件查办力度。加大宣传工作力度，五里店加油站百米大型公益宣传项目得到重庆市委市政府的高度肯定。组织开展走进石油、定点扶贫、爱心捐赠等活动，积极参加诚信商家评选。涌现出以缪明宇、张连忠、张果和五里店加油站、海峡路加油站、朝阳河油库为代表的先进个人和集体。成功举办员工岗位技能大赛和员工运动会，展现队伍风采。进一步做好离退休服务工作，体现公司对老同志的关心和关爱。积极防控稳定风险，保持企业和谐稳定。

【“十二五”期间主要成就】 “十二五”期间，总销量1578万吨，年均增长9.9%；其中纯枪量1208万吨，年均增长7.7%。绝对市场份额和相对市场份额比“十一五”末分别提高5.26和2.2个百分点。非油品业务快速发展，非油品收入年均增长31%，非油品利润年均增长40%，便利店总数292座，较“十二五”初期增长1倍以上。5年累计开发加油站149座，累计新投运加油站97座。万吨级加油站增加34座，达到70座；年销量千吨以下的加油站从“十一五”末的145座减少到31座，平均单站日销量从15.28吨提高到16吨。劳动效率不断提高，人均纯枪量由“十一五”末的281吨上升到459吨，人均利润达到10.5万元。吨油费用从“十一五”末的410元下降到347元，降幅15%。吨油利润从“十一五”末的98元上升到157元，增幅60%。5年实现账面利润16.87亿元，增幅翻番。资产规模持续扩大，2015年底资产总额达到66.9亿元，资产负债率43.07%，实现EVA2.5亿元。安全环保稳定形势持续好转，应急处置能力不断提高，数质量管理明显加强。合资合作迅速发展，新成立3个股权企业，11个股权企业5年零售油品174万吨。党的建设、队伍建设和精神文明建设取得成效，涌现以缪明宇和五里店加油站为代表的一批国家级、省部级劳动模范和先进集体，70座加油站被命名为重庆市“文明加油站”，得到重庆市政府“党和政府放心，群众满意”高度评价。

（文　豪）

中国石油天然气股份有限公司湖北销售分公司

【概况】 中国石油天然气股份有限公司湖北销售分公司简称湖北销售，2000年5月，西北销售公司通过组建控股公司——南顺中油销售有限公司进入湖北成品油市场。2002年10月，湖北市场划归华北销售公司管理，湖北销售公司正式注册成立。2004年4月，集团公司正式组建华中销售公司，主要负责华中河南、湖北、湖南三省成品油销售及市场开发工作。2008年12月，河南、湖南上划集团公司管理，华中销售公司与湖北销售公司整合，实行“一个机构、两块牌子”运行。2009年12月，注销华中销售公司，以“湖北销售公司”省属公司模式运营管理，主要承担中国石油在湖北省的成品油销售、市场开发、网络建设等业务。办公地点位于湖北省武汉市江汉区常青路149号中国石油大厦。截至2015年底，机关设14个职能处室，下辖13家地市销售分公司和仓储分公司、武汉物资公司共15家二级单位及武汉中油昌佶公司1家控股公司。2015年，湖北销售实现成品油销售收入195.89亿元，非油品收入4.28亿元，天然气收入805.57万元。累计投运加油（气）站787座，其中资产站635座，租赁站148座，控股站4座（表1）。中国石油在湖北运营油库13座、库容58.1万立方米，资产型油库6座、库容44.05万立方米，其中，武汉油库总库容29.5万立方米；租赁油库7座、库容14.05万立方米。资产总额102.23亿元。湖北销售在职员工6637人，其中大学本科及以上学历994人，占员工总数的15%。

表1　湖北销售主要经营指标

指　标	2015年	2014年	2013年	2012年	2011年
销售总量（万吨）	343.41	351.17	342.81	340.44	330.24
零售量（万吨）	240.31	266.68	274.45	271.20	270.37
其中，汽油	115.08	101.05	89.31	82.85	83.47
柴油	125.23	165.63	185.14	188.35	186.90
批发量（万吨）	103.10	84.49	68.36	69.24	59.87
其中，汽油	20.75	27.06	19.08	26.64	25.72
柴油	82.34	57.43	49.28	42.60	34.15
非油品收入（零售）（亿元）	4.28	3.19	3.13	2.30	1.46
非油品利润（零售）（万元）	5140	3780	3230	2590	1960
加油站数量（座）	787	775	759	740	716

2015年，面对油价持续下滑、国内经济增速放缓、市场下行、竞争日益激烈的严峻形势，湖北销售始终坚持有质量有效益可持续发展战略，经营业绩逆市上行，主要指标箭头向上，完成集团公司下达的1.75亿元和稳增长1.81亿元盈利目标。2015年，销售油品343.41万吨，纯枪销量219.27万吨，同比增长4.3%；实现非油品收入4.28亿元、利润5140万元，同比分别增长34.2%和36.2%；2015年新投运

加油站20座；安全环保及计量、质量工作始终处于受控状态，没有发生较大及以上安全环保责任事故，没有发生计量质量责任事故、资金安全及新闻危机事件。

【零售管理】 强化督导，细化市场，差异营销，汽油销售取得突出成效，零售结构显著改善，实现量效双增。2015年，汽油纯枪销售107.47万吨，同比增长16.71%；97号汽油纯枪销售18.11万吨，同比增长31.11%。汽油销量同比增幅销售板块排名第一。创新营销方式，开通"中国石油湖北销售"官方微信服务号，参与人次达到300多万，粉丝数量迅速超过30万人；成功打造"贺岁迎春""踏青出行""清凉一夏""金秋送爽"四个常态化营销品牌及"乐享周末""中油惠农""高速路口促销"等有地方影响力区域性的营销品牌。其中，"乐享周末"在147座加油站得到推广开展，活动站点促销品种日均销量同比增幅30.18%。深入推进"双低站"治理工作。推行承包经营、团队目标责任和经理负责制3种经营管理模式。2015年低销站摘帽30座，净减少比例为10.3%，单站日均销量同比提升0.16吨。启动示范站交流实习活动，开辟网站专栏展示学习成果，促进亮点管理工作的快速复制与推广。2015年，共组织7期210人次交流学习。

【批发销售】 2015年批发销售103.1万吨，计划完成率107.8%，同比增加7万吨，增长10.8%。围绕销售板块"扩销、降库、控采、增效"以及集团公司稳增长总体部署，及时调整营销策略，最大范围降低批发销售损失，促进公司稳增长目标的实现。运用信息化手段，不断拓展情报渠道，为灵活施策提供决策依据，不断提高情报质量。实施差异化营销策略，全面摸排客户2002家，有效提升库批销售针对性及市场竞争力，客户达销率43.2%，同比提升2.2%。

【非油品业务】 明确主营定位，依托加油站，实现非油品业务高效起步、特色发展。2015年实现非油品销售4.28亿元、利润5140万元，分别完成销售板块计划的97.2%、100.8%，同比分别增加1.09亿元、1360万元。开展"加油站+"业务，与邮政、航天三江集团公司等跨界合作；注重培育核心品类商品，2015年香烟、饮料、润滑油和酒类实现收入合计3.37亿元，同比增加1.24亿元，增长58.2%。通过开展四季主题促销和节日促销，营造浓厚的现场氛围。2015年累计开展27次促销活动，通过促销带动增收4800多万元。对205座老旧便利店收银台改造，持续提升店面优化自营能力，培育百万元便利店97座、五十万元店176座、三十万元店185座，合计占总店数的62%，加油站整体创效能力明显增强。拓展培训方式，成功组织首届加油站经理人论坛、服务达人竞赛和示范站交流实习实践等活动，加油站员工业务能力持续提高，得到销售板块的高度认可。

【物流组织】 以效益最大化、运行最优化为目标，统筹配置、外采两种资源，拓展外采渠道，灵活采购方式，实现资源创效。2015年购进资源348.99万吨，同比增加2.36万吨，其中配置兑现250.03万吨，同比增加5.94万吨，计划兑现率102%；外采完成98.96万吨，同比减少3.58万吨，其中成品油实物外采47.85万吨，同比增加5.15万吨，获取毛利5.36亿元。协调石化开展形式多样的资源串换，降低无库地区物流费用，提高资源应急保障能力。开辟中国石化恩施、十堰、宜昌、孝感、荆门等地区公路出库业务，公路串换出库0.35万吨，吨油节省费用约170元。优化retail系统模型，湖北省优化系统自动上车率和计划可执行率分别达到50%和80%。执行公路运输损耗0.11%新标准。2015年，公路运输损耗率0.1%，同比下降1个千分点，降幅达50%，同比降耗2220吨。

【网络建设】 加强投资收益研究，优化加油站项目投资。2015年，完成投资计划1.76亿元，完成销售板块下达计划的94%。新增投运加油（气）站20座，累计投运油（气）站787座。积极储备发展新项目。2015年新开发油气站37座，新增零售能力29.4万吨/年，可正常实施的储备项目达64座，为湖北销售"十三五"发展打下良好的基础。合资合作项目取得新进展，先后与湖北中油天海能源销售有限公司、湖北中油丰泰能源有限公司达成合作意向，并成功与天海公司签订合资合作协议，进一步拓展发展模式。完成400多座加油站油气回收改造、45座加油站扩能升级和荆州油库改造任务，夯实扩销增效的根基。稳步推进在建项目实施，迁建荆门迎春加油站取得政府的支持，日销量已达到24吨；迁建十堰黑龙江路、宜昌当阳雄风、随州水岸国际站办理规划、土地等前期手续，还建工作取得重大突破；咸黄高速双溪服务区南站、北站完成投运，截至2015年底，日销量约20吨。

【降本增效】 细化接待审批流程，强化监督公务消费，接待费用同比减少10%。实施资产轻量化战略，成功处置10座水上加油站负效资产，预计每年减亏600万元。全面拓展商业票据业务，全年开出商业汇票11.9亿元，节约财务费用930万元。有序推广自助加油，自助加油在98座站推广实施以来，平均自助比例17%，单站员工提枪减少89次，优化用工38人，年人均加油量增加56.4吨，节约人工成本217万元。大力推进加油站信息设备优化整合，完成湖北省700余座加油站的整合实施工作，实现主机“二合一”、机柜“二合一”、显示器“三合一”，维护效率大幅提高，同时整合节余液晶显示器约700余台，减少资金投入。狠抓损耗管控，2015年综合损耗率为0.037%，同比降低0.006个百分点。积极推进高速站场地出租、中心城区站ATM机合作、市区站洗车、国道站地磅等业务，通过盘活资产创收近380万元，同比增幅124%。

【合规管理】 深入推进“五纵四横”管理模式，实现法律咨询、合同审查、纠纷处理等法律事务集中管理的目标，涉法事项、规章制度法律专业审查全覆盖；推广武汉公司法律风险防控典型做法，全面组织验收，2015年打造法律风险防控样板站46座。始终把安全环保作为“天字号”工程来抓，强化隐患整改，建成以中心化验室为核心、全资油库化验室为支撑的大质检体系，没有发生重大安全环保责任事故，没有发生数量、质量纠纷、资金安全及新闻危机事件。制定并下发《关于规范批发业务基础工作的通知》，不断优化批发环节风险防控流程。狠抓“三超”治理，制定湖北销售超标车辆整改治理方案，对维修费用高、使用年限长的车辆以及5辆超标车辆进行报废处置。

【信息化应用】 在互联网+、物联网、大数据、云计算背景下，启动以业务驱动为核心的“XBRL+大数据”项目建设，搭建管理模型，挖掘存量数据价值，推动经营管理与决策支持走向大数据时代，得到XBRL（可扩展商业报告语言）国际组织专家和国家财政部的充分肯定。推广视频监控集成平台，强化远程现场监管，通过设备优化、设备维修等技术手段提高视频监控集成平台接入率，截至2015年底，接入570余座加油站以及5座全资油库。通过对监控摄像头的升级，探索进站车辆车牌号、车标等客户信息自动识别，为加油站后期实现客户精准营销提供数据支撑。建立一、二次物流优化模型，确定最优配送流向和路径，实现物流费用最低，同比降低10%。深化调控指挥中心系统应用，完善科学调度、深度分析及统筹优化等功能，提升各环节实时监控及预警的能力。充分运行互联网思维，大力拓展管理方法，开发并运行车辆管理系统，有效提升管理效率，降低管理成本。

【安全环保】 扎实推进HSE体系建设，深入落实有感领导、直线责任和属地管理。全员编制个人安全行动计划，逐级签订安全环保责任书，建立分层次管理、层层抓落实的安全生产责任体系。扎实开展体系审核，2015年审核加油站47座次、油库5座次，发现并整改问题430项。加强环境保护，针对湖北水域广阔的特点，排查涉及环境敏感区域的库站227座，投入290.26余万元对存在环境风险的21座库站进行整改，确保环境风险受控。强化宣传教育和应急演练，结合全国“两会”、防汛等特殊时段外部环境变化，组织安排防恐反恐、计质量纠纷、油罐进水溢油、加油站遭受自然灾害等应急预案的演练，参演人数达4000余人，演练覆盖率达到100%。加强质检能力建设，在2015年集团公司汽油检验实验室比对试验中，成品油检验中心参加的14个项目全部达标。深入推进避免事故奖励机制，奖励23座库站的一线员工63名，奖励金额6万元。

【队伍建设】 深入开展“重塑中国石油良好形象”大讨论和“三严三实”专题教育，查摆整改“四风”问题，切实促进领导干部作风的转变。批复成立恩施等6个分公司纪委，选配纪委委员19名，其中纪委书记6名，基层纪检监察组织体系进一步完善。研究出台零售纯枪增量、自营批发超量、非油品收入提成、新增投运加油（气）站等四项专项奖励政策，有效激发地市公司干劲，促进主营业务快速发展。修订完善《加油站经理管理办法》，进一步畅通职业发展通道；建立加油站经理岗级动态考评机制，并推行“分类定级、级变薪变、易岗易薪”的动态管理，有效促进加油站经理综合管理水平和市场应对能力稳步提升。持续开展零售业务轮训和后培训，创新内容形式，注重成果转化，累计培训加油站经理、机关人员1108人次，加油站经理履职能力大幅提升。加快推动加油站经理职业化进程，扎实开展加油站经理资格认证工作，2015年组织认证330人。深入开展“四讲”石油、“窗口形象客户评”等特色活动，利用劳动模范宣讲、神秘顾客访问等形式提升现场服务水平，发挥宝石花艺术团载体作用，充分展示中国石油文化、理念和品牌，真正将“重塑形象”内化于心、外化于行。

（熊路路）

中国石油天然气股份有限公司广西销售分公司

【概况】 中国石油天然气股份有限公司广西销售分公司简称广西销售，成立于2000年10月，2008年12月上划股份公司直接管理，主要负责中国石油在广西地区的成品油市场开发和销售工作。机关设有13个职能处室和4个直附属机构，下辖13个地市分公司，2个专业分公司，另有9个控参股公司。截至2015年底，在营加油站560座，运营油库7座，总库容约20万立方米，员工总数5074人（含业务外包1013人），总资产规模82.73亿元。2015年，销售成品油301.01万吨，市场份额达到34%；其中；零售销量230.66万吨，同比增长8.3%；实现销售收入196.61亿元，利润1.01亿元（表1）。

表1　广西销售主要经营指标

指　标	2015年	2014年	2013年	2012年	2011年
成品油销售量（万吨）	301.01	305	272	305.2	283
营业收入（亿元）	196.61	272.5	217.19	233	210.5
非油品收入（亿元）	8.58	9.08	6.69	3.68	2.77
利润（亿元）	1.01	3.8	−2.26	0.37	2.63

【主营业务】 2015年，广西销售面对严峻复杂的市场形势，合理统筹两种资源，科学调控购销节奏，坚持“以我为主、灵活主动”经营策略，积极探索“油卡非润”一体化运作，在市场低迷的情况下实现销量基本持稳。

零售方面，实施客户大普查，加大客户开发力度。新开发零售C级以上客户539家，新增消费量8944吨。充分利用销售板块跨省物流政策，新增跨省大客户57家，在销售企业排名前列。以卡为媒稳定并扩大客户群体，充分利用IC加油卡绑定客户功能，主动前往加油站周边学校、单位、社区等场所上门办卡，利用政府车改契机开发公务员客户群体。2015年发售记名加油卡27.52万张，完成销售板块全年任务的224%，沉淀资金4.19亿元，卡销比40.93%，任务完成率为106%，任务完成率位于销售板块前列。积极开口营销、现场促销，紧抓消费需求高峰，制定专项促销政策，开展“幸福羊帆年、中油贺团圆”等主题促销。针对柴油需求低迷不利形势，完善柴油绩效分配激励政策，及时组织开展柴油上量专项劳动竞赛，2015年柴油零售137.82万吨，同比增长6.16%。

直批方面，强化客户网格化开发管理，将优质客户作为发展的第一资源，一户一策制定差异化竞争措施。2015年新开发直批客户647家，老客户需求占比较2014年初提升9个百分点。加大广西壮族自治区重大工程项目的排查攻关力度，区内90项重大项目及所有在建高速铁路、高速公路、二级公路项目均与广西销售建立合作关系，终端客户需求占比较2015年初提升3个百分点。

【加油站管理】 2015年，广西销售以“一站一策”精雕细刻每座油站。灵活延伸销售半径，充分利用以站代库、小额配送的辐射作用，2015年小额配送同比增长3.1万吨，增幅129%，相当于新增3座万吨加油站。通过目标经营责任制管理、联站经营等模式，创新“双低站”治理手段和激励机制，2015年双低站摘帽39座，摘帽率51.3%，占运营站比例降至7.5%，在销售板块排名前列。以小投入换来大产出，与中国电信集团公司、中国平安保险（集团）股份有限公司合作，三方共同让利客户1元/升（广西销售让利0.2元/升、合作伙伴让利0.8元/升），吸引更多客户进站加油；与中国工商银行开展周末刷卡优惠5%、中国工商银行积分换油“优惠双响炮”活动。

【非油品业务】 2015年，广西销售组合使用油非互动、卡非互动、积分促销等多种促销形式，组织堆头陈列、车辅产品销售竞赛，多渠道增销创效。持续推进“昆仑好客”精品样板便利店打造，试点经营“种茶伯”等自有品牌，11月，与广西壮族自治区商务厅签约合作，将广西特产进驻“昆仑好客”便利店，同时梧州、钦州、贺州等分公司与地方政府共同开展六堡茶、坭兴陶、脐橙等地方特色产品推广。截至2015年底，百万元便利店增至38座。

【投资与网络建设】 广西销售与广西壮族自治区商务厅、发改委、国土资源厅及各地市政府洽谈70余次，2015年成功开发加油站40座，首批2座绿岛站在南宁市完工，区内新建高速公路70%加油站纳入通祥公司开发。坚持早投用、早受益原则，2015年投运加油站23座，增量2.86万吨，增利2900万元。坚持借助地方资本推进合资合作，与广西机场管理集团、广西旅游投资集团有限公司、广西壮族自治区供销合作联社、广西壮族自治区公安消防总队、防城港市人民政府等洽谈合作框架，与钦州市开发投资集团有限公司、柳州东城投资开发有限公司合资成立钦祥、东祥公司。

【资源运行】 2015年，广西销售狠抓“物流优化年”活动，以无缝衔接为切入点，依托销售板块物流优化软件，加强精准调运，充分利用油品自采、业务串换、仓储优化等方式，2015年物流费用比预算节约5200万元。坚持快进快出，实行日监控机制，合理提报配置计划，力争库存低位运行。认真研究并利用销售板块政策，充分平衡直炼计划、降库目标、销售总量三者之间关系，努力实现效益最优化。8—10月连续获得销售板块柴油激励政策奖励1.75亿元。抓住市场低迷时机，加大外采谈判，实现外采效益最优。

【质量计量安全环保】 2015年，广西销售以质量受控为重点，针对重点承包站、“双低站”、偏远站、非常规站等管理薄弱加油站制定明确抽检要求，把控参股公司加油站油品质量纳入监督范畴，抽检油品质量361批次、外采全分析99批次，确保每一滴油都是“承诺”。调校计量器具488批次，开展计量专项检查，有效提高精准度，避免计量纠纷。全面学习宣传贯彻新《安全生产法》和《环境保护法》，两级机关全体干部员工及基层库站4000余人参加基本常识考试。建立公司—分公司—库站周动态风险提醒机制，编发事故案例集，狠抓重点施工项目安全监管，295座站点完成油气回收改造。开展库站隐患排查和洪涝灾害、油库罐区安全环保等6次专项整治，立项整改隐患114项，发现并整改问题1025项，查处各类违章行为近200起。2015年无一般B级以上事故发生，无环境污染事件发生。

【企业管理】 2015年，广西销售积极推进体制机制改革。系统梳理激励政策、考核机制、用工模式，在生产经营实践中对有益经验进行固化，不断完善“双积分制”等管理，在桂林试点“6S”管理模式，有效释放机制创新活力。全面推行加油站、直销客户经理积分管理，固化“岗位靠竞争、收入凭贡献”的理念和员工对未来的预期，涌现出以销售系统十大模范加油站经理林飞、优秀直销客户经理覃司法等为代表的一大批优秀职业经理人。强化科技创新与技术应用，推进“数字广西”建设，客户外销提油一卡通系统被销售物流管理系统2.0项目借鉴使用，油品检验报告单电子化处理节约时效1500小时，447座加油站实现地罐交接，169座加油站实现边卸边加。创新营销方式，将传统营销与网络营销有机结合，正式运营广西销售官方微信公众号，粉丝数突破7万人，百万人次参与微信营销活动。质量安全环保处、南宁公司和北海公司联合申请罐车底部取样专利，柳州公司实行电子巡检，大众创新氛围逐步形成。狠抓依法合规治企，建立重大风险监控预警机制，修订《股权管理手册》，颁布直销业务“八条禁令”，规范非油品业务运作。

【党建群团工作】 2015年，广西销售全面加强服务型党组织建设，扎实推进“四好”班子建设，与“三严三实”专题教育相结合，两级党政主要领导带头讲党课109场次，引导党员干部以“钉钉子”精神落实全年工作。突出销售企业窗口作用，专项部署“弘扬光荣传统、重塑良好形象”大讨论活动，两级党组织开展学习、研讨62场次。注重提升企业软实力，整理提出以“四精、五小、家文化”为核心的库站现场文化，吸收“九牛爬坡”等地方民族文化精髓，有机融入广西销售的企业文化。开展“挂点服务、助力发展”主题活动，广西销售两级领导班子及机关干部驻站蹲点帮扶，与基层员工同吃、同住、同劳动，解决基层现实问题，以干部作风新转变助推发展。坚持将党风廉政建设和反腐败工作融入企业各项工作，制定8项反腐倡廉配套制度，领导干部层层签订《党风廉政建设责任书》《廉洁从业承诺书》4590份，建立处级以上领导干部廉政档案，建立定期教育和动态监督机制，实现离任审计全覆盖，与广西壮族自治区检察院签订检企共建协议，为公司健康发展提供有力保障。注重发挥群团组织作用，举办足球赛、羽毛球赛、元宵喜乐会等系列文体活动，员工业余生活更加丰富多彩。加强扶贫帮困送温暖活动，2015年帮扶492名困难员工、发放慰问金81万元，员工对企业的认同感、归属感不断增强。

（张喜伟　王　东）

中国石油天然气股份有限公司浙江销售分公司

【概况】 中国石油天然气股份有限公司浙江销售分公司简称浙江销售，成立于1999年1月，2008年12月上划股份公司直接管理，主要承担中国石油在浙江地区的成品油批发、零售和非油品业务，同时负责浙江地区销售网络的开发建设和管理工作。

截至2015年底，浙江销售设12个机关处室、2个直属机构、12家全资分公司、4家控股公司、1家参股公司。有员工4701人、本科以上学历778人、高级职称32人、中级职称97人。有油库20座，总库容44.85万立方米，其中全资油库7座、租赁油库7座、股权油库6座。运营加油站476座，其中全资加油站219座、控股加油站105座、租赁加油站151座。

2015年销售油品285.63万吨，其中，纯枪销售212.88万吨、批发72.75万吨；非油品收入3.7亿元，非油品利润4551万元。实现营业收入175亿元，账面利润-6456万元，考核利润2亿元，为集团公司整体价值链的实现贡献效益15.6亿元，缴纳税费3.71亿元。

“十二五”期间，浙江销售累计销售油品1774万吨，其中批发直销758万吨；纯枪年销量由177万吨增至213万吨，年均增长4.8%；非油品业务年销售收入由2.18亿元增至3.7亿元；累计实现销售收入1259亿元、考核利润8.3亿元；新开发加油站143座（其中续租37座、橇装设施13座），新投运加油站117座，其中高速公路服务区加油站3对6座（表1）。

表1　浙江销售主要经营指标

指　标	2015年	2014年	2013年	2012年	2011年
成品油销售量（万吨）	285.63	316.24	404.66	401.58	366.16
非油品收入（亿元）	3.70	2.02	3.43	2.64	2.18
销售收入（亿元）	174.93	236.20	291.14	293.69	263.24
利润（万元）	-6455.97	1888.87	-21166.12	152.09	22004.10
税费（亿元）	3.71	3.84	3.09	1.73	2.58
资产总额（亿元）	59.59	55.58	59.88	60.16	55.35
加油站总数（座）	476	446	460	446	445
油库总数（座）	20	17	19	21	22

【加油站管理】 2015年，浙江销售在市场低迷、竞争加剧的形势下，通过季度主题促销、“油卡非润”互动互促，汽油销量同比增长11%，完成计划的104%，高品号汽油同比增长22.8%。同时推行全流程诊断与优化，省、市两级公司完成诊断加油站148座，优化加油站55座。对107座加油站推行“卸油不停枪”，加油站运行效率大幅提升。浙江销售在浙江省5000吨级加油站由121座增加到128座，万吨加油站由39座增加到43座，纳入治理范围的双低加油站由108座减少到63座。开展省、市两级服务技能竞赛，倡导开口营销，突出全员参与，以赛代训，提升现场服务“软实力”。230座加油站卫生间完成专项整治，加大“三查一访”力度，练好现场服务。2015年，神秘顾客平均得分87.6分，同比提高2.6分。运用合作开发的多渠道支付平台，携手支付宝、腾讯开展“双十一”“双十二”、微信支付中奖等跨界合作，“双十二”当天，支付宝交易14万笔、金额3000万元，支付宝线下充值7624笔、金额241万元，当天纯枪销量8321吨，比当月日均增长34%。12月纯枪销量突破20万吨。

【油气业务】 浙江销售积极应对市场变化，灵活销售。油价持续下跌时，早行动、快反应，加快销售步伐。强化外采环节询价竞价，2015年外采汽油28.14万吨，超预算4万吨，较直配资源降低成本3.81亿元。突出终端开发，细化客户分析、优化资源流向。实施“客户经理人＋站代库＋小配送”终端直销机制，设置14个“站代库”网点，借助中油运输平台，规范运营小配送直销量7.36万吨，同比增长12%。强化客户经理人队伍建设，138名客户经理人完成销量34万吨。2015年终端销量占比79.4%，同比提升8个百分点。新增机构客户1072个、增量4.31万吨。优化结算机制，结算机制由批零独立结算向批零一体化转变，10%零售计划资源按批发结算价格调拨，促进资源配置向创效能力强的终端销售倾斜。

【非油品业务】 浙江销售认真学习借鉴系统内外先进经验。（1）成立非油品公司，明确非油品公司与非油品中心的职责定位，充实人员配备；提高非油品量效考核权重，调动全员抓非油品的积极性。推进现场服务“369”标准、开口营销和堆头陈列大赛，开展便利店全流程诊断加油站197座，非油品收入同比提高七成。按照“季季有促销、月月有主题、站点全覆盖”的思路打造营销品牌，2015年促销商品实现收入2385万元，同比增长371%。（2）统分采相结合，加大选品选商力度，商品结构日趋优化，店内经营质量明显提升，300万元以上店实现零的突破，达到7座，其中400万元店3座；200万元店、100万元店分别达到13座、73座。（3）加大与润滑油公司合作力度，2015年销售昆仑润滑油2435万元，同比增长15%。开展快件代收发、线上销售线下提货、汽车救援、自助洗车、彩票代售等新业务。

【投资建设】 2015年，完成投资2.4亿元，新开发加油站23座，超计划3座；新投运31座，超计划11座，其中当年开发当年投运18座。截至2015年底，浙江销售在浙江省运营加油站476座。新投运加油站日销量459吨，2015年贡献零售量7.76万吨，综合达销率63%，零售市场份额提升4个百分点。优化工程建设流程，完工建设项目426项，计划金额9883万元，其中新建加油站8座，改造油库4座，完成安全隐患整改、卫生间改造及检维修项目加油站418座。浙江销售在“世界互联网大会”召开前夕，对会场所在地的8座加油站同时开工进行形象提升改造，12天全部完工，展示中国石油良好形象，得到当地政府部门的肯定。

【资源运行】 浙江销售推进一、二次物流整体优化，物流费用同比降低2265万元。公路运输吨油费用同比降低8.64元，相当于平均运距减少12.7千米。（1）加强损耗管控，下海油签订卸油诚信协议，运输车辆安装车载视频全过程监控，所有油库流量计进行自检，重新标定有异议的库站罐容，实行零误差出库。一次下海损耗从2.5‰下降到1.8‰，二次水路损耗从1.6‰下降到1.2‰，公路运输损耗从1.7‰下降到1.2‰，2015年12月底降至0.8‰，同比减少损耗3494吨，增效1928万元。（2）精心筹划油品升级置换，通过争取东北公司价格支持，细化方案，与中国石化串换等措施，在最大限度降本2954万元的同时，圆满完成置换工作。（3）油品主动配送初见成效，搭建省级调配指挥中心，全面尝试全省统一配送，有效应对“世界互联网大会”期间交通管制及“双十二”当天纯枪增幅34%的考验。

【企业管理】 浙江销售优化机关机构职能设置，整合工程、造价和投资、燃气开发职能，合并业务一处、二处，提高机关工作效率。调整仓储公司职能定位，明确油库直线管理与属地管理的职责，理顺管理界面。坚持业务主导、信息协调，推进信息化建设，开发多渠道支付平台、电子券生成核销平台、非油品管理系统、加油站数据管理平台。通过购买服务方式解决信息技术投资难题，启动实施浙江省455座加油站高清视频改造。推进新增加油站管理业务、辅助业务外包，缓解岗位用工与公司发展之间的矛盾。清理在册不在岗人员，开展兼岗并岗，提高劳动效率，2015年库站外非直接生产人员占比11%，全员人均纯枪量418吨，日均十吨纯枪量用人7.1人。严控成本费用，2015年挖潜增效6788万元。公务用车集中管理，车辆同比减少19辆，费用同比减少92万元。持续规范公务接待等管理，“五项”费用同比下降25%。加大招标议标工作力度，完成招标项目19个，预算8149万元，节约资金1970万元。2015年减免税费851万元，其中水利建设基金减免771万元，土地使用税减免同比增加19万元。

【质量计量安全环保】 浙江销售以龙湾油库“1·9”冒油事故大反思大讨论活动为切入点，加大隐患治理力度，全面排查梳理设备设施隐患317项，投入5573万元，完成4座油库、279座加油站、189项隐患治理，隐患整改率60%。温州龙湾油库开展HAZOP分析，完成视频监控、可燃气体报警、油罐自动连锁等综合治理，本质安全水平得到提升。制订黄琅油库隐患治理初步方案。注重过程风险监管，针对集团公司安全巡视、销售板块审核和内部自查发现的1383项问题，强化整改复核，整改率88%。强化油品数质量管理，严把进口关，同等标准对待直配和外采油品，分别退回不合格油品6500吨、1500吨。严把检验关，油品出入库及抽样检验率100%。严把储存关，按时清罐，专罐专储，确保质优量足。

【党工团工作】 2015年，浙江销售党委积极发挥政治核心作用，坚持全面从严治党、依规治党，切实履行两个责任，认真开展“三严三实”专题教育和“重塑中国石油良好形象”大讨论活动。重点学习《中国共产党章程》《中国共产党廉洁自律准则》和《中国共产党纪律处分条例》，开展3次集中专题学习研讨，举办党委中心组集中学习21次、专题讲座6次。成立“手机党校”，利用“党群一家亲”微信工作群，直播各单位开展党课的情况，向党员干部发送专题教育知识56条。通过库站调研、征求意见、机关到基层轮岗实践等载体，帮助解决影响基层劳动效率和员工生活等方面的问题56个，组织31名党群干部赴诸暨市枫桥镇实地学习“枫桥经验”，总结“小事不出库站、大事协调解决、矛盾及时化解”基层民主管理新做法。同时，涌现出一批获得省级以上荣誉的先进集体和先进个人：金华分公司被评为集团公司模范集体；2人被评为集团公司劳动模范；1人获集团公司“十大加油站经理”称号；1人当选集团公司优秀青年；1人获集团公司“十大加油状元”称号。衢州振华加油站获共青团中央和国家安全生产监督管理总局评选的“全国青年安全生产示范岗”称号。

浙江销售纪委依托联合监督信息系统，变被动“坐等”为主动出击，通过电子监察手段筛查异常销售、卡折扣等疑似问题10个，提出建议11条。在信访核查方面，始终坚持有线索必查、坚持抓早抓小、坚持典型案件通报，2015年受理群众来信、来访7件，全部初核处理完毕；2015年立案2件，行政处分8人。

浙江销售工会积极组织开展“优直销、增纯枪、创效益”劳动竞赛，紧盯提质提效，激发竞赛热情，夺得销售板块劳动竞赛3面红旗，发放优胜奖金141万元。征集“打造强大现场·擦亮中油品牌·服务创造价值”“金点子”30个，“多元组合营销”获销售分公司非油品创新奖。成立篮球、乒乓球、泡泡团、爱悦团、千岛微剧社等9个社团协会。选举产生第二届共青团委员会。持续推进“双十”读书活动，开展第三次“双十”读书征文活动，征集文章198篇。同时围绕“体育搭台，营销唱戏”的主题，倡导“合作进取，互利共赢”的理念，成功举办浙江销售第三届员工运动会，1000多名员工参加14个项目比赛，67家合作方、供货商、兄弟单位、政府有关部门等代表出席。首次引入营销技能比拼，12家分公司在运动会现场进行非油品展销，售卖商品种类105种，销售额15万元。浙江销售团委与非油品业务中心合作，筹办公司首届非油品堆头展示大赛，组织选拔优秀选手参加全国比赛。组织成立“智慧e”青年服务工作室，围绕现场管理、设备维护、员工形象等13个方面进行建言献计，分享加油站管理经验61篇。

（凌　琳）

中国石油天然气股份有限公司安徽销售分公司

【概况】 中国石油天然气股份有限公司安徽销售分公司简称安徽销售，2002年9月成立，负责中国石油在安徽省的成品油销售业务。截至2015年底，设有12个职能处室和6个直（附）属机构，下辖13个地市分公司，16家控参股公司。资产总额61.39亿元，加油站总数536座，其中全资418座，租赁93座，控股25座，运营加油站509座。在用油库13座，总库容24.57万立方米。其中，资产型油库8座，库容22.99万立方米；租赁油库2座，库容1.58万立方米，代储库3座（海螺、二环、休宁352）。员工总数4907人（合同化员工38人、市场化员工4869人），其中管理人员521人，操作服务人员4386人。

2015年，销售成品油241万吨，同比增长6.17%，其中汽油销售量75.15万吨，柴油销售量151.36万吨；纯枪销量176.6万吨，同比增长6.4%，纯枪日均销量5000吨，实现区外盈利企业完成率排名第一、区外企业利润预算完成率排名第二的好成绩；在集团公司153家企事业单位业绩考核中，安徽销售排名由147名提升至31名；在销售板块37家单位中，排名由34名提升至12名，连续实现从C级、B级到A级的“三级跳”（表1）。

表 1　安徽销售主要经营指标

指　标	2015 年	2014 年	2013 年	2012 年	2011 年
成品油销售量（万吨）	241	227	235.78	269.3	255
非油品收入（亿元）	3.56	2.42	2.17	1.67	1.10
非油品利润（亿元）	0.4145	0.2517	0.2025	0.1263	0.067
加油站总数 / 运营数量（座）	536/509	536/491	609/518	603/506	588/486
在营油库数量（座）	13	14	7	7	7
库容（万立方米）	24.57	25.57	17.41	17.31	17.31

【零售管理】 2015 年，安徽销售深化零售工作路线图，系统化、立体化、差异化营销，跨界合作，零售质量显著增强。三级营销体系持续深化。省级营销打造品牌，策划全省营销活动；地市级连线连片，共享客户资源；站级充分放权，量身定制精准营销。实现纯枪销量 176.6 万吨，同比增长 6.4%，区外预算完成率排名第三。截至 2015 年底，安徽销售日均纯枪销量稳定在 5000 吨以上。零售基础不断深化。新培育万吨级加油站 8 座，万吨级加油站总数由 2012 年的 11 座达到现在的 23 座。低销站同比减少 14 座。全流程诊断 124 座站点，解决问题 946 条，销量同比增长 7.5%。承办销售板块“开口营销”服务技能竞赛，获“五金、两银、两优秀”的优异成绩。打造 97 号进口商品换购专区，97 号汽油销量同比增长 41%。30 座主城区加油站新增 98 号汽油。安庆、蚌埠、合肥纯枪销量增幅在 9% 以上，蚌埠、阜阳、滁州、宿州汽油纯枪销量增幅在 20% 以上。初步建成互联网营销体系。在主城区站点开通无线网，客户微信支付获取积分，利用积分换购商品，辅以微信红包等功能，搜集客户信息，实现精准营销。利用无线网络、高清摄录系统，实时监控，准确分析，掌握客户属性，提供差异化服务。探索“人·车·生活”驿站。坚持顾客至上，将传统服务延伸到汽车后服务。升级改造合肥南天站，增加车辆维护保养、客服中心、数码影音、菜篮子等多功能区，丰富服务内容，提升消费体验。改造后，南天站纯枪销量环比增长 16.4%，非油品销售收入环比增长 55.5%。

【非油品业务】 2015 年，安徽销售创新营销模式，“油卡非润”一体化营销，共享客户资源，突出业务培训，为创效提供有力支撑。机制创新一体化营销。打造 26 个批零一体化、“油卡非润”一体化销售团队。开展 20 场润滑油专题培训，培训 1200 余人次。2015 年油非转换率 18%，销售板块排名第二。非油品收入 3.56 亿元，同比增长 47%；非油品利润总额 4145 万元，同比增长 65%。店面优化提升消费体验。开展店面优化专题培训 16 次，培训 420 余人次，营造商业氛围，激发购买欲望。百万元便利店和 50 万元便利店同比分别增加 37 座和 58 座。在安徽省打造样板站 15 座，非油品收入和毛利同比增幅 50% 以上。营销创新激发全员活力。在销售系统首次组织以非油品为主题的营销大赛，共计上千人参与，产生 84 个创意文案和 12 个创意堆头，以赛代训，拓宽营销视野，提升营销技能，激发营销热情。大赛期间，非油品收入 1.92 亿元，利润 2115 万元，同比增长 71% 和 65%。产品创新拓展自有品牌。将“uSmile 黟山好客”提升为安徽销售品牌，产品统一研发，营销整体策划，市场统筹布局。截至 2015 年底，已销往北京、陕西、吉林等 6 家销售公司，累计销售 685 万元，实现利润 130 万元。

【营销管理】 2015 年，安徽销售突出市场导向，科学研判，果断决策，快速执行，营销运作和资源组织能力显著增强。市场把控能力进一步提升。建立市场快速反应机制，做到“快掌握、快决策、快执行”。召开日营销例会，通报运营情况，紧盯市场信息，部署营销策略，抢占市场先机。全面开通五大易信群，主要岗位 24 小时在线，互联互通，综合研判，精心操作，高抛低吸，不观望、不犹豫、不惜售。“北进南出”战略成效显著。打造“大营销”体系，以“腾笼换鸟”实现规模效益。皖北外采低成本资源，提高市场竞争力；皖南依托长江“黄金水道”，扩销上量。2015 年直批完成 7.7 万吨，超预算 6.7 万吨。直配资源比 2015 年初计划多接 39.1 万吨，比月度累计计划多接1.6万吨，为炼厂后路畅通做出积极贡献。简政放权激发活力。价格上，下放不同权限，增强应对市场的主动性。时间上，考核由月度调整为季度，提升业务连续性。区域上，推行“一区一策、一区多价”管控模式，淘汰再流通客户。2015年，新增机构用户326家，同比增长61%，新增销量8.8万吨，市场话语权大幅提升。物流优化不断推进。做好资源总体平衡，持续优化物流。克服大兴油库、天合油库、池州油库停运困难，加大二次配送，保障稳定供应。实施配送补货制，辅助夜间配送，解决城区站高销量、低罐容、多品号难题，实现加油站销售不断档。2015年运费1.59亿元，比预算降低12%。

【网络建设】 2015年，安徽销售采取合资合作等形式，拓宽渠道，加快速度，提高质量，大力发展终端网络。多种形式促进综合开发。合资合作不断深化，与地方政府、有实力的民营企业合资合作。在砀山、太和、合肥等地区达成4个合资意向，引入外部资金1.19亿元，拟开发加油站33座。成立加气合资公司，依托各方资源、运输、管理等优势，在安徽省范围内开拓加气业务。开发质量稳步提升。坚持城区站为主，国省道补充，深入调研市场，严格把控质量，确保投资回报。开发加油站25座，占销售板块开发数的1/10；投运30座，全部为高效项目，城区加油站占比80%。高速公路项目取得重大进展。工程建设平稳有序。加油站改造127座，计划完成率254%，工程投资2亿元，同比增长42%。克服点多面广困难，提前完成278座站点、7座油库的油气回收改造。油库改造项目30个，完成大兴库抢修、南天加油站改造等急难险重任务。编制施工操作规程，安全管控水平持续提高。

【企业管理】 2015年，安徽销售以推进协同办公系统，实现流程优化管理，推进简政放权，降低劳动强度为目标，实现基础管理提效。2015年开展内控测试5次，发现问题52例，内控培训25次，1000余人受训；开展管理提升、网络营销培训，参训人员达752人次；开展“业务知识大讲堂”活动，培训800余人次；举办市场营销培训3期，培训300余人次；在88座加油站安排108名保姆式服务人员，解决一站式管理平台需求1709条；系统运维800站次，加油站运维外包全面覆盖，此外，一次物流费用同比降低1亿元，费用总额、吨油费用同比下降均在销售板块排名第一。公路运输损耗率降至0.1%，同比降低28.6%；一次下海损耗率降至0.17%，同比降低10.5%。财务费用比预算降低3200万元。集中采购节约495万元，节约率7.4%。严控非生产性费用支出，“五项”费用同比下降18%。2015年编制业务流程与风险管理手册，完善竞争力指标评价体系，建立以市场为导向的股权企业管理机制及合规档案，组建巡检会计团队等一系列措施，实现管控一体化，引导地市公司补短板。

【安全环保】 2015年，安徽销售坚守“三条红线”，理清权责界面，创新管理机制，完善制度流程，持续推进HSE体系建设，按照“四不两直”深入一线，开展7次安全检查，发现问题269项，全部整改落实，油品数质量抽检908次，合格率100%；严格按照安全工作“红、黄、绿”三色管理法，对管理不到位的公司给予黄色警告，扣除50%风险抵押金。

【企业文化】 2015年，安徽销售深入推进“三严三实”专题教育和“弘扬光荣传统，重塑良好形象”大讨论活动，严格落实中央八项规定和集团公司党组二十条要求，认真履行“一岗双责”，抓好党风廉政建设主体责任和监督责任，认真落实“三重一大”，为稳健发展提供思想和政治保障。集体研究重大事项1104项，改造加油站88座、食堂60个、宿舍127间，投入资金5100万元，补充医疗保险理赔100万元，赔付率达115%，解决基层员工重大疾病5起，互助措施不仅改善基层办公环境和生活设施，也切实保障了基层员工利益；在2015年开展的两级机关员工下基层活动中，3400余人次下站帮扶，解决大批关乎基层发展的问题，通过落实“三重一大”，践行重大事项集体决议，2015年集体研究重大事项1104项，此外利用联合监督系统，发现违规问题11起，处理责任人15人，机关作风持续转变。举办“石油魂——大庆精神铁人精神”宣讲活动、“2015感动安徽销售十大人物”评选、“出彩安徽中油人”活动等一系列活动，还积极做好春耕、三夏、秋收时期的支农惠农等一系列服务，向社会展示员工良好风貌，有力提振安徽销售对外形象，传播中国石油品牌。

（杨翠萍）

中国石油天然气股份有限公司福建销售分公司

【概况】 中国石油天然气股份有限公司福建销售分公司简称福建销售，主要负责中国石油在福建的成品油、天然气销售与网络建设工作。2008 年 12 月 5 日，按照集团公司党组部署，福建销售从原华南销售公司独立，恢复省公司建制，上划股份公司直接管理，规格调整为副局级。设 12 个职能处室、3 个机关附属机构，下辖 9 个地市分公司和仓储分公司。截至 2015 年底，有员工 2988 人，加油站 484 座，在用油库 7 座（总库容 35.9 万立方米）。

2015 年实现销售总量 235.65 万吨，其中零售量 150 万吨；非油品业务收入 1.89 亿元、利润 2715 万元；费用总额 11.2 亿元；账面亏损 1.35 亿元。2015 年签约加油站 33 座，投运加油站 26 座，签约加油站总数达到 569 座（表 1）。

表 1 福建销售主要经营指标

指 标	2015 年	2014 年	2013 年	2012 年	2011 年
成品油销售量（万吨）	235.65	258.54	246.87	227.27	213.91
非油品收入（亿元）	1.89	1.43	1.17	0.85	0.67
销售收入（亿元）	139.81	193.09	187.80	176.61	159.99
利润（万元）	-13503	10200	2616	2058	11223
税费（万元）	25691	32679	19816	12881	12617
资产总额（亿元）	74.66	67.16	59.73	53.74	39.94
加油站总数（座）	484	460	461	443	406
油库总数（座）	7	8	9	9	8

【市场经营】 一是采取多种有效促销方式，“油卡非润”一体化营销效果显著。充分挖掘微信公众号等新媒体营销潜力，促进纯枪量增长。2015 年，福建销售发售个人记名加油卡 20.8 万张，卡销比 51%，汽油销量同比增长 8%。“精细营销一体化”案例被销售板块评为二等奖。二是重点对集团客户进行单位、员工用油整体开发，客户开发取得突破。四季度省、市、加油站三级联动，开发集团大型客户 12 家，实现新增发售加油卡 2 万余张。三是全力打造适用于高端车辆的昆仑优品汽油品牌，高端汽油品牌得到认可。充分挖掘油品新的增长点，策划开展“线上微信抢油”“线下撕名牌”等活动，打造“人 · 车 · 生活”的服务理念，实现 97 号汽油销量同比增长 21%。与奔驰汽车公司合作开展“且茗武夷”大型自驾活动，得到销售板块认可。四是强化员工培训、店面提升、品类优化和营销策划，提升非油品销售能力，非油品业务稳步提升。64 座 50 万元以上便利店销售收入同比增长 71%，利润同比增长 53%。开展换油服务试点，车用润滑油销售同比增长 31%，在中南地区排名第二。

【网络建设】 2015 年，福建销售积极保护存量项目，着力开发新项目，主动推进军企合作低成本开发项目。积极推进供销合作项目，将 67 座乡村站点打包租赁给供销石油，发挥政策及资源的互补优势，体现合作创新、效益双赢，为销售板块在全国范围推广探索改革创新之路。2015 年新建加油站项目 11 个、重建项目 2 座、技改项目 24 座，二次油气回收项目 104 座、卫生间改造项目 108 座、喷淋改造项目 33 座，提升加油站整体形象。截至 2015 年底，高速公路服务区项目扩展至 28 座；中油海峡、中油路通、龙地置业、泉州汽运等一批合资合作项目落地开花。

【天然气业务】 一是积极对接下游市场，启动支线建设。2015 年 9 月 17 日，福建销售与福能集团合资的福建省天然气管网有限责任公司正式组建。通过管网公司推动上游对接下游城市燃气用户，加快城市门站建设。启动德化、闽清两条支线的前期工作，完成路由乡镇报建80%。二是积极拓宽销售渠道，大力开发下游终端市场，与终端用户签订并达成供气合同及意向书15份。在西气东输已签订的7家用户11亿立方米供气合同的基础上，新增8家用户约6亿立方米用气量，预计2020年销量可达到17亿立方米。三是充分发挥协调组组长单位职能作用，积极推动西气东输三线入闽干线工程建设，协调解决征地、拆迁、专项评价等诸多问题和困难。按照天然气建设“规划先行”的原则，组织修订福建省天然气管网规划。

【矿泉水业务】 2015年，按照集团公司与福建省签署的战略协议，集团公司与南平市、光泽县政府共同出资成立武夷山水公司。项目建设克服位置偏远、交通不便、材料运输艰难、低温多雨气候环境、办公条件艰苦等多方面困难，全员集中力量、高效助力推进，用一年时间完成项目粗勘、精勘、确定水源点；用一个月时间完成立项和公司注册；用六个月取得探矿证、采矿证取得权；用一年时间完成厂房建设，2015年7月建成投产。“武夷山”矿泉水作为全国首届青年运动会唯一指定用水，为青年运动会供水400多万瓶。依托中国石油便利店网络开展全员营销，与永辉超市等大型商超合作，有效切入水市场。充分运用媒体资源宣传“武夷山”矿泉水品牌，迅速打开知名度，做到新品销售淡季不淡。

【综合管理】 一是“6S”管理作为深化改革的基础，2015年6月全面启动，坚持“三化一色”标准，反复整改完善，结合实际创新提高，分门别类制定执行标准和操作手册，完善建立加油站六大类316种标识类别档案，涌现91项小创新小创意小发明，3个月达到“6S”管理标准，机关、库站的面貌焕然一新，员工工作效率、个人素养显著提高。加油站清晰明确的标识、温馨醒目的提示，增强顾客消费体验。二是安全管理总体受控，福建销售以推进HSE管理体系有效运行为主线，以落实集团公司反违章禁令为抓手，深入开展新《安全生产法》和《环境保护法》学习，全面落实安全环保责任。福建销售领导亲自带队，按照“管工作，管安全”原则，“四不两直”深入基层、深入一线开展安全大检查和问题整改，确保安全受控。三是数质量管理受控运行，加强成品油检测实验室的质量管理，满足国Ⅴ标准油品质量升级检测的要求。在集团公司开展的车用汽油产品检测能力比对试验中，连续三年获得全部比对数据“满意结果”。四是支持服务型财务管理体系日趋完善，不断优化“日预测、周总结、月分析”经营指标滚动测算模型，为决策提供支持。制定七项预算激励政策，加强内部激励。多措并举优化现金流，为试点工作创造有利条件。在加油站便利店安装ATM机，探索在加油站实现移动支付，为丰富客户体验提供支持。有序推进保险柜智能密码锁更换，实现远程监控。实施“五类开源、四类节流”共111条具体措施，降本增效成果显著。五是绩效考核和培训效果凸显，进一步完善绩效考核体系，建立正向激励薪酬分配体系，充分调动工作积极性。实施加油站单站考核，激活加油站零售队伍的活力，为加油站经理的评先评优及升迁降职提供有力依据。分层次制订培训计划、全方位开展培训，实现新入职员工及营业员培训教材分级优化，形成统一标准的讲师手册和图文并茂的操作指南。开发加油站27个实操标准化教学视频和45个三分屏远程培训课件，实现培训内容标准化、可视化、远程化。大力开展开口营销服务技能竞赛，在销售板块竞赛中获1枚银牌、1枚铜牌、3个优秀选手奖。六是设备信息管理取得阶段性成果，搭建协同工作平台、微信公众服务平台，数字库站二期系统上线，管线测漏系统推广使用。完成280座加油站十年以上油罐和管线更换、油气回收、污水治理等技术改造前期工作。七是内控和法律风险防控职能有效发挥，围绕重点业务和管理薄弱环节开展自我测试，立查立改。法律风险防控体系顺利推进，金美达案件取得胜诉，挽回经济损失511.8万元。

【党建和企业文化】 一是下移群团工作重心，统筹安排福建销售2015年文体活动，分季度组织球类比赛，持续开展小健身、小娱乐项目。坚持开展“夏送清凉、冬送温暖”活动，关爱、慰问一线员工。2015年共慰问困难员工227人，发放慰问金69万元。二是精心开展新闻公益活动，“铁骑返乡”获中央文明办、团中央全国青年志愿项目金奖，“长汀水保”等2个项目被评为中央企业社会责任金牌项目。大力宣传基层员工在漳州古雷PX项目厂区爆炸、连城洪灾过程中的英勇行为，赢得政府与社会各界的广泛赞誉。

（朱　婧）

中国石油天然气股份有限公司湖南销售分公司

【概况】 中国石油天然气股份有限公司湖南销售分公司简称湖南销售，于2000年6月进入湖南市场，2002年10月正式注册成立。2015年是“十二五”规划的收官之年，是湖南销售发展历史上极其不平凡的一年，困难和挑战远高于预期，湖南销售上下迎难而上，主动作为，取得较好成绩。2015年销售总量202.69万吨，销售收入140亿元；非油品销售收入2.73亿元，利润2861万元。截至2015年底，资产总额87.97亿元，加油站总数637座，油库总数11座，库容20万立方米。2011—2015年，累计销售成品油1067万吨，非油品销量8.3亿元，累计实现销售收入770.46亿元，税费8.77亿元，实现利润总额控制在计划亏损范围内（表1）。

表1　湖南销售主要经营指标

指　标	2015年	2014年	2013年	2012年	2011年
成品油销售量（万吨）	202.69	193.66	228.94	220.98	220.60
纯枪销量（万吨）	150.29	137.06	145.69	132.60	124.44
销售收入（亿元）	140	145.66	171.86	167.17	164.96
非油品收入（亿元）	2.73	1.75	1.82	0.88	1.12
非油品利润（亿元）	0.29	0.15	0.09	0.12	0.04
加油站（座）	637	628	636	610	575
在营油库数量（座）	11	15	16	15	23
库容（万立方米）	20.00	24.60	25.00	22.00	26.83

【销售业务】 纯枪销量保持高速增长。2015年湖南销售纯枪销量150.29万吨，完成预算的104.7%，同比增加13万吨，增长9.5%。单站日销量达到8吨，比2012年增加2吨，人均纯枪量达到350吨，比2012年增加120吨。“双低站”治理成效显著。将“双低站”治理工作纳入分公司班子和机关年度业绩考核指标，拿出专项奖金激励治理“双低站”，30座负效站实现摘帽，36座低销站实现达销，低销站单站日销量同比增长8%，人均纯枪量达到310吨，在销售板块区外公司“双低站”治理评比中排名第二。跨界结盟营销有新进展。与中国平安、加加集团、湖南国储等签署战略框架合作协议，深化与移动、银行等行业的合作，做到优势互补、合作共赢。“互联网+”业务持续深化。推广微信营销，微信关注量突破18万人。加大加油卡发放力度，成为第一家在天猫商城开设官方网店的成品油销售企业。加油卡沉淀资金同比增长28%。“油卡非润”一体化营销日趋成熟。坚持油品非油品营销同频共振，营销策划、现场服务、广告宣传、绩效考核同步运行，形成“油卡非润”四位一体的营销模式。湖南省统一促销与分公司自主促销相结合，四季主题促销与旺季重点促销相结合，基本实现月月有主题、天天有促销。资源运作能力持续增强。将资源调运与营销策略相结合，2015年调运资源201万吨，其中配置资源兑现136.07万吨，完成预算的103.1%。与同行开展资源串换，扩大与中国海油、中国石化合作空间，降低库存资金占用压力。

【现场管理】 2015年，湖南销售的现场管理水平明显提升。完成衡阳油库安全隐患改造和岳阳油库油气回收改造，邵阳油库安全隐患治理基本完成，123座加油站完成标准化提质改造，311座库站实现高清视频设备全覆盖。加大神秘顾客访问、现场稽查和客户投诉处理力度，每月进行稽查通报，将稽查结果与绩效考核挂钩，加油站服务质量和现场管理水平得到提升。2015年开展现场稽查449站次，平均得分由77分提高到82.4分；神秘顾客访问1200站次，平均得分由63.5分提高到67.3分，客户投诉同比下降30%。便利店形象与服务不断提升，打造青山、大湖2座旗舰示范便利店，三间路、机杨、育才路等62座标准示范便利店。引进洗车、彩票、ETC、缴费等多项服务，扩展加油站业务范畴。服务区管理日趋规范。通过规范标识、标牌，强化专项整治等措施，综合管理水平不断提升。通过充分引入竞争机制，服务区租赁收入大幅提高。常张分公司鼎城服务区获“全国百佳示范服务区”称号。

【投资建设】 湖南销售坚持项目清理工作主线，加快推进在建项目，投资工程工作平稳、受控、有序。2015年立项加油站10座，投运6座，竣工5座，开工在建13座。狠抓项目清理，着力解决历史遗留问题。推进甘溪桥等6座加油站投运、黄沙服务区等4座加油站竣工、安化南区等13座加油站开工建设。取消项目10座，启动司法途径处理项目17座。重点项目稳步推进。长沙油库完成码头主体工程及港池开挖，码头管线开工建设启动；铁路专用线工程完成广铁集团初步设计评审；永州油库得到总部追加投资批复并加快复工建设。

【质量计量安全环保】 2015年，湖南销售针对安全环保质量计量工作面临的空前严峻挑战，多措并举，铁腕出击，杜绝了A级及以上生产安全事故。层层落实安全生产责任。加强新《安全生产法》和《环境保护法》宣传力度，细化考核指标，两级机关及库站签订《质量安全环保责任书》，并制订领导干部个人安全行动计划，13家地市公司配齐安全总监。严肃事故追责问责。针对安全管理“一个基本认识，四个没有根本转变”的现状，坚持“四不放过”原则，强化事故追责问责，实行升级处理甚至顶格处理，取消3个施工单位承包商资格。安全专项整治成效明显。开展12次专项整治活动，组织培训117期，检查库站2127次，整改问题4389项，做到“整治一项、好转一项、保持一项”，进一步夯实安全管理基础。

【双增双节】 2015年，湖南销售深入开展双增双节活动，开源节流、降本增效，各项任务指标均圆满完成。外采创效成果显著。建立外采信息收集体系，精准把握外采时机，科学分析价格、运费、稳定性等因素，优化资源配比关系，择机、择优开展外采业务。推行外采送货制，一次物流损耗率同比降低0.6‰。资源配置更加优化。依托长沙油库优化全省仓储布局，退租娄底杉山、怀化机务段油库，节省租赁费用600余万元。适时与中国海油、中化串换资源，8家无库地市公司资源得到有效保障，二次物流优化降本500余万元。牢固树立“过紧日子”思想，严格费用审批流程，费用核算与资金支付由省公司统一把关，严控不合理及非生产经营费用，四项管理费用同比减少18%。

【企业管理】 2015年，湖南销售加快智慧企业打造步伐。积极落实信息化三年规划，关键系统项目建设得到落实。525座加油站完成推广管控能力系统，协同办公2.0（首问首办）系统正式上线，移动办公平台普遍推广，桌面视频会议系统上线运行，180座加油站实现无线网络全覆盖。合规管理持续推进。落实岗位责任制，完善法律岗位风险防控措施833项。加强制度整合与配套罚则，现行制度由267项精简至210项。通过集团公司内控测试。强化考核激励导向作用。加大对纯枪量、人均平均劳动效率、边际贡献等关键效益类指标的考核力度，机关处室业绩指标直接与挂点分公司挂钩，做到严考核、硬兑现，充分发挥专项奖对重点、难点工作的推动作用。

【党建群团工作】 2015年，湖南销售将“忠诚度、责任心、执行力”主题教育活动、“三严三实”专题教育及“重塑中国石油良好形象”活动有机结合，通过“两教育一活动”，涌现出一批充满正能量的优秀作品，成为思想政治建设的宝贵精神财富。不断深化党建量化考评体系建设，持续开展党支部创优、创先争优和党员责任区、党员先锋岗活动，基层党组织健全率100%，党员教育活动覆盖面100%，员工群众满意度达90%以上。改革发展成果惠及员工，企业年金和住房公积金参保覆盖面进一步扩大；薪酬分配进一步向一线倾斜，库站一线员工收入稳中有增，员工队伍保持稳定。培训方式丰富多样，举办各类培训364期，新建培训基地1座、培训示范站2座，新增培训师20人，站经理持证上岗率达到93%。积极开展扶贫帮困、助学圆梦、号手创建、员工之家、文化艺术节等活动，将湖南销售的发展成果和关怀温暖更多地惠及全体员工，增强干部员工的归属感和凝聚力。涌现出大批先进典型和先进个人。长沙公司含浦加油站获集团公司先进集体，潭株公司醴潭高速服务区加油站成功创建国家级“青年文明号”，常张公司经理陈赛获集团公司劳动模范，郴州公司小塘服务区加油站经理胡亮被评为湖南省劳动模范，郴州公司龙泉路加油站唐巧艳获销售系统“十大加油明星”称号。

（谭　萧）

中国石油天然气股份有限公司宁夏销售分公司

【概况】 中国石油天然气股份有限公司宁夏销售分公司简称宁夏销售，成立于1958年，前身是宁夏回族自治区石油总公司，1998年上划到集团公司，主要承担中国石油在宁夏地区的成品油销售、市场开发等业务。截至2015年底，设12个机关处室，下辖7个地市分公司，3个直属单位，员工3280人（合同化员工1328人、市场化用工1952人）；油库4座，总库容18.4万立方米；运营加油站301座。资产总额23.8亿元，资产负债率37.15%。

2015年，销售成品油188.88万吨，同比增长4.2%；纯枪销量155.2万吨，同比增长3.3%。油品利润2.22亿元，吨油利润117元。非油品收入3.4亿元，同比下降4.76%；利润5922万元，同比增长31%（表1）。

表1　宁夏销售主要经营指标

指　标	2015年	2014年	2013年	2012年	2011年
成品油销售量（万吨）	188.88	181.2	194.2	193	173
成品油销售收入（亿元）	109	133	145	146	128
油田利润（亿元）	2.22	3.5	3	3.53	2.05
非油品收入（亿元）	3.4	3.57	3.14	2.39	1.77
税费（亿元）	2.65	3.17	3.18	2.26	2.73
资产总额（亿元）	23.8	25.94	26.1	23.81	17.06
加油站总数（座）	301	300	291	257	240
油库总数（座）	4	5	5	5	5

【油气业务】 2015年，宁夏销售以市场为导向，组织开展市场大调查和客户大普查，全面掌握市场特点和客户需求，有的放矢地组织市场营销。健全快速反应机制，超前研判市场信息，及时调整营销策略，合理调控油品库存，通过科学合理的库存运作，创效445万元。动态推行直销客户分级管理制度，逐月考核和评定客户等级，给予不同优惠政策，有效锁定忠诚客户。紧盯主要竞争对手定价策略，给予地市分公司议价权，灵活实施“一客一策”和“一单一策”，增强直销业务的针对性和实效性。正确处理竞合关系，强化与中国石化的沟通合作力度，加大对社会经营单位油品供应力度，有效巩固市场份额，直销量达到33.69万吨，同比增长8.7%。科学算账、整体策划“油卡非润”专题促销活动，“油卡非润”一体互动锁定终端客户，销售加油卡84.63万张，卡销比达到54.2%。制定客运、货运车队客户管理办法，开发物流车队427家，其中跨省车队53家。以卡为媒与第三方开展跨界营销，有力促进汽油销售，纯枪汽油销量达到52.87万吨，同比增长18.5%。大力推进以双向激励为主要内容的“营销十条”，层层落实市场份额、销量任务和重点工作责任制，层层传递工作压力，严格绩效考核和薪酬兑现。加大一线奖金分配力度，新增超销奖、促销任务奖等10个方面的奖励，为一线员工促销上量给予最有力的支持。

【非油品业务】 2015年，宁夏销售加快标准店和示范店建设，完成116座便利店形象改造，整体提升便利店品牌形象。开展商品陈列与创意堆头大赛、提篮销售劳动竞赛等活动，精耕细作现场服务，促进店面优化提升，美化商品陈列，营造商业氛围，着力提升便利店创收水平。便利店销售收入达2.2亿元，同比增长7%；培育50万元以上便利店137个，同比增加16个。强化营销活动策划，灵活高效开展专题促销，形成“月月有主题、天天有促销、店面全覆盖”常态化促销模式，组织开展非油品专题促销10次，实现促销收入5186万元，同比增长35%。创新餐厅经营模式，推行内部员工承包经营，引进专业管理和特色餐饮，有力提升餐饮质量和创效能力，实现净利润561万元，同比增长219%。新增车用尿素团购、彩票销售、广告位租赁、闲置资产租赁等业务，开展费用代缴、机票预订等便民服务项目，增加收入924万元。建立便利店主管持证上岗制度，强化369操作规范（看三表、查六单、做九事）培训和内训师培训，一线人员现场操作培训率达56%以上。

【库站管理】 2015年，宁夏销售以开展商圈市场分析和客户大普查为基础，以各类“油卡非润”专项促销活动为动力，以大力推广自助机、充分利用流动加油车和提升加油卡运作能力为载体，以点对点竞争、“一站一策”竞争为手段，以推进全流程诊断与优化、推广开口营销、增设便民惠民项目、开展卫生间整治以及95504电话平台监督、各类稽查检查为重点，持续打造强大现场，着力提高加油站竞争能力。开展以“保后路、增份额、增纯枪、增效益”为内容的劳动竞赛，每季度一评比、一通报、一奖励，力促销量效益双提升。培育5000吨级以上加油站114座，同比增加1座，其中万吨级加油站27座；单站日销量达到14.17吨。把“双低站”治理作为挖潜增量的重要方式，出台小站、便利店及餐厅承包经营管理办法，激励员工积极参与小站自主经营和管理，逐站核定吨油薪酬和费用，扩大权益、明确责任、激发活力，切实提升小站治理效果。42座承包加油站共减少用工编制46名，实现纯枪销量7.6万吨。积极适应市场营销新趋势，不断创新商业模式，积极发展线上营销，大力推广微信公众平台，推送各类促销活动60条；探索与银联钱包、支付宝等平台开展合作，抢占互联网时代发展主动权。

【投资建设】 2015年，宁夏销售严格执行工程招投标管理规定，规范招投标程序，确保招投标程序公平、公正、公开。严格落实工程数量、质量及核实造价管理责任，投资“三超”现象得到有效遏制。强化投资计划管理，有效管控施工建设项目全过程，规避投资风险。完成投资计划2.04亿元，新建续建加油（气）站5座，改扩建4座，收购1座，取得新建项目建设用地3处，投运加油（气）站4座，新增零售能力2.7万吨，运营加油站达到301座。清回2010年以前拆迁补偿款1102万元，解决历史遗留网络项目2项。库站检维修投资1593万元，完成检维修计划724项。

【质量计量安全环保】 2015年，宁夏销售强化HSE体系内外部审核，对集团公司和销售分公司审核组提出的62项不符合项全部整改到位。强化直线部门和安全监管队伍正确履职，开展重点时期安全大检查和油库安全运行专项治理，2015年安全大检查4次，查摆整改安全隐患369项，完成重大事故隐患治理14项；完成全部加油站安全生产设备设施和可燃气体报警器的检测检验；完成加油站油气回收改造46座，累计改造加油站125座。加大运输、储存、销售各环节数质量管控，高度重视、积极配合上级部门组织的数质量抽查，每季度组织开展一次内部核查，油品数质量受控运行。

【精细化管理】 2015年，宁夏销售严格落实“三控制一规范”，结合全流程诊断成果，进一步核定两级机关及加油站人员配备标准；调整劳动效率考核指标，引导地市分公司和加油站控制用工规模，合理调配人力资源，控员提效取得明显成效，人均纯枪量达到510吨。加大炼油厂公路提油量，升级体积交接实时采集系统，完善温度补差系数计算方法，着力提升体积交接科学化水平，持续增强油品管控创效能力。强化油罐车运输专项检查、随机督查以及超耗索赔，严堵油品损耗漏洞，公路和铁路运输损耗率分别控制在0.08%和0.021%以下。抓好各项费用的分类测算、量化控制和定额管理，吨油商流费同比降低14元；“五项”费用同比降低23%，严格实行一单一审批、先审批后接待等制度，业务招待费同比降低53%。持续优化油品配送组合式运作，吨油运费同比降低18%。合理筹划资金，严控应收账款规模，财务费用同比下降49%。积极适应新业务需求，新建制度15项、修订制度18项、废止制度29项。

【党建群团工作】 2015年，宁夏销售形成以党委理论中心组学习为重点，专家讲党课、基层党支部“三会一课”、个人自学和集中培训相结合的学习方式，加大学习频次，保证学习时间和质量，建立广大党员定期受教育长效机制，班子成员和中层干部讲党课68场次。组织完成党建工作专题调研，完善党建工作责任制、党建工作考核评估以及党建工作定期沟通交流等制度。设立党员示范岗45个、党员责任区303个、党员先锋岗181个、三联责任点397个，发展党员27名，培养入党积极分子78名，有效发挥党支部战斗堡垒作用和党员先锋模范作用。从严管理干部，认真落实领导干部述职述廉、业绩考核、民主测评、谈心谈话、纪检审计等制度，改进考核内容和形式，修订领导班子和领导干部年度考核评价办法，加大实绩考核和民主测评力度，全面分析领导干部工作业绩和作风情况。注重选拔任用基层干部和年轻干部，共选任科级以上干部36名，进一步优化干部队伍结构。坚持把培训、职业技能鉴定等工作作为提高队伍素质重要方式，组织内部培训57次，累计培训2851人次，职业技能鉴定712人次。加强重点领域和关键环节的监督，开展工程结算、销售费用、加油站经营管理、帮扶资金、离任经济责任的专项审计，以及工程管理的效能监察。在整体费用压缩情况下，用于改进员工工作生活条件的投入稳步提升，全面落实“五小”工程建设、职工年度健康检查、带薪休假、定期疗养、“职工之家”建设等工作。开展形式多样的“送温暖”活动，慰问困难职工1226人次，发放帮扶金183万元，有6名老党员和3名困难党员纳入宁夏回族自治区政府国有资产监督管理委员会帮扶名单。

（王　倩）

中国石油天然气股份有限公司贵州销售分公司

【概况】 中国石油天然气股份有限公司贵州销售分公司简称贵州销售，于2001年成立，负责中国石油在贵州省成品油销售、市场开发工作。截至2015年底，设12个处室，3个直属单位，3个附属单位，10个分公司；有员工2700人；在营油库2座、试营油库1座；在营加油站262座，加油站服务网点遍及贵州省高速公路、国道、省道和中心城市、重点集镇。2015年，销售油品179.75万吨，纯枪销量123.08万吨，同比增加4.82万吨和0.04万吨，增长2.76%和0.03%。销售加油卡10.38万张；营业总收入108.70亿元，利润2.90亿元，同比分别减少23亿元、增加0.02亿元（其中非油品收入1.94亿元、利润2464.25万元，同比分别增长45%和77%）。新增投运加油站11座。“十二五”期间，贵州销售累计销售油品791万吨，实现收入580亿元，利润7.8亿元，夺得股份公司劳动竞赛流动红旗50面，由四类企业直接升格为二类企业，经营业绩跨入A级行列（表1）。

表1　贵州销售主要经营指标

指　标	2015年	2014年	2013年	2012年	2011年
成品油销售量（万吨）	179.75	174.94	161.16	142.48	132.66
销售收入（亿元）	108.70	132.17	125.26	112.50	101.15
非油品收入（亿元）	1.94	1.32	1.23	0.95	0.71
利润（亿元）	2.90	2.88	0.73	0.77	0.60
税费（亿元）	1.42	1.88	2.084	1.34	1.37
资产总额（亿元）	40.00	39.17	36.44	32.51	28.69
加油站总数（座）	278	278	264	268	243
自有油库总数（座）	3	2	2	2	2

【市场营销】 2015年，贵州销售库存水平合理，无限销情况。衔接资源计划180万吨，完成实物外采11.65万吨，降低成本6453万元；打通云南曲靖油库供应渠道，解决六盘水地区8座边远加油站资源配送问题；通过外采及串换优化物流，节省运费386万元。采取差异化定价策略，柴油吨油毛利较2015年初预算增加155元，获销售板块柴油超销奖励6174万元。采取“多采多销、快采快销、确保毛利”原则，2015年汽油批发销售5.5万吨，税后毛利1163万元，有效弥补批发柴油下滑欠量，成为销量稳增长的关键。2015年，通过灵活把控资源调入与销售进度，实现涨价涨库、降价降库，创效2232万元。通过全过程服务提升，实现大客户销售10万吨。调整绩效考核方式，加大终端客户开发及维护力度，实现

新增客户534家，新增客户贡献销量13.44万吨；客户经理人均销量同比增长26%，2015年产生万吨级客户经理13名。

【加油站管理】 2015年，贵州销售坚持以零售为核心，突出“油卡非润”管理一体化。开展“贺岁迎春”“清凉一夏”“金秋送爽”主题促销活动，推进以卡为媒、油非互动，纯枪销量同比增加369吨，增长0.03%。优化汽油销售结构，汽油同比增长11.4%，其中97号汽油同比增长27.1%。11座新投运加油站增量1.2万吨，79座加油站实现自助加油业务，128座低销站经过治理摘帽7座，负效站扭亏18座，低效站摘帽5座，单站日销量同比增加0.21吨，税前利润增加465万元。2015年发放记名加油卡10.38万张，卡销比同比增长12.7%。

【储运与油库】 2015年，贵州销售克服困难，抢抓兑现，力保配置资源兑现，调入配置资源152.09万吨。合理安排自有油库资源计划，协调资源紧凑有序发运，进一步加大自有油库周转，自有油库周转86.01万吨，同比提高0.18万吨。通过强化遵义地区的资源调入，落实资源互供三级协调机制，互供计划得到进一步扩大，互供1.11万吨，降费235万元。制定下发《公路配送运距管理规定》，建立运距测量、复测及抽测管理机制，规范运距管理。2015年共计启用优化线路3条，组织运距复测5次，行程9000余千米，平均运距减少0.93千米，降低费用69万元。灵活组织配送，2015年节日期间，组织重车滞留待卸53车次、应急配送21车次、夜间配送49车次，共计1968吨，有效降低断油风险。加强计划执行，规范运输公司运行，加油站需求满足率101.9%。

【非油品业务】 坚持规范化运作、深耕精细管理、非油品业务稳健发展。修订下发《贵州公司非油商品供应商管理办法》和《贵州公司非油商品采购管理办法》。降本增效，利润率由10.4%提高到12.67%。强化开店办证，2015年新开便利店81座，同比增加81座，便利店座数达到194座，开店率80%；开展非油品业务的站点246座，占比93%。新开便利店实现收入600万元。2015年，完成128座50万元以上便利店优化改进，优化店比例达100%，优化店店面平均增长40%。加强与供应商的沟通，开展包装饮料销售竞赛活动，活动期间，包装饮料类商品同比增长21.5%，毛利同比增长19.9%，并在销售板块组织的“后备箱销售竞赛”中分别获得加多宝综合销售指标第15名、红牛销售收入指标第10名、增幅指标第14名、单店销售排名第2名的好成绩。典型引路，举办“红牛杯”开口营销竞赛，活动期间，包装饮料、香烟、口香糖三大类商品实现销售收入1100万元，同比增长57.25%，环比增长12%。2015年，贵州销售实现非油品收入19447.18万元，同比增加6227.52万元，增长47.11%，完成预算的104.27%；实现非油品利润2464.25万元，同比增加1080.14万元，增长78.04%，超预算22.84%。培育五百万元便利店2座，双百万元便利店10座，百万元便利店34座。单店日均收入在系统内排第7名，利润率排第12名。获销售板块一季度劳动竞赛非油品类先进单位、全国“昆仑好客·红牛杯”陈列竞赛“369”标准化陈列项目第一名、全国“昆仑之星”销售竞赛最佳销售奖、全国非油品2015年度评先选优活动最佳推销话术奖。

【投资建设】 2015年，贵州销售重点开展贵阳、遵义、铜仁、安顺等地区项目调研，安排专人紧盯中心城区、开发新区等优质项目土地挂牌进度，开展项目经济评价，对符合开发政策的项目提早介入，有效合理控制项目开发周期。采取多元化方式开发新建项目，积极与政府融资平台公司及有项目优势的民营企业等开展项目合资合作。与贵安新区成立合资公司项目筹备组，开展合资公司前期筹备工作，完成2座合资项目（金马南路加油（气）站、兴安大道加油（气）站）方案会审；贵州高速公路开发集团公司项目进入深入洽谈。2015年，召开评审委员会会议8次，对22个拟开发项目进行研究，立项项目18个，投运加油站12个。

【企业管理】 2015年，贵州销售通过加强资源运作，实现资源创效6451万元；改善营销质量，实现提质增效614万元。通过优化配送方案，降低物流成本增效433万元；强化预算管理，通过降低费用实现降本增效1457万元，强化资金成本意识；合理调控资金，减少财务费用实现增效420万元。2015年，贵州销售“开源节流、降本增效”累计增效7065万元，降本2310万元。预算调整工作由2014年的4次降低到2次。加强往来款项管理，开展清欠工作，对长期无动态往来款项进行分析，预防往来款项潜在资金风险，共清理历年往来单位账户30个，资金180万元。加快资金安全高效回笼，贵州省各站上门收款率为95%。开展“商信通”业务，2015年利用“商信通”结算资金1.2亿元，降低财务费用137万元。启动POS机及EFT与发卡充值点集成工作，剔除POS机手工充值弊端，完成对贵州销售所有充值点集成工作，规范资金运行，提高加油站充值效率。主动与贵州省国税局协调，较2014年0.9%的预征率下降0.05%，2015年减少资金占用约为600万元。2015年报废固定资产共计909项，原值4692.36万元，净值1667.78万元。其中，报废低效无效资产213项，原值3025.17万元，净值1303.40万元；上报股份公司审批报废资产26项，原值2469.82万元，净值1027.37万元；自行报废资产696项，原值2222.54万元，净值640.41万元。2015年开展车辆集中管理工作，建立月度指标通报机制，记录车辆运行调度频次，核实单车的路桥、停车、油料、维修等费用，车辆运行费用同比下降31万元。下发《关于发布贵州销售公司2015版内部控制管理手册的通知》（贵销字〔2015〕98号）。贵州销售共有业务流程图340个，风险控制文档251个，风险439个，关键控制点386个，实施证据表单233个；新增制度21个，修订制度9个，废止制度9个。完成贵州销售2015年内控自测工作。各种形式选商合计81项，涉及金额共4900.314万元，节约资金419.71万元。

【质量计量安全环保】 2015年，贵州销售强化油品质量监控，严格落实油品抽送检制度和外采油品“双检”制度，切实把好油品质量关，落实超耗赔付172万元。检测外采油品119批次，配置资源1018批次，库站送检2337批次。深化损耗专项治理，2015年投入检测资金74.4万元，引入第三方检定机构检测地罐372具，投入75万元维修加油站液位仪，公路运输损耗量同比降低2625吨，下降56.68%，降费1437万元。安全环保始终处于受控状态，实现零伤亡、零污染的工作目标，没有发生数质量及安全责任事故。按照“党政同责、一岗双责、失职追责”的总体要求，扎实推进HSE体系建设，整合体系审核，强化宣传教育和应急演练，突出过程考核，消灭“低、老、坏”现象，持续开展安全经验分享，有感领导、直线责任和属地管理进一步落实。2015年开展HSE管理体系内部审核2次，发现各类问题和隐患570项，利用HSE信息系统实行销项闭环管理，整改率达到87%。

【信息化建设】 2015年，贵州销售新增上线加油站11座，系统上线率达100%；43座加油站完成设备更换和WIN7系统升级，并以“6S”管理标准完成加油站信息系统线路整改，系统稳定性进一步加强；ERP等五大统建系统考核成绩稳步提升，考核综合排名位居销售板块前列，未经系统控制问题整体达标；完成微信营销平台开发，积极探索“互联网+”条件下对公司业务发展的支撑；为新建19座加油站更换高清监控系统，对75座加油站视频监控进行维修，加油站视频监控远程接入率大幅提升。

【党建群团工作】 2015年，贵州销售持续加强思想政治引领，扎实推进党工团工作。建立健全公司两级中心组学习制度，形成公司党委中心组、二级单位党委（总支）中心组统一安排、分级组织、有序进行的学习体系。继续深化“四风”整治，做好党的群众路线教育实践活动“回头看”工作，问题整改完成率达100%。组建加油站联合党支部76个，消除基层组织建设盲点。开展“三严三实”专题教育，开展集中学习33次，在原有驻站蹲点的基础上，创立“五个一”模式，深入开展机关服务基层活动。开展道德实践活动、深化学雷锋志愿服务活动、富有地方特色的志愿者活动、深化群众性精神文明创建活动，参加集团公司“石油魂·中国梦”系列报告会，集中观看“石油魂——大庆精神铁人精神”宣传片。推进“重塑中国石油良好形象”大讨论活动。2015年发放扶贫帮困送温暖等关爱资金近100万余元，受惠员工近1000人次；发放疗养经费67.98万元，惠及员工206人。编写完成贵州销售《社会责任报告》，并在贵州省政府组织的发布会上成功发布，得到贵州省经济和信息化委员会、贵州省工业与知识经济联合会专家评审组好评。加强新媒体建设与舆论引导机制研究，制定《公司新媒体管理办法（试行）》，建立网评员队伍，贵州销售微信企业号、公众号上线运行。修订完善《贵州销售公司突发事件舆情和重大舆情事件管理办法》，及时处置水洋湾二站高科技手段偷盗油品等9起复杂舆情。深入开展“青字号”工程创建，2015年获集团公司青年文明号1个，省级青年文明号5个。观山加油站、毕节分公司分别获贵州省“五星级青年突击队”和“优秀五星级青年突击队”称号。观山加油站、小围寨加油站同时获贵州省“青年安全生产示范岗”称号。强化典型示范引领作用，推出集团公司劳动模范、优秀青年李光梅等24名青年先进典型，挖掘培育观山加油站、湘江加油站、夏云加油站、贵阳油库等先进集体，组织事迹报告会，在各分公司巡回报告7场，结合“重塑中国石油良好形象”大讨论活动，系统总结夏云加油站树形象、创品牌的先进事迹，总结提炼夏云加油站“四强四细一讲评”现场管理工作法和《爱岗位树形象正气歌》。继续优化贵州销售层面的竞赛项目，充分发挥竞赛导向作用。研究制定《贵州销售厂务公开民主管理实施办法》，进一步规范厂务公开内容、程序、渠道，全面启动“五型”库站建设。认真落实定点扶贫工作，积极开展“四帮四促”和干部驻村帮扶活动，并积极向集团公司争取政策支持，2015年7月，贵州销售参加铜仁团市委2015年“希望工程——圆梦大学”公益助学活动，捐赠10万元；9月25日，历时8个月建设，贵州销售援建的中国石油西冲小学举办竣工典礼；10月18日，贵州销售在省委、省政府召开的全省扶贫开发大会上，获贵州省“社会扶贫先进集体”称号。

（张　羽）

中国石油天然气股份有限公司山西销售分公司

【概况】 中国石油天然气股份有限公司山西销售分公司简称山西销售，成立于2000年9月，负责中国石油在山西省的市场开发、成品油销售、非油品销售和网络建设工作，办公地点位于山西省太原市。截至2015年底，设机关15个处室，附属机构2个；下辖地市分公司11个、控股公司1个、仓储分公司1个；在册员工4183人；运营油库12座，总库容29.9万立方米；投运加油站485座。实现油品销售168万吨，其中纯枪销售量104万吨；实现非油品业务收入1.66亿元，非油品利润1374万元；加油站新立项49座，新投运加油站12座、加气站1座（表1）。

表1　山西销售主要经营指标

指　标	2015年	2014年	2013年	2012年	2011年
成品油销售量（万吨）	168	184	218	240	242
销售收入（亿元）	92.4	132.2	161	181.3	178.3
非油品收入（亿元）	1.66	1.11	1.47	0.97	0.51
利润（亿元）	-6.76	-4.98	-2.36	0.50	1.57
税费（亿元）	1.10	1.39	1.45	1.30	1.66
资产总额（亿元）	46.92	45.63	53.21	48.84	35.62
加油站总数（座）	485	478	472	477	489
油库总数（座）	12	12	13	13	13

【零售管理】 2015年，山西销售坚持以“线圈”建设为抓手，围绕市场、客户、竞争对手，扎实开展市场大调查、客户大普查工作。2015年新增车队客户310个，累计开发756个。持续开展劳动竞赛，在二季度组织开展“扩销增量，降库减亏，大干一百天，实现双过半”主题营销活动中，实现纯枪销售25.53万吨，纯枪汽油销售13.9万吨，完成目标101.5%。打造“双休日，到中国石油去加油”促销品牌，双休日汽油日均销量1769吨，比工作日日均增加283吨，同比日均增加142吨；先后在190座加油站针对性实施柴油点对点价格竞争策略，日均柴油销量占总销量70%以上。强化加油站现场管理，组织现场管理大检查3次，视频巡查加油站5316站次，神秘顾客访问检查加油站2160座次，开展“四个二，一优化”课题实践示范推广活动，加油站服务水平持续提升。2015年实现纯枪销售104万吨，同比增长1.4%；其中汽油纯枪销售56.8万吨，同比增长11.2%；97号汽油13.2万吨，同比增长29%。2015年，发放记名加油卡24.32万张，同比增长4.1%，累计沉淀资金3.78亿元，同比增长28%。

【直销业务】 2015年，山西销售科学把握营销节奏，采取“紧跟对手，优于对手”基本定价原则，给予地市公司直批销售价格浮动权限；加强情报系统数据采集工作，提前预判各地市场价格走势，提升价格到位率。完善市场快速反应机制，成立营销策略小组，增强政策制定的及时性、针对性、科学性。研究主要竞争对手，明晰权责，分级分层明确客户开发维系责任人，省公司重点关注VIP客户和重要客户开发；分公司紧盯主要竞争对手前20名的客户，2015年渗透式开发46个；批发客户累计1962个，其中终端用户占比70%。推进客户经理人队伍建设，山西省专职客户经理50人，兼职客户经理200人。2015年，实现直批销售64.1万吨，其中汽油5.7万吨，同比增长25.1%。

【非油品业务】 2015年，山西销售建立以加油站为载体，以客户为中心的一体化营销工作机制，“以油带非、以油提润、以非促油”效果显著。2015年，实现非油品销售收入1.66亿元、利润1374万元，同比分别增长48.9%、87.9%。店销及大宗商品销售能力持续增强，建成百万元便利店43座，50万元便利店36座，30万元便利店61座；香烟销售收入5092万元，同比增长89.93%；润滑油销售收入3936万元，同比增长19.26%。开展“贺岁迎春”“油福同享”“踏青畅游”“清凉一夏”“金秋送爽”等主题促销活动。与中国邮政山西分公司签订框架合作协议，在仓储、物流、联名卡、客户资源等方面全面开展合作。

【资源运行】 2015年，山西销售购进资源170万吨，其中直属炼油厂资源146万吨，完成率104%；外采资源24万吨，降低购进成本2.69亿元，实现毛利3.2亿元。山西省油库库存保持低位运行，账面库存平均11万吨，同比降低6万吨，有效减少库存跌价损失。通过均衡资源配置，减少跨库配送，节约运费1675万元；合理调派车辆，优化配送半径，最优库配送比例78.3%，同比增加5.5个百分点；发挥信息系统作用，开展加油站主动配送，2015年配送量105万吨，吨油运费59.35元，同比下降4.65元。

【投资建设】 山西销售坚持质量和效益并重的原则，持续优化投资结构，2015年新立项加油站49座，投运加油站12座、加气站1座。全面清理委托代建项目，投运3座，清理46座，进入法律程序2座。重点项目取得突破，收购太原燃料石化实业有限公司所属8个全资子公司（11座加油站）100%股权；签订12对高速公路服务区委托经营框架协议。工程建设有序开展，忻州油库投运，侯马油库改扩建工程化验室主体工程完工，长治油库完成库内工程施工，组织制订26座旗舰站改造方案。开展在建工程清理工作，2015年审核工程结算114项，审减金额2624万元，审减率16%。

【安全计量质量管理】 2015年，山西销售落实安全环保责任，组织签订《安全生产责任书》及《安全生产承诺书》。推进HSE体系建设，接受销售分公司2次HSE审核，对两级机关及所属库站开展内部审核，发现问题680项，整改率98.6%。持续开展周安全检查工作，发现问题1188项，并整改完毕；抽检加油枪158把，抽检合格率97.5%，同比提高3.5%。完成库站“一案一卡”编制工作，有效提高现场应急处置能力。强化油品“进销存”数量管控，严格执行追赔制度，追回损失145万元；加大公路、铁路运输损耗专项治理，减少损耗770万元；推进加油站远程地罐交接工作，地罐交接数据实现由液位仪系统向加油站管理系统自动上传。强化质量管控，对445座运营加油站、11座油库的4244个油样进行检验，合格率100%；迎接集团公司油品质量抽检4次、省级质检工商部门抽检2次，抽检合格率100%。

【企业管理】 2015年，山西销售强化财务资源的精细化管控，健全集中化、信息化的财务管理模式，全面实现资金集中支付与会计集中核算，促进财务、业务深度融合。深化预算管理，统筹安排年度预算，结合资金平台、预算系统、集中报销系统进行资金和费用的有效衔接，强化预算执行力。2015年，发生商流费7.6亿元，较年度预算节约1.5亿元。加速资金回笼，有效降低资金成本，发生财务费用2548万元，比预算节约3719万元，同比降低3866万元；严控非生产性费用支出，“五项”费用发生1165万元，较预算节约377万元，同比降低273万元。规范资产管理，梳理转资资产48项，金额7485万元。强化“三定”管理，通过严控新增员工与借调人员，加强不在岗人员清理整治，劳动效率明显提升。推进升级版地市分公司打造，进一步压缩管理层级，实现分公司的“升级”与“瘦身”。健全完善绩效薪酬分配机制，扩大非油品工效挂钩比例。严格落实合同管理“三项审查”制度，审查合同586份，签订296份，标的总金额11亿元。合规管理信息平台顺利上线，建立完善两级机关和库站400多个组织机构、4300名员工的信息。2015年，举行招（议）标会议20次，采购铅封、办公设备、生活物资及加油站管理系统设备等20类物资，采购金额2840万元。强化员工培训，组织各类培训班46期，培训员工6162人次；参加上级公司各类培训56期；持续开展职业技能鉴定工作，160名员工通过中、高级考试。开展“开口营销”服务技能竞赛活动，9名参赛选手获销售分公司技能竞赛“三银、两铜、两优秀”个人成绩和“杰出班组”“优秀班组”“优秀组织奖”团体荣誉。

【党建群团工作】 2015年，山西销售认真组织学习党的十八大、十八届四中和五中全会、中纪委五次全委会及习近平总书记系列重要讲话精神。积极组织开展“三严三实”专题教育，制定下发《山西销售公司开展“三严三实”专题教育实施办法》。组织开展“重塑中国石油良好形象”大讨论活动，制定下发《山西销售公司开展“重塑中国石油良好形象”大讨论活动实施方案》。持续开展“形势、目标、任务、责任”主题教育活动，深入开展大庆精神铁人精神再学习。认真学习贯彻集团公司党组《关于进一步加强企业领导班子建设的若干意见》等四个文件，抓好抓实领导班子和干部队伍建设。严格落实党风廉政建设责任制，签订《党风廉政建设责任书》964份、《廉洁自律承诺书》931份。积极配合开展巡视工作，认真抓好集团公司党组巡视组反馈意见整改落实。完善“三重一大”决策制度，严格按照程序进行研究、讨论与决策。注重宣传工作的及时性和有效性，提升内刊、内网、微信公众号的宣传质量。加强舆情监测，主动正面引导舆论；组织开展扶贫帮困送温暖活动，帮扶困难员工605人，帮扶资金88.6万元；4280名员工参加职业健康体检；创建省级青年文明号2个，推荐28名优秀青年加入了党组织。

（张 伟）

中国石油天然气股份有限公司青海销售分公司

【概况】 中国石油天然气股份有限公司青海销售分公司简称青海销售，成立于1954年，是青海省成品油流通领域的主渠道，承担着保障青海省汽油、柴油、煤油、润滑油等成品油稳定供应的责任。截至2015年底，有员工3041人，设12个职能处室，11个二级单位，运营资产型加油站223座、油库4座，总库容21.6万立方米，资产总额27.36亿元。2015年，面对超出预期的困难和挑战，青海销售紧紧依靠全体干部员工，有力推进主营业务发展，有序破解改革发展难题，有效应对各类风险挑战，取得好于预期的经营管理成果，完成销售总量167.6万吨，其中销售汽油、柴油165.6万吨，同比增加12.4万吨；纯枪销售105.8万吨，同比增加2.5万吨，完成销售板块计划106.8万吨的99%。非油品收入1.3亿元，同比增长52%，实现利润1429万元。2015年，实现销售收入96.6亿元，实现账面利润4206万元（表1）。

表1 青海销售主要经营指标

指 标	2015年	2014年	2013年	2012年	2011年
销售总量（万吨）	167.6	161.08	173	170	150
汽油、柴油销量（万吨）	165.6	153.22	163	165	133.4
纯枪销量（万吨）	105.8	103.3	105	99	—
销售收入（亿元）	96.6	117	126	—	120
利润（亿元）	0.4206（账面）	0.6630	0.5205	—	—
非油品收入（亿元）	1.3	0.87	1.6	1.4	—
加油站总数（座）	223	219	210	191	186

【市场营销】 构建管控模式，企业运行迸发新活力。从战略和全局出发，突出主营业务，强化总体设计，释放管理活力，构建“以顶层设计为前提，以营销为中心、以财务管理为核心、以信息化为手段、以三大基础工程为保障、以人为本，构建和谐幸福企业”管控模式，初步搭建协调发展主辅关系，提高科学管理水平，激发企业发展动力。以专业化系统化管理提高企业运行效率，理清青海销售各业务单元的职能定位和管理界面，明确划分营销调运、财务内控、人力资源、规划建设、质量安全、行政后勤、非油品业务、

党群纪监、信息运维九大专业化管理系统，逐步建立与生产经营相适应的专业化运行机制，增强各业务系统创新实践、高效运转的能力。

转变经营理念，营销运作实现新跨越。科学研究判断油价走势，统筹协调"进销调存"，较好地发挥资源配置的调节功能，确保青海销售整体效益最大化。2015年，调入成品油163万吨，配置计划兑现率100%；实现地付配置20万吨，同比增加7.5万吨；防范跌价风险增效1692万元，二次配送费用较预算节约700万元，获销售板块超调超销奖励1.27亿元。全面推进营销业务"两大体系"和"四位一体"客户经理人队伍建设，实现由面向中间商销售到面向用油终端客户销售的根本性转变。2015年，完成直销批发60万吨，同比增长12万吨。规范成品油价格审批管理，逐级下放价格权限，实现由省公司直接定价向指导定价的转变，提高快速应对市场变化的能力。

着力形象提升，终端零售迈上新台阶。深入开展四季主题促销活动，持续深化"油卡非润"一体化营销，积极探索"互联网+"及跨界营销新模式，终端零售能力显著增强。以加油卡为媒介，推进"品牌+通信、品牌+保险、品牌+银行、品牌+汽服、品牌+物流"的"十位一体"跨界营销，融入外部促销资源1223万元，锁定合作单位持卡客户3.1万家，新增售卡2.9万张。着力开展加油站形象提升，通过14座标杆加油站、3座特色加油站打造，121座加油站卫生间整治，14座旅游景区加油站环境优化，2座加油站星级卫生间建设，38座加油站LED显示屏安装，"6S"管理经验试点推广、加油站整体形象明显改善。51座"双低站"完成纯枪量12.4万吨，单站日销量6.8吨，同比增加0.55吨；90座"双高站"吨油效益同比增长6%；2015年发售加油卡31.9万张，卡销比42.8%，沉淀资金4.68亿元；汇源加油站年销量突破4万吨。

【非油品业务】 2015年，青海销售采取"处室+公司"运营模式，非油品业务成为青海销售主营业务发展的"新驱动"。组织"昆仑之星"车辅产品劳动竞赛，通过异业联盟、同业合作、互为客户等方式，56座加油站与周边修理厂合作，完成车用润滑油销售1117吨，同比增长76%，两度获销售板块"卓越销售奖"。打造首个自有产品"昆仑好客·青藏冰川"矿泉水，非油品业务实现从单一销售别人的产品向推出自有品牌的跨越。向23家兄弟单位发货，实现单品销售收入828万元。推进便利店形象服务提升，探索线上线下新模式，开展"创意堆头、艺术陈列"展示活动，非油品业务管理水平显著增强。完成66座加油站便利店优化，完成85座30万元以上便利店诊断整改，非油品销售同比增长19.6%，实现利润1181万元。

【投资工程建设】 2015年，青海销售依据青海省创建"旅游名省"的战略定位，结合地方经济发展预期，编制完成青海销售"十三五"发展规划，明确今后一个时期的发展方向和思路目标。主动参与政府成品油分销体系规划编制，海东工业园区3座、高速公路5对10座等18座加油站取得政府立项或同意立项；格尔木公司通过向当地政府部门汇报沟通，将9座拟开发加油站"带帽"列入政府"十三五"规划；西宁公司后子河等3座关停8年之久的站点取得政府重建立项。细化项目立项环节、规范审批流程及权限，成立新的投资管理委员会，重大项目执行分公司班子评审、省公司投资委员会评审及总经理办公会决议三级决策，明确在同等条件下，建设项目优先由系统内入围单位承担，进一步规范投资管理行为。2015年，落实投资计划1.1亿元，新投运站点11座，西宁导向加油站、彭家寨橇装加油设施、甘河滩海鑫加油站均实现当年达销，沱沱河加油站达销率超过300%。

【安全质量】 2015年，青海销售从严落实责任，从严管控风险，从严问责追究，安全环保和数质量工作总体受控。建立安全经验分享机制，每周例会作"一岗双责"安全经验分享，强化领导干部"党政同责、一岗双责、失职追责"责任意识。组织开展新《安全生产法》和《环境保护法》学习考核工作，提高全员对法律条文的熟知程度。持续推进HSE、QMS两个体系建设与审核，2015年审核发现各类问题289项，同比减少158项。切实发挥5个专业委员会直线责任，开展油库、加油站岗位风险全面辨识活动，及时发现和管控风险点，堵塞漏洞。落实销售板块"13个杜绝项"排查和治理，开展不登罐作业跟踪验证及试运行工作，降低高处作业风险。严格执行非常规"1+7"作业许可审批制度，施工现场管理不断加强。2015年，投入1790万元开展隐患整改，确保安全隐患得到有效整治。规范数质量管理，完成国Ⅳ标准车用柴油顺利置换，强化油品出入库质量、计量检验，严格加油站接卸环节监督，保障油品数质量，维护企业品牌形象。

【基础管理】 2015年，青海销售进一步理清部门职责，明确业务管理界面，使每项工作都有主控部门、配合部门和监督部门，实现责权利相匹配，初步形成各负其责、运转协调、管理高效的工作格局。完善周例会、总经理办公会、月度经营例会、季度安委会制度，制定实施限时办结制和责任追究制，印发周例会纪要48期，总经理办公会议纪要108期，做到决策事项有监督，议定事项有痕迹，干部员工的规则意识明显增强。完善联合监督机制，将效能监察、审计、党内巡视及发现问题整改有机结合起来，加大对工程建设、销售、资金、非油品、加油卡等重点环节和领域的监督检查力度，及时堵塞管理漏洞，公司管控能力不断增强。开展所属单位年度绩效完成情况审计、领导人员离任经济责任审计，开展内部专项巡视，进一步规范经营管理行为。梳理适用制度165项，制定实施《"三重一大"管理细则》，明确省公司、分公司两个层面大额资金及资产划分标准，确定决策的形式、程序、规则，有效促进公司规范运营。

【企业管理】 2015年，青海销售加强政策争取、税收筹划、挖掘潜力，全面实施"十大增效工程"，切实将关键增效措施和降费目标有效落地，降本增效成效显著。针对93号、97号汽油销售密度大于进货密度亏损销售的实际，积极争取青海省发改委计价密度调整，2015年挽回损失4800万元。通过积极努力，实现库站安全生产，获消防安全生产用地税收减免和西部大开发所得税优惠，节约支出1300万元。响应政府号召，积极开展旅游沿线36座加油站卫生间整治，获360万元资金支持。主动与地方商务部门沟通衔接，获地方政府促销费用60万元。严格预算费用列支，强化归口管控，加快资金周转，2015年财务费用比销售板块预算节约2050万元。加强物资集中采购和统一招标管理，2015年下半年完成招标40项，节约资金460万元。建立员工总量和库站外人员比例"双控"机制，净减少用工94人。创新劳动组织管理，减少劳务派遣人员55人。

【队伍建设】 2015年，青海销售严守党的政治纪律、政治规矩，强化责任落实，增强队伍凝聚力和战斗力。认真开展"三严三实"专题教育，领导班子以身作则、率先垂范，带头讲党课、树新风，广大党员干部加强自我约束，增强党性意识。扎实推进"重塑中国石油良好形象"大讨论活动，全员签订《"重塑中国石油良好形象"承诺书》，突出"十个重点"，采取"十项措施"，保证"重塑中国石油良好形象"大讨论活动有效开展。全力配合离任审计组、党组巡视组和纪检监察中心开展工作，对审计巡视反馈问题逐条逐项整改落实，坚决正风肃纪，广大干部员工纪律意识、规矩意识普遍增强。完善领导干部监督考核和选拔任用机制，推荐产生上划以来首位公司主要领导干部，公开选拔2名公司助理级干部和6名处级干部，调整交流部分在偏远地区和关键岗位任职时间长的干部，建立完善处、科两级后备干部库，保证干部队伍合理流动。2015年，参加集团公司培训64人次，开展内部培训2200人次。有序推进"十大惠民工程"，实现市场化用工"五险、两金、四保"全覆盖，完善缺氧劳动保护费、市场化员工工龄津贴，调整高海拔地区伙食补助标准，发放防暑降温费、图书资料费，组织实施员工健康体检及健康疗养工作，员工收入保持较快增长。在销售系统2015年"开口营销"服务技能竞赛中，青海销售员工取得"一金、三铜、两优胜"优异成绩，实现青海销售在销售系统技能大赛中金牌零的突破。举办首届"十大金花、十大银花"评选活动，激励更多员工为企业建功立业。玉珠峰加油站颜世秀、罗桂兰夫妇被评为"中国网事·感动青海"十大人物；杨家庄加油站获"全国五一标兵岗"称号；薛林娜当选第二季全国"最美青工"；才仁吉藏被评为"全国劳动模范"。主动承接"感知石油力量、感受铁人精神"大学生记者团暑期社会实践活动，《人民日报》等主流媒体以《天路上的家庭输血站》《世界屋脊上的夫妻加油站》为题进行报道，有力展示青海销售员工扎根高原、忘我奉献的感人情怀和良好的企业形象。

（郭宝祥）

中国石油天然气股份有限公司江西销售分公司

【概况】 中国石油天然气股份有限公司江西销售分公司简称江西销售，于2002年3月成立，并于2002年10月正式开始营运。主营成品油批发和零售业务。本部设12处1办1中心，在南昌、九江、新余、鹰潭、抚州、宜春、吉安、萍乡、上饶、景德镇、赣州11个地市设二级分销公司，并设仓储分公司。截至2015年底，江西销售有员工2181人，油库8座（全资油库3座、租赁油库5座），加油站338座，资产总额 35.75 亿元。

2015 年，销售成品油 129.4 万吨，其中纯枪销量 63.94 万吨。实现销售收入 69.72 亿元，其中成品油销售收入 68.64 亿元，非油品业务收入 0.86 亿元，天然气销售 0.22 亿元。销售加油卡 10.3 万张。投运加油站 22 座（表 1）。

表 1　江西销售主要经营指标

指　标	2015 年	2014 年	2013 年	2012 年	2011 年
销量总量（万吨）	129.4	130.10	116	101.99	109.00
纯枪销量（万吨）	63.94	63	57.41	40.39	34.22
销售收入（亿元）	69.72	91.23	84.37	75.47	79.62
非油品收入（亿元）	0.86	0.74	0.56	0.21	0.17

【市场营销】 2015 年，江西销售把握市场主动权，实施精准营销策略。关注资源供应、客户购进、原油价格走势等信息，研判市场动态，制订销售措施，推行“一日一策”“一户一策”，开发中铁工、中铁建、江西铜业等大客户，实现直批销量 65.4 万吨，预算完成率 109%，获柴油奖励 13668 万元；外采方面，2015 年外采资源 74.4 万吨，同比增幅 207%，降低购入成本 39766 万元。优化资源运作，提升保供能力。争取政策支持，实现大区公司资源直发省内油库，全年节约物流运输费用 2212 万元；加大资源串换，优化公路、水路运输路线，节约仓储运输费 1613 万元。提升油品零售质量。联合营销锁定卡客户，依托节假日帮扶上量，借助微信助力销售，实现汽油销量 32.4 万吨，培育双万吨站 1 座、万吨站 5 座、5000 吨站 25 座。“油卡非润”一体化运作，开展节假日主题促销、厂商常态化促销和润滑油车辅产品销售竞赛。

【加油站管理】 2015 年，江西销售对 44 座城区加油站开展现场诊断优化，诊断问题 245 项；召开现场交流会，推广交流先进经验；开展“状元油站”和“加油状元”劳动竞赛。选派 15 名加油站经理与上海销售公司开展挂职交流，收获优化建议 29 条，取得管理经验 45 条，成功推广“四色投币袋管理法”等。改善服务环境。对 210 座加油站进行稽查，发现现场管理、内务管理等问题 462 项，现场整改 305 项；细化站容站貌、现场服务等八方面工作标准，减少违章操作。

【投资建设】 2015 年，江西销售新开发加油站 19 座，同比增加 14 座，增长 280%。全年投运加油站 22 座，同比增加 10 座，增长 83%。夯实开发基础。制定《投资计划管理办法》，实行投资计划一本账管理；竞拍土地自主新建油站，控制投资成本；签订与南昌铁路局合资合作框架协议；完成“十三五”规划编制。推动重点项目进展。取得部分地市加气站规划指标；宜春油库完成征地工作；宜春成片开发加油站和赣州一对高速公路加油站投运。推进安全改造技术改造工程。完成安全改造项目 40 项、技术改造项目 18 项；累计开工项目 65 项，完工 45 项；油气回收项目开工 136 项，完工 132 项，完成率 97%；遗留项目清理完成率 70%。

【安全环保计量质量】 2015 年，江西销售严格执行安全生产责任制。落实“一岗双责”“安全联系点”制度，开展春节、国庆安全大检查和多次安全专项检查，公司班子成员到安全联系点检查 100 余次。HSE 及质量管理体系有效运行。修订并发布 C 版 HSE 体系文件，开展内外部审核 4 次，问题整改率 100%；质量体系通过第三方认证。加强风险管控。投入 1800 余万元治理 88 个隐患项目；组织防盗抢、群体性突发事件等应急演练 200 余次。加强计量质量管理。10 月 1 日，全部加油站实现地罐交接，运输损耗率较 2015 年初下降 1.94 个千分点；累计送检外采油品 284 批次，质量合格率 100%。全年索赔超耗 2 万升，超耗款 11.5 万元，创效 624.4 万元。

【党群工作】 2015 年，江西销售严格落实中央八项规定和集团公司二十条要求，持续推进党的群众路线教育实践活动和“三严三实”专题教育，扎实开展“重塑中国石油良好形象”大讨论活动。制定《关于落实党风廉政建设主体责任和监督责任的实施意见》和《公司领导班子成员总经理助理落实党风廉政建设“一岗双责”若干规定》，签订党风廉政建设责任书 316 份；组织党员干部参观洪都监狱，举办廉政专题讲座。组织 130 余名青年志愿者深入社区、敬老院开展“学雷锋树新风、学铁人立新功”志愿活动；

携手《江西日报》资助16名贫困新入学大学生；定点扶贫上饶横峰县，开展医疗义诊活动，帮助横峰县11个乡镇订阅100份《农民日报》；与福建销售共同开展“千里返乡路、闽赣携手行”大型专题活动，护送农民工返乡，多家媒体进行报道；落实扶贫帮困资金40万余元，慰问困难员工130余人。

【企业管理】 加强合规管理，制定《合规管理实施细则（试行）》，发放1800册《诚信合规手册》，组织两级机关合规培训；做好合同纠纷案件研判及诉讼协调，已判案件全部胜诉或成功调解，挽回经济损失3378.75万元；扩大使用标准合同文件，减少事后合同；莲花坊楼合资项目遗留问题取得重大进展，推进华油深蓝项目治理，股权企业全年完成投资收益400余万元；召开12次制度评审会，审议并通过16项制度；加强风险管控，建立重大风险评估机制；开展全覆盖式内控检测，发现并整改例外事项233项；规范物资采购招投标，节约近200万元，资金节约率8%。

解决两级机关岗级岗序遗留问题；修订完善员工休假、内训师管理等规章制度；认真执行个人有关事项报告制度，公司中层及以上76名领导人员填报个人有关事项并做出书面承诺；依托外部师资力量，开办中层干部培训班；对江西省600余名加油站经理、前庭主管进行轮训；859名员工通过职业技能资质鉴定，占员工总量46%。2015年，公司领导班子、中层管理人员薪酬同比下降5%，一线员工薪酬人均增长保持在20%以上。

加强资金管理，开展资金稽查和财务检查；严把投资计划和结算审核关，规范在建工程成本确认、转资核算和资产增量管理；扩大银行上门收款覆盖面，上门收款率达90.7%。开展财务决策支持，开展每周经营预警、每季度经营活动“量本利”对标分析。推进省级“三集中”管理，制定《费用集中核算业务暂行规范》，完成费用集中核算和集中支付，结算集中工作在南昌、鹰潭分公司试点。做好控本降费增效工作。成品油外采结算推行商信通付款；落实“开源节流、降本增效”45条措施，2015年商流费总额比销售板块预算减少6045万元，同比减少803万元。做好补充医疗投保工作。选择中意保险为近1500名员工投保意外伤害、重大疾病保险等。

对赣州、吉安、上饶、鹰潭4家分公司经理开展任中经济责任审计；抓好工程建设项目审计，2015年工程结算送审项目总金额7141万元，审减额1405万元，平均审减率19.7%；对21个加油站建设（改造）工程、11个物资设备采购类1个服务类招投标工作实施过程监督；完成6个项目资产评估工作。

处理信息系统运维事件8318件，90%以上的问题在4小时内处理完毕；完成公司骨干局域网升级，各分公司网络升级至20兆带宽；完成6座油库、242座加油站的监控视频接入；校准全省242套液位仪；累计完成239人次信息化专项培训。

（孙光国）

中国石油天然气股份有限公司天津销售分公司

【概况】 中国石油天然气股份有限公司天津销售分公司简称天津销售，主要负责中国石油在天津市的成品油仓储与销售、油库和加油站管理、库站网络建设，同时兼营燃料油、天然气、润滑油及其他非油品销售业务。天津销售于1999年10月正式注册成立，2009年11月上划集团公司管理，设14个职能处室、8个分公司、8个股权企业（不含控、参股加油站）。有员工2597人，总资产26.67亿元，有油库5座，总库容22.94万立方米，投运加油站213座。

2015年，销售油品125.66万吨，其中纯枪销量54.37万吨，天然气367.35万立方米；实现非油品收入8597万元、利润1228万元；利润总额-3.54亿元，加油（气）站新立项1座、新开发4座、新投运6座；质量、计量和安全环保事故为零（表1）。

表1　天津销售主要经营指标

指　标	2015年	2014年	2013年	2012年	2011年
销售总量（万吨）	125.66	180.33	228.73	212.57	210.21
成品油销售量（万吨）	124.33	172.50	220.54	209.71	210.21

续表

指　标	2015 年	2014 年	2013 年	2012 年	2011 年
纯枪销量（万吨）	54.37	65.43	80.67	74.01	72.57
销售收入（亿元）	68.77	124.59	162.59	156.76	155.40
税前利润（亿元）	−3.54	−0.58	−0.85	0.06	2.21
非油品收入（亿元）	0.86	1.33	1.19	0.63	0.48
非油品利润（亿元）	0.12	0.11	0.10	0.06	0.04
资产总额（亿元）	26.67	30.19	30.47	34.81	28.17

【“十二五”回顾】 “十二五”期间，天津销售秉承“奉献能源、创造和谐”的企业宗旨，坚持打造“强精优”油品销售企业。经营管理更加规范，网络布局日臻完善，市场控制能力不断增强。一是完善终端销售网络，发展根基不断巩固。5 年来，净增加油站 45 座、加气站 3 座，新增加油（气）站一、二类站比例达到 48%，运营橇装站 44 座，加油（气）站总数达到 221 座，大大优化了终端网络布局。完成了武清、大港油库改扩建工程，油库建设实现三年三大步，总库容由 2009 年的 10.18 万立方米增至 22.94 万立方米，疏通炼厂后路和市场保供能力大大增强。二是狠抓精细化管理，物流体系不断优化。2011 年率先实现地罐交接，为 70 台配送车辆安装 GPS 定位和 3G 视频监控系统，公路运输综合差量率由 6.88‰降至 0.5‰，折合效益约 1700 万元 / 年。组建仓储分公司，大力实施油库“管控一体化”建设，2012 年率先全面实现“一卡通”自助付油，单车装卸油时间缩短 30 分钟以上。2012 年，被销售分公司确定为“物流管理示范单位”，连续两次在中国石油销售精细化管理会议上介绍经验。三是全力增进员工福祉，队伍建设不断加强。坚持唯才是用、唯德重用原则，实行全员竞聘上岗，确保选人用人公平、公正、公开、透明。坚持收入、待遇向一线倾斜，完善基层员工晋升渠道，流失率由上划前的 36% 下降到 6.9%。

【市场营销】 2015 年，天津销售面对异常严峻的成品油市场环境，灵活营销策略，强化资源运作，取得较好的经营效果。一是统筹资源运作，寻找效益增长点。一方面科学组织外采，节约购进成本；另一方面合理整合资源，优化库存结构。4 月，对华源油库储油罐进行规划，采购低硫汽油，有序对华源油库 93 号车用汽油（国Ⅳ标准）、97 号车用汽油（国Ⅳ标准）进行调和升品，2015 年升品 3.17 万吨，增效 575.25 万元。二是创新营销模式，努力增量创效。首先摸清所属油库各油罐指标情况，实行分库、分户、按品质定价机制。1 月抓住南北价差时机，首次创新安排从大港油库发货、港航油库直接车船直取 1.8 万吨，增效 96.4 万元。其次利用华源发车优势和天津本地到站发货费用低的优势，积极开发辖区内批发用户。2015 年，从华源油库起运 20 列，固定与大型机构用户中铁油料集团有限公司业务合作，实现销售 2 万吨。全面推广网格化客户开发模式，对辖区终端客户实行一对一开发，2015 年新增终端客户 266 家，贡献销量 4 万多吨。建立客户流失预警机制，二次开发老客户 30 多家。三是加强资源运作，销售运行更加高效。严格外采油品质量检验，优化外采运作流程，全年实现外采 23.82 万吨，创效 1.18 亿元。根据市场动态和调价节点，合理把控资源调运节奏，创效约 5294 万元。实行一次、二次物流统筹优化，合理安排资源流向，全年节约运费 961 万元。优化配送运行方案，实行梯次配送，平均运距控制在 78 千米以内，同比降低 7 千米。重点加强法定假日、大型活动期间资源保供，全年未发生脱销断档事件。多管齐下，紧抓数质量管理，全年累计综合差量率 1.13‰，顺利完成销售板块下达的年度地罐交接综合差量率控制指标。

【零售管理】 2015 年，天津销售坚持以增销创效为目标，不断提升终端服务品质。一是“油卡非润”一体化营销效果显著。一方面坚持与五大银行联合开展系列主题促销活动，实现客户共享、互利共赢。另一方面在天津销售范围内全面开展“以油带非、以油提润、以非促油、以卡为媒”一体化营销，纯枪销量、持卡消费和非油品收入同步提升。二是加油站基础管理日益强化。开展加油站开口营销活动，提升加油站现场服务水平；强化星级加油员考评，提升员工职业技能；建立大客户开发维系激励机制，进一步提高全员客户开发积极性。全面提升加油站基础管理。2015年新增大客户23家，月增量2700吨。三是“双低站”工作稳步推进。全面梳理天津销售所属加油站，按标准重新核实“双低站”范围，结合周边市场情况，“一站一策”，分类制订治理方案，加大治理力度，随时跟踪治理情况，全力缩短整改时间，积极交流有效措施、分享成功经验。四是非油品业务快速发展。采取专业化经营运作模式，加强非油品业务管理，非油品收入和利润同比提升，全部完成年度预算指标。优化便利店建设。打造样板站、示范站，收入同比提升15%。优化物流配送，中央仓统配与供应商直配相结合的方式，降低运输成本。直配系统权限下放，运费同比下降29.18%。巩固“以销定结”业务模式，经销库存同比下降23%。

【投资建设】 2015年，天津销售坚持以效益为中心，突出和谐发展，优化网络布局。一是多措并举，全力开发高效站点。宝坻牛道口服务区、加油站顺利投运，滨保高速冀津站顺利建成，积极推进塘承高速蓟县站、西外环、津港二期等项目。深化合资合作，分别与天津高速集团公司、滨海新区高速公司、天津经济开发区南部公司及天津市管网公司4家单位签订《战略合作框架协议》，确定23座加油（气）站项目合作意向。二是攻坚克难，解决系列疑难问题。经多方协调，顺利办理燃气经营许可，武清银海CNG设施顺利投运；京翔加油站争取到新址迁至外环内、原站保留规划点重建的“保一增一”有利拆迁赔偿政策；经过20多轮谈判协商，华辰站达成补偿协议。三是严控程序，投资管理更加规范。强化项目审查，审减项目132个，投资计划完成率99%。加大在建项目和委托代建项目清理力度，2015年清理在建项目7个、委托代建项目1个。加快结账转资步伐，4613万元的在建工程完成转资。四是工程管理基础和造价管理明显提升。定期召开工程质量现场会，加强施工现场管理和施工安全管控，得到集团公司安全巡视组好评。规范项目管理，清理历年挂账项目27项，资金515万元。推行清单计价方式，增补库站估算指标260条，修订常用估算指标2100条。结算审核92项，共计1532万元，审减金额454万元。整理历年建设项目档案236卷，全部验收归档。

【精细化管理】 2015年，天津销售坚持突出重点，协调推进，经营管理工作更加科学。一是安全数质量管理全面受控。深入推进“一岗双责”，强化安全责任落实。积极配合安全监管部门做好库站隐患自查整改，“蓝表”问题全部整改完毕。开展常态化应急预案演练，应急意识和保障能力明显增强。特别是“8·12”火灾爆炸事故期间，天津销售立即启动应急预案，利用微信群组功能，进行应急指挥，及时调配应急物资，经受住实战考验。加强油品质量管控，政府和上级抽检合格率100%。加油站综合损耗、铁路损耗稳中有降，公路运输综合差量率创下0.49‰的最好水平。二是财务管理精益求精。强化预算管理，持续开展“开源节流、降本增效”活动，严控非生产性费用支出，员工成本节约预算2324万元，财务费用节约预算1123万元，商流费节约预算8051万元。加强资产管理，将5台闲置橇装设施调拨给西藏销售公司。三是用工管理优化提升。以效益为导向，继续坚持优化用工，加大工资管控力度，杜绝预算外发放，合理控制人工成本。人工成本同比降低1419万元。严控用工总量，同比减少用工104人。加大工效挂钩力度，坚持薪酬向一线倾斜，两级机关人均收入同比减少7.8%，加油站同比增加2.1%。四是信息系统强化应用。油库管理系统销售板块排名第一，运维考核保持满分。获销售分公司二季度信息化流动红旗。狠抓未经系统控制问题，脱机加油率不超过0.3%，液位仪使用率95%以上。坚持主动运维，自行解决率达93%以上。五是法律风险防控得当。保护公司权益，减少经济损失。法律风险防控纳入岗位职责，实现风险点岗位全覆盖。坚持内控管理常态化，顺利通过集团公司管理层测试。开展合规管理监察，发现问题14项，督促落实整改，员工《合规承诺书》签订率100%。合理应对诉讼，依法追偿84万余元。六是审计监察功能充分发挥。积极开展任中审计、专项审计、工程结算审计等审计项目，建立审计发现问题整改台账，实现销号管理；积极开展合规管理监察项目，充分应用联合监督系统；创新稽查方式，强化现场检查，2015年处罚违规人员6人次，处罚金2.35万元，发挥很好的监督和震慑作用。

【精神文明建设】 不断强化思想和队伍建设，夯实和谐健康发展基础。一是改进机关作风，强化基层服务。优化会议组织形式，提高工作效率。启动机关处室联络服务基层工作，切实为基层解决实际困难。严守“三重一大”决策制度，完善会前协商机制，保障决策的科学化、民主化。二是践行“三严三实”要求，狠抓“三超”治理。通过“领导带头、试点先行、全面推进”的方式，办公用车、用房全部达标，拍卖超标车辆7台，收回成本144万元，腾退办公用房1100多平方米，节约租金106万元。三是加强党的组织建设，通过《基层党支部工作手册》评比，强化基础性工作。完善中心组和党员学习制度，实现学习常态化、全覆盖。四是切实将“两个责任”落到实处，以《党风廉政教育手册》为抓手，搞好日常廉政教育。加大纪检监察力度，探索开展党内巡视工作。五是落实干部提拔试用制度，5名干部通过试用考核。大力开展员工培训和技能鉴定工作，培训6420人次，161人参加鉴定。六是积极开展“重塑中国石油良好形象”大讨论和青年大讲堂活动，广泛传播正能量。围绕中心做好宣传工作，2015年发表稿件496篇。开展多种形式的扶贫帮困活动，对“8·12”天津港火灾爆炸事故中受灾员工进行慰问，传递组织温暖。

（齐国良　齐晓芳）

中国石油天然气股份有限公司西藏销售分公司

【概况】 中国石油天然气股份有限公司西藏销售分公司简称西藏销售，总部设在西藏自治区拉萨市，1998年11月成立，前身是1962年1月27日成立的西藏自治区石油公司。主要从事西藏地区成品油及石油液化气、润滑油的批发、零售、运输、储存等业务。截至2015年底，西藏销售下辖7个地市公司（拉萨、日喀则、山南、昌都、那曲、阿里、林芝）、2个专业经销公司（非油品公司、仓储分公司）、2个驻外机构（成都采调处、格尔木公司）。有成品油储存库8座，储配库1座，加油站125座（万吨级加油站3座）。员工总数1459人，其中合同化用工1144人、市场化用工315人，藏族和其他少数民族923人。2015年，成品油购进81.15万吨（含航空煤油3.46万吨），同比下降0.34万吨。销售总量83.79万吨，其中，航空煤油销售3.39万吨，汽油、柴油销售80.4万吨，同比增长1.4%。纯枪销售52.03万吨，同比增长13.1%。液化气销售0.28万吨，同比下降20％。2015年，非油品实现收入1446万元，账面利润贡献率升至3.64%，非油品实现扭亏为盈（表1）。

表1　西藏销售主要经营指标

指　标	2015年	2014年	2013年	2012年	2011年
成品油销售量（万吨）	83.79	79.3	73.18	63.29	56.63
非油品收入（万元）	1446	1550	1151	1771	2605
销售收入（亿元）	55.39	65.66	60.41	52.81	45.81
利润（万元）	8500	17548	20716	13171	9587
税费（万元）	17008	14843	9769	12201	14225
资产总计（亿元）	68.26	51.27	27.35	20.18	19.24
加油站总数（座）	125	117	111	109	105
油库总数（座）	8	8	8	7	7

【油库管理】 2015年，西藏销售扎实推进那曲油库扩容改造工作，实现那曲油库顺利投产运行，油库总库容为17.03万立方米，储配库1600立方米，为全区油品保供奠定良好基础。对全区9座油（气）库存在的安全隐患进行勘察分析，按照隐患影响程度确定7项罐区重点隐患，列入2016年安全环保隐患治理资本化投入计划。油库持续强化安全管理，深化应用油库基础管理系统和HSE管理系统，充分利用信息系统开展油库安全巡检及日常管理工作，全面提升油库的安全管理水平，2015年HSE信息系统访问量达3800余人次。通过指导举办安全生产标准化培训班，对各地市油库主任、安全管理人员等20余人开展安全生产标准化培训，逐步完善各油库安全生产标准化建设，结合HSE管理体系，强化安全生产标准

化、规范化管理，为西藏销售油库长治久安打下坚实基础。

【资源运行】 2015年，西藏销售铁路进藏成品油35.69万吨，完成年度目标30万吨的118.97%，同比增加8.09万吨，增长29.3%；格拉管线管输成品油8.11万吨，完成年度目标14万吨的57.9%；公路进藏成品油12.4万吨，同比减少3.6万吨，下降22.5%。

【加油站管理】 2015年，西藏销售主动适应加油站零售市场的深刻变化，坚持"油卡非润"一体化营销，创新加油站管理方式，采取"双低站"治理与扩能改造同步实施、现场服务与小额配送互为补充、"开口营销"与"达标创星"协调并重、单品种站与自助加油配套建设、小站承包与合资合作同步推进等组合策略，低销低效站由46座降至31座，5000吨级站增至33座，万吨站比例达到5%。坚持以加油卡为媒介，化挑战为机遇，创造性开发推广实名加油卡，累计发售记名加油卡10.42万张，消费充值2.9亿元，沉淀资金0.85亿元。2015年卡销比达72.7%，同比增长23%，卡销比超过60%的地市公司有拉萨、日喀则、林芝、山南、昌都公司。优化资源配置，大力拓展非油品业务，加油站便利店总数达到34座，商品数量达1265种，50万元店、百万元店分别达到5座、3座，2015年非油品实现收入1446万元，账面利润贡献率升至3.64%，非油品公司实现扭亏为盈。

【信息化建设】 2015年，西藏销售以信息技术为管理支撑和创新驱动，销售ERP、加油站管理、油库管理、财务FMIS等统建系统全部上线运行，基本实现进销调存、量价费效的数据化、标准化和信息化。完善信息基础设施建设，投入资金7438万元，搭建两级营销指挥中心平台，为68座加油站安装高清视频系统，自主开发综合业务管控平台及库站基础管理、商品管理、运费结算、主动运维等辅助系统，连接上下、沟通左右的业务管控、信息数据、日常办公、宣传培训的"四个平台"基本成型。以两次信息化现场推进会为契机，不断深化信息系统应用，加油站报表由原来20张减至5张，无纸化办公朝前迈进一大步；加油站地罐交接和液位仪计量的推广，既优化一线用工结构，也规范商品管理，油品综合损耗率降至0.35%，控耗2634吨；机关与二级公司、二级公司与基层站点双向视频对话及业务管控平台的搭建，较好解决空间距离远、管理成本高的障碍；商品、资金、服务、安全等远程监管模式的建立，有效弥补点多线长面广的管理短板。

【网络建设】 2015年，西藏销售强化高效市场建站和边远市场投放橇装设施，新开发储备网点8座，拉林高等级公路、林芝滨河、贡嘎机场民航站租赁等站点取得实质进展。当雄顺达和那曲加油城、胜发、夏曲卡等4座加油站按期投运，新增销量0.68万吨，进一步增强青藏线市场的控制能力。在阿里、那曲等地投放14座橇装设施，实现扩销与保供的"双兼顾"。坚持优势互补、合作共赢，主动开展合资合作，阿里、拉萨、山南等市场4座合资站纳入统一管理，直接增销1.16万吨。实施扩能升级，改扩建加油站1座，有效支撑纯枪销量。优化仓储设施定位，铁路接卸油库年周转量35.96万吨，在降低成本、控制市场中发挥着不可替代的作用；那曲油库改造作为2015年投资战线一号工程，实现2015年底进油调试，必将对优化藏东、藏北市场资源运作产生重要影响。加大公用工程投入力度，维修改造14栋员工周转房，新增6台办公用车，员工生产生活条件持续得到改善。

【安全维稳工作】 2015年，西藏销售深入落实HSE管理原则，细化分解安全环保责任，加强库站标准化建设，推行安全观察沟通、经验分享、事件上报等管理方法，安全教育培训487人次，管理和操作人员持证上岗率覆盖面达98%。建立两级管理部门现场检查、远程抽查和库站日常巡检的监管体系，投入1.04亿元完成6座油库、63座加油站隐患治理，整改各类检查和体系审核问题101项，逐步夯实安全环保和数质量的基础工程。坚持特殊时期升级管理，沉着应对地震、管线停输、实名制加油等重大事件考验，妥善处置现场、施工、运输等环节安全事件和数质量纠纷，两级机关抵御重大风险和处理复杂局面的能力进一步增强。严格责任追究，严肃问责顾客投诉、交通翻车、高空坠落、油品渗漏等事件事故及对待安全工作不重视、整改问题不积极的行为，进一步扎牢"三条红线""紧箍咒"，西藏销售连续8年被评为西藏自治区"安全生产先进单位"。落实管工作也要管维稳的原则，强化主题教育和政策宣传，严格执行实名制加油规定，坚持特殊时期24小时值班和重要信息零报告制度，稳妥处理市场化用工上访事件。广大员工识大体、顾大局、讲团结，经受住了特殊时期、重要事件的严峻考验，保持了企业大局的稳定，维护了西藏社会稳定，受到集团公司通报嘉奖。

【队伍建设】 2015年，西藏销售以领导班子建设为重点，启动干部双向挂职锻炼，组织赴内地企业观摩取经，开展处级干部集中办班培训，强化成果转化和培养使用，调整交流和提拔使用干部39名，有序退出领导岗位3名。以人才队伍建设为核心，录用石油院校和地方院校146名毕业生和见习实习生，采取中青班、技能大赛、专题培训等形式，培训业务骨干、客户经理、加油站经理等581人次，26人通过中级专业技术资格和技能等级考试，中专以上学历人员占比达到59%，较两年前上升10个百分点。以党员队伍建设为关键，深入开展“六个一”党支部和“六有”党组织创建，发展积极分子和党员17名，进一步壮大党员队伍。以先进典型建设为抓手，深入开展评比选树活动，涌现出全国、西藏自治区劳动模范等19个先进集体和个人，营造思上进、比先进、策后进的浓厚氛围。以思想政治工作为切入点，深入开展党的群众路线教育实践活动和“三严三实”专题教育，持续组织“形势、目标、任务、责任”主题教育，狠抓两级党委理论中心组学习，加强网页、报纸、微信等平台的宣传教育，形成服务发展、团结进步思想共识。以监督执纪问责为保证，出台党员干部严守政治规矩“十不准”，落实民主生活会、“一报告两评议”、个人事项报告、诫勉谈话等制度规定，实现二级公司党内监督巡视全覆盖，严肃查处公车私用等违纪事件，党员干部的规矩、纪律、廉洁意识明显增强，党委主体责任、纪委监督责任、领导班子成员“一岗双责”进一步深化。

【党建工作】 2015年，西藏销售完成机关党委换届选举，对机关党支部重新进行划分，指导合资公司西藏中油天港商贸有限责任公司建立党组织。加强新形势下发展党员和党员管理工作，按计划发展党员75名，其中库站一线占78.7%。以加强理想信念和党性教育为重点，举办发展对象培训班、党支部书记培训班。新建、修订《党委工作制度》《新形势下进一步加强各级党组织建设的意见》和《党务公开工作实施方案》，不断推动党建工作规范化运行。开展党支部工作考评验收，表彰10个先进党支部、30名优秀党员、10名优秀党务工作者，推动“六个一”党支部建设持续加强。深化三级“联述联评联考”工作，西藏销售在中共西藏自治区直属机关工作委员会党建考核中保持领先地位，1个基层党组织和5名同志受到表彰。

强化反腐倡廉工作以形成作风建设的长效机制和规范权力运行为重点，按计划建立完善改进作风常态化制度，2015年新建制度56项，废除制度12项，修订制度22项，各级管理人员按程序办事、按制度用权意识显著增强。组织签订党风廉政建设责任书12份、领导班子集体廉洁公约12份、机关工作人员廉洁承诺90份，领导班子和领导干部签约覆盖率100%，层层检查考核责任单位12个，党风廉政建设主体责任全面落实。健全两级纪委机构，明确纪委委员30人，增强纪检监察力量。以增强党员、干部党纪党性和廉洁自律意识为重点，举办纪检监察培训班，培训30人；召开反腐倡廉建设工作会议5场次，开展党纪政纪条规教育和案例警示教育12场次，6人在区直机关党内法规知识竞赛中获奖。分析违反中央八项规定典型案例15件次，考核反馈、谈话提醒1人，领导干部和关键岗位人员教育覆盖面100%。在9个单位进行党内巡视，发现问题150项，整改150项，实现巡视全覆盖、整改全落实。狠抓纪委监督责任落实，大力开展规范化管理检查、“三超”专项治理检查、“小金库”专项检查和党内巡视等监督检查项目，有力促进合规管理。加大执纪问责力度，开展教育25次，纪律处分12人。确保干部队伍的稳定，确保企业改革发展稳定大局。

【履行社会责任】 2015年，西藏销售在“4·25”尼泊尔地震中，全力保障救灾用油，代表集团公司捐赠救灾款200万元，员工捐款15万余元，成为首家向地震灾区捐款的中央企业。在援助尼泊尔油品过程中，克服资源组织难、运距长、路况差、极端天气影响大等困难，如期向尼泊尔供油1000吨，展示了中国石油良好形象。强化安全稳定工作，严格执行实名加油和散装油品管理规定。强化维稳信访工作，加强民族团结教育，推进“双联户”建设和自治区级“平安单位”创建活动，为西藏社会稳定做出贡献，受到集团公司嘉奖。持续开展强基惠民驻村工作，落实资金377.29万元，捐赠物资16万元，项目实效进一步提升。积极参与当地政治生活，4名同志当选日喀则、昌都、林芝等市人大代表、党代表。同时，推进军民融合共建工作，积极与西藏军区、管线团等单位加强合作，为西南边疆巩固做出自己的贡献。

【企业文化建设】 2015年，西藏销售积极开展群众性文化活动，员工文化生活日益丰富。建立员工文化活动的常态机制，精心组织一系列激发员工聪明才智和创造精神的文娱活动，相继在员工中开展“重塑形象”心得体会征集、读书征文、篮球比赛、乒乓球比赛、趣味运动会、巧手女工比赛以及员工业余书法、美术、摄影展览等活动7次，400余人次参加。那曲公司、昌都公司、林芝公司创建自治区职工书屋。发挥工会宣传教育优势，搞好节日和纪念日期间的各类活动，各基层单位也结合自身特点，适时开展各种形式的文体活动，在公司内部形成和谐的文化氛围。针对女员工的特殊权益，外聘专家教授为女员工举办“知识讲座”，举办女员工“巧手女工大赛”，展出作品137幅，48幅作品受到表彰；开展“巾帼标兵”“巾帼示范岗”等竞赛活动，日喀则中心加油站获“全国五一巾帼标兵岗”称号、七二五油库达娃获“全国五一巾帼标兵”称号。

【民生工程】 2015年，西藏销售着力改善民生，帮扶机制逐步形成。建设民生工程26项，共投入1700多万元，着力解决基层吃水、供氧、取暖等实际问题。开展送温暖扶贫互助活动，慰问困难员工363人次，发放慰问金55.2万元；帮扶员工子女就学24人，金额8.3万元；为115名困难员工在西藏自治区总工会建立困难档案，发放帮扶资金11.5万元。对公司员工和基层库站进行“夏季送清凉”“冬季送温暖”慰问，发放慰问金91.2万元。

【强基惠民活动】 2015年，西藏销售所属15个驻村工作队克服种种困难，使一些多年累积的历史问题逐步得到解决，增强各所在村“村两委”的创造力、凝聚力和战斗力，各项工作取得阶段性的成效，西藏销售强基惠民工作连续4年被评为“强基惠民优秀组织单位”。为切实做到知晓百姓事、了解百姓忧，各驻村工作队始终坚持从群众中来，到群众中去，与群众打成一片，拧成一股绳，广泛征求群众的意见建议，完成逐户对农牧民进行走访，摸清群众生产生活的具体困难和突出问题，征求意见建议156条，积极为各所在村的发展建设出点子、提建议，发展思路进一步理清。为取得强基惠民的实效，西藏销售根据各单位上报的项目计划，2015年批准各驻村队强基惠民项目17个，项目总金额377.29万元，批复资金281.2万元，从西藏自治区和西藏销售下拨专项经费列支96.09万元，2015年完成修路、农用车、阳光棚、牲畜扶持等13个项目，完成项目投资251.29万元，其中批复资金175.2万元，专项经费列支76.09万元。2015年，西藏销售在节日期间两次慰问、帮扶保吉乡困难农牧民群众，捐赠物资16万余元。两级公司驻村队员还积极深入开展“领导干部进村入户、结对认亲交朋友”活动，与95户贫困群众结对认亲，集资及捐款捐物计98350元，其中驻村队员自掏腰包发慰问金35350元。据统计，驻村队员办实事、好事191件，在各驻村点都得到群众好评，党群干群关系进一步融洽。

（梅朵拉姆）

中石油海南销售有限公司

【概况】 中石油海南销售有限公司简称海南销售，是集成品油仓储、运输、批发、零售、非油品销售和库站网络开发等业务于一体的省级综合性油品销售服务企业。前身于2004年6月成立，先后历经专业线管理、区域业务整合、地市分公司管理等改革，隶属原华东、华南销售公司及广东销售公司管理，2010年9月上划股份公司直管，2011年1月升格为省级公司、独立运行，2015年12月改制为中国石油全资独立法人企业。

截至2015年底，海南销售设12个职能部门，1个非油附属机构，辖海口、三亚、琼海、儋州4个分公司，2家参股公司，有员工983人，运营加油站95座，全资和参股油库各1座，库容6万立方米，资产总额8.3亿元，负债2.2亿元，资产负债率26.1%。2015年，销售成品油43.8万吨，实现收入27.2亿元，完成利润1.06亿元，上缴税费6.06亿元，超额完成年度稳增长目标任务（表1）。

表1　海南销售主要经营指标

指　标	2015年	2014年	2013年	2012年	2011年
成品油销售量（万吨）	43.8	45.5	50.9	57.3	51.7
汽油销量（万吨）	21.0	19.4	16.1	15.5	17.3
柴油销量（万吨）	22.8	26.1	33.1	40.1	33.9
零售销量（万吨）	32.5	32.6	34.5	33.0	31.1

续表

指　标	2015 年	2014 年	2013 年	2012 年	2011 年
纯枪销量（万吨）	31.6	31.1	31.1	27.6	24.9
非油品收入（万元）	4036.5	3022.7	2936.3	2350.2	1207.6
非油品利润（万元）	501.2	422.3	287.2	238.1	81.1
营业收入（亿元）	27.20	35.24	38.50	43.29	39.05
利润（亿元）	1.06	1.05	0.01	0.20	0.53
税费（亿元）	6.06	4.87	2.34	1.99	1.43
资产总额（亿元）	8.30	9.40	10.06	9.62	8.47
加油站总数（座）	95	97	90	88	79

【油品业务】 2015 年，海南销售坚持“效益优先”，发挥营销小组作用，加强信息监测，科学制订营销方案和阶段计划，统筹储运销、量价效关系，优化批发零售、汽油柴油比例，拓展岛外、海上销售，剔除低效、无效批发，跟踪市场，动态优化，协调督促，落实进度，确保效益最大化。加强市场分析，统筹设计营销策略和客户开发方案，完善营销平台建设，加大劳动竞赛和让利促销力度，“油卡非润”一体化联动，提升市场占有率。海南销售以不足 17% 的加油站总数拿下了 22% 的市场份额，其中纯枪销量 32.5 万吨，同比增长 1.7%；汽油销量 21 万吨，同比增长 8.3%；纯枪汽油销量 18.4 万吨，同比增长 12.4%。

【资源运行】 海南销售立足“源头创效”，加强上游沟通和运力协调，以效定销、以销定采、外采为主、低库运行，调节奏，降成本，增毛利，控风险，实现由总量保障向综合运作转变。以“严把资质、优质优价、量价结合、先货后款、送货上门、入库计量”为原则，合理增加外采及中国海油、中国石化串换资源，探索区外远离资源地企业降本增效新路。2015 年，调运油品 43 万吨，计划执行率 100%；下海油综合差量率 1.2‰，同比下降 0.2 个千分点；公路运输途耗率 1.4‰，同比下降 0.3 个千分点；吨油运费 84.8 元，同比下降 0.6 元。平均库存控制在 2.3 万吨低位以下，调运效率不断提升。

【加油站管理】 2015 年，海南销售突出“创效核心”，以纯枪增量为重点，加强省、市、站三级分析，“一站一策”推进改造升级。开展测时写实、场地画线、消高峰、优化排班和“双低站”治理，促进现场管理和服务提升。推广小站承包、并站管理，深化加油站经理年薪、升油含量工资、非油品销售提成为主要内容的薪酬分配改革，调动一线销售积极性。加强客户管理与星级维护，建立完善微信营销平台，加大主题促销和 IC 卡销售力度，增强“油卡非润”一体化创效能力。海南销售柴汽比、纯枪比、终端比、吨油毛利、吨油利润、价格到位率、非油品利润率等 7 项主要指标在 19 家区外销售企业排名中靠前。

【非油品业务】 2015 年，海南销售坚持“拓展升级”，加速品类迭代，提高单品利润，优化商品陈列，推进店面升级，提升百万元便利店比例。依托互联平台，拓展润滑油、汽车服务、保险、广告等代理业务，探索充电桩、房车补给、咖啡、快餐、洗车等业务，完善停车、ATM、Wi-Fi、手机充电等功能，打造“人 · 车 · 生活”综合服务平台。结合区域特点，推广海南特色商品，参与政府集中采购，外购内销，内品外销，扩大营收。发挥中央仓作用，加大集采力度，开展主动配送，拓展对外批发，提高灵活性和业务量。2015 年，非油品收入 4036.5 万元，同比增长 33.5%；非油品利润 501.2 万元，同比增长 18.7%。

【投资建设】 2015 年，海南销售注重“质量回报”，持续优化“十二五”规划，终止高投入、低回报项目，砍掉低效、无效和一般性维修项目，剔除功能过剩、超标准投入，完善项目开发体制，加强质量、安全、进度和资金监管，集中精力抓好高效站开发建设和存量站挖潜。2015 年，新增项目用地加油站 2 座，建成油站 3 座，投运站 2 座，完成马村油库和东方油库隐患治理，顺利实施加油站和便利店改造升级、检维修、隐患治理等项目。截至 2015 年底，海南销售投运加油站 95 座，其中万吨级站 2 座、三千吨级以上站37座；运营便利店82座，其中百万元以上店9座，终端能力稳步提升，品牌形象明显改善。

【市场拓展】 2015年，海南销售积极“改革创新”，跟进与中国海油、海南省政府合资合作进程，有序做好独资公司注册、证照变更、制度流程调整等工作，超前做好资源渠道、外采政策、定价机制、促销策略、客户开发等适应性准备，为加速启动、早日见效创造良好条件。顺应销售业态互联化新趋势，探索平台拓展和业务转型，逐步健全卡销售、充值、支付、促销、积分、广告、维护等功能，不断深化与海南航空公司、中国电信、银行等企业的跨界合作，促进与地方市场的融合与共享。积极探索与政府、企业合资建站、特许经营、短租经营模式，加快建成站投运步伐，破解规划布点不足。

【企业管理】 2015年，海南销售强化“规范管理”，健全以HSE、质量体系为核心的安全保障体系，以年度计划和KPI考核为主体的目标执行体系，以量化考核、按劳分配为原则的分配激励体系，以财务、内控、合同、ERP、审计、惩防系统为支撑的管理控制体系，以信息中心、调度指挥中心、核心网络、油站光纤和四大业务系统为主干的信息支撑体系，平台机制日臻完善。不断强化预算、资金、资产和费用管理，大力推进开源节流和挖潜增效，率先实施全流程财务稽核，持续抓好重点领域内控监管、法律监督和效能监察。

【质量计量安全环保】 2015年，海南销售严守“三条红线”，认真贯彻新《安全生产法》和《环境保护法》，严格落实“党政同责、一岗双责、失职追责”和“有感领导、直线责任、属地管理”要求，抓好体系和制度规程完善执行，加强油品接卸、清罐、施工、特殊作业等关键环节监督，严格承租、承运、承包商管理，强化风险识别和隐患治理，重视加强应急能力建设，确保站库安全平稳运行。加强数质量管理，完善化验中心功能，严格入库检验、罐存监测和质量抽检，定期开展计量校验，彻底堵塞损耗漏洞，自觉接受外部监督，确保油品质优量足，切实维护企业信誉。海南销售安全环保和质量计量事故为零，连续第四年获海南省“安全生产责任考核先进单位”称号。

【党建群团工作】 2015年，海南销售注重“和谐发展”，不断加强党的建设、班子建设、队伍建设和廉政建设，扎实开展“三严三实”专题教育和“重塑中国石油良好形象”大讨论活动，严格落实中央八项规定、集团公司二十条要求，干部队伍责任意识、履职能力和员工队伍业务素质、工作技能不断提升。扎实开展群团工作，持续推进“五小”工程，落实食堂、劳保、医保、体检等惠民举措，一线工作生活条件和薪酬福利待遇稳步提高，企业凝聚力、向心力显著增强。认真履行政治、经济、社会责任，积极参与支持地方经济发展、生态文明建设和帮扶助学等事业，不断增进企地关系、竞合关系，发展环境更加和谐。

（唐国辉）

中国石油天然气股份有限公司大连海运分公司

【概况】 中国石油天然气股份有限公司大连海运分公司简称大连海运，成立于1999年5月，负责中国石油下海成品油的水上运输组织工作，承担“保炼厂后路、保市场供应、降运输成本”（简称“两保一降”）的重要职责。大连海运成立以来，坚持走集约化经营、专业化管理之路，逐步发展成为具备国际航线危险品运输、国际货运代理资质，功能作用突出、质量效益领先、专业优势明显、人员队伍精干的专业化航运物流企业。

大连海运机关设7个职能部门，下辖3个港口业务办事机构，授权管理2个全资子公司和1个参股公司，员工总数407人，海运相关专业毕业员工占85%；自有及合资运力达到15艘、30万载重吨，租用运力超过100艘、70万载重吨；常用接卸港口近50个，运输网络实现中国沿海全覆盖。

截至2015年底，大连海运累计完成成品油运量3亿吨，节约运输成本超过70亿元，安全环保全面受控，所属公司均被评为交通运输部安全生产标准化一级达标企业，实现连续17年安全运输无事故，成功架起一条连接中国石油资源与市场的水上桥梁，为推动中国石油资源、市场、国际化和创新战略的全面实施，以及成品油销售业务的持续快速健康发展提供重要保障。

2015年，大连海运完成运量1796万吨，完成运输周转量169.7亿吨海里，实现运费收入19.31亿元，实现利润3.02亿元，同比增长147%，吨油运输成本89.78

元，同比降低11%，下海油综合损耗率0.153%，同比下降23%，利润、损耗指标创历史最好水平（表1）。2015年底发生安全环保考核事故，海上运输安全形势稳定受控。

表1 大连海运主要经营指标

指 标	2015年	2014年	2013年	2012年	2011年
运量（万吨）	1796	1885	2456	2262	2034
运输周转量（亿吨海里）	169.7	177.1	200.1	185	154.6
运输收入（亿元）	19.31	20.65	27.27	26.83	21.8
利润（亿元）	3.02	1.11	1.04	1.2	0.53
吨油运输成本（元）	89.78	100.35	104.92	109.95	101.8
股权投资收益（万元）	1156	616	606	635	398

【运行组织】 2015年，大连海运面对下海资源波动、中小运力紧张等复杂运输环境，深入落实销售板块“物流优化年”和“稳增长”工作部署，深化推进海运物流优化工程，进一步加大与东北销售公司下海联动、诚信交接协调力度，积极发挥排船软件信息系统对于优化运力配置、提升运行效率的重要作用，科学运用灵活有效的租船运价调控机制，在运量、周转量同比减少的情况下，实现利润的大幅增长和成本的明显下降，“提质增效”取得显著成果，为销售业务实现“稳增长”目标做出积极贡献。大力实施船舶降本增效举措，突出船舶营运细节管理，在加强等级考核、提高营运效率、严抓设备管理、拓展外部资源等方面做文章，船舶运营管理水平显著提升，成本、效益等指标创历史最好水平。强化船舶途耗管理，推进三项系数修正与流量计公开，实现下海油损耗控制指标的历史性突破。

【安全生产】 2015年，牢牢把握责任制落实、体系运行、航行安全、设备和人员管理等影响船舶安全的关键要素，对照新《安全生产法》和《环境保护法》和集团公司安全环保相关要求，扎实做好安全环保各项工作。持续完善安全环保责任体系建设，全面完成《全员安全环保“一岗双责”表》的系统修订，实现安全生产与环境保护责任制全员覆盖。扎实做好体系建设和改进提升工作，进一步理顺QHSE与SMS体系关系，系统开展体系文件修订换版和宣传贯彻培训，认真组织体系内审和外部迎审，深化推进安全生产标准化达标工作，台州公司继大连公司之后顺利通过交通运输部一级达标企业评审，标志着大连海运安全生产标准化建设迈上新台阶。不断加大船舶安全监督检查力度，重点加强关键环节、特殊时段船舶安全监管，深化与海事部门、引航单位的安全合作交流，强化进江、冰区、大风浪航行船舶的安全监督与指导，扎实开展安全生产大检查等专项活动，及时排查整改问题隐患，保障船舶安全平稳运行。切实加强自有船舶船员队伍管理，完善选聘培训和履职考评机制，优质、稳定的船员队伍成为保障船舶安全的中坚力量。从严抓好租用船舶准入管理，落实国家有关政策要求，提前清理淘汰单壳油轮，租用船舶安全等级和整体状况持续改善。进一步加强应急管理和风险防控，完成大连海运突发事件总体和专项应急预案的全面修订，覆盖公司机关、所属单位、基层船舶三个层级的完整突发事件应急预案体系全面建立。

【合规管理】 2015年，按照大连海运“制度建设年”工作部署，将深化管理体系归类融合、抓好合规管理作为工作重点，突出贴近实际、化繁为简，依法合规管理和标准化建设取得新成效。贯彻落实大连海运《全面推进依法治企实施方案》，制修订规章制度149项，依法合规管理水平进一步提升。全面梳理大连海运对外合作项目签约情况，结合业务实际开展油品水运业务东北区域代理招标工作，强化供应商准入标准管理，供应商与物资采购管理既满足合规要求，又贴近工作实际。扎实做好迎审、迎检工作，大连海运先后接受集团公司审计中心审计整改情况跟踪检查、国务院国有重点大型企业监事会审计检查，发现问题及时有效整改，依法治企工作得到检验。突出业务单元经营效果分析，经营活动分析的针对性、有效性持续提升；开展港口费用情况调查，制定船舶港口费包干方案，进一步规避经营风险；落实集团公司公务接待、公务用车管理要求，“五项”费用支出得到有效控制；加大物流2.0系统海运子系统项目推进力度，将船舶诚信度等指标纳入系统设计，提高信息系统应用的针对性和实效性；加强档案管理和保密工作，完成《大连海运组织史资料》编制，专项工作管理水平有效提升。

【人才队伍】 2015年，结合发展规划和业务实际做好人力资源顶层设计，编发部门及岗位职责汇编，细分各处室（单位）工作职责，强化对所属单位管理指导，管理效能更加高效、工作督办更加有力。抓好人才培养、考核、选拔工作机制改进和完善，开展空岗选拔、任期考核、岗位交流、业务培训，人力资源配置进一步优化。引入以阶段性重点工作考核为核心的GS考核模式，强化量化考核和执行力监督，提升考核工作的针对性和有效性。加强与上级主管部门的沟通协调，更加贴近业务实际、提高激励效果的绩效考核模式得到批准，进一步增强大连海运改革发展的信心与决心。

【党的建设】 2015年，深入推进“三严三实”专题教育，抓好班子成员讲党课等四个“关键动作”，推进“不严不实”170条问题、23条意见建议整改落实，将教育范围扩大至全体员工，活动取得扎实效果。认真开展“重塑中国石油良好形象”大讨论活动，面向系统内外业务关联单位广泛征集意见建议，扎实开展“争做合格分子，从严从实促发展”等提升形象“十个一”专项活动，推动大连海运形象新提升。严格落实党风廉政建设“两个责任”和“一岗双责”要求，编发“三重一大”决策制度实施办法、“两个责任”实施细则，组织《中国共产党廉洁自律准则》《中国共产党纪律处分条例》等专题学习讲座，党风廉政建设取得阶段性成果。加强对外宣传，《中国石油报》刊发《乘风破浪，十六载油路不断》等多篇专题报道，海运功能作用和良好形象受到更多关注和认可。推进“幸福企业”与“职工之家”建设，“昆仑油205”轮获“全国模范职工小家”称号。完善工会组织机构与配套制度，首次签订集体合同，员工权益得到有效保障。扎实开展“宝石花”志愿者服务等特色青年活动，员工队伍展现昂扬向上的良好风貌。

（杨星明）

天然气与管道储运企业

中国石油天然气股份有限公司北京油气调控中心

【概况】 中国石油天然气股份有限公司北京油气调控中心简称油气调控中心，于2006年5月8日正式成立，行政上是股份公司的直属单位，业务上是天然气与管道分公司的派出机构，主要职能是对中国石油所属长输油气管道实施集中调度指挥、远程监控操作、维修作业协调和管网运行优化。截至2015年底，油气调控中心集中调控运行的油气管道计78条，管道总里程5.2万千米。其中，天然气管网3.5万千米，年输气能力1665亿立方米；原油管网8900千米，年输油能力1.2亿吨；成品油管网8600千米，年输油能力2750万吨。2015年，输送天然气848亿立方米、原油5870万吨、成品油2023万吨，超额完成各项任务（表1）。

表1 油气调控中心主要运营指标

指　标	2015年	2014年	2013年	2012年	2011年
原油管网输油量（万吨）	5870	8136	8165	7888	7556.2
天然气管网输气量（亿立方米）	848	819.6	753.4	648.9	823.9
成品油管网输油量（万吨）	2023	2245	1593	1492.12	1421.57
节能（万吨标准煤）	4.26	3.3	4.5	8.06	5.2

【管道远控操作】 油气调控中心共部署天然气管道远控场站380座，2015年，经远控改造联调，新增远控操作场站108座，实现远控操作的输气场站总数达213座。输油管道已投运场站129座，其中原油管道47座、成品油管道82座，全部实现远控操作。

【安全管理】 2015年，油气调控中心健全完善安全激励机制，研究出台《安全生产风险防控奖励与处罚管理办法》，有效调动员工参与安全生产的积极性。定期开展QHSE体系审核，2015年整改问题38项，堵塞管理漏洞。简化优化应急预案内容，建立重点岗位应急处置卡，完善应急管理体系，提高险情化解能力，及时发现并有效处置11起输油管道打孔盗油事件，成功应对西气东输一线轮南首站异常停机、输油管道场站失效及华北地区两次供气紧张等应急事件。

【节能降耗】 2015年，油气调控中心持续优化天然气管网运行，调整西气东输二线电驱压缩机组运行方式，节约电费超过1400万元。调整管输原油掺混比例，改进热油输送工艺，优化油品加剂配比，增强管道适应性，兰州—成都线、石空—兰州线增输幅度分别达18.9%和13.5%，西部原油管道实现全年常温输送。历时3个月完成西气东输二线、中卫—贵阳线计量系统专项核查，遏制输损量扩大势头。2015年，天然气、原油、成品油管道能源消耗同比下降12.1%、15.5%、20.6%，油气管网实现节能4.26万吨标准煤。

【挖潜增效】 2015年，油气调控中心统筹规划管网SCADA系统和通信系统建设，将新增管线和场站全部纳入已建成的14套SCADA系统之中，完成11条管道系统扩容，避免重复建设。完成西气东输、中卫—贵阳线等管道9座合建站SCADA系统整合，控制逻辑得到优化，关联数据实现共享。完善兰州—郑州—长沙成品油管道LMS系统，实现批次计量与界面跟踪自动分析功能。在光缆长度增长2733千米、远控场站增加148座、数据点数增长10%的情况下，SCADA系统与通信系统全年综合可用率继续保持历史最好水平。加强投资计划控制和费用支出管理，投资控制率达10%，预算开支同比下降6%。

【科技创新】 2015年，油气调控中心承担的股份公司重点科技攻关项目“SCADA系统软件国产化研发”取得突破性进展，国产SCADA系统软件PCS V1.0通过股份公司验收，具备替代国外软件能力。自动化控制研究室正式挂牌，SCADA系统国产化工业试验与应用项目部组建完成。2015年，申报软件著作权9项。按期完成承担的“成品油管道多油品输送技术研究”“大型油气管网优化运行关键技术研究”等6项股份公司和专业公司课题研究任务。

【企业管理】 2015年，油气调控中心编制完成油气调控中心“十三五”发展规划，确立油气调控中心中长期发展思路、目标要求、战略举措和价值理念。推进内控、QHSE管理体系整合，开展制度“废、改、立”工作，制修订各类规章制度20余项，夯实规范化管理基础。完成3项集团公司标准和8项油气调控中心标准制修订工作，满足生产急需和建设要求。整合优化技术标准体系，标准数量由447项精简至414项。

【党建工作】 2015年，油气调控中心开展“三严三实”专题教育和“重塑中国石油良好形象”大讨论活动，查摆“不严不实”问题和影响企业形象问题，组织整改落实，取得实际成效。围绕贯彻落实集团公司和油气调控中心2016年工作会议精神，层层开展“形势、目标、任务、责任”主题教育活动，进一步统一员工思想，坚定发展信心。开展大庆精神铁人精神再学习再教育再深入活动，分批组织员工赴大庆油田参观学习，实地感受大庆精神铁人精神，唱响“我为祖国献石油”主旋律。持续推进党风廉政建设，注重正反两个方面教育，落实“三重一大”决策制度，筑牢思想和制度防线。工会和共青团组织发挥纽带作用，广泛开展各类群众性文体活动，增强队伍凝聚力。油气调控中心企业微信公众号正式上线，扩大宣传阵地，有效传播正能量。

【队伍建设】 2015年，油气调控中心扎实推进“四好”班子建设，稳妥推进干部岗位交流，持续优化部门领导班子年龄结构和专业结构，各级领导干部政治意识、大局意识、核心意识、看齐意识不断增强，履职能力持续提高，领导班子整体功能进一步提升。健全完善选人用人制度，修订《一般管理岗位聘任管理办法》等多项组织人事制度，促进优秀人才脱颖而出。加大业绩考核力度，完善薪酬分配制度，严考核、硬兑现，进一步体现激励与约束并重的管理导向。继续推动干部员工轮训，2015年培训110余人次，提升队伍整体素质。

（管志伟）

中国石油天然气股份有限公司管道建设项目经理部

【概况】 中国石油天然气股份有限公司管道建设项目经理部简称管道项目经理部，于2007年2月15日由股份公司批准成立，总部设在北京市。按照中国石油“建管分离”和统一组织领导、统一工作方法、统一工作标准、统一工作程序要求，管道项目经理部代表中国石油对新建长输管道项目实施专业化集中统一运作与组织管理。设12处室、10项目部。截至2015年底，有各类人员318名，其中合同化员工95名、借聘员工156名、市场化员工67名。教授级高级工程师7名，高级工程师91名，工程师132名。大学本科及以上学历285人，其中博士生4人，硕士研究生39人。

2015年，管道项目经理部承担西气东输三线（简称西三线）等12个在建项目和西气东输二线（简称西二线）等33个项目验收收尾工作。管道项目经理部用不到过去一个重大管道项目一半人员，承担西二线和西三线、中缅油气管道等49个管道建设项目，体现少人、高效、专业化管理优势。

【重点项目建设】 管道项目经理部承担中国四大能源战略通道中三大陆上通道和国家骨干管网建设任务。截至2015年，完成管道建设总里程3.08万千米，覆盖全国30个省、自治区、直辖市和特别行政区，四大能源通道打通，连通海外、覆盖全国、横跨东西、纵贯南北油气骨干管网格局基本形成，中国油气管道总里程超过12万千米，近10亿人口从中受益。

2015年，管道项目经理部克服在建项目施工进场、征地外协等难题，推进新建项目前期工作。完成焊接里程235千米，回填315千米，投产里程219千米；组织建设21座站场、62座阀室。中俄原油管道漠河—大庆段（简称漠大线）、山东管网青岛—威海段等8条管道以及西三线西段霍尔果斯等6座压气站实现投产或移交。

山东管网是中国石油与山东省共同出资建设的重点工程，肩负助力山东省节能减排及可持续发展重任，青岛—威海段干线2015年9月15日一次投产成功。西三线东段有效解决用地用林手续办理过程复杂、站场建设外协难度大等问题，确保福州、福清等4座站场全部进场施工，向2016年6月投产目标推进。锦州—郑州线面对路由规划调整、站场进地协调难度大等不利因素，调整工作思路，加大征地外协和现场组织力度，截至2015年底完成线路焊接1290千米、回填1118千米，完成铁路、公路、河流穿越152处，整体进度达57%。云南成品油管道针对安宁首站拆迁补偿和滇中新区改线等难题，多措并举，在困境中推进，线路施工全部完成，站场阀室建设有序展开。项目群压气站建设有序推进，2015年统筹组织34座压气站102台机组建设任务，按期完成西三线西段霍尔果斯等6座压气站21台压缩机组投产或移交。在宁夏中卫—贵州线（简称中贵线）江津站开展试点，压缩机组现场调试和启机条件检查实施标准化管理，压缩机组到场后建设和调试周期较之前缩短30%；探索改进压缩机厂房设备、管道布置以及机组进出口等设计方式，确保保山站施工、调试、投运、交工一次成功，积淀后续压气站建设经验。

有序开展陕京四线、漠大复线等新建项目初步设计工作，汲取历年审计教训和安全环保风险，在初步设计中增加管道通航评估、环境敏感点排查、控制性工程详勘等管理要求，初步设计质量不断加深。发挥工程建设管理平台作用，加快在陕京四线等新建项目中应用，利用可行性研究、评价、初步设计成果与航飞成果可视化集成对比，设计质量管控能力不断提升。扎实推进中俄东线项目前期工作，成功组织开工仪式，协调签署项目委托代建协议。借陕京四线、漠大复线招标契机，持续整合9年来在科研、航测等方面资源和经验，依托前沿信息技术，搭建系统完整、可追溯数字化平台，低成本、高质量拉近勘察测量等前期工作时间空间。坚持问题导向，继续推进初步设计、EPC招标文件优化，突出承包商直接责任和发包人过程管控监督、考核，努力破解合同变更责任不清、分包价差失控、违规转分包等顽疾，把项目管理要求纳入设计成果，提前研判、预控施工风险，从源头实现设计成果向施工组织、钢管采购、质量安全全覆盖。

【企业管理】 2015年，管道项目经理部遵循“稳健发展、深化改革创新”原则，坚持质量安全“零容忍”，紧盯“投产零整改”目标，着力在优化完善体系流程、切实履行审计职能、推进科技创新上下功夫，持续提升管理效率和发展质量。

优化完善体系流程，有效提高过程风险管控能力。主动适应新颁布实施《安全生产法》和《环境保护法》，借鉴审计、专项检查、体系内审等提出问题，全面梳理体系流程及管理办法适宜性、可操作性及合规合法性，查缺补漏，2015年完成32个体系文件制修订工作。借体系内外部审核契机，整改108项典型问题及35个不符合项，使职责更明确、流程更顺畅、覆盖更全面。抓实内部控制管理，2015年增补内控流程61个、修订管理流程28个、增加风险点及控制点47个，项目建设过程风险得到有效控制。

履行审计职能，推进依法合规建设。完成陕京三线等16个项目和总经理经济责任审计迎审配合工作，提供各类审计资料、协调解答审计发现问题1.28万份；充分发挥审计服务职能，进一步规范结算、竣工验收管理流程。完成独乌鄯等6个项目结算审计，审减1603.29万元。抓实外协专项审计，严格用地补偿类合同、协议及“一事一议”事项审批过程管控，审查各类合同10367份，合同签约依据、清点表等原始资料197107份。梳理发现问题319个，按照“即查即改”要求，2015年9月30日全部整改关闭；借审计整改跟踪检查契机，构建长效机制。针对近3年来内外部审计、专项审计监察发现问题，分析问题成因，重点关注工程量差等涉及面广、整改较复杂问题，制定整改方案，明确责任部门和完成时限。截至2015年底，194个问题整改关闭，整改完成率86.7%，并在现有体系流程和规章制度中予以完善，审计成果作用显现。

2015年，管道项目经理部坚持推进科技创新，促进成果转化应用。综合评估经济效益和投资回报，坚持科技创新驱动发展，进一步推广新技术、新工艺在新建项目转化应用。根据中俄东线管材韧性、环焊试验温度等工程技术要求，编制完成并发布中俄东线用直径1422毫米钢管技术条件及规定，组织完成小批量试制工作；针对西三线中段和陕京四线钢管现场焊接工艺评定出现问题，组织完成高钢级钢管化学成分分析研究，固化钢管化学成分技术要求。组织开展油气长输管道AUT工艺评定体系研究，填补国内AUT质量控制体系及可靠性研究空白。对照行业规范和三化文件，全面梳理和总结9年来前期设计出现问题，优化完善施工图统一规定，从源头入手，规避因施工图规定不统一造成差异问题和整改隐患，并在陕京四线等新建项目应用。在中俄东线采用0.3米卫星遥感技术集成1∶2000信息成果，打破地域空间限制，采购成本较航空摄影降低17%，开创卫星遥感技术在管道精选线路方面先例。同时，进一步激活专业研究创新活力，2015年度管道项目经理部在国家期刊发表科技论文41篇，促进理论研究与业务实践有机结合。

【安全环保】 2015年，管道项目经理部全面落实质量安全监管责任，加大专项检查和隐患治理，扎实推进生态文明建设，工程质量稳步提升，安全管理形势稳中向好。

持续开展隐患治理和飞检工作。确保管道本质安全，加快管道隐患整治进度，结合专项验收、遗留问题整改等过程发现隐患，梳理汇总出三大类15项重大隐患进行挂牌督办，闭合兰郑长渭南支线腐蚀渗漏、大铲岛缓冲罐质量等9项问题。加大“飞检”等安全检查力度，由全覆盖高频次向深层次、向过程环节转变，针对性地开展焊口质量、阀门生产厂家等开展“飞检”，检查发现问题560项，8家单位受到通报批评、经济处罚，处罚金额262万元，有效排除试压、干燥、阀门类设备生产等过程存在隐患，现场管控落到实处。通过西三线东段、锦郑线5道焊口割口进行机械性能试验，及时规避焊接工艺执行中存在问题，确保管道焊接质量。

不断完善事故事件管理工作。针对涩复线“3·31”天然气泄漏事故、宁夏石化外输试压渗漏、西三线东段“4·25”亡人事故等事件事故，从现场监管、措施落实等方面查找产生根源，研究解决措施，完善管理要求。依据事故事件产生后果及影响，先后处罚西三线东段等7个项目29家参建单位，罚款752.4万元，3人今后不得参与管道项目经理部工程建设。严格过程指标和事故指标双重考核，严肃事故追责制度，在参建单位引起极大反响，有效震慑现场不规范施工行为，项目群质量事故事件同比减少23起，降比64.6%。同时，把管道项目经理部成立以来发生的32起典型事故事件案例汇编成册，组织开展经验分享。

加大水土保持工作力度。全面推进生态文明工程建设，突出水土保持“三同时”，组织开展项目群百日水工保护及水土保持工程大排查活动，发布《长输管道工程水土保持验收工作流程》，规范长输管道工程水土保持专项验收基本流程、阶段资料收集整理清单以及专项验收问题整改流程等，供后续项目验收借鉴。2015年3月19日，中华人民共和国水利部命名中缅油气管道（国内段）“全国水土保持生态文明工程”，系中国石油石化行业首个国家生态文明工程。

【中俄原油管道漠大线】 中俄原油管道漠大线是中俄

原油管道中国境内段，是中国首条穿越极寒之地、永冻土和大兴安岭森林地区原油管道。管道沿线河流、森林、沼泽、冻土间隔分布，生态环境敏感脆弱，极端严寒可达零下52.3摄氏度，积雪厚达1米以上，具有多项世界罕见特殊性。特殊地区环境因素和工程特点不同，青藏铁路、青藏公路建设经验无法适用漠大线建设，国内没有成熟施工经验可鉴，挑战中国管道建设种种极限。

面对困难与挑战，中国石油确立"安全绿色环保科技管道"目标，投入安全专项资金8.85亿元、环保专项资金3.63亿元，与中国科学院等研究单位联手攻关量身打造科技管道，针对管道岛状、多冰管道冻土施工世界技术难题进行联合攻关，系统解决多年冻土地区管道施工技术、河流穿越等多项世界性难题，开创中国永冻土区管道施工先河等"八大工程之最"，填补中国管道建设穿越特殊（永冻土）寒冷地区设计和施工空白。应用LED法识别出127项潜在危害，并成功予以消除。推行"一盒火"等制度，形成"纵到底、横到边"全方位防火管控体系等。管道项目经理部组织带领5000名参建者，经过1年半艰苦奋战，漠大线管道一次建成投产，在国内首次实现低温、空管、冷投运和连续满负荷运行。工程建设全过程没有一人冻伤，没有一人感染疫情，没有一人伤亡，没有发生一起火灾，没有发生一起安全环保事故，没有出现一起环境污染事件，创造世界高寒地区工程建设奇迹。

中俄原油管道漠大线起自漠河首站，到达大庆末站，全长926.5千米，管道直径813毫米，设计压力8兆帕，设计年输量1500万吨。工程2009年5月18日开工，2011年1月1日投产试运。试运5年来，始终保持满负荷连续安全平稳运行。2015年10月29日，工程通过国家竣工验收，标志着中俄原油管道漠大线正式投产。

【油气骨干管网】 2015年是"十二五"规划收官之年，"十二五"期间中国石油管道建设成果丰硕，四大能源战略通道打通，中国油气骨干管网基本建成。

公元前3世纪，中国人用竹子连成管道输送卤水，开启管道运输先河。1958年新中国油气管道工业起步。1970—1975年、1976—1986年、1987—2006年，中国先后掀起三次建设管道高潮。随中国经济高速发展和能源需求迫切，2007年8月18日，中国石油兰郑长成品油管道开工，中国掀起第四次油气管道建设高潮。9年来，中国石油统筹组织实施，管道项目经理部与全体参建队伍一道勇挑重担，攻坚克难，全力推进中国战略能源通道和油气骨干管网建设，以年均3825千米速度完成3.08万千米建设任务，超过新中国成立以来前40年管道建设总和，覆盖全国30个省（自治区、直辖市）。西二线、中俄原油管道等36个项目先后建成投产，先后打通西北、东北和西南三大陆上能源进口通道，与海上油气进口通道一起，形成中国四大油气进口通道战略格局，基本建成连通海外、覆盖全国、横跨东西、纵贯南北油气骨干管网布局。中国管道总里程超过12万千米，承担中国70%原油和99%天然气运输，覆盖中国31个省（自治区、直辖市），近10亿人从中受益，在改善中国能源结构、保障国家能源战略安全与油气平稳供应，促进社会经济发展方面发挥不可替代重要作用。至此，管道作为第五种运输方式，首次超过航空运输排名五大运输业第四位，成为国民经济发展能源动脉。

截至2015年底，西气东输、川气东送、陕京、中缅、中贵、秦沈大沈和山东天然气管道建成投产，中国天然气管道形成纵贯南北、横贯东北和联通海外全国性供气网络，"西气东输、缅气北上、海气登陆、就近外供"供气格局形成，使中国基本实现天然气管网化和气源地多元化，天然气安全保证供应拥有可靠通道。天然气在中国一次能源结构中比例也由2006年3%提高到2015年5.6%。其中，中国石油天然气管道总长度超过5万千米，约占全国78%，天然气供应量占全国70%以上。中哈、中俄、中缅、兰成、长呼等原油管道，开始在中国东北、西北、华北、华东、中部和西南地区形成区域性原油输油管网，促进中国以长江三角洲、珠江三角洲、环渤海、沿长江、东北、西北以及西南地区原油与化工加工基地战略布局构建与实现，在保障中国能源安全方面发挥重要作用。以兰成渝、兰郑长、呼包鄂等成品油管道，在中国西北、西南和珠三角地区建成骨干输油管道，初步形成"西油东送、北油南下"格局；锦郑成品油管道建成后，与兰郑长管道连通，在中原腹地形成完整成品油供应网络，有效缓解东北地区成品油产量过剩和华北、华东、华中地区资源紧缺局面。

中国油气骨干管网格局形成，缓解中国能源供应紧张局面，把中亚、俄罗斯、缅甸和中国西部资源优势转化成经济优势，激活沿线钢铁、水泥、建筑和机械电子等企业发展潜能，在古丝绸之路上形成一条新经济增长带和能源丝路文化，成为"一带一路"能源通道和标志性工程之一，沿线各国民众生活品质、城市品牌和竞争力提升。

【管道科技】 集群式、大规模管道建设带来高钢级管材研发等大发展机遇。管道项目经理部发挥“四个统一”和集中力量办大事集约化优势，推进重大工程科技专项，推动中国高钢级管材、国产压缩机等管道建设相关材料设备国产化研发进程，实现电驱和燃驱压缩机组及大口径高压阀等重大技术装备国产化，中国长距离、大口径、高钢级油气管道建设实现从追赶到领跑世界先进水平历史性跨越，在较短时间内形成中国高钢级、大口径钢管规模化生产产业链，中国管道钢铁技术、制管技术及管件生产技术水平实现“三级跳”。

美欧俄管道建设早，大多采用X52、X60管线钢，而中国从管道建设起步开始目标就瞄准世界先进水平，大规模采用X60、X65、X70、X80，甚至更高级别管线钢，大大缩短与发达国家距离，后发优势明显，走在世界前列。X60、X70级管线钢，中国具备稳定生产并在国际市场上占有一定地位；X80级管线钢、X70大变形钢全面实现国产化，质量也达到国际先进水平；开展“第三代大输量天然气管道工程关键技术研究”，管道项目经理部组织完成X90钢管首轮小批试制，相关工艺进入工业化试制，可使中国管道年输送量从西二线每年300亿立方米提高到中俄东线天然气管道每年450亿立方米；攻克大口径高钢级三通壁厚设计难题，成功应用西三线建设；0.8高强度设计系数在西三线西段一类地区成功应用，同比节约钢材1.26万吨，减少投资1亿元，在后续管道建设中可节约投资数十亿元。

截至2015年底，中国管线钢钢级形成X60、X65、X70、X80系列化，X90级钢管小批量试制，X100、X120级管线钢成功研制，标志着中国具备X52至X120级系列管线钢生产能力和技术水平施工攻克世界难题能力。攻克X80钢管断裂控制及大规模应用技术，形成新一代数字设计、高效施工、非开挖穿越管道建设技术，创新高凝原油综合改性输送技术，实现20兆瓦级电驱、30兆瓦级燃驱压缩机组和48英寸全焊接球阀国产化，创新大型复杂油气管网集中调控与风险预控技术，催生中国油气管道建设工业全面升级，中国油气管道关键设备国产化率达90%，投资节约20%以上，具备与世界一流水平相媲美的硬实力。2015年1月9日，中共中央总书记、国家主席习近平颁奖国家科技进步奖一等奖项目“中国油气战略通道建设与运行关键技术”。

【建管分离】 实施“建管分离”变革是中国石油转变发展方式的一项具体举措。与传统模式相比，“建管分离”模式将过去多层级管理模式转变为所有项目在同一个平台、同一个组织里运作，管道建设实现专业管理和管理优化，确保组织机构的单一高效、工程建设实现跨项目跨区域在全国范围内同步推进和投资的专款专用，管道项目经理部建设资金在集团公司严格监督下做到规范使用和一级管理，运营单位通过提前介入参与工程质量监督，管道项目经理部从传统体制下的执行者变成统筹组织管理者和被监督者，破解既是运动员又是裁判员难题，避免多头管理、资金挪用与沉淀和问题不易发现等问题，破解传统体制下许多“低老坏”问题，促进管道建设水平提高，节约大量建设成本，集团公司整体利益实现最大化。9年来，“建管分离”实施取得五方面主要成果：

（1）中国石油集约化、专业化、一体化的整体优势得到充分发挥。通过全面推行“业主+监理（PMC）+EPC”建设模式和分段式EPC、隧道工程EPC、多项目合并招标等管理创新，促进设计、施工和采办环节有机统一，健全和完善承包商绩效考核和市场竞争机制，系统内外240余家主体施工、监理检测、隧道及各类供应商、服务商进行科学调派和统筹配置，EPC总承包管理能力和水平快速提升，成功打造一支具有国际竞争力的管道建设EPC总承包队伍，中国石油管道建设年施工能力达到7500千米。

（2）探索建立一套具有中国石油特点并与国际惯例接轨的组织管理模式。确立中国首套油气管道建设现代管理体系流程以及设计、施工标准，建立中国管道建设领域法律法规汇编和首套法律实用指南，实现管道建设由经验型管理向程序化、标准化管理转变，以及项目群在统一体系、流程、标准和管理平台上运行，成功打造一支国内一流的高素质管道建设项目管理团队。截至2015年底，管道项目经理部统筹组织240余家单位参与中国石油管道建设，各方参建人员约9万人，创造管理人员318人与各参建人员1/283的团队管理模式，以集约化优势推动中国管道建设实现又好又快发展。

（3）通过项目群物资集中采办供应链效益明显。通过集中采购，管材节资超过48亿元，关键设备节资率超过10%，节约材耗6.84亿元，管材材耗下降0.03，制管及防腐监造费用由34元/吨下降至21.5元/吨，累计降低采购成本110亿元；发挥项目群管理优势，物资跨项目调剂使用，调剂物资占采购总量的1.2%，剩余物资利用率达到国际一流水平。

（4）严格投资管控，建立起完善的投资指标绩效考核制度。完成3.56万条估概算数据和4.61万条工程费用分解数据入库，建立6508个合同台账数据，实现估概算、合同金额和结算数据综合对比分析，在征地、补偿等费用大幅上升情况下，有效控制投资，累计节约征地费用超过10亿元。9年来，管道项目经理部先后承担49个管道建设项目，累计节约资金超过150亿元以上，扭转传统体制下投资难以控制局面。

（5）中国石油联合监督办进驻管道项目经理部和国家审计署连续几年跟踪审计西二线等项目，管道项目经理部接受内外部各类检查105次，审计涉及资金1787.52亿元，节约投资3.57亿元。截至2015年底，没有发生一起重大违纪违法案件，没有一人受到法律制裁，实现“经济上不倒一个人、政治上不倒一个、生活上不倒一个人”党风廉政建设目标。

【生态文明工程建设】“建设能源通道，保障国家能源安全，是国有企业的担当。守护青山绿水，保护生态环境，更是对子孙后代义不容辞的责任。”管道项目经理部以此理念不断创新管理，推进绿色管道建设，率先在中国石油工业领域开展绿色生态文明管道工程建设。

绿色技术创新是生态文明管道建设发展创新主要内容，针对国际上从未涉足的频发强震断裂带、云贵川高山峡谷等特殊地区，管道项目经理部会同相关各方，研发形成新一代数字设计、高效施工、非开挖穿越绿色管道建设技术，采用多管并行、同隧、同跨、同沟等全新设计技术，尽力减少占地和环境扰动，仅中缅油气管道就节省投资25亿元。

西二线（西段）穿越西北天山林场和赛里木湖国家风景名胜区，管道项目经理部率中国企业之先自主提出开展专项生态修复工作，邀请环境保护部、水利部、中国农业大学专家组成专家组，制订全线生态修复规划，聘请专业部门做好恢复植被工作。经过3年努力，管道经过地带生态全部得到恢复，西二线（西段）被国家命名“全国水土保持示范工程”。

在西二线香港海底管道工程实施海洋环境及渔业资源修复项目，放流200万尾黑鲷鱼苗，大鹏湾和大亚湾周边海域黑鲷鱼捕捞量每年可增加100吨，海域生态环境和水生生物资源得到有效改善。在中俄原油管道漠大线建设中，投入专项补偿用于保护区鱼类增殖站建设、增殖放流和运转、江鳕人工繁殖技术研究和水质及水生生物监测监管等，在首期放流53万尾鱼苗基础上，每年放流20万—50万尾冷水鱼，让中俄两国边境水域生态和人民受益。

在中缅油气管道（国内段）建设中，在国际上首次建立定量环境风险评价理念，率国企之先提出创建国家级“水土保持生态文明工程”，开创“一次性通过”等一系列全新理念，制定下发《油气管道工程水土保持设计规范》等一系列程序文件和作业文件，工程实施全面环境监理，这些举措在全国各生产建设行业中均属首次。推进实施隧道渣场、穿跨越工程、石漠化治理、土地复耕、植被恢复五类示范工程，提供中国石油工程建设水土保持生态文明技术规范，成功探索出中国首套绿色生态管道建设理论体系，并在西三线东段、锦郑成品油管道建设全面推广。2015年3月，中缅油气管道（国内段）工程获“国家水土保持生态文明工程”称号，树立中国石油工业水土保持样板，提升中国油气管道建设国际市场核心竞争力。

截至2015年底，管道项目经理部取得西二线、漠大线、中缅油气管道等35项水土保持设施专项验收批复，水利部及各级水行政主管部门验收结论表明：中国石油管道建设通过严控作业带宽度，改善施工工艺，提高施工临时占地利用率等措施，1.65万千米管道减少土地扰动面积1.63万公顷、恢复植被0.8万公顷、恢复耕地1.6万公顷；平均每建设1千米管道，恢复植被4700平方米、恢复耕地近1万平方米；水土保持防治目标全部达到或超过国家批复目标值。

9年来，管道项目经理部受到以水利部及各级地方政府水行政主管部门好评，先后获水利部黄河水利委员会、松辽水利委员会“黄河流域（片）大型生产建设项目水土保持先进单位”和“松辽流域生产建设项目水土保持工作先进单位”称号。其生态文明工程建设管理成果，获“全国石油石化企业管理现代化创新优秀成果一等奖”。在水利部各流域水土保持学习研讨班上，管道项目经理部多次受邀推广介绍水土保持管理经验和做法，《管道建设项目水土保持管理办法》等程序文件入选黄河流域水土保持培训教材，向各行业推广，彰显中国石油自觉承担“经济、政治、社会”三大责任央企形象。

（蒋万全）

中国石油天然气股份有限公司管道分公司（中国石油天然气股份有限公司管道销售分公司）

【概况】 中国石油天然气股份有限公司管道分公司（中国石油天然气股份有限公司管道销售分公司）简称管道公司，总部位于河北省廊坊市，于2009年成立。主营业务涉及原油、天然气、成品油管道运输和原油、天然气销售以及相关领域工程建设、技术服务、科技研发、天然气压缩机组维检修等。有17个机关职能部门，8个附属机构，1个生产指挥派出机构，下属输油输气、管道工程项目管理等27个处级生产经营单位。有员工9841人，集团公司高级技术、技能专家7人，公司级技术技能专家和带头人146人。

“十二五”期间，管道公司全面完成输油气生产任务，累计输送原油31279万吨，成品油3224万吨、天然气703亿立方米。与“十一五”期间相比，管道总里程增加2334千米，原油、成品油、天然气年管输能力分别增加3630万吨、145万吨、307亿立方米。天然气销售业务实现快速发展，用户总量达350余家，销售天然气391亿立方米，销售量和销售收入稳步提升。

2015年，管道公司被集团公司授予“安全生产先进单位”称号。承办并组织员工参加集团公司2015年天然气与管道专业职业技能竞赛，获集团公司“大赛优秀组织奖”，并在输气工、油气管道保护工和管道维抢修3个工种竞技中，包揽3个团体项目第1名，个人项目获2金1银1铜，2名技能竞赛金牌获得者获国务院国资委“中央企业技术能手”称号。管道公司工会被中华全国总工会授予“安康杯竞赛先进单位”称号。1名员工获河北省国资委“最美河北国企带头人”称号，4名员工获河北省国资委“最美河北国企员工”称号。

【输油气业务】 2015年，管道公司管理运营在役油气管道12649千米。其中原油管道5097千米，主要包括东北和华北地区的漠河—大庆、大庆—铁岭—大连、铁岭—锦西石化、日照—东明、天津—华北石化等管道以及西北地区的惠安堡—中宁—银川、石空—兰州等管道；成品油管道3735千米，主要包括东北和华北地区的吉林—长春、大港—济南—枣庄、宝鸡—郑州—长沙等管道以及西北地区的呼和浩特—包头—鄂尔多斯管道；天然气管道3817千米，主要包括山东地区的濮阳—沧州、沧州—淄博、泰安—青岛—威海、安平—枣庄、菏泽—泰安等管道以及东北地区的大连—沈阳、秦皇岛—沈阳、长岭—长春—吉化、长春—沈阳等管道。年输送原油能力8800万吨，年输送成品油能力1830万吨，年输送天然气能力369亿立方米。有输油气站场191座，其中，原油站场60座、天然气站场86座、成品油站场45座。

2015年，大力推进站场区域化管理工作。按照危险与可操作性（HAZOP）分析方法，制定完善站场区域化管理设计方案，选取郑州分公司西平站和山东中油天然气有限公司范镇站作为区域化管理的试点站场，对站场的工艺、电气、自动化、设备等进行全面技术改造，确保达到站场区域化管理的技术要求。同时，按照区域化管理对站场人员素质能力的要求，有针对性地开展站场人员设备维护和检修等培训，确保人员能力素质达到区域化管理要求。

【工程建设】 2015年，管道公司建设的天津—华北石化线、哈尔滨—沈阳线、铁岭—锦州线、铁岭—抚顺线、泰安—青岛—威海线、哈尔滨—沈阳通辽支线6条、1480千米管道、32座站场按期建成并一次投运成功。漠河—大庆管线增输、惠安堡—宁夏石化管线适应性改造、压缩机组远程监测诊断系统等工程按期投产，中俄原油二线具备核准条件，中俄东线天然气管道境内段举行开工仪式。

【管道管理】 2015年，管道公司新发生管道占压和第三方损伤事件为零，有效监护第三方施工1187处，清理违章占压509处。完成日照—东明线、庆阳支线、冀宁联络线枣庄—宿迁、沈阳支线、大港—枣庄线济南—兖州等共计1460千米管线内检测工作，运行清管器108次，运行几何检测器9次，运行漏磁检测器13次。根据内检测结果，重点开展管道严重缺陷调查及修复工作，确保管道安全平稳运行。进一步加强管道应急能力建设，管道公司被国家安全生产应急救援指挥中心定为国家油气管网预案优化试点单位。开展水上油品回收应急演练、输气阀室恢复重建应急演练等公司级应急演练2次。针对演练中发现的问题及时修订完善应急预案，编制《生产安全事故应急预案》《油气管道应急指导手册》及重点岗位“一案一卡”（一套应急预案对应一张应急处置卡），进一步提高管道应急处置能力。

【安全环保】 2015年，管道公司开展老旧管道安全运行“百日攻坚活动”，实现“三个为零、三个确保”（员工伤亡事故为零，管道第三方施工损伤和打孔盗油事件为零，管道泄漏造成的较大及以上环境污染事故为零，确保站场生产设施不发生油气泄漏事件，确保管道本体缺陷泄漏事件及时有效得到处置，确保老管道安全平稳完成扫线封存）目标。严格危险作业安全管理，安全完成沧淄线沧州开发区改线、葫芦岛末站泄压管线和分输管线等78次分公司一级动火。对集团公司HSE审核、专项检查和分公司内部体系审核发现的问题实行闭环管理，举一反三组织整改，杜绝同类问题重复发生。深刻吸取天津港“8·12”火灾爆炸事故教训，开展危险化学品管理专项检查，及时发现和整改问题。

【科技创新】 2015年，管道公司召开油气管道判废及处置技术国际研究学习交流会，开展停运管道处置技术研究和现场试验，编制《废弃管道处置与管理规程》。主导编写GB 32167—2015《油气输送管道完整性管理规范》国家标准，主导编写并发布美国国际腐蚀工程师协会标准《防腐层耐划伤测试方法》。“杂散电流干扰模拟与阴极保护评价”获集团公司技术发明奖三等奖，“油气长输管道与站场关键设备经济寿命评价研究”“输气管道站场降噪技术及应用研究”分别获集团公司科学技术进步奖三等奖。

【降本增效】 2015年，管道公司坚持以提质增效为中心，统筹推进“八个增效”。（1）增输增效。改变单纯“执行计划”传统工作方式，坚持对上抓协调寻支持，对外抓信息找商机，对内抓改造保上量。日照—东明线、兰郑长线、大港—枣庄线、吉林—长春线累计增加输量485万吨，冀宁线增加输量21.3亿立方米。（2）降本增效。综合施策，压缩大项目修理和内检测费用，减少能耗和非生产性支出。（3）推价增效。落实天然气价改方案，4月全面完成顺价工作，实现存量气与增量气并轨。日照—东明线管输价格上调，天津港—华北石化、哈尔滨—沈阳等新建管道管输价格达到预期。（4）促销增效。加强营销策略研究，对80家有助于促销量、保市场的用户执行价格优惠政策，增加销量2.13亿立方米。（5）市场增效。充分发挥公司管理、技术和人员优势，主营业务延伸和储运技术服务市场进一步巩固和拓展，取得可观的安置效益。（6）转移增效。逐步规范输油气单位岗位和组织机构设置，有序实施富余人员分流转移安置。（7）改革增效。完善工资总额基数和增量薪酬与定员定编、绩效、储运技术服务等挂钩的分配办法，将开源节流降本增效纳入工效挂钩考核，调动全员创效节支积极性。（8）科技创效。组织稠油混输和成品油低温输送工艺研究，保障日照—东明管道混输稠油，大港—枣庄、吉林—长春、呼和浩特—包头—鄂尔多斯管道冬季输送0号柴油，增加管输收入。油气管道国产化关键设备应用于铁大线，降低采购成本。

（谢　丹）

中国石油天然气股份有限公司西气东输管道分公司（中国石油天然气股份有限公司西气东输销售分公司）

【概况】 中国石油天然气股份有限公司西气东输管道分公司（中国石油天然气股份有限公司西气东输销售分公司）简称西气东输公司，是股份公司直属地区公司，负责所辖区域内西气东输管道工程建设、生产运营管理和天然气市场开发与销售等业务。西气东输公司随着西气东输工程的建设发展不断成长壮大。2000年3月8日，西气东输工程项目经理部成立。2001年4月22日，更名为西气东输管道分公司。2003年9月27日，西气东输销售分公司成立。

西气东输管道分公司和西气东输销售分公司实行合署办公，注册地在上海。2011年底，集团公司对油气管道管理体制进行调整后，西气东输公司机构及管理范围、管理区域发生局部变化。2015年，西气东输公司在上海机关设14个职能处室和市场开发与销售部、1个机关附属单位，下设16个所属单位、3个工程项目部、4个股权管理单位；管理2个国家石油天然气大流量计量站天然气流量分站（南京、广州）。有员工3500余人。

西气东输公司运营管理2条干线管道（西气东输一线59号阀室—上海段、西气东输二线68号阀室—广州段）、9条支干线、7条联络线、16条支线、长宁兰银线（甘宁交界至银川段）和香港支线，管道总长11017千米；2座地下储气库（金坛、刘庄）、1个计量测试中心、152座站场。管线途经14个省（自治区、直辖市）和香港特别行政区，下游销售及分输用户达300家，供气范围覆盖西北东部、中原、华东、华中、华南地区，并向华北、西南地区转供天然气，形成塔里木、柴达木、长庆、川渝四大气区以及中亚、中缅、进口LNG联网供气格局。

2015年，西气东输公司实现管输商品量420.92亿立方米，目标市场销售量391.64亿立方米；实现管输收入209.53亿元，天然气销售收入849.70亿元，各项生产经营业绩指标完成情况好于预期（表1）。

表1　西气东输公司主要运营指标

指　标	2015年	2014年	2013年	2012年	2011年
管输商品量（亿立方米）	420.92	386.1	372.02	342.41	300.31
管输收入（亿元）	209.53	185.8	210.56	225.09	190.41
天然气销售（亿立方米）	391.64	369	351.73	316.93	274.99
天然气销售收入（亿元）	849.70	779.8	578.12	381.31	278.13

【安全环保】 2015年，西气东输公司组织宣传贯彻学习新《安全生产法》和《环境保护法》，全员安全意识不断增强。按照“四个凡是”原则持续深化HSE体系建设，完善安全环保责任制，将安全生产责任层层落实到每个岗位、每名员工，做到领导有责、岗位负责、监管尽责。树立和推行“安全是聘用的必要条件”理念，制定量化指标，开展全员安全环保履职能力评估，特别加强对新提拔拟提拔、新上岗和转岗人员的安全环保履职能力评估。狠抓管道隐患整改，完成专业公司督办整治项目整改。2015年，未发生工程质量事故，百万工时死亡率为0，万台车道路交通事故死亡人数为0。

【生产运行】 2015年，西气东输公司周密组织调度运行，较好完成天然气输送、新增用户分输供气以及新建管道投产试运行准备等生产任务。持续深化节能降耗管理，积极优化管网运行方案，科学调配管道负荷，稳步提升运行效率。有效管控管道第三方损坏风险，光缆损伤次数同比下降60%。继续优化生产组织模式，积极探索区域化管理，大力推行“集中巡检”“集中监视”等先进管理模式，站场工作重心逐步由运行监视转移到设备设施的维护维修，设备本质安全得到保障，劳动生产率得到提高。持续加强应急能力建设，“深圳‘12·20’滑坡灾害天然气管道泄漏事故”应急抢险工作处置及时有序。

【工程建设】 2015年，西气东输公司狠抓项目安全、质量及合规管理，实施154个工程项目。中俄东线永清—上海段专项评价有序推进，西气东输三线东段和中段取得变更环境影响评价批复，东段线路施工接近尾声。大力协调西气东输二线遗留问题整改，328项主要问题完成326项。金坛—溧阳管道工程、如东—海门—崇明岛管道工程具备投产条件，刷新大口径、长距离定向钻穿越世界纪录。金坛储气库造腔116万立方米，超计划完成全年生产任务。

【市场开发与销售】 2015年，西气东输公司加快推进销售体制改革，成立销售公司直属事业部，依托地区管理处设立7个销售分部，有效提升对市场的快速反应和灵活应变能力。科学合理设置绩效指标，切实做到严考核、硬兑现，有效激发销售队伍的积极性和创造性，增强市场掌控能力。积极应对国内经济增速放缓、天然气价格优势不明显、市场竞争加剧的严峻形势，较好完成年度销售任务。突出效益导向，优化销售结构，向高端市场倾斜配置资源，东部沿海五省市管输商品量、管输收入均占外部用户总量的60%以上，有效提升整体经济效益。深入开展重点项目市场调研和开发，31家新用户投产，进一步释放市场潜力。

【企业管理】 2015年，西气东输公司全面推进依法治企，编制依法治企实施方案和合规管理办法，建立追责问责机制和依法治企考核体系，依法治企氛围初步形成。科学组织“十三五”发展规划编制，明确今后一个时期的发展方向和思路目标。深入开展开源节流降本增效活动，编制活动实施方案，提出15个方面30条措施，并纳入绩效考核，促进各项措施有效落实。加强预算管理，进一步优化调整投资结构，通过预算指标引导各所属单位控减投资，严控非生产性投资支出。强化营运资产和资金管理，加快低效无效资产处置，有效提高资产收益率。不断规范进项税额的取得、认证、核对工作，合法抵扣增值税2.2亿元、增值税返还9.4亿元。

【改革创新】 2015年，西气东输公司全面推行简政放权，先后下放34项职责权限和管理事项，增大所属单位自主管理权。制定《按工作量核定奖金总额试点工作方案（修订草案）》和《公司工资管理办法（修订草案）》；开展全员绩效考核，实现"月考核、季汇总、分月兑现"；开展典型岗位价值评估，提出各岗位价值系数草案，为全面实现"同工同酬、同岗同薪、同绩同奖"创造有利条件。加大科技创新力度，加强制度建设，畅通科技成果转化应用渠道。2015年，新开展公司级科技创新项目9项、专业公司级项目1项，获集团公司科学技术进步奖2项、国家发明专利1项、实用新型专利2项、计算机软件著作权1项。

【党建和精神文明建设】 2015年，西气东输公司持续加强基层党组织建设，升格7个党总支部为党委，并对所属党支部及时调整换届。深入开展"三严三实"专题教育，持续加强作风建设，保质保量做好"关键动作"，局处两级党组织书记和成员高质量讲授专题党课110余场次，受教育党员干部达2500多人次。开设"中国石油西气东输"微信公众账号，推出微信专题98条。组织冬季保供专题宣传和"气化江苏，温暖万家"主题外宣、青年站队长"走出去"、企业文化宣讲"走下去""安康杯"竞赛及青年文明号等活动，连续两年被评为全国"安康杯"竞赛优胜单位。

【经济和社会效益】 西气东输公司坚持以人为本核心立场，在努力为国家创造财富的同时，增进沿线广大人民群众及公司员工福祉。持续促进能源结构调整，改善大气环境，2015年销售391亿立方米天然气，相当于减少使用约5100万吨标准煤，减少二氧化硫、二氧化氮及粉尘等有害物质排放约239万吨，减少二氧化碳酸性气体排放约1.72亿吨，140多座城市、3000多家大中型企业、近4亿人口从中受益。此外，开展创新创效、员工运动会、"我与企业共成长"主题视频演讲比赛，为员工展示才华、丰富生活搭建舞台；下拨工会经费253.6万元，持续推进职工之家建设；广泛开展帮扶困难员工、高考家庭慰问等活动，使员工切身感受到公司的关爱。

（梁佩璋）

中国石油天然气股份有限公司西部管道分公司（中国石油天然气股份有限公司西部管道销售分公司）

【概况】 中国石油天然气股份有限公司西部管道分公司（中国石油天然气股份有限公司西部管道销售分公司）简称西部管道公司，是由中国石油西部管道分公司、西部管道销售分公司、西部管道有限责任公司、中石油西北联合管道有限责任公司和中石油管道联合有限公司西部分公司"五块牌子"实行一个机构、分账核算。负责甘肃省、宁夏回族自治区交界以西的天然气管道和甘肃省兰州市以西的原油、成品油管道运营管理；负责新疆、甘肃、青海等省、自治区的天然气市场开发与销售业务；负责所辖管道输送原油的购销工作；负责区域内的油气储运项目建设；受托管理鄯善和兰州原油商业储备库。截至2015年底，西部管道公司负责运营管理西气东输一、二、三线西段和西部原油成品油等油气管道66条，总里程1.66万千米，总库容727万立方米，管理资产规模1575亿元，用工总量3270人，管输业务全部纳入融资合作平台，天然气、原油、成品油干线年输送能力分别达770亿立方米、2000万吨、1000万吨。

【油气业务】 2015年，西部管道公司研究实施西部管廊运行优化方案，通过合理安排资源流向、提高西气东输二线轮南—吐鲁番支干线转供量、科学完善开站组合，实现西气东输一、二、三线和涩宁兰双线低能耗联合安全运行。根据上游资源，动态完善原油管网运行方案，加强管输新技术研究运用，通过掺混输送、密闭输送、加剂输送等措施，原油管网实现常温顺序输送，大型油库实现常温冷储。在混油切割、批次优化、储罐综合利用上深挖潜力，实现小品种、多批次顺序输送，满足疆内炼厂扩能后成品油外输需要。2015年输送原油2051万吨、成品油780万吨、天然气568亿立方米，销售天然气93亿立方米（表1）。同比增输天然气18亿立方米、北疆原油120万吨；输送庆华煤制气8.4亿立方米；代输美汇特原油11.6万吨。

表1　西部管道公司主要运营指标

指　标	2015年	2014年	2013年	2012年	2011年
原油管网输油量（万吨）	2051	1886	1921.1	1742	1706
天然气管网输气量（亿立方米）	568	546	513.07	440	164
成品油管网输油量（万吨）	780	898	659.63	632	—
天然气销量（亿立方米）	93	94	96.79	85	14

【降本增效】 2015年，西部管道公司立足保增长、保效益目标，制定实施开源节流降本增效方案，采取9个方面19项措施，在完成稳增长目标的同时，利润总额较下达指标增加8亿元。开发储备用户40家，新增用气4400万立方米。非居民用气比例提高1个百分点，升至86%，增加销售利润5100万元。通过“先款后货”等措施加大货款回收力度，节约财务费用3000多万元。针对冬季资源相对富余的实际，及时调整销售策略，增加化肥等用气6000多万立方米。严控投资规模，优化投资结构，采取提高前期工作质量、加强过程管控等综合举措，2015年节约投资5%。通过天然气联网优化运行、提高西气东输二线轮南—吐鲁番支干线转供量等措施，降低综合单耗，能耗费用节约3亿元。非生产性支出和“五项”费用同比下降5%。

【工程建设】 2015年，西部管道公司承建的乌石化—王家沟成品油复线工程3座五万立方米罐、王家沟油库隐患治理工程、轮南—吐鲁番支干线增输工程按计划建成投运；国家大流量计检定站乌鲁木齐分站工程、兰州—定西输气管道工程完成主线路施工。王家沟油库阴极保护系统改造工程机械完工；西部区域光通信主结构系统项目、西部管道公司安全防范系统三期工程按计划建成并投运；管道断裂控制试验场工程按计划建成。涩宁兰天然气管道海东段重大隐患整改工程具备投产条件。

【科技创新】 2015年，西部管道公司首届科技大会召开，外径1422毫米×80毫米管材管件技术标准编制发布，管道断裂控制试验场12兆帕全尺寸爆破试验取得成功。完成直缝埋弧焊管和螺旋埋弧焊管小批量试制、热煨弯管单根试制、三通单件试制，56英寸全焊接球阀等国产阀门通过出厂鉴定，首台30兆瓦级国产燃驱压缩机组点火成功，自主研发管径1016毫米三轴三维超高清漏磁内检测器在轮南—吐鲁番支干线成功应用，管输成品油质量控制关键技术等14个项目完成研究，信息系统业务覆盖率升至90%。一线员工开展小改小革，取得“空冷器阵列运行优化”等32项技术革新成果。打造技术专家团队，实现压缩机组自主维修，打破国外垄断，建立技术自信。

【市场开发与销售】 2015年，西部管道公司全面整合销售业务，召开乌鲁木齐、西宁等7地天然气业务座谈会，与地方能源主管部门及客户凝聚共识，形成多方合力推价顺价、促销提量的良好局面。重新核定销售指标，按季召开经营形势分析会，强化内部转变行商观念、主动促销提量的意识和能力。协调吐哈油田公司制定实施“以销定产”专项方案，大力促销，就地消化，有效破解吐哈油田增量气出路瓶颈问题。

【企业管理】 2015年，西部管道公司围绕“基础管理体系、区域化运维、标准化建设”为核心的“两化一法”，加大简政放权和绩效考核力度，持续提升科学管理水平。持续推行作业区集中巡检、集中监视、集中维修，完成49座站场适应性改造，提升区域化运维水平。提档升级基层标准化建设，有机融入集团公司HSE标准化，固化推广操作微视频和优秀作业法。基础管理体系被公司确立为“基本法”并投入正式运行，各项工作运行效率明显改善，西部管道公司试点经验在集团公司范围内进行交流。截至2015年底，员工通过平台查阅文件21万次，人均查阅文件70多次，通过平台制修订与废止文件68个。加大简政放权力度，压减机关定员20%，有序下放14个业务领域53项权力。绩效实行基本与挑战“双目标”考核，有效调动队伍创效活力。

【安全环保】 2015年，西部管道公司突出风险辨识、风险削减和应急处置“三种能力”。把常态化分享案例作为风险识别的重点，突出基层典型事件，由领导干部带队深入一线，开展“严肃工艺纪律”大反思，与基层员工共同查风险找隐患，建立典型站库风险管理手册；针对重大作业风险点，属地干部现场督战，64次一级动火全部安全受控。把针对性隐患治理作为风险削减的重点，突出治早治小，加密果子沟、黄河穿跨越等高后果区三轴高清漏磁检测，针对环焊缝异常进行开挖验证，有序开展涩宁兰等管道本体缺陷修复，整改圈闭海东占压等重大隐患。把企地联动作为应急处置的重点，强化沟通与预案衔接，定期开展双盲演练、优化外部保驾资源，成功处置阿独线等管道重大水毁险情。坚持把"政企、警企、企企"联防作为安保防恐的重点，局处两级干部明察暗访，全面查补防范短板，与沿线人民政府进行有效沟通协作，圆满完成特殊阶段防恐任务。

【企业文化】 2015年，西部管道公司积极宣传贯彻新版《企业文化手册》，完善精神追求、团队理念等核心价值理念，构建以"国门文化""红柳品格""高原精神"为三大内核的西部国脉文化体系，提炼完善"国门第一站"内涵。充分发挥"一厅三基地"功能，完善"国门文化"展厅软硬件，维护更新公司展厅。"走出去"交流企业文化建设成果，征集提炼典型人物故事，传播实践西部国脉文化。加强专项文化培育发展，以"新安全观"和"三种能力"培育为重点，实施公司年度安全文化建设方案，开展主题宣传、安全经验分享等安全文化教育实践活动。组织基层特色文化创建，形成《湖东压气站文化手册》、哈密维抢修队文化长廊等特色成果。

【党群工团工作】 2015年，西部管道公司层层落实党建责任制，扎实推进"三严三实"专题教育，分批轮训党组织书记，引导党员干部严明政治纪律、严守政治规矩。大力倡导"问题导向、基层导向、务实导向"，中层干部驻站带班，机关青年补课锻炼，自觉争当问题的解决者和问题解决的推动者。从严抓好班子建设，公开竞聘选拔优秀年轻处级干部7名，交流处级管理人员20名。全面开展"重塑中国石油良好形象"大讨论，紧扣重点工作，做深舆论宣传，唱响主旋律、传播正能量。注重发挥群团组织作用，认真落实民主管理，深入开展主题劳动竞赛，文体协会活动各具特色，帮扶困难员工300多人次，安排健康疗养286人，把关爱员工身心健康落到实处。

（王洪虎）

中国石油天然气股份有限公司西南管道分公司（中国石油天然气股份有限公司西南管道销售分公司、中国石油集团西南管道有限公司）

【概况】 中国石油天然气股份有限公司西南管道分公司（中国石油天然气股份有限公司西南管道销售分公司、中国石油集团西南管道有限公司）简称西南管道，是股份公司直属管道地区公司，成立于2011年11月25日，设10个机关处室、2个直属单位和10个基层单位，用工总量2537人。西南管道按照"三块牌子、一套人马"的管理模式运营中缅线（国内段）、中贵线、西气东输二线广南支干线天然气管道及兰成渝、兰郑长（甘肃段）成品油管道、兰成原油管道等油气管道7855千米，其中原油管道880千米、成品油管道1845千米、天然气管道5130千米，管线覆盖川、渝、滇、黔、桂、陕、甘、宁八省（自治区、直辖市）。

2015年，输送原油734万吨、成品油919万吨、天然气84亿标准立方米，销售天然气12.4亿立方米，完成收入334.6亿元，实现利润30.06亿元，超额完成集团公司下达的各项生产经营指标，见表1、表2、表3。

表1　西南管道主要输气管线运行情况　　亿标准立方米

管线名称	年输气计划量	实际输气量	比计划增减量
中贵线	100.51	37.74	-16.37
中缅线		46.23	
广南线		0.17	

表 2　西南管道各成品油管道管输完成情况

管道名称	年计划量（万吨）	2015 年完成量（万吨）	比计划增减量（万吨）	完成率（%）	2014 年完成量（万吨）	同比增减量（万吨）
兰成渝	580	694.06	114.06	120	671.29	22.77
成乐注入	90	73.30	-16.70	81	67.52	5.78
兰郑长	120	151.95	31.95	127	255.38	-103.43

表 3　西南管道原油管道管输完成情况

管道名称	年计划量（万吨）	2015 年完成量（万吨）	比计划增加量（万吨）	完成率（%）	2014 年完成量（万吨）	同比增减量（万吨）
兰成线	792.7	734.10	-58.6	93.7	617.52	116.58

【油气业务】 2015 年，西南管道积极与集团公司、股份公司沟通协调，优化调整中贵线、中缅线等天然气管道流向，配合中贵线反输、西气东输改造，稳步推进兰成渝管道成渝段增输工程，努力增加油气管道输量。579 千米天然气支线管道和 3 座站场投产一次成功。自主研发压缩机主密封气前置预处理橇，获国家专利，并在中缅天然气管道保山站压缩机组投产中试运成功。优化运行管控，专题研究部署计量管理、输差控制，加强电气、通信、仪表自动化春秋检修工作，完善生产监控系统，规范生产运行管理，保障生产系统平稳运行。关注高能耗设备数据监测，合理调整高能耗设备运行配置，2015 年节能约 1000 吨标准煤。

【工程建设】 2015 年，西南管道组织投产 8 次，投产管道 5 条。其中，西气东输二线广南支干线天然气管道南百支线吴圩—百色段 243 千米、玉林支线 103 千米，中缅天然气管道（国内段）防城港支线 65 千米，中贵联络线陇西支线 142 千米，贵州天然气管网遵义—高坪支线 25.7 千米，压气站 1 座（中缅天然气管道保山压气站），输气站 2 座（贵州天然气管网修文输气站、桐梓输气站）投产项目均一次成功，累计投产管道长 578.7 千米。

【合规管理】 2015 年，西南管道严格执行“三重一大”决策程序，制定选人用人、物资采购、工程管理、“五项”费用“四公开”制度并严格监督落实，按照集体决策程序否决 10 多项招标结果，事后合同、议标和邀请招标事项大幅减少。深入开展“小金库”专项检查和效能监察工作，对财务收支、工程项目管理、物资采购、合同管理等关键环节和重点领域强化审计监督，并对审计发现问题督促整改，举一反三，提升基础管理水平。

【合作与股权管理】 2015 年 3 月 10 日，中国石油天然气股份有限公司与广西投资集团有限公司签订《股权出售合同》，4 月 30 日，完成广西中石油天然气管网有限公司股权转让。

【市场开发】 2015 年，西南管道成立“市场开发领导小组”，总经理任组长，每季度召开专题会议研判天然气市场开发形势，研究制订销售推进措施。2015 年，推动新增投产用户 10 家，实现销售天然气 12.4 亿立方米，同比增长 90%。其中，广西 7.7 亿立方米、贵州 3.2 亿立方米、四川 9361 万立方米、云南 3386 万立方米、甘肃 2414 万立方米、宁夏 26 万立方米。按照专业公司天然气价格策略，在 6—12 月，针对“一用户一策略”制定价格优惠促销方案，2015 年天然气销量增量 4900 万立方米。顺利完成两次国家天然气销售价格调整，价格政策执行准确、推价到位，综合销售价格在天然气与管道板块排名第一。

【资产管理】 2015 年，西南管道固定资产原值 5255431 万元，累计折旧 763630 万元，净值 4491801 万元。当年增加固定资产原值 492508 万元，净值 491508 万元；当年减少固定资产原值 46362 万元，净值 237934 万元；当年计提折旧 194365 万元。2015 年，增加固定资产原值 492508 万元，其中，因跨地区公司间资产划拨增加固定资产原值 178051 万元，主要是西气东输二线广南支干线天然气管道南宁—百色支线、苍梧—贺州支线资产由西气东输分公司划转至西南管道；新购建转资增加固定资产原值 305624 万元；因固定资产盘盈、资产类别调整等原因增加固定资产原值 8833 万元。固定资产原值减少 46362 万元，其中，因广西管网公司全部股权出售减少固定资产原值 38716 万元；因固定资产报废减少固定资产原值 827 万元；因资产类别调整减少固定资产原值

6819 万元。

【管道管理】 2015 年，西南管道坚持“老线抓整治、新线抓整改”，顺利完成中贵天然气管道 8 处渗漏绝缘接头更换、兰成渝管道绵远河埋深不足等 20 项较大及以上安全隐患得到整治，216 项管道占压隐患得到治理，22 次一级动火一次成功。妥善处置中缅天然气管道 42 号和 43 号阀室水淹、兰成渝管道广元江油地区强降雨水毁、中贵线管道悬空等突发事件。推广应用 GPS 巡检系统，试点无人机等管道巡护技术防护新模式，光缆断缆率较 2014 年下降 23%。调整维抢修体系建设布局，进一步优化维抢修资源配置，“一盘棋”思想和区域化管理得到有效落实。

【完整性管理】 2015 年，西南管道完整性管理覆盖率达 100%，在役管线高后果区识别率达 100%，高后果区风险响应率达 100%，完成广南支干线、彭州注入支线、中缅天然气管道内检测 670 千米，完成管道防腐层常规检漏 2420 千米。编制完成《管道线路完整性管理“十三五”规划》，对今后五年的专项目标和重点项目进行统筹规划。先后完成广南支干线（贵港—梧州）、成乐线彭州注入支线、中缅天然气管道（弥渡—曲靖）共计 670 千米的油气管道内检测，完成高风险管体缺陷修复 375 处。

【安全环保】 2015 年，西南管道完成 78 个站场、303 个阀室的隐患整治和“低、老、坏”整改、可视化建设和环境整治，规范安装线路“三桩一牌”近 2 万个（套），有效降低站场、线路的安全风险。组织开展 QHSE 体系法律符合性评价，识别规章制度 181 个，对 144 个体系文件进行符合性评价，提出修改建议 139 项，并对照进行优化、改进。精简和规范站队巡检、交接班、作业和线路管理流程，形成生产运行“两卡一册”，线路管理“三卡一册”。2015 年，办理作业许可 4460 余次，完成一级动火作业 22 次、二级动火作业 176 次。针对各站队在特种设备、安全阀、ESD 系统、阴极保护、防雷防静电等方面存在的典型问题开展全面排查，发现问题 428 项、整改 419 项，整改率 97.9%。未发生安全环保事故。

【党建工作】 2015 年，西南管道深入开展“三严三实”专题教育和“重塑中国石油良好形象”大讨论活动，积极开展“三超”治理，撤销西南管道驻北京联络处，对中央巡视反馈、集团公司专项检查和审计发现问题不等不拖、立查立改，党员干部“保安全、守规矩”履职能力和作风形象得到进一步提升。牢固树立“全心全意依靠职工办企业”的思想，以人为本，尊重员工，组织公司级培训 180 余期 /1000 多人次，深入开展青年创新创效和技术比武活动，适时举办员工运动会、歌咏比赛和“我当个石油工人多荣耀”文艺塑形象基层演出等文化活动，进一步激发员工立足本职、奉献管道的工作热情。

（马少辉）

中石油香港有限公司

【概况】 中石油香港有限公司在中国石油内部统一称为“昆仑能源有限公司”，与股份公司及有关部门、专业公司之间的正式公文等往来事项以“中石油香港有限公司”名义规范运行。按照股份公司管理要求，昆仑能源有限公司与中石油香港有限公司、中国石油天然气香港有限公司实行“一套人马、三块牌子”。昆仑能源有限公司简称昆仑能源，是在（英属）百慕达注册、中国香港联合交易所主板上市、由股份公司控股的国际性能源公司，股票代码 00135.HK，恒生中资企业指数成分股之一。2008 年以前，昆仑能源主要从事境内外油气勘探开发业务。2009 年开始实施战略转型，将国内天然气终端销售与综合利用作为新的业务发展方向，重点发展液化天然气（LNG）业务，实施“以气代油”战略。2015 年，昆仑能源与股份公司签订协议，收购股份公司所持的中石油昆仑燃气有限公司 100% 股权，成为股份公司天然气业务的融资平台和投资主体、天然气终端利用业务的管理平台。主要从事城市燃气、天然气管道、液化天然气（LNG）接收站、液化天然气（LNG）和压缩天然气（CNG）终端、天然气发电、分布式能源、液化天然气（LNG）工厂和液化石油气（LPG）销售等业务，分布在全国 31 个省（自治区、直辖市），天然气年销售规模 160 亿立方米以上，LPG 年销售规模 600 万吨以上，成为国内销售规模最大的天然气终端利用企业和 LPG 销售企业之一。

2015 年，昆仑能源勘探与生产业务销售原油 1675 万桶，同比下降 0.77%；天然气管道输气量为 339.78 亿立方米，同比增长 10.7%；LNG 接收站气化量39.68亿立方米；天然气销量为72.56亿立方米。公司实现销售收入416.41亿港元，同比下降13.33%；股东应占溢利1.37亿港元，同比下降97.56%。

2015年，中石油昆仑燃气有限公司销售天然气和人工煤气101亿立方米，同比增长5.1%；销售液化石油气629万吨，同比增长6.4%；实现销售收入442.8亿元，同比下降18.2%；利润总额20.9亿元，同比增长46%。

【资本运营】 2015年，昆仑能源获高等级的国际评级（穆迪A1、标普A+、惠誉A），首次在国际资本市场发行10亿美元低息债券。2015年11月25日，昆仑能源与股份公司签订整合意向书，达成拟与中石油昆仑燃气有限公司进行整合的初步意向。2015年12月28日，昆仑能源与股份公司签订收购协议，以人民币148亿元收购股份公司所持有的中石油昆仑燃气有限公司全部股权，代价将由人民币或等值的外币（包括美元和港元）支付，并以过渡期损益调整。深入推进首批58个法人企业清理整合，6个项目完成处置。

【市场开发与营销管理】 2015年，昆仑能源依托中国石油销售网络和渠道，加快油气合建站建设，积极推进“以气代油”业务。新开发LNG车辆5729辆，累计超过11万辆；建成投运LNG加注站51座，累计超过900座。2015年销售LNG 29.41亿立方米，同比增加0.86%。充分发挥LNG统一销售平台作用，推动上中下游各环节紧密衔接，LNG工厂实现内部企业资源交易量33.7万吨。

大连长兴岛、瓦房店—长兴岛支线和周口电厂项目完成公司注册，揭阳、潮州、长沙—浏阳和扬州电厂支线等一批重点项目具备开工条件。常熟等4家项目公司在上海石油天然气交易中心上线交易。

推进液化石油气销售业务经营转型，实施终端增效，通过联营合作、连锁加盟、租赁经营等方式新增三级站87座，终端销量比例同比提高2.7%，零售销量同比增加16万吨。统筹平衡供需，强化资源增效，新增外采资源9.4万吨，跨区调拨比例同比下降1%，西北区域工业客户回吐液化石油气资源全部实现回购包销。狠抓营销创效，与国内主要销售企业吨气价差缩小36元，东北、华北地区销售价格长期高于华南市场。

【生产运行与安全环保】 昆仑能源控股的中石油北京天然气管道有限公司港清三线输气管道工程（霸州分输站至大港末站）投产成功，进一步完善京津冀地区天然气集输管网系统，提高输气管网安全性。大连LNG接收站二期工程建设任务全面完成，进入调试阶段，建成投产后，接卸能力将达到600万吨/年，最大供气能力达到85亿米^3/年；江苏LNG接收站二期工程试运行成功，建成投产后，接卸能力将达到650万吨/年，最大供气能力达到91亿米^3/年。海南LNG储备库投入运行，接卸能力达到30万吨/年，全年成功接卸LNG约3万吨，该储备库成为昆仑能源在海南省LNG资源供应的有力保障。黄冈等11个LNG工厂复产，肇庆、渭南LNG工厂具备投产条件。贵阳LPG储配库顺利投产，昆明主城区天然气置换完成21万户。健全安全环保责任体系，坚持开展安全生产大检查，充分发挥安全监督站异体监督职能，强化HSE培训和日常监督检查，完成QHSE管理体系文件换版升级。开展各类检查42次，41项管道占压隐患全部整改，集团公司督办的石家庄管网和临沂输配管道占压隐患治理全面完成。推进管道完整性管理，在武汉—咸宁支线开展首次管道内检测。推进应急体系建设，在黄冈LNG工厂开展丙烯球罐泄漏着火事故应急演练。

【企业经营管理】 2015年，昆仑能源编制完成天然气终端利用业务“十三五”发展规划和8个专项规划。推进依法治企，强化关键环节风险防控，挂牌监督74个重点例外事项整改。协调境内油气项目预提所得税问题，顺利通过股份公司管理层测试和内控外审。开展银行账户清理整顿，清理账户214个，通过内部贷款节约财务费用3.2亿元。健全绩效考核制度，完善薪酬分配激励约束机制，全面实施企业年金制度。开展各类培训2.3万人次，2975人通过职业技能鉴定，输气工种获集团公司天然气与管道职业技能竞赛团体第三名。规范合作股东股权转让处置，落实职工董监事配备要求，加快中石油昆仑天然气利用有限公司重组遗留问题处理。实施工程项目33项，完成17个项目竣工验收，开展16项科技攻关，6项成果获国家知识产权，7项成果全面推广，发布实施24项公司标准和“三化”设计文件。管道生产、液化气营销管理系统上线运行，燃气管网风险管理数据库基本建成。开展工程专项审计监察，实施内审项目71项。

【控股子公司——中石油北京天然气管道有限公司】 中石油北京天然气管道有限公司简称北京管道公司，成立于1991年7月，主要负责陕京管道输配气系统的运营管理，北京市95%的天然气由陕京管道输送。法人治理结构包括股东会、董事会、监事会、总经理工作班子；机关设有16个职能处室，所属9个单位，共有员工2861人。陕京管道输配气系统包括陕京一线、陕京二线、陕京三线、永唐秦管线、唐山LNG外输管线、大唐煤制气北京段管线、大港和华北储气库群及其配套管道，总长4094千米。主力管线陕京一线、陕京二线、陕京三线设计最大输气能力350亿立方米。主力气源为长庆油田天然气、中亚管道天然气、塔里木油田天然气，辅助气源为大唐煤制气、唐山LNG。在天津大港、河北永清分别建有大港储气库、华北储气库两个储气库群，现有9座季节性调峰地下天然气储气库。

2015年，北京管道公司输送商品天然气量、储气库注气量、管输单位现金成本、利润和投资资本回报率均超额完成，各项管理费用控制在预算范围内；2015年实现安全运行无事故，获集团公司“安全生产先进单位”和“环境保护先进单位”称号；实现节能3319吨标准煤，超额完成全年计划。

1．输气生产

2015年，北京管道公司完成全线站场工艺系统预防性检测维护及站场功能测试、ESD测试；完成42座分输站远控改造；对部分站场实施火气系统、安防系统升级改造，完成陕京一线阀室工艺系统安全整改。完成陕京一线涞源、陕京二线兴县等四处高后果区改线工程，清理完毕56处违章占压；开展管道检测841千米，补强缺陷点35处；完成管道地面标识清理赔偿。完成压缩机组保养62台次、应急抢修处置26次，机组2015年运行超过14万小时，可用率98%以上。2015—2016年度采暖季，陕京管道输配气系统商品气量超1亿立方米的天数达到125天。

2．工程建设

2015年，北京管道公司组织完成港清三线霸州至大港段投产；完成陕京四线核准工作；完成大唐煤制气管道北京段、唐山LNG外输管道及配套增输专项审查。2015年开展分输改造项目32项。按计划开展大港储气库压缩机改造工程、注气能力扩建和加快达容工程。开展储气库气藏研究；针对板814断块气窜及库3井、永20井等井的隐患，实施井下作业工程16项。

3．开源节流

2015年，北京管道公司围绕创建节能节水型企业，完善能源消耗考核指标和节能计划；实施榆林压气站余热发电项目，年发电量超过1亿千瓦·时。开展光缆自主维护，节约维护费用近600万元。两级物资集中采购率达到99%；开展库存物资清查，实施平库利库、物资报废和计提折价措施，库存总体降低18%。

4．安全环保

2015年，北京管道公司开展危害因素和隐患识别评价，推广风险分级管控，开展员工安全履职能力建设、HSE标准化站队（“五型”班组）建设、安全文化建设。103个有人值守站，78%通过“五型”班组验收。2015年实施各类作业1670项。修订突发事件总体应急预案及专项预案、《陕京管道现场应急处置指导手册》；举行各类应急培训1080次，参加10357人次；在榆林压气站举行压缩机大面积泄漏天然气应急实战演练；2015年开展应急演练605项，参与6167人次。

5．依法治企

2015年，北京管道公司制定依法治企实施方案和合规管理办法，推进合规管理信息平台建设。开展适用的法律法规条款辨识清单及合规性评价，梳理涉法岗位451个，法律风险点3574个，对重大项目、重要决策进行法律审查。开展新《安全生产法》和《环境保护法》及新《公司法》宣传贯彻。完善规章制度建设，形成公司级制度114项、基层单位级制度99项的制度框架。2015年开展审计项目22个，对发现问题进行分析整改。运用信息化手段推进合规管理，利用ERP2.0系统升级运行，清理未关闭工单1.1万条。启动公司体系融合试点工作，编制公司体系融合工作方案。

6．党的建设

2015年，北京管道公司党委认真学习贯彻党的十八届四中、五中全会和习近平总书记系列重要讲话精神，统筹抓好中心组和各级党组织学习。推进“三严三实”专题教育和“重塑中国石油良好形象”大讨论活动。各党组织书记和班子成员讲党课156场次、专题学习研讨129次。引入安全风险管理理念查摆整改问题。以“四好”班子、“五型”班组、“六个一”党支部达标考核为抓手，激励党员和员工立足岗位创先争优。开展中层干部交流。推进基层党支部分类定级考核。开展建党94周年暨创先争优总结表彰。北京管道公司党委制定《落实党风廉政建设主体责任实施细则》；北京管道公司纪委制定《落实党风廉政建设监督责任实施细则》。

7．企业文化建设

2015年，开展大庆精神铁人精神学习教育，组织全员学习《月亮上的篝火》《石油魂》《铁人》等内容。把社会主义核心价值观和公司企业文化理念相结合，采取多种形式进行宣传贯彻，北京管道公司被评为“践行社会主义核心价值观，中国企业精神百强单位”。北京管道公司在集团公司专业技能竞赛中取得1个团体第二名、2个团体第三名。首次获“首都精神文明单位标兵”称号。

（郭　川）

【党建和企业文化建设】 2015年，昆仑能源坚持抓严实塑形象，扎实推进“三严三实”专题教育、“重塑中国石油良好形象”大讨论活动，各级领导班子查摆问题852项，完成整改595项。制定党风廉政建设主体责任、监督责任等相关制度，全面落实中央巡视组反馈问题整改，对4家单位进行党内巡视。层层签订党风廉政建设责任书8690份，开展各类廉洁教育活动745次，深入学习《中国共产党廉洁自律准则》《中国共产党纪律处分条例》，对违规违纪问题认真核查、严肃追查。配合湖北省经济工作会议策划黄冈LNG工厂专题宣传，结合重点工程和市场开发重大进展组织深度报道，获《中国石油报》好新闻奖。工会开展促销增量劳动竞赛，举办丰富多彩的文体活动和扶贫帮困送温暖活动，团委开展青年安全经验分享、青年文明号、青年志愿者等活动。

（邓　科）

中国石油天然气股份有限公司华北天然气销售分公司

【概况】 中国石油天然气股份有限公司华北天然气销售分公司简称华北天然气销售，于2004年2月注册成立，2004年12月在北京正式揭牌，是股份公司按照国际惯例组建的首家分立于油气田生产、管道运输的天然气销售专业化地区公司。主要承担通过陕京一线、陕京二线、陕京三线、永唐秦线、港清线、港清复线、唐山LNG线等长输管道进入北京、天津、河北、山西、内蒙古和陕西（部分）6省（自治区、直辖市）的天然气销售和市场开发工作，负责在建陕京四线的用户市场培育开发和新建港清三线的同步接气投运协调工作。主要气源来自长庆、塔里木、大港、冀东和华北等油气田的国产天然气，以及中亚管道进口气、唐山进口LNG（液化天然气）和大唐煤制气。区域内有136个合同用户，实现供气122个用户。

华北天然气销售位于北京市朝阳区慧忠里甲118号，设办公室（党委办公室）、人事处（党委组织部）、财务处、市场开发处、营销处、计量调运处等6个机关处室，机关附属资金结算中心；设有天津分公司、河北分公司、北京销售代表处和山西销售代表处。2009年12月起受托管理股份公司天然气销售结算中心日常行政工作。2015年3月开始管理大港、冀东和华北三个油田划转移交的天然气销售业务。

2015年，实现天然气销量251.47亿立方米（同比增长16.42%）、营业收入497.59亿元（同比增长11.67%）、税前利润5.92亿元（同比下降36.21%），分别完成年业绩考核目标的112.21%、105.63%和159.57%，业绩合同规定的各项经营指标和控制指标完成情况好于预期。

“十二五”期间，华北天然气销售累计销售天然气1020.6亿立方米，年均增长9.5%；累计实现营业收入1742.36亿元，年均增幅22.7%；累计实现税前利润101.7亿元，超额完成31.6亿元；应收账款周转天数控制在5天业绩指标内，通过减少在途资金占用，累计节约财务费用3.96亿元。天然气销售量、营业收入比“十一五”末分别增长75.1%和214.9%（表1）。

表1　华北天然气销售主要运营指标

指　标	2015年	2014年	2013年	2012年	2011年
天然气销量（亿立方米）	251.47	216	199.92	178.03	175.18
营业收入（亿元）	497.59	426.38	330.04	268.59	219.76
税前利润（亿元）	5.92	9.28	32.80	34.74	18.97

【运行调控】 2015年，在华北地区天然气需求增速持续趋缓，工业用户部分关停或改用煤炭等其他燃料原料替代天然气情况下，华北天然气销售注重抓好销售过程的需求侧管理，在年度合同条款中对用户夏季用气不限量，按实际需求保障天然气供应；每月与用户逐家对接落实新增用气量、新用气项目投产进度，协调京、津、冀、晋四省市燃气公司按计划用气，促成北京市各燃气电厂超夏季计划用气13亿立方米；主动帮助管道沿线燃气电厂解决天然气代输、计量等调试前各项困难，促使天津华电福源热电有限公司、华能太原东山燃机热电有限责任公司等5个燃气电厂提前或按计划联网调试用气7.7亿立方米。4—10月实现销量98.8亿立方米，超夏季方案量16.9亿立方米。

有效开展各省市燃气电厂冬季天然气发电用气增量、煤改气锅炉用气增量，以及国家发展改革委员会2015年11月20日降低非居民用天然气门站价格后的市场需求调研，组织用户自购和委托中国石油购买进口LNG 5亿立方米弥补供需缺口，精心制定并实施每周短期应急平衡方案，启动应急预案，有序压减发电和工业用气，两次平稳度过1.5亿立方米以上的高日峰值用气，基本保障重点城市居民采暖和生活用气。

【市场开发】 利用中国石化输气管道和地方输气管网代输的方式发展用户，实现张家口国储LNG、忠旺铝业等5家年用气规模超过0.5亿立方米的直供工业用户按时通气。跟踪落实陕京一线、陕京二线、陕京三线、港清三线等天然气长输管道沿线的12家新增用户同步投产用气，2015年增加销量1.84亿立方米。鼓励支持多个用户共同投资建设长输管道接气门站，与15家用户签署场站分输口使用协议，条款中标明新用户在自建门站为我方预留两路分输口，以满足华北天然气销售今后开发潜在用户使用。突出重点区域市场高端用户开发培育，着力跟进在建及规划的7个燃气电厂项目进展情况，初步形成“投产一批、在建一批、储备一批”的电厂用户梯队。2015年，签订长期合同、临时供气协议24份，新增合同量50.2亿立方米。

【天然气销售划转业务整合】 按照股份公司天然气销售业务体制改革要求，华北天然气销售2015年3月初正式接收管理大港油田、冀东油田和华北油田划转移交的天然气销售业务及67名人员，大港油田划转业务与华北天然气销售原天津销售代表处整合组建中国石油天然气股份有限公司华北天然气销售天津分公司，冀东油田和华北油田划转业务与华北天然气销售原河北销售代表处整合组建中国石油天然气股份有限公司河北天然气销售分公司。4—12月，两个分公司销售大港油田、冀东油田和华北油田的国产天然气分别达到2.79亿立方米、3.78亿立方米和2.79亿立方米。

【企业管理】 2015年，华北天然气销售组织实施HSE体系管理手册、程序文件改编及两个分公司HSE体系新建，全面复查审查已投产接气用户和新投产接气用户的燃气经营资质。开展内控体系流程自测、体系内部审核，专项梳理人力资源管理流程，内控手册修订顺利通过集团公司挂接验收。认真抓好业务需求论证、切换方案落实，在集团公司内率先实现应用集成项目ERP2.0、FMIS融合及AMIS系统成功上线。补录更新“天然气客户信息管理系统”78家用户、7965个信息点的静态信息档案与数据。完成“气候因素对华北地区天然气销售的影响”科研课题中期评审。推进上海石油天然气交易中心PNG线上交易，9—12月完成4家用户线上交易80笔，成功交易气量10亿立方米。实施天然气销售回款情况检查、重点催收、预收款余额监测动态管理，2015年底实现预收账款余额4.2亿元。强化季度预算与经营活动分析，严格费用支出管控，2015年节约财务费用1.2亿元。深化员工专业化素质提升，实行全员持证上岗考核管理，持证上岗考试覆盖率达99%。

（马迎祥）

海外业务企业

中国石油天然气集团公司中东公司

【概况】 中国石油天然气集团公司中东公司简称中东公司，成立于2015年12月10日，是集团公司整合伊拉克公司、伊朗公司，并将海外勘探开发分公司直接管理的中东各项目公司划入而成立的地区公司。中东公司负责统筹管理中东油气投资业务，行政上由集团公司直接管理，业务上由海外勘探开发分公司归口管理。下设伊拉克艾哈代布项目、哈法亚项目、鲁迈拉项目、西古尔纳项目，伊朗北阿扎德甘项目、南阿扎德甘项目、MIS项目，阿联酋陆海项目，阿曼项目，叙利亚幼发拉底项目、格贝贝项目等11个项目，截至2015年底，各项目累计原始地质储量1738亿桶（约246亿吨），剩余可采储量435亿桶（约62亿吨）；原油作业产量规模6800万吨/年、权益产量约3000万吨/年。机关设9个职能部门及中东地区党工委办公室。截至2015年底，中国石油在中东地区累计投资约170亿美元，整体度过了高风险期，已经进入投入快速回收、规模滚动发展的良性阶段。中方工程技术服务累计在中东地区获得合同额225亿美元，正在执行合同额约100亿美元。中东地区的11个投资项目，其中有5个已经提前完成合同义务，特别是伊拉克项目，与同台竞争的其他国际大公司相比，各项指标遥遥领先。中方主导的哈法亚项目被伊拉克政府评为国际合作的样板项目。有中方员工477人、外籍雇员11739人。

2015年，中东公司累计完成中方原油作业产量5765万吨，权益产量2482万吨。在中东地区安全形势依然十分严峻的形势下，中东公司各项目牢固树立“员工生命安全高于一切”的理念，坚持“不安全不作业”，以高度的政治责任感、使命感，做好HSSE和安保工作，保持了无重特大安全环保事故的良好纪录，实现了“零事故、零伤害、零污染”目标。

【油气项目运行】（1）伊拉克艾哈代布项目。艾哈代布油田位于伊拉克中南部，距首都巴格达约160千米，油田位于伊拉克中部瓦锡特省库特市附近，北邻底格里斯河，油田面积100平方千米，探明地质储量34.54亿桶，剩余可采储量10.55亿桶。艾哈代布项目是中国石油和中国北方工业公司各出资50%成立的绿洲石油公司与伊拉克北方石油公司组成联合体共同运作的项目。2011年6月21日艾哈代布一期300万吨产能项目投产，年底建成600万吨产能；当年成功提油、启动回收。艾哈代布油田日产原油约14万桶。2015年，完钻42口井，完成年度计划的100%；生产原油706万吨，完成年度计划的103%；提油1116万桶（中国石油份额）。

（2）伊拉克哈法亚项目。哈法亚油田位于伊拉克米桑省阿玛拉市，含油面积300平方千米，探明地质储量160亿桶，剩余可采储量39.13亿桶。哈法亚项目是中国石油与法国道达尔公司、马来西亚石油公司同伊拉克米桑石油公司组成联合体运作的项目，也是中国石油在伊拉克第一次以作业者身份，在大型项目上与西方大石油公司进行合作的项目。该项目于2009年12月11日中标，2010年1月27日正式签署合同，由中国石油担任作业者；2012年6月17日哈法亚一期500万吨产能项目投产；2014年8月18日哈法亚二期1000万吨产能项目投产。哈法亚油田日产原油约20万桶。2015年，完井36口，修井19口；生产原油1103万吨，完成年度计划的100.25%；提油1461万桶。

（3）伊拉克鲁迈拉项目。鲁迈拉油田位于伊拉克巴士拉省，该油田包括南、北鲁迈拉油田两个部分，油田区块长80千米、宽10—14千米，油田地质采储量593.42亿桶，剩余可采储量155.6亿桶，是伊拉克第一大油田。鲁迈拉项目是中国石油与英国BP石油公司、伊拉克南方石油公司组成联合体共同运作的项目，是中国石油第一次在国际大石油公司的主导下，以合同者身份参与作业的巨型项目，也是中国石油在伊拉克第一轮招标中唯一成功中标的项目。鲁迈拉项目于2009年6月30日中标，11月3日正式签署油田服务合同，12月17日合同正式生效；2010年12月25日实现增产10%的IPT目标，启动成本回收。鲁迈拉油田日产原油约140万桶。2015年，完钻新井52口，修井132井次，长停井复产50口；实现中方原油作业产量2833万吨，提油3276万桶。

（4）伊拉克西古尔纳-1项目。西古尔纳-1油田位于伊拉克巴士拉省，油田地质储量607亿桶，剩余可采储量182.34亿桶，是伊拉克巨型油田之一。2013年11月28日中国石油、埃克森美孚石油公司和印度尼西亚国家石油公司签署文件，中国石油获取西古尔纳-1油田技术服务合同权益，成为该油田技术服务合同的伙伴之一。西古尔纳-1油田日产原油约40万桶。2015年，新钻井6口，投产3口，实施各类措施97井次；平均日注水量60万桶。2015年生产原油894万吨（中方份额），提油783万桶。

（5）伊朗北阿扎德甘项目。北阿扎德甘油田位于阿瓦兹市以西80千米，紧邻两伊边界，地处沼泽湿地，区块面积463平方千米，油田地质储量54亿桶，剩余可采储量2.97亿桶。2009年7月6日合同生效，产量目标75000桶/日。2015年是北阿扎德甘项目争取突破和实现投油的关键之年。10月28日成功完成油田预生产测试；HSSE工作连续7年保持“零伤亡、零事故、零污染”的良好纪录，累计实现安全生产3331万人工时。

（6）伊朗南阿扎德甘项目。南阿扎德甘项目面积740平方千米，地质储量197.1亿桶，剩余可采储量34.46亿桶。中国石油与伊朗国家石油公司NICO公司的权益比分别为70%、30%。2012年9月6日项目进入一期开发阶段，按照合同要求，在52个月内建成日产32万桶的油田，总投资约90亿美元；2014年4月29日伊朗方面以工期滞后为由，单方面终止合同。2015，中方积极与伊方进行沟通，努力推动历史成本回收工作。

（7）伊朗MIS项目。MIS项目是中国石油进入伊朗的首个油田开发项目，地质储量14.82亿桶，剩余可采储量1.63亿桶；日产25000桶。2007年8月20日合同生效，2011年4月25日进油投产，2011年7月25日起开始回收；2012年8月13日油田开始停产。在集团公司、海外勘探开发分公司的推动下，MIS项目与伊方进行了多次技术讨论和沟通，2015年已与伊方就维修复产技术和油田产量方案达成初步协议，围绕项目维修复产及回收的主合同延期修改等待伊方签署。

（8）阿联酋陆海项目。陆海项目是中国石油为战略进入阿联酋高端市场，2013年5月19日签署的边际项目，地质储量10.18亿桶，剩余可采储量3.7亿桶。2014年4月正式成立联合公司，开始联合作业。2015年，陆海项目海上首个油田开发方案已完成，并获得了海外勘探开发分公司批复，项目正处于开发建设期。

（9）阿曼项目。阿曼油田位于阿曼盆地西北部，距离首都马斯喀特西南450千米，地质储量8.93亿桶，剩余可采储量0.97亿桶。中国石油与阿曼当地公司MB集团分别持股50%共同开发阿曼5区块项目。2015年，原油产量为1703.6万桶（230.2万吨），权益年产量为851.8万桶（115.1万吨），是项目2002年接手时日产量的10倍，达到了新的历史高峰；原油销售收入2.17亿美元。

（10）叙利亚项目。叙利亚项目成立于2003年3月，下设戈贝贝项目、幼发拉底项目和炼化项目，三个项目分别于2003年、2005年和2008年成立。2010年撤销了炼化项目。叙利亚项目总部设在大马士革，因叙利亚动乱和内战，已经搬迁至迪拜。2011年3月叙利亚爆发政治动乱，同年11月中方员工从戈贝贝油田现场撤离。2012年6月所有中方员从叙利亚撤出。2013年1月，项目所属油田被叙利亚反对派及ISIS控制并盗采。2015年，叙利亚项目所属油田仍在ISIS控制之中，项目所属油田处于停产或盗采状态。叙利亚项目密切跟踪当地安全形势，分析油田遭受破坏情况，并两次派人深入大马士革处理戈贝贝项目的法律问题及幼发拉底项目的税务问题，努力保全中方利益不受侵害。

【环境保护】 2015年，中东公司各项目重视环境保护工作，积极推动民生工程，努力造福资源国当地民众。艾哈代布项目从2009年项目启动至今，坚持实施世界领先的“废泥浆无害化处理”专利技术处理油田全部钻修井液，处理量从2009年的5000米^3/年，增加到2015年的12万米^3/年，年资金投入千万美元。同时艾哈代布项目提前投用液化石油气（LPG）装置，成为伊拉克第一个生产LPG的上游油气田开发项目，已经惠及伊拉克当地140多万民众。哈法亚油田生产的伴生天然气，及时输送到当地卡哈拉电厂，使这家电厂成为伊拉克第一个利用伴生天然气发电的电厂。截至2015年12月底，哈法亚油田已累计向当地电站输送天然气9.36亿立方米，标志着哈法亚项目对促进当地绿色环保，造福民生的社会贡献进一步提升。

伊朗北阿扎德甘项目自2009年项目启动以来，扎实推进涵洞、桥梁建设，积极承担油区市政道路翻修工作，为湿地的生态保护、环境保护和油区地方基础建设做出突出贡献。伊朗当地政府特意为中国石油北阿扎德甘项目颁发了环保荣誉证书。

阿曼项目坚持抓好节能减排、环境保护工作，加大危险化学品、硫化氢和污染物的管理，逐步减少废气、固体废物和废水的排放，工业废水回收利用率达到98%、工业固体废物资源化及无害化处理处置率达到100%。建成投运油区电网和天然气透平发电机，利用之前烧掉的伴生气发电，既可以降低柴油发电造成的作业成本，也可以减少碳排放以达到保护环境的目的。

【社会公益】 2015年，中东公司各项目积极参与当地基础设施、文教卫生等社会公益项目建设，为油区村镇修路架桥，向油区学校捐赠文教物资，与国际石油和天然气行业标准和培训供应商签署培训协议等，为促进当地经济发展和社会进步、提高油区民众生活质量做出了贡献。

艾哈代布项目积极捐助社会，免费向当地供应液化石油气，每年投入100万美元社会公益基金，直接和间接在当地用工近3千人，建立和谐的社区关系；项目部投资5.85万元人民币，修复和拓宽了油区内Ahrar县的两条主灌溉渠；投资311.4万元人民币（费用可回收），在Ahrar县援建了一所银行；向油区1所小学捐助了一批学习用品和教具，花费4000元人民币；“8·12”天津港火灾爆炸事故发生后，项目中方员工自发捐款9万元人民币，及时向消防官兵奉献了爱心。坚持环保优先，采用丛式井作业方案，大大减少井场面积，累计节约了31.5亩土地。大力加强环境保护，在伊拉克石油史上首次使用原油燃烧器，坚持达标排放；引进钻井液无害化处理工艺，实现了对钻井液的无害化处理；建设工业垃圾焚烧炉，高温焚烧塑料垃圾，受到了伊拉克石油部和环保部门的一致认可和高度好评。

哈法亚项目每年为当地提供500万美元员工培训费，为伊拉克培养了一大批熟练掌握石油勘探、开发、生产和石油管道施工、地面工程建设的管理和技术人才。2015年，哈法亚项目为米桑省当地学校捐赠了2辆校车，价值约12万美元；向当地的Taheed 学校捐赠了2间活动室，价值12万人民币；投资120万美元，为当地人建设了饮用水处理厂，已经移交给米桑石油公司（MOC）。

鲁迈拉项目按照技术服务合同，BP公司和中国石油每年投入500万美元，用于当地员工的培训。2015年为当地员工组织了10余个培训项目，主要在中国和英国进行。2015年鲁迈拉项目与Unihouse签署协议，为受助学生提供从申请、考试、入学到境外服务等更强大的支持。在鲁迈拉社会福利基金项目的支持下，为当地社区遵照国际标准修筑的一条全长3.7千米道路于2015年6月竣工，为当地居民的交通运输提供了极大的便利。

阿曼项目积极投身社会公益及社区公益项目支持活动，2015年捐助及赞助等支出共计88万元人民币，用于当地社区教育基础设施改善以及对困难学生的帮扶等。

通过公益捐赠活动，中国石油赢得了中东地区资源国政府的肯定，受到了当地人的尊重，提升了社会责任感强的国际大公司企业形象。

【企业文化建设】 2015年，中东公司注重人文关怀，通过创新“三大一统一”（大后勤、大安保、大环境、统一组织领导和协调）体系下的安全文化，建设信任文化，打造特色文化，培育关爱文化、和谐文化，丰富海外企业文化的内涵，提升企业发展的软实力。

创新安全文化。中东地区部分资源国政局动荡，社会矛盾突出，各种潜在风险大，安保工作显得尤为重要，某种程度上决定着项目运作的成败。在伊拉克项目大力实现“三大一统一”工作，建立了当地部队、警察和私人保安公司三位一体的武装保卫体系；三大项目在油田基地、施工现场建设了壕沟、铁丝网、防弹墙和智能监控警报系统等纵深防御合理的物理防范措施；充分考虑油区百姓的利益，努力营造和谐的外部环境，实现本质安全。艾哈代布项目和哈法亚项目建立了甲乙方集中规范的后勤服务体系，坚持做到先建好营地，再上员工队伍，切实把“员工安全和身心健康高于一切”的理念贯穿到了实际工作中。通过实施“三大一统一”战略，缩小参建单位与高危环境的接触面，控制乙方中方管理人员数量，实现“快打快收”，缩短作业人员在伊时间，有效降低项目建设成本，实现规模效益。

建设信任文化。中东公司将文化建设作为凝聚力量、应对挑战、实现可持续发展的根基，大力弘扬“大庆精神”、着力培育“信任文化”。艾哈代布项目领导班子和管理层带头实践信任文化，坚持在“最艰难的地方，创造最伟大事业”的信念。通过着力培育

"信任文化"，并将信任文化建设作为"大庆精神"的补充，"信任文化"建设与"大庆精神"传承相互融合，成为各方关系的润滑剂和力量的胶凝剂，项目公司与各相关方均建立起良好的互信关系，在项目建设的各个环节得到了良性的反馈和信任红利的回报。

【企业形象宣传】 2015年，中东公司大力宣传中国石油企业文化理念，营造良好舆论氛围，初步形成全方位多层次的文化宣传网络。通过主办《伊拉克油气合作》《信息简报》《中东快讯》《中石油参建单位内部交流》等多个宣传思想阵地，让集团公司和国内社会公众，及时了解伊拉克公司为加快推进海外重点油气合作区建设，保障国家能源安全所做出的努力和贡献。

为扩大当地宣传效果，中东地区各项目不断强化信誉意识、形象意识和沟通意识，努力提高公共关系管理能力，树立全员公关意识，通过举办摄影作品展览、加强新闻媒体宣传等方式，重点宣传中国石油加强当地社区建设、开展公益捐助、加强环境保护等方面的情况，架起中国石油与公众沟通理解信任的桥梁，展示中国石油坦诚、负责的良好形象，有效提高中国石油的美誉度，为各项目发展营造了良好的外部环境。

（尚松峰　谷孟哲　王　刚　成　勇　孙建平）

中国石油天然气集团公司哈萨克斯坦公司

【概况】 2008年9月，中国石油天然气集团公司在中油国际（哈萨克斯坦）公司的基础上组建成立中国石油天然气集团公司哈萨克斯坦公司，简称哈萨克斯坦公司。行政上由集团公司管理，业务上归口海外勘探开发分公司管理，是集团公司海外油气业务区域性管理机构。哈萨克斯坦公司统一负责对集团公司在哈萨克斯坦油气投资业务进行管理。自1997年集团公司进入哈萨克斯坦油气市场以来，历经19年艰苦创业和奋力拼搏，形成集油气勘探开发、管道建设与运营、炼油和销售于一体的完整上中下游业务链。截至2015年底，哈萨克斯坦公司管理和运作着阿克纠宾、PK、曼格什套、北布扎奇、ADM、KAM、卡沙甘、中哈管道、西北管道、奇姆肯特炼厂、PETROSUN、亚洲钢管厂和CIK等13个项目，原油剩余可采储量3.9亿吨（不含卡沙甘），油气生产能力3000万吨油气当量，向国内原油输送能力达到2000万吨/年；中外方员工总数20089人，其中中方员工371人。

2015年，新增原油可采储量882万吨，完成计划的210%；生产原油2098.3万吨、天然气87.9亿立方米，分别完成计划的103.2%和105.9%；中哈管道向中国输送原油1180万吨；奇姆肯特炼厂加工原油449.8万吨；实现利润总额2.8亿美元、权益现金贡献2.94亿美元（表1）。

表1　哈萨克斯坦公司主要生产经营指标

指　标	2015年	2014年	2013年	2012年	2011年
新增原油可采储量（万吨）	882	864	857	1306	1547
新增天然气可采储量（亿立方米）	—	67.9	44	—	—
原油产量（万吨）	2098.3	2252.7	2379	2414.8	2412
天然气产量（亿立方米）	87.9	89.5	84.4	77	74.6

【油气勘探】 2015年，在勘探投资大幅削减情况下，哈萨克斯坦公司严格按照有效勘探原则，通过强化地质研究及优化部署等措施，在南图尔盖盆地扎曼苏、260D、1057以及北特鲁瓦西部斜坡区、塔克尔构造等发现商业油流。

【新项目开发】 2015年，哈萨克斯坦公司积极参与哈萨克斯坦政府组织的勘探区块招投标，投标2个区块；稳妥推进乌里赫套、南图尔盖盆地A区块合作，开展西哈州两个油田的评价工作。同时，通过不懈努力，PK项目4个区块、曼格什套项目两个里海区块、

ADM 项目一个区块成功延期，阿克纠宾项目中区块延期申请获批。

【开发生产】 2015 年，面对主力油田开发进入中后期，投资和工作量大幅控减等矛盾和困难，哈萨克斯坦公司不断优化工作部署，强化生产组织运行管理，狠抓油田开发基础工作，油气生产积极主动。2015 年，转注 231 口井，分注 37 口井，自然递减率同比下降 1.7 个百分点；措施成功率 86.8%，单井日增油同比提高 46.7%，在措施工作量只有 2014 年 57.3% 的情况下，增油量达到 2014 年的 78.8%。阿克纠宾项目加大北特鲁瓦油田注水工作，自然递减率同比下降 1.65 个百分点；引进水力喷砂射孔压裂、连续油管气举等工艺技术，成效显著，2015 年生产原油 537.01 万吨，完成计划的 109.6%；生产天然气 63.99 亿立方米。曼格什套项目大力实施“三大工程”，进一步加强油田注水工作；不断优化新井井位和措施选井，措施成功率较 2014 年提高 7.1 个百分点，在措施工作量同比下降 37.7% 的情况下，措施增油较 2014 年增加 2.3 万吨；自然递减率控制在 7% 以内的较低水平；2015 年生产原油 627.33 万吨，完成计划的 100.4%。PK 项目针对多数主力油田储采比低、采油速度快、含水高、递减大等突出矛盾，大力强化油田注水工作，自然递减率同比下降 3 个百分点；措施成功率 80.5%，同比提高 10 个百分点；2015 年生产原油 684.28 万吨，完成计划的 102.1%。北布扎齐项目针对注采系统不完善、纵向动用程度低及油水黏度比大、波及效率低等问题，持续加大转注、分注力度，加强油田管理，持续优化措施，自然递减率同比下降 2.7 个百分点；措施成功率 87.1%；油井免修期同比延长 93 天；2015 年生产原油 177.71 万吨，完成计划的 101.6%。ADM 项目与 KAM 项目针对地层压力保持程度低、油田递减快、措施难度大等突出矛盾，通过优化举升工艺、强化油田注水，ADM 项目措施成功率同比提高 5 个百分点，2015 年生产原油 26.07 万吨，完成计划的 100%；KAM 项目自然递减率同比下降 5.9 个百分点，2015 年生产原油 45.84 万吨，完成计划的 101.9%。卡沙甘项目加大与伙伴协调沟通力度，加快管线修复及复产相关准备工作，2015 年管线修复 68.9 千米，工程进度 74.4%，进展好于预期。

【管道运营】 中哈管道项目面对油源不足、坚戈大幅贬值、以坚戈计价收入大幅锐减等困难，成功就贷款延期和支付豁免事宜与银团在短时间内达成一致，避免债务违约风险；2015 年向国内输油 1180 万吨，连续 5 年实现向国内输油 1100 万吨以上。西北管道项目正输与反输兼顾，积极组织管道沿线中、小油田油源，2015 年输油 356 万吨，其中实现反输 89 万吨，创历史新高，完成计划的 133.2%，经济效益远超预期。

【炼化业务】 奇姆肯特炼厂面对生产与改造并行的复杂局面，精心组织，实现 30 年老旧炼厂的安全平稳运行，2015 年加工原油 449.8 万吨，为哈萨克斯坦公司实现全年效益目标做出重要贡献。

【开源节流降本增效】 2015 年初，针对国际油价持续下滑，哈萨克斯坦公司按照“底线思维、动态管理”的工作思路，积极开展开源节流降本增效工作并取得显著成效。一是优化控减投资见到实效。持续推进钻井与措施作业经济评价工作，实施“三个确保、三个暂缓”，经过多轮优化，投资比 2014 年控减 60%。二是成本费用得到有效控减。哈萨克斯坦公司以预算控制为龙头，以合同复议为抓手，以生产组织优化为主线，以操作费和管理费控减为核心，全面系统落实降本增效各项措施，取得显著成效。其中，上游项目操作费同比下降 32.3%，管理费同比下降 17.3%。三是成功尝试减员增效。通过优化组织机构、裁撤冗余机构等扎实细致的工作，总计裁减员工 453 人，人工成本显著降低。四是应对坚戈贬值措施到位。持续高度关注坚戈汇率，严控坚戈货币存量，最大限度地避免坚戈贬值损失。阿克纠宾、中哈管道和 KAM 项目通过提前偿还美元贷款，CIK、西北管道项目通过及时分红，避免贬值损失。五是销售推价成果突出。加大与哈萨克斯坦政府相关部门的沟通协调力度，按照中方权益、出口方向及炼油厂净回价高低统筹安排原油流向，经过不懈努力，2015 年销售增收上亿美元。六是储量评估结果与降低资产减值风险好于预期。通过强化储量评估顶层设计，积极主动沟通，取得好于 2014 年的评估结果，折旧费得到有效控制；通过与会计师事务所沟通交流，将测试时的巨额减值降低至最低限度。七是经营环境改善取得重要进展。通过各层面、全方位的持续推动和努力，争取优惠政策、改善经营环境取得实质性突破，炼油厂供油比例同比下降 3 个百分点；阿克纠宾盐上等 3 个石油合同开采税率优惠获得批准，税率从 7%—11% 下降到 0.35%—2.1%；2015 年 3 月，哈萨克斯坦原油出口关税从每吨 80 美元降到 60 美元。

【应对法律纠纷】 针对历史遗留各类纠纷数量多、金额大等突出矛盾，哈萨克斯坦公司上下群策群力，全力应对，通过有效应诉，2015 年结案 8 起，胜诉 1.87 亿美元，另有 3 起取得有利于中方的实质性进展。

【安全环保】 2015年，哈萨克斯坦公司突出对重点领域、要害部位、关键环节和敏感时段的风险防控和监督管理，未发生一般A级及以上事故，实现油气生产安全平稳受控运行，连续8年获集团公司“安全生产先进单位”称号。

【党建和思想政治工作】 2015年，哈萨克斯坦公司党委和各级党组织紧紧围绕“低油价下平稳有效发展”这一中心工作，按照全面从严治党要求，深入开展“三严三实”教育与“重塑中国石油良好形象”大讨论活动，加强班子和队伍建设，切实发挥党组织的政治核心作用，为实现生产经营目标提供坚实的政治、组织与纪律保证。

（耿长波）

中国石油天然气集团公司尼罗河公司

【概况】 中国石油天然气集团公司尼罗河公司简称尼罗河公司，成立于2008年7月，其前身为中油国际（尼罗）有限责任公司，行政隶属中国石油天然气集团公司直接管理，业务归中国石油勘探开发公司具体领导和负责，代表集团公司对中国石油在苏丹、南苏丹石油合作项目实施统一管理和运作，本部和机关设在苏丹首都喀土穆。截至2015年底，有中方员工448人，其中党员211人，占中方员工总数的47%；有外方员工7095人。

截至2015年底，尼罗河公司运营和管理苏丹、南苏丹8个项目，包括4个上游项目，分别是苏丹124区项目（中方权益比例40%）、苏丹6区项目（中方权益比例95%）、南苏丹124区项目（中方权益比例40%）和南苏丹37区项目（中方权益比例41%），有合同区总面积10.26万平方千米，原油生产能力2100万吨；4个中下游项目，分别是苏丹37区管道项目（中方权益比例16.4%）、苏丹炼油项目（中方权益比例10%）、苏丹化工项目（中方权益比例95%）、石化贸易公司（中方独资），年炼油能力500万吨，聚丙烯年生产能力18000吨，编织袋年生产能力2000万条；参与运营输油管道2193千米，长距离管输能力1500万吨/年。

尼罗河公司机关原设20个部室。2015年10月，依据集团公司人事部对尼罗河公司机构设置方案的批复（人事〔2015〕343号），尼罗河公司机关职能部门调整为15个。

2015年，应对国际油价暴跌、苏丹及南苏丹政局动荡、项目运营难度加大等严峻困难和挑战，贯彻集团公司稳增长决策部署，落实董事长王宜林在苏丹工作调研时重要指示，坚持效益优先原则，大力实施低成本发展战略，扎实做好“开源、节流、止损”三方面工作。超额完成年度稳增长目标，继续保持海外油气业务主要效益贡献者地位：原油作业产量1330万吨，超产5万吨；新增可采储量801万吨，完成年初计划133%；加工原油390万吨，完成年初计划的113%；生产聚丙烯1.6万吨、编织袋540万条；销售成品油9.2万立方米（表1）；所有在产项目均实现利润、现金流双正目标，推动“二次创业”继续稳健前行。

全年获集团公司特等劳动模范1人、公司级以上先进个人105名、各类先进集体8个。

2015年是中苏石油合作20周年。

表1　尼罗河公司主要生产经营指标

指　标	2015年	2014年	2013年	2012年	2011年
新增可采储量（万吨）	801	875	833	606	1589
原油产量（万吨）	1330	1397	1320	641	2346
原油加工量（万吨）	390	381	377	415.2	473.7
聚丙烯产量（万吨）	1.6	1.77	1.71	1.97	1.81
成品油销售量（万立方米）	9.2	9.5	10.19	8.19	12.42

【中苏石油合作20周年】 自1995年中国石油与苏丹政府签订苏丹6区勘探开发协议，中苏石油合作拉开序幕。20年来，尼罗河公司历经创业探索、快速发展、规模发展、二次创业4个发展阶段，累计生产原油2.7亿吨；累计加工原油5578万吨，生产成品油4974万吨；期间未发生重大安全生产和环保责任事故。帮助苏丹建立一套完整的上下游一体化现代石油工业体系，极大促进苏丹经济发展和社会稳定，为巩固和深化中苏两国传统友谊做出突出贡献，得到党和国家领导人、集团公司和苏丹政府充分肯定和高度评价，树立中国石油良好品牌和国际形象。

2015年8月15日，苏丹政府在喀土穆友谊宫隆重举行中苏石油合作20周年庆祝大会。集团公司董事长王宜林率中国石油代表团应邀出席，并接受苏丹第一副总统巴克利代表苏丹政府颁发的"双尼罗勋章"。王宜林表示，中苏石油合作承载着两国领导人的重托，凝结着两国政府和社会各界的殷切期望，肩负着深化两国长期友好合作的重任。中国石油将坚持"真、实、亲、诚"原则，不断推动苏丹项目的长期稳健发展，为巩固中苏传统友谊、推动双边关系全面深入发展，为苏丹经济社会发展和人民生活幸福做出新的更大贡献。

编辑出版《中国石油苏丹项目管理模式探索与实践》《中国石油苏丹项目20年大事记》《中苏合作的典范——苏丹项目20年纪念画册》等图书。

【开源节流降本增效】 2015年，全面推进低成本发展战略，坚持"量入为出、以收定支"经营策略，严格执行"一减（削减非生产投资和费用）、二调（调整投资结构、调整投资进度）、三保（保障HSSE投入、保障人员基本工资福利待遇、保障有效投资）、四优化（优化方案设计、优化作业流程、优化组织机构、优化勘探投资）、五加强（加强地质研究、加强生产管理、加强合同和采办管理、加强库存管理、加强经营策略研究和经济评价）"等成本控制措施。

找准效益增长点，做好开源工作：（1）加强销售推价，向市场要效益。达尔原油2015年平均贴水较年初降低34%，创南苏丹37区投产以来历史最好水平。（2）加强新技术推广，向创新要效益。加大注气、注水、热采等稳产措施推广应用，不断提高油田开发水平，超额完成原油生产计划5万吨。（3）强化商务谈判，向管理要效益。成功将苏丹政府内陆稀油提油量控制在5万桶/日，并推动喀土穆炼油厂开展南油北炼；石化贸易项目拓展市场份额，实现静态投资回收。

抓住降本关键点，做好节流工作：（1）优化投资结构，严格把控进程。控减中方份额预算幅度达到36%，为抵御低油价、实现经营效益稳中向好夯实基础。（2）开展合同复议，努力降本节流。采取延长合同期限、加快付款进度、改变合同币种等方式控减合同额。（3）抓住生产关键，降低作业成本。加强方案优化、落实对标成果，加强物资管理、开展修旧利废。（4）削减非生产性支出，压缩管理费用。采取优化组织机构，暂停车辆购置，严控海外出差、油料及通信费等多项措施减少非生产性支出。

规避重大风险点，做好止损工作：（1）全力落实苏丹37区"四费"清欠协议等一系列清欠措施，遏制政府欠款的增长势头。（2）规避法律纠纷风险。苏丹37区泵站建设纠纷仲裁胜诉，苏丹124区项目在与MASU公司持续数年合同纠纷中胜诉，均避免直接经济损失。

【安全环保】 2015年，坚持安全环保"天字号"工程地位，牢固树立"安保、环保为红线，安全生产为发展底线"理念，深入贯彻"党政同责，一岗双责"要求，不断强化风险预警与管控，加大过程监督，完善应急处置机制，构建符合地区特点科学一体化社会安全应急管理体系，完善"物防"措施，提升应急保障能力，加强风险排查和隐患治理，成功应对武装抢劫、部族冲突、大规模战争等各种社会安全风险，平稳度过苏丹大选，实现HSSE零事故、零伤害、零污染目标。

2015年5月19日，南苏丹反政府军在距离南苏丹37区Moleeta油田12千米处的Melut镇与政府军发生激烈交火，对中国石油南苏丹油田现场人员和资产安全构成严重威胁。在南苏丹分公司直接领导和组织下，南苏丹37区项目公司密切配合，立即启动应急预案，紧急组织实施"5·20"大规模撤离，仅历时30小时，动用8架次应急飞机，安全撤离477人次。

【油气勘探】 2015年，以滚动勘探为主，突出高效勘探，优先落实能快速实现储量向产量转化工作量。全年完成二维地震采集697千米、三维地震采集299平方千米，完钻探井18口，新增石油可采储量计划超额完成。

苏丹124区项目加强滚动勘探和精细勘探，Hilba Cluster油田三口探井储量大发现，进一步夯实了亿吨级油田规模。Abu Gabra组高产油层和Bentiu组厚层油层新发现，落实了Azraq油田东含油构造带；苏丹6区项目勘探开发一体化获得突破性进展，发现Sufyan油田西整装含油气构造。Fula凹陷滚动勘探持续获新发现，在构造—岩性复合型油气藏勘探领域有望获得新突破；南苏丹37区和124区项目不断深化地质研究，储备一批有利圈闭，为恢复勘探后快速甩开提供后备目标。

【开发生产】 2015年，及时调整开发部署，深挖内部潜力，加快新井投产和措施力度，大力实施“三大工程”（油田注水工程、水平井应用工程和提高采收率技术应用工程），持续提升开发生产管理水平，超额完成年初下达的原油生产任务。

南苏丹37区项目克服开发井工作量减少44%和“5·20”紧急撤离造成的钻修井作业中止、部分油井关停、部分设备设施损坏等困难，精细管理，挖潜增产；苏丹124区项目在开发井工作量减少25%情况下，加快钻井和投产工作，推动Hilba油田早期投产和边远探井筛查及连投，大力推广热采、注气、气举、天然气吞吐、化学和机械堵水等增产措施，有效缓解产量紧张局面；苏丹6区项目强化生产组织，推进Sufyan油田产能建设工程，并于2015年4月17日实现快速投产。FNE蒸汽驱工程投产并初见成效。通过进一步优化新井投产、优化注气、机械卡堵水，组织扶躺井等多种措施加快上产工作，有效改善老油田开发效果。

【管道炼化】 2015年，加强上下游协调，构建统一的原油生产、处理、外输、提油调度制度，确保管道、CPF和海事终端安全平稳运行，保证南苏丹原油平稳外输。苏丹37区项目和南苏丹37区项目密切配合，成功完成1号泵站到CPF清管作业及管道二期检测工作，保证管道安全运行。

苏丹炼油项目实现装置长周期安全生产，截至2015年底保持5708天连续安全平稳运行纪录。实施2389项检修项目和14项技改项目，完成老厂大检修工作。新厂于2015年7月18日开始加工南苏丹37区DAR混合原油，实现南油北炼。

【商务工作】 2015年，加强与苏丹政府和合作伙伴的沟通协调，坚持效益优先原则，宣扬长期合作、互利共赢发展理念，不断强化和提高中方决策主导力、影响力及执行力。

各项商务工作扎实有效推进，重点商务问题取得阶段性突破：（1）推动各项清欠措施落地和执行，有效遏制苏丹政府欠款增长势头。（2）成功将南苏丹37区1.6美元/桶原油处理费纳入成本回收范围。（3）加强政府协调，推进苏丹、南苏丹边境开放，南苏丹项目物资运输费用降低50%以上。（4）苏丹37区项目和南苏丹37区项目成功清理部分欠付筹款，保障项目运行资金。（5）苏丹炼油项目顺利启动炼油厂股份转让和管理主体移交工作。（6）推动南苏丹124区和南苏丹37区项目停产延期补偿。（7）处理南苏丹能源矿产部要求新增贷款问题。

【科技创新】 2015年，响应集团公司关于新技术新产品推广应用工作部署，结合实际生产需求，在苏丹6区项目引入混相驱（氮气、天然气驱）采油技术，有效解决Jake油田含水上升、产量快速递减问题，显著提高油田产量和经济效益。

重视管理创新和科技创新驱动工作，开展经营策略和科技课题研究工作。2015年，获海外勘探开发公司特殊贡献奖5项、海外勘探开发公司科技进步奖6项。其中，“Muglad盆地Fula凹陷AG组成藏条件研究、目标优选及勘探突破”获海外勘探开发公司科技进步奖一等奖。

【党建思想政治工作】 2015年，尼罗河公司全面落实从严管党治党要求，党建工作持续深入开展，政治保障坚强有力：（1）认真开展“三严三实”专题教育，抓好书记带头讲党课、专题学习研讨和民主生活会等重点环节，持续深入推进党建思想政治工作和作风建设，践行“严”“实”精神成为党员干部的自觉行动；（2）全面落实党要管党，认真履行两个责任。坚持惩防并举、注重预防，落实党委主体责任、纪委监督责任，党风廉政建设取得新进展；（3）深入开展“重塑中国石油良好形象”大讨论活动，以崭新的思维谋划未来发展，完善二次创业顶层设计，明确思路与奋斗目标，以企业优质高效可持续发展，树立中石油良好形象；（4）结合中央巡视反馈问题整改、重塑形象大讨论等，组织开展专题研讨50余次，查摆问题366个，收集意见建议102条，制定整改措施589条；（5）进一步加强党的建设、领导班子建设和队伍建设，在打赢稳增长攻坚战中发挥了政治核心作用和先锋模范作用；（6）三篇基层党课材料在集团公司获奖。

【社会责任】 2015年，开展各类社会公益活动41项，维护巩固“中苏合作的典范”形象：（1）参与在苏丹、南苏丹举办的国际石油活动，协助组织参加第十七届非洲油气矿业贸易发展大会及展览活动，并被授予荣誉奖牌。（2）评选表彰10名杰出苏丹雇员，组织赴中国学习和参观，增强职业荣誉感和企业归属感。（3）与喀土穆大学孔子学院合作开展“中国石油汉语学习与中国文化传播先进个人”评选，捐助设立

“中国石油图书馆”，经验被中国国家汉语国际推广领导小组办公室全球推广。（4）向南苏丹37区油田周边7所小学捐赠1.5万册教科书，巩固与油区周边社区关系，营造和谐发展环境。

（唐振华）

中国石油天然气集团公司拉美公司

【概况】 中国石油天然气集团公司拉美公司简称拉美公司，是集团公司海外地区公司之一，主要负责中国石油在拉美地区油气投资业务以及所属其他企业的统一管理与协调。拉美公司行政上由集团公司管理，业务上由海外勘探开发分公司归口管理。总部位于委内瑞拉首都加拉加斯。拉美公司前身是成立于2008年的中国石油南美公司。2012年6月，为加强集团公司在拉丁美洲地区油气业务的组织协调，促进海外业务规模有效可持续发展，集团公司决定将中美洲地区的油气业务纳入南美公司统一管理，并将中国石油南美公司更名为中国石油天然气集团公司拉美公司。现设委内瑞拉公司、厄瓜多尔公司、秘鲁公司、哥斯达黎加公司、巴西公司等国家公司，具体负责所在国家油气合作项目的运作管理。总部机关设有勘探开发部、工程部、HSE部、法律事务部、董事部、公共关系部、财务计划部、人力资源部、党群工作部和综合办公室等部门。

截至2015年底，拉美公司有中方员工232人、外籍员工2800余人。拉美公司在委内瑞拉、秘鲁、厄瓜多尔、哥斯达黎加和巴西等5个国家，经营管理着9个油气勘探开发项目，是中国石油海外油气合作区中开展油气合作历史最长、分布国家最多、跨度最大、合同模式最多、管理幅度最大的地区公司。

2015年，拉美公司油气生产安全平稳运行，优化投资和控减费用成效显著，超额完成权益利润、分红、桶油现金贡献、新增可采储量等考核指标，为集团公司海外业务超额完成稳增长目标做出重要贡献，实现“十二五”的胜利收官，为“十三五”开局打下良好基础。

2015年，拉美公司实现油气作业产量当量1502.3万吨，同比减少25.7万吨。实现利润2.55亿美元，完成年度预算指标119.5%。

【勘探开发】 坚持以效益为中心，强化新井投产、老井措施和油田精细化管理，在厄瓜多尔安第斯项目和秘鲁1AB/8区项目主动关停部分低效、无效益高含水井情况下，拉美公司油气产量仍保持平稳运行。2015年，生产原油1401.8万吨，完成年度计划的97.7%；天然气11.03亿立方米，完成年度计划的118.6%，全年生产油气当量1502.3万吨，完成油气当量计划的98.8%（表1）。完成权益原油产量629.7万吨，为年度计划98.7%；完成权益天然气产量6.4亿立方米，为年度计划的118.5%；完成权益油气当量687万吨，为权益油气当量计划的100%。MPE3项目提前筹备、精心组织停产大检修，比计划提前6天完成。2015年，生产超重油942万吨，完成年度计划的98.6%，比2014年增产41万吨。安第斯项目新区取得新发现，老区加密“水中捞油”效果显著。全年生产原油240.3万吨，完成油气当量产量244.5万吨，完成年度计划的101.9%。秘鲁公司生产油气当量275.5万吨。6/7区项目提前40天完成产量任务，全年生产原油18.1万吨。10/57区项目全年生产原油和液态烃合计70.94万吨，为年度计划的101.1%；生产天然气9.82亿立方米，为年度计划的105.6%。1AB/8区项目全年生产原油93万吨。苏马诺项目加强现场生产管理，重点井保持平稳运行，全年生产原油20.5万吨。陆湖项目继续推行效益产量理念，强化精细管理，优选措施井实施，全年生产原油17万吨。深化地质研究，优化探井部署，勘探取得重大突破。

拉美公司2015年新增石油可采储量完成年度指标的133.8%，新增可采储量占海外板块的46%，位居海外企业第一名，为海外板块超额完成储量目标做出重大贡献。巴西里贝拉项目新增石油可采储量为海外项目第一名，完成考核指标的133.9%。安第斯项目创新地震振幅识别“泥岩墙”区域地质理论，在传统地质学技术禁区获得勘探突破，超额完成新增可采储量任务。

【工程建设】 2015年，拉美公司总部和各项目密切协作，通过股东会、董事会和专业委员会，努力促使合资公司接受中方意见，暂缓或终止非亟须或可延缓项目的实施，投资节奏得到有效控制。MPE3项目脱盐脱水厂4万桶/日快速上产工程顺利投产，16.5万桶/日扩建项目完成总进度的60.31%。中方人员审核合资公司招投标项600余项，拒绝计划外、非生产项目26项，调整授标结果3项，控减投资及操作费金额1.7亿美元。胡宁4项目按照中方原则，严控新开工项目，延缓已开工项目进度。同时积极组织股东双方开展方案修订的联合研究，基本完成3万桶/日早期生产方案修订和商业计划方案修订。苏马诺项目按照中方意图压缩投资预算，严格审查1.5万桶/日快速上产项目修改方案。

表1　拉美公司主要生产指标

指　标	2015年	2014年	2013年	2012年	2011年
原油产量（万吨）	1401.8	1441.6	1304.0	1172.9	1111.7
天然气产量（亿立方米）	11.03	9.61	1.90	1.77	1.62
生产油气当量（万吨）	1502.3	1518.2	1319.2	1187.0	1124.6

【经营管理】　2015年，拉美公司牢固树立“现金为王”经营理念，面对国际石油价格低位运行的新常态，坚持“加大项目分红”和“开源节流、降本增效”两手抓，取得突出的经营业绩。实现利润2.55亿美元，为年度预算指标的119.5%，完成稳增长目标的182.3%；上缴现金贡献为海外企业第一名，完成年度预算指标的180.9%；桶油现金贡献为年度预算指标的411%；操作费大幅降至8.35美元/桶，比预算降低1.57美元/桶，仅为考核指标的84.1%；积极采取优化和控减投资措施，较年初投资优化控减20%，完成年度投资调整计划的97%。

所属项目坚持以效益为中心，优化投资，降低成本，努力增收创效。MPE3项目全年实现净利润8.03亿美元，中方权益净利润3.21亿美元，完成年度计划的170.9%。经过8个月不懈努力，MPE3项目合资公司利用国家开发银行贷款，通过SIMADI边际浮动汇率兑换机制解决多汇率政策造成的操作费大幅度增长和巨额所得税问题，使合资公司少支付6.8亿美元的货币资金、增加净利润4亿多美元；安第斯项目全年利润总额1.95亿美元，完成年度计划的150%。扎实进行合同复议及减员降薪等措施，全方位控减费用支出，节省服务费1505万美元，操作费比年度预算降低15.9%；巴西里贝拉项目会同合作伙伴对钻井合同进行复议，两台钻机日费分别下降10万美元，下降分别为16%和20%，节约费用约4200万美元。积极联合伙伴公司成立专门设备租赁公司，以享受“REPETRO”税收优惠机制，节约税费1900万美元；秘鲁10/57/58区和1AB/8区及6/7区项目实施优化岗位、减员降薪措施，裁员200多人，有效降低人工成本；其他项目采取关停无效井、严控车辆使用等手段，努力减控支出。拉美公司机关坚持“过紧日子”思想，在消化委内瑞拉通胀率高达181%的情况下，总体费用同比保持下降。2015年，拉美公司机关和各项目通过合同复议、优化设计、加强生产管理和日常管理，累计控减各项费用1.55亿美元（中方权益7665万美元）。积极组织广大员工参加“开源节流、降本增效”合理化建议征集活动，取得良好成效。

【安全环保】　2015年，拉美公司和各项目继续强化HSE管理体系建设，夯实管理基础，强化责任分工，创新考核办法，强化安全检查及隐患治理，未发生一般A级以上安全生产事故和环保事故。随着国际油价持续走低，委内瑞拉经济进一步恶化导致社会安全形势每况愈下，特别是12月委内瑞拉议会选举反对派获得2/3以上席位，给社会安全形势增加了更多不确定性。拉美公司准确研判形势，密切跟踪事态发展，完善应急预案，进一步严格员工安全纪律要求，加强中方员工办公场所及驻地、工地的安保设施完善和管理，确保中方人员人身及财产安全。在国际油价大跌对石油工业造成深重影响的大形势下，“安全就是效益”理念价值凸显。安第斯项目利用平衡计分卡（BSC）管理工具将HSE业绩指标全部纳入各部门考核，项目与主要承包商百万工时可记录伤害率（RIR）为0.97，历史上首次实现低于1.0的最好纪录。秘鲁1AB区发生两次原住民占据油田设施、桥梁、道路等抗议活动，迫使油田停产，项目中方人员密切跟踪事件解决进展，协同并督促合资公司积极与政府协商，采取有效措施妥善应对，把损失和影响降到最低限度。

【党建及企业文化建设】　2015年，拉美公司党委结合实际，采取多种形式组织广大党员和干部员工认真学习贯彻党的十八大和十八届三中、四中、五中全会精神以及习近平总书记系列重要讲话精神。全面开展“三严三实”专题教育，认真学习贯彻董事长王宜林党课讲话精神，制定“三严三实”专题教育实施方案并扎实推进。拉美公司党委和各支部认真组织专题学习研讨，各级领导班子和党员干部深入查摆自身存在的不严不实问题，边学边查边改，严实作风得到持续改进和加强。8月，组织召开公司党建工作会，研究部署新形势下拉美公司党建工作的新思路和新举措。全面启动“重塑中国石油良好形象”大讨论活动，组织“重塑形象，从我做起”承诺签名，进一步提高员工主人翁意识。各级党组织因地制宜地将听理论、学榜样、谈感受有机结合，积极开展铁人事迹材料集中学习研讨，激励广大员工在本职岗位上再立新功，中国石油工业优良传统在拉美进一步发扬光大。拉美公司党委修订印发《拉美公司党委工作制度》《拉美公司“三重一大”决策事项管理规定（试行）》，进一步提高拉美公司党委工作民主化、科学化、制度化水平，促进拉美公司领导人员廉洁从业，规范决策行为，防范决策风险。落实党委在党风廉政建设中的主体责任和纪委的监督责任，组织逐级签署党风廉政建设责任书170份，制定印发《拉美公司领导班子成员、总经理助理、副总师落实党风廉政建设“一岗双责”若干规定》，设立并开通拉美公司网上举报信箱，扎实开展反腐倡廉教育和监管工作。认真按照上级要求做好中央巡视反馈问题整改。严格落实集团公司和海外板块财经纪律及制度建设要求，修订完善公司财经管理制度，严防违反财经纪律行为。2015年，拉美公司未发现违纪违规事件和腐败问题。

（宋少宁）

中石油阿姆河天然气勘探开发（北京）有限公司

【概况】 中石油阿姆河天然气勘探开发（北京）有限公司简称阿姆河公司。阿姆河项目是集预探、详探、新气田评价、开发、老气田恢复、调整、工程建设、生产运行、产品销售于一体的综合性项目。合同区面积1.43万平方千米，根据勘探开发程度不同划分为A、B两个区块，中国石油拥有100%权益，勘探开发总期限为35年。阿姆河项目是土库曼斯坦唯一的陆上产品分成项目和中国石油在海外最大的天然气合作项目。项目分两期建设，规划年产能规模为170亿立方米。自2007年项目启动以来，历时9年时间在A区块、B区块分别建成第一天然气处理厂和第二天然气处理厂，10座集气站，92口单井，一座自备发电厂（年发电能力达78.75兆瓦）及相应的配套设施及管线，年供气能力达140亿立方米。2015年，天然气探明可采储量、作业产量、商品气量、凝析油产量分别达到186.99亿立方米、134.01亿立方米、125.17亿立方米和25.96万吨（表1），分别完成年初计划的124.7%、107.2%、107.0%和144.2%。根据国内用气需求，做到淡季减供、旺季增供，始终保持平稳供气。高水平、高质量、高速度建成中国海外第一个百亿立方米供气能力，千万吨级油气当量的天然气民生保障项目。

表1　阿姆河公司主要生产指标

指　标	2015年	2014年	2013年	2012年	2011年
新增天然气可采储量（亿立方米）	186.99	361.37	308.14	376.66	526.92
原料气量（亿立方米）	134.01	98.51	59.85	59.34	50.17
商品气量（亿立方米）	125.17	91.05	54.91	54.67	46.07
凝析油产量（万吨）	25.96	14.89	4.24	4.27	3.87
硫黄产量（万吨）	30.16	22.18	21.97	21.4	19.49

【勘探开发】 2015年，阿姆河公司优化勘探方向，制定强化中部精细勘探评价，加强东部勘探，力求规模增储的目标。针对重点区块开展作业，加强精细研究。在东部，西召拉麦尔根—杜戈巴地区新三维地震勘探落实圈闭11个，总面积71.4平方千米。Jor-21井第一层测试产气118.17万米^3/日，产油28.98米^3/日，第二、三层合试产气126.18万米^3/日，产油27.4米^3/日；Gok-21井钻井在主力层和新层系均

获良好显示，卡洛夫—牛津阶灰岩中见到48.8米/12层气测异常显示，J1-2砂岩储层中见到200.86米/11层气测异常显示；Hojg-23井钻井获良好显示，录井显示见到24.7米/9层气测异常，测井解释气层58.4米/17层；Aga-24井石灰岩中见到21.5米/9层气测异常显示。在中部，Sal-21井73.5米/11层见气测异常，裂缝较发育。在西部，Gad-22井第二、三层测试获高产纯气，该气田预测储量299亿立方米；Ilj-21井第二、三层测试获高产纯气。2015年新增探明可采储量186.99亿立方米，完成年度计划的124.66%。从项目起始至今，获得三级储量7541亿立方米，形成6个千亿立方米气区的格局，分别是为一厂供气的西部加迪恩气区、萨曼杰佩气区；为二厂供气的中部别—皮、杨—恰气区，以及二厂接替气源——东部的霍贾古尔卢克气区、阿盖雷气区。

【钻完井】 2015年，阿姆河公司在总结前期“三优二强”安全快速钻井技术基础上，提出应用“六合一”综合提速配套技术措施，积极推行“一井一策”钻井技术管理，降低复杂与事故发生率；加强承包商合同管理；督促推行单井考核制度；优化完善井身结构和设计，减少钻井液漏失，优选钻具，强化现场实施，缩短作业周期，B区定向开发井和东部山前带探井直井分别较2014年节约完钻时间20天和34天，钻井周期分别降低13.8%和11.4%。

2015年实现了17开17完，累计进尺65275米，完成年度计划的103.4%，钻井成功率100%。采用连续油管拖动酸化、清洁自转向酸化等新技术，喜获高产，累计措施日增产天然气209万立方米，凝析油20立方米。

果断采用不动管柱直接挤注封层上试，出水井复生：San-22井利用原生产管柱挤注水泥浆封堵产水层、过油管射孔射开新层修井作业，成功获得日产116万立方米高产工业气流。采用连续油管拖动酸化新工艺，取得成功：Yan-105D井天然气日产量由作业前89.9万立方米提高至113.6万立方米，凝析油日产量由12立方米提高至17立方米。有效采用清洁自转向酸化工艺，增产效果明显：Oja-21井天然气日产量由作业前82万立方米提高至123万立方米，凝析油日产量由9.7立方米提高至24.3立方米；Met-22井天然气日产量由作业前11万立方米提高至35万立方米。尝试采用连续油管气举排液和定点酸化，井口油压显著提升：Sam-41井井口油压提升14%，日产量提高4万立方米，为萨曼杰佩气田后续措施作业积累了宝贵经验。以上各项工艺措施的成功实施，实现气田由点到线、由线到面的效果，提高了项目整体开发水平。

【工程建设】 2015年，阿姆河公司重点工程按期投产，为冬季保供奠定坚实基础。自备电站扩建新建3台机组于5月9日实现一次投产成功。麦捷让、基尔桑、鲍塔乌集气站分别于7月24日、8月21日、9月10日投产，分别新增日供气能力120万、130万、70万立方米。铁路二期工程机械完工，正式投运。A区80亿立方米扩能于10月25日一次投产成功，比原计划提前6天投产，天然气各项指标符合标准。

【天然气生产】 2015年，阿姆河公司充分利用土库曼斯坦天然气不同季节不同气价，国内天然气需求季节峰谷差不断加大的现状，强化生产运行组织，积极挖掘气田生产潜能，努力提高气田产量。2015年生产原料气134.0亿立方米，完成125亿立方米年度产量计划的107.2%，超产9亿立方米，同比增长136.0%；外输商品气125.2亿立方米，完成117亿立方米年度计划的107.0%，超产8.2亿立方米，同比增长137.5%；生产凝析油25.96万吨，完成18万吨年度计划的144.2%，超产8万吨，同比增长174.4%；生产硫黄30.16万吨。

在2015年冬季保供关键时刻，阿姆河项目以量大（每天5000万立方米作业产量、4600万立方米商品气量）、质优（气质超国标）、无一时短供、无一日断供的优良业绩，成为中亚两国三气源的主供气源、集团公司履行天然气保供职责的主力军。

【开源节流降本增效】 2015年，阿姆河公司结合项目和资源国实际，全员参与、超常思维、多措并施，深入开展开源节流降本增效活动，征集合理化建议400余项，有效实施312项，累计增效8002万美元。其中，优化生产组织机构，第二处理厂采用融合式管理替代原生产总承包模式，在采气厂施行“中心站”管理模式，中土员工混编上岗，较原计划减少中方编制90人、土方编制332人，年节约人工成本1052万美元；通过调整硫黄回收装置尾气灼烧炉控制温度、优化脱硫再生塔降温运行、启运脱硫脱碳装置水力透平回收吸收塔高压能量，减少溶液泵电力消耗，控制公用能耗等措施，日减少自耗气10.14万立方米，日节约用电1.72万千瓦·时，日节约用水501吨，2015年节约操作成本525万美元；不断加大萨曼杰佩增压基本设计深度，开展多专业联合审查，通过优化流程、机组互用、并联运行、取消备用等优化措施，机组由18台降低到12台，总装机容量由63兆瓦降低为41.9兆瓦，节约总投资约6100万美元；通过实施分级预算、规模采购、挖潜库存物资、统筹资源配置等措施，两厂工器具和物料消耗节约费用 120 万美元。通过合同复议，钻井成本降低 1%，老井修井日费降低 5%，2015 年节约钻井成本 162.3 万美元，修井成本 42.9 万美元。

【经营管理】 2015 年，阿姆河公司紧紧抓住一季度“量价齐高”、二三季度“量稳价优”，四季度“量高价平”的有利时机，强化生产管理，细化组织运行，增产增效；针对 A 区和 B 区不同分成比例，深入开展经营策略研究，提出了 A 区“两优”“两增”和 B 区“两加”“两提”的策略，迅速实现中方 A、B 区收入增长接替，弥补 A 区中方收入比例降低给中方完成季度和年度预算造成的不利影响。同时，针对天然气需求由“全年保供”到“季节保供”，再到“时段保供”的现实变化，以及天然气价格持续下降的不利局面，综合分析制约项目效益实现的瓶颈因素，开展了“价、量、本、利、区、季”的动态分析，根据效益预测，精细排产上产，把控投资节奏，确保公司收益最大化。

【安全管理】 贯彻“安全为天”理念，牢固树立“环保优先、安全第一、质量至上、以人为本”的方针，认真落实“零事故、零伤害、零污染、零缺陷”的 HSE 目标，规范推进 HSE 管理体系建设，狠抓责任落实，强化源头治理，“三一机制”常抓不懈，“三线原则”深入人心，“两个挂钩”持续推进，安全理念入脑、入心。项目运行 8 年来，未发生一起重大安全责任事故，经过全体员工特别是现场领导、员工的常抓不懈，截至 2015 年 12 月 31 日，阿姆河公司累计实现 18205 万人工时生产安全无事故。

【生产建设保障】 2015 年，阿姆河公司生产系统稳定，具体体现为井口产能稳、生产装置稳、供水供电稳。加强动态监测和分析，合理配置产量，充分发挥井口能力，确保生产平稳；大力开展尾项治理及隐患整改，生产装置安全得到显著提升；加强现场分析，解决瓶颈问题，实现挖潜增效。通过成功组织更换 Cha-104D 三级节流阀后，该井日均提产约 12 万立方米；主动配合厂家人员实施检修，确保装置正常生产运行。组织承包商对处理厂 32 台不满足工艺生产和安全需要的 6 种不同型号规格的气动切断阀执行机构进行更换和调试，并加工轴套嵌入焊接，确保及时安装，减少装置放空。为确保今冬明春稳产保供，利用国内用气淡季，从 10 月 1 日起对第一、第二处理厂开展全停检修作业；全体参战员工本着“早复产、早供气、多创效”的理念，精心组织、争分夺秒、高效实干，检修作业高质、高速推进，一厂和二厂分别提前 4 天和 40 小时完成全停检修，恢复正常生产，有力保障了生产装置“安、稳、长、满、优”运行，为完成冬春保供任务和实现全年生产目标打下坚实基础。自备电厂扩建项目提前 10 个月竣工，同时加强设备维修保养，水电保障能力不断提升，2015 年供电 1.65 亿千瓦·时（其中自发电 1.45 亿千瓦·时），比 2014 年同期提高 21.6%，孤网运行 257 天；供电可靠率达 99.99%，供水 108.6 万立方米，同比提高 2.96%，日最大供水量达 4849 立方米。

【本土化与公益事业】 2015 年，阿姆河公司上缴各类税费 5.6 亿美元，投资 198.5 万美元开展文化、教育、医疗及残疾人救助等公益活动。

从战略高度和全局视角看待本土化进程，通过系统的跨专业和语言培训，培养一批敬仰中国文化和忠诚企业文化的当地员工。2015 年，随着对当地员工的培养锻炼，有 35 名当地雇员独立顶岗，顶替以前需要由中方担当的岗位，同时中方人数比 2014 年减少 10 人，减少 3%。阿姆河公司具有汉语基础的土方员工达 300 多人，占土方员工的 15%，其中能熟练运用汉语工作交流的有 150 人。

（李　钢）

中亚管道有限公司

【概况】 中亚管道有限公司简称中亚管道，于 2007 年 9 月在北京成立，主要负责中亚天然气管道的建设和运营管理。与所在国股东合资成立的中乌合资公司 ATG 与中乌 D 线合资公司 EGP、中哈合资公司 AGP、哈南线天然气管道合资公司 BSGP、中塔天然气管道合资公司 TKGP，独资成立中吉天然气管道公司 TTGP，分别运营所属的中乌天然气管道项目、中哈天然气管道项目、哈南线天然气管道项目、中塔天然气管道项目和中吉天然气管道项目。截至 2015 年底，有中方员工 457 人。

2015 年，中亚管道实现输气 329.5 亿立方米，管输收入 21.34 亿美元，合并利润 3371 万美元，“三控制一规范”指标顺利完成，QHSSE 业绩优良，连续 8 年安全生产无事故（表 1）。

表 1　中亚管道公司主要经营指标

指　标	2015 年	2014 年	2013 年	2012 年	2011 年
输气量（亿立方米）	329.5	311	292	241	159
管输收入（亿美元）	21.34	19.8	17.6	14.7	9.8
利润（亿美元）	0.3371	3.2	1.4	0.35	9

【降本增效】 2015 年，中亚管道面对管道持续低输量的局面，紧盯效益考核指标，严格制定总部机关、各海外项目、合资公司成本费用控减指标，建立关键财务指标预测模型，定期跟踪、滚动预测，及时提出盈利风险预警，层层分解落实，上下共同努力，降本增效成果显著。

工程建设投资得到有效控制。中哈、中乌项目强化合同管理和税收筹划，严格控制 C 线变更索赔，优化 PMC 和 TPI 人员策略，有效控减投资约 9000 万美元。哈南线项目严控承包商坚戈贬值补偿，协调 KTG 财务援助，累计节约投资超过 1.8 亿美元。中塔项目持续优化隧道伴行路路由方案，调减概算超过 1000 万美元。中吉项目成功应对征地补偿价格上涨诉求，控减征地补偿款约 450 万美元。

开源节流效益显著。加强协调努力增加输量，推动 A/B/C 线哈萨克斯坦段管输费上调，增收 2750 万美元；哈南线项目联合哈方股东，争取到哈萨克斯坦反垄断委员会按等值每千立方米 60 美元管输费水平和定期根据汇率变动调整机制的批复。中哈项目推动储备资金利率上调增收约 800 万美元，实现第一批增值税返还额度中最后 371 亿坚戈顺利到账，第二批增值税返还方案初步达成，回收第三次下载气损失补偿款 3574 万美元。

成本费用大幅节约。中哈项目策略延后 C 线线路和 2、4、6、8 号站国家验收，减少当期折旧、财产税和财务费用等合计 1.9 亿美元。完善模拟仿真模型，优化 A/B/C 线输量和管存控制，持续节能监测，2015 年自耗气同比降低 1.95 亿立方米，节约成本 2770 万美元。抓住当地货币贬值契机，严格控制服务商调价；持续优化外委服务项目及合同模式，不断提高自主维护能力，实现外委服务费用控减超过 1000 万美元。ATG、AGP 获得国家开发银行利息税豁免，2015 年节约利息代扣税 4389 万美元。2015 年，付现成本较预期降低 1.8 亿美元。

【工程建设】 2015 年，中亚管道建设任务顺应形势，紧盯效益，统筹策划，把控节奏，确保管道建设优质安全的同时，为提高效益做贡献。中哈项目各环节加强管理监督，合理控制建设节奏，没有发生变更索赔事项。中乌项目做好工程收尾，严格控制变更索赔。哈南线建设重大问题升级管理，强化股东协调，长期悬而未决的概算不足、调整概算受阻等复杂问题逐项得以化解，巴佐伊站、通信 SCADA 和二阶段线路等重点 EPC 合同补充协议完成签署，实现巴佐伊站 5 月 20 日开工。应对哈萨克斯坦政府希望二阶段线路提前投产献礼的诉求，提前 138 天实现短流程一次投产成功。面对 D 线实施计划延迟，中亚管道应对形势变化，一方面积极汇报，争取有利政策；另一方面抓住时机，夯实前期工作基础，加强本质安全设计理念。中乌项目及时完成预可行性研究技术部分编制和线路详勘工作；中塔项目完成 ASME、API、IEC 等国际规范在塔吉克斯坦注册，项目实施方案及招标准备工作完成；中吉项目协调政府同意采用 ASME 设计标准、完成详细勘察和初步设计；新疆公司完成境内段国家核准工作，完成详细勘察和初步设计。

【管道运行】 2015 年，中亚管道确保安全平稳输气，努力增收节支，持续优化运行管理。完善跨国协调机制，动态掌握上游生产信息，冬季协调上游资源多进气，夏季协调国内市场多接气，完成 A/B/C 线输气 316.8 亿立方米；哈南线协调股东和 ICA 做好管道运行维护和管理，确保管道运行安全平稳，完成输气 12.69 亿立方米。充分发挥跨国调控一体化优势，持续优化管存控制，开展机组性能测试，完善模拟仿真模型，实现全线耗气同比降低 26.7%。完善运行管理体系，高质量完成“十三五”生产运行专项规划编制；完成 10 个专业 33 册 126 个技术标准编制，为运行管理水平提升夯实基础；开展标准化站场建设，编制 WKC2 站和 CS6 站《站场标准化作业手册》，中哈项目完成 CS6 站 HSE 目视化建设，推动 QHSE 体系与管道运行管理相融合。规范和强化设备管理，与关键设备厂家建立沟通机制，确定压缩机组、空压机中大修模式及外委服务模式。中哈项目制定压缩机组安全库存标准，完成物资消耗标准文件编制；中乌项目编制设备运行维护和维检修计划全年大表，完成压缩机、发电机组和空压机保养，并对存在风险的管件进行更换和改造，有效排除故障隐患。2015年压缩机组千小时故障率同比下降43%，非正常停机次数同比下降48%。持续推进管道完整性管理，开发中亚管道完整性管理系统，ATG、AGP实现外网登录，ATG、AGP和BSGP的16名人员通过管道完整性管理培训认证，完成哈C线管道内检测、乌A/B线管道外检测和A/B/C线20处、哈南线7处内检测开挖验证。开展站场控制功能完善改造，完成站场逻辑梳理，形成站场控制功能统一规范，UCS3站完成试点改造。进一步完善应急维抢修体系，在中国成功举办第一届中亚管道公司维抢修技能竞赛，以能力评估和技能竞赛促进能力提升。有效建立外部支持体系，与多家单位建立合作关系，组建生产运行团队专家组，现场指导和远程指导相结合，提升运行专业管理技术水平。

【质量安全环保】　不断夯实QHSE管理基础，有效管控安全环保风险，绩效持续优良。截至2015年底，中亚管道年度完成1872万人工时，车辆行驶1772万千米，未发生一般A级及以上工业生产安全事故。百万工时损工率（LTIF）、总可记录伤害率（TRIR）及百万千米交通事故率（VIR）三项关键HSE指标，年度数据0.32、0.59、0.17，位列国际同行先进水平。监管高风险隐患排查及整改过程，对管道内外检测和重大遗留问题整改实施全程跟踪监督，参与站场标准化管理方案准备，指导C线、哈南线二阶段新建工程投产风险防控，完成D线工程招标文件HSE条款内容设计，协调补齐A/B/C线国内段合规管理短板，确保HSE风险持续有效受控。编制和修订42项HSE标准，建立HSE培训需求矩阵，顺利完成"十三五"QHSE专项规划，HSE管理职责逐级传递，持续夯实HSE管理基础。中哈股东间HSE联合监管机制在工作层面得到固化，中塔、中乌股东间HSE沟通交流良好起步；HSE绩效评价纳入PPAD考评，员工"一岗双责"意识普遍增强，顶层设计成果初步显现。中亚管道综合性总体应急预案升级版发布，生产运行业务预案体系进一步完善；中乌、中哈项目运行领域突发事件72小时自主维抢修能力基本建成，应急管理成效显著。

【股权合作】　推动和落实与国新公司的合资合作，实现股权价值大幅增加。在2007年A/B/C线项目公司创立之初确定的低资本、高负债的资本结构和对等股权非合并报表的股权架构安排，是股权合作大幅增值的前提条件。中亚管道高质量快速度建成项目和安全平稳足量输气，保证前期项目盈利和充沛的现金流，为潜在投资者带来投资信心。股权合作前后历经三个年头，中亚管道支持和配合集团公司、海外勘探开发公司，调整估值方法力求增值，优化交易方案规避风险，倒排计划夜以继日，销项管理突破难点，于2015年12月15日收取交易对价款23.27亿美元，初始投入的5.065亿美元增值8.18倍，是集团公司有史以来最为成功的资本运作项目之一。

【管理提升】　2015年，中亚管道持续追求卓越，夯实世界先进水平国际化管道公司建设的管理基础，提升管理效率和水平。

充分发挥战略规划的引领作用。顺应形势变化，战略研究适时扩展视角，强化国内天然气市场信息搜集，及时跟踪反映油气市场、世界经济、中亚地缘政治的发展变化趋势。以"十三五"规划编制为契机，严密测算投资、成本和效益水平，及时提出"十三五"期间"现金流为正保生存，考核利润为正保民生"工作目标和要求，明确成本费用控制方向。坚持问题导向和目标导向，持续深化"十三五"总体规划和"生产运行""人力资源""信息化建设""HSE建设"4个专项规划编制，以利润和现金流指标为约束，制订分年工作安排。规划引领作用与生产经营实践实现有机统一。

持续完善管理制度体系。总部开展管理制度梳理工作，颁布《管理制度制定、修订和废止管理办法》，废止制度39项，梳理需新增制度69项，完成12项制度制定。编制《股东事务管理规定》，建立沟通渠道和机制，提升股东事务管理效率。规范和细化全面预算管理，做好季度分析和跟踪，及时调整工作策略和措施。完善会计共享中心建设，建立项目统一核算标准和管理标准，提升财务报告的质量和效率。制定《风险损失事件管理细则》，推动海外合资公司建立风险管理体系，加强内部风险防控。发布《技术档案管理办法》和《技术标准管理办法》，梳理和制定行政管理办公流程和标准，提高服务水平和效率。中哈项目颁布中方会计手册规范中方账管理，推动成立项目预算管理委员会；完善合资公司管委会议事机制、内控体系及ISO机构设置，推进管理体系规范运行。中乌项目在合资公司层面试行KPI绩效考核，哈南线项目以运行IMS体系为手段，使IMS文件成为合资公司日常管理的指导性文件。中塔和中吉项目分别制定各类规章制度、管理程序、标准文件52项和43项，使项目公司开展工作有章可循。

人力资源管理更加规范有效。实施用工总量控制，2015年优化用工625个，中方员工成本较计划下降19%，合资公司人均人工成本同比下降2.6%。进一步完善PPAD管理制度，由年度考核变为季度考核；中哈、中塔、中吉项目公司按计划完成PPAD体系文件编制及印发，哈南线开展人员测评淘汰。按照“保重点、保海外、保一线、保基层”的原则，适度调整薪酬分配，海外员工薪酬保持稳定，境外项目公司市场化薪酬体系建设取得进展。制订国内外轮岗试点方案，以人力资源系统为试点开展轮换。开展对标研究，深入、细致完成“十三五”人力资源专项规划。在充分调研和广泛征求意见的基础上，建立海外家属反探亲制度，对稳定项目中方队伍、调动工作积极性发挥重要作用。

持续推进信息化建设。拓展统一信息平台功能，推广移动办公，提升办公自动化水平。对生产经营数据进行整合，实现公司生产经营信息集成平台上线运行，为生产经营决策提供有效支持。开发PIS系统风险管理模块和PPS生产运行管理系统隐患管理模块，实现风险管理和隐患管理的信息化和标准化。着手研究制订EAM系统建设整体实施方案，提升运行管理信息化水平。加强信息安全管理，对总部和海外项目终端计算机开展信息安全检查。深入开展需求调查，充分借鉴信息化建设先进经验，完成“十三五”信息化专项规划编制。

员工素质能力有效提升。围绕建设运行两大主业，开展一系列员工培训，推动学习型企业建立。组织完成第一期建设项目管理手册宣贯推广暨工程建设项目管理培训班，广泛推广建设管理经验；利用互联网便捷方式组织国内外运行人员同步学习，开展《输气工》初、中级理论知识测试，强化运行人员的专业知识和技能。举办首届基层党支部书记培训班，提升基层党组织干部工作能力；对中塔、中吉公司中外方管理人员进行ERP实操培训，实现ERP在两个项目公司的推广和应用。各项目紧扣生产经营主题，积极组织开展培训，2015年中亚管道和中方项目组组织和参加各类培训超过2000次，参加人数超过1万人次。完成业余外语学习和达标考核，达标率100%。

【党建及干部队伍建设】 2015年，中亚管道扎实开展“三严三实”专题教育，党委书记率先垂范，以视频形式为国内外全体党员讲党课，两级党组织班子成员29人深入一线为广大党员上党课。深入开展学习研讨，高质量开好专题民主生活会，着力解决突出问题。将“一带一路”战略背景下的形象建设与“重塑中国石油良好形象”大讨论活动相结合，大庆精神、铁人精神的传承发扬成为活动的重要元素，乌兹别克斯坦项目青年辩论赛、“塔什干”精神大讨论、塔吉克斯坦项目规范员工行为准则等丰富多彩的活动载体，让大讨论接地气有人气，“我为石油合作做贡献”主题活动将“重塑中国石油良好形象”工作引入合资公司。两级党政领导班子中心组2015年集体学习70余次，领导干部以自学方式学习政治理论正在逐步成为习惯。健全公司纪委、所属项目党委纪委等组织机构，配齐党委书记、纪委书记等专兼职干部，党群工作力量得以加强。加强以党支部建设为核心的基层建设，党支部书记培训效果明显，“六个一”党支部创建全面部署基层党支部建设逐步加强。“一带一路”主题征文、“降本增效案例征集”“好书荐读”等活动加强了与基层员工的互动交流；以微信为代表的新媒体成为快捷有效实用的宣传载体，新版网站正在逐步发挥“报纸、杂志、电视台”作用，以“一带一路”“冬季保供”为主题策划的外部宣传，由新华社、《人民日报》、中央电视台等主流媒体在全国“两会”期间等重要节点予以传播，为中国石油赢得正能量，宣传工作取得成效。成立两级工会组织，出台《关爱员工行动方案》，正式建立职工代表大会制度，召开中亚管道一届一次职工代表大会；完成团总支换届选举，结合青年特点开展特色活动，工会和共青团作用得到发挥。

（杨　帆）

中国石油集团东南亚管道有限公司

【概况】 中国石油集团东南亚管道有限公司简称东南亚管道，是集团公司直接投资、直接管理的国际化公司，成立于2009年7月，注册资金110亿元，主要承担中国四大能源通道之一的中缅油气管道项目设计、建设与运营。

截至2015年底，东南亚管道机关设置职能处室14个，直附属单位4个，临时机构3个，下属二级单位5个，在册员工335人。

中缅油气管道工程天然气管道起点位于缅甸西海岸兰里岛，经若开邦、马圭省、曼德勒省和掸邦，从云南瑞丽进入中国。天然气管道长793千米，设计年输量120亿立方米，管径1016毫米，设计压力为10兆帕，钢管材质X70。中缅油气管道工程原油管道起点位于缅甸西海岸马德岛，经若开邦、马圭省、曼德勒省和掸邦，从云南瑞丽进入中国。原油管道长771千米（全线与天然气管道并行或同沟敷设），设计年输量一期1300万吨（二期2300万吨），管径813毫米，设计压力6—13.5兆帕，钢管材质X70。与原油管道配套的30万吨级原油码头，位于缅甸西海岸皎漂湾内的马德岛北岸线的东端，占用马德岛岸线长度为800米。中缅天然气管道项目，由4国6方即中国石油、大宇国际集团、印度石油海外公司、缅甸油气公司、韩国燃气公司、印度燃气公司共同合资建设。中缅原油管道项目，由中国石油和缅甸油气公司合资建设。截至2015年12月31日，已安全平稳运行899天，累计输气87亿立方米。原油管道于2014年5月30日机械完工，2015年1月30日实现管道试投产暨马德岛港开港投运，成功接卸第一船原油。马德岛港已成为缅甸第一座现代化的大型国际原油码头。

【工程建设】 2015年，东南亚管道强化项目管理，解决雨季过长的矛盾；专家技术组攻克8大控制性工程，其中卡拉巴海沟穿越工程创造了世界管道穿越82米的最深纪录；实施乙供物资甲控管理，扭转1A标段进度滞后问题；招标选商、土地赔付及物资采办严格执行国际惯例，杜绝纠纷；管道线路焊口一次合格率98.68%，管道深埋合格率100%，确保两大管线准时投用。

【安全环保】 2015年，东南亚管道完成管道地震安全性测评和地质灾害危险性评估、采用独立环境监理模式；贯彻“有感领导、直线责任、属地管理”原则，完成QHSE体系升级换版；沿线有专、兼职安保管理人员9名、189名保安、120名缅甸武装警察及112名军人保卫管道重点目标，构筑安保立体防护体系。

【社会公益】 2015年，东南亚管道在缅甸实施社会公益项目118项，涵盖医疗卫生、教育、供水供电、道路、通信等多个领域。项目启动至今，缅甸当地用工累计达到290万人·工日，共有226家缅甸企业参与项目建设，切实造福当地社会。

【业务拓展】 2015年，东南亚管道完成CNG项目合作框架协议，股比已经确定（中方51%、缅方49%），完成双方股东报批；完成中缅原油管道沿线炼厂项目预可行性研究，项目规模为350万吨/年和500万吨/年；完成LNG项目前期研究工作，包括LNG码头初步勘察、浮式LNG与岸基LNG方案比较。

（蔡丽君）

中国石油天然气集团公司俄罗斯公司

【概况】 中国石油天然气集团公司俄罗斯公司简称俄罗斯公司，成立于2007年9月，列集团公司直属企事业单位序列，属海外地区公司，行政上由集团公司直接管理，业务上归口海外勘探开发分公司管理，在册员工46人。俄罗斯公司主要职责是：根据集团公司国际化发展战略和总体规划，组织编制中俄油气合作发展建议规划和年度生产、投资建议计划，经批准后组织实施；组织开展中俄油气合作项目前期的调研、评价、投标、谈判和签约等工作；组织实施中俄油气合作勘探开发项目、原油和天然气管道合作建设项目、天然气下游市场合作开发项目等；参与组织协调中俄石油上下游合作、长期贸易以及国内队伍参与俄罗斯油气技术和工程技术服务等项目。

【业务发展】 2015年，全球政治经济形势复杂多变，国际油价持续下跌，海外油气业务面临较大冲击，对外油气合作承受较大的经营压力。俄罗斯公司以实施亚马尔项目为重点，努力推动各项工作。

1. 亚马尔项目工程建设稳步推进

亚马尔项目主体工程建设顺利推进。俄罗斯公司克服专业复杂、人员不足等困难，努力协调推动解决主体工程总包商和中国分包商在设计、制造和物流方面遇到的困难，保证项目各项工作按计划推动，截至2015年底，项目主体工程天然气液化厂建设进度达到43.5%。第一列生产线建设进度超过50%。亚马尔项目已成为全球同等规模 LNG 工程执行最顺利的项目。

天然气液化厂模块在全球 10 家模块厂开工建设。俄罗斯公司亚马尔项目天然气液化厂采用模块化建设，10 个模块厂中有 7 个位于中国，截至 2015 年底，工艺和公用工程模块制造累计开工 105 个、管廊模块（SPP）制造累计开工 203 个，模块厂完成约 5700 万人工时，完成总体进度约 45%。

4 座液化气储罐全部封顶。经过严密组织，精细施工，俄罗斯公司亚马尔项目克服北极地区外罐浇注窗口期短等困难，顺利完成 4 座 LNG 储罐的外罐浇注。4 座储罐全部封顶，1 号、2 号罐已开始内罐施工。4 号罐外罐混凝土施工仅用 21 天，创造北极地区施工新纪录。

2. 亚马尔项目勘探开发工作进展顺利

优化井位部署和地质设计，油气井试产获得高产。截至 2015 年底，俄罗斯公司亚马尔项目已完钻开发井 41 口，天然气和凝析油测试产量均高于开发方案规划产量，其中单井绝对无阻流量 1000 万米^3/日以上的井占 15.6%。

设计优质高效的北极钻机，保证钻井安全和效率，降低钻机动迁数量。为克服北极暴风和严寒对钻井的影响，俄罗斯公司亚马尔项目联合钻机生产厂商设计了针对亚马尔项目的北极钻机，钻机工作效率大大提高。考虑到现有钻机的高效运行和已钻井的产能潜力，2015 年俄罗斯公司亚马尔项目将钻机从原计划的 5 部减少到 4 部，第 4 部从中国宏华采购的 ZJ 70 DBS 北极低温电动钻机安装完成。

3. 加强投资控制，提高经济效益

积极开展合同复议和机构重组，切实推动降本增效。俄罗斯公司积极推动与项目承包商、服务商、供应商的合同复议，包括 LNG 厂散件的运输分包价格复议、自行式液压平板车的分包价格复议、模块中转场地分包价格复议和模块运输方案的优化等举措。俄罗斯公司还根据项目发展的客观实际，及时调整机构设置，注销关闭无效益的实体公司，降低费用支出。上述举措与建议在海外板块 2015 年度“开源节流、降本增效”员工合理化建议评选中获一等奖 1 项、二等奖 2 项和三等奖 3 项。

寻求政府支持，创新融资模式，获取低成本融资。为降低投资风险，提高股东利益，俄罗斯公司亚马尔项目努力推动国际出口信贷机构参与的项目融资，获得包括中资、俄资和西方银行在内的多家融资机构的贷款承诺函。为应对西方制裁，俄罗斯公司亚马尔项目积极寻求俄罗斯政府支持，2015 年通过发行债券方式获得俄罗斯政府主权财富基金 1500 亿卢布的低成本融资，大大降低股东融资数额。

加强应收账款管理和增值税返还工作。通过加强应收款管理，俄罗斯公司亚马尔项目应收款余额从 2015 年初 1.82 亿美元减少到 2015 年底的 3727 万美元，清欠金额达 1.45 亿美元。增值税返还工作有条不紊，2015 年返还增值税 3 亿美元。

4. 重视项目安全环保，规避潜在风险

对标国际标准，强化 HSE 风险防控。俄罗斯公司亚马尔项目的 HSE 管理体系经过多次专家审核，获英国标准协会（BSI）颁发的 ISO 14001 国际环境管理体系和 OHSAS 18001 国际职业健康与安全管理体系的双认证证书，与国际通用标准实现对接，强化 HSE 风险防控能力，为项目绿色、安全、可持续发展奠定坚实基础，提升俄罗斯公司国际公信力与市场竞争力。

优选钻井液处理方案，规避安全环保风险。为降低油气作业对北极环境的影响，俄罗斯公司亚马尔项目实施最严格的环保标准，通过对钻井岩屑和钻井废液无害化处理，每口井可以回收 49 立方米钻井液润滑剂，预计 208 口生产井可以节约 1000 多万美元，处理后的固体废弃物转化为建筑材料用于回填土石方或铺路，这一举措将极大地保护北极地区生态环境，进一步提升项目的绿色声誉和社会形象。

降低航空风险，自备机场加快投入商业运营。由于北极暴风雪频繁，为降低直升机飞行风险和人员运输成本，俄罗斯公司亚马尔项目在油气田现场修建了能起降大飞机的自备机场，并推动俄罗斯政府相关部门在最短的时间内完成航空飞行安全审查，2015 年 2 月 2 日自备机场正式投入运营。截至 2015 年底，完成 1252 次航班起降，运送乘客 105510 人次和货物 1353589 千克。

5. 抓住机遇，提升中国石油海外液化气工程建设管理能力

推动大型液化气工程建设的人才和技术保障建设。借应对欧美可能实施对俄罗斯技术制裁的担忧，俄罗斯公司亚马尔项目推动中国寰球工程公司完成亚马尔液化气项目替代工艺研究，并多次组织中国石油液化气工程建设的专家参与重大技术问题的研究和决策，进一步提升集团公司大型液化气工程建设人才建设和技术保障能力。

打造业主监造团队，加快与国际先进管理水平接轨。为提高模块化建设管理能力，俄罗斯公司亚马尔

项目组织中国石油下属的天津中油锐思技术开发有限责任公司组成约30人的管理团队代表业主参加监造中国模块厂模块制造工作。

6. 积极推动北极航道开发利用，为中国航运业开拓新商机

推动北极航道开发利用，提高中国对外贸易整体竞争力。北极航道是连接中国与欧洲最短的海运航线，比传统航线节省1/3的航程，被称为连接亚欧的“黄金水道”，开发和利用好北极航道可以大大提高中国对外贸易整体竞争力。俄罗斯公司亚马尔项目通过推动俄罗斯政府发放通航许可和与俄罗斯原子能破冰船队签订保运协议，积极推动北极航道开发利用，2015年包括中国航运企业在内的8条货船通过北极航道将7个模块和7万运输吨散件运抵现场。

积极推动中国航运企业参与产品运输，带动中国船舶制造业技术升级。俄罗斯公司创造机遇，积极推动中国航运企业参与亚马尔项目液化气和凝析油的运输业务，在2014年引进中国远洋运输集团和中国海运集团参股10条抗冰级LNG运输船的长期服务项目基础上，2015年还引入中国外运长航集团参与剩余5条抗冰级LNG运输船运营。在俄罗斯公司大力推动下，中船集团下属的广船国际在2014年承接2条模块运输船的建造合同后又中标1条抗冰级凝析油轮建造任务，强势带动中国造船业技术升级。

7. 持续推进俄罗斯油气新项目筛选和评价工作

在重点做好亚马尔项目的同时，俄罗斯公司始终持续关注俄罗斯上游新项目的寻找、筛选和评价工作，多渠道关注、搜集俄罗斯油气上游信息，2015年筛选10个新项目，初评俄罗斯北极天然气公司参股项目、俄气石油参股项目等5个项目。此外，俄罗斯公司继续参与万科新项目的技术交流和商务谈判工作，结合在其他合资合作项目中的工作经验，在中方进入万科项目后的联合管理和技术服务方面提出有针对性的合理化建议。

【企业管理】 加强党建工作，为推进对俄合作提供政治保证。截至2015年底，俄罗斯公司党员38人，占公司总人数的82.6%。俄罗斯公司严格依标准、按程序推荐选拔德才兼备、群众支持的干部。建立起系统绩效考核体系和激励约束机制，公司党委提出“不让一个干部在政治上倒下，不让一个干部在经济上倒下”。2009年至今未发生任何违法违纪现象。

广泛宣传项目，重塑良好形象。为重塑中国石油良好形象，俄罗斯公司亚马尔项目2015年组织《人民日报》、中央电视台、《中国科技日报》、《法制日报》等多家媒体记者团，飞往北极进行实地采访。中俄两国电视台、电台多次播出亚马尔项目新闻，中俄两国报纸在重要位置刊发亚马尔新闻，微博、微信也大篇幅刊发亚马尔项目专题文章。通过组织开展“挺进北极—传承丝路”宣传，通过网络、报纸等媒介对亚马尔项目进行全方位介绍和宣传，借此树立“国际中石油”形象。

（王占东）

工程技术服务企业

中国石油集团西部钻探工程有限公司

【概况】 中国石油集团西部钻探工程有限公司简称西部钻探，成立于2007年12月底，以钻井、测井、录井等石油工程技术服务以及装备研发、制造与销售为主营业务，国内主要服务于新疆、甘肃、青海、内蒙古等国内四省区七大油田。有员工20371人，其中合同化员工14375人、市场化员工5240人、劳务工756人；有高级技术职务人员799人、高级技师173人；资产总额185亿元，有各类工程技术服务设备和仪器1万台（套），其中钻机207台。

2015年，西部钻探发展态势整体平稳，完成进尺364.1万米，实现营业收入120亿元，创造利润0.66亿元，超额完成集团公司考核指标，实现稳中有

进、稳中有为（表1）。企业抗风险能力逐步增强。形成内外市场优势互补、各项业务相互拉动、管理提升协同发展的效益增长格局，内涵式发展初步显现。发展根基更加稳固。安全环保基础坚实，反腐倡廉扎实有效，内外关系和谐稳定，为应对各种挑战营造良好环境。

表1 西部钻探主要生产经营指标

指 标	2015年	2014年	2013年	2012年	2011年
营业收入（亿元）	120	137.8	149.39	134	101.6
利润（亿元）	0.66	2.1	2.96	-4.91	-6.76
开钻井（口）	1720	2213	2787	1855	1291
完井（口）	1698	2228	2781	1851	1304
完成进尺（万米）	364.1	417.9	453.2	354.2	323.5
其中，国内	331.04	355.34	383.1	294	281.8
国外	33.06	62.6	70.1	60.2	41.7
固井（口）	1614	2135	28070	2158	1837
综合测井（口）	9328	10078	16610	10500	9320
录井（口）	2376	3226	4976	3150	2582
井下作业（井次）	2142	2259	2228	1997	1627
其中，大修作业	118	205	122	131	273
压裂酸化	1789	1853	1767	1338	1042
试油（层）	249	259	260	243	243

【工作量完成情况】 2015年，西部钻探开钻1720口，完井1698口，完成进尺364.1万米，同比减少7.65万米，下降2.1%。其中国内331.04万米，增加21.9万米，增长7.1%；国外33.06万米，减少29.55万米，下降47.2%。固井1614口，同比减少521口，下降24.4%。综合测井9328井次，同比减少750井次，下降7.4%。录井2376口，同比减少850口，下降26.3%。井下大修作业118井次，同比减少2井次。井下压裂酸化1789井次，同比减少64井次，下降3.5%。试油249层，同比减少10层，下降3.9%。苏里格项目外输天然气8.32亿立方米，同比增加1.51亿立方米。生产凝析油5694吨。三塘湖项目生产商品原油23566吨，同比减少450吨。

【传统市场不断巩固】 2015年，西部钻探面对严峻形势，坚持将市场开发作为危中求机、危中求进的首要抓手，推动主营业务稳定增长。在关联交易市场，抓住集团公司"两个70%、一个50%"政策导向和甲乙方共识增强的有利机遇，及早介入，主动对接，加快运行，增进服务，全年保持均衡高效生产态势。工作量、占有率实现双增长，2015年完成进尺286万米、增长8.8%，占有率提高4.2个百分点，有力发挥保增长保效益的"压仓石"作用，成为西部钻探完成集团公司指标的关键因素。其中，在新疆油田和吐哈油田，以抓早抓快抢得主动，工作量持续增长；在青海油田，进尺达到70万米，再创高原钻井纪录。

【内外部市场持续拓展】 2015年，西部钻探不断完善市场开发机制，在多个市场取得进展。新出队伍3支，中标MMG、PK、咸海等多个总包项目，成功推动哈萨克斯坦工作量提前实施；首次挺进世界油气核心区，阿联酋NDC项目有序推进。在塔里木油田市场，一体化能力不断提升，获塔北20口井总包项目，试油、测井等高端业务占有率持续增长。在玉门油田市场，钻井份额保持稳定，压裂业务实现新突破。在长庆油田市场，合作规模、业务范围不断扩大，各类服务队伍超过30支。

【结构调整】 2015年，西部钻探坚持将扩大总包规模、发展高端业务、优化人力资源作为效益拉动手段，显著提升发展质量。总包成为提效益、促转型重要手段。在内外部市场实现各产业链全覆盖，累计完成环玛湖、扎哈泉等22个区块总包、10余项业务总包，国内总包进尺占比达到55.7%，助推了提质增效。油气风险作业发挥了效益支撑作用。苏里格项目紧盯企地关系瓶颈，积极推进地面建设、老井稳产、新井投产等关键工作，2015年外输天然气商品量8.3亿立方米，贡献利润4.1亿元，在西部钻探保增长保效益过程中贡献突出。专业化技术服务创收创效成果显著。压裂业务加快提升工厂化作业能力，新市场创收超过4000万元；试油、测井业务持续做强高端服务，实现稳内增外，保持较好盈利水平；录井业务大力发展油藏评价，创收能力不断增强；定向井业务成功进入伊朗当地市场。人力资源结构调整取得阶段性成效。2015年，撤并三级机构21个、压缩管理人员400余人，劳务用工数量下降52%，完成优化整合目标；出台推动特殊工种提前退休、女员工产后长休等政策措施，为深化改革打下了基础。

【科技创新】 2015年，西部钻探以科技创新持续提升核心竞争力，一批成果利器加速转化，SAGD磁定位系统、猎鹰套管井成像测井系统、电动液压电缆桥塞坐封工具三项成果入选集团公司新产品目录，雪狼综合录井仪被评为集团公司“十二五”工程技术利器；自动垂直钻井、精细控压钻井服务18口井，创效3000多万元；井下套管阀等技术利器进入一批新市场、新领域，品牌影响力显著增强。

【钻井提速】 2015年，西部钻探以工程技术提速保障市场提效。坚持以重点带动整体，实施标准化作业，规模应用成熟技术，钻机月速、机械钻速同比提高4.1%、4.8%，重点区块提速20%以上；大打“事故复杂歼灭战”，狠反“倒牌子”工程，事故复杂时率控制在3%以内，为拓市场增效益提供保障。通过优质服务树立品牌。高质量完成达探1井、志探1井等集团公司重点探井，在盐北、扎哈泉等多个区块获重大发现，金龙107井、切12井等一批井获高产油流，超深井试油、超高密度固井等服务创出一批新指标。

【经营管理】 2015年，西部钻探突出战略引领，优质完成“十三五”规划编制。突出经营管理，完善预警机制，实行分级防控、背书问责，确保全面受控；稳步推进税收筹划、清产核资，促进管理增效；物资、设备等管理再上新台阶，节约采购资金1.96亿元，机修时率呈现“四连降”。加强合规管理，建立领导干部合规管理责任体系和全员合规档案，各级权限更加明确；开展工程服务招标专项治理，持续推进内控体系运行，加大关键环节审计力度，降低经营风险。信息化建设持续推进。部分现场作业实现动态监测，A12、移动办公平台等项目有序推进，馆藏档案数字化率达95%，视频会议覆盖面更广，运行效率不断提高。

【成本管控】 2015年，西部钻探将降本增效摆到前所未有高度进行推进，明确18项控制目标，量化15项费用指标，综合施策力度进一步加大；持续优化运行、精细生产要素控制，其中在克拉玛依油田、吐哈油田、青海油田等地施工的钻井单位在优化人员管理、降低单井成本上成效突出，固井公司、三塘湖项目在控制单车成本、降低油气操作费等方面见到实效；海外各项目成本费用均实现硬下降，阿克纠宾项目目标成本管控效果明显，阿克套减员增效做法被集团公司推广。

【安全环保】 2015年，西部钻探结合新《安全生产法》和《环境保护法》，不断完善HSE职责，健全规章制度11项，各级安全主体责任和属地管理职责有效落实；深入开展标准化队站建设、加强HSE新工具新方法应用，体系运行质量不断提高。坚持问题导向，推进以井控、危险化学品为重点的安全大检查，加强特殊区域、重点环节监管，确保全面受控。始终将井控作为重中之重，突出责任落实、风险评估与能力提升，完善区域、专业、岗位三结合管控模式，对96个区块进行分级评估，推进基层操作岗、关键岗、两级机关管理岗人员分级培训，井控管理水平和处置能力显著提升，确保万无一失。坚守环保红线，推广钻井液不落地等“四新”技术11项，实施清洁生产方案45个，污染物排放综合下降7.4%；加大技术措施力度，处理钻井废弃物、压裂返排液70井次，应用“油改电”89井次，替代柴油2.6万吨，绿色发展能力不断增强。海外防恐及社会安全工作扎实有效，确保队伍平安。2015年，各项管控目标全面完成，获集团公司“安全环保先进企业”称号，高分通过新疆维吾尔自治区年度目标管理考核，所属单位全部达到A类单位标准。

【党建及思想政治工作】 2015年，西部钻探深入开展“三严三实”专题教育、“重塑中国石油良好形象”大讨论活动，进一步培育严实作风，统一思想意识。认真落实党风廉政建设“两个责任”和中央八项规定，建立实施细则与问题清单，开展党内监督专项巡视、电子监察，推进“三超”专项治理，营造风清气正干事环境。完善领导干部选拔任用、考核监督机制，建立能力评价体系与梯次培训机制，提升各级干部服务发展能力。

【和谐企业建设】 2015年，西部钻探各级工团组织贴近基层主动作为，广泛开展劳动竞赛、扶贫帮困活动，进一步凝聚发展合力。11名员工分别获全国和集团公司劳动模范、“十大杰出青年”等称号，带动和促进队伍素质不断提升。有序推进“访惠聚”活动，10名同志先后两批下乡驻村，不畏艰苦，服务群众，增进企地关系，展现公司形象。坚持以维护员工利益来聚人心、提士气，推进民生工程，强化安保维稳，深化矿区协调，确保薪酬福利基本稳定，生产生活条件不断改善，重点阶段平稳有序，巩固民族团结、和谐稳定大局。

（许　均）

中国石油集团长城钻探工程有限公司

【概况】 中国石油集团长城钻探工程有限公司（英文缩写GWDC）简称长城钻探公司，成立于2008年2月，是集团公司直属专业化石油工程技术服务公司。截至2015年底，有各类装备10000多台（套），工程技术服务队伍1600多支，用工总量28000多人，资产总额达到400亿元。主营业务包括钻修井、技术服务、风险总承包三大业务板块，业务领域涵盖石油工程技术全产业链，能够提供全套井筒技术服务，并向油气田前期综合地质研究、工程方案设计，以及油气、非常规资源开发服务等领域延伸。具备较强的工程技术总承包能力，拥有国际知名的中国石油GWDC和CNLC工程技术服务品牌。国内业务主要为辽河、长庆、大庆等18个油气田提供支持与服务，海外业务共有30个项目部（作业区）分布在非洲、中亚、中东、美洲4个大区的33个国家。

2015年，完成钻井进尺269.6万米，实现收入202亿元，分别同比下降34.9%和15.5%；利润同比增长11%，超额完成集团公司下达的业绩指标，并创造历史最好水平。利润总额、市场化程度、高端业务收入所占比例、风险作业能力和水平等重要指标，均排在集团公司同类企业首位（表1）。

表1　长城钻探公司主要生产经营指标

指　标	2015年	2014年	2013年	2012年	2011年
营业收入（亿元）	202	239	246.1	217.7	189
完成钻井进尺（万米）	269.6	413.4	518	454	438

【主营业务】 国际市场：在异常艰难的形势下，2015年，长城钻探公司新签合同额仍然超过21亿美元，高于集团公司同类企业海外签约额的总和，非集团公司市场收入占国际市场总收入比例达80%。在美洲大区，委内瑞拉8台钻修井机续签合同，技术服务市场进一步扩大，新签合同额6.7亿美元；古巴9000米钻机项目成功实施；PDC钻头、钻井液等技术服务业务进入秘鲁、厄瓜多尔市场。在非洲大区，苏丹老油田增产技术服务业务迅速拓展；阿尔及利亚项目中标Sonatrach 4台钻机3+2年服务合同；肯尼亚项目新签4390万美元追加井服务合同。在中东大区，伊拉克鲁迈拉项目以高于原合同50%的日费价格中标4台修井机3+1年合同，新签合同额2.6亿美元；格拉芙20口井总包项目业绩远超竞争对手，成为海外总包业务的典范；伊朗项目中标IOOC、NIOC等多个海上测试合同；阿曼项目以高于市场同类钻机20%的日费价格中标DALEEL 5号钻机等合同，签约额突破9000万美元；阿联酋项目中标NDC 4部钻机。在中亚大区，哈萨克斯坦项目中标1370万美元Falcon项目，签订AMG测井服务项目3000万美元合同；土乌项目签订CNPCIT测试项目2+1年1800万美元合同；印度尼西亚项目中标Jabung区块油基钻井液服务项目。

国内市场：在辽河油区认真落实《钻井工程总承包框架协议》，2015年实施541口井产能建设总承包，投产468口，增油39.6万吨，事故复杂率同比降低20.9%，实现“投资不超、效益不减、互利双赢”。在东部地区，与冀东油田签订战略合作框架协议，新增4台钻机，实现录井、长停井风险合作、井下作业等业务新突破。吉林市场顺利完成龙深3平4井一体化总包施工，凭借良好业绩为扩大单井总包市场创造了条件。在西部地区，长庆市场2015年中标钻机17部，技术服务队伍大幅增长；吐哈、青海、塔里木市场20部钻机工作量延续。延长油矿、中澳煤等外部市场增加11支队伍。2015年，市场开发工作最大特点就是高端市场、总包市场、技术服务市场比例大幅增加，为长城钻探公司实现稳增长目标奠定了坚实的资源基础。

油气风险作业：威远页岩气项目按照"做成、做好、做优"三步走策略，加强综合地质研究，有效预测并钻遇"甜点"；采取"双钻机工厂化作业"+"拉链式工厂化压裂"作业模式，大幅度缩短建井周期；集成应用先进实用技术，有效破解四川威远页岩气开发难题，取得"六个率先"的突出业绩。截至2015年底，开钻39口、完钻27口，压裂26口，单井最高产量突破5000万立方米，2015年累计外输商品气2.95亿立方米，开发效果远超预期。苏里格气田合作开发项目面对征地困难、产建滞后、新增钻井液不落地环保要求等严峻挑战，在产能建设上攻坚啃硬，在生产管理上精耕细作，在老井挖潜上多措并举，在对外协调上全力以赴。2015年完成天然气商品量32.8亿立方米，规模效益和开发水平继续领跑相关合作单位。

【安全环保】 一是HSE管理取得新成果。深入贯彻新《安全生产法》和《环境保护法》，明确各层级HSE职责，深化HSE体系运行，建立全员安全信誉档案，推广女子装炮队安全文化，干部员工安全意识和风险防控能力持续提升。二是区域巡视监督成效显著。健全考核制度和工作流程，实现全方位、常态化、全覆盖巡查，2015年整改隐患9000余项，做到追根溯源，帮助基层提升了HSE管理能力。三是重点领域和关键环节得到有效防控。紧盯"井控、危化品、环境污染、社会安全恐怖事件"等12项重点风险源，检查和防控工作更加务实有效。优化海外社会安全风险防范机制，成功应对南苏丹、伊拉克局势突变。交通、消防、职业健康等工作更加扎实。四是各类隐患得到有效治理。投入资金1.14亿元，落实整改方案，实施分级督办，保证现场隐患治理效果。2015年安全环保工作实现"九个杜绝"，有效遏制了重特大事故，为长城钻探公司实现稳增长目标创造了良好的内部环境，被集团公司评为安全生产、环境保护双先进企业。

【技术创新】 2015年，长城钻探公司技术创新取得丰硕成果。一是国内首套自主研发生产的GW-AH1500自动化钻机通过集团公司鉴定，总体性能达到国际先进水平。二是国内首套具有自主知识产权的GWDYD35-700型独立式35兆帕带压作业机通过集团公司鉴定，初步形成系列化技术工艺。三是远程录井技术率先实现全过程同步控制和实时动态可视化指挥，实现现场与基地一体化作业，总体性能达到国际先进水平。四是剩余油三维评价与挖潜配套技术逐步成熟，在苏丹、哈萨克斯坦等市场取得明显增产效果。五是径向水平井钻井技术达到国际先进水平，成为老井增产增注及辅助压裂的有效手段。六是阵列感应仪器性能显著提高，达到进口同类仪器水平。七是深井小井眼侧钻水平井及增产一体化技术形成年200口以上的施工能力，成为老区挖潜的有效手段。八是钻井信息化平台实现日常管理、数据采集、远程支持、专家决策一体化服务。九是自主研发的滑溜水减阻剂，减阻率高达75%以上，优于国内同类产品，形成系列配套技术。十是自主研发的$9^1/_2$英寸井眼轴向和6英寸井眼径向振动减扭阻工具，降低扭矩和摩阻10%以上，成为钻井提速新的助推器。

【管理提升】 一是合规管理稳步推进，企业管理的合法性、规范性进一步加强。二是生产管理更加周密高效。强化统筹预见性调控，国内外重点项目启动和生产保障水平进一步提高；物资计划审批、响应时效分别控制在1.12天和2.5天以内；设备规范化、标准化管理和监督检查进一步加强，出国配套设备验收通过率保持100%；"四个信息化平台"建设与应用深入推进；钻井提速提效取得新进展，在4000米以上深井比例增加33%的情况下，平均机械钻速同比提高2.9%，可比钻井周期缩短2.05%，事故复杂率同比下降10%。三是人力资源管理富有成效。2015年有5199名关键岗位员工得到职业晋级，后备人才、"三支"人才队伍建设，以及岗位任职资格管理工作有序推进，组织实施各类培训6.9万人次。四是降本增效成果显著。投资规模和结构进一步优化，2015年投资总额38.8亿元，同比下降15.5%，其中油气风险作业投资占61%，工程技术服务投资的70%以上用于保障国际市场。贷款规模同比降低33.1亿元，节约利息支出3200万元；非生产性支出同比减少1.47亿元，业务招待费在2014年下降40%的情况下再降53%；两级物资集中采购度达到96.2%、物资库存同比降低9.2%，2015年调剂闲置积压物资4485万元，节约采购资金1.08亿元；全年获得税收返还3.8亿元；应收款回收、汇兑损失应对、亏损项目扭亏等专项工作均取得良好进展。五是质量节能工作继续保持较好水平。2015 年实现措施节能 4468.5 吨标准煤、节水 1.3 万立方米，长城钻探公司顺利通过 DNV 年度 ISO 9001 质量管理体系再认证和能源管理体系第三方机构认证。连续第 7 年被评为集团公司“节能节水先进企业”。

【党建和思想政治工作】 2015 年，长城钻探公司扎实开展“三严三实”专题教育，促进遵规守纪、改进作风。持续推进“重塑中国石油良好形象”大讨论活动，调动广大干部员工的积极性。着力加强思想文化建设。深入开展形势任务主题教育，编制《企业文化“十三五”建设规划》，推广 GW80 队、女子装炮队典型经验，创办“今日长城汇”微信公众平台，受到基层员工的欢迎。持续探索新形势下党委工作有效方法，党建信息化平台日益成熟，海外党组织建设进一步加强，党建基础工作进一步夯实。大力推进党风建设和反腐败工作。落实“一岗双责”保障机制和“两个责任”工作计划，构建权责对等的责任分解体系和完整闭合的责任追究链条。持续抓好“员工创造工程”“员工素质提升工程”和“安心工程”，开创群团工作新局面。加快基层标准化建设。编制《基层队员工操作手册》和《三基工作考核标准》，基层标准化、规范化水平不断提升。

（杨　金）

中国石油集团渤海钻探工程有限公司

【概况】 中国石油集团渤海钻探工程有限公司简称渤海钻探，于 2008 年 2 月 27 日由原大港油田集团公司和华北石油管理局钻探业务重组成立。用工总量 26208 人，其中合同化员工 21206 人，管理和专业技术人员 11538 人；研究生以上学历 404 人，大学学历 7595 人，大专学历 7534 人。2015 年，渤海钻探坚持以经济效益为中心，践行“两全”竞争策略，坚定不移走“管理技术型”发展道路，落实“六个严细”举措，构建“六个长效”机制。

2015 年，在量价齐跌情况下，完成营业收入 192.86 亿元，超额完成集团公司下达的利润指标。完成钻井进尺 412 万米，完成技术服务工作量 2.3 万井次，实现天然气商品量 15 亿立方米，生产原油 4000 吨（表 1）。获集团公司“十二五”十大利器最佳应用奖 2 项；新增集团公司认定自主创新重要产品 2 项；通过国家高新技术企业和国家技术创新示范企业资格复审；实现科技创收 43.6 亿元、增效 8.4 亿元。安全环保井控形势持续稳定，实现“七个杜绝、一个控制”目标，连续 4 年获集团公司安全、环保、节能节水先进企业，在集团公司首次井控评比中获“井控工作先进企业”称号，获国家“‘十二五’企业文化建设安全文化标杆”和天津市“安全文化示范企业”称号，入选中国企业安全生产新纪录榜单。员工收入基本保障，公司整体和谐稳定。

表 1　渤海钻探主要生产经营指标

指　标	2015 年	2014 年	2013 年	2012 年	2011 年
营业收入（亿元）	192.86	230.87	259.67	230.40	175.01
钻井进尺（万米）	412	541.95	759.87	712.72	643
技术服务工作量（万井次）	2.3	2.36	2.77	2.31	1.85
天然气商品量（亿立方米）	15	15.66	15.92	15.01	13.37
原油产量（万吨）	0.40	1.07	0.18	—	—

【市场开发】 2015 年，渤海钻探面对国内市场“寒冬”，加大营销力度，主要市场占有率稳中有升，创收 141.59 亿元，其中渤海湾市场 69.8 亿元，长庆市场 22.8 亿元，塔里木市场 18.7 亿元，新疆、青海、玉门市场 7.25 亿元。面对国际市场激烈竞争，加强技术推介，科学参与投标，创收 51.27 亿元，逆势增

长12.9%，占总收入比例提高6.9个百分点。其中，委内瑞拉市场搞好一体化服务和技术服务布局，创收26.34亿元；伊拉克市场狠抓工作量接续，创收18.4亿元；伊朗市场持续做大定向井规模，创收2.93亿元；印度尼西亚市场优化市场布局，创收2.54亿元。坚持“两全”竞争策略，实施多元化总包，总包收入占比提高2个百分点；发挥技术引领作用，加强技术推介交流，技术服务创收占比提高3.5个百分点；强化战略合作，与冀东油田、青海油田、玉门油田等签订战略合作协议。

【安全环保】 2015年，渤海钻探全面贯彻新《安全生产法》和《环境保护法》，实施体系换版，确立程序文件42个，作业文件372个、作业规程491个。开展体系定级审核、专项审核和专业路审核，在工程技术分公司体系审核中继续名列前茅。在钻井、井下单位增设井控副总工程师岗位，在225口一级风险井落实处级责任人和盯井工程师；开展各类井控检查212队次，查改问题908项，有效控制溢流42井次。投入2亿元安全生产费用，改进现场安全生产条件；设立HSE专项奖励基金，实施奖励600多万元；出台钻井、井下现场用电管理办法，举办用电培训班41期；开展大检查大排查大整治和“回头看”活动，公司领导带队查改问题617项；强化暗查抽查，整改问题4609项；坚持海外社会安全风险动态评估，落实安保三方措施，确保海外人员安全。强化交通、消防、应急和节能减排等重点环节监管，杜绝各类事故。

【科技进步】 重大技术研发项目方面，旋转导向现场试验11口井，单井稳定工作最长时间121小时，最高造斜率8.4度/30米；研发出抗温250摄氏度、密度2.4克/厘米^{3}高温高密度油基钻井液，核心处理剂完全自主化。重大工艺研究项目应用效果方面，塔里木台盆区钻完井提速技术，事故复杂损失时率降低0.97个百分点，创造区块纪录8项；综合防漏堵漏技术，2015年渤海钻探井漏损失时间同比减少45.58%；连续油管作业技术，在国内外应用137口井，创3项区块纪录。科技创新创业情况：3项成果通过集团公司鉴定，均达到国际先进水平；新增科技创业奖2项；获省部级科技进步奖10项，其中“工厂化钻完井和压裂技术与规模化应用”获集团公司科学技术进步奖特等奖；申报专利409件，获授权专利382件，创历年新高。信息化建设方面，扩大A12系统应用范围，覆盖钻井队105支、录井队95支、测井队52支、酸化压裂队16支；“1+12”远程作业支持中心基本覆盖所有深井复杂结构井。ERP系统在板块预考核中名列第一，A7运行水平板块领先。

【经营管控】 2015年，渤海钻探修订领导人员绩效考核办法，提高效益类指标考核权重。调整各事业部及海外项目经理部绩效考核指标，突出市场开发和区域协调职能。完善经营责任制实施办法，增强考核指标针对性。出台国际市场资金支持政策，缓解各单位海外项目启动资金压力。调整生产经营专项奖，有效调动全员积极性。制订“三重一大”决策制度实施细则，开展规范收入分配秩序、严肃收入分配纪律检查，规范部分福利待遇标准。出台招标管理办法，组织收入合同和工程外包合同大检查，规范分包队伍编号和标识，降低经营风险。开展“节支降耗、控本增效”活动，强化顶层设计，明确目标举措，层层落实责任，严格考核督导，同比节支1.82亿元。

【基础管理】 2015年，渤海钻探按照“管办分开”要求，成立招标中心。充实新疆、青海、玉门事业部管理力量，增加安全井控和工程技术管理职能。调整大港事业部、华北事业部管理职能，强化审计和纪检监察管理。成立监督公司，盘活内部人力资源。落实“出四进一”政策，清理长期在册不在岗人员，及时办理职工退休，2015年净减合同化、市场化员工403人。制订一线作业队人员配置指导意见，压缩钻井队12支，2015年共压减劳务用工1600余人。开展劳务工专项安全培训、安全井控管理骨干培训、钻井队干部培训和一线员工安全轮训，共计3.26万人次。组织一体化国际人才培训、工程硕士培养和高级管理知识培训，打造高层次人才梯队。强化一线骨干岗前培训，开展“技术大练兵”。推进基层自我培训，共计5.1万人次。新增集团公司高级技术专家4人、公司技术专家10人；新晋教授级职称6人、高级职称84人；新增集团公司级技能专家2人，2人获2015年“全国技术能手”称号。参加全国石油石化系统“海油杯”测井工竞赛，取得优异成绩。编制完成“十三五”发展规划，明确发展方向和重点。完成渤海湾地区钻井系统工程定额编制，取得阶段性成果。争取投资16.5亿元，出台零购设备投资管理办法，与昆仑租赁公司开展经营租赁，市场急需装备得到保障。推进管理现代化创新，24项成果获省部级奖励。加强质量计量标准化管理，通过国家计量体系AAA级认证。同时，内控、法律、维稳、外事、档案等工作也取得较好成绩。

（刘荣军　马　强）

中国石油集团川庆钻探工程有限公司

【概况】 中国石油集团川庆钻探工程有限公司简称川庆钻探，成立于2008年2月25日，是集团公司全资拥有的工程技术服务企业，享有独立对外经济贸易和经济技术合作业务权。主营地震勘探、钻井工程、井下作业、测井射孔、录井、油气田地面建设、油气合作开发等业务，具有油气工程技术服务完整的业务链。在国内主要服务于西南油气田、长庆油田、塔里木油田，分布于四川、重庆、陕西、甘肃、宁夏、内蒙古、新疆7个省（自治区、直辖市）。海外市场主要集中在土库曼斯坦、巴基斯坦、厄瓜多尔等国家。同时服务于壳牌、道达尔等国内反承包项目以及地方企业。截至2015年底，川庆钻探有二级单位25家、机关处室17个；从业人员40678人，主要施工作业队伍800余支（其中钻井队275支），主要设备1.6万台（套），资产总额414.22亿元。2015年，实现营业收入268.28亿元，实现利润9.61亿元；缴纳税费32.2亿元（表1）。

表1 川庆钻探主要经营指标

指 标	2015年	2014年	2013年	2012年	2011年
营业收入（亿元）	268.28	352.67	434.48	402.18	330.20
利润（亿元）	9.61	13.61	10.13	17.66	10.55

【工程技术服务】 2015年，川庆钻探全力保障油气生产，紧跟各区域勘探开发部署，守承诺重质量，勇担急难险重任务，平稳顺利完成一批重点井、风险探井，优质高效建成一批产能建设重点工程。在四川地区，与西南油气田协同配合，突出保障高石梯—磨溪区块勘探开发，钻井实现23开25完；打成一批龙王庙专层高产井，测试产量均超100万立方米；安岳气田龙王庙净化厂工程全面竣工投产，有力支撑龙王庙气藏三年快速建成100亿立方米产能；雪佛龙川东北净化厂项目竣工投产；北外环三期和江纳线管道工程胜利完工，支撑四川地区能源供应能力进一步提升。在长庆地区，发挥主力军作用，支撑长庆油田稳产5400万吨。在新疆地区，持续突破世界级钻井难题，服务保障油气增储上产，克深902井以完钻井深8038米创中国石油陆上最深井纪录并获高产工业气流。在海外地区，支撑中土天然气合作项目，持续破解土库曼斯坦“六高”气田钻井难题，钻井成功率继续保持100%；巴格德雷80亿立方米改建扩能项目顺利投产；巴基斯坦、厄瓜多尔项目平稳推进。高效推进国内油气战略通道建设，西气东输三线东段第一标段EPC项目主体完工。

【科技发展】 2015年，川庆钻探实施创新驱动发展战略，发挥国家级高新技术企业优势，建成4个国家级重点实验室等高端科研平台。着眼“高端化、产业化、信息化”，持续开展特色技术攻关，2015年承担国家级科研课题9项、省部级重点科研项目73项；获国家技术发明奖二等奖1项、国家科技进步奖2项、省部级科技奖12项；发明专利101件，授权专利共277件。推进高端化升级，关键技术攻关取得重大突破，山地复杂构造精确地震成像与气层识别技术获国家技术发明奖二等奖；优质环保钻井液打破国际石油服务公司垄断，成功进入厄瓜多尔高端技术服务市场；二氧化碳干法加砂压裂技术开创国内陆相页岩气无水压裂先河；超高温超高压射孔器材创国内射孔作业新纪录；超高温超高压油气产量地面测试关键装备填补国内空白。推进产业化发展，技术成果转化成效显著，水基钻井液、清洁压裂液、井下工具、测井仪器等一批高新技术成果加快转化，实现工业化推广，增收创效数亿元；测井射孔弹及配套产品国际市场进一步扩大，创造最大单笔外销合同标的纪录，创效能力持续提升。推进信息化改造，“两化”（工业化和信息化）融合取得新进展，运用互联网、物联网、云计算技术，建成工程技术一体化信息平台并投入使用，具备远程技术支持、视频监控、应急指挥综合一体化功能；亚洲首台TI-350T智能液压钻机投入使用，发挥装备智能化、自动化、信息化优势，实现人员精简、效率提升；首套国产陆地钻机管柱自动化处理系统现场成功应用，进一步降低风险、提高效率。

【改革管理】 2015年，川庆钻探牢固树立“过紧日子”思想，坚持改革不停步，向改革要动力，向管理要效益。持续压减管理层级和富余装备队伍，撤并低效无效机构，优化人力资源管理，控制增量、盘活存量，进一步提升资源配置和利用效率。依托高新技术资源优势，加快发展高难复杂钻井、钻井液服务、储层改造等高附加值业务，推动业务转型升级、提质增效。创新生产组织方式，钻完井推进集群化建井、工厂化改造；地面工程建设实行工厂化预制、橇装化施工、数字化建厂，生产效率大幅提升。推行“基本收入有保障、绩效工资靠效益”和“利润换费用”政策，坚持分配向一线倾斜，强化工效挂钩考核，激励全员增收创效。深化投资、资金、资产、物资等集中精细管控，大力推进资产轻量化，降本节支取得突出成效，有效缓解市场量价齐跌带来的经营压力。坚持依法合规，强化财务稽核、集中审计和效能监察，及时堵塞管理漏洞。深入贯彻中央提出的五大发展理念，精心组织完成“十三五”规划编制。

【安全环保与节能管理】 2015年，川庆钻探牢固树立红线意识，全面对接新《安全生产法》和《环境保护法》，持之以恒推进HSE体系管理。严抓体系建设，健全“党政同责、一岗双责、齐抓共管”责任体系，修订完善各级岗位职责，切实做到“五落实、五到位”；优化机构设置，开展新《安全生产法》和《环境保护法》教育培训，强化全员履职考核；制定公司安全“保命”条款，制修订45项HSE管理制度，全面推行基层“三标一规范”（标准化现场、标准化管理、标准化操作、规范化控制）。严抓风险防控，完善四级风险管控清单，完成84项工艺安全分析，创新应用大数据预警、远程信息化监管手段，强化关键领域过程监管，加强高风险作业监督；结合HSE体系审核，开展安全生产大检查以及民用爆炸物品、放射性物品等专项排查治理；积极配合四川省安全生产监察执法总队检查，全面完成问题整改，确保关键领域、特殊时段、重点环节安全生产。严抓应急管理，全面落实节日期间值班值守制度，完善应急体系，简化应急预案，强化应急演练和支撑，组织公司级应急演练7次，提高第一时间处置能力。严抓清洁生产，形成以岩屑资源化利用、返排液综合利用等为主体的环保技术，推进能源精细化管理，实现节能5935吨标准煤，节水2.86万立方米。全面完成集团公司和四川省政府下达的HSE控制指标，杜绝一般A类及以上生产安全事故发生。

【油气合作开发】 2015年，川庆钻探围绕把四川建成全国最大页岩气生产基地、体制机制示范基地、全国重要装备制造服务基地的目标，发挥一体化工程技术优势，支撑威远—长宁国家级页岩气示范区建设。总结前期实践成果，深化地质研究，优化整体部署，强化技术集成应用，在“目的层找得更准、钻井打得更快、储层改造效果更好”上下功夫，开发效果明显提升，威204井区试气井，平均单井测试产量较前期实现产量翻番；威远风险作业完钻井25口，投产井20口；长宁区域钻井实现开钻井18口、完钻井19口。以水平井钻完井、体积压裂、工厂化作业、清洁化生产为主体的六大类23项配套技术进一步发展，页岩气开发核心技术全面实现国产化；制定并发布页岩气国家标准1项、行业标准5项、企业标准23项。遵守建设项目环境影响评价和“三同时”制度，按照法律程序推进项目建设；发展清洁生产技术，形成以钻井液回收处理、岩屑不落地及资源化利用、返排液综合利用等为主体的页岩气环保技术，实现废物减量化、无害化、资源化，推动页岩气业务绿色清洁发展。

苏里格油气合作区块围绕提质增效，深化精细管理，抓好老区块精雕细刻，实施市场化运作，努力提高投资回报率。2015年开钻井60口，完钻井61口（其中水平井8口，丛式井53口），完成进尺23.56万米，Ⅰ+Ⅱ类井比例88.7%。完成试气井41口，钻探成功率100%。完成新井投产39口（其中水平井5口），投产初期产量90.1万米^3/日。新建产能4.13亿立方米。

【党的建设】 2015年，川庆钻探坚持全面从严治党，严格落实党建工作主体责任，不断加强和改进党建工作。制定《关于进一步加强基层党组织建设的指导意见》《关于加强基层服务型党组织建设的实施意见》，进一步规范基层党的建设。组织开展党建工作专项述职和民主测评，受到四川省国资委党委通报表扬。突出示范引领，公司领导带头到党建“三联”示范点检查指导，总结经验、查找问题、提出措施。将党建工作与“三基”工作有机融合，修订《基层标准化管理手册》，促进基层管理进一步精细化。严格党内政治生活，坚持党支部“三会一课”、民主评议党员等制度，高质量开好民主生活会。加强党组织自身建设，发展新党员280人，培训基层党组织书记1277人次。创新活动载体，开展“创先争优当先锋、建功立业促发展”“党员责任区、党员先锋岗、党员目标管理”

等主题实践活动，涌现出四川省国资委先进基层党组织2个、四川省“优秀共产党员”1人。坚持好干部标准，严格选人用人程序，进一步加强各级领导班子建设。加强人才队伍建设，制定《加强核心技术人才队伍建设的意见》《核心技术人才选聘管理暂行办法》，1人入选国家“百千万人才工程”，新增国务院特殊津贴专家4名，47人进入集团公司高级技术专家、技能专家行列，评审通过副高级职称119人，晋升教授级高级职称10人，培训员工8.25万人次。

2015年，川庆钻探严格落实党风廉政建设主体责任、监督责任，深入学习贯彻《中国共产党廉洁自律准则》和《中国共产党纪律处分条例》，促进党员干部讲政治、守纪律、重规矩。健全完善党风廉政建设责任体系，逐级签订党风廉政建设责任书，重点对党委书记、总经理等五个关键岗位责任内容进行细化，建立党风廉政建设问题、责任、任务清单。强化检查考评，严格责任追究，对考核排名靠后的5个单位党委书记和纪委书记进行约谈，对11名履责不力的处级干部扣减绩效薪酬。加大纪律审查力度，党纪政纪处分209人。积极配合中央和集团公司党组巡视组的工作，自觉接受巡视组的检查、监督和指导，按计划有序推进整改工作，中央巡视组移交的23件信访件全部办结、集团公司党组巡视组移交的12个问题线索核查完毕。

【精神文明建设】 2015年，川庆钻探围绕改革发展大局，深入开展“形势、目标、任务、责任”主题教育活动，宣传集团公司工作会、领导干部会精神，引导干部员工树立危机意识、成本意识和改革意识，主动应对低油价、低成本和市场全面开放的挑战。针对深化改革过程中出现的新情况、新问题，积极开展思想政治理论研究，产生一批优秀政研成果，获中国石油优秀政研成果一等奖、二等奖各1项；获四川省国资委理论研究征文一等奖、二等奖各1项，川庆钻探党委获“优秀组织奖”。认真贯彻《中国石油企业文化建设工作条例》，以大庆精神铁人精神为内核、突出支撑公司发展战略，制订《公司企业文化建设“十三五”规划》。按照集团公司安排，完成《中国石油企业文化辞典·川庆分册》编纂工作。组织开展“微电影”创作，2部作品获首届“全国职工微影视大赛”优秀奖，1部作品获四川省企业优秀专题片奖。开展基层文化建设示范单位创建活动，川庆钻探和长庆井下技术公司被中国企业文化研究会授予“安全文化建设标杆企业”，测井公司、长庆井下技术公司被授予“‘十二五’企业文化建设优秀单位”。持续开展群众性精神文明创建活动，川东钻探被授予“全国文明单位”。坚持职代会制度，加强厂务公开和民主管理。抓好先进培养和选树，涌现出“全国五一劳动奖状”集体3个、全国劳动模范和“五一劳动奖章”获得者19名。为员工办实事，开展冬送温暖、夏送清凉和困难帮扶活动，建成“职工书屋”186个。履行企业责任，向对口帮扶的南充、威远地区捐赠助学金10万元，向石渠县呷依乡扎绒村捐赠帮扶金11.45万元，向达州市梁县青神乡金蝉村捐赠帮扶金10万元，向内蒙古乌审旗苏力德苏木小学捐赠助学金15万元。严格落实维护稳定工作三级领导责任，做好重要节假日、特殊敏感时期的维稳信访、安保防恐工作，大局保持稳定。

【“三严三实”专题教育】 2015年，川庆钻探党委按照中央和集团公司党组、四川省国资委党委的统一部署，聚焦对党忠诚、个人干净、敢于担当，精心安排、有序推进“三严三实”专题教育。严抓学习研讨，采取中心组学习、个人自学、专家辅导等多种形式，重点研读《习近平谈治国理政》《三严三实党员干部读本》等材料，川庆钻探两级班子集中学习172次、集中研讨139次、撰写心得体会320篇。讲好专题党课，川庆钻探党委书记和班子成员带头讲，处级以上干部人人讲，切实做到三个“讲清楚”，川庆钻探3个课件获集团公司奖励。狠抓问题整改，制定整改责任制、督导检查制，建立整改台账、实行销号管理，川庆钻探两级班子共查找“不严不实”问题1054个，完成阶段性整改任务682个。

（杨运杰）

中国石油集团东方地球物理勘探有限责任公司

【概况】 中国石油集团东方地球物理勘探有限责任公司（英文缩写BGP）简称东方物探，成立于2002年12月6日，是集团公司独资的地球物理专业化技术服务公司，主要从事国内外陆地、海上地震勘探及综合物化探采集、处理、解释以及与地球物理（化学）勘探有关的技术及装备研发、产品研制、技术引进与产品销售等业务。本部位于河北省涿州市。

截至2015年底，东方物探机关职能部门14个，机关附属机构3个，直属机构5个，二级单位22个，合资公司1个。有合同化员工19423人，其中在岗18698人。具有中专及以上学历人员14536人，占合同化员工总数的74.8%；在岗管理、专业技术人员中，具有中级及以上职称人员6574人，占在岗管理、专业技术人员总数的55.5%。设备资产原值175.52亿元，净值72.95亿元，新度系数0.42。

2015年，实现收入142.18亿元，其中国内勘探主业实现收入50.25亿元、海外勘探主业实现收入57.49亿元，实现考核利润5.45亿元、上缴税费4.24亿元、企业增加值72.3亿元，完成集团公司下达考核利润指标的130%（表1）。

2015年，落实市场221亿元，新签合同157亿元，完成新签市场指标的101%，实现低油价下的逆势上扬，减亏增盈3.68亿元。国内勘探主业新签合同50.6亿元；区外市场新签合同11.8亿元，同比增长12.6%，其中国土资源部公益物探领域获得2.9亿元。海外勘探主业新签合同11.96亿美元，其中陆上采集新签10.09亿美元；成功中标沙特阿拉伯S78、阿曼PDO等20个超亿元项目。

表1　东方物探主要生产经营指标

指　标	2015年	2014年	2013年	2012年	2011年
落实市场金额（亿元）	221	293.8	272.8	254.3	204
新签合同金额（亿元）	157	215	195.4	179.7	146.04
营业收入（亿元）	142.18	176	195.2	180.3	154.67
其中，国内勘探	50.25	72.19	79.1	73.14	63.63
海外勘探	57.49	88.36	97.8	86.39	68.98
利润（亿元）	5.45	6.18	7.64	7.01	6.66
税费（亿元）	4.24	6.6	8.1	9.4	8.19
二维地震采集（万千米）	12.5	9.74	10.63	8.84	10.06
三维地震采集（万平方千米）	4.3	6.02	6.00	5.24	3.49

对海外重特大项目实行升级管理，在科威特KOC、阿曼PDO、沙特阿拉伯S70、S71、S77等项目开展提速提效劳动竞赛，平均提速达20%以上。加大深海勘探市场开发力度，多用户业务稳步发展。处理解释发挥靠前服务和一体化优势，海外中东、南美和东南亚三大处理中心建设稳步推进。信息业务新签外部市场同比增长284%，实现收入23.07亿元。加大油藏地球物理业务前沿技术攻关，探索形成多专业多信息一体化、研发应用一体化、技术软件一体化研发模式；井中地震、非常规地球物理和综合物化探业务注重特色技术研发，不断提升一体化竞争能力；软件研发加强与生产应用单位沟通联动，软件功能和性能持续提升；装备服务强化主动服务和超值服务，在保障采集项目提速提效上取得成效；物资供应工作重心向现场延伸，提高服务反应速度；装备制造加快自主产品研制，发挥保障支撑作用；物探培训外部市场不断拓展，形成特色培训项目和品牌；加大矿区服务节支降耗增效力度，服务质量不断提升，服务文化不断深化，在保障生产、服务生活、维护稳定等方面发挥重要作用。

【油气勘探成果】 2015年，东方物探配合集团公司国内外油气田持续强化技术攻关，加强地质综合研究，提升野外采集和处理解释成果质量，重点地区和重点领域取得一批重要勘探成果。国内配合各油气田，在股份公司8项油气勘探重要发现中参与7项，全部参与5个亿吨级场面和8个千万吨级油气田的大发现，在7个千亿立方米气田发现中参与5个；在20项石油勘探重要成果和天然气勘探新进展中参与17项，在5项非常规和致密油新进展中参与4项，充分发挥主力军作用，第九次获股份公司“油气勘探重要发现贡献奖”。海外深化与CNODC合作，成立中国石油海外研究中心勘探技术分中心，配合海外油气合作区在苏丹6区、哈萨克斯坦滨里海盆地、土库曼斯坦阿姆河右岸等区域取得一系列重大突破，海外重大勘探发现参与率保持100%，为集团公司海外连续6年新增可采储量超亿吨提供重要技术支撑。持续发展靠前一体化服务及新区新领域综合研究，2015年新发现圈闭2915个、复查落实圈闭2536个，建议各类井位4876口、被采纳2756口，完钻1380口、获工业油气流675口，为集团公司油气勘探开发做出重要贡献。

【科技创新】 2015年，东方物探投入科研经费5.7亿元，实施国家级项目3个、集团公司及公司级项目88个，15项成果获国家和省部级奖励，GeoEast、G3i两项成果被集团公司评为“十二五”十大工程技术利器。GeoEast软件系列产品不断丰富，功能性能持续提升，在速度建模、各向异性偏移、OVT域处理、五维解释、Q偏移、FWI全波形反演等方面取得重要进展，GeoEast V3.0、GeoEast-Diva V2.0、GeoEast-MC V2.0三项成果通过集团公司鉴定，处理、解释应用率分别达82%、84%，主力平台地位更加稳固。KLSeisII软件持续升级完善，在高效采集、复杂区设计和静校正等方面功能持续增强，继续保持行业领先地位。发布G3iHD有线地震仪，带道能力实现24万道，Hawk无线节点地震仪性能持续完善。LFV3低频可控震源全面推广应用，并由集团公司对外发布；EV56高精度可控震源投入生产试验，继续保持宽频勘探的行业领先地位。由自主知识产权核心软件和装备支撑的陆上“两宽一高”地震勘探配套技术持续深化，在高效采集、数字化地震队、超大数据实时监控和现场处理等方面技术进一步提升，实现地震勘探技术的升级换代，在复杂构造、地层岩性、致密油气、碳酸盐岩等领域取得显著成果。海洋地震勘探技术在节点采集、收放装置及质量控制、高效拖缆采集等方面取得重要进展。持续深化完善油藏地球物理、非常规油气“甜点”预测、微地震监测、重磁电勘探等技术。

【人力资源管理】 2015年，东方物探“三控制一规范”工作有序推进，完成装备服务处和矿区服务事业部机构改革，减少7个处级单位、97个科级单位和82个科级职数。严格控制用工总量，合同化、市场化员工净减少377人。推动人员转岗，先后向煤层气公司、长庆油田输出员工486人，推动长期待岗的主业人员从事矿区服务业务。加强人才队伍建设，高度重视“千人计划”人才考核和续聘工作，选聘公司专家85名、科技带头人189名，8位同志被聘为集团公司高级技术专家。2015年组织培训项目826个，投入直接培训费4193万元，培训2.7万人次。

【经营管理】 2015年，东方物探面对全球物探投资大幅下滑，集团公司工作量锐减的严峻形势，克服巨大困难，生产经营保持平稳态势。实施资产轻量化经营战略。从严控资产增量、优化装备结构、盘活闲置资产、充分利用社会资源等四个方面入手，通过严格控制设备投资效益评估评审、强化设备调剂、技术改造升级等措施，完成设备投资6.8亿元，减少折旧1.91亿元。降本增效效果明显。落实开源节流降本增效25项举措，开展节支降耗工作，通过生产提速提效、实施工效挂钩、推进资产轻量化、强化资源协调、亏损单位专项治理、压减管理费用等措施，实现降本增效3.8亿元。2015年固定资产投资12.31亿元。大力压缩非生产性支出，“五项”费用实际支出8792万元，同比下降27%。应对汇率变动风险，降低汇兑损失，实现汇兑净收益21158万元。

【生产运营管理】 2015年，东方物探加强生产运营管理，物探生产管理平台完成开发和试点工作，项目管理系统基本覆盖国内采集业务，数字化地震队在国内11个可控震源采集项目中成功应用。

2015年，东方物探运作野外采集项目206个，投入地震队109支。完成二维地震采集12.5万千米、三维地震采集4.3万平方千米，完成非地震勘探电法采集6025千米、重磁采集6.9万千米和6.7万千米，完成井中地震VSP测井项目189个项目，完成重点项目6个。资料采集现场剖面合格率和处理最终剖面合格率均达100%，东方物探野外勘探三维地震平均日效比2014年增长6.8%、二维地震增长5.6%，超额完成集团公司下达的“国内陆上井炮三维地震采集提速3%”指标。亏损项目数量、金额占比同比分别降低42%和57%。

建立项目后评估制度，2015年完成164个已完工项目的评价工作，其中国际项目72个，国内项目92个。

【企业内部管控】 2015年，东方物探加强投资管理，开展生产运营监测分析，经营风险防控能力不断提升。强化资金计划管理，统筹境内外资金运作，严控非生产性支出，有效控制债务规模，加大应收款项清收力度。加强设备物资管理，推进体系运行和信息化建设，统筹国内外设备资源，严控设备维修费用，推行物资精细化管理，成本管控能力和创效水平持续提升。强化合规管理，有效防范法律风险。持续加强合资公司管控，做好股权投资、管理和处置工作。持续改进审计方式方法，完成国内外审计项目26个，提出审计意见建议275条，有效发挥审计监督作用。配合集团公司开展物探定额调研论证，持续深化基础性管理工作，不断加强质量、标准、计量、档案管理和制度建设。深入开展督查督办，对重要部署、重大事项动态跟踪并督促落实。加强保密日常管理，全员保密意识不断加强。

【HSE管理】 2015年，东方物探完成集团公司下达的安全环保指标和公司年度HSE目标，完成121个百万工时，可记录事件率0.48，连续第6年获集团公司“安全生产先进企业”称号，第14次获全国“‘安康杯’竞赛优胜企业”称号。海外13支作业队无LTI，阿曼8622队实现1700万工时无LTI。深化HSE管理体系运行，开展体系提升“回头看”活动，发现并整改问题3780项，有效提升HSE管理短板。开展安全文化建设，推进领导干部安全环保履职能力评估，持续实施“123培训工程”。开展新《安全生产法》和《环境保护法》层级宣传贯彻，确保合法合规，提升依法治安能力。开展隐患治理工作，四级风险管控得到有效落实。强化作业现场管理和应急能力提升，对重要地区、重点时段、要害部位实行升级管理，2015年开展应急演练440次，参与人员1.4万人次。完善社会安保体系建设，防范海外业务安保风险，成功应对19起紧急安保事件。强化职业健康管理，员工体检率和职业病危害因素检测率达到100%。实施绿色勘探，推广可控震源施工和太阳能发电储能技术，2015年措施节能2641吨标准煤、节水1.56万立方米，完成集团公司下达的节能节水指标。

【党建思想工作】 2015年，东方物探开展“三严三实”专题教育和“重塑中国石油良好形象”大讨论活动，加强组织领导，分片区开展督促检查，把专题教育、大讨论活动与打赢稳增长攻坚战相结合，在坚持规定动作的基础上创新自选动作，干部队伍作风进一步转变，整改影响形象的关键问题。重视“四好”领导班子建设，贯彻民主集中制，落实“三重一大”决策制度，23个单位被评为优秀“四好”领导班子。规范干部选拔任用，提职干部9人，调整交流干部65人。加强以“三规三化”为重点的基层建设，提升基层队伍凝聚力战斗力。落实党风廉政建设“两个责任”，开展党内巡视，加大监督执纪问责力度；开展党纪党规和反腐倡廉教育，党员干部受教育率达100%。宣传思想和企业文化建设持续加强，在中央电视台、《人民日报》等主流媒体上展示东方物探先进事迹和发展业绩，利用《东方物探》、网站、有线电视等内部媒体资源，宣传东方物探在海外业务发展、科技创新、基础管理、企业党建、和谐企业建设等方面的经验和做法。

【和谐企业建设】 2015年，东方物探加强群团组织建设，发挥两级职代会作用，落实基层民主管理和厂务公开制度，保障职工群众知情权、参与权、表达权和监督权。开展“创新创效促发展、提升素质强技能、扶贫帮困送温暖、文化育人铸品牌”四项工程，建成创新工作室19个，3个创新工作室被评为河北省“工人先锋号”；征集合理化建议4228件，完成群众性技术创新成果377项，建立创新成果推广展示平台；打造一批具有物探特色、职工特色的文化品牌，“石油形象，美在东方”主题文化节获河北省“职工文化精品”称号；推进送温暖和扶贫帮困工作，2015年投入专项资金6762.2万元。发挥团员青年作用，东方物探召开第三次团员代表大会，深化青年志愿者、青年大讲堂、青年创新创效等“青”字号工程，开展青年员工成长成才课题研究。开展“惠在何处、惠从何来”主题教育，做好惠及员工群众的实事，不断改善生产生活条件，持续提升矿区服务质量和水平。落实全员稳定责任，维护和谐稳定发展局面。

（刘蔚蔚）

中国石油集团测井有限公司

【概况】 中国石油集团测井有限公司简称测井公司，于2002年12月成立于陕西省西安市，是集测井技术研发、测井仪器制造、测井资料处理解释和技术服务、新技术推广应用为主的专业化测井技术公司。截至2015年底，有员工5125人，其中大学以上学历2512名，博士研究生15人，硕士研究生390人；教授级高级工程师24人，高级工程师576人，工程师1584人；7人享受政府特殊津贴；集团公司技术专家15人、高级技能专家1人，公司技术专家83人，技能专家14人，技术带头人101人。有13个二级单位，分别是长庆、华北、吐哈、青海、塔里木、国际6个事业部，技术中心、装备与销售分公司、油气评价中心、随钻测井中心、生产测井中心、培训中心和基地服务部。有各类作业队伍367支，其中裸眼测井52支、生产测井23支、射孔24支、综合测井160支、录井48支、随钻测井26支、测试34支。

测井公司国内服务市场已覆盖到长庆、华北、吐哈、青海、塔里木、玉门、冀东、海南、浙江、吉林、延长、江苏、大庆以及煤层气等14个油气田，公司海外服务市场已延伸到乌兹别克斯坦、蒙古国、孟加拉国、伊拉克、缅甸、加拿大、埃塞俄比亚、乍得；装备销售市场覆盖全国大部分测井公司，并远销俄罗斯、伊朗、阿塞拜疆、伊拉克等国家。

2015年实现总产值40亿元、同比增长5.74%；实现收入31.7亿元、同比减少6.27%；账面利润4.06亿元、同比增长11.42%。净资产收益率8.51%，经济增加值3.78亿元，百万固定资产创效33.13万元，人均利润7.92万元。完成总工作量43429井次，同比增长3.92%，其中测井作业28932井次，同比增长4.75%；测控作业14497井次，同比增长2.47%（表1）。裸眼井单井作业时间平均缩短2.62%。识别油气层75969层，综合解释符合率93.87%。在6830口井中开展产能预测，划分Ⅰ类储层10740层，Ⅱ类储层23805层，Ⅲ类储层29864层，产能预测准确率73.43%。在长庆油田陇东、姬塬，华北油田武强，吐哈葡北、鲁克沁，青海油田狮子沟、英西，塔里木油田哈得逊等重点地区准确识别油气层，为油田增储上产发挥重要作用。

表1　测井公司主要生产经营指标

指　标	2015年	2014年	2013年	2012年	2011年
总产值（亿元）	40	42.18	40.5	35.77	—
收入（亿元）	31.7	33.32	31.67	28.04	—
总工作量（井次）	43429	42294	45792	—	—
测井作业（井次）	28932	31678	—	19656	12677
射孔（井次）	—	10173	10784	76883	65630
录井（口）	—	443	534	428	480

【科技创新】 2015年，测井公司自主研发的核磁共振成像生产制造16支。多极子阵列声波成像取得远探测成像技术的重大突破，能够识别井旁30米的地质构造，已推广应用34支。小井眼微电阻率成像研制成功，测量动态范围达到0.2—20000欧姆·米。三分量感应完成测井3口。阵列感应完成三频模式的功能验证，自主开发的自适应实时合成软件和斜井校正软件应用效果良好。无缆一串测完成10井次的现场试验。过钻具一串测声波、侧向、连斜井径、补中等仪器完成系统调试。高温高压小井眼一串测开始系统联调。化学源地层元素测井仪的地质适应性进一步提高，可控源地层元素测井仪已开展研制。基本型地层测试器完成1口井现场试验。大直径岩心钻进式井壁取心器投产应用。采集控制软件ACME2.2开始在长庆油田、华北油田试应用，ACME3.0测试版已经推出。方位侧向、低频定域电阻率、二维核磁共振、井间电磁波测井、油基钻井液电成像、可控源中子等新仪器研发顺利。随钻声波开展标准井功能验证。国家专项、深层专项、工程专项按计划推进。随钻电阻率成像测井仪器研制成功，被评为中国石油2015年十大科技进展之一，方位侧向电阻率成像随钻测井仪、伽马成像随钻测井仪、伽马双感应电阻率随钻测井仪以及大直径钻进式井壁取心器等4项科技成果通过集团公司鉴定。地层元素测井仪、电磁波电阻率随钻测井仪、多频核磁共振测井仪三项产品认定为2015年集团公司自主创新重要产品；推荐的“多频核磁共振测井仪”在2015年工程技术新产品发布会发布。与长庆油田分公司等单位联合申报（集团推荐）的“5000万吨级特低渗透—致密油气田勘探开发与重大理论技术创新”获国家科技进步奖一等奖。“15米一串测测井仪研制与应用”获2015年度集团公司科学技术进步奖一等奖、“煤层气地球物理储层评价技术

研究”获二等奖。与塔里木油田联合申报的“超深层碳酸盐岩成像测井配套技术与应用”获中国石油和化学工业联合会科技进步奖一等奖。“油气测井处理解释（统一）软件系统LEAD3.0”获2015年度陕西省科学技术进步奖二等奖。

到2015年底，测井公司研发制造的快速与成像测井成套装备EILog，已生产219套（不含便携系统），在国内外实现装备销售和技术服务，在乌兹别克斯坦、伊拉克等6个丝绸之路经济带沿线国家开展技术服务，仪器装备销售到俄罗斯、伊朗等国家。“EILog快速与成像测井系统”获“‘十二五’工程技术利器”最佳应用奖。测井公司累计获得专利256项（其中授权发明专利42项，实用新型专利213项，外观设计专利1项），获得软件著作权14项，注册商标8个，国家重点新产品9项，集团公司自主创新重要产品9项，省部级科技进步奖32项，中国石油十大科技进展11项。其中，2015年新增快速与成像测井成套装备EILog 4套，便携系统13套。授权专利31项（其中发明专利9项，实用新型专利22项），软件著作权4项，集团公司自主创新重要产品3项，省部级奖项5项。

【企业管理】 2015年，测井公司以增油增效为目标，转变测井理念。针对服务现状和油田生产需求，测井公司提出以油气藏为工作对象、以油气含量为中心、以单井产量为目标、搞好测井研发制造服务的新理念；以油气藏为工作对象扩展测井工作范围；以油气含量为中心，提出用成像测井解决复杂油气藏油气问题的新任务；以单井产量为目标，提出测井服务新模式。随着成像测井全面推广应用，测井服务方式已进入根据油气藏特点选取针对性技术系列计算油气含量的新阶段。

加强经营活动管控，助推降本增效。把生产全部要素都列入生产经营计划和预算当中，根据市场需要和设备工艺现状灵活配置资源，从市场、装备、人员、材料、基建后勤、科研推广、解释评价、投资计划、人工成本、生产成本等10个方面细化控制，取得较好经营效果。加强生产经营分析，通过生产日报、月度生产例会和季度经营分析会实时掌握市场、生产、投资、成本、库存动态，及时解决工作中遇到的问题。针对生产经营薄弱环节，制定13项降本增效、3项扭亏减亏的具体措施，为完成年度生产经营任务提供保障。

实行全员日考核，推动机制转变。按照确保安全环保、确保完成任务、确保倒班休息和确保市场开发效果的原则，进一步明确各单位业务范围。按照测井业务发展的实际需要，进一步完善机关部门的职责。按照“三严三实”的工作要求，对所有岗位实行日考核，将岗位创造价值与收入直接挂钩，有效调动工作积极性。以劳动定员定额为基础和以共享队伍资源为原则，调整用工结构，保障一线员工倒班和轮训。

【市场开发】 2015年，测井公司以市场需求为导向，推广先进技术。采取成本价加推广费的政策加快核磁共振成像推广应用，发挥好技术提供方和使用方两个积极性，加快新技术应用速度，扩大市场，提高效益。下半年，逐步把这一政策扩大到30米远探测阵列声波成像、随钻常规测井系列、随钻成像测井系列、桥塞射孔联作、注采测控等13项核心技术的推广中，加快科研成果向生产力的转化，在低油价下为油田公司增油增效、为测井公司增收增效发挥积极作用。

完善测井业务链，增加市场份额。为使测井在油气勘探生产全过程中发挥作用，在产业链的测井、录井、射孔、测试、测控5个环节提出23项业务，对照生产实际补短板，增加测井服务工作量。通过改进质量、提高效率、降低成本、优化工程等措施提升服务水平，在总体工作量减少的情况下，推动关联交易有效执行，提高市场占有率，华北油田、吐哈油田、青海油田、玉门油田等市场占有率达到100%。

深入进行技术交流，实现互利双赢。加强与油田公司和其他相关方的沟通交流，共同研究解决油气生产中存在的问题，实现合作共赢。推进新技术应用，与长庆、华北、吐哈、青海、塔里木等油田在技术创新上达成共识，在成像测井、随钻测井、桥塞射孔联作、注采测控等技术的试验、推广方面得到油田大力支持。助推市场开发，以储量产量为共同目标，设计有针对性的测井系列，以实施效果作为结算主要依据，与长庆等12个油田建立协同工作的利益共同体。明确攻关方向，与玉门油田开展交流，针对油田断层复杂、构造小及油气分布复杂情况，提出发挥“两个望远镜”（电阻率扫描、阵列声波扫描）、“两个显微镜”（核磁共振、地层元素）作用，深化油气识别技术研究。开拓国际市场，与海外勘探与开发公司合作建立海外测井技术支持中心，落实与俄罗斯天然气地质资源有限责任公司签订的战略合作框架协议，推进海外市场开发和装备销售。

长庆事业部为满足油气生产需求，积极参与油田测井设计，大力推广阵列感应、核磁共振等先进技术，与油田公司等19个单位达成“一对一”服务协议，进一步理顺成像测井、随钻测井、桥塞射孔联作等作业价格，对桥塞射孔联作实施作业大包，为测井公司完成生产经营任务及新技术试验推广做出突出贡献。华北事业部充分发挥比较优势，跳出固定区域、传统领域和现有模式，以测井测控为依托，把服务链逐步拓展到储层改造、分层采油、智能测调、压裂检测等多项业务。吐哈事业部积极发展桥塞射孔联作、旋转地质导向、水平井爬行器、连续油管、热中子成像测井等工艺技术，吐哈油田、玉门油田主体市场占有率达到100%，浙江油田市场占有率达到80%。青海事业部应用核磁共振精细评价储层孔隙结构和流体性质，为青海油田新增2亿吨三级储量发挥关键作用。塔里木事业部把业务范围从裸眼井测井延伸到生产测井、射孔取心、解释评价等领域；大力推广旋转地质导向、随钻仪器钻后测井、地质卡层等业务，与钻探公司建立钻井测控一体化的合作模式。国际事业部把服务领域扩展到测井解释评价和研究项目上，建立海外测井技术支持中心。生产测井中心以科研生产一体化的方式提升技术服务质量，对长庆油田21个区块的动态监测实行作业大包，扩大井间测井、注采测控等新领域新业务的市场份额。技术中心承担的15项国家级课（专）题、17项集团公司课题、23项公司课题进展良好，完成重点仪器的制造和升级任务；开展非常规油气岩样物理实验研究，为非常规储层实验研究积累经验。装备与销售分公司在桥塞射孔联作技术研究、大直径岩心钻进式井壁取心器研制、精细注水仪器及工具研制等方面取得重要进展。油气评价中心积极发展测井、地质、油藏一体化评价技术，在复杂储层、水平井、致密油气、煤层气、页岩气等方面形成系统较为成熟的技术系列。随钻测井中心充分发挥研发、制造、服务一体化优势，形成随钻常规测井系列和随钻成像测井系列，实现测量孔隙度、饱和度和控制井眼轨迹的目标。

【质量安全环保】 2015年，测井公司强化责任监督，实现安全生产。以每人每日都要做到不伤害不失控不违章为目标，进一步加强体系要素与业务工作融合，促进安全环保责任有效落实。按照新《安全生产法》和《环境保护法》进一步规范安全环保工作，实现依法生产、合规管理。按照集团公司安全生产应急管理办法制定应急工作预案，并加强演练，提高处置突发事件的能力。完善和利用“互联网+安全”监控所有安全环保关键环节，安全监督更加务实有效。以重点风险防控为核心，深化HSE体系运行，提高安全环保管控能力。注重节能减排，万元产值能耗同比进一步降低。

【企业文化建设】 2015年，测井公司各级党组织围绕“落实从严治党，推进依法治企，为公司高质量有效益可持续发展提供坚强保证”主题，加强党的思想、制度、组织、作风和廉政建设，取得明显成效。

扎实开展专题教育。贯彻落实中央、集团公司党组关于开展“三严三实”专题教育的部署安排，紧密结合测井公司工作实际，明确服务油气要严要实、推动发展要严要实、企业管理要严要实、党建工作要严要实的工作要求。局处两级领导干部带头讲党课70多场次，积极参加三个专题学习研讨，撰写心得体会129篇。坚持边学边查边改，两级领导班子查摆、整改问题218个，领导干部查摆、整改问题584个，形成风清气正、干事创业、遵规守纪的良好氛围。

全面推进从严治党。按照制度建设“五步要求”，做好党建制度废改立工作，开展制度落实情况监督检查，促进“三会一课”、民主生活会、民主评议党员等制度的全面落实。严格党委中心组学习制度，以学习习近平总书记系列重要讲话、集团公司2015年工作会议和领导干部会议精神等为重点，保证上级各项决策部署的贯彻落实。严格干部选拔任用程序，2015年调整交流干部48人次，干部队伍结构进一步优化。加强党员教育管理，107名党支部书记参加视频集中培训，3890多人次参加党课学习。严格按计划按程序发展党员48名，科研生产一线新发展党员占计划的77.08%。

有效落实“两个责任”。贯彻落实中纪委五次全会和集团公司反腐倡廉工作会精神，加强对党风廉政建设和反腐败工作的领导，制定下发《落实党风廉政建设主体责任和监督责任的实施细则》，建立《党风廉政责任清单》，全面开展“责任、公约、承诺”，持续跟进监督检查，促进责任层层传递，推动“两个责任”的落实。开展反腐倡廉形势任务、党纪条规、案例警示、考核提醒“四个专项”教育，不断加大党内巡视监督、执纪监督、案件查办和问责力度，收到信访举报22件，立案4件，给予行政处分9人，诫勉谈话、提醒谈话10人次，促进纪律建设和作风建设。

坚持用社会主义核心价值观引领测井文化建设和精神文明建设，创建文化示范点25个。举办“道德讲堂”5期，选树首届“感动测井道德模范”，弘扬主旋律、传递正能量。全面宣传测井公司改革发展成果，在主页发布新闻1409篇，点击数近35万人次，同比提高29.54%；集团公司网页采用149篇，同比提高42%。开展“重塑中国石油良好形象”大讨论活动，发布《弘扬优良传统，重塑良好形象倡议书》，开通微言论“重塑形象我能做什么”，引导员工从我做起，涌现出33114作业队现场救人、57153作业队做好事不留名等事迹，赢得社会赞誉。

组织开展“三项督查”，职代会、厂务公开等民主管理工作扎实推进。全面开展“创新提效”立功竞赛，建立劳动模范、状元能手、技能专家等高技能人才创新工作室，开展“送技能到基层”活动30余次，有力推动技术创新和管理创新。落实“三关注三推进”，拨付52.96万元经费用于基层文体设施建设，发放帮扶慰问金96.77万元，累计帮扶困难群体317人次。广大团员青年以“测井发展、青年先行”为主题，立足岗位奉献青春，充分发挥团员青年的生力军突击队作用。

（罗连涛）

中国石油集团海洋工程有限公司

【概况】 中国石油集团海洋工程有限公司（英文缩写CPOE）简称海洋工程公司，前身是集团公司整合大港、辽河油田滩海作业队伍，于2004年11月组建的海上石油工程技术服务公司，注册地设在北京。业务范围涉及海洋石油钻完井、井下作业、试油试采工程；海上运输、基地码头保障服务；海洋工程设计、建造、安装、维护以及海洋石油相关业务研究、设计；油井水泥外加剂和防腐保温产品与技术服务、质量检验、油气工程质量监督、石油工程建设标准化管理等领域。具备海洋石油工程承包一级、海洋石油工程设计甲级等资质，具备港口经营许可证、压力管道和压力容器等特种设备许可证，是国家高新技术企业。

截至2015年底，海洋工程公司用工总量3240人，其中合同化员工2335人；硕士研究生以上学历248人，大学本科1169人；副高级以上职称307人，中级职称669人；集团公司级技术专家3人，公司级技术专家10人。有7家所属单位，12个职能处室。有钻井平台10座，海上模块钻机1套；试采作业平台4座；各类船舶21艘。有大型海洋工程设计、建造、施工安装一体化综合配套技术，具备120米水深以内的海上业务综合技术服务保障能力。有中国石油海洋工程重点实验室，钻井工程重点实验室固井技术研究室，石油管工程重点实验室涂层材料与保温结构研究室，其中固井技术研究室升级为国家科技平台，技术实力代表集团公司固井技术最高水平。

【主营业务】 主要涉及钻井工程、井下作业、工程设计、海工建造、船舶服务和科技研发与成果转化六大领域。

钻井工程。有钻井平台10座、模块钻机1套，形成定向井钻井、丛式井钻井、大位移钻井、高压喷射钻井、批钻工艺、套管钻井、长裸眼段固井、高含硫油气藏安全钻井、海水基钻井液、高效能个性化PDC钻头+动力钻具等具有海洋钻井特色的技术和工艺，为冀东油田、辽河油田、大港油田、南方勘探、中国地质调查局、中国海油、中国石化、科麦奇、洛克石油、哈斯基、伊朗PGFK等提供安全、高效、优质的海洋钻完井服务。在渤海、黄海、东海、南海、波斯湾等海域实施钻井作业，具备120米水深以内的一体化综合服务能力。

井下作业。有作业平台3座、试采油平台1座，具备国内外先进的井下作业、试油测试、酸化压裂、连续油管设备及配套工具。在海上修（弃）井作业、试油测试、采油、酸化压裂、连续油管等方面形成一系列海上勘探开发工程技术服务能力，既可以提供一体化整装、总承包作业服务，也可以提供单一业务的作业服务。

工程设计。主要从事海上油气田勘探开发钻完井工程及海上油气田开发工程可行性研究、基本设计、详细设计；海洋石油工程作业的设计及技术支持；工程项目管理、现场监造及工程全过程咨询服务；工程EPC总包业务等。承担工程构筑物设计服务，主要包括各类平台及人工岛、海底管道、海底电缆（光缆）、单点系泊系统、FPSO、移动式平台、陆地终端设施、压力容器等设计、监造、项目管理及工程总包。

海工建造。有一座青岛海工建造基地，具备5.8万吨/年钢材加工能力。有一艘多功能浅吃水敷管船，能够完成2—40米水深海域内直径108—1500毫米的海底管道敷设。首次承接国际海工建造项目亚马尔LNG项目。项目包括45个模块，钢材加工量3.38万吨，实现结构一次探伤合格率99.2%，防腐检验合格率100%，质量控制符合俄标和欧标。项目运行安全、平稳、高效，得到多家国际知名海工企业的高度认可。

船舶服务。有船舶 21 艘，其中多用工作船 16 艘（375—8935 马力，其中 2 艘具有 B2 级破冰能力）、油轮 2 艘（1500 立方米）、敷管船 1 艘、滚装船 1 艘、运输驳船 1 艘，获国内 / 国际安全管理符合证明、国内 / 国际安全管理证书、国际船舶保安证书、国内水路运输许可证、国内 / 国际船舶营业运输许可证。能够承担国内、外沿海跨海区长距离拖带、工程船大型起抛锚作业、冰区作业、大型油轮提油作业、大型导管架吊装支持作业、配合海管及水下电缆敷设作业、各类平台设施的安全守护、消防值班、应急救助、防污染、溢油回收作业、海上原油运输作业及码头服务等。为中国海油、洛克石油、阿纳达科、威德福、冀东油田、辽河油田、大港油田和东方物探等国内外石油公司提供安全、高效、优质的海洋石油船舶服务，作业水域遍及渤海、黄海、东海和南海。

科技研发与成果转化。主要从事海洋油气钻采、海洋石油工程、防腐、保温和焊接等技术的研究应用和产品开发，固井外加剂和焊接、防腐保温技术位居行业领先地位。有固井外加剂、防腐保温、焊接设备和特种材料等高科技产品，为国家和中国石油国内外重点工程解决疑难问题。形成管道及储罐防腐涂料等产业化体系，为西气东输、南水北调等国家重点工程和国际多个重点项目提供优质服务。优质实施塔里木固井技术服务，全部 14 口碎屑岩井固井质量均大幅高于台盆区以往碎屑岩固井平均水平，成功解决轮南井碎屑岩储层的层间封隔难题，单井产量提高近 4 倍。

【市场开发】 2015 年，海洋工程公司坚持“公司统领、部门组织、单位协同、实现共赢”市场开发工作原则，优化资源配置，完善产业结构，创新合作模式，取得较好成果。准确把握市场机遇，租赁第三方平台赴伊朗作业，形成海外第一个规模化市场。充分发挥一体化优势，相继赢得国家地质调查局、智慧石油钻探项目。强化沟通协调，首次直接与中石化胜利油田海洋采油厂签订一体化修井服务合同，顺利获中国海油修井技术服务项目，拓展市场空间。强化生产组织，在优质实施亚马尔 MWP4 包、FWP5 包基础上，成功中标 MWP10A 包，进一步扩大国际 LNG 模块建造市场份额。整合社会资源，成功中标中国石化册镇海管隐患治理等项目，实现海管业务重大突破。强化市场开拓，巩固扩大中国海油、洛克石油及中国交通建设集团有限公司等市场，4000 马力以上船舶动用率 79.3%，年度收入好于预期。充分发挥行业领先优势，联合共建固井技术研究室，服务塔里木油田增储上产，市场收入实现逆势增长。优质服务西气东输工程，首次中标大唐国际和湖北鄂北防腐项目，实现海洋防腐科技成果的有效转化。承揽赵东、月东和辽东湾排污工程等 EPC 总包项目，开展莫桑比克、澳大利亚等可行性研究项目和缅甸深水钻井技术支持，行业影响力明显提升。

【科技创新】 2015 年，海洋工程公司紧紧围绕重点项目和市场开发，建立常态化、制度化研究应用机制，有效发挥科技引擎作用，取得较好成效。优选 PDC 钻头和牙轮钻头，高效实施北黄海联合钻探项目，平均机械钻速提高 15%。顺利实施中国海油 CFD 井组水平井钻井，创造最大水平位移 3584.31 米纪录。优质实施塔里木轮南 26-6X 井固井作业，成功解决碎屑岩储层层间封隔难题，单井产量提高近 4 倍。优化海上高含硫安全钻井技术，解决页岩层坍塌等难题，应用 9 口井，取得显著成效。应用高流速海域海管填埋工艺，提前 30 多天完成册镇海管隐患治理项目。完善滩浅海油田复杂井修井技术，平均打捞时效明显提高。

2015 年，获省部级科技成果奖励 7 项、局级二等奖以上科技成果 5 项。获授权专利 14 项，其中发明专利 4 项。在深水钻井设计、深水海工配套工艺技术、海底管道设计施工、耐恶劣海洋大气环境涂层体系等方面取得阶段成果。海上高含硫油气藏安全钻井配套技术、海上油气井水力压裂工艺技术、低温环境沿海 LNG 输送橇装技术等 50 余项新技术成果转化应用，实现创效 2 亿元。

【企业管理】 2015 年，海洋工程公司紧紧围绕年度经营目标，深入推进依法治企与合规管理，持续完善制度体系，严抓重点领域和薄弱环节风险防控，企业管理水平逐步提升。经营风险始终受控。规范“三重一大”事项决策管理，修订完善制度 13 项，调整审批权限 56 项。开展三级风险分析，确定风险 143 项，制定措施 49 项，有效防范平台租赁、对外合作等重点项目各类风险。成本费用管控有力。强化预算执行，严控成本支出，推动实施“四压缩三强化”降本增效方案，“五项”费用等非生产性支出同比下降 10%。投资管理科学高效。深入开展专题研究，加强汇报沟通，赢得上级部门大力支持，批复投资 9.56 亿元，有力保障中油海 17 平台建造、青岛海工基地建设等重点项目。装备物资管理依法合规。强化现场管理与维护保养，设备综合完好率保持 98% 以上。

坚持“能招必招、招必公开”原则，实现阳光采购。开展库存物资管理、青岛海工基地建设项目结算等专项审计10项，促进规范管理，节约成本费用。信息、档案管理有效加强。全力组织D17项目试点实施，顺利推进A12项目，A7系统应用考核优秀。建成塘沽档案集中管理库房，管理制度和硬件设施进一步完善。

【质量安全环保】 2015年，海洋工程公司全面落实HSE责任，有效实施HSE体系管理，健全风险管控机制，强化安全监管，深入开展HSE检查与审核，累计安全生产12.13百万工时，污染物排放达标率100%，被评为集团公司2015年度安全生产、环境保护先进企业。

完成QHSE管理体系文件换版工作。开展HSE合规性评价，识别适用的HSE法律26部、法规42部、规章183部。促进直线责任落实，由职能部门在HSE委员会会议上讲述HSE责任履行情况，组织整改分管业务在HSE检查中发现的问题，组织分管业务HSE风险分析。强化重点项目风险管控，组织项目HSE风险评估，辨识HSE风险1089项，制定并落实风险削减、管控措施1706项。全面推广应用工作前安全分析、作业许可、安全目视化、隔离与挂牌上锁等7项安全管理工具，开展安全管理工具应用培训，严格执行作业许可制度，2015年办理作业许可审批11452项。组织开展HSE检查、审核7次，检查发现问题611项，所属各单位组织自查，共发现问题2341项，消除安全隐患。全面开展学习、培训，组织全体员工进行新《安全生产法》和《环境保护法》知识考试，考试成绩全部合格。办理海上作业各类环保行政许可39份，2015年回收处置废钻井液、钻屑1443立方米，压裂酸化残液、含油污水6646立方米，工业及生活垃圾2164立方米。编制各型平台火灾应急处置程序145份，组织舱室火灾应急演习，强化海上平台火灾应急处理能力。落实三维立体井控管理模式，提高井控管理执行力。严格过程控制，强化平台现场管理，开展分岗位的井控培训。对井控工作形成公司检查、事业部考核、现场井控监督日常督导的井控监督体系。组织公司级井控检查4次，检查问题37项，消除井控隐患。

（吕冯君）

工程建设企业

中国石油天然气管道局

【概况】 中国石油天然气管道局（英文缩写CPP）简称管道局，成立于1973年，是集团公司所属全资子公司。以“建设国际一流油气储运工程综合服务商”为目标，秉持国际化、高端化、特色化、差异化发展方向。可承揽建设陆上管道、海洋管道、油气储库/罐、油田地面工程、LNG处理与接收站、炼化装置、通信电力安装。管道局具备完整的油气储运工程建设产业链，致力推进信息化与工业化的融合、实施互联网+油气储运工程，管道局位列ENR国际承包商排名第64位。截至2015年底，有员工29392人，职业项目经理和管理骨干524名，建造师、造价师、监理工程师、PMP等执业资格人才2600余名，技术和技能专家111名，高级技师和技师966名，外籍高级管理和技术人员1300余名。

2015年，面对严峻的市场形势，管道局开展管理提升活动，开拓国内国际两个市场，实现收入220亿元（表1）。参建的坦桑尼亚天然气输送管道及处理厂项目按期竣工，坦桑尼亚总统基奎特出席竣工典礼。科技创新取得新成果，参与完成的“我国油气战略通道建设与运行关键技术”项目获国家科技进步奖一等奖。履行社会责任，圆满完成“8·12”天津港火灾爆炸事故和“12·20”深圳山体滑坡西气东输管线泄漏事故抢险救援任务。开展“重塑中国石油良好形象”大讨论活动，组织40家单位12000名员工进行万人签名活动。

表 1　管道局主要生产经营指标

指　标	2015 年	2014 年	2013 年	2012 年	2011 年
签订合同额（亿元）	232.5	341	350	317	> 300
收入（亿元）	220	311	323	292	262
利润（亿元）	7.61	8	10	10.1	6.06

【工程建设】 2015 年，管道局签订合同额 232.5 亿元、系统外占到 70%，进入阿曼、孟加拉国、喀麦隆、巴布亚新几内亚、阿根廷等国家市场。中标喀麦隆成品油管道项目，实现海外投融资项目的突破；中标潮州 LNG 接收站整装工程项目。完成山西国化能源有限责任公司临汾—长治煤层气管道项目、西南油气田四川遂宁天然气集输工程、涩宁兰迁移工程等 11 个项目的投标协调工作。明确“10+N”“1+2”的国内市场划分原则，天津港—华北石化原油管道、西气东输二线南宁—百色支线、华北油田苏桥储气库、伊拉克哈法亚外输管道项目投产，锦州国家石油储备库、惠州海管等项目主体完工，承建的首个多点系泊项目——安哥拉成品油库 CBM 设施成功投产。

【管理提升】 2015 年，管道局投资以海洋管道、非开挖施工、技术服务等高端业务为主，占全年投资 70%。开展开源节流、降本增效活动，压缩管理性支出 0.76 亿元。推进项目结算清理工作。赴管道局所属 14 家单位开展“营改增”政策宣传贯彻和技术培训。开展新《安全生产法》和《环境保护法》宣传贯彻培训，举办培训班 1096 期，研讨会 85 次，专题讲座 80 次，全局员工参与培训答题。选取 8 个专业 16 家基层单位作为试点，进行 HSE 标准化站队建设。深化 P6 软件应用，提升项目进度计划控制能力。数据云中心平台运维体系建设初具规模。制定《管道局全面推进依法治企实施方案》，明确 4 大类工作任务、32 项具体举措。开展陕京三线输气管道工程良乡—西沙屯段、锦州—郑州成品油管道工程、贵州管网、天津港—华北石化原油管道工程等工程项目经营管理和管理效益审计，提出建议 30 条。开展“形势、目标、任务、责任”主题教育宣讲活动 33 场，受众人数 5000 人。完成海洋业务重组，理顺直属机构设置。

【科技创新】 2015 年，管道局开展科研课题 166 项，验收课题 52 项。完成 64 项科技成果推广，申请专利 91 项。获国家级工法 5 项，石油工程建设级工法 17 项。2 个科研项目获 2015 年集团公司科技进步奖和技术发明奖。

在富春江顶管穿越工程中，采用纵向曲线顶进测量导向技术，攻克复合底层大坡度顶管施工、非常规条件下混凝土管特殊设计等技术难题，创造国内顶管施工领域多项之最：施工坡度最大（最大坡度 14.53%），施工水压最高（施工水压超过 0.4 兆帕），穿越地质最为复杂（粉质黏土、黏土、卵砾石、中细砂、中粗砂、强风化和中风化砂岩），顶管隧道落差最大（水平长度 400 米内落差 29 米）。这种条件下采用顶管法施工，在国内尚属首次。

在惠州海管项目施工中，应用“市政海管敷设技术”“海峡管道建设技术”等 9 项创新成果，解决大口径无配重海管铺设、交越管道下沉与保护等难题，实现敷管移锚同时作业、管沟高效开挖、日焊接 1.2 千米；自主研发船舶抛锚定位系统，打破专业测量机构的垄断，节约 1000 万元。

研制出适用于山区丘陵地区的内焊机，爬坡能力达到 30 度，攻克 30 度坡度自动焊焊接工艺。构建大坡度条件并进行现场模拟验证。施工装备在低温环境下的适应性改造及施工方案研究取得进展。管道焊缝自动跟踪技术，保证焊丝在焊接过程中，始终处于焊缝中心线两侧均匀摆动，跟踪精度达到 0.1 毫米。研发的液态聚氨酯和热收缩带机械化补口成套装备及配套补口材料，在西气东输三线实现 500 千米工程应用。

【天津滨海新区爆炸抢险救援工作】 2015 年 8 月 12 日晚 11 时，天津滨海新区一危险品仓库发生爆炸，造成重大人员伤亡和财产损失。管道局应有关部门要求，立即调动所属单位的抢险救援力量第一时间赶到事故现场，按照现场指挥部的统一指挥进行抢险。先后投入 102 人，完成 37 个集装箱的开孔、注氮和破拆；对 31 个储罐进行排险处置，对 10 余个不明介质储罐开封取样，开孔取样 4 个。完成管线开孔确认及切割 1 处，清理搬运散落钢瓶 112 个，切割拆除钢结构厂房 6000 平方米，对驶离事故核心区的车辆进行全面吹扫净化。管道局的抢险工作加快了事故现场清理救援工作进程，得到现场指挥部的肯定。国务院安全生产委员会办公室、天津市政府、天津市安全生产监督管理局向集团公司和管道局发来感谢信。

【深圳山体滑坡西气东输管线泄漏现场抢险工作】 2015年12月20日11时40分，广东省深圳市恒泰裕工业园发生山体滑坡引发泥石流冲刷，导致附近西气东输管道工程广州至深圳支干线求雨岭—大铲岛段发生断裂泄漏。接业主西气东输公司抢险指令后，设计院上海分院和抢险中心华南分公司组织28名专业技术及操作人员携带抢险器具第一时间抵达事故现场。管道局第三工程分公司、管道局第四工程分公司、中油管道建设工程有限公司、廊坊中油管道特种汽车运输有限公司、中油管道物资装备总公司及时派人增援，参与抢险人员81人。建设一条临时管线的方案得到有关部门批准后，抢险队伍克服困难，于12月26日焊接完成总长357米的临时管线，42道焊口检测合格。12月31日通过西气东输公司组织的验收，具备通气条件。

（杨　勇）

中国石油工程建设公司

【概况】 中国石油工程建设公司简称工程建设公司，成立于1980年，是集团公司专门从事石油工程设计、制造、施工和工程总承包的专业公司。截至2015年底，有员工13161人，大专以上学历10095人，占员工总数的76.70%；中级以上职称5550人，占员工总数的42.17%。享受政府津贴专家22人，国家级设计大师2人，集团公司、省部级、行业级设计大师4人，集团公司技术和技能专家20人，各类职业资格证书持证人员1126人，操作人员持证率100%。有主要工程机械12000台（套），一次吊装能力可达5000吨，各种工程预制、加工、实验和检测设备齐全，年加工制造能力可达18万吨。2015年，中标合同额211.7亿元，其中，海外占比71.6%，系统外占比36.2%，新业务占比10%，完成营业收入157.1亿元（表1）。ENR“国际承包商250强”排名第66位、“国际工程设计公司225强”排名第67位。伊拉克艾哈代布项目获中国建设工程鲁班奖（境外），独山子石化改扩建工程获国家优质工程金奖，兰州石化催化汽油加氢工程获石油优质工程金奖，伊拉克鲁迈拉水处理站项目获英国石油集团公司太阳神奖。

表1　工程建设公司主要生产经营指标

指　标	2015年	2014年	2013年	2012年	2011年
签订合同额（亿元）	211.7	440.2	352	275	163.72
其中，国外	151.5	362.3	145.5	163	103.07
国内	60.2	77.9	206.5	112	60.65
收入（亿元）	157.1	200.3	214.7	213	272.16
利润（亿元）	14.62	13.5	19.3	21.78	19.94

【工程项目】 国外，伊朗北阿扎德甘项目克服国际制裁、现场扫雷、长线设备订货周期长等不利因素，按期一次成功。阿布扎比阿萨布油田、伊拉克哈法亚二期、土库曼斯坦电站和气田等40项工程成功投产。南苏丹37区摆脱瓶颈和新水处理厂，哈萨克斯坦PK炼油厂、中亚管道CCS4&CCS8、巴佐伊首站，伊拉克鲁迈拉SOC管线和早期电站等重点项目积极推进。

国内，广东石化项目完成厂区四通一平，云南石化催化裂化和渣油加氢装置基本完工，宁波大榭石化、广西石化、乌鲁木齐石化3项重点工程及四川石化、大庆石化等12个EPC项目实现中交或投产，山东金诚化工等350个设计项目顺利完工。获37项省部级优秀勘察设计奖，为历年来获奖数量最多、专业最全、覆盖面最广。环境岩土业务完成国家储备库项目群勘察和四川石化安全评价等215个项目。PMC和监理业务完成6项工程，西气东输二线项目准备投产，云南石化项目收尾，铁大线项目按计划推进。

【市场开发】 2015年，工程建设公司在国外新签合同金额151.5亿元。（1）全力开发五大区域市场。成功获阿布扎比曼德油田、阿尔及利亚SP1油泵站、哈萨克斯坦PK炼油厂二期、加拿大麦肯河一期O&M、委内瑞拉苏马诺、澳大利亚煤层气等64个项目合同。阿布扎比库萨威拉二期、伊拉克哈法亚三期、鲁迈拉IPC&CPS、乍得油田2.2期、伊朗北阿扎德甘运维等重点项目积极推进。（2）持续深化全球合作交流。与Fluor公司联合开发俄罗斯天然气项目；与Saipem公司合作投标阿布扎比、科威特和莫桑比克项目；与GE公司共同开发非洲天然气发电和澳大利亚煤层气水处理等项目；与Shell公司在巴基斯坦WOPP项目上达成合作意向；成功入围沙特阿美中国潜在合格承包商名单。（3）尝试商务模式创新，组建项目融资办公室，全面开展融资合作。成立俄罗斯项目筹备组，通过融资+EPC的方式，运作Omsk炼油厂、莫斯科炼油厂和阿穆尔天然气处理厂项目；与莫桑比克国家石油公司成立合资公司，并获设计服务合同；与国家开发银行在伊拉克宾乌玛尔等多个项目上达成融资意向。

在国内新签合同金额60.2亿元。获山东销售油库改造、呼和浩特石化扩能改造等29个单体EPC项目，323个大中型设计、咨询、可行性研究项目，6个PC项目。成立新业务拓展领导小组，制订13类60个新业务项目开发计划。大力开拓新市场，承揽神华新疆MTO、烟台万华地下洞库、正本物流输油管道等项目。环境岩土业务签约西部管道安全检查、青海节能评估等高端项目。PMC和监理业务中标铁大线等11个项目，取得设备监理资质。

【管理提升】 2015年，工程建设公司企业管理取得新进展。一是强化战略顶层设计，精心制订“十三五”发展规划。针对改制上市、新业务拓展等重大改革问题，进行专题调研，形成可行性方案。二是深化“质量管理提升”活动，开展质量大检查，到广西石化、抚顺石化进行设计质量回访，顾客满意度达97.1%。三是开展“合规管理年”活动，发布16项制度，梳理200多个流程，修订120多项风险控制措施。四是狠抓开源节流降本增效，实现增收节支2.1亿元。通过纳税筹划和创新理财，创效2.56亿元。五是推进信息化、集约化、标准化采购，组建中东采购中心。六是持续推进ERP和PMIS系统应用，开展EPM试点，网络核心设备和视频电话会议等系统不断升级。七是加强中层干部、EPC高级项目经理和专业人员培训，招聘259人，培训2782人次。利用海内外培训中心，开展职业技能竞赛和岗位练兵，海外培训当地技工231人次。12名员工在集团公司级以上竞赛中获奖。

党建和企业文化建设创造新业绩。一是扎实开展“三严三实”专题教育，认真开展批评和自我批评，严格落实全面从严治党、从严治企要求。启动“重塑中国石油良好形象”大讨论活动，组织征文、报告会、劳动竞赛、演讲比赛等主题活动。二是加强领导班子和基层党组织建设，认真学习中央和习近平总书记系列重要讲话精神，综合运用民主测评、考核谈话、业绩评估、离任审计等手段，对近年来新调整的各分公司领导班子进行考核。评选出7个“优秀‘四好’领导班子”和39个“先进基层党组织”。开展国内外各单位领导班子成员培训班3期，培训党支部书记200多名。三是加强干部管理，修订完善《领导人员管理办法》等选人用人规章，严把选人用人动议提名、考察考核、程序步骤“三关”，构建科学高效的选人用人机制。四是深入推进“一岗双责”，落实“两个责任”，编制印发《党委委员、总经理助理、副总师落实党风廉政建设“一岗双责”若干规定》，完成418名处级及以上干部个人有关事项报告。五是提升宣传质量，出台新闻发布制度，设立“中油工程”微信公众号，在外部媒体发稿127篇。推进企业文化创新，编撰完成《企业文化辞典》，建立图片影像资料库，建成企业文化教育基地。六是落实维稳责任制，及时排除不稳定因素，两次受到集团公司嘉勉。积极开展“职工之家”、“五型”班组、群团和离退休活动，推进矿区社会化、市场化进程，工程建设公司足球队首夺集团公司“宝石花杯”冠军。

【科技创新】 2015年，工程建设公司执行科技项目132项（通过验收39项），申请专利86项，获授权88项，技术秘密认定48项，软件登记证书6项，新增省部级工法12项。主编、参编国家标准1项，集团公司标准5项，编制公司标准163项。“催化轻汽油醚化技术工业应用”获集团公司科学技术进步奖一等奖，“新型高压换热器制造技术”获集团公司科学技术进步奖三等奖。深入研究海外油气行业标准，编制《哈国石油石化工程建设标准规范体系研究报告》。重视群众性创新成果，大力开展“四新五小”活动，完成《“五小”成果汇编》。

【质量安全环保】 2015年，工程建设公司质量体系持续整合。全面推进质量与HSE体系融合工作，着手两个体系中相同要素的文件统一，重点对《文件控制程序》《记录控制程序》《内部审核控制程序》《管理评审控制程序》4个程序进行融合统一，未发生较大以上质量事故、合同履约率100%，顾客回访率100%，顾客满意度95.50%，设计输入评审率及设计产品合格率100%，因设计原因产生的设计变更率小于2%，采购物资检验率100%，计量器具检定率100%，焊接一次合格率98.45%，投产一次成功率100%，施工设备完好率100%。

HSE总体形势保持平稳。累计完成93个百万人工时无亡人事故，3053万千米安全行车里程。一是强化安全环保直线责任落实，逐级签订“安全环保责任书”，开展领导定点联系282次，制订“个人安全行动计划”1548份，工程建设公司总部全部岗位签订“岗位安全责任书”。二是全面贯彻落实新《安全生产法》和《环境保护法》，扎实开展“安全环保合规管理年”活动，对标查找问题并完成整改。三是进一步规范督察及审核标准，加大重点项目和风险较大项目的跟踪检查力度，持续开展危害因素辨识与风险评估，识别危害因素2665项，发现问题403个，提出整改建议223条。四是全面总结与杜邦公司合作成果，编制《HSE体系推进这三年》，并全面启动二期推进工作。五是加大安全培训力度，建立培训档案，组织安全培训1789人次。六是加强高风险国家的社会安全管理，初步形成海外安全防恐体系，稳妥完成南苏丹撤离任务。七是成功组织“安全生产月”、“安康杯”知识竞赛、安全大讨论等活动。

（严　峰　陈　璐　高　拯）

中国石油集团工程设计有限责任公司

【概况】 中国石油集团工程设计有限责任公司（英文缩写CPE）简称工程设计公司，是集团公司直属具有自主研发能力，以上游业务为主的工程总承包商、项目管理咨询商和技术装备供应商。截至2015年底，用工总量6596人。

2015年，工程设计公司实现经营收入96.39亿元、利润总额2.91亿元、税费4.17亿元，完成集团公司下达的保增长任务（表1）。名列ENR“全球工程设计公司150强”第92名和“国际工程设计公司225强”第70名。

表1　工程设计公司主要生产经营指标

指　标	2015年	2014年	2013年	2012年	2011年
收入（亿元）	96.39	152.1	183.7	162.3	101.57
其中，海外	18.95	43.9	41.8	33.9	10.3
利润（亿元）	2.91	4.8	5.3	5.0	3.03
税费（亿元）	4.17	5.6	6.4	7.1	4.71
签订合同额（亿元）	77.52	194.5	309.9	272.3	205.4
其中，海外	16.90	77.8	101.7	61.7	6

【生产经营】 切实加强市场开发，积极应对市场低迷。2015年，面对空前低迷的市场，工程设计公司上下坚持把市场开发作为生产经营头等重要的工作时刻摆在首位，转变市场开发思路，调整市场开发策略，精耕细作传统市场，奋力开拓外部和新兴市场。2015年新签合同额77.52亿元，其中系统外部占比41.95%，EPC业务占比64.73%。

积极拓展海外市场，奋力推进国际化。坚定推进“二次跨越”的信心和决心，加快建设海外投标报价体系，全面推进海外基础工作建设；充分发挥工程设计公司整体优势，强化海外市场开发，推动市场触角向系统外部海外市场延伸，2015年海外新签合同额16.90亿元，其中系统外部占比42.66%；实现海外收入18.95亿元，占总收入的19.66%。

大力推进技术创新，科技创新成果丰硕。投入科技经费6367.25万元，开展科技项目36项，其中国家级4项、集团公司级5项；2015年新申请专利68项，获专利授权60项，其中发明专利24项；获省部级以上科技进步奖10项，有32项专有技术被认定为集团公司技术秘密，5项科技产品被认定为集团公司自主创新产品，天然气净化处理成套技术等2项技术被列入集团公司技术利器，标准化已成为工程设计公司重要的竞争优势，科技产业化实现产值4亿元。

突出狠抓安全管理，安全管控力持续提升。深入宣传贯彻新《安全生产法》和《环境保护法》，全面梳理完善HSE规章制度，持续强化安全教育，2015年举办专题培训4期，培训153人次；组织安全生产事故案例视频培训6次，累计培训1万多人次。积极推进监督方式多样化，强化工程监督，2015年累计对23个EPC项目开展巡回监督检查9次，提出不符合项2457项，其中HSE不符合项1401项，整改完成率98.36%。深入开展安全生产月活动，持续推进项目安全文化建设，工程设计公司安全管控力稳步提升，顺利通过集团公司HSE管理体系量化审核，2015年未发生较大人身伤害及环境污染事故。

持续推进项目管理，重点工程建设稳步实施。完成EPMS系统项目管理模块开发和应用，实现工程设计公司所有项目线上实时动态监督；持续完善EPC项目管理体系，加强重点项目监督服务，组织完成湖北LNG国产化示范工程复产和移交，组织专家对内蒙古旗下营LNG项目、山西沁水煤层气液化调峰储备中心项目进行投产准备检查和现场服务。切实加强海外及EPC项目风险防控、效能监察和过程审计，认真开展分包商“三违”检查及年度评价工作。物资采购“三集中”持续提升，招标和催交检验工作规范运行。

【企业管理】 低成本战略深入实施。召开“低成本发展交流研讨推进会”，加大低成本战略宣贯力度，深入开展“开源节流、增收节支、降本增效”合理化建议活动，强化EPC项目成本管控，严格控制人工成本。各单位开动脑筋，想方设法推动低成本发展，2015年工程设计公司节约成本8928万元，精简干部职数和管理岗位90多个，减少自有用工110余人，清退临时用工120多人。

信息化建设突飞猛进。POWER ON系统实现项目管理全过程覆盖，双网分离建设顺利完成，物资供应、数据加密等系统成功上线运行，工艺集成设计及三维设计材料编码平台初步建成，三维设计元件库、项目管理基础数据标准化建设稳步推进；持续深化大型软件应用培训，积极跟踪研究数字化工厂等前沿技术。

基础工作建设全面启动。梳理制订“基础工作建设计划”，投入经费2310万元，开展公司级技术基础工作28项，编制完成19个专业84项集团公司企业标准；完成《“十三五”发展规划》编制工作，积极推进内控及风险防控体系建设，切实加强财务管理、合规管理、投资管理、保密管理、统计及协会管理。

项目管理团队建设持续深化。坚持把项目管理团队建设作为工程设计公司高端化的重要举措，强化项目管理培训及经验分享，2015年组织项目管理培训4期，培训300余人次，选派24人参加PMP培训，在全公司分享舟山国储库项目精细化管理经验；加大项目经理评审选拔力度，评审选拔公司一级项目经理14人。

品牌建设稳步推进。深化品牌工程创建活动，2015年获省部级以上奖励64项，其中国家级奖励11项。扎实推进质量管理提升活动，加快质量成熟度评价模型、顾客满意度测评模型研究；加强设计和工程质量监督，严格质量问责，2015年问责639人次，其中处级干部5人次；工程设计公司客户满意度96分。

管理创新不断深化。完善“三工并存，动态转换”机制，2015年晋升合同化员工143人、市场化员工185人，淘汰合同化员工22人、市场化员工30人；稳步推进海外薪酬制度改革和双序列薪酬制度改革试点工作；工程设计公司有2项管理成果、9篇管理论文获全国石油石化企业管理现代化创新奖。

【班子与队伍建设】 领导班子建设进一步加强。2015年，工程设计公司认真落实“一报告两评议”制度，切实改进干部选拔初始提名方式，并将外语水平测试引入干部竞聘，调整优化领导班子3个，新提任处级干部4人。扎实开展“三严三实”专题教育活动，严格执行个人事项报告制度，干部队伍作风建设取得新成效。

全员英语培训蓬勃开展。初步建成集自学、在职培训、脱产培训和实际运用等方式为一体的、全公司统一的外语培训体系，分层次全面开展全员英语培训，2015年举办各类英语培训107期，培训4296人次；组织员工参加TOEFL考试1530人次，通过率超过40%。

国际化人才培养持续推进。总结推广土库曼斯坦分公司国际人才培养和本土化用工经验，加快迪拜国际化高端人才培养中心建设，依托海外机构和重点工程，积极探索“以实践锻炼为主体、理论学习与交流为补充”的国际化人才培养模式。加强专家队伍建设，2015年评聘各级专家265人。

【文化建设】 深入开展大讨论活动。将“重塑中国石油良好形象”大讨论活动与“三严三实”专题教育、“四讲”主题活动和推进“二次跨越”相结合，精心组织，广泛动员，在全公司唱响“我为祖国献石油”的主旋律。持续推进“四风”问题整改，2015年清退租赁车辆17台，整改超标车辆28台，清理驻外机构3个。

持续深化工程设计公司文化建设。深入推进文化宣传贯彻进基层活动，2015年组织文化宣传贯彻85场次；制作完成英文版《员工手册》和宣传贯彻教材，修订完成国际通用的《企业形象视觉手册》，拓展文化传播渠道，加大宣传贯彻力度，增强外籍员工对工程设计公司的认同感。

扎实推进和谐企业建设。深入开展合理化建议活动，2015年征集合理化建议1083条。积极开展困难职工、困难家庭帮扶和现场慰问，2015年组织项目现场慰问327场次，发放慰问金100万元；慰问困难家庭256户、困难员工263人，拨付帮扶资金160万元。稳步推进离退休管理、民族团结、维护稳定等工作。

（曹海文）

中国寰球工程公司

【概况】 中国寰球工程公司简称寰球公司，成立于1953年3月，隶属于集团公司，是以技术为先导，以设计为龙头，集咨询、研发、设计、采购、施工管理、设备制造、开车指导、融资等多功能于一体的、具有项目管理承包和工程总承包综合能力的国际工程公司，是智力密集、技术密集的科技型国有骨干企业。

工程领域涵盖化工、炼油、石油化工、化肥装置及储运工程、精细化工、油田地面设施、海洋石油工程、天然气液化与接收、煤的清洁利用、新能源、轻工、纺织、医药、化学矿山采选、工程地质勘查、工程测量、岩土工程、交通、电信、城市燃气、民用建筑、市政工程、热电工程、给排水工程、环境工程、储运设施及压力容器设计制造安装、非标设备、钢结构及管道加工制造安装、无损检测、现代物流管理等多个行业和领域。

寰球公司以北京总部为核心，构建完整的EPC业务链，形成覆盖华北、华东、华南、西北、东北五大区域运营中心以及建安业务中心；在海外，形成中东、美洲、亚太三大区域运营中心，设立20个海外办事处，成立9个海外全资子公司、3个海外合资公司。

截至2015年底，有员工8177人，高层次技术人才阵容强大。寰球公司有国家级设计大师1人，行业级设计大师13人，享受政府特殊津贴专家52人，高级技术专家、技能专家、专业带头人234人，高级别国家注册执业资格人员2725人，90%的专业技术人员具备用英文按欧美及日本标准和中国国标进行设计和建设的工作能力，教授级高级工程师97名，高级工程师1267名，在欧美及日本等地区和国家工程公司工作和培养2年以上的人员200多人，具有硕士（含双学士）和博士学位的人员989人，有丰富经验的高级项目管理人员236人。

承担多项大型化工装置科技攻关任务，累计获国家授权受理专利384项；国家级工法3项，省部级工法15项；有92项具有竞争优势的专有技术，10余项自行开发或正在开发的具有市场价值的工艺创新技术，38项自行开发的计算机软件。获国际和国家级、省部级发明奖、科技进步奖、优秀工程设计奖等奖项750余项，主编和参编的国家标准规范25项、行业标准规范54项、集团公司企业标准11项、协会及其他标准12项，为大型化工装置的国产化及以高新技术带动国际工程承包和机电产品出口奠定坚实基础。

建立系统的、与国际接轨的总承包项目管理体系和项目运作管理模式，建立ISO 9001质量保证体系、ISO 14000环境管理体系和OHSAS 18000职业健康安全管理体系并通过认证；有工程设计综合甲级资质，可承担所有行业工程项目的设计任务；形成“一个平台、三大系统”信息化体系，有国际先进水平的网络硬件系统、工程应用软件系统、工程项目管理集成系统和各种数据库；组织和参与行业技术中心的建设，国家和行业的若干工程技术标准规范的编制及管理机构均设在寰球公司。

凭借先进的技术、丰富的工程业绩和良好的企业资信，寰球公司被评为国庆60周年全国勘察设计行业“十佳工程承包企业”，获首批“AAA级信用企业”和北京市“高新技术企业”称号，被国家能源局批准成为国家天然气领域唯一的国家级技术研发中心——国家能源液化天然气技术研发中心，连续17年被评为ENR全球最大的225家国际工程承包商和全球最大的200家国际设计公司，是唯一一家连续17年同时进入上述排行榜的中国公司。

2015年，新签合同额245亿元，实现营业收入139亿元，利润总额5.73亿元（表1）。

表1　寰球公司主要生产经营指标

指　标	2015年	2014年	2013年	2012年	2011年
签订合同额（亿元）	245	334	>330	321	450
收入（亿元）	139	162.6	>160	132	154
利润（亿元）	5.73	6.1	>6	5.9	6.07

【生产经营】 2015年，面对国际油价持续大幅下跌、油气工程建设市场全面萎缩的艰难局面，面对实现稳增长目标难度陡增的巨大压力，寰球公司坚决贯彻落实集团公司重塑中国石油良好形象、推进稳健发展的重大决策部署，在国内外多个拟签约和拟执行的重大项目取消和暂停的情况下，全年新签合同额245亿元，其中系统外份额占78%、海外市场占74%，实现营业收入139亿元、利润总额5.73亿元。在国内外主要油气能源公司利润平均下跌近50%的局面下，寰球公司营业收入和利润完成2015年初内部工作目标的80%，全面完成集团公司下达的各项考核指标，打赢稳增长攻坚战。

【深化改革】 2015年，寰球公司研究探索体制机制改革，在集团公司层面争取改革先机。加强顶层设计，编制完成“十三五”发展1个总体规划和14个专项、专业规划，为寰球公司未来持续、稳健发展奠定基础。稳妥推动二级公司混合所有制改革尝试和关停并转工作，积累改革实践经验。按照集团公司要求，科学调整寰球公司总部部分组织机构与职责，优化职能部门和生产系统业务职能。

【工程建设】 2015年，寰球公司进一步明确生产与项目管理中心职责，以生产管理中心为中枢，上线推广PMP管理平台，强化生产资源统筹协调和项目全过程管理，相继完善、出台14个管理制度。一体化协同设计平台在工程项目上积极推广应用，项目管控和生产运营体系持续优化；尝试设立项目总工程师，对项目的技术方案进行全面把关，践行“优化、优化、再优化”的工作理念，不断提高项目综合管理水平。委内瑞拉日产4万桶快速上产项目、江苏和唐山LNG接收站BOG增压外输工程、神华陕西甲醇下游加工项目以及中煤蒙大项目顺利开车和投产；神华新疆烯烃分离装置和聚丙烯装置、新疆公司炼油新区火炬气回收利用项目顺利中交；神华宁煤煤制油项目群、云南炼油项目和委内瑞拉16.5万桶扩建EPC项目进入高峰攻坚阶段；沙特阿拉伯磷矿项目克服重重困难，全力推进项目进程；兰州公司5套烷基化装置、项目管理公司土库曼斯坦PMC等二级公司一批重点项目正在加紧踏点执行。

【市场开发】 2015年，寰球公司以“关注业主的关注，实现业主的希望”为着力点和落脚点，出台《关于进一步加大市场开发工作的指导意见》，明确责任与分工，市场开发工作实现商业模式、海外国别、融资方式和环保业务等方面的新突破。伊拉克KAR炼油厂四期扩建项目融资开创中国第一例新的总承包项目融资模式，并获欧洲金融杂志评选的最佳金融解决方案奖、香港最佳政策性金融机构担保融资奖等国际奖项。成功签署马来西亚RAPID聚丙烯、斯里兰卡LPG罐区、伊拉克KAR新建系列项目以及神华包头煤气化和聚丙烯、河北聚丙烯和四川石化技改等一批设计项目，特别是首次挺进美国市场，签署美国清洁能源项目EPC总承包合同。同时，寰球六建公司成功中标缅甸马德首站溢油池PC总承包项目，寰球辽宁公司深耕柴油升级改造市场，签署多个合同，寰球上海公司成功获得乌兹别克斯坦氯碱项目。寰球公司秉承“开放、合作、共赢”市场开发理念，与法国TP、韩国三星、长庆科技、吐哈油田、中水电、中工国际等代表先进技术及管理模式的多家公司开展战略合作。

【科技创新】 2015年，寰球公司紧密围绕改革发展现实需要，持续完善科技创新体系建设，加强重大核心技术的推广应用，大力提高对外科技交流与合作水平，持续提升自主创新能力和核心竞争力。稳步推进在研技术开发项目92项，形成技术有形化成果2项、知识产权成果64件，实现技术转让费1410万元。丰富知识产权管理工作内涵，申报澳大利亚国际专利1件，获朝阳区知识产权局专利奖励。实现汽油品质升级的烷基化技术和废酸处理技术在集团公司外部广泛应用，为“十三五”期间在集团公司内部各项目上全面使用提供经验保障。获得省部级及以上奖项42项，其中大型乙烯成套技术开发获集团公司2015年度科学技术进步奖特等奖，独山子乙烯项目获国家优质工程金奖，越南化肥项目获全国总承包金钥匙奖。与中科院过程所、海湾环境科技、大江石油科技等多家单位联合开发新技术，加强超前储备技术研究，努力培育效益增长新领域。

【降本增效】 2015年，寰球公司推进低效无效资产清理处置，推行资产轻量化专项改革和“三供一业”分离移交，规范薪酬体系和劳务用工合规管理，进一步压减人工成本等一系列工作，力争通过一切可能的举措，把成本降下来，完成稳增长的任务目标。合力推进12个方面121项降本增效具体措施，取得增收近7400万元，实现可控成本同比下降18%，节电45万千瓦·时、节水1.5万立方米，节约成本逾3.2亿元。

【安全环保】 2015年，寰球公司大力强化安全环保稳定基础，投入安全生产费用6000余万元，实现安全工时5800万小时，组织开展安全管理培训1500余次，受训6.5万人次。积极组织新《安全生产法》和《环境保护法》全员学习，通过开展安全生产月、质量月、安全生产大检查活动，不断规范日常管理。

【党建和企业文化建设】 2015年，寰球公司扎实深入开展“三严三实”专题教育，突出问题导向，强化整改落实；以“重塑中国石油良好形象”大讨论为切入点，持续推进两级“四好”班子建设和队伍作风建设，打造忠诚干净担当的良好干部形象；大力强化“两个责任”落实，突出反腐倡廉教育，加强合规管理监督，深入开展专项治理，坚持不懈纠正“四风”。领导班子率先垂范，深刻查摆问题，认真严肃整改。同时抓住“关键少数”这个群体，大力发挥中层干部承上启下的表率作用，带领广大员工攻坚克难，维护生产运营稳定大局。加快国际化人才培养，优化“选育用聚”各环节，重点开展各类经营管理、项目管理和专业技术培训，参训人员1.3万余人次，培训学时达15万小时；深入开展职工小家和丰富多彩的群众性体育活动。

（刘　佳）

中国昆仑工程公司

【概况】 中国昆仑工程公司简称昆仑工程公司，前身是中国纺织工业设计院，成立于1952年9月，是中国纺织行业唯一的部属大型勘察设计单位。2007年7月，重组并入集团公司，是集团公司的全资子公司，是集咨询、研发、设计、采购、施工管理、开车指导和工程监理、工程总承包、项目管理承包、技术服务等多功能于一体的国际工程公司和国有科技型骨干企业，有4家二级单位、2家控股公司。

昆仑工程公司持有国家颁发的众多甲级资质证书；通过了ISO 9001质量体系、ISO 14001环境管理体系、OHSAS 18001职业健康安全管理体系和中国石油HSE管理体系认证；拥有国际先进的工程设计、项目管理及办公自动化等应用软件和数据库，建有先进的计算机网络平台和应用体系；享有国家授予的对外经营权。

昆仑工程公司长期致力于石油化工、纺织化纤、煤基化工、环境工程、建筑工程等领域的建设、创新与发展。先后承担设计和建设完成各类大中型石油化工、化纤及其原料和民用建筑等工程数千项，国外经援、经贸工程百多项，遍布全国及29个国家和地区。先后获国家科学技术进步奖一等奖、二等奖，全国、省部级优秀勘察设计特等奖、金质奖、优秀奖、管理奖数百项。昆仑工程公司拥有雄厚的科研和技术实力，承担多项国家重大科技攻关任务，在精对苯二甲酸（PTA）、大型直接酯化连续缩聚聚酯、顺丁橡胶、ABS树脂、己烯－1、工业废水处理等领域拥有专利及专有技术，获国家授权专利123项，其中PCT专利10项。主编参编国家和行业标准66项，其中国家标准33项。

截至2015年底，昆仑工程公司在职职工1815人，其中工程技术人员1147人、教授级高级工程师32人、高级工程师412人、享受政府津贴专家1人、特殊贡献的中青年专家1人，具有各种国家执业注册资格人员590人次。

2015年，面对国际原油行业低油价不利形势的冲击和工程建设业务市场大规模萎缩的不利影响，昆仑工程公司实现营业收入33.2亿元，圆满完成集团公司下达的考核任务。

“十二五”期间，昆仑工程公司坚持创新驱动发展，加快“走出去”步伐，积极参与全球竞争，市场影响日益扩大。累计实现营业收入205.55亿元，利润总额3.57亿元，经济增加值1.01亿元，国有资产保值增值率130.88%，2015年，资产总额47.09亿元，公司规模和实力显著增强。连续5年位居全国勘察设计行业前50强（表1）。

表1　昆仑工程公司主要经营指标

指　标	2015年	2014年	2013年	2012年	2011年
收入（亿元）	33.2	35.2	42	45	50.15
利润（亿元）	0.01	0.80	0.9	1.02	1.03
签订合同额（亿元）	50.2	47.3	52.2	47.6	38.4
其中，国外	43.8	4.57	0.17	0.3	2.5
国内	6.34	42.7	52.03	47.3	35.9

【工程建设】　2015年，昆仑工程公司承担各类工程项目237项，其中集团公司内部市场102项，集团公司外部市场125项。

集团公司内部市场。顺利完成辽阳石化、抚顺石化、锦州石化等环保升级项目工程建设；平稳推进广东石化等炼化工程项目施工建设；参与四川石化等技改项目技术服务。

集团公司外部市场。一是合成材料工程项目。在建工程项目20项，其中江苏兴业、福建山力等7项工程项目一次投料开车成功。二是合成树脂工程项目。在建工程项目7项，其中神华榆林等工程项目顺利投产、神华新疆等工程项目如期实现工程中交，印度国家石油公司（IOCL）6万吨/年聚丙烯总承包工程项目各项工作全面铺开。三是环境保护工程项目。在建工程项目5项，其中中煤平朔等如期完成中交或投入运营。

【市场开发】　2015年，昆仑工程公司新签订合同额50.2亿元，其中国外市场43.8亿元，完成年初制定目标。

国内市场。在石油化工领域，集团公司内部市场重点跟踪大型炼化公司等目标客户；集团公司外部市场重点跟踪浙江石油化工有限公司等目标客户。在合成材料工程领域，合成纤维工程项目重点跟踪珠海华润包装材料有限公司等目标客户；合成树脂工程项目重点跟踪中煤陕西榆林能源化工有限公司等目标客户。在环保工程领域，废水处理工程项目重点跟踪大庆石化等目标客户；废气治理工程项目重点跟踪辽阳石化等目标客户。

国外市场。在石油化工领域，重点跟踪恒逸实业（文莱）有限公司等目标客户。在合成纤维工程领域，重点跟踪印尼华润包装材料有限公司等目标客户。在合成材料工程领域，重点跟踪印度石油公司等目标客户。在环保工程废水处理工程领域，重点跟踪马来西亚国家石油公司等目标客户。

【企业管理】　2015年，昆仑工程公司持续加强基础管理，不断推动管理提升向纵深发展；大力实施安全发展战略，推进管理体系融合，不断提高企业管理水平和经营绩效。

持续强化基础管理工作。一是整章建制。梳理完成涵盖昆仑工程公司全领域管理单元规章制度目录，完善网上业务办公流程，强化物资采购大数据安全管理。二是风险防控。修订发布《公司风险防控手册》，强化风险评估控制和内部审计监督。三是进一步完善机关职能。充分发挥机关指挥中枢职能，加强昆仑工程公司预算监督控制，通过精细化管控强化费用审核。

精准实施人才培养。一是实施管理人员和技术人员在企业管理、项目执行、专业英语等能力的培训，提升人才队伍综合素质。二是加强专业技术、质量安全、海外防恐等培训，提升队伍应对突发事件的能力。三是突出业绩导向，健全职称评审工作，开展“五型”班组创建活动，提高队伍执行能力。

从严落实降本增效。昆仑工程公司从严实施全面预算管理，采取紧缩政策降低运营成本，多措并举强化关键指标控制，连续3年实现费用硬下降。一是稳健推广“商信通”业务，确保资金收支总体平衡。二是完善工程结算制度，推动项目清收清欠。三是严格差旅接待管理，切实压缩费用支出。四是提升税收筹划水平，扎实推进“三控制一规范”。2015年，昆仑工程公司“五项”费用同比下降9%。

【改革创新】 2015年，昆仑工程公司以创新开放和深化改革为引领，不断增强发展的内生动力，切实提高抵御市场风险的能力和化解问题的能力。

始终坚持科技创新。一是科研开发。组织完成“芳烃联合装置集成技术研究”等15项开发项目结题验收；申报专利42项，新增授权专利26项，其中发明专利8项；获省部级优秀工程咨询设计奖10项，其中一等奖5项。二是标准化建设。主编参编国家标准5项、标准图集2项、行业标准1项，完成企业标准规范整合37项。三是信息化建设。稳步推进ERP、EPM统建和自建管理系统应用，加快网络基础平台升级改造，提升信息安全和保密工作水平。

着眼未来转型升级。一是提高管理创新和技术创新“两轮驱动”的发展动能，强化服务模式创新力度，以优质的技术、服务和信誉提升公司品牌和知名度。二是创新战略合作方式，实现优势互补，提高公司抗风险能力。三是坚持将资源向市场潜力大、附加值高、发展前景好的业务倾斜。

【质量安全环保】 2015年，昆仑工程公司紧紧围绕服务生产经营实际，质量安全环保工作重点强化QHSE体系运行，严格过程管控，落实“一岗双责”，所承担国内外工程无质量安全环保责任事故。

昆仑工程公司始终视质量为生命，严格细化落实质量管理工作全过程控制方案，做到监督流程可操作，奖罚主体明确，整改落实反馈及时有结果，工程设计、设备采购、现场施工安装各阶段质量得到有效保证。

昆仑工程公司始终将安全环保作为一切工作的前提，积极组织新《安全生产法》和《环境保护法》及HSE体系宣传贯彻培训，扎实开展安全生产月和安全生产大检查等活动，强化风险控制，监督项目现场落实隐患排查，隐患排查长效机制初步确立。突出应急管理工作，在完善应急管理体系建设的同时，做到所有项目的首项工作是安全环保风险识别，并落实应对方案。严格海外安保防恐培训，切实提高全员风险防控意识和应对能力。

【党建工作】 2015年，昆仑工程公司深入开展党建工作和反腐倡廉，加强领导班子和干部队伍建设，稳步推进企业文化建设，凝聚发展正能量，切实构筑和谐企业建设。

一是健全党建工作责任制，完善中心组学习制度，抓好群众路线教育整改和“三严三实”专题教育。二是加强惩防体系建设。坚决贯彻落实中央八项规定和集团公司党组二十条要求，开展“三超”问题自查和有关问题专项治理。召开反腐倡廉建设会议，组织党员干部签订党风廉政建设责任书。印发昆仑工程公司《党委落实党风廉政主体责任实施细则》《纪委落实党风廉政建设监督责任实施细则》和《党风廉政建设责任追究暂行办法》，修订完善昆仑工程公司《三重一大决策制度实施细则》，规范决策程序和决策事项，2015年55项重大事项提交党委办公会或总经理办公会决策。三是加强领导班子建设，做好各级领导班子测评工作。四是加强党员教育管理，增强党员的组织纪律观念和党性修养。五是完善党员发展流程，2015年发展新党员10人。

（鲍世庆　肖春宏）

中国石油集团东北炼化工程有限公司

【概况】 中国石油集团东北炼化工程有限公司简称东北炼化，于2007年11月在辽宁省沈阳市注册成立，注册资本金15.9亿元。主营业务为工程设计、EPC、PMC业务，以及工程施工、检测和机械制造业务。东北炼化坚持特色发展，进军高端领域，积极开拓市场，2015年实现主营收入46亿元，利润113万元，新签合同额49.5亿元（表1）。截至2015年底，共有员工9210人，资产总额61.69亿元。总部机关12个处室，3个附属中心，9家二级单位。

表 1　东北炼化主要经营指标

指　标	2015 年	2014 年	2013 年	2012 年	2011 年
签订合同额（亿元）	49.5	77.2	86	72.9	—
收入（亿元）	46	56.2	50.4	60.9	62.8
利润（亿元）	0.0113	0.5948	0.7998	0.6	1.12

【工程建设】 2015 年，东北炼化承接的云南石化 EPC、PC 等重点项目进展满足业主要求，目前进入收尾阶段；中国海油惠州三套装置完成土建施工；科威特清洁燃油项目进入土建施工高峰期，施工质量、安全、进度受到外方业主肯定。机械清洗工作完成 1249 座储罐清洗任务，签订 7000 多万元清洗合同。2015 年，东北炼化新签合同的施工项目主要有阿联酋炭黑延迟焦化项目、科威特清洁燃油项目、中海油惠州炼油二期等装置。机械制造项目有大庆中蓝烟气脱硫吸收塔。无损检测项目比较大的有中安联合煤化甲醇项目。

【工程设计】 2015 年，东北炼化取得国家住房和城乡建设部颁发的设计综合甲级资质。拥有省部级设计大师 8 人，一级建造师及一级、二级结构师等国家注册人员 700 人。合成氨三项催化剂的研究及应用、年产 11.5 万吨乙烯装置设计等 7 项成果获国家级科学技术进步奖。芳香烃抽提装置设计、吉化污水处理厂改扩建工程等 8 项成果获国家级优秀工程设计奖。

【市场开发】 2015 年，东北炼化新签合同金额 49.5 亿元中，集团公司内部 15.5 亿元，占 31%；集团公司外部 29.9 亿元，占 60%；海外市场 4.1 亿元，占 9%。合同额较大的项目有设计承揽广西科元 20 万吨 / 年丙烯腈项目、哈萨克斯坦巴甫洛达尔炼厂焦化改造和质量升级一期工程。EPC 项目有贵州茅台生态循环经济产业示范园生物天然气和生物有机肥项目。PC 项目有内蒙古家景镁业 30 万吨 / 年甲醇及配套项目、玉溪油库项目。PMC 项目有神华宁煤煤化工副产品深加工综合利用项目咨询服务、俄罗斯亚马尔 LNG 项目。监理项目主要有塔里木油田产能建设地面工程。施工项目主要有阿联酋炭黑延迟焦化项目、科威特清洁燃油项目、中海油惠州炼油二期等装置。机械制造项目有大庆中蓝烟气脱硫吸收塔。无损检测项目比较大的有中安联合煤化甲醇项目。

【科技创新】 2015 年，东北炼化科研项目 20 万吨 / 年 MTBE 装置成套技术开发与应用、催化油浆生产针状焦技术开发等 8 项通过集团公司组织的验收。“炼化企业 VOCs 综合管控技术”通过集团公司组织的科技成果鉴定，在华北石化、大港石化试点应用，达到国内领先、国际先进水平。推动丙烯酸及酯成套技术升级，完成含油污泥无害化处理技术中试实验。技术专利推广应用实现营业收入 4030 万元。东北炼化参建的“独山子石化改扩建炼油及新建乙烯工程”获国家优质工程金奖。东北工程设计的 30 万吨 / 年环氧丙烷工程获国家优质工程奖。2011—2015 年开展公司级以上科研项目 42 项，科技投入 5600 万元，验收项目 23 项，打造丙烯酸及酯、环氧乙烷、乙丙橡胶、ABS 树脂、丙烯腈、MTP、聚乙烯、MMA、丁二烯抽提、废水零排放、VOCs 管控平台等一批品牌技术优势和工程化优势项目，取得授权专利 124 件，其中发明专利 26 件；认定技术秘密 10 项；获得施工工法 31 项，其中国家级工法 2 项，省部级工法 29 项。发布企业标准、行业标准及国家级标准 64 项，建成小试、中试实验装置 16 套，编制完成 33 项工艺包。在国内化工市场赢得良好的口碑，也为东北炼化创造了可观的经济效益，2011—2015 年，各类技术成果总计实现技术转让费 14070 万元。东北炼化获集团公司科技进步奖 3 项；集团公司自主创新产品认定 5 项；省部级科技奖励 28 项。

【管理提升】 完善制度建设，新制定 16 项，修订 10 项，废止 11 项。落实工效挂钩，将各单位工资总额的分配与经营业绩挂钩，将两级机关人员绩效奖金与利润指标完成情况挂钩，促进 2015 年生产任务的完成。深化项目全过程成本管理，编制执行项目成本计划。规范合同管理流程，事后合同数量同比下降 18%。完成日常审计项目 2122 项，专项审计 4 个，提出审计建议 14 条。

【质量安全】 2015 年，组织开展新《安全生产法》和《环境保护法》培训，落实安全生产“一岗双责”。推进 HSE 管理体系建设，完成内外部审核发现问题的整改。锦州设计院、吉林工程设计公司通过 QHSE 管理体系认证。开展安全环保大检查，消除现场安全质量问题435个。加强应急体系建设，组织各类演练232次，提高全员应对突发事件的处置能力。东北炼化与中国质量协会共同编制的《建筑业企业现场管理准则标准实施指南》正式出版发行。

【企业文化建设】 "重塑中国石油良好形象"大讨论与"三严三实"专题教育紧密结合，共同推进，做好领导带头、全员参与、开门讨论、问题导向、立查立改等关键动作。徐龙杰获"全国劳动模范"荣誉称号，成为集团公司重点宣传的典型。

东北炼化将立足东北，面向全国，开发海外，努力建设成为具有较强国际竞争力的工程公司，为东北老工业基地新一轮振兴做出贡献。

（马贵文）

装备制造企业

中国石油技术开发公司

【概况】 中国石油技术开发公司（英文缩写CPTDC）简称中油技开，是集团公司的全资子公司，服务保障集团公司海外油气业务发展和带动装备制造产品出口，是从事石油装备出口业务的专业化公司，是集团公司海外项目物资装备供应主体和参与国际市场竞争的经营实体。中油技开自1987年成立、1992年从事石油装备产品出口业务以来，累计出口产品到80个国家和地区，出口业绩在央企名列前茅，发展成为中国最大的以石油石化物资装备贸易为主的国际知名公司。

截至2015年底，中油技开有员工1850人，中方员工625人占34%，平均年龄36.8岁。 中方员工中级以上职称人员占比50%以上，其中正、副高级职称94人；94%的业务人员具有大学本科以上学历；硕士、博士学历285人，占比46%。石油专业人员295人，占比47%；贸易及经济类专业人员222人，占比36%，各类语言专业人员108人，占比17%。外籍员工共1225人，员工当地化率达到83%。中方业务岗位员工集团公司外语考试通过率95%，打造了一支精通英语、俄语、法语、西班牙语、葡萄牙语、阿拉伯语等多语系的国际商务人才队伍。

中油技开总部机关设有总经理办公室、党群工作处、人力资源处、经营管理处、财务资产处、企业发展处、审计监察处、合同条法处、安全环保处、市场营销处、技术质量管理处和信息中心12个职能处室；根据地区和专业，设有独联体分公司、亚非分公司、美欧分公司、中东分公司、石化分公司、管道分公司、中亚管道项目部、坦桑尼亚项目部、海洋工程分公司、物流分公司、钻探装备部、开发装备部和综合装备部13个直属经营机构。

2015年，是中油技开"十二五"发展历程中极具挑战、砥砺前行的一年。面对国际油价持续大幅下跌带来的不利影响和公司实现经营目标难度陡增的巨大压力，中油技开全面贯彻落实集团公司的各项部署和安排，大力实施业务结构调整、增长点培育和低成本发展"三篇文章"，持续加大国际市场开发力度，大力推进开源节流降本增效，各方面工作取得新成效。经过广大海内外干部员工的共同努力，2015年共实现签约额15.6亿美元，实现营业收入133亿元，圆满完成集团公司下达的利润考核指标和稳增长目标，实现"十二五"发展平稳收官（表1）。

表1　中油技开主要经营指标

指　标	2015年	2014年	2013年	2012年	2011年
营业收入（亿元）	133	266	280	256	170.8
签订合同额（亿美元）	15.6	40	52.8	50.58	近40

【国际市场开发】 2015年，中油技开以中资市场为基本盘，大力开发国际市场，并取得一定成效。一是扎实做好集团公司各海外项目的物资装备供应，积极参与集团公司海外项目投标，优选产品供应商，严控出口产品的质量和进度，努力提供优质产品和服务，积极参与海外项目竞标，2015年共为集团公司18个国家的海外项目提供物资装备供应5.1亿美元。其中哈萨克斯坦、南苏丹等国家超过1亿美元。二是2015年外资市场实现签约10.5亿美元，占中油技开总签约额的近70%。与14个国家的23个新客户实现签约。签约额在1000万美元以上的国家和地区达12个，阿联酋、新加坡、土库曼斯坦、古巴等国家签约规模超过1亿美元。三是产品服务业务不断拓展，在非洲、中亚和南美等地区开展电泵维修、天然气发电机租赁、压缩机和电站保运行、油管修复、特车修理、机修加工和集成组装等服务，2015年实现签约额3.3亿美元。四是主导产品出口保持规模。钻修井机、专用管、电泵和长输管线等19种产品签约额均超过1000万美元，其中钻机签约4.75亿美元，出口产品达到上中下游八大类86种。

【与系统内制造企业的合作】 2015年，中油技开充分发挥集团公司一体化优势，把带动装备产品和服务走出去作为重要任务，深入贯彻《扩大装备制造产品出口指导意见》，专门召开动员会进行部署，认真落实与制造企业签订的海外业务合作协议，钻机、动力装备、抽油机和电潜泵等产品实现100%系统内采购。在低油价的不利形势下，密切与集团公司制造企业的交流沟通，充分发挥双方优势，共同开发国际市场。积极做好国际市场信息互通、标前会商等工作，不断提升在国际市场开发、项目执行和售后服务等方面的综合竞争实力。2015年在阿联酋、土库曼斯坦和印度等国家实现新签钻机25台。柴油机发电服务业务发展到伊拉克、秘鲁等国家和地区。钻机安装、保运行等服务项目继续开展合作。电泵服务实现签约超过1亿美元。

【项目国际化运作】 2015年，中油技开进一步突出项目管理的组织领导和关键环节的控制，加强跨部门的协同配合，举全公司之力推进重大项目的顺利实施。坦桑尼亚天然气综合利用项目认真做好EPC工程协调管理，项目主体工程顺利完成，2015年10月，坦桑尼亚政府在姆特瓦拉举行项目竣工庆典仪式，对中油技开在该项目建设中的各项工作给予高度评价，树立中国石油在国际上的良好形象。巴基斯坦管线项目高度重视项目风险控制，强化项目全过程管理，提前17天圆满完成发运工作并收回全部货款。钻机项目不断强化与客户、厂家的沟通协调，努力推进项目实施。2015年实现阿布扎比钻机签约12台，启动委内瑞拉14台钻机项目，获取土库曼斯坦10台钻机和印度2台钻机项目，目前在执行的钻机总数达到48台。

【国际产能合作】 2015年，按照集团公司和装备制造分公司的部署和要求，中油技开积极参与和支持哈萨克斯坦管厂项目合资合作。努力推进阿克套装备制造基地项目进展，与合作方就主要合作事项达成共识，组织完成抽油机组装制造工艺技术方案，为项目安排整体设计与建设提供有力支持。稳步推进境外组装维修中心建设，美国仓储销售服务中心项目正式开工建设，哈萨克斯坦苏勒达拉公司完成现有生产基地购置，为深化发展装备组装和拓展服务创造条件。为努力推动业务转型升级，认真落实装备制造海外建厂规划编制工作，在装备制造分公司的指导下，认真组织研究并就重点项目进行调研评估，初步确定“十三五”期间投资项目安排。

【降本增效】 按照集团公司的工作部署，中油技开于2015年初制定《开源节流降本增效的实施方案》，积极探索成本费用控制新途径和新措施，形成一年两次的阶段性工作成果报告机制，将具有可借鉴性的措施及时信息共享，形成人人肩上有担子的责任意识。定期召开应收账款清欠和存货管理的专题会议，落实清欠目标、工作责任和时间要求。2015年，中油技开内部应收账款较2015年初下降近40%，存货规模较2015年初下降24%。持续加强费用预算执行过程管控，突出预算管控效果，“五项”费用同比下降12%。强化境外机构费用预报销制度，保障境外资金合规管理，加强境外资金存量管理，提高资金的流动性，既保证收汇的及时性，也在一定程度上规避汇率波动风险。

（马　骁）

中国石油集团渤海石油装备制造有限公司

【概况】 中国石油集团渤海石油装备制造有限公司简称渤海装备，是集团公司所属全资子公司，2008 年 4 月重组成立，注册在天津市滨海新区。截至 2015 年底，所属 11 家企业厂区主要分布于天津市滨海新区，河北省沧州市、承德市，辽宁省盘锦市，江苏省南京市、扬州市，甘肃省兰州市，新疆维吾尔自治区乌鲁木齐市等地。占地总面积 932.8 万平方米，用工总量 10723 人，其中合同化员工 8406 人、市场化用工 2307 人、劳务用工 10 人。

渤海装备以油气输送装备、钻采装备、海工装备、炼化装备四大系列产品为主营业务。现有渤海华宇、渤海巨龙、渤海能克、渤海中成、渤海卡瑞特、渤海司达、渤海飞雁七大知名品牌。有 36 种产品取得 API 认证，20 种产品获“中国石油装备”背书品牌授权，19 种产品获国家和行业名牌。

2015 年订单签约额 141.9 亿元，其中新签订单 78.53 亿元，为 2016 年储备订单 51.24 亿元，生产产值 61 亿元，营业收入 62.55 亿元，货款回收 68.32 亿元，账面利润 -6.5 亿元，超额完成集团公司年度稳增长目标（表 1）。在行业整体亏损的大势下，渤海装备 11 家所属企业中，有第一机械厂、兰州石油化工机械厂、新世纪机械制造公司、承德石油机械有限公司、石油机械厂、中成机械制造分公司 6 家实现盈利，呈现出外部拓展、科技创新、科学降本、转型升级和抗灾自救等十大亮点，企业平安，队伍和谐，被评为集团公司安全生产先进企业，实现“十二五”平稳收官。

表 1　渤海装备主要生产经营指标

指　标	2015 年	2014 年	2013 年	2012 年	2011 年
营业收入（亿元）	62.55	73.85	141.05	152.14	118.34
账面利润（亿元）	-6.5	-3.46	1.31	—	2.1
订单签约额（亿元）	141.9	156.05	—	249.57	—

【市场开拓】 2015 年，渤海装备做好“市场开拓”大文章，强化“一把手”工程，推进总部搭台、基层唱戏，上下联动、重点突破，加大技术和服务营销力度，实施增收入系统工程，强力推进回款结算，以内部市场为基础，重点开拓国际市场和社会市场。在市场需求锐减、销售价格跳水的形势下，新签订单 78.53 亿元，其中外部市场 36.6 亿元，同比增长 29%，拿到 25.6 万吨的钢管外部工作量，同比增长 195%。在内部市场，推进集团内部采购政策落实，拿到油套管工作量 27.3 万吨，同比增长 45%，创出历史最好水平。长庆油田、大庆油田、吉林油田等市场开发取得突破，与 6 家企业新签或续签战略合作协议，有 5 种产品取得免招标资质，4 种产品入围甲级供应商，从长庆油田、吉林油田、大港油田等 10 家企业获取的订单同比增长 20% 以上，抽油杆销售首次突破 500 万米。在国际市场，实现签约 20.6 亿元，占比 28%，同比增长 64%。实现肯尼亚、印度、安哥拉、土耳其、阿曼、泰国、厄瓜多尔等市场的首次进入或突破。成功中标海外独立运作第一大单巴基斯坦 5 万吨螺旋管项目，成功签约墨西哥 1.9 亿美元 CP-400 钻井平台建造合同，热采井口在阿曼拿到 5000 万元订单，镦锻抽油杆在泰国获取 100 万米订单。在社会市场，成功举办福建钢管、新疆钢管产品推介会，首获中国石化天津 LNG 6.2 万吨钢管订单，首获福建莆田 3 个排海工程水管订单 3.8 万吨。成功中标蓬莱 5000 米钻机，获得中远船务设计、外高桥平台调试、山海关船厂平台井架安装等工作量。烟汽轮机和特殊阀门在中国石化、中国海油及地方炼厂市场占有率达 80% 以上，新增订单 8000 万元。

【降本增效】 2015 年，做好成本压降，成立由渤海装备主要领导挂帅的领导小组，抽调精兵强将集中办公，以预算为源头，突出管理性成本这个重点，强力推进科学降本。2015 年共压降成本 8.5 亿元，比预算多降 3.5 亿元，其中直接增效 3.69 亿元，超计划 0.19

亿元，在收入锐减的情况下，为渤海装备完成保增长目标和6家企业盈利做出突出贡献。在动态管控上，两次调整预算，依据预算制定计划，坚持周汇报、月预警、季总结，对大笔支出实行销项管理，管理性支出同比下降36%，其中，“五项”费用下降24%，其他非生产性支出下降37%；在隐性人工成本降控上，坚持内部能干的不外包、员工没活干的不外雇，以亏损单位为重点，力推冗员显性化和转岗培训服务，下达外雇工清理指令，先清零、后申请，实行外包费用与薪酬捆绑考核，2015年清理外雇工1750人，占比50%，节支5000多万元。依法合规转换607人的身份，减少费用1763万元。

【质量提升】 2015年，渤海装备做好质量提升大文章，抬高标准、打造精品，邀请国外强企专家来公司会诊，成功举办GE质量高级研讨班，以提升产品外观质量为突破口，以达标取证为主要抓手，实施15种产品精品打造计划，推进精品标准化、精品成为艺术品的质量提升，有5种产品取得国际资质，推进从追求不出事向追求卓越转变；全员参与、过程控制，完成41种产品质量竞争力评估，开展全员质量金点子有奖征集，搞好工序改进、工艺流程优化，推进检测手段创新，抓好过程质量控制，实施《质量损失管理办法》，质量损失减少497万元，降幅29%，推进从单品质量向全面工作质量转变；用户导向、补短增长，认真征集用户意见，采纳用户建议87条，实施19个质量项目，注水泵、钻修机等13项产品的性能、寿命、可靠性有较大提升，推进从时段质量向全生命周期质量转变。2015年集团公司抽检的16种、29批次产品合格率100%。顾客满意度97.6%，用户投诉率为零。渤海装备连续四年被评为天津市“质量管理活动优秀企业”。第一机械厂、华油钢管公司连续15年获“全国用户满意企业”称号。直缝钢管等7种产品获“全国用户满意产品”称号。

【转型升级】 2015年，渤海装备以客户需求为导向，加快从传统制造向现代服务制造转型升级的步伐，在产品和服务上取得重大突破。不但保障主业、开拓市场，使服务增收1.2亿元、带动产品销售2亿元，还解决员工有活干、有钱挣问题，使队伍输出600余人。在长庆油田，先后承揽采油五厂、采油八厂注水泵一体化服务项目，日常在岗队伍达300多人，服务区域的产油量占长庆油田原油总产量的17.8%。针对注水泵易损件寿命短的问题，开展系列技术攻关，使易损件寿命由原来的72小时提升到1500小时以上，为解决油田急需、开拓配件市场提供支撑。采油五厂、采油八厂项目员工吃住前线，艰苦奋斗，认真履责，严守五大禁令，实现上得去、站得住、干得好目标，先后有14名员工和3个站受到长庆油田表彰；在炼化企业，建立与客户交互的“中华烟机网”，有27台烟机实现联网在线服务，初步实现烟机亚健康诊断预警。完善运营好中国石油、中国石化2个配件库，向锦西石化、四川石化提供远程和现场诊断与增值服务，拉动配件及检维修业务市场，2015年检维修服务收入3000万元，服务及配件收入占总收入比为45%，使兰州石油化工机械厂在收入减少形势下保持持续盈利。

【科技研发】 按市场需求，及时调整研发方向，2015年，渤海装备共实施科技项目143项，取得25项重要成果，其中新型电液控制冷壁滑阀、大口径长距离穿越钻杆等5项获得省部级奖励；5000米自动化钻机等11项通过省部级鉴定；XJ700DB型电动储能修井机等7项通过集团公司自主创新装备推广应用审查；渤海装备对28个项目给予科技进步奖。在科学技术研发中，注重合作研发、接地气、靠市场、重实用，研发钻井岩屑不落地固控处理系统，将固控和钻井废弃物处理有机融合，采用两级净化模式，降低能耗，岩屑处理达到不落地环保要求；研发电动储能修井机，采用超级电容充放电控制和变频调速技术，解决现有井场电网容量不足的技术难题，综合节能60%；研发多功率双速节能电动机，与普通电动机相比平均综合节电率近20%，系统效率提高3个百分点。2015年，渤海装备建成国家企业技术中心炼化装备研发实验检测平台，续聘专家58名，新增专家29人，出台自主创新重大技术装备研制及推广应用的激励政策。

【精益管控】 2015年，渤海装备抓改革、增强活力，完成输送装备改革，精简机构13个，占比27%，加大工效挂钩和奖惩力度，激活运行机制，创新福建钢管项目三新模式，整合资源，形成市场开发合力和活力；抓减员、提升素质，实施减员提素工程，压减用工588人，实行转岗服务蓄水池，培训2000余人，制定雏鹰、精鹰、雄鹰“三鹰”计划，建立200余人新一届专家队伍，使26种主导产品都有技术带头人和大工匠；抓合规、强化管理，加强投资计划管控，投资额同比减少32%，制定并实施经营风险评价与报告管理办法，强化责任，在月度考核和风险预警上见到实效。对“三重一大”制度执行情况大检查，整改问题，规范决策程序和内容；抓压库、强力清欠，实行库存控制责任制，2015年底存货53亿元，控制在目标以内。成立清欠领导小组和清欠办公室，抽调专人离岗清欠，出台奖惩政策，清收风险性账款4.96亿元；抓减贷、夯实资产，按上级清产核资要求，积极审慎、依法合规地搞好摸底、评估、报审等工作，清理夯实资产30.96亿元，处置历史不良存货1.49亿元；争取10亿元贷款转成资本金，拿到低息借贷17.4亿元，有息借贷余额20.88亿元，控制在指标之内。

【安全生产】 2015年，渤海装备以“5S+2S”现场管理为抓手，即生产现场要做好整理、整顿、清扫、清洁、素养、节约、安全，深入实施精益生产，认真编制生产计划，优化生产流程，推广“固定＋机动”，由于输送类的连续性生产线工作量不饱满，要固定安排一两个班组，完成基本任务，其余班组，有临时比较充足的工作量就来，没有工作量就在家待命。“集中生产、集中培休”生产模式，完成生产产值61亿元；强化物资计划管控，严格招标管理，采购物资27.8亿元，招标率85.3%，资金节约率5.9%，为经营目标实现提供生产保障；深入开展HSE体系审核和日常检查，查改问题274个。投资2000万元完成4项隐患治理，使大港园区污水、青县园区锅炉废气等排放达标升级，开展风险分析、安全技术培训，应急能力显著提升。2015年HSE无事故，实现“五个杜绝”，杜绝一般A级及以上生产安全事故；杜绝环境污染和生态破坏事件；杜绝一般B级及以上工业生产安全事故；杜绝职业病危害事故和新增职业病；杜绝海外业务因社会安全原因造成中方员工被绑架或致死事件，连续6年被评为集团公司“安全生产先进企业”。

【抗爆自救】 2015年8月12日晚11时30分左右，天津滨海新区瑞海公司所属危险品仓库发生爆炸，爆炸事故不仅给国家和滨海新区周边单位居民造成重大损失，也给渤海装备财产和人员造成较大损失，渤海装备本部办公楼距离爆炸点1.4千米，爆炸冲击力巨大，对办公楼造成严重影响。办公楼正面塑钢窗和玻璃幕墙100%受损，侧面塑钢窗90%受损，背面塑钢窗70%受损，房屋吊顶及附属设施80%受损；室内房门、隔断、办公桌椅、家具等大量损坏，电脑、打印机、传真机、笔记本电脑等办公设备不同程度受损；展厅展品、模型及职工食堂设备等设施均不同程度受损。电源、供水、燃气中断，造成计算机网络、视频会议、机要文件系统、集团专网电话等管理系统中断，事故导致渤海装备13人不同程度受伤，27户职工房屋受损。爆炸事故增加机关分散办公、核心机房搬迁、设施维修、设备购置、通信、通勤等费用，直接和间接损失共计约1800万元。面对天津港“8·12”火灾爆炸事故，渤海装备成功应对，第一时间启动应急预案和现场处置，第一时间关爱受伤员工和受损家庭，采用“分散办公、集中开会、手机联络、网上审批”的临时办公，实现救灾与生产“两不误”。主动放弃在核心区高档MSD办公机会，利用渤海装备内部半闲置房产，修缮利用原有办公家具和设备，仅用一个半月时间和98万元费用，就把本部搬迁至大港中成机械制造分公司综合楼，本部以实际行动，向广大员工宣示勤俭节约、深入基层、抱团取暖、共克时艰的决心，树立渤海装备良好形象。

【作风建设】 2015年，渤海装备加强领导班子和干部队伍建设，搞好“三严三实”，严以修身、严以用权、严以律己，谋事要实、创业要实、做人要实专题教育活动，提出用严实的作风践行“修身做人、律己用权、谋事创业”三项要求，领导干部作风和能力建设持续提升；狠抓党风廉政建设，落实党委主体责任和纪委监督责任，认真学习党员廉洁自律准则，执行纪律处分条例，出台“三重一大”实施细则，坚持集体决策、民主决策，注重重点监督和源头管控；加强党建和思想政治工作，发挥基层党组织战斗堡垒作用和党员先锋模范作用，落实保密责任制，开展形势任务教育和“聚合力、做贡献、促和谐”主题实践活动；发挥群团组织作用，讲好渤装故事，聚合正能量。涌现出全国劳动模范1名、省部级劳动模范7名，获20个省部级以上先进集体，开展“发扬亮剑精神、冲刺全年目标”等劳动竞赛83项，渤海装备蝉联天津市“劳动竞赛十大示范单位”称号。加强企业文化建设，发挥特色文化的凝聚、引领、激励作用，增强队伍抱团取暖的合力和战胜挑战的信心。狠抓群体稳定和矿区和谐，在渡难关中强化人文关怀，发放慰问金541万元，帮扶救助1304人次，最大限度地保障员工利益。

（王迪娜）

宝鸡石油机械有限责任公司

【概况】 宝鸡石油机械有限责任公司简称宝石机械，是集团公司的全资子公司，创建于1937年。经过79年的发展，已成为以陆地和海洋石油钻采装备、重要场合用钢管钢绳、牙轮及PDC钻头、井口井控设备、压裂机组、油田用特种车辆、电气控制设备等为主导产品，集研发、制造、集成、销售、服务为一体的综合性油气装备企业。

截至2015年底，宝石机械属于混合式的管理模式，设11个职能处室、9个直属机构和16个二级单位，本部位于陕西省宝鸡市，分（子）公司分布在北京、西安、咸阳、成都、遂宁及巴西等地。员工7436人，主要生产设备2400余台（套），总占地面积250万平方米，年营业收入51.08亿元左右。具备年生产钻机85台（套）、钻井泵800台（套）、钢管钢丝绳11.5万吨、钻头3万只、铸件6万吨、锻件3万吨的生产能力。产品覆盖50多个类别、1000多个品种规格，其中十二大类53项产品获得美国石油学会API会标使用权，产品远销中东、美洲、非洲、欧洲、大洋洲、中亚、东南亚等60多个国家和地区。

宝石机械是国家油气钻井装备工程技术研究中心的依托单位，承担国家钻机标准化工作部、国家海洋钻采设备标准化工作部秘书处工作，并正在积极推进博士后科研工作站建设任务。截至2015年底，宝石机械承担国家级科研项目70项，其中国家“863”计划项目7项；获国家级和省部级科技奖项101项；拥有授权专利853件，其中发明专利97件，美国发明专利1件；制修订各类标准107项，其中国际标准1项、国家标准31项、行业标准75项。

2015年，宝石机械以党的十八大和十八届三中、四中、五中全会精神为指导，深入贯彻习近平总书记系列重要讲话精神，认真落实集团公司2015年工作会议精神，牢牢把握稳中求进工作总基调，坚持有质量有效益可持续发展方针，适应新常态新要求，攻克改革、生产、质量三个难点，抓实管理水平、市场开拓、项目研发三个重点，做好基础工程、人才队伍、矿区服务三个保障，积极抢抓新机遇，努力打造新优势，扎实稳妥地把国际著名油气装备公司建设推向新高度。

2015年，宝石机械实现集团公司考核利润1.22亿元，完成稳增长任务；实现营业收入51.08亿元，完成考核指标（表1）。未发生一般A级及以上安全事故，主要污染物稳定达标排放。员工收入平稳，企业和谐稳定。

表1　宝石机械主要生产经营指标

指　标	2015年	2014年	2013年	2012年	2011年
营业收入（亿元）	51.08	54.83	80.53	61.87	51.36
考核利润（亿元）	1.22	1.30	1.39	1.43	1.38
钻机［台（套）］	49	52	96	90	81
钻井泵［台（套）］	226	456	678	607	512
钢管钢绳（吨）	55816	68187	80203	58665	70434
钻头（只）	5655	7376	9326	7830	6570

【产品生产】 2015年，宝石机械深入推行精益生产，持续提升生产效率。坚持“以销定产、先内后外”的生产组织模式，统筹内外部产能，发动各级干部支援一线生产。把NDC（阿联酋国家钻井公司）钻机项目作为保指标、保增长、保效益的关键，坚持“优先安排生产、优先保障资源、优先解决问题”的原则，运用科学管理工具强化项目监管，加强与用户沟通交流，适应用户个性需求。截至2015年底，NDC第二批钻机已发运13台，第三批钻机进度按计划正点运行；NDC项目外其他钻机合同履约率均达100%。

【技术创新】 2015年，突出“技术领先”战略核心主导地位，驱动企业创新发展。宝石机械紧跟上级政策步伐，编制完成公司《中国制造2025实施方案》。国家工程中心建设任务"355"工程全部通过行业验收；获国家人力资源和社会保障部批准设立博士后科研工作站。强化科技服务职能，多次派出技术专家及骨干服务一线生产和现场用户。加大知识产权保护力度，申报专利158件（其中发明专利49件），获专利授权152件（其中发明专利34件）；制修订各类标准38项。加速新产品研发试制，完成"双轨迹振动筛""浮式平台折臂抓管吊机""2400型涡发动力压裂橇"等23种新产品试制，自主研制的2500型压裂车通过专家鉴定。加快新产品市场推广步伐，2015年新产品收入13.78亿元。

【企业管理】 2015年，宝石机械大力推进深化改革，激发企业创效活力。积极推进简政放权，优化热工分公司机构设置，向物资公司、销售公司、海洋石油装备分公司和热工分公司下放人力资源管理权限。宝石机械成都装备制造分公司探索事业部管理模式，强化创效能力。全面优化管理流程，减少审批环节。合理调整薪酬分配，坚持向贡献大、责任重、条件苦的基层单位和一线员工倾斜。

深入推进依法治企，确保企业合规运行。成立审计中心，强化对履责程序、合规管理的监督，积极推进重点岗位、项目及环节审计，按照量化评价标准开展审计工作。实施动态标准成本管理，加速定额信息化建设。实施ERP信息化改造工程，现已实现单轨运行。

大力实施"低成本"战略，积极推进降本增效工作。通过轻量化设计降低成本4500多万元，节约外协费用1414万元，申请低息贷款、办理贷款置换业务、合理利用授信额度以及有效开展承兑汇票业务节约费用4093万元，严控用工总量节约1320万元，"五项"费用同比减少711万元，实现退、减、免税金1.52亿元。2015年处置低效无效闲置资产及降本增效实现效益3.22亿元。公司库存、应收账款、有息负债持续降低，资产负债率降至65.92%。

全面加强党建思想政治工作，凝聚全员发展合力。完善党务工作法。突出劳动典型，员工马新平获"全国劳动模范"；认真履行社会责任，获"全国无偿献血促进奖单位奖"；坚持抓好企业文化建设，被中国企业文化研究会评为"'十二五'企业文化建设先进单位"；大力支持工会、共青团、女工等群众组织开展工作，截至2015年底，宝石机械文联已相继自发成立8个专业协会。

【三大基础性工程】 2015年，宝石机械深入推进三大基础性工程，夯实发展根基。在安全环保方面，深入开展全员新《安全生产法》和《环境保护法》宣传贯彻培训和安全经验分享活动，加强HSE体系建设，加大风险隐患因素辨识排查与管控力度，全面完成"十二五"万家企业节能目标。在反腐倡廉方面，深入推进反腐倡廉建设，认真落实"一岗双责""两个责任"，切实加强廉政教育，全面开展党内巡视；纪委工作法，被作为集团公司纪检监察系统先进经验进行推广交流。在和谐稳定方面，受理群众来访96人次、来信7封，解决员工切身利益事件6项，美丽宝石、和谐矿区建设稳步推进。

【市场开发】 2015年，宝石机械持续转变营销模式，大力拓展市场空间。各级领导积极回访用户，"大营销"格局逐步形成。持续开展大修改造、技术检测等服务，带动分（子）公司销售配件2.1亿元。试行下放产品营销权，精密加工厂螺纹量规销售收入逆市增长32.56%。咸阳宝石钢管钢绳有限公司开设英文网店，成为国内首个启用电子商务营销模式的钢丝绳企业。

全力抢抓市场订单，推动公司稳健发展。在国际市场，续签NDC第三批价值18.81亿元的钻机合同，签订土库曼斯坦10台70DB钻机合同。在国内市场，拿到集团公司7.03亿元钻机生产及改造项目合同，与中国石化签订1.3亿元钻机生产及改造项目合同，拿到民营市场2套4300万元钻机订单。在海洋市场，签订钻井隔水管第一个产品订单；签订的地质调查船项目打破国外垄断。

大力推动合资合作，深入推进合作共赢。宝石机械与斯伦贝谢合作生产压裂车获3400万元租赁费用。2015年6月10日，宝石机械与德国海瑞克、四川京石合作，在四川省遂宁市成立四川海瑞克宝石液压钻机有限责任公司（HBS）。

加大对外宣传力度，持续提升品牌知名度。积极参加国内外各种展会；上线试行宝石机械官方微信、微博。2015年6月12日，由中宣部组织、集团公司主办、宝石机械协办的"中国石油装备走出去"新闻发布会在宝石机械本部举行，来自中央电视台、《人民日报》等30多家知名媒体集中报道公司产品及出口情况。

【质量管理】 2015年，宝石机械持续提升质量管理水平，切实提高产品质量。强化质量风险意识，持续推动产品质控重心下移。在重点合同NDC项目上，产品一次报检通过率明显提高，28名质检人员受到NDC表彰。以NDC产品质量为标杆，实施全面质量提升工程。延伸质控触角，开启对外协单位质量监造模式。2015 年整体产品一次交验合格率 99.47%，产品损失率 0.37‰，工序回用品率 0.07%。

（程　鹏）

宝鸡石油钢管有限责任公司

【概况】 宝鸡石油钢管有限责任公司简称宝鸡钢管，是集团公司直属的装备制造企业，始建于 1958 年，是中国“一五”期间 156 个重点建设项目之一，也是中国第一个大口径螺旋埋弧焊管生产厂家。建厂 58 年来，已发展为中国规模较大、品种较全、市场占有率较高的专业化焊管企业，产品覆盖油气输送管、石油套管、连续管、管材防腐、焊接材料和钢管辅料等多个领域。

宝鸡钢管本部位于陕西省宝鸡市，企业总资产 62.48 亿元，员工总数 6813 人；有宝鸡输送管公司、辽阳钢管公司、资阳钢管公司、克拉玛依公司、宝鸡专用管公司、西安专用管公司 6 个全资直属企业，秦皇岛宝世顺公司、宝鸡住金公司、上海宝世威公司 3 个控股企业和国内唯一的国家石油天然气管材工程技术研究中心。国内产业布局合理，形成“六大发展区域、四个出海通道、九个生产基地和一个国家级研发中心”。

宝鸡钢管产品包括钢管产品、管件产品、钢管防腐和辅助材料四大类，主要用于石油天然气勘探开发和长输管线建设。其中钢管产品包括螺旋埋弧焊管、直缝埋弧焊管、高频电阻焊直缝焊管、连续管、油套管；管件产品主要有弯管；钢管防腐包括 3PE、3PP 外防腐及双组分减阻型内涂层。辅助材料包括焊丝、焊剂、防腐涂料、管端保护器、螺纹保护器等。钢管综合产能 180 万吨，建厂至 2015 年底累计生产国家重点管线钢管 1730 万吨，26.3 万千米，敷设重点管线 200 余条。在国内市场上，市场占有率始终保持第一；在国际市场上，产品出口到美国、加拿大、俄罗斯、荷兰、沙特阿拉伯、哥伦比亚、印度、埃及等 40 多个国家和地区。

宝鸡钢管先后三次获“全国五一劳动奖状”，是国家首批“全国文明单位”“全国绿化模范单位”“全国模范职工之家”和“全国五四红旗团委”荣誉单位。

2015 年，钢管市场需求低迷，产品价格持续下跌，宝鸡钢管坚持以“保障内部供应，服务外部市场”为宗旨，以拓市场、调结构、促改革、降成本为主线布局生产经营。实现钢管订货量 100.63 万吨，同比增长 23.75%；实现钢管产量 86.93 万吨，同比增长 11.65%；实现钢管销量 91.97 万吨，同比增长 11.87%；实现营业收入 37.68 亿元，同比下降 13.20%（表 1）。

表 1　宝鸡钢管主要生产经营指标

指　标	2015 年	2014 年	2013 年	2012 年	2011 年
营业收入（亿元）	37.68	43.41	115.51	115.03	100.23
钢管订货量（万吨）	100.63	86.56	181.91	201.27	178.14
钢管产量（万吨）	86.93	77.86	162.87	184.2	153.07
钢管销量（万吨）	91.97	82.21	177.01	159.38	139.96

【重要成果】 发展项目取得阶段性成果。哈萨克斯坦建厂项目顺利完成合资公司创建协议签订、合资章程确定及中方壳公司注册等工作。西安专用管项目二期被陕西省纳入“央企进陕”重点支持范围。2015 年 10 月 16 日，在集团公司董事长王宜林、陕西省委书记赵正永共同见证下，集团公司与陕西省政府签订《合作推进项目建设协议》，项目二期被列为 6 个重点建设项目之一。

安全质量持续提升。安全管理积极落实新《安全生产法》和《环境保护法》，2015 年宝鸡钢管实施 8 个重点隐患治理项目，建成全行业唯一的安全体验中心，安全运行突破 1470 天，连续 4 年无重大安全事故。质量管理着力打造体系诊断、资质完善、过程控制、现场监督“四个模板”，在各级各类产品质量抽查中合格率100%。主导产品连续第七年被评为“全国用户满意产品”。

深化改革取得新成果。逐步落实简政放权，调整下放22项管理及审批权限。推进人事制度改革，因地制宜，推行车间合并、技术人员集中管理和“人随订单走”等6项新机制。制订下属企业扩大经营自主权和优质轻量化经营改革两个试点方案。制订包括1个总体规划、4个专项规划和9个企业规划的企业“十三五”发展规划。

企业党建取得新成果。制定发布《党建思想政治工作体系》和《党支部工作手册》，推进宝鸡钢管党务工作进一步规范化、标准化、流程化和定量化。认真开展“三严三实”专题教育，查找各类问题305项，逐项整改落实。狠反“四风”，抓好“三超”治理。深入开展“重塑中国石油良好形象”大讨论。

【科技创新】 2015年，宝鸡钢管持续培育创新发展新动能，以市场需求为导向，以两级研发促创新。

在新产品研发方面，开发BJC-1型特殊扣和SEW高抗挤套管，打破中国石油所需特殊扣长期被系统外企业垄断的局面；开发外径1219毫米 ×22毫米螺旋焊管，为参建西三线中段奠定基础；开发外径1422毫米 ×21.4毫米埋弧焊管，为参建中俄东线做好技术储备。同时紧密结合市场需求，着力“短平快”产品的研发，开发防腐保温管和无溶剂内喷涂防腐管，开发47米超长桩管、2.4米超大输送管、6米超短定尺管及双金属复合管，这些产品投入市场，均取得良好的经济效益。

在新产品推广方面，以技术营销开拓和培育市场。召开SEW油套管、SEW高抗挤套管和BJC-1型特殊扣系列产品推介会，明确在未来两年，三类新产品推广应用12.5万吨的目标和计划。此外，加强科技管理，SY/T 5991—2010《套管、油管、管线及钻杆螺纹保护器》和Q/SY 1392—2011《X80埋弧焊管用烧结焊剂》两项标准获评集团公司优秀标准三等奖，全尺寸油井管复合加载试验平台和高强螺旋焊管高效埋弧焊接技术两项成果获评陕西省科学技术奖三等奖，2015年获授权专利22项，其中发明专利19项。

（杨小军）

中国石油集团济柴动力总厂

【概况】 中国石油集团济柴动力总厂简称济柴，始建于1920年，是集团公司下属唯一动力装备研发制造企业，是中国内燃机行业中唯一涉足石油钻采领域的企业，也是中国内燃机行业中唯一获得大功率内燃机金牌产品的企业。

历经近百年发展，济柴已打造形成以内燃机、压缩机为主导，延伸燃气动力集成、动力电气控制等多板块的动力装备产品家族。其中内燃机已开发出涵盖140、175、190、260、320等五大缸径系列，适用于柴油、重油、天然气、煤层气等多种燃料介质的产品集群，产品功率范围覆盖200—9000千瓦，可广泛应用于油气产业上中下游、社会、船舶、军用等多个领域；压缩机已形成整体式、分体式两个种类，适用于天然气、煤层气、页岩气、LNG等多种工作介质的产品集群，产品功率范围涵盖10—6000千瓦，可广泛应用于油田集气、加气、气举、钻井、储气库等多个领域。

济柴有控股公司1个（济南柴油机股份有限公司，控股60%），参股公司1个（聊城新泺机械有限公司，参股49%）。有山东济南、四川成都、河北青县、湖北武汉4个生产基地。有各类主要生产检测设备1758余台（套），其中“精、大、稀”设备167台（套），总资产50.55亿元。截至2015年底，济柴用工总量3425人。

2015年，济柴按照“转变观念，艰苦奋斗，开创扭亏解困、健康发展新局面”工作方针，重点开展经营机制改革、销售市场开拓、科技研发提速、生产质量强化和运营成本压减5项工作。2015年累计生产内燃机1522台（套），天然气压缩机33台，实现营业收入13.02亿元，完成考核利润-1.99亿元，同比减亏1.06亿元，完成集团公司下达的控亏指标（表1）。

表 1　济柴主要生产经营指标

指　标	2015 年	2014 年	2013 年	2012 年	2011 年
收入（亿元）	13.02	12.90	21.09	22.09	25.03
利润（亿元）	−1.99	−4.86	−1.55	−0.37	−0.91
内燃机及机组产量［台（套）］	1522	1779	3266	3222	3185
天然气压缩机产量（台）	33	28	65	55	61

【市场开发】 2015 年，济柴国内外市场开发齐头并进。国内市场，以各油田投资计划为本，在推广新品基础上，提高济柴产品在设备采购中的比例。内燃机业务，以“以旧换新、以旧换再”方式，与钻探公司置换再制造机 20 多台；完善大型机组远程在线监测及故障诊断系统第一阶段功能，有效监控 8 个电站近 300 台机组。压缩机业务，拓展吉林、吐哈、大港高压注气压缩机市场以及哈萨克斯坦市场，分体式压缩机首次打入长庆市场；自主研发储气库用大功率压缩机压缩缸投入现场应用。加大社会资源合作力度，重点跟踪 EPC 总包、分布式能源等项目，培育新兴市场，实现收入同比增长 10%。190 型大功率柴油机在通讯领域、数据中心等高端市场实现销量 50 多台；瓦斯、沼气发电产品销售收入同比增加 8000 万元；新型 4006、4008 长冲程船机实现批量销售；190 型船机产品在巩固浙江、福建等传统市场基础上，部分恢复胶东市场；“气代油”产品扩大长江、西江、京杭运河等流域应用范围。海外市场，重点开发中亚、中东、非洲、南美等市场，取得鲁迈拉 96 台机组订单，运作秘鲁 3,6 兆瓦天然气发电项目；以“以租代售”方式，首次尝试坦桑尼亚水泥厂电站 75 台机组租赁项目；以颜巴赫扩容项目、西图兹库 25 兆瓦电站项目为切入点，开发 260 系列燃气机组发电市场。按照简政放权、多元业务协调发展思路，培育和发展新兴业务单元，多元业务规模同比增长 15%。

【技术创新】 2015 年，济柴突出重点，提速新产品研发。内燃机方面，140 型 JC15FD 井场辅发机组已在用户现场运行 1000 多小时；140 型 JC30FD 柴油机进入台架测试和性能优化阶段；电动钻机用 175 柴油发电机组通过集团公司出厂评审，首批 8 台（套）机组分别运抵西部钻探和川庆钻探开始现场工业性试验；12V26/32 柴油机取得 CCS 认证；16V26/32 天然气机即将在中国海油开展工业性试验；9L32/40 柴油机在用户现场平稳运行 3000 多小时；12V32/40 天然气机完成 100% 负荷验证试验。压缩机方面，52 兆帕注气用高压压缩机完成工业性试验；4CFQ 型 2300 千瓦压缩机完成厂内试验；H 系列压缩机（600—1800 千瓦）完成厂内主机试验；页岩气开发用 6CFV 型 7500 千瓦压缩机进入试制阶段；低温 BOG 压缩机完成样机主机及配套设计；两台 V 型一体式压缩机在吐哈油田和西南油气田川西北气矿投入现场应用。组织开展项目立项、专利申报与专业论文供稿工作。2015 年实现集团公司立项 1 项，装备制造分公司立项 3 项。山东省创新项目 3 项。其中，“深井钻机动力气化配套技术研究及推广应用”项目通过集团公司 2015 年度科学技术进步奖初评，一种“定位支架及检查偏移角度平板工具”获国家实用新型专利授权，23 篇内燃机专业相关论文被中国内燃机学会和华东地区四省一市内燃机学会录用。

【降本增效】 2015 年，济柴实施各经营实体全要素大包干政策，将收入指标与费用支出直接挂钩，压减销售费用，销售费用同比减少 1793 万元，下降 16%；各类预算支出全部从紧，“五项”费用同比减少 849 万元，下降 21%。加强设计源头控制，加大国产化力度，实现技术降成本 500 万元。压减各项办公和接待支出，管理费用同比减少 2000 多万元。加大应收账款清收力度，收回两年以上老欠款近 1.3 亿元。实施资产轻量化，消化处理低效无效资产 6.38 亿元，减轻企业运行压力。控制物资采购节奏，扩大集中批量招标，利用规模采购优势降低成本，核价 2000 多个品种，实现采购降低成本近 1200 万元。按照“调比例、控总量”目标，分解落实减员增效任务，盘活内部存量，加大力度清退社会用工，实现用工总量减少 117 人。

【质量管理】 2015 年，济柴强化生产过程质量管理。建立质量指标责任制，健全质量档案，强化生产过程质量控制闭环管理，推动全面质量管理体系有效运行；设置“质量门”，实行质量否决和责任追究机制；坚持 100% 首件检验和 100% 完工检验，突出自检、巡检和质量复查，2015 年组织复查 12 台整机、66 种零部件的1998个质量控制点，合格率99.8%。突出供应商管理。加大外购件质量问题处罚和销毁力度，开具罚单90多份，集中曝光零部件23批，现场监造30多次；开展供应商审核16次，执行质量罚款60多万元，淘汰供应商5家。坚持质量改进。将零部件质量问题纳入专题改进项目，限期攻关，2015年制订并执行质量整改计划35项。

【产品生产】 2015年，济柴坚持订单导向，统筹协调各种资源条件，优化生产组织，进一步提升产品制造交付能力。调配现有生产资源，调整出产结构，规范计划运行方式，突出生产效率。完善新产品试制绿色通道，加速新产品出产速度，2015年完成5台140型柴油发电机组、8台140型气体发电机组及8台175型柴油发电机组装配出产任务。持续改进生产工艺与路线，突出加工中心使用频率，替换190型产品原有缸盖生产线，进一步提升零部件加工精度与效率。深挖节能、节水潜力，克服资金压力，完成集团公司“十二五”期间1000吨标准煤节能指标。

【基础管理】 党建方面，以“三严三实”专题教育为本，通过学习研讨、查摆问题、整改提高等规定动作，促进党员干部的严实作风进一步提升；落实党委中心组学习计划，组织开展支部书记和中层干部培训。党风廉政方面，继续贯彻各项廉洁自律规定，纠正“四风”问题，注重抓苗头、抓重点、抓过程，加大执纪监督力度；启动干部廉洁档案建设，定期检查党风廉政建设责任制落实情况，进一步筑牢拒腐防变的基础。群团方面，召开第十次团代会，完成团委换届工作；开展各类劳动竞赛37项次，参与人数2400多人。安全环保方面，以新《安全生产法》和《环境保护法》为准绳，坚持HSE管理体系建设；实行领导安全风险属地责任制，将“一岗双责”贯彻到每个基层单位；坚持风险管控，推行HSE培训矩阵，2015年组织开展HSE培训、专项检查及应急演练活动40多次。构建和谐方面，坚持开展“送温暖”、困难救济、金秋助学等多形式惠民工作，进一步扩大覆盖面，2015年受益员工800多人次，投入各类补助资金190多万元。

（李文博）

科研及事业单位

中国石油天然气股份有限公司勘探开发研究院

【概况】 中国石油天然气股份有限公司勘探开发研究院（英文缩写RIPED)简称勘探院，是面向中国石油全球油气勘探开发业务的综合性研究机构，是中国石油国内外油气业务发展的战略决策参谋部、重大理论与高新技术研发中心、技术支持与服务中心和高层次科技人才培养中心（简称一部三中心）。

勘探院成立于1958年。50多年来，勘探院直接参与了中国陆上大多数大、中型油气田以及中国石油海外油气勘探的研究与发现，为石油工业发展发挥了重要作用；推动建立中国陆相油气地质与油气田开发理论技术体系，为油气科技进步做出重大贡献；培养造就以16名院士、400余名教授为代表的一大批国内外知名专家，为中国石油人才事业发展做出突出贡献；传承石油工业优良传统，形成以“儒雅、厚重、勤勉、求实、创新、包容”为内核的特色文化，增强了支撑持续发展的软实力。

勘探院包括北京院区、廊坊分院、西北分院和杭州地质研究院，业务领域涉及油气勘探、油气田开发、油气井工程、信息化与标准化、新能源勘探开发、技术培训与研究生教育等方面。截至2015年底，有员工2850人，其中两院院士6人、集团公司高级技术专家74人、教授级高级工程师152人、高级工程师1061人，具有硕士研究生以上学历1849人；建有提高石油采收率国家重点实验室、国家能源页岩气研发（实验）中心、国家二氧化碳驱油与埋存技术研发中心和国家能源致密油气研发中心，以及17个集团公司重点实验室，拥有众多国内外高精尖仪器设备，科研条件优越；作为中国石油信息中心和勘探开发资料中心，勘探院信息化环境良好，信息化水平在集团公司名列前茅；与国内外知名油公司、研究机构和高等院校建立了广泛的交流与合作关系，出版《石油勘探与开发》等一批优秀刊物，在国内外石油界和科技界具有良好影响力。

2015 年，勘探院以“一部三中心”定位职责为引领，进一步明确发展方向，强化目标管理与过程管理，加强思想发动与文化传承，凝心聚力推动科技创新与改革发展，为集团公司主营业务健康发展做出重要贡献。

【科研生产】 2015 年，勘探院瞄准集团公司重大需求，全力以赴打好科研生产“六大进攻仗”，收获一系列重要成果，实现“十二五”完美收官。

剩余优质油气资源发现。深化战略接替目标研究，推动油气勘探取得新突破。瞄准前人认识、技术和资料“三大盲区”，做好风险勘探项目技术支撑，强化自主研究目标推举，努力推动重大勘探领域准备和战略突破。立足塔里木盆地古隆起缓坡区寒武系滩体及台缘带、四川盆地寒武系龙王庙组颗粒滩、鄂尔多斯盆地元古宇—寒武系新层系以及准噶尔盆地玛湖地区深大构造等领域，在资料再消化、再认识和工业成图基础上，提出系列风险井位，获得一批重要发现和苗头。

老油田稳产和低品位复杂储量效益开发。加强提高采收率技术研究，支撑油气开发取得新成效。开展提高采收率技术研究，形成表外储层独立开发技术。研发流度可控和耐温耐盐驱油剂，优化复合驱配方体系与注入方式，现场应用获得突破。开展特低、超低渗透油藏开发技术研究，分析动态裂缝分布规律及控制因素，建立典型区块加密调整模式。开展稠油开发技术研究，完善蒸汽腔均匀扩展技术，完成吐哈盆地超深层稠油火烧吞吐试验方案和新疆水平井火驱辅助重力泄油调整方案，有效支撑稠油开发建产。

天然气上产、低品位资源效益开发。强化关键技术研发攻关，推进工程技术取得新进展。围绕致密气规模有效开发，开展鄂尔多斯苏里格储量分类评价与分级动用规划论证研究，提出井网加密新方案，积极推动先导试验。围绕大庆油田挖潜增效，开展分层注水实时监测与控制技术试验，编制聚合物驱后复合调驱进一步提高采收率试验方案，实施中分子量抗盐聚合物驱试验，现场应用进展良好。完善泡排剂 CQS-1 配方，研发纳米粒子泡排剂 CYS-E，开发暂堵转向改造优化设计软件和可溶解桥塞，现场试验成效显著。

服务海外效益发展。进一步整合加强力量，支撑海外优质高效发展形成新亮点。优选 5 大领域 28 个新项目战略储备区块，在苏丹、哈萨克斯坦等地区获得 16 个优质储量发现，在阿姆河右岸发现 1 个千亿立方米级含气区带。推进海外油田二次开发，强化方案编制和跟踪研究，有效控制 MMG 项目自然递减，有力支撑伊朗北阿扎德甘一期产能建设。加强中东地区研究力量，加大工程技术服务力度，在哈法亚、阿克纠宾等项目中增油成效显著。

北京内外协调发展。充分发挥地域与技术优势，京外单位研发服务获双丰收。廊坊分院加强大气田成藏基础地质理论研究与目标优选，支撑四川龙王庙与塔里木克深、大北等气田开发方案编制，探索“人工油气藏”驱油压裂新方法，取得一批成果。西北分院加强柴达木盆地重点预探领域与目标研究，深化环玛湖斜坡区岩性油藏地质认识与整体部署，自主研制地震沉积学软件并实现规模应用，助推西部盆地增储上产。杭州地质院加强四川、塔里木和鄂尔多斯盆地海相沉积储层研究及勘探目标优选，做好海外海域勘探业务技术支持，取得显著成效。

超前理论技术研发。加强基础攻关，超前基础研究取得新成果。开展含油气盆地成烃—成储—成藏一体化物理模拟研究，揭示高温高压超临界条件下有机质全过程生气机理。开展华北下马岭组烃源岩发育机制、微生物群落和生烃物质精细研究，明确烃源岩发育控制因素和生烃潜力。通过微生物碳酸盐岩造骨架、原生孔隙发育与建设性成岩作用研究，推进塔里木寒武系勘探新领域目标优选。研制离子匹配新型功能水驱体系，发展高黏原油原位改质开采技术，研发系列催化剂，取得重要进展。

【技术支持】 2015 年，勘探院依托理论技术创新成果，尽职尽责抓好国家、集团公司战略决策支持和油气田生产服务，取得一系列重要成效。

构建高层次战略决策参谋部，加强软科学研究，为国家和集团公司科学决策提供支撑。一是以油气资源评价和储量产量发展趋势研究为基础，深化国家能源战略研究，参与完成中国工程院、国家能源局等一批重大战略研究任务，为国家能源战略提供依据。二是编写集团公司年度勘探、开发部署方案和优化调整建议等，参与完成集团公司“十三五”上游业务和科技发展规划编制，有力支撑国内外上游业务和科技持续健康发展。三是围绕低油价形势下国内上游效益发展对策、老油田和低品位储量有效开发、海外油气资产经营策略与“十三五”发展目标思考等重大问题，精心编写33期《决策参考》，为集团公司质量效益发展提供建议，获得集团公司领导高度评价。

完善全方位技术支持体系，做大重点地区，为国内外油气生产提供强有力支持。一是与多家油气田签订战略合作协议，加强四川、塔里木、准噶尔、鄂尔多斯等盆地项目部建设，健全一体化领导机构，建立定期检查交流机制，服务生产成效更加突出。二是围绕国内重点盆地和地区，构建以盆地和领域为单元的技术支持体系，盆地研究的系统性、整体性和深入性明显提高。三是与海外勘探开发分公司共建海外研究中心，初步建立由核心层、紧密层与关联层构成的一体化海外技术支持体系，海外业务支持力度全面增强。

【成果专利】 2015年，勘探院获国家科学技术进步奖一等奖1项、二等奖1项，集团公司技术发明奖1项、科学技术进步奖16项，其他省部级奖励56项。发表论文1141篇，其中SCI、EI收录463篇；出版专著45部。获专利授权157项，软件著作权登记79项，制修订技术标准35项。

【企业管理】 2015年，勘探院围绕科研生产中心工作，着力推进队伍建设、党建与文化传承、合规管理和科研环境提升等工作，获得一系列重要进展。

以人才培养为着力点，队伍建设取得新进展。一是加大人才引进培养力度，采用多种方式引进优秀人才，择优录用毕业生，优化队伍结构；支持科研人员在国际舞台展示研究成果或任职学术组织，提升学术影响力；建立全员培训体系，打造高层次人才队伍。二是加快青年员工成才节奏，推进“提素质、带队伍、搭台子”工程，举办三级青年学术交流会与两级专业技能竞赛、评选青年十大科技进展和十佳青年科技工作者；推行“师带徒”制度，结成447对师徒“传帮带”对子；选用一批优秀青年人才担任项目长、课题长和研究所副总师，在科研生产中担纲重任。三是释放科研人员创新潜力，开展“双序列”“项目制”试点，成效明显；实施差异化出差补助政策，强化业绩导向分配政策，有效提升队伍积极性和创造性。

以做强软实力为统领，党建和文化传承工作扎实有效。一是以思想建设为统领，激发员工内动力。认真开展“三严三实”专题教育和“弘扬光荣传统，重塑良好形象”大讨论，让干部员工全面经受思想洗礼和品质升华；完善院处两级中心组集体学习制度，推进基层“三会一课”制度建设，开展“形势、目标、任务、责任”教育，提高干部员工贯彻各项重大部署的主动性和自觉性。二是以组织建设为抓手，提升队伍凝聚力。严格选拔任用考察程序，调整配备院处领导干部；举办处级干部、党支部书记培训班，多渠道、多方式培养领导干部，提升管理艺术和水平；完善党建工作责任制，落实“一岗双责”要求，坚持“双向述职”，加强机关基层联系点制度和“三联”示范点建设；坚持“双培养”方针，越来越多党员骨干在科技创新中发挥主力军作用。三是以文化传承为纽带，做强永续发展基石。宣传先进典型，推出“身边榜样”，举办劳模事迹报告会、座谈会，选树一批先进楷模；举办多期院士、老领导、老专家报告会和青年大讲堂，继承和弘扬老一辈石油人优良作风；制作企业文化手册、形象宣传片、院士墙等系列文化产品，举办丰富的文体活动，让文化有感知、可接受、入脑入心。

以合规管理为方向，问题整改取得新成效。一是坦诚真心抓好整改，针对集团公司党组第七巡视组提出的整改问题及建议，勘探院党委以“严实”态度聚焦问题，提出“改准、改彻底，快改、快见效”部署安排。相关部门逐一讨论研究，逐条部署措施，逐项安排落实，在规定时间内全面完成整改任务。二是以整改为契机，进一步加强合规管理和反腐倡廉建设。成立并及时调整党风廉政建设领导小组，将党风廉政建设纳入党建工作整体规划，将党风廉政业绩考核与科研项目验收相结合，落实各级党组织主体责任和纪检部门监督责任，逐级签订党风廉政建设责任书、领导人员廉洁从业承诺书。三是出台勘探院党委落实党风廉政建设主体责任及纪委落实党风廉政建设监督责任实施细则、院处两级“三重一大”决策实施细则、领导干部落实党风廉政建设“一岗双责”若干规定，推动管理合规化和制度化；四是开展工程建设领域突出问题和“小金库”专项治理，加大重要举报线索调查力度，建立定期巡视下访制度，做到早预防、早发现、早整改。

以营造“宜研宜居”环境为追求，科研生活条件持续提升。一是升级科研条件建设，优质服务科研发展。建成以国家和集团公司级重点实验室为主体的一流科研条件平台，成为原创成果重要孵化器和对外合作交流重要窗口，取得一批重大原创性成果。建成中国石油数据中心和信息技术支持中心，推进数字化图书馆建设，加强勘探开发资料中心建设，支持服务能力大大提升。《石油勘探与开发》实现全球发行并被SCI收录，影响因子在国内科技核心期刊中多年蝉联第一，成为顶级石油科技期刊和学术交流平台。二是推进院区环境发展，建设和谐美丽矿区。推动石油大院总体规划和控制性详细规则调整，完成实验区、科技楼、主楼部分区段改造工程，尽心尽力办好“十件实事”，大大改善办公条件和生活环境。推进 QHSE 体系建设，强化网格化安全监督管理。引进市场化模式，提升物业管理和社区服务的规范化、专业化水平。

（张红超　刘志舟）

中国石油天然气股份有限公司规划总院

【概况】 中国石油天然气股份有限公司规划总院（英文缩写 CPPEI）简称规划总院，成立于 1978 年，是集团公司直属的重要决策支持机构，是石油石化工程总体规划及建设项目前期研究中心、油气田开发地面建设技术支持服务中心和石油技术经济发展研究中心。在战略研究、规划可行性研究、咨询评估、技术经济研究、科技开发与设计论证等领域中，具有较强的技术实力。

根据决策支持需要，规划总院有油气集输、油气储运、炼油、石油化工、技术经济、市场研究、环境工程、信息工程等 20 多个主体专业和辅助专业，员工 600 余人。大学本科以上学历人员占 90% 以上，硕士以上近 45%，已形成一支层次高、结构合理、专业齐全配套的员工队伍。此外，为开展工作需要，与很多研究机构建立了较为稳固的合作关系，在规划总院长期工作的合作方员工 300 余人。

【生产业务工作】 2015 年，规划总院运行项目 960 项，略低于 2014 年。

（1）海外业务平稳发展。完成管道、油气田地面、炼化等业务的海外“十三五”规划编制，完成海外技术支持任务 121 项。积极承担加拿大步锐公司中长期发展规划优化和非常规气开发及 LNG 合作一体化项目可行性研究，完成多版次中英文汇报稿和报告 28 册。

（2）战略规划研究水平进一步增强。国家能源战略研究方面，开展工程院委托的“丝绸之路经济带油气通道战略研究”“‘一带一路’能源合作与西部能源大通道建设战略研究”。完成国家能源局委托的“中国石油‘一带一路’油气合作规划”“油气管网设施剩余能力测算方法研究”“我国油气管道发展现状及运营机制研究”“天然气发展规划（2016—2020）‘一带一路’与炼油国际产能及技术装备合作”“炼油行业综合评价指标体系研究”“炼油产业结构调整与转型升级路径研究”。开展国务院国资委委托的“中央石油石化企业‘十三五’规划研究”“中国石油‘十三五’发展战略和规划”。

集团公司战略规划研究方面，共承担研究课题 109 项，完成进口俄罗斯原油运输方式优化研究及成本测算等重点战略研究项目。承担集团公司“十三五”规划研究和专题研究 29 项，涉及天然气与管道、炼油与化工、成品油销售、区域规划、节能规划、装备制造、矿区服务、工程建设、信息化建设规划等。承担完成天然气与管道业务总体规划、销售、天然气储运设施、调峰、原油管输、计量、维抢修、建设保障等 11 项规划编制工作。开展 16 个省份 2015—2020 年天然气业务滚动规划，以及集团公司 2015—2020 年三大管网、天然气调峰、天然气销售、天然气利用等专项滚动规划。

集团公司战略规划研究方面，全面开展“十三五”发展规划研究工作，研究范围涉及中国石油各项主营业务，共计 89 项规划和专题研究。配合规划计划部编制并逐步优化完善“集团公司‘十三五’发展战略和规划”和“集团公司‘十三五’发展规划”。开展东北、西北、华北、沿海、西南、中部等六个全国性区域发展规划，开展天然气与管道、炼油与化工、节能、装备制造、矿区服务、工程建设、信息化建设、煤化工等专题研究。开展 31 个省（自治区、直辖市）一体化规划和天然气业务“十三五”规划研究。中国石油发展混合所有制经济总体思路与实现途径研究、发展互联网能源经济机制与体制研究等涉及能源行业、集团公司改革发展热点、难点的前沿课题研究，为集团公司改革发展提供有力决策支撑。

技术经济研究方面，完成集团公司建设项目经济评价参数 2015 版的研究、颁布实施工作，巩固规划总院在经济评价方法与参数研究领域的权威地位；重新编制投资项目评价管理系统中的经济评价模型，完成上游业务效益研究、西部管道投资效益分析等多项相关经济专题研究以及集团公司重点建设项目经济评价的复算工作。成立后评价中心，修订完成项目后评价管理办法，组织完成集团公司2014年投资项目后评价年度报告和2014年销售项目后评价专项报告。

成品油市场营销研究方面，完成销售公司“十三五”规划的编制、承担5个省区销售公司的“十三五”规划的编制。中标并完成宁夏回族自治区加油加气站“十三五”规划的编制，为30多项相关规划完成提供支持。国内成品油市场需求预测模型更加成熟，预期成果提前两个周期报告，预测精度继续保持在97%以上。“数据—文本双驱动”国际油价预测模型投入运行，2015年月度预测方向正确率达到80%以上。突出业务研究与信息化的融合，2项基础课题实现预期成果。

天然气市场研究，采用神经网络技术等多种现代技术方法，组建包括9个预测模型的模型库，形成一整套天然气短期负荷预测技术和模型体系。在承担集团公司全国天然气月度、季度及全年天然气供需分析及预测研究中，对2015年天然气市场的走势方向预测正确率100%。

造价管理、咨询评估、设计审查继续发挥投资把关作用，有效地控制工程投资。

（3）国内重大项目前期研究继续发挥重大决策支持作用。开展西气东输三线闽粤支干线、西五线、中俄东线、中俄西线等多条大型管道项目的预可行性研究及可行性研究工作。西气东输三线完成闽粤支干线可行性研究V2和V3版、长沙支干线申请报告；西气东输五线乌恰至鄯善段可行性研究完成V2版报告和项目申请报告。中俄东线项目组先后完成多套多版次可行性研究报告达120册，并完成各种评审会、研讨会以及向各家业主各层领导汇报多达100余次。同时，积极开展青藏—云贵通道研究，先后两次对青藏高原、云贵高原、横断山脉山区进行详细踏勘，历时30天，行程9000千米。通过现场踏勘和地形图遥感图等资料的综合分析，基本确定线路宏观走向方案。

完成辽阳石化俄罗斯原油加工优化增效改造可行性研究，报告得到集团公司批复并开始实施。

（4）科技创新能力稳步提升。国家自然科学基金项目“炼油过程分子管理的基础理论研究”初步打通三套装置的优化模型及求解研究过程。“我国油气管道发展战略研究”形成的油气供需三大判断成果得到工程院院士的高度评价。“炼化能量系统优化”专项共建立流程模拟模型158套，编制优化方案156项，实施优化方案31项，预计实现节能4万吨标准煤、增效1亿元。“油气田加热炉”专项组织研发4种新型高效加热炉，筛选和推广一批成熟的加热炉提效技术，编制13家油气田加热炉整体提效实施方案，部分方案已开始实施并取得初步节能增效效果。“油气地面工程技术研究与应用”及时为原油稳产和天然气业务快速发展提供可靠技术支撑。“节能节水关键技术研究与推广”有力支撑集团公司节能达标管理等工作。“炼油化工主体装置技术发展趋势跟踪”“中国石油西北联合管道有限责任公司运营模式研究”等一批项目完成和通过验收。

（5）信息业务稳步发展。重点围绕总部及炼化、销售、天然气与管道等业务领域，稳步推进已承担的重点建设项目，开发满足业务快速发展需要的系统。ERP应用集成项目完成试点单位上线等工作，率先完成云化迁移与财务融合方案升级；总部ERP系统投资项目一体化管理、财务与资产管理完成试点上线，在总部20多个部门推进决策支持应用；管道生产管理系统2.0、炼化物料优化与排产系统2.0完成上线验收；加油站管理系统2.0、销售物流管理系统2.0、客户关系管理系统完成需求分析、详细设计、咨询实施商及部分软硬件商招标工作；炼化物联网项目完成详细设计；生产经营综合展示平台完成系统实施；中亚管道ERP系统实现全面上线。同时，还积极组织承担销售、炼化、管道领域的“十三五”信息化专项规划、电子销售平台建设方案可行性研究、信息化价值研究、公司信息化运行机制完善和能力建设研究、集团公司共享服务中心建设、公司互联网+业务发展等多个信息化专题研究项目，成果获得业主方的高度认可。针对生产经营信息系统的特点，加强信息安全管理，编制规划总院信息安全规划，实施堡垒机等安全管理工具，开展信息安全检测，确保加油站管理系统、ERP系统、管道生产系统等各系统均运行平稳。

（6）基础工作支撑主营业务能力进一步提升。持续深入开展“成品油需求预测系列模型应用机制和深化提升研究”“国际油价短期预测模型优化研究及应用”“海外项目投资水平测算及估算方法”等方法论研究，进一步丰富规划总院方法论体系。继续组织开展石化产品市场、油气田地面工程现状和特色工艺技术跟踪、股份公司对标分析、海外各地区油气管道图册、海外各地区油气供需分析等滚动研究，进一步夯实规划总院专业基础建设。组织开展“常温输油管道工艺比选方法研究”“成品油零售数据分析方法研究”等超前储备研究，进一步支持规划总院规划前期和海外业务的开展。继续组织开展《规划研究动态》《成品油市场动态及热点问题研究》等简报编制工作。组织完成规划总院项目管理平台和人事管理平台的开发和上线，完成沙河无纸化会议系统建设、规划总院及沙河无线网络建设。信息系统检测实验室完成软硬件测试1.5万小时，开展WEB漏洞和源代码安全检测，开展加气机协议研发等工作；非金属管材检测实验室完成柔性复合高压输送管长期静水压检测实验2.6万小时，开展实验室二期建设；智能燃气表实验室完成IC卡上表测试、系统应用原型开发和集成等工作。

（7）继续为国家、总部、地区公司和地方政府提供满意的技术支持服务。为总部机关提供技术服务，2015年共完成总部交办的临时任务87项。以国内成品油市场需求预测为主要内容的信息，被办公厅采纳并上报国家有关部委办。

为公司生产运行提供支持，配合集团公司原油业务链产运销一体化优化，2015年共编制17份报告，有力支持集团公司生产运行。坚持利用信息系统开展效益分析、生产方案制定等工作，为生产经营部、规划计划部的生产运行优化和战略规划优化提供及时有效的支撑；积极开展资源配置和物流优化，为炼油与化工、销售等专业分公司的生产提供及时的决策依据，2015年节约运费近亿元；快速实现所有新设天然气销售分支机构的系统上线与业务规则调整，保证天然气销售体制调整及时落地；利用ERP等系统，辅助各专业公司为新增资产、业务调整等工作奠定扎实的基础；积极开展财务管理、资产管理、天然气业务发展、地区公司生产运营指挥管理等方面的决策和运营支持。

贯彻集团公司发展意图和理念，为地区公司提供服务。完成塔里木油田、吐哈油田等油田公司，西部管道、西气东输等管道公司，福建销售、浙江销售等销售公司，中亚天然气管道、加拿大步锐能源等海外业务公司，独山子石化、抚顺石化等石化公司，京唐LNG项目部、江苏LNG等LNG项目公司近40家地区公司的“十三五”规划和业务规划。高质量完成塔里木和西部管道现场服务和技术支持工作。

为了寻找更多发展机会，坚持为地方政府提供服务。完成广东揭阳、新疆巴州库尔勒等7个国内园区规划、黑龙江农垦石油信息化建设，完成甘肃发改委、宁夏商务厅、吉林能源局和贵州能源局等委托的天然气业务、炼油厂等多项规划，研究成果均较好地满足地方的需要。

节能研究与标准管理进一步深入和细化。开展集团公司“十二五”节能示范研究、集团公司“十二五”节能专项投资项目实施效果评价等一系列的项目研究。充分发挥石油工程建设、NACE等标准化机构和协学会的作用，加大标准的研究编制及管理力度，2015年运行管理各类标准制修订项目364项，完成报批336项。规划总院主编的国家标准《油田企业节能量计算方法》和参编的国家标准《油田生产系统能耗测试和计算方法》均已通过国家审查。

【改革管理】 2015年，规划总院强化管理提升，坚持科学发展、促进质量效率，管理水平不断提高。

技术质量管理不断加强。组织开展ISO 9000、HSE、CMMI、ISO 20000和ISO 27000等管理体系的持续改进、宣传贯彻培训、内外审，组织开展设计评审、“质量月”、设计回访、质量信息分析、应急演练等活动，确保各管理体系的适宜有效、协调运行。ISO 27000管理体系与ISO 20000管理体系进一步融合和完善，顺利通过中国质量认证中心的认证审核。信息系统检测实验室管理体系实现持续改进，顺利通过中国合格评定国家认可委员会（CNAS）的认证审核。共有12项成果获奖，其中国家能源局软科学研究优秀成果奖1项、集团公司科技进步奖6项。获得技术秘密9项、软件著作权9项。继续为规划总院业务和管理提供档案图书接收、借阅等服务。

计划经营得到提升，财务管理更加严格。发挥生产业务管理归口职能，加强合同管理，规范招标流程，有效控制采购风险。建立健全合规管理体系，增强员工的法律意识。关注成果交付环节，重视顾客满意度调查，有力推进规划总院研究成果质量和服务意识的提升。经营管理稳步推进，顺利完成2015年初确定的经营收入目标。会计集中核算流程进一步规范，预算管理综合全面，成本费用控制取得一定成效，封闭结算及资金往来管理工作进一步加强，完成加油站管理系统等6个统建信息项目资产的转资以及部分资产的划转工作，资金管理、内控管理、法律事务、合同管理、企业管理及综合统计工作全面提高。

人力资源管理持续强化。适时调整规划总院总体业务和具体业务定位，申请在规划总院成立中国石油后评价中心，规划总院业绩考核在集团公司范围内连续3年创造A档的好成绩。充分发挥非薪酬因素的激励作用，深入开展“双序列”研究，形成符合规划总院特点的实施方案与配套办法；新增2人当选集团公司高级专家；组织22名青年员工参加英孚订制化英语培训，选派7名青年技术人员到地区公司进行实践锻炼；在规划总院内部举办信息安全等多个培训班，外派培训300余人次。不断进行工资总额优化，在收入影响程度、用工指标使用、派遣人员规模等方面努力实现多目标优化；利用模型和软件首次对每一名员工的全年收入进行整体税收优化，收到较好的节税效果。

综合管理进一步规范。完成二里庄办公楼消防管道等维修改造工程。着力解决办公区停车难问题、改善楼内饮用水问题，制定食堂管理办法，加强食品卫生管理，不断增加食品花样。资产采购流程更加规范，装备资产的服务更加到位，完成装备资产和办公家具配置与调配。深入推进管理提升活动，整体管控能力进一步增强。改善通信手段，更适应于未来发展。继续完善 HSE 管理，为员工配备保健用品，组织员工健康体检，完成日常医保报销，保密、审计、文秘、物业、单身公寓、绿化、计划生育、住房和土地、公务用车等管理进一步细化。重大活动组织及接待工作规范有序。狠抓安全工作制度落实，车队安全行车 22 万千米。达到 2015 年安全无事故。

关心爱护离退休人员。组织老同志开展“为党的事业增添正能量”活动，积极落实各项政治待遇和生活福利待遇；以活动中心为平台，为老同志开展丰富多彩的文体活动；积极开展慰问走访，帮扶生病或困难的老同志；始终坚持提供亲情化、人性化的服务，让老同志感受到规划总院这个大家庭的温暖。

（吴小卫）

中国石油天然气股份有限公司石油化工研究院

【概况】 中国石油天然气股份有限公司石油化工研究院简称石化院，是 2006 年 6 月在原股份公司炼油化工技术研究中心基础上组建的直属炼化科研机构。石化院下设兰州化工研究中心、大庆化工研究中心以及北京院部 13 个研究室，并对吉林、辽阳 2 个化工研究中心实行业务领导。

截至 2015 年底，共有员工 1176 人，其中集团公司高级技术专家 30 人，教授级高工 43 人，硕士、博士 478 人。设有博士点 1 个，博士后科研工作站 2 个，硕士点 5 个。院内设有国家合成橡胶质量检验中心、中国石油化工专利信息平台、全国橡胶与橡胶制品标准化委员会合成橡胶分技术委员会、集团公司炼化专业标准委员会秘书处、股份公司化工清洁生产中心、化工产品质量监督检验中心、应对欧盟 REACH 法规技术支持中心等多个国家和集团公司、股份公司技术机构，编辑出版《合成橡胶工业》和《石化技术与应用》2 种国家核心期刊。拥有重质油加工、清洁燃料、合成树脂、原油评价 4 个重点实验室以及催化裂化催化剂及制备工艺、聚烯烃催化剂与工艺工程、加氢催化剂与工艺工程、合成橡胶、化工催化剂评价等 5 个试验基地。拥有包括 DCR、ACE、TREF、NMR、24 通道催化剂制备装置、透射电子显微镜在内的数千台（套）仪器设备。固定资产原值达 13.8 亿元。

石化院主要从事炼油、石油化工工艺和催化剂研发，合成树脂和合成橡胶等新产品开发，炼化节能环保技术开发、炼化产品标准化和质量检测、炼化知识产权研究、炼化科技信息研究、炼化科技人才培养等。2011—2015 年，石化院圆满完成集团公司党组交给的炼油系列催化剂研发任务，实现化工重点催化剂研发突破，新产品开发取得突出成绩，技术服务和决策支持水平明显提升，与工程建设分公司密切合作，在千万吨级大型炼厂成套设计技术开发中发挥重要作用；与寰球工程等单位密切合作，在工程化的大乙烯、大氮肥、合成橡胶等关键成套技术开发中做出重要贡献；炼化技术短板有效提升，人才培养、队伍建设、条件平台建设取得长足进步，实现科学、规范、高效运行，全院整体科技创新能力和水平显著提升。

【技术研发】 “1 号工程”渣油加氢催化剂重大工业应用试验取得可喜成绩。PHR 系列催化剂在大连西太装置一次开车成功。中期标定及超过 6000 小时运行结果表明，PHR 系列催化剂脱硫、脱残炭效果优于进口剂，总体性能与进口剂相当。截至 2015 年底已安全平稳运行近 9 个月。PHR 系列催化剂的成功应用，是中国石油炼化科技进步的重要标志，显著提升中国石油高硫劣质原油加工技术水平。

柴油质量升级按计划实施。柴油加氢精制催化剂（PHF-101）在兰州石化 300 万吨 / 年、大连石化 200 万吨 / 年装置上工业应用，均一次开车成功；完成大庆石化 130 万吨 / 年、吉林石化 160 万吨 / 年等 4 套装置的国Ⅴ标准柴油生产方案标定，全部达到技术指标要求；柴油加氢改质催化剂（PHU-201）完成在乌鲁木齐石化首次工业应用的准备。已形成具有自主知识产权的加氢精制、改质、降凝3项技术，完全满足集团公司柴油质量升级任务要求。

国Ⅴ标准汽油质量升级成套技术研发及应用继续扩大成果。持续推进汽油质量升级技术的研发，加强预加氢、加氢脱硫、后处理DSO技术的改进开发，完成实验室定型；硫化态GDS催化剂研发取得突破，生产成本显著降低。已形成中国石油国Ⅴ标准汽油质量升级成套技术，实现"一厂一策"，完全可以满足集团公司各炼化企业国Ⅴ标准汽油质量升级的需要。

新材料研发及应用取得新突破。介孔分子筛、不同硅铝比β沸石分子筛新材料研究取得新突破，成功开发出有序及无序介孔分子筛新材料，并应用于催化裂化等催化剂的生产中，技术性能大幅提升。新开发9个牌号催化裂化催化剂，自主技术产品比例达到90.8%。开发的5个牌号催化剂在8套装置应用，汽油产率和总液收分别平均增加1.5个百分点和1个百分点，累计增效3亿元。MIP-CGP工艺专用系列催化剂在锦西石化180万吨/年、吉林石化140万吨/年等10套装置上应用，综合性能国内领先，内部装置覆盖率由不足20%提升至74%。

重油加工新技术研发及应用取得新进步。高液收劣质重油延迟焦化技术研发应用取得新进步，实现在吉林石化的工业应用，完成兰州石化、大港石化和苏丹喀土穆炼厂焦化技术应用标定。完成加拿大油砂沥青改质降粘方案，完成劣质重油分离转化和汽油加氢改质技术项目的验收。

液化气深度脱硫技术研发及应用取得新进展。在庆阳石化装置上应用运行一年，标定数据大幅优于设计指标。完成云南石化、宁夏石化、长庆石化、中国海油中捷石化和山东京博石化等5家企业的技术推广方案设计和项目书编制，即将推广应用。

重整和芳香烃催化剂研发及应用顺利推进。完成连续重整催化剂工业放大试验的准备工作。"PAI-03二甲苯异构化催化剂的小试研究"通过中评估。分别与辽阳石化、抚顺石化签订PAI-01催化剂技术应用协议，为辽阳石化25万吨/年对二甲苯装置换剂做好准备。

高档润滑油特色产品开发成效突出。为满足国内高档低黏度车用合成油的急需，开展低黏度PAO合成技术研发，中试放大结果表明，基础油收率90%以上，产品黏度指数大于132，与国外同类产品性能相当。应润滑油公司要求，开展高收率低黏度军用合成油技术研究，开发专用催化剂，完成小试，收率达到80%以上，各项指标均达到军用基础油技术要求。

化工重点催化剂研发及应用取得新突破。裂解汽油二段加氢催化剂（LY-9802）在扬子石化—巴斯夫公司实现首次应用，各项指标满足要求。气相聚乙烯浆液催化剂（PGE-101）在大庆石化30万吨/年全密度聚乙烯装置完成工业应用，装置实现连续平稳运行，标定结果表明，催化剂综合性能与进口剂相当。完成己烯-1成套技术在独山子石化的工业应用试验，转入工业化生产，产品初期标定结果表明，与5000吨/年装置相比，能耗降低28%，单耗降低2%，产品纯度提高0.4%，各项运行指标均有较大提升，产品达到设计指标，每年可为企业降低原料成本2.2亿元以上。

碳一化工和生物能源技术研发取得新进展。钻井液项目，完成制备工艺方案制定、分离装置建立、催化剂研发等所有研究内容，全部达到合同指标要求，具备验收条件。航空生物燃料重大科技专项成功立项，完成毛油组合精炼、加氢脱氧催化剂放大等工作。

环保新技术研发及应用取得新成绩。完成"催化氧化—混凝沉淀"橡胶废水处理工艺在吉林石化、抚顺石化装置上的工业应用标定，各项指标达到要求。实现催化裂化烟气SCR脱硝催化剂在庆阳石化、降氮氧化物助剂在大连石化的工业应用。

超前及前瞻性技术研发卓有成效。加大顶层设计和规划力度，加强与有关大学、科研院所的合作，与中科院大连化物所签订协议成立能源化工联合研发中心，充分利用和结合石油化工联合基金项目，开展基础性前瞻性研究，年投入300多万元、新设20多项院级探索项目，促进青年科技人员的快速成长，促进科技创新水平的提升，增强发展后劲。

【成果专利】　石化院在研发方面已形成"催化汽油选择性脱硫/改性（DSO、GARDES）成套技术""加氢裂化成套技术""高效聚丙烯催化剂（PSP-01）技术"等一系列重大成果，在催化裂化催化剂、汽柴油加氢催化剂、加氢裂化催化剂、高档润滑油基础油加氢异构催化剂、石蜡加氢催化剂、乙烯裂解产物催化剂、丁苯橡胶和丁腈橡胶等技术研发方面达到国内领先水平。2015年共获得省部级以上科技奖励30项，为历年最多。其中，"满足国家第四阶段汽车排放标准的清洁汽油生产成套技术开发与应用"获国家科技进步奖二等奖。申报专利287项；制修订国际标准2项，1项已发布，实现零的突破；制修订国家、行业、集团公司标准29项。2006年以来，共申报专利1919项，授权867项，获金奖提名1项，优秀奖12项。累计获得省部级以上科技奖励123项，其中国家科技进步奖一等奖1项、二等奖3项。

【新产品开发】 2015年，石化院紧密结合炼化企业生产经营实际开发新产品，突出低气味料、医用料、燃气管专用料、抗冲聚丙烯专用料等重点研发方向，组织开发技术含量高、销量规模大、经济效益好的化工新产品，共实现工业生产产品25个、待排产18个。自主开发的IBC桶料DMDB4506，实现产销量5000多吨，为企业增效1000多万元；采用自主聚丙烯催化剂（PSP-01）开发的高刚性均聚聚丙烯HPP1850，实现产销量约1万吨，每吨增效400元；自主开发的家电耐热注塑专用料H8020，实现产销量4400多吨，每吨增效800元。溶聚丁苯橡胶2015年产量突破4万吨；环保型丁腈橡胶产销4万吨、增效2100多万元。2015年化工新产品营销量初步统计达到21. 5万吨，增效2亿元。

【技术服务】 2015年，石化院紧密结合炼化企业生产经营需要，全力为企业装置安稳满长优运行、降本增效做好技术服务，得到炼化企业的充分肯定。

抽调精兵强将服务生产一线，为四川石化做好原油优化加工、乙烯裂解料评价优化，开展聚乙烯管材料HMCRP100N的性能测试，开发拉丝料HF7750M助剂配方，确保装置稳定生产，降低乙烯能耗及产品成本；为广西石化开发高清晰BOPP薄膜专用料L5D98D提供高质量的技术服务，BOPP薄膜雾度降低到0.1%，整体性能达到国内领先水平；为抚顺石化开发高刚性薄壁注塑专用料HPP1850提供全方位技术服务，产品性能国内领先，已成为企业盈利能力最强的拳头产品。

与独山子石化研究院成立联合工作组，确保溶聚丁苯橡胶产品质量及生产稳定，并联合开发新产品，实现溶聚丁苯橡胶在高性能轮胎中应用技术的突破，3年内使独山子石化溶聚丁苯橡胶市场销量从2000吨提高到5万吨，实现达产全销。

与金发科技等市场典型高端用户建立联合实验室及联合产品开发机制，实现管材、高性能薄膜等高端产品的推广应用。

在炼化分公司的组织协调下，为13家炼化企业提出国Ⅴ标准汽油质量升级方案。

为国内外近50家炼厂开展现场技术服务及技术交流，有效拓展催化裂化催化剂新产品的推广应用。

加大和完善产品标准体系的建设，加强知识产权管理，完成“中国石油炼化领域专利价值评估系统”国家级项目的研究开发，提高专利分级管理水平，为中国石油炼化专利技术的推广应用提供依据。

进一步加强对炼化企业乙烯原料评价、裂解炉优化运行工作，实现系统内乙烯装置全覆盖。

【科研基建】 2015年，石化院建成8万多平方米新型现代化科研大楼，顺利搬迁入驻；完成24通道加氢催化剂制备系统等25台（套）大型仪器设备的采购工作；首次召开全面学术委员会议，补充完善重点实验室和中试基地的学术委员会，平台的作用和功能得到充分发挥。兰州中心重油加工重点实验室及化工催化剂、聚丙烯、橡胶等中试基地都实现了高效运行；环保技术研发手段也日益完善；大庆中心加氢评价基地增加评价装置、改造操作室、改造完善污水排放系统，聚乙烯中试基地等实现高效运行，化工催化剂、新产品研发平台建设不断完善。石化院整体工作环境有了很大改善，条件平台建设水平进一步提升。

【管理工作】 2015年，组织修订科学技术奖励办法、合同管理办法等10多项制度，制定合规管理办法，石化院管理制度和体系更加健全；加强内控管理、投资与预算管理，强化科研全过程管理、物资采购管理，基础管理水平进一步提升；不断完善QHSE体系，产品质量合格率达100%，安全环保实现“四个零”；强化纪律约束和各项规章制度的落实，加强警示教育和专项检查，促进石化院合法合规运行，2015年未发生违规违纪事件。石化院整体管理水平进一步提高。

【思想政治建设】 2015年，加强党的建设、班子建设、队伍建设和企业文化建设，员工队伍整体素质不断提升。坚持政治理论学习，加强党建，从严治党，制定下发《院党委落实党风廉政建设主体责任实施细则》等3项制度，层层签订党风廉政建设责任书，加强“三严三实”专题教育，加强党支部书记业务培训，积极开展“五个一”活动，党建体系不断完善，党的建设进一步增强；充实石化院两级领导班子成员，加强对领导干部的考核、教育培训和监督，领导干部履职能力和水平全面提高，班子建设再上新台阶；建立和完善人才培养机制，截至2015年底，集团公司高级技术专家30名、教授级高工43名、硕士博士478人，人才队伍结构更趋合理，员工队伍整体素质进一步提升；强化和谐石化院文化理念的执行，认真开展“重塑中国石油良好形象”大讨论活动，开展丰富多彩的青年创新创效活动，强化文明礼仪及定置摆放的执行，企业文化建设再上新水平；发挥“员工同心互助金”作用，慰问患病员工及家属、困难员工、离退休老同志，员工满意度进一步提升，员工凝聚力、向心力进一步增强。

（姚士文）

中国石油集团经济技术研究院

【概况】 中国石油集团经济技术研究院简称经济技术研究院，前身是成立于1964年的石油工业部科技情报研究所，设19个二级单位。截至2015年底，合同化员工215人，员工总数382人。其中，在岗局级领导5人，处级干部42人；集团公司专家2人，院专家16人；合同化员工中硕士、博士137人，占总数的65%；教授级高级职称14人，副高级职称78人，共占合同化在岗人数44%；中级职称63人，占30%。

【入选首批25家国家高端智库】 2015年11月9日，习近平总书记主持召开中央全面深化改革领导小组第十八次会议，审议通过“国家高端智库建设试点工作方案”。12月1日，中央政治局常委刘云山出席国家高端智库建设试点工作启动会议，宣布经济技术研究院作为唯一一家企业类智库，入选首批25家国家高端智库建设试点单位。

经济技术研究院紧紧围绕国家“一带一路”战略、油气市场化改革、天然气需求预测、成品油价格机制调整、央企技术创新等一系列重大问题，开展14项国家级项目和大量咨询任务研究。首份直报中央的高端智库报告获副总理张高丽批示，天然气储运研究材料获中央领导批示，首次直接向能源局局长努尔·白克力全面汇报国内外石油市场供需形势，深度参与国家“十三五”能源规划编制。多次在国家发改委、商务部、能源局等部委会议上建言献策，参与国际货币基金组织（IMF）与中国政府的磋商会谈，许多重要观点与政策建议获认可和应用。两项成果获能源局软科学研究二等奖，3篇论文获行业部级一等奖2项、二等奖1项，决策影响力进一步提升。

【集团公司决策支持】 服务集团公司发展大局，决策支持作用有效发挥。密切围绕集团公司当前面临的热点、难点问题科学咨政，报送的关于油气行业挑战、天然气资源过剩、人民币贬值、壳牌收购BG、美国低产井运营情况、中国海油“贪吃蛇”技术等问题的报告获集团公司领导批示29份。受集团公司领导直接安排开展的股份公司发展战略、“一带一路”、中国经济的能源价格承受力、低油价下公司发展策略、大物流等课题取得许多重要成果。组织和参与集团公司体制机制改革、市场化发展、提升上游效益以及资本运营、工程技术“十三五”发展规划等大量重要研究任务，在集团公司周、月、季度会议上提出的多项建议获领导重视和采纳，经济技术研究院在集团公司决策支持体系中的核心引领作用更加突出。在科研投入紧缩的背景下，2015年承担科研项目155项，科研总量2.33亿元，保持稳定增长。两项成果分获集团公司科学技术进步奖二等奖、三等奖，26项成果获院级科技奖励，科研成果质量持续提升。

【信息化建设】 积极推动信息化建设，网上研究院初具规模。市场营销创新二期、国际业务管理、战略与政策、石油科技4个专业实验室如期建成或基本建成，含油气市场等20个油气数据库的数据库集群系统建成，产量、储量预测等10个工具模型建成，定量研究水平和工作效率显著提高。通过集成集团公司统建和经济技术研究院自建系统，办公、科研、人事、财务、企业等管理系统全面建成，管理工作平台正式上线投用，ERP2.0应用集成工作稳步推进，基本实现无纸化办公。“基于大数据的全球能源信息系统”重大项目进展顺利，“世界能源数据统计”基本实现自主分析产生数据，科研基础能力进一步提高。

【合作交流】 丰富拓展交流合作网络，开放式研究取得重要进展。强化高端会议品牌效应，成功举办第三届国际油气发展论坛、全国石油经济学术年会、行业报告发布、十大科技进展评选等大型会议，首次承办IEA非常规天然气论坛和国家能源局—国际能源署油气发展论坛，得到业界的高度认可与广泛好评。积极发出“CNPC声音”，参加圣彼得堡国际经济论坛、G20专家会议、剑桥能源周、世界天然气大会、亚洲油气大会等大型国际会议并作专题发言，在行业主流报刊和新媒体上发表大量文章对外传播。提高科研人员国际化水平，选派骨干到IEA工作，首次举办青年英语辩论赛，持续开展英语沙龙、模拟国际会议等活动。完善交流合作体系，与中国工程院、清华大学、北京大学、中国国际问题研究院、现代国际关系研究院等智库开展经常性专家互访，深入兄弟石油企业和民营石油企业调研；开展亚洲天然气市场联合研究，到电子工业协会、IHS公司、布鲁金斯学会、牛津能源研究所、日本国际问题研究所等国际高端智库和能源机构学习交流，接待BP、壳牌、道达尔、沙特阿美、费氏等机构43个团组、158人次的来访，经济技术研究院的行业影响力和话语权持续增强。

【经营管理】 扎实开展"管理年"活动，发展基础更加牢固。完善制度和流程体系，制定或修订科研外协、外事、企业年金、办公用房、干部选拔任用、劳务费等制度，进一步规范"三重一大"、科研项目、合同、新闻采访、资金计划与报销、内审、房屋、招标投标等流程。狠抓执行力建设，2015年对68项重要事项督查督办，内控例外事项大幅减少，事后合同减少89%，项目预算符合率和资金计划执行率明显提高。科研外协、采购招标规范运作，开展重点科研项目、经营公司内部审计。严格执行"三控制一规范"要求，开展收入分配秩序自查。加强人才队伍建设，新增1名集团公司高级技术专家，推荐9名副高职称专家，扎实推进专业技术岗位序列试点工作。稳妥处理中油联公司经营期限延长事宜和专利代理历史遗留问题，有效规避潜在风险。切实加强安全维稳保密工作，2015年未发生一起事故，合规管理水平迈上新台阶。

【经营公司业绩】 紧贴中心工作服务，经营公司业绩稳中有升。各经营公司在严峻的市场形势下积极开拓内外市场，提升服务品质，增强管控能力，支撑作用更加显著，经营收入和利润均超额完成考核指标。中油联公司保持主营业务稳定增长，配合各部门需求全力推进实验室、数据库、管理工作平台开发，为信息化建设做出重要贡献。太科公司巩固传统市场，围绕经济技术研究院发展服务，不断提高咨询、会务工作水平，圆满完成交办的IEA非常规天然气论坛等大型国际会议的会务工作。评估中心积极创新科技项目组织运作模式，牵头承担集团公司"十三五"科技规划研究与编制工作，成果再次获集团公司科学技术进步奖，优势特色更加突出。物业公司着力加强经营、改进服务、建章立制，在多重挑战下实现扭亏为盈。

【党建工作】 加强党的建设、班子建设和企业文化建设，工作作风持续转变。认真贯彻全面从严治党方针，严守党的政治纪律、政治规矩，增强队伍的凝聚力和战斗力。扎实开展"三严三实"专题教育，高质量完成专题党课、学习研讨、查找问题、整改落实四个关键动作，组织集中学习47次、研讨42次，从严从实查找问题并逐项整改，各级领导班子和党员干部政治意识、纪律意识和规矩意识不断强化。积极开展"重塑中国石油良好形象"大讨论活动，组织开展调研督导、支部大讨论、知识答题等5项重点活动，干部员工参与率100%。全面提升党建制度化、科学化水平，制定完善党委工作、党委中心组学习、基层党支部工作、"两个责任"等规章制度。全力配合集团公司专项巡视组开展工作，对16个方面38项问题制定整改措施，逐条逐项落实责任到部门和人，周周督办，大力正风肃纪。推进党风廉政建设，完善惩防腐败体系，加强警示教育，逐级签订"党风廉政建设责任书"245份。加强领导班子和干部队伍建设，充实部分单位领导班子，举办支部书记培训班，严格执行有关个人事项报告、因私出国（境）等各项规定。开展重点群体重点个案利益诉求排查，细致做好维护稳定和思想政治工作，落实离退休老同志各项待遇。精心组织联欢会、工间操、瑜伽班、健步走、植树造林等丰富多彩的文体活动，切实加大"三关心"和扶贫帮困送温暖力度。1人获"中央企业十佳网络评论员"称号，1人获集团公司"劳动模范"称号，多家单位和个人获集团公司荣誉称号，6家单位、33人获评院先进集体和个人。

（刘　佳）

中国石油集团钻井工程技术研究院

【概况】 中国石油集团钻井工程技术研究院简称钻井院，是集团公司直属科研机构，被集团公司确定为"中国石油海外钻井完井技术中心"，是人力资源和社会保障部批准的"博士后科研工作站"，国家发改委评定的"油气钻井技术国家工程实验室"。成立于2006年3月。2010年4月29日股份公司决定，设立中国石油天然气股份有限公司钻井工程技术研究院，与钻井院合署办公。

钻井院设 6 个职能部门、9 个研究机构、1 个机械制造厂、1 个公司和 1 个实验基地。截至 2015 年底，员工总数 751 人。其中，直接从事科研工作人员 358 人，集团公司技术专家 11 人，中国工程院院士 1 人，博士、硕士研究生 251 人，大学本科 346 人，本科以上学历占 79.5%；教授级高级工程师 30 人，高级职称人员 233 人，高级职称以上人员占 44%；中级职称人员 218 人，占 36%。

钻井院发展定位为集团公司钻井技术参谋部、钻井高新技术的研发中心、国内和海外钻井生产的技术支持与服务中心、钻井高新技术产业化基地。已经具备承担国家和集团公司重大科研攻关项目的能力，重大工程现场技术支持能力，硕士研究生以上高学历和高层次专业技术人才培养能力，钻井最前沿专项技术、装备的研发能力以及技术服务能力。拥有特色技术：井下控制工程技术、欠平衡（气体）钻井技术、套管钻井技术、分支井（大位移水平井）钻井技术、膨胀管（波纹管）技术、连续管作业 / 钻井技术与装备、钻机配套的机电液一体化装备、钻井液与储层保护技术、完井固井技术、煤层气（新能源）钻完井技术、储气（油）库工程技术等。

2015 年，获得集团公司及省部级以上科技奖励 17 项，包括国家科技进步奖二等奖 1 项，集团公司科技进步奖特等奖 1 项、一等奖 1 项，中国石油和化学工业联合会科学技术奖一等奖 1 项；获得科技类荣誉 8 项，有 2 项新技术产品在集团公司内部发布，2 个产品被评为集团公司自主创新重要产品；申请专利 136 项（含发明 78 项，PCT 国际 2 项），获得授权专利 67 项（含发明 14 项）；发表各类论文 143 篇（含国际 23 篇），出版专著 4 部；完成 14 项院级企业标准制定；完成 8 项集团公司级标准报批。

【科研成果】 2015 年，钻井院在原有技术积累的基础上，有 9 项科研工作取得重要进展。

连续管装备与应用技术研发。在连续管钻井、高压深井连续管作业、碳纤维连续抽油杆作业机的研制与应用等方面取得重要突破，技术创新效果明显。研制的连续管钻井装备在大港油田进行 2 口井的侧钻试验，首次实现连续管定向造斜，完成连续管开窗、定向、稳斜钻进等侧钻井工艺，填补了国内空白。研制的碳纤维连续抽油杆作业机在新疆油田现场试验取得成功，在不改变地面设备的情况下，泵挂深度可大幅增加，平均产液量提高 46%，能耗下降 10% 以上，实现了节能增产的开发目标。

页岩气水平井高性能水基钻井液技术研究。自主研发出强水化抑制剂、高效液体润滑剂、成膜降滤失剂等关键处理剂，形成最高密度 2.25 克 / 厘米^3 的页岩气水平井高性能水基钻井液体系，在昭通 2 口井成功应用，主要性能指标达到国外先进水平。

页岩气水平井固井技术研究与应用。通过高施工压力措施、解决留塞技术、保证密封工艺等技术集成，形成适合页岩气长水平段水平井固井综合配套技术，提高了页岩气水平井井筒密封完整性。在现场带料技术服务 21 口井，固井质量全部合格，经大型体积压裂后未见套管变形和井口环空带压。

精细控压钻井技术与装备研发。围绕解决深井压力敏感地层、高温高压地层、窄密度窗口地层等条件下钻井难题，实现安全、高效钻井，研发形成两种新型精细控压钻井装备，在塔里木现场成功试验应用，并取得良好效果；大型控压钻井装备实现了模块化应用。

遁甲钻探器研制。完成 29 套关键模块和单元的技术方案设计；试制完成井下永磁电机、高固相输送装置等原理样机 9 套；遁甲钻探器实验室建设完成关键试验装置设计，投入加工。

信息钻杆研制与先导试验。突破随钻信息传输速度慢的制约，完成高速信息传输有缆钻杆工业样机研制和 1 次整机下井现场先导试验。工业样机数据传输速率达到 100 千比特 / 秒，调制解调器的无中继传输距离提高到 180 米，信息传输钻杆（20 根）及中继器（2 根）测试耐压达到 40 兆帕。

超深井钻机研制与试验应用。四单根立柱 ZJ90 钻机继续在克深 10 井开展第 2 口井试验，显著减少超深井起下钻时间，降低复杂事故发生几率，满足了工程需要。

钻井工程软件。钻井工程设计集成系统 V2.0 推广获得重要进展，先后到塔里木、西南等油气田进行交流、培训和应用推广；单项软件平台集成进展顺利，完成软件平台与 14 个单项软件的数据库集成，形成钻井工程设计和工艺分析软件；软件平台功能模块更加完善，在 SPE 国际技术大会上受到与会专家认可。

油套管气密封检测装备研制与现场试验。完成二代产品研发，检测管材尺寸扩展为 $3^1/_2$—$9^5/_8$ 英寸 5 个尺寸系列；通过集团公司成果鉴定，总体达到国际先进水平；被评选为 2015 年度集团公司工程技术新产品并进行发布；成功中标辽河油田设备采购招标；完成 5 井次现场检测服务，赢得用户的高度认可。

【技术服务】 围绕集团公司重点工程和重大试验项目，发挥决策参谋和技术支持作用，凸显多项技术支持亮点。

围绕战略规划和顶层设计，为总部机关当好决策参谋。开展集团公司“十三五”钻井技术发展、“十三五”工程技术服务业务发展等7项战略研究；完成集团公司“十三五”国家油气专项“钻井与压裂”专业科技规划、钻井科技发展规划、工程技术业务发展规划等5项战略规划编制，为集团公司总部长远可持续发展体制机制改革、“十三五”发展规划制定提供强有力决策参谋支持。

面向重点地区和重点工程，提供技术支持保障。针对页岩气现场工程技术难题，成立“页岩气项目组”，常年派驻工程技术人员支持长宁、威远、昭通页岩气示范工程建设，2015年提供现场技术支持累计达到1800人天。联合5个研究所开展页岩气关键技术攻关，解决多项工程难题，现场提速提效效果良好。协助勘探与生产分公司、工程技术分公司等部门开展大庆深层、新疆玛湖致密油、塔里木库车山前等钻井提速工作，做好套管规范化设计、井筒完整性管理和科研项目管理等工作。为西南油气田公司提供全方位钻井技术支持，围绕川中震旦系、川西北及页岩气等重点勘探开发领域，针对复杂深井超深井钻井难点、提速难题、方案优化等开展相关技术研究，提供技术支持。

针对海外油气勘探开发业务中的钻井完井瓶颈问题和技术需求，开展攻关研究、提供技术支持。面向中国石油天然气勘探开发公司总部，为海外项目战略决策、安全快速钻完井和复杂及事故处理提供重要支持，日常和应急技术支持到位率均达到100%。密切跟踪海外钻井动态，提出持续优化井身结构建议；对钻完井瓶颈问题进行分析，提出相应的对策和解决方案。集成国内外先进、成熟、适用的钻完井技术，深入海外勘探开发现场，解决钻完井技术难题，为集团公司海外油气事业的发展提供技术支撑，得到了合作方的一致认可和好评。

承担集团公司工程技术资质的审核、证书管理及监理检测业务等工作。2015年完成委托设备监理259项、钻修井设备及配件的评估检测658台（套），国外现场第三方检验业务进一步拓展；履行好集团资质管理评价中心和设备监理资格评审办公室的职能，完成530家企业、6833支队伍的资质审核，制作并发放资质证书4568套；开展质量与标准研究，建立起工程技术装备管理标准体系。根据集团公司安排，组织开展标准制修订、宣传贯彻和钻井标准委员会“十三五”规划编制等工作。

【产业经营】 2015年，钻井院依托科技优势，产业发展空间进一步拓展。

加快新技术成果的转化和推广应用，科研创效能力逐步显现。连续管技术依托集团公司推广专项，在不断加大作业机生产销售的同时，开发形成系列作业工具和工艺，广泛推广应用并取得良好经济效益，为进一步深化现场技术合作奠定基础，并首次将作业机应用拓展到气化采煤新能源领域。2015年设计制造作业机13台（套），完成连续管喷砂射孔、多级压裂等技术服务407井次，工艺应用11项，现场服务38井次。精细控压钻井技术成功完成印度尼西亚1口井的技术服务，正在开展第二口井竞标，《控压钻井系统》行业标准正式发布。固井完井技术服务与支持，2015年服务161井次，在西南油气田安岳气田的高温高压深层小间隙长尾管固井技术服务中，解决多家单位三年未解决的7英寸尾管固井难题，为后续钻完井及增产提供保障，创造了固井优质率和合格率最好纪录，赢得甲方的信任和竞争对手的尊重。煤层气与储气库技术完成20余井次的储气库设计、监理和技术服务工作，销售3套油水界面检测仪，开展3井次的套管气密封检测技术服务和1套油套管螺纹连接气密封检测装备的投标工作，完成2口煤层气井远距离穿针连通作业服务、1口井SAGD磁导向施工作业服务。油基钻井液技术成功推广应用27口井，完成30项化工产品的集团公司质量认可证复审工作。近钻头地质导向系统在吉林、吐哈、延长等油田进行商业化服务13井次。为华北油田提供钻完井设计方案研究与支持，完成35口井的设计、钻井综合提速优化系统现场实时服务11井次，钻井效能分析17口井，钻井参数优化与模拟26口井。

加强传统产品研发改进和推广应用，继续保持稳定经营水平。北京石油机械厂顶驱持续加强技术革新，提升产品质量，走高新技术发展之路。开展基于顶驱的扭摆减阻技术研究；完成紧凑型50顶驱电控系统、70顶驱动力和控制电缆等多项新产品的试制。液控装置、螺杆钻具等产品在独联体国家批量销售，并结合客户需求开展个性化设计，为俄罗斯里海平台项目的特殊需求专门设计储能器总液量最大、控制对象最多的液控产品，系统整体通过CUTR认证。

【科技创新体系】 2015年，钻井院坚持把科技创新体系建设作为支撑发展的重点，在实验室、人才队伍和学术环境建设等方面取得重要进展。

加强实验室建设，不断完善科技研发能力。组织包括中国石油4大钻探公司、大港油田公司和6大石油院校共17个研究室/分基地，编制“十三五”实验室发展规划，编写“十二五”成果汇编，充分展示实验室的研究成果，保证集团公司钻井工程重点实验室、试验基地的持续发展和作用发挥。对实验室通风系统进行改造，完善实验室制度建设，实现安全规范管理。启动无钻机钻探实验室建设，不断完善试验手段，为集团公司颠覆性研究项目提供重要支撑。

加强人才队伍建设和管理，持续提升人才保障。开展2015年高级技术专家聘任及增补工作，新聘任专家5人。加强在职培训，全年共安排950人次参加集团公司和钻井院组织的各类培训；继续发挥塔里木项目部的作用，开展现场学习培训和技术支持。继续加强校企合作，与中国石油大学（北京）共建的“北京工程师学院”正式挂牌，并荣获全国首批“示范性工程专业学位研究生联合培养基地”，新招收联合培养硕士研究生29人，新增补上报11名中国石油大学（北京）硕士研究生导师。

加强战略合作与内外交流，不断优化科研环境。与大庆和玉门两个油田新签订战略合作协议。组织包括复杂油气井提高单井产量国际研讨会、页岩气发展大会、国家“973”项目“海洋深水油气安全高效钻完井基础研究”交流会、钻井液学会、页岩气钻完井技术研讨会、缅甸深水钻井技术交流会等各类大型技术研讨与交流活动11次，组织参加第十五届石油钻井院所长会议，安排17批30余人次赴国外参加国际性学术会议和交流活动。接待阿布扎比国家石油公司、伊朗国家石油公司、哈里伯顿、渤海钻探等代表团90余人次来院参观交流。

推进科技管理改革，增强科研创新活力。一是率先完成专业技术岗位序列改革试点并全面推广。通过加强宣传、制定方案、精心组织，率先全面完成包括“科研所、装备制造企业（北京石油机械厂）和技术支持单位（康布尔公司）”等三个业务层面的改革试点和推广工作。钻井院18人被聘为院一级技术专家，22人被聘为院二级技术专家，66人被聘为一级工程师。通过专业技术岗位序列改革，建立专业技术人员岗位体系和工资体系，开辟相对独立和完整的科研人员上升通道，拓展其职业发展空间，构建了较为全面、科学的科研人员管理机制、激励机制和考核评价体系。二是积极配合做好完全项目制管理改革试点工作。钻井院从2011年开始尝试项目负责制管理，探索科研项目管理新模式。对集团公司颠覆性项目“遁甲钻探器关键技术研究”实行完全项目制试点管理，制订项目试点工作方案和相关管理制度。直接对项目负责人进行业绩考核，设立专项台账、单独核算，简化审批流程，减少行政干预。从培养研究兴趣，强化责任感、使命感、荣誉感等方面激发科研人员的创新动力。同时，对“连续管工程技术”“页岩气技术支持”和“塔里木技术支持”等项目也按照完全项目制管理模式运行，对人员、机构实行动态矩阵管理，工作职责和管理制度明确，目标考核、分工协助和质量进度的管理明晰到位。通过完全项目制改革试点，实现责、权、利统一到位，管理协调与服务到位，考核与激励兑现到位，科研工作作风初步实现了（行政领导、项目任务规定）由“要我做好”向“我要做好”的转变。

【基础管理】 2015年，钻井院严格落实“三控制一规范”制度，实现全员绩效考核，通过考核评价，完成年终兑现，激励良性发展。加强市场准入和资质管理，申请各类资质12项，为开拓技术服务市场，推广应用新技术、新产品提供重要保障。加强网络运维管理，建立信息发布、浏览、传送为手段的信息服务保障体系；进一步规范采购管理，招标率直线上升。规范管理、严格控制预算外支出，保证科研经费投入；申报并取得高新技术企业资格，开展纳税筹划，节约税费支出，实现管理增效。

【安全稳定】 2015年，钻井院HSE安全环保体系和ISO 9000质量管理体系得到持续改进并正常运行。以HSE体系管理为重点，逐级签订安全生产责任书，加强安全应急预案建设和演练，对海外人员实行安全周报制度。开展不稳定因素排查，化解矛盾消除不稳定因素，保持了稳定大局。2015年继续实现“零火灾、零重大伤亡、零群体上访、零环境污染”工作目标。

（王洪艳）

中国石油集团安全环保技术研究院

【概况】 中国石油集团安全环保技术研究院简称安全环保院，是集团公司直属科研机构，是中国石油安全环保战略决策的参谋部，是集团公司、股份公司安全环保技术研究中心、HSE信息中心、安全环保技术服务中心。

安全环保技术研究院共设5个机关职能部门、10个研究所（中心）和1个分院。主要承担安全环保政策法规、战略规划和标准规范研究，HSE管理体系研究，专项治理工程技术论证和重大项目安全环保技术评估，重大新建和并购项目HSE体系技术支持，应急技术研究，为应急管理和事故调查分析提供技术支持，基础、超前、共性和重大安全环保技术攻关、应用技术研究和新技术推广、HSE信息管理、对外交流与服务，HSE评价、审核、认证、咨询等技术服务。

截至2015年底，共有员工368人，其中集团公司高级技术专家17人，博士、硕士研究生134人，大学本科205人，本科以上学历占92.1%；教授级高级工程师10人，高级职称人员128人，高级以上人员占37.5%，中级职称人员121人，占32.9%。

2015年，安全环保院完成A类成果42项，其中发明专利授权7项，省部级、行业协会科技成果奖励28项；制修订各类标准与集团公司规章制度46项，发表学术论文75篇；国家重点实验室和防雷防静电技术创新中心获得批复。2015年实现“零事故、零伤害、零污染”的HSE工作目标，被评为集团公司2015年度“安全生产先进单位”和“环境保护先进单位”。

【技术研究】 牵头组织申请国家科技重大专项研究任务。2015年，安全环保院组织参加国家科技重大专项“大型油气田及煤层气开发”之项目40“页岩气等非常规油气开发环境检测与保护关键技术”顶层设计并通过国家能源局、国家科技部组织的立项可行性专家论证。该专项由中国石油总牵头，是国家16个科技重大专项中唯一一个由企业牵头的国家科技重大专项；其中“页岩气等非常规油气开发环境检测与保护关键技术”是“十三五”新开项目，由安全环保技术研究院牵头，联合环境保护部环境工程评估中心、中国环境科学研究院、国土资源部水文地质环境地质中心、国家气候变化战略与国际合作中心、中国石油川庆钻探公司、中石化胜利石油工程有限公司、中国石油大学（北京）、中国科学院、清华大学等27家单位开展联合攻关。该项目设立6个课题、24项主要研究内容，研究周期将横跨整个“十三五”。

“低碳重大科技专项”一期通过验收，进入二期滚动立项阶段。低碳专项一期围绕“节能与提效、减排与废物资源化、低碳战略与标准”三大领域开展攻关研究，取得理论技术突破，攻克30项关键技术，创新集成10项成套技术体系，研制新产品、新装备48项，提出中国石油低碳发展战略和三大配套标准规范系列框架，取得6个方面重大创新成果，通过集团公司科技管理部组织的专家验收。通过专项一期的研究攻关和推广应用，创新提升高含水节能配套技术系列、低渗透油田节能技术系列、稠油热采节能技术系列、加热炉提效与水系统优化技术系列、长输管道技术系列等节能提效五大技术系列；攻克二氧化碳捕集与封存技术、气带油技术、含油污泥资源化技术、炼化污水升级及点源治理技术等减排与资源化四大技术瓶颈；提升中国石油战略发展四大软实力成果，包括：研究制定中国石油低碳管理和技术发展路线图，搭建中国石油绿色发展战略支撑基础平台；建立低碳技术和管理评价系列指标体系，支持中国石油完成节能减排考核任务；建立低碳标准体系，参与应对气候变化政策制定，为中国石油赢得国际声誉和低碳标准制定话语权；明确低碳政策发展趋势，占领国内碳交易规则制定的制高点，奠定中国石油发展碳资产业务的基础。受重大科技专项带动，中国石油注水效率等4项能效指标大幅提高，集输能耗等4项指标明显下降。专项共支撑建成30项节能减排先导试验工程和示范工程，实现节能35万吨标准煤、节水1500万立方米、污泥减排10万吨，COD减排205吨、二氧化碳减排90万吨。10月，专项一期通过集团公司组织的专家验收，二期立项已列入“十三五”规划滚动开展。

“安全环保关键技术研究与推广”项目滚动实施。该项目在特殊井溢流监测与压井、工艺危害分析、腐蚀监测和溢油应急等4个方面取得突破，形成4项标准性成果：一是井喷防控在非常规压井、井控风险评估等方面取得突破。解决“三高”油气井非常规压井与科学井控分级管理的技术难题，为高难度压井和重、特大井控事故防范提供技术支撑；形成的压回法、置换法、动力法等非常规压井技术，解决绝大部分常规压井方法无法应对的压井问题，提升钻井压井、应急救援等方面的技术能力。二是大型储罐雷电防护与腐蚀监测技术取得突破。自主研发大型外浮顶油罐雷电模拟试验系统，开发储罐腐蚀状态声发射与漏磁相结合的监测技术，填补该领域国内技术空白；研究建立大型外浮顶油罐雷电分路与分流实验方法，应用该项技术开展勘探与生产分公司1300余座大型油罐防雷防静电检查检测；储罐腐蚀状态声发射监测技术实现不开罐情况下对底板腐蚀情况动态监测，成果用于大庆石化、大庆炼化等企业的100多座储罐检测，可有效指导企业设备的维修和维护，减少腐蚀泄漏导致的火灾、爆炸的发生。三是工艺安全评估技术系列初步形成并大规模应用，提升集团公司本质安全水平，推动国内功能安全评估技术的发展。开发HAZOP专家系统，突破工艺安全分析成果应用局限，将HAZOP分析成果与DCS报警结合，开发信息化预警平台，为炼化企业的工艺安全监控提供可靠的新手段。四是水域溢油与炼化火灾应急方面，形成企业标准、试验平台、应急方案、吸附材料等系列成果，在全公司推广应用。在水域溢油控制方面形成4项溢油应急产品性能标准，为溢油应急产品采购和储备提供技术规范支持；开发近海河流溢油应急技术方案，在管道公司和海上应急中心推广应用；开发6种新型吸油/凝油材料，具有较高的经济技术价值。在炼化火灾应急技术方面建立火灾事故分类模式，开发10种设备/罐区火灾事故工艺消防联合应急技术方案，在地区公司消防队伍中推广应用。项目系列技术已在大庆油田、辽河油田、长庆油田、冀东油田、新疆油田等油田企业和大连石化、大庆炼化、兰州石化等炼化企业推广应用。

“石油石化污染物控制与处理”企业国家重点实验室获得国家科技部批准建设。2015年，安全环保院组织参加企业国家重点实验室申报并获得国家科技部批准纳入2015年第三批建设名单。下一步将持续开展国家重点实验室建设完善工作，围绕行业污染排放控制与处理需求，重点围绕石油石化固体废物处理与资源化技术、石油石化污水处理与回用技术、石油石化废气与温室气体控制技术、场地污染风险防控与修复技术等4个专业方向，开展含油污泥减量化与资源化技术、钻井清洁生产及废弃物处理技术、污水分类分质及水系统优化技术、高含盐水处理与回用技术、二氧化碳咸水层封存技术、挥发性有机物检测与回收技术、污染场地修复技术评估与集成、低成本高效修复技术开发与应用等8项重点特色技术攻关，持续完善发展石油石化行业污染物产排及污染控制应用基础和资源化无害化处理处置技术体系，提升中国石油石化行业污染防治技术水平和自主创新能力。

“石油石化企业防雷防静电技术创新中心”正式运行。“石油石化企业防雷防静电技术创新中心”通过国家安监总局批准并成功运行，重点开展雷电防护技术创新研究、静电防护技术创新研究、燃烧爆炸与事故预防技术研究、危险物质分析与评估技术研究等前沿、创新和特色技术的攻关研究。

【技术服务】 HSE评价业务实现新突破。“全员市场”策略初见成效，2015年，安全环保院完成评价项目154项，87项获得批复。长宁、威远、昭通3个区块页岩气开发产能建设项目环境影响评价成果，填补中国石油行业页岩气整区块环评项目的空白，探索出一套完善的技术路线和指标体系。

管理体系认证审核继续保持优势。2015年完成认证审核项目489家次，签订认证合同163家，颁发认证证书301张，连续6年获国家认可委A类认证机构称号。

HSE管理咨询业务有序推进。结合企业HSE管理工作需求，在咨询内容、咨询重点、咨询过程、咨询技巧等方面，开展技术改进与创新，积累咨询经验、储备技术方法，为拓展、深化咨询业务奠定人员和技术基础。

巩固工艺安全分析领域的技术优势。不断拓展市场，新增广东石化、克拉玛依石化等9家单位装置的HAZOP分析业务。首次利用HAZOP+LOPA的系统分析方法开展技术服务工作，实现对销售企业从定性到定量的风险分析。

开辟装置泄漏检测与修复业务新领域。承担呼和浩特石化气分装置泄漏检测与修复项目，实现该领域零的突破，为今后承担同类工作奠定基础。

【技术支持】 评估诊断工作初见成效。2015年，安全环保院针对西南油气田龙王庙组气藏开发项目和抚顺石化、长庆油田等单位开展安全环保技术诊断和管理评估专项工作，总结提炼HSE管理典型经验和有效做法，查找管理短板和漏洞，提出整改建议和措施，为解决集团公司安全环保重点、难点问题提供决策支持和依据。

全面完成集团公司污染减排核查核算中心各项任务。开展年度污染物总量核算，编制《集团公司主要污染物总量分析报告》；编制完成《集团公司污染减排年度工作总结报告》《集团公司2015年污染减排工作计划》、年度及“十二五”《减排目标可达性分析报告》等各类报告；组织开展2015年上半年及全年集团公司污染减排专项审核，编制审核及分析报告，针对存在的问题提出整改建议；开展减排工程进度周调度和月调度，按时上报《重点减排工程进展跟踪报告》；有效开展环境统计工作，确保集团公司污染减排核算数据有效率90%目标的实现。

HSE体系支持和海外HSE技术支持工作不断深入。瞄准管理体系推进的重点难点，探索体系管理前沿技术。开展安全环保履职能力评估，制定集团公司基层HSE标准化站队建设标准、规范和实施意见，认真编制基层岗位HSE培训矩阵教材，完善生产安全风险防控模板，组织完成一年两次的4家直属单位HSE管理体系总部审核，制修订《集团公司环境保护管理规定》《基层班组安全活动管理办法》等17项HSE管理制度，完成集团公司《2015年环境保护公报》和《安全生产诚信体系建设指导意见》的编制。HSE专标委秘书处认真组织企业标准制修订和复审等工作。

2015年共发布52期《海外社会安全形势周报》，并增加中英文版本；海外防恐培训稳步推进，2015年培训281期，培训18390人，累计培训达13万人次；编制的《社会安全脆弱性评估技术规范》由集团公司发布实施；社会安全评估业务稳步发展。

积极发挥集团公司环境监测总站、环境应急监测中心和污染源在线监控中心作用。参与集团公司污染事故现场调查、监测以及“四不两直”环保现场检查工作，定期组织8个区域环境应急监测中心开展应急演练，数采仪安装率达100%，污染源自动监控数据有效传输率为96.2%。国家环境保护部污染物总量减排核算监测点100%联网，实现在线监测、统计分析、考核监督一体化。

完成HSE信息系统（2.0版）和应急管理系统的研发、建设、功能提升和推广应用。全面建成集团公司HSE管理集中、统一的“工作平台、共享平台和预警平台”，实现国内国外所属企业全覆盖；应急平台覆盖总部和116家生产企业，应急指挥中心、监测预警中心、信息发布中心和应急协调的综合办公平台功能进一步发挥，应急平台支撑体系全面建成。

充分发挥集团公司生产安全事故调查中心职能。参与起草生产安全事故调查制度、标准和规范，开展事故统计指标体系、事故发生规律研究，参加集团公司70余起生产安全亡人和着火爆炸事故现场调查，完成50余起事故警示教育专题片制作，建立并维护事故调查专家库。

积极发挥勘探与生产分公司HSE北京工作站作用。开展HSE体系推进、审核及培训，承担勘探板块HSE规章制度制修订工作，开展建设项目HSE“三同时”管理的跟踪督办和技术支持与咨询，以及“油气井管道站库生产运行安全环保预警可视化系统研究与应用”专题研究工作。

“油气田固体废物处理技术评估与危险属性鉴定”环保专项取得重要进展。专项阶段成果被《国家危险废物名录（修订）》报批稿采纳，已将水基钻井液钻井废物从危险废物名录中排除。

防雷防静电检测持续发挥作用。完成勘探与生产板块共14个油田企业596座油罐、175座泵房，以及煤层气公司1座集气站、1座处理厂等防雷防静电防爆电气检查检测。针对现场存在的问题，提出对应的整改措施37项。

大型原油储罐底板腐蚀不开罐在线检测技术获得应用。完成冀东油田、大港油田19座原油储罐底板腐蚀声发射检测及超声测厚检测工作，检测结果很好地反映了储罐的实际情况，得到用户好评。

主动为专业分公司提供技术支持。完成炼化板块HSE体系审核总体策划；编制《HSE管理体系量化审核标准》；参与炼化板块HSE审核工作，并协助编写炼化企业《HSE体系审核报告》，整理严重不符合项并跟踪整改情况。

与海外勘探开发分公司签订“中国石油海外业务HSSE技术支持中心”共建协议，为其海外HSE和社会安全业务提供全方位技术支持服务。

推进HSE量化审核标准修订。开展勘探开发、炼油化工、天然气与管道、工程技术、工程建设、装备制造等7个板块9家企业HSE量化审核试点现场指导工作，根据试点情况，完成量化审核标准的修订工作。

积极做好决策参考编制工作。跟踪国内外HSE政策和时事热点，完成11期《HSE信息参考》；围绕集团公司安全环保领域重大关注，完成8期《HSE专题报告》；深入开展政策专题研究和集团公司HSE制度合规性分析，形成安全、环保、职业健康和应急制度合规性分析报告。

完成多项“十三五”专项规划编制工作。牵头并完成《集团公司“十三五”安全环保与节能节水科技发展专项规划》编制任务，参与并完成集团公司

“十三五”安全生产发展规划、环境保护发展规划编制等工作，为集团公司加强依法治企，全面推进合规性建设，在新形势下实现安全、绿色和可持续发展提供有力的技术支撑。

【成果转化】 2015年，安全环保院5个钻井废弃物处理示范工程顺利实施，并取得突破。针对钻井与储层改造作业面临的环保技术难题，优化集成国内外先进工艺技术，开展常规油井水基钻井液、气田深井聚磺水基钻井液、页岩气三开油基钻井液、页岩气水平段高性能水基钻井液等典型示范工程建设，形成由浅井聚合物钻井液体系到深井聚磺钻井液体系、由随钻无害化处理到集中资源化利用、由末端处理到全过程控制的系列技术，形成不同地区、不同井型、不同钻井液体系的钻井废弃物无害化处理与资源化利用的成套解决方案，为提升钻井清洁生产技术水平和解决钻井环境污染难题提供有力支持。其中，西南油气田、南方勘探两个示范工程的现场应用已经取得突破，具有较好的环境效益、社会效益和一定的经济效益。

超热蒸汽喷射、强化化学热洗含油污泥处理技术逐渐成熟，分别在冀东油田、华北油田和吐哈油田含油污泥处理工程得到应用，根据运行情况对工艺和设备进行升级改造，取得较好效果。石油污染修复专利技术在吉林油田“11·26”环保突发事件的土壤修复中发挥重要作用。依托低碳重大专项科研项目开发的“一种落地油泥复配清洗药剂”等专利、专有技术在现场得到应用。

【管理提升】 2015年，安全环保院认真组织编制“十三五”发展规划；组织开展QHSE体系内审、管理评审和外部认证审核，获得中国质量认证中心颁发的质量体系认证证书；以提高工作效率和规范管理为目的，构建科研生产管理平台；2015年共制修订安全环保院规章制度39项，为推进依法经营、合规管理奠定基础。

推动处级领导干部任期制和退出机制的实施；深化用工制度改革，全面推进市场化与合同化用工制度并轨；有计划引进高层次人才，强化核心人才队伍建设；完成集团公司高级技术专家增补选聘推荐工作，组织开展院级技术专家选聘，着力开展员工进步成才“双通道”的“双序列”建设。

积极推动全面预算管理和降本增效活动，盈利水平不断上升。加强内部监督，完成28个科研项目内部审计工作。HSE管理水平不断提升，外事和保密工作得到加强，OA系统上线运行，档案管理迈进A级行列。

【党建工作】 2015年，安全环保院开展“三严三实”专题教育，院领导带头讲专题党课，组织学习研讨，召开专题民主生活会，建章立制，立行立改；推进“重塑中国石油良好形象”大讨论活动。加强党委自身建设，2015年组织13次党委中心组学习，组织学习《中国共产党章程》，提高党员领导干部政治理论水平，坚定理想信念。

开展形式多样的反腐倡廉教育活动，层层签订责任书，切实履行党委的主体责任和纪委的监督责任。开展巡视反馈意见整改落实工作，完善“三重一大”决策流程。

（徐　建　张译之）

中国石油集团石油管工程技术研究院

【概况】 中国石油集团石油管工程技术研究院（英文缩写TGRI）简称管研院，组建于1981年，坐落于古城西安高新技术开发区，是中国石油直属科研机构，也是国内石油行业在石油管工程技术领域唯一集“科学研究、质量监督、技术服务”为一体的综合性技术中心，管研院主营业务涉及石油管工程的科学研究、质量监督和技术服务三大板块，承担着国家及中国石油重大专项、应用基础研究和技术开发项目等科研任务。研究方向包括输送管与高性能管线钢、油井管与管柱力学、管道安全评价与风险评估、石油管腐蚀与防护、非金属及复合材料等，同时还承担着石油管工程标准化、石油管材的质量检验和评价、石油管及装备的失效分析、石油管材的研究开发及驻厂监造、石油管道及压力容器的检测与安全评价、石油工业防腐设计和防腐工程、石油管工程技术咨询等质量技术监督和工程技术服务工作。

管研院设6个职能部门、9个直属机构（包括6个研究所、测试及试验中心、秦皇岛实验室、矿区事业管理部）以及2个子公司。有中国工程院院士1人、国家及部省级专家26人、博士研究生49人，硕士研究生以上学历人员占全院职工总数的80%。管研院还是“石油管材及装备材料服役行为与结构安全国家重点实验室”和“国家石油管材质量监督检验中心”的依托单位，拥有国内外先进的试验仪器设备500多台（套），国际、国家、石油行业授予的质量、计量、安全、标准等方面的权威资质和授权25项。

2015年，管研院大力实施开源节流降本增效，不断提升创新管理能力，增强人员队伍建设，充实科研试验装备，在整体市场环境不利的情况下，圆满完成年度各项工作任务。

【科技成果】 2015年，管研院获得授权专利71件（其中发明专利43件），省部级科技奖励9项（其中省部级一等奖2项），发表论文200余篇，制修订标准25项，申报国家和陕西省课题14项（其中国家自然科学基金2项），申报集团公司“十三五”课题20项。

输送管与管线领域。成功开发碳纤维和玻璃纤维止裂器；研究解决高寒地区站场钢管和管件低温脆断控制技术指标、X90管线钢近中性土壤应力腐蚀开裂机理及规律、高强度大口径厚壁螺旋焊管残余应力分布规律及控制指标等应用基础问题，完善管道服役安全相关理论技术体系；研究形成较为完善的复合材料增强管线钢管结构设计及制备工艺技术，并以508毫米和1219毫米的管线钢管为基础，制成承压能力超过X80和X100钢级水平的复合材料增强管线钢管样管；“第三代大输量天然气管道工程关键技术研究”重大专项方面，成功开展2次X90三管空气爆破试验，验证X90钢管的焊接施工技术，掌握时间线圈的设计、安装方法以及管道断裂控制试验关键技术，制定爆破试验规范，为国内爆破试验场自主开展全尺寸气体爆破试验提供技术支持；补充X90/X100管线钢的低温时效冲击显微析出相的成分、形貌等精细显微组织分析工作，完成《X90/X100管线钢显微组织鉴定图谱》的完善校稿；分析X90/X100管线钢中的大型夹杂物并得出钢中大尺寸夹杂物的主要类型。

油井管与管柱领域。研究形成基于应变设计的稠油蒸汽热采井套管柱设计和应用技术，建立热采井基于应变的套管柱设计方法、管材性能指标体系、螺纹连接及适用性评价方法；形成三超气井油套管柱可靠性设计与完整性评价技术；制定《油气井管柱完整性管理》石油天然气行业标准，开发“油套管柱可靠性设计和完整性评价系统”软件和“三高气井套管柱强度设计软件和酸性气井套管柱强度设计软件”；完善高温高压气井管柱腐蚀行为及完整性评价技术，形成一套基于井筒全生命周期的腐蚀完整性选材评价技术；完善深井超深井钻具疲劳性能及寿命评估技术，形成深井超深井钻具疲劳寿命试验评估方法；围绕复杂工矿油管柱腐蚀密封完整性评价方法研究，实现模拟油田酸化环境油管柱的失效验证试验，明确油管柱在油田酸化环境与拉伸应力的协同作用下的腐蚀机理，界定管柱腐蚀断裂失效评判指标，建立全尺寸油管柱腐蚀密封完整性评价方法，完善油田合理选材的规范要求和测试方法。

炼化石油管领域。完成常减压换热装置完整性预测软件及无损检测技术的现场应用，检测准确率在90%以上；针对加氢装置高温换热器管束腐蚀、结垢堵管及其他损伤失效问题展开调研，明确加氢装置换热装置的典型高温服役环境，并确立典型腐蚀失效类型和腐蚀主控因素；揭示换热管束高温腐蚀特性及规律，开发出换热器管束表面渗铝技术及除垢缓蚀剂等有效的防腐措施，实现换热器管束选材的优化，进一步完善换热装置完整性评价软件及腐蚀数据库的信息内容，为换热器腐蚀管理与防护提供更全面的数据信息、腐蚀数据支持。

海洋石油管领域。承担两项国家“863”课题“深海高压油气输送用高强厚壁管材关键技术研究”及“海洋深水非金属材料复合管研制”，研究测试试制的直缝埋弧焊管产品性能，系统分析厚壁管材的落锤撕裂减薄试样和焊缝壁厚中心熔合线位置的夏比冲击试验测试评价方法；制备海洋深水非金属材料复合管样管并完成室内评价试验；设计包括安装、在位检测、试压、回收等关键流程的海试方案，并在黄海海域成功完成海试试验。

【质量监督】 2015年，国家石油管材质量监督检验中心共完成39家生产企业、8个类别、64个批次的产品监督抽查任务，产品质量监督抽查综合合格率为100%；承担油气田、钢管生产企业的横向委托抽检任务，先后完成塔里木油田、华北油田、长城钻探、侯马风雷钻具有限公司、延长油矿物资供应部等多家企业委托的油管、套管、抽油杆、钻具及钢丝绳等5大类产品横向质量监督抽查32批次；完成63家管道制造许可型式试验和评审，未出现任何质量问题和投诉。

国家石油管材质量监督检验中心坚持“独立性、公正性、科学性”，不断拓展管理思路，完善管理制度，强化人员配置，制定《国家质检中心检验师制度》，2015年完成16名高级检验师及18名检验师的选聘工作；组织27人次参加涉及技术检测能力、试验方法标准、特种设备制造许可、质量体系等多层次培训。2015年国家石油管材质量监督检验中心未收到一起客户投诉，满意度达99%。

【国家重点实验室及爆破试验场建设】 2015年9月，石油管材及装备材料服役行为与结构安全国家重点实验室获得国家科技部批准建设，12月召开石油管材及装备材料服役行为与结构安全国家重点实验室建设启动会议。完成重点实验室主任的聘任工作，制定《重点实验室建设与运行管理办法》《学术委员会工作章程》及《理事会工作章程》，成立并召开一届一次理事会、学委会联席会议，对实验室建设及发展规划进行审议。石油管材及装备材料服役行为与结构安全国家重点实验室的启动建设标志着管研院在国家级科研实验平台建设方面迈上一个新台阶。

天然气管道全尺寸气体爆破试验场是中国首座管道断裂控制试验场，管研院在爆破试验场设计、传感器选型、储气库选材、数据采集系统构建、实验方案编制及试验数据处理等方面提供技术支持工作，在多方共同努力下2015年内完成建设工作，并于2015年12月成功实施第一次爆破试验。爆破试验场的建成填补了国内管道全尺寸爆破试验的空白，对于研究管道建设和服役安全重大技术难题具有重要意义。

【标准化工作】 2015年，管研院积极参与国际标准化工作。组织参加ISO、API提案和投票工作，针对5个项目提交34条投票意见，投标率100%；组织召开SC2专项工作组2015年年会，完成“管道完整性”项目工作组草案的编制，研究讨论“地质灾害风险管理”项目的标准框架及核心内容；API冬季年会输送管任务组会议上，“管线钢管拉伸试验伸长率”提案获得API支持并成功立项。

全力组织标准制修订工作。完成25项标准制修订工作和16项标准的复核及二次上报工作；组织召开3次标准审查会，审查标准12项；举办标准宣贯会2次，完成标准宣传贯彻14项；组织举办API石油管材标准培训班，对API Spec 5L（第45版）和API Spec 5CT（第9版）标准做详细讲解。

【技术服务】 2015年，管研院优化结构部署，调整机构设置，将安全评价业务整合划入三环公司，实现技术服务一体化管理；持续加大市场开拓力度，制定发展策略，深化开展与专业管道公司检测评价业务合作；坚持以管理促效益，多举措促进降本增效，不断优化人员配置，降低差旅费开支，强化办公耗材审批和出入库管理，成本控制成效显著。

在积极拓展市场和降本增效的同时，加大新产品开发及转化力度，新开发钻铤专用螺纹脂、地面管线专用缓蚀剂等产品，取得显著的经济效益；在监造市场萎缩、监造价格持续下降的情况下，转换思路，开拓和承揽现场检测、委托检验、失效分析等技术支持和咨询服务业务，培育新的经济增长点。

【合作与交流】 2015年，管研院在国际合作方面进一步加强。与美国石油学会（API）联合举办油气输送管道应用技术国际会议，180余名国内外专家代表研讨和交流了管道领域热点技术问题；筹划并成立了中国管线研究组织（CPRO），进一步发挥了管研院在管道技术领域的引领作用。2015年共组织对外技术交流或专题报告10余次，管研院技术人员赴国外参加学术会议、技术交流及合作研究近30人次。

国内合作进一步强化。完善与塔里木油田联合办院运行模式，取得良好成效；不断加强与国内油田、装备制造企业、科研院所及高校的交流合作，与塔里木油田、长庆油田、西南油气田、西气东输管道公司、川庆钻探、渤海装备等企业进行交流，走访西部管道、川庆钻探、合肥通用机械研究院等8家单位，并与多家单位签订战略合作协议。

【管理提升】 2015年，管研院制修订管理制度31项；建立健全合规管理制度体系，开展合规管理培训，加大合同审查和普法知识教育力度，推进审计立项和计划标准化；全成本核算信息系统上线运行，推进部门经营绩效评价科学化、明晰化；实施开源节流降本增效，加强重点费用的目标管理与过程控制，有效降低成本费用支出；积极开展纳税筹划，成功通过西安市高新技术企业认定；积极推动资产轻量化管理，加强对低值易耗品的动态监管；完善督办工作流程，加强重大事项的督办力度；强化保密及档案管理，提升全体干部员工的保密意识、档案意识、工作规范性进一步增强；加强日常管理工作考核监督，动态考核体系日趋完善，组织完成2015年月度动态考核和38次周检查工作。

人才管理方面，完成七级专业技术岗位的选聘和中层干部岗位的公开竞聘，初步建立专业技术岗位新体系，拓展科技骨干发展通道，打破合同化与市场化用工身份界限；双序列体系的建立，初步形成人才能进能出、岗位能上能下、待遇能高能低的竞争机制，营造人尽其才、才尽其用的制度环境，建立干部队伍和专业技术队伍的转换通道。

【党建工作】 管研院制定下发《2015年管研院党委重点工作安排》和《党委中心组学习计划》并如期完成；组织完成12次党委中心组学习，提升班子的引领科学发展能力；持续开展党风廉政建设和反腐败工作，组织全体党员干部签订党风廉政建设责任书，健全完善惩治和预防腐败体系；制定下发“三严三实”专题教育和“重塑中国石油良好形象”大讨论活动实施方案，精心组织贯彻落实，将专题教育和大讨论活动有机结合，围绕“三个专题”共开展集中学习59次，集中研讨36次，中层以上干部在学习中分析不足、查找问题，撰写个人感想和心得，广大党员干部的思想修养得到深化，工作作风焕然一新，干部员工队伍素质得到明显提升。

（崔　巍）

中国石油天然气集团公司咨询中心（中国石油集团工程咨询有限责任公司）

【概况】 中国石油天然气集团公司咨询中心（中国石油集团工程咨询有限责任公司）简称咨询中心，成立于1993年12月，是全国第一批取得甲级工程咨询证书单位，是国际咨询工程师联合会（FIDIC）会员、国家发改委委托投资咨询单位和中国工程咨询协会（CNAEC）常务理事单位。为适应国家工程咨询业发展改革需要，依据国家发展和改革委员会2005年第29号令《工程咨询单位资格认定办法》要求，经集团公司同意，咨询中心于2006年10月完成“独立法人”注册，成立中国石油集团工程咨询有限责任公司（简称工程咨询公司）。咨询中心为“一家单位、两块牌子”，对内称咨询中心，对外称工程咨询公司。

咨询中心是集团公司发展规划、重大投资项目的智库参谋和决策服务机构，业务涵盖项目评估评价、专题研究、专项调研和重大科技项目费用审查四大类。咨询中心对集团公司油气勘探开发发展规划、重大勘探部署和油气田开发方案进行调研、论证，提出咨询意见；对油气田地面工程和炼油化工工程的大中型项目进行评估论证；对石油天然气上、下游重大发展战略、技术经济、工程技术等问题进行专题研究；对集团公司重大科技项目立项前、项目进行中和项目验收结题全过程进行经费核查；受国家发改委及国内外其他单位委托，开展相关项目评估评价、专题研究和专项调研等工作。

咨询中心有院士和老中青专家100余名，内设综合技术部、勘探部、开发部、炼化部、工程经济部、专家委员会和石油天然气专业委员会。其中，石油天然气专业委员会是中国工程咨询协会授权设立的全国性行业协会，对全国35家石油石化咨询机构进行业务指导。

2015年，咨询中心围绕集团公司战略部署和“十六字”目标要求，深化战略研究和评估论证，推进学习型咨询中心建设，开展“三严三实”专题教育和“重塑中国石油良好形象”大讨论活动，加强综合管理，在面临诸多困难和不利形势下，完成各项工作。2015年共运行项目153项，完成117项。其中，新承接项目115项，完成92项。

【专题研究】 2015年，咨询中心开展专题研究项目30项，特别是对事关国家油气产业、集团公司战略发展重大课题和领导关心重大问题进行深入研究，提出许多建设性意见和建议，得到委托部门、单位好评和集团公司领导高度重视。

承担中国工程院“我国油气资源安全供给保障战略研究”，对全球与中国油气形势做出基本判断，提出“自主战略”，并对战略思路、实施路径和具体措施进行深入研究。课题于2015年9月通过验收，成果以“院士建议”形式提交中共中央办公厅。“‘一带一路’油气合作战略研究”提出统一构建泛亚油气“资源、输送、产业配套、市场”合作框架和开展16项重大工程建设倡议，为国家“一带一路”油气产业布局提供战略指引。

相继完成“四川川中石油储量评估方法研究”“关于致密油勘探开发潜力调研”“MMG资源现状与发展方向”“柴达木盆地北缘勘探潜力与勘探方向”“非常规气开发方案编制及开发规范研究”等10多项课题研究，提交高质量研究成果，为集团公司领导决策提供科学咨询意见。

【项目评估评价】 2015年，咨询中心开展项目评估评价117项，完成84项。其中，前评估项目108项，完成81项；后评价项目9项，完成3项。2015年是集团公司“十三五”规划编制年，咨询中心承担“十三五”总体规划和5个专业规划评估工作，是集团公司首次对规划进行评估。咨询中心精选各专业专家80多人，提出建议200多条，有效、有力指导集团公司规划编制工作。

面对2015年低油价新常态，咨询中心评估评价项目加强项目调研，强化第一手资料获取和使用，加强可行性研究预审环节把关，更加注重项目风险和不确定性评估。通过华北石化、川庆钻探、重庆相国寺储气库、昆仑燃气、江苏LNG项目等实地调研，对可行性研究报告中发现的问题力争在会前进行沟通，重大问题力争在上会前解决，从而避免正式审查的反复。完成“乍得H区块开发项目可行性研究报告”“蜀南页岩气开发项目中期评估”“中国石油四川石化汽油国V质量升级可行性研究报告”“唐山LNG后评价”“中俄天然气控制性工程可行性研究”等80多个评估评价项目，提交高质量评估报告，得到委托单位高度认可。

【重大科技项目费用审查】 咨询中心自2014年承担重大科技项目经费核查工作以来，业务范围已经从最初的项目验收后经费核查，拓展到立项前、项目进行中和项目验收结题全过程经费核查。2015年现场核查企业共28家，提出科技经费使用和管理中存在问题与建议50余条。

重大专项项目投资大、时间长、涉及单位多。例如“低碳关键技术研究”项目，总预算5亿元、研究时间3年，涉及中国石油上、中、下游共计22家单位。根据科技管理部安排，咨询中心组织专家对13家单位进行现场核查（占总预算的90%），历时近2个月，核查相关凭证700余份。专家组通过现场核查并书面反馈意见、被核查单位整改并回复意见、重点单位复查整改情况的工作程序开展核查工作，提交科技管理部经费核查专项报告。核查工作中，咨询中心严格执行八项规定，专家组食、宿、行费用全部自理，避免影响被核查单位正常工作。本着帮助、协作解决问题的态度，咨询中心对核查中发现的疑点，积极主动地与被核查单位进行沟通，帮助指导问题整改，核查工作规范、严谨、有序。

【专家论坛】 2015年12月17—18日，咨询中心2015年专家论坛年会（简称专家论坛）在北京召开。邱中建、翟光明等6位中国工程院院士以及来自集团公司的36位专家、25名嘉宾，围绕“提质增效、改革创新、稳健发展”主题，为集团公司创新发展、稳健发展和转型升级建言献策。

专家论坛已经成为展示咨询中心综合实力，发挥专家智库和决策服务作用，为集团公司战略发展建言献策的重要影响力平台。咨询中心各部门从2015年初着手准备，按照项目进行管理，先后多次组织院士、专家深入研讨、现场调研，最终使2015届专家论坛呈现出三大特色：老中青专家相结合、在职专家和退休专家一同献策、咨询中心专家和集团公司专家同台演讲。专家们就勘探战略与重点领域、油气田效益开发、炼化业务发展、成品油市场战略、天然气业务提速增效、石油天然气管道技术、海洋业务发展、新型智库体系建设、战略转型升级等20个议题进行深入交流，提出有建设性的意见和建议。会后，对专家建议进行梳理总结，并上报集团公司。专家发言材料经整理，编印成《咨询中心2015年专家论坛会发言汇编》。

【学习型咨询中心建设】 2015年，咨询中心将“学习型咨询中心建设”与“三严三实”专题教育相结合，与“重塑中国石油良好形象”大讨论相结合，要求员工结合岗位工作实际，不断培养提出问题、分析问题和解决问题能力，并动员每位员工制订学习计划并认真执行。把每年一次的“学习成果交流会”作为推进学习型咨询中心建设重要抓手和展示平台，并不断加以改进和创新，增加学习交流成果的评奖环节，推送优秀成果到专家论坛展示。在11月10日的学习成果交流会上，有15位同志发言，经评委评定，评出一等奖2名、二等奖3名、三等奖5名。选送“国内上游业务投资资本回报率分析及思考”和“着力优化氢气资源、努力降低炼厂成本”2篇成果到专家论坛进行交流。

【管理创新】 2015年，咨询中心高度重视管理创新，不断完善各项基础管理工作，有效促进管理规范化、制度化和科学化。

制度建设。2015年，《咨询中心专家管理办法》制定并出台，原咨询中心多项目专家按照“开放、流动、择优”的原则和“一年一聘”“一事一聘”和“因需续聘”等多种聘用形式，划归到各业务部门，与业务联系更为紧密，更有利于专家智库作用发挥。在规范咨询工作管理方面，《专家意见编制大纲》《专家组意见编制大纲》《可研报告评估报告编制大纲》等相继完成并试点实施，对提高项目评估报告水平效果显著。

综合管理。编辑印发《咨询中心2015年专家论坛会发言汇编》《咨询评估项目概览》《咨询简报》等材料，并参与编写《中国石油天然气集团公司年鉴》。

公文处理工作做到准确、及时、安全、保密。不断加强财务决算和预算管理，严格执行国家及集团公司有关财务法规制度，保证国有资产的完整和安全。接受集团公司财务部委托审计2次，配合会计师事务所对咨询中心和咨询公司财务管理及会计核算进行检查，最终由会计师事务所对咨询中心和咨询公司出具“无保留意见”的审计报告。咨询中心年度内未有违纪违规现象。

“三超”治理。按照集团公司《关于进一步推动“三超”治理工作的通知》和《关于开展公车使用管理专项整改的通知》要求，咨询中心对办公用房、公务用车和公务接待进行治理整改。在办公用房方面，咨询中心各级别人员均在标准内。退休领导干部在接到退休通知文件当月腾退办公室，无领导干部离退休后到协会任职和领导干部任职期间兼任其他职务等占用办公用房问题。在公务用车方面，咨询中心无公车私用、公款支付私家车费用和占用多部车问题，也无向外部单位租赁车辆等情况。在公务接待方面，咨询中心认真贯彻落实集团公司党组二十条要求和《中国石油天然气集团公司公务接待规定》，严格执行公务接待标准，严格遵守公务接待纪律，公务接待费在规定范围内。

石油天然气专业委员会工作。调整组织领导成员和人员结构，向中国工程咨询协会提交变更顾问、副会长的申请及新一届石油天然气专委会领导成员组织名单，补充工程咨询单位资格认定初审专家名单；受中国工程咨询协会委托，完成《中国石油天然气工程咨询行业中长期发展规划》编制任务；完成咨询工程师继续教育工作；协助中国工程咨询协会完成2015年度工程咨询单位资格认定初审、工程咨询服务价格信息调查、全国优秀工程咨询成果奖和入选短名单宣传等工作。

【资质建设】 2015年11月27日，国家发改委发布公告，咨询中心再次入选国家发改委委托投资咨询评估机构名单（俗称“短名单”）。这是继2004年、2009年之后，咨询中心连续第三次入选，是对咨询中心在全国工程咨询行业地位、信誉的巩固和提升。2015年咨询中心新取得FIDIC认证工程师培训结业证书2人、获国家咨询工程师登记2人。

（丛 强）

中国石油天然气集团公司休斯敦技术研究中心

【概述】 中国石油天然气集团公司休斯敦技术研究中心（英文名CNPC USA Corporation）简称休斯敦中心，是中国石油在海外建立的第一个研究中心，按照国际化标准运作的、符合美国法律法规的石油天然气技术发展公司。休斯敦中心的定位是前沿技术、超前储备技术的引进创新基地，重点领域应用基础研究和关键技术的引进开发平台，研究模式、研究体系的引进创新平台，国际高端科技人才的引进培养平台，国际技术交流与合作的窗口与桥梁，国际一流的石油技术研究中心。

2015年是休斯敦中心创新发展的关键一年，围绕集团公司主营业务领域的关键技术难题，加大科技攻关力度，取得重要阶段性成果；加强高层次人才引进力度，研究能力不断提升；改进科研、经营管理工作，管理流程更加规范、工作效率持续提高；协助企业开展国际交流，提升技术水平，休斯敦中心国际合作与交流的平台作用日趋凸显。

截至2015年底，休斯敦中心共承担国家、集团公司、股份公司各类科研课题19项，取得一系列阶段研究成果，其中获美国专利正式授权5项，正在受理专利12项（含中国发明专利1项）。自主研发的SPEEDrill-HPHT速钻桥塞通过集团公司审核，纳入集团公司自主创新重要产品目录。

【科研工作】 2015年，休斯敦中心科技创新成果有4项：（1）定型针对塔里木库车山前致密砂岩储层研发的个性化高效PDC钻头，6 $^{5}/_{8}$英寸和13 $^{1}/_{8}$英寸两种类型的钻头指标达到国际先进水平，综合提速效果提高30%—50%，大幅缩短了钻井周期，规模使用后，有望大幅降低难钻复杂地层的单井综合钻井成本；（2）完成20级水平井分压工具压裂管柱设计和配套工具的研发，具备进入现场试验条件；（3）成功攻克密封件在高温高压下密封和桥塞耐高压、易钻两大技术难题，申请美国专利1项；（4）攻克影响高温油基钻井液稳定性的关键化学剂—乳化剂的合成技术，申请美国专利1项，打破国外公司的技术垄断。

投入应用6项：（1）个性化高效破岩PDC钻头

在塔里木油田现场试验4井次；（2）钻压、扭矩、弯矩传感器完成井下试验4井次；（3）拥有自主专利的分体式和动态支撑设计的多级球座，经室内测试，耐冲蚀速度达12米³/分，最大可实现30级的多级压裂；（4）采用自主设计的特殊分子结构，合成了油基钻井液新型耐高温乳化剂，耐温达180摄氏度，比同类产品耐温更好；（5）将自主专利的单卡瓦+复合材料扶正环设计应用到超短桥塞的设计中，成功研发市场上最短的桥塞，长度仅为30厘米，耐压差70兆帕，耐温150摄氏度；（6）采用拥有自主专利的"非平面+卡瓦+胶筒多弧面"一体化设计应用到高温高压桥塞的设计中，成功研发耐压70兆帕、耐温180摄氏度的速钻桥塞，并在国内同类产品中首次通过国际ISO 14310—V3标准测试，填补国内空白，技术指标达到国际先进水平，该产品已经纳入集团公司自主创新重要产品目录，为集团公司超长水平井多级低成本压裂再添利器。

【人才引进】 2015年9月，在美国休斯敦开展"Open House"大型招聘活动，近2000名应聘者前来参加应聘，在当地引起轰动和反响，展现了中国石油作为大型中国企业推动改革创新、走向全球的决心与信心，对中美能源领域的合作与双边关系发展起到积极促进作用。

截至2015年底，休斯敦中心有外籍员工45人、中方员工22人，形成"完井与储层改造、钻井与测量，入井流体，非常规油气藏评价，产品制造测试与质量控制"4个国际化专业技术研发团队及一个技术支撑团队。专业技术人员中50%以上拥有博士学位，美国专业技术人员中多数来自美国著名院校，80%以上拥有著名跨国公司工作经历。国家"千人计划"外聘专家1人，集团公司高级技术专家1人。

【管理提升】 休斯敦中心将2015年确定为"管理提升年"，持续改进科研、经营管理工作，出台一系列管理制度及管理文件，梳理编制一系列管理流程，工作质量、工作效率大幅度提升。（1）以改进项目管理、QA/QC、成本控制为重点，结合采购、出入库、固定资产及HSE管理，系统梳理编制CNPCUSA Checklist及配套管理流程；（2）以全复合桥塞、超短桥塞、DMS短节项目为试点，在休斯敦办公室试行、探索技术设计方案、加工测试方案、成本预算控制及项目经理负责的全过程管理，改进完善各项管理办法；（3）技术与经营团队在参与项目研发、现场试验、推广应用的同时，完成大量项目开题、合同谈判与合同签订、中期检查、结题验收、结算等工作，积累了丰富的科研管理经验。

（马文东）

北京石油管理干部学院

【概况】 北京石油管理干部学院简称管干院，是集团公司高级培训中心，同时也是中国石油天然气集团公司党校和中国石油远程培训学院，以培训为主营业务，以中高层管理干部为主要培训对象，充分发挥干部培训主渠道作用、党性锻炼大熔炉作用和远程培训主平台作用。管干院成立于1984年，占地92亩，建筑面积8.5万平方米。学员宿舍1083间，床位1623个，教室50个，座位2743个，具有1200人/日培训能力。

截至2015年底，管干院资产总额为7.99亿元，其中固定资产为5.09亿元，合同化员工148人，非合同化员工8人，具有高级专业技术职务任职资格的有61人，其中教授级10人。

2015年是"十二五"的收官之年，管干院认真贯彻集团公司各项部署，注重固强补弱、全面提升，以培训教学为主线，有序推进各项工作，圆满完成2015年及"十二五"目标，保持了稳健发展的良好局面。

【培训工作】 管干院圆满完成各类培训任务。2015年举办培训项目325个，培训学员20158人，折合16318.1标准人次，超额完成年度培训计划。系统内部培训项目占比68%，全面落实了集团公司、股份公司计划内培训项目；处级以上领导干部及A、B类培训项目数量占比69%，初步形成"内培为主、外培为辅、高端引领"培训格局。对294个培训项目进行质量评估，学员评价总体得分4.72分，同比提高1%。认真探索"以管促学、以查促学、以评促学、以讲促学"模式，积极营造用功读书、用心听讲、用脑思考良好氛围，继续发挥了"精品班""示范班"作用，协助中央党校国务院国有资产监督管理委员会分校、中央国家机关分校，圆满完成23个培训班、3209标准人次培训任务。远程培训厚植基础。充分把握集团公司组织全员学习贯彻新《安全生产法》和《环境保护法》契机，拓宽业务覆盖面。支持企业自主开展规模化在线培训项目 62 个，表彰一批远程培训先进单位和优秀管理员，推动形成企业自主开展在线培训新局面。积极参与集团公司 G3 新平台筹备建设工作，扎实做好新平台上线各项准备工作。2015 年实现登录 172.4 万人次、在线学习 83.6 万人次，学习时长 85.9 万小时（表 1）。

表 1　2015 年培训项目数据汇总

项目类别	培训班次	培训人数	标准人次	标准人次比例（%）
集团公司计划内 A 类项目	4	332	1699.9	10.4
集团公司计划内 B 类项目	24	2740	3168.4	19.4
集团公司计划外项目	24	2432	1020.4	6.3
集团公司企业委托项目	168	7312	3735.3	22.9
国务院国有资产监督管理委员会培训中心委托项目	17	2255	1986.5	12.2
其他企事业委培项目	57	3954	4468.7	27.4
会议	31	1133	238.9	1.5
总　计	325	20158	16318.1	100

【教学科研工作】 管干院教学水平保持高位运行，2015 年专职教师授课 3458 学时，优秀率 99%；由学院主导、参与的课程设计，优秀率 99%；班主任工作继续保持 100% 优秀率；新开设 10 门课程，以领导力提升为核心的课程体系初步建立；持续优化现场教学，新开发了红旗渠干部学院等 4 个现场教学点；太极拳和八段锦课程越来越受到学员欢迎，逐步成为管干院又一特色亮点。管干院大力加强师资队伍建设，组织全体教师赴焦裕禄干部学院参观学习，选派 4 名教师参加中组部和集团公司专项培训，更多教师走上中青班等高端培训项目讲台；选派 9 名优秀骨干教师赴中东非洲和中亚等海外项目实地调研，开拓国际视野；将教师冬训由教学竞赛拓展为学术论坛，促进学术交流、展现授课风采，为培养锻炼师资队伍搭建更广阔平台。

管干院扎实推进教研结合、以研促教，积极做好集团公司重要战略和改革发展热点难点问题的调研论证，教师 2015 年发表论文 23 篇，出版著作 4 部，承担 6 项集团公司课题中 2 项通过验收，按计划推进其余项目研究，与钻井院联合承担的课题获得集团公司 2015 年科学技术进步奖三等奖；院内新立课题 7 项，4 项全部按计划通过验收。《学报》等 3 份期刊紧扣发展、聚焦热点，影响力进一步提高，据中国科学文献计量研究评价中心统计发布，《石油教育》在全国教育类期刊排名较上年上升 19 名。

【内部管理与员工队伍建设】 2015 年，管干院上下牢固树立过紧日子思想，大力推进开源节流降本增效，在经济下行、油价低迷严峻形势下，取得了好于预期的经营业绩，实现收支平衡、略有结余，经费自给率超过目标值。严格落实“三控制一规范”要求，用工总量和人工成本得到有效控制。全员发放《诚信合规手册》、签订承诺书，将依法合规理念深入贯彻到经营管理的各个环节，引入外部专业机构实施决算审计，强化重点项目管理，确保资金安全；落实“小金库”专项治理，按要求进行了零报告；在管干院门户网站公示招标信息，做到公开透明；认真履行职责，严查作弊行为，积极营造集团公司考试公平环境。员工队伍建设取得新进展，安排新入职员工到中国石油一线生产企业见习锻炼逐步常态化、规范化；62 人次参加了集团公司 56 个培训班，队伍素质进一步提升；1 人被集团公司授予“劳动模范”称号，1 人享受 2014 年政府特殊津贴，4 人分别获集团公司“十二五”员工培训“先进工作者”“优秀培训教师”称号，5名优秀青年受到集团公司直属团委表彰。

【基础设施建设】 2015年，管干院紧紧围绕提升培训教学水平和服务质量需要，坚持勤俭办学原则，有计划推进基础设施建设。对公寓A座、东教学楼和综合楼部分客房、教室进行升级改造，完成消防喷淋系统改造、窗户更新、屋面防水改造等项目。综合楼516数字语音教室建成投入使用，培训管理信息系统建设已进入开发测试阶段。完成西教学楼配电室改造和信息机房扩建工作，确保学院用电安全和网络正常运行。高清数字监控系统建设项目按计划有序推进。铺设健身步道，为学员、员工养成和保持健康生活方式创造条件。持续绿化美化校园，首次获得“首都绿化美化花园式单位”称号。

【安全环保工作】 2015年，管干院全体员工通过新《安全生产法》和《环境保护法》考试，取得合格证书。充分发挥学院师资优势，加强安全培训、指导安全工作，在全院范围内明确了员工《安全环保岗位职责》，初步实现了安全责任网格化管理；组织重点部门、重点岗位开展安全风险识别，完成制修订5个应急预案。强化安全大检查，积极配合做好集团公司和昌平区组织的安全专项检查，及时消除风险隐患。认真落实《北京市禁烟控烟条例》，持续开展“安全生产月”系列活动，积极推进节能减排规范运行，2015年水、电、气用量同比分别下降9%、0.3%和6%。

【党建和思想政治工作】 扎实开展“三严三实”专题教育，各级党组织和党员领导干部紧紧围绕“三严三实”要求，开展集中学习和专题研讨，共同查摆问题、分析问题、持续整改问题，深化作风建设，努力打造忠诚、干净、担当干部队伍。广大干部员工认真落实集团公司党组部署，积极行动起来，把“重塑中国石油良好形象”大讨论活动落实到教学上、服务上、办刊上、志愿者活动上等。深入开展庆祝建党94周年及抗日战争胜利70周年系列主题活动，进一步提升基层党组织的生机活力和党员队伍凝聚力、战斗力，按计划发展2名党员，转正3名预备党员。严格落实党风廉政建设“两个责任”，认真学习新修订的《中国共产党廉洁自律准则》和《中国共产党纪律处分条例》，组织党员干部到警示教育基地参观，继续保持了党风廉政建设四个100%。

（崔艳梅）

中国石油报社

【概况】《中国石油报》是集团公司主管、中国石油报社（简称报社）承办的集团公司党组机关报，国内外公开发行，报道石油天然气勘探开发、炼油化工、管道运输、油气销售，并涵盖相关产业。《中国石油报》为对开八版、周五刊彩色印刷。报社承办《石油商报》《汽车生活报》《石油画报》《石油政工研究》《地火》《新闻之友》等刊物和中国石油新闻中心网站，形成“四报十五刊两网”全媒体发展格局。报社负责中国石油新闻工作者协会和中国石油作家协会的日常性工作。报社有机构15个。报社在中国设立69个企业记者站和区域记者站，202名驻站记者，7个海外记者站。有员工348人，采编人员中博士1人、硕士45人、本科113人。

2015年，出版《中国石油报》（包括《金秋周刊》）299期1912个版，发稿15360篇（幅）、网站64900条（幅）。四报期发行量近90万份。中国石油新闻中心网站日访问量保持在50万人次，数字传媒日点击量超20万。其中，《中国石油报》发行给中央领导和国务院各部委近千份，112份进中南海。2015年报社总收入1.7亿元，总支出1.68亿元。

【报纸工作】 把握正确舆论导向和舆论风险管控，围绕中心服务大局。唱响“我为祖国献石油”主旋律，提升报纸品位和价值，壮大石油主流舆论。深入各企事业单位、基层队站班组，采撷鲜活新闻，传递石油声音；针对行业热点、重大事件和重要活动，主动释疑解惑回应社会关切。通过强化舆论风险管控，加强与主流网媒战略合作，建立沟通和应急机制。

连续两届获国家新闻出版广电总局颁发的“全国百强报刊”，连续两年获中国传媒大会评选的“中国品牌媒体行业报十强”，并连续第四年获中国传媒大会评选的“金长城传媒奖”。第二届“国企好新闻奖”评选，报社获4个一等奖，3个二等奖和三等奖，一等奖数量和获奖总数蝉联第一。

深化品牌行动，在新闻宣传中与时代同频共振。

报社响应国家战略，践行新闻行动宗旨，全面开展“一带一路·能源之路万里行”大型全媒体品牌新闻行动，涉及国外中亚段以及亚太、中东、北非等其他段的采访报道。将石油、丝路、国家战略与社会等元素紧密结合，展示中国石油勇当主力军作用。

国内段从2014年下半年开始兵分三路，历时7个多月，6个报道组102人参与，行程1.59万千米，涉及9省（自治区、直辖市）石油企业和丝路要塞。国外段在2015年宣传报道了集团公司在海外26个国家的石油项目。“一带一路·能源之路万里行”系列报道累计发稿500余篇，外媒转载率达80%。央视纪录片《一滴汽油一滴血》大量素材也来自《中国石油报》独家报道。

2015年，中央开展“三严三实”专题教育，报社组织相关报道。专题报道在一版刊发，每周不少于三次，三版的综合版也刊登了大篇幅报道。

2015年7月，集团公司开展“弘扬光荣传统、重塑良好形象”大讨论活动。报社开展“重塑良好形象”纵深行全媒体大型新闻行动，并在一版开辟专栏。同时开设《重塑形象专刊》，每周一期，集中报道九期特刊。专题教育专栏专版刊发新闻报道150篇。《中国石油报》“重塑形象”报道对集团公司重塑形象大讨论活动的深入开展，起到重要推动作用。

由集团公司主办、报社承办的“全国见义勇为英雄司机”评选已开展12年，连续4年在人民大会堂小礼堂颁奖。组织英雄司机走进大庆、长庆等石油企业，向社会传递石油正能量。

推进本部与记者站一体化，在规范管理中加强选题策划。按照集团公司下发的《中国石油报记者站管理办法》要求，报社加强和规范记者站管理。报社本部与记者站一体化运作稳步推进，实现新闻资源统一配置、采访力量统一管理、新闻培训统一实施、业务考核统一标准。加强报社本部与记者站双向交流，加强报社本部青年采编人员深入一线锻炼。

2015年，以记者站清理整顿为契机，以选题和培训业务“双抓手”加强与记者站及企业沟通，推进规范化管理。围绕“记者站日常事务标准化管理、记者站分类绩效管理、选题分级管理、制度建设信息化管理以及岗位操作可视化管理”，梳理工作流程，完善工作制度，实现管理高效，2015年征集和实施重点选题200件。

【媒体融合发展】 报社从传统行业报向现代全媒体转型，探索推进媒体融合发展。2015年，《石油手机报》编发309期；《中国石油报》官方微博发布5640条；微信公众号全年发稿740篇，原创及精编稿件554篇。

在中央网信办发布的“中国新闻网站传播力2015年总榜”中，中国石油新闻中心在综合传播力、PC端传播力、两微传播力等方面，排行第21—24位，均居全国能源行业新闻网站之首。

一方面，报社创新融合发展方式。新闻中心网站共制作61个新闻专题。重大报道主报与新媒体及时互动，优势互补，收效显著。另一方面，加强媒体合作形成合力。2015年5月，与《国际石油经济》合作，发布中国各大油气田油气产量等数据，推出中国十大油气田排行榜。

发挥传媒集群优势，《石油商报》加快数字化，新媒体作品被“今日头条”等转载，影响力增强；《汽车生活报》突出纵深报道，强化贴近服务，着力开启新媒体宣传服务；《中国石油画报》创新形式，新闻做深，旧闻做活，专题报道亮点频现；《金秋周刊》注重提升质量，期发行量达到55万份，推出“传递党组关怀，传送石油大事”的新平台；《石油政工研究》发挥自身特色，突出理论性和实践性，搭建石油大政工研究平台；《新闻之友》增强可读性，活跃刊物版面，为基层读者开阔视野；《地火》内容精选精编，版式更加美观，满足高层次文化需求。

【经营工作】 2015年，报社在管理经营方面持续推进“三控制一规范”。精简机构人员，进一步整合新闻资源，把干部轮岗交流、优化结构、推荐选拔干部3项工作统筹起来。整合新闻资源，将采访中心和新媒体中心合并成立新闻中心，整合经营资源，将原广告部、发行部、汽车生活报经营并入经营中心，机构精简为15个，用工继续负增长。

报社提出以“工效挂钩”作为激励，把深化服务创效当作经营的持续发展之道。引导经营部门转变观念，树立以客户为中心的理念，变读者为客户，通过创新服务，使读者与报社同频共振。

【企业管理】 2015年，报社“三抓一树”（抓干部、抓管理、抓作风，树形象）坚持五年不换频道，形成以新闻为核心、以人为本、以制度规范为重点、以科学高效为目标、以“一干六支两根基”为主体的全员量化规范管理体系。

党委中心组“学习小组”微信群建成，安排线上线下6次廉洁从业专题学习。全员签订廉洁自律和保密责任书、廉洁自律和保密承诺书，加强干部队伍管理和廉洁自律，营造风清气正的环境。

【建设学习型报社】 2015年，报社举办中层干部培训班 1 期，逻辑思维讲座 6 期，中国传统文化讲座 4 期，“重塑形象”大讲堂两期。举办记者站新闻培训班、基层新闻骨干培训班共 3 期，开展主题新闻竞赛活动。走进企业内部，举办辽阳石化新闻培训班。培养高素质、专业化的人才队伍。

【业务研究】 2015 年，报社每周进行好新闻评选和公示。采编部门每周召开一次新闻选题会交流业务，了解时政信息，策划重大新闻报道。实行每周标题会制度，对第二天见报的报纸标题进行凝练提升。值班主任每月主持一次研讨会，对当月的报纸进行采编业务交流。全年不定期邀请专家讲评报纸标题。《中国石油的产业生态体系研究》已完成课题研究，成果通过专家验收。

（梁晓蓉）

石油工业出版社有限公司

【概况】 石油工业出版社有限公司简称出版社，是集团公司主管的中央级专业出版社，由原石油工业出版社于 2011 年 3 月转企改制建立，为集团公司全资子公司。出版社设 4 个职能管理部门、12 个业务部门和 2 个服务部门，人员编制 349 人（其中合同化员工编制 220 人）。2015 年，出版社出版品种 1272 种，出版码洋超过 2 亿元，实现总收入 2.24 亿元，其中主营业务收入 1.58 亿元，实现利润 772 万元。技术有形化项目获集团公司科学技术进步奖三等奖，《中国石油天然气集团公司年鉴 2013》获中国出版协会第五届年鉴编纂出版质量评比综合特等奖，21 种图书获中国石油和石化工业优秀出版物一等奖、二等奖，7 种图书获第 25 届全国石油石化企业管理现代化创新优秀著作奖，1 种图书获评全国第 14 届版权输出优秀图书，4 种图书获陕西省普通高校优秀教材一等奖、二等奖，《中国石油勘探》进入中文核心期刊行列。

【出版工作】 2015 年，出版社认真落实国家新闻出版广电总局和集团公司部署要求，紧紧围绕“改革创新年”主题，主动适应经济发展新常态、牢牢把握稳中求进工作总基调，突出发展主营业务。

统筹整合拓展资源，跟踪服务重心下移。大力实施资源战略，突出图书出版主营业务。积极争取集团公司出版等相关业务整合，重视“国家出版基金”“主题出版重点出版物”“向青少年推荐百种图书”等项目申报和各类图书出版奖项参评，着力做好以总结推广集团公司科技成果为中心的重大出版工程，分别召开科技、教育、培训、大众图书四个板块著译者座谈会，丰富扩大选题资源、作者资源、人才资源、市场资源。坚持“走出去、走上去、走下去、走进去、走到位”，出版社领导带队，调研走访 24 家石油企事业单位、石油院校和科研院所，签订战略合作协议 15 份，建立出版中心 5 个，追踪市场需求，提供优质服务。各业务板块积极跟踪服务，巩固和拓展市场资源。认真做好石油科技图书出版专项、重点图书出版、技术有形化专项等工作，2015 年有 106 个选题列入石油科技图书出版专项；依托一线出版中心，贴近基层开展工作，针对石油单位需求，形成一批图书选题；在集团公司“重塑中国石油良好形象”活动中，发挥出版优势，及时策划出版《重塑形象——重塑中国石油良好形象大讨论实践读本》，为活动提供支撑；配合集团公司合规管理工作，完成 143.7 万册《诚信合规手册》编印邮寄工作，取得良好效益。

加强策划，丰富选题，图书出版特色突出。坚持把选题策划作为图书编辑出版的基础和关键，作为创新发展的重中之重。一是强化顶层设计，结合实际编制年度生产计划，每周召开图书选题论证会，每月发布图书生产动态，半年分析生产情况，确保图书出版质量和运行周期；二是开展学习培训，邀请专家讲课，组织编辑培训，开展业务交流，着力增强选题策划意识和能力；三是大力开展选题“五抓”，不断扩大选题储备，出版一批精品力作。

石油科技图书出版，坚持质量和效益相统一，强化石油专业图书品牌建设，《中国气田开发丛书》等重点图书进展顺利，《油气井射孔技术》等 10 种图书获中国石油和化学工业优秀出版物奖，《石油工业投资项目后评价系列丛书》等 5 种图书获第 25 届全国石油石化企业管理现代化创新优秀著作奖。高等教育教材出版，坚持规模品质并重，完成国家和省级“十二五”规划教材 12 种，提前谋划“十三五”，召开两次高职专业会议，规划教材 39 种。职业培训教材出版，围绕统编教材、鉴定教材和《石油技师》期刊三大平台组织策划，《油气田企业班组长培训教材》《集团公司保密知识漫画读本》及动漫宣传片取得良好反响。大众图书出版，努力开发核心作者资源，

《中国石油组织史资料》第一卷、《卓越全球化与本地化：国际石油公司运营管理模式研究》分获2015年度全国石油石化企业管理现代化创新优秀著作特别奖和一等奖，《狼性管理——企业傲然生存的狼性管理法则》《常识》等图书取得良好市场反响。此外，依托标准单行本优势资源，为胜利油田量身定制采油、钻井等标准汇编；与国外出版机构加强版权贸易合作，引进输出《国外油气勘探开发新进展丛书》等一批高质量图书。

积极推动数字出版，融合发展起步见效。适应传统出版向数字出版转型及融合发展新形势，树立融合发展理念，出台《促进数字出版发展指导意见》等制度规范。加强数字出版团队建设，推进版权合同数字化管理，一手抓存量资源数字化，一手抓新增资源合作，完成送书移动阅读平台开发，以及图书存量资源数字化加工工作，数字出版平台改版上线，为融合发展奠定坚实基础。积极探索开发数字产品，2015年策划数字产品12种（类）。首款数字图书产品《石油安全大全》共出品U盘版、Pad通用版和Pad中石油版三个版本。积极探索数字化教育出版路径，与西安石油大学签订《渗流力学》网络课程开发协议。开发专门软件，在新一轮鉴定教材修订工作中发挥重要作用。加大石油标准图书数字化产品推广力度，策划出版《钻井专业违章行为风险分级标准教学片》等3个音像制品。

【经营工作】 2015年，出版社围绕“改革创新年”主题，多措并举改革创新，完善公司化管控模式，进一步明确经营单位市场主体地位和经营管理模式，彩印公司、展览公司、中油知源公司等公司化改革稳步推进，积极稳妥推动相关业务外包工作，驱动发展成效显著。

图书营销工作创新思路，形成新华书店、发行站、民营书店、三大网站、直销、知源书店、影院机场高铁站以及自营网上书店八大渠道战略布局，不断完善图书营销信息项目设置、流程及规范，建立信息反馈机制，畅通信息流转，细分销售渠道，瞄准目标读者，开展读者资源库建设，运用新媒体技术扩大宣传做好营销。

彩印公司积极推进公司化治理，开展清洁生产认证，实施业务外包，在整体市场低迷形势下，加强与集团公司机关各部门和在京石油单位业务联系，积极开拓外部POD印刷市场，与25家出版社建立业务联系，与8家出版社签订业务合作协议并开展印刷业务，较好完成全年工作任务。

展览公司全力推进公司化治理，强化基础管理，严格绩效考核，拓展各类展览广告业务资源，主营业务稳步发展，高质量完成第18届渝洽会等常规参展业务，为宣传中国石油、重塑中国石油良好形象发挥积极作用。

【组织建设】 2015年1月，为贯彻落实中央和集团公司关于全面深化改革的部署要求，根据石油出版工作面临的形势和任务，进行机构改革。拓展优化出版资源，扩大服务领域，突出发展主营业务，以原教材出版分社为基础，组建高等教育出版分社、职业培训出版分社，做强教育、培训业务；分别以原标准编辑部、年鉴编辑部为基础，组建标准与安全图书出版分社、年鉴与史志出版分社，做专标准与安全图书及年鉴与史志图书业务；整合石油科技图书出版分社期刊编辑室和对外交流合作部期刊业务，组建期刊出版分社，做响石油期刊；整合发行部和大众图书出版中心图书营销业务，组建图书营销中心，做稳图书营销。精简优化机关职能部门，进一步强化对外业务归口管理和对内生产运行管理职能，将计划财务处和企业经营管理处两个部门职责和业务进行整合，组建财务管理处；总编室增加业务处职能，图书储运部隶属总编室。强化市场化导向，进一步明确经营单位的市场主体地位和经营管理模式，大众图书出版中心更名为大众图书出版公司；彩色图文中心和北京中石油彩色印刷有限责任公司合并为北京中石油彩色印刷有限责任公司；展览工作室和北京中油创意广告有限公司统一为北京中油展览有限公司。

根据工作和业务发展需要，调整总编室（业务处）、财务管理处、石油科技图书出版分社、大众图书出版公司、标准与安全图书出版分社、年鉴与史志出版分社、图书营销中心、北京中油展览有限公司和后勤服务中心等内设机构；设立大庆图书出版中心、西南图书出版中心、西北图书出版中心、克拉玛依图书出版中心和塔里木油田出版中心。撤销信息管理部，原信息管理部信息网络系统运维、优化和管理，门户网站日常维护，信息网络系统安全职能并入总编室（业务处）；日常影像资料的获取和整理职能并入办公室。

【企业管理】 2015年，按照突出发展主营业务、精干管理服务部门思路，出版社着力加强基础管理，优化机制提升效益。

改革人事劳动分配制度。实施岗位薪酬绩效考核体系优化项目，突出岗位业绩管理，完善以绩效为导向的考核评价机制，制定差异化薪酬分配方案，淡化身份界限，进一步畅通员工职业生涯“双通道”。

促进管理机制优化。调整完善机构设置，科学规范部门职能，强化对外业务归口管理和对内生产运行管理，清晰界定生产业务边界和职能服务边界，形成责任明确、运转协调的管理机制。改进优化生产流程，加强四个“管理枢纽”建设，积极推行“首办负责制”“限时办结制”，强化重点任务分解，加强督办落实。

强化图书质量管理。开展出版物质量提升年活动，强化全员质量意识，加强质量监管，着力打造石油出版品牌。修订发布4个质量管理办法，组织召开提升出版物质量专题会、加强排版和印刷装订质量研讨会，认真汲取个别图书受到国家新闻出版广电总局通报批评深刻教训，严肃处理相关责任人，先后组织3个批次现场图书质量检查，3次邀请专家做专题讲座，组织参加4期编辑业务培训和编辑室主任岗位培训，组织在册编辑人员职业资格认证、责任编辑注册申请，提高编辑人员综合素质和责任意识。

加强财务预算管理。围绕“增强财务服务、决策支持、财务价值创造和风险管控”职能定位，认真做好季度财务分析、半年生产经营财务分析以及人工成本专题分析，为经营管理决策提供支持。以提升功能、实时管控、精益高效为目标，全面加强预算管理，严格控制“五项”费用支出。修订完善《资金管理办法》，规范资金计划管理、资金审批流程和权限管理，强化“五项”费用、审稿费、劳务费审批，保证安全合规。物资采购、招投标突出集中采购价格优势，有效降低成本支出。

加强基础设施建设和后勤保障工作。办公楼综合楼大门改造及加装门禁卡、现采馆装修、综合楼门前停车场、办公楼后院绿地等工程及维修项目顺利完成。昌平科技园区仓储库房项目进展顺利。加强后勤服务科学化、精细化、规范化管理，服务质量不断提高。强化细节管理，狠抓工作落实，2015年无重大责任事故，出版社获“2015年度北京市交通安全先进单位”称号。

大力加强党群工作，引领发展保障有力。“三严三实”专题教育扎实推进，“重塑中国石油良好形象”大讨论活动有序开展，从严管党治党增强引领能力，宣传引导发挥重要作用，和谐建设提升队伍士气。

【送书工程】 2015年，落实送书长效机制，精选图书、规范运作，为基层送书4.33万套；送书移动阅读平台上线运行。

（李银涛）

中国石油审计服务中心

【概况】 中国石油审计服务中心简称审计中心，组建于1990年，正局级建制，是集团公司从事企业内部审计工作的一级审计机构，直接对集团公司董事会负责。审计中心在业务上接受审计部指导，依照法律法规及集团公司有关制度规定，通过监督检查、调研分析、综合评价等审计工作，及时发现经营管理中存在的问题和不足，客观公正、有针对性地提出管理意见和建议，为集团公司党组和管理层决策提供参考。办公地点在北京市朝阳区太阳宫南街23号（丰和大厦）。

审计中心设15个处级建制，其中审计处室9个：勘探与生产审计处、工程技术审计处、科研与事业审计处、管道与天然气审计处、基建与投资审计处、炼油与化工审计处、销售审计处、国际合作审计处、信息技术审计处。机关、后勤处室6个：办公室（党委办公室）、人事处、审理处、计划财务处、党群工作处、后勤服务中心。截至2015年底，在册人员164人，平均年龄43.6岁，其中审计业务人员115人，占比70.12%。具有高级技术职称51人，占比31.10%；中级技术职称69人，占比42.07%；具有国际注册内部审计师、注册会计师、注册税务师、注册造价师等执业资格的50人；博士研究生2人，硕士研究生25人，本科学历113人，本科学历以上人员占员工总数的85.36%。形成专业结构基本合理、具有一定规模的内部审计专业队伍。

【审计工作】 2015年，审计中心完成审计项目88项，人均直接经济成果2800万元，提出审计建议136条，向纪检部门移交案件3个、案件线索44个，7个审计要情得到集团公司领导重要批示。13个审计项目分别获集团公司优秀审计项目一等奖、二等奖、三等奖，其中3个获一等奖；2篇论文分别获集团公司优秀论文一等奖、三等奖。对低油价时期集团公司降本增效做出卓有成效的贡献。

突出重点项目管理。在总结项目组织经验的基础上，坚持项目管理抓大放小、实施方案严格审查、领导现场交换意见、重大项目及时汇报等举措，对重大项目、风险较高的企业重点关注，把有限的审计资源集中到重点项目上，盯着重点人、重点事、重点问题。着力发现资金管理、薪酬管理、资产处置、资源配置、资本运作和工程项目等方面反映突出的具体事项以及“三重一大”方面违纪违规和权力腐败问题，从体制机制、监督管理上找原因，注重查深查透，解决问题，倒逼改革，促进完善制度。加强审计与纪检监察联合办公，加大审计查证力度。“大庆创业城”等项目成效显著，工程审减额达5个亿以上，为企业节约大量资金，并帮助其建立长效机制，得到企业的真诚感谢和集团公司领导的高度肯定。

加大审计成果利用。建立《审计发现重要问题台账》，梳理勘探与生产等8个专业板块审计发现的重大问题，并对重要审计成果变化趋势进行分析，揭示重要风险和管理瓶颈。归纳审计共性问题和新发现问题，增强查证问题和处理问题的针对性。综合利用审计成果，促使其转化为公司管理行为。通过典型问题查处，解决屡查屡犯问题，积极推动整改、促进问责，有效发挥审计服务和监督职能，促进审计质量整体提升。

探索信息化审计方式。在大庆油田、长庆油田及部分销售企业共8个审计项目中，探索实践数据远程分析、现场核查的协同工作模式，有效解决现场审计人员少与对信息技术需求强烈的矛盾。以销售审计业务关键风险点为突破口，总结构建营销价格审计、IC加油卡审计等4个计算机数据分析模型，分析ERP、IC加油卡等系统1亿多条记录，发现问题金额数十亿元，审计大数据分析应用实现新突破。依照“数据数字化、管理程序化”管理思想，持续规范信息化管理，在网上搭建“审计基础资料信息库”和“信息化意见反馈平台”，实现审计信息便捷查询共享，推动审计方法规范化和标准化。

【管理与改革】 2015年，审计中心坚持以基础管理为抓手提质增效，不断提高执行力与管理水平。

继续完善管理制度体系。根据管理需求的变化，及时修订并发布QHSE质量管理体系D版文件，包括管理手册1册、程序文件14个和4部分制度汇编。审计质量管理更加细化，审计报告和底稿质量有据可依。人事管理工作制度化、程序化、公开化水平进一步提高。财务管理在费用控制上细化核算，费用控制有效。信息化管理办法出台，奠定信息规范化管理基础。后勤管理在抓规范促管理改进、抓增效促成本降低等方面成果明显。

提升审计质量管控能力。强化审计组长负责制。审计组长对项目质量、人员安全和廉政建设负责，审计组成员对所负责的审计事项和审计底稿负责。审计组按照制度要求认真查证问题、编制底稿、撰写审计报告，小组长、主审和组长在线复核，在查深、查透、查精上下功夫，撤点前要完成审计报告初稿。加强审计业绩指标考核，对审计报告、审计底稿、在线操作、项目进度、信息化应用和审计要情进行量化考核。严格审计问题处理，及时与审计署、中央巡视组发现问题类型及定性进行对比分析，查找偏差和不足，提高审计问题处理的准确性。

加大基本素质和技能培训力度。在冬季全员培训中邀请集团公司、审计署和院校专家教授来审计中心做专题讲座。举办信息技术应用培训，培训审计人员60人。派员参加审计署中级计算机培训，着力提高审计人员掌握和运用现代审计技术方法的能力，锻炼和培养一批具有信息化操作技能、适应信息化环境下审计工作需要的后备人才。2015年，组织选派30人次参加集团公司组织的各类重点项目培训。承办以审代训培训班，做好审计人才的储备和选拔准备。

【党建与思想政治工作】 2015年，审计中心深入学习贯彻党的十八大和十八届三中、四中、五中全会精神，以“三严三实”专题教育和“重塑中国石油良好形象”大讨论活动为契机，不断提高思想政治与文化建设水平。

扎实开展“三严三实”专题教育和“重塑中国石油良好形象”大讨论活动。从严从实抓好“三严三实”专题教育，坚持以上率下、问题导向，突出“三个见到实效”，组织讲党课与学习研讨，召开专题民主生活会和组织生活会，局处两级干部自觉规范修身、律己、用权行为，党员领导干部党性修养持续增强，理想信念更加坚定。聚焦“弘扬光荣传统、重塑良好形象”主题，以领导班子、处级干部、审计队伍为重点，广泛开展大讨论活动，宣传石油英模，弘扬优良传统，着力解决损害和影响队伍形象的突出问题，强化为“重塑中国石油良好形象”增光添彩的责任感和使命感。

落实全面从严治党和党风廉政建设主体责任。组织层层签订党风廉政建设责任书，明确主要领导负总责、其他成员根据分工抓好职责范围内的党风廉政建设工作的工作格局，提高党员领导干部责任意识。认真落实述职述廉制度，领导班子成员、处以上干部分别在职工大会述职述廉，接受群众监督。开展党风廉政教育，组织党员干部学习《中国共产党章程》《中国共产党廉洁自律准则》《中国共产党纪律处分条例》，为处以上干部订阅相关书籍，组织观看警示教育片。深入推进收受“红包礼金”专项整治和领导人员及其亲属经商办企业并与中国石油发生业务往来情况的清查，增强党员干部遵规守纪、廉洁从业的自觉性。

以人为本推进和谐文化建设。坚持正确的舆论导向，突出正面宣传，组织审计中心10年来优秀典型、优秀审计项目展示活动，开展全国内审先进个人、集团公司劳动模范、集团公司优秀党员和审计中心先进个人的评选活动，选树宣传一批具有时代特色的先进典型人物，弘扬正气，倡导和谐。充分发挥工会、共青团组织优势，深化凝聚工程，筹集帮扶资金，扎实开展扶贫帮困送温暖活动，走访慰问退休人员、困难员工。做好健康疗养、生日温馨祝福工作，让员工感受到组织的温暖。精心组织文化体育活动，丰富职工文化生活，增强队伍凝聚力。

（吴　涛）

中国石油天然气集团公司广州培训中心

【概况】 中国石油天然气集团公司广州培训中心简称广州培训中心，成立于1981年，是集团公司直属重点培训基地、国家安全生产应急救援培训演练基地，是中国石油国际化人才培养的摇篮。主要职能为集团公司及所属企事业单位提供基层、中高级干部及国际化人才培训。广州培训中心开拓进取，不断研究培训新理念新方法，上接集团公司战略、下接企业绩效开展培训业务，在企业文化、外语、国际化经营、各类专业管理、HSE、PMP及信息化等培训领域积累了丰富的教育培训理念和培训服务经验，形成岭南文化特色的培训模式和优势。

广州培训中心占地面积4.5万平方米，建筑面积4.53万平方米；有个性化语言实验室5个、计算机网络实验室2个、学术报告厅2个、多媒体教室27个，核心机房1个；学员餐厅2300平方米，学员公寓446间、床位639个以及体育馆、室外运动场、篮球场、网球场、游泳池等运动设施，是广州市花园式单位。具有年培训1万人、同期承办600人培训的规模和能力。2015年，用工219人，其中合同化用工110人，中高级职称数占84%，市场化用工109人，设11个部门单位。固定资产1.93亿元，累计培训各类专业人员9.68万人。

继2014年各项指标创历史新高后，2015年广州培训中心围绕“质量、创新、品牌、市场”四大战略、“团队、专业、价值”核心文化和“强强联合、人才培养、内部模拟市场化运作”发展思路，全面完成集团公司下达的绩效考核目标，主要指标再创新高。其中，重点工作任务完成率111%，作风建设和服务满意度评价124.4分，“三控制一规范”评价123分；完成培训项目160个、103657人天，分别比2014年增长15.94%、1.58%（表1）。

表1　2015年广州培训中心培训数据

时　间	类　别	班　数	人　数	人天数
2015年	A类项目	1	61	7259
	B类项目	51	5010	49473
	C类项目	28	1922	4502
	D类项目	80	3120	42423
	合　计	160	10113	103657
2014年	合　计	138	8738	102047
2015年与2014年同比增长		15.94%	15.74%	1.58%

【培训工作】 2015年，广州培训中心圆满完成集团公司人事处长、办公室主任、海外工程技术项目骨干等52个A类、B类培训项目的各项培训任务，其中举办集团公司3期项目管理（PMP）培训班，总人数239，为历年之最，通过率平均高达88%，位居全国先进水平；紧贴企业培训需求设计培训产品，承办C类、D类培训项目108个，其中承办6期以本校师资授课为主的项目管理实务培训班，打造西南管道站队长班、四川销售加油站职业经理人班、湖北销售中层干部班等优秀培训项目；四川销售将广州培训中心作为其战略合作培训基地并挂牌为“中国石油四川销售公司加油站经理人学院”。

大力开发培训市场。按照紧贴企业培训需求的原则，调研考察华北、西南、西北等地区共14家目标石油企业，与渤海钻探职工教育培训中心、中海油培训中心等签订战略合作协议。应西南管道公司处级干部班和站队长班要求，选派骨干教师送教上门，异地办班方式收获好评。加大社会市场开发力度，与中国电信等多家单位达成培训协议，利用培训淡季增加社会市场培训量，2015年共办社会市场班17个，为历年之最。探索强强联合，和益策实战商学院进行深度合作，引进沙盘模拟演练课程，构筑“广益”合作的桥梁，与广州艾拼克互联网科技有限公司确立合作意向。

【教研科研】 2015年，广州培训中心持续加强教研科研，推进培训理念、内容和方式方法创新。以创新思维重构培训课程体系，编制《广州石油培训中心培训项目手册》，培训专业建设和培训课程体系建设取得阶段性进展。确定PMP后续教育课程体系，为集团公司举办REP后续教育培训班做好前期准备；对西部管道公司、西南管道公司、宁夏石化公司等管道炼化板块企业进行培训需求调研，形成《基层管理者培训课程设计》《炼化企业班组长课程设计》；首次引进人才测评系统，在四川销售公司中青年干部培训班率先使用，取得良好效果；首次引进管理沙盘课程，在中层管理者培训班整合运用，提升培训有效性；完成国际化人才第十期“千人工程”培训、“海外工程技术项目管理骨干人才培训”“集团公司国际财务管理人员培训”3个项目的课程教学大纲（体系）及教案的汇编工作；开展外语“迷你培训课程”产品设计，形成12门课程内容菜单；梳理现有成熟外语培训项目的课程模块，形成5个项目的课程模块菜单；开展西班牙语专业建设，完成《西语听说（初级）教材汇编》《西语实用会话（初级）》《DELE-A1考试培训资料汇编》；配合广州培训中心应急救援基地建设培训教学发展的潜在需要，翻译完成10个应急救援HSE视频材料的英语文稿整理和英译中工作。外语培训教学探索新方法，把握“学考用相结合”的原则，坚持需求调查先行，采用资源共享、项目联动、讲坛说岗、英语随行等方式，取得良好效果。推动培训网络化、市场化，建设培训信息Wi-Fi平台，完成“基于数字化平台推送的微课程平台及共享课程方案”初稿。

【管理提升】 2015年，广州培训中心在战略管理、合规管理、质量管理、师资培养等方面取得进步。

战略管理方面。广州培训中心认真研究“十三五”发展规划，确立“质量、创新、品牌、市场”发展战略、“团队、专业、价值”核心文化、“强强联合、人才培养、内部模拟市场化运作”工作措施以及建成“中国石油行业领先、富有特色、价值一流的培训基地”奋斗目标，凝聚共识谋发展，为下一个五年发展指明方向。

合规管理方面。制定劳动纪律、业绩考核、教科研项目管理、投资管理、培训项目管理等15项制度或办法草案；开展首次HSE管理体系内部审核，加强突发事件现场应急处置预案演练，提高安全管理水平；建立并实施月度收支分析制度，对费用支出分类管理、不留死角，既抓大也不放小，在2014年节支170万元基础上，2015年再节支77万元。

质量管理方面。在建立“三纵四横”培训质量管理制度基础上，研究制定广州石油培训中心质量管理体系，对产品（培训项目运行和培训产品开发结果）及为其提供支持的信息技术、餐饮、住宿和文体服务实现全过程控制，实现PDCA控制循环。坚持组织新课试讲活动，支持教师以自学专业书籍、互相听课、“拍砖”等方式，不断更新培训理论和技能，提升教学质量。

师资培养方面。引进石油管道安全专业博士研究生1名，补充安全工程专业师资力量；教师参加各类培训、年会等共计23人次，其中1名骨干通过严格选拔参加集团公司GE青年业务培训班，2名骨干参加香港大学领导力培训，为中心领导力项目发展奠定基础。其他包括SPOT行动学习引导师培训、核心团队领导力沙盘培训、中华项目管理协会培训、对外汉语教师培训、西班牙语教师到古巴哈瓦那大学进修等。

【企业文化建设】 2015年，广州培训中心认真贯彻落实《中国石油企业文化建设工作条例》，弘扬大庆精神铁人精神，按照集团公司“形势、目标、任务、责任”要求和员工队伍实际，修订和完善《文化手册》，丰富“团队、专业、价值”内涵，明确企业宗旨、企业精神、发展目标、发展战略、经营理念和员工行为规范，以文化育人，指导和规范员工思想行为，让文化建设真正落地并发挥积极作用。

（张　虹　袁　敏）

其他单位

中油财务有限责任公司

【概况】 中油财务有限责任公司简称中油财务，是由中国石油天然气集团公司和中国石油天然气股份有限公司共同持股，经中国人民银行批准，在国家工商行政管理总局注册的非银行金融机构。中油财务是全国银行间债券市场和中国外汇交易中心市场成员，中国证监会认可的首批 IPO 询价对象。

中油财务成立于 1995 年 12 月，20 年来始终坚持“依托集团，服务集团，奉献集团”的宗旨，充分发挥集团公司结算平台、筹融资平台、资金管理平台功能，降低筹融资成本，提高资金运作效率和效益，为中国石油产业的发展提供金融服务与支持。为配合集团公司“走出去”战略，于 2008 年 3 月在香港特别行政区设立中国石油财务（香港）有限公司，并先后由中国石油财务（香港）有限公司在迪拜、新加坡分别设立境外子公司，为集团公司境外成员企业提供跨境金融服务。在集团公司和成员企业的支持帮助下，保持健康平稳的发展态势，结算量、资产、收入和利润连续多年位居国内同行业前列，是全国资产规模最大、业务品种最多、效益最好的财务公司之一。

有股东 2 家，注册资本金 54.41 亿元人民币。最高权力机构是股东大会，实行董事会领导下的总经理负责制。本部设有财务部、营业部、信贷部、证券部、国际业务部、管理稽核部、信息发展部、人事劳资部、金融与会计研究所、总经理办公室（党群工作部）10 个部门，在集团公司成员单位所在地分别设立大庆、沈阳、吉林、西安 4 家分公司和 65 家业务受理处。服务网络覆盖集团公司石油天然气勘探开发、炼油化工、管道运输、油气炼化产品销售、石油工程建设及技术服务等各个领域。

截至 2015 年底，中油财务总资产 6401 亿元。其中，自营资产 3909 亿元，较 2015 年初增加 107 亿元，增长 2.8%；受托资产 2491 亿元，较 2015 年初减少 111 亿元，下降 4.3%。2015 年实现营业收入 164.3 亿元，同比增长 1.8%。实现拨备前利润 96.1 亿元，同比增长 7.1%；实现利润总额 68.5 亿元，同比增长 3%。中油财务资产质量进一步提升，年末贷款损失准备充足率和不良贷款率等指标均优于监管标准。

中油财务在努力消化市场、业务等各种减利因素，较好完成经营目标的同时，始终坚持服务油气主业，助力成员企业降本增效。2015 年通过贷款优惠降息、减免交易手续费、降低汇兑成本等措施，让利惠及企业达 30 亿元，通过境外子公司节省各种税费 1.26 亿美元。同时，进一步发挥平台优势，通过结算、资金归集平台职能作用加速资金周转，为集团公司节约资金 115 亿元。

【结算业务】 积极推进集团公司司库体系建设，截至 2015 年底签约银行总分联动账户上线 1098 个，同比增加 284 个，限额账户上线 849 个，同比增加 409 个，司库结算覆盖面和结算效率大幅提高。截至 2015 年底，中油财务管理本外币结算账户 2430 个，同比增加 202 个；监控管理 125 家集团公司成员企业在 75 个国家 2669 个外汇账户。2015 年办理本外币结算 523.4 万笔，结算金额 18.4 万亿元。

【信贷业务】 中油财务积极开拓市场，努力扩大贷款规模，坚持挖潜增效、优化贷款结构，提高资产收益率，强化风险管控，完善电票系统各项功能。截至 2015 年底，人民币自营贷款余额 1413 亿元，同比增长 27.3%。

【证券业务】 中油财务审慎参与债市股市投资，抓住股市机遇，有效规避股灾风险。增加操作基金和可转债投资，通过提高整体投资收益有效对冲规模下降不利影响。获交易商协会债券承销业务资质，为集团公司和股份公司债券发行提供承销服务，拓展投资服务领域。截至 2015 年底，人民币自营证券资产规模 391 亿元。

【国际业务】 积极应对海外信贷需求大幅下降影响，通过合理错配资金期限提高贷款息差，实现贷款规模降、利润增。加强银行议价，压缩商票发行规模，减少承诺性授信额度占用，拓宽低成本资金来源。强化外部市场资金运作，充分发挥外汇交易平台功能。完成 20 亿美元欧洲商业票据额度设立工作，将票据融资渠道拓展到欧洲市场，为集团公司进一步开拓低成本资金来源。配合集团公司搭建人民币和外币两个跨境资金池，打通境内外资金池通路，提升中油财务跨境服务能力。截至 2015 年底，中油财务外汇资产余额 294.7 亿美元，其中自营资产 270.4 亿美元。

【资金管理】 2015 年，中油财务加强头寸计划性管理，确保资金周转。抓住市场波动，加强回购操作，证券回购交易累计 2.1 万亿元，增加边际贡献 1.7 亿元。短期资金运作实现利润 4.8 亿元，相当于降低人民币资金成本 28 个基点。

【分支机构管理】 2015 年，中油财务各分公司面对企业生产经营规模普遍下降、效益下滑的情况，不等不靠、主动有为、服务前移，办理结算业务 263 万笔，结算金额 4.3 万亿元；吸收存款平均余额 75 亿元，实现经营利润 9885 万元。香港子公司服务能力持续提升，截至 2015 年底资产总额 283.4 亿美元，实现利润 4.53 亿美元。

【风险管理和内部控制】 2015 年，中油财务规范业务审查流程，实现信贷业务审贷分离、贷放分控。业务审查关口前移，从源头上防控法律合规风险。增补和修订制度流程 76 个，审查各类材料 1080 份，提出审查意见和建议 344 份，风险提示 2 次，否决系统后台数据修改 3 次，规范流程化和风险管控取得明显改善。

【信息化建设】 2015 年，中油财务着力提升信息系统支持能力，完成电子商务系统升级，对结算、信贷、外汇业务的信息支持水平进一步提升。数据仓库建设取得阶段性成果，基本实现 1104 监管报表自动出具，初步搭建管理驾驶舱系统，统计分析和决策支持作用进一步加强。配合集团公司做好司库系统优化，系统安全性能进一步提高。

【企业文化建设】 2015 年，中油财务全面部署开展“三严三实”专题教育，严格执行中央八项规定精神和集团公司党组二十条要求，形成作风建设常态化。加强党员干部监督管理和廉政教育，层层组织签订党风廉政建设责任书，完善全面贯彻从严治党新要求。加强党建理论学习，持续深化“六个一”党支部建设和党建“三联”工作，抓好领导班子中心组学习。推进企业文化建设，开展大庆精神铁人精神再学习再教育再深入活动，引导干部员工爱岗敬业，凝心聚力。

（董　浩）

昆仑银行股份有限公司

【概况】 昆仑银行股份有限公司简称昆仑银行，按“总—分—支”三级稳步推进机构建设，总行设立 13 个职能部门；下设克拉玛依分行、乌鲁木齐分行、大庆分行、吐哈分行、库尔勒分行、西安分行、伊犁分行、国际业务结算中心 8 个分行级机构以及一家总行营业部、一家总行直属运营服务中心。同时发起设立并控股乐山昆仑村镇银行和塔城昆仑村镇银行。

2006 年 6 月 6 日，克拉玛依市商业银行成立。2009 年 4 月，在服务国家能源安全和西部大开发战略背景下，在中国石油发展金融业务决策部署下，中国石油天然气集团公司增资控股克拉玛依市商业银行。2010 年 4 月，克拉玛依市商业银行更名为昆仑银行。

截至 2015 年底，昆仑银行有分支机构 76 个，较 2014 年增加 14 个。有员工 2869 人，其中总行 380 人，运营服务中心 159 人，分行级机构及总行营业部 2233 人，村镇银行 97 人。员工总量较 2014 年底增加 254 人，增长 10%。员工队伍结构持续优化，其中具有硕士及以上学历的员工 312 人，占比 11%；本科学历的员工 2180 人，占比 76%。资产规模达到 2901.79 亿元，各项存款余额 1411.06 亿元；各项贷款余额 883.04 亿元。2015 年实现利润总额、净利润分别为34.99亿元、29.57亿元。资产利润率1.04%，资本利润率13.58%，不良贷款率1.15%，拨备覆盖率348.98%。

【公司金融业务】 2015年，昆仑银行的公司金融业务稳健发展，产融业务深入推进，产品体系不断丰富，业务流程持续简化，特色系统上线运行，服务能力持续增强。陆续研发租融通、投融通、站点贷、商保贷等新产品，与原有产品油企通、商信通、物采通、燃气贷、促销贷相互补充，昆仑快车产品谱系更加丰富，并获2015年《金融电子化》金融产品创新突出贡献奖。优化特色产品商信通、油企通业务流程，进一步简化基础资料，改善客户体验，促进业务增长；完成基础系统开发与上线运行工作，实现商信通、油企通产品的在线办理。修订小微企业授信制度，完善小微金融评价模型，持续推动小微金融事业部建设，客户数量、贷款投放金额显著增加。截至2015年底，昆仑银行对公客户达到20869户，其中产融客户达到7692户，占比37%。

【个人金融业务】 2015年，昆仑银行进一步加快产品、渠道、服务和品牌建设，零售业务发展取得新成绩。推出"智能定活两便""智能增利存"存取计息灵活产品，研发"惠利存"浮动利率产品，实现储蓄存款稳定增长；加强石油职工系列贷款业务推介，研发网上石油职工信用贷款及石油职工代发工资消费贷款，新增客户自助办理贷款渠道；实现网上银行、手机银行代销基金产品，新推"周周花开"按周开放理财产品，更好地满足个人客户多元化的投资需求；突出金融IC卡多应用建设，打造昆仑软件园一卡通等特色联名卡产品，推出大庆金融社会保障卡，升级昆仑新疆金融社会保障卡功能，用卡环境持续优化；开通多项业务在网上银行、手机银行、电话银行及自助设备的受理功能，电子渠道使用率不断提高。截至2015年底，昆仑银行个人储蓄存款余额284.47亿元，同比增长25.99%；个人贷款余额46.58亿元，同比增长55.31%；实现代理类中间业务收入4552.58万元，同比增长30.70%；银行卡手续费收入2436.91万元，同比增长15.47%；电子银行交易笔数占比达51.28%。

【金融市场业务】 2015年，昆仑银行金融市场业务品种不断丰富，投资渠道日益拓展，收益结构持续优化，盈利能力、交易能力、市场影响力稳步提升。债券业务择机调整银行账户债券配置结构，通过增加利率产品占比提高昆仑银行融资能力；资金业务利用自身资源优势，积极提升市场活跃度和参与度，进一步增强盈利能力；同业业务积极推动非标业务标准化、银行产品非银化，大力推动结构化融资业务，实现业务规模和客户服务能力的双升；票据业务实现业务的稳健发展和盈利的可持续增长；理财业务逐步提高封闭式产品发行频率，首次推出开放式理财产品，并通过分段收益率式产品、高端客户专属产品等更好地满足客户多样化投资需求；投资银行业务实现从无到有，在地方政府债券承分销和非金融企业债务融资工具承分销等领域做出探索和尝试。截至2015年底，昆仑银行金融市场业务表内资产规模1360.92亿元，表外资产规模127.93亿元，负债规模489.31亿元。2015年，获得市场利率定价自律机制成员机构资质和大额存单发行资质，发行首笔同业存单；完成首笔非金融企业债务融资工具承销业务。

【国际业务】 昆仑银行国际业务全面规范业务管控，梳理完善业务制度，不断丰富业务产品，将贷款类融资作为应收账款买断类融资的有益补充，将信保融资作为新产品开发的主要方向，持续丰富完善业务产品体系；着力强化市场营销，深入国外市场一线，加强市场信息调研，对客户进行分层管理，实行总分联动营销，全面掌握客户需求，持续优化系统流程，推动实施国际结算业务后台集中运营，上线代客资金交易系统，完成NRA账户网银系统前期研发及基础测试工作，积极实施国际业务结算系统与总行信贷系统对接项目，结算系统持续优化完善，各项工作有序推进。2015年，成功办理首笔8000万欧元原油贸易款融资业务。

【资本管理】 2015年，昆仑银行不断完善资本管理机制，推动全行开展资本占用优化工作，着力研究提升资本使用效率和回报水平；在利润留存补充核心一级资本基础上，探索多元化的融资渠道；不断夯实全行资本基础，增强支持业务发展的能力；统筹分配和使用资本，推动各项业务持续健康发展。截至2015年底，昆仑银行各项资本管理指标良好，资本充足率14.19%，满足监管要求。

【风险管理】 2015年，昆仑银行持续优化风险管理组织框架，不断梳理明确风险管理各项职责；健全风险管理网络，建立风险管理三级联系人体系，明确风险信息汇报路径；优化风险管理报告体系，风险管控能力持续增强，风险合规监督管控有效，全行不良贷款额和不良贷款率均控制在预订目标内，未出现重大不良贷款，信用风险可控；未出现重大操作风险案件。

【渠道建设】 2015年，昆仑银行加快实施互联网金融战略，完成微信银行搭建，启动直销银行建设，打通线上获客渠道，进一步健全电子渠道种类。沿“一带一路”覆盖区域实施物理网点建设，积极打造能源金融通道，2015 年 12 月，昆仑银行伊犁分行获批开业。2015 年新增分行 1 家、支行 13 家，机构总量达到 76 家。大力推进营业网点规范化和智能化工作，致力网点效能的提升。加大电子渠道产品和功能的投放力度，持续丰富网上银行渠道产品，进一步提高业务办理效率，加强手机银行产品功能的精细化管理，门户网站全面升级，全面提升客户体验。2015 年昆仑银行在中国金融认证中心（CFCA）举办的第 11 届中国电子银行年会上获 2015 年区域性商业银行最佳网上银行奖。

【人力资源管理】 2015 年，昆仑银行优化干部队伍配置，强化岗位交流，共涉及总行机关 10 个部门、6 家二级单位的 20 名主要负责人；配合重点业务及创新业务需要，优化组织架构，调整总行部门职责；稳步推进客户经理柜员分级管理工作；完善工效挂钩，适度向创效能力强、业绩贡献大的单位倾斜，以利润为主导，同时突出存款指标的导向作用，实现严考核、硬兑现；引入平衡计分卡工具，调整完善总行部门绩效考核；出台《领导人员岗位退出有关待遇的补充通知》。

【信息科技管理】 2015 年，昆仑银行信息科技工作以安全生产为第一要务，以系统建设为业务助力，建成投产吉林异地灾备中心，完成昌平主生产中心机房基础设施的建设及核心系统的升级改造工作，生产系统安全稳定运行；成功投产产业链金融系统，顺利完成核心利率市场化改造，客户定价、个人 CRM、绩效考核系统按计划上线，互联网金融等重点项目有序推进，国际业务、电子渠道、地方特色系统服务功能进一步增强；加快发展自主研发能力，软件开发中心挂牌成立，核心系统自主研发多个版本成功投产，自主完成 26 款运维工具和平台研发。

（张建斌）

中油资产管理有限公司

【概况】 中油资产管理有限公司简称中油资产公司，是集团公司直属全资子公司，专业从事投资和资产管理，是集团公司重要资本运营平台。2009 年 5 月中油资产公司重组并控股金港信托有限责任公司，而后将其名称变更为“昆仑信托有限责任公司”，注册资本 30 亿元人民币，成为集团公司金融板块重要组成部分。重组后，昆仑信托有限责任公司与中油资产公司实行合署办公。

截至 2015 年底，中油资产公司设办公室、党群工作部、人力资源部、财务托管部、发展研究部、信托业务部等 16 个部门；员工总数 273 人，其中硕士以上学历 138 人，本科学历 127 人，其他学历 8 人。中油资产公司资产总额 188.40 亿元，较年初增加 25.82 亿元；负债总额 82.58 亿元，较年初增加 17.30 亿元；所有者权益 105.87 亿元，较年初增加 8.52 亿元。2015 年，中油资产公司实现营业收入 21.03 亿元，同比增加 8.8%；利润总额 13.01 亿元，完成集团公司预算指标 9.1 亿元的 142.96%，完成集团公司奋斗指标 13 亿元的 100.07%；信托规模达到 1104 亿元；上缴税费 4.3 亿元。

【业务发展】 2015 年，中油资产公司持续扩大与央企、地方大型国企、实力较强民企、各类金融机构等优质交易对手的合作。设立证券投资部，精准研判，适时出击，取得良好收益。股权业务部加大股权投资业务的开拓力度，圆满完成投资山东信托，并与其逐步推进客户市场、营销渠道和阳光私募等方面的金融合作；融源基金投资的福田汽车项目平稳退出，邯郸污水项目顺利清算；探索 PE 子公司等投资模式，为 2016 年继续推进股权投资业务打下坚实基础。资产管理部积极拓宽固有资金运用渠道，坚持稳健经营策略，提高投资收益。固有业务 2015 年实现收入 4.3 亿元，占公司收入的 30%，资金收益率达 11%。

【产融结合】 2015 年，中油资产公司坚持探索、积极拓展，产融结合彰显特色。一是积极配合集团公司管道项目整合工作，克服时间紧、任务重，减资规模大等诸多困难，及时成立管道项目清算小组，统筹规划，分工明确，按时保质保量完成全部清算工作。二是稳健运作矿区住宅建设项目，积极协调、严控风险，妥善处置遗留问题，确保集团公司“民生工程”的平稳运行。

【业务转型】 2015年，中油资产公司大胆创新、多点尝试，业务转型取得突破。一是发行首个信托受益权资产证券化产品——广东高速项目，盘活存量资产，开创信托公司作为发起人，将存量信托受益权在证券交易所挂牌交易的先例。二是成功投资中国建设银行港股优先股结构化票据的跨境信托产品，是开展国际化业务的首次尝试。三是申请并获得私募基金管理人资格，使产品类型更加丰富，投资方式更加灵活。四是业务部门探索多种投资渠道，包括探讨与券商合作设立并购基金等，为信托资金投资股权业务打通道路，促进公司业务拓展和转型。五是"试水"多种创新业务，设立财产权他益信托和以聚信、稳增长系列为代表的私人财富管理信托产品。六是扩大资金来源，引入申万宏源资管计划和蚂蚁金服互联网平台的低成本资金并有效利用，提高公司收益。七是投资4.9亿元，入股中国信托业保障基金管理公司，优化投资布局，彰显行业地位。

【营销工作】 2015年，中油资产公司拓宽渠道、深耕细作，营销工作成绩显著。一是拓宽渠道，深入研究互联网金融政策和互联网平台销售，完成与首创金服通过SPV认购信托产品的合作测试，为下一步降低发行价格及销售成本做好准备。二是深挖市场，通过当面拜访、电话问候、增加客户体验等手段，培育客户忠诚度；从现有市场入手，积极开发高净值客户和机构客户。三是提升服务，实现短信、微信双平台信息推送。四是规范管理，规范签约过程标准用语，全面实现签约过程录音记录。截至2015年底，中油资产公司累计发行"昆仑财富"系列产品87个，规模335亿元，合格投资者达10220人，其中1000万以上的高净值客户1350人；2015年，自主销售规模达109亿元，其中面向个人合格投资者销售75亿元。

【内部控制与合规管理】 2015年，中油资产公司始终坚持"低风险偏好"理念，坚守合规"红线"，全方位全过程严控风险。一是创新风险管理模式，统一风控标准，分类制定业务指导原则，实施专业化审核。增强风险把控能力，提高风险管理质量和效率。二是加大合规管理力度，逐级签订《合规责任承诺书》《诚信合规手册》；启用合规管理信息系统，推进合规工作信息化；对制度实行分级管理，修订、梳理制度145项，优化制度体系。三是深入贯彻落实《信托公司净资本管理办法》，完善风险识别、计量和报告程序，定期评估净资本充足水平，着手建立净资本管理规章制度。四是设立中后期管理部，开展房地产项目压力测试，加强证券项目日常监控，强化存续项目的动态管理。五是有效发挥稽核审计职能，2015年共实施7次专项检查、5项离任审计、44个到期项目审计，审计工作覆盖公司18个部门，累计审计项目120多个，涉及资金1800多亿元。六是持续推进案防和反洗钱工作体系建设，组织开展培训宣传工作，完善各层级制度流程，建立评估模块和异常交易监测系统。

【基础管理】 发展研究方面，2015年，中油资产公司进一步加强行业调研，完善对标分析；编制完成"十三五"规划（初稿）、昆仑信托资本运营"十三五"专项规划和公司信托业社会责任报告；完成行业重点研究课题"信托公司开展国际化业务的业务模式研究"，开展新三板市场、中国资本市场发展趋势以及对信托公司战略转型的影响、金融企业产融结合的方式与途径、集团公司公益信托方案等专项课题研究。

财务管理方面，完善预算管理，加强成本控制，提高激励约束能力；完善信息系统功能，提高报表质量；针对创新业务制订核算方案，为项目顺利运行提供有力保障；强化财务分析和监控职能，提高决策支持能力，杜绝违反国家财经法令、财经纪律的事件发生。

队伍建设方面，继续优化人力资源结构，引进员工30人；完善干部聘任程序，坚持标准，严格考察，2015年任免业务总监（高级主管）以上人员34人次，其中部门副经理以上人员18人次；重视人才的专业技术资格评定，评审通过初级、中级、高级职称25人；优化分层培训体系，培训更加贴近员工需求，全年完成培训项目50余个，组织专题培训21次，培训1310人次；完善绩效考核体系，增加风险资本占用和创新项目等考核指标；完善薪酬管理体系，为员工营造和谐的成长环境。

信息化建设方面，针对创新业务，持续优化昆仑瑞飞信息系统，增强系统功能；启动风险控制可视化系统、洗钱及恐怖融资风险管理系统和实物资产管理系统建设；组织安全应急演练，开展信息安全培训，提高全员安全意识，防范信息安全风险。

【党群工会工作】 一是深入开展"三严三实"专题教育，党建工作进一步增强。中油资产公司领导带头讲专题党课，带头参加专题讨论学习，带头查找问题，带头整改落实，为各党支部树立榜样。发放调查问卷269份，征集意见360条次，撰写体会文章110篇，梳理领导班子"不严不实"问题8个方面，修订完善规章制度20多项。二是坚持以人为本强化服务，群团组织建设彰显活力。根据员工提案，先后与民生银行、中意人寿洽谈，为员工开辟消费信贷和个人保险通道；加入石油体协，成立8个体协组织，参加石油系统、宁波市金融系统等组织的一系列体育比赛；关心员工疾苦，2015年累计慰问60多人次；组织“相约春天”青年联谊会及第五届青年英语演讲比赛。三是积极推进“两个责任”落实，党风廉政建设进一步加强。制定中油资产公司党委、纪委落实党风廉政建设主体责任、监督责任实施细则等党内规章制度；建立起纪检监察部牵头，相关部门共同参与的监督网络；组织7次专项检查；针对集团党组专项巡视发现的问题线索，立查立改，边查边改，受到上级有关部门的积极评价；加强正反两个方面的宣传教育，通过典型案例、观看警示教育片、配发相关书籍等，不断强化党员干部的规矩意识、纪律意识。四是打造企业软实力，积极开展“重塑中国石油良好形象”大讨论活动。深入推进以“信”为核心的企业文化建设，开展“四新”形势任务主题教育活动，制定“重塑中国石油良好形象”大讨论活动实施方案，组织员工积极参加“慈善一日捐”、义务献血等社会公益活动，“快乐工作，健康生活”的企业文化理念深入人心，“服务社会，造福民生”和“信誉无价，托付有道”的信托理念逐步得到认同，在社会上初步树立起“金融街上的石油人”的良好形象。

（刘　爽）

昆仑金融租赁有限责任公司

【概况】 昆仑金融租赁有限责任公司简称昆仑金融租赁。2015年，昆仑金融租赁完成投放67.7亿元，实现营业收入31.64亿元，实现利润7.54亿元，税费2.65亿元，在2015年公布的租赁行业年度排名中，昆仑金融租赁资产规模排第10、利润排第11、人均利润排第7；主要监管指标中，不良资产率为0.91%，租金回收率为98.73%，保持在同业中上游水平。“十二五”期间，昆仑金融租赁资产规模复合增长率达17%，营业收入复合增长率达28%，利润复合增长率达19%。昆仑金融租赁在租赁行业中初步形成自身品牌和影响力，为集团公司稳增长做出积极贡献。

【市场开发】 2015年，昆仑金融租赁遵循公司战略和行业指引，盯住能源行业和产业链金融，开发产融结合、产业升级和节能环保项目，探讨以经营租赁、设备资产池和合同能源管理方式助力油气主业。签订梅溪河水电清洁能源项目和成灌高速、川东高速等一批基础设施项目；拜访地铁、水务、热力、制造业等领域客户40多家；接洽码头、制药、高速公路和石油石化等行业客户32家；2015年实现环渤海区域基础设施和产业链项目放款近10亿元，项目平均收益率比2015年初目标增加1个百分点；通过多种合作模式开发服务油气主业项目，2015年在能源领域投放11.40亿元；与兴业、国银、中信等同业公司开展合作；国际业务和装备制造市场取得突破，其中集团公司工程技术板块的长城钻探顶驱租赁项目是昆仑金融租赁首笔国际租赁业务。

【飞机租赁】 2015年，昆仑金融租赁制定《飞机租赁业务操作管理办法》等系列制度，组建飞机租赁专业团队，开展航空市场、融资法律、价值评估和航空保险等方面的培训和业务交流，争取天津东疆、天津空港、深圳前海和重庆、厦门等保税区优惠政策，营销中国国际航空股份有限公司、中国南方航空股份有限公司等多家航空公司，竞标中国国际航空股份有限公司、中国南方航空股份有限公司、深圳航空有限责任公司等6家航空公司新飞机项目，成功中标中国南方航空股份有限公司3架飞机合计16.7亿元，赢得市场机会，飞机业务实现零的突破。

【战略研究】 2015年，昆仑金融租赁围绕集团公司牵头开展的金融企业助力主业课题研究，提出资产池、资产轻量化、产业链租赁思路，形成助力主业的完整思路报告，为深入产融结合提供抓手。完成“十三五”规划编制。建立《战略实施评价》体系，完善战略评价的要素、维度和实施方法，与财务经营分析和资产管理分析形成昆仑金融租赁战略和经营管理的综合评价平台。编研《民航市场分析》《飞机租赁市场分析》《煤炭行业研究报告》等专项成果，建立以《金融租赁行业分析》《要闻概览》《案例分析》等为主要内容的定期分析报告机制。

【财务工作】 2015年累计筹资人民币463亿元，资金净成本较2015年初预算下降2个百分点，奠定昆仑金融租赁在同业中资金成本的优势地位；拓宽融资渠道，获得央行外汇拆借会员资格，同业授信总额超过1680亿元，新增授信近100亿元，公司流动性风险可控。围绕飞机租赁业务研究外币融资方案协调财税返还，推动同业公司项目转租赁，做好会计核算与租赁方案的对接。持续完善价格指导体系工作，开展外币业务定价体系研究，有效制定价格政策，优化价格调整审批流程，提高价格政策灵敏度，突出价格优势，完善价格体系建设。

【风险管理】 2015年，不断完善项目变更审批流程，规范设立项目资金监管账户，建立项目重大风险报送机制，专项研究水电、煤炭、公路等行业的准入标准，主要风险审查要点和风控措施，制定风险审查底稿；研究标准普尔公司、大公国际资信评估有限公司等评级公司债项评级模型做法，建立昆仑金融租赁的债项评级模型，公司信用评级体系更加完善；推进信息系统建设，将风险预警、信息提示嵌入系统模块中，实现业务全流程覆盖；聘请专家传授项目风控经验，学习专业机构建模经验，逐步提高团队业务素质。组织评估昆仑金融租赁2015年重大风险，完成48个主体信用评级，组织22次项目评审会，参加20次项目租后现场检查，风险管理工作覆盖项目准入、风险评估、审议审批、租后管理及风险预警等各个环节，项目全生命周期管理理念得到集团公司的认可，各项工作实现2015年初制定的目标。

【资产管理】 2015年，昆仑金融租赁完成627项次的质量分类、4期项目风险滚动排查和12期项目动态监控，租后现场检查31项，租金及其他款项回收500多项120亿元；制定发布《不良资产核销暂行办法》和《租后现场检查流程》；资产评估立项6项，开展19个项目的尽职调查，完成融资租赁系统登记53项；深化资产管理，完善风险信息收集，对15个重点项目开展4次风险排查。

【合规工作】 2015年，昆仑金融租赁以合规运营为着力点，开展法律审查和纠纷管理，完善内部控制和制度建设，修订《内部控制管理手册》，开展524个覆盖公司层面、业务层面和信息系统层面的全流程测试；组织法律审查各类法律文本、合同、协议280余份；建立直租、售后回租、厂商租赁和联合租赁等系列合同范本，推进合同标准化工作；参与新交易结构、跨境业务和飞机业务的论证工作，为新业务拓展提供法律依据和保障；实施《合规、案防风险自我监测》，重点关注规章制度执行等425个关键环节；开展案防排查和员工行为排查，稳步推进“两遏制两加强”专项自查活动，共报送各类检查方案、简报18份。

【综合服务】 2015年，昆仑金融租赁围绕中心工作开展综合服务，公文承办准确、反馈通畅，督办工作质量和数量达到预期要求；与监管和集团公司总部机关建立24小时联系机制，文件报送和信息传递无障碍。有3篇信息被集团公司办公厅采用，有15篇通讯稿在集团公司网页发布；有效组织各类会议；强化档案服务公司中心工作保障作用。昆仑金融租赁被重庆银监局评为“2015年上半年行政办公系统运行优秀单位”。

【信息化建设】 2015年建成投用重庆地区第一个非银行金融机构“两地三中心”灾备系统，组织开展核心业务系统50项功能优化，实现移动办公、短信平台正式上线，完成昆仑金融租赁新版内、外网站建设，开展年度信息系统应急演练，启动“十三五”信息化规划的调研和编制准备，完成昆仑金融租赁“十二五”信息化规划的主体工作。

【党建工作】 2015年，昆仑金融租赁制定《落实党风廉政建设主体责任实施细则》，实施党建工作计划和中心组学习计划；公司党委和各支部组织集体学习31场次，集中研讨34次；开展“重塑中国石油良好形象”大讨论活动；开通微博、微信公众号等新媒体，及时发布昆仑金融租赁动态和活动信息；配合集团公司党组巡视组开展专项巡视工作。制订实施2015年惩防体系建设工作计划，落实《领导班子成员党风廉政建设责任分解意见》和《党风廉政建设一岗双责管理规定》，开展物资采购和招投标管理专项效能监察，配合纪检中心开展谈话和询问排查，采取中心组学习和邀请组部专家授课等方式开展廉政警示教育。

（尹江虹）

中国石油天然气运输公司

【概况】 中国石油天然气运输公司简称运输公司，成立于1953年，是集团公司直属的大型专业化运输物流企业。主要为集团公司所属油田、炼化、销售、管道、燃气等企业提供专业化运输、石油石化产品配送及其他综合配套服务。拥有国家一级道路货运企业资质及涉外运输、危险品运输、国际国内海陆空货运代理、进出口贸易、建筑安装、路桥施工和对外承包工程等经营资质，通过国家质量管理与质量保证体系认证，是行业内实力最强、规模最大的5A级公路运输物流企业。总部设在新疆维吾尔自治区乌鲁木齐市，在全国31个省（自治区、直辖市）设有分公司，在全国地（市、县）级城市设立662个运输大队、配送中心（车队）、修理厂和后勤服务等生产生活场点，在哈萨克斯坦、土库曼斯坦、尼日尔3个国家设有分公司和项目部。截至2015年底，运输公司机关设16个职能部门，下属55个生产经营和后勤服务单位。有员工34409人。各种车辆22732台。资产负债率为36.9%，资产总额达136.97亿元。

主营业务包括油田运输（沙漠运输）、成品油配送（非油品配送）、化工与燃气运输、特种大件运输、国外与涉外运输、修理、物资贸易（国际货代、国际物流、进出口贸易），兼营业务包括油田环保作业、路桥施工，钢结构和压力管道制作安装，机械加工制造，复合型材生产，节水灌溉、驾驶培训等涉及基建工程、多种经营和油田服务的业务。

2015年，运输公司完成货运量11499万吨、货物周转量150亿吨·千米。完成经营收入180.7亿元，实现利润1.23亿元。

【“十二五”取得成绩】 “十二五”期间，运输公司累计完成经营收入1299亿元，是“十一五”期间510亿元的2.5倍；完成货运量5.5亿吨，是“十一五”期间2.8亿吨的1.96倍；完成货物周转量749亿吨·千米，是“十一五”期间334亿吨·千米的2.2倍；年车吨产量达到37301吨·千米，车辆平均工作率、里程利用率分别达到81.05%和50.4%；全员劳动生产率从2010年的10.6万元增加到2015年的13.5万元，年均增长5%；企业增加值从2010年的32.92亿元增加到2015年的48.16亿元；累计实现利润5.35亿元，是“十一五”期间3.21亿元的1.67倍，年均增长13.3%。

【管理提升】 2015年，运输公司修订合同管理、招标管理、市场准入管理等8项规章制度和业务流程。开展“开源节流、降本增效”劳动竞赛活动，强化定额管理，修订运输主要消耗定额，完善单车核算考核办法，油材料等主要消耗持续下降。实施材料、轮胎、设备等物资定商定价和招标采购，降低采购成本7885.17万元。加强费用控制，“五项”费用从2014年的1.57亿元降到2015年的1.28亿元。争取税收优惠政策，减负增效9016.76万元。强化绩效考核，设置12项考核指标，加大安全环保、经济合同、投资等控制类指标的评价力度。发挥审计监督作用，完成审计项目175项，取得直接经济成果6875万元。完善领导人员管理暂行办法，推进经营管理和专业技术岗位体系建设。严格落实“三控制一规范”要求，减少直接用工2202人。开展汽车驾驶和修理职业技能竞赛，举办汽车维修等集中培训18期、视频培训23期。推进矿区服务社会化工作，库车基地供水供暖业务签订分离移交意向书，石油新村、昌吉基地托幼服务基本实现社会化。

【运输服务】 2015年，运输公司与吉林油田、昆仑燃气、中石油铁建油品销售有限公司、中国交通建设石油销售有限公司、中石油铁工油品销售有限公司、中国供销石油有限公司、长城钻探、渤海钻探等签订战略合作框架协议。配送成品油8259万吨，拉运原油、器材物资、化工燃气产品等2810万吨，完成井迁1390口，运输特种大件设备794台（套）。总承包塔中一号联合站和东河作业区油气处理项目，拓展肯尼亚管道钢管运输项目等高效市场及国外油田服务市场，承揽内外部工程693项。发挥高层工作协调组作用，做好三级服务质量回访工作，及时与销售企业协调解决存在的问题，成品油配送及时率达到99.78%、服务满意率达到98.52%。公路运输综合损耗率降到0.78‰，同比下降40.5%，减少损耗3.01万吨，为销售企业增效2.08亿元。

【企业文化建设】 2015年，运输公司推进实施补充医疗保险和企业年金管理办法，为729人报销补充医疗保险，为2128人新增企业年金账户。投入5117.7万元，开展扶贫帮困、“送温暖”和“金秋助学”等活动，累计慰问19410人次。按照新疆维吾尔自治区党委安排，继续开展乌恰县阿热布拉克村和库勒阿日克村的住村帮扶工作。

（高　佳）

中国华油集团公司

【概况】 中国华油集团公司简称华油集团，组建于1998年12月，是集团公司直属的综合性后勤服务和保障企业。经过多年发展，形成酒店旅游、物业管理、海外服务、商贸物流、房地产和边际油田开发6项业务相互支撑、协调发展的产业格局。业务范围覆盖国内27个省（自治区、直辖市）、海外40多个国家和地区。截至2015年底，有合同化员工1159人，市场化员工7282人，劳务用工1060人，非全日制员工409人，外籍员工3062人，员工总数12972人。2015年实现经营收入54.5亿元、利润1.765亿元，完成集团公司下达的考核任务指标。

2015年，宏观经济在新常态下转型调整、增速放缓，油价持续低位运行，酒店、贸易、房地产等行业的市场形势未见回暖。在严峻的内外形势下，华油集团坚持“改革创新、共享协同、依法合规、提质增效”工作方针，统筹推进各项工作，完成集团公司下达的考核任务指标，保持队伍稳定和安全生产，推动质量效益规模的均衡发展。

【业务工作】 2015年，华油集团抓市场营销工作，组织召开市场营销座谈会，研究制定加强市场营销管理工作指导意见，初步理清各层级营销职能界面，搭建起统一指挥、上下联动的三级营销管理格局。

部署实施开源节流降本增效工作，制定并执行“七三挂钩、二七分成”工效挂钩办法，强化工资总额分配与利润指标联动机制，落实季度绩效考核，以新的政策引擎促进挖潜增效工作全面开展。细化成本费用管控，全面压减各类支出，制定成本费用管理办法，明确各业务板块成本费用列支、核销审批程序和违规责任；逐步落实全级次预算管控措施，实现直属单位机关费用支出的预算刚性控制；落实“三超”治理工作，清理整改超标办公面积378平方米，公务用车实行集中管理、统一调配、规范使用，公务接待费用同比下降42%；优化管理流程，精简机构人员，开展业务外包和人员外委，实施外包项目306项，减少直接用工1100余人。在精细化管理过程中，阳光物业北京分公司强化餐饮成本全链条控制，自主研发餐饮信息化管理系统，餐饮成本率同比降低6.2%、2015年节约食材费用150多万元；上海浦东公司实施照明光源和夏季空调节能整改，采取空调冷水机组避峰用电等措施，2015年能源费用下降7.7%。

推进标准化建设，制定完善标准化管理体系、制度和流程，完成酒店、物业、配餐三个专业标准化规划纲要和18项标准的制修订工作。下发对标管理指导意见，各单位通过与同行业、同地区、同层次企业之间的对标分析，查找并解决经营管理、服务质量等方面的隐患问题694个。组织开展以群众性QC小组为重点的“质量月”活动，华油集团评选表彰20项优秀QC成果，各QC小组在活动中累计创效797万元。其中甘肃阳光大酒店QC小组开发的客房在线智能管理系统和移动办公系统，优化工作衔接和人员调配，提升顾客服务体验，系统应用以来，楼层服务员的工作效率提高30%，房务中心员工电话接转量下降80%。

按照集团公司宾馆酒店专项整改工作要求，控规模优资产，“三个一批”工作取得初步成果。成立专项整改工作领导小组，制定“提质增效一批、租赁经营一批、关停并转一批”的整改实施方案，采取分类分批、一店一策的办法，积极稳妥推进整改工作的开展。对安全风险大、环保不达标、长期经营亏损、不具备保留发展条件的酒店，坚决实施关停，关停苏州、乐山、桂林、秦皇岛四家酒店。在关停过程中，做到决策上的公开透明和充分论证，程序上的依法合规与稳健有序，稳妥实施人员安置分流，确保整个关停工作的平稳。通过关停这些酒店，减少用工230人，在不考虑转型经营的情况下，每年减少亏损预计780万元。对所处地域单兵作战、自主经营扭亏难度大、产权权属不清暂时无法出售的单体酒店，引入合作方实施酒店整体对外租赁。完成厦门、南京两家酒店的租赁工作，租赁过程中，详细制定外租方案，细化收益分析测算，通过公开招标方式择优选取承租方。通过这两家酒店的对外租赁，在经营上合计一年能够实现租金收入1350万元，利润204万元，同比减亏984万元，减少用工66人，减少后继设备改造、装修投入1000多万元。推进哈尔滨、开封等14家酒店的对外租赁等有关工作。对长期经营亏损、设备设施存在安全隐患、装修改造投资巨大、市场环境较差的酒店，实施挂牌出售或转让处置。完成青岛、苏州2家酒店的资产评估、审计等前期工作，进入出售程序。青岛酒店股权先后在北京产权交易所实施三次挂牌转让，未被摘牌。报经集团公司同意，拟调整挂牌价格再次挂牌转让；苏州酒店已完成资产评估、备案。已在北京产权交易所预挂牌进行项目推介，并与3家意向方进行接触。黄山、桂林和北戴河3家酒店已在北京产权交易所进行资产出售预挂牌，并在中国旅游报刊登酒店出售信息，积极进行市场推介，待条件成熟时挂牌出售。对承租经营的石家庄酒店，在承租押金全部返还后，按照集团公司酒店专项整改工作的要求，实施关停退出。对于拟转型利用的成都阳光酒店，按照集团公司整改批复意见，已与西南油气田公司联系，其有办公场所需求，已接洽转型租赁事宜。按照集团公司《关于南戴河阳光国际会议中心划转中直机关事务管理局的通知》和国务院国资委《关于南戴河阳光国际会议中心土地及地面资产无偿划转有关问题的批复》，及时完成南戴河酒店的资产审计、报批等工作，并与大港油田积极洽商，妥善安置24名员工，完成各项划转工作。

【经营成果】 2015年，华油集团酒店业务紧盯市场需求变化，有针对性地调整经营结构和销售策略，国内外酒店入住174万人次，保持客房、餐饮市场规模的基本稳定，商务散客、网络预订、旅游团队的市场占比进一步提升。三亚阳光大酒店加大官网和微信平台的建设推广力度，2015年网络预订超过3万间夜，收入1800多万元；广州阳光酒店通过对外合作提升康体服务的专业性，增加特色菜系，以点带面拉动酒店消费，宴会和大客户收入同比提高80%；上海阳光酒店与全球订房平台合作，成为中国唯一一家和GDS直接签约的单体酒店，新开发商务客户107家，欧美及泛太平洋地区客源同比增长27.8%。

物业业务加大中国石油内外两个市场的拓展力度，全面介入中国石油天津大厦的前期现场服务管理，中标中国石化贵州分公司办公楼物业服务，受邀为中国石油报社总部提供餐饮服务并将逐步承接其整体物业项目。2015年，国内物业就餐服务规模达到380万人次，经营收入同比提升9%。

国际业务在海外部分地区局势动荡的不利情况下，巩固传统甲方市场，积极向乙方和当地社会市场延伸，物业配餐规模突破697万人次，2015年完成收入6.86亿元。在哈萨克斯坦新增中油测井、阿拉木图CIK公寓配餐项目，拓展AGP前线站场后勤服务；在迪拜新增BGP配餐项目，首次派遣厨师赴海上震源船服务；在伊拉克新增CPECC和北鲁电厂营地项目；在缅甸接管东南亚管道公司3个服务点约450人的后勤服务业务；在南美、阿尔及利亚、伊朗、科威特等地新增长城钻探、渤海钻探、宏华国际等乙方和当地社会市场项目12个。

房地产业务的兰州大厦、安澜祥园、福乐家园、水岸华府项目，按照既定计划完成项目进度；对尚未开工建设的济南、惠来项目，积极与地方政府协商，分别调整项目设计方案；加强博鳌、广元、都江堰等项目的销售工作，销售住房1052套，预售住房442套，回款1.75亿元；为解决房地产业务可持续发展和体制机制瓶颈问题，经过多方调研，制定增资扩股方案，上报集团公司得到立项批复，依照工作计划和实施方案正在积极向前推进，此项工作迈出了华油集团混合所有制改革探索的第一步。

油气业务退出存在安全隐患的依奇克里克项目，关停长期亏损的靖边项目，进一步规范油田开发。及时调整产建投资计划，集中在银川分公司实施产能建设，确保2015年产建目标和投资计划的顺利完成。抓好油藏精细管理，实施油井调参等措施，使老井稳产、措施增油取得成效。按照油井生产实际情况动态调整油井抽停，2015年关停油井131口，改间抽油井103口，节约电费400余万元。2015年，油气业务整体实现原油商品量40万吨，吨油操作费同比降低55元。银川分公司实现原油商品量28.5万吨，创效1.46亿元，为华油集团整体效益目标的完成做出突出贡献。

贸易业务针对宏观经济下行带来的经营运行不畅，违约纠纷频发的严峻形势，狠抓清收清欠，多措并举，加大欠款追缴力度；全面清查现有业务，压缩风险经营项目，加紧库存商品销售，通过法律诉讼、消化库存、催收催要等方式，回笼资金4.9亿元。在做好经营风险应对的同时，积极探索业务结构调整和经营方式的转变。

【管理提升】 2015年，针对华油集团业务多元且关联度不高的实际，提出“强总部、精专业、活基层”的工作思路。对公司机关组织机构进行调整完善，增设经营管理部和党群工作部，全面梳理部门职责；重点加强机关生产经营运行管理，市场营销，品牌、质量、标准化建设等职能，总部的资源配置能力和管理效率进一步提高。

把依法合规作为2015年工作重点，按照“守规矩、走程序、留痕迹”的原则，制订合规管理工作方案，完善规章制度制修订审批程序；对公司管理规章进行集中审查梳理，制修订制度45项，废止24项。其中，集中梳理规范华油成立以来的86项财务规章制度，制定下发中介机构费用管理等4个管理办法，进一步完善以财务管理为核心的制度体系。推进标准化建设，完成酒店、物业、配餐三个专业标准化规划纲要和18项标准的制修订工作。建立经济活动分析会、生产经营协调会制度，规范物资集中采购工作，进一步加强华油集团的资源、信息等要素的共享和各项业务的协同发展。

强化内控风险管理，完成公司层面内部控制自我测试，覆盖率达100%，对测试发现的例外事项进行整改，企业经营风险得到有效控制；完成《内部控制手册》的修订，编制281个流程图，221个风险控制文档，259个重要风险控制点、394个关键控制点和16个海外业务专属流程，使华油集团内部控制体系更加科学严谨；华油集团机关及直属单位开展企业风险管理报告编制工作，建立企业风险动态管控机制。组织开展“小金库”清理、公款赠送红包礼金和违反财经纪律等检查整改工作；审查招标项目20个、各类合同2125份，促进项目的依法规范运作；对所属单位的33台（套）设备进行运行情况检查，发现并整改问题96项；配合集团公司完成管理效益审计后续检查，重点开展经济责任、财务收支和工程建设审计，完成审计项目24个，发现并整治109个突出问题，逐步实现审计向事前、事中、事后并举的转变。

加强集中管控，总部的资源配置能力和管理效率进一步提高。定期召开经济活动分析会、生产经营协调会，加强全集团的资源信息共享和业务协同；梳理完善公司财务管理制度，规范重大资金使用，进一步提高大司库系统和集中核算报销平台的覆盖率，逐步将日常开支全部纳入预算项目，实现集中审核，集中报销，集中支付；完成昆明、武汉、大庆3个视频会议分会场的建设，华油集团11场次的大中型会议和培训采取视频形式召开，有效降低会议成本；按照“管办分离、事业服务、集中分签、建立机制”的要求，将阳光商贸公司调整为集中采购的职能机构，制定实施办法，明确采购名录，集中采购工作进一步强化。

完成“十三五”规划框架编制，汇聚企业发展共识。认真组织规划的编制工作，确定规划前期研究课题和专项规划编制计划，明确主要工作任务和时间进度，细化6项专业规划和16项规划专题编制方案，将责任落实到具体单位和部门；先后召开工作小组会、发展定位会、业务务虚会深入研究讨论，初步形成“十三五”发展规划框架方案，理清未来五年华油集团的企业定位、愿景目标、发展思路、战略部署和保障措施，为未来改革发展勾勒蓝图、指明方向。

深入贯彻落实新《安全生产法》和《环境保护法》，强化全员全过程安全责任落实。制修订《酒店物业企业安全管理办法》等8项安全管理制度；发布实施机关部室、直属单位和基层单位的HSE职责，安全生产责任制实现从口头向纸面，从重视向重实的转变；加大安全管理过程考核和安全生产事故处罚力度，为岗位安全责任制的落实提供保障。

推进安全生产标准化建设，强化生产现场安全管理。对照国家《企业安全生产标准化基本规范》进行对标评审，编制和发布基层单位HSE标准化建设工作实施方案，针对酒店旅游、物业管理、建筑施工和油田开发等不同业务制定配套的HSE标准化建设评定标准和达标细则。2015年22家单位完成标准化建设工作，11家单位通过所在地安监部门的安全标准化验收，实现2015年初制定的5%达标的目标。

【服务石油】 2015年，华油集团推动酒店业务专项整改和“三个一批”工作的落实。按照集团公司下达的宾馆酒店专项整改的范围和要求，采取分类分批、一店一策的办法，制定专项整改实施方案，积极稳妥推进整改工作的开展。在充分论证、妥善安置职工的基础上，有序关停苏州、乐山、桂林、秦皇岛等一批安全隐患大且长期经营亏损的酒店，平稳将南戴河阳光国际会议中心划转给中直机关事务管理局；完成青岛、苏州两家酒店的资产评估、审计等工作，正在进行挂牌转让；对长期亏损的厦门、南京两家酒店，制定对外租赁方案，细化收益分析测算，公开择优选取承租方，实现扭亏为盈。

物业业务努力做好中国石油内部后勤服务保障，导入“绿色健康，以民为本”理念，加快现代物业管理升级。组织物业标准宣贯培训和考试，开展物业服务技能竞赛，在2015年度全国物业管理行业综合实力百强企业评选中跻身第40名，获“全国物业管理绿色节能示范企业”称号，昆明、广州、乌鲁木齐大厦相继通过省市级“物业管理示范大厦”考评验收，进一步提高“阳光物业”的品牌影响力。抓住国资委对央企矿区“三供一业”分离移交的政策机遇，积极与集团公司沟通对接，深入石油矿区调研，提出矿区物业服务方案，做好开拓石油矿区物业市场的准备工作。

国际业务以物业配餐和旅游票务为工作重点，围绕中国石油海外业务，努力提升后勤服务保障水平。农业基地累计为海外各项目提供新鲜蔬菜、水果286吨，牲畜1515头。乍得分公司开展“花园营区、景观农场”的建设，有效改善当地员工的餐饮质量；苏丹分公司2015年中外方用餐服务总量突破380万人次，出售机票20906张，接待旅游团队18组，盈利同比增加28.8%；尼日尔尼亚美酒店正式挂牌营业，通过该国旅游部考评，成为当地首家五星级酒店；阿斯塔纳北京大厦圆满完成有关国家领导团组外访接待服务工作；加拿大分公司与当地知名营地服务公司建立合作关系，通过中标布瑞公司冬季钻井营地项目，进一步验证海外业务对外合作的可行性，树立海外业务进军发达国家和高端市场的信心。

华铭公司积极推动莫斯科中国贸易中心建设，项目设计工作按进度计划推进，场地准备施工接近尾声，通过公开招投标确定施工总包单位和酒店管理合作方，为项目2018年竣工投运奠定基础；接待各类访俄团组350个，对公寓实行标准化管理，发挥阳光餐厅的平台作用，经营和服务水平获得市场认可。

【企业文化建设】 2015年，华油集团深入开展“三严三实”专题教育，紧紧围绕协调推进“四个全面”战略布局，在全公司副处级以上领导干部及各单位领导班子成员中全面启动“三严三实”专题教育；精心组织讲好党课，各级领导班子讲了100多场党课，听课人数超过1500人次；组织开展专题学习研讨207次，撰写心得体会233篇；对照“严”“实”标准，查找“不严不实”问题395条，已整改83条，其余正在逐项落实整改。通过专题教育，领导干部的工作作风呈现出从严从细从实的新变化、新气象。

开展“重塑中国石油良好形象”大讨论活动，活跃企业文化。把大讨论活动作为提升企业凝聚力和向心力的重要抓手，开展“我为重塑形象添光彩”经济技术创新创效活动，组织“讲身边感人故事，树崇高价值典范”主题故事会等活动，形成上下互动、全员参与的良好氛围；坚持以人为本，丰富文体活动，先后举办职工书画摄影大赛、青年读书知识竞赛等活动；深入开展大庆精神铁人精神再学习再教育，积极倡导“爱国、奉献、拼搏、敬业”的企业核心价值观，改善华油人文关系环境，提升企业发展的正能量。

（刘　苗）

华油北京服务总公司

【概况】 华油北京服务总公司简称华服总，成立于1992年12月。截至2015年底，有7个机关处室、13个下属单位、2个托管单位，员工2076人。

2015年，华服总牢牢把握综合性高端服务公司建设目标不动摇，大力推进“规模华服”“品牌华服”“人才华服”“效益华服”“和谐华服”建设，各项工作均取得丰硕成果。实现营业收入5.9亿元，净利润约0.4亿元。服务规模不断扩大，新增物业服务面积8万平方米、餐饮服务面积1.3万平方米，服务面积达到135万平方米。中国石油科技园国际交流中心（昌平）投用试运行，开展培训业务。服务品质持续提升，服务满意率保持在99%以上。

2015年，中国石油科技园A34地块钻井工程技术研究院项目、A42地块石油化工研究院项目获中国建筑业协会颁发的“中国建筑工程鲁班奖”，总经理宋泓明获中共中央、国务院颁发的“全国劳动模范”等国家级称号；华服总获集团公司颁发的“安全生产先进企业”等18个省部级称号。

【重点工程】 2015年，华服总承建的中国石油科技园（昌平）取得重要成果。A16地块石油科技国际交流中心正式投用，开始试运行；A33、A13、A19三个地块按时开工；A42地块石油化工研究院项目、A45地块北京石油机械厂项目交接投用，平稳运行。科技园区建设管理体系获石油石化企业管理现代化创新优秀成果一等奖。六铺炕危改项目理顺工作机制，优化改造方案，修订回迁及配售办法，完善宣传手册，整理房屋数据，为项目立项奠定基础。小型工程管理不断规范。完成集团公司新信访场所改造和幼儿园电梯更新等工程，投资、进度和质量安全可控。加大基础设施更新和老旧小区改造，完成康鸿家园供暖外网更新改造等21项小型工程，改善住户居住环境。

【服务保障】 2015年，华服总持续打造服务品牌，服务品质不断提升。华服物业公司力求高端，追求卓越，丰和大厦通过北京市物业管理示范（五星级）项目评审。生活公司接管中国石油科技园A45、A16地块食堂，增加就餐人员500人。机关车队接管老干部局、外事局、文体中心等单位车辆服务，拓展服务范围。行政处增加中国石油大厦服务时间，简化户籍办理手续，推进执行《北京市控烟条例》，取得成效。义务献血、计划生育等工作连续十年获北京市和西城区先进单位称号。通信处做好总部机关、集团公司海外和油田企业通信服务保障工作，“三厦两地一网”

系统安全平稳运行。房产处开发房产档案管理系统，完善近3000套房屋及住户信息，为25000多名职工办理住房公积金，涉及金额1.1亿元。门诊部实行首诊负责制，强化中医理疗特色，邀请三甲医院专家定期出诊，“小而全、小而特、小而精”服务模式赢得患者称赞。文印处发扬“难事不推、急事不缓、琐事不烦”的工作作风，始终坚持不分白天黑夜，不分工作日休息日，随叫随到、任劳任怨，获得总部机关赞扬。幼儿园加强师资队伍建设，强化特色教育课程，创建特色园所文化，精神文明建设取得丰硕成果。退休管理中心强化信息系统管理，丰富老年大学课程，加大高龄、重病和空巢老人关爱服务，举办春秋游和重阳节游艺活动，确保离退休人员队伍稳定。中油宾馆完成供暖管线改造、无线网络覆盖、咖啡厅改造等工程，逐步改善硬件环境，提高客房出租率和服务满意率。华服总机关坚持主动作为、依法合规、突出业绩，规范履职待遇、办公用房和公务车管理，提高服务基层意识，机关作风形象进一步提升。

【精细管理】 2015年，华服总深入开展依法合规管理，管理水平迈上新台阶。制定《华服总依法合规管理实施纲要》，开展合规管理培训，搭建合规管理平台，为依法合规管理奠定基础。制修订规章制度13项，整理汇编现行制度55项，印发218套。组织修订《华服总法律风险岗位防控指引》，有效防范法律风险。强化重大风险评估，在集团公司风险管理年报评审中取得优异成绩。开展内控体系测试，抽取样本6667个，重要流程覆盖率达到100%，管控点覆盖率达到100%。强化全面预算管控，提高资金计划执行率，完成财务决算、税费清缴工作。注重发挥审计监督作用，开展各类审计51项。送审金额2207.5万元，审减189.9万元。规范招标、合同、采购和投资管理，开展公开招标18项，中标金额8391.3万元，节约资金995.7万元；签订合同659份，涉及金额5.1亿元。加大合同审核力度，事后合同下降29%；加强投资专业审核，严控投资项目，完成安全隐患治理、服务保障、民生工程等改造项目。编制华服总“十三五”发展规划和基层专项规划，明确“十三五”发展思路，为未来发展指明方向。

【队伍建设】 2015年，华服总人才队伍建设得到新加强。规范干部选拔程序，提高公信力。完成处级干部人事档案初核，确保信息真实准确。改进领导干部考核方式，加大基层评价比重，确保客观、公平、公正。加强培训工作，举办各类培训340次，参训7940人次。华服物业公司与学校合作，初步形成物业主体工种实训基地建设方案。强化人力资源基础管理，合理划分岗位层级，开辟员工成长通道。积极落实退休职工和军转干部待遇，稳妥推进员工薪酬调整，确保队伍稳定。为1395名社会化员工建立住房公积金，将企业发展成果惠及员工。

【经营成果】 不断深化开源节流降本增效，经营效益稳步增长。2015年，华服总营业收入5.9亿元，实现净利润约0.4亿元。华服物业公司实现营业收入2.8亿元，同比增加9380万元，增长50.5%。生活公司实现收入1.1亿元，同比增长8.7%。通信处实现应收尽收，超额完成绩效指标。行政处合理优化岗位设置，减少社会化员工数量，压缩人工成本。机关车队有效管控收支预算，强化财务监督检查，节余资金200万元。房产处实现收入445万元，同比增加81万元。门诊部2015年门诊量6.3万人次，实现收入2073万元，同比增长7.1%。幼儿园努力降低各项费用，完成业绩指标。中油宾馆实现收入3281万元。科隆公司实现营业收入4577万元；完成南湖58号地块清退工作，为增加效益奠定基础。

【安全环保】 2015年，华服总狠抓安全环保风险防控，实现安全“三零”目标。HSE体系建设深化运行。修订完善程序文件和记录文件，出台6项HSE管理规章。辨识危险源544项、环境因素182项。组织8期HSE培训，参加培训600余人次。开展新《安全生产法》和《环境保护法》专题培训41期，60名处级以上干部和2100名员工通过考试取得证书。强化领导干部HSE履职考评，对6名拟提拔任用人员进行任前考评。组织体系内外部审核和管理评审，HSE管理体系运行见到成效。开展安全生产月、安全经验分享、QHSE论文评选等活动，培育HSE文化氛围。开展应急预案、消防安全、特种设备、燃气安全等专项检查，开展现场安全监督120余场次，跟踪督促整改问题25个，下达隐患整改通知单11份，均限期整改完毕。投入资金800余万元，开展安全隐患排查治理项目12个。交通违章率低于15%，未发生重大交通安全责任事故。持续开展“达标设备机房评比”活动，62个机房获“达标设备机房”称号，达标率100%；5间机房被评为“标杆设备机房”。修订公司级应急预案2个，基层单位制修订应急预案105个，完成操作卡68个。加强实战演练，开展防火、防汛、医疗救援、食品中毒等专项演练76次，增强应急联动协调处置和救援能力。

【党建与企业文化】 2015年，华服总党建基础工作不断夯实。严把发展党员质量关，发展党员14名，转正11名。组织党委中心组集体学习14次，不断提高党员干部政策理论水平。持续开展“双十”全员读书活动，评选3个“优秀读书党组织”、12名“读书领先员工”。“中国石油创建学习型党组织的研究”获第七届石油优秀政研成果一等奖。贯彻落实党风廉政建设主体责任和监督责任，在各党（总）支部委员中明确纪检委员，强化纪检监督作用。修订《“三重一大”决策制度实施细则》《党风廉政建设责任书》和《领导干部廉洁从业承诺书》，组织签订《党风廉政建设责任书》216份，《领导干部廉洁从业承诺书》72份。坚持开展扶贫帮困送温暖活动，慰问困难职工104人次，发放慰问金26.8万元。持续开展健康知识讲座、健康体检、小药箱换药、健步走等活动，倡导健康生活方式。开展“华服青年在行动”系列活动，举办中英文演讲比赛。青年足球队和篮球队积极开展训练，参加各种比赛，展现华服青年良好精神风貌。通过企业文化展室、宣传片、新入职员工培训等形式，积极宣传企业精神和服务理念。开展“最美后勤人”中文演讲比赛，宣传优秀员工先进事迹。将“重塑中国石油良好形象”大讨论活动与“品牌华服”建设相结合，开展富有企业特色的先进评选活动，制定《华服总先进评选表彰奖励管理办法》，发挥正面典型教育引领作用。着力抓好讲党课、专题研讨、分析问题和落实整改等关键环节，“三严三实”专题教育取得实效。

（韩淑静）

中国石油物资采购中心（中国石油物资公司）

【概况】 中国石油物资采购中心（中国石油物资公司）简称采购中心，于2007年底以中国石油物资装备（集团）总公司（装备制造业务除外）为基础组建而成，是集团公司直属的专业化物资采购企业和在国家工商总局登记注册的独立法人经济实体。2012年6月，集团公司招标中心成立，与采购中心一套人马、两块牌子。有员工近600人。采购中心作为集团公司直属的专业化公司，主要承担集团公司、股份公司物资集中采购任务，包括大宗物资、重要物资、长周期物资、安全物资、成套设备、大型工程项目所需物资的采购业务，急需物资的供应保障和战略储备物资的仓储管理；集团公司、股份公司一类、二类物资的采购和工程、服务采购招标的组织实施工作。

采购中心有国内外贸易、国际国内招标、电子商务、运输保障、商品检验、仓储物流等一体化物资采购服务功能，有工程项目招标甲级资质、机电产品国际招标甲级资质、中央投资项目招标甲级资质、海关AA类企业、危险化学品经营许可、辐射产品经营许可、石油专用管材检测实验室等专业资质和经营许可证书。下设沧州公司、郑州公司、沈阳公司、天津公司、上海公司和中油物采信息技术有限公司6家直属单位。

2015年，实现物资采购额373亿元，采购成本降低率5.78%，实现招标额300亿元，节资率9.82%，有效质疑为零。

【采购业务】 2015年，授权集中采购工作水平不断提升。采购中心承担集团公司26个授权集中采购管理小组的工作，2015年实现境内组织采购额237亿元。各管理小组将价格到期时间分布到四个季度，实现集中采购常态化。强化对价格的监测与预警，有效落实价格管理责任，通过及时招标与价格调整，为集团公司节约采购支出16.5亿元以上。严把供应商准入关，现场考察新入围供应商62家；为地区企业细化实施方案，贴近用户需求，维护用户企业利益，保障地区企业物资需求，承担集团公司进口设备采购代理工作，进口3.71亿美元。推进战略合作和框架协议采购，与国际主要供应商的框架合作正稳步实施；集中储备与仓储物流业务稳步实施，为东北、新疆和中西部中国石油地区企业配送集储物资共12.88万吨，保障企业零星需求和紧急需求，部分炼化企业已实现集储品种零库存，有效降低集团公司库存资金占用；物流业务细化工作分工，规范内部流程，多措并举提升工作效率、缩短货物通关时间，运输设备2069台（套），港口通关872批次。持续改善仓储基础设施，实现仓储吞吐58万吨。完成专用管检验146批次。深化管道现场服务，涉及6条重要管线，服务里程4000多千米，协调解决各类问题3600余件；推进总部管理境外采购物资供应商资源库建设，推进框架协议采购，与51家供应商达成框架协议。

【招标业务】 2015年，集中采购招标效果显著。采购中心在招标管理规范化、招标文件标准化、招标实施专业化和招标操作电子化方面取得多项突破，确保一级授权集中采购物资的招标质量。运用项目管理和数据分析等技术手段，统筹安排，精心组织，在2015年集中采购招标中，进一步完善招标文件模板，优化开评标流程，完成61个品种、1479个标包的集中开评标工作，做到有效质疑为零。其中8个品种实现全流程电子招标，其他全部品种做到电子开标。切实积极创造条件，推动电子招标平台应用，初步实现招标业务主要环节的电子化操作；2015年货物招标积极创新方式方法，完成油田、管道和炼化企业等一批机电产品国际招标项目，系统外市场开拓取得积极进展。工程招标项目数同比增长5倍，首次独立进入地方政府有形市场完成招标工作，完成莫斯科中国贸易中心项目施工招标，境外项目招标实现突破。服务招标注重发挥市场竞争效力，组织完成苏里格气田水平井压裂技术服务、中国石油加油站管理系统等项目招标，节资率达27%；公开招标不断加强，实施招标项目878个，其中公开招标项目854个，社会和库内公开招标率达97%；招标工作持续创新，与多家企业签署框架招标合作协议。在日常招标中探索实践集中批量招标和框架协议招标等招标形式。与地区企业招标公司合作开展油田日常招标服务。组建招标工作专业委员会，建立两级启动机制，对公司招标管理与实施工作提供专业支持。

【企业管理】 2015年，管理体系有效运行。加强危险化学品和放射源经营的归口管理，编制风险告知手册，建立具有可追溯性的销售台账；开展质量损失率统计分析，采购中心内外部损失率为零，有效质量质疑为零。深化内控体系运行，评估发布重大风险并制定管控措施，扎实开展自我测试，例外事项基本杜绝；财务与法律风险防控能力不断增强。突出现金流管理，严控系统外业务资金风险，资金规模得到有效控制。将集团公司合规要求与理念融入采购中心《法律风险岗位防控指引》中，覆盖现有各岗位；规范印章管理，严格合同审批程序，经济合同法律审核率达到100%；基础管理进一步夯实。加强培训提高员工综合能力，组织本单位集中培训68期，参培人员1600余人次。举办14期物资采购系统应用培训班，培训集团地区企业130家，参培人员1200名。发布科技项目管理办法，完成9个项目的立项。建立标准体系，覆盖主要业务领域，包含各类标准1229项；持续推进ERP应用集成项目实施，完成条码系统、合同执行过程跟踪功能与业务决策支持功能开发，并上线运行；在采购中心总部办公楼配备门禁系统、车辆出入识别系统和身份验证系统，完成监控系统更新改造。

（郑兴远）

中国石油学会

【概况】 中国石油学会简称石油学会，创立于1978年，是学术性法人社团组织。有个人会员约64000名，单位会员4个。石油学会第八届理事会理事199人，其中常务理事65人。办事机构秘书处设在中国石油天然气集团公司。秘书处人员编制21人，设办公室、学术交流部、科普咨询部、《石油学报》编辑部和石油知识杂志社5个部门。分支机构有2个分会、15个专业委员会、3个工作委员会。在全国28个省（自治区、直辖市）建有地方石油学会。2015年，石油学会认真学习贯彻党的十八届四中、五中全会及中央群团工作会议精神和习近平总书记系列重要讲话精神，落实年度工作会议部署，围绕“学术活动树立精品，科技期刊树立权威，科普宣传扩大影响，承接工作扩大范围，科技服务提升水平，组织建设提升能力，力争进入全国一流科技社团行列”工作重点和发展目标，各项工作取得显著成效。

【服务创新型国家和社会建设】 2015年，石油学会组织院士、专家为全国人大法工委《中华人民共和国大气污染防治法（修订草案）》提出5条修改建议。组织举办第五届“全国研究生创新实践系列主题活动暨全国石油工程设计大赛”和首届“全国大学生测井技能大赛”，培养输送符合企业和社会需要的创新型工程技术人才。开设油气勘探新技术高级研修班、全国螺纹检测人员资格鉴定与认证培训班获得国家人力资源和社会保障部“国家专业技术人才知识更新工程”证书，扩大石油学会承接政府转移职能工作范围。分别与华北油田公司、石油工业出版社有限公司签订战略合作协议，形成合作互动、优势互补、互利共赢的战略合作新格局。承担塔里木油田、华北油田等科研课题，为油田勘探生产提供技术支持。与保定市科学技术协会联合为河北锐迅水射流技术开发有限公司实施创新驱动助力工程，完成4项科技助力任务。开展与山东日照、四川德阳、山西晋中、河南南阳、甘肃庆阳和湖南岳阳等地方科学技术协会及企业对接调研，发挥石油学会在国家及企业创新驱动发展战略中的重要作用，为地方经济建设和企业创新发展提供科技与人才支撑。

【学会建设】 2015年，石油学会注册资金由100万元增资至300万元，发展个人会员171人。申请提前换届、编制《中国石油学会第九次全国会员代表大会及第九届理事会换届方案》获中国科学技术协会（以下简称中国科协）、国家民政部批准。研究制定《中国石油学会项目经费管理办法（试行）》等制度，编制工作岗位目录，签订全员年度考核绩效合同，建立健全工作规范和管理措施。举办基层秘书长业务培训班，开展学会工作者职业化建设。评选表彰年度优秀秘书长18人、优秀学会领导21人、先进集体21个。石油学会再次荣获中国科协统计工作二等奖和“2015年度全国学会财务决算先进单位”。文献收藏工作得到中国科协表扬，获中国石油天然气集团公司年鉴工作突出贡献、先进个人各1名。

【学术期刊】《石油学报》2015年由双月刊改为月刊，影响因子为2.451，排名升至第6位，总被引频次继续名列能源科学技术类期刊第一名。获中国科协精品期刊工程项目第4期（2015—2017年）TOP50项目资助，成为中国科协主管近500种科技期刊中的前50名。继续被评为中国最具国际影响力学术期刊，并获第八届全国石油和化工行业优秀报刊一等奖。《石油学报（石油加工）》影响因子0.722，比2014年提高0.103；总被引频次1309，比2014年增加300。在石油加工和石油化工领域期刊中排名继续保持第3名，获中国石油和化工联合会优秀期刊一等奖。《石油学报（石油加工）》《石油知识》分别召开创刊30周年座谈会，编辑出版纪念刊。

【学科发展研究】 2015年，石油学会组织院士赵文智、胡见义、戴金星、金之钧等22名专家编写完成深度大于4500米的叠合盆地下部古老层系《深层油气地质学学科发展报告》，完成中国科协“2014—2015年深层油气地质学发展研究”项目。

【国际学术会议及国际交往】 2015年，石油学会联合日本石油能源技术中心、韩国石油管理院在北京召开第八届中日韩炼油技术研讨会。院士曹湘洪、李大东等中日韩三方共97名代表围绕“石油加工与环境保护”主题，宣讲报告19篇，内容涉及炼油工业面临问题与对策、能源政策与节能减排形势、炼油技术、油品质量、炼油厂先进管理技术等。联合美国石油学会（API）、集团公司在西安举办油气输送管道高强度管线钢研究与应用技术国际研习会。院士李鹤林等28名国内外著名专家学者围绕油气输送管道高性能管线钢开发、基于应变设计、断裂控制等内容作学术报告。其间，副理事长周抚生会见API副总裁Gerardo Uria一行3人，对共同合作举办认证、培训等工作进行探讨交流。与美国腐蚀工程师协会（NACE International）年度主席Jim Feather等一行7人于2015年7月10日在北京举行座谈，就进一步加强石油石化腐蚀领域学术交流与技术合作、资格培训及互认、NACE国际标准制修订和推广等工作交换意见，初步达成联合举办学术活动、开展资格培训、参与国际标准制修订等合作意向。

【国内主要学术会议】 石油学会及分支机构2015年共组织召开各类学术会议94次，参加人数21024人次，交流学术论文3949篇，出版论文集12部。第二届中国石油石化节能减排技术交流大会暨节能减排新技术新装备展示会以“持续推进节能减排，大力倡导绿色低碳发展”为主题，围绕节能减排技术发展、能源管理和环保技术进展等内容交流论文36篇。主题为“突出石油石化腐蚀与防护特色，倡导绿色低碳与科技创新防腐”的中国石油石化腐蚀与防护技术交流大会，针对原油装置、石化设备、油气管道的腐蚀控制与监检测技术，石化设备失效分析技术，腐蚀风险及可靠性评估技术，油田和化工防腐药剂研发技术现状和发展等内容交流论文62篇。南海深水油气勘探开发技术研讨会作为第17届中国科协年会第9分会场，围绕南海深水盆地成因机制、演化及生烃作用，沉积、成岩作用与储层，油气成藏特征，地球物理进展与勘探技术，油气成藏、勘探技术，钻完井、测试技术，油气开发与工程技术等内容特邀31位专家学者进行报告。第二届油气田地面工程技术交流大会突出降本增效，提升油气田地面工程建设水平，围绕油气田地面工程标准化设计、模块化建设、数字化管理、市场化运作、实现安全绿色低成本高效益生产等内容交流论文40篇。主题为“加强安全生产，强化职业健康，提高环境质量”的第二届中国石油石化健康、安全与环保（HSE）技术交流大会暨展示会，邀请国家安监总局政策法规司副司长邬燕云解读国家新《安全生产法》，围绕贯彻落实新《安全生产法》和《环境保护法》，完善石油石化企业HSE体系建设，提升行业HSE风险防控能力与管理水平，推广健康安全环保新技术、新材料应用，交流研讨60多篇报告。第九届青年学术年会突出“青年开创石油科技未来”主题，按油气地质与勘探、油气开发工程（含储运）、石油炼制与化工和石油经济管理四大学科交流论文230多篇，并评选优秀论文一等奖43篇、二等奖70篇。

【科普活动】 石油学会及分支机构和地方石油学会2015年组织科技讲座106次、科普展览41次、知识竞赛15次、科技夏令营7次，科普活动受众人数11万多人次。完成第一批6个科普教育基地授牌和第二批7个基地考察调研，在牡丹江大学举办科技活动周启动仪式及科普展览，在华北油田举办大型科普报告会系列活动暨科普日活动启动仪式。石油学会获中国科协“2015年全国科普日特色活动组织单位”。组织撰写的2篇论文入选《全国科普理论研讨会论文集》，创作“石油工业开发流程三维动画”入围2015科普信息化建设工程移动端科普融合创作项目，首席科学传播专家石油物探李培明和石油通信张金权的论文获中国科协《中国梦科技梦——首席科学传播专家责任与担当》优秀主题征文。

【学会创新发展】 2015年，石油学会按照“一大会、两大奖、三双活动”工作部署，编制“中国石油石化科技创新十大进展”“中国石油石化青年科技奖”评选办法和工作方案。研究起草《中国石油学会“十三五”发展规划（建议稿）》，明确创建全国示范学会发展目标。评选树立“南海深水油气勘探开发技术研讨会”等第二批8个品牌学术活动。主动申报中国科协学会创新和服务能力提升工程优秀科技社团建设项目，入围前60名。研究制定《中国石油学会推选院士候选人工作实施细则（试行）》，组织推选8名候选人顺利通过中国科协评选进入两院候选。

【党建强会】 2015年，石油学会党支部加强党建工作和党风廉政建设，定期召开“两会”，逐级签订党风廉政建设责任书，扎实开展党的群众路线教育实践活动回头看、“三严三实”专题教育，组织举办“学习在学会，每日‘悦’读十分钟”全员读书活动和树立学会“专业专注、依法依章、公开公正、创新创优、善作善成”良好形象学习大讨论活动，学习贯彻会议文件和领导讲话精神，落实问题整改和作风转变，以党建促进学会建设。组织实施中国科协“党建强会”计划“十百千”特色活动项目，举办的“石油院士走基层、科技传播进厂矿”院士专家科普报告会获中国科协“党建强会特色活动组织奖”。1名党员被中国科协评为优秀党建通讯员。

【会员服务】 石油学会及分支机构和地方石油学会2015年组织会员专业培训和继续教育73场次，培训会员近7000人。试运行会员管理服务系统，补充采集新会员个人信息313条。组织50余名京津冀地区学会工作者、部分会员及科技工作者代表在北京召开“中国科协会员日”系列活动座谈会，组织近百名在京理事和会员代表参观中国科技馆。

【第六届中国石油地质年会】 石油学会于2015年6月15—18日在北京召开近千人参加的主题为“更深、更广、更复杂——油气勘探新领域与新技术”的第六届中国石油地质年会。国家能源局副局长张玉清到会讲话。中国石油副总经理、党组成员赵政璋，中国石化党组成员、股份公司高级副总裁王志刚，中国海油董事长、党组书记杨华，中化集团总地质师李丕龙等作大会报告。孙枢、邱中建、贾承造、胡文瑞、孙龙德、曹耀峰、周守为等18位院士出席活动。主会场按“战略论坛”“勘探进展”“专家论坛”三部分进行大会报告。“战略论坛”分析世界石油经济和石油工业发展新态势，思考我国油气生产存在问题，规划各石油公司战略目标，强调国家能源安全保障，融入国家重大战略部署。“勘探进展”展示油气勘探在从陆上到海上、从常规到非常规、从浅层到深层等“更深、更广、更复杂”领域取得的最新成果和各石油公司油气勘探获得的规模储量区，表明石油稳定发展，天然气将快速发展。“专家论坛”研讨当前油气地质勘探的前沿理论与最新技术进展，为深层、超深层、高温高压、非常规以及海外等复杂地区和复杂油气藏类型的勘探提供指导。年会开设深水、深层、非常规、碳酸盐岩、成熟盆地、基础与前沿理论以及青年地质家7个专题分会场，并举办“深水”和“非常规”学术沙龙活动。年会征集论文688篇，大会报告27篇，分会场交流156篇，展板展示215篇。

【中国非常规油气论坛】 在克拉玛依油田发现60周年之际，石油学会于2015年8月31日—9月1日在克拉玛依召开中国非常规油气论坛。克拉玛依市副市长徐建辉到会致欢迎词。院士贾承造、罗平亚、赵文智等33位专家特邀作了报告。重点围绕中国致密油、致密气和煤层气的地质评价、钻完井工程、储层改造增产技术、经济高效开发关键技术与管理经验以及国家和地方相关产业扶持政策等进行交流讨论，指出存在的主要问题和下步发展方向，提出改进措施和意见建议。贾承造院士邀请60多位专家针对新疆致密油气和煤层气开发中的具体问题，特别是新疆油田吉木萨尔致密油地质研究和开发工程中的实际问题进行专题研讨，为科学高效可持续开发新疆致密油气和煤层气建言献策。论坛得到中国科协高端前沿学术项目重点支持。

【中国石油炼制科技大会】 石油学会石油炼制分会于2015年11月17—19日在北京召开中国石油炼制科技大会，以“炼油工业：市场变化与技术对策”为主题，围绕当前世界石油产品需求增长依然疲弱，中国经济新常态下炼油工业面临生产能力过剩、油品结构调整、燃料质量升级、环保法规趋严的压力以及替代燃料发展带来的多元化竞争等新形势新问题，15位专家进行大会报告。袁晴棠、李大东、汪燮卿等9位院士出席大会。王基铭院士提出，要发挥科技创新引领作用，建设以企业为主体、以市场为导向、“产学研用”相结合的技术创新体系，研发具有自主知识产权的核心技术和主导产品，促进中国石化产业由主要依靠规模扩张、消耗能源资源的粗放发展向注重效率和质量的可持续发展方向转变。贾承造院士对世界和中国的油气生产及资源状况进行分析，指出重质油与轻质油在未来原油产量中的占比将会上升，并以美国依靠水平井、体积压裂和工厂化作业技术成功开发页岩气的实例，阐述如何依靠技术创新和管理创新实现剩余资源的低成本开发。曹湘洪院士从治理机动车尾气污染、改善空气质量和降低车辆油耗的总体要求出发，分析欧盟、日本、美国等主要发达国家燃料清洁化的发展趋势，提出中国炼油行业的应对策略：一要加大科研投入，研究开发可支持实施更高清洁燃油标准的炼油催化剂和工艺技术；二要积极采用新技术，调整炼油装置结构，增产优质汽油和柴油调和组分；三要深入开展汽油、柴油质量对汽车尾气中PM2.5、氮氧化物等排放的研究，为科学制定更清洁的汽油、柴油技术标准提供依据。大会设立炼油工艺与工程、催化剂与催化材料、保护环境与节约能源以及石油产品分析与设备信息技术四个分会场，交流论文106篇。

（邹　刚）

中国石油企业协会

【概况】 中国石油企业协会简称石油企协，成立于1984年，原名中国石油企业管理协会，成立初期分别挂靠在石油工业部企业管理司、总公司发展研究部、集团公司政策研究室等部门开展工作。2004年9月，更名为中国石油企业协会，是国家民政部批准的社会团体法人。2006年1月，集团公司决定石油企协从发展研究部划出，挂靠集团公司管理，人事劳资关系由人事劳资部管理，财务资产由财务资产部管理，党、团、工会组织关系由直属机关党委管理。其业务范围包括专业交流、书刊编辑、国际合作、业务培训、咨询服务等。办公地址在北京市西城区六铺炕街6号。

截至2015年12月，石油企协设部室6个：办公室（秘书处、人事处、会员联络部）、咨询研究部、企业工作部、培训部、财务部、《中国石油企业》杂志社，在册人员14人，其中专职副会长1人、处级职数5人，教授级高级职称1人、副高级职称3人、中级职称8人；下设海洋石油分会、公路运输分会、法律工作分会3个分支机构。

2015年，企业协会认真学习贯彻党的十八大和十八届三中、四中、五中全会和习近平总书记系列重要讲话精神，贯彻执行国家关于协会商会规范加快发展的政策规定，以“服务企业家、服务企业、服务行业、服务国家”为宗旨，以改革创新为动力，以科学管理为抓手，以建设优质高端品牌社会组织为目标，服务质量明显提升，规范化水平不断提高，自身建设提质加速，理事会成功换届，组织建设得到加强，行业影响力进一步强化。石油企协各项工作都在以往基础上取得新的成绩，迈上新的台阶，实现“十二五”顺利收官，为石油企协创新发展和可持续发展打下坚实基础。

【组织建设及管理工作】 石油企协于2015年11月17日在北京召开第七次全国会员代表大会暨七届一次（常务理事）理事会，来自国家有关部门、有关协会领导和石油石化会员企业代表200余人参加会议。集团公司党组成员、副总经理、石油企协第六届理事会会长沈殿成继续担任新一届理事会会长。会上，沈殿成会长作了题为《认清形势，找准定位，凝心聚力，为石油石化企业实现稳健发展做出更大贡献》的重要讲话。专职副会长兼秘书长彭元正代表第六届理事会作了题为《推进提质升级，坚持规范发展，着力建成优质高端品牌社会组织》的工作报告。会议表决通过了石油企协第六届理事会任期会费收支情况、石油企协第六届理事会工作报告，通过了相关议案和决议，为新当选的第七届理事会团体会员、理事、常务理事代表颁发了证书，还听取了高层专家讲座。

2015年，石油企协把开展“三严三实”教育活动当重中之重的工作抓实抓好。石油企协领导亲自动员，组织学习习近平总书记系列重要讲话精神，为员工上党课，带头查找石油企协工作中存在的“不严不实”的突出问题和表现，开展批评和自我批评，组织职工对石油企协存在的问题开展问卷调查，向党员干部反馈2014年度民主生活会整改情况。“三严三实”教育活动使石油企协自身建设得到全面提速和加档。一是爱岗教育持续升温。对员工持续进行“知协会史、说协会话、办协会事、做协会人”爱岗敬业教育，更加坚定明晰“建立学习型组织、建设创新型队伍、建成优等型社团”的发展思路，使队伍焕发出来的工作热情进一步引导到爱“会”兴“会”、加快发展上。二是长远谋划靠实到位。研究制定《中国石油企业协会“十三五”发展规划》，谋划布局石油企协“十三五”工作。三是科学管理规范提升。根据集团公司部署要求，石油企协认真开展员工业绩考核，在制定工作规范的基础上，组织制定考核制度，并为市场化员工建立基本人事档案，人事管理工作进一步规范。四是制度建设再夯基础。石油企协按照集团公司的有关规定，完善制度体系建设。制定完善涵盖石油企协各项工作、日常管理和考核评价等一系列制度，形成完整的制度管理体系，营造靠制度管人、用规范理事、依程序运作的良好局面，筑牢石油企协持续规范稳健发展的制度基础。五是分支机构建设得到加强。积极协助海洋石油分会完成机构改选，助力公路运输分会各项工作有条不紊向前推进，支持法律工作分会积极开展相关课题研究。搭建会员交流学习平台，协助延长石油炼化公司派员赴大庆石化公司参观学习，取得预期效果。

【“三评”工作】 石油企协行业部级2015年度全国石油石化企业管理现代化创新优秀成果、优秀论文、优秀著作评审（简称“三评”）成果发布会，于2015年9月23—24日在湖北省武汉市召开。来自中国石油、中国石化、中国海油以及部分石油高校、地方石油企业的代表共220多人参加会议。

石油企协2015年共收到全国石油石化企事业单位会员申报优秀成果259项，评出获奖优秀成果155项，占申报总数的59.85%；收到申报优秀论文714篇，评出获奖论文430篇，占申报总数的60.22%；收到申报优秀著作48部，评出获奖著作30部，占申报总数的62.50%。

石油企协在2015年度“三评”工作中，先后组织力量编辑出版2014年度《石油石化企业管理现代化创新优秀成果选编》（第22集）、《石油石化企业管理现代化创新优秀论文选编》（第10集），并及时将这些优秀成果论文选编送到会员单位，使企业申报的成果、论文再反哺企业，还在获得石油企协28届行业部级一等奖的优秀成果中推荐10项参加第22届国家级创新成果奖项评审，有5项管理创新成果获国家级二等奖。

【期刊编辑】 2015年，石油企协主办的《决策信息报告》和《中国石油企业》杂志坚持创新思路，突出特色，办刊质量不断提升。一是《中国石油企业》杂志在经济形势持续低迷的复杂环境下，坚持为企业服务的办刊宗旨和坚持行业企业管理特色的办刊方针。在拓展增量服务项目上下功夫，在优化存量服务项目上做文章，经营工作克服重重困难，保持平稳健康发展态势。二是《决策信息报告》深受领导好评。为石油石化企业高层领导和石油企协常务理事以上局级领导提供的内参《决策信息报告》，2015年连续出版12期。三是石油企协网站（www.zgsyqx.com）建立和完善网站各项管理制度，理顺筛选和编发网站信息的操作通道，规定和实施“信息发布、影响反馈、问题警示”的网站流程，使石油企协网站越办越好。

《中国油气产业发展分析与展望报告蓝皮书（2014—2015）》（简称《蓝皮书》）在国际上产生影响。2015年3月，由石油企协和中国油气产业发展研究中心联合编撰的《中国油气产业发展分析与展望报告蓝皮书（2014—2015）》在北京举行新闻发布会。这是连续第5年由石油企协编撰出版发布年度《蓝皮书》。《蓝皮书》由国际篇、国内篇、合作篇和专题篇4大部分组成，总计33万字。2015年度《蓝皮书》的发布，引发了国内外媒体的高度关注，各类网络转载近千万条，创造了影响之最。其中《中国日报》以全英文稿件同步向全球发布，成功开启了石油企协

《蓝皮书》英文发布的先例。

【咨询与培训】 在管理课题研究和咨询方面：2015年，石油企协深化开展软科学课题和项目研究，成果丰硕。先后完成“集团公司治理体系和管控能力现代化国际化研究”“油气资源开采生态环境税费相关法律问题研究”“石油天然气行业主辅业务关联运行体制机制研究”“我国石油企业软实力建设现状与改革发展思路研究”“成品油市场新格局下的竞争策略研究”5项大型软科学研究和管理咨询项目，以上课题均被集团公司或上级部门评为优秀课题。

在管理培训方面。一是围绕“热点”问题搞培训。2015年9月，石油企协组织召开以“互联·变革·发展”为主题、共有200余人参加的“石油石化产业‘互联网+’发展战略研讨会”。来自国家发改委、工信部、国家能源局和中国石油、中国石化、中国海油等有关方面的专家进行了主题发言和研讨。研讨会期间，还组织与会代表到长庆油田数字化指挥中心实地考察，对长庆油田先进经验进行了深入挖掘和总结。二是围绕“难点”搞研讨。针对水资源管理的难点问题，2015年12月石油企协举办带有培训性质的“石油石化企业节能与节水技术推广交流暨国家标准宣传贯彻活动研讨会”，全国工业节水标准化技术委员会、集团公司节能监测中心有关领导，分别就节能节水国家标准和石油石化行业节能节水标准进行全面深入的讲解。会议还进行了论文交流，充分展示石油石化行业在节能节水方面取得的优秀成果和成功经验，取得较好的效果。

【国家级服务项目“三率”调查完成】 2015年，石油企协优质完成国家级服务项目“三率”（油气采收率、油气商品率和共伴生资源综合利用率）调查。国土资源部于2012年6月下发了《国土资源部关于开展重要矿产资源“三率”调查与评价工作的通知》，决定在全国开展煤炭、石油、天然气等22个重要矿产“三率”调查与评价工作。石油企协受托组建由中国石油、中国石化、中国海油主管部门工程技术人员和专家骨干组成的专家专题小组，同时聘请部分资深专家、教授开展油气资源“三率”调查与评价项目工作。专家专题小组先后对中国范围内分布在26个盆地21个行政区的674个油田、260个气田开展行业调查与评价，基本查明中国境内截至2011年底已探明的原油、凝析油、气层气、溶解气、煤层气等油气资源的“三率”综合利用技术现状；采用定量和定性相结合的方法科学评价油气资源合理开发利用水平，建立中国油气资源“三率”调查与评价数据库；总结节约与综合利用方面存在的主要问题，提出针对性和可操作的对策和建议，为健全中国油气资源节约及利用政策提供依据。调查与评价的成果，于2014年11月5日顺利通过国土资源部召开的中国重要矿产资源“三率”调查评价报告会的验收，并于2015年11月向国土资源部正式提交《中国能源矿产“三率”调查与评价报告（石油、天然气、煤层气）》的最终报告。圆满完成国土资源部委托的国家服务任务。国土资源部储量司向石油企协发来感谢信，对石油企协高质量、高水平地完成全国油气“三率”调查与评价工作，给予高度评价和致谢。

（张慧芳）

第十四篇

中国石油天然气集团公司大事纪要

中国石油天然气集团公司大事纪要

一　月

6日　集团公司董事长周吉平在北京钓鱼台国宾馆拜会委内瑞拉玻利瓦尔共和国总统尼古拉斯·马杜罗·莫罗斯。双方就进一步深化油气领域合作，加快广东揭阳炼油厂建设交换意见。

7日　陕京三线天然气管道工程全线建成投产，将为环渤海经济圈提供优质清洁能源，有效缓解北京供气压力，优化能源结构，改善大气环境，提高人民生活质量。

7—8日　集团公司党组书记、董事长周吉平主持召开党组2014年度民主生活会。会议强调要深刻吸取教训，增强纪律意识，旗帜鲜明地反对腐败，全面落实从严治党责任，始终做到讲政治、守规矩、正作风、勇担当，努力建设坚强有力的党组班子和奋发有为的干部队伍。

8日　哥斯达黎加共和国总统索利斯访问中国石油总部。集团公司副总经理、股份公司总裁汪东进介绍中国石油企业文化、发展战略和国际业务发展等情况。双方表示继续遵循国际惯例，立足双方国情，推动合作向前发展。

9日　2014年度国家科学技术奖励大会在人民大会堂召开，中国石油7项成果获国家科技奖。其中，“我国油气战略通道建设与运行关键技术”获国家科技进步奖一等奖；“大型复杂储层高精度测井处理解释系统CIFLog及其工业化应用”“阿姆河右岸盐下碳酸盐岩大型气田勘探开发关键技术与应用”“百万吨级精对苯二甲酸（PTA）装置成套技术开发与应用”3项成果获国家科技进步奖二等奖；中国石油参与完成的“复杂油气储层裂缝定量识别与评价关键技术及工业化应用”“水与废水强化处理的造粒混凝技术研发及其在西北缺水地区的应用”获国家科技进步奖二等奖；参与完成的“基于巨磁阻效应的油井管损伤磁记忆检测诊断技术及工业化应用”获国家技术发明奖二等奖。

12日　集团公司党组决定任命茅启平同志为工程技术分公司党委书记，免去李越强同志的工程技术分公司党委书记职务；陈新发同志为新疆油田分公司党委书记，免去徐卫喜同志的新疆油田分公司党委书记职务；姜国骅同志为大庆炼化分公司党委书记，免去王亚伟同志的大庆炼化分公司党委书记职务；赵玉军同志为长庆石化分公司党委书记，免去李汝新同志的长庆石化分公司党委书记职务；免去陈长青同志的西南化工销售分公司党委书记职务；杜丽学同志为河北销售分公司党委书记，免去杨宁海同志的河北销售分公司党委书记职务；王长根同志为湖北销售分公司党委书记，免去薛彦卓同志的湖北销售分公司党委书记职务；杨再生同志为测井有限公司党委书记，免去张幸福同志的测井有限公司党委书记职务。

同日　集团公司决定任命李越强为国际部（外事局）总经理（局长），免去章欣的国际部（外事局）总经理（局长）职务；秦永和为工程技术分公司总经理，免去杨庆理的工程技术分公司总经理职务；杨学文为新疆石油管理局局长，免去陈新发的新疆石油管理局局长职务；秦文贵为渤海钻探工程有限公司执行董事、总经理，免去秦永和的渤海钻探工程有限公司执行董事、总经理职务。

同日　股份有限公司决定任命李越强为国际部总经理，免去章欣的国际部总经理职务；杨学文为新疆油田分公司总经理，免去陈新发的新疆油田分公司总经理职务；李汝新为长庆石化分公司总经理，免去张喜文的长庆石化分公司总经理职务；刘建明为甘肃销售分公司总经理，免去杨顺义的甘肃销售分公司总经理职务；胡徐腾为广西销售分公司总经理，免去刘建明的广西销售分公司总经理职务。

13日　集团公司副总经理、股份公司总裁汪东进在北京会见德希尼布集团董事长兼首席执行官皮兰科一行。双方就进一步加强国内外陆地及海上工程技术合作进行商谈。

15日　集团公司副总经理、股份公司总裁汪东进在北京会见壳牌集团执行董事、CFO西蒙·亨利一行。双方就进一步加强国内外油气合作广泛深入交换意见。

16日 中委航运有限公司委托中船重工建造的第4艘超级油轮“JUNIN”号正式交付，标志着中委航运超级油轮船队正式建成，中国石油成为国内行业内第一个建立具有一定规模自有船队的企业。中委航运超级油轮船队由4艘30万吨级的超级油轮(VLCC)组成，具有载油量大、单位运油成本较低的显著特点，有力提升中国石油海外资源的安全、稳定运输能力，增强“国油国运”的力量，为保障国家石油战略安全提供重要支撑。

19—21日 集团公司董事长周吉平到新疆油田调研，强调要不辱使命，凝心聚力，改革创新，实现有质量、有效益、可持续发展，为集团公司建设世界水平综合性国际能源公司，为新疆经济发展、社会稳定和长治久安做出新的更大贡献。

20日 集团公司副总经理沈殿成到长庆油田调研安全生产工作，强调要落实新《安全生产法》和《环境保护法》，进一步完善安全环保监督管理体制机制，强化安全环保工作标准化管理，持续提高抗风险能力，努力实现企业安全发展。

25—27日 中国石油天然气集团公司2015年工作会议在河北廊坊召开（详见专稿）。

27日 集团公司副总经理、股份公司总裁汪东进在北京会见阿根廷国家石油公司总裁加卢西奥。双方就开展提高老油田采收率和增产技术以及装备制造等合作进行商谈。

29日 苏丹全国大会党副主席、总统助理甘杜尔一行访问中国石油总部。集团公司副总经理、股份公司总裁汪东进与对方在促进苏丹原油上产、保障人员安全、继续扩大合作等方面进行交流并签署合作协议。

同日 集团公司副总经理、股份公司总裁汪东进在北京会见道达尔集团副总裁兼上游业务总裁戴可瑞一行。双方就加强国内外油气合作及软实力建设合作等事宜进行商谈。

同日 如东—海门—崇明岛管道创造610毫米管径、穿越长度3440米定向钻穿越的世界纪录。

29—30日 集团公司总会计师刘跃珍到锦州石化公司、锦西石化公司调研，强调要认真学习贯彻落实好集团公司2015年工作会议精神，统一认识、转变观念、发挥优势，进一步提高企业竞争力，实现质量效益发展。

30日 中缅原油管道工程境外段试投产，马德岛港正式开港投运。中缅原油管道工程缅甸段全长771千米，设计年输量2200万吨，由中国石油、缅甸国家油气公司共同出资建设，所占股份分别为50.9%、49.1%。马德岛位于缅甸若开邦皎漂市东南部，建设30万吨级原油码头、工作船码头、65万立方米水库、38千米航道、120万立方米原油罐区等。

30—31日 集团公司海外油气业务2015年工作会议在北京召开。会议强调要主动适应海外业务新常态，积极应对低油价挑战，确保海外油气业务实现优质高效发展。集团公司副总经理、股份公司总裁汪东进出席会议并讲话。

二 月

2—3日 集团公司副总经理沈殿成到兰州石化公司调研，强调要深入贯彻落实集团公司工作会议精神，全力打好扭亏解困攻坚战，为中国石油实现有质量有效益可持续发展做出更大贡献。调研期间，沈殿成会见甘肃省委常委、兰州市委书记虞海燕。双方就进一步加强安全环保管理工作，建立联动机制，实现企地共建、合作共赢等事宜深入交换意见。

3日 集团公司董事长周吉平到工程建设公司调研，强调要深入贯彻集团公司2015年工作会议精神，以深化改革为动力，大力实施技术和管理创新，持续推进三大基础性工程，不断提升企业影响力和可持续发展能力，全面建设国际一流的工程公司。

同日 集团公司副总经理、股份公司总裁汪东进在北京会见伊拉克石油部副部长法亚德一行。双方就进一步加强石油领域合作深入交换意见。

4日 集团公司副总经理、股份公司总裁汪东进在北京会见尼日尔外交部部长巴祖姆、驻华大使穆斯塔法一行。双方就深化中尼石油合作、西非原油管道建设等事宜深入交换意见。

5日 集团公司总会计师刘跃珍到中国石油勘探开发研究院调研，强调要进一步完善科技体制和机制，加强战略研究，引领科技创新，培养创新型高端人才，为中国石油有质量有效益可持续发展提供技术支撑和保障。

5—7日 集团公司董事长周吉平到辽河油区调研，强调要全面贯彻集团公司工作会议精神，深入推进改革试点，为中国石油全面深化改革当先锋做示范。

6日　集团公司总会计师刘跃珍在北京会见美银美林集团亚太区总裁高文宇。双方就加强在全球资本市场、授信及海外并购等领域合作进行深入交流。

同日　中国石油天然气集团公司和中国航天科工集团公司在北京石油大厦签署战略合作框架协议。协议的签署，将促进双方优势互补，实现互利双赢、共同发展。

10日　集团公司副总经理沈殿成到抚顺石化公司调研，强调要深入贯彻落实集团公司2015年工作会议精神，主动作为、勇挑重担、提振士气，靠改革降成本，靠科技创效益，夯实三大基础性工程，不遗余力全面打胜扭亏解困攻坚战。

同日　集团公司矿区服务系统2015年工作会议在北京召开。会议强调要深化矿区服务改革，增强创效能力，提升服务水平，推进矿区业务健康平稳发展。

13日　集团公司副总经理、股份公司总裁汪东进在北京会见俄罗斯天然气股份公司总裁米勒。双方就中俄东线供气项目实施、西线项目谈判有关问题深入交换意见。

13—14日　集团公司反腐倡廉建设2015年工作会议在北京召开。会议强调要切实增强责任感和紧迫感，以坚决的态度、扎实的举措，严明党的纪律规矩，严格监督执纪问责，持续推动反腐倡廉基础性工程不断取得新成效，为全面建成世界水平的综合性国际能源公司提供有力保障。集团公司董事长、党组书记周吉平出席会议并讲话。

15日　集团公司管道隐患整改及冬季安全生产检查情况通报会在北京召开。会议强调要层层落实责任，抓好安全大检查问题整改，打好油气管网隐患治理攻坚战，确保春节、全国“两会”期间安全生产。集团公司副总经理沈殿成出席会议并讲话。

28日　全国精神文明建设工作表彰暨学雷锋志愿服务大会在北京举行，大港油田公司、吉林销售公司等17个单位获第四届“全国文明单位”称号。

三　　月

1日　中央第二巡视组巡视中国石油天然气集团公司工作动员会在北京召开。中央巡视组将在集团公司工作2个月，主要受理反映集团公司领导班子成员、下一级领导班子成员和重要岗位领导干部问题的来信来电来访，重点是关于党风廉政建设、作风建设、执行政治纪律和选拔任用干部方面的举报和反映。集团公司党组书记周吉平主持会议并作动员讲话，中央第二巡视组组长李五四就专项巡视工作作讲话。

3日　中国共产党优秀党员、中国科学院院士、中国著名石油地质学家、中国石油勘探开发研究院原副院长兼总地质师田在艺同志，因病医治无效于2015年3月3日15时17分在北京逝世，享年96岁。田在艺毕生致力于石油地质学理论与勘探实践的发展，是大庆油田主要发现者之一，获国家自然科学奖一等奖、李四光地质科学奖和何梁何利基金科学与技术进步奖，为中国石油勘探事业起步、壮大和发展做出突出贡献。

3—4日　集团公司工程技术业务2015年工作会议在北京召开。会议强调要以市场化、国际化、一体化为战略引领，打赢工程技术业务质量效益发展攻坚战。集团公司副总经理、股份公司总裁汪东进出席会议并讲话。

4日　俄罗斯亚马尔项目MWP4&FWP5工程包在山东青岛海工建造基地正式开工。该工程包共计45个模块、总重约3.3万吨，由中国石油海洋工程公司承建，是中国石油首个国际LNG模块化建造项目，填补了中国石油国际LNG模块建造项目空白。

同日　中共中央宣传部公布第一批50个全国学雷锋活动示范点和50名全国岗位学雷锋标兵，长庆油田矿区事业部泾欣园综合服务处、克拉玛依园林阳光社区被评为“全国学雷锋活动示范点”。渤海钻探第三钻井分公司新疆项目部70522钻井队队长牛星壮、吉林石化染料厂苯酚车间化工三班班长刘玉获“全国岗位学雷锋标兵”称号。

6日　集团公司副总经理、股份公司总裁汪东进在北京会见埃克森美孚公司高级副总裁魏捷凯一行。双方就进一步深入合作广泛交换意见。

同日　集团公司副总经理赵政璋在北京会见道达尔勘探生产高级副总裁纪雅慕。双方就天然气合作项目的价格制定、成本压缩及数据共享等有关事宜充分交换意见。

同日　集团公司装备制造业务2015年工作视频会议在北京召开。会议强调要主动适应新常态，深化改革创新，提升竞争力，全力开拓市场，全面推进装备制造业务提质增效升级。

8日　国内首座最大的20万立方米LNG储罐——江苏LNG项目二期工程T-1204储罐一次升顶成功，标志着中国石油大型LNG储罐建造技术取得重大突破。T-1204储罐采用落地电伴热式承台，为全容式混凝土储罐，圆筒形外罐直径86.4米、高44.2米；圆拱形钢质罐顶总重约1000吨，顶部中心距罐内地面56米。

9日　集团公司副总经理、股份公司总裁汪东进在北京会见苏丹共和国石油部国务部长默罕默德·扎伊德一行。双方就加强石油领域合作等事宜进行深入交流。

同日　由中国石油天然气股份有限公司、申能（集团）有限公司、江苏洋口港股份公司三方合资成立的江苏如东联合管道有限公司，在上海签约成立。三家公司股权比例分别是50%、40%、10%。如东—海门—崇明岛输气管道起自江苏如东LNG接收站外输管道如东首站，途经如东、通州、海门，在海门穿越长江进入上海市崇明岛。管道全长约90千米，年设计输量18.4亿立方米。

10日　集团公司总会计师刘跃珍在北京会见美银美林全球企业及投资银行总裁克里斯蒂安·梅斯纳一行。双方就进一步加强在海外并购、资产重组、授信及发债等方面合作进行深入交流。

同日　国务院国有资产监督管理委员会公布2015年中央企业获全国妇联表彰名单，中国石油伊拉克公司哈法亚项目勘探开发部经理田平被授予“全国三八红旗手”称号，中国石油勘探开发研究院西北分院高级工程师邓央被授予“全国巾帼建功标兵”称号。辽河油田兴隆采油厂采油作业三区女子采油队等5个集体被授予“全国巾帼文明岗”称号，工程技术研究院女工委被授予“全国巾帼建功先进集体”称号。

同日　塔里木油田克深区KS9区块KS901井在井深7930米、井温184摄氏度、压力175兆帕射孔成功，川庆钻探测井创造了国内超高温超高压超深井射孔纪录。

11日　集团公司副总经理、股份公司总裁汪东进在北京会见BP集团执行副总裁戴尚亚一行。双方就进一步加强国内上下游业务以及海外项目合作深入交换意见。

12日　集团公司副总经理、股份公司总裁汪东进在北京会见赫世石油公司首席执行官约翰·赫世一行。双方就加强国内外油气合作深入交换意见。

同日　集团公司标准化委员会第八次会议在北京召开。会议强调要优化完善企业标准体系，健全企业标准化管理，强化标准实施监督，充分发挥标准减损耗、增收益、提高效率效益的重要作用，更好地支撑集团公司有质量、有效益、可持续发展。集团公司副总经理、标准化委员会主任委员喻宝才主持会议并讲话。

13日　集团公司副总经理赵政璋在北京会见洛克石油公司董事长赵彬。双方就进一步加强国内外油气合作深入交换意见。

16日　中央纪委决定，中国石油天然气集团公司总经理廖永远涉嫌严重违纪违法，正接受组织调查。集团公司党组立即召开会议，传达中央纪委关于廖永远涉嫌严重违纪违法接受组织调查的决定。会议强调要坚决贯彻中央精神，坚定不移同以习近平同志为总书记的党中央保持高度一致，充分认识反腐败斗争的重要性、紧迫性，旗帜鲜明地反对腐败，把反腐倡廉建设放在更加突出的位置，全力做好当前工作，确保大局稳定。

同日　集团公司党组决定任命刘华治同志为西藏销售分公司党委书记，免去次仁扎西的西藏销售分公司党委书记职务。

17日　集团公司董事长、党组书记周吉平主持召开总部机关领导干部会议，传达中央纪委关于廖永远涉嫌严重违纪违法接受组织调查的决定。会议强调要紧密团结在以习近平同志为总书记的党中央周围，按照集团公司党组的统一部署，坚定信心、振奋精神，坚持不懈地推进党风廉政建设和反腐败斗争，全力以赴做好各项工作，为保障国家能源安全、实现中华民族伟大复兴的中国梦做出新的更大贡献，以新的业绩、新的面貌让党中央放心、让人民群众满意。

同日　集团公司副总经理喻宝才在北京会见西门子公司管理委员会成员、全球发电与天然气集团首席执行官戴俪思。双方就进一步加强科技创新、人员培训及物资采购等方面合作充分交换意见。

18日　集团公司总会计师刘跃珍在北京会见美国能源部部长特别顾问约翰·麦克威廉姆斯。双方就中美能源、环保合作框架下推动中国石油与美国在非常规油气及环保领域合作进行交流。

同日　集团公司总会计师刘跃珍在北京会见摩根大通中国区董事长兼首席执行官李一。双方就进一步加强在贸易融资、债券发行、授信额度、资金管理以及利率汇率风险管理等方面合作深入交换意见。

同日　集团公司工程建设业务2015年工作视频会议在北京召开。会议强调要加快推动转型升级，实现工程建设业务有质量、有效益、可持续发展。

19日　集团公司召开第三届企业年金理事会第二次会议。会议强调要进一步研究制定适应中国石油企业年金管理需要的战略资产配置方案，强化风险识别、风险评估和风险管控能力，确保年金资产安全稳健增值。集团公司总会计师刘跃珍出席会议并讲话。

19—20日　集团公司安全环保2015年工作会议在北京召开。会议强调要主动适应新常态，积极应对新挑战，突出安全环保问题导向，认真落实新《安全生产法》和《环境保护法》要求，进一步强化监管，切实提升风险管控能力，为集团公司全面建成世界水平综合性国际能源公司做出新贡献。集团公司副总经理沈殿成出席会议并讲话。

20日　集团公司在北京召开总部机关主要负责人会议。会议强调要切实把思想和行动统一到中央的要求上来，坚定不移推进反腐败斗争，切实做好思想政治工作，凝心聚力抓发展保增长，全面从严加强党的建设，确保干部职工队伍稳定，确保企业生产经营平稳运行，为国民经济稳增长多做贡献。国务院国资委主任、党委书记张毅出席会议并作重要讲话，集团公司董事长、党组书记周吉平主持会议，并就贯彻落实中央精神和国务院国资委党委要求作表态发言。

同日　集团公司副总经理、股份公司总裁汪东进在北京会见英国BG集团首席执行官龙海歌。双方就加强国际油气贸易、开展国内外天然气一体化开发利用等事宜深入交换意见。

22日　集团公司副总经理、股份公司总裁汪东进在北京会见道达尔首席执行官潘彦磊。双方就进一步加强国内外油气领域合作深入交换意见。

23日　集团公司副总经理、股份公司总裁汪东进在北京会见壳牌集团首席执行官范伯登一行。双方就进一步加强国内外油气合作以及在科技、管理经验交流、非常规资源开发等方面事宜深入交换意见。

24日　集团公司副总经理、股份公司总裁汪东进在北京会见委内瑞拉社会经济发展银行行长西蒙·赛尔帕一行。双方就加强中委油气一体化合作深入交换意见。

同日　集团公司副总经理喻宝才到四川销售公司调研，强调要深入贯彻落实中央精神和集团公司工作会议精神，加强市场和业务转型研究，持续完善人才队伍建设，以改革创新精神全方位提升企业经营创效能力。

25日　中缅油气管道（国内段）工程被水利部命名为“全国水土保持生态文明工程”。中缅原油管道国内段工程途经滇黔桂三省（自治区），地形地貌复杂，是世界上建设难度最大的管道工程之一。中国石油采用50多项新技术，减少占地950公顷，减少土地扰动面积1735公顷，水土流失防治效果突出，各项水土流失防治指标达到并超过国家标准。

26日　集团公司董事长周吉平在北京会见沙特阿美石油公司总裁兼首席执行官法利赫一行。双方就加强在炼油、销售、原油贸易、工程技术、科技研发等领域的合作深入交换意见。

同日　中国石油天然气股份有限公司发布2014年度业绩。2014年面对全球经济复苏缓慢，油气市场需求增速放缓，特别是下半年以来国际油价大幅下跌的不利形势，中国石油主动适应新常态，坚持“有质量、有效益、可持续”发展方针，从注重规模发展向更加注重质量效益发展战略转型，推行工效挂钩等一系列增产增销增效改革举措，取得良好经营业绩。截至2014年12月31日，实现营业额22829.62亿元，比2013年增长1.1%，归属于母公司股东的净利润1071.72亿元，比2013年下降17.3%。实现每股基本盈利0.59元。公司原油总产量9.455亿桶，比2013年增长1.4%；可销售天然气产量30288亿立方英尺，比2013年增长8.1%；油气当量产量14.504亿桶，比2013年增长3.6%；加工原油10.106亿桶，生产成品油9267.1万吨；运营国内油气管道总长度7.68万千米。

27日　中国石油天然气集团公司与卡特彼勒公司在北京签署战略合作协议。双方将进一步加强在全球化、产品和服务、知识和最佳实践共享、设备制造和再制造、循环经济和绿色可持续发展等领域的合作，推动双方共赢发展。集团公司副总经理喻宝才与卡特彼勒公司集团总裁彭唐谋就深化双方合作举行会谈，并共同出席签约仪式。

同日　集团公司党组决定任命白雪峰同志为华南化工销售分公司党委书记，免去张培华同志的华南化工销售分公司党委书记职务。

同日　股份公司决定任命白雪峰为华南化工销售

分公司总经理，免去张培华的华南化工销售分公司总经理职务。

28 日　集团公司副总经理、股份公司总裁汪东进在北京会见俄罗斯管道运输公司副总裁马尔格洛夫、安德隆洛夫一行。双方就中俄原油管道扩建以及原油增供等事宜深入交换意见。

30 日　集团公司董事长、全面深化改革领导小组组长周吉平主持召开全面深化改革领导小组第四次会议。会议审议并原则通过集团公司改革专项小组调整名单、改革领导小组 2015 年工作要点、第二批调整管理权限和下放权力清单。会议强调要切实加强对公司改革工作的组织领导，抓好中央各项改革部署的贯彻执行，狠抓改革重点任务落实，营造良好氛围，确保各项改革取得实效。

同日　集团公司副总经理沈殿成在北京会见沙特阿美公司亚洲总裁易卜拉欣·布彦。双方就云南炼油厂合作项目的最新进展情况及进一步扩大下游合作业务充分交换意见。

31 日　第二届“加油中国·传承铁人”十大年度人物选树活动总结发布会在北京举行。中国石油新疆油田重油开发公司采油班班长肉孜麦麦提·巴克、东北炼化工程公司吉林化建公司焊接专家徐龙杰、勘探开发研究院中东所室主任赵丽敏获选。本届活动由中国能源化学工会、中国石油、中国石化、中国海油和陕西延长石油共同主办。集团公司副总经理赵政璋出席活动并为十大年度人物颁奖。

本月　集团公司副总经理沈殿成深入北京周边油库、加油站和储气库，暗查暗访安全环保工作，强调要始终坚持高标准严要求，扎实做好安全环保工作，全力保障全国“两会”期间油气平稳供应。

本月　集团公司副总经理沈殿成在北京会见委内瑞拉石油矿业部部长查韦斯。双方就加强中委油气一体化合作进行商谈。

四　　月

1 日　集团公司定点扶贫与对口支援工作领导小组 2015 年工作会议在北京召开。会议总结了 2014 年定点扶贫与对口支援工作，2014 年集团公司在定点扶贫、对口支援的 8 省 14 县以及专项帮扶的 3 省 4 县共投入资金 6370 万元，完成 22 个扶贫项目，赢得受援地百姓普遍认可。会议强调要坚决贯彻落实党中央、国务院关于扶贫开发工作的各项决策部署，突出精准扶贫，为受援地广大人民群众谋求更多福祉。集团公司副总经理、定点扶贫与对口支援工作领导小组组长喻宝才主持会议并讲话。

同日　集团公司总会计师刘跃珍在北京会见花旗银行全球副主席阿兰·麦克唐纳。双方就国际油价走势、美国利率变动影响及业务合作发展等事宜深入交换意见。

1—2 日　集团公司召开 2015 年重大项目专项审计监察工作启动暨培训会。会议强调要以联合开展重大项目专项审计和合规管理监察工作为切入点，推进审计与纪检监察资源整合的有效探索，进一步推动集团公司合规管理和反腐倡廉工作。集团公司党组纪检组组长徐吉明出席会议并讲话。

2 日　集团公司保密委员会暨密码工作领导小组会议在北京召开。会议强调要认真贯彻落实《党政领导干部保密工作责任制规定》，紧紧围绕企业改革发展大局，扎紧保密篱笆，筑牢保密防线，努力打造保密工作升级版，坚决打赢信息化条件下保密攻坚战。集团公司副总经理喻宝才出席会议并讲话。

同日　集团公司总会计师刘跃珍在北京会见巴西国家石油公司首席财务官苏拉蒙泰罗。双方就加强在巴西油气领域特别是里贝拉项目的合作深入交换意见。

3 日　集团公司副总经理、股份公司总裁汪东进在北京会见俄罗斯国家石油公司副总裁卡西米罗一行。双方就加强在原油领域合作深入交换意见并达成多项共识。

同日　集团公司决定，将集团公司全面深化改革领导小组办公室由政策研究室调整至企业管理部（内控与风险管理部）。

7 日　集团公司副总经理、股份公司总裁汪东进在北京会见伊朗石油部副部长扎马尼亚一行。双方就加强原油领域合作深入交换意见。

8 日　集团公司董事长周吉平在北京会见土库曼斯坦副总理霍贾穆哈梅多夫。双方就加强中土天然气合作深入交换意见。

同日　集团公司总会计师刘跃珍在北京会见高盛集团副董事长史华兹。双方就进一步加强公司合作充分交换意见。

9日　集团公司第63期党校及工商管理培训班在北京石油管理干部学院开班。集团公司党组书记、董事长、党校校长周吉平出席开学典礼并讲话，强调要深入学习领会习近平总书记“四个全面”重大战略思想，认真落实中央全面从严治党的要求，全体学员要深入思考，努力找到破解改革发展难题的答案，圆满完成学习培训任务。

10日　集团公司董事长周吉平在北京会见伊朗石油部部长赞加内一行。双方就加强石油领域合作深入交换意见。

同日　集团公司2015年质量计量标准化工作视频会议在北京召开。会议强调要加大改革创新力度，进一步提升质量计量标准化管理水平，增强对集团公司改革发展的支撑能力。集团公司副总经理喻宝才出席会议并讲话。

13日　集团公司副总经理喻宝才在北京会见通用电气公司高级副总裁兼油气集团总裁罗澜素。双方就推进在物资采购、质量管理、科技创新及人才培训等方面的合作充分交换意见。

16日　集团公司董事长周吉平在北京会见俄罗斯国家石油公司总裁谢钦一行。双方就加强上下游、原油贸易等领域合作深入交换意见。

同日　集团公司总会计师刘跃珍在北京会见忠利集团首席执行官格列柯一行。双方就促进国内合资公司发展以及开展海外业务合作进行深入交流。

17日　集团公司直属机关2015年党的工作会议在北京召开。会议强调要坚决落实全面从严治党要求，统一思想，扎实工作，不断开创直属机关党建工作新局面，为集团公司实现有质量、有效益、可持续发展做出新贡献。集团公司党组书记、董事长周吉平出席会议并讲话。

20日　集团公司副总经理、股份公司总裁汪东进在北京会见俄罗斯诺瓦泰克公司总裁米赫尔松。双方就推进合作项目进展深入交换意见。

20—29日　集团公司2015年纪委书记培训班在中国纪检监察学院举办。集团公司党组成员、党组纪检组组长徐吉明强调要深刻认识党风廉政建设和反腐败工作面临的严峻形势，清醒认识肩负的责任和使命，准确把握并积极践行忠诚、干净、担当的标准和要求，做一名合格的纪委书记，创造性地推动纪检监察工作取得新成效。

21日　集团公司董事长、科技委员会主任周吉平主持召开集团公司科技委员会会议，强调要加快培育创新驱动新引擎，注重科技体制机制创新，努力形成技术新优势，为公司做好业务结构调整、增长点培育和低成本发展提供不竭动力。

21—23日　集团公司总会计师刘跃珍到寰球工程公司和工程建设公司调研，强调要持续深化改革，强化技术和管理，以前瞻性的眼光做好战略规划，提升企业竞争优势，积极开拓市场，努力打造国际一流工程公司。

22日　集团公司副总经理、品牌管理委员会主任喻宝才主持召开品牌管理委员会工作会议，强调要坚持高起点、高标准、高水平，全力做好品牌管理相关工作，不断提升中国石油的品牌价值和内涵，努力实现“美誉度高、影响力大、全球知名”的品牌建设目标。

23日　集团公司决定，授予大庆油田有限责任公司第一采油厂第三油矿中四采油队队长侯涛等10人第八届“十大杰出青年”称号，授予大庆油田有限责任公司钻探工程公司钻井二公司DQ1205钻井队平台经理陈伟等106人“优秀青年”称号。

24日　集团公司副总经理、股份公司总裁汪东进在北京会见哈里伯顿全球总裁杰弗瑞·米勒一行。双方就加强国内外勘探开发、工程技术、装备制造、科技研发等领域合作深入交换意见。

同日　股份公司决定，调整优化企业管理部（内控与风险管理部）管理职能，更名为改革与企业管理部。

27日　集团公司2015年科技工作视频会议在北京召开。会议强调要加快落实创新驱动发展战略，深化科技改革，加大创新力度，为推动国家能源技术革命和集团公司提质增效升级提供重要支撑和保障。集团公司副总经理喻宝才出席会议并讲话。

28日　庆祝“五一”国际劳动节暨表彰全国劳动模范和先进工作者大会在北京人民大会堂举行。大庆油田杨海波、长庆油田惠新阳等43位中国石油人获“全国劳动模范”称号。

同日　股份公司决定，成立中石油克拉玛依石化有限责任公司，列股份公司直属单位序列管理。注销中国石油天然气股份有限公司克拉玛依石化分公司。

29日　集团公司董事长周吉平在北京会见沙特阿拉伯石油和矿产资源大臣纳伊米一行。双方就推进原油贸易、勘探开发、工程技术、装备制造、科技研发等领域合作广泛交换意见。

同日　集团公司总会计师刘跃珍到昆仑工程公司

和工程设计公司调研，强调要加快企业战略调整，创新体制机制和商业模式，开辟发展新路径，努力提高市场开拓能力和服务支持能力，为集团公司提质增效、改革发展做出更大贡献。

同日　中央企业共青团“五四”表彰大会在北京举行，中国石油39个集体和个人受到表彰。其中，吐哈油田井下技术作业公司压裂一队等8个集体获得“中央企业青年文明号”，大庆油田陈伟等5人被评为“中央企业青年岗位能手”，兰州石化团委等4个团委被评为“中央企业五四红旗团委”，长城钻探钻井二公司陕北项目部40010队团支部等6个团支部被评为“中央企业五四红旗团支部”，煤层气公司黄扬扬等9人被评为“中央企业优秀共青团员”，长庆油田范洲等7人被评为“中央企业优秀共青团干部”。

本月　集团公司召开2015年巡视工作启动会。2015年集团公司党组组建8个巡视组，采取“一托二”方式，全年计划开展3轮巡视，共巡视48家单位，争取利用3年时间实现所属企事业单位巡视全覆盖。集团公司党组成员、党组纪检组组长、巡视工作领导小组副组长徐吉明出席会议并讲话。

本月　集团公司表彰11名特等劳动模范、433名劳动模范，11个模范集体、290个先进集体，10名杰出青年、106名优秀青年。集团公司党组发出号召，进一步激励百万石油员工传承大庆精神铁人精神，弘扬劳模精神和劳动精神，学习劳模、争当劳模，立足岗位、埋头苦干，为全面建成世界水平综合性国际能源公司贡献力量。

五　　月

4日　集团公司在北京召开中层以上管理人员大会。中共中央组织部副部长王京清宣布党中央、国务院关于中国石油天然气集团公司主要领导变动的决定：王宜林同志任中国石油天然气集团公司董事长、党组书记；免去周吉平同志中国石油天然气集团公司董事长、党组书记职务，到龄退出领导班子。董事长职务的任免按有关法律和程序办理。

5日　集团公司董事长王宜林在北京会见壳牌集团首席执行官范伯登一行。双方就进一步加强战略合作伙伴关系交换意见。

11—14日　集团公司董事长王宜林到黑龙江石油石化企业调研，强调要高举大庆旗帜，弘扬大庆精神铁人精神，依靠科技创新、管理创新，筑牢发展根基，打造一支过硬的干部员工队伍，为集团公司持续健康发展凝心聚力，再做新贡献。

同日　集团公司副总经理喻宝才到山东销售公司调研，强调要持续加大改革力度，增强效益观念，抓好信息化建设，提高企业劳动效率和创效盈利能力，实现企业突飞猛进发展。

13—14日　集团公司副总经理沈殿成到西南油气田公司龙王庙组气藏进行现场安全督办，强调要牢固增强法律意识，落实责任主体，严肃问题整改，提高应急防范能力，把企业效益建立在安全环保基础之上。

14日　集团公司党组下发《关于开展“三严三实”专题教育实施方案》，对2015年在副处级以上领导干部中开展“三严三实”专题教育做出安排。要求对照“严以修身、严以用权、严以律己，谋事要实、创业要实、做人要实”的要求，聚焦对党忠诚、个人干净、敢于担当，弘扬大庆精神铁人精神和“三老四严”“四个一样”等石油优良传统作风，着力解决“不严不实”问题，切实增强践行“三严三实”要求的思想自觉和行动自觉，努力在深化“四风”整治、巩固和拓展党的群众路线教育实践活动成果上见实效，在守纪律讲规矩、营造良好政治生态上见实效，在真抓实干、推动改革发展稳定上见实效。

15日　集团公司副总经理、股份公司总裁汪东进在北京会见康菲石油公司董事长兼首席执行官蓝睿谙　行。双方就加强原油贸易、非常规油气勘探开发等领域合作深入交换意见。

15—16日　集团公司年鉴工作会议在北京召开。集团公司董事长王宜林做出批示，强调铭记发展轨迹，提升年鉴水平。自2001年参加全国性评奖以来，《中国石油天然气集团公司年鉴》已获奖12次，2013卷获第五届年鉴编纂出版质量评比综合特等奖，是全国年鉴工作最高奖项。

19日　集团公司党组书记、董事长王宜林以视频会议方式向集团公司全系统处级以上干部讲“三严三实”专题党课，强调要扎扎实实开展好专题教育，积极践行“三严三实”要求，大力弘扬大庆精神铁人精神和优良传统作风，努力建设一支讲党性、守规矩、重自律、敢担当、崇实干、行正道的企业领导干部队伍。

19—20 日　集团公司规划计划工作会议在北京召开。会议强调要主动适应内外部形势变化，加快转变发展方式，着力提升质量效益，突出战略规划引领，强化投资项目管理，加强资源优化配置，开创规划计划工作新局面，推动集团公司有质量、有效益、可持续发展。集团公司副总经理、股份公司总裁汪东进出席会议并讲话。

20 日　集团公司党组书记、董事长王宜林在北京会见辽宁省委常委、大连市委书记唐军。双方就加快推进重点项目建设，进一步深化企地合作等事宜深入交换意见。

同日　集团公司副总经理沈殿成在北京会见沙特阿美石油公司亚洲总裁易卜拉欣·布彦。双方就合作项目的最新进展情况及进一步加强下游业务合作充分交换意见。

21 日　集团公司党组书记、董事长王宜林一行到国家税务总局，与国家税务总局党组书记、局长王军等会谈。双方就支持企业发展、促进良好税收环境等话题进行深入交流。

同日　集团公司副总经理汪东进在北京会见苏丹财政与国民经济部国务部长迪拉尔及苏丹驻华大使奥马尔一行。双方就进一步推进在苏丹项目合作等事宜深入交换意见。

22 日　集团公司党组书记、董事长王宜林一行到环境保护部，与环境保护部党组书记、部长陈吉宁会谈。双方就加强环境保护和生态文明建设及节能减排等问题进行深入交流。

25 日　集团公司副总经理、股份公司总裁汪东进在北京会见国际石油工程师学会（SPE）2016 年度主席米汗一行。双方就进一步加强在油气领域技术交流与合作深入交换意见。

同日　长庆油田在陕北姬塬发现我国第一个亿吨级大型致密油田——新安边油田，提交 1 亿吨致密油探明地质储量。

25—29 日　集团公司董事长王宜林到新疆石油企业调研，强调要认真贯彻落实集团公司工作会议精神，聚焦主业谋划发展，创新管理在提质增效上狠下功夫，加强党建扎扎实实开展“三严三实”专题教育，在实现集团公司有质量、有效益、可持续发展中，为新疆建设“丝绸之路经济带核心区”做出新贡献。

26 日　中国石油中高渗透稀油油藏高含水期开发技术对策研讨会在北京召开。会议强调要提高效益意识，坚持最成熟、最经济、最具潜力的注水开发技术，不断探索新的开发模式，走创新发展之路，持续攻关全新高效的接替技术，提升中高渗透油藏开发水平，为高含水油田开发提质增效做出更大贡献。集团公司副总经理赵政璋出席会议并讲话。

26—28 日　集团公司副总经理沈殿成到宝鸡石油钢管有限责任公司和宝鸡石油机械有限责任公司调研，强调要加强市场开拓，提高对外合资合作水平，持续推进技术创新，努力降低成本，不断提高核心竞争力。

26—29 日　集团公司副总经理喻宝才到西南油气田公司和重庆销售公司调研，强调要进一步降低开发成本，大力发展清洁能源，通过加大改革创新力度推动企业更高水平发展，为集团公司有质量、有效益、可持续发展再做新贡献。

29 日　集团公司副总经理、股份公司总裁汪东进在北京会见哈萨克斯坦国家油气公司副总裁兼哈萨克斯坦输气公司总经理萨立普巴耶夫一行。双方就中哈天然气管道项目等事宜深入交换意见。

30 日　伊拉克石油部长阿迪勒·阿卜杜勒·迈赫迪一行对中国石油哈法亚项目进行访问。迈赫迪一行参观哈法亚生产指挥控制中心，详细了解油田生产运行情况，对哈法亚数字化油田建设给予肯定，并为占地 4.5 万平方米的油田配套设施工程维修中心以及应急响应中心和培训中心落成剪彩。

六　　月

1 日　集团公司党组书记、董事长王宜林在北京会见福建省委常委、福州市委书记杨岳。双方就积极推进合作项目建设，进一步深化企地合作等事宜深入交换意见。

2 日　集团公司董事长王宜林在北京会见俄罗斯天然气工业股份公司总裁米勒一行。双方就加强中俄天然气管道项目合作等事宜深入交换意见。

同日　中国石油召开新闻发布会，首次发布《中国石油绿色发展报告》，同时发布环境保护、油品质量升级和天然气业务发展相关报告，集中展示中国石油在支持国家经济建设、带动相关产业进步、为百姓生活提供能源保障和优质服务的同时，实现绿色、可持续发展方面的做法以及成果。

3 日　集团公司党组书记、董事长王宜林在北京会见辽宁省委副书记、代省长陈求发。双方就加快推进在辽宁省石油石化项目建设，进一步深化企地合作等事宜深入交换意见。

3—5日 集团公司副总经理赵政璋到长庆油田公司调研，强调要牢固树立红线意识，坚守安全底线思维，从根本上提高企业安全环保管理水平，进一步强化效益观念，持续增强可持续发展能力。

5日 钻井工程技术研究院研制的钻井节能提速导航仪(Smart Driller Indicator)获得第45届“E&P工程创新奖”。这是中国石油首次获得此奖项。美国“E&P工程创新奖”始于1971年，是享誉全球油气行业的重要科技奖项之一。

8日 集团公司召开上半年HSE管理体系审核总结视频会。会议强调各级领导干部要强化责任担当意识，坚持严字当头，坚持以上率下，对安全环保工作亲力亲为、敢抓敢管、一抓到底、抓出成效。全体员工要严格遵守国家法律法规和企业管理制度，严格履行岗位职责，严格执行安全规章和操作规程，不断促进安全环保形势总体稳定和持续好转。集团公司董事长王宜林出席会议并讲话。

9日 集团公司党组书记、董事长王宜林在北京会见陕西省委书记赵正永，省委副书记、省长娄勤俭一行。双方就进一步深化企地合作，促进地方经济社会发展和在陕西石油企业发展深入交换意见。

同日 股份公司决定，成立中石油海南销售有限公司，列股份公司直属单位序列管理。注销中国石油天然气股份有限公司海南销售分公司。

10日 中国石油天然气集团公司与深圳市腾讯计算机系统有限公司在北京签署战略合作协议。根据协议，双方将在业务开发与推广、移动支付、互联网金融、媒介宣传、O2O（线上与线下联动）业务、地图导航、医疗、旅游、团购、用户忠诚度管理（积分会员管理）、云服务、大数据应用与联合营销等领域探索开展合作，共同推进相关产品和服务的创新以及产业升级。集团公司董事长王宜林与腾讯公司董事会主席、首席执行官马化腾会晤，双方就如何利用互联网技术促进能源企业的转型发展，更好地服务社会和广大消费者，发挥双方优势提升社会价值，加强风险防控，实现互利双赢等问题进行交谈。

10—12日 集团公司副总经理喻宝才到云南销售公司调研，强调要持续为客户提供有价值的服务，积极适应市场环境和客户消费方式的变化，变革创新商业模式，实现企业与客户间长期持续稳定的共赢。

11—12日 集团公司董事长王宜林到贵州出席中央企业助推贵州经济社会发展座谈会暨签约仪式，并到贵州销售公司调研，强调要创新管理发挥经营特色，精细管理提升质量效益，加强队伍建设，树立企业良好形象，不断开拓在贵州省销售市场。

同日 集团公司副总经理、股份公司总裁汪东进到辽宁地区部分石油石化企业调研，强调要认清新形势，适应新常态，坚持改革创新，贯彻新《安全生产法》和《环境保护法》，实现安全环保稳定发展。

15日 中央第二巡视组专项巡视中国石油天然气集团公司情况反馈会议在北京召开（详见专稿）。

16日 集团公司党组书记、董事长王宜林主持召开党组会议，根据中央巡视组反馈意见，研究部署整改落实工作。会议决定，成立整改落实工作领导小组，王宜林担任组长，对整改落实工作负总责。党组成员结合业务分工承担专项整改责任，负责抓好分管业务部门和单位的问题整改。各级纪检监察部门要履行好监督责任，确保事事有人抓、件件有着落。会议强调要始终在思想上政治上行动上同以习近平同志为总书记的党中央保持高度一致，把习近平系列重要讲话精神不折不扣落实到改革发展稳定各项工作中去，统一思想认识，强化责任担当，制定详细整改落实工作方案，建立问题台账和销项制度，逐条整改落实，以钉钉子精神把巡视整改抓到位抓深入，抓出成效。

17日 集团公司董事长王宜林在北京会见乌兹别克斯坦第一副总理兼财政部部长阿济莫夫一行。双方就上游业务、管道、天然气贸易等领域合作深入交换意见。

18—19日 集团公司董事长王宜林出席国务院国资委在北京召开的推进中央企业参与“一带一路”建设暨国际产能和装备制造合作工作会议，并代表中国石油作交流发言，分享中国石油积极参与“一带一路”建设经验体会，强调要进一步深化国际油气合作，为推进“一带一路”建设和保障国家能源安全做出新的更大贡献。

23日 集团公司董事长、党组书记王宜林一行到住房和城乡建设部，与住房和城乡建设部部长、党组书记陈政高进行会谈。双方就加快推进农村燃气设施建设进行广泛交流。

同日 股份公司股东大会决议，批准选举王宜林、赵政璋为股份公司董事，加入股份公司第六届董事会。任期自本次股东大会结束时开始。

同日 股份公司第六届董事会第六次会议决议公

告，董事会一致同意选举王宜林为股份公司董事长。

同日　国务院国资委公布2014年度中央企业负责人经营业绩考核A级企业名单，中国石油获得A级，考核排名较2013年提升9名，位列A级企业第2名。在国务院国资委对中国石油2014年度经营业绩考核中，利润总额、EVA（经济增加值）、油气当量和国际化指数4项指标均获得满分；2014年获得国家科技进步奖一等奖1项、国家技术发明奖二等奖1项、牵头制定国际标准2项，获得奖励加分满分；2014年度经营业绩考核综合得分136.38分。

24日　集团公司董事长、党组书记王宜林在北京会见中国中信集团、中信股份董事长、党委书记常振明一行。双方就进一步在油气勘探开发、金融、海外项目等方面发挥各自优势，加强多领域深入合作，实现互利双赢广泛交换意见。

同日　集团公司董事长、全面深化改革领导小组组长王宜林主持召开集团公司全面深化改革领导小组第五次会议。会议审议并原则通过宾馆酒店业务清理处置工作指导意见、炼化企业扩大经营自主权试点方案和销售企业扩大经营自主权试点方案。王宜林强调要积极有序有效推进集团公司全面深化改革工作，坚持问题导向，立足于公司的长期稳健发展，以求真务实的态度做好改革工作的推动落实。

同日　集团公司副总经理、党组成员、股份公司总裁汪东进在北京会见新疆维吾尔自治区政协副主席、自治区人民政府党组成员刘建新一行。双方就中国石油与新疆维吾尔自治区提高油气生产加工水平、推进合资合作和促进地区经济稳增长等事宜进行深入交流。

25日　集团公司副总经理、股份公司总裁汪东进在北京会见世界可持续发展工商理事会会长彼得·巴克一行。双方就进一步加强合作深入交换意见。

26日　集团公司董事长王宜林在北京会见越南国家油气集团董事长阮春山一行。双方就关心的问题进行广泛交流。

同日　中俄东线天然气管道中国段开工（详见专稿）。

29日　集团公司在北京召开离退休职工纪念中国共产党成立94周年座谈会。会议对81个先进离退休职工党支部、400名优秀离退休职工共产党员、60个离退休工作先进集体和157名离退休工作先进个人进行表彰。会议强调要扎实推进稳健发展，积极重塑石油形象，为党的事业和集团公司建设世界水平综合性国际能源公司增添正能量。集团公司副总经理沈殿成出席会议并讲话。

30日　集团公司副总经理喻宝才在北京会见BP公司下游业务首席执行官涂帆一行。双方就扩大国内油品零售业务合作进行深入交流。

同日　集团公司总会计师刘跃珍在北京会见法国兴业银行董事长兼首席执行官吴棣言一行。双方就进一步加强公司合作充分交换意见。

七　月

1日　集团公司董事长王宜林在北京会见澳大利亚工业与科学部部长伊恩·麦克法兰一行。双方就进一步加强在澳大利亚天然气业务合作深入交换意见。

同日　上海石油天然气交易中心正式投入试运行，交易包括现货挂牌和现货竞价两种模式，交易气源主要包括：放开的直供用户用气，增量用气以及已经市场化定价的液化天然气、煤制气、煤层气和页岩气等。该中心由新华社、中国石油、中国石化、中国海油等10家单位共同出资组建。其中，新华社为第一大股东，占比33%；三大石油公司分别占比10%。该中心的成立，是中国迈出提升天然气定价话语权的第一步，是国家实现能源战略的重要组成部分，对提升中国在国际石油天然气地位，保障国家能源安全具有重要意义。

2日　集团公司副总经理喻宝才到华油集团公司调研，强调要认真研究企业战略定位，做精做优做强主营业务，做到合规、质量、效益并重，打造优质“阳光”品牌。

同日　集团公司总会计师刘跃珍到华北油田公司、华北石化公司调研，强调要坚持以效益为中心，强化战略引领，持续深化改革创新，努力培育核心竞争力，开创企业质量效益发展更好局面。

3日　集团公司董事长王宜林到河北出席“推动京津冀协同发展·央企进河北”活动，并到河北销售公司调研，强调要积极落实京津冀协同发展国家战略，抓住机遇，主动有为，为促进地方经济社会发展做出中央企业应有贡献。

6日　集团公司副总经理、股份公司总裁汪东进在北京会见新加坡金鹰集团主席陈江和一行。双方就进一步加强国内外油气领域合作深入交换意见。

8日 集团公司总会计师刘跃珍在北京会见花旗集团亚太区企业及投资银行主管马克·斯劳特一行。双方就资产并购、外汇管理、银行授信等方面深入交换意见。

同日 集团公司总会计师刘跃珍在北京会见法国外贸银行执行委员会委员皮埃尔·戴布雷一行。双方就加强在银行授信、风险管理及债券发行等方面进行交流。

9日 集团公司董事长王宜林在北京会见苏丹驻华大使欧玛尔·伊萨一行。双方就进一步推进中苏石油合作深入交换意见。

同日 集团公司副总经理沈殿成在北京会见霍尼韦尔过程控制集团全球总裁卡普尔。双方就炼化运行系统、炼化物料优化与排产系统、油气生产物联网项目等方面进行交流。

同日 集团公司副总经理沈殿成在北京会见甘肃省副省长黄强一行。双方就提高油气生产加工水平，促进地区经济稳增长等事宜深入交换意见。

10日 国务院国资委办公厅印发《关于2014年度中央企业档案工作对标情况的通报》，中国石油天然气集团公司被评为“中央企业档案工作对标标杆企业”。集团公司综合得分99分，排名第二，是国务院国资委开展档案工作评价4年来取得的最好成绩。

14日 集团公司党组决定任命付锁堂同志为青海油田分公司党委书记，免去党玉琪同志的青海油田分公司党委书记职务；邱克同志为吉林石化分公司党委书记，免去孙树祯同志的吉林石化分公司党委书记职务；郝新刚同志为乌鲁木齐石化分公司党委书记，免去刘继远同志的乌鲁木齐石化分公司党委书记职务；陈坚同志为宁夏石化分公司党委书记，免去许君祖同志的宁夏石化分公司党委书记职务；免去郑明禹同志的中石油燃料油有限责任公司党委书记职务；杨子清同志为陕西销售分公司党委书记，免去刘德祥同志的陕西销售分公司党委书记职务；朱明玉为重庆销售分公司党委书记，免去王建国同志的重庆销售分公司党委书记职务；严文年同志为吉林销售分公司党委书记，免去赵尔全同志的吉林销售分公司党委书记职务；张文荣同志为江西销售分公司党委书记，免去刘风春同志的江西销售分公司党委书记职务；免去封希声同志的青海销售分公司党委书记职务；赵尔全同志为海南销售分公司党委书记，免去史青琦同志的海南销售分公司党委书记职务；黄泽俊同志为北京油气调控中心党委书记，免去徐会举同志的北京油气调控中心党委书记职务；张余同志为中石油北京天然气管道有限公司党委书记，免去李伟同志的中石油北京天然气管道有限公司党委书记职务；刘志同志为中石油昆仑燃气有限公司党委书记，免去赵永起同志的中石油昆仑燃气有限公司党委书记职务；马永峰同志为西部钻探工程有限公司党委书记，免去谢文虎同志的西部钻探工程有限公司党委书记职务；沈钢同志为中国昆仑工程公司党委书记，免去周华堂同志的中国昆仑工程公司党委书记职务；魏国庆同志为运输公司党委书记，免去孙晓岗同志的运输公司党委书记职务；刘文成同志为物资采购中心党委书记，免去郭开旗同志的物资采购中心党委书记职务；免去谷伟同志的华油北京服务总公司党委书记职务。

同日 集团公司决定免去李万余的集团公司总经理助理职务；孙龙德为科技管理部总经理，免去袁士义的科技管理部总经理职务；刘圣志为海洋工程有限公司执行董事、总经理，免去黄立功的海洋工程有限公司执行董事、总经理职务；闫伦江为安全环保技术研究院院长，免去于国文的安全环保技术研究院院长职务；谢文虎为北京石油管理干部学院院长，免去宗贻平的北京石油管理干部学院院长职务；宋泓明为华油北京服务总公司总经理，免去谷伟的华油北京服务总公司总经理职务。

同日 股份公司决定任命孙龙德为科技管理部总经理，免去袁士义的科技管理部总经理职务；陈建军为玉门油田分公司总经理，免去刘圣志的玉门油田分公司总经理职务；陈磊为西北化工销售分公司总经理，免去火金三的西北化工销售分公司总经理职务；火金三为中石油燃料油有限责任公司执行董事、总经理，免去郑明禹的中石油燃料油有限责任公司执行董事、总经理职务；刘守德为西北销售分公司总经理，免去李占宁的西北销售分公司总经理职务；李占宁为广东销售分公司总经理，免去何瑞林的广东销售分公司总经理职务；李长安为陕西销售分公司总经理，免去刘守德的陕西销售分公司总经理职务；刘德祥为山东销售分公司总经理，免去杨子清的山东销售分公司总经理职务；王建国为湖北销售分公司总经理，免去李长安的湖北销售分公司总经理职务；严文年为吉林销售分公司总经理。

同日 塔里木油田克深902井在8038米完钻，在目的层位测试求产，用5毫米油嘴放喷，获日产天然气30万立方米，是迄今为止中国陆上试获工业油气流最深的井。

15 日　集团公司召开 2015 年第二轮专项巡视工作启动会。集团公司党组派出 8 个巡视组，采取“一托二”的方式，7 月 17 日—9 月 16 日，集中对油气田、炼油化工和成品油销售等主要业务领域 16 家单位开展专项巡视。会议强调要进一步统一思想、明确要求，结合当前落实中央巡视反馈问题整改，以及“三严三实”专题教育要求，扎实有效落实好巡视工作任务，全面推进党风廉政建设和反腐败工作，营造风清气正的良好政治生态，重塑中国石油良好形象。集团公司党组书记、董事长、巡视工作领导小组组长王宜林出席会议并讲话。

16 日　集团公司总会计师刘跃珍在北京会见瑞银集团亚太区总裁尹致源一行。双方就加强并购及发债等领域合作进行深入交流。

17 日　集团公司党组书记、董事长王宜林一行到国家发改委，与国家发改委党组书记、主任徐绍史会谈。双方就中亚俄罗斯地区重点合作项目建设、天然气价格、行业体制改革以及完善重大项目建设协调机制等问题进行深入交流。

18 日　由中国石油天然气集团公司和新疆维吾尔自治区政府重点推进的合资合作项目——中石油克拉玛依石化有限责任公司正式挂牌运营。该公司由中国石油克拉玛依石化分公司和新疆投资发展（集团）有限责任公司合资成立，中国石油占股 99%，新投集团占股 1%。合资公司保持中国石油管控模式、运营体系和品牌不变。中共中央政治局委员、新疆维吾尔自治区党委书记张春贤，集团公司党组书记、董事长王宜林为中石油克拉玛依石化有限责任公司揭牌。

20 日　集团公司总会计师刘跃珍在北京会见汇丰集团环球资本市场总经理蒂波·德洛。双方就加强现金管理、外汇交易和银行授信等方面合作充分交换意见。

22 日　美国《财富》杂志发布 2015 年世界 500 强企业名单，中国石油天然气集团公司排名第四位。

24 日　集团公司董事长王宜林在北京会见法国道达尔公司首席执行官潘彦磊一行。双方就加强合作进行广泛交流。

同日　集团公司副总经理、股份公司总裁汪东进在北京会见法国道达尔公司首席执行官潘彦磊与俄罗斯诺瓦泰克公司总裁米赫尔松一行。双方就进一步加强业务合作深入交换意见。

同日　2015 年中国石油—西门子战略合作高层论坛在北京举行。论坛以“开放、合作、共赢：国际工程项目管理经验分享”为主题，就国际工程项目建设管理中质量、标准、风险控制、物资采购等话题展开深入交流。集团公司副总经理喻宝才出席论坛并发表主题演讲，指出双方通过分享国际工程项目管理的成功经验，研讨发展趋势，将进一步促进和深化合作。

26—28 日　集团公司董事长王宜林到中国石油驻吉林石油石化企业调研，强调要开源节流提质增效，深化改革创新发展，扎实抓好安全环保工作，坚决打赢扭亏解困和深化改革攻坚战。期间，王宜林出席“央企走进吉林”暨驻吉央企分离移交“三供一业”启动工作会议，并作为央企代表发言，表示要在保增长保稳定中勇挑央企责任重担，为振兴东北老工业基地和促进吉林经济社会发展做出新贡献。

28 日　集团公司副总经理沈殿成在北京会见沙特阿美石油公司亚洲区总裁易卜拉欣·布彦。双方就合作项目的最新进展情况及进一步加强下游业务充分交换意见。

同日　集团公司重点企业亏损专项治理工作推进会在辽阳石化公司召开。会议强调要高度重视亏损企业专项治理工作，对重点企业亏损情况问诊把脉，加强引导、统筹安排，高标准、严要求推进亏损治理工作落实，切实提高集团公司整体盈利水平。集团公司总会计师刘跃珍出席会议并讲话。

29 日　集团公司副总经理、股份公司总裁汪东进在北京会见古巴能矿部副部长鲁本·卡波奈尔一行。双方就进一步加强在古巴油气领域合作深入交换意见。

30—31 日　中国石油天然气集团公司 2015 年领导干部会议在河北廊坊召开（详见专稿）。

八　月

1 日　中国石油援建青海最大单体项目——冷湖设施农业种植园项目正式启动。项目总投资 2258 万元，将用一年时间在冷湖建成有土栽培 789 平方米、无土栽培 3192 平方米的现代化蔬菜种植大棚，每年将生产 10 个品种 75 吨无公害绿色蔬菜。项目建成后，可解决冷湖镇居民吃菜难的问题。

3 日　集团公司董事长王宜林在北京会见伊朗伊斯兰共和国驻华大使哈吉。双方就进一步加强合作深入交换意见。

4日　中国石油天然气集团公司与中国银行股份有限公司在北京签署“一带一路”战略合作协议。协议的签署，标志着双方在融资、现金管理和国际结算、咨询、理财、同业合作、保险、投资银行等业务领域进一步扩大合作，共同支持国家“一带一路”发展战略的实施。集团公司董事长、党组书记王宜林与中国银行董事长、党委书记田国立就进一步加强紧密联系，在“一带一路”建设中发挥企业和银行的各自优势，继续深化合作举行会谈，并共同出席签约仪式。

同日　集团公司党组书记、董事长王宜林在北京会见青海省委副书记、省长郝鹏一行。双方就油气勘探、天然气销售和支持地方经济社会发展深入交换意见。

同日　集团公司总会计师刘跃珍在北京会见伊拉克税务总局局长卡迪姆一行。双方就中国石油在伊拉克项目及有关税务情况交换意见。

同日　集团公司召开“重塑中国石油良好形象”大讨论活动部署会。会议强调要在集团公司党组领导下，统一思想认识、统一步调行动，精心组织，扎实推进，确保大讨论活动取得实效，为中国石油稳健发展和良好形象重回公众视野做出应有贡献。

6日　集团公司党组书记、董事长王宜林在北京会见陕西省委常委、延安市委书记徐新荣，延安市委副书记、市长梁宏贤一行。双方就进一步深化企地合作，保障地方油气供应和促进革命老区经济发展深入交换意见。

同日　集团公司董事长、党组书记王宜林在北京会见中国航空油料集团公司董事长、党委副书记周明春一行。双方就立足各自优势，进一步加强多领域合作，实现互利双赢，进行广泛交流。

同日　集团公司物资采购与招标管理工作视频会在北京召开。会议强调坚持集中采购，强化依法合规，进一步提升工作水平，为集团公司开源节流降本增效、推进稳健发展贡献力量。集团公司副总经理喻宝才出席会议并讲话。

12日　集团公司副总经理、股份公司总裁汪东进在北京会见雪佛龙股份有限公司上游业务执行副总裁翟昌盛一行。双方就进一步加强国内上游业务合作深入交换意见。

同日　集团公司副总经理喻宝才在北京会见美国石油学会总裁兼首席执行官杰克·杰拉克一行。双方就加强油气行业标准化合作充分交换意见。

14—17日　集团公司董事长王宜林到苏丹项目调研，强调要积极应对新常态和低油价挑战，扎实推进二次创业，持续提高项目运营水平，为重塑形象、国际化战略和深化友谊做贡献。期间，王宜林于15日率中国石油代表团出席苏丹政府在喀土穆友谊宫举行的中苏石油合作20周年庆祝大会，并与苏丹政府高层官员会晤，推进中苏石油合作深入发展。苏丹第一副总统巴克利代表苏丹政府向王宜林颁发“双尼罗勋章”。

18日　集团公司召开安全生产视频会议。会议强调要深刻吸取天津港“8·12”瑞海公司危险品仓库特别重大火灾爆炸事故教训，牢固树立红线意识，坚决杜绝重特大事故，为重塑中国石油良好形象、推进公司稳健发展提供有力保障。集团公司副总经理、股份公司总裁汪东进出席会议并讲话。

18—20日　集团公司董事长王宜林到中国石油阿布扎比集中办公区和迪拜办公楼调研，强调要深入贯彻集团公司领导干部会议精神，重塑中国石油良好形象，推进中东地区业务稳健发展。

20日　集团公司副总经理、股份公司总裁汪东进在北京会见俄罗斯国家石油公司总裁谢钦。双方就进一步深化合作充分交换意见。

24日　集团公司副总经理、股份公司总裁汪东进在北京会见BP集团执行副总裁戴尚亚一行。双方就加强国内外油气合作深入交换意见。

26日　集团公司董事长王宜林在北京会见俄罗斯天然气工业股份公司总裁米勒。双方就加强中俄天然气合作进行交流。

27日　中国石油天然气股份有限公司在香港举行2015年中期业绩发布会。截至6月30日，按照国际财务报告准则，中国石油天然气股份有限公司实现营业额8776.24亿元(人民币)，同比下降23.9%；实现归属于本公司股东净利润254.06亿元，同比下降62.7%；实现每股基本盈利0.14元，同比减少0.23元；生产经营实现总体平稳受控运行，主营业务保持盈利。集团公司、股份公司董事长王宜林出席发布会并致辞，强调中国石油将积极适应国际能源行业新趋势和中国经济发展新常态，抓住国家“一带一路”等重大战略实施带来的机遇，积极应对低油价挑战，从主要追求规模速度的粗放发展，转到注重质量效益的稳健发展轨道上来，使公司发展更平稳、更健康、更可持续。

同日　四川盆地页岩气勘探获重大突破。经国土资源部审定，中国石油在四川盆地威202井区、宁

201井区、YS108井区，新增含气面积207.87平方千米、页岩气探明地质储量1635.31亿立方米、技术可采储量408.83亿立方米。这是中国石油首次提交页岩气探明地质储量。这一突破不仅开辟了油气勘探开发新领域，而且对推进我国天然气工业快速发展、保障国家能源安全具有重要意义。

28日　集团公司副总经理沈殿成到北京销售公司安燕加油站、南下路加油站和右安门加油站检查工作，要求各销售企业在当前特殊时期，高度重视，强化部署，牢固树立红线意识，加大工作落实力度，全力保障纪念抗日战争胜利70周年活动安全。

28—29日　集团公司董事长王宜林出席在太原市举行的山西省—中央企业合作发展座谈会暨签约仪式等活动，并到山西销售公司调研，强调要加强企地合作，树立中国石油良好形象，着力抓好在山西省企业各项业务发展，为山西早日实现富民强省奋斗目标做出新贡献。

8月29日—9月2日　集团公司副总经理、股份公司总裁汪东进到部分驻新疆石油石化企业基层调研，强调要深入贯彻落实集团公司领导干部会议精神，坚守安全环保底线，突出质量效益，优化资源配置，深化企地合作，推进稳健、协调、和谐发展。

30日　克拉玛依油田发现60周年庆祝大会在新疆克拉玛依举行。集团公司副总经理、股份公司总裁汪东进出席大会并讲话，强调新疆油田各族干部员工要坚守光荣使命、承担历史重任、聚焦油气主业，努力建设充满生机和活力的现代化油气田，为集团公司稳健发展、促进自治区经济发展、维护新疆社会稳定和实现长治久安做出更大贡献。

31日　集团公司董事长王宜林在北京钓鱼台国宾馆拜会哈萨克斯坦总统纳扎尔巴耶夫。双方就进一步深化油气领域合作交换意见，就积极推进新的合作项目达成共识。

同日　集团公司董事长王宜林在北京会见委内瑞拉部长会议副主席梅内德斯与石油矿业部部长德尔·皮诺一行。双方就进一步推进中委油气合作深入交换意见。

九　　月

1日　集团公司董事长王宜林在北京会见哈萨克斯坦国家油气公司总裁门巴耶夫。双方就进一步推进中哈油气合作深入交换意见，并签署框架合作协议。

2日　苏丹共和国总统巴希尔到中国石油总部访问，与集团公司董事长王宜林就进一步推动油气合作向前发展举行友好会见。会谈结束后，巴希尔为中苏石油合作20周年题写贺词：在我们庆祝两国持续开展富有成果的合作20周年这一美好时刻，我谨向中石油公司致以祝贺，贵公司20年来堪称苏中两兄弟民族互利合作的坚实桥梁、共同期望的坚强柱石。

3—5日　集团公司董事长王宜林应邀出席由俄罗斯政府在符拉迪沃斯托克举办的第一届东方经济论坛，并在“俄罗斯与亚太地区能源桥”圆桌会议上发言。为不断深化和扩大中俄双方油气合作，中国石油提出三点建议。一是建议两国政府制定激励政策，鼓励双方企业扩大在远东地区的油气投资合作。二是建议两国金融机构开展金融与实业一揽子合作，为工程技术、建设及装备制造等领域合作提供资金支持。三是建议双方探讨在远东地区合资建厂，联合开展石油装备制造合作。

5日　管道局完成浙江甬台温天然气管道瓯江南支定向钻穿越施工。此次管径813毫米、长3192米的管道穿越施工，刷新世界同管径管道穿越最长纪录。

8日　集团公司董事长王宜林在北京会见国际能源署署长法提赫·比罗尔。双方就加强合作交流深入交换意见。

同日　集团公司董事长王宜林在北京会见美国驻华大使博卡斯一行。双方就中美能源合作、国际石油市场等话题交换意见。

同日　集团公司群众性质量活动现场推进会在大庆油田召开。会议对2015年度QC小组活动成果奖和质量信得过班组进行表彰。138项QC小组活动成果和81个班组获奖。会议强调要提高普及率，增强实效性，确保常态化。集团公司副总经理喻宝才出席会议并讲话。

10日　集团公司董事长王宜林在北京会见湖北省副省长曹广晶一行。双方就支持贫困县区加快天然气管网建设等问题进行深入交流。

同日　集团公司副总经理、股份公司总裁汪东进在北京会见新加坡经济发展局主席马宣仁一行。双方就加强在新加坡油气合作深入交换意见。

11日　集团公司董事长王宜林在北京会见缅甸能源部部长吴泽亚昂一行。双方就加强中缅油气合作深入交换意见。

同日　集团公司副总经理赵政璋在北京会见美国D&M公司高级副总裁王鹏一行。双方就加强SEC准则储量评估、非常规储量评估等合作充分交换意见。

12日　中央纪委副书记杨晓渡到中国石油总部调研，强调面对严峻的经济形势，中国石油要狠抓党风廉政建设和巡视整改工作，更好地促进企业改革发展。集团公司党组书记、董事长王宜林主持调研汇报会。

14—18日　集团公司总会计师刘跃珍到部分在新疆石油石化企业调研，强调要坚定信心，积极应对低油价挑战，抓好降本增效，推动财务转型，夯实反腐倡廉、安全环保、和谐稳定三大基础性工程，实现质量效益发展。

15日　中国石油山东天然气管网青岛—威海段干线工程投产成功。至此，山东天然气管网干线全线建成投产。山东天然气管网工程是中国石油和山东省政府共同出资建设的一项重点工程，起自山东省泰安市，途经莱芜、淄博、潍坊、青岛、烟台、日照等24个市（县、区），止于威海市，由2条干线3条支线组成，总长约860千米，设计年输气能力86亿立方米。该工程的建成投产将为山东沿线各地市天然气的安全平稳供应提供保障，对地方经济的可持续发展和节能减排目标的实现具有重要意义。

15—16日　集团公司副总经理赵政璋到安岳气田及长宁—威远、昭通国家级页岩气示范区调研，强调要继续控制投资成本，确保工程质量，完善配套技术，打牢安全环保基础，实现低成本高效益发展。

16日　集团公司第64期党校暨工商管理培训班开学典礼在北京石油管理干部学院举行。集团公司党组书记、董事长、党校校长王宜林出席开学典礼并讲话，强调各级领导干部要进一步加强理论学习，践行严实要求，坚持廉洁自律，立足岗位、积极作为，重塑中国石油良好形象，推动集团公司稳健发展。

16—17日　集团公司董事长王宜林出席湖北省委省政府、国务院国资委共同举办的“湖北—中央企业推进长江经济带建设座谈会”有关活动，并到湖北销售公司调研，强调要抓住国家加快建设长江经济带的机遇，在谋划好销售业务发展过程中，重塑中国石油良好形象；在区外销售企业中要争排头勇挑重担；发挥中央企业骨干作用，为湖北地方经济发展做贡献。

17日　集团公司董事长王宜林到广西壮族自治区参加第十二届中国—东盟博览会和中国—东盟商务与投资峰会，作为企业家代表受到中共中央政治局常委、国务院副总理张高丽接见，并分别与广西壮族自治区党委常委、自治区副主席蓝天立，广西壮族自治区副主席张晓钦会晤。双方表示要进一步加强和扩大合作，实现互利共赢、共同发展。

20—25日　集团公司副总经理、股份公司总裁汪东进到中国石油驻中东地区企业调研，强调要深入贯彻落实王宜林董事长在中东地区调研讲话精神，结合“三严三实”专题教育和“重塑中国石油良好形象”大讨论，全面推进中东地区业务协调稳健发展，努力把中东地区建成国际水平的海外最大油气合作区和工程技术服务市场。调研期间，汪东进分别与伊朗石油部部长赞加内、石油部副部长兼国家石油公司总裁贾瓦迪会谈，双方就深化合作和共同关心的问题深入交换意见。

21日　集团公司董事会会议表决，同意聘任王志刚为集团公司董事会秘书，李华民不再担任集团公司董事会秘书职务。

22日　中国石油首条数字化设计长输管道——哈沈线全线贯通，正式进入投产运行阶段。哈沈线对气化东北、改善大气环境、优化东北老工业基地能源结构具有重要的战略意义。

23日　中国石油长停井治理效果分析会在北京召开。会议强调要把长停井治理作为一项基础性战略工作常态化，及时盘活资产，转变开发理念，立足油藏精细研究，实现上游业务稳健发展。集团公司副总经理赵政璋出席会议并讲话。

26日　集团公司党组决定任命惠龙同志为宝鸡石油钢管有限责任公司党委书记，免去李逵同志的宝鸡石油钢管有限责任公司党委书记职务；高栋平同志为华油北京服务总公司党委书记；曹景军同志为贵州销售分公司党委书记，免去刘杰同志的贵州销售分公司党委书记职务；虎仁山同志为青海销售分公司党委书记；免去张成伟同志的中石油江苏液化天然气有限公司党委书记职务。

同日　集团公司决定免去周新源的总经理助理职务；免去曹亚明的哈萨克斯坦公司总经理职务；免去曹亚明的中石油中亚天然气管道有限公司执行董事、总经理职务。

同日　股份公司决定任命曹景军为贵州销售分公司总经理，免去刘杰的贵州销售分公司总经理职务；免去高栋平的天津销售分公司总经理职务；免去张成伟的中石油江苏液化天然气有限公司总经理职务。

同日　全国重点文物保护单位——“铁人第一口井”揭牌仪式在大庆油田萨55井举行，标志着“铁人第一口井”正式成为第七批全国重点文物保护单位。“铁人第一口井”（萨55井）是王进喜带领1205钻井队在大庆打的第一口油井。

28日　集团公司董事长、全面深化改革领导小组组长王宜林主持召开全面深化改革领导小组第六次会议。会议审议并原则同意四家企业扩大经营自主权实施方案、集团公司资产轻量化专项改革指导意见、集团公司科研单位全面试行建立专业技术岗位序列改革方案、第三批调整和下放管理权限事项等四个专项方案。

28—30日　国际石油工程师学会（SPE）2015年度技术大会在美国休斯敦举办。为表彰集团公司原董事长周吉平长期以来对促进世界石油工业发展、推动SPE与中国石油工业交流合作所做出的不懈努力和卓越贡献，经SPE董事会提名并一致通过，大会授予周吉平“2015年SPE终身成就奖”。勘探开发研究院副院长刘玉章获“2015年SPE杰出会员”。

30日　集团公司副总经理、股份公司总裁汪东进在北京会见苏丹共和国油气部国务部长马哈茂德一行。双方就进一步加强中苏石油合作深入交换意见。

十　月

8日　集团公司董事长王宜林签发《关于表彰参与天津港“8·12”事故救援保障工作有关单位的通报》，对参与救援保障工作的中国石油天然气管道局、抚顺石化分公司、大港石化分公司、大港油田分公司、天津销售分公司和安全环保技术研究院等6家单位予以通报表彰。集团公司参与事故救援保障工作，受到社会各界广泛肯定。天津市人民政府、国务院安委会办公室等给集团公司和相关单位发来感谢信；新华社、中央电视台、北京电视台和天津电视台等社会各界媒体，对集团公司抢险救援事迹展开跟踪报道；国务院国资委网站、微博、微信对集团公司全力保障事故救援进行重点宣传，充分展示集团公司积极履行社会责任的良好形象。

同日　集团公司副总经理喻宝才在北京会见BP集团亚太区油品首席运行官安迪·候姆斯一行。双方就加强国内成品油销售领域合作深入交换意见。

9日　中国石油天然气集团公司与上海汽车集团股份有限公司在北京签署战略合作协议。双方将在会员、产品、市场营销、新业务等领域深入开展合作，进一步提升战略合作水平。集团公司董事长、党组书记王宜林，副总经理喻宝才，与上汽集团董事长、党委书记陈虹，总裁陈志鑫等一行，举行会谈并出席签约仪式。

10日　坦桑尼亚天然气处理厂及输送管线项目在姆特瓦拉举行竣工仪式。坦桑尼亚总统基奎特视察处理厂并为项目竣工揭牌。该项目由中国石油技术开发公司总承包，中国进出口银行提供贷款12.25亿美元，将彻底改变坦桑尼亚电力配给供应现状，对当地经济社会发展具有重要意义，被誉为新时期“能源坦赞铁路”。

11日　集团公司纪委书记培训班在北京石油管理干部学院举办。集团公司党组成员、党组纪检组组长徐吉明强调要牢记使命担当，严格要求自己、严格履职尽责、严格管理队伍，解放思想、创新方法，带头打造忠诚干净担当的纪检监察干部队伍，为重塑中国石油良好形象、营造风清气正的政治生态做贡献。

12日　集团公司技术序列改革试点在华北油田启动。改革围绕建立“职级、选聘、薪酬、考核”四大体系进行顶层设计，以油气勘探开发业务为纽带，以“三院一中心”为主体，将科研、生产业务向下“穿透”到10个油气生产单位的地质所、工程技术研究所、设计室，为科技人才建立更独立、畅通、稳定的职业发展通道。

13—16日　集团公司党组纪检组组长徐吉明到黑龙江石油石化企业调研，强调要进一步细化落实党委主体责任和纪委监督责任，扎实推进党风廉政建设和反腐败工作，为重塑中国石油良好形象、实现稳健发展做出积极贡献。

14—15日　集团公司总会计师刘跃珍到驻宝鸡石油企业调研，强调要坚定信心迎难而上，充分发挥已有优势，继续深化改革，提升企业形象，实现企业扭亏脱困和转型升级发展。

14—16日　集团公司董事长王宜林到陕西出席“深化陕西省与中央企业战略合作座谈会”，中国石油和陕西省政府签订《合作推进项目建设协议》。期间，王宜林到驻陕西省石油企业调研，强调要统一思想和认识，进一步弘扬大庆精神铁人精神和石油工业优良传统，真正把为油奉献的精气神提起来、把干事创业的劲头鼓起来，为重塑中国石油良好形象贡献力量。

16 日　集团公司副总经理、股份公司总裁汪东进在北京拜会乍得共和国总统代比。双方就进一步深化油气领域上下游一体化合作交换意见。

同日　集团公司副总经理、股份公司总裁汪东进在北京会见加拿大阿尔伯达省能源部部长麦克艾格及加拿大驻华大使赵朴一行。双方就加强油气领域合作等事宜深入交换意见。

同日　集团公司副总经理喻宝才在北京会见通用电气公司（GE）高级副总裁、中国区总裁兼首席执行官段小缨。双方就各自公司未来发展战略、落实现有合作项目等事宜进行深入交流。

19—23 日　集团公司董事长王宜林出席中英工商峰会、第四届中英能源对话会和中英油气合作高端茶会等外事活动，并分别与 BP、壳牌、道达尔集团首席执行官会晤，调研国际事业（伦敦）公司和法国拉瓦莱炼厂，强调要进一步加强国际交流合作，夯实综合一体化优势，持续提升整体竞争力，推动各项业务协调稳健发展，为集团公司建成世界一流综合性国际能源公司努力奋斗。

20 日　安岳气田磨溪区块龙王庙组气藏全面建成投产，年产气能力 110 亿立方米，创造中国石油大型整装气藏从发现到全面投产的最快速度。

20—22 日　集团公司总会计师刘跃珍到青海油田调研，强调要针对企业面临的发展形势做好战略规划，持续推进降本增效和深化改革，提升企业活力，实现稳健和谐发展。

21 日　在中国国家主席习近平和英国首相卡梅伦见证下，中国石油天然气集团公司董事长王宜林与 BP 集团首席执行官戴德利在伦敦签署《中国石油天然气集团公司与 BP 环球投资有限公司战略合作框架协议》。根据协议，中国石油和 BP 将在上游领域进一步加强油气资源开发，不断拓展下游零售业务范围及合作模式，实现互惠互利及共同发展。

21—22 日　集团公司副总经理喻宝才到海南石油企业调研，强调要勇于改革，在管理提升和技术创新上下功夫，积极开拓市场，深入开展好重塑中国石油良好形象大讨论活动，提升品牌影响力，保持健康持续、优质高效发展势头，为集团公司稳健发展贡献力量。

同日　第一届全国危险化学品救援技术竞赛在宁波举办，中国石油代表队获得团体一等奖，并被授予“全国五一劳动奖状”称号。大庆油田冯喜龙、刘海波，大庆石化公司王慎吟被授予“全国青年岗位能手”称号，冯喜龙同时获得“全国五一劳动奖章”。

22—23 日　集团公司党组纪检组组长徐吉明到陕西石油石化企业调研，强调要增强责任感使命感，落实好党委主体责任和纪委监督责任，纪检监察系统要做好表率，努力营造风清气正的良好环境，凝聚稳健发展的正能量，为重塑中国石油良好形象发挥积极作用。

27 日　集团公司副总经理赵政璋在北京会见 IBM 公司高级副总裁布莱德利一行。双方就加强信息技术领域合作深入交换意见。

28 日　集团公司副总经理沈殿成到长庆油田参加 HSE 体系审核，强调要站在重塑中国石油良好形象的高度，严格落实安全生产管控责任，加大隐患排查治理力度，严守安全环保底线，坚决杜绝泄漏事故。

同日　集团公司总会计师刘跃珍在北京会见花旗集团中国区主席蔡红军一行。双方就进一步加强合作充分交换意见。

30 日　集团公司党组决定任命刘杰同志为重庆销售分公司党委书记，免去朱明玉的重庆销售分公司党委书记职务。

同日　股份公司决定任命刘杰为重庆销售分公司总经理，免去朱明玉的重庆销售分公司总经理职务；朱喜龙为天津销售分公司总经理。

十一月

2 日　集团公司董事长王宜林在北京会见加拿大不列颠哥伦比亚（BC）省省长简蕙芝。双方就进一步加强在 BC 省油气合作深入交换意见。

同日　集团公司召开坚决完成全年稳增长目标任务视频会议。会议强调要进一步统一思想，坚定信心，迎难而上，坚决打赢稳增长攻坚战，确保完成全年稳增长目标任务。集团公司副总经理、股份公司总裁汪东进出席会议并作动员讲话。

3 日　集团公司董事长王宜林在北京会见斯伦贝谢公司董事长兼首席执行官纪康博一行。双方就进一步深化公司合作充分交换意见。

同日　集团公司新闻宣传工作领导小组第一次会议暨新闻发言人培训班开班仪式在河北涿州举行。集团公司官方微博、微信同时宣布正式上线运行。会议强调要围绕中心、服务大局，讲好中国石油故事，传播中国石油声音，主动回应社会关切，提高舆论引导能力和水平，为集团公司重塑良好形象、推进稳健发展做出新贡献。集团公司副总经理喻宝才出席会议并讲话。

4日　中国石油天然气集团公司与通用电气（GE）公司举办“科技创新与管理高层论坛”，签署技术与研发合作谅解备忘录。集团公司副总经理喻宝才与GE公司高级副总裁、石油天然气集团总裁兼首席执行官罗澜素·西蒙尼利举行会谈，就共同应对低油价挑战及在降本增效、技术研发、物资采购、人才培养等领域加强交流合作交换意见。

4—5日　集团公司总会计师刘跃珍到广西石化公司和广西销售公司调研，强调要发挥所处区位和企业自身优势，加强战略谋划，提升企业发展活力，挖掘潜力，培育新的效益增长点，坚决打赢稳增长攻坚战。

5日　集团公司董事长、党组书记王宜林在北京会见中国国新控股有限责任公司董事长、党委书记刘东生，中国国新控股有限责任公司副董事长、党委常委周育先等一行。双方在油气领域合作项目运行情况，寻找未来新的合作项目，进一步加强合作，实现互利双赢等方面进行广泛深入交流。

同日　集团公司董事长王宜林在北京会见加拿大蒙特利尔金融集团首席执行官邓伟信一行。双方就加强公司间业务合作充分交换意见。

同日　集团公司董事长王宜林在北京会见阿联酋国务部长兼穆巴达拉发展公司投资委员会能源业务首席执行官贾贝尔。双方就加强公司合作进行深入交流。

同日　集团公司党组纪检组组长徐吉明到第四纪检监察中心调研，强调要认真学习贯彻党的十八届五中全会精神，落实好党风廉政建设主体责任和监督责任，持续加大开源节流降本增效力度，为集团公司完成全年目标任务做出积极贡献。

5—6日　集团公司副总经理喻宝才到重庆销售公司、贵州销售公司现场办公，强调要围绕重塑形象、稳健发展两大主题，持续完善“十三五”规划，积极深化改革，突出市场导向，优化销售结构，加快网络布局，提升管理水平，努力建设精细优质高效的销售企业。

5—7日　集团公司副总经理、股份公司总裁汪东进到部分驻江苏石油石化企业调研，强调要统一思想，打好稳增长攻坚战，开拓创新，走市场化道路，促进可持续发展，研究并解决好发展中的重点问题。期间，汪东进参加在苏州举办的国际能源变革论坛，并在国际能源领袖峰会上发言，表示中国石油将大力转变生产方式，增产增销优质清洁产品，积极推动能源生产和消费革命，为改善国家能源结构、保障国家能源安全做出新贡献。

6日　集团公司党组书记、董事长王宜林在北京会见甘肃省庆阳市委书记栾克军，市委副书记、市长贠建民等一行。双方就“十三五”期间进一步加强油气勘探开发建设、支持革命老区脱贫致富，创建和谐模范油区、实现互利双赢，促进经济社会发展等问题深入交换意见。

9日　集团公司总会计师刘跃珍在北京会见摩根士丹利亚太区联席首席执行官孙玮一行。双方就进一步加强在资本市场领域的合作进行充分交流。

10日　集团公司副总经理、股份公司总裁汪东进在北京会见俄罗斯诺瓦泰克公司总裁米赫尔松一行。双方就进一步加强公司间合作深入交换意见。

12日　土库曼斯坦总统别尔德穆哈梅多夫在北京钓鱼台国宾馆会见中方企业代表。集团公司董事长王宜林出席，表示将与土库曼斯坦合作伙伴一道，坚持互利共赢、共同发展的理念，优质高效完成在土库曼斯坦的天然气勘探、开发合作，推动中土天然气合作迈向新台阶，造福中土两国人民。

13日　股份公司决定，成立中石油管道有限责任公司。

16日　美国《石油情报周刊》(简称PIW)公布2015年世界最大50家石油公司综合排名。中国石油综合排名继续保持第3位，连续15年位居世界十大石油公司行列。

16—18日　集团公司基础管理体系融合现场推进会在乌鲁木齐召开。会议强调要坚持业务主导，稳步推进体系融合，扎实开展试点，为全面推开积累经验。建立管控机制，实现体系有效运行和持续改进。集团公司副总经理喻宝才出席会议并讲话。

19日　集团公司党组书记、董事长王宜林在北京会见辽宁省省委副书记、省长陈求发。双方表示要加强研究，相互支持，全力促进辽宁老工业基地振兴和中国石油在辽宁各项业务发展。

同日　集团公司党组书记、董事长王宜林在北京会见黑龙江省省委副书记、省长陆昊。双方就做好“十三五”发展规划，共同应对经济下行和低油价挑战，进一步深化企地合作，支持地方经济发展等事宜深入交换意见。

20日　集团公司董事长王宜林在北京会见壳牌集团首席执行官范伯登。双方就进一步加强公司合作深入交换意见。

同日　集团公司召开下半年HSE管理体系审核工作总结视频会。会议强调要采取切实有效措施，抓好问题销项整改、强化重点领域风险管控，坚定不移地把体系建设引向深入，用良好安全业绩为集团公司重塑良好形象、实现稳健发展筑牢根基。集团公司副总经理、股份公司总裁汪东进出席会议并讲话。

同日　集团公司副总经理喻宝才在北京会见BP集团亚太区油品首席运营官安迪·候姆斯。双方就加强在国内成品油销售领域的合作深入交换意见。

23日　集团公司副总经理、股份公司总裁汪东进在北京会见俄罗斯天然气工业股份公司副总裁马尔科洛夫一行。双方就推进合作项目深入交换意见。

24日　股份公司董事会决议，同意聘任田景惠为股份公司副总裁，赵东为股份公司财务总监，于毅波不再担任股份公司财务总监职务。

24—26日　中国石油2015年度油气勘探年会在河北廊坊召开。会议强调要坚定不移地走技术发展之路、走低成本发展之路，确保不断有新的发现和突破，为集团公司稳健发展夯实资源基础。集团公司副总经理赵政璋出席并讲话。

26日　集团公司董事长王宜林在北京会见BP集团首席执行官戴德立。双方就加强国内外油气合作广泛交换意见。

同日　集团公司副总经理、股份公司总裁汪东进在北京会见哈萨克斯坦国家石油公司总裁巴耶夫一行。双方就进一步扩大油气领域合作深入交换意见。

同日　集团公司总会计师刘跃珍在北京会见瑞银集团中国区主席钱于军一行。双方就加强在资本市场领域的合作进行交流。

27日　集团公司工程建设业务国际化人才培养现场交流会在寰球工程公司召开。会议强调要认真总结国际化人才培养的经验做法，不断开创人才培养和国际业务工作新局面，为工程建设业务有质量、有效益、可持续发展提供坚实的人才保障。集团公司副总经理、股份公司总裁汪东进出席会议并讲话。

27日　中国石油与宝钢集团、沈鼓集团、天钢集团在北京签署《国际货物与服务采购框架协议》。根据协议，双方将进一步加强境外项目物资供应等领域合作，充分发挥各自优势，为对方发展提供优先支持，推动双方共赢发展。协议的签署，标志着中国石油境外项目采购管理迈出重要步伐。

十二月

1日　中国石油经济技术研究院入选首批国家高端智库建设试点单位，成为唯一来自企业的研究机构。集团公司副总经理喻宝才出席在北京召开的国家高端智库建设试点工作启动会，要求经济技术研究院以入选作为新的起点，定位高端，多出高质量研究成果，为中央决策服务。

2日　集团公司副总经理沈殿成在北京会见沙特阿美石油公司国际业务执行董事萨伊德·哈达米一行。双方就推进国内合作项目深入交换意见。

3日　集团公司董事长王宜林到勘探开发研究院调研，强调要牢牢把握职能定位，充分发挥科研人员作用，让创新成为科技研发的主旋律，为建设世界一流综合性国际能源公司做出新的贡献。

4日　集团公司董事长王宜林在北京会见乌兹别克斯坦经济部部长萨伊多娃一行。双方就天然气合作深入交换意见。

同日　集团公司副总经理沈殿成在北京会见艾斯本技术有限公司总裁兼首席执行官佩特里一行。双方就进一步加强炼化领域优化解决方案合作充分交换意见。

8日　集团公司董事长王宜林在北京会见俄罗斯天然气工业股份公司总裁米勒一行。双方就加强中俄天然气合作进行友好交流。

同日　集团公司公布2015年度中国石油天然气集团公司科学技术奖评选结果，共评选出技术发明奖18项，其中一等奖2项、二等奖6项、三等奖10项；科学技术进步奖117项，其中特等奖3项、一等奖17项、二等奖40项、三等奖57项。

9日　集团公司董事长王宜林一行到国家发改委，与国家发改委副主任、国家能源局局长努尔·白克力会谈。双方就制定好“十三五”发展规划、积极应对低油价挑战和做好2016年各项工作准备进行沟通交流。

10日　集团公司董事长、全面深化改革领导小组组长王宜林主持召开全面深化改革领导小组第七次会议，审议并原则通过“储气库业务运营管理方案”和“关于进一步完善炼销贸一体化管理机制的建议”等专项改革方案。

同日　集团公司党组决定任命马自勤同志为党组纪检组副组长，免去李正光同志的党组纪检组副组长职务；李正光同志为集团公司直属党委常务副书记、股份公司直属机关党委常务副书记，免去李晓络同志的集团公司直属党委常务副书记、股份公司直属机关党委常务副书记职务；白玉光同志为工程建设分公司党委书记，免去胡兢克同志的工程建设分公司党委书记职务；赵颖同志为哈萨克斯坦公司党委书记，免去卞德智同志的哈萨克斯坦公司党委书记职务；祝俊峰同志为中东地区党工委书记；李家民同志为兰州石化分公司党委书记，免去李政华同志的兰州石化分公司党委书记职务；郝相民同志为大连西太平洋石油化工有限公司党委书记，免去孙克栋同志的大连西太平洋石油化工有限公司党委书记职务；杨继胜同志为西南化工销售分公司党委书记；刘合合同志为中石油燃料油有限责任公司党委书记；刘守德同志为西北销售分公司党委书记；金安耀同志为内蒙古销售分公司党委书记，免去王永和同志的内蒙古销售分公司党委书记职务；王智利同志为中石油新疆销售有限公司党委书记，免去悦仲林同志的中石油新疆销售有限公司党委书记职务；张安平同志为天津销售分公司党委书记，免去朱喜龙同志的天津销售分公司党委书记职务；刘兴忠同志为吉林销售分公司党委书记，免去严文年同志的吉林销售分公司党委书记职务；张国宏同志为山西销售分公司党委书记，免去闫宝星同志的山西销售分公司党委书记职务；侯浩杰同志为工程建设公司党委书记，免去李利民同志的工程建设公司党委书记职务；李利民同志为东北炼化工程有限公司党委书记，免去张维君同志的东北炼化工程有限公司党委书记职务。

同日　集团公司决定任命马自勤为监察部（监察局）总经理（局长），免去李正光的监察部（监察局）总经理（局长）职务；赵贤正为大港油田集团有限责任公司总经理，免去李建青的大港油田集团有限责任公司总经理职务；卞德智为哈萨克斯坦公司总经理；祝俊峰为中东公司总经理；贾勇为尼罗河公司总经理，免去赵东的尼罗河公司总经理职务；李利民为东北炼化工程有限公司执行董事、总经理，免去张维君的东北炼化工程有限公司执行董事、总经理职务；李建青为经济技术研究院院长，免去孙贤胜的经济技术研究院院长职务。

同日　股份公司决定任命马自勤为监察部总经理，免去李正光的监察部总经理职务；赵贤正为大港油田分公司总经理，免去李建青的大港油田分公司总经理职务；修景涛为浙江油田分公司总经理，免去陈勇的浙江油田分公司总经理职务；许立甲为中石油克拉玛依石化有限责任公司总经理；孙克栋为西南化工销售分公司总经理，免去杨继胜的西南化工销售分公司总经理职务；吴汉为东北销售分公司总经理，免去刘宪华的东北销售分公司总经理职务；刘宪华为辽宁销售分公司总经理，免去吴汉的辽宁销售分公司总经理职务；免去刘合合的内蒙古销售分公司总经理职务；佟福财为江苏销售分公司总经理，免去王力军的江苏销售分公司总经理职务；杨昌陶为上海销售分公司总经理，免去佟福财的上海销售分公司总经理职务；赵尔全为海南销售分公司总经理，免去张安平的海南销售分公司总经理职务。

同日　集团公司决定，调整理顺中东业务管理体制，整合伊拉克公司、伊朗公司，成立中国石油天然气集团公司中东公司，列集团公司直属单位序列管理。

同日　股份公司决定，撤销中国石油天然气股份有限公司伊拉克公司。

同日　股份公司决定，对辽宁销售分公司和大连销售分公司实施整合，统一使用“中国石油天然气股份有限公司辽宁销售分公司”名称。整合后的辽宁销售分公司行政上由股份公司直接管理，大连销售分公司不再列股份公司直属单位管理。

13日　在阿联酋阿布扎比王储谢赫穆罕默德·本·扎耶德·阿勒纳哈扬的见证下，中国石油天然气集团公司董事长王宜林与阿联酋国务部长、穆巴达拉发展公司投资委员会能源业务首席执行官贾贝尔在北京签署《中国石油天然气集团公司与穆巴达拉油气控股有限责任公司战略合作协议》。根据协议，双方将在阿联酋境外上游油气投资及相关项目服务等潜在领域开展合作，具体包括陆上常规项目、海上项目和LNG项目等合作。协议的签署，将在推动能源投资等领域的务实合作、共建“一带一路”重大战略构想中，拓展合作领域，实现共赢发展。

15日　集团公司董事长王宜林在北京会见壳牌集团首席执行官范伯登。双方就加强公司间友好合作广泛交换意见。

同日　集团公司董事长王宜林在北京会见IHS公

司副董事长丹尼尔·耶金博士。双方就未来油价走势、能源市场供需变化与应对等进行深入交流。

16日　在中国国务院总理李克强和吉尔吉斯共和国总理萨里耶夫见证下，中国石油天然气集团公司董事长王宜林与吉尔吉斯共和国经济部部长科若舍夫在北京签署《吉尔吉斯政府与中吉天然气管道公司的投资协议》。根据协议，吉尔吉斯政府将对中吉天然气管道建设的投资给予支持和保护，商定该管道设计和建设所采用的技术标准和规范，保障管道建设顺利实施。协议的签署，将进一步推动中吉天然气管道建设进程，深化两国能源合作。

同日　集团公司董事长王宜林在北京会见俄罗斯国家石油公司总裁谢钦一行。双方就加强石油领域合作深入交换意见。

同日　集团公司党组书记、董事长王宜林在北京会见广西壮族自治区党委副书记、自治区人民政府主席陈武。双方表示，在推进广西地区炼化项目建设，加快天然气管网布局和天然气市场供应保障，支持广西“县县通天然气”工程和油品销售网络建设等方面不断深化合作，积极促进广西经济社会发展和实现企地共赢。

同日　集团公司总会计师刘跃珍在北京会见意大利忠利集团首席执行官格列柯一行。双方就加强公司间合作、扩展业务范围等深入交换意见。

16—17日　集团公司2016年生产经营计划会议在北京召开。会议强调要科学制定生产经营计划，圆满完成各项任务目标，为集团公司建设世界一流综合性国际能源公司做贡献。集团公司副总经理、股份公司总裁汪东进出席会议并讲话。

17日　在中国国务院总理李克强和俄罗斯联邦政府总理梅德韦杰夫见证下，中国石油天然气集团公司董事长王宜林与俄罗斯天然气工业股份公司总裁米勒在北京签署《中俄东线天然气管道项目跨境段设计和建设协议》和《中国石油和俄气石油合作谅解备忘录》。合作协议的签署，将进一步推动中俄东线天然气管道项目建设步伐，深化和拓展双方的合作领域。

同日　集团公司董事长王宜林在北京会见俄罗斯天然气工业股份公司总裁米勒一行。双方就加强在天然气领域的合作进行深入交流并签署《中俄东线跨境段“通讯协议”》《自俄罗斯远东向中国供应天然气项目的工作计划书》《天然气发电项目的工作计划书》等合作协议。

同日　集团公司“三严三实”专题教育暨“重塑中国石油良好形象”大讨论活动工作推进会在北京召开。会议强调要深入贯彻落实中央和集团公司党组部署要求，以更认真的态度、更严格的要求、更有力的措施，开展好“三严三实”专题教育和大讨论活动。集团公司副总经理喻宝才出席会议并讲话。

同日　集团公司总会计师刘跃珍在北京会见新加坡星展银行首席执行官高博德一行。双方就扩展贸易融资等多领域合作进行友好交流。

19日　中国石油天然气集团公司与中国科学院大连化学物理研究所签署《能源化工联合研发合作协议》。集团公司董事长王宜林出席并讲话，强调要牢牢抓住和用好新一轮科技革命和产业变革的机遇，加强合作，应对共同挑战，依靠科技创新实现共赢发展。

21日　国务院国资委在北京举行中央企业道德模范学习宣传活动，中国石油青海油田员工王龙、新疆油田员工肉孜麦麦提·巴克获“中央企业道德模范”称号。

22日　集团公司董事长王宜林在北京会见土耳其国家石油公司董事长西斯曼一行。双方就参与2017年第22届世界石油大会等相关话题进行交流。

22—23日　集团公司在北京召开2015年所属企事业单位总会计师述职评议工作会。会议强调要强化责任意识、危机意识、大局意识、服务意识、改革创新意识、纪律规矩意识，积极主动应对低油价挑战。集团公司总会计师刘跃珍主持工作会并讲话。

22—24日　中国石油2015年度油气田开发年会在北京召开。会议强调要直面挑战，攻坚克难，遵循科学规律，大力实施创新驱动，突出效益产量，不断开创国内勘探开发稳健发展新局面。集团公司董事长王宜林出席会议并讲话。

24日　集团公司董事长王宜林在北京会见伊拉克共和国石油部部长迈赫迪一行。双方就加强在石油领域的合作深入交换意见。

同日　集团公司副总经理、股份公司总裁汪东进到部分驻沈阳石油企业调研，强调要适应新常态、谋划新思路、寻求新突破。

28日　集团公司党组书记、董事长王宜林主持召开党组“三严三实”专题民主生活会。会议强调要继续发扬严和实的精神，落实专题教育“三个见实效”目标要求，针对查摆的问题，完善问题清单、责任清单、整改清单，切实抓好整改。

29—30日　集团公司董事长王宜林主持召开

"十三五"发展规划及未来发展研讨会。会议强调要落实五大发展理念，坚持稳健发展；要坚定把握好业务定位，推进深化改革，增强发展动力；要以改革创新精神加强和改进党的建设，充分发挥政治文化优势，为公司发展提供坚强保障和有力支撑。

31 日　中国石油天然气集团公司和壳牌中国勘探与生产有限公司签署《长北一期生产作业权移交协议》。协议的签署，标志着长北一期生产作业权移交准备工作全面完成，中国石油接替壳牌公司成为该项目的作业者。

同日　民政部发布《关于表彰第九届"中华慈善奖"获得者的决定》，中国石油获第九届"中华慈善奖"最具爱心捐赠企业称号。

同日　集团公司工程技术物联网建成应用，累计在 2171 支作业队伍现场实施，实现 878 口钻录井作业施工、22 个物探施工和 10156 井次测井施工现场数据采集、传输与技术支持，自动采集数据 34 亿条。

本年　中国石油国内外油气产量当量 2.6 亿吨，原油加工量 1.96 亿吨，成品油销售量 1.74 亿吨，天然气销售量 1290 亿立方米。

本年　中国石油天然气股份有限公司采取体系评估、风险评估和调整测试方案等措施，内控有效性连续十年通过外部审计，维护了公司在资本市场的良好声誉。

〔办公厅档案处（史志办公室）〕

第十五篇

统计数据

表 1　中国石油天然气集团公司主要指标完成情况

指标名称	单　位	2015 年	2014 年	2013 年	2012 年	2011 年
主营业务收入	亿元					
工业总产值（现价）	亿元	11779	16612	16956	17146	16533
工业销售产值	亿元	11728	16516	16727	17080	16443
企业增加值	亿元	7975	8394	8141	8167	7560
油气产量						
原油	万吨	16657	16417	15981	15188	14927
其中，海外权益产量	万吨	5515	5050	4721	4155	4173
天然气	亿立方米	1166.7	1139.1	1038.9	935.2	881.9
其中，海外权益产量	亿立方米	211.9	184.5	150.5	136.6	125.7
主要炼油化工产品产量						
汽油、煤油、柴油、润滑油合计	万吨	10490	10342	9979	9822	9457
其中，汽油	万吨	3647	3410	3297	3099	2889
煤油	万吨	834	714	606	478	368
柴油	万吨	5888	6060	5887	6061	6043
润滑油	万吨	121	158	189	184	157
乙烯	万吨	503.2	497.6	398.2	369.0	346.7
合成树脂及共聚物	万吨	831.8	806.7	666.1	621.7	581.2
合成橡胶	万吨	71.3	74.5	66.5	63.3	60.6
合成纤维	万吨	6.5	6.6	7.0	8.5	8.6
尿素	万吨	256.6	266.3	377.1	440.8	448.4
主要冶金产品产量						
石油焊接钢管	万吨	69.9	63.4	204.4	269.5	251.1
石油套管	万吨	50.9	44.0	70.1	54.5	40.9
钻井钢丝绳	万吨	4.1	5.1	6.5	5.9	5.7
主要机械产品产量						
钻机	套	53	59	108	110	108
抽油机	台	5747	8648	11527	14373	14981
抽油杆	万米	692.6	727.2	764.2	581.2	572.7
抽油泵	台	50217	46406	42038	35087	35753

表 2 中国石油天然气集团公司合并资产负债表

万元人民币

项 目	2015年	2014年
流动资产		
货币资金	34277293	31207987
以公允价值计量且其变动计入当期损益的金融资产	838601	1588906
应收票据和应收账款	13264636	13490303
预付款项	25218467	15579942
其他应收款	2133155	5536092
存货	22831010	27155906
其他流动资产	10660443	8656957
流动资产合计	109223605	103216093
非流动资产		
可供出售金融资产	10572380	11199401
持有至到期投资	10934769	10542455
长期股权投资	9305599	13642559
固定资产净额	89101190	81437481
在建工程	34076692	36549823
油气资产	95729920	95920139
无形资产	8605409	8256246
其他非流动资产（其他长期资产）	35860215	29865388
非流动资产合计	294186174	287413492
资产总计	403409779	390629585
流动负债		
短期借款	5536149	10980413
应付票据和应付账款	32060192	37443830
预收款项	8030650	8349486
应付职工薪酬	2131156	2130606
应交税费	4813439	6283770
其他应付款	8843151	11192905
其他流动负债	45012204	35015619
流动负债合计	106426941	111396629
非流动负债		
长期借款	1726661	1332357
预计负债	12424392	11424095
递延所得税负债	2362125	2400767
其他非流动负债	40640795	41744183
非流动负债合计	57153973	56901402
负债合计	163580914	168298031

续表

项　目	2015年	2014年
所有者权益		
实收资本	48685500	46800769
其他权益工具	20951178	10954088
资本公积	27521289	26428914
其他综合收益	-4411741	-3363766
专项储备	3096172	2989405
盈余公积	110519851	108296147
一般风险准备	775271	707237
未分配利润	802088	1814369
归属于母公司所有者权益合计	207939608	194627163
少数股东权益	31889257	27704391
所有者权益合计	239828865	222331554
负债和所有者权益总计	403409779	390629585

表3　中国石油天然气集团公司合并利润表　　万元人民币

项　目	2015年	2014年
营业收入	201675666	272995616
主营业务收入	201290165	272533068
其他业务收入	385501	462548
减：营业成本	151343154	208569882
主营业务成本	151033727	208155494
其他业务成本	309427	414388
营业税金及附加	20778505	23775567
销售费用	7358119	7336180
管理费用	10764679	11458563
财务费用	362302	2298411
资产减值损失	4087523	1945429
其他	1982355	2389680
加：公允价值变动收益（损失以“-”号填列）	-1594	5008
投资收益（损失以“-”号填列）	3303459	1852242
营业利润（损失以“-”号填列）	8300894	17079154
加：营业外收入	1544045	1798314
减：营业外支出	1598055	1536471
利润总额（亏损总额以“-”号填列）	8246884	17340997
减：所得税费用	2622696	4956529
净利润	5624188	12384468
归属于母公司所有者的净利润	4456043	10079825
少数股东损益	1168145	2304643

表 4　中国石油天然气股份有限公司及其附属公司勘探与生产运营情况

项　目	单　位	2015年	2014年	同比增减（%）
原油产量	百万桶	971.9	945.5	2.8
其中，国内	百万桶	806.3	823.2	(2.1)
海外	百万桶	165.6	122.3	35.4
可销售天然气产量	十亿立方英尺	3131.0	3028.8	3.4
其中，国内	十亿立方英尺	2903.6	2879.3	0.8
海外	十亿立方英尺	227.4	149.5	52.1
油气当量产量	百万桶	1493.9	1450.4	3.0
其中，国内	百万桶	1290.4	1303.2	(1.0)
海外	百万桶	203.5	147.2	38.3
原油探明储量	百万桶	8521	10593	(19.6)
天然气探明储量	十亿立方英尺	77525	71098	9.0
探明已开发原油储量	百万桶	6196	7254	(14.6)
探明已开发天然气储量	十亿立方英尺	40406	35824	12.8

注：原油按 1 吨 =7.389 桶，天然气按 1 立方米 =35.315 立方英尺换算。

表 5　中国石油天然气股份有限公司及其附属公司炼油与化工生产情况

项　目	单　位	2015年	2014年	同比增减（%）
原油加工量	百万桶	998.1	1010.6	(1.2)
汽油、煤油、柴油	千吨	91933	92671	(0.8)
其中，汽油	千吨	32258	30688	5.1
煤油	千吨	5493	4356	26.1
柴油	千吨	54182	57627	(6.0)
原油加工负荷率	%	84.2	86.1	(1.9个百分点)
轻油收率	%	79.1	78.6	0.5个百分点
石油产品综合商品收率	%	93.8	93.8	0
乙烯	千吨	5032	4976	1.1
合成树脂	千吨	8215	7951	3.3
合成纤维原料及聚合物	千吨	1348	1293	4.3
合成橡胶	千吨	713	745	(4.3)
尿素	千吨	2566	2663	(3.6)

注：原油按 1 吨 =7.389 桶换算。

表 6　中国石油天然气股份有限公司及其附属公司销售业务情况

项　目	单　位	2015年	2014年	同比增减（%）
汽油、煤油、柴油销量	千吨	160097	160878	(0.5)
其中，汽油	千吨	60651	59821	1.4
煤油	千吨	14683	14016	4.8
柴油	千吨	84763	87041	(2.6)
零售市场份额	%	39.0	39.6	(0.6个百分点)
加油站数量	座	20714	20422	1.4
其中，资产型加油站	座	19982	19806	0.9
单站加油量	吨/日	10.55	10.78	(2.1)

表 7　中国石油天然气股份有限公司主要子公司、参股公司情况

公司名称	注册资本（百万元人民币）	持股比例（%）	资产总额（百万元人民币）	负债总额（百万元人民币）	净资产总额（百万元人民币）	净利润（百万元人民币）
大庆油田有限责任公司[①]	47500	100.00	282647	60572	222075	7986
中油勘探开发有限公司	16100	50.00	148435	43965	104470	3332
中石油香港有限公司	75.92亿港币	100.00	90836	27581	63255	2883
中石油国际投资有限公司	31314	100.00	104583	112685	(8102)	(10534)
中国石油国际事业有限公司	14000	100.00	121254	81675	39579	1717
中石油管道有限责任公司[②]	50	72.26	279536	84789	194747	1015
大连西太平洋石油化工有限公司	2.58亿美元	28.44	8394	15248	(6854)	(984)
中国船舶燃料有限责任公司	1000	50.00	6729	4090	2639	93
中油财务有限责任公司	5441	49.00	640053	596483	43570	5839
Arrow Energy Holdings Pty Ltd.	2澳元	50.00	35499	24960	10539	(10753)
中石油专属财产保险股份有限公司	5000	49.00	10367	4907	5460	286

①大庆油田有限责任公司 2015 年营业收入人民币 96453 百万元，营业利润人民币 11274 百万元。

②本公司于 2015 年 11 月出资设立中石油管道有限责任公司，并通过该公司对本公司的附属管道公司进行整合，旨在理顺本公司附属管道公司之间的股权关系，建立统一的管道资产管理运营及投融资平台，节约运营成本，进一步提升管理效率及管道资产整体价值。

表 8　中国石油天然气股份有限公司已评估探明储量和探明开发储量

项　目	原　油（百万桶）	天然气（十亿立方英尺）	合　计（油当量百万桶）
探明开发和未开发储量			
基准日2013年12月31日的储量	10820.3	69322.6	22374.1
对以前估计值的修正	(16.1)	(2707.4)	(467.2)
扩边和新发现	645.6	7511.1	1897.4
提高采收率	94.0	—	94.0
出售	(4.9)	—	(4.9)
当年产量	(945.5)	(3028.8)	(1450.4)
基准日2014年12月31日的储量	10593.4	71097.5	22443.0
对以前估计值的修正	(1662.9)	(206.0)	(1697.1)
扩边和新发现	456.9	9764.2	2084.3
提高采收率	105.6	—	105.6
出售	—	—	—
当年产量	(971.9)	(3131.0)	(1493.9)
基准日2015年12月31日的储量	8521.1	77524.7	21441.9
探明开发储量			
基准日为2013年12月31日	7219.6	32813.1	12688.5
其中，国内	6801.3	32123.2	12155.2
海外	418.3	689.9	533.3
基准日为2014年12月31日	7253.5	35823.9	13224.2
其中，国内	6816.2	35061.1	12659.8
海外	437.3	762.8	564.4
基准日为2015年12月31日	6195.8	40406.1	12930.2
其中，国内	5629.3	38980.7	12126.2
海外	566.5	1425.4	804.0

续表

项　目	原　油（百万桶）	天然气（十亿立方英尺）	合　计（油当量百万桶）
探明未开发储量			
基准日为2013年12月31日	3600.7	36509.5	9685.6
其中，国内	3175.8	35961.3	9169.4
海外	424.9	548.2	516.2
基准日为2014年12月31日	3339.9	35273.6	9218.8
其中，国内	2919.3	34774.4	8715.0
海外	420.6	499.2	503.8
基准日为2015年12月31日	2325.3	37118.6	8511.7
其中，国内	2020.5	36878.0	8166.8
海外	304.8	240.6	344.9

表9　中国石油天然气股份有限公司2015年12月31日合并及公司资产负债表（一）

（除特别注明外，金额单位为百万元人民币）

资　产	2015年12月31日	2014年12月31日	2015年12月31日	2014年12月31日
	合　并	合　并	公　司	公　司
流动资产				
货币资金	73692	76021	12970	38507
应收票据	8233	12827	6745	9743
应收账款	52262	53104	7362	6405
预付款项	19313	22959	2986	4979
其他应收款	14713	17094	124601	98644
存货	126877	165977	91912	124046
其他流动资产	54254	43326	42268	30244
流动资产合计	349344	391308	288844	312568
非流动资产				
可供出售金融资产	2832	2133	1528	1449
长期股权投资	70999	116570	379914	365681
固定资产	681561	621264	356658	365366
油气资产	870350	880482	596163	586889
在建工程	225566	240340	116889	123608
工程物资	6917	5200	2843	3070
无形资产	71049	67489	53336	52186
商誉	45589	7233	—	—
长期待摊费用	27534	28727	21411	23131
递延所得税资产	16927	14995	13490	10331
其他非流动资产	25426	29635	12312	14286
非流动资产合计	2044750	2014068	1554544	1545997
资产总计	2394094	2405376	1843388	1858565

表 10　中国石油天然气股份有限公司 2015 年 12 月 31 日合并及公司资产负债表（二）

（除特别注明外，金额单位为百万元人民币）

负债及股东权益	2015 年 12 月 31 日	2014 年 12 月 31 日	2015 年 12 月 31 日	2014 年 12 月 31 日
	合　并	合　并	公　司	公　司
流动负债				
短期借款	70059	115333	111045	107541
应付票据	7066	5769	6610	5348
应付账款	202885	240253	122318	142903
预收款项	50930	54007	36367	38306
应付职工薪酬	5900	5903	3812	3980
应交税费	34141	46641	22517	31036
其他应付款	59933	54476	22400	24532
一年内到期的非流动负债	36167	53795	13049	40048
其他流动负债	4326	3652	2550	2406
流动负债合计	471407	579829	340668	396100
非流动负债				
长期借款	329461	298803	222199	212830
应付债券	105014	71498	98630	71000
预计负债	117996	109154	83094	72999
递延所得税负债	13116	15824	—	—
其他非流动负债	12812	12508	5979	5230
非流动负债合计	578399	507787	409902	362059
负债合计	1049806	1087616	750570	758159
股东权益				
股本	183021	183021	183021	183021
资本公积	128008	115492	127834	127830
专项储备	11648	10345	7350	7027
其他综合收益	(36277)	(19725)	528	460
盈余公积	186840	184737	175748	173645
未分配利润	706728	702140	598337	608423
归属于母公司股东权益合计	1179968	1176010	1092818	1100406
少数股东权益	164320	141750	—	—
股东权益合计	1344288	1317760	1092818	1100406
负债及股东权益总计	2394094	2405376	1843388	1858565

表 11　中国石油天然气股份有限公司 2015 年度合并及公司利润表

（除特别注明外，金额单位为百万元人民币）

项　目	2015年度	2014年度	2015年度	2014年度
	合　并	合　并	公　司	公　司
营业收入	1725428	2282962	1085254	1409862
减：营业成本	(1300419)	(1735354)	(787730)	(1073099)
营业税金及附加	(200255)	(227774)	(176086)	(173590)

续表

项 目	2015年度 合 并	2014年度 合 并	2015年度 公 司	2014年度 公 司
销售费用	(62961)	(63207)	(43432)	(46984)
管理费用	(79659)	(84595)	(55399)	(60674)
财务费用	(23826)	(24877)	(20628)	(21694)
资产减值损失	(28505)	(5575)	(17703)	(2361)
加：投资收益	26627	12297	30280	60061
营业利润	56430	153877	14556	91521
加：营业外收入	12956	13274	12970	20820
减：营业外支出	(11220)	(10383)	(9156)	(8370)
利润总额	58166	156768	18370	103971
减：所得税费用	(15802)	(37734)	2659	(7107)
净利润	42364	119034	21029	96864
归属于：母公司股东	35653	107173	21029	96864
少数股东	6711	11861	—	—
每股收益				
基本每股收益（人民币元）	0.19	0.59	0.11	0.53
稀释每股收益（人民币元）	0.19	0.59	0.11	0.53
其他综合（损失）/收益	(20239)	(7307)	68	509
归属于母公司股东的其他综合（损失）/收益的税后净额	(16552)	(5893)	68	509
以后将重分类进损益的其他综合（损失）/收益				
其中，权益法下在被投资单位以后将重分类进损益的其他综合收益中享有的份额	130	159	144	369
可供出售金融资产公允价值变动损益	270	106	(76)	140
外币财务报表折算差额	(16952)	(6158)	—	—
归属于少数股东的其他综合损失的税后净额	(3687)	(1414)	—	—
综合收益总额	22125	111727	21097	97373
归属于：母公司股东	19101	101280	21097	97373
少数股东	3024	10447	—	—

表 12 中国石油天然气股份有限公司 2015 年度合并及公司现金流量表

（除特别注明外，金额单位为百万元人民币）

项 目	2015年度 合 并	2014年度 合 并	2015年度 公 司	2014年度 公 司
经营活动产生的现金流量				
销售商品、提供劳务收到的现金	2005109	2678332	1260617	1648475
收到的税费返还	4749	10017	2986	9117
收到其他与经营活动有关的现金	8783	9839	7293	25000
经营活动现金流入小计	2018641	2698188	1270896	1682592

续表

项目	2015年度 合并	2014年度 合并	2015年度 公司	2014年度 公司
购买商品、接受劳务支付的现金	(1242184)	(1732049)	(711278)	(1009324)
支付给职工以及为职工支付的现金	(118103)	(119762)	(84992)	(87705)
支付的各项税费	(333729)	(408015)	(268204)	(280728)
支付其他与经营活动有关的现金	(63313)	(81885)	(75475)	(70524)
经营活动现金流出小计	(1757329)	(2341711)	(1139949)	(1448281)
经营活动产生的现金流量净额	261312	356477	130947	234311
投资活动产生的现金流量				
收回投资收到的现金	22858	6499	1311	249
取得投资收益所收到的现金	11202	13096	29712	58509
处置固定资产、油气资产、无形资产和其他长期资产收回的现金净额	2076	7351	1079	7230
投资活动现金流入小计	36136	26946	32102	65988
购建固定资产、油气资产、无形资产和其他长期资产支付的现金	(223860)	(312357)	(151211)	(191135)
投资支付的现金	(28155)	(5427)	(2583)	(4742)
投资活动现金流出小计	(252015)	(317784)	(153794)	(195877)
投资活动产生的现金流量净额	(215879)	(290838)	(121692)	(129889)
筹资活动产生的现金流量				
吸收投资收到的现金	1596	1587	—	—
其中，子公司吸收少数股东投资收到的现金	1596	1587	—	—
取得借款收到的现金	793571	743602	409604	348613
收到其他与筹资活动有关的现金	185	403	53	72
筹资活动现金流入小计	795352	745592	409657	348685
偿还债务支付的现金	(781553)	(699434)	(395077)	(359436)
分配股利或偿付利息支付的现金	(55096)	(88686)	(49062)	(82555)
其中，子公司支付给少数股东的股利、利润	(5314)	(8172)	—	—
子公司资本减少	(299)	(17)	—	—
支付其他与筹资活动有关的现金	(3843)	(1767)	(310)	(93)
筹资活动现金流出小计	(840791)	(789904)	(444449)	(442084)
筹资活动产生的现金流量净额	(45439)	(44312)	(34792)	(93399)
汇率变动对现金及现金等价物的影响	(999)	1044	—	—
现金及现金等价物净（减少）/增加额	(1005)	22371	(25537)	11023
加：期初现金及现金等价物余额	73778	51407	38507	27484
期末现金及现金等价物余额	72773	73778	12970	38507

表 13 中国石油天然气股份有限公司 2015 年度合并股东权益变动表

（除特别注明外，金额单位为百万元人民币）

项 目	归属于母公司股东权益						少数股东权益	股东权益合计
	股 本	资本公积	专项储备	其他综合收益	盈余公积	未分配利润		
2014年1月1日余额	183021	115552	8922	(13832)	175051	664136	137058	1269908
2014年度增减变动额								
综合收益总额	—	—	—	(5893)	—	107173	10447	111727
专项储备—安全生产费								
本期提取	—	—	7536	—	—	—	192	7728
本期使用	—	—	(6251)	—	—	—	(164)	(6415)
利润分配								
提取盈余公积	—	—	—	—	9686	(9686)	—	—
对股东的分配	—	—	—	—	—	(59475)	(7429)	(66904)
其他权益变动								
收购子公司	—	(48)	—	—	—	—	53	5
少数股东资本投入	—	(9)	—	—	—	—	1695	1686
其他	—	(3)	138	—	—	(8)	(102)	25
2014年12月31日余额	183021	115492	10345	(19725)	184737	702140	141750	1317760
2015年1月1日余额	183021	115492	10345	(19725)	184737	702140	141750	1317760
2015年度增减变动额								
综合收益总额	—	—	—	(16552)	—	35653	3024	22125
专项储备—安全生产费								
本期提取	—	—	6812	—	—	—	294	7106
本期使用	—	—	(5509)	—	—	—	(163)	(5672)
利润分配								
提取盈余公积	—	—	—	—	2103	(2103)	—	—
对股东的分配	—	—	—	—	—	(29005)	(5515)	(34520)
其他权益变动								
收购子公司	—	12530	—	—	—	—	23755	36285
少数股东资本投入	—	—	—	—	—	—	2040	2040
其他	—	(14)	—	—	—	43	(865)	(836)
2015年12月31日余额	183021	128008	11648	(36277)	186840	706728	164320	1344288

表 14　中国石油天然气股份有限公司 2015 年度公司股东权益变动表

（除特别注明外，金额单位为百万元人民币）

项　目	股　本	资本公积	专项储备	其他综合收益	盈余公积	未分配利润	股东权益合计
2014年1月1日余额	183021	127888	6398	(49)	163959	580720	1061937
2014年度增减变动额							
综合收益总额	—	—	—	509	—	96864	97373
专项储备—安全生产费							
本期提取	—	—	6160	—	—	—	6160
本期使用	—	—	(5669)	—	—	—	(5669)
利润分配							
提取盈余公积	—	—	—	—	9686	(9686)	—
对股东的分配	—	—	—	—	—	(59475)	(59475)
其他	—	(58)	138	—	—	—	80
2014年12月31日余额	183021	127830	7027	460	173645	608423	1100406
2015年1月1日余额	183021	127830	7027	460	173645	608423	1100406
2015年度增减变动额							
综合收益总额	—	—	—	68	—	21029	21097
专项储备—安全生产费							
本期提取	—	—	5120	—	—	—	5120
本期使用	—	—	(4797)	—	—	—	(4797)
利润分配							
提取盈余公积	—	—	—	—	2103	(2103)	—
对股东的分配	—	—	—	—	—	(29005)	(29005)
其他	—	4	—	—	—	(7)	(3)
2015年12月31日余额	183021	127834	7350	528	175748	598337	1092818

第十六篇

附　　录

说　明

一、地理区域

北美：除特别说明以外，指美国、加拿大、墨西哥。

中南美：除北美洲以外的美洲其他国家和地区。

欧洲：除前苏联地区以外的所有欧洲国家。

前苏联地区：亚美尼亚、阿塞拜疆、白俄罗斯、爱沙尼亚、格鲁吉亚、哈萨克斯坦、吉尔吉斯斯坦、拉脱维亚、立陶宛、摩尔多瓦、俄罗斯、塔吉克斯坦、土库曼斯坦、乌克兰、乌兹别克斯坦。

欧洲和欧亚：欧洲和前苏联地区国家。

中东：阿拉伯半岛国家、伊朗、伊拉克、以色列、约旦、黎巴嫩和叙利亚。

非洲：所有非洲国家。

亚太地区：中东以外亚洲国家和地区，大洋洲国家和地区。

二、组织

经合组织(OECD)：美洲的加拿大、智利、墨西哥、美国；欧洲的奥地利、比利时、捷克、丹麦、爱沙尼亚、芬兰、法国、德国、希腊、匈牙利、冰岛、爱尔兰、意大利、卢森堡、荷兰、挪威、波兰、葡萄牙、斯洛伐克、斯洛文尼亚、西班牙、瑞典、瑞士、土耳其、英国；亚洲和大洋洲的澳大利亚、以色列、日本、韩国、新西兰。

欧盟：奥地利、比利时、保加利亚、克罗地亚、塞浦路斯、捷克、爱沙尼亚、丹麦、芬兰、法国、德国、希腊、匈牙利、爱尔兰、意大利、拉脱维亚、立陶宛、卢森堡、马耳他、荷兰、波兰、罗马尼亚、斯洛文尼亚、葡萄牙、斯洛伐克、西班牙、瑞典、英国。

欧佩克(OPEC)：中东的伊朗、伊拉克、科威特、卡塔尔、沙特阿拉伯、阿联酋；非洲的阿尔及利亚、安哥拉、利比亚、尼日利亚；中南美的厄瓜多尔、委内瑞拉。

附　表

附表 1　2015 年世界各地区一次能源消费构成　　%

地区和组织	石油	天然气	煤炭	核能	水电	可再生能源
北美	37.1	31.5	15.3	7.7	5.4	3.0
中南美	46.2	22.5	5.3	0.7	21.9	3.5
欧洲	35.8	21.9	16.7	10.6	7.6	7.5
前苏联地区	19.8	51.6	16.2	6.8	5.4	0.1
中东	48.1	49.9	1.2	0.1	0.7	0.1
非洲	42.1	28.0	22.3	0.6	6.2	0.9
亚太地区	27.3	11.5	50.9	1.7	6.6	2.0
世界	32.9	23.8	29.2	4.4	6.8	2.8
经合组织	37.4	26.5	17.8	8.1	5.7	4.5

资料来源：《BP 世界能源统计年鉴 2016》。

附表 2　2015 年世界主要国家、地区和组织一次能源分类消费量　　亿吨油当量

国家、地区和组织	石油	天然气	煤炭	核能	水电	可再生能源	总　计
中国	5.60	1.78	19.20	0.39	2.55	0.63	30.15
美国	8.52	7.14	3.96	1.90	0.57	0.72	22.81
印度	1.96	0.46	4.07	0.09	0.28	0.16	7.02
俄罗斯	1.43	3.52	0.89	0.44	0.38	0.00	6.66
日本	1.90	1.02	1.19	0.01	0.22	0.14	4.48
加拿大	1.00	0.92	0.20	0.24	0.87	0.07	3.30
德国	1.10	0.67	0.78	0.21	0.04	0.40	3.20
巴西	1.37	0.37	0.17	0.03	0.82	0.16	2.92
韩国	1.14	0.39	0.84	0.37	0.01	0.02	2.77
伊朗	0.89	1.72	0.01	0.01	0.04	0.00	2.67
1—10位合计	24.90	17.99	31.31	3.69	5.78	2.30	85.98
沙特阿拉伯	1.68	0.96	0.00	0.00	0.00	0.00	2.64
法国	0.76	0.35	0.09	0.99	0.12	0.08	2.39
印度尼西亚	0.74	0.36	0.80	0.00	0.04	0.02	1.96
英国	0.72	0.61	0.23	0.16	0.01	0.17	1.90
墨西哥	0.84	0.75	0.13	0.03	0.07	0.04	1.86
意大利	0.59	0.55	0.12	0.00	0.10	0.15	1.51
西班牙	0.61	0.25	0.14	0.13	0.06	0.15	1.34
澳大利亚	0.46	0.31	0.47	0.00	0.03	0.05	1.32
土耳其	0.39	0.39	0.34	0.00	0.15	0.04	1.31
泰国	0.57	0.48	0.18	0.00	0.01	0.02	1.26
11—20位合计	7.36	5.01	2.50	1.31	0.59	0.72	17.49

续表

国家、地区和组织	石油	天然气	煤炭	核能	水电	可再生能源	总　计
南非	0.31	0.05	0.85	0.02	0.00	0.01	1.24
中国台湾	0.46	0.17	0.38	0.08	0.01	0.01	1.11
阿联酋	0.40	0.62	0.02	0.00	0.00	0.00	1.04
波兰	0.25	0.15	0.50	0.00	0.00	0.05	0.95
马来西亚	0.36	0.36	0.18	0.00	0.03	0.00	0.93
阿根廷	0.32	0.43	0.01	0.02	0.10	0.01	0.89
埃及	0.39	0.43	0.01	0.00	0.03	0.00	0.86
乌克兰	0.08	0.26	0.29	0.20	0.01	0.00	0.84
荷兰	0.39	0.29	0.11	0.01	0.00	0.03	0.83
委内瑞拉	0.32	0.31	0.00	0.00	0.17	0.00	0.80
21—30位合计	3.28	3.07	2.35	0.33	0.35	0.11	9.49
北美	10.36	8.81	4.29	2.16	1.51	0.83	27.96
中南美	3.23	1.57	0.37	0.05	1.53	0.24	6.99
欧洲	6.74	4.12	3.14	1.99	1.43	1.42	18.84
前苏联地区	1.89	4.91	1.54	0.65	0.52	0.01	9.52
中东	4.26	4.41	0.11	0.01	0.06	0.00	8.85
非洲	1.83	1.22	0.97	0.02	0.27	0.04	4.35
亚太地区	15.01	6.31	27.98	0.95	3.62	1.11	54.98
世界	43.31	31.35	38.40	5.83	8.93	3.65	131.47
经合组织	20.56	14.59	9.79	4.48	3.15	2.46	55.03

资料来源:《BP世界能源统计年鉴2016》。

附表3　2015年世界主要国家、地区和组织石油剩余探明可采储量　　　　亿吨

国家、地区和组织	2015年	2014年	2015年/2014年变化	2015年占世界	储采比
委内瑞拉	469.7	468.3	0.3%	17.7%	313.9
沙特阿拉伯	366.2	366.8	-0.2%	15.7%	60.8
加拿大	277.5	277.5	0	10.1%	107.6
伊朗	216.8	216.8	0	9.3%	110.3
伊拉克	193.1	193.1	0	8.4%	97.2
俄罗斯	140.2	141.3	-0.8%	6.0%	25.5
科威特	139.8	139.8	0	6.0%	89.8
阿联酋	129.8	129.8	0	5.8%	68.7
美国	66.1	66.1	0	3.2%	11.9
利比亚	63.0	63.0	0	2.8%	306.8
1—10位合计	2062.2	2062.5	0	86.2%	—
尼日利亚	50.0	50.0	0	2.2%	43.2
哈萨克斯坦	39.3	39.3	0	1.8%	49.3
卡塔尔	26.9	26.9	0	1.5%	37.1
中国	25.2	25.2	0	1.1%	11.7
巴西	18.9	23.5	-19.7%	0.8%	14.1
安哥拉	17.1	17.1	0	0.7%	19.0
阿尔及利亚	15.4	15.4	0	0.7%	21.1
墨西哥	15.0	15.0	0	0.6%	11.5
挪威	9.9	8.1	22.4%	0.5%	11.3
厄瓜多尔	11.7	11.7	0	0.5%	40.4
11—20位合计	229.4	232.2	-1.2%	9.6%	—

续表

国家、地区和组织	2015年	2014年	2015年/2014年变化	2015年占世界	储采比
阿塞拜疆	9.6	9.6	0	0.4%	22.8
印度	7.6	7.6	0.1%	0.3%	18.0
阿曼	7.2	7.0	3.0%	0.3%	15.3
越南	5.9	5.9	0	0.3%	33.3
澳大利亚	4.4	4.4	0.1%	0.2%	28.3
印度尼西亚	5.0	5.0	-0.6%	0.2%	12.0
马来西亚	4.7	4.7	0	0.2%	14.2
南苏丹	4.7	4.7	0	0.2%	64.9
埃及	4.6	4.8	-5.7%	0.2%	13.2
也门	3.9	3.9	0	0.2%	176.5
21—30位合计	57.6	57.6	-0.1%	2.4%	—
北美	358.6	358.6	0	14.0%	33.1
中南美	510.4	514.3	-0.8%	19.4%	117.0
欧洲	18.2	16.3	11.6%	0.8%	—
前苏联地区	191.5	192.5	-0.6%	8.3%	27.8
中东	1087.4	1087.7	0	47.3%	73.1
非洲	171.0	171.3	-0.2%	7.6%	42.2
亚太地区	56.6	56.6	0	2.5%	14.0
世界	2393.7	2397.3	-0.1%	100.0%	50.7
欧佩克	1699.4	1698.7	0	71.4%	86.8
加拿大油砂	270.2	270.2	—	—	—
委内瑞拉重油	356.5	355.4	—	—	—

资料来源:《BP 世界能源统计年鉴 2016》。

附表 4　2015 年世界主要国家、地区和组织石油产量　　万吨

国家、地区和组织	2015年	2014年	2015年/2014年变化	2015年占世界
沙特阿拉伯	56849.3	54344.1	4.6%	13.0%
美国	56725.0	52281.4	8.5%	13.0%
俄罗斯	54072.5	53411.1	1.2%	12.4%
加拿大	21546.4	20958.9	2.8%	4.9%
中国	21456.0	21142.9	1.5%	4.9%
伊拉克	19702.0	16027.8	22.9%	4.5%
伊朗	18257.7	17468.5	4.5%	4.2%
阿联酋	17545.6	16663.3	5.3%	4.0%
科威特	14910.6	15079.4	-1.1%	3.4%
委内瑞拉	13519.4	13816.5	-2.1%	3.1%
1—10位合计	294584.5	281193.9	4.8%	67.5%
巴西	13180.2	12210.9	7.9%	3.0%
墨西哥	12757.7	13714.1	-7.0%	2.9%
尼日利亚	11300.6	11476.0	-1.5%	2.6%
安哥拉	8870.1	8302.3	6.8%	2.0%
挪威	8802.2	8532.3	3.2%	2.0%
哈萨克斯坦	7930.6	8082.6	-1.9%	1.8%

续表

国家、地区和组织	2015年	2014年	2015年/2014年变化	2015年占世界
卡塔尔	7927.9	7957.5	-0.4%	1.8%
阿尔及利亚	6848.7	6877.1	-0.4%	1.6%
哥伦比亚	5307.0	5216.3	1.7%	1.2%
阿曼	4660.0	4621.9	0.8%	1.1%
11—20位合计	87585.0	86991.0	0.7%	20.1%
英国	4528.7	3992.8	13.4%	1.0%
阿塞拜疆	4166.0	4207.6	-1.0%	1.0%
印度	4117.6	4164.0	-1.1%	0.9%
印度尼西亚	3996.7	4122.2	-3.0%	0.9%
埃及	3562.5	3514.0	1.4%	0.8%
马来西亚	3188.7	2983.4	6.9%	0.7%
阿根廷	2974.2	2972.4	0.1%	0.7%
厄瓜多尔	2910.9	2983.0	-2.4%	0.7%
利比亚	2020.5	2333.2	-13.4%	0.5%
越南	1743.7	1805.0	-3.4%	0.4%
21—30位合计	33209.5	33077.6	0.4%	7.6%
北美	91029.1	86954.4	4.7%	20.9%
中南美	39596.1	39000.6	1.5%	9.1%
欧洲	16465.6	15754.4	4.5%	3.8%
前苏联地区	68200.2	67710.8	0.7%	15.6%
中东	141241.6	134034.3	5.4%	32.4%
非洲	39799.3	39750.5	0.1%	9.1%
亚太地区	39857.2	39662.7	0.5%	9.1%
世界	436189.1	422867.7	3.2%	100.0%
经合组织	108794.0	104204.2	4.4%	24.9%

资料来源:《BP 世界能源统计年鉴 2016》。

附表 5　2015 年世界主要国家、地区和组织石油消费量　　万吨

国家、地区和组织	2015年	2014年	2015年/2014年变化	2015年占世界
美国	85162.5	83807.4	1.6%	19.7%
中国	55972.9	52677.4	6.3%	12.9%
印度	19550.7	18084.6	8.1%	4.5%
日本	18961.9	19733.6	-3.9%	4.4%
沙特阿拉伯	16807.5	16013.8	5.0%	3.9%
俄罗斯	14298.8	15083.3	-5.2%	3.3%
巴西	13731.3	14335.2	-4.2%	3.2%
韩国	11367.1	10793.6	5.3%	2.6%
德国	11016.4	11043.7	-0.2%	2.5%
加拿大	10030.2	10332.7	-2.9%	2.3%
1—10位合计	256899.3	251905.3	2.0%	59.3%

续表

国家、地区和组织	2015年	2014年	2015年/2014年变化	2015年占世界
伊朗	8889.3	9308.7	-4.5%	2.1%
墨西哥	8433.7	8524.2	-1.1%	1.9%
法国	7612.4	7691.9	-1.0%	1.8%
印度尼西亚	7353.3	7597.6	-3.2%	1.7%
英国	7157.8	6992.8	2.4%	1.7%
新加坡	6945.0	6586.7	5.4%	1.6%
西班牙	6051.8	5895.7	2.6%	1.4%
意大利	5932.8	5584.1	6.2%	1.4%
泰国	5660.4	5489.4	3.1%	1.3%
澳大利亚	4624.4	4543.7	1.8%	1.1%
11—20位合计	68660.9	68214.8	0.7%	15.9%
中国台湾	4601.8	4539.3	1.4%	1.1%
阿联酋	4002.5	3763.3	6.4%	0.9%
埃及	3915.7	3828.1	2.3%	0.9%
土耳其	3875.5	3444.0	12.5%	0.9%
荷兰	3873.4	3962.1	-2.2%	0.9%
马来西亚	3615.7	3498.6	3.3%	0.8%
委内瑞拉	3201.3	3665.6	-12.7%	0.7%
阿根廷	3161.0	3090.3	2.3%	0.7%
南非	3106.8	2933.6	5.9%	0.7%
比利时	3052.1	2983.9	2.3%	0.7%
21—30位合计	36405.8	35708.8	2.0%	8.4%
北美	103626.4	102664.3	0.9%	23.9%
中南美	32274.2	32980.0	-2.1%	7.5%
欧洲	67362.8	65983.9	2.1%	15.6%
前苏联地区	18855.0	19872.4	-5.1%	4.4%
中东	42573.2	41712.9	2.1%	9.8%
非洲	18298.0	17723.9	3.2%	4.2%
亚太地区	150144.7	144221.4	4.1%	34.7%
世界	433134.3	425158.8	1.9%	100.0%
经合组织	205644.7	203384.6	1.1%	47.5%

资料来源:《BP 世界能源统计年鉴 2016》。

附表 6 2015 年世界各地区主要油品消费量 千桶 / 日

地 区	油 品	2015年	2014年	2015年/2014年变化	占总量百分比
北美	轻质馏分油	11064	10837	2.1%	46.8%
	中间馏分油	6785	6801	-0.2%	28.7%
	燃料油	418	447	-6.4%	1.8%
	其他	5376	5332	0.8%	22.7%
	合计	23643	23417	1.0%	100.0%

续表

地　区	油　品	2015年	2014年	2015年/2014年变化	占总量百分比
中南美	轻质馏分油	2211	2182	1.3%	31.2%
	中间馏分油	2718	2751	-1.2%	38.4%
	燃料油	741	767	-3.4%	10.5%
	其他	1413	1490	-5.2%	20.0%
	合计	7083	7190	-1.5%	100.0%
欧洲	轻质馏分油	2857	2883	-0.9%	20.0%
	中间馏分油	7786	7448	4.5%	54.5%
	燃料油	897	949	-5.5%	6.3%
	其他	2748	2704	1.6%	19.2%
	合计	14288	13984	2.2%	100.0%
前苏联地区	轻质馏分油	1321	1323	-0.2%	32.3%
	中间馏分油	1312	1384	-5.2%	32.1%
	燃料油	342	434	-21.1%	8.4%
	其他	1116	1141	-2.2%	27.3%
	合计	4091	4282	-4.5%	100.0%
中东	轻质馏分油	2036	1967	3.5%	21.3%
	中间馏分油	2744	2758	-0.5%	28.7%
	燃料油	2277	2201	3.4%	23.8%
	其他	2512	2426	3.5%	26.2%
	合计	9569	9352	2.3%	100.0%
非洲	轻质馏分油	960	901	6.5%	24.7%
	中间馏分油	1877	1824	2.9%	48.3%
	燃料油	448	444	0.8%	11.5%
	其他	604	593	1.8%	15.5%
	合计	3889	3762	3.3%	100.0%
亚太地区	轻质馏分油	10390	9742	6.6%	32.0%
	中间馏分油	11338	11037	2.7%	34.9%
	燃料油	2848	2835	0.5%	8.8%
	其他	7868	7506	4.8%	24.3%
	合计	32444	31120	4.3%	100.0%
世界	轻质馏分油	30840	29836	3.4%	32.5%
	中间馏分油	34559	34003	1.6%	36.4%
	燃料油	7971	8077	-1.3%	8.4%
	其他	21638	21193	2.1%	22.8%
	合计	95008	93109	2.0%	100.0%

资料来源：《BP世界能源统计年鉴2016》。

附表 7　2015 年世界主要国家、地区和组织炼油能力　　千桶 / 日

国家、地区和组织	2015年	2014年	2015年/2014年变化	2015年占世界
美国	18315	17889	2.4%	18.8%
中国	14262	14109	1.1%	14.7%
俄罗斯	6428	6352	1.2%	6.6%
印度	4307	4319	-0.3%	4.4%
日本	3721	3749	-0.8%	3.8%
韩国	3110	3110	—	3.2%
沙特阿拉伯	2899	2899	—	3.0%
巴西	2278	2235	1.9%	2.3%
德国	2032	2077	-2.1%	2.1%
伊朗	1985	1985	—	2.0%
1—10位合计	59337	58724	1.0%	61.0%
加拿大	1966	1965	0.1%	2.0%
意大利	1915	1915	—	2.0%
墨西哥	1602	1602	—	1.6%
西班牙	1546	1546	—	1.6%
新加坡	1514	1514	—	1.6%
法国	1375	1375	—	1.4%
英国	1337	1337	—	1.4%
委内瑞拉	1303	1303	—	1.3%
荷兰	1293	1274	1.4%	1.3%
泰国	1252	1252	—	1.3%
11—20位合计	15103	15083	0.1%	15.5%
阿联酋	1143	1143	—	1.2%
印度尼西亚	1116	1055	5.8%	1.1%
中国台湾	988	1197	-17.5%	1.0%
科威特	936	936	—	1.0%
埃及	840	840	—	0.9%
比利时	776	776		0.8%
阿根廷	657	657	—	0.7%
阿尔及利亚	651	651		0.7%
土耳其	613	613	—	0.6%
马来西亚	612	612	—	0.6%
21—30位合计	8332	8480	-1.7%	8.6%
北美	21883	21456	2.0%	22.5%
中南美	6222	6073	2.5%	6.4%
欧洲	15375	15457	-0.5%	15.8%
前苏联地区	8260	8175	1.0%	8.5%
中东	9344	9342	0	9.6%
非洲	3589	3589	—	3.7%
亚太地区	32554	32682	-0.4%	33.5%
世界	97227	96772	0.5%	100.0%
经合组织	44120	43912	0.5%	45.4%

资料来源：《BP 世界能源统计年鉴 2016》。

附表 8 2015 年世界主要国家、地区和组织天然气剩余探明可采储量 万亿立方米

国家、地区和组织	2015年	2014年	2015年/2014年变化	2015年占世界	储采比
伊朗	34.02	34.02	—	18.2%	>100.0
俄罗斯	32.27	32.36	-0.3%	17.3%	56.3
卡塔尔	24.53	24.53	—	13.1%	>100.0
土库曼斯坦	17.48	17.48	—	9.4%	>100.0
美国	10.44	10.44	—	5.6%	13.6
沙特阿拉伯	8.33	8.33	—	4.5%	78.2
阿联酋	6.09	6.09	—	3.3%	>100.0
委内瑞拉	5.62	5.62	—	3.0%	>100.0
尼日利亚	5.11	5.11	—	2.7%	>100.0
阿尔及利亚	4.50	4.50	—	2.4%	54.3
1—10位合计	148.39	148.48	-0.1%	79.4%	—
中国	3.84	3.67	4.8%	2.1%	27.8
伊拉克	3.69	3.69	—	2.0%	>100.0
澳大利亚	3.47	3.47	—	1.9%	51.8
印度尼西亚	2.84	2.84	—	1.5%	37.8
加拿大	1.99	1.99	—	1.1%	12.2
挪威	1.86	1.92	-3.4%	1.0%	15.9
埃及	1.85	1.85	—	1.0%	40.5
科威特	1.78	1.78	—	1.0%	>100.0
利比亚	1.50	1.50	—	0.8%	>100.0
印度	1.49	1.43	4.3%	0.8%	50.9
11—20位合计	24.31	24.14	0.7%	13.0%	—
马来西亚	1.17	1.17	—	0.6%	17.1
阿塞拜疆	1.15	1.17	-1.5%	0.6%	63.2
乌兹别克斯坦	1.09	1.09	—	0.6%	18.8
哈萨克斯坦	0.94	0.94	—	0.5%	75.7
阿曼	0.69	0.69	—	0.4%	19.7
荷兰	0.67	0.67	—	0.4%	15.7
越南	0.62	0.62	—	0.3%	57.9
乌克兰	0.60	0.62	-2.0%	0.3%	34.7
巴基斯坦	0.54	0.54	—	0.3%	12.9
缅甸	0.53	0.53	—	0.3%	23.1
21—30位合计	8.00	8.04	-0.4%	4.3%	—
北美	12.75	12.75	—	6.8%	12.96
中南美	7.59	7.63	-0.5%	4.1%	42.54
欧洲	3.22	3.30	-2.4%	1.7%	—
前苏联地区	53.56	53.67	-0.2%	28.7%	71.26
中东	80.04	80.06	0	42.8%	>100.0
非洲	14.06	14.12	-0.4%	7.5%	66.41
亚太地区	15.65	15.43	1.4%	8.4%	28.11
世界	186.87	186.96	-0.1%	100.0%	52.81
经合组织	19.56	19.65	-0.5%	10.5%	15.13

资料来源：《BP 世界能源统计年鉴 2016》。

附表 9 2015 年世界主要国家、地区和组织天然气产量 亿立方米

国家、地区和组织	2015年	2014年	2015年/2014年变化	2015年占世界
美国	7672.8	7285.5	5.4%	22.0%
俄罗斯	5733.0	5817.4	-1.5%	16.1%
伊朗	1924.6	1820.5	5.7%	5.4%
卡塔尔	1814.4	1740.6	4.2%	5.1%
加拿大	1635.3	1620.4	0.9%	4.6%
中国	1379.6	1316.0	4.8%	3.9%
挪威	1171.5	1088.2	7.7%	3.3%
沙特阿拉伯	1064.3	1023.8	4.0%	3.0%
阿尔及利亚	830.0	833.0	-0.4%	2.3%
印度尼西亚	750.4	752.7	-0.3%	2.1%
1—10位合计	23975.9	23298.1	2.9%	67.8%
土库曼斯坦	724.0	692.7	4.5%	2.0%
马来西亚	682.0	667.0	2.2%	1.9%
澳大利亚	670.5	613.2	9.4%	1.9%
乌兹别克斯坦	577.5	572.9	0.8%	1.6%
阿联酋	557.6	542.4	2.8%	1.6%
墨西哥	532.1	570.6	-6.8%	1.5%
尼日利亚	500.7	450.5	11.1%	1.4%
埃及	455.8	487.9	-6.6%	1.3%
荷兰	430.2	557.0	-22.8%	1.2%
巴基斯坦	419.1	419.0	0	1.2%
11—20位合计	5549.5	5573.2	-0.4%	15.7%
泰国	398.1	421.0	-5.4%	1.1%
英国	396.5	367.9	7.8%	1.1%
特立尼达和多巴哥	396.4	420.8	-5.8%	1.1%
阿根廷	364.9	354.5	2.9%	1.0%
阿曼	348.8	332.9	4.8%	1.0%
委内瑞拉	324.2	286.4	13.2%	0.9%
孟加拉	268.2	239.1	12.2%	0.8%
巴西	229.1	226.3	1.3%	0.6%
玻利维亚	208.6	210.1	-0.7%	0.6%
缅甸	196.0	168.4	16.4%	0.6%
21—30位合计	3130.8	3027.4	3.4%	8.8%
北美	9840.2	9476.6	3.9%	28.1%
中南美	1784.6	1771.3	0.7%	5.0%
欧洲	2382.1	2403.3	-0.9%	6.7%
前苏联地区	7516.2	7 561.6	-0.6%	21.1%
中东	6179.0	5991.1	3.1%	17.4%
非洲	2117.9	2079.7	1.8%	6.0%
亚太地区	5566.6	5348.0	4.1%	15.7%
世界	35386.6	34631.6	2.2%	100.0%
经合组织	12931.8	12535.5	3.2%	36.8%

资料来源:《BP 世界能源统计年鉴 2016》。

附表10　2015年世界主要国家、地区和组织天然气消费量　　亿立方米

国家、地区和组织	2015年	2014年	2015年/2014年变化	2015年占世界
美国	7779.7	7560.1	3.0%	22.8%
俄罗斯	3914.8	4118.8	-5.0%	11.2%
中国	1973.2	1884.0	4.7%	5.7%
伊朗	1912.3	1800.2	6.2%	5.5%
日本	1134.2	1180.2	-3.9%	3.3%
沙特阿拉伯	1064.3	1023.8	4.0%	3.1%
加拿大	1024.6	1042.3	-1.7%	2.9%
墨西哥	831.9	868.2	-4.2%	2.4%
德国	746.3	711.0	5.0%	2.1%
阿联酋	691.2	662.7	4.3%	2.0%
1—10位合计	21072.5	20851.3	1.1%	60.8%
英国	682.6	666.8	2.4%	2.0%
意大利	614.5	563.4	9.1%	1.8%
泰国	528.6	526.9	0.3%	1.5%
印度	505.9	506.4	-0.1%	1.5%
乌兹别克斯坦	502.8	487.7	3.1%	1.4%
埃及	478.1	480.2	-0.4%	1.4%
阿根廷	475.4	471.4	0.8%	1.4%
卡塔尔	451.5	396.8	13.8%	1.3%
韩国	436.1	477.7	-8.7%	1.3%
土耳其	435.9	446.7	-2.4%	1.3%
11—20位合计	5111.4	5024.0	1.7%	14.7%
巴基斯坦	433.8	419.0	3.5%	1.2%
巴西	409.2	394.4	3.8%	1.2%
马来西亚	397.6	407.5	-2.4%	1.1%
印度尼西亚	397.3	408.6	-2.7%	1.1%
法国	390.5	362.3	7.8%	1.1%
阿尔及利亚	390.2	375.0	4.1%	1.1%
委内瑞拉	345.2	307.3	12.4%	1.0%
澳大利亚	343.4	359.6	-4.5%	1.0%
土库曼斯坦	343.2	277.0	23.9%	1.0%
荷兰	318.2	320.3	-0.7%	0.9%
21—30位合计	3768.6	3631.0	3.8%	10.9%
北美	9636.2	9470.6	1.9%	28.1%
中南美	1747.8	1695.2	3.1%	5.0%
欧洲	4580.5	4408.5	3.9%	13.2%
前苏联地区	5454.1	5655.5	-3.6%	15.7%
中东	4901.9	4614.0	6.2%	14.1%
非洲	1354.5	1283.9	5.5%	3.9%
亚太地区	7011.4	6974.3	0.5%	20.1%
世界	34686.4	34102.0	1.7%	100.0%
经合组织	16060.7	15827.7	1.5%	46.5%

资料来源：《BP世界能源统计年鉴2016》。

附表 11　2015 年世界主要国家和地区石油进出口量　　万吨

国家和地区	原油进口量	油品进口量	总进口量	原油出口量	油品出口量	总出口量
美国	36602	9807	46409	2446	19829	22274
加拿大	3272	2933	6205	15936	3001	18937
墨西哥	—	3705	3705	5981	816	6797
中南美	2013	9128	11141	17242	2897	20138
欧洲	48806	18404	67210	1016	12920	13936
前苏联地区	2603	1482	4085	33566	16205	49771
中东	787	3711	4497	87961	14132	102093
北非	807	3267	4074	6152	1899	8051
西非	46	2812	2858	21547	624	22171
东非和南非	665	2236	2901	845	155	1000
澳大拉西亚	2445	2583	5028	917	303	1221
中国	33577	6953	40529	283	3667	3951
印度	19513	2335	21848	15	5503	5518
日本	16782	4667	21449	32	1736	1767
新加坡	4571	12569	17141	6	8874	8880
亚太其他	25233	16335	41567	3778	10364	14142
世界合计	197722	102927	300647	197723	102925	300647

资料来源：《BP 世界能源统计年鉴 2016》。

附表 12　2015 年世界主要国家和地区天然气进出口量　　亿立方米

国家和地区	管道气进口量	液化气进口量	总进口量	管道气出口量	液化气出口量	总出口量
美国	743.8	25.8	769.6	496.9	8.2	505.1
加拿大	198.4	6.2	204.6	743.5	—	743.5
墨西哥	298.5	71.1	369.6	0.3	—	0.3
北美	1240.7	103.1	1343.8	1240.7	8.2	1248.9
特立尼达和多巴哥	—	—	—	—	—	—
中南美其他	184.9	200.0	384.9	184.9	49.9	234.8
中南美	184.9	200.0	384.9	184.9	49.9	234.8
法国	359.2	65.7	424.9	15.5	4.3	19.8
德国	1040.4	—	1040.4	290.1	—	290.1
意大利	502.0	59.6	561.6	2.0	—	2.0
荷兰	301.7	20.1	321.8	405.8	11.7	417.5
挪威	0.0	—	—	1095.5	59.6	1155.1
西班牙	152.2	130.7	282.9	4.8	15.7	20.5
土耳其	396.9	74.9	471.8	5.7	—	5.7
英国	289.7	128.5	418.2	133.6	2.9	136.5
欧洲其他	971.7	70.9	1042.6	131.4	14.1	145.5
欧洲	4013.9	550.3	4564.2	2084.4	108.3	2192.7

续表

国家和地区	管道气进口量	液化气进口量	总进口量	管道气出口量	液化气出口量	总出口量
俄罗斯	169.2	—	169.2	1929.9	145.5	2075.4
乌克兰	162.1	—	162.1	—	—	—
前苏联地区其他	297.9	—	297.9	644.9	—	644.9
前苏联地区	629.3	—	629.3	2574.8	145.5	2720.3
卡塔尔	—	—	—	197.9	1063.6	1261.5
中东其他	272.6	105.4	378.0	83.7	198.0	281.7
中东	272.6	105.4	378.0	281.5	1261.6	1543.1
阿尔及利亚	—	—	—	249.5	161.9	411.4
非洲其他	88.7	38.2	126.9	110.5	325.3	435.8
非洲	88.7	—	88.7	360.1	487.1	847.2
中国	335.7	262.0	597.7	—	—	—
日本	—	1180.4	1180.4	—	—	—
印度尼西亚	—	—	—	104.7	218.8	323.5
韩国	—	436.9	436.9	—	2.9	2.9
亚太地区其他	275.9	506.6	781.5	210.4	930.3	1301.7
亚太	611.6	2386.0	2997.6	315.1	1152.0	1467.1
世界合计	7041.5	3382.9	10424.4	7041.5	3382.9	10424.4

资料来源：《BP 世界能源统计年鉴 2016》。

附表 13　2011—2015 年世界主要国家地热发电装机容量　　兆瓦

国　家	2011年	2012年	2013年	2014年	2015年	2015年占世界
世界	11071	11397	11917	12492	12995	100%
美国	3318	3450	3524	3525	3596	27.7%
菲律宾	1783	1848	1868	1917	1917	14.8%
印度尼西亚	1209	1339	1339	1401	1401	10.8%
意大利	883	875	876	916	916	7.0%
墨西哥	887	812	834	834	887	6.8%
新西兰	723	723	971	971	971	7.5%
冰岛	665	665	665	665	665	5.1%
日本	502	502	503	539	544	4.2%
哥斯达黎加	208	208	208	208	208	1.6%
萨尔瓦多	204	204	204	204	204	1.6%
肯尼亚	212	217	253	450	605	4.7%
尼加拉瓜	88	160	160	160	160	1.2%

资料来源：《BP 世界能源统计年鉴 2016》。

附表 14　2011—2015 年世界主要国家太阳能发电装机容量　　兆瓦

国　家	2011年	2012年	2013年	2014年	2015年	2015年占世界
世界	71810	100818	139048	179998	230606	100.0%
德国	25429	33033	36337	38343	39698	17.2%
意大利	12803	16450	18198	18622	18922	8.2%
中国	3500	6700	17690	28330	43480	18.9%
美国	3961	7330	12106	18317	25577	11.1%
日本	4914	6701	13669	23409	35409	15.4%
西班牙	4792	5104	5354	5376	5432	2.4%
法国	2967	4087	4739	5678	6557	2.8%
比利时	2105	2819	3077	3156	3251	1.4%
澳大利亚	1377	2415	3226	4130	5065	2.2%
捷克	1971	2087	2132	2134	2150	0.9%
英国	1005	1774	2892	5461	9071	3.9%
希腊	624	1536	2579	2595	2606	1.1%

资料来源：《BP 世界能源统计年鉴 2016》。

附录 15　2011—2015 年世界主要国家风能发电装机容量　　兆瓦

国　家	2011年	2012年	2013年	2014年	2015年	2015年占世界
世界	239183	284698	320633	371893	434722	100.0%
中国	62412	75324	91413	114609	145109	33.4%
美国	47084	60208	61292	66146	74740	17.2%
德国	29045	31264	34271	39193	45018	10.4%
西班牙	21160	22722	22898	23025	23025	5.3%
印度	16179	18420	20150	22465	25088	5.8%
英国	6467	8899	11214	12987	14191	3.3%
意大利	6936	8119	8561	8703	9126	2.1%
法国	6811	7583	8164	9337	10269	2.4%
加拿大	5278	6214	7813	9684	11190	2.6%
葡萄牙	4214	4363	4557	4683	4815	1.1%
丹麦	3927	4137	4747	4778	4932	1.1%
瑞典	2904	3750	4474	5524	6126	1.4%

资料来源：《BP 世界能源统计年鉴 2016》。

附表 16　2011—2015 年世界主要国家生物燃料产量　　万吨油当量

国　家	2011年	2012年	2013年	2014年	2015年	2015年占世界
世界	6116	6228	6726	7421	7485	100.0%
美国	2852	2727	2846	3012	3098	41.4%
巴西	1321	1352	1569	1652	1764	23.6%
德国	283	289	263	337	313	4.2%
阿根廷	222	228	201	258	196	2.6%
法国	186	207	222	260	259	3.5%
中国	167	193	210	221	243	3.2%
印度尼西亚	110	139	174	253	134	1.8%
泰国	72	99	125	140	151	2.0%
加拿大	85	100	97	110	106	1.4%
波兰	40	63	67	73	88	1.2%
西班牙	81	59	71	99	100	1.3%
比利时	62	52	51	53	51	0.7%

资料来源：《BP 世界能源统计年鉴 2016》。

附表 17　2015 年世界主要国家、地区和组织二氧化碳排放量　亿吨

国家、地区和组织	2015年	2014年	2015年/2014年变化	2015年占世界
中国	91.5	91.7	-0.1%	27.3%
美国	54.9	56.3	-2.6%	16.4%
印度	22.2	21.1	5.3%	6.6%
俄罗斯	14.8	15.5	-4.2%	4.4%
日本	12.1	12.4	-2.7%	3.6%
德国	7.5	7.5	0.8%	2.2%
韩国	6.5	6.4	0.9%	1.9%
伊朗	6.3	6.2	1.0%	1.9%
沙特阿拉伯	6.2	5.9	5.4%	1.9%
印度尼西亚	6.1	5.8	5.7%	1.8%
1—10位合计	228.1	228.8	-0.3%	68.1%
加拿大	5.3	5.5	-3.4%	1.6%
巴西	4.9	5.1	-3.9%	1.5%
墨西哥	4.7	4.8	-1.7%	1.4%
英国	4.4	4.6	-4.3%	1.3%
南非	4.4	4.5	-3.1%	1.3%
澳大利亚	4.0	3.9	1.9%	1.2%
意大利	3.4	3.3	5.1%	1.0%
土耳其	3.4	3.3	1.1%	1.0%
法国	3.1	3.0	1.6%	0.9%
泰国	3.0	2.9	1.2%	0.9%
11—20位合计	40.6	40.9	-1.1%	12.1%
波兰	3.0	2.9	1.7%	0.9%
西班牙	2.9	2.7	6.8%	0.9%
中国台湾	2.7	2.7	-0.3%	0.8%
阿联酋	2.6	2.5	4.3%	0.8%
马来西亚	2.5	2.4	4.6%	0.7%
埃及	2.1	2.1	1.1%	0.6%
荷兰	2.1	2.0	3.2%	0.6%
新加坡	2.0	1.9	5.2%	0.6%
乌克兰	2.0	2.4	-18.6%	0.6%
阿根廷	1.9	1.9	1.4%	0.6%
21—30位合计	23.8	23.5	0.9%	7.1%
北美	64.9	66.6	-2.6%	19.4%
中南美	13.8	13.9	-0.8%	4.1%
欧洲	40.2	39.6	1.4%	12.0%
前苏联地区	24.8	25.5	-2.5%	7.0%
中东	21.7	20.9	3.7%	6.5%
非洲	12.0	11.9	0.8%	3.6%
亚太地区	160.7	158.8	1.1%	47.9%
世界	338.1	337.2	0.1%	100.0%
经合组织	126.9	128.3	-1.1%	37.9%

资料来源：《BP 世界能源统计年鉴 2016》。

附表 18　2016 年《财富》世界 500 强排名前 30 位的石油石化公司　　百万美元

序号	排名		公司名称	营业收入	利润	所属国家
	2016年	2015年				
1	3	4	中国石油天然气集团公司（CHINA NATIONAL PETROLEUM)	299270.6	7090.6	中国
2	4	2	中国石油化工集团公司（SINOPEC GROUP)	294344.4	3594.8	中国
3	5	3	荷兰皇家壳牌石油公司（ROYAL DUTCH SHELL)	272156.0	1939.0	荷兰
4	6	5	埃克森美孚（EXXON MOBIL)	246204.0	16150.0	美国
5	10	6	英国石油公司（BP)	225982.0	–6482.00	英国
6	24	11	道达尔公司（TOTAL)	143421.0	5087.0	法国
7	31	12	雪佛龙（CHEVRON)	131118.0	4587.0	美国
8	32	22	意昂集团（E.ON)	129277.3	–7763.8	德国
9	56	26	俄罗斯天然气工业股份公司（GAZPROM)	99464.4	12882.0	俄罗斯
10	58	28	巴西国家石油公司（PETROBRAS)	97314.0	–8450.0	巴西
11	65	25	埃尼石油公司（ENI)	92985.1	–9742.8	意大利
12	74	23	Phillips 66公司（Phillips 66)	87169.0	4227.0	美国
13	76	43	卢克石油公司（LUKOIL)	84676.9	4765.1	俄罗斯
14	83	34	瓦莱罗能源公司（VALERO ENERGY)	81824.0	3990.0	美国
15	88	76	巴斯夫公司（BASF)	78147.4	4422.7	德国
16	98	47	墨西哥石油公司（PEMEX)	73514.1	–44903.7	墨西哥
17	109	72	中国海洋石油总公司（CHINA NATIONAL OFFSHORE OIL)	67799.4	4608.1	中国
18	118	51	俄罗斯石油公司（ROSNEFT OIL)	64749.0	5810.4	俄罗斯
19	120	83	马拉松原油公司（MARATHON PETROLEUM)	64566.0	2852.0	美国
20	125	68	马来西亚国家石油公司（PETRONAS)	63465.5	3371.9	马来西亚
21	139	105	中国中化集团公司（SINOCHEM GROUP)	60655.8	–55.1	中国
22	145	75	挪威国家石油公司（STATOIL)	59894.7	–4652.1	挪威
23	146	93	泰国国家石油有限公司（PTT)	59196.0	582.2	泰国
24	161	119	印度石油公司（INDIAN OIL)	54710.8	1713.7	印度
25	168	139	必和必拓（BHP BILLITON)	52267.0	1910.0	澳大利亚
26	174	154	莱茵集团（RWE)	51616.9	–79.9	德国
27	215	158	信实工业公司（RELIANCE INDUSTRIES)	43437.0	4220.5	印度
28	230	130	印尼国家石油公司（PERTAMINA)	41762.7	1420.2	印度尼西亚
29	234	265	中国化工集团公司（CHEMCHINA)	41412.4	–131.8	中国
30	294	—	SK集团（SK HOLDINGS)	34992.3	4727.5	韩国

注：排名按 2015 年公司营业收入计算。

资料来源：《财富》杂志 2016 年 7 月 20 日。

附表 19　2016 年《福布斯》全球企业 2000 强综合排名前 30 位的石油天然气公司　　亿美元

序号	排名		公司名称	所在国	销售额	利润	资产	市值
	2016 年	2015 年						
1	9	7	埃克森美孚 /ExxonMobil	美国	2368	162	3368	3633
2	17	8	中国石油 /PetroChina	中国	2746	57	3687	2038
3	28	16	雪佛龙 /Chevron	美国	1299	46	2661	1923
4	30	35	道达尔 /Total	法国	1434	50	2245	1219
5	31	24	中国石化 /Sinopec	中国	2836	51	2237	899
6	50	13	荷兰皇家壳牌集团 / Royal Dutch Shell	荷兰	2649	21	3402	2100
7	53	27	俄罗斯天然气公司 /Gazprom	俄罗斯	1021	49	2502	571
8	75	59	俄罗斯石油公司 /Rosneft	俄罗斯	808	58	1396	511
9	121	142	信实工业 /Reliance Industries	印度	422	42	915	506
10	122	109	鲁克石油 /LukOil	俄罗斯	904	48	696	368
11	134	103	中海油 /CNOOC	中国	273	32	1023	580
12	141	147	菲力普斯 66/Phillips 66	美国	852	42	486	463
13	148	191	杜克能源 /Duke Energy	美国	234	28	1212	531
14	176	123	斯伦贝谢 /Schlumberger	美国	317	16	691	1111
15	182	182	瓦莱罗能源公司 /Valero Energy	美国	878	40	443	288
16	212	226	新世代能源 /NextEra Energy	美国	159	28	825	528
17	220	183	印度油气 /Oil & Natural Gas	印度	261	30	573	278
18	234	273	马拉松石油 /Marathon Petroleum	美国	645	28	431	219
19	242	209	苏尔古特石油天然气公司 / Surgutneftegas	俄罗斯	190	202	615	197
20	287	275	西班牙天然气菲诺莎 / Gas Natural Fenosa	西班牙	288	17	523	206
21	303	—	多米尼资源公司 / Dominion Resources	美国	116	19	588	432
22	337	225	泰国国家石油 /PTT PCL	泰国	591	561	614	253
23	370	41	英国石油公司 /BP	英国	2187	−65	2618	990
24	371	—	印度石油 /Indian Oil	印度	706	8	381	156
25	409	121	埃尼集团 /Eni	意大利	872	−98	1498	577
26	411	416	巴西石油公司 /Petrobras	巴西	963	−104	2275	421
27	428	98	法国燃气苏伊士集团 / GDF SUEZ	法国	775	−51	1745	390
28	441	103	挪威国家石油公司 /Statoil	挪威	580	−46	1092	536
29	455	50	必和必拓 /BHP Billiton	澳大利亚	305	−61	1187	803
30	481	89	康菲石油公司 /ConocoPhillips	美国	294	−44	975	590

资料来源：《福布斯》杂志 2016 年 5 月。

附表 20　2015 年世界最大 50 家石油公司综合排名（6 项指标）

综合排名	公司名称	石油储量		天然气储量		石油产量		天然气产量		炼油能力		油品销售	
		位次	亿吨	位次	亿立方米	位次	万吨	位次	亿立方米	位次	万吨	位次	万吨
1	沙特阿拉伯国家石油公司	2	365.8	5	81666	1	47640	6	1082	5	15520	6	15266
2	伊朗国家石油公司	3	216.2	1	340202	2	18070	2	1726	14	8905	12	10567
3	中国石油天然气集团公司	8	40.4	10	31007	4	16485	5	1139	3	22255	7	12643
4	埃克森美孚	11	18.8	12	19634	11	10555	4	1152	1	26240	2	26805
5	委内瑞拉国家石油公司	1	410.9	6	56172	7	14495	15	498	7	14110	13	10138
6	皇家荷兰壳牌公司	23	8.4	17	11416	17	7420	7	957	4	16085	1	29040
7	英国石油公司	18	13.4	16	12656	13	9635	9	734	11	9785	3	24273
8	俄罗斯石油公司	9	33.7	14	16194	3	16510	17	455	12	9670	16	8591
9	俄罗斯天然气公司	15	14.8	2	188950	16	7645	1	4665	23	5490	24	4430
10	道达尔公司	26	7.3	20	9512	21	5170	11	627	9	10935	5	17196
11	雪佛龙公司	21	8.6	23	8245	15	8545	13	534	13	9500	8	12369
12	巴西国家石油公司	14	15.2	32	3437	10	10750	23	322	8	12030	9	11936
13	阿尔及利亚国家石油公司	13	15.5	7	45052	18	6515	8	791	31	2575	23	4439
14	科威特国家石油公司	5	139.1	13	18475	5	15685	36	202	22	5620	21	5197
15	墨西哥石油公司	17	14.1	35	3075	8	13710	19	428	15	8860	17	7405
16	鲁克石油公司	12	18.6	24	6781	12	9760	37	200	17	7800	11	11082
17	阿布扎比国家石油公司	6	125.9	9	34337	9	11755	25	300	32	2425	33	2436
18	卡塔尔石油总公司	16	14.8	3	179169	14	9080	3	1206	53	1055	31	3139
19	中国石化股份公司	33	4.2	49	1909	22	4940	35	203	2	26195	4	17734
20	马来西亚国家石油公司	30	4.6	18	11168	29	2965	10	652	36	2240	30	3737
21	伊拉克国家石油公司	4	205.5	8	35878	6	15565	90	10	26	4500	29	3760
22	尼日利亚国家石油公司	10	24.4	11	30090	20	5665	31	228	37	2225	57	488
23	意大利埃尼集团	32	4.4	27	5251	26	4140	18	437	29	3085	37	2044
24	埃及国家石油公司	42	2.5	22	9231	47	1405	26	278	28	3630	26	3951
25	俄罗斯苏尔古特油气公司	19	13.0	29	4890	19	6170	55	94	39	2020	42	1405
26	印度石油天然气总公司	35	4.1	25	6528	27	3160	22	335	52	1075	43	1341
27	印度尼西亚国家石油公司	41	2.7	34	3264	50	1195	40	167	24	5235	18	6830

续表

综合排名	公司名称	石油储量		天然气储量		石油产量		天然气产量		炼油能力		油品销售	
		位次	亿吨	位次	亿立方米	位次	万吨	位次	亿立方米	位次	万吨	位次	万吨
28	挪威国家石油公司	37	3.2	31	4791	23	4855	16	470	42	1670	—	—
29	康菲公司	25	7.5	26	5805	25	4445	20	417	—	—	—	—
30	哈萨克斯坦国家石油公司	24	8.2	30	4876	34	2260	65	70	43	1670	44	1309
31	利比亚国家石油公司	7	45.0	19	11051	44	1660	83	29	46	1350	46	1186
32	中国海洋石油总公司	31	4.4	44	2058	24	4780	48	137	48	1200	51	830
33	阿曼石油开发公司	34	4.1	28	4900	37	2140	29	238	—	—	—	—
34	俄罗斯斯诺瓦泰克公司	55	1.4	15	14708	69	575	14	521	—	—	—	—
35	美国安纳达克石油公司	48	1.9	41	2463	38	2055	27	268	—	—	—	—
36	哥伦比亚国家石油公司	47	2.0	62	999	28	3100	62	80	41	1675	39	1592
37	雷普索尔公司	69	0.6	52	1745	63	670	49	128	25	4990	22	4448
38	英国天然气公司	44	2.3	33	3271	53	1110	30	238	—	—	—	—
39	乌兹别克斯坦国家石油公司	63	0.8	21	9323	79	325	12	535	51	1100	58	388
40	加拿大自然资源公司	28	5.1	56	1454	35	2255	44	148	—	—	—	—
41	美国戴文能源公司	46	2.0	43	2177	42	1765	38	198	—	—	—	—
42	切萨皮克公司	60	0.9	36	3028	54	1035	24	310	—	—	—	—
43	澳大利亚必和必拓公司	58	1.0	45	2036	43	1710	32	223	—	—	—	—
44	美国阿帕奇公司	49	1.9	51	1767	39	1945	41	164	—	—	—	—
44	YPF 公司	61	0.9	68	854	45	1465	43	155	44	1600	41	1451
46	EOG 资源公司	45	2.2	55	1513	40	1845	47	140	—	—	—	—
47	美国西方石油公司	40	2.9	60	1169	36	2225	57	94	—	—	—	—
48	巴什基尔国家石油公司	39	2.9	76	570	41	1805	92	7	33	2420	38	1871
48	加拿大森科能源公司	27	6.4	95	15	32	2660	96	2	35	2310	34	2373
50	日本国际石油开发公司	50	1.7	50	1858	49	1215	58	91	—	—	—	—

注：表中数据截至 2014 年 12 月 31 日。

资料来源：美国《石油情报周刊》2015 年 11 月 16 日。

附表 21　2011—2015 年主要石油公司经营指标

油：千桶 / 日
天然气：百万英尺³/ 日

公司名称及经营指标	2011年	2012年	2013年	2014年	2015年
埃克森美孚					
原油产量	2312	2185	2202	2111	2345
天然气产量	13162	12322	11836	11145	10515
一次加工能力	6226	5777	5341	5144	5111
成品油销售量	6413	6174	5887	5875	5754
加油站数量(座)	25020	19382	19554	20217	20251
BP					
原油产量	2157	2056	2013	1927	2045
天然气产量	7518	7393	7060	7100	7146
一次加工能力	2679	2681	1955	1957	1853
成品油销售量	5776	5657	5569	5320	5605
加油站数量(座)	21800	20700	17800	17200	17200
壳牌					
原油产量	1536	1488	1396	1339	1358
天然气产量	8986	9449	9616	9259	8380
一次加工能力	3251	3201	3255	3217	3154
成品油销售量	6196	6235	6164	6365	6432
加油站数量(座)	44266	43774	43306	42861	42712
雪佛龙					
原油产量	1849	1764	1731	1709	1744
天然气产量	4941	5074	5192	5167	5269
一次加工能力	1967	1953	1960	1900	1835
成品油销售量	2949	2765	2711	2711	2735
加油站数量(座)	17831	16769	16634	16377	13946
道达尔					
原油产量	1226	1220	1167	1034	1237
天然气产量	6098	5880	6184	6063	6054
一次加工能力	2088	2048	2042	2187	2247
成品油销售量	3616	3561	3521	3769	4005
加油站数量(座)	15434	15425	15551	15569	16023
中国石油股份					
原油产量	2428	2511	2556	2590	2663
天然气产量	6565	7010	7676	8298	8578
一次加工能力	3093	3180	3217	3419	3431
成品油销售量	3190	3360	3488	3526	3509
加油站数量(座)	19362	19840	20272	20422	20714

资料来源：各公司年报和财务经营报告。

附表 22　2011—2015 年主要石油公司财务指标　　百万美元

公司名称及财务指标	2011年	2012年	2013年	2014年	2015年
埃克森美孚					
销售收入	467029	451509	420836	394105	259488
净利润	41060	44880	32580	32520	16150
总资产	331052	333795	346808	349493	336758
职工人数(人)	82100	76900	75000	75300	73500
BP					
销售收入	375517	375765	379136	353568	222894
净利润	25609	11251	23758	4003	-6400
总资产	293068	300466	305690	284305	261832
职工人数(人)	84100	86400	83900	84500	79800
壳牌					
销售收入	470171	467153	451235	421105	264960
净利润	31093	26960	16526	14730	2200
总资产	337474	350294	357512	353116	340157
职工人数(人)	90000	87000	92000	94000	93000
雪佛龙					
销售收入	244371	230590	220156	200494	129925
净利润	26895	26179	21423	19241	4587
总资产	209474	232982	253753	266026	266103
职工人数(人)	61189	61942	64550	64715	61494
道达尔					
销售收入	257093	257038	251731	236122	165357
净利润	17513	13929	11503	4250	4786
总资产	228356	220766	230413	229798	224484
职工人数(人)	96104	97126	98799	100307	96019
中国石油股份					
销售收入	310794	348515	367701	370004	274448
净利润	22638	20737	23167	19291	6695
总资产	297415	344324	381377	389860	380767
职工人数(人)	552810	548335	544083	534652	521566

资料来源：各公司年报和财务经营报告。

附　图

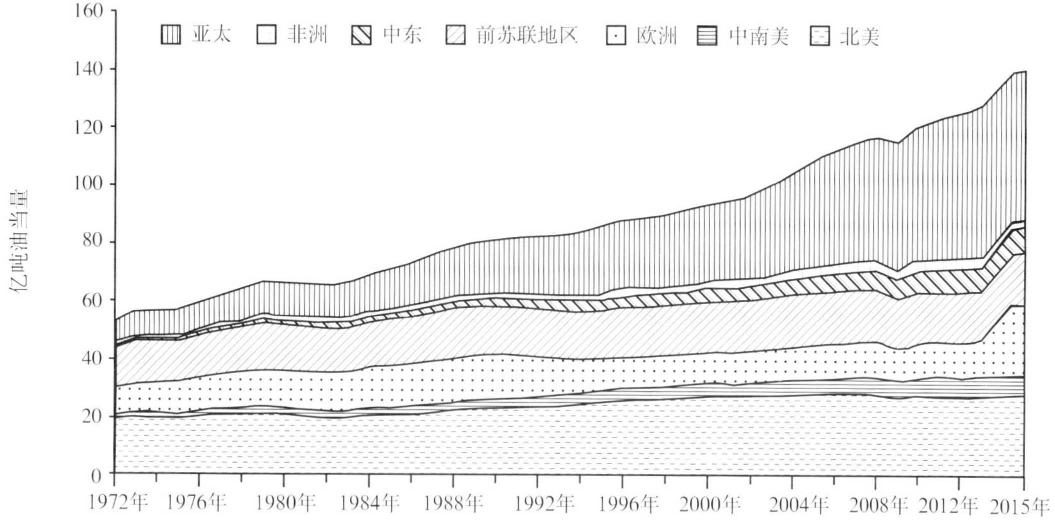

附图 1　1972—2015 年世界各地区一次能源消费量

（资料来源：《BP 世界能源统计年鉴 2016》）

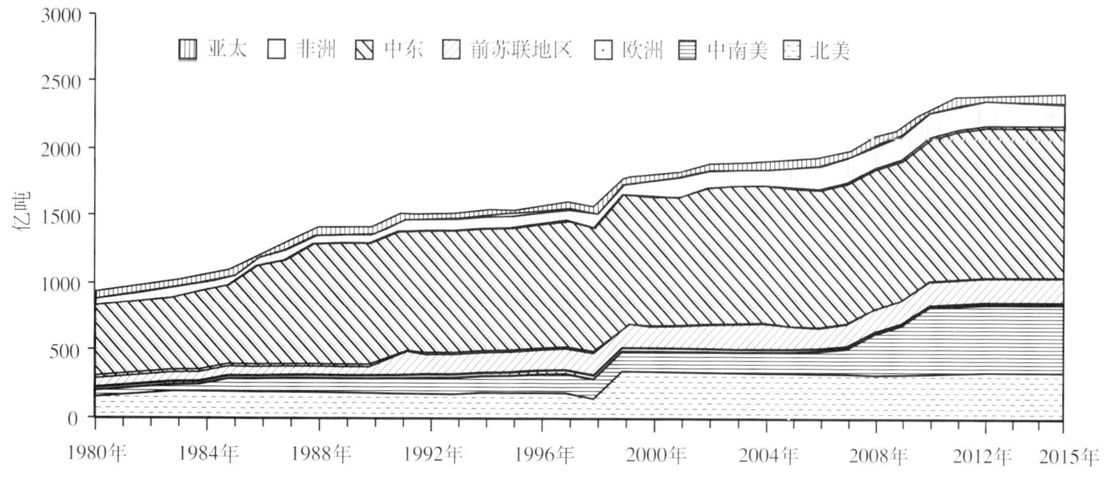

附图 2　1980—2015 年世界各地区石油剩余探明可采储量

（资料来源：《BP 世界能源统计年鉴 2016》）

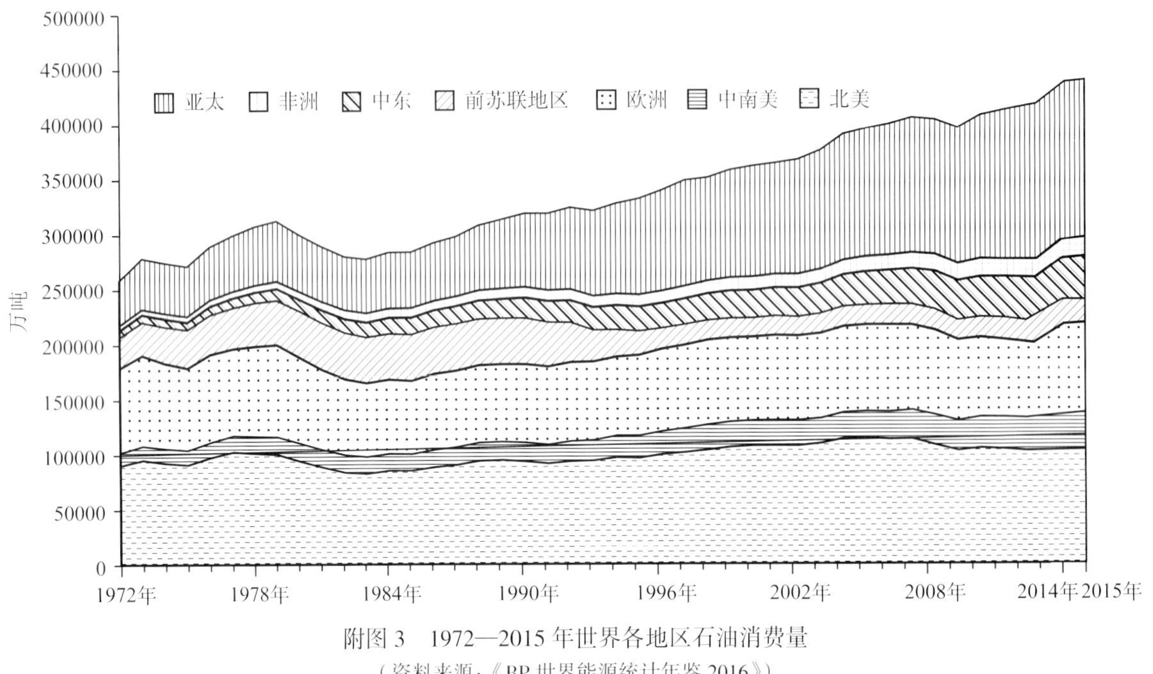

附图 3　1972—2015 年世界各地区石油消费量

（资料来源：《BP 世界能源统计年鉴 2016》）

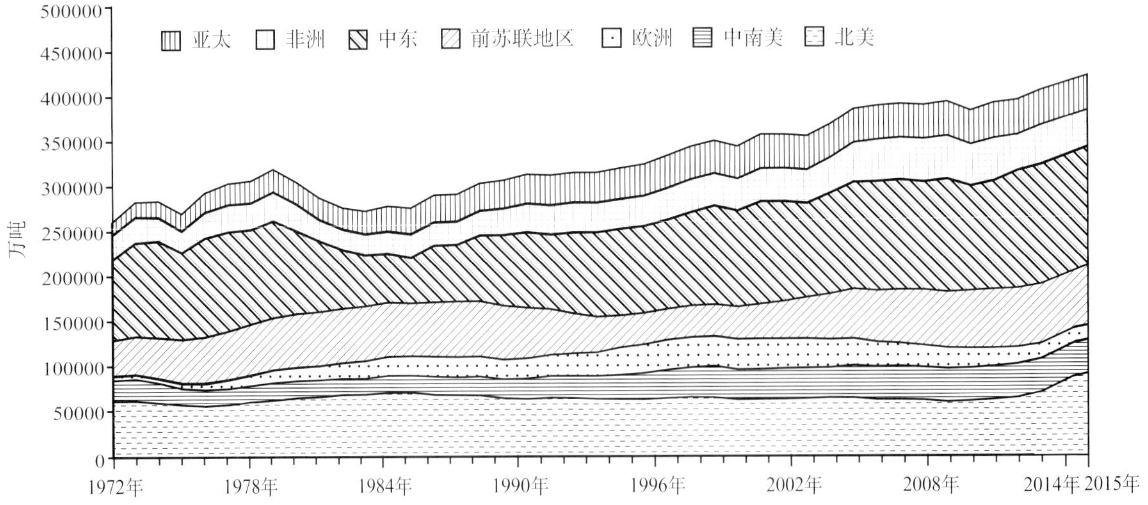

附图 4　1972—2015 年世界各地区石油产量

（资料来源：《BP 世界能源统计年鉴 2016》）

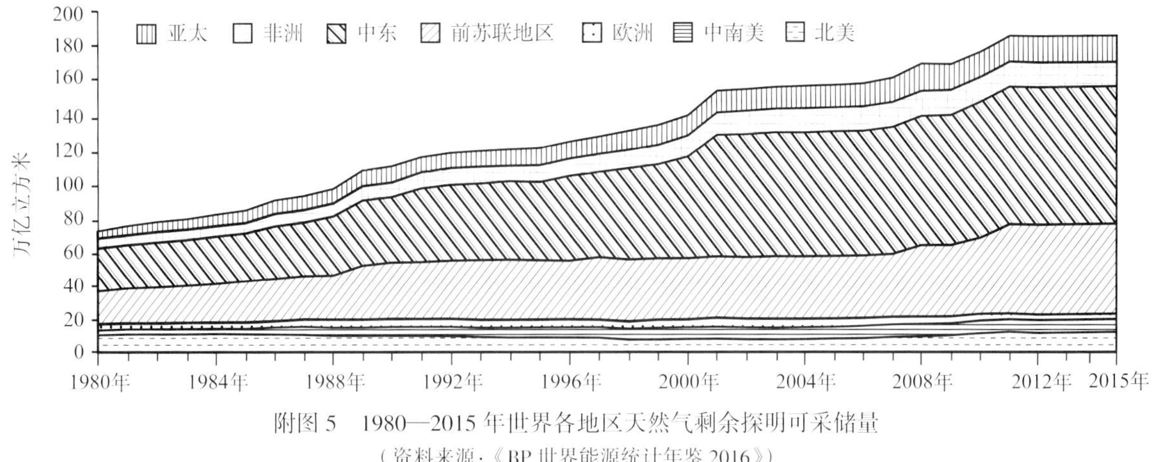

附图 5　1980—2015 年世界各地区天然气剩余探明可采储量

（资料来源：《BP 世界能源统计年鉴 2016》）

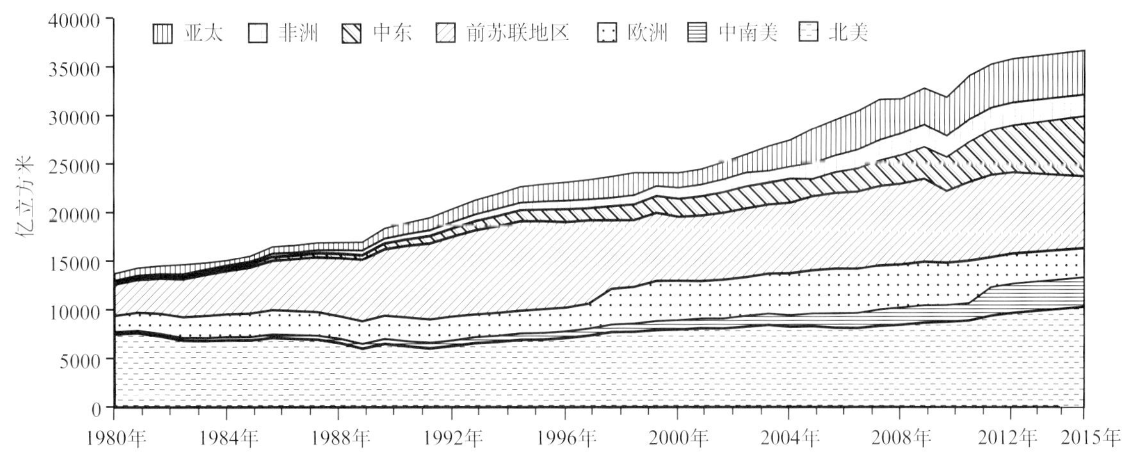

附图 6　1980—2015 年世界各地区天然气产量

（资料来源：《BP 世界能源统计年鉴 2016》）

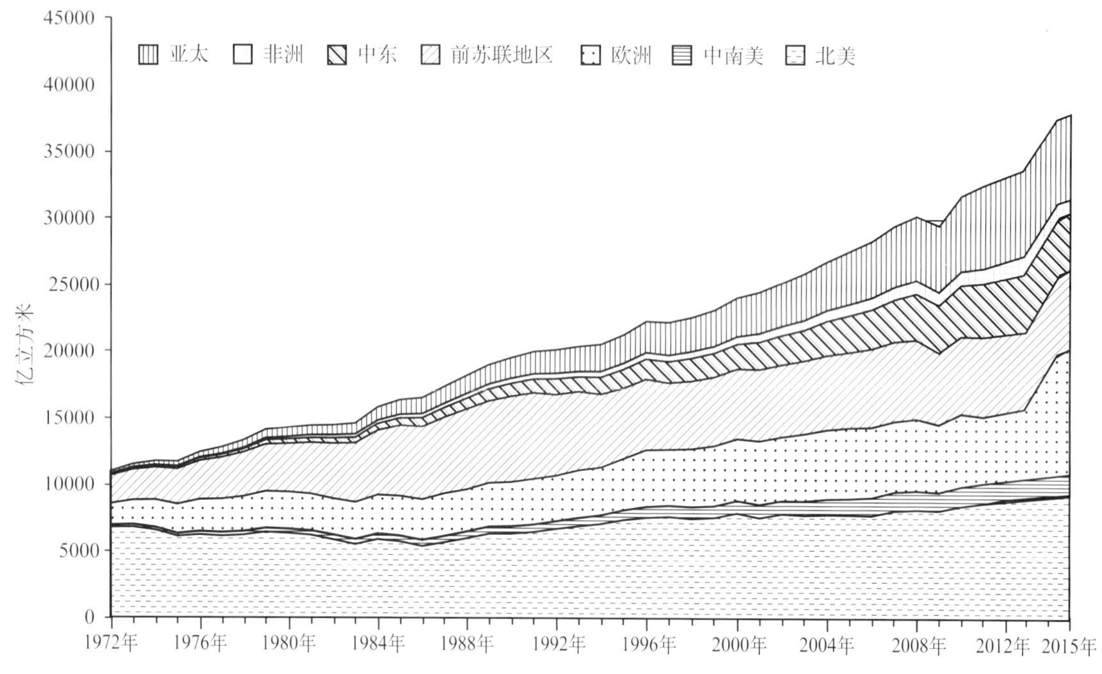

附图 7　1972—2015 年世界各地区天然气消费量

（资料来源：《BP 世界能源统计年鉴 2016》）

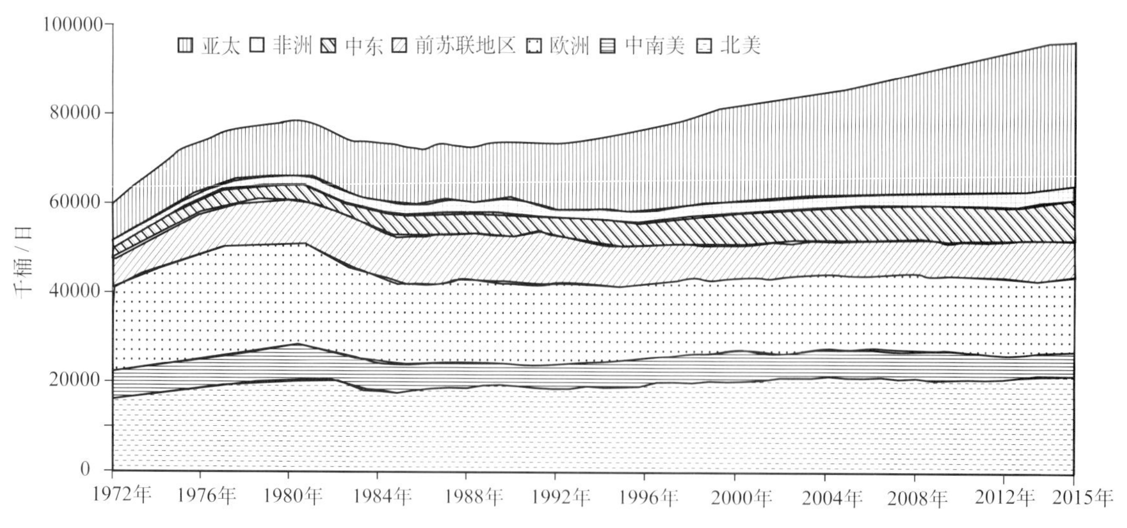

附图 8　1972—2015 年世界各地区炼油能力

（资料来源：《BP 世界能源统计年鉴 2016》）

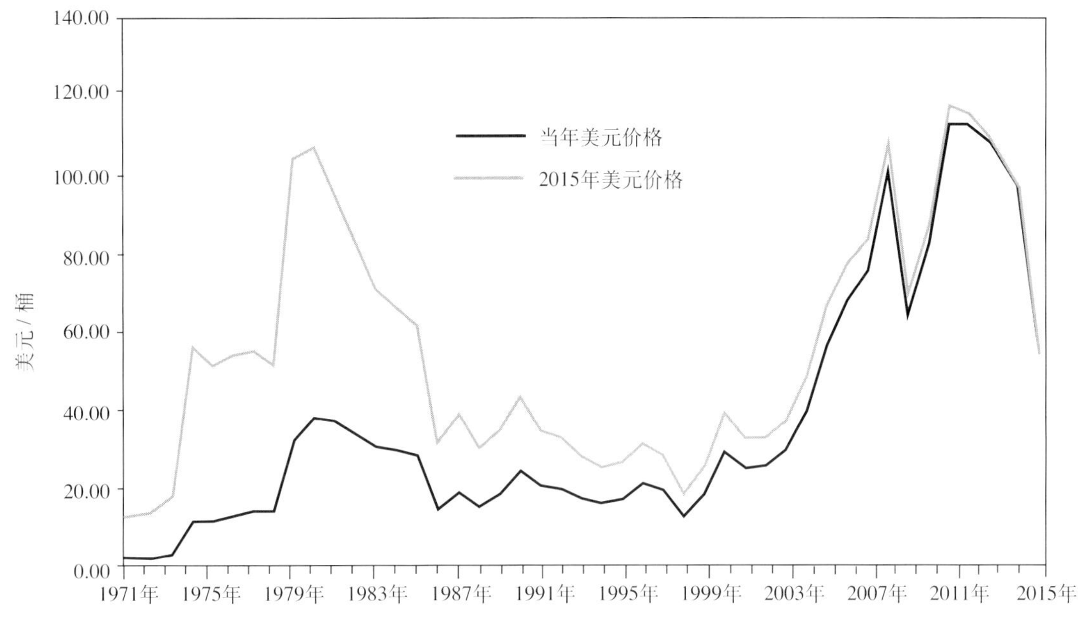

附图 9 1971—2015 年国际原油市场价格

（资料来源：《BP 世界能源统计年鉴 2016》）

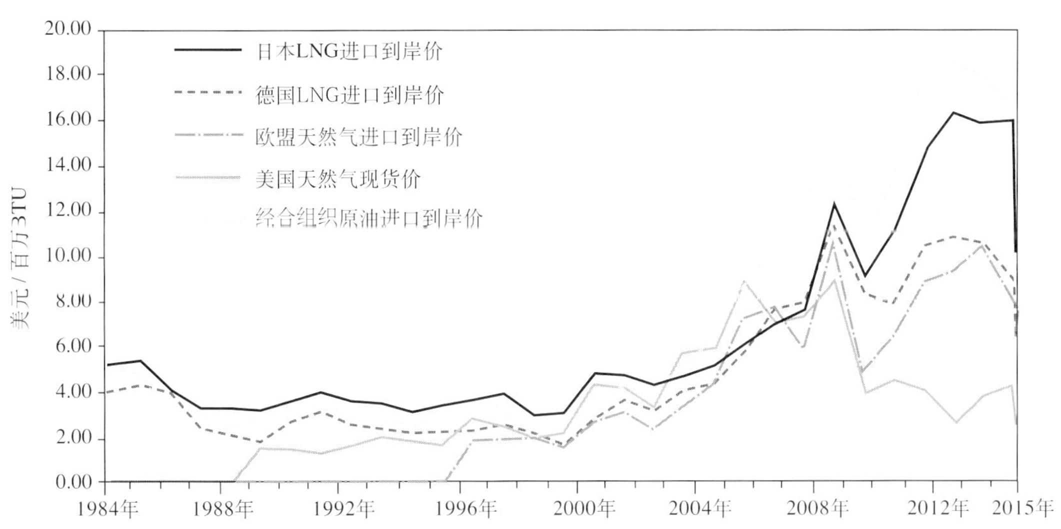

附图 10 1984—2015 年国际市场天然气价格

（资料来源：《BP 世界能源统计年鉴 2016》）

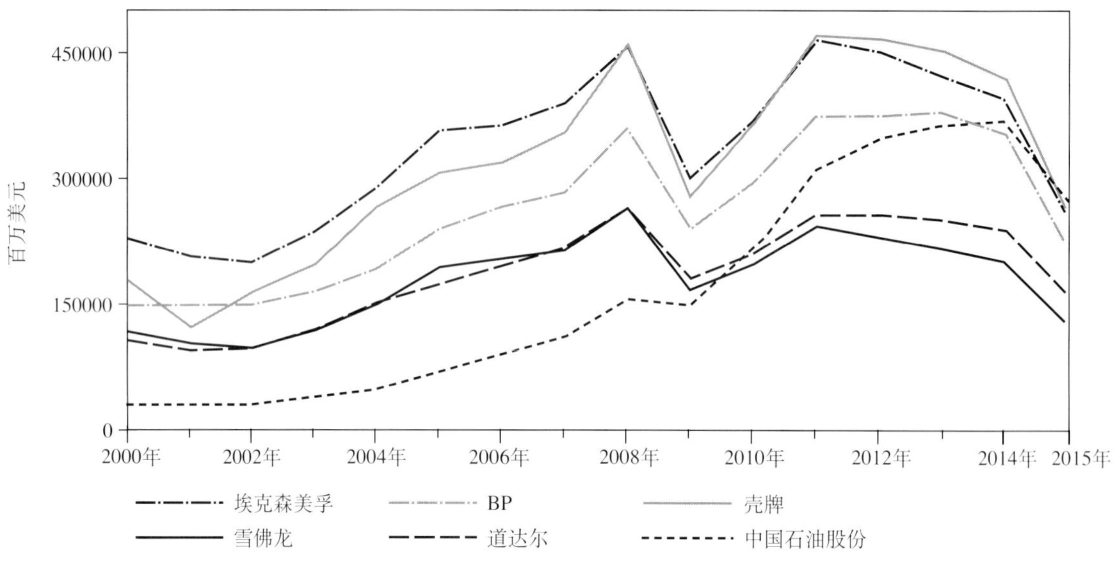

附图 11　2000—2015 年主要石油公司销售收入

（资料来源：各公司年报和财务经营报告）

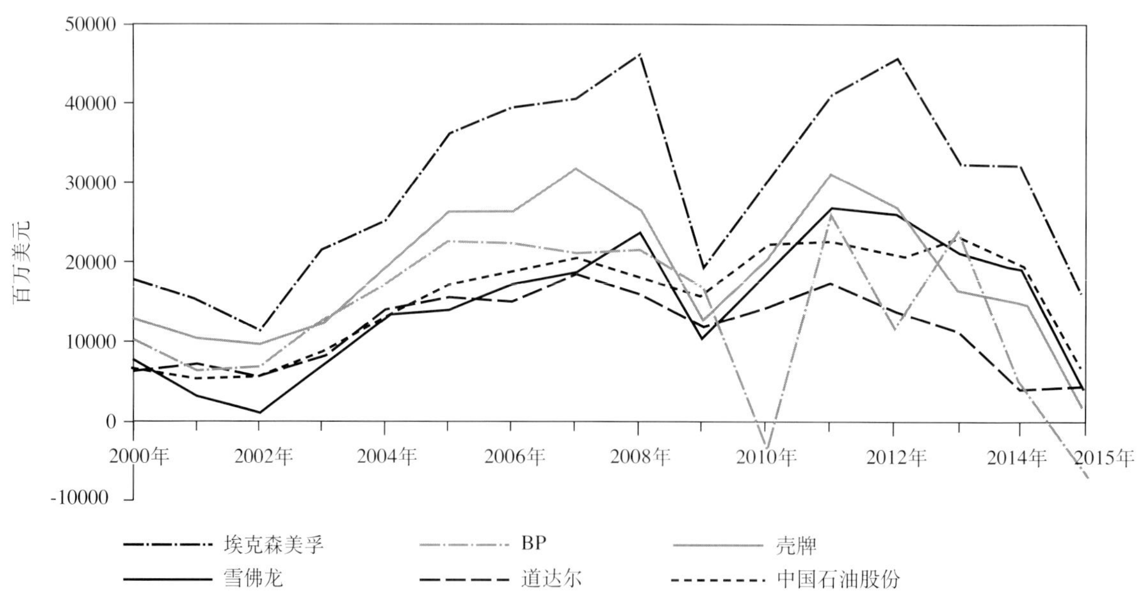

附图 12　2000—2015 年主要石油公司净利润

（资料来源：各公司年报和财务经营报告）

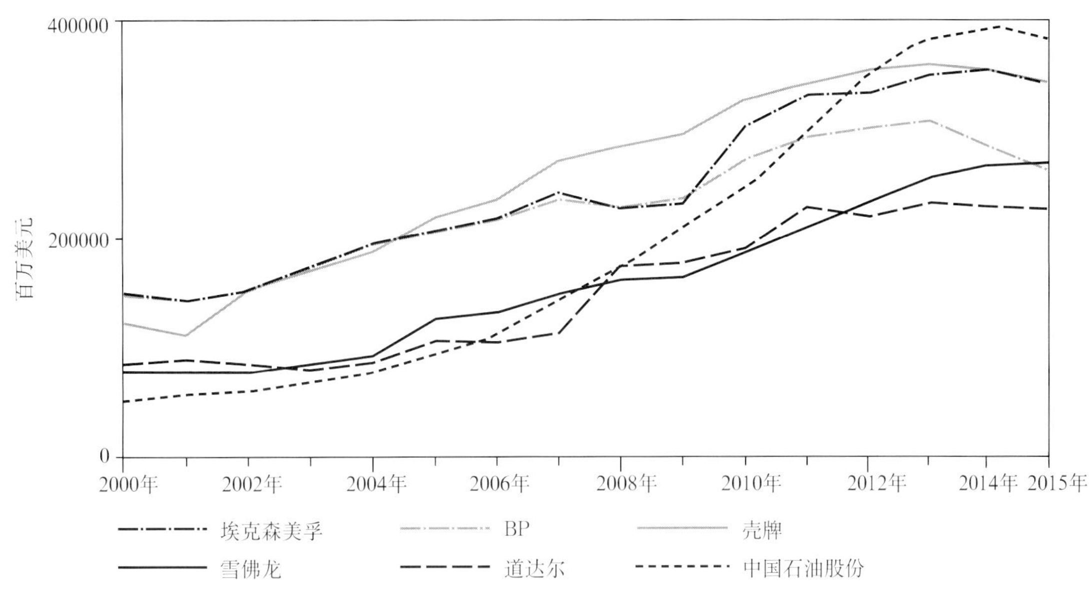

附图 13　2000—2015 年主要石油公司总资产

（资料来源：各公司年报和财务经营报告）

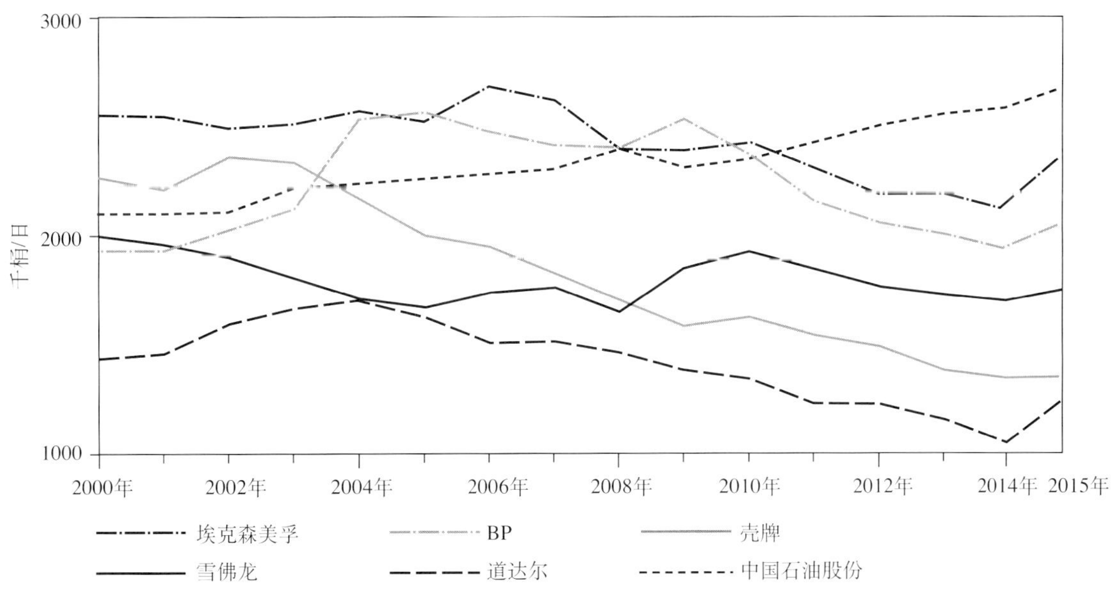

附图 14　2000—2015 年主要石油公司原油产量

（资料来源：各公司年报和财务经营报告）

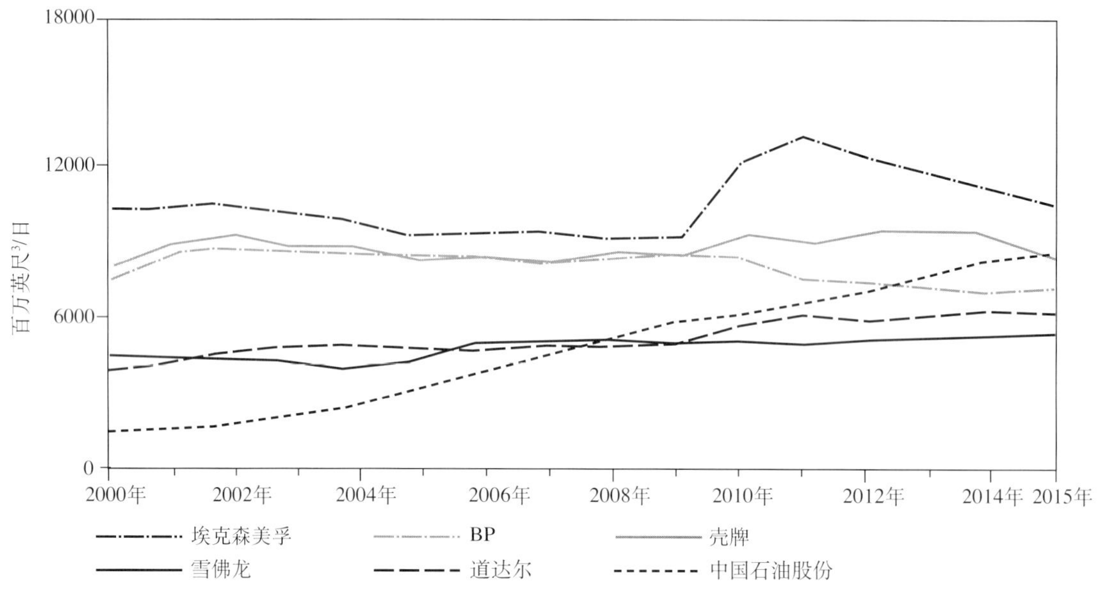

附图 15 2000—2015 年主要石油公司天然气产量
（资料来源：各公司年报和财务经营报告）

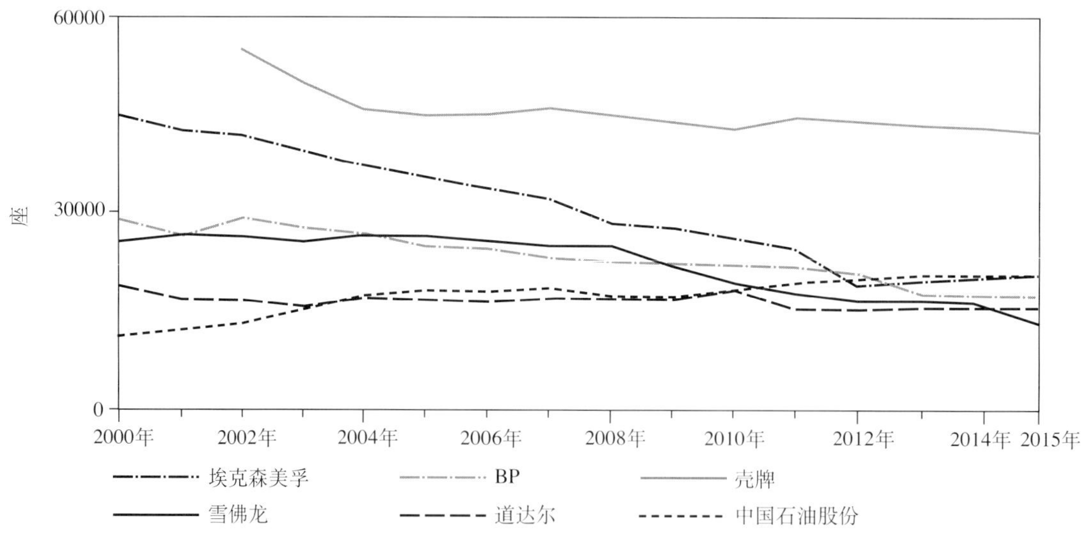

附图 16 2000—2015 年主要石油公司加油站数量
（资料来源：各公司年报和财务经营报告）

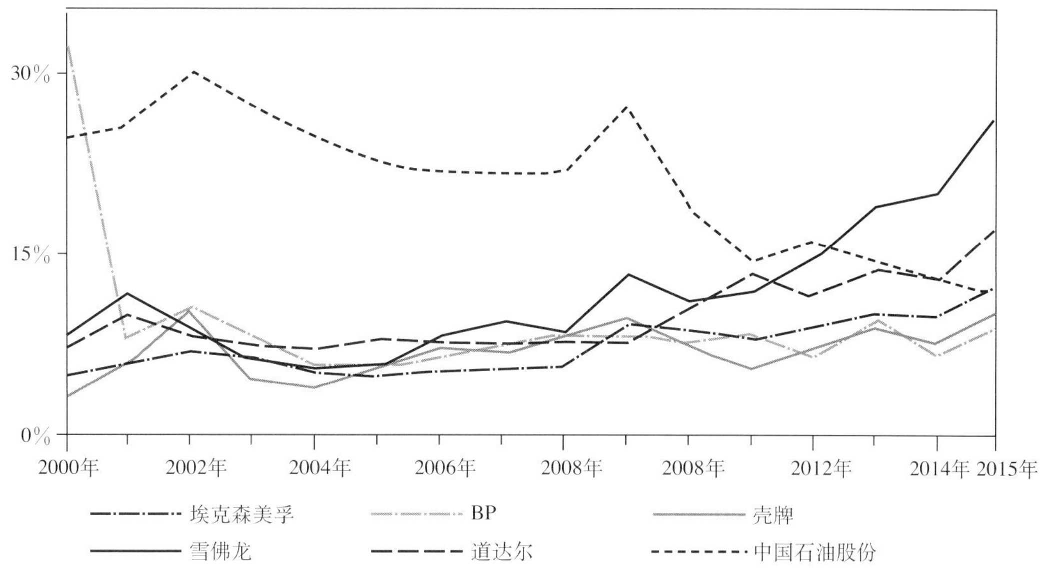

附图 17　2000—2015 年主要石油公司资本支出占销售收入比例

注：2000 年 BP 收购 ARCO, 故资本支出 / 销售收入比例较高。

（资料来源：各公司年报和财务经营报告）

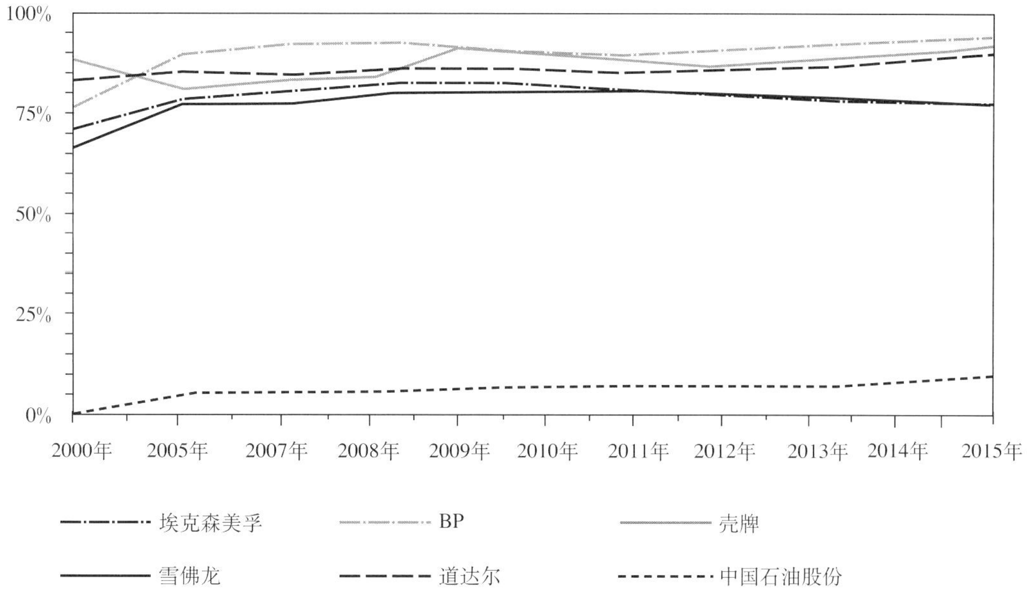

附图 18　2000—2015 年主要石油公司石油储量海外比例

（资料来源：各公司年报和财务经营报告）

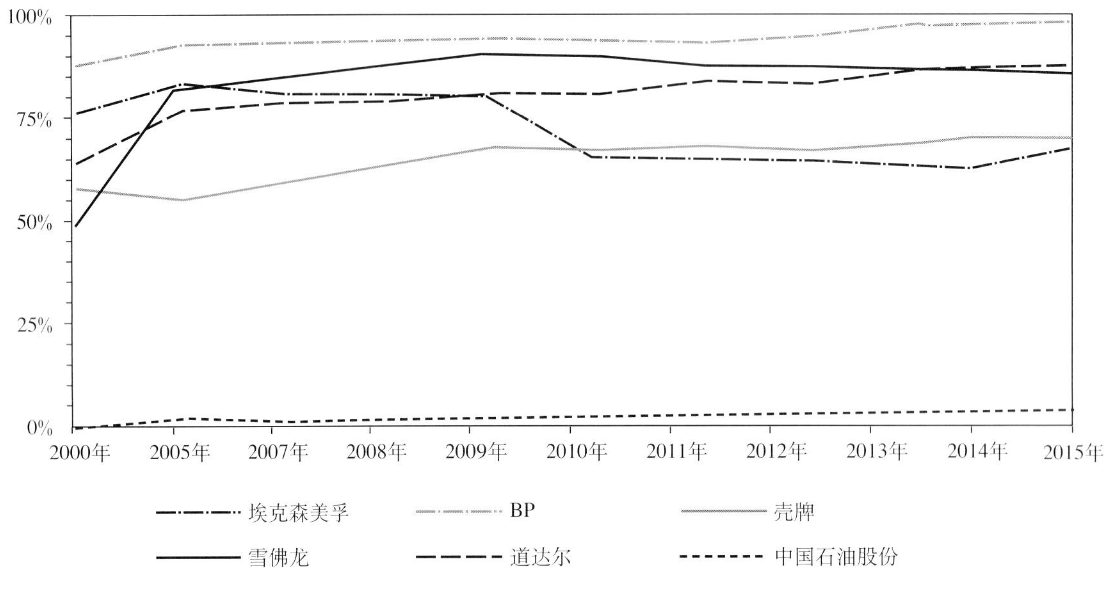

附图 19　2000—2015 年主要石油公司天然气储量海外比例
（资料来源：各公司年报和财务经营报告）

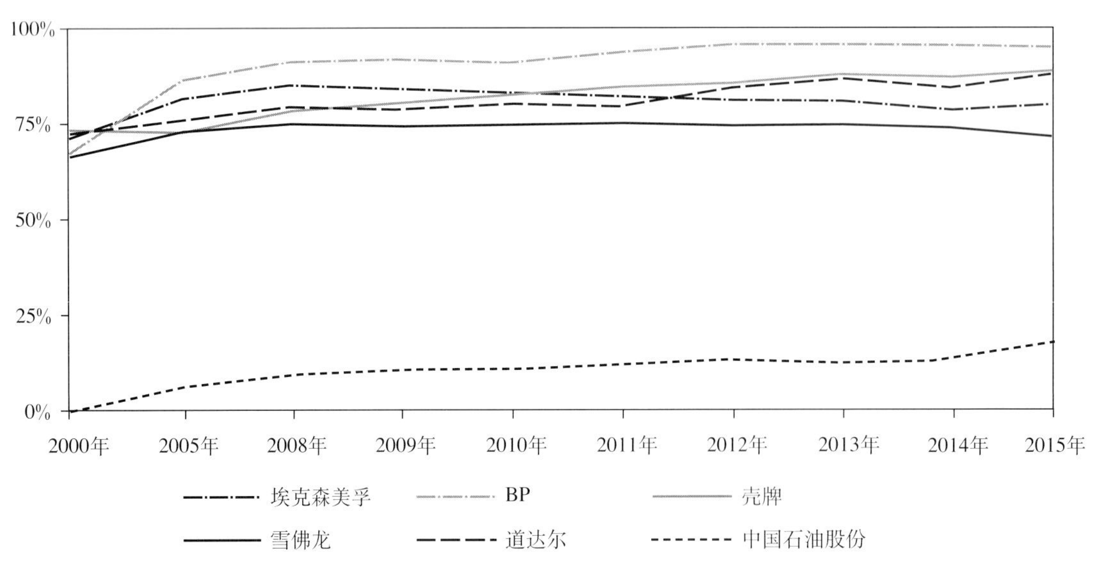

附图 20　2000—2015 年主要石油公司原油产量海外比例
（资料来源：各公司年报和财务经营报告）

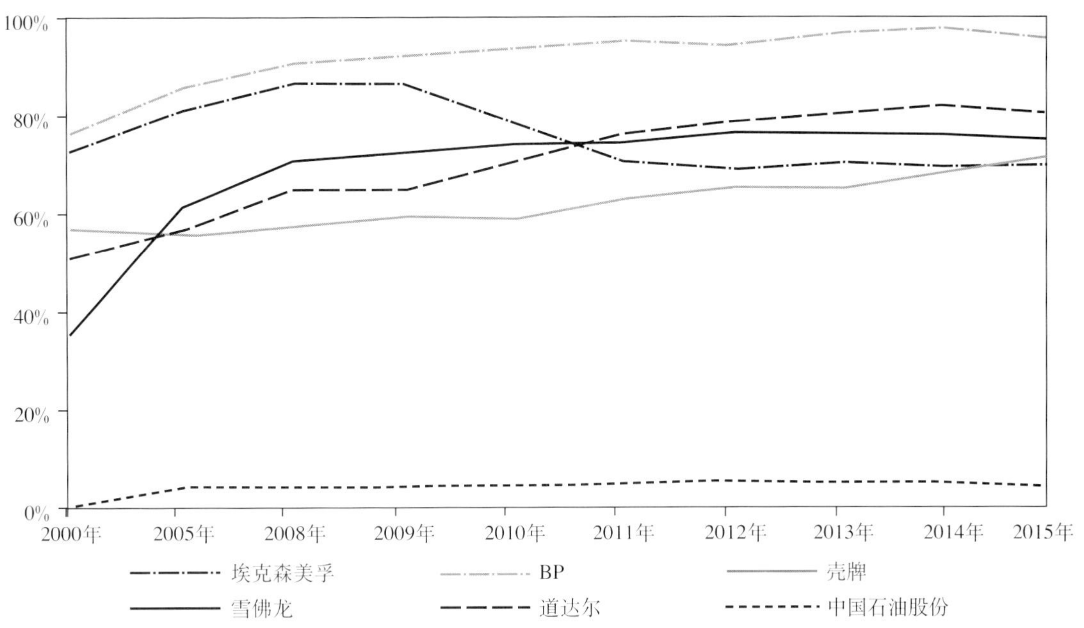

附图 21　2000—2015 年主要石油公司天然气产量海外比例

（资料来源：各公司年报和财务经营报告）

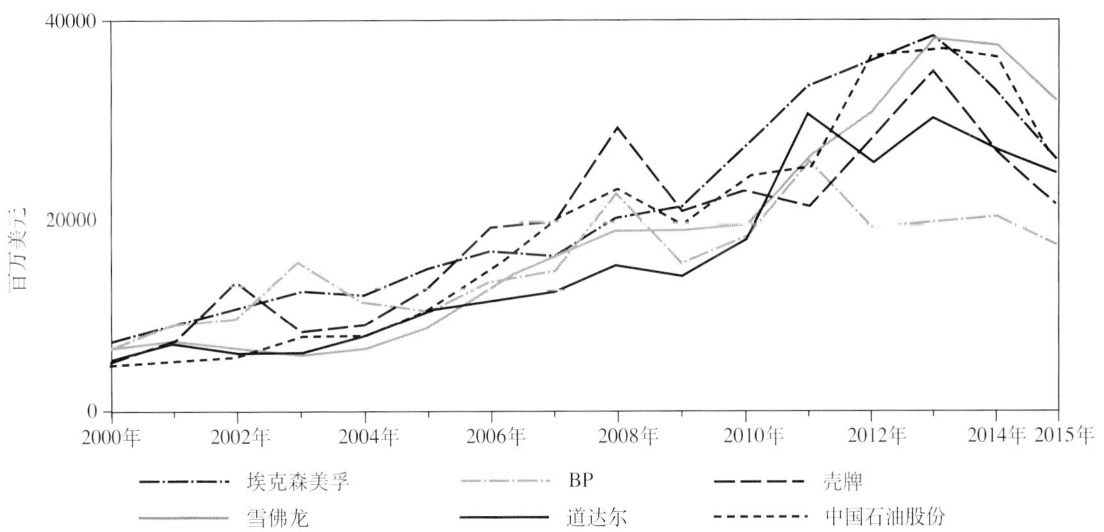

附图 22　2000—2015 年主要石油公司勘探开发支出

（资料来源：各公司年报和财务经营报告）

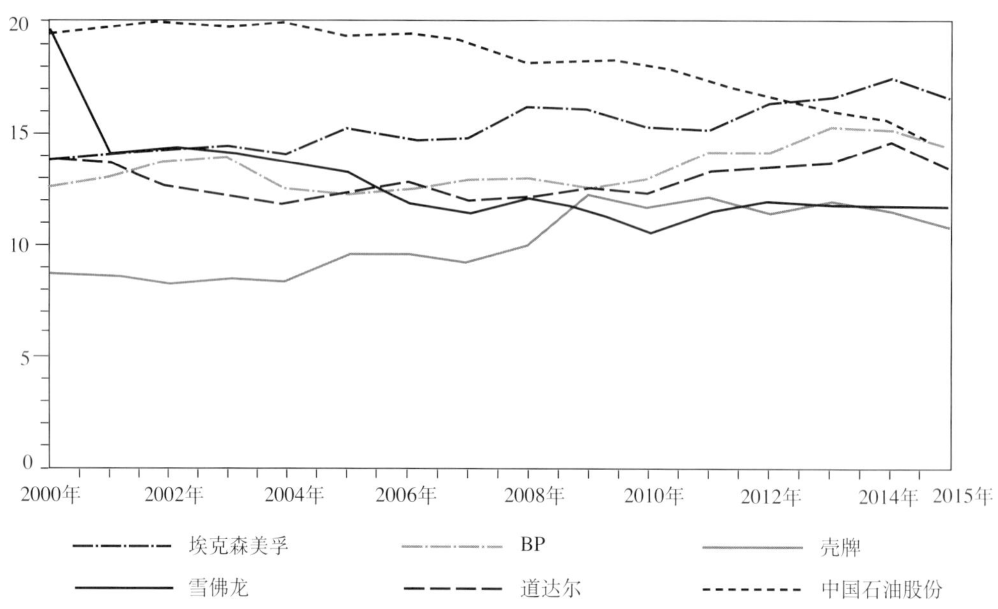

附图 23　2000—2015 年主要石油公司油气储采比
（资料来源：各公司年报和财务经营报告）

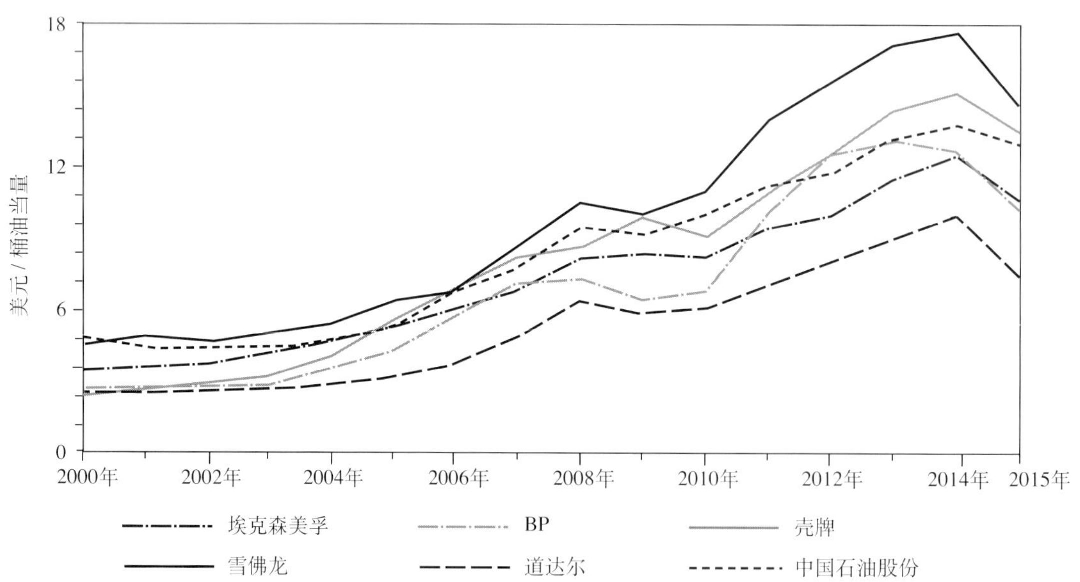

附图 24　2000—2015 年主要石油公司油气操作成本
（资料来源：各公司年报和财务经营报告）

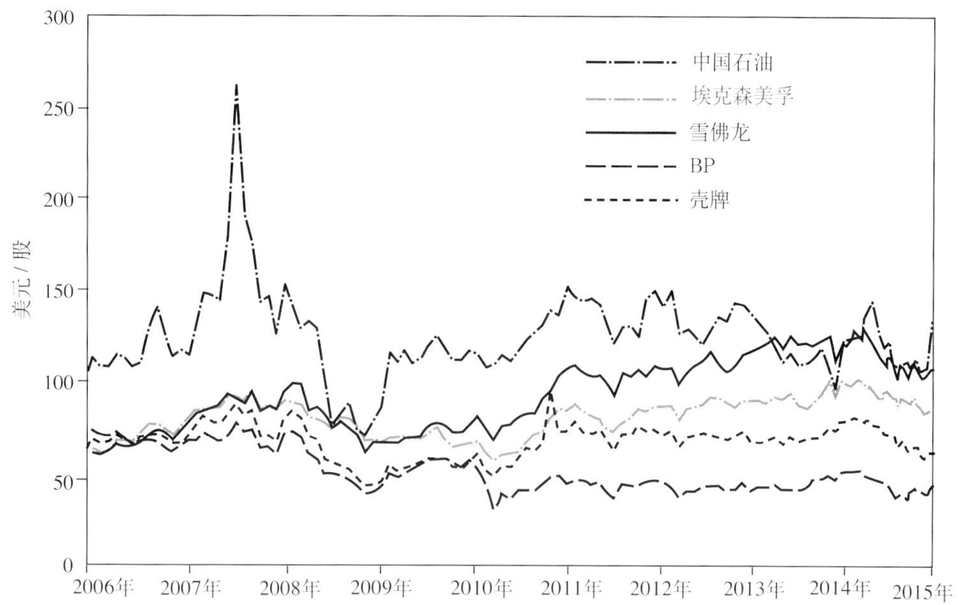

附图 25 2006—2015 年纽约证交所主要石油公司股价走势
（资料来源：纽约证券交易所）

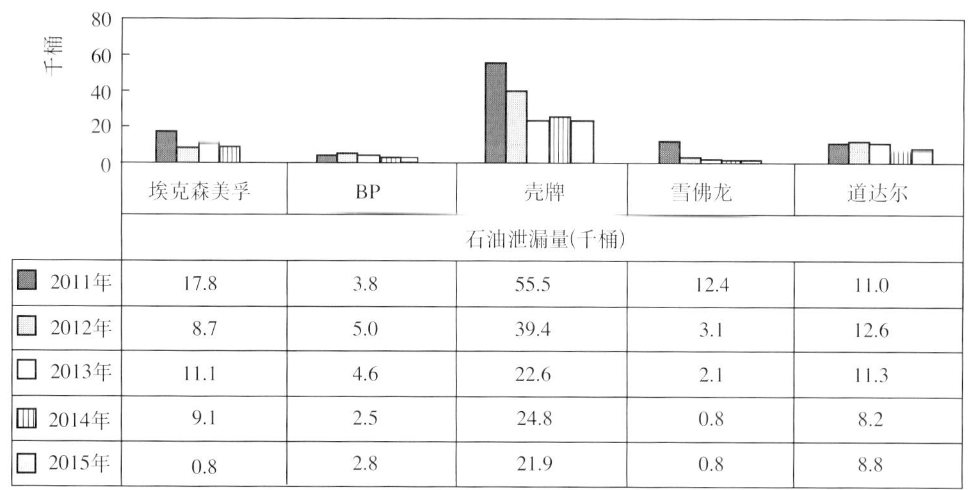

	埃克森美孚	BP	壳牌	雪佛龙	道达尔
	石油泄漏量(千桶)				
2011年	17.8	3.8	55.5	12.4	11.0
2012年	8.7	5.0	39.4	3.1	12.6
2013年	11.1	4.6	22.6	2.1	11.3
2014年	9.1	2.5	24.8	0.8	8.2
2015年	0.8	2.8	21.9	0.8	8.8

附图 26 2011—2015 年主要石油公司石油泄漏量
（资料来源：各公司社会责任报告）

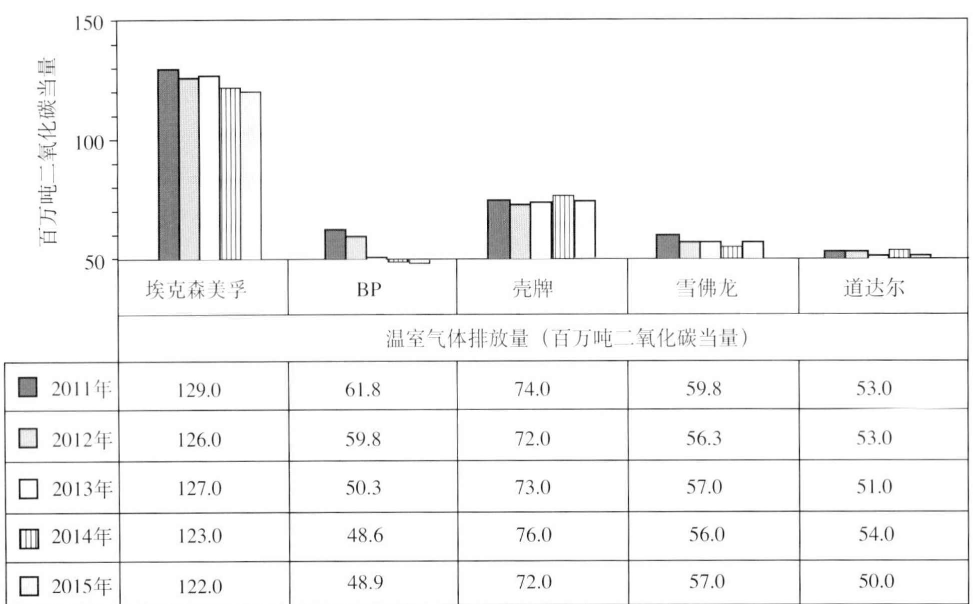

	埃克森美孚	BP	壳牌	雪佛龙	道达尔
	温室气体排放量（百万吨二氧化碳当量）				
2011年	129.0	61.8	74.0	59.8	53.0
2012年	126.0	59.8	72.0	56.3	53.0
2013年	127.0	50.3	73.0	57.0	51.0
2014年	123.0	48.6	76.0	56.0	54.0
2015年	122.0	48.9	72.0	57.0	50.0

附图 27　2011—2015 年主要石油公司温室气体排放量

（资料来源：各公司社会责任报告）

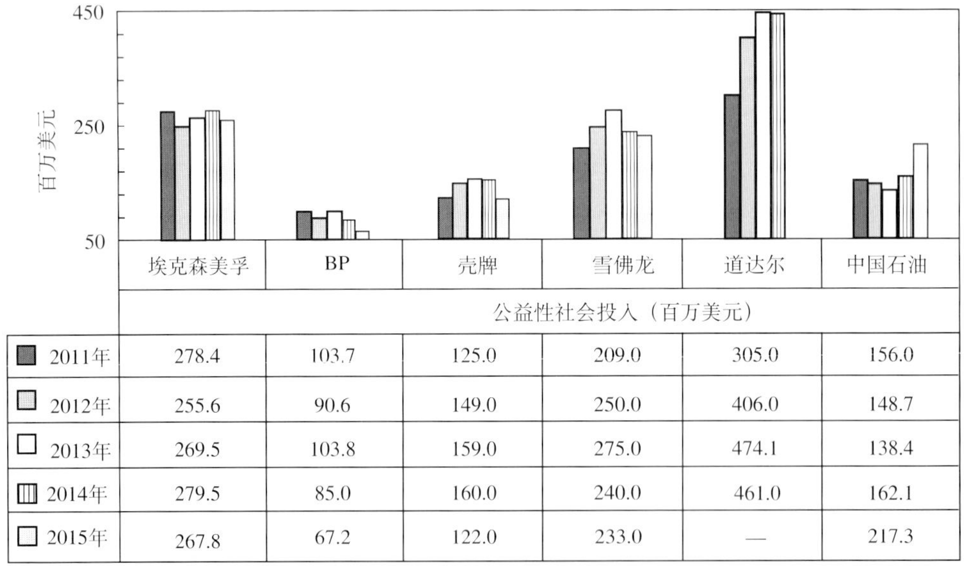

	埃克森美孚	BP	壳牌	雪佛龙	道达尔	中国石油
	公益性社会投入（百万美元）					
2011年	278.4	103.7	125.0	209.0	305.0	156.0
2012年	255.6	90.6	149.0	250.0	406.0	148.7
2013年	269.5	103.8	159.0	275.0	474.1	138.4
2014年	279.5	85.0	160.0	240.0	461.0	162.1
2015年	267.8	67.2	122.0	233.0	—	217.3

附图 28　2011—2015 年主要石油公司公益性社会投入

注：公益性社会投入主要指慈善捐助，对非盈利性教育、健康和环境项目的资助，以及对作业社区发展的援助；道达尔数据指对非经合组织国家的投入；中国石油数据中含扶贫帮困、捐资助学、赈灾捐赠和环保支出

（资料来源：各公司社会责任报告）

索　引

使用说明

一、本索引采用内容分析索引法编制。除大事记外，年鉴中有实质检索意义的内容均予以标引，以便检索使用。

二、索引基本上按汉语拼音音序排列，具体排列方法如下：以数字开头的，排在最前面；以英文字母打头的，列于其次；汉字标目则按首字的音序、音调依次排列，首字相同时，则以第二个字排序，并依此类推。

三、索引标目后的数字，表示检索内容所在的年鉴正文页码；数字后面的英文字母 a、b，表示年鉴正文中的栏别，合在一起即指该页码及左右两个版面区域。年鉴中用表格、图片反映的内容，则在索引标目后面用括号注明（表）、（图）字，以区别于文字标目。

四、为反映索引款目间的隶属关系，对于二级标目，采取在上一级标目下缩二格的形式编排，之下再按汉语拼音音序、音调排列。

0—9

A—Z

A

B

D

E

F

G

H

J

L

M

N

P

Q

S

W

X

Y

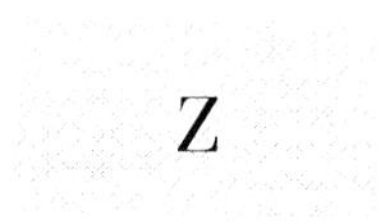

编 后 记

本卷《年鉴》是《中国石油天然气工业年鉴》自1996年正式出版以来连续出版的第21卷，是更名为《中国石油天然气集团公司年鉴》后的第18卷。

本卷《年鉴》沿用历年来形成的框架结构和装帧风格。在编纂过程中，重点追踪集团公司2015年所发生的重大事件，体现年度历史进展特色；坚持规范与创新相结合，充分反映集团公司年度工作特点。在保持整体内容基本不变情况下，为增强《年鉴》资料性及便于横纵向对比，在“企事业单位概览”单位“概况”条目下增加“主要生产经营指标”等表格。继续收录世界主要国家和地区及各大石油公司有关石油石化相关数据图表，对《年鉴》内容的信息含量进行扩充。注重《年鉴》的工具性和实用性，版式设计力求规范严整，文字叙述力求简洁流畅。

本卷《年鉴》的编纂出版工作始终得到集团公司党组和各级领导的高度重视，集团公司董事长、党组书记王宜林作序；集团公司机关和股份公司机关各部门、各专业分公司及各企事业单位的领导提供各种形式的支持和帮助；各单位负责《年鉴》工作的联系人和撰稿人付出了艰辛的劳动；集团公司办公厅（股份公司总裁办公室）领导除了直接参与《年鉴》内容的审订和编纂外，还做了大量的组织协调工作。此外，中国石油报社等单位提供辅助资料和照片；中国石油集团经济技术研究院提供《中国石油天然气集团公司2015年度报告》和《中国石油天然气集团公司2015年企业社会责任报告》资料以及世界主要国家和地区、各大石油公司相关数据图表；还有企业和个人提供了照片、参与了审稿工作。在此，对这些单位和个人、对所有支持《年鉴》工作和为《年鉴》出版提供帮助者致以诚挚的谢意。

由于年鉴编辑出版时限性强，疏漏和不足在所难免，恳请读者批评指正。

《中国石油天然气集团公司年鉴》编辑部

2016年12月

中国石油天然气集团公司天然气成藏与开发重点实验室

Key Laboratory of Gas Reservoir Formation and Development，CNPC

中国石油天然气集团公司天然气成藏与开发重点实验室（以下简称实验室）成立于2000年，其前身是1986年成立的中国石油勘探开发研究院廊坊分院天然气中心实验室。现任实验室主任为李剑教授，学术委员会主任为中国工程院院士邱中建。

实验室长期致力于天然气地球化学、天然气成藏、天然气开发动态物理模拟和采气工艺基础理论和实验技术研究，在天然气生排烃机理、天然气成因与气源对比、大气田成藏理论和气藏开发方面取得了多项创新性成果，为中国天然气的快速发展提供理论和技术支持，已经成为我国天然气勘探开发技术的重要研究平台和人才培养基地。

实验室拥有由天然气勘探开发知名专家组成的专业学术委员会和国内一流的科研队伍，积极参与国际合作与交流，技术服务遍布全国及部分国外油气公司。承担过多项国家、国土资源部、集团公司、股份公司重点科技攻关项目和课题，共获各项奖励155项，其中获得国家奖5项、省部级奖45项，共发表学术论文400余篇，出版专著37部，制定标准8项，获发明专利20项。

实验室设备先进齐全，装备了58台（套）目前国际一流的大型分析仪器。能够独立开展烃源岩评价、气源对比、天然气成藏、天然气盖层、天然气开发、采气工艺等方面的59项检测服务，拥有天然气生成动力学模拟、天然气成藏动态模拟、天然气成藏示踪识别、复杂气藏气源精细对比、天然气盖层评价、全直径长岩心流动、疏松砂岩冷冻制样、测试、超低孔隙测试、特殊气藏非线性渗流机理和气藏开采动态及模拟等先进的特色实验技术。

天然气成藏与开发重点实验室作为中国天然气勘探开发基础的重要研发基地，今后将为中国天然气的快速发展做出更大贡献。

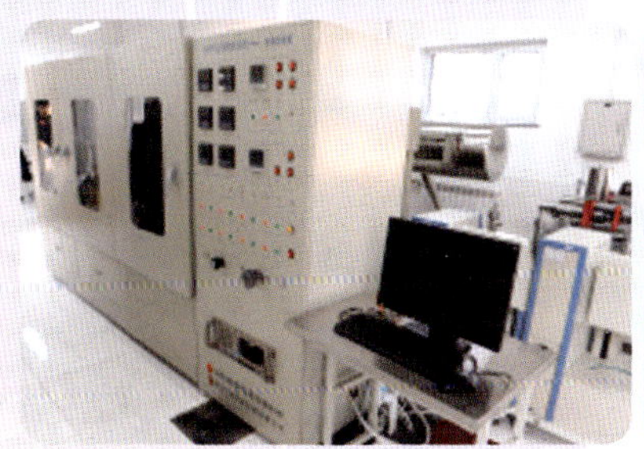

天然气成藏物理模拟系统

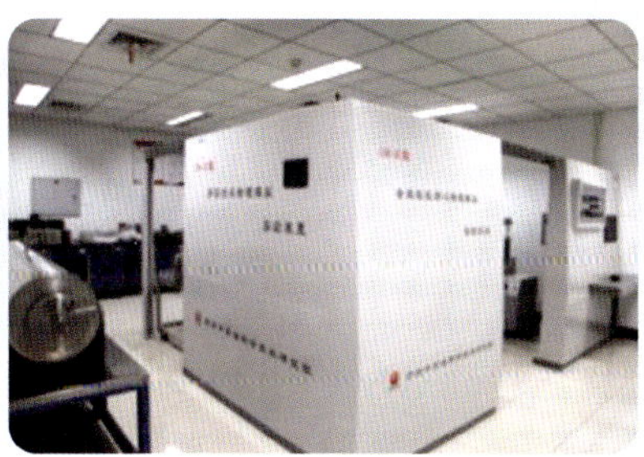

多层合采物理模拟实验装置和
全直径长岩心物理模拟实验装置

稀有气体同位素质谱仪

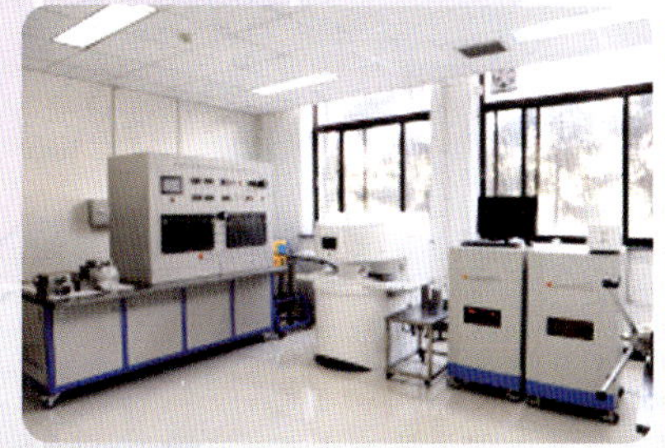

天然气成藏与开发可视化动态模拟系统

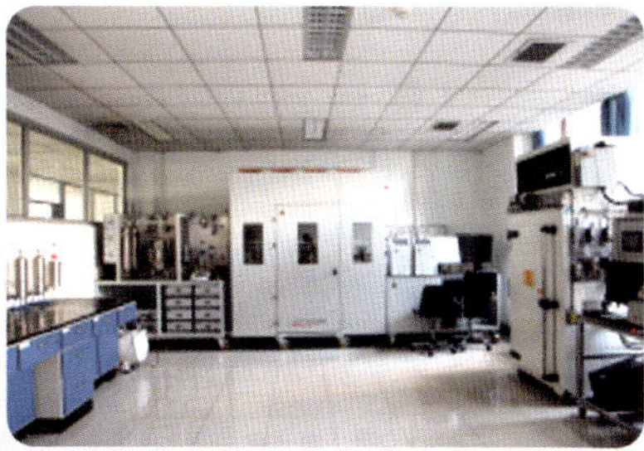

岩心流体饱和度变化
规律在线检测实验系统

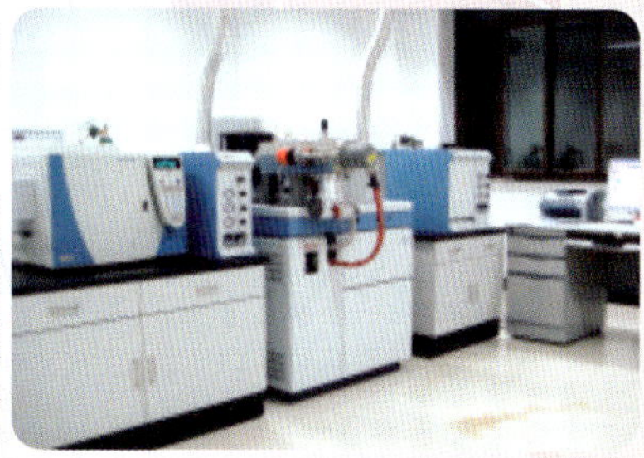

MAT253同位素质谱仪

中国石油勘探开发研究院廊坊分院

地址：河北省廊坊市万庄44信箱　邮编：065007　联系人：李剑

联系电话：(010)69213414　信箱：lijian69@petrochina.com.cn

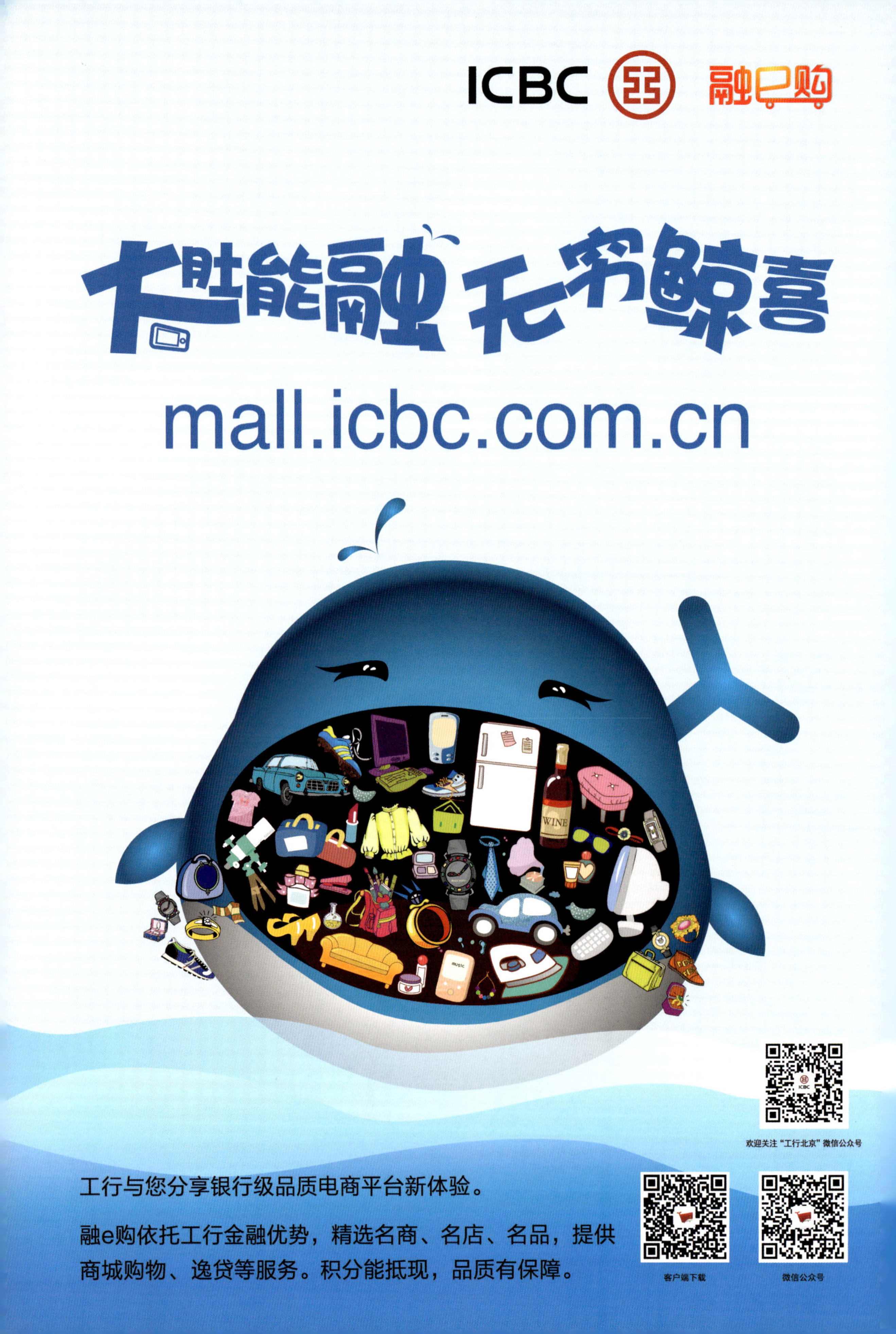
ICBC
融e购
大肚能融 无穷鲸喜
mall.icbc.com.cn
WINE
music
欢迎关注"工行北京"微信公众号
工行与您分享银行级品质电商平台新体验。
融e购依托工行金融优势，精选名商、名店、名品，提供商城购物、逸贷等服务。积分能抵现，品质有保障。
客户端下载
微信公众号

山东海科化工集团

山东海科化工集团坐落于美丽富饶的黄河三角洲中心城市——山东省东营市，始建于 1988 年。目前集团已发展成为集石油化工、新材料、生物制药、特种化学品、氯碱化工、金融物流和国际贸易为一体的综合性化工企业集团，集团以山东海科控股有限公司为母公司，拥有山东海科化工集团有限公司、东营市海科瑞林化工有限公司、山东柏森化工技术检测有限责任公司、山东海达物流有限责任公司、东营市海林商贸有限公司、山东海科石化销售有限公司等 17 家下属公司，集团总资产达 110 亿元，拥有员工 3500 余人，2014 年实现销售收入 434 亿元，跻身中国企业 500 强，2015 年销售收入达 479 亿元。长期与中国石化、中国石油、中国海油、中化国际、壳牌、BP 等保持合作。

2016 年集团变革转型战略共识会

2007 年公司伦敦上市

服务大厅

集团拥有海科化工和海科瑞林两家炼油生产企业，综合加工能力 1500 万吨 / 年，一次加工能力 600 万吨 / 年。2012 年完成国 V 标准汽油升级，成为国内首家生产国 V 标准汽油的民营炼厂，现有国 V 标准 98 号、95 号、92 号等标号汽油。2014 年采用丹麦拓普索公司工艺包建设的油品升级项目顺利投产，稳定向市场供应国 V 标准车用柴油，现有国 V 标准 0 号、-10 号、-20 号等标号车用柴油。

成品油以铁路、海运、汽运三种运输方式满足客户供应，其中海科化工与西郊铁路货场毗邻。海科瑞林距离东营港码头仅 10 千米，2014 年建成东营港—瑞林直输管线并投用。海达物流拥有成品油运输车辆 102 部，车辆均安装 GPS 卫星定位系统、车载 3G 视频监控管理系统。

集团附属的柏森技术检测公司配备先进的检测设备和专业的检测人员，于 2015 年 5 月通过实验室资质认定，成为“为社会提供公证数据的产品质量检测机构”。

生产线

国Ⅴ标准车用汽油
(98号、95号、92号)

国Ⅴ标准车用柴油
(−10号、0号、−20号)

服务团队

码头

物流

Honesty and Credit Stand Forever

诚信立百年

HONESTY AND CREDIT STAND FOREVER

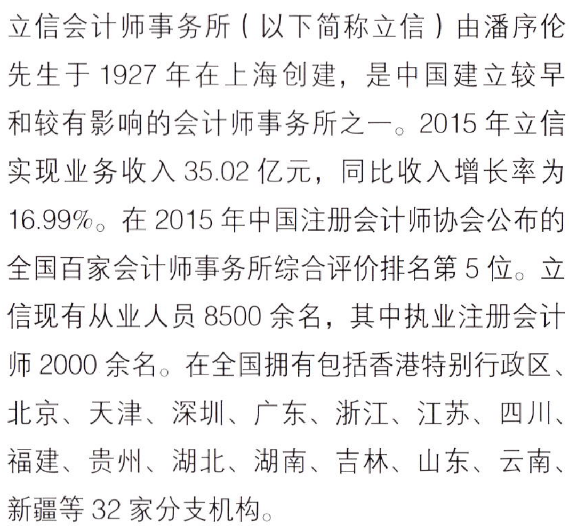

立信会计师事务所（以下简称立信）由潘序伦先生于1927年在上海创建，是中国建立较早和较有影响的会计师事务所之一。2015年立信实现业务收入35.02亿元，同比收入增长率为16.99%。在2015年中国注册会计师协会公布的全国百家会计师事务所综合评价排名第5位。立信现有从业人员8500余名，其中执业注册会计师2000余名。在全国拥有包括香港特别行政区、北京、天津、深圳、广东、浙江、江苏、四川、福建、贵州、湖北、湖南、吉林、山东、云南、新疆等32家分支机构。

Integrity and Credibility

诚·信

诚，信也；信，诚也；真实无妄，为道德之本，行为之源。作为执业会计师，BDO 立信创始人潘序伦博士所创导的“信以立志、信以守身、信以处事、信以待人”所训已成为每一个立信人的行为准则。而诚信更是立信获得客户信任的基石。

严谨的执业精神是立信品牌的内涵，包括能够为委托人解决问题的能力和一丝不苟的执业态度。严谨的执业精神是立信人铸造百年诚信品牌的不可动摇的基本理念。牢牢控制审计质量、防范审计风险，更是立信人孜孜以求的境界。

北汽云南瑞丽汽车有限公司

北汽云南瑞丽汽车有限公司（简称北汽瑞丽公司）成立于 2013 年 12 月 20 日，由北汽集团和景成集团共同投资组建，以建设年产能 15 万辆的北汽云南汽车产业基地为目标，规划建设整车项目、零部件项目、仓储物流项目、综合配套项目。

北汽瑞丽公司是北汽集团依托瑞丽地处中国经济圈、南亚经济圈和东盟经济圈的交会点以及国家重点开发开放试验区的区位优势，建立的立足中国西南、面向东南亚的云南产业基地，是北汽集团产业版图谋求区位战略布局突破的重要组成部分。

2015 年 6 月，中国石油与北汽瑞丽汽车公司达成战略合作，开创“车 + 油”营销模式合作先例。开展汽车 3S 店、快修连锁、油品、便利店商品销售等各项业务，拓展合作新领域，深入发展新业务。

作为北汽集团国际化全产业链布局的一部分，北汽瑞丽公司将在“十三五”期间，立足西南，努力实现产能向海外市场转移，致力于建设成为辐射东南亚及南亚的地区性汽车业务综合平台。以整车制造为龙头，打造具有跨境电商、旅游和生活服务功能的科技公司，整车及二手车业务的销售公司，从事汽车改装的专用车公司以及清洁能源新能源汽车项目，形成“一体四翼”的业务构架。汽车产品主要有家用小型 MPV 道达 V2、宜商宜家的中大型 MPV 道达 V8、民用高端硬派越野车 BJ80、时尚硬派越野 BJ40L、美式风格大皮卡道达 K9，并专项开展改装车业务。

2014年9月19日，北汽瑞丽公司工程项目启动仪式

2015年7月26日，北汽瑞丽公司产品下线仪式

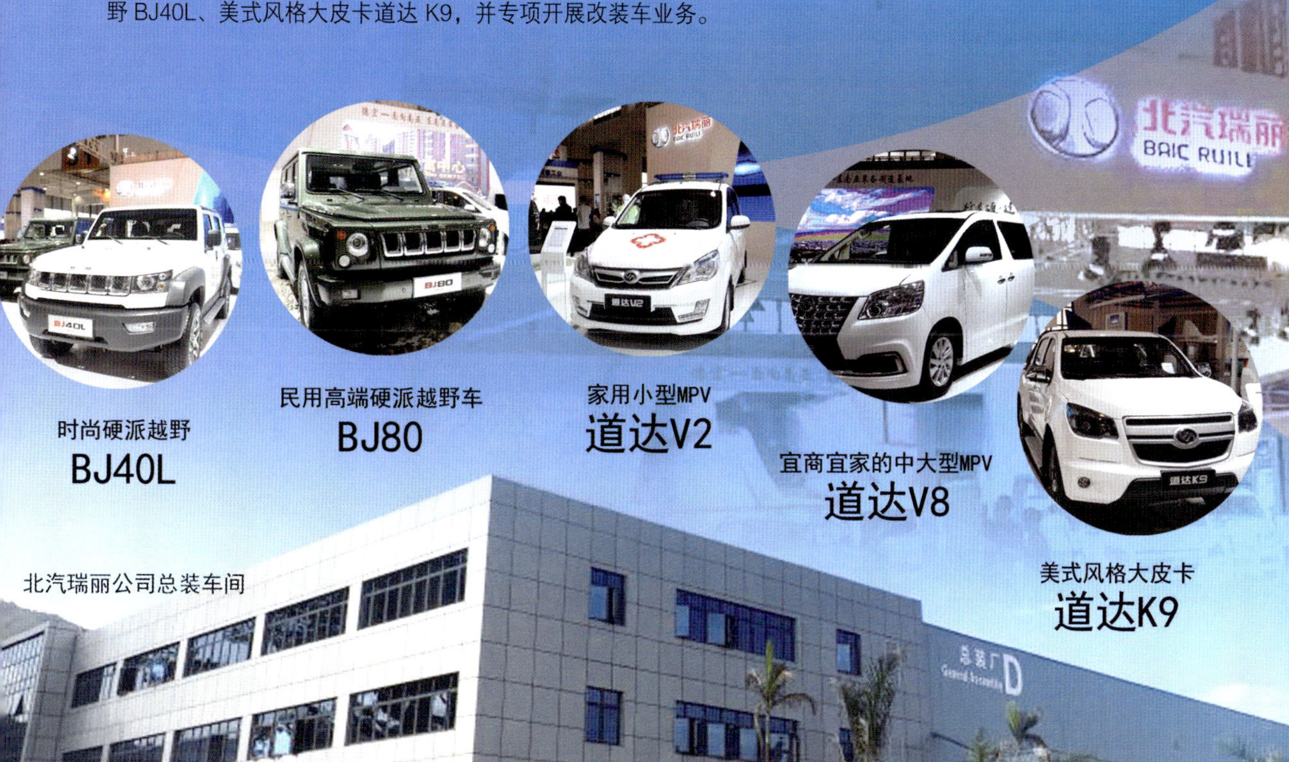

北汽瑞丽公司总装车间

青海钻井公司最早是 1953 年发端于甘肃、青海两省交界的民和盆地，历经 60 多年发展，逐步成长壮大，形成了“钻探高原铸油魂、奉献能源靓人生”为核心理念的企业文化，年钻探能力 90 万米、固井 2000 井次。2008 年 1 月 1 日，伴随中国石油钻探业务专业化重组，整体划入中国石油集团西部钻探工程有限公司，命名为西部钻探青海钻井公司。

公司通过了北京中油认证中心石油与天然气工业 QHSE 管理体系和 ISO 9000 质量体系认证，2014 年被国家安监总局评定为“安全生产标准化一级企业”，具有中国石油天然气股份有限公司勘探与生产分公司钻井、固井、钻井液技术服务市场准入资格。主要从事石油与天然气钻井工程及固井工程、油田化学技术服务等配套业务，主要作业区域分布在平均海拔 3000 米以上的柴达木盆地东部、西部、北缘三大构造区、带，主要生活区域在甘肃敦煌。

公司现有 3000—7000 米各类钻机 38 台（套），固井设备 96 台（套），吊装设备 23 台（套），工程机具 27 台（套），车辆 209 辆，其他设备 1093 台（套）。设有 10 个机关科室、4 个直属单位及 13 个二线单位，为 37 支钻井队提供生产、生活服务保障。员工总数 2080 名（高级职称 48 人、中级职称 205 人、高级技师 25 人、技师 92 人）。公司 13 次获得国家、省部级集体荣誉，25 人次荣获国家、省部级荣誉。

从 1955 年至“十二五”末，三代高原钻井人征战在平均海拔高、陆上条件差，被称为“生命禁区”的柴达木盆地，60 年来累计钻井 6745 口，完成进尺 1116 万米，钻探出油田 19 个、气田 8 个，特别是涩北气田的发现开发使青海成为全国四大气区之一，为保障青海油田油气上产，支援国家能源建设做出了突出贡献！

地址：青海省海西州茫崖花土沟青海钻井公司　　邮编：816400
电话：0937–8911981　传真：0937–8911751　　网址：10.142.96.96

打造国内一流国际知名高原钻井

为建设千万吨高原油气田而钻探

中石油铁建油品销售有限公司

中石油铁建油品销售有限公司由中国石油天然气股份有限公司（以下简称中国石油）和中国铁建股份有限公司（以下简称中国铁建）于 2009 年 8 月合资成立，双方各出资 50%，总部设在北京。

公司依托中国石油充足稳定的油气资源和完善的市场网络，充分发挥中国石油资源内部优先配置的优势，为中国铁建在国内外的项目提供稳定的成品油、润滑油、沥青等石化产品供应。借助中国石油遍布全国的营销网络，实现“就近配送”原则，通过科学的物流组织，在有效降低客户采购成本的同时为客户提供便捷优质的服务；通过产品与生产厂家的直接对接，规范采购渠道，保证产品质量。

目前公司的业务已遍布中国铁建所有工程局项目。今后公司还将积极开拓润滑油、沥青等相关石油产品的集采专供业务，充分发挥优势，整合资源，积极探索运用先进的营销理念、覆盖全国的供应网络和高效的电子商务平台，为广大客户提供更加全面、周到的系统化、集成化、一站式服务，为双方股东创造更高的投资回报。

我们相信，在中国石油和中国铁建两大公司的鼎力支持下，公司的前景将更加广阔。我们愿与社会各界精诚合作，本着“立足长远、互惠共赢、共同发展”的原则，为促进行业发展、产业优化做出更大贡献。

合资合作框架协议签约仪式

为京沪高速铁路供应物资

MUFG

四川中电福溪电力开发有限公司

四川中电福溪电力开发有限公司（简称福溪发电）位于四川省宜宾市高县月江镇福溪工业集中区，距宜宾市区 16 千米，占地面积约 38.4 万平方米，由国家电投集团旗下的中国电力国际发展有限公司（简称中电国际）控股，四川省投资集团参股。

福溪发电两台 60 万千瓦超临界火电机组分别于 2011 年 10 月和 2012 年 5 月投产发电。机组在四川省火电行业中环保、节能优势明显。公司秉承国家电投集团“奉献绿色能源，服务社会公众”的经营发展理念，不断加强生产经营管理，充分发挥新机组、大容量、高能效、低排放等方面的优势，大量消耗宜宾本地低热值、高硫无烟煤，促进地方经济特别是煤炭产业健康发展。

福溪发电坚持中电国际“静水深流”文化，秉承“责任、诚信、智慧、价值”核心价值观。借此机会，向一直以来关心、支持福溪发电发展的各级领导和各界朋友表示由衷的感谢！

500 千伏升压站

13.7 米汽机平台

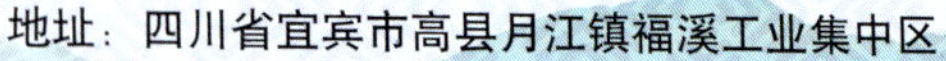

地址：四川省宜宾市高县月江镇福溪工业集中区
电话：0831–5356719
传真：0831–5356044

毕马威是一家全球性的专业服务机构，拥有超过百年的历史，覆盖 155 个国家和地区，致力于为客户提供审计、税务和咨询等专业服务，宗旨是通过全球性的专业服务网络，将知识转化为价值，使我们的客户及资本市场共同受益。

1992 年，毕马威成为国内第一家中外合作会计师事务所，并于 2012 年在四大会计师事务所中首先获批改制为特殊普通合伙制会计师事务所。毕马威（中国）拥有逾 1000 名中国注册会计师，约 900 名中国香港特别行政区注册会计师、10000 名员工及 500 多名合伙人及总监，在北京、成都、重庆、佛山、福州、广州、杭州、南京、青岛、上海、沈阳、深圳、天津、厦门、中国香港特别行政区和澳门特别行政区等地共设有 17 家机构。

毕马威全球中国业务发展中心 (GCP) 成立于 2010 年 9 月，旨在帮助计划“走出去”的中国企业，以及计划进入或开拓中国市场的跨国公司。目前，我们在世界各地的主要投资地点有超过 50 个中国业务中心，这些中国业务中心帮助投资者更新扩展业务的计划，也协助中国企业对外投资；还可以协助整个投资周期的事项，包括市场进入策略、地点研究、投资控股架构、税务筹划与合规、供应链管理、并购咨询以及并购后整合。

我们很荣幸在 2013 年成为中国石油的审计师。中国石油一直是毕马威尊贵的客户，遵守在最初向中国石油的承诺是我们对自己的根本要求：提供优秀的服务团队；维持良好不间断的沟通，确保及时积极地回应中国石油的要求；分享信息、知识和经验，协助中国石油在全球业务发展进程中持续保持领先；提供全球一体化的无缝隙客户服务。我们将一如既往地有效整合毕马威全球资源，协调各个国家和地区、各个专业领域的专家，为中国石油提供审计、资本市场再融资、税务咨询、并购和重组咨询以及内控和风险管理咨询等全方位的服务，并在海外并购、管理提升、风险合规和人员培训等方面协助中国石油持续全面提升核心竞争力。

我们相信我们与中国石油是长久的彼此信任的战略合作伙伴。

李建
高级经理
+86 (10) 8508 5570
david.li@kpmg.com

孔莉
高级经理
+86 (10) 8508 5697
tracy.kong@kpmg.com

江苏荃航阀门有限公司

董事长 陈 刚

公司大楼

江苏荃航阀门有限公司注册资本金 1 亿元，拥有韩国斗山数控卧式镗铣床、立式加工中心等世界一流高端智能化装备 100 多台（套），可以完成各种复杂及高精度的零件加工、成套整装。积极适应“互联网 + 智能制造”，主动对接“工业 4.0”和“中国制造 2025”，自主创新研发了荃航智能执行管理系统。公司积极实施新战略，以全新互联网思维打造装备、工艺、产品、服务和管理五大智能化，以海工水下生产装备、核电能源装备、航天动力装备和陆地高端油气开发装备为四大产品方向，以“智慧工厂、透明工厂、移动工厂”为三大特征，以“绿色工厂、美丽工厂、幸福工厂”为三大特色，实现工业化和信息化深度融合，重点面向海工装备和海外市场，努力建成“互联网 + 私人定制个性化的集成工厂”。

中国设备管理协会石油技术装备中心
副理事长单位会员证书

中设油证字第033号

单位名称：江苏荃航阀门有限公司

发证单位：中国设备管理协会石油技术装备中心

入会时间：2015 年 12 月 30 日

发证日期：2016 年 01 月 07 日

说 明

一、中国设备管理协会石油技术装备中心单位会员证书，是单位会员的有效证明文件。

中国设备管理协会石油技术装备中心会员证书

安全生产标准化证书、发明专利证书、特种设备执照许可证

科技创新 江苏荃航阀门有限公司是江苏省两化融合转型升级试点企业和江苏省民营科技企业；公司技术中心被评为盐城市市级企业技术中心、市级工程中心和市级工程技术研究中心。公司高端阀门智能生产车间被评为“江苏省优秀示范智能车间”。

环形防喷器

质量管理 江苏荃航阀门有限公司通过美国石油学会API6A、API6D、API16A 和 API16C 认证并取得国家质检总局颁发的特种设备制造许可证，同时取得质量管理体系、环境管理体系和职业健康安全管理体系认证证书。

微扭矩全属密封固定球阀专利产品

技术研发 公司现已获得发明专利 2 项、实用新型专利 3 项。获得两项软件著作权。两项新产品顺利通过江苏省经信委组织的新产品投产和科技成果鉴定，其中微扭矩金属密封固定球阀被专家组评为填补国内空白产品，主要技术性能指标达到国际先进水平。与中国石油大学（北京）、中船重工 716 研究所共同承担并圆满完成了海洋局国家重大项目“海洋钻井平台自动排管系统项目”。

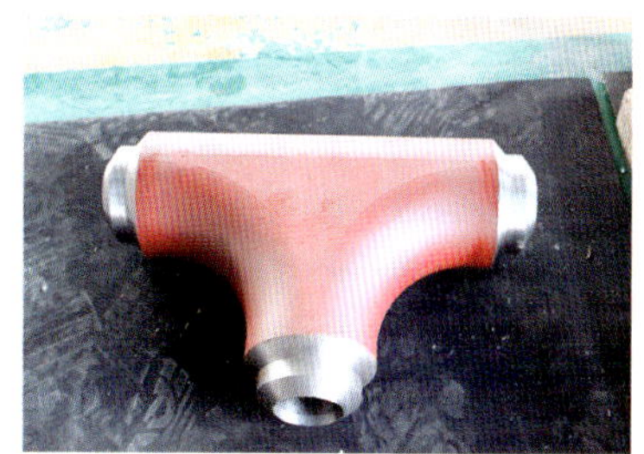
三通

过程控制 客户通过互联网平台实现与江苏荃航阀门有限公司进行在线洽谈、在线合同签订、在线订单执行、在线订单生产、在线监管、订单交付和订单售后服务的全过程监管、控制和记录，为客户提供远程全过程透明化管理服务。

目前，公司已与国内外多家著名油气装备制造商、集成商、服务商及运营商建立了良好合作关系，拥有众多高端用户。

弯管

地址：江苏省盐城市建湖县经济开发区嘉通路8号
邮编：224721
电话：0515-86530888
传真：0515-86339666
网址：www.jsquanhang.com

闸板防喷器

可调节流阀

采油树

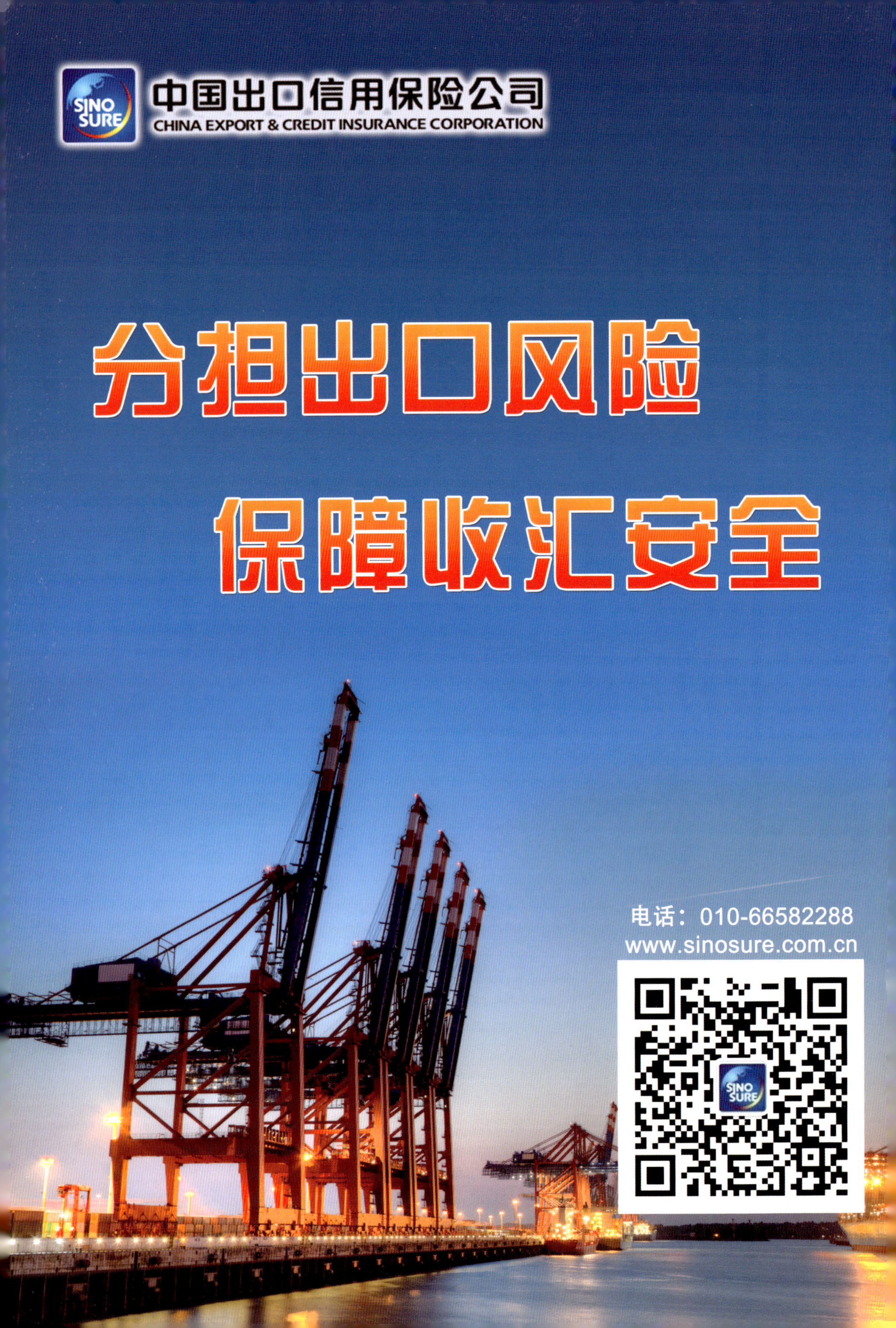
中国出口信用保险公司
CHINA EXPORT & CREDIT INSURANCE CORPORATION
分担出口风险
保障收汇安全
电话：010-66582288
www.sinosure.com.cn